KB041735

Intellectual Property Law Series

- Patent Law
- Design Protection Law
- Copyright Law
- Unfair Competition Prevention
  and Trade Secret Protection Law

[제2판]

저작권법

윤태식

박영사

제2판 머리말

저자는 대법원[재판연구관(지식재산권조)], 특허법원, 서울중앙지방법원(지식재산권 전담 합의부 재판장) 등에서의 지식재산법 관련 재판과 지식재산법 연구를 통해서 얻은 성과를 나누기 위해 지식재산법 시리즈로서 「특허법」·「디자인보호법」·「저작권법」·「부정경쟁방지법」을 차례로 집필하였다.

천학비재한 데다가 바쁜 재판업무 속에서 혼자 모든 내용을 준비하였던 탓에 「저작권법」을 비롯하여 출간된 책에 부족함이 있었음에도 출간할 때마다 분에 넘치는 격려를 받았다. 이 자리를 빌려 깊은 감사의 예를 올린다.

본서는 출간된 「저작권법」의 개정판인데, 현재 국회에 저작권법 전부개정 법률안이 심의 중에 있는 것과 관련하여 출판사로부터 앞으로의 집필계획을 묻는 연락을 받게 된 것이 개정판을 준비하는 계기가 되었다.

문의를 받고 고민을 하였으나 개정 저작권법 내용은 공포 후 차분히 연구하여 정리하기로 하고 지금으로서는 초판의 단순 증쇄보다 해설 내용의 완성도 등을 더욱 높인 개정판을 내는 것이 낫겠다고 생각하였다. 저작권법이 전부 개정되더라도 새로 도입된 조항을 제외한 나머지 내용 자체는 법 개정 전의 해설이 그대로 원용되는데다가 법 개정 전에 발생한 저작권 분쟁 사건은 개정 전 법률에 따를 것이므로 저작권법 전부개정 여부와 관계없이 지금의 저작권법에 따른 실무와 이론을 정확하게 이해하는 것은 연구자와 실무자에게 여전히 중요하기 때문이다. 저자가 「저작권법」 출간 후에도 이 책이 더 나은 저작권법 해설서가 될 수 있도록 부족한 내용을 보충하거나 바로잡는 작업을 꾸준히 하고 있었던 것도 이른 시일 내에 개정판을 내는 데 도움이 되었다.

제2판을 준비하면서 초판의 내용을 기본으로 저작권법에 관심을 가지는 일반 독자나 입문자가 알아야 할 기본적인 내용부터 상급 전문가가 필요로 하는 깊이 있는 내용에 이르기까지 국내·외 저작권법 이론과 실무를 알기 쉬우면서도 정확하게 이해할 수 있도록 노력하였다.

본서에서 법령은 2020. 12. 8. 법률 제17588호로 개정된 저작권법과 같은 날 법률 제17592호로 개정된 저작권법의 내용(개정 저작권법 시행령 포함)을 반영하고, 2021년 4월까지 선고된 주요 대법원판결 등을 추가 정리하였다.

아울러 초판에서 부족하거나 정확하지 않은 내용을 보충하거나 바로 잡았다.

저작권법 실무와 이론을 정확하고 깊이 있게 분석하고 설명한 서적이 그다지 많지 않은 상황에서 이 책이 저작권법을 처음 시작하는 일반 독자뿐만 아니라 더욱더 체계적이고 깊이 연구하려는 이 분야의 전문가에 도움이 되고 저작권법뿐만 아니라 우리나라 지식재산법 실무와 이론 발전에 도움이 되기를 소망한다.

책 출간에 도움을 주신 박영사 안종만·안상준 대표님, 조성호 이사님, 한두희 편집위원님께 감사드린다.

끝으로 이 책이 세상에 나올 수 있도록 옆에서 격려해 주신 부모님께 감사드리고 아울러 사랑하는 가족에게도 고마움과 진한 미안함을 함께 전한다.

2021년 5월 1일

윤태식

머리말

저자가 지식재산권법을 연구한 지 15년이 넘어간다. 훌륭하신 선학자들이 우리나라 지식재산권법의 터를 닦고 소중한 연구 성과를 남겨주신 덕분으로 개인적으로 많은 것을 배울 수 있었다. 저자는 그동안 특허법원 판사와 대법원(지적재산권조) 재판연구관을 거쳐 대전지방법원과 서울중앙지방법원에서 지식재산권 전담 합의부 재판장을 맡아 지식재산권 사건을 담당하여 오면서 꾸준히 지식재산권법과 실무를 연구해 왔고 그 경험과 연구 내용을 담아 상급 전문가를 위한 「판례중심 특허법」과 그 개정판인 「특허법 -특허 소송 실무와 이론-」, 「디자인보호보법 -디자인 소송 실무와 이론-」의 단독 저서를 출간하고 10여권의 공동저서를 집필하였다.

이제 그동안의 지식재산권 관련 연구를 토대로 또 하나의 단독저서로서 지식재산권법 시리즈 중 세 번째인 「저작권법」을 세상에 내놓는다.

본서의 특징은, 저작권법에 관한 어렵고 방대한 이론을 논리적이면서도 명확하고 간결하게 설명함과 아울러 거의 모든 대법원판결 등을 면밀히 분석 정리하여 어느 저작권법 해설서보다도 저작권법의 이론과 실무를 더욱더 정확히 설명하려 한 데에 있다. 지난 수십여 년 동안 선고된 저작권법 관련 대법원판결 등을 하나하나 검토하여 이를 분석, 검토하고 이론적 쟁점들에 대해 의견을 덧붙였다.

구체적으로 저작물이라든가 저작권 일반 등의 기본적이고 중요한 부분을 이론적으로 검토하면서도 외국의 실무 및 이론도 함께 검토하여 서로 비교하였으며, 2차적저작물작성권과 동일성유지권·복제권 간 관계, 복제권 등 각 저작재산권의 범위, 디지털 복제물에 관한 최초판매 원칙 및 권리 소진, 패러디, 퍼블리시티권, 국제재판관할의 국제사법 등 저작권법상 중요한 거의 모든 쟁점들에 대해 실무와 이론을 체계적으로 연구·정리하고 의견을 덧붙였다. 또한 실무에서 축적된 경험과 지식을 나누고자 다른 전문 서적에서 상대적으로 소홀히 다루고 있는 저작권침해와 손해배상에 관한 실무 태도와 이론 내용을 크게 늘려 저작권침해 총론과 침해에 대한 민사·형사·행정 구제의 각론으로 나누어 분석하고 정리하였다.

특히 대다수 서적에서 사용되고 있는 이른바 증명적 유사성이라는 용어를 사실적 유사성으로 바꾸자고 제안하고 있는 부분, 학계 주장과는 다른 기술적 보호조치에 관한 실무 태도를 상세히 설명하고 있는 부분, 주요 1, 2심 판결들에 대해 상소심에서의 확정 여부를 추적하여 종국 사유까지 검토함과 아울러 대법원에 의해 제공되고 있는 「대한민국 법원 종합법률정보」에 축적되어 있는 대법원판결(미간행 판결 포함) 등을 빠짐없이 검토하여 분석한 부분 등은 본서 저자에 의해 처음으로 시도되는 것으로 위에서 소개한 본서의 특징이 되는 내용과 함께 우리 저작권법의 실무와 이론의 정리 및 발전에 조금이라도 도움이 되기를 소망한다.

본서에서 법령은 2020. 8. 5. 시행될 예정인 2020. 2. 4. 법률 제16933호로 개정된 저작권법의 내용을 미리 반영하고 2019. 12. 27.까지 선고된 대법원판결과 1심·2심의 주요 판결을 분석·정리하였다.

본서를 집필하면서 처음 저작권법을 시작하시는 분에서부터 전문가에 이르기까지 어렵고 복잡한 저작권법 이론과 실무를 쉽고 정확하게 이해할 수 있도록 서술체계와 문장 및 어구 하나하나에까지 고민하면서 최선의 노력을 다하였으나 능력 부족으로 잘못 이해하여 설명한 부분이 있다면 너그러이 용서를 바라고 앞으로 더 나은 내용으로 보답하여 드릴 것을 약속드린다.

저작권법 실무를 정확하고 깊이 있게 설명한 서적이 그다지 많지 않은 상황에서 이 책이 저작권법을 처음 시작하는 독자뿐만 아니라 더욱더 체계적이고 깊이 있게 연구하거나 전문가가 되려는 분들에게 도움이 되고 저작권법 너머 나아가 우리 지식재산권법 실무와 이론 발전에 이바지할 수 있게 된다면 개인적으로 큰 보람이 되리라 생각한다.

본서를 집필하는 과정에서 저작권법의 이론과 실무에 종사하는 분들의 수준 높은 학문적 연구 성과로부터 많이 배우게 된 것은 큰 기쁨이었다. 부족한 것을 깨우칠 수 있도록 알고 계신 것들을 아낌없이 남겨주신 모든 분께 감사와 존경의 예를 올린다.

과중한 재판업무에 최선을 다하면서도 오랫동안 저작권법에 관한 방대한 이론을 연구하고 방대한 판례 등의 내용을 혼자의 힘으로 분석하고 정리하려다 보니 집필 중단과 진행이 수없이 반복되고 말로 표현하기 어려울 만큼 힘이 들었다. 본서의 초고는 2019년 8월말에 일응 마쳐 교정 작업 등 마무리 작업을 하던 중에 두 번의 법 개정이 이루어져 법 개정 내용을 모두 반영하고 새로 선고된 판결까지 추가할 수 있었는데 마음고생은 있었지만 짧은 기간에 개정판을 쉽게 낼 수 없는 처지라 다행이라 생각하고 있다. 이제 본서 출간을 눈앞에 두니 기쁨과 두려움이 엇갈리면서도 그렇게 모든 것을 쏟아 지내온 하루하루가 머릿속에서 영화처럼 흘러가며 때로는 가슴이 먹먹해지기도 한다.

본서 출간에 많은 도움을 주신 박영사 조성호 이사님과 한두희 편집위원께 감사드린다.

끝으로 이 책이 세상에 나올 수 있도록 옆에서 격려해 주신 부모님께 감사드리고 아울러 사랑하는 가족에게도 고마움과 진한 미안함을 함께 전한다.

2020. 3. 1.
윤태식 드림

차   례

제1장 저작권법과 지식재산권법 등 간 관계

제2장 저작권(제도)의 정당화 근거 및 저작권법 연혁

제3장 저작권의 객체 : 저작물

제4장　저작권의 주체 : 저작자 · 저작권자

제5장　저작인격권

제6장 저작재산권

제7장　저작권의 등록·인증·저작권위탁관리업·한국저작권위원회· 한국저작권보호원

제8장 저작재산권의 경제적 이용

제9장 저작인접권

제10장 그 밖의 권리 및 특례 규정

제11장 저작권 등 침해 총론

제12장　저작권 등 침해에 대한 민사 구제

제13장 저작권 등 침해에 대한 형사·행정 구제

  자에 대한 벌칙 621

⑭ 무신고 저작권대리중개업 등을 한 자에 대한 벌칙 621

Ⅳ. 몰수 ··· 621

Ⅴ. 친고죄 등 ··· 622

  ① 친고죄 규정 여부는 입법정책의 문제임 622

  ② 고소의 적법 여부 일반 623

Ⅵ. 양벌규정 및 과태료 관련 규정 ··· 625

  ① 양벌규정 625

  ② 과태료 관련 규정 626

제2절 저작권 등 침해에 대한 행정 구제 ··· 626

  Ⅰ. 총설 ··· 626

  Ⅱ. 주요 내용 ··· 627

    ① 불법 복제물의 수거·폐기 및 삭제 627

    ② 정보통신망을 통한 불법복제물 등의 삭제명령 등 627

    ③ 온라인서비스제공자에 대한 시정권고 등 629

제14장   저작권 등 관련 국제 조약 및 보호

  Ⅰ. 총설 ··· 633

  Ⅱ. 저작권 등 관련 국제 조약의 내용 ··· 634

    ① 문학적·예술적 저작물의 보호를 위한 베른협약(Berne Convention for the
      Protection of Literary and Artistic Works) 634

    가. 협약의 성립 및 발효 634

    나. 주요 내용 634

      1) 내국민대우의 원칙 634   2) 무방식 보호주의의 원칙 635

      3) 보호받는 저작물 및 최저한도의 보호기준 등 635

      4) 저작권의 내용 635   5) 소급효의 원칙 636

      6) 보호기간 636

    ② 세계저작권협약(Universal Copyright Convention, UCC) 637

저작권법과 지식재산권법 등 간 관계

제1장   저작권법과 지식재산권법 등 간 관계

제1절   저작권법과 다른 지식재산권법 간 관계

　　지식재산이란 인간의 창조적 활동 또는 경험 등에 의하여 창출되거나 발견된 지식·정보·기술, 사상이나 감정의 표현, 영업이나 물건의 표시, 생물의 품종이나 유전자원(遺傳資源), 그 밖에 무형적인 것으로서 재산적 가치가 실현될 수 있는 것을 말한다(지식재산 기본법 제1조).

　　저작권은 인간의 사상 또는 감정을 표현한 저작행위가 있고 그 저작행위의 대상인 저작물이 최소한의 창작성을 가지고 있는 경우에 발생한다. 이러한 창작성이 있는 저작물 작성행위에 따라 발생하는 저작권은 모든 사람에 주장할 수 있는 독점·배타적인 권리라는 점에서 민법에서의 소유권 등 물권과 유사하지만 무형적인 재산이기 때문에 물권에서 말하는 점유라는 개념이 존재할 수 없어 무체재산권 또는 지식재산권의 하나로 분류된다.

　　통상 지식재산권을 규율하는 지식재산권법에는 저작권법 외에도 특허법, 실용신안법, 상표법, 디자인보호법, 종자산업법, 식물신품종 보호법, 반도체집적회로의 배치설계에 관한 법률,1) 부정경쟁방지 및 영업비밀보호에 관한 법률, 콘텐츠산업 진흥법 등이 있다.

　　종래 지식재산권법을 각각의 법률의 속성이나 목적에 따라 일응 창작법(creation law)과 표지법(marking law)으로 나누기도 하였는데 오늘날에는 지식재산권법을 창작법과 표지법으로 간단히 구분할 수 없고 이들 어디에도 명확히 속한다고 분류하기 어려운 지식, 기술, 정보 등도 있어 그와 같은 분류방법에 대해 회의적인 시각이 있다. 다만 지식재산권법의 종래 구분에 따를 경우 창작법에는 특허법, 실용신안권법, 저작권법, 디자인보호법 등이 포함되고, 표지법에는 상표법, 부정경쟁방지 및 영업비밀보호에 관한 법률(이하 줄여서 부정경쟁방지법이라 한다)

---

1) 반도체집적회로(반도체 재료 또는 절연 재료의 표면이나 반도체 재료의 내부에 한 개 이상의 능동소자를 포함한 회로소자들과 그들을 연결하는 도선이 분리될 수 없는 상태로 동시에 형성되어 전자회로의 기능을 가지도록 제조된 중간 및 최종 단계의 제품)의 창작적인 배치설계(반도체집적회로를 제조하기 위하여 여러 가지 회로소자 및 그들을 연결하는 도선을 평면적 또는 입체적으로 배치한 설계)는 등록하면 설정등록된 배치설계에 관하여 영리를 목적으로 이용하는 권리를 독점한다. 그리고 위 배치설계권의 존속기간은 설정등록일부터 10년이되 영리를 목적으로 그 배치설계를 최초로 이용한 날부터 10년 또는 그 배치설계의 창작일부터 15년을 초과할 수 없고, 그 배치설계권은 교육·연구·분석 또는 평가 등의 목적이나 개인이 비영리적으로 사용하기 위한 배치설계의 복제 또는 그 복제의 대행에 따른 연구·분석 또는 평가 등의 결과에 따라 제작된 것으로서 창작성이 있는 배치설계나 배치설계권자가 아닌 자가 제작한 것으로서 창작성이 있는 동일한 배치설계 등에는 효력이 미치지 아니한다. 이러한 이유로 반도체집적회로의 배치설계에 관한 법률은 특허법과 저작권법의 성격이 함께 포함되어 있다고 이해되고 있다.

중 표지에 관한 부정경쟁행위를 규율하는 규정 등이 포함된다.

이하 저작권법과 다른 지식재산권법과의 관계에 대하여 살펴본다.

I. 저작권법과 특허법 간 관계

저작권법은 인간의 사상 또는 감정이 표현된 창작물을 일정기간 독점적·배타적으로 이용할 수 있는 권리를 인정하고 있다. 특허법은 자연법칙을 이용한 기술적 사상의 창작물인 발명을 일정 기간 독점·배타적으로 실시할 수 있는 권리를 인정하고 있다.

따라서 저작권이나 특허권은 모두 인간의 정신활동에 의해 이루어진 창작물에 대하여 인정되는 점, 저작권법에서 표현(expression)이 아닌 '아이디어'(idea)에 해당하는 것은 저작물의 대상이 될 수 없고 특허법에서 '추상적인 아이디어'(abstract idea)에 해당하는 것은 발명의 대상이 되지 않는 점에서 일응 공통되는 면이 있기는 하다.

그러나 특허법이 기술적 사상(아이디어의 응용)을 보호하는 반면에 저작권법은 기술적 사상(아이디어의 응용)이나 문화적 사상 그 자체를 보호하는 것이 아니라 그 표현을 보호하는 점에서 서로 다르다.

즉 저작권법은 문화적 사상이 구체적으로 표현된 창작물에 인정되어 정신문화 향상에 기여하는 것인 데 비해 특허법은 기술적 사상의 창작물에 인정되어 산업 발전을 도모하는 것이어서 두 법은 지향하는 목표가 서로 다르다. 특허권의 대상이 되는 발명은 산업상 이용가능성이 전제로 되지만 저작권의 대상이 되는 저작물은 산업상 이용가능성을 요구하지 않는다.

또한 저작권법은 독자적으로 창작된 인간의 사상이나 감정에 관한 표현을 보호하므로 저작권은 타인의 저작물에 의거하지 않고 독자적으로 창작한 것이라면 창작한 때부터 발생하고 그 등록이 효력발생요건은 아니다(무심사·무방식주의).[2] 반면에 특허법은 발명의 기술에 관한 사상 내지 아이디어의 응용을 보호하고 이때 어느 발명이 특허받기 위해서는 그 출원 전 선행기술과 대비하여 신규성과 진보성 등이 부정되지 않아야 하고 이때 심사에 따른 설정등록이 효력발생요건이다.

이러한 이유로 저작권과 특허권은 독점·배타적 권리이지만 저작권은 상대적인 독점·배타적 권리인 반면에 특허권은 절대적인 독점·배타적 권리이다.

즉, 저작권법에서는 A가 Y 저작물을 먼저 창작한 경우에 B가 Y 저작물에 의거하지 않고

---

2) 특허권의 보호기간은 설정등록한 날부터 특허출원일 후 20년이 되는 날까지이고(특허법 제88조 제1항), 실용신안권의 보호기간은 설정등록한 날부터 실용신안등록출원일 후 10년이 되는 날까지이며(실용신안법 제22조 제1항), 저작재산권의 보호기간은 저작권법 제3관에 특별한 규정이 있는 경우를 제외하고는 저작자가 생존하는 동안과 사망한 후 70년간이다(저작권법 제39조 제1항).

독자적으로 Y' 저작물을 창작하였음을 증명한다면 설령 Y'와 Y가 사실상 동일한 저작물이더라도 B가 Y' 저작물에 대해 저작권을 인정받아 제한 없이 이를 이용할 수 있다. 반면에 A가 X 발명을 출원하여 특허를 받으면 설령 그 후에 다른 발명자 B가 X 발명을 전혀 알지 못한 상태에서 독자적으로 X 발명과 실질적으로 동일한 X' 발명을 창작하였음을 증명하더라도 등록주의 원칙에 의해 특허출원절차에서 X 발명에 의해 신규성이 부정되어 특허를 받을 수 없게 되므로 이때 B가 A로부터 허락을 받지 않고 X' 발명을 실시하면 X 발명의 특허권을 침해하게 된다. 다만 X 발명의 특허출원 시에 그 특허출원된 발명의 내용을 알지 못하고 그 발명을 하거나 그 발명을 한 사람으로부터 알게 되어 국내에서 그 발명의 실시사업을 하거나 이를 준비하고 있는 자는 그 실시하거나 준비하고 있는 발명 및 사업목적의 범위에서 그 특허출원된 X 발명의 특허권에 대하여 통상실시권(특허법 제103조) 등을 가진다.

II. 저작권법과 상표법 간 관계

저작권법은 저작자의 권리와 이에 인접하는 권리를 보호하고 저작물의 공정한 이용을 도모함으로써 문화 및 관련 산업의 향상발전에 이바지함을 목적으로 하고, 상표법은 상표를 보호함으로써 상표사용자의 당해 상표 사용에 따라 축적된 업무상의 신용을 보호함과 동시에 공정한 유통질서를 유지하여 수요자의 이익을 보호하고 산업발전에 이바지함을 목적으로 하므로 두 법은 보호대상이나 취지가 다르다.

저작권법과 특허법은 같은 창작법에 속해 있기는 하지만 저작권법은 특허법에 비하면 상표법과 중첩적으로 적용될 가능성이 훨씬 크다.

저작물과 상표는 배타적·택일적인 관계에 있지 않고, 상표법상 상표를 구성할 수 있는 도형 등이라도 저작권법에 따라 보호되는 저작물의 요건을 갖추면 저작권법상의 저작물로도 보호받을 수 있으며, 그것이 상품의 출처표시를 위하여 사용되고 있거나 사용될 수 있다는 사정이 있다고 하여 저작권법에 의한 보호 여부가 달라지지 않기 때문이다.[3] 그렇더라도 도안화된 표장이 당연히 저작물로 인정받을 수 있는 것은 아니다.[4]

---

3) 대법원 2014. 12. 11. 선고 2012다76829 판결.
4) 특허법원 2018. 8. 23. 선고 2017나1599, 1605 판결(심리불속행 상고기각 확정)은 "이 사건 종전 서비스표(우측)의 표장은 상호를 문자로 표시한 부분과, 영문 'RTM' 위에 그려진 이파리가 있는 사과의 도안 부분이 결합하여 구성되어 있다. 그중 상호에 해당하는 부분은 출처표시, 즉 정보를 전달하는 실용적인 기능에 주된 목적이 있다. 영문 'RTM' 부분을 각 글자의 색깔을 달리 하여 연속하여 겹치게 기재하거나, 한글 '알티엠' 부분을 손글씨 느낌으로 작성하는 등으로 위 상호 부분에 미적인 요소가 일부 가미되어 도안화되어 있기는 하나, 이는 상호를 효과적으로 전달하여 수요자들의 인상에 각인되게 하기 위한 수단에 불과할 뿐으로서, 그 미적 요소 내지 창작성이 서비스업의 표지라는 서비스표 본래의 기능으로부터 분리, 독립되어 별도의 감상의 대상이 될 정도에 이른 것으

이로 인하여 저작권과 상표권의 저촉문제가 발생하는데 저작권과 상표권의 선후관계는 저작권 발생 시와 상표 출원 시를 기준으로 결정하고,[5] 상표권자 등이 그 등록상표를 사용하여 상표등록 출원일 전에 발생한 타인의 저작권과 저촉되는 경우에는 저작권자 등의 동의를 얻지 아니하고 그 등록상표를 사용할 수 없도록 함(상표법 제92조 제1항)으로써 원만한 해결을 도모하고 있다.

저작권과 상표권이 구별되는 관점을 살펴볼 수 있는 사례로 [A] 서적 등의 제호 내지 제명과 관련된 법리, [B] 캐릭터의 보호 요건 등을 들 수 있다.

먼저 [A] 서적 등의 제호 내지 제명이 저작권으로 보호될 수 있는지를 본다.

저작권법은 제13조 제1항에서 "저작자는 그의 저작물의 내용·형식 및 제호의 동일성을 유지할 권리를 가진다."고 규정하여 저작물의 제호를 저작인격권의 하나인 동일성유지권의 보호대상으로 하고 있다.[6]

나아가 제호 그 자체의 저작물성에 관하여는 견해가 나뉘어 있는데 대법원은 제호의 저작권 보호 여부에 대해 "제명은 사상 또는 감정의 표명이라고 볼 수 없어 저작물로서 보호받을 수 없다"[7]거나 "저작권법에 의하여 보호되는 저작물이라 함은 문학·학술 또는 예술에 속하는 것으로서 사상 또는 감정을 창작적으로 표현한 것을 말하므로, 어문저작물인 서적 중 저작자의 사상 또는 감정을 창작적으로 표현한 부분이라고 볼 수 없는 단순한 서적의 제호나 저작자 또는 출판사의 상호 등은 저작물로서 보호받을 수 없다"[8]라는 이유로 제호의 저작물성을 일률

로는 보이지 않아 그것이 출처표시라는 실용적인 기능과 분리 인식되어 독립적으로 존재가치를 가진다고 보기 어려우며, 문자의 색깔이나 형태, 배열 등 형식적인 요소 자체만으로 하나의 미술저작물이라고 할 수 있을 정도의 독자적인 실체를 인정하기도 어렵다. 나아가 'T'자 위에 접하여 그려진 '이파리가 있는 사과' 부분도 그 실질적인 목적은 상호를 효과적으로 전달하는 실용적인 기능에 있는 것으로서, 그와 같은 실용적·기능적 요소를 제외하고 나면, 그것만 가지고 작자의 독자적인 사상 또는 감정을 창작적으로 표현한 미술저작물로서 독자적인 존재가치가 인정된다고 보기에 부족하다."라고 하여 표장의 저작물성을 부정하였다.

5) 대법원 1996. 7. 30. 선고 94도2708 판결은 대작 여부 판단기준에 대하여 "일반적으로 석사학위논문 정도의 학술적 저작물을 작성함에 있어서는 논문작성 과정에서 타인으로부터 외국서적의 번역이나 자료의 통계처리 등 단순하고 기술적인 조력을 받는 것은 허용된다고 보아야 할 것이나, 그 작성자로서는 학위논문의 작성을 통하여 논문의 체제나 분류방법 등 논문 작성방법을 배우고, 지도교수가 중점적으로 지도하여 정립한 논문의 틀에 따라 필요한 문헌이나 자료를 수집하여 분석, 정리한 다음 이를 논문의 내용으로 완성하는 것이 가장 중요한 일이라 할 것이므로, 비록 논문작성자가 지도교수의 지도에 따라 논문의 제목, 주제, 목차 등을 직접 작성하였다고 하더라도 자료를 분석, 정리하여 논문의 내용을 완성하는 일의 대부분을 타인에게 의존하였다면 그 논문은 논문작성자가 주체적으로 작성한 논문이 아니라 타인에 의하여 대작된 것이라고 보아야 할 것이다."라고 하였다.
6) 대법원 1989. 10. 24. 선고 89다카12824 판결은 원저작물을 복제함에 있어 함부로 그 저작물의 내용, 형식, 제호에 변경을 가한 경우에는 원저작자의 동일성유지권을 침해한 경우에 해당한다고 하였다.
7) 대법원 1977. 7. 12. 선고 77다90 판결(만화 제명 '또복이').
8) 대법원 1996. 8. 23. 선고 96다273 판결('운전면허 학과시험 문제집' 및 '운전면허 2주 완성 문제집').

적으로 부정하는 취지로 판시하였으나, 그 후 "서적류의 제호는 특별한 사정이 없는 한 해당 저작물의 창작물로서의 명칭 내지는 그 내용을 함축적으로 나타내는 것이며…저작권법에 저촉되지 않는 한은 누구든지 사용할 수 있는 것으로서"라고 하거나,9) "이 사건 시의 제목 '비목(碑木)' 그 자체에는 저작권을 부여할 정도의 창작성이 있다고 볼 수 없어 어문저작물에 해당하지 않는다."라고 판단한 원심을 수긍하는10) 등 서적의 제호 등의 저작물성 여부에 대하여도 일반적으로 인정되는 저작권법상 저작물의 창작성 기준에 따라 판단하고 있다.

　　반면에 상표법에서 서적류 등의 제호는 특별한 사정이 없는 한 해당 저작물의 창작물로서의 명칭 내지는 그 내용을 함축적으로 나타내는 것이며 그러한 창작물을 출판하고 제조·판매하고자 하는 자는 저작권법에 저촉되지 않는 한은 누구든지 사용할 수 있는 것으로서 품질을 나타내는 보통명칭 또는 관용상표와 같은 성격을 가지는 것이므로 제호로서의 사용에 대하여는 상표법 제90조에 따라 상표권의 효력이 미치지 않음이 원칙이다.11)

　　그러나 타인의 등록상표를 정기간행물이나 시리즈물의 제호로 사용하는 등의 특별한 사정이 있는 경우에는 사용 태양, 사용자의 의도, 사용 경위 등 구체적 사정에 따라 실제 거래계에서 제호의 사용이 서적의 출처를 표시하는 식별표지로서 인식될 수 있으므로, 그러한 경우에는 상표권의 효력이 미치거나 부정경쟁방지법에서 보호되는 표지에 해당할 수 있다.12)

---

9) 대법원 2005. 8. 25. 선고 2005다22770 판결(등록상표 겸 서적의 제호 '영어공부 절대로 하지 마라').

10) 대법원 2017. 10. 12. 선고 2017다233054 판결.

11) 대법원 1992. 11. 27. 선고 92후384 판결('주간 만화'), 대법원 1995. 9. 26. 선고 95다3381 판결, 대법원 1999. 6. 25. 선고 98후58 판결, 대법원 2005. 8. 25. 선고 2005다22770 판결.

12) ① 대법원 1996. 5. 13.자 96마217 결정은 '꿈을 키우는 재능교육'이라는 월간지 제호 등에 대하여 사용에 의한 식별력 취득을 인정하였다.

② 대법원 2007. 1. 25. 선고 2005다67223 판결은 시리즈 편집음반의 "BLACK COFFEE 진한커피"라는 제명을 자타상품의 식별표지로 인정하였다.

③ 대법원 2005. 8. 25. 선고 2005다22770 판결은 피신청인의 '영어공부 절대로 하지 마라' 제호의 사용 태양, 사용 의도, 사용 경위 등에 비추어 피신청인은 신청인의 등록상표인 '영어공부 절대로 하지 마라'를 시리즈물인 서적의 제호의 일부로 사용함으로써 시리즈물인 서적의 출처를 표시하고 있는 것으로 볼 여지가 있다고 하였다.

④ 대법원 2015. 1. 29. 선고 2012다13507 판결은 "뮤지컬은 각본·악곡·가사·안무·무대미술 등이 결합되어 음악과 춤이 극의 구성·전개에 긴밀하게 짜 맞추어진 연극저작물의 일종으로서, 제목은 특별한 사정이 없는 한 해당 뮤지컬의 창작물로서의 명칭 또는 내용을 함축적으로 나타내는 것에 그치고 그 자체가 바로 상품이나 영업의 출처를 표시하는 기능을 가진다고 보기는 어렵다(대법원 2007. 1. 25. 선고 2005다67223 판결 등 참조). 그러나 뮤지컬은 제작·공연 등의 영업에 이용되는 저작물이므로, 동일한 제목으로 동일한 각본·악곡·가사·안무·무대미술 등이 이용된 뮤지컬 공연이 회를 거듭하여 계속적으로 이루어지거나 동일한 제목이 이용된 후속 시리즈 뮤지컬이 제작·공연된 경우에는, 공연 기간과 횟수, 관람객의 규모, 광고·홍보의 정도 등 구체적·개별적 사정에 비추어 뮤지컬의 제목이 거래자 또는 수요자에게 해당 뮤지컬의 공연이 갖는 차별적 특징을 표상함으로써 구체적으로 누구인지는 알 수 없다고 하더라도 특정인의 뮤지컬 제작·공연 등의 영업임을 연상시킬 정도로 현저하게 개별화되기에

다음으로, [B] 캐릭터의 보호 요건에 대하여 본다.

만화, 텔레비전, 영화, 신문, 잡지 등 대중이 접하는 매체를 통하여 등장하는 인물, 동물 등의 형상과 명칭을 뜻하는 캐릭터13)의 경우 저작권법과 상표법에서 각각 보호요건이 다르다.

저작권법에서 캐릭터의 보호요건 문제는 캐릭터의 개념 정의를 어떻게 하는지와 직접적으로 관련이 있다.

캐릭터를 만화 등의 구체적 표현으로부터 승화된 등장인물의 인격이라고 할 수 있는 추상적 개념이고 구체적 표현 그 자체는 아니라고 정의하는 견해도 있으나,14) 캐릭터를 표현적 요소를 초월한 인격 등의 추상적 개념으로만 파악할 이론적 근거는 없다.

우리 실무는 캐릭터를 그와 같이 추상적 개념으로만 파악하기보다는 표현과 아이디어의 요소를 함께 가지고 있는 개념으로 파악하여 캐릭터를 만화, 텔레비전, 영화, 신문, 잡지 등 대중이 접하는 매체를 통하여 등장하는 인물, 동물 등의 형상과 명칭을 의미하는 것으로 정의하고 있다.15) 이때 캐릭터가 특정분야 또는 일반대중에게 널리 알려진 것이라거나 고객흡인력을 가졌는지는 저작물의 저작권법에 의한 보호 여부를 판단함에 있어서 고려할 사항이 아니다.16)

캐릭터 중에서 상품화 등을 목적으로 독자적으로 창작되어 시각적으로 표현된 이른바 오리지널 캐릭터의 경우에는 일반적으로 그 창작성이 인정되면 저작물성도 인정됨이 통상이어서 저작물 보호 여부와 관련하여 별다른 문제가 발생하지 않으나,17) 오리지널 캐릭터가 아닌

이르렀다고 보인다면, 뮤지컬의 제목은 단순히 창작물의 내용을 표시하는 명칭에 머무르지 않고 부정경쟁방지 및 영업비밀보호에 관한 법률 제2조 제1호 (나)목에서 정하는 '타인의 영업임을 표시한 표지'에 해당한다."라고 하였다.

13) 캐릭터를 미키마우스 등 만화 주인공과 같은 시각적 캐릭터와 임꺽정 등 소설의 주인공과 같은 어문적 캐릭터로 나누기도 하고 실제 존재 여부에 따라 실재 캐릭터와 수퍼맨이나 제임스본드와 같은 창작 캐릭터로 나누기도 한다. 관련하여 실재하는 사람의 캐릭터에 관한 권리는 퍼블리시티권(Right of Publicity)과 밀접한 관련이 있다. 본래 실재하는 인물의 용도나 캐릭터에 관한 권리는 비경제적인 초상권의 보호 대상이었는데 실재 인물의 캐릭터가 가지는 경제적 가치, 즉 상품 선전력 내지는 고객흡인력에 착안하게 되면서 특정한 인물이 자신의 캐릭터에 대한 상업적 가치를 통제할 수 있는 권리로서 퍼블리시티권의 개념이 등장하게 되었다. 퍼블리시티권은 뒤의 「제10장 그 밖의 권리 및 특례 제5절 퍼블리시티권」 부분에서 설명한다.

14) 일본 最高裁判所 1997. 7. 17. 선고 平成4(オ)1443 판결.

15) 대법원 2005. 4. 29. 선고 2005도70 판결, 대법원 2010. 2. 11. 선고 2007다63409 판결.

16) 대법원 1999. 5. 14. 선고 99도115 판결, 대법원 2005. 4. 29. 선고 2005도70 판결, 대법원 2010. 2. 11. 선고 2007다63409 판결.

17) 대법원 2003. 10. 23. 선고 2002도446 판결은 "달마시안 종의 개 101마리라는 설정과 이에 따른 101이라는 숫자 및 달마시안 무늬로 만든 디자인으로 표현된 위 회사의 저작물은 자연계에 존재하는 달마시안 종 일반을 연상시키는 것이 아니라 오로지 위 회사가 창작한 만화영화 속 주인공인 101마리의 달마시안 종의 개만을 연상하게 하며, 달마시안 종의 개가 원래 자연계에 존재한다고는 하지만 위 회사는 달마시안 종의 개에게 만화주인공으로서만이 가질 수 있는 독특한 사랑스러움과 친숙함 등을 느낄 수 있도록

경우에 캐릭터를 소재로 하고 있는 만화, 영화 등 저작물과는 별도로 해당 캐릭터 자체가 독립하여 보호를 받을 수 있는지가 문제된다.

이 문제에 대하여 캐릭터를 일정한 이름, 용모, 역할 등의 특징을 가진 등장인물이 반복하여 묘사됨으로써 각각의 표현을 떠나 일반인의 머릿속에 형성된 일종의 이미지로서 표현과는 대비되는 추상적인 개념으로 정의하는 입장에서는, 캐릭터가 등장하는 소설이나 만화, 만화영화에 나타난 구체적인 표현 그 자체를 각각 어문저작물이나 미술저작물 또는 영상저작물로 보호하는 것으로 충분하고, 나아가 개별적인 표현 외에 추상적인 캐릭터 자체를 독립된 저작권법의 보호대상으로 삼을 필요가 없다고 보게 된다(제1설 부정설).

즉, 부정설과 같이 캐릭터를 앞서 본 바와 같이 추상적인 개념으로 파악하면 그와 같은 가상의 이미지에 불과한 캐릭터는 표현이 아니어서 저작물의 성립요건을 충족하지 않고, 캐릭터 자체를 저작물로 인정하지 않더라도 캐릭터가 표현된 개별적인 작품을 저작권법상의 저작물로 보호함으로써 캐릭터가 반사적으로 보호될 수 있다고 본다.

반면에 캐릭터를 만화, 텔레비전, 영화, 신문, 잡지 등 대중이 접하는 매체를 통하여 등장하는 인물, 동물 등의 형상과 명칭을 의미하는 것으로 정의하는 입장에서는,[18] 캐릭터가 등장하는 대상에 따라 소설의 경우는 관련 표현이 어문저작물로, 만화의 경우는 미술저작물로, 만화영화의 경우는 영상저작물로 각각 그 표현이 보호를 받을 수 있는 것은 물론이고, 나아가 소설 등에 나오는 관련 표현 외에 캐릭터 자체도 표현에 해당하여 저작권법의 보호를 받을 수 있다고 본다(제2설 긍정설).

다만 긍정설의 입장이라도 어문적 캐릭터의 경우에는 그 대상의 형상 등이 문장으로 이루어져 있는 성격상 시각적 캐릭터에 비하여 제한적으로 인정될 것이다.

미국에서도 어문적 캐릭터(literary character)의 보호 여부 등에 대하여는 아직 견해가 일치되어 있지 않다.

미국은 Nichols v. Universal Pictures Corp.[19]에서 어문적 캐릭터가 저작물로 보호받을

도안함으로써 저작권법에서 요구하는 창작성의 요건을 갖추었으므로, 이는 창작성이 있는 저작물로서 저작권법의 보호대상이 되고,..."이라고 하고, 대법원 2015. 12. 10. 선고 2015도11550 판결은 "원심판시 이 사건 캐릭터는 토끼를 사람 형상으로 표현한 것으로서 둥근 얼굴에 작고 둥근 눈 및 작은 눈과 대비되는 크고 둥근 코와 그 아래에 일자에 가까운 입 모양을 갖추고 있고, 귀는 긴 타원형으로 속살 같은 것이 보이는 형태로 되어 있으며, 팔과 다리는 길게 늘어뜨려 약간 휘어진 형태인데 손이나 발은 원형으로 되어 있어, 전체적으로 아무 표정이 없지만 느긋하고 귀여운 느낌을 주도록 도안한 것임을 알 수 있다...이 사건 캐릭터는 흔히 볼 수 있는 실제 토끼의 모습과는 구별되는 독특한 형상으로서 창작자 나름의 정신적 노력의 소산으로서의 특성이 부여되어 있고 다른 저작자의 기존 작품과 구별할 수 있는 정도라고 보이므로 저작권법에 의하여 보호되는 저작물의 요건으로서의 창작성을 구비하였다."라고 한다.

18) 대법원 2005. 4. 29. 선고 2005도70 판결, 대법원 2010. 2. 11. 선고 2007다63409 판결.
19) 45 F.2d 119(2d Cir. 1930).

수 있기 위하여는 대상이 되는 캐릭터가 충분히 묘사되어 있어야 하고 침해 캐릭터가 대상 캐릭터와 흡사할 정도로 그것을 모방하여야 한다고 하였다. 이 이론은 어문적 캐릭터의 보호 여부의 기준을 다른 어문저작물의 요소인 줄거리와 구성 등의 보호 여부와 구별하여 달리 판단할 필요가 없다는 점을 전제로 하고 있다. 반면에 Warner Bros. Pictures, Inc. v. Columbia Broadcasting System, Inc.20)에서는 어문적 캐릭터는 그 캐릭터가 들려질 수 있는 이야기(Story being told) 그 자체를 구성할 정도가 되어야 저작물로 보호받을 수 있다고 한다. 그런데 어문적 캐릭터가 그러한 기준을 충족하는 경우는 거의 없을 것이므로 실질적으로 이 이론은 어문적 캐릭터를 저작물의 보호대상에서 제외하자는 견해와 마찬가지이다.21)

캐릭터에 대해 저작권법의 보호를 인정한 대법원판결들은 모두 시각적 캐릭터의 경우이고 아직까지 어문적 캐릭터가 명시적으로 인정된 사례는 나와 있지 않다.

예를 들어 "저작권법에 의하여 보호되는 저작물이기 위하여는 인간의 사상 또는 감정을 표현한 창작물이어야 할 것인바, 만화, 텔레비전, 영화, 신문, 잡지 등 대중이 접하는 매체를 통하여 등장하는 인물, 동물 등의 형상과 명칭을 뜻하는 캐릭터의 경우 그 인물, 동물 등의 생김새, 동작 등의 시각적 표현에 작성자의 창조적 개성이 드러나 있으면 원저작물과 별개로 저작권법에 의하여 보호되는 저작물이 될 수 있다."라고 하여22) '시각적 표현'이라는 문구를 사용함으로써 시각적 캐릭터의 경우로 한정하여 법리를 설시하고 있음에 유의한다. 즉, 실무는 캐릭터 중 시각적 표현에 관한 한, 원저작물과 별개로 저작권법에 의하여 보호되는 저작물이 될 수 있다고 보고 있다.23)24)

한편, (저작권법이 아닌) 상표법에서는 캐릭터가 상품화되어 상표법 제34조 제1항 제9호에 규정된 '타인의 상품을 표시하는 것이라고 수요자간에 널리 인식되어 있는 상표(지리적 표시는 제외한다)', 상표법 제34조 제1항 제11호에 규정된 '수요자들에게 현저하게 인식되어 있는 타인의 상품이나 영업과 혼동을 일으키게 하거나 그 식별력 또는 명성을 손상시킬 염려가 있는

20) 216 F.2d 945(9th Cir. 1954).
21) Marshall A. Leaffer, Copyright Law(Sixth Edition), LexisNexis(2014), 92~94 참조.
22) 대법원 2010. 2. 11. 선고 2007다63409 판결.
23) 대법원 1997. 4. 22. 선고 96도1727 판결(톰앤제리), 대법원 1999. 5. 14. 선고 99도115 판결(리틀밥독), 대법원 2003. 10. 23. 선고 2002도445 판결(달마시안). 대법원 2005. 4. 29. 선고 2005도70 판결(탑블레이드)은 캐릭터 자체가 독자적으로 저작물성을 가짐을 전제로 판시하였고, 대법원 2010. 2. 11. 선고 2007다63409 판결(게임 캐릭터)은 이를 명시적으로 인정하고 있다. 한편 위 96도1727 판결은 "일련의 연속된 특정 만화영상저작물의 캐릭터가 어느 시점을 기준으로 하여 새로운 저작물로서 인정되기 위하여서는 종전의 캐릭터와는 동일성이 인정되지 아니할 정도의 전혀 새로운 창작물이어야 한다."라고 하였다. 이에 따르면 작품에 게재된 해당 표현 외에 작품에 나오지 않은 응용표현도 복제에 해당한다고 판단될 수 있다.
24) 미국 연방항소법원도 Walt Disney Production v. Air Pirates, 581 F.2d 751 (9th Cir. 1978)에서 캐릭터가 만화 등 원저작물로부터 독립하여 별도의 보호대상이 된다고 하였다.

상표'가 되기 위하여는 캐릭터 자체가 국내에 널리 알려진 것만으로는 부족하고, 그 캐릭터에 대한 상품화 사업이 이루어지고 이에 대한 지속적인 선전, 광고 및 품질관리 등으로 그 캐릭터가 이를 상품화할 수 있는 권리를 가진 자의 상품표지이거나 위 상품화권자와 그로부터 상품화 계약에 따라 캐릭터사용허락을 받은 사용권자 및 재사용권자 등 그 캐릭터에 관한 상품화 사업을 영위하는 집단(group)의 상품표지 등으로 수요자들에게 널리 인식되어 있을 것을 요한다.25) 이러한 상표법 등 표지법에서의 캐릭터 관련 논리는 앞에서 본 저작권법에서의 캐릭터 법리와는 사뭇 다르다.

III. 저작권법과 디자인보호법 간 관계

저작권법은 저작자의 권리와 이에 인접하는 권리를 보호하고 저작물의 공정한 이용을 도모함으로써 문화 및 관련 산업의 향상발전에 이바지함을 목적으로 하지만 디자인보호법은 디자인의 보호와 이용을 도모함으로써 디자인의 창작을 장려하여 산업발전에 이바지함을 목적으로 한다.

저작권법은 인간의 사상이나 감정에 관하여 독자적으로 창작된 구체적인 표현을 보호하는 것으로 저작권은 저작물의 창작행위와 동시에 발생하고 그 설정등록을 효력발생요건으로 하지 않으므로 같은 문학적 사상이라도 그 구체적인 표현이 독자적인 창작물이라면 저작권으로 인정받을 수 있고 따라서 먼저 창작된 저작물을 알지 못한 채 독자적으로 그 저작물을 창작한 경우에 저작권이 병존하여 인정될 수 있다.26) 저작재산권의 보호기간은 원칙적으로 저작자가 생존하는 동안과 사망한 후 70년간이다(저작권법 제39조 제1항).

디자인보호법은 물품에 구현된 형태를 디자인으로 먼저 출원하여 등록하도록 하여야만 디자인권자가 업으로서 등록디자인 또는 이와 유사한 디자인을 실시할 권리를 독점하고(디자인보호법 제92조)27) 2013. 5. 28. 법률 제11848호로 전부개정된 디자인보호법이 시행(2014. 7. 1.)

25) 대법원 2005. 4. 29. 선고 2005도70 판결(만화영화 '탑 블레이드' 캐릭터 사건). 부정경쟁방지법 제2조 제1호 가목이 적용 여부가 문제였던 사안이나 판시 법리는 같은 상품표지에 관한 상표법에도 적용될 수 있다.
26) 디자인보호법의 경우에 디자인을 창작한 자가 이미 등록된 동일·유사한 디자인권의 존재를 알고 있었는지 여부(저작권에서의 '의거'에 상응하는 부분)는 등록단계에서 고려되지 않는다.
27) 다만 선출원 등록주의를 관철할 경우에 선의의 피해가 발생할 우려가 있으므로 디자인보호법 제100조는 "디자인등록출원 시에 그 디자인등록출원된 디자인의 내용을 알지 못하고 그 디자인을 창작하거나 그 디자인을 창작한 사람으로부터 알게 되어 국내에서 그 등록디자인 또는 이와 유사한 디자인의 실시사업을 하거나 그 사업의 준비를 하고 있는 자는 그 실시 또는 준비를 하고 있는 디자인 및 사업의 목적 범위에서 그 디자인등록출원된 디자인의 디자인권에 대하여 통상실시권을 가진다."라고 하여 선사용에 따른 통상실시권을 인정하고, 디자인보호법 제101조는 "타인의 디자인권이 설정등록되는 때에 그 디자인등록출

된 후 출원되어 디자인등록된 디자인권부터는 설정등록한 날부터 발생하여 디자인등록출원일 후 20년이 되는 날까지 존속하되(디자인보호법 제91조 제1항, 부칙 제10조) 그 이전에 등록된 디자인권은 설정등록이 있는 날부터 15년간 존속한다(구 디자인보호법 제40조 제1항 본문).

물품에 구현된 디자인은 디자인보호법의 보호대상이지만 이러한 것이 저작권법의 보호대상인 사상 또는 감정을 표현한 창작물(저작권법 제2조 제1호)에 해당하기도 하여 두 법에 의한 중첩적 보호를 인정할 수 있는지의 문제가 있을 수 있다. 과거 물품의 장식에 대해 디자인권과 저작권의 중첩적 보호를 부정하고 어느 한쪽의 보호만 받을 수 있다는 견해도 있었으나 오늘날에는 사안에 따라 디자인권과 저작권이 중첩적으로 보호될 수 있다고 이해되고 있다.[28]

저작권법과 디자인보호법이 중첩적으로 적용되는 영역과 관련하여 실무상 쟁점이 되고 있는 것에 [A] 오로지 미적표현을 목적으로 하는 순수미술과 달리 실용을 겸한 미적창작물 내지 실용품에 적용된 미술을 의미하는 응용미술(applied arts)이 저작물로 인정될 수 있는지, [B] 글자체(font)가 디자인보호법 및 저작권법으로 보호될 수 있는지가 있다.

먼저 위 [A]의 응용미술저작물에 관한 쟁점에 대하여 본다.

입법적으로 보면 1957. 1. 28. 법률 제432호로 제정된 저작권법 제2조는 저작물을 표현의 방법 또는 형식의 여하를 막론하고 공예 등과 기타 학문 또는 예술의 범위에 속하는 일체의 물건이라고 규정할 뿐이었다. 그 후 1986. 12. 31. 법률 제3916호로 전부개정된 저작권법 제4조 제1항 제4호에서 저작물의 예시로 '응용미술작품'이 추가되었으나 여러 가지 의문이 제기되었고,[29] 이에 2000. 1. 12. 법률 제6134호로 개정된 저작권법 제2조 제11의2에서 "응용미술저작물 : 물품에 동일한 형상으로 복제될 수 있는 미술저작물로서 그 이용된 물품과 구분되어 독자성을 인정할 수 있는 것을 말하며, 디자인 등을 포함한다."라고 하여 응용미술저작물

원된 디자인의 내용을 알지 못하고 그 디자인을 창작하거나 그 디자인을 창작한 사람으로부터 알게 되어 국내에서 그 디자인 또는 이와 유사한 디자인의 실시사업을 하거나 그 사업의 준비를 하고 있는 자(제100조에 해당하는 자는 제외한다)는 1. 타인이 디자인권을 설정등록받기 위하여 디자인등록출원을 한 날 전에 그 디자인 또는 이와 유사한 디자인에 대하여 디자인등록출원을 하였을 것(제1호), 2. 타인의 디자인권이 설정등록되는 때에 제1호에 따른 디자인등록출원에 관한 디자인의 실시사업을 하거나 그 사업의 준비를 하고 있을 것(제2호), 3. 제1호 중 먼저 디자인등록출원한 디자인이 제33조 제1항 각 호의 어느 하나에 해당하여 디자인등록거절결정이나 거절한다는 취지의 심결이 확정되었을 것(제3호)의 요건을 모두 갖춘 경우에 한정하여 그 실시 또는 준비를 하고 있는 디자인 및 사업의 목적 범위에서 그 디자인권에 대하여 통상실시권을 가진다."라고 하여 선출원에 따른 통상시실권 등을 인정하고 있다.

28) In re Yardley, 493 F.2d 1389 (C.C.P.A. 1974).

29) 저작물의 예시로 응용미술작품을 추가하였으나 응용미술작품에 관한 정의규정을 두지 않아 어느 범위의 응용미술작품까지 저작권으로 보호할 수 있는지에 관하여 여전히 다툼이 있었고 구 저작권법과 당시 시행되던 구 의장법(디자인보호법 시행 이전의 법률)간 저촉문제를 해결하기 위한 규정도 두지 않아 의장등록이 되지 않거나 등록의장권의 보호기간이 도과된 경우에도 저작권법의 보호를 받을 수 있는지에 대한 입법자의 태도를 명확히 알 수 없었다.

에 관한 정의규정을 추가로 신설함으로써 구 의장법 내지 디자인보호법과 저작권법 간의 중첩문제를 해결하고 있다.30)

입법에 따른 그동안의 실무 태도를 살펴본다.

1957. 1. 28. 법률 제432호로 제정된 저작권법의 당시 규정으로는 응용미술 중 공예 및 예술의 범위에 속하는 일품제작의 미술공예품(수공예품)만이 저작권법의 보호대상이 되는 것으로 해석되었다.31)

1986. 12. 31. 법률 제3916호로 개정된 저작권법 당시 실무는 응용미술작품에 대하여 원칙적으로 구 의장법(현 디자인보호법)에 의한 보호로서 충분하고 예외적으로 저작권법에 의한 보호가 중첩적으로 주어진다고 보는 것이 구 의장법 및 저작권법의 입법취지라고 판단한 다음, 산업상의 대량생산에의 이용을 목적으로 하여 창작되는 모든 응용미술작품이 곧바로 저작권법상의 저작물로 보호된다고 할 수 없고 그중에서도 그 자체가 하나의 독립적인 예술적 특성이나 가치를 가지고 있어 예술의 범위에 속하는 창작물에 해당하여야만 저작물로서 보호된다는 입장을 취하고 있었다.32)

그 후 2000. 1. 12. 법률 제6134호로 개정된 저작권법이 적용되는 응용미술저작물에 대하여, 어느 도안이 이용된 물품과 구분되어 독자성을 인정할 수 있는 것이라면 저작권법의 보호대상인 저작물에 해당한다고 하고,33) 2006. 12. 28. 법률 제8101호로 개정된 저작권법 제

---

30) 2006. 12. 28 법률 제8101호로 전부 개정된 저작권법 제2조 제15호에서 "응용미술저작물은 물품에 동일한 형상으로 복제될 수 있는 미술저작물로서 그 이용된 물품과 구분되어 독자성을 인정할 수 있는 것을 말하며, 디자인 등을 포함한다."라고 하여 조문의 위치만이 바뀌었다.

31) 위 법 시행 당시 다수의 견해는 대량생산에 따른 제품에 구현된 응용미술에는 구 의장법이 적용되고 일품제작의 수공예품에 구현된 응용미술에는 구 저작권법이 적용되는 것으로 해석되어 그와 같이 해석하는 한 응용미술에 대하여 양 법의 저촉문제는 발생하지 않았다.

32) 대법원 1996. 2. 23. 선고 94도3266 판결 [저작권법위반](직물의 염직에 사용하기 위한 염직도안이 저작권법상의 저작물이 아니라고 본 사례), 대법원 2000. 3. 28. 선고 2000도79 판결(생활한복이 저작권법의 보호대상이 되는 저작물에 해당하지 않는다고 본 사례)도 같은 취지이다. 다만 대법원 1991. 8. 13. 선고 91다1642 판결 [손해배상(기)]은 한복치마 중 독창성이 인정되는 부분에 대해 저작권을 인정하였고, 대법원 1992. 12. 24. 선고 92다31309 판결 [가처분이의]은 롯데월드의 상징도안(캐릭터)인 너구리도안에 대해 상업성이 강한 응용미술작품으로서 제작자의 예술적인 감각 및 기술 등에 의하여 제작되었다는 등의 이유로 저작권을 인정하였다.

33) 대법원 2004. 7. 22. 선고 2003도7572 판결 [저작권법위반](히딩크 넥타이 도안 사건). 파기환송 후 원심판결(서울중앙지방법원 2005. 2. 4. 선고 2004노2851 판결)을 거쳐 다시 재상고되었는데 대법원 2007. 6. 28. 선고 2005도1450 판결은 "원심이, 피해자 ○○○이 디자인한 태극문양과 팔괘문양이 상하좌우로 반복된 일명 '히딩크 넥타이'에 나타나 있는 이 사건 디자인을 저작권법 소정의 응용미술저작물이라고 인정한 다음, 피고인 □□□이 원심 판시 일시, 장소에서 △△△에게 이 사건 디자인과 유사한 문양이 인쇄된 넥타이의 제작을 의뢰한 후 이를 납품받아 피해자 ○○○의 이 사건 디자인에 대한 복제권을 침해하였고, 피고인 ◇◇◇공사는 그 사용인인 피고인 □□□이 업무에 관하여 위와 같은 위반행위를 하였다는 취지로 판단"한 원심을 수긍하였다.

2조 제15호의 응용미술저작물34)에 관하여, 응용미술에 관한 물품이 응용미술저작물로서 저작권법의 보호를 받기 위해서는 산업적 목적으로의 이용을 위한 '복제가능성'과 당해 물품의 실용적·기능적 요소로부터의 '분리가능성'이라는 요건을 충족하여야 저작물로서 보호된다고 하였다.35) 따라서 응용미술에 관한 물품의 외관에 실용적·기능적 요소를 넘은 요소가 가미되어 있더라도 그 물품으로부터 관념적으로 구분되어 독자적으로 확인될 수 있고 다른 물품에도 적용될 수 있는 요소만이 저작권법의 보호를 받을 수 있을 뿐이며 그 물품 자체의 외관 전체에 당연히 저작권법의 보호가 미치는 것은 아니다.

다음으로 위 [B]의 글자체(font)에 관한 쟁점에 대하여 본다.

2004. 12. 31. 법률 제7289호로 (디자인보호법으로) 전문개정되기 전의 구 의장법에서는

대법원 2009. 6. 11. 선고 2008도8164 판결은 "양산되는 물품인 이 사건 넝쿨반지 자체가 인간의 사상 또는 감정을 표현한 창작물로서 저작권법의 보호대상이라고 할 수 없고, 이 사건 넝쿨반지를 동일한 형상으로 복제할 수 있는 이 사건 금형도 이를 이용하여 제작한 물품인 반지의 기능과 관념적으로 구분되어 독자성을 가진다고 보이지는 아니하고, 달리 이 부분 공소사실을 인정할만한 증거가 없다"는 원심판단을 수긍하였다. 같은 취지로 대법원 2008. 2. 1. 선고 2006도1553 판결도 "묵주반지에 나타나 있는 묵주반지의 기본적인 형상이나 모양 및 그 구성요소와 배치, 묵주반지에 돌출되어 있는 십자가의 문양 및 색채, 묵주반지에 돌출되어 있는 10개의 묵주알의 형태 및 문양 등의 창작성을 인정할 수 없어서 이 사건 각 묵주반지 디자인이 저작권법의 보호대상인 저작물이 아니라는 취지로 판단"한 원심의 결론을 수긍하였다.
34) 개정 전·후의 응용미술저작물의 정의 내용은 동일하다.
35) 대법원 2013. 4. 25. 선고 2012다41410 판결은 대법원 2004. 7. 22. 선고 2003도7572 판결을 원용하면서 위 본문의 판시 법리를 설시한 다음에, 서적의 표지·제호 디자인은 모두 이 사건 초판 4종 서적의 내용이 존재함을 전제로 하여 이를 효과적으로 전달하기 위한 수단에 불과하고, 서적 표지라는 실용적인 기능과 분리 인식되어 독립적으로 존재할 수 없으며, 그 문자, 그림의 형태나 배열 등의 형식적 요소 자체만으로는 하나의 미술저작물이라고 할 수 있을 정도의 독자적인 실체가 인정되지 않으므로, 응용미술저작물이 아니라고 하였다. 서울고등법원 2011. 1. 19. 선고 2010나54063 판결(상고기각 확정)은 "원고의 각 청첩장 전체 도안은 청첩장의 전체 형태 및 색상, 꽃, 나비, 리본, 하트, 장미꽃 넝쿨 문양, 스티치 문양 등 각종 문양, 청첩장에 사용한 한글·한자·영문 문구의 내용 및 활자의 색상·크기·형태 등의 시각적 요소를 원고 나름의 방법으로 표현한 것임이 인정되고, 나아가 원고의 정신적 노력의 소산으로서의 특성이 잘 부여되어 있다고 보이므로 저작물로서의 창작성이 인정되고, 또한 그 독특한 형상과 문양에서 미적인 요소를 지니고 있어 응용미술작품의 일종으로 '물품에 동일한 형상으로 복제될 수 있는 미술저작물'에 해당하며, 그 이용된 물품인 청첩장은 각 도안을 종이에 그대로 인쇄 및 복제하는 방법으로 제작된 것으로서 각 도안은 얼마든지 다른 실용품의 디자인으로도 이용될 수 있어 '그 이용된 물품과 구분되어 독자성을 인정할 수 있는 것'에도 해당하므로, 저작권법의 보호대상인 응용미술저작물에 해당한다."라고 하였다. 서울중앙지방법원 2014. 1. 23. 선고 2012가합543317 판결(미항소 확정)은 "여기서 '분리가능성'이란 당해 물품의 기능적 요소와는 구분되는 미적인 요소로서 그 독자성이 인정됨에 따라 그 자체로 얼마든지 다른 물품에도 적용될 수 있는 성질을 의미하는바, 물품의 형상이 미적인 요소와 실용적·기능적 요소를 함께 반영한 것이라면 그 형상이 설령 미적인 것이라 해도 관념적 분리가능성이 있다고 볼 수 없고, 그 형상이 실용적·기능적 요소를 고려하지 않은 순수한 미적인 판단이 독립적으로 작용한 결과 나타난 것이라면 관념적 분리가능성이 있다고 할 것이다."라고 하였다.

의장(디자인)을 "물품(물품의 부분을 포함한다)의 형상…"(제2조 제1호)이라고 정의하고 있었기 때문에 형상이 없는 글자체는 구 의장법의 보호대상이 될 수 없었다.

그러나 2004. 12. 31. 법률 제7289호로 개정된 디자인보호법에서 디자인을 "물품(물품의 부분 및 글자체를 포함한다)의 형상…"(제2조 제1호)이라고 정의하여 디자인으로서 글자체를 보호대상으로 하는 규정을 신설하고, 글자체가 디자인권으로 등록되더라도 그 디자인의 효력이 타자·조판 또는 인쇄 등의 통상적인 과정에서 글자체를 사용하는 경우 및 그에 따른 글자체의 사용으로 생산된 결과물인 경우에는 미치지 아니하는 것으로(제44조[36]) 규정하였다.

저작권법에서 글자체가 보호 대상인 저작물인지에 대하여는 견해가 나뉘나 글자체에 문자로서의 실용적 기능으로부터의 분리가능성(독자성)을 인정하기 어려워 특별한 사정[37]이 없는 한 저작물성을 인정하기 어렵다.[38]

다만 대법원 2004. 7. 22. 선고 2003도7572 판결 이전에 선고된 판결에서는 글자체 자체가 아니라 '인쇄용 서체도안'과 같이 실용적인 기능을 주된 목적으로 하여 창작된 응용미술작품으로서의 서체도안은 거기에 미적인 요소가 가미되어 있다고 하더라도 그 자체가 실용적인 기능과 별도로 하나의 독립적인 예술적 특성이나 가치를 가지고 있어서 예술의 범위에 속하는 창작물에 해당하는 경우에 저작물로서 보호될 수 있다고 한 것이 있으나,[39] 위 2003도7572 판결 등에 따른다면 설령 인쇄용 서체도안이 저작물로서 보호될 여지가 있더라도 복제가능성과 분리가능성의 요건을 충족하여야 할 것이다.

한편, 대법원은 '서체파일'에 대하여는 독자적 구상에 따라 특정한 서체를 도안하고 모니터상의 이미지를 기초로 응용프로그램과 마우스를 이용하여 좌표 및 외곽선 수정작업을 거쳐

---

36) 현 디자인보호법 제94조 제2항과 같은 내용이다.
37) 서울고등법원 1997. 9. 24. 선고 97나15234 판결(심리불속행 상고기각 확정)은 원고가 서예가로서 궁체에 대비되는 필체로서 일반 백성들의 글씨체에 바탕을 두고 글씨체가 독특하며 개성이 있는 민체를 연구하고 체계화하여 이를 작품화하여 왔고 한국서예청년작가전에 민체로 작품화한 "춘향가"를 출품하였는데 피고는 위 춘향가 작품의 본문글자 중에서 복제된 "축"자와 "제"자로 이루어진 글자를 사용한 사건에서, "원고가 쓴 위 '춘향가'의 서체는 원고의 사상 또는 감정 등을 창작적으로 표현한 지적·문화적 정신활동의 소산(所産)으로서 하나의 독립적인 예술적 특성과 가치를 가지는 창작물이라 할 것이므로, 원고는 이 사건 글자를 포함한 위 "춘향가"의 서체에 대하여 저작재산권과 저작인격권을 취득하였다"라고 하였다. 실무에서 위 판결은 서체가 서예가에 의해 창작되어 문자의 실용적 기능으로부터 독립한 미적 특성이 인정되는 사안으로 언급되고 있다.
38) 이해완, 저작권법(제4판), 박영사(2019), 355에서 글자체 자체의 저작권법에 의한 보호가능성은 예외적인 경우를 제외하고 원칙적, 일반적으로는 주어지지 않고, 우리나라에서는 기본적으로 글자체 보호를 디자인보호법에 맡길 것이라고 볼 수 있다고 하면서 그 예외적인 경우의 예로 '한 벌의 서체가 아니라 개별 글자나 글자의 일정한 조합을 특수하게 디자인함으로써 그것이 가지는 심미적 측면이 정보 전달적인 기능을 압도하는 수준에 이르러 글자가 심미적 표현에 있어서 문자로서의 실용적인 기능에 따른 실질적인 제약이 있었다고 할 수 없는 경우'를 들고 있다.
39) 대법원 1996. 8. 23. 선고 94누5632 판결은 쟁점이 된 인쇄용 서체도안의 저작물성을 부정하였다.

최종적인 좌표를 선택함으로써 서체를 생성하는 일련의 과정에 서체제작자의 개성적 표현방식과 창의적 선택이 스며들어 있는 것으로 보아 그 서체파일에 대해 컴퓨터프로그램으로서 저작물성을 인정하고 있다.[40][41]

그러나 본서 저자로서는, 위 대법원판결에서 서체파일에 대해 컴퓨터프로그램으로서 저작물성을 인정한 이유는 당시 업계를 보호하기 위한 정책적인 이유가 주된 영향을 주었던 것으로 보이고 논리적으로 볼 때 이러한 서체파일은 본질적으로 서체에 관한 좌표값과 글자의 윤곽선을 그려주기 위한 단순한 형태의 명령으로서 서체도안에 관한 수치화된 데이터 그 자체에 불과하여, 특별한 사정이 없는 한 서체파일이라는 이유만으로 그것에 대해 저작권법 상의 컴퓨터프로그램저작물성을 인정하기는 어렵다고 본다.[42]

디자인권과 저작권의 효력이 충돌할 경우 그 우선순위를 정하기 위한 선후관계는 디자인권 출원 시와 저작권 발생 시를 기준으로 판단하게 되는데 디자인보호법은 등록디자인 또는 이와 유사한 디자인이 그 디자인등록출원일 전에 발생한 타인의 저작물을 이용하거나 저작권에 저촉되는 경우에는 저작권자의 허락을 받아야 실시할 수 있다고 규정하고 있다(디자인보호법 제95조 제3항).

---

40) 대법원 2001. 5. 15. 선고 98도732 판결, 대법원 2001. 6. 26. 선고 99다50552 판결, 대법원 2001. 6. 29. 선고 99다23246 판결 등 참조.
   한편 2009. 4. 22. 법률 제9625호로 개정되기 전의 저작권법까지는 저작권법과 컴퓨터 프로그램 보호법이 분리되어 개별적으로 시행되고 있어서 파일서체가 구 컴퓨터 프로그램 보호법상의 컴퓨터프로그램에 속하는지 여부가 쟁점이었다. 위 개정 저작권법부터 컴퓨터 프로그램 보호법이 저작권법 제5장의2 프로그램에 관한 특례로 통합하여 규정되었다(제2조 제16호, 제34호, 제101조의2 내지 제101조의7 참조).
41) 대법원 2001. 5. 15. 선고 98도732 판결은 "피해자들의 이 사건 서체파일은 그림을 그리는 논리·연산작용에 해당하는 '지시·명령'이 포함되어 있고, 서체 1벌을 컴퓨터 등의 장치 내에서 편리하고 반복적으로 구현할 수 있기 때문에 그 실행으로 인하여 '특정한 결과'를 가져오며, 단독으로 실행이 가능한 것은 아니지만 컴퓨터 내의 다른 응용프로그램이나 장치의 도움을 받아 서체를 출력시킬 수 있어 '컴퓨터 등의 장치 내에서 직접 또는 간접으로' 사용될 수 있으므로 컴퓨터 프로그램 보호법상의 컴퓨터프로그램에 해당되고, 단순한 데이터의 집합은 아니다"라고 한 원심판단을 수긍하였다.
42) 대법원이 서체파일을 컴퓨터프로그램의 저작물에 해당한다고 보게 된 가장 중요한 이유는 서체도안이 그 무렵 저작권으로 보호받지 못하는 입장에서 서체파일도 프로그램으로서 보호받지 못할 경우 서체폰트 산업에 타격을 주게 되고 새로운 서체폰트의 개발에 드는 비용과 노력이 보상받지 못하는 점을 우려한 정책적인 이유가 논리면에서의 애매함을 압도하였던 것으로 보인다.
   그러나 대법원의 판결에 따르더라도 서체파일의 창작부분은 서체도안에 대한 윤곽선의 수정 및 제작 부분에 한정되므로 서체파일의 결과물을 이미지 스캔 방식으로 만든 서체 및 서체파일을 이용한 결과물(로고, 콘텐츠 등)에는 서체파일의 저작권이 미치지 않을 뿐 아니라[이철남 "컴퓨터프로그램저작물의 보호범위", 지식재산권의 주요 쟁점, 사법연수원(2018), 18~19 참조], 그 후 2004. 12. 31. 법률 제7289호로 전문개정된 디자인보호법에서 글자체를 디자인권의 대상으로 인정하였으므로 이제는 정책적인 이유의 측면에서 보더라도 군이 서체파일의 컴퓨터프로그램저작물성을 인정해 줄 필요성은 적을 것이다.

IV. 저작권법과 부정경쟁방지법(표지 부분) 간 관계

저작권이 창작권에 속하는 것으로 그 등록을 효력발생요건으로 하지 않는다는 것을 비롯한 몇 개의 특수사정[43]을 제외한다면, 저작권법과 부정경쟁방지법 중 표지에 관한 규정은 저작권법과 상표법 간 관계 등에서 살펴본 내용이 참고로 된다.

저작물과 부정경쟁방지법상 표지는 배타적·택일적인 관계에 있지 않고, 부정경쟁방지법상 표지를 구성할 수 있는 도형 등이라도 저작권법에 따라 보호되는 저작물의 요건을 갖추면 저작권법상 저작물로 보호받을 수 있으며, 그것이 상품표지 내지 영업표지 등의 출처표시를 위하여 사용되는 사정이 있다고 하여 저작권법에 따른 보호 여부가 달라지지 않는다.[44]

저작권법과 상표법 내지 부정경쟁방지법(특히 표지에 관한 규정)이 중첩되지만 서로 구별됨을 살펴볼 수 있는 사례로 앞에서 본 바와 같이 서적 등의 제호 내지 제명과 관련된 법리, 캐릭터의 보호 요건 등을 들 수 있다.

제2절 저작권법과 민법 간 관계

I. 민법상의 소유권과 구별되는 저작권

민법 제211조는 "소유자는 법률의 범위 내에서 그 소유물을 사용·수익·처분할 권리가 있다."라고 규정한다. 소유권은 물건에 대한 배타적인 지배권이다.[45]

저작권법은 저작자에게 공표권, 성명표시권, 동일성유지권의 저작인격권을 인정하고(제11조 내지 제13조), 복제권, 공연권, 공중송신권, 전시권, 배포권, 대여권, 2차적저작물작성권의 저작재산권을 인정하고 있다(제16조 내지 제22조). 이 저작재산권은 저작물을 이용하여 그로부터 수익을 얻거나 처분하는 권리로서 저작물을 독점적, 배타적으로 지배할 수 있다는 점에서 민법상의 소유권과 매우 유사하다. 그러나 민법상의 소유권은 원칙적으로 유체물에 대하여 인정되는 배타적 지배권이고 그 배타적 지배권은 무체물인 저작물에 미치지 아니한다.

---

43) 저작재산권의 보호기간은 저작권법 제3관에 특별한 규정이 있는 경우를 제외하고는 저작자가 생존하는 동안과 사망한 후 70년간이다(저작권법 제39조 제1항). 부정경쟁방지법에는 문언상 보호대상의 존속기간이라는 개념이 없다.

44) 대법원 2014. 12. 11. 선고 2012다76829 판결.

45) 민법 제98조는 "본법에서 물건이라 함은 유체물 및 전기 기타 관리할 수 있는 자연력을 말한다."라고 규정한다.

즉, 소유권과 저작권은 별개의 개념으로 저작물의 소유자라고 하여 그 저작권까지 취득하는 것이 아니고 저작물이 양도되었다고 하여 그에 대한 저작재산권까지 당연히 양도되는 것도 아니다.46) 미국 저작권법 제202조도 "저작권47) 또는 저작권을 구성하는 배타적 권리는 저작물이 수록된 유체물의 소유권과 구별된다. 저작물이 최초로 고정된 복제물이나 음반 등 유체물의 소유권의 이전은 그 자체로서 그에 수록된 저작권으로 보호되는 저작물에 대한 권리를 이전하는 것이 아니며, 합의가 없는 한 저작권 또는 저작권을 구성하는 배타적 권리의 이전은 유체물에 대한 재산권을 이전하는 것이 아니다."라고 하여 유체물에 대한 민법상의 소유권이 저작권 또는 저작권을 구성하는 배타적 권리와 구별되는 것임을 밝히고 있다.48)

---

46) 서울민사지방법원 1995. 6. 23. 선고 94카합9230 판결(미항고 확정)은 "자신의 사상이나 감정을 표현한 편지는 저작권의 보호대상이 되고 그 경우 편지 자체의 소유권은 수신인에게 있지만 편지의 저작권은 통상 편지를 쓴 발신인에게 남아 있게 된다."라고 하였다.

서울고등법원 1998. 7. 22. 선고 96나39570 판결(상고기각 확정)은 "원래 저작물에 대한 소유권과 저작권은 별개의 개념으로 저작물의 소유자라 하여 그 저작권까지 이를 취득하는 것은 아니라 할 것임은 물론 저작물이 양도되었다 하여 그에 대한 저작권까지 양도된 것으로 보아야 하는 것은 아니라 할 것인데, 이 사건의 경우 앞서 본 촬영의뢰계약의 내용에 의하면, 원고가 피고보조참가인이나, 그를 통하여 피고회사에 양도한 것은 이미지사진의 원판으로 저작물 자체가 양도된 것이 아닐 뿐더러(따라서 피고회사의 경우 소유권을 취득한 것도 이미지사진의 원판이나 아래에서 보는 바와 같이 촬영의뢰계약에 의하여 처음에 약정된 이용범위에 국한된 저작물인 이미지사진의 소유권만을 취득한 것으로 보아야 할 것이다), 가사 사진원판의 양도를 사진저작물의 특수성에 비추어 저작물의 양도로 볼 수 있다 하더라도, 위와 같은 이유에서 이때 그 저작권까지 양도하였다고 볼 수 없음은 물론(이는 앞서 본 촬영료의 액수 등에 비추어 볼 때 당사자 사이의 의사도 저작권의 양도는 포함하지 않고 있었다고 보아야 할 것이다)..."이라고 하였다.

또한 서울중앙지방법원 2017. 4. 21. 선고 2016가합526150(본소), 2016가합541319(반소) 판결(미항소 확정)은 시스템 구축 계약서에 해당 시스템에 관한 원고의 저작권의 전부 또는 일부의 양도에 관한 내용은 포함되어 있지 않은 사안(원고가 2016. 6. 1.자로 즉시 피고에게 이 사건 개발용 S/W의 라이선스 및 소유권한을 무상으로 양도하되, 해당 시스템이 설치된 서버의 명의이전에 따라 개발용 S/W와 그 최종 산출물의 명목상 소유권이 피고에게 있더라도 위 양도 전에는 원고가 그 실질적인 운용권을 가진다고 되어 있었음)에서 "피고에게 해당 시스템이 구축됨에 따라 피고가 거기에 포함된 해당 시스템 프로그램이라는 유체물을 지배할 권능을 가진다고 하더라도, 위와 같은 계약조건이 성취되기 이전에는 해당 시스템 프로그램에 포함된 원고의 지식재산권인 '해당 시스템 프로그램에 관한 저작재산권 그 자체'를 양도받았다고 해석할 수는 없다."라고 하였다.

47) 미국 저작권법 제101조는 "저작권자란 저작권을 구성하는 배타적 권리들의 어느 하나와 관련하여 그 특정한 권리의 소유자를 말한다."라고 하고, 제106조에서 저작권자가 저작물에 대하여 가지는 배타적 권리로 복제권 등을 규정하고 있으므로 미국 저작권법상의 저작권은 우리 저작권법의 저작재산권에 해당한다. 미국 저작권법 제106조의 A에 따라 시각예술저작물의 저작자가 소정의 요건 하에서 성명표시권과 동일성유지권도 가지지만 이들 권리는 같은법 제106조에 규정된 저작권자가 가지는 배타적 권리와는 별개로 인정된다.

48) Pushman v. N.Y. Graphic Society, Inc., 39 N.E.2d 249 (N.Y. 1942)에서 법원은 화가 또는 집필자가 미공표의 회화 또는 초고를 판매하면서 저작권을 유보한다는 약정을 하는 등의 특별한 사정이 없는 경우에는 코먼로상의 저작권도 함께 양도한 것으로 추정하였다. 이후 뉴욕주(1968년)나 캘리포니아주

저작물에 대한 배타적 지배권은 저작권의 보호기간이 지날 때까지 저작재산권자에게 있고 저작재산권의 보호기간이 지난 경우 그 배타적 지배권은 소유권자에게 복귀하는 것이 아니라 공공영역(公共領域, public domain)에 들어가 누구라도 저작자의 인격적 이익을 침해하지 않는 한 촬영하거나 복제하여 자유로이 이를 이용할 수 있고 이러한 행위는 소유자의 유체물에 대한 배타적 지배권을 침해하는 행위가 되지 않는다.

저작권법은 저작자와 소유권자 사이의 이해관계를 조정하기 위하여 몇 가지 조정규정을 두고 있는데, 예를 들면 저작자는 건축물의 증축·개축 그 밖의 변형에 해당하는 변경에 대하여는 본질적인 내용의 변경이 아닌 한 이의할 수 없고(제13조 제2항 제2호), 청중이나 관중으로부터 당해 공연에 대한 반대급부를 받지 아니하는 경우에는 상업용 음반 또는 상업적 목적으로 공표된 영상저작물을 재생하여 공중에게 공연할 수 있으나 대통령령이 정하는 경우에는 그러하지 아니하며(제29조 제2항), 저작자가 공표되지 아니한 미술저작물·건축저작물 또는 사진저작물의 원본을 양도한 경우에는 그 상대방에게 저작물의 원본의 전시방식에 의한 공표를 동의한 것으로 추정하고(제11조 제3항), 미술저작물·건축저작물 또는 사진저작물의 원본의 소유자나 그의 동의를 얻은 자는 그 저작물을 원본에 의하여 전시할 수 있고[49] 이에 따라 전시를 하는 자 또는 미술저작물·건축저작물 또는 사진저작물의 원본을 판매하고자 하는 자는 그 저작물의 해설이나 소개를 목적으로 하는 목록 형태의 책자에 이를 복제하여 배포할 수 있다(제35조 제1항, 제3항)는 내용 등이다.

한편 저작자가 아닌 저작물의 소유자가 저작물을 변경하는 경우에는 저작권법상 동일성유지권(법 제13조)의 침해로 되지만 나아가 저작물이라는 유형물 자체를 폐기하는 경우에는 저작물의 소유권의 행사에 해당하여 동일성유지권을 침해하는 행위로 보기 어렵다.

다만 저작권법이 공표권(제11조), 성명표시권(제12조), 동일성유지권(제13조)의 저작인격권을 규정하고 있으나, 저작자가 자신의 저작물에 대해서 가지는 인격적 이익에 대한 권리가 위와 같은 저작권법 규정에 해당하는 경우로만 한정된다고 볼 수 없다.

저작인격권은 일반적 인격권과 질적으로 동일하거나(동질설) 저작물을 창작한 개성(인격)을 보호하기 위한 것이어서 일반적 인격권의 내용을 구성하는 개별적 인격권의 유형에 해당하므

(1976년)가 미공표된 회화를 판매할 때 저작권 유보 조건이 없는 경우에 유체물에 수반하여 저작권도 함께 양도하는 것으로 추정하는 판결법리가 적용되는 것을 막기 위해 별도의 법률을 제정하기도 하였는데 결국 1976년에 미국 저작권법이 개정되면서 제202조와 같은 규정을 신설하였다. 결국, 위 제202조는 그 이전에 선고된 Pushman 판결의 추정법리를 뒤집기 위해 입법화된 것이다. 다만 실무에서는 위 1976년 개정법은 소급효가 없어서 1976년 이전의 저작권양도에 대하여는 Pushman 판결법리가 여전히 적용된다고 이해되고 있다, Marshall A. Leaffer, Copyright Law(sixth edition), LexisNexis(2014), 214~215 참조.

49) 다만, 가로·공원·건축물의 외벽 그 밖에 공중에게 개방된 장소에 항시 전시하는 경우에는 그러하지 아니하다(법 제35조 제1항 단서). 그러므로 이러한 경우에는 저작권자의 동의까지 얻어야 한다.

로, 저작물에 관한 저작자의 인격권 침해가 저작권법에 규정된 개별적인 저작인격권 침해의 경우로 한정되지 않고 일반적 인격권에 기하여 새로운 종류의 저작인격권도 보호되어야 한다. 결국 저작물이라는 유형물 자체를 폐기하는 경우와 같이 저작권법에 규정된 저작인격권의 침해로 인정되지 아니하더라도 작가의 예술의 자유 또는 작가로서 저작자가 가지는 명예감정 기타 법적으로 보호할 가치가 있는 인격적 이익에 대한 침해가 발생하는 경우에는 저작자의 일반적 인격권을 침해한 위법행위가 될 수 있다.[50]

II. 저작권자의 저작권 행사와 권리남용

권리남용론은 실무에서 주로 저작재산권자의 청구에 대한 항변으로 이용되는데 지식재산권법에서 권리남용론은 저작권의 경우에도 적용되기는 하지만 드물고, 특허권 및 상표권 등의 행사와 관련하여 자주 제기되고 있다. 특허권 및 상표권과 관련된 권리남용론에는 민법 제2조의 신의성실의 원칙 위반 내지 권리남용에 근거한 것(권리 자체에는 하자가 없지만 그 행사에 권리남용 법리를 적용하는 경우)과 등록권리 자체에 무효사유가 있음을 이유로 한 것(권리 자체에 하

---

50) 서울고등법원 1995. 10. 19. 선고 95나18736 판결(상고기각 확정)은 위자료 지급의 근거로 동일성유지권 침해 외에 저작물존중권 침해라는 용어를 함께 사용하고 있다.

대법원 2015. 8. 27. 선고 2012다204587 판결(도라산역사 내 벽화 폐기 사건)은 저작자가 국가의 의뢰로 도라산역사 내 벽면 및 기둥들에 벽화를 제작·설치하였는데, 국가가 작품 설치일로부터 약 3년 만에 벽화를 철거하여 소각한 사안에서, 저작자는 특별한 역사적, 시대적 의미를 가지고 있는 도라산역이라는 공공장소에 국가의 의뢰로 설치된 벽화가 상당 기간 전시되고 보존되리라고 기대하였고, 국가도 단기간에 이를 철거할 경우 저작자가 예술창작자로서 갖는 명예감정 및 사회적 신용이나 명성 등이 침해될 것을 예상할 수 있었음에도, 국가가 벽화 설치 이전에 이미 알고 있었던 사유를 들어 적법한 절차를 거치지 아니한 채 철거를 결정하고 원형을 크게 손상시키는 방법으로 철거 후 소각한 행위는 현저하게 합리성을 잃은 행위로서 객관적 정당성을 결여하여 위법하므로, 국가는 국가배상법 제2조 제1항에 따라 저작자에게 위자료를 지급할 의무가 있다고 하였다. 이에 대한 해설인 박태일, "저작물이 화체된 유체물의 폐기와 작가의 일반적 인격권 침해", 대법원판례해설 제106호(2015년 하), 법원도서관, 301은 "대상판결은 예술창작자로서 갖는 명예감정 및 사회적 신용이나 명성 등 저작자의 인격적 법익 보호를 바탕에 두고 적극적으로 국가배상법과 같은 개별 법률을 해석함으로써 국민의 권리구제를 실현한 판결로서 의의가 있다."라고 설명한다.

참고로 일본 最高裁判所 2005. 7. 14. 선고 平成16(受)930 판결은 "공립도서관의 도서관 직원이 열람에 제공되고 있는 도서를 저작자의 사상이나 신조를 이유로 불공정하게 폐기하는 것은 당해 저작자가 저작물에 의해서 그 사상, 의견 등을 공중에 전달하는 이익을 부당하게 훼손한 것이다. 저작자의 사상의 자유, 표현의 자유가 헌법에 의해서 보호되는 기본적 인권이라는 점에 비추어 보더라도 공립도서관에서 그 저작물이 열람에 제공되고 있는 저작자가 가지는 이익은 법적으로 보호할 가치가 있는 인격적 이익이고, 공립도서관의 도서관 직원인 공무원이 도서의 폐기에 있어서 기본적인 직무상의 의무에 반하여 저작자 또는 저작물에 대한 독단적인 평가나 개인적인 취향에 의해 불공정한 취급을 하는 것은 당해 도서의 저작자의 인격적 이익을 침해하는 것으로서 국가배상법상 위법하다."는 취지로 판단하였다.

자가 있어 권리남용법리를 적용하는 경우)이 있다.[51]

또한, 저작권법에 규정된 공정이용 조항을 비롯한 저작재산권 제한 규정을 근거로 한 권리남용 법리도 검토해 볼 수 있다.

그리고 저작재산권, 특허권 등에 기초한 침해금지청구가 독점규제 및 공정거래에 관한 법률 위반에 해당한 경우에 권리남용 법리를 적용할 수 있는데 이 역시 민법 제2조의 신의성실의 원칙 위반 내지 권리남용에 근거한 것(이는 권리 자체에는 하자가 없지만 그 행사에 권리남용 법리를 적용하는 경우)의 하나에 해당한다. 이하 이들 내용을 더욱 상세히 설명한다.

① 민법 제2조의 신의성실의 원칙 위반·권리남용을 근거로 한 권리남용 법리

권리남용 문제 중 상표법에 따른 상표권 행사가 민법 제2조에 기초한 권리남용에 해당할 수 있는지 여부와 관련하여, 종전에는 "권리의 행사가 주관적으로 오직 상대방에게 고통을 주고 손해를 입히려는 데 있을 뿐 이를 행사하는 사람에게는 아무런 이익이 없을 경우이어야 하고"라고 하여 권리남용 인정에 주관적 요건이 필요한 것으로 이해되는 입장[52]도 있었고 그와 같은 주관적 요건은 필요하지 않은 것으로 이해되는 입장[53]도 있었다.

그러나 이후 대법원 2007. 1. 25. 선고 2005다67223 판결을 통해 상표권의 행사가 권리남용에 해당하기 위해서 일반 권리남용 이론에서 요건으로 삼는 주관적 요건[54]이 반드시 필

---

51) 대법원 2012. 1. 19. 선고 2010다95390 전원합의체 판결, 대법원 2012. 10. 18. 선고 2010다103000 전원합의체 판결. 특허권자의 특허권 행사와 권리남용에 대하여는 윤태식, 특허법-특허 소송 실무와 이론-(제2판), 진원사(2017), 11 이하에서 설명한다.

52) 대법원 1989. 4. 24. 선고 89다카2988 판결 [상표사용금지](권리항변 배척 사건), 대법원 2006. 2. 24. 자 2004마101 결정 [상표권침해금지가처분](권리항변 인정).

53) 대법원 2001. 4. 10. 선고 2000다4487 판결 [저작권침해금지]은 "부정경쟁방지법 제15조는 상표법 등 다른 법률에 부정경쟁방지법과 다른 규정이 있는 경우에는 부정경쟁방지법의 규정을 적용하지 아니하고 다른 법률의 규정을 적용하도록 규정하고 있으나, 상표권의 등록이 자기의 상품을 타인의 상품과 식별시킬 목적으로 한 것이 아니고 국내에서 널리 인식되어 사용되고 있는 타인의 상표와 동일 또는 유사한 상표를 사용하여 일반 수요자로 하여금 타인의 상품과 혼동을 일으키게 하여 이익을 얻을 목적으로 형식상 상표권을 취득하는 것이라면 그 상표의 등록출원 자체가 부정경쟁행위를 목적으로 하는 것으로서, 가사 권리행사의 외형을 갖추었다 하더라도 이는 상표법을 악용하거나 남용한 것이 되어 상표법에 의한 적법한 권리의 행사라고 인정할 수 없으므로 이러한 경우에는 부정경쟁방지법 제15조의 적용이 배제된다고 할 것이다(대법원 1993. 1. 19. 선고 92도2054 판결, 1995. 11. 7. 선고 94도3287 판결, 2000. 5. 12. 선고 98다49142 판결 등 참조)."라고 하였다.

54) 한편, 일반 민사 사건에서 일반적인 권리 남용의 경우에는 대법원 1976. 5. 11. 선고 75다2281 제4부 판결 [건물철거등]은 "권리의 남용이 되려면 주관적으로는 그 권리행사의 목적이 오직 상대방에게 고통이나 손해를 주는데 그칠 뿐이요, 권리를 행사하는 사람에게는 아무런 이익이 없을 경우이라야 하고, 객관적으로는 그 권리행사가 사회질서에 위반된다고 볼 수 있을 경우이라야 한다."라고 하여 권리남용에 주관적 요건이 반드시 필요하다고 판시하였고, 이러한 법리는 대법원 1986. 7. 22. 선고 85다카2307

요한 것은 아니라는 취지로 정리되었다.

이러한 상표권의 관련 법리는 저작권 사건에도 그대로 적용될 수 있지만, 저작권 남용에 관한 주관적 요건을 그 성립요건으로 보아야 하는지 여부에 대한 실무 입장은 아래에서 보는 바와 같이 여전히 통일되어 있지는 않다.

한편으로는 "권리의 행사가 권리남용에 해당한다고 할 수 있으려면 주관적으로 그 권리행사의 목적이 오직 상대방에게 고통을 주고 손해를 입히려는 데 있을 뿐 이를 행사하는 사람에게는 아무런 이익이 없고, 객관적으로 그 행사가 사회질서에 위반된다고 볼 수 있어야 하며 이와 같은 경우에 해당하지 않는 한 그 권리의 행사에 의하여 권리행사자가 얻는 이익보다 상대방이 잃을 손해가 현저히 크다 하여도 그러한 사정만으로는 이를 권리남용이라 할 수 없다."라고 하여 주관적 요건을 저작권 남용의 성립 요건으로 본 사례가 있고,[55] 등록상표권의 행사가 권리남용에 해당하기 위한 요건을 정리한 위 2005다67223 판결 이후에도 "저작권자의 권리행사가 법에서 부여한 독점의 범위를 부당하게 확대하려 하는 등으로 저작권 제도의 목적이나 기능을 일탈함으로써 저작권이 보호하고자 하는 공공의 이익에 정면으로 어긋나는 행위로 평가할 수 있는 경우라면(이러한 경우 저작권자에게는 보호할 만한 가치 있는 이익을 인정할 수 없을 것이고, 그 권리행사의 목적은 상대방에게 손해를 입히려는 것으로 추인할 수 있을 것이다), 권리남용에 해당할 여지가 있다."고 하여 여전히 주관적 요건을 저작권 남용의 성립 요건으로 보는 듯한 사례가 있다(권리남용 항변 배척).[56]

또한 다른 한편으로는 상표권에서 보는 바와 같이 저작권의 남용에서 주관적 요건을 저작권 남용의 성립요건이 아니라고 보고 권리남용 항변을 받아들인 아래와 같은 사례도 있다.

판결 [건물철거등], 대법원 1999. 8. 24. 선고 99다23802 판결 [유선방송시설취거], 대법원 2010. 2. 25. 선고 2009다58173 판결 [토지인도등], 대법원 2013. 1. 16. 선고 2011다38592, 38608 판결 [묘지철거및토지인도 · 묘지철거및토지인도] 등에서 일관하여 적용되고 있다. 다만 대법원 2005. 3. 24. 선고 2004다71522 판결 [건물철거등 · 소유권이전등기]은 "권리의 행사가 주관적으로 오직 상대방에게 고통을 주고 손해를 입히려는 데 있을 뿐 이를 행사하는 사람에게는 아무런 이익이 없고, 객관적으로 사회질서에 위반된다고 볼 수 있으면 그 권리의 행사는 권리남용으로서 허용되지 아니한다고 할 것이고, 그 권리의 행사가 상대방에게 고통이나 손해를 주기 위한 것이라는 주관적 요건은 권리자의 정당한 이익을 결여한 권리행사로 보여지는 객관적인 사정에 의하여 추인할 수 있다(대법원 1993. 5. 14. 선고 93다4366 판결 등 참조)."라고 한다. 또한 대법원 2003. 4. 11. 선고 2002다59481 판결 [채무부존재확인], 대법원 2013. 4. 11. 선고 2012다105888 판결 [매매대금반환등] 등에서 보는 바와 같이 대법원은 일반 민사 사건에서도 상계권의 행사가 상계에 관한 권리남용에 해당하기 위한 요건에 해당하는지 여부를 판단할 때에는 일반적인 권리 남용의 경우에 요구되는 주관적 요건을 필요로 하는 것은 아니라고 판시한다.

55) 수원지방법원 성남지원 2003. 6. 25.자 2002카합280 결정(미항고 확정), 서울지방법원 2003. 9. 30.자 2003카합2113 결정(항고 후 신청취하) 등 참조. 이들 사건에서는 권리남용 항변이 배척되었다.

56) 서울고등법원 2012. 4. 4.자 2011라1456 결정(미재항고 확정). 위 결정에서 피보전권리 여부 쟁점에서 권리남용 항변은 배척되었지만 신청인의 청구에 보전의 필요성이 없다는 이유로 가처분신청은 받아들여지지 않았다.

즉, 원고(사단법인 한국음악저작권협회)가 피고(한국방송공사)에게 원고의 관리저작물에 관한 방송, 공연, 공중송신권을 부여하고, 피고는 그 대가로 원고에게 일정한 사용료를 지급하기로 하는 내용의 사용계약을 체결하여 오다가 사용계약이 만료되었으나 음악사용료의 산정 방식이나 요율 등에 관한 입장의 차이로 협의가 이루어지지 않아 새로운 음악저작물 사용계약이 체결되지 않았고 피고는 계약만료 이후에도 종전 사용계약에 따른 음악사용료를 지급하면서 원고의 관리저작물을 사용하는 상황에서 원고가 음악저작물의 사용금지 및 손해배상청구를 한 사안에서, 법원은 원고와 피고 사이에 음악사용료에 관한 협의가 이루어지지 않는다는 등의 이유로 사용계약이 체결되지 않아 피고가 원고의 관리저작물을 이용할 수 없게 된다면, 원고와 피고 사이의 금전적 이해관계로 말미암아 국민 전체의 공공복리가 훼손되는 결과를 가져오게 되는 사정 등을 고려하고, 문화체육관광부 장관이 2012. 12. 27. 피고를 포함한 지상파 방송 3사에 대한 2012년 이후의 저작권사용료에 관하여 규정하고 있는 징수규정 개정안을 승인하여, 개정된 징수규정에 따라 사용계약을 체결할 의무를 부담하는 원고가 사용계약을 체결하자는 피고의 제안을 오히려 거절하고 있는 상황에서 아직 사용계약이 체결되지 않았다는 이유로 원고의 청구를 인용하는 것은 정의관념에 현저히 반하여 허용될 수 없다고 하였다.[57]

저작권의 행사가 권리남용에 해당하기 위하여도 상표권의 행사와 권리남용에서 본 것과 같이 일반 권리남용 이론에서 요건으로 삼는 주관적 요건이 반드시 필요한 것은 아니라는 취지로 정리될 필요가 있다.

② 저작권법에 규정된 공정이용 조항을 비롯한 저작재산권 제한 규정을 근거로 한 권리남용 법리

저작권법은 법률 제2관 제23조 내지 제37조의2까지 저작재산권의 제한규정을 열거하고 있고 그중 저작권법 제35조의5(저작물의 공정한 이용) 제1항은 "제23조부터 제35조의4까지, 제101조의3부터 제101조의5까지의 경우 외에 저작물의 통상적인 이용방법과 충돌하지 아니하고 저작자의 정당한 이익을 부당하게 해치지 아니하는 경우에는 저작물을 이용할 수 있다."라고 하고, 제2항에서 "저작물 이용 행위가 제1항에 해당하는지를 판단할 때에는 다음 각 호의 사항 등을 고려하여야 한다. 1. 이용의 목적 및 성격, 2. 저작물의 종류 및 용도, 3. 이용된 부분이 저작물 전체에서 차지하는 비중과 그 중요성, 4. 저작물의 이용이 그 저작물의 현재 시장 또는 가치나 잠재적인 시장 또는 가치에 미치는 영향"이라고 규정한다.

따라서 이러한 공정이용 조항을 비롯한 저작재산권 제한 규정의 해석도 저작권 행사의 권

---

57) 서울중앙지방법원 2013. 2. 5. 선고 2012가합508727 판결(미항소 확정).

리남용 법리 적용 여부를 검토함에 있어 중요한 판단기준이 될 수 있다.

③ 저작재산권에 기초한 권리행사가 독점규제 및 공정거래에 관한 법률 위반에 해당함을 근거로 한 권리남용 법리

이 부분은 아래 본 장 「제3절 저작권법과 독점규제 및 공정거래에 관한 법률과의 관계」에 서 자세히 설명한다.

Ⅲ. 지식재산관련 침해행위에 대한 금지청구 및 손해배상청구의 인정 여부

① 민법상 불법행위를 이유로 한 침해행위금지 · 손해배상청구 인정 여부에 관한 다툼

저작권 침해행위는 민사상 불법행위의 특수유형으로 발전해 왔고 저작권법은 민법의 특별 법이라고 할 수 있어 민법의 규정이 저작권법에 보충적으로 적용되는 관계에 있다.

따라서 저작권법에 따라 보호되는 저작물로서의 요건을 갖추지 못하여 저작권침해가 성립 하지 않는 경우에 곧바로 일반불법행위가 성립한다고 해석할 수는 없더라도 상당한 노력과 투자 를 들인 작품을 상도덕이나 공정한 경쟁질서에 반하여 자신의 이익을 위하여 무단으로 이용하는 등의 제작자가 가지는 법률상 보호할 가치가 있는 이익을 침해하는 행위로 그에게 손해를 가한 경우 민법상 불법행위에 따라 그 손해를 배상할 책임이 있다(민법 제750조).[58]

---

58) 그동안 1, 2심 법원에서 저작권법으로 보호되지 않은 대상에 대해 민법에 의한 불법행위책임을 인정할 수 있다는 전제하에 손해배상을 긍정한 것과 부정한 것이 있다.

　서울중앙지방법원 2007. 6. 21. 선고 2007가합16095 판결(미항소 확정)은 병원 홈페이지에 실린 환자 들의 모발이식수술 사진 및 상담내용의 저작물성을 인정하지 않았지만, "불법행위가 성립하기 위해서는 반드시 저작권 등 법률에 정해진 엄밀한 의미에서의 권리가 침해되었을 경우에 한하지 않고 법적으로 보호할 가치가 있는 이익이 위법하게 침해된 것으로 충분하다. 따라서 부정하게 스스로의 이익을 꾀할 목적으로 이를 이용하거나 또는 원고에게 손해를 줄 목적에 따라 이용하는 등의 특별한 사정이 있는 경 우에는 홈페이지를 통하여 인터넷에 공개한 정보를 무단으로 이용하는 행위가 법적으로 보호할 가치가 있는 상대방의 이익을 침해하는 위법한 행위에 해당하여 불법행위가 성립할 수도 있다."라고 한 다음, "원고가 인터넷에 공개한 사진들과 상담내용이 비록 저작물성이 인정되지 않아 저작권법상의 보호를 받 지 못한다고 하더라도 이는 당연히 법적 보호의 가치가 있는 이익에 해당하고, 피고가 영리의 목적으로 피고와 영업상 경쟁관계에 있는 원고가 노동력과 비용을 들이고 전문지식을 사용하여 환자의 동의를 받 아 촬영하고 작성한 원고의 사진들과 상담내용을 무단으로 도용해서 사용한 것은 공정하고 자유로운 경 쟁원리에 의해 성립하는 거래사회에 있어서 현저하게 불공정함 수단을 사용함으로써 사회적으로 허용되

　　다음으로 과거 민법상 불법행위를 이유로 한 일반적인 금지 및 예방청구에 관하여는 규정이 없고 해석론으로도 원칙적으로 민법상 불법행위를 이유로는 일반적인 금지 및 예방청구를 인정하지 않는다는 것이 기존의 실무 입장이었다. 다만 저작권 침해행위에 대하여 사후적인 손해배상청구만으로는 구제가 충분하지 않아 저작권법에서 저작권 침해행위에 대해 손해배상청구 외에 금지청구 등도 인정하고 있다.

는 한도를 넘어 원고의 법적으로 보호할 가치 있는 영업활동상의 신용 등의 무형의 이익을 위법하게 침해하는 것으로서 평가할 수 있으므로 피고의 위와 같은 행위는 민법 제750조의 불법행위를 구성한다."라고 하였다.

그리고 서울중앙지방법원 2008. 11. 14. 선고 2007가단70153 판결(항소심에서 화해권고결정으로 종국)은 "원고측이 온라인 교육사이트를 통하여 제15회 공인중개사 문제해설 서비스를 하는 영업과 원고의 문제해설 내용을 이용하여 피고 ○○○이 피고 학원의 기본교재 및 피디에프 파일 등을 만들어 강의 등을 하는 행위는 모두 공인중개사 시험에 대비한 영업으로 서로 경합관계이고, 원고측의 문제해설 내용은 그들이 많은 노동력과 비용을 들이고, 그동안의 경험과 전문지식에 기초하여 노력한 산물이며, 피고 ○○○은 이와 같은 원고측의 해설 내용을 무단으로 이용함으로써 피고 학원의 학원 영업에 많은 효과를 거두었다. 이와 같은 사정을 종합해 보면, 원고측의 문제해설 내용은 원고측의 연구, 노력에 따른 성과이고, 또한 이와 같은 내용을 인터넷 교육사이트에 게시하여 운영하는 것은 원고측 운영의 온라인 교육사이트 영업의 일환으로서 경제적 가치 있는 활동이므로, 원고측이 인터넷에 공개한 문제해설 내용이 비록 저작물성이 인정되지 않아 저작권법상의 보호를 받지 못한다고 하더라도 이는 당연히 법적 보호의 가치가 있는 이익에 해당하고, 피고 ○○○이 영리의 목적으로 피고 학원과 영업상 경쟁관계에 있는 원고측이 노동력과 비용을 들이고, 전문지식을 사용하여 만든 문제해설 내용을 무단으로 도용해서 사용한 것은 공정하고 자유로운 경쟁원리에 의해 성립하는 거래사회에 있어서 현저하게 불공정한 수단을 사용함으로써 사회적으로 허용되는 한도를 넘어 원고측의 법적으로 보호할 가치 있는 영업활동상의 신용 등의 무형의 이익을 위법하게 침해하는 것으로서 평가할 수 있으므로, 피고 ○○○의 위와 같은 행위는 민법 제750조의 불법행위를 구성한다."라고 하였다.

한편 서울고등법원 2010. 8. 26. 선고 2009나122304 판결(미상고 확정)은 "저작권법이나 부정경쟁방지 및 영업비밀보호에 관한 법률(이하 '부정경쟁방지법'이라 한다) 등의 실정법이 그 입법목적을 달성하기 위해서 필요한 경우에 그리고 필요한 범위 내에서만 저작권 등의 보호나 부정경쟁행위의 금지를 하고, 그 이외의 영역에서는 저작물의 자유로운 이용이나 자유로운 경쟁을 원칙적으로 허용하고 있는 점에 비추어 보면, 실정법상 저작권 등의 침해에 해당되지 않고 부정경쟁방지법 등의 실정법 위반에도 해당되지 않지만 민법상 불법행위에 해당한다고 보아 법적 구제를 부여하는 데에는 명백한 한계가 있다. 따라서 문제된 행위가 권리침해 또는 그에 상응하는 "보호할만한 가치 있는 법익의 침해"가 있거나 또는 상도덕이나 관습에 반하여 행위태양 자체의 불공정성이 명백한 경우 등과 같이 제한된 경우에 한하여 민법상 불법행위 규정에 의한 법적 구제를 부여하여야 한다...(중간 생략)... ① 소외 주식회사 ○○○가 국내에서 원고들 보다 훨씬 앞서 "🝚"의 둘레에 오각형을 덧붙인 "🝚"에 대하여 상표권을 출원하여 그 등록을 마친 점, ② 그로부터 약 8년이 지난 후에 원고 □□□□□이 국내에서 "🝚"에 관하여 상표등록을 마쳤으나, "🝚" 상표와의 유사성 또는 3년 이상 불사용 등을 이유로 대부분의 지정상품에 대한 상표등록이 무효로 되거나 취소된 점, ③ 원고들은 위 도형을 사용한 제품을 주로 일본, 미국 및 유럽 등지에서 생산·판매하고 있고, 국내에는 아직 진출하지 않고 있는 반면에, 피고 △△△△△는 위 도형을 사용한 제품을 국내에서 주로 생산·판매하거나 생산·판매하려고 한 점 등에 비추어 보면, 피고 △△△△△가 위 도형을 사용한 행위가 선량한 풍속 기타 사회질서에 위반하는 방법으로 원고 ◇◇◇◇◇◇◇의 법적으로 보호할 가치가 있는 이익을 침해하는 행위에 해당한다고 보기는 어렵다."라고 하였다.

그런데 만일 상대방의 행위가 저작권법 등에서 인정하는 저작권 침해행위라고까지 할 수는 없지만 민법상의 불법행위의 요건을 충족할 수 있는지, 그것을 인정할 수 있다면 그러한 민법상 불법행위에 대하여 피해를 입은 사람이 금지 등을 청구한 경우에 이를 인정할 것인지가 문제되어 왔었다.

② 민법상 불법행위를 이유로 한 침해행위금지 인정 ─ 대법원 2010. 8. 25.자 2008마1541 결정의 의의

가. 대법원 2010. 8. 25.자 2008마1541 결정 내용

이러한 이론적 다툼에 대해 대법원 2010. 8. 25.자 2008마1541 결정에서 대법원은 기존 실무의 견해를 사실상 바꾸어 경쟁자가 상당한 노력과 투자에 의하여 구축한 성과물을 상도덕이나 공정한 경쟁질서에 반하여 자신의 영업을 위하여 무단으로 이용함으로써 경쟁자의 노력과 투자에 편승하여 부당하게 이익을 얻고 경쟁자의 법률상 보호할 가치가 있는 이익을 침해하는 행위는 민법의 불법행위에 관한 일반조항에 의한 손해배상청구권 외에 일정 요건 하에 금지청구권까지도 행사할 수 있다는 입장을 취하기에 이르렀다.

대법원 2010. 8. 25.자 2008마1541 결정에서 "채권자는 장기간 동안 상당한 노력과 투자에 의하여 정보검색, 커뮤니티, 오락 등의 다양한 서비스를 제공하는 국내 최대의 인터넷 포털사이트인 '네이버'(그 도메인 이름은 www.naver.com이고, 이하 '네이버'라 한다)를 구축하여 인터넷 사용자들로 하여금 위 서비스 이용 등을 위하여 네이버를 방문하도록 하고, 이와 같이 확보한 방문객에게 배너광고를 노출시키거나 우선순위 검색결과 도출서비스를 제공하는 방법 등으로 광고영업을 해 오고 있음을 알 수 있는바, 채권자의 네이버를 통한 이러한 광고영업의 이익은 법률상 보호할 가치가 있는 이익이다...채무자가 제공한 원심 판시 이 사건 프로그램을 설치한 인터넷 사용자들이 네이버를 방문하면 그 화면에 채권자의 광고 대신 같은 크기의 채무자의 배너광고가 나타나거나(이른바 '대체광고 방식'), 화면의 여백에 채무자의 배너광고가 나타나거나(이른바 '여백광고 방식'), 검색창에 키워드를 입력하면 검색결과 화면의 최상단에 위치한 검색창과 채권자의 키워드광고 사이에 채무자의 키워드광고가 나타나는(이른바 '키워드삽입광고 방식') 등으로, 채무자의 광고가 대체 혹은 삽입된 형태로 나타남을 알 수 있다. 그런데 채무자의 이러한 광고는 위와 같이 인터넷 사용자들이 네이버에서 제공하는 서비스 등을 이용하기 위하여 네이버를 방문할 때 나타나는 것이므로, 이는 결국 네이버가 가지는 신용과 고객흡인력을 무단으로 이용하는 셈이 된다. 뿐만 아니라 그 광고방식도 채권자가 제공하는 광고를 모두 사라지게 하거나(대체광고 방식) 채권자가 제공하는 검색결과의 순위를 뒤로 밀리게 하는(키워드삽입광고 방식) 등의 방법을 사용함으로써 채권자의 영업을 방해하면서 채권자가 얻어야 할 광고영업의 이익을 무단으로 가로채는 것이다."라고 하여 채무자의 행위는 법률상 보호할 가치가 있는 이익인 네이버를 통한 채권자의 광고영업 이익을 침해하는 부정한 경쟁행위로서 민법상 불법행위에 해당한다고 판단한 다음, "경쟁자가 상당한 노력과 투자에 의하여 구축한 성과물을 상도덕이나 공정한 경쟁질서에 반하여 자신의 영업을 위하여 무단으로 이용함으로써 경쟁자의 노력과 투자에 편승하여 부당하게 이익을 얻고 경쟁자의 법률상 보호할 가치가 있는 이익을 침해하는 행위는 부정한 경쟁행위로서 민법상 불법행위에 해당하는바, 위와 같은 무단이용 상태가 계속되어 금전배상을 명하는 것만으로는 피해자 구제의 실효성을 기대하기 어렵고 무단이용의 금지로 인하여 보호되는 피해자의 이익과 그로 인한 가해자의 불이익을 비교·교량할 때 피해자의 이익이 더 큰 경우에는 그 행위의 금지 또는 예방을 청구할 수 있다."라고 하여 민법상 불법행위에 대한 금지 또는 예방청구를 인정하였다.

나. 대법원 2010. 8. 25.자 2008마1541 결정의 의의 및 과제

대법원 2010. 8. 25.자 2008마1541 결정 이전에 금지청구를 인격권 침해에까지 인정한 것으로 대법원 2005. 1. 17.자 2003마1477 결정(서적발행판매반포 등 금지가처분)이 있다.

위 결정에서 대법원은 "명예는 생명, 신체와 함께 매우 중대한 보호법익이고 인격권으로서의 명예권은 물권의 경우와 마찬가지로 배타성을 가지는 권리라고 할 것이므로 사람의 품성, 덕행, 명성, 신용 등의 인격적 가치에 관하여 사회로부터 받는 객관적인 평가인 명예를 위법하게 침해당한 자는 손해배상(민법 제751조) 또는 명예회복을 위한 처분(민법 제764조)을 구할 수 있는 이외에 인격권으로서 명예권에 기초하여 가해자에 대하여 현재 이루어지고 있는 침해행위를 배제하거나 장래에 생길 침해를 예방하기 위하여 침해행위의 금지를 구할 수도 있다. 그러나 언론·출판 등의 표현행위에 의하여 명예의 침해를 초래하는 경우에는 인격권으로서의 개인의 명예보호와 표현의 자유가 충돌하고 그 조정이 필요하므로 어떠한 경우에 인격권의 침해행위로서 이를 규제할 수 있는지에 관하여는 헌법상 신중한 고려가 필요하다(대법원 2004. 2. 27. 선고 2001다53387 판결 참조)."라고 하였다.

대법원 2010. 8. 25.자 2008마1541 결정 법리 의미에 대해, 민법상 불법행위를 이유로 한 일반적인 금지 또는 예방청구를 인정하지 않는다는 기존 실무 입장을 원칙으로 하면서도, 예외적으로 그 행위자의 무단이용 상태가 계속되어 금전배상을 명하는 것만으로는 피해자 구제의 실효성을 기대하기 어렵고 무단이용의 금지로 인하여 보호되는 피해자의 이익과 그 행위자의 불이익을 비교·교량할 때 피해자의 이익이 더 큰 경우에는 그 행위의 금지 또는 예방청구를 허용할 수 있다는 취지라고 봄이 옳을 것이다.

대법원 2010. 8. 25.자 2008마1541 결정은 최근 학계 및 하급심 판례에서 논의되어 오던 부정한 경쟁행위의 불법행위 성립기준을 세우는 한편 인격권 침해에 이어 부정경쟁행위에까지 금지청구권을 인정하였고, 부정한 경쟁행위와 관련한 민법상 불법행위의 성립기준 및 그에 대한 금지 또는 예방 청구권 행사 요건에 관하여 긍정적으로 언급한 최초 판단으로 지식재산 관련 소송에서 법리적인 의미가 크다.[59]

위 2008마1541 결정 법리는 종합유선방송사업자가 전송한 방송프로그램에 대해 피고가 개별 TV 수상기와 셋톱박스 사이에 피고 소유의 CF 박스를 연결하여 자막광고의 광고영업행위의 금지를 구한 대법원 2014. 5. 29. 선고 2011다31225 판결에서도 인용되고 있다.

더불어 위 2008마1541 결정은 당시 한정열거주의를 취하고 있던 부정경쟁방지법의 법적 보호의 정도를 크게 넓히는 의미가 있었는데, 이러한 법원의 법적 보호 확대 노력이 입법에도 영향을 미쳐 2013. 7. 30. 법률 제11963호로 개정된 부정경쟁방지법은 제2조 제1호에 차목[60]을 신설하여 "그 밖에 타인의 상당한 투자나 노력으로 만들어진 성과 등을 공정한 상거래 관행이나 경쟁질서에 반하는 방법으로 자신의 영업을 위하여 무단으로 사용함으로써 타인의 경제적 이익을 침해하는 행위"를 부정경쟁행위로 규정하고 있다.

아울러 위 2008마1541 결정으로 인해 불법행위로 인한 손해배상방법의 한 태양으로 금전배상청구 외에 원상회복 청구를 할 수 있는지가 또다른 쟁점이 된다.

위 2008마1541 결정 이전의 주류적인 실무태도는 민법 제763조가 준용하는 제394조가 "다른 의사표시가 없으면 손해는 금전으로 배상한다"라고 규정함으로써 이른바 금전배상의 원칙을 규정하고 있음을 이유로 불법행위에 대한 피해자의 원상회복 청구를 받아들이지 않는다는 입장이지만,[61] 불법행위로 인한 금지청구권을 인정한 본문결정으로 인해 위 금전배상청구와 동일한 이론적 뿌리를 가지고 있는 불법행위로 인한 원상회복 청구도 이익 형량 여하에 따라 인정될 수 있는 논리적 환경이 조성되었다고 생각되기 때문이다. 이 부분에 대한 심층적인 연구도 병행되어야 한다.

③ 대법원 2010. 8. 25.자 2008마1541 결정 법리를 인용하여 민법상 불법행위를

59) 대법원 2010. 8. 25.자 2008마1541 결정에 대한 해설로는 유영선, "불법행위로서 '부정한 경쟁행위' 및 그에 기한 금지청구권의 성립 요건 등에 관하여", 민사재판의 제문제(제23권), 사법발전재단(2015), 453 이하가 있다.
60) 2018. 4. 17. 법률 제15580호로 개정된 부정경쟁방지 및 영업비밀보호에 관한 법률 제2조 제1호에서 차목으로 "사업제안, 입찰, 공모 등 거래교섭 또는 거래과정에서 경제적 가치를 가지는 타인의 기술적 또는 영업상의 아이디어가 포함된 정보를 그 제공목적에 위반하여 자신 또는 제3자의 영업상 이익을 위하여 부정하게 사용하거나 타인에게 제공하여 사용하게 하는 행위. 다만, 아이디어를 제공받은 자가 제공받을 당시 이미 그 아이디어를 알고 있었거나 그 아이디어가 동종 업계에서 널리 알려진 경우에는 그러하지 아니하다."를 신설함으로써 기존의 차목 규정은 카목으로 조문위치가 변경되었다.
61) 대법원 1997. 3. 28. 선고 96다10638 판결 [토지인도등], 대법원 2008. 11. 13. 선고 2006다22722 판결 [전용사용권말소등] 등 참고.

이유로 한 손해배상청구를 인정함 — 대법원 2012. 3. 29. 선고 2010다20044 판결

대법원 2010. 8. 25.자 2008마1541 결정 법리는 민법상 불법행위에 기한 손해배상청구 사건에서도 그대로 적용되고 있다.

대법원 2012. 3. 29. 선고 2010다20044 판결은 방송사에 의해 방영된 드라마를 직접적으로 연상하도록 하고 그러한 연상으로부터 생겨나는 수요자들의 제품 구매 욕구에 편승하는 제품의 제조·판매 행위가 부정한 경쟁행위로서 민법상 불법행위에 해당한다는 이유로 손해배상청구를 인정한 원심판단을, 위 2008마1541 결정 법리를 인용하면서 아래와 같은 이유로 수긍하였다.

① 원고 한국방송공사가 방영한 드라마 '겨울연가'와 '황진이' 및 원고 문화방송이 방영한 드라마 '대장금'과 '주몽'은 이들 방송사가 상당한 노력과 투자에 의하여 구축한 성과물로서, 이들 방송사는 각 해당 드라마의 명성과 고객흡인력을 이용하여 그에 관한 상품화 사업을 수행할 수 있는 권한을 타인에게 부여하고 대가를 받는 방식 등으로 영업해 오고 있음을 알 수 있는데, 이러한 영업을 통하여 원고 한국방송공사, 문화방송이 얻는 이익은 법률상 보호할 가치가 있는 이익에 해당한다.

② 이 사건 각 드라마가 국내뿐 아니라 해외에서도 인기를 얻어 국내 수요자나 해외 관광객들 사이에서 이와 관련한 상품에 대한 수요가 커지자, 피고 ○○○○는 이 사건 각 드라마를 구축한 원고 한국방송공사, 문화방송으로부터 허락도 받지 아니한 채, 피고 제품을 접한 수요자들로 하여금 이 사건 각 드라마를 직접적으로 연상하도록 하고 그러한 연상으로부터 생겨나는 수요자들의 제품 구매 욕구에 편승하여 피고 제품을 제조·판매하였음이 인정된다.

③ 드라마 관련 상품화 사업을 추진하기 위해서는 그에 관한 권리자로부터 허락을 받는 것이 그 거래사회에서 일반적인 관행인 점 등을 고려할 때, 원고 한국방송공사와 원고 문화방송으로부터 허락을 받지 아니한 피고 ○○○○의 위와 같은 행위는 상도덕이나 공정한 경쟁질서에 반하는 것이다. 이러한 행위는 드라마를 이용한 상품화 사업 분야에서 서로 경쟁자의 관계에 있는 위 원고들의 상당한 노력과 투자에 편승하여 이 사건 각 드라마의 명성과 고객흡인력을 자신의 영업을 위하여 무단으로 이용하여, 앞서 본 바와 같이 법률상 보호할 가치가 있는 위 원고들의 각 해당 드라마에 관한 상품화 사업을 통한 영업상의 이익을 침해하는 것이다.

④ 대법원 2010. 8. 25.자 2008마1541 결정 법리의 적용 범위 및 한계

대법원 2010. 8. 25.자 2008마1541 결정 법리는 저작권법 영역에도 그대로 적용될 수

있다. 다만 이러한 경우에 지식재산권법이 가지는 특유의 목적과 제도적 틀을 고려하여야 하고 결과적으로 피해가 발생하였다는 이유만으로 일반불법행위를 쉽게 인정해서는 아니된다.[62)]

대법원 2016. 4. 29. 선고 2013다42953 판결은 개별 사용자들이 특정한 프로그램[63)]을 통하여 포털사이트에서 제공하는 키워드 검색결과 화면에 나타나는 광고를 삭제하거나, 다른 포털 사이트의 광고가 나오도록 대체시킬 경우 피고의 광고 수익이 감소하는 결과가 발생할 수 있더라도 프로그램을 제공·배포한 자가 그러한 행위로 포털사이트의 광고영업 수익에 대응하는 다른 영업적 이익을 얻지 않고 있어 프로그램을 단순히 제공·배포한 행위만으로는 포털사이트의 영업을 방해하는 위법행위라고 할 수 없다고 하였다.[64)]

---

62) 대법원 2017. 11. 9. 선고 2014다49180 판결 참조, 대법원은 "원심 판시 원고 영상물은 리얼리티 방송 프로그램으로서 기존의 방송 프로그램과 구별되는 창작적 특성을 갖추고 있어 특별한 사정이 없는 한 저작물로서 보호 대상이 될 수 있다."라고 하면서도 "리얼리티 방송 프로그램에 속하는 원고 영상물과 달리 피고 영상물 1은 성인 대상 코미디 프로그램으로서 그 장르가 다를 뿐만 아니라, 피고가 비록 원고 영상물의 기본적인 모티브나 일부 구성을 차용하여 피고 영상물 1을 제작하였지만 피고 자신의 독자적인 아이디어를 바탕으로 비용과 노력을 들여 원고 영상물에 존재하지 아니하는 다양한 창작적 요소를 담아 영상물을 제작한 이상, 피고의 이러한 행위가 위와 같은 불법행위에 해당한다고 보기 어렵다."라고 하였다. 다만 원고의 위 영상물과 피고 영상물 2 사이에는 구성요소의 선택과 배열에 관한 원고 영상물의 창작적 특성이 피고 영상물 2에 담겨 있어서 실질적 유사성이 인정되어 저작권 침해가 인정될 여지가 있다는 취지로 판단하였다.
대법원 2017. 10. 12. 선고 2017다233054 판결은 이 사건 시의 제목 '비목(碑木)'이나 비목문화제가 원고의 상당한 투자나 노력으로 만들어진 성과 등이라고 보기 어렵고, 피고가 공정한 상거래 관행이나 경쟁질서에 반하는 방법으로 피고의 영업을 위하여 이 사건 제목을 사용하거나 비목문화제를 개최하였다고 볼 수 없다고 보아 피고의 행위가 구 부정경쟁방지법 제2조 제1호 차목(현행 카목)의 부정경쟁행위에 해당하지 않는다고 판단한 원심을 수긍하였다.

63) 위 사건에서 "개별 사용자로 하여금 '네이버·다음·네이트·구글'의 4대 포털사이트가 제공하는 화면에서 원하는 콘텐츠의 추가·삭제·위치변경 및 스킨과 색상을 포함한 전체 디자인의 변경을 가능하게 해주는 개인화 툴 프로그램"을 말한다.

64) 그 구체적인 논거로서 대법원은 위 사건에서, 포털사이트의 광고영업 수익에 대응하는 다른 영업적 이익을 얻지 않고 있다는 중요한 논거 외에도, 포털사이트에 접속한 개별 사용자들이 거기에서 제공되는 광고 등 콘텐츠를 본래의 형태와 내용 그대로 열람하여야 할 법령상 또는 계약상의 의무를 부담한다고 볼 근거가 없는 이상, 개별 사용자들이 소송에서 문제된 개인화 툴 프로그램을 사용함으로써 피고가 제공한 광고가 차단되거나 다른 사이트의 광고로 대체되는 등으로 포털사이트의 광고효과가 감소되는 불이익이 발생한다고 하더라도, 이는 최종소비자가 각자의 선호에 따라 이용 방식을 변경함으로써 생기는 사실상의 효과일 뿐이므로 위 프로그램을 제공·배포한 것만으로 부당한 수단을 사용하여 개별 인터넷 사용자와 피고 사이 또는 광고주들과 피고 사이에 존재하는 계약의 이행을 방해하거나 권리를 침해하는 등의 불법행위가 성립한다고 볼 수도 없다는 점과, 소송에서 문제된 개인화 툴 프로그램과 오토스타일링이 함께 설치되면 개별 사용자의 컴퓨터 검색 화면에서 각 포털사이트가 제공하는 광고가 자동적으로 삭제되면서 화면 최상단에 '시퀀스링크'라는 광고가 나타나지만, 이러한 시퀀스링크 연결 효과는 오토스타일링을 동반 설치한 경우에만 발생하고 단순히 위 프로그램만을 설치한 때에는 발생하지 않으므로 시퀀스링크 연결 효과는 위 프로그램을 제공·배포한 행위의 결과가 아니라는 점을 들어, 결론적으로 오토스타일링이 동반 설치되지 않은 채 소송에서 문제된 개인화 툴 프로그램을 제공·배포한 행위만으로

위 판결은 위 2008마1541 결정의 적용 범위와 한계를 명확히 하는 데 도움이 된다.

제3절 저작권법과 「독점규제 및 공정거래에 관한 법률」과의 관계

저작재산권의 권리남용 법리도 이론상 앞에서 본 바와 같이 민법 제2조의 신의성실의 원칙 위반 내지 권리남용에 근거하여 주장할 수 있지만 민법상 권리남용 항변이 엄격한 요건 하에서 예외적으로 인정되므로 민법의 위 권리남용 법리에 근거한 저작재산권의 권리남용 항변도 같은 이유로 인정되는 경우는 드물다.

한편 미국에서는 불공정거래행위와 관련하여 특허권 남용 법리가 발전하였다. 즉, 특허권자가 특허실시 외에 특허받지 않은 제품을 끼워팔기 등의 방법으로 실시자로 하여금 구입하게 하는 특허권 실시계약(라이선스 계약)을 체결함으로써 특허받지 않은 제품의 경쟁을 억압하여 시장 지배력을 키우려는 불공정거래행위 등과 관련하여 권리남용 항변이 인정되었다. 이러한 이론 구성은 같은 창작법인 저작권법에도 영향을 주었다. 연방항소법원은 미국 저작권청(copyright office)에 의해 허용되지 않은 배타적인 권리나 독점을 지키기 위해 저작권을 행사하는 것은 공공정책에 반한다는 이유로 권리남용 항변을 인정하였지만 권리남용 여부는 저작권이 독점금지법을 위반하는 방법으로 행사되었는지가 아니라 허용된 저작권에 구현되어 있는 공공정책을 위반하는 방법으로 행사되었는지라고 하였다.[65]

독점규제 및 공정거래에 관한 법률과 저작권법 간의 저촉 문제에 관하여 언급한 것으로 아래와 같은 사례들이 있다.

■ 서울고등법원 2012. 4. 4.자 2011라1456 결정(미재항고 확정)

저작권 행사로 저작권법이 목적으로 하는 새로운 창작활동의 유인에 따른 자유로운 혁신 또는 경쟁의 촉진이나 저작물의 공정한 이용(공공의 이익을 위하여 일정 범위에서는 공중의 자유로운 이용이 보장되어야 하고, 후속 창작활동을 위한 이용자의 권리 또한 보호되어야 한다)과 어긋나는 방향으로 공정거래저해의 효과가 발생한다면 이는 독점규제 및 공정거래에 관한 법률 제59조에서 말하는 저작권의 정당한 행사범위를 벗어나는 것이어서 독점규제 및 공정거래에 관한 법률 위반행위를 구성하게 된다.

그리고 이처럼 저작권의 행사가 독점규제 및 공정거래에 관한 법률 위반에 해당하는 경우라면

는 부정경쟁행위에 해당하지 아니한다고 판단하였다.

65) Lasercomb Am., Inc. v. Reynolds, 911 F.2d 970 (4th Cir. 1990), at 976, 978.

이는 저작권의 입법목적에 정면으로 배치됨은 물론 저작권자에게는 부당한 이익을 주고, 권리
행사의 상대방에게는 불합리한 고통이나 손해를 끼치게 되므로 실질적 정의와 당사자의 형평에
도 어긋난다.

이러한 점들에 비추어 보면 저작권에 기초한 침해금지청구가 독점규제 및 공정거래에 관한 법
률 위반에 해당하는 경우에는 특별한 사정이 없다면 권리남용에 해당하여 허용되지 아니한다.

다만 법원은 위 사안에서 피신청인이 신청인들의 저작권을 침해하지 아니하는 정당한 방
법으로 교과서 및 평가문제집을 이용하여 온라인 강의서비스를 제공하는 것이 불가능한 것은
아니라고 보이는 점, 거래거절로 말미암아 피신청인에게 일시적인 사업진행의 차질이 초래될
가능성은 있으나 더 나아가 거래기회가 배제되어 그 사업활동을 곤란하게 할 우려까지 있다고
보기는 어려운 점, 신청인들의 거래거절은 거래처 선택의 자유를 넘어 그들이 보유한 저작권
의 당연한 권능의 하나로서 행사된 것으로 보이고, 신청인들이 오로지 피신청인의 사업활동을
곤란하게 할 의도를 가지고 그 지위 남용행위로써 거래거절을 한 것으로는 볼만한 자료도 없
는 점 등의 사정을 종합하여 신청인들이 교과서 및 평가문제집에 관한 저작물 이용허락계약의
갱신을 일체 거부하고 피신청인에게 교과서 및 평가문제집을 이용한 강의의 복제, 전송 등의
금지를 구하는 것이 독점규제 및 공정거래에 관한 법률이 정한 시장지배적 지위의 남용행위
또는 불공정거래행위에 해당하거나 권리남용에 해당한다고 볼 수 없다고 하였다.

■ 서울중앙지방법원 2011. 9. 14.자 2011카합683 결정(미항고 확정)은 드물게 저작권행사
의 권리남용을 인정한 사안으로 아래와 같이 판단하였다.

저작권에 대한 보호는 창의적인 저작물에 대한 정당한 보상을 통해 새로운 창작활동의 유인을
제공함으로써 문화 및 산업발전의 향상에 이바지함을 목적으로 한다.

그러나 관련 시장질서가 왜곡되는 경우에는 저작권에 대한 합당한 보상을 받지 못할 수 있을
뿐만 아니라 저작권 제도의 본래 취지에 반하는 결과를 가져올 수 있으므로, 독점규제 및 공정
거래에 관한 법률이 보호하고자 하는 자유로운 경쟁과 공정한 거래질서는 저작권 제도의 목적
달성을 위한 전제가 된다 할 것이고, 저작권은 새로운 창작활동의 유인을 제공하는 한편 관련
시장의 질서를 왜곡하지 않는 범위에서 정당하게 행사되어야 한다.

이러한 이념적 토대에 비추어, 저작권에 의한 '정당한' 권리 행사에 해당하는지는 저작권 행사
가 ① 새로운 창작활동을 보호·장려하고 관련 저작물의 이용을 도모함으로써 문화 및 산업발
전을 촉진하고자 한 저작권 제도의 본래 취지에 부합하는지 여부, ② 관련 시장의 경쟁상황과
공정한 거래질서에 미치는 영향을 중심으로 판단하되, 독점규제 및 공정거래에 관한 법률 각

규정별 위법성 성립요건 해당여부를 별도로 검토하여야 한다. 나아가 저작권 행사가 공정거래 저해 효과와, 새로운 창작활동의 장려를 통한 효율성 증대 효과를 동시에 발생시키는 경우에는 양 효과의 비교형량을 통해 법 위반 여부를 심사함을 원칙으로 하고, 해당 행위로 인한 효율성 증대효과가 공정거래저해효과를 상회하는 경우에는 위법하지 않은 행위로 판단할 수 있다 (2010. 3. 31. 개정 공정거래위원회 예규 제80호 '지식재산권의 부당한 행사에 대한 심사지침' 참조).

법원은 위와 같이 판단함과 아울러 채무자가 채권자의 교재를 허락 없이 사용하여 온라인 강의를 제작한 행위가 채권자의 2차적저작물작성권 침해에 해당하나 채권자가 자신의 교재에 대한 이용허락을 거절하고 있는 것이 독점규제 및 공정거래에 관한 법률상 시장지배적 지위의 남용행위에 해당할 여지가 많은 점 등을 고려하여 채권자의 침해금지청구가 권리남용이라고 볼 여지가 있다고 판단하여 채권자의 신청을 기각하였다.

다음으로 대법원 2011. 10. 13. 선고 2008두1832 판결은 독점규제 및 공정거래에 관한 법률 제3조의2 제1항 제3호, 독점규제 및 공정거래에 관한 법률 시행령 제5조 제3항 제4호, 시장지배적 지위남용행위 심사기준(2002. 5. 16. 공정거래위원회 고시 제2002-6호) Ⅳ. 3. 라. (3) 에 규정된 시장지배적 사업자의 지위남용행위로서 불이익 강제행위의 부당성과 음악저작권 간 저촉 여부가 쟁점이 된 사안에서 아래와 같이 판단하였다.

> 원심은 그 채택 증거들을 종합하여 판시와 같은 사실을 인정한 다음, 원고가 자신의 MP3폰과 멜론사이트의 음악파일에 자체 개발한 DRM(Digital Rights Management)을 탑재하여 원고의 MP3폰을 사용하는 소비자로 하여금 멜론사이트에서 구매한 음악파일만 재생할 수 있도록 하고, 다른 사이트에서 구매한 음악은 멜론사이트에 회원으로 가입한 후에 별도의 컨버팅 과정 등을 거치도록 하는 행위(이하 '이 사건 행위'라 한다)를 하였으나, 본래 DRM은 음악저작권을 보호하고 음악파일의 무단복제 등을 방지하기 위하여 필요한 기술이므로, 원고가 자신의 MP3 폰과 음악파일에 DRM을 탑재한 것은 인터넷 음악서비스 사업자들의 수익과 저작권자의 보호 및 불법 다운로드 방지를 위한 것으로서 정당한 이유가 있다고 보이는 점, 소비자가 원고의 MP3폰으로 음악을 듣기 위해서는 멜론사이트에서 컨버팅 과정을 거치거나 CD굽기를 해야 하는 등 불편을 겪을 수밖에 없으나, MP3파일 다운로드서비스 사업자들에게 DRM을 표준화할 법적 의무가 있지 아니한 이상 위와 같은 불편은 부득이한 것으로 현저한 이익의 침해가 되거나 부당하여 불법에까지 이른다고 보이지는 않는 점, 원고는 보다 낮은 가격에 통합형서비스를 이용하고자 하는 소비자들의 욕구를 충족시키기 위하여 월 5,000원 정도를 내면 멜론사이트에서 제공되는 모든 곡을 스트리밍하거나 다운로드받을 수 있도록 하는 '월 정액제 임대형서비스'

를 개발하였는데, 이는 소비자에게 불리한 지출을 강요한 것이 아니라고 보이는 점, 이 사건 행위로 인하여 현실적으로 경쟁제한의 효과가 일정한 정도로 나타났지만 DRM의 특성과 필요성 및 그 개발경위 등에 비추어 원고의 이 사건 행위에 있어서 경쟁제한의 효과에 대한 의도나 목적이 있었음을 추단하기 어려운 점, 원고에게 음악파일의 상호호환을 강제할 법령상의 근거가 없는 점, 원고의 DRM이 법령상의 '필수적 설비'에 해당한다고 보기 어려운 점 등을 종합하여 보면, 원고의 이 사건 행위가 독점규제 및 공정거래에 관한 법률 제3조의2 제1항 제3호에 규정된 '다른 사업자의 사업활동을 방해하는 행위'에 해당된다고 하더라도 그 부당성을 인정할 수 없으므로, 이와 다른 전제에 선 피고의 이 사건 처분은 위법하다고 판단하였다.

위 법리를 기록에 비추어 살펴보면, 원심의 이러한 판단은 정당한 것으로 수긍되고, 거기에 상고이유의 주장과 같은 시장지배적 사업자의 불이익 강제행위와 관련된 경쟁제한성과 부당성 요건에 관한 법리오해 등의 위법이 없다.

참고로 특허권과 독점규제 및 공정거래에 관한 법률 관계에 대해 판단한 대법원 2014. 2. 27. 선고 2012두24498 판결이 있다.

위 2012두24498 판결은 위 법 제59조에 따라 독점규제 및 공정거래에 관한 법률 적용대상이 되는 '특허권의 정당한 행사라고 인정되지 아니하는 행위'의 의미, 판단기준 및 역지불합의의 부당성에 관하여 최초로 판시한 판결이다.[66]

---

66) 위 판결의 내용 및 의의에 대하여는 윤태식, 특허법 – 특허 소송 실무와 이론 –(제2판), 진원사(2017), 22~27 부분에서 상세히 설명한다.

제 2 장

저작권(제도)의 정당화 근거 및 저작권법 연혁

제2장 저작권(제도)의 정당화 근거 및 저작권법 연혁

제1절 저작권의 의의

통상적으로 저작권이라 함은 저작물을 창작한 저작자에게 인정되는 저작재산권과 저작인격권을 말한다. 그러나 넓은 의미의 강학상 저작권법에서 말하는 저작권에는 저작재산권과 저작인격권 외에도 저작인접권, 배타적 발행권, 출판권, 데이터베이스제작자의 권리 및 영상제작물에 대한 권리 등이 포함된다.

한편, 저작권법에는 위와 같은 권리들에 관한 규정 외에도 온라인서비스제공자의 책임제한, 기술적 보호조치의 무력화 금지, 저작권신탁관리업 또는 저작권대리중개업의 저작권위탁관리업의 허가 등에 관한 내용, 저작권법에 따라 보호되는 권리에 관한 사항을 심의하고 저작권에 관한 분쟁을 알선·조정하며, 권리자의 권익증진 및 저작물 등의 공정한 이용에 필요한 사업을 수행하기 위하여 마련된 한국저작권위원회 및 저작권 보호에 관한 사업을 하기 위하여 마련된 한국저작권보호원에 관한 내용, 벌칙 등에 관한 규정이 있다.

그리고 저작권법에는 우리나라에서 발효된 세계저작권협약(Universal Copyright Convention)(1987. 10. 1. 발효), 음반의 무단복제로부터 음반제작자를 보호하기 위한 협약(제네바 협약, Convention for the Protection of Producers of Phonograms against Unauthorized Duplication of their Phonograms)(1987. 10. 10. 발효), 무역 관련 지식재산권에 관한 협정(WTO/TRIPS 협정, Agreement on Trade-Related Aspects of Intellectual Property Rights)(1995. 1. 1. 발효), 문학적·예술적 저작물의 보호를 위한 베른협약(Berne Convention for the Protection of Literary and Artistic Works)(1996. 8. 21. 발효), 세계지식재산기구 저작권조약[WCT, World Intellectual Property Organization(WIPO) Copyright Treaty](2004. 6. 24. 발효), 실연자·음반제작자 및 방송사업자의 보호에 관한 국제협약(로마협약, International Convention for the Protection of Performers, Producers of Phonogram and Broadcasting Organization)(2009. 3. 18. 발효), 세계지식재산기구 실연 및 음반조약[World Intellectual Property Organization(WIPO) Performances and Phonograms Treaty (WPPT)](2009. 3. 18. 발효), 위성에 의하여 송신되는 프로그램 전달 신호의 배포에 관한 협약(브뤼셀협약, 위성협약, Convention relating to the Distribution of Programme-Carrying Signals Transmitted by Satellite)(2012. 3. 9. 발효)의 내용이 반영되어 있다.

저작권은 저작재산권 즉, 인간의 사상 또는 감정을 표현한 창작물(저작물)을 창작한 창작자(저작자)에게 일정기간 동안 그 창작물을 독점적으로 이용하게 하고 권원 없이 복제·공연·공중송신(전송, 방송, 디지털음성송신 등)·전시·배포·대여 및 2차적저작물 작성 등의 행위와 저작인격권, 즉 그 저작물에 대한 저작자의 인격권(공표권, 성명표시권, 동일성유지권)을 침해하는 행위를 금지하는 권리 등으로 이루어진다.

영미법계 국가에서 저작권에 해당하는 용어는 copyright인데, 이는 영국에서 1710. 4. 10. 제정·시행된 앤 법(the statue of Anne)—저작자의 권리를 확립한 최초의 성문 저작권법으로서 대상이 서적으로 한정되어 있었다. 비록 오늘날의 저작권법의 체재·내용과는 크게 다르지만, 그 후 앤 법은 1790년에 제정된 미국 저작권법의 모델이 된다—에서 copy를 서적의 인쇄, 증쇄, 판매로 정의하고 권리자의 동의 없는 복제·판매·수입을 금지한 내용까지 거슬러 올라간다.

그런데 오늘날 우리 저작권법에서 보호되는 행위 대상만 보더라도 복제, 판매를 넘어 공연, 전시, 대여 및 2차적저작물 작성 등에 이르고 있고 공중송신(방송, 전송, 디지털 음성송신 등)의 예에서 보듯이 그 영역이 계속 확장되고 있어 저작권을 copyright이라고 표현하는 것이 적절한지에 관한 의문이 제기될 만하지만, 앞서 본 앤 법을 이어받은 영미법계 국가들은 저작권을 여전히 copyright이라고 하고 있다.

영미법계 국가들은 저작권을 복제 등의 금지권리로 파악하고 저작자의 재산적 이익의 확보에 중점을 두어 저작물 이용자로서의 성격이 강한 음반제작자, 필름제작자, 방송사업자 등도 저작자의 개념에 포섭시키고 있고, 경제적 이익의 귀속 주체로서 법인을 저작자로 인정하는 데에도 별다른 거부감이 없다. 영미법계에서 업무상 저작물의 경우 법적 의제의 방법을 통하여 저작자의 지위 및 저작권이 법인 등 사용자에게 원시적으로 귀속된다고 규정함으로써 법인 등 사용자를 저작자(창작자)로 간주하는 효과를 부여하고 있다.[1]

반면에 독일, 프랑스 등 유럽 대륙법계 국가에서 저작권에 해당하는 용어는 '저작자의 권리'(author's right)를 의미하는 Urheberrecht, droit d'auteur 등이다.

18세기 자유주의 및 개인주의 사상의 영향으로 유럽 대륙법계 국가들은 저작물을 저작자의 개성이 발현된 것으로 발전시켰고 이에 따라 저작자의 재산적 이익과 더불어 인격적 이익도 그에 못지않게 강조한다. 다만 이 경우에도 저작권을 저작재산권과 저작인격권이 합하여진 단일의 권리로 파악하는 독일과 같은 입법례(저작권 일원론)와 저작권을 저작재산권과 저작인격권이라는 별개의 권리로 이루어진 것으로 파악하는 프랑스와 같은 입법례(저작권 이원론)가

---

1) 유럽 대륙법계를 따르고 있는 우리나라와 일본의 경우, 그 저작권법 중 업무상 저작물에 관하여는 법인 등 사용자를 그 저작자라고 규정함으로써 영미법계의 입법태도를 취하고 있다. 따라서 우리나라와 일본의 경우에 법인 등 사용자에게는 저작재산권뿐만 아니라 저작인격권까지 원시적으로 귀속되고 있다.

있다.

유럽 대륙법계 저작권법은 개성을 가진 저작자가 저작물을 창작하므로 저작자에 의한 저작물의 창작행위와 저작물의 해석 또는 전달에 기여하는 실연자, 음반제작자, 방송사업자에 의한 저작물 이용행위를 엄격히 구별하여 전자를 저작자로, 후자를 저작인접권자로 구분하고 있다.2)3)

그리고 저작물 창작행위는 정신적 활동을 기초로 저작물을 만들어 내는 사실행위이므로 저작자가 해당 저작물에 대한 저작권을 원시적으로 취득한다는 창작자 원칙 논리를 관철하기 위해, 저작물을 창작하는 저작자를 자연인에 한정하고 저작자의 개성이 발현되기 어려운 법인이나 단체는 저작자로 인정하지 않는다. 이는 업무상 저작물의 경우에도 그대로 적용되어 창작자인 종업원만이 저작권을 획득하게 된다(독일 저작권법 제43조). 사용자가 업무상 저작물을 이용하기 위해서는 고용계약이나 개별 약정을 통해 종업원으로부터 이용권을 부여받아야 한다. 다만 컴퓨터프로그램에 관하여는 그것이 업무상 사용자의 지시를 받아 창작된 경우에는 다른 약정이 없는 한 사용자가 그 재산적 권리를 배타적으로 행사할 수 있다(독일 저작권법 제69조b). 즉 독일은 업무상 저작물을 창작한 근로자에게 저작자의 지위를 인정하면서 사용자에게는 재산적 권능의 행사만을 보장해 주고 있다.

영미법계와 유럽 대륙법계의 이러한 차이에도 불구하고 현재는 두 법계의 구체적인 차이가 점차적으로 줄어들고 있다.

영국은 1988년 저작권법에 저작인격권에 관한 규정(성명표시권, 동일성유지권 및 허위의 저작자명의 표시에 대해 이의를 제기할 권리)을 두었고 2006년에 실연권에 관한 규칙을 제정하여 실연의 전체 또는 실질적인 부분에 관하여 실연자의 인격권 규정을 신설하고 실연에 관한 권리를 저작권에 준하여 인정하였다.4) 미국은 1990년 저작권법을 개정하여 시각적 미술저작물

---

2) 저작인접권으로 보호되는 실연자, 음반제작자, 방송사업자 중에서 저작물의 창작행위에 준하여 평가되는 것은 실연자 쪽이고, 음반제작자 및 방송사업자 쪽은 저작물을 공중에 전달하는 매체로서의 성격이 더 강하다.

3) 1957. 1. 28. 법률 제432호로 제정된 저작권법 제2조는 "본법에서 저작물이라 함은 표현의 방법 또는 형식의 여하를 막론하고 문서, 연술, 회화, 조각, 공예, 건축, 지도, 도형, 모형, 사진, 악곡, 악보, 연주, 가창, 무보, 각본, 연출, 음반, 녹음필름, 영화와 기타 학문 또는 예술의 범위에 속하는 일체의 물건을 말한다."라고 하여 연주, 가창, 음반을 저작물로 규정하고 저작인접권이라는 용어는 규정하고 있지 않았으나 1986. 12. 31. 법률 제3916호로 전부개정된 구 저작권법 제61조에서 소정의 실연, 음반 및 방송을 저작권이 아닌 저작인접권으로 보호받는 것으로 하고 실연자, 음반제작자, 방송사업자의 각각의 권리 등을 규정하였고 그러한 보호방법이 오늘날에도 그대로 유지되고 있다.

4) 영국의 저작권법에서 저작인격권은 관련 저작물의 저작권의 존속기간(일반적인 저작물의 경우 저작물을 이용할 수 있는 다음 연도부터 기산하여 70년간, 실연가의 저작인격권은 실연가의 실연권의 기간 동안(원칙적으로 실연이 행해지거나 공개된 경우 행해진 날의 다음 해부터 기산하여 50년) 만큼 존속한다. 영국에서 저작인격권은 원칙적으로 양도할 수 없으나 유언에 의해 이전될 수 있으며, 서면으로 포기할

(a work of visual art)의 저작자에게 저작인격권(성명표시권과 동일성유지권)을 부여하는 규정을 신설하였고5) 주(州) 법이나 실무로 퍼블리시티권(Right of Publicity)6) 등을 인정하고 있다.

제2절   저작권(제도)의 정당화 근거

I. 저작권(제도)의 정당화 근거에 관한 의의

오늘날의 사유재산 제도를 이해한다면 그 대상이 점유를 전제로 한 토지 등의 유형 재산이든 점유를 전제로 하지 않고 재산적 가치가 인정되는 무형의 재산이든 구별하지 않고 이를 보호하여야 한다는 데에 그다지 의문을 가지지 않을 것이다. 다만 연혁 상으로 볼 때 점유로부터 재산이 발생한다는 전제를 가지는 영미법계의 코먼로 입장에서는 점유를 전제로 하지 않는 무형의 대상물을 유형의 재산과 같은 재산권으로 인정하는 데 다소 소극적이었고 이런 연유로 점유를 전제로 하지 않는 무형의 재산을 보호하여야 하는 이론적 근거를 탐구하여 왔다.

재산적 가치가 있는 무형의 재산을 지식재산권법으로 보호하여야 하는 주요 정당화 근거에 대하여 아래에서 간단히 살펴보는 바와 같이 ① 노동 이론, ② 인격 이론, ③ 경제적 동기 또는 공리주의 이론 등이 있는데, 이들 이론은 단순히 지식재산권법을 인정하기 위한 근거 외에도 그 법의 체계나 적용 범위를 결정하는 데에 매우 중요한 역할을 수행하고 있다.

지식재산권법에서 같은 창작법에 속해 있으면서 여러 나라의 법체계나 내용에 상대적으로 큰 차이가 없다고 볼 수 있는 특허법과는 달리 저작권법에서 유독 이러한 정당화 근거가 상대적으로 더욱 부각되어 온 이유는, 역사적으로 영미법계와 유럽 대륙법계에서 뿌리 깊게 자리 잡아 온 지식재산권 인정 근거와 지식재산권법의 정당화 근거가 저작권의 보호범위와 저작권법의 체계 및 내용에 상대적으로 더 큰 영향을 주어 왔기 때문으로 보인다.

저작권 제도는 저작자의 창작 동기를 북돋아 주어야 하면서도 공중에게 그들이 필요로 하는 정보를 어려움 없이 얻을 수 있도록 하는 데 그 존재 이유가 있다. 이들 개념은 충돌이 불가피하므로 이해관계가 충돌될 때마다 서로 타협하면서 더 높은 차원의 저작권 제도를 발전시

수 있다.

5) 미국 저작권법 제106조의 A.

6) Casrson v. Here's Jonny Portable Toilets, Inc., 98 F.2d 831 (6th Cir. 1983), Vanna White v. Samsung Electronics America, Inc., 971 F.2d 1395 (9th Cir. 1992), petition for rehearing and rehearing en banc denied, 989 F.2d 151 (9th Cir), cert. denied, 113 S. Ct. 2443 (1993), Midler v. Ford Motor Co., 849 F.2d 460 (9th Cir. 1988) 등 참조.

켜 나갈 수 있도록 노력할 필요가 있다.

Ⅱ. 저작권(제도)의 정당화 근거에 관한 이론 및 평가

아래와 같이 저작권에 관한 주요 정당화 이론들이 있으나 어느 견해도 모든 문제를 완전히 해결할 수 없다. 따라서 이들 이론은 점차 서로 대립하는 것이 아니라 보완관계를 이루면서 수렴하는 경향에 있다.

① 노동 이론(Labor Theory)

존 로크(John Locke)에 의해 제창된 노동 이론(Labor Theory)은 사람이 자신의 신체에 대해 태어날 때부터 재산권을 가지고 있고 그 신체의 노동까지 소유하므로 그 노동에 따라 형성된 가치(과실)도 소유한다는 이론이다.

농민이 노동을 통해 과실을 수취하는 것과 같이 노동에 의해 문학작품 내지 미술작품을 창작한 자가 그것을 사용하고 관리할 권리와 양도 대가를 받을 권리를 소유한다는 이론(자연권론)은 재산권을 부여하는 데에 강한 정당성을 제공한다. 실제로 노동 이론은 유럽에서 역사적으로 문학 및 미술저작물에 대한 새롭고 강화된 권리를 부여받기 위한 주된 근거로 사용되었고 이러한 이론적 근거로 인해 유럽 대륙법계 저작권법이 저작자(authorship)를 강조하는 법률체계를 가지게 되었다.

다만 저작권법에서 노동 이론은 저작물을 창작한 저작자에게 어느 정도의 권리를 어느 기간 인정하여야 하는지에 관한 기준을 제시하지는 못한다. 같은 지식재산권에 속해 있는 특허권이 특허등록 후 독립적으로 창작된 발명에 대해서도 금지를 구할 수 있는 반면에 저작권은 같은 상황이라면 금지를 구할 수 없다. 권리의 다발로 불리우는 저작재산권의 인정 범위 및 저작재산권의 보호기간 등은 특정한 이론에 의해서가 아니라 입법에 의해 결정되어 왔다. 결국 저작권이 가지는 구체적인 내용은 노동 이론이 아니라 입법으로 결정되는 것이므로 노동 이론에 따른 자연권 이념과 실정법이라는 현실 사이에는 간격이 발생할 수밖에 없다.

② 인격 이론(Personality Theory)

헤겔(Hegel)에 의해 주장된 인격 이론(Personality Theory)은 자신의 의지를 세상에 표현하기 위한 개인적인 능력을 강조하여 저작물을 인격의 확장으로 보고 저작물에 대한 소유권이 개인의 신체를 넘어 자유라는 자연적인 영역에까지 확장하는 것을 허용한다.

인격 이론은 로크의 노동 이론과 함께 자연법 이론에 속하고 오늘날 유럽 대륙법계 국가의 저작권법의 토대를 이루고 있다. 한편 인격 이론은 영미법계 국가에도 영향을 미쳐 앞서 본 바와 같이 영국도 저작권법에 저작자 및 실연자의 저작인격권을 도입하고, 미국도 저작권법에 시각적 미술저작물(works of visual arts)에 대한 저작인격권을 인정하고 있고 일부 주(州) 법이나 실무에서 퍼블리시티권 등이 인정되고 있다.

다만 인격 이론은 저작물 중에서 개개의 저작자의 인격이 반영되어 있는 문학 및 미술저작물 등에는 적용될 수 있으나 그와 달리 저작자의 인격이 그다지 반영되어 있지 않은(즉 개성이 그다지 발현되지 않은) 실용저작물, 컴퓨터프로그램저작물, 지도나 개인의 인격이 다수의 공동 작업에 흡수된 저작물에 대해서는 적용하기 어렵다는 문제가 있다.

③ 공리주의 이론(Utilitarian Theory)·경제적 동기 이론(Economic Incentive Theory)

제레미 벤담(Jeremy Bentham)에 의해 제창된 공리주의(Utilitarian) 이론은 중요한 사회적 결정에 대한 정당화 근거로 어떠한 내용이 최대 다수의 최대 행복을 제공할 것인가라는 기준을 제시하였고 이러한 기준은 경제적인 활동(자본주의) 및 사유재산에 관한 법률 제정에 대한 정당성을 부여하는 토대가 되어 유형 및 무형의 재산제도를 인정하는 데 있어 주요한 정당화 근거가 되어 왔다.

공리주의자들은 저작권 등의 무형의 재산을 인정하지 않을 경우 그것들이 공공재(public goods)로 간주되어 생산부족(underproduction)에 빠지게 되고 결국에는 사회 전체적으로도 효용이 감소하게 됨을 경고하면서 사회 전체적으로 효용을 증가시키기 위해 생산을 보장하여야 하고 이를 위해 무형의 재산에 대해 독점권 또는 금지권을 인정하여야 한다고 주장하였다.

이러한 이론은 저작물을 창작한 저작자들에게 저작권을 부여하고 다시 그들로 하여금 더 많은 지적 창작물을 생산하도록 함으로써 사회 전체의 효용을 증가시킨다는 경제적 동기(Economic Incentive) 이론으로 발전하였다.

미국 연방대법원도 이러한 입장을 취하여, 과학과 유용한 기술의 진보를 촉진하기 위하여 의회에 특허와 저작권에 대한 법률을 제정할 수 있는 권한을 부여한 헌법 조항의 배경에 있는 경제철학에 의하면 개인적인 이익을 제공하여 개인의 노력을 장려하는 것이 과학과 유용한 기술에서 저작자와 발명가의 재능을 통해 공공복지를 증진시킬 수 있는 가장 좋은 방법임을 확신한다고 하였다.[7]

---

7) Mazer v. Stein, 347 U.S. 201, 219 (1954), "The economic philosophy behind the clause empowering Congress to grant patents and copyrights is the conviction that encouragement of

다만 저작자가 오로지 경제적인 이익 등을 위해서가 아닌 비영리적으로 정보를 제공하는 콘텐츠들도 널리 존재하고 있다는 사정을 공리주의 내지 경제적 동기 이론만으로 설명하기 어렵다는 문제가 있다.

제3절   저작권법 제정·개정 연혁

우리나라가 1945. 8. 15. 일본의 강점으로부터 벗어났지만 미국 군정청이 1945. 1. 12. 공포한 「재조선 미국육군사령부 군정청 법령 제21호」에 의하여 종래의 일본 저작권법이 그대로 효력을 유지하였고 1948. 8. 15. 정부수립 선포 후에는 제헌헌법 제10장 부칙 제100조의 "현행 법령은 이 헌법에 저촉되지 아니하는 한 효력을 가진다."라는 경과규정에 따라 종래의 일본 저작권법이 여전히 시행되었다.

우리나라 저작권법은 1957. 1. 28. 법률 제432호로 공포됨으로써 처음 제정 및 시행되었고 그 후 1986. 12. 31. 법률 제3916호 및 2006. 12. 28. 법률 제8101호로 전면적으로 개정되었으며 그 전·후로도 많은 일부 개정이 이루어져 지금에 이르고 있다. 그 간의 저작권법의 제정 및 개정 내용 중 주요 내용은 아래와 같다.[8]

① 1957. 1. 28. 법률 제432호로 제정(1957. 1. 28. 시행)

- 무방식주의(등록하지 않아도 권리 발생) 채택함
- 저작권 보호기간을 원칙적으로 저작자의 생존기간 및 사후 30년으로 함
- 저작권 양도 등은 등록함으로써 제3자에게 대항할 수 있도록 함
- 외국인의 저작권은 조약에 특별한 규정이 있는 경우에 보호하되, 조약에 별도의 규정이 없는 경우에는 국내에서 처음으로 그 저작물을 발행한 자에 한하여 보호함
- 부정출판물의 부수를 산정하기 어려운 때에는 3천부로 추정함
- 음반·녹음필름 등을 공연 또는 방송에 사용하는 것 등은 저작권 비침해행위로 규정

---

individual effort by personal gain is the best way to advance public welfare through the talents of authors and inventors in Science and useful Arts." 위 문장은 Harper & Row, Publishers, Inc. v. Nation Enterprises, 471 U. S. 539, 558 (1985), New York Times Co. v. Tasini, 533 U.S. 483, 495 (2001)의 판결문에도 그대로 인용되고 있다.

8) 아래 저작권법 제·개정 연혁 내용은 개정 저작권법 해설서, 문화체육관광부·한국저작권위원회(2012) 12~20 및 법제처 제공 법 개정이유 등을 참고하였다.

■ 저작권을 침해한 행위에 대하여 이 법에 특별한 규정이 있는 경우 외에는 민법 기타의 법령을 적용함

■ 선의이며 과실 없이 저작권을 침해하여 이익을 받음으로써 타인에게 손실을 가한 자는 그 이익이 현존하는 한도 내에서 반환하여야 함

② 1986. 12. 31. 법률 제3916호로 전부개정(1987. 7. 1. 시행)

■ 저작권에 관련되는 용어의 정의 및 저작물의 예시를 현실에 맞도록 구체적으로 세분화하여 규정함

■ 외국인 저작물의 보호규정을 보완하여 외국인 저작물은 우리나라가 가입 또는 체결한 조약에 따라 보호하되, 상호주의원칙에 입각하여 우리나라 저작물을 보호하지 아니하는 국가의 저작물에 대하여는 그에 상응하게 제한할 수 있도록 하는 한편 이 법 시행 전에 종전의 규정에 의하여 보호를 받지 못한 외국저작물에 대하여는 이 법을 적용하지 아니하도록 함으로써 소급효를 인정하지 아니함

■ 법인·단체 그밖의 사용자의 기획 하에 그 업무에 종사하는 자가 업무상 작성하는 저작물로서 법인·단체 등의 명의로 공표된 저작물의 저작자는 계약 또는 근무규칙 등에 다른 정함이 없을 때에는 그 법인·단체 등이 되도록 함

■ 저작재산권을 복제권, 공연권, 방송권, 전시권, 배포권, 2차적저작물작성권 등으로 세분하여 규정하고 보호기간은 외국의 입법 예에 맞추어 사망 후 50년까지로 함

■ 저작인접권을 신설하여 실연자에게는 녹음·녹화·촬영권, 실연방송권, 판매용 음반의 방송보상청구권 인정, 음반제작자에게는 복제·배포권, 판매용 음반의 방송보상청구권 인정, 방송사업자에게는 복제권·동시중계방송권을 인정하고 보호기간을 20년으로 함

■ 영상저작물에 대하여는 종합예술로서의 특성을 살리고 그 이용의 원활을 기하기 위하여 저작재산권자가 영상화를 허락한 경우에는 영상저작물의 복제·배포·공개상영권 등까지 포함하여 허락한 것으로 보며, 영상저작물제작에 참여한 자의 저작물 이용권리가 영상제작자에게 양도된 것으로 보도록 함

■ 저작권자 그밖의 권리자는 그의 권리를 침해하거나 침해할 우려가 있는 자에 대하여 침해의 정지 또는 예방과 손해배상의 담보를 청구할 수 있도록 함

■ 저작재산권자의 허락없이 저작물을 복제한 경우 그 부정복제물의 부수 산정이 어려운 때에는 출판물은 5천부, 음반은 1만매로 추정하도록 함

■ 컴퓨터 프로그램 보호법을 별도로 제정함(1986. 12. 31. 제정, 1987. 7. 1.시행, 법률 제3920호)

③ 1989. 12. 30. 법률 제4183호로 일부개정(1990. 1. 3. 시행)

정부조직법 개정에 따른 관련 행정조직의 명칭 변경 (문화공보부장관에서 문화부장관으로 변경)

④ 1990. 12. 27. 법률 제4268호로 일부개정(1990. 12. 27. 시행)

정부조직법 개정에 따른 관련 행정조직의 명칭 변경 (문교부장관에서 교육부장관으로 변경)

⑤ 1991. 3. 8. 법률 제4352호로 일부개정(1991. 4. 9. 시행)

도서관진흥법 제정에 따른 관련 법명 변경 (도서관법에서 도서관진흥법으로 변경)

⑥ 1993. 3. 6. 법률 제4541호로 일부개정(1993. 3. 6. 시행)

정부조직법 개정에 따른 관련 행정조직의 명칭 변경 (문화부장관에서 문화체육부장관으로 변경)

⑦ 1994. 1. 7. 법률 제4717호로 일부개정(1994. 7. 1. 시행)

■ 편집저작물에 해당하는 데이터베이스는 저작물로 보호함
■ 교육부장관이 저작권을 가지거나 교육부장관의 검·인정을 받은 교과용도서를 저작물에 게재할 경우에도 저작재산권자에게 보상을 하도록 하되, 경과조치로 5년간 유예기간을 두도록 함
■ 음반의 배포권자, 실연자 및 음반제작자에게도 판매용 음반을 영리목적으로 대여하는 것을 허락할 권리를 가지도록 함
■ 저작인접권의 보호기간을 20년에서 50년으로 연장함
■ 저작권 및 이 법에 의하여 보호되는 권리를 침해한 물건을 그 정을 알면서 배포할 목적으로 소지하는 행위도 당해 권리의 침해행위로 보도록 하고 저작권 침해에 대한 벌칙을 3년 이하의 징역 또는 3천만원 이하의 벌금 병과 등으로 상향조정함

⑧ 1994. 3. 24. 법률 제4746호로 일부개정(1994. 7. 25. 시행)

도서관및독서진흥법 개정에 따른 관련 법명 변경(도서관진흥법에서 도서관및독서진흥법으로

변경)

⑨ 1995. 12. 6. 법률 제5015호로 일부개정(1996. 7. 1. 시행)

■ 종전에는 외국인의 저작물 등에 대하여 대한민국이 가입한 조약에 따라 보호하되 당해 조약발효일 이전에 발행된 것을 보호하지 아니하도록 하였으나 앞으로는 조약발효일 이전에 공표된 것에 대하여서도 보호하도록 함

■ 단체명의저작권 및 영상저작권의 저작재산권은 공표후 50년간 존속하되 창작후 10년이내에 공표되지 아니한 경우에는 창작한 때부터 50년간 존속하도록 하였으나, 앞으로는 창작후 공표유예기간을 10년에서 50년으로 연장하여 국제적인 보호수준으로 조정함

■ 「문학적·예술적 저작물의 보호를 위한 베른협약」가입에 대비하여 저작물을 번역함에 있어 저작권자와의 합의가 안될 경우, 문화체육부장관의 승인을 얻어 번역할 수 있도록 하던 번역권에 대한 강제허락제도를 폐지함

■ 종전에는 실연자에게 자신의 실연을 녹음·녹화, 촬영할 권리만을 인정하던 것을 앞으로는 이에 추가하여 녹음·녹화, 촬영된 자신의 실연을 복제할 권리를 인정함

■ 외국인의 저작물 등의 소급보호에 따른 파급효과를 완화하고 내국인 저작물등의 보호와 균형을 유지하기 위하여 소급하여 보호되는 외국인의 저작물 등의 보호기간을 조정함

■ 외국인의 저작권보호의 확대에 따라 이제까지 외국인의 저작물 등을 적법하게 이용하여 온 자의 신뢰를 보호하기 위하여 법 시행 전의 적법한 이용행위에 대하여는 면책하는 등의 경과조치를 두도록 함

⑩ 1997. 12. 13. 법률 제5453호로 일부개정(1998. 1. 1. 시행)

행정절차법의 시행에 따른 공인회계사법 등의 정비에 관한 법률 개정에 따라 저작권위탁관리업 허가 취소 등의 경우 청문제도를 도입함

⑪ 2000. 1. 12. 법률 제6134호로 일부개정(2000. 7. 1. 시행)

■ 컴퓨터통신 등이 급속히 발전됨에 따라 컴퓨터통신 등에 의하여 저작물을 전송하는 경우에도 저작자의 이용허락을 받도록 하기 위하여 저작자의 저작재산권에 전송권을 추가함으로써 컴퓨터통신 등에 의한 전송으로부터 저작자의 권리를 보호하도록 함(제2조 제9호의2 및 제18조의2)

■ 공중용 복사기에 의한 저작물의 복제가 빈번하게 대량으로 이루어짐에 따라 공중용 복사기에 의한 복제로부터 저작자를 보호하기 위하여 앞으로는 공중용 복사기에 의한 복제에 대하여는 저작자의 이용허락을 받은 후 복제할 수 있도록 함(제27조 제1항 단서)

■ 전자도서관 구축사업을 지원하기 위하여 도서관이 도서 등의 저작물을 컴퓨터 등으로 복제하여 당해도서관 및 다른 도서관의 이용자가 열람할 수 있도록 전송하는 경우에는 저작자의 이용허락을 받지 아니할 수 있도록 함(보상금 지급) (제28조 제2항)

■ 저작물에 대한 권리관계를 명확히 하기 위하여 저작자 등이 등록할 수 있는 사항을 확대하고, 등록된 저작권 등을 고의없이 침해한 자에 대한 손해배상청구에 있어서는 그 침해행위에 과실이 있는 것으로 추정하도록 함(제51조 제1항 및 제93조 제4항)

⑫ 2003. 5. 27. 법률 제6881호로 일부개정(2003. 7. 1. 시행)

■ 창작성 없는 데이터베이스라도 상당한 투자를 한 경우 보호하고 데이터베이스제작자의 권리보호기간을 5년으로 함

■ 도서관보상금제를 도입하고 도서관의 복제·전송의 범위를 보관하고 있는 도서 등의 부수 범 위내로 한정함

■ 시각장애인 등의 이용에 제공하기 위하여 어문저작물을 시각장애인 등 전용기록 방식으로 복제·배포·전송할 수 있도록 함

■ 온라인서비스제공자가 저작권 침해사실을 알고 즉시 당해 복제·전송을 중단시킨 경우에는 책임을 감경 또는 면제하도록 하는 등 온라인서비스제공자의 면책요건 등을 정함

■ 기술적 보호조치 무력화를 주된 목적으로 하는 기술·서비스·장치 등을 제공·제조·수입·양도·대여·전송하는 행위, 전자적 형태의 권리관리정보를 제거·변경하는 행위 등을 권리침해행위로 보고 처벌할 수 있도록 함(3년 이하의 징역 또는 3천만원 이하의 벌금 부과)

■ 부정복제물(출판, 음반)의 부수추정 규정을 삭제, 변론 취지 및 증거조사 결과를 참작하여 법원이 재량으로 상당한 손해액을 인정할 수 있도록 함

⑬ 2004. 10. 16. 법률 제7233호로 일부개정(2005. 1. 17. 시행)

실연자 및 음반제작자에게 전송권을 부여함

⑭ 2006. 10. 4. 법률 제8029호로 일부개정(2007. 4. 5. 시행)

도서관법 개정에 따른 관련 법명 변경(도서관및독서진흥법에서 도서관법으로 변경).

⑮ 2006. 12. 28. 법률 제8101호로 전부개정(2007. 6. 29. 시행)

■ 각종 정의규정 신설 또는 변경함(저작물의 개념 확대, 공중송신 및 디지털음성송신 개념 신설, 발행의 정의 변경, 공중의 정의 신설 등)
■ 학교 수업목적을 위한 저작물의 전송을 허용함(제25조 제4항, 제10항)
■ 각종 미분배 보상금의 공익목적 사용을 명시함(제25조 제8항)
■ 법정허락 대상에서 외국인 저작물을 제외함(제50조)
■ 저작권인증제도를 도입함(제2조 제33호 및 제56조)
■ 정치적 연설 등의 이용(법 제24조), 공개적으로 행한 정치적 연설 등은 자유롭게 이용할 수 있되, 동일한 저작자의 연설 등을 편집하여 이용하는 것은 금지함
■ 학교수업을 위한 저작물의 전송, 고등학교 이하의 학교 수업을 위하여 저작물의 전송이 이루어지는 경우에는 보상금을 지급하지 않도록 하되, 복제방지장치 등의 조치를 하도록 함(법 제25조 제4항 및 제10항)
■ 인터넷 신문 및 뉴스통신에 게재된 시사적인 기사나 논설을 해당기사 등에 이용 금지 표시가 있는 경우를 제외하고는 다른 언론기관이 자유롭게 복제·배포 또는 방송할 수 있도록 함(법 제27조)
■ 대한민국이 가입 또는 체결한 조약에 따라 보호되는 음반으로서 음반제작자가 체약국의 국민인 음반을 이 법의 보호대상에 포함하도록 하여 보호받는 음반의 범위 확대함(제64조)
■ 실연자의 성명표시권 등(제66조 내지 제68조, 제70조 내지 제72조, 제76조, 제80조 및 제83조)
 - 실연자에게 인격권인 성명표시권 및 동일성유지권을 새로 부여하여 일신에 전속시키고, 그 밖에 실연 복제물의 배포권, 배타권 대여권, 고정되지 않은 실연을 공연할 권리, 디지털음성송신보상청구권을 실연자의 저작인접권으로 정함
 - 음반제작자에게 배타적 대여권, 디지털음성송신보상청구권을 새로 부여함
■ 외국인 실연자 및 음반제작자의 방송보상청구권을 인정함(상호주의 적용)
■ 음반의 보호기간 기산점을 '고정'에서 '발행'한 때로 변경함으로써 저작인접권의 보호기간을 연장함(제86조)
■ 특수한 유형의 온라인서비스제공자에게 권리자의 요청이 있는 경우 저작물의 불법적인 전송을 차단하는 기술적 조치 등 필요한 조치를 의무화함(제104조 제1항)
■ 영리, 상습적으로 저작권을 침해하는 경우 비친고죄를 적용함(제140조)

⑯ 2008. 2. 29. 법률 제8852호로 일부개정(2008. 2. 29. 시행)

정부조직법 개정에 따른 관련 행정조직의 명칭을 변경함(문화관광부장관에서 문화체육관광부 장관으로 변경).

⑰ 2009. 3. 25. 법률 제9529호로 일부개정(2009. 9. 26. 시행)

■ 정보기술의 비약적 발달에 따라 지식정보의 생산 및 이용 환경이 온라인으로 급속히 확산되고 있으나 온라인 자료에 대한 관리가 미흡한 실정이므로, 국립중앙도서관으로 하여금 온라인 자료를 체계적으로 수집·관리하도록 복제근거를 마련함(제31조 제8항)

■ 판매용 음반을 이용하여 공연하는 경우에는 이로 인해 경제적 손실을 입게 되는 실연자와 음반제작자에게도 상당한 보상금을 지급하도록 하여 저작인접권자의 권리를 보호하려는 것임(제76조의2, 제83조의2)

⑱ 2009. 4. 22. 법률 제9625호로 일부개정(2009. 7. 23. 시행)

■ 저작권법과 컴퓨터프로그램 보호법을 통합함(제2조 제34호 등).
■ 컴퓨터프로그램저작물에 대한 특례를 규정함(제101조의2부터 제101조의7까지).
■ 한국저작권위원회의 설립(제112조 및 제112조의2)
■ 온라인상 불법복제 방지대책 강화(제133조의2 및 제133조의3)

⑲ 2009. 7. 31. 법률 제9785호로 일부개정(2010. 2. 1. 시행)

신문 등의 진흥에 관한 법률 개정에 따른 관련 법명 변경(「신문 등의 자유와 기능보장에 관한 법률」에서 「신문 등의 진흥에 관한 법률」로 변경)

⑳ 2011. 6. 30. 법률 제10807호로 일부개정(2011. 7. 1. 시행)

■ 저작권 보호기간을 저작자 사후 50년에서 70년으로 연장함(제39조)
■ 저작인접권자인 실연자·음반제작자 및 방송사업자의 권리추정 규정을 신설함(제64조의2)
■ 공중의 접근이 가능한 장소에서 방송의 시청과 관련하여 입장료를 받는 경우에 한해 방송사업 자의 공연권을 인정함(제85조의2)

■ 온라인서비스제공자를 네 가지 유형을 구분(단순도관, 캐싱, 호스팅, 정보검색)하고, 각 유형별로 면책요건을 명확히 함(제102조)

■ 이용통제 기술적 보호조치에 더하여 접근통제 기술적 보호조치에 대한 보호를 도입하는 등 기술적 보호조치의 무력화를 금지하되 금지에 대한 예외를 설정함(제104조의2)

㉑ 2011. 12. 2. 법률 제11110호로 일부개정(2012. 3. 15. 시행)

■ 복제의 범위에 일시적 저장을 추가하되 원활하고 효율적인 정보처리를 위하여 필요하다고 인정되는 범위에서 일시적으로 복제하는 경우 등은 허용함(제2조 제22호, 제35조의2 및 제101조의3 제2항)

■ 저작물의 공정한 이용제도 도입(제35조의3)

■ 배타적 발행권 제도를 도입함[제7절(제57조, 제58조, 제58조의2 및 제59조부터 제62조까지), 제7절의2(제63조 및 제63조의2)]

　- 출판권과 프로그램배타적발행권의 경우에만 인정되고 있는 배타적 권리를 모든 저작물의 발행 및 복제·전송에 설정할 수 있도록 하고, 배타적 발행권에서 출판권을 제외하여 배타적 발행권과 출판권의 관계를 명확히 함

■ 방송을 제외한 저작인접권의 보호기간을 2013. 8. 1.부터 50년에서 70년으로 연장함(제86조 제2항)

■ 온라인서비스제공자의 책임제한 요건 구체화(제102조 제1항 제1호 다목, 라목)

■ 복제·전송자에 관한 정보제공 청구제도를 도입함(제103조의3)

■ 저작권자의 권리침해 행위 금지 규정 추가(제104조의4 내지 제104조의7)

■ 법정손해배상제도 도입(제125조의2)

■ 정보제공 명령제도 도입(제129조의2)

■ 비밀유지명령제도 도입(제129조의3내지 제129조의5)

■ 저작인접권 보호기간의 특례(부칙 제4조)

　- 저작인접권 보호의 공평성을 회복하고, 관련 국제조약 규정을 충실하게 이행하기 위하여 1987. 7. 1.부터 1994. 6. 30. 사이에 발생한 저작인접권의 보호기간을 발생한 때의 다음 해부디 기산하여 50년간 존속하도록 함

㉒ 2013. 7. 16. 법률 제11903호로 일부개정(2013. 10. 17. 시행)

청각장애인 등을 위한 복제 등의 규정을 신설함(제33조의2)

㉓ 2013. 12. 30. 법률 제12137호로 일부개정(2014. 7. 1. 시행)

■ 국가나 지방자치단체에서 업무상 작성한 저작물은 공익 목적으로 예산을 투입하여 제작된 저작물이므로 저작재산권의 보호를 배제하고 납세자인 일반 국민들의 자유로운 이용을 보장하기 위하여 공공저작물의 자유이용을 규정함(제24조의2)

■ 현행 규정상 학교 등에서의 수업목적이나 수업지원목적으로 저작물의 일부분을 "복제·배포·공연·방송 또는 전송"할 수 있도록 하고 있으나, 최근 교육현장의 수업방식이 다양화되고 있는 현실을 고려하여 저작권자의 이용허락 없이 저작물을 이용할 수 있는 학교교육 목적의 저작물 이용형태에 '전시'를 추가하고 '방송 또는 전송'을 상위개념인 '공중송신'으로 변경함(제25조 제2항)

㉔ 2016. 2. 3. 법률 제13978호로 일부개정(2016. 8. 4. 시행)

한국수화언어법 제정(2016. 2. 3. 법률 제13978호) 및 시행(2016. 8. 4.)에 따라 저작권법 중 "수화"를 "한국수어"로 변경함(제33조의2 제1항)

㉕ 2016. 3. 22. 법률 제14083호로 일부개정(2016. 9. 23. 시행)

■ '음반'의 정의에 음을 디지털화한 것을 포함하고, '판매용 음반'을 '상업용 음반'으로 함(제2조, 제21조 등)

■ '보도·비평·교육·연구 등' 공정이용의 목적을 삭제하고, 공정이용 판단 시 고려사항 중 '영리 또는 비영리성'을 삭제함(제35조의3)

㉖ 2016. 12. 20. 법률 제14432호로 일부개정(2016. 12. 20. 시행)

저작권보호심의위원회의 구성 시 권리자와 이용자의 이해를 반영하는 위원의 수가 균형을 이루도록 명시함으로써, 국민의 권리·의무를 제한하는 처분을 행할 때 어느 한편에 치우치지 않고 공정한 심의가 가능하도록 함(제122조의6 제2항)

㉗ 2017. 3. 21. 법률 제14634호로 일부개정(2017. 3. 21. 시행)

금치산 및 한정치산 제도를 폐지하고 성년후견제도 등을 도입하는 내용으로 민법이 개정됨에 따라 저작권신탁관리업자, 저작권대리중개업자의 결격사유에서 "금치산자 또는 한정치산자"를 "피성년후견인 또는 피한정후견인"으로 대체함(제105조 제3항 제1호)

㉘ 2018. 10. 16. 법률 제15823호로 일부개정(2019. 4. 17. 시행)

■ 학교교육 목적 등에의 이용에 따른 보상금 분배단체의 미분배 보상금의 사용 가능 시기를 보상금 분배 공고 후 3년에서 5년으로 변경하고, 일정 비율의 미분배 보상금을 적립하여 추후 보상권리자에 대한 정보가 확인되는 경우 보상금을 지급할 수 있도록 함(제25조 제8항)
■ 알선서 작성에 있어 기명날인뿐만 아니라 서명을 허용함(제113조의2 제5항)

㉙ 2019. 11. 26. 법률 제16600호로 일부개정(2020. 5. 27. 시행)

■ 사진 촬영, 녹음 또는 녹화를 하는 과정에서 보이거나 들리는 저작물이 촬영 등의 주된 대상에 부수적으로 포함되는 경우에는 복제 · 배포 · 공연 · 전시 또는 공중송신할 수 있도록 함(제35조의3 신설). 개정 전 제35조의3은 제35조의5로 조문 위치를 옮김.
■ 국가나 지방자치단체가 운영하는 문화시설이 상당한 조사를 하였어도 공표된 저작물의 저작재산권자나 그의 거소를 알 수 없는 경우 그 문화시설에 보관된 자료를 수집 · 정리 · 분석 · 보존하여 공중에 제공하기 위한 목적으로 그 자료를 사용하여 저작물을 복제 · 배포 · 공연 · 전시 또는 공중송신할 수 있도록 함(제35조의4 신설).
■ 문화체육관광부장관은 소속 공무원으로 하여금 저작권위탁관리업자의 사무 및 재산상황을 조사하게 할 수 있도록 하고, 저작권신탁관리업자의 대표자 또는 임원이 직무와 관련하여 배임죄 등을 이유로 벌금형 이상을 선고받는 등의 사유에 해당하면 징계를 요구할 수 있도록 함(제108조, 제108조의2 신설).
■ 저작권보호심의위원회 위원의 수를 5명 이상 10명 이내에서 15명 이상 20명 이내로 확대하고, 자격 요건을 강화하며, 분과위원회를 둘 수 있도록 함(제122조의6).

㉚ 2020. 2. 4. 법률 제16933호로 일부개정(2020. 8. 5. 시행)

■ 교과용도서를 발행한 자는 교과용도서를 본래의 목적으로 이용하기 위하여 필요한 한도 내에서 교과용도서에 게재한 저작물을 복제 · 배포 · 공중송신할 수 있도록 함(제25조 제2항 신설).

■ 저작권 등의 등록신청이 반려된 경우 등록 신청자는 반려된 날부터 1개월 이내에 한국저작권위원회에 이의를 신청할 수 있고, 한국저작권위원회는 이의신청을 받은 날부터 1개월 이내에 심사 결과를 신청인에게 통지하도록 함(제55조 제3항 및 제4항 신설).

■ 저작권 등록자가 저작권등록부에 기록된 사항이 변경되거나 등록에 착오·누락이 있는 경우 또는 등록의 말소나 말소된 등록의 회복을 원하는 경우에 변경등록 등을 신청할 수 있는 법적 근거를 마련함(제55조의3 신설).

■ 한국저작권위원회는 저작권 등의 등록이 등록을 신청할 권한이 없는 자의 신청에 따라 이루어진 경우 등에 해당하면 그 등록을 직권으로 말소할 수 있도록 함(제55조의4 신설).

■ 한국저작권위원회의 업무에 저작권 등록 관련 업무를 추가함(제112조 제1항, 제113조 제1호 신설).

■ 한국저작권위원회의 3인 이상의 위원으로 구성된 조정부는 조정안을 어느 한쪽 당사자가 합리적인 이유 없이 거부하거나 분쟁조정 예정가액이 1천만원 미만인 경우에 직권으로 조정에 갈음하는 결정을 할 수 있음(제117조 제2항 신설).

㉛ 2020. 12. 8. 법률 제17588호로 일부개정(2021. 6. 9. 시행)

■ 피후견인 결격조항 정비에 따라 법 제105조 제7항 제1호의 "피성년후견인 또는 피한정후견인"을 "피성년후견인"으로 변경함

㉜ 2020. 12. 8. 법률 제17592호로 일부개정(2020. 12. 8. 시행)

■ 분산된 저작권 보호기능을 일원화하기 위하여 한국저작권보호원을 설립하여 한국저작권위원회와 구 저작권보호센터의 기능을 통합했으나, 기능 통합 후에도 한국저작권위원회에서 해외 저작권 보호 기능을 수행함으로써 한국저작권보호원과 기능 중복 및 비효율이 발생하고 있는바, 한국저작권위원회에 남아있는 저작권 보호 관련 기능을 한국저작권보호원이 수행하도록 통합함으로써 보다 효율적인 침해 대응 체계를 구축하고 대외적인 혼란을 해소하려함

또한 저작권 보호 시 사후적인 침해 대응보다 사전적·예방적 보호의 중요성이 대두되고 있는 만큼 한국저작권보호원이 저작권 보호를 위한 연구·교육 및 홍보를 할 수 있는 법적 근거를 마련하고, 한국저작권보호원이 저작권 보호 업무의 효율적인 수행을 위하여 국내외의 필요한 곳에 사무소·지사 또는 주재원을 둘 수 있는 근거를 마련함

저작권의 객체 : 저작물

제3장 저작권의 객체 : 저작물

제1절 저작물의 의의·성립 요건·보호 범위

I. 저작물의 의의

1957. 1. 28. 법률 제432호로 제정된 저작권법에서 저작물이라 함은 표현의 방법 또는 형식의 여하를 막론하고 문서, 연술, 회화, 조각, 공예, 건축, 지도, 도형, 모형, 사진, 악곡, 악보, 연주, 가창, 무보, 각본, 연출, 음반, 녹음필림, 영화와 기타 학문 또는 예술의 범위에 속하는 일체의 물건이라고 규정(제2조 제1호)하고 있었다. 1957년 저작권법은 저작인접권 제도를 인정하지 않고 있었기 때문에 연주, 가창, 음반이 저작물로 포섭되고 있었고 그에 따라 연주, 가창, 음반에 대하여 저작권이 인정되었다.

그러나 1986. 12. 31. 법률 제3916호로 전부개정된 저작권법에서 저작물을 문학·학술 또는 예술의 범위에 속하는 창작물로 정의(제2조 제1호)하고, 실연, 음반 및 방송을 저작인접권으로 보호하는 규정(제61조 내지 제70조)을 신설함으로써 종전의 연주, 가창, 음반 등을 저작인접권으로 보호하였다.

그 후 2006. 12. 28. 법률 제8101호로 전부개정된 저작권법 제2조 제1호가 "저작물은 인간의 사상 또는 감정을 표현한 창작물을 말한다."라고 규정하였는데 이는 데이터베이스, 컴퓨터프로그램 등 문학·학술 범주에 해당되지 않은 것도 저작물로 인정하는 등 저작물의 범주가 확대되고 있는 추세를 반영하기 위한 것이었다.

비록 2006년 저작권법 개정으로 저작물에 관한 정의 표현이 다소 달라졌지만 (1986년 법 개정 전·후와는 달리) 2006년 법 개정 전·후로 저작권법에 의해 보호되는 저작물의 실질적인 내용 그 자체가 바뀐 것은 아니다.

저작권법은 법에 의해 보호되는 저작물을, 먼저 표현 형식에 따라 ① 소설·시·논문·강연·연설·각본 그 밖의 어문저작물(novels, poems, theses, lectures, speeches, plays and other literary works), ② 음악저작물(musical works), ③ 연극 및 무용·무언극 그 밖의 연극저작물(theatrical works including dramas, choreographies, pantomimes, etc.), ④ 회화·서예·조각·판화·공예·응용미술저작물 그 밖의 미술저작물(Paintings, calligraphic works, sculptures, printmaking, crafts, works of applied art, and other works of art), ⑤ 건축물·건축을 위한 모형 및 설계도서 그 밖

의 건축저작물(architectural works including buildings, architectural models and design drawings), ⑥ 사진저작물(이와 유사한 방법으로 제작된 것을 포함한다)[photographic works (including those produced by similar methods), ⑦ 영상저작물(cinematographic works),[1] ⑧ 지도 · 도표 · 설계도 · 약도 · 모형 그 밖의 도형저작물(maps, charts, design drawings, sketches, models and other diagrammatic works), ⑨ 컴퓨터프로그램저작물[2](computer program works)의 9개로 구분하여 예시하고 있고(법 제4조), 그 외에 2차적저작물(법 제5조, derivative works)과 편집저작물[3](법 제6조, compilation works)을 규정하고 있다.

그 외에 저작권법에 규정되어 있지 않지만 실무상 저작물성이 문제되는 것으로 제호 내지 제명, 캐릭터, 응용미술저작물 및 글자체가 있다. 이들 중 제호 내지 제명 및 캐릭터에 대하여는 「제1장 저작권법과 지식재산권 등 간 관계 제1절 저작권법과 다른 지식재산권법 간 관계 II. 저작권법과 상표법 간 관계」에서, 그중 응용미술저작물 및 글자체에 대하여는 제1장 제1절의 「III. 저작권법과 디자인보호법 간 관계」에서 각각 설명한다.

저작권법은 사회공공의 이익을 위하여 정책적으로 국민에게 널리 알려져야 할 저작물을 저작권법의 보호대상에서 제외하고 있다.

저작권법은 보호받지 못하는 저작물로서 ① 헌법 · 법률 · 조약 · 명령 · 조례 및 규칙(제1호), ② 국가 또는 지방자치단체의 고시 · 공고 · 훈령 그 밖에 이와 유사한 것(제2호), ③ 법원의 판결 · 결정 · 명령 및 심판이나 행정심판절차 그 밖에 이와 유사한 절차에 의한 의결 · 결정 등(제3호), ④ 국가 또는 지방자치단체가 작성한 것으로서 제1호 내지 제3호에 규정된 것의 편집

---

1) 법 제2조 제13호는 "영상저작물은 연속적인 영상(음의 수반여부는 가리지 아니한다)이 수록된 창작물로서 그 영상을 기계 또는 전자장치에 의하여 재생하여 볼 수 있거나 보고 들을 수 있는 것을 말한다."라고 규정한다.

2) 법 제2조 제16호는 "컴퓨터프로그램저작물은 특정한 결과를 얻기 위하여 컴퓨터 등 정보처리능력을 가진 장치 내에서 직접 또는 간접으로 사용되는 일련의 지시 · 명령으로 표현된 창작물을 말한다."라고 규정한다. 1986. 12. 31. 법률 제3920호로 컴퓨터프로그램 보호법을 제정하여 컴퓨터프로그램을 보호하였으나 그 후 2009. 4. 22. 법률 제9625호로 개정된 구 저작권법에서 컴퓨터프로그램을 저작물로서 보호하게 되면서 종전의 컴퓨터프로그램 보호법을 폐지하고 그 내용이 저작권법으로 통합되었다. 현재 저작권법에는 프로그램에 관하여 제2조(정의) 제16호, 제34호, 제4조(저작물의 예시 등) 제9호, 제9조(업무상 저작물의 저작자) 단서, 제11조(공표권) 제2항, 제13조(동일성유지권) 제2항 제3호, 제4호, 제37조의2(적용 제외), 제45조(저작재산권의 양도) 제2항, 제55조(등록의 절차 등), 제92조(적용 제외) 제2호, 제1항, 제5장의2 프로그램에 관한 특례(제101조의2 내지 7), 제104조의2(기술적 보호조치의 무력화 금지) 제1항 제6호, 제104조의4(암호화된 방송 신호의 무력화 등의 금지) 제1호, 제119조 제1항(감정) 제2호, 제124조(침해로 보는 행위) 제1항 제3호, 제133조(불법 복제물의 수거 · 폐기 및 삭제) 제1항, 제133조의2(정보통신망을 통한 불법복제물 등의 삭제명령 등) 제1항이 규정되어 있다.

3) 법 제2조 제17호는 "편집물은 저작물이나 부호 · 문자 · 음 · 영상 그 밖의 형태의 자료(이하 '소재'라 한다)의 집합물을 말하며, 데이터베이스를 포함한다."라고 하고, 제18호는 "편집저작물은 편집물로서 그 소재의 선택 · 배열 또는 구성에 창작성이 있는 것을 말한다."라고 규정한다.

물 또는 번역물(제4호), ⑤ 사실의 전달에 불과한 시사보도(제5호)를 규정하고 있다(제7조).

결국 저작권법의 보호대상이 되는 저작물은 저작권법[4] 제7조 제1호 내지 제5호에 열거된 보호받지 못하는 저작물에 속하지 아니하면서 인간의 정신적 노력에 의하여 얻어진 사상 또는 감정을 말, 문자, 음, 색 등에 의하여 구체적으로 외부에 창작적으로 표현한 것을 말한다.

한편, 외국인의 저작물은 우리나라가 가입 또는 체결한 조약에 따라 보호된다(법 제3조 제1항). 국내에 상시 거주하는 외국인(무국적자 및 대한민국 내에 주된 사무소가 있는 외국법인을 포함한다)의 저작물과 맨 처음 국내에서 공표된 외국인의 저작물(외국에서 공표된 날로부터 30일 이내에 국내에서 공표된 저작물을 포함한다)은 저작권법에 따라 우리나라 국민의 저작물과 동일하게 보호된다(법 제3조 제2항). 다만 이에 따라 보호되는 외국인(국내에 상시 거주하는 외국인 및 무국적자는 제외한다.[5] 이하 제3조에서 같다)의 저작물이라도 그 외국에서 우리나라 국민의 저작물을 보호하지 아니하는 경우에는 그에 상응하게 조약 및 저작권법에 따른 보호를 제한할 수 있다(법 제3조 제3항). 또 위 규정들에 따라 보호되는 외국인의 저작물이라도 그 외국에서 보호기간이 만료된 경우에는 저작권법에 따른 보호기간을 인정하지 아니한다(법 제3조 제4항).

결국 저작권법에 의하여 보호되는 저작물은 원칙적으로 우리나라 국민의 저작물만에 한하되(국적주의), 우리나라에 상시 거주하는 외국인(무국적자 및 대한민국 내에 주된 사무소가 있는 외국법인을 포함한다)의 저작물과 우리나라에서 최초 공표된 저작물(외국에서 공표된 날로부터 30일 이내에 국내에서 공표된 저작물을 포함한다)도 이에 준하여 저작권법에 의하여 보호하고, 이에 해당하지 아니하는 외국인(국내에 상시 거주하는 외국인 및 무국적자는 제외)의 저작물은 우리나라가 가입 또는 체결한 조약에 따른다는 것이다.

법 제3조 제3항 및 제4항은 상호주의를 규정한 것이다. 따라서 법 제3조 제3항에 따른 상호주의 원칙은 외국에서 우리나라 국민의 저작물을 보호하지 아니하는 경우뿐만 아니라 외국에서의 저작물 보호 정도가 우리나라 저작권법의 그것보다 낮은 경우에도 적용될 수 있다.

대한민국의 주권은 헌법 제3조에 따라 북한 지역에까지 미치므로 북한이 세계저작권협약(UCC) 등에 가입하지 아니하였더라도 북한 저작물은 상호주의와 관계없이 우리 저작권법의 보

---

4) 이하 다른 법률과 혼동이 되는 경우를 제외하고 저작권법을 법으로, 저작권법 시행령을 법 시행령으로 각각 줄여 쓴다.

5) 「문학적·예술적 저작물의 보호를 위한 베른협약」 제3조 제2항, 제6조 제1항은 조약 체약국의 국민이 아니더라도(해석상 무국적자, 난민 등이 해당), 동맹국에 상시 거주하는 경우 상호주의를 배제하고 동맹국의 국민으로 대우하도록 하고 있는데, 2006. 12. 28. 법률 제8101호로 전부개정되기 전의 저작권법 제3조 제3항에서 대한민국 내에 상시 거주하는 외국인 및 무국적자에 대해 상호주의를 적용하고 있어 조약위반의 소지가 있었다. 이에 위 2006년 개정법에서 「문학적·예술적 저작물의 보호를 위한 베른협약」 및 외국 입법례에 따라 외국인 중 '대한민국 내에 상시 거주하는 외국인 및 무국적자'를 상호주의의 적용대상에서 제외하여 이들을 보호하기 위하여 법 제3조 제3항의 해당 문구를 "외국인(대한민국 내에 상시 거주하는 외국인 및 무국적자를 제외한다)"으로 변경하였다.

호대상이 된다.6) 같은 이유로 월북작가가 북한지역에 거주하면서 저작한 저작물이라 하더라도 우리 저작권법에 따라 보호되는 저작권을 취득하고 그가 사망한 경우에는 남한에 있는 그의 상속인이 이를 상속한다.7)

1995. 12. 6. 법률 제5015호로 개정되기 전의 저작권법은 제3조 제1항에서 "외국인의 저작물은 대한민국이 가입 또는 체결한 조약에 따라 보호된다. 다만, 당해 조약 발효일 이전에 발행된 외국인의 저작물은 보호하지 아니한다."라고 하여 단서 규정이 적용될 경우 불소급보호원칙을 표명하였으나8) 「문학적 · 예술적 저작물의 보호를 위한 베른협약」(1996. 8. 21. 발효) 상의 소급보호원칙에 따라 1995. 12. 6. 법률 제5015호로 개정된 저작권법은 제3조에서 위 단서규정을 삭제하고 시행일인 1996. 7. 1.부터 소급보호하게 되었고(부칙 제1조), 이에 따라 1987. 10. 1. 전에 발행된 외국인의 저작물도 저작권법 부칙 제3조9)가 정한 '회복저작물'로 보호받게 되었다.10)

---

6) 대법원 1990. 9. 28. 선고 89누6396 판결. 서울고등법원 2006. 3. 29. 선고 2004나14033 판결(심리불속행 상고기각 확정)은 "헌법 제3조는 북한지역도 대한민국의 영토임을 선언하고 있으므로, 우리나라 저작권법의 효력은 대한민국의 주권범위 내에 있는 북한지역에도 미친다. 허준의 동의보감 원전 25권을 번역하여 북한판 동의보감을 완성한 자는 북한의 보건부동의원(현재 고려의학과학원)이라는 단체이고, 과학백과사전종합출판사는 단지 북한판 동의보감을 출판한 출판사에 불과함은 앞서 본 바와 같으므로, 북한판 동의보감의 저작권자는 우리나라 저작권법 제9조에 따라 보건부동의원이라고 봄이 타당하다."라고 하였다. 서울지방법원 남부지원 1994. 2. 14.자 93카합2009 결정은 북한 사회과학원 민족고전연구소에 의해 번역된 "이조실록"의 영인본에 대해 직접 복제출판권 설정계약을 한 신청인이 같은 논리를 주장하여 해당 도서를 무단복제, 제작 중인 피신청인을 상대로 도서의 제작, 배포금지 가처분신청을 신청하여 인가결정을 받은 사안에 대한 가처분이의사건이다.
7) 서울민사지방법원 1989. 7. 26.자 89카13692 결정, 서울고등법원 1997. 11. 26. 선고 97나26595 판결(심리불속행 상고기각 확정).
8) 세계저작권협약(Universal Copyright Convention, UCC)은 1987. 10. 1. 우리나라에서 발효되었는데 위 협약 제7조는 외국인의 저작물의 불소급보호를 허용하고 있었기 때문에 당시 시행되던 구 저작권법(1989. 12. 30. 법률 제4183호로 개정되기 전의 것) 제3조 제1항 단서도 "제1항 및 제2항의 규정에 의하여 보호되는 외국인의 저작물이라도 그 외국에서 대한민국 국민의 저작물을 보호하지 아니하는 경우에는 그에 상응하게 조약 및 이 법에 의한 보호를 제한할 수 있다."라고 규정하여 1987. 10. 1. 전에 발행된 외국인의 저작물을 보호하지 않았다.
9) "제3조(보호기간의 특례) 제3조 제1항 및 제61조의 규정에 의하여 새로이 보호되는 외국인의 저작물 및 음반으로서 이 법 시행전에 공표된 것(이하 '회복저작물 등'이라 한다)의 저작권과 실연자 및 음반제작자의 권리는 당해 회복저작물 등이 대한민국에서 보호되었더라면 인정되었을 보호기간의 잔여기간동안 존속한다."
10) 회복저작물의 저작권과 관련된 사안으로, 대법원 2001. 11. 27. 선고 98후2962 판결은 회복저작물의 저작권을 침해하는 등록상표 사용이 불사용으로 인한 상표등록취소 요건과 관련하여서는 상표의 정당한 사용이라고 하였고, 대법원 2000. 5. 30. 선고 98후843 판결은 저명한 저작물인 'TOM & JERRY'를 모방하여 출원하여 상표등록한 행위가 저작권침해행위에 해당하여 구 상표법 제7조 제1항 제4호(현행 상표법 제34조 제1항 제4호에 해당)에서 규정하는 공서양속에 위배된다는 주장에 대해서 'TOM & JERRY'는 구 저작권법 부칙에 따른 회복저작물의 보호를 받지 못하여 저작물로서 보호대상이 되지 아니한다는 이유로 저작권을 침해하는 것이 아니라고 하여 구 상표법 제7조 제1항 제4호에 해당하지 않는다고 하였다.

1995. 12. 6. 법률 제5015호로 개정된 저작권법은 위와 같은 개정으로 소급적으로 저작권법의 보호를 받게 된 회복저작물에 대해, 부칙 제4조를 통해 그 시행 전의 이용행위에 대해서는 면책됨을 선언하면서(제1항), 위 개정법 시행 이후에 허용되는 행위에 대해, 회복저작물의 복제물로서 1995. 1. 1. 전에 제작된 것은 1996. 12. 31.까지 계속하여 배포할 수 있고(제2항), 회복저작물을 원저작물로 하는 2차적저작물로서 1995. 1. 1. 전에 작성된 것은 이 법 시행 후에도 이를 계속하여 이용할 수 있되, 그 원저작물의 권리자는 1999. 12. 31. 이후의 이용에 대하여 상당한 보상을 청구할 수 있다(제3항)고 규정하였다.[11]

저작재산권의 보호기간이 1957. 1. 28. 법률 제432호로 제정된 저작권법에서 저작자 사망 후 30년까지였다가 1986. 12. 1. 법률 제3916호로 전부개정된 저작권법의 시행으로(시행일 1987. 7. 1.) 저작자 사망후 50년으로 연장되면서 위 법 시행 전에 저작권이 소멸된 경우에는 위 개정법을 적용하지 아니하므로(위 법 부칙 제2조 제1항) 위 개정법의 시행일인 1987. 7. 1.부터 30년간 소급하여 1957. 1. 1. 이후에 사망한 외국인의 저작물만이 보호된다.

II. 저작물의 성립 요건

저작권법은 저작물이란 인간의 사상 또는 감정을 표현한 창작물을 말한다고 규정한다(제2조 제1호).

저작물(work)은 표현의 방법 또는 형식의 여하를 막론하고 학문과 예술에 관한 일체의 물건으로서 사람의 정신적 노력에 의하여 얻어진 사상 또는 감정에 관한 창작적 표현물이다.[12]

---

11) 대법원 2020. 12. 10. 선고 2020도6425 판결은 '德川家康'(도쿠가와 이에야스) 일본어판은 1995년 개정 저작권법 시행일 이전에 공표되어 1995년 개정 저작권법 시행으로 대한민국에서 소급하여 보호를 받게 된 회복저작물이고, 1975년판 '대망' 1권은 위 회복저작물을 번역한 2차적저작물이라고 하였다. 대법원은 회복저작물을 원저작물로 하는 2차적저작물과 이를 이용한 저작물이 실질적으로 유사하더라도, 위 2차적저작물을 수정·변경하면서 부가한 새로운 창작성이 양적·질적으로 상당하여 사회통념상 새로운 저작물로 볼 정도라면 위 부칙 제4조 제3항이 규정하는 2차적저작물의 이용행위에는 포함되지 않는데, 위 사안에서 피고인들이 1975년판 '대망' 1권의 내용을 일부 수정·증감하여 발행한 2005년판 '대망' 1권은 1975년판 '대망' 1권을 실질적으로 유사한 범위에서 이용하였지만 사회통념상 새로운 저작물로 볼 정도에 이르지 못하여 1975년판 '대망' 1권과의 관계에서 1995년 개정 저작권법 부칙 제4조 제3항이 정하는 회복저작물을 원저작물로 하는 2차적저작물의 이용행위에 포함된다고 판단하였다. 원심은 위 부칙 제4조 제3항의 이용행위가 실질적 동일성이 유지되는 범위에서의 이용만을 의미한다는 전제에서, 피고인 ○○○이 2005년판 '대망' 1권을 작성한 것은 위 조항에서 허용하는 1975년판 '대망' 1권의 이용행위에 해당하지 않는다고 판단하고 저작권법위반죄의 공소사실을 유죄로 판단하였는데, 대법원은 위와 같은 이유로 원심을 파기 환송하였다.

12) ① 대법원 1979. 12. 28. 선고 79도1482 판결 참조. 대법원 1991. 9. 10. 선고 91도1597 판결은 "소비자권리를 아십니까"라는 홍보용 팸플릿에 지적 문화적인 창작이 들어 있다면 그 팸플릿이 저작권법 소정의 저작물에 해당한다고 하였다.

창작적으로 표현되어 있는 인간의 사상 또는 감정 그 자체의 윤리성 여하는 문제 되지 아니하므로, 설령 그 내용 중에 부도덕하거나 위법한 부분이 포함되어 있더라도 저작권법상 보호되는 저작물이 되는 데에 아무런 영향이 없다.[13)]

① 인간의 사상 또는 감정의 표현

먼저 인간에 의하여 만들어진 표현이어야 한다. 따라서 동물이나 자연현상에 의하여 만들어진 것은 저작물이 아니고,[14)] 인간의 정신활동이 만들어 낸 것이 아닌 사실 그 자체, 예컨대 기계로 만든 공업제품 등도 저작물이 아니다.

그리고 표현이어야 하므로 일정한 형식으로 객관화되어 외부에서 인식할 수 있어야 한다. 다만 그 표현이 반드시 유체물에 고정될 필요는 없으므로 원고지나 악보에 고정되지 아니한 즉흥 시나 즉흥 연주 등도 (창작사실에 대한 증명이 어렵다는 점은 별론으로 하더라도) 저작물이 될 수 있다.[15)16)]

---

② 대법원 2012. 8. 30. 선고 2010다70520, 70537 판결은 내용 자체는 기존의 서적, 논문 등과 공통되거나 공지의 사실을 기초로 하고 독창적이지는 않더라도, 이용자들이 쉽게 이해할 수 있도록 해당 분야 학계에서 논의되는 이론, 학설과 그와 관련된 문제들을 잘 정리하여 저작자 나름대로의 표현방법에 따라 이론, 학설, 관련 용어, 문제에 대한 접근방법 및 풀이방법 등을 설명하는 방식으로 저술하였다면 창작성이 있다고 하였다.

③ 대법원 2014. 9. 4. 선고 2012다115625, 115632 판결은 전문 분야에서의 보편적인 학술이론 등을 서술하고자 하는 교과서나 수험서와 같은 실용적 저작물의 경우, 그 내용 자체는 기존의 서적, 논문 등과 공통되거나 공지의 사실을 기초로 한 것이어서 독창적이지는 않더라도, 저작자가 이용자들이 쉽게 이해할 수 있도록 해당 분야 학계에서 논의되는 이론, 학설들을 잘 정리하여 저작자 나름대로의 표현방법에 따라 설명하는 방식으로 서적을 저술하였다면, 창작성이 있다고 하였다.

13) 대법원 1990. 10. 23. 선고 90다카8845 판결, 대법원 2015. 6. 11. 선고 2011도10872 판결 참조. 서울고등법원 2016. 11. 29.자 2015라1490 결정(미재항고 확정)은 "영상물이 음란물에 해당하는 경우 형법, 정보통신망 이용촉진 및 정보보호 등에 관한 법률 등에 의하여 배포, 판매, 전시 등의 행위가 처벌되는 등으로 해당 영상저작물의 저작권자가 그 배포권, 판매권, 전시권 등 권리행사에 제한을 받을 수 있으나, 저작권자의 의사에 반하여 영상저작물이 유통되는 것을 막아달라는 취지의 저작권 등의 침해정지청구권까지 제한되는 것은 아니라고 보는 것이 타당하다."라고 한다.

14) Naruto et al v. David Slater et al, no. 16-15469 (9th Cir. 2018), 원숭이가 사진작가 소유의 카메라로 자신을 찍은 사진에 대하여 PETA(People for the Ethical Treatment of Animals, Inc.)라는 법인의 도움을 받아 함께 카메라의 소유자인 사진작가 등을 상대로 저작권침해소송을 제기하였으나, 연방항소법원은 동물에게 저작권법에 따른 법적 지위를 인정할 수 없어 동물은 저작권을 주장하기 위한 소송을 제기할 수 없다고 하였다.

15) 반면에 미국 저작권법 제102조(a)는 저작권법이 보호하는 저작물로 성립하기 위하여는 '유형의 표현매체에 고정화'되어야 한다고 규정하고 있다.

16) 한편, 저작권법의 영상저작물(법 제2조 제13호)의 경우에 '수록된 창작물', '기계 또는 전자장치에 의한 재생'을 요건으로 하고 있으므로 유체물에 의한 고정이 영상저작물의 성립요건이라고 이해하는 견해(다

저작권은 성질상 특정한 형식이나 절차에 관계없이 저작물의 완성과 동시에 성립하는데,[17] 여기서 저작물의 완성이라 함은 구체적인 표현이 담긴 저작물이 작성된 것으로 족하고 별도의 교열과 교정절차를 마쳐야 하는 것은 아니다.[18]

다음으로 사상(thoughts) 또는 감정(emotions)의 표현이어야 한다.

저작권법이 보호하고 있는 것은 사상, 감정을 말, 문자, 음, 색 등에 의하여 구체적으로 외부에 표현된 창작적인 표현형식이고, 그 표현되어 있는 내용 즉 아이디어나 이론 등의 사상 및 감정 그 자체는 설사 그것이 독창성, 신규성이 있더라도 소설의 구체적인 줄거리 등의 경우를 제외하고는 원칙적으로 보호받을 수 있는 저작물이 될 수 없다.

그리고 소설 등에서 추상적인 인물의 유형 혹은 어떤 주제를 다루는 데 있어 전형적으로 수반되는 사건이나 배경 등은 아이디어의 영역에 속하는 것들로서 저작권법에 따른 보호를 받을 수 없다.[19] 특히 학술의 범위에 속하는 저작물에서 학술적인 내용은 누구에게나 공통되는 것이고, 누구에 대하여도 그 자유로운 이용이 허용되어야 한다.[20]

수설)와 법문의 '수록'이라는 문언은 고정이라는 영상저작물의 성립요건을 의미하기보다는 영상저작물의 개념요소로 보아야 한다는 견해가 있다. 참고로 일본 저작권법 제2조 제3항은 "이 법률에서 말하는「영화저작물」에는 영화의 효과에 유사한 시각적 또는 청각적 효과를 발생시키는 방법으로 표현되고 물건에 고정되어 있는 저작물을 포함하는 것으로 한다."라고 규정하고 있다.

17) 대법원 1990. 2. 27. 선고 89다카4342 판결.
18) 대법원 1990. 2. 27. 선고 89다카4342 판결에서 대법원은 "원고가 원자작자인 소외 ○○○의 동의를 얻어 이 사건 소설의 번역을 완성한 이상 위 ○○○이 그 번역내용에 이의를 제기하였다거나 원·피고 사이의 출판계약에 따른 교열과 교정절차를 마치지 아니하였다 하더라도 원고의 이 사건 번역저작권에는 아무런 영향이 없다."라고 한 원심판단을 수긍하였다.
19) 대법원 2000. 10. 24. 선고 99다10813 판결은 "저작권의 보호 대상은 학문과 예술에 관하여 사람의 정신적 노력에 의하여 얻어진 사상 또는 감정을 말, 문자, 음, 색 등에 의하여 구체적으로 외부에 표현한 창작적인 표현 형식이고, 표현되어 있는 내용, 즉 아이디어나 이론 등의 사상 및 감정 그 자체는 설사 그것이 독창성, 신규성이 있다 하더라도 원칙적으로 저작권의 보호 대상이 되지 아니한다. 저작권의 보호 대상은 아이디어가 아닌 표현에 해당하고 저작자의 독창성이 나타난 개인적인 부분에 한하므로, 저작권의 침해 여부를 가리기 위하여 두 저작물 사이에 실질적인 유사성이 있는가의 여부를 판단함에 있어서도 표현에 해당하는 부분만을 가지고 대비하여야 한다(당원 1993. 6. 8. 선고 93다3073, 3080 판결 참조)."라고 하였다.
20) ① 대법원 1993. 6. 8. 선고 93다3073, 93다3080 판결은 "저작권법에 의하여 보호되는 저작물은 학문과 예술에 관하여 사람의 정신적 노력에 의하여 얻어진 사상 또는 감정의 창작적 표현물이어야 하므로 저작권법이 보호하고 있는 것은 사상, 감정을 말, 문자, 음, 색 등에 의하여 구체적으로 외부에 표현한 창작적인 표현형식이고, 표현되어 있는 내용 즉 아이디어나 이론 등의 사상 및 감정 그 자체는 설사 그것이 독창성, 신규성이 있다 하더라도 소설의 스토리 등의 경우를 제외하고는 원칙적으로 저작물이 될 수 없으며 저작권법에서 정하고 있는 저작인격권, 저작재산권의 보호대상이 되지 아니하고, 특히 학술의 범위에 속하는 저작물의 경우 학술적인 내용은 만인에게 공통되는 것이고 누구에 대하여도 자유로운 이용이 허용되어야 하는 것이므로 그 저작권의 보호는 창작적인 표현형식에 있지 학술적인 내용에 있는 것은 아니라 할 것이다."라고 하였다.
② 대법원 1997. 9. 29.자 97마330 결정은 "양 저작물 사이에 그 표현 중 일부에 있어서 일응 유사하다

여기서 표현된 사상, 감정은 철학적이거나 숭고한 것을 요하지 않고 지적창작물로서 저작물에 정신적인 내용이 나타나 있는 것으로 충분하다.

결국 창작적으로 표현된 것만이 저작물로 보호되므로 학술 내용, 과학적인 원리, 역사적인 사실 등은 저작물로 보호되지 아니하고, 저작물 안에 있는 추상적인 아이디어도 그 자체는 저작물로 보호되지 아니하고 그 아이디어를 나타내는 상세하고 구체적인 창작 표현이 있는 경우에 그 표현이 비로소 저작물로 보호된다.21)

② 창작성(독자적인 작성 및 최소한의 창작성 내지 창조적 개성)

저작물이 되기 위하여는 창작성이 있어야 하는데 어느 정도의 창작성을 요구할 것인지에 대하여 노동이론(이마의 땀 이론, sweat of the brow theory)과 유인이론(incentive theory)의 대립된 입장이 있다.

노동이론은, 저작권을 부여하는 근거가 저작자의 노동에 대한 대가에 있어 남의 것을 베끼지 않았다면 창작성을 인정하는 입장으로 이에 따르면 창작성을 Originality라고 부른다.

이에 비하여 유인이론은 남의 것을 베끼지 않고 문화발전을 유인할 수 있을 정도의 최소한의 가치를 가지고 있다면 창작성을 인정하는 입장으로 이에 따르면 창작성을 Creativity라고 부른다.22)

고 볼 수 있는 부분이 있기는 하나, 유사 부분 중 일부는 {4차원 속독법} 발행 전의 간행물에 거의 동일하거나 매우 유사한 표현이 있어 신청인의 독창적인 표현이라 할 수 없고, 나머지 유사 부분은, 양 저작물의 목차가 많이 다르고 {12시간 속독법}의 표현이 {4차원 속독법}의 표현과 상당히 많은 차이가 있는이상, 서술의 순서나 용어의 선택 또는 표현 방법 등 문장 표현상의 각 요소가 현저하게 실질적으로 유사하여 {4차원 속독법}의 재제 또는 동일성이 인식되거나 감지되는 정도에 이르지 아니하므로, 피신청인들이 신청인의 저작권을 침해하였다고 볼 수 없다."라는 원심판단을 수긍하였다.

③ 대법원 1997. 11. 25. 선고 97도2227 판결은 "작품 안에 들어 있는 추상적인 아이디어의 내용이나 과학적인 원리, 역사적인 사실들은 이를 저자가 창작한 것이라 할 수 없으므로, 저작권은 추상적인 아이디어의 내용 그 자체에는 미치지 아니하고 그 내용을 나타내는 상세하고 구체적인 표현에만 미친다."라고 하였다.

21) ① 대법원 1993. 6. 8. 선고 93다3073, 93다3080 판결은 "피고가 사용하고 있는 키-레터스를 이용한 희랍어의 분석방법은 비록 그것이 독창적이라 하더라도 어문법적인 원리나 법칙에 해당하므로 저작권의 보호대상인 표현의 영역에 속하는 것이 아니라 보호대상이 아닌 아이디어의 영역에 속하므로 그 이론을 이용하더라도 구체적인 표현까지 베끼지 않는 한 저작권의 침해로 되지는 아니할 것"이라고 하였다.

② 대법원 1999. 10. 22. 선고 98도112 판결은 "고소인 측의 '알프레드(Alfred) 피아노 교본'(이하 고소인측 교본이라고 한다)에서 택하고 있는 어린이를 대상으로 한 피아노 교습에 관한 교육이론과 이에 기한 교습방법 또는 순서 자체는 이를 저작권의 보호대상이 되는 표현형식에 해당한다고 할 수 없으므로 피고인이 인쇄·판매한 '엘리트 피아노 교본'(이하 피고인측 교본이라고 한다)이 설사 고소인측 교본과 같은 교육이론에 따른 것이라고 하더라도 이를 가리켜 저작권 침해가 되는 무단 복제에 해당한다고 할 수 없다."고 하였다.

창작성을 어떻게 볼 것인지는 법정책적인 문제이기는 하지만 노동이론만으로는 문화발전에 도움이 되지 않는 저작물도 법의 보호를 받게 되어 저작권법의 취지에 맞지 않는 결과가 나올 수 있고 유인이론만으로는 저작권 부여 여부가 예술성 등과 같은 주관적인 가치판단에 따르게 되어 법적 안정성을 해치게 된다.

결국 저작물이 되기 위한 창작성은 저자 자신의 작품으로서 남의 것을 베낀 것이 아니라는 독립성(독자적 작성)과 최소한도의 창작성(창조적 개성)이 있을 것이 요구된다.

여기서 독립성(독자적 작성)이라 함은 완전한 의미의 독창성이 아니고 단지 어떠한 작품이 남의 것을 단순히 모방한 것이 아님을 의미한다.23) 표현 대상이 어느 정도 학문적으로 또는 예술적으로 가치 있거나 기존의 작품보다 신규하거나 진보한 것인지는 창작성 유무에 영향을 미치지 않는다.24)

그리고 위 독립성 외에 저작권법에 따른 보호를 받을 가치가 있는 정도의 최소한의 창작성(창조적인 개성)도 요구된다. 창작성의 정도는 단지 저작물에 그 저작자 나름대로 정신적 노력의 소산으로서의 특성이 부여되어 있고 다른 저작자의 기존의 작품과 구별할 수 있을 정도이면 충분하므로,25) 누가 하더라도 같거나 비슷할 수밖에 없는 표현, 즉 저작물 작성자의 창

---

22) Feist Publications, Inc. v. Rural Telephone Service Co., 499 U.S. 340 (1991)에서 미국 연방대법원은 창작성이 인정되기 위하여 기존의 노동이론에 기초한 독자적으로 작성(independently created)된 것 외에 최소한의 창작성(at least some minimal degree of creativity)을 요구하여, originality(창작성)안에 최소한의 creativity(창조성)가 들어 있어야 함을 선언하였다. 다만 그 이전에도 연방항소법원은 Alfred Bell & Co. v. Catalda Fine Arts, Inc., 191 F.2d 99 (2d Cir. 1951)에서 저작물이 보호되기 위하여 사소한 변형의 정도를 넘은 구별할 수 있는 변형(distinguishable variation)이 있어야 한다고 하였다, 위 사건은 저작권이 소멸하여 공중의 영역에 있는 유화 그림을 동판 인쇄 기법으로 재현한 재현작품이라도 그 기존작품에 대한 인쇄자의 개인적인 착상과 판단이 작용하여 조각 동판화 과정에서 깊이와 모양이 결정되므로 창작성이 있다고 하였다. 한편 L. Batlin & Son v. Snyder, 536 F.2d 486 (2d Cir. 1976)에서 연방항소법원은 원작인 금속으로 된 저금통을 플라스틱제 저금통으로 제작한 데 대하여 두 작품의 차이점은 제작비용을 줄이기 위한 경제적인 고려 또는 제작기술상의 문제점에 기인한 것일 뿐 creativity의 소산이 아니라는 이유로 창작성을 부정하였다.

23) 대법원 1995. 11. 14. 선고 94도2238 판결, 대법원 2003. 10. 23. 선고 2002도446 판결, 대법원 2005. 1. 27. 선고 2002도965 판결 등 참조.

24) 서울고등법원 1998. 7. 15. 선고 98나1661 판결(상고기각 확정)은 "창작성이란 표현의 내용인 사상에 대해 요구되는 것이 아니라 표현의 구체적 형식에 대해 요구되는 것이고 공지의 사실 또는 일반상식에 속하는 사항에 대하여도 이것을 어떻게 감득하고 어떠한 언어를 사용하여 표현하는가는 각자의 개성에 따라 다를 수 있으므로, 원고 저작의 기술 중 공지의 사실을 내용으로 하는 부분이 존재한다고 하더라도 그것을 가지고 바로 창작성이 없다고 할 수 없다."라고 하였다.

25) 대법원 1995. 11. 14. 선고 94도2238 판결에서의 "여기서 말하는 창작성이란 완전한 의미의 독창성을 말하는 것은 아니며 단지 어떠한 작품이 남의 것을 단순히 모방한 것이 아니고 작자 자신의 독자적인 사상 또는 감정의 표현을 담고 있음을 의미할 뿐이어서 이러한 요건을 충족하기 위하여는 단지 저작물에 그 저작자 나름대로의 정신적 노력의 소산으로서의 특성이 부여되어 있고 다른 저작자의 기존의 작품과 구별할 수 있을 정도이면 충분하다."라는 판시 내용은 대법원 2003. 10. 23. 선고 2002도446 판

조적 개성이 드러나지 않는 표현을 담고 있는 것은 창작성이 있는 저작물이 아니다. 저작물의 수준이 높아야 할 필요는 없지만 단편적인 어구나 계약서의 양식 등과 같이 누가 하더라도 같거나 비슷할 수밖에 없는 성질의 것은 최소한도의 창작성을 인정받기 어렵다.[26]

여기서의 창작성은 상대적인 개념이므로 만일 두 사람이 동일한 작품을 독자적으로 완성하였다면 두 사람의 저작물 모두에 저작권이 인정될 수 있다.

어문저작물 중 소설 등에 있어서 추상적인 인물의 유형 혹은 어떤 주제를 다루는 데 있어 전형적으로 수반되는 사건이나 배경 등은 아이디어의 영역에 속하는 것들로서 저작권법에 따른 보호를 받을 수 없다.[27]

그리고 번역저작물의 창작성은, 원저작물을 언어체계가 다른 나라의 언어로 표현하기 위한 적절한 어휘와 구문의 선택 및 배열, 문장의 장단 및 서술의 순서, 원저작물에 대한 충실도, 문체, 어조 및 어감의 조절 등 번역자의 창의와 정신적 노력이 깃든 부분에 있고, 그 번역저작물에 나타난 사건의 전개, 구체적인 줄거리, 등장인물의 성격과 상호관계, 배경설정 등은 경우에 따라 원저작물의 창작적 표현에 해당할 수 있음은 별론으로 하고 번역저작물의 창작적 표현이라 할 수 없다.[28]

III. 저작물의 보호범위

① 개관

하나의 작품이 저작물의 성립요건을 갖추어 보호받을 수 있는 저작물로 성립하였더라도 그 저작물을 이루는 모든 구성요소들이 저작권의 보호대상으로 되는 것은 결코 아니다. 저작

결, 대법원 2005. 4. 29. 선고 2005도70 판결, 대법원 2011. 8. 25. 선고 2009다73882 판결, 대법원 2014. 2. 27. 선고 2012다28745 판결(갑이 워크숍에서 다른 의사들에게 한 주름개선 시술기법 강연이 저작권법에 의하여 보호되는 저작물에 해당하는지 문제된 사안에서, 위 강연은 갑의 창조적 개성이 드러나는 표현을 담고 있는 저작물이라 한 사례)에서 그대로 유지되고 있다. 이들 판결문에서 창작성을 설명하면서 "다른 저작자의 기존의 작품과 구별할 수 있을 정도이면 충분하다"라고 한 것은 "작자 자신의 독자적인 사상 또는 감정의 표현을 담고 있음을 의미"한다는 내용을 보충하여, 기존 작품에 대한 사소한 변경을 넘은 저작자의 개성이 나타나는 최소한도의 창작성이 있어야 한다는 내용을 일반론으로써 부연 설명하려는 취지일 뿐이고, 기존 작품과의 구별 여부를 창작성의 추가 요건으로 설정하려는 취지가 아니다. 이는 대법원 1997. 11. 25. 선고 97도2227 판결은 "창작물이라 함은 저자 자신의 작품으로서 남의 것을 베낀 것이 아니라는 것과 최소한도의 창작성이 있다는 것을 의미"라고 한 것으로도 알 수 있다.

26) 대법원 2005. 1. 27. 선고 2002도965 판결.

27) 대법원 2000. 10. 24. 선고 99다10813 판결, 대법원 2014. 6. 12. 선고 2014다14375 판결, 대법원 2015. 3. 12. 선고 2013다14378 판결.

28) 대법원 2007. 3. 29. 선고 2005다44138 판결.

물을 구성하는 요소들 중에는 제3자에 의해 저작권자의 동의 없이 이용되지 않도록 저작권으로 보호되어야 하는 것이 있는 반면에, 공공영역(public domain)에 둠으로써 누구나 이용할 수 있도록 하여야 하는 것도 있는데 이를 구분하는 이유는 모두 문화의 발전이라는 저작권법의 목적을 달성하는 데 지장이 없도록 하기 위함이다.

따라서 어느 저작물이 보호의 대상으로 되는지의 문제와 함께 저작물을 구성하는 요소들 중 어느 범위까지가 저작권으로 보호되는가가 저작권법 이론의 토대를 이룬다.

저작물을 구성하는 요소를 보호받는 부분과 보호받지 못하는 부분으로 구분하는 기준에 대하여는 유럽 대륙법계를 대표하는 독일과 영미법계를 대표하는 미국이 각자의 이론을 제시하여 발전시켜 왔다. 독일은 저작물의 구성요소를 내용과 형식으로 구분하는 논리를 전개하고 미국은 아이디어·표현 2분법이라는 판례법 등을 발전시켰다.

② 독일의 내용·형식의 구별

독일에서 저작물을 구성하는 요소들 중 어느 범위까지를 저작권으로 보호할 것인가에 관하여, 처음에는 유형의 창작물(서적)에 내재되어 있는 무형의 정신적 창작물을, 저작물의 공표와 동시에 저작자를 떠나 공중의 영역으로 되는 '내용'과 이를 외부적으로 표현한 '형식'으로 각각 구분하면서, 저작권법에서 보호되는 것은 저작물을 구성하는 요소들 중 외부적으로 표현된 '형식'만이므로 예컨대 소설, 학술 저작물의 '내용'은 타인이 자유롭게 이용할 수 있다고 하였다.

그러나 이러한 분류방법에 대하여 '내용' 중에도 저작자의 개성이 나타날 수 있음에도 이를 무시하게 되고 '형식'에 해당하는 순서와 배열을 달리하거나 저작물을 번역, 편곡, 영화화하는 것만으로 별개의 저작물로 보호를 받게 되고 2차적저작물작성권이 저작재산권에 포함되지 않게 되는 문제점이 발생하였다.

이에 대해, 보호받을 수 있는 '형식'을 저작자의 사상을 문자, 언어, 색, 음 등 다른 사람이 인식할 수 있는 매체를 통하여 객관적 존재로 만든 외부적 구성을 말하는 '외면적 형식'과 외면적 형식에 대응하여 저작자의 내심에 일정한 질서를 가지고 형성된 사상의 체계를 말하는 '내면적 형식'으로 구분하고, 외면적 형식이 변경되더라도 내면적 형식이 변경되지 않으면 원저작물의 범위 내라고 보아 2차적저작물작성권이 원저작자에게 귀속되는 이유를 설명한다.[29] 그리고 그와 같은 분류로써 예컨대 소설에서 문장의 표현을 외면적 형식에 포함시키고 사건의 경과나 줄거리, 등장인물의 형태 등을 내면적 형식에 포함시킴으로써 줄거리 등을 보호대상으

---

29) 송영식 외 6인, 지적소유권법 하, 육법사(2008), 563 참조.

로 할 수 있는 이론적 토대를 제공한다. 다만 이에 대해서도 내면적 형식·내용을 명확히 구별하는 것이 사실상 불가능하다는 의견이 제시되자, 실무는 외면적 형식, 내면적 형식 및 내용을 엄격히 구분하고 획일적으로 처리하는 방법에서 벗어나 저작자의 독창적인 개성이 나타나 있는지에 따라 보호범위를 정하는 경향에 있다.30)

③ 미국의 아이디어·표현 2분법, 합체 이론, 필수장면 내지 표준삽화의 원칙, 사실상 표준의 원칙

저작권법에 의하여 보호를 받을 수 있는 부분과 없는 부분을 구별하기 위한 이론인 아이디어·표현 2분법, 합체 이론, 필수장면 내지 표준삽화의 원칙, 사실상 표준의 원칙 등은 미국에서 판례를 통해 발전하였다.

미국 연방대법원은 Baker v. Selden31)에서 부기방식이 해설된 책에 설명되어 있는 부기방식을 이용하여 회계장부를 제작, 판매한 경우에 저작권의 효력은 책에서 설명하고 독특한 표현에 미치고 설명된 부기방식 자체에는 미치지 않는다고 하였고, Mazer v. Stein32)에서 저작권은 개시된 기술에 대하여 배타권을 주는 특허권과 달리 저작권의 보호는 아이디어 그 자체가 아니라 그 아이디어의 표현에만 미친다고 하였다.

또한 아이디어와 표현을 구분하기 위한 더욱 논리적인 판단방법이 문예작품과 관련된 Nichols v. Universal Pictures Corp.33)에서 Learned Hand 판사에 의하여 시도되었다. 작품의 전개과정(sequence)에 관하여 본다면 보호받을 수 없는 사상(idea)으로부터 비교적 보호받기 힘든 주제(theme), 보호받을 수 있는지가 다투어질 수 있는 줄거리 내지 구성(plot), 비교적 보호받기 쉬운 사건(incident), 보호받을 것이 거의 확실시되는 대화나 어투(dialogue and language)로 구성되어 있고 등장인물에 관하여 보면 그것이 보호받을 수 있는지 여부는 작품 속에서의 개발의 정도(stage of development)와 작품에 대한 중요성에 달려있다.

위 Nichols 사건에서 Learned Hand 판사는 모든 저작물 특히 희곡에서 구체적인 사건들을 계속적으로 제거시켜 나가면 점차 패턴은 일반화되어가고 결국에는 그 희곡의 주제에 관한 가장 일반적인 기술만이 남게 되는데, 이와 같은 추상화의 과정 중에 어느 지점에 이르면 표현은 제거되고 아이디어만이 남아 더 이상 저작권의 보호를 줄 수 없는 상태에 이른다고 하였

---

30) 박성호, 저작권법, 박영사(2017), 62의 각주 137 부분 참조.
31) 101. U.S. 99 (1879). 미국 저작권법 제102조(b)는 "어떠한 경우에도, 독창적인 저작물에 대한 저작권 보호는 그것이 그 저작물에 기술, 설명, 예시 또는 수록되는 방법에 관계없이, 관념, 절차, 공정, 체제, 조작 방법, 개념, 원리, 또는 발견에는 미치지 아니한다."라고 규정한다.
32) 347 U.S. 201, 217 (1954).
33) Nichols v. Universal Pictures Corp., 45 F.2d 119 (2d Cir. 1930).

다[이른바 추상화 테스트(abstraction test)].

이에 대하여 저작권의 보호범위는 사건의 전개과정과 등장인물들 간의 상호작용의 발전 등과 같은 저작물의 유형(pattern)에 미치고 그러한 저작물의 유형이 비문언적 표현에 해당하는데 저작물의 보호범위를 정하는 실질적 유사성에는 특정 구절이나 똑같은 단어를 그대로 베낀 이른바 '부분적인 문언(자)적 유사성(fragmented literal similarity)'과 특정 구절이나 세세한 표현을 베끼지는 않았지만 사건의 전개과정과 등장인물들 간의 상호작용의 발전과 같은 비문언적 표현을 모방한 '포괄적인 비문언(자)적 유사성(comprehensive nonliteral similarity)'이 있다는 이론으로 전개되고 있다.

이와 같이 아이디어는 저작물로 보호되지 아니하고 표현만이 저작물로 보호된다고 하는 저작권 보호원리를 아이디어·표현 2분법(idea/expression dichotomy)이라 한다.

아이디어·표현 2분법은 저작물 중에서 전기·역사·기록 등의 논픽션 작품의 경우에 전형적으로 사용될 뿐 아니라 작품의 비문언적 요소(작품의 줄거리와 성격)에 관하여 저작물로 보호할 것인지 아닌지를 결정하는 데에도 중요한 역할을 한다. 추상화 과정에서 추상화 정도가 가장 높은 수준에 이를 경우 저작물로서 보호받을 수 없다는 점에 대하여는 다툼이 없지만 일관되고 매우 구체적으로 서술되어 있는 작품의 줄거리와 인물의 성격, 외관 등과 같은 구체적인 창작 표현은 저작물로 보호될 수 있다고 보아야 한다.[34]

우리 실무도 이러한 아이디어·표현 2분법을 활용하고 있다.[35] 예컨대 법원은 "학술적인 내용은 저작권의 보호대상인 표현의 영역에 속하는 것이 아니라 보호대상이 아닌 아이디어의 영역에 속하므로 그 이론을 이용하더라도 구체적인 표현까지 베끼지 않는 한 저작권의 침해로 인정되지 않는다."[36]라고 하였다.

---

34) Walt Disney Productions v. Air Pirates, 581 F.2d 751, 755 (9th Cir. 1978), D.C. Comics v. Towle, 802 F.3d 1012, 1019 (9th Cir. 2015).

35) 서울고등법원 1995. 10. 19. 선고 95나18736 판결(상고기각 확정), 서울중앙지방법원 2014. 7. 17. 선고 2012가합86524 판결(항소기각 후 심리불속행 상고기각 확정).

36) 대법원 1993. 6. 8. 선고 93다3073 판결은 "피고가 그의 강의록에서 원고에 의하여 도용당했다고 주장하는 내용 중, 먼저 원심판결 별지 4.의 제1-5항의 각 기술부분은 히브리어와 희랍어의 특성과 신약이 희랍어로 구약이 히브리어로 기록되어 있다는 사실에 대한 단순한 기술이거나 희랍어의 학습방법에 관한 것으로서 피고가 독창적으로 창작한 것이라고 보기 어려울 뿐 아니라, 이러한 학술적인 내용은 저작권의 보호대상인 표현의 영역에 속하는 것이 아니라 보호대상이 아닌 아이디어의 영역에 속하므로 그 이론을 이용하더라도 구체적인 표현까지 베끼지 않는 한 저작권의 침해로 인정되지 아니할 것인 바, 원고의 저작물이 피고 강의록의 구체적인 표현까지 그대로 베꼈다고 인정되지 아니하므로 피고 저작권의 침해가 있다고 볼 수 없다."라고 하였다. 대법원 1999. 10. 22. 선고 98도112 판결도 "고소인 측의 '알프레드(Alfred) 피아노 교본'(이하 고소인측 교본이라고 한다)에서 택하고 있는 어린이를 대상으로 한 피아노 교습에 관한 교육이론과 이에 기한 교습방법 또는 순서 자체는 이를 저작권의 보호대상이 되는 표현형식에 해당한다고 할 수 없으므로 피고인이 인쇄·판매한 '엘리트 피아노 교본'(이하 피고인측 교본

　　아이디어·표현 2분법은 저작권의 보호범위를 아이디어가 아닌 그것이 표현된 부분에 한정함으로써 저작권의 보호대상의 경계를 설정하고 표현의 자유를 보장하는 역할을 하지만 모든 저작물에 적용하기는 어려울 뿐 아니라 아이디어와 표현 사이에 명확한 경계선을 긋는다는 것은 더욱 어려운 일이다. 더구나 앞에서 본 아이디어·표현 2분법, 추상화 테스트나 포괄적 비문언적 유사성 이론은 연극이나 소설 등 문자로 이루어진 저작물에서 아이디어와 표현을 구분하는 판단 기준으로는 도움이 되지만 영상, 음악, 건축, 역사적 사실 등에 관한 저작물에 대하여 그대로 적용하기는 어렵다.

　　아이디어·표현 2분법은 컴퓨터프로그램에서도 문제된다.

　　컴퓨터프로그램에서 알고리즘[37] 자체는 추상적인 아이디어로서 보호되지 않지만 알고리즘이 구체적으로 표현된 문자 코드 및 그러한 각 코드를 구성하는 구조(structure), 배열(sequence), 조직(organization) 영역에서의 구체적이고 선택할 수 있는 표현은 저작물로서 보호되고 있다.

　　Whelan Associates, Inc. v. Jaslow Dental Laboratory, Inc.[38]에서 미국 연방항소법원은 어문저작물에서 줄거리나 주제 등이 저작물로서 보호받을 수 있듯이 컴퓨터프로그램의 구조(structure), 배열(sequence), 조직(organization)도 어문저작물과 똑같은 정도로 보호된다고 하면서 저작권에 의한 컴퓨터프로그램의 보호를 프로그램 언어 외에 프로그램의 목적 및 기능에 반드시 필요하지 않은 전체적인 구조(structure), 배열(sequence), 조직(organization)에까지 확장시켰다. 그러나 이러한 논리는 미국 저작권법 제102조(b)에서 저작권에 의한 보호를 제외하고 있는 '절차, 공정, 체제, 조작 방법'으로 된 프로그램의 구조도 저작물로 보호될 수 있다는 오해를 주게 되어 컴퓨터프로그램저작물에서의 아이디어 범위를 너무 좁히고 Learned Hand 판사가 제시한 추상화 테스트를 부정하는 결과가 되었다는 비판을 받았다. 그리하여 법원은 Whelan 판결이 판시한 프로그램의 구조(structure), 배열(sequence), 조직(organization)에 관한 판단법리의 수정을 검토하게 된다.

　　Computer Associates v. Altai, Inc.[39]에서 프로그램 저작물 침해여부 판단을 위해 다양한 일반 레이어(layer of generality)를 각각 추출하고 추상화 및 융합이론을 적용하여 프로그램의 요소들을 효율성을 위한 표현, 절차나 호환성을 위한 표현, 공공의 영역으로부터 가지고 온 표현 등으로 분리하여 걸러낸 다음 남은 창작적 요소를 피고의 저작물의 요소와 비교한다는

　　이라고 한다)이 설사 고소인측 교본과 같은 교육이론에 따른 것이라고 하더라도 이를 가리켜 저작권 침해가 되는 무단 복제에 해당한다고 할 수 없다."고 하였다.

37) 알고리즘이란 주어진 문제를 해결하기 위한 정의된 순서가 있는 동작을 말한다.

38) 797 F.2d 1222 (3d Cir. 1986).

39) 982 F.2d 693 (2d Cir. 1992).

추상화(추출, abstraction)·여과(분리, filtration)·비교(comparison)의 3단계 테스트가 제시되었다.

그 후 Oracle America, Inc. v. Google, Inc.[40]사건에서 오라클 프로그램의 실행을 담당하는 코드(implementing code)가 아니라 프로그램의 구조와 이름을 정의한 선언코드와 Application Programming Interfaces(API)를 구성하는 패키지, 클래스, 메쏘드 등의 구조(structure)는 분류(taxonomy)와 비슷하고 창작성이 있다고 하면서 API의 구조(structure), 배열(sequence), 조직(organization)도 저작권법에 의해 보호되는 저작물에 해당한다고 하였다. 위 사건과 관련하여 여러 차례의 소송이 있었는데 Oracle America, Inc.가 Google LLC를 상대로 제기한 Java API 패키지 저작권침해 소송인 Oracle America, Inc. v. Google, Inc.[41]에서 미국 연방항소법원은 Google의 공정이용(fair use) 항변을 배척하고 Google에게 적은 양이지만 사소한 것이 아닌 문언 복제에 대해 저작권침해에 따른 손해배상책임을 인정하였지만, 연방대법원은 API가 인터페이스로서 처음부터 창의적인 표현과 결합될 속성을 가지고 있고 복제된 내용이 소량이고 복제행위가 프로그래머로 하여금 스마트폰 컴퓨팅이라는 새로운 환경에서 발전시킬 수 있게 하기 위한 변형적 이용에 해당한다는 이유로 Google의 공정이용(fair use) 항변을 받아들여 원심을 파기환송하였다.[42]

그 외에 컴퓨터프로그램저작물 특히 프로그램의 메뉴구조와 같은 사용자 인터페이스(Graphic User Interface, GUI)와 관련하여 자주 발생하는 것으로서 '사실상의 표준(de facto standards)'의 원칙이 있다.

이는 저작자가 창작을 할 당시에는 그 작품에 내재된 아이디어를 표현하는 방법이 많이 있어 선택할 수 있는 것 중 하나였지만[43] 나중에 가서 그 방법이 상업적 성공을 거두고 사용자들이 이에 익숙하여 짐으로써 사실상 표준화되어 후발업체가 다른 구성을 채용하는 것이 사실상 어렵게 되었다면 이를 저작권으로 보호할 수 없다는 원칙이다.[44]

---

40) 750 F.3d 1339, 1356-1357 (Fed. Cir. 2014), cert. denied, 135 S. Ct. 2887 (2015).

41) Docket Number 2017-1118, 2017-1202 (Fed. Cir. 2018).

42) Google, Inc. v. Oracle America, Inc. Docket Number 18-956, 593 U.S. ___ (2021. 4. 5.). 이 부분 내용은 권보원, 코트넷 지적재산권법연구회 자료실에 2021. 4. 15.자로 게시된 내용을 참고하였다.

43) 서울중앙지방법원 2016. 2. 4. 선고 2014가합61994 판결(항소기각 후 미상고 확정)은 사용자 인터페이스 화면의 편집저작물성을 인정하는 근거로 "① 원고 프로그램의 사용자 인터페이스 화면은 단편적인 문구나 간단한 서식, 일반적이고 단순한 PC 화면 등으로만 이루어진 것이 아니라 많은 문장과 여러 형태로 다양하게 조합된 도형으로 이루어진 점, ② 위 화면에는 ○○○○○의 협력업체에 공통되는 정보가 포함되어 있기는 하지만, 그 표현이 달리 표현될 여지가 없는 형식이라고 단정하기 어려운 점 등에 비추어 보면, 원고 프로그램의 사용자 인터페이스 화면은 위와 같은 기능을 위하여 일반적으로 사용되는 표현이나 누가 하더라도 같거나 비슷할 수밖에 없는 표현만을 사용한 것이 아니라, 저작자 나름대로의 정신적 노력의 소산으로서의 특성이 부여되어 있는 표현을 사용함으로써 저작자의 창조적 개성이 발현되어 있다고 할 것이므로, 이는 편집저작물로서 저작권법의 보호대상인 저작물로 인정될 수 있다."라고 한다.

44) Lotus Development Corporation v. Borland International, Inc., 49 F.3d 807 (1st Cir. 1995). aff'd by

그리고 아이디어를 설명하는 데 유일하거나 한정된 범위에서밖에 표현될 수 없어 아이디어와 표현을 분리할 수 없거나 매우 어려운 경우에 아이디어와 표현이 합체(융합)되어 그 표현이 저작권의 보호를 받을 수 없게 되는 경우가 있는데 이를 '합체(융합) 이론(merger doctrine)'이라고 한다.45)46)

아이디어와 표현을 분리할 수 없거나 분리하기가 매우 어려운 경우에 그 표현에 대하여 저작권의 보호를 주게 되면 필연적으로 그와 합체된 아이디어까지 보호하는 결과로 되고 이는 특허법 등 다른 지식재산권법이 요구하고 있는 보호요건들에 대한 심사 없이 아이디어 또는 사상에 대하여 독점권을 부여하는 셈이 되어 부당하기 때문이다.

합체이론이 주로 기능적인 저작물에 적용되는 원칙이라고 한다면 그와 유사한 취지로 주로 소설이나 희곡 등과 같은 가공적인 저작물(fictional works) 내지 문예적 저작물에 적용되는 원칙으로서 '필수장면 내지 표준삽화(scène à faire47))'의 원칙이 있다.

필수장면의 원칙이란 어느 책이나 희곡 등에서 그 작품에 내재되어 있는 보호받지 못하는 아이디어가 전형적으로 예정하고 있는 사건들이라든가 창작적인 작품의 어느 요소들을 표현하기 위하여 어느 장면이나 표현을 사용할 수밖에 없다거나 그와 같은 표현을 사용하는 것이

---

an equally divided court, 516 U.S. 233 (1996). 원고의 Lotus 1,2,3 프로그램은 독특한 tree 형태의 메뉴를 구성요소로 하는데 나중에 제작된 피고의 Quatro Pro도 당초 달랐던 프로그램의 기본메뉴구조에 대해 기존의 원고제품 사용자들이 별도의 조작방법을 익힐 필요 없이 손쉽게 사용할 수 있도록 간단한 매크로 조작을 통하여 피고제품의 메뉴구조를 원고제품의 메뉴구조와 동일하게 만들어 사용할 수 있도록 하였다. 연방항소법원은 Lotus의 메뉴구조는 사용자로 하여금 Lotus 프로그램의 작업을 수행하도록 해 주는 일종의 작동방식이나 수단, 바꾸어 말하면 VCR의 작동단추와 같은 것으로, 그러한 작동방식이나 작동방법은 저작권의 보호대상이 아니라고 하였다. 이에 대하여는 컴퓨터프로그램이 작동방법에 대한 개별화된 표현이라는 점을 제대로 인식하지 못하였다는 반대의견이 있다.

Apple Computer, Inc. v. Microsoft Corp., 35 F.3d 1435 (9th Cir. 1994)에서는 그래픽 사용자 인터페이스(graphical user interface, GUI) 요소가 아이디어의 영역에 있어서 보호받을 수 없다고 하면서 합체이론, 표준원칙, 필수장면 이론도 언급하고 있다.

45) Morrissey v. Procter & Gamble Co., 379 F.2d 675 (1st Cir. 1967)에서 연방항소법원은 저작권으로 보호될 수 없는 게임의 운영에 사용되는 규칙의 설명이 너무 단순하여 그것을 표현하는 방법이 매우 제한되어 있다면 그 규칙의 설명은 저작권으로 보호받을 수 없다고 하였다. 문제가 된 제1번 규칙은 다음과 같다.

「규칙 1 : 경품참가자는 상품상자의 특정부위에 자신의 이름, 주소, 사회보장번호를 기입하여 이를 소지하고 입장하여야 한다. 경품게임의 규칙은 매장에서 배부하는 전단에 인쇄되어 있다. 사회보장번호가 없는 사람은 함께 거주하고 있는 가까운 친척의 이름과 그의 사회보장번호를 기입하여도 된다. 이름을 기입한 사람만이 경품참가자로 인정받고 경품을 받을 자격이 주어진다.」

46) 서울고등법원 1962. 5. 18. 선고 61나1243 판결, 한자옥편은 저작물로 인정되지만 그런 류의 옥편이 거의 같은 옥편을 모태로 하고 있고 옥편은 성질상 그렇게 할 수밖에 별다른 방법이 없어 두 옥편이 서로 똑같다고 하더라도 피고가 원고의 옥편을 그대로 모방하였다고 할 수 없다는 이유로 저작권침해를 부정하였다.

47) 어느 책이나 영화에서 해당 장르의 유형에 따라올 수밖에 없는 장면을 의미하는 프랑스어이다.

관례로 된 경우에 그와 같은 표현은 저작권법의 보호를 받을 수 없다는 원칙이다.[48]

우리 실무도 저작권법의 보호를 받을 수 있는지 여부를 판단하면서 이러한 원칙을 그 기준의 하나로 제시하고 있다.

예를 들면 "두 작품 모두 일제치하에 연해주로 이주한 한인들의 삶이라는 공통된 배경과 사실을 소재로 주인공들의 일제 식민지로부터 탈출, 연해주 정착, 1937년 스탈린에 의한 한인들의 중앙아시아로 강제이주라는 공통된 전개방식을 통해 제정 러시아의 붕괴, 볼셰비키 혁명(1917년), 적백내전, 소련공산정권의 수립, 스탈린의 공포정치 등 러시아의 변혁 과정에서 연해주와 중앙아시아에 사는 한인들이 어떠한 대우를 받았고 어떻게 적응하며 살아왔는지 그 실상을 파헤치고 있다는 점에서 유사한 면은 있지만, 이는 공통의 역사적 사실을 소재로 하고 있는 데서 오는 결과일 뿐"이라고 하고,[49] "어떤 주제를 다루는 데 있어 전형적으로 수반되는 사건이나 배경 등은 아이디어의 영역에 속하는 것들로서 저작권법에 의한 보호를 받을 수 없다."라고 한다.[50]

제2절 저작물의 종류 및 창작성 판단

저작권법은 저작권법에서 말하는 저작물을 표현 형식에 따라 ① 소설·시·논문·강연·연설·각본 그 밖의 어문저작물, ② 음악저작물, ③ 연극 및 무용·무언극 그 밖의 연극저작물, ④ 회화·서예·조각·판화·공예·응용미술저작물 그 밖의 미술저작물, ⑤ 건축물·건축을 위한 모형 및 설계도서 그 밖의 건축저작물, ⑥ 사진저작물(이와 유사한 방법으로 제작된 것을 포함한다), ⑦ 영상저작물, ⑧ 지도·도표·설계도·약도·모형 그 밖의 도형저작물, ⑨ 컴퓨터프로그램저작물의 9개로 구분하여 예시하고 있고(제4조 제1항), 그와 아울러 2차적저작물(제5

---

48) Zambito v. Paramount Pictures Corp. 788 F.2d 2 (2d Cir. 1985)은 미국의 파라마운트 영화사가 만든 모험영화 '레이더스-잃어버린 성궤를 찾아서(Raiders of the Lost Ark)'에 관한 저작권침해소송에서 뱀이 우글거리는 동굴 안에 보물상자가 숨겨져 있고, 그 뱀을 쫓기 위하여 주인공이 횃불을 휘두르는 장면, 정글을 뚫고 지나가는 사람이 갑자기 새떼가 날아오르자 깜짝 놀라는 장면 등은 이러한 종류의 작품에서 필연적으로 수반되는 장면묘사로서 저작권의 보호를 받을 수 없다고 하였다. 또한 Hoehling v. Universal City Studios, Inc., 618. F.2d 972 (2d Cir. 1980), cert. denied, 449 U.S. 841 (1980)은 제2차 세계대전 당시 독일 힌덴부르크의 참상이라는 문학적 테마를 표현하기 위하여 독일식 맥주홀과 'Heil Hitler!'라는 구령, 제2차 세계대전 당시 불린 독일 군가 등 나치 독일 당시의 생활과 관련된 표현은 그 문학적 아이디어에 필수 불가결한 장면이어서 저작권의 보호를 받을 수 없다고 하였다.
49) 대법원 2000. 10. 24. 선고 99다10813 판결.
50) 대법원 2000. 10. 24. 선고 99다10813 판결, 대법원 2014. 6. 12. 선고 2014다14375 판결, 대법원 2015. 3. 12. 선고 2013다14378 판결.

조)과 편집저작물(제6조)을 규정하고 있다.

이러한 법 규정 내용들은 그것들이 처음 신설된 1986. 12. 31. 법률 제3916호로 전부 개정된 저작권법 제4조 내지 제6조의 규정과 별다른 차이가 없다.

또한 저작권법은 그 외에도 업무상저작물(제9조), 공동저작물(제2조 제21호, 제15조, 제38조) 등을 규정하고 있다.

I. 소설 · 시 · 논문 · 강연 · 연설 · 각본 그 밖의 어문저작물(법 제4조 제1항 제1호)

어문저작물은 소설, 시, 논문, 강연, 연설, 각본, 편지, 일기 등 언어, 문자(언어로 치환될 수 있는 기호 포함)나 구술에 의해 표현된 저작물이다.

트윗글은 비록 140자 이내라는 제한이 있더라도 자신의 개성을 드러낼 수 있으므로 저작물이 될 수 있고,[51] 홍보용 팜프렛에도 자신의 개성을 드러내는 창작이 들어 있다면 저작물이 될 수 있다.[52] 교과서, 국가고시나 전문자격시험의 수험서,[53] 고등학교 시험문제[54]와 같은 실용적 저작물도 저작권법에 의하여 보호되는 창작물로 인정될 수 있다.

그러나 단순한 표어, 구호(slogan), 캐치프레이즈(catchphrase),[55] 제명이나 제호(title)[56][57]나 회사의 상호(trade name) 등에 대하여는 특별한 사정이 없는 한 저작물성을 인정받기 어렵다.

어문저작물 중 소설, 극본, 시나리오 등과 같은 저작물은 등장인물과 작품의 전개과정(이

---

51) 서울남부지방법원 2013. 5. 9. 선고 2012고정4449 판결(항소기각 미상고 확정).
52) 대법원 1991. 9. 10. 선고 91도1597 판결.
53) 대법원 2012. 8. 30. 선고 2010다70520, 70537 판결, 대법원 2014. 9. 4. 선고 2012다115625, 115632 판결.
54) 서울고등법원 2007. 12. 12. 선고 2006나110270 판결(심리불속행 상고기각 확정)은 "교사인 원고들이 자신들의 교육이념에 따라서 소속 학교 학생들의 학업수행 정도의 측정 및 내신성적을 산출하기 위하여 정신적인 노력을 기울여 남의 것을 그대로 베끼지 아니하고 이 사건 시험문제를 출제하였고, 그 출제한 문제에 있어서 질문의 표현이나 제시된 답안의 표현에 최소한도의 창작성이 있음이 인정되므로, 이 사건 시험문제는 저작권법에 의하여 보호되는 저작물에 해당한다고 봄이 상당하다."라고 하였다.
55) 광고, 선전 따위에서 남의 주의를 끌기 위한 문구나 표어. 서울고등법원 1998. 7. 7. 선고 97나15229 판결(상고장 각하명령으로 확정)은 '최상의 맛을 유지하는 온도 눈으로 확인하십시오.'라는 광고문구에 독창적인 표현형식이 없어 저작권을 인정할 수 없다고 하였다.
56) 대법원 1977. 7. 12. 선고 77다90 판결(만화 제명 '또복이'), 대법원 2017. 10. 12. 선고 2017다233054 판결[시 제목 '비목(碑木)'].
57) 대법원 1996. 8. 23. 선고 96다273 판결은 "어문저작물인 서적 중 저작자의 사상 또는 감정을 창작적으로 표현한 부분이라고 볼 수 없는 단순한 서적의 제호나 저작자 또는 출판사의 상호 등은 저작물로서 보호받을 수 없다."라고 한다.

른바 sequence)의 결합에 의하여 이루어지는 것이고 작품의 전개과정은 아이디어(idea), 주제(theme), 구성(plot), 사건(incident), 대화와 어투(dialogue and language) 등으로 이루어진다.

어문저작물에서 아이디어, 사상이나 주제는 일반적으로 구체성이 없어 저작권법에 따라 보호되는 표현의 영역에 포함된다고 보기 어렵고 그 사상이나 주제가 구체화되는 사건의 구성 및 전개과정과 등장인물의 교차, 대화와 어투 등에서 창작성이 인정될 수 있다.

소설의 줄거리에서 저작자의 창작성을 인정할 수 있는 구체적인 내용이 나타나 있다면 이는 보호되는 표현에 해당할 수 있고,58) 소설 등 문학작품에서 등장인물은 그 자체로는 저작권에 의하여 보호되는 표현에 해당한다고 볼 수 없으나 구체성, 독창성, 복잡성을 가진 등장인물이거나 다른 등장인물과의 상호과정을 통해 사건의 전개과정과 밀접히 관련된다면 등장인물도 보호되는 표현에 해당할 수 있다.59) 공연 기획안 내지 그에 따른 체험전도 창작적 개성이 인정된다면 저작물이 될 수 있다.60)

어문저작물 중 역사저작물의 경우는 그 저작물의 본질을 이루는 사건이나 전개과정이 역사적인 사실에 기초하여 작성되므로 소설, 시 등 순수한 문예적 저작물에 비하여 창작성을 발휘할 여지가 적다.

역사저작물은 크게 ① 저작자가 역사적 사실에 대한 독창적인 해석과 평가를 하고 독자적인 역사관을 제시하는 부분과, ② 자료를 번역, 인용, 요약하여 역사적 사실을 설명하는 부분으로 나눌 수 있다. 위 ① 부분은 역사적 사실에 관한 저작자의 주관적인 평가로서 저작자의 사상이나 감정이 직접적으로 반영된 부분이므로 문예적 저작물에 준하는 창작성이 인정된다. 한편 위 ② 부분 중 역사적 사실 자체는 사상과 감정의 표현이 아니어서 창작성이 없으나, 역사적 사실의 서술방법과 문체가 어떠한지, 상황에 따라 적절한 예시나 비유 등을 사용하였는지, 역사적 사실들을 어떠한 순서와 주제로 구성하고 재배열하였는지 등 역사적 사실을 설명하고 구성하는 방법에는 저작자의 창조적 개성이 발휘될 수 있으므로 그 부분에 대한 창작성이 인정될 수 있다.61)

---

58) 대법원 1998. 7. 10. 선고 97다34839 판결 참조.

59) 서울중앙지방법원 2007. 7. 13. 선고 2006나16757 판결(미상고 확정) 참조.

60) 대법원 2019. 12. 27. 선고 2016다208600 판결은 "이 사건 기획안(갑 제7호증)은 '○○○의 밀가루 체험놀이 가루야 가루야'라는 제목으로 '체험과 공연의 즐거운 만남'을 추구하며 배우(이야기천사, 놀이천사)의 진행과 어린이들의 밀가루 체험놀이 참여라는 쌍방향 형식으로 이루어지는 이 사건 체험전의 공연 기획안이다. 이 사건 체험전은 그 구성요소들이 일정한 제작 의도에 따라 선택·배열되고 유기적으로 조합됨으로써 기존의 체험전 등과는 구별되는 창작성 개성을 갖추고 있고, 이 사건 기획안에 나타난 각각의 테마와 이야기의 흐름을 공간에서 실체적으로 구현하여 이 사건 기획안과 실질적 유사성을 유지하면서 사회통념상 새로운 저작물이 될 수 있을 정도의 창작적 노력이 부가되어 있으므로 저작권법 제5조 제1항에서 정한 2차적저작물로서 보호받을 수 있다."라고 하였다.

61) 서울고등법원 2018. 3. 15. 선고 2015나2075696 판결(상고기각 확정).

그 외에 일정한 학문이나 기능의 수행을 서술한 기능적 저작물(과학서적, 컴퓨터프로그램 등)이나 사실과 정보를 전하는 사실저작물(전화번호부, 지도 등)의 경우에는 개성과 감정을 대비하기가 어렵고 표현방법이 제한되어 있는 점을 고려하여[62) 창작성을 인정하더라도 그 사실과 정보, 기능 그 자체를 보호하는 결과가 되지 않도록 저작권의 보호범위를 좁게 해석한다.

Ⅱ. 음악저작물(법 제4조 제1항 제2호)

음악저작물이란 소리를 통해 인간의 사상과 감정이 표현된 저작물이다.

음악저작물은 일반적으로 음악 소리의 높낮이가 길이나 리듬과 어울려 나타나는 음의 흐름인 가락(melody), 음의 길고 짧음(박자) 및 강약이 반복될 때의 그 규칙적인 음의 흐름인 리듬(rhythm), 일정한 법칙에 따른 화음(chord)의 연결인 화성(harmony)의 3가지 요소로 구성되고, 이 3가지 요소들이 일정한 질서에 따라 선택·배열됨으로써 음악적 구조를 이루게 된다. 다만 리듬은 가락에 비해 그 변화의 여지가 적고 악곡의 형식에 따라서 선택의 폭도 좁기 때문에 리듬에 대하여는 약한 정도의 보호가 주어져야 하고, 화성은 리듬의 경우보다 더 선택의 폭이 좁기 때문에 더 약한 정도의 보호가 주어져야 한다.

따라서 음악저작물의 창작성 여부를 판단함에 있어서는 음악저작물의 표현에 있어서 가장 구체적이고 독창적인 형태로 표현되는 가락을 중심으로 하여 리듬, 화성 등의 요소를 종합적으로 고려하여 판단한다.[63) 그리고 통상의 음악저작물의 경우에는 가락을 중심으로 창작성 여부를 판단함이 원칙이지만, 기존의 곡을 편곡하는 경우에 편곡된 곡은 기존 곡의 가락을 대부분 이용하게 되므로 이러한 경우에는 가락보다는 리듬, 화성의 요소를 더욱 중요한 요소로 본다.[64)

음악저작물은 일반적으로 가락(melody, 선율), 리듬(rhythm), 화성(chord)의 3가지 요소들이 일정한 질서에 따라 선택·배열됨으로써 음악적 구조를 이루게 되는데, 음악저작물의 경우 인간의 청각을 통하여 감정에 직접 호소하는 표현물로서 12음계를 이용하여 이론적으로는 많은 배합을 구성할 수 있으나 사람의 가청범위나 가성범위 내에서 사람들이 선호하는 감정과 느낌을 불러일으킬 수 있는 음의 배합에는 일정한 한계를 가질 수밖에 없다는 점도 창작성 유무

---

62) 대법원 1997. 9. 29. 자 97마330 결정은 속독법에 관한 저작물에서 속독법의 기본 원리나 아이디어 자체 이외에 실질적 유사의 대상으로 '목차, 서술의 순서나 용어의 선택 또는 표현 방법 등 문장 표현상의 각 요소'를 들고 있다.

63) 대법원 2015. 8. 13. 선고 2013다14828 판결. 서울고등법원 2012. 10. 18. 선고 2011나103375 판결(심리불속행 상고기각 확정)은 리듬과 화성은 동일하나 가락의 차이 때문에 실질적 유사성이 없는 전혀 별개의 독립적인 저작물이라고 판단하였다.

64) 서울중앙지방법원 2016. 9. 28. 선고 2013가합559814 판결(항소장 각하명령으로 확정).

판단에 고려한다.65)

　이러한 사정은 음악저작물을 대비하여 실질적 유사성 여부를 판단할 때 고려한다. 즉, 위와 같은 음 배합의 한계, 각 대비부분이 해당 음악저작물에서 차지하는 질적·양적인 비중, 수요자인 청중의 관점 등을 종합적으로 함께 고려하여야 하고, 일부 유사한 부분이 있다고 하여 그러한 사정만으로 비교대상인 음악저작물과 실질적으로 유사하다고 단정할 수 없다.

　저작물에 악곡뿐 아니라 가사도 포함되어 있는 경우에는 가사 부분과 악곡 부분을 각각 분리하여 이용할 수 있으므로 이러한 경우 음악저작물과 어문저작물의 단독 저작물이 결합한 결합저작물이 된다.66) 한편 악보는 음악저작물의 고정수단인 유형물에 불과하고 보호대상인 악곡을 떠나 악보 자체가 독립한 저작물이 되는 것은 아니다.

　음악저작물에 관한 2차적저작권의 침해 여부를 가리기 위하여 두 저작물 사이에 실질적 유사성이 있는가를 판단하면서는 원저작물에 새롭게 부가한 창작적인 표현형식에 해당하는 것만을 가지고 대비한다.67)

III. 연극 및 무용·무언극 그 밖의 연극저작물(법 제4조 제1항 제3호)

　연극 및 무용, 무언극 등의 연극저작물이란 몸짓 내지 동작에 의해 사상이나 감정(극적인 요소들)을 표현한 것을 말한다.

　연극이란 배우가 관객에게 보이기 위하여 극장에서 각본에 의해 연출하는 종합예술이다.

　연극 중 각본(극본)은 어문저작물에 속하고 음악은 음악저작물에 속하며 연기 자체는 실연으로서 저작인접권으로 보호받기 때문에 연극저작물에서 문제가 되는 것은 동작의 틀(型)로서 이미 구성되어 있는 안무(choreographic works, 按舞)이다. 여기에서 안무란 무용수(실연자)에 의한 무도작품의 연출이 아니라 안무가(저작자)에 의한 무도저작물의 창작을 의미한다. 따라서 안무가가 직접 실연한 경우에는 저작자의 지위와 저작인접권자로서의 지위를 함께 가진다.

---

65) 이러한 사항은 음악저작물의 실질적 유사성을 판단하면서도 고려될 수 있다, 서울고등법원 2012. 10. 18. 선고 2011나103375 판결(심리불속행 상고기각 확정) 참조.

66) 대법원 2015. 6. 24. 선고 2013다58460, 58477 판결. 참고로 대법원 2005. 10. 4.자 2004마639 결정은 뮤지컬은 연극의 일종으로 단독 저작물이 결합된 결합저작물이라고 하였다.
　반면에 Shapiro, Bernstein & Co. v. Jerry Vogel Music Co., 161 F.2d 406, 409 (2d Cir. 1946)에서는 악곡과 가사는 합체되면서 상호작용을 하여 완전히 새로운 하나의 저작물을 탄생시킨다는 이유로 음악저작물을 공동저작물이라고 하였다. 미국 저작권법 제101조는 '공동저작물'이란, 2인 이상의 저작자가 자신들의 기여분이 단일한 전체의 분리될 수 없거나 상호 의존적인 부분이 될 것이라는 의사를 가지고 작성한 저작물을 말한다고 규정하고 있어 우리 저작권법의 공동저작물과는 해당 정의 내용이 동일하지 않음에 유의한다.

67) 대법원 2004. 7. 8. 선고 2004다18736 판결.

무용이나 안무, 무언극에서 그 무용이나 안무 등의 기본요소인 단순한 일련의 동작,[68] 사교 댄스, 운동경기 동작 등은 창작적인 표현으로 보기 어려워 저작권의 보호대상이 될 수 없는 경우가 많고, 해당 무용이나 안무, 무언극이 전체적으로 하나의 작품으로 인식되고 일련의 신체적 동작과 몸짓을 창조적으로 조합·배열하였는지가 창작성 유무의 판단 기준이 된다.[69]

뮤지컬은 음악과 춤이 극의 구성·전개에 긴밀하게 짜 맞추어진 연극으로서 각본, 악곡, 가사, 안무, 무대미술 등이 결합된 종합예술의 분야에 속하고 복수의 저작자에 의하여 외관상 하나의 저작물이 작성된 경우이기는 하나, 그 창작에 관여한 복수의 저작자들 각자의 이바지한 부분이 분리되어 이용될 수도 있다는 점에서, 공동저작물이 아닌 단독저작물이 결합된 결합저작물이다.[70]

음악공연에서도 무대의 출연자들이 공연내용의 창작에 기여하고 동작을 구성하는 표현에 창작성이 있다면 연극저작물로 인정받을 수 있다.[71]

극(劇) 저작물의 경우 등장인물이 일정한 배경 아래에서 만들어 내는 구체적인 사건들의 연속으로 이루어지고 그 사건들은 일정한 패턴의 전개과정을 통해서 구체적인 줄거리로 파악되어 인물들의 갈등과 그 해결과정을 내용으로 하고 있으며 인물들의 갈등과 해결과정은 인물들 성격의 상호관계와 그 대응구도에 의하여 그려진다. 따라서 극 저작물의 경우에 그러한 표현들은 보호될 수 있는 창작적인 표현에 해당한다.

한편 연극 등을 상연하는 그대로 필름에 수록하면 연극의 녹화이고 각본의 복제에 해당한다.

IV. 회화·서예·조각·판화·공예·응용미술저작물 그 밖의 미술저작물(법 제4조 제1항 제4호)

미술저작물이란 형상 또는 색채에 의하여 미적으로 표현된 저작물을 말한다.

본 호는 미술저작물로 회화, 서예, 조각, 공예, 응용미술저작물을 열거하고 있으나 그 외에도 무대장치,[72] 만화, 삽화 등도 미술저작물에 포함된다.[73] 건축저작물과 사진저작물도 미

---

68) Birkma Yoga College of India, L.P. v. Evolation Yoga LLC, 803 F.3d 1032, 1041 (9th Cir. 2015)에서 요가 동작들과 호흡법으로 이루어진 요가의 일련의 동작 순서(sequence)는 아이디어에 불과하여 무용저작물로서 저작권의 보호를 받을 수 없다고 하였다.

69) 서울고등법원 2012. 10. 24. 선고 2011나104668 판결(미상고 확정).

70) 대법원 2005. 10. 4.자 2004마639 결정.

71) 서울고등법원 2012. 11. 21. 선고 2011나104699 판결(심리불속행 상고기각 확정), 난타의 초연에 관한 시나리오는 어문저작물로 보고 난타 공연은 연극저작물로 판단하였다.

72) 무대장치는 미술저작물로서 보호를 받을 수 있지만 각본의 내용, 무대의 공간적·시간적 제약에 의하여 실제로 표현의 창작성이 제한될 수 있어 합체의 원칙이 적용될 여지가 있다. 결국 무대장치에서 보호받

술저작물에 포함될 수 있는데 이들은 법 제4조 제1항 제5호(건축저작물)와 제6호(사진저작물)에도 규정되어 있다.

한편 미술저작물에 해당될 수 있는 것 중 상표도안의 저작물성 및 캐릭터에 대하여는 본서 「제1장 저작권법과 지식재산권 등 간 관계 제1절 저작권법과 다른 지식재산권법 간 관계 II. 저작권법과 상표법 간 관계」에서, 그중 응용미술저작물 및 글자체에 대하여는 본서 제1장 제1절의 「III. 저작권법과 디자인보호법 간 관계」에서 각각 설명한다.

V. 건축물·건축을 위한 모형 및 설계도서 그 밖의 건축저작물(법 제4조 제1항 제5호)

건축저작물에는 건축물·건축을 위한 모형 및 설계도서 등이 있다.

건축법상의 "건축물"은 토지에 정착(定着)하는 공작물 중 지붕과 기둥 또는 벽이 있는 것과 이에 딸린 시설물, 지하나 고가(高架)의 공작물에 설치하는 사무소·공연장·점포·차고·창고, 그 밖에 대통령령으로 정하는 것(건축법 제2조 제1호 제2호)을 말하나 저작권법에서는 독립하여 그 자체가 창작성을 가지고 있다면 이에 한정하지 않고 수상가옥이라도 건축저작물로 보는 데 지장이 없고,[74] 반드시 부동산등기법상의 건물이나 건축법상의 건축물이어야만 하는 것도 아니다.[75]

건축물을 저작물로 보호하는 취지는 건축물에 의하여 표현된 전체적인 미적 형상을 보호하는 데 있다. 건축저작물에서의 창작성은 건축물 자체에 창작성이 있거나 건축물 그 자체로서는 저작권의 보호를 받기 어려운 개개의 구성요소라도 이를 미적으로 선택·배열·조합함으로써 전체적으로 보호받는 저작물을 만들어 내는 데 있으므로 저작권법의 보호를 받는 부분은 기능적인 요소를 넘어서 그 전체적인 외관이나 인테리어에서의 창작적인 표현요소로서[76] 결

는 대상은 전체적인 대도구·배경이 아니라 창작성이 있는 세부적인 표현이나 소도구에 있게 된다.

73) 대법원 2000. 4. 21. 선고 97후860, 877, 884 판결은 화가가 그의 미술저작물에 표시한 서명은 그 저작물이 자신의 작품임을 표시하는 수단에 불과하여 특별한 사정이 없는 한 그 자체가 예술적 감정이나 사상의 표현을 위한 것이 아니어서 저작권법상의 독립된 저작물로 보기 어렵다고 하였다.

74) 송영식·이상정, 저작권법 강의(제2판), 세창출판사(2017), 47.

75) 서울고등법원 2016. 12. 1. 선고 2015나2016239 판결(상고기각 확정)은 골프장의 골프코스가 저작권법 제4조 제1항 제5호에 규정한 건축저작물에 해당한다고 하였다.

76) 서울고등법원 2001. 8. 14. 선고 2000나38178 판결(미상고 확정)은 "폐비행기를 절단한 조각을 일종의 건축자재로 이용하여 이를 재구성, 정리, 배열한 독창적인 저작물이라고 주장하면서 그 근거로서, 절단 해체한 폐비행기 동체부분을 6개의 기둥으로 지지된 철골 프레임상에 조립함으로써 비행기 동체를 원형 그대로 공중에 설치하였다는 점, 비행기의 측면에 별도의 건물을 축조하고 이를 비행기 내부와 연결하여 건물의 일부로 활용하고 있다는 점, 비행기 출입문들 중 일부를 떼어내고 투명창을 설치한 점 등의

국 공간과 각종 구성요소의 배치와 조합을 포함한 전체적인 틀이다.

　　참고로 미국에서 건축저작물의 저작물성 판단기준으로 2단계 테스트가 있다. 그 1단계로 건축저작물의 전체적인 외관이나 내부 건축양식을 포함하여 창작적인 디자인 요소가 있는지를 결정하기 위하여 그 저작물을 검토하고 만일 그러한 창작적인 디자인 요소가 있다면 2단계로 그와 같은 디자인 요소가 기능적으로 요구되는지 여부를 판단한다. 이때 해당 디자인 요소들이 기능적으로 요구되는 것이 아니라면 해당 건축저작물은 물리적 또는 관념적 분리가능성 테스트를 적용할 필요도 없이 저작물로서 보호된다.[77]

　　건축물과 같은 건축저작물은 이른바 기능적 저작물로서, 건축분야의 일반적인 표현방법, 그 용도나 기능 자체, 저작물 이용자의 편의성 등에 따라 그 표현이 제한되는 경우가 많다. 따라서 건축물이 그와 같은 일반적인 표현방법 등에 따라 기능 또는 실용적인 사상을 나타내고 있을 뿐이라면 창작성을 인정하기 어렵지만, 사상이나 감정에 대한 창작자 자신의 독자적인 표현을 담고 있어 창작자의 창조적 개성이 나타나 있는 경우라면 창작성을 인정할 수 있으므로 저작물로서 보호를 받을 수 있다.[78]

　　실제 존재하는 건축물을 축소한 모형도 실제의 건축물을 축소하여 모형의 형태로 구현하는 과정에서 건축물의 형상, 모양, 비율, 색채 등에 관한 변형이 가능하고, 그 변형의 정도에 따라 실제의 건축물과 구별되는 특징이나 개성이 나타날 수 있다. 따라서 실제 존재하는 건축물을 축소한 모형이 실제의 건축물을 충실히 모방하면서 이를 단순히 축소한 것에 불과하거나 사소한 변형만을 가한 경우에는 창작성을 인정하기 어렵지만, 그러한 정도를 넘어서는 변형을 가하여 실제의 건축물과 구별되는 특징이나 개성이 나타나 있다면 창작성을 인정할 수 있어 저작물로서 보호를 받을 수 있다.[79]

　　다음으로 건축법 제2조 제1항 제14호는 "설계도서"란 건축물의 건축 등에 관한 공사용 도면, 구조 계산서, 시방서(示方書), 그 밖에 국토교통부령으로 정하는 공사에 필요한 서류를 말한

외관 및 설계상의 특징이 있음을 들고 있으나, 그러한 특징들은 폐비행기를 지상에 고정하여 건물을 건축하고 식당영업을 하기 위한 기능적 요소이고, 원고의 레스토랑 건물이 기능적 요소를 넘어서 그 전체적인 외관에 있어서 창작적인 디자인 요소를 갖추었다고 볼 수 없다. 결국 원고의 레스토랑 건물은 저작권법 제4조 제1항 제5호에서 규정하는 건축저작물에 해당하지 아니"하다고 하였다.

77) Marshall A. Leaffer, Copyright Law(Sixth Edition), LexisNexis(2014), 137.
78) 대법원 2020. 4. 29. 선고 2019도9601 판결. 위 판결에서 대법원은 "피해자 ○○○가 설계하여 강릉시 사천면 순포안길에 시공한 카페 '테라로사'의 건축물(이하 '피해자 건축물'이라 한다)은, 외벽과 지붕슬래브가 이어져 1층, 2층 사이의 슬래브에 이르기까지 하나의 선으로 연결된 형상, 슬래브의 돌출 정도와 마감 각도, 양쪽 외벽의 기울어진 형태와 정도 등 여러 특징이 함께 어우러져 창작자 자신의 독자적인 표현을 담고 있다. 이처럼 피해자 건축물은 일반적인 표현방법에 따른 기능 또는 실용적인 사상만이 아니라 창작자의 창조적 개성을 나타내고 있으므로, 저작권법으로 보호되는 저작물에 해당한다고 보아야 한다."라고 하면서 피해자 건축물의 창작성을 인정한 원심판단을 수긍하였다.
79) 대법원 2018. 5. 15. 선고 2016다227625 판결.

다고 규정하고 같은법 시행규칙 제1조의2는 건축법 제2조 제14호에서 '그 밖에 국토교통부령
으로 정하는 공사에 필요한 서류'란 건축설비계산 관계서류, 토질 및 지질 관계서류, 기타 공
사에 필요한 서류를 말한다고 규정한다. 저작권법상 건축설계도는 제4조 제5호의 미술저작물
및 제8호의 도형저작물 모두에 해당될 수 있다.

　설계도서와 같은 건축저작물이나 도형저작물은 예술성의 표현보다는 기능이나 실용적인
사상의 표현을 주된 목적으로 하는 이른바 기능적 저작물로서, 기능적 저작물은 그 표현하고
자 하는 기능 또는 실용적인 사상이 속하는 분야에서의 일반적인 표현방법, 규격 또는 그 용
도나 기능 자체, 저작물 이용자의 이해 편의성 등에 의하여 그 표현이 제한되는 경우가 많아
작성자의 창조적 개성이 드러나지 않을 가능성이 크다.[80] 그리고 어떤 아파트의 평면도나 아
파트 단지의 배치도와 같은 기능적 저작물에서, 저작권법은 그 기능적 저작물이 담고 있는 기
술사상을 보호하는 것이 아니라 그 기능적 저작물의 창작성 있는 표현을 보호하는 것이므로,
설령 동일한 아파트나 아파트 단지의 평면도나 배치도가 작성자에 따라 정확하게 동일하지 아
니하고 다소간의 차이가 있을 수 있다고 하더라도 그러한 사정만으로 그러한 기능적 저작물의
창작성을 인정할 수 없고 작성자의 창조적 개성이 드러나 있는지 여부를 별도로 판단한다.[81]

　이른바 기능적 저작물의 보호범위를 판단하는 방법에는 ① 창작성의 수준을 높게 설정하
여 그러한 수준에 이르지 않은 경우에는 창작성 자체를 부정하는 방법[이러한 경우에는 완전히
똑같이 복제한 것(dead copy)도 저작권 침해로 보지 않게 됨]과, ② 창작성 자체는 인정하면서도 실
질적 유사성 인정 단계에서 보호범위를 제한하여 침해를 엄격하게 인정하는 방법[이러한 경우
에는 완전히 똑같이 복제한 것(dead copy)이거나 그것과 동일하게 볼 수 있을 정도에 한하여 침해가 인
정될 수 있음]이 있는데 실무는 ①의 방법을 취하고 있다고 이해되고 있다.[82][83][84]

---

80) 대법원 2005. 1. 27. 선고 2002도965 판결, 대법원 2009. 1. 30. 선고 2008도29 판결 참조.

81) 대법원 2007. 8. 24. 선고 2007도4848 판결(전기설비 제품 도면의 창작성 부정), 대법원 2009. 1. 30.
　선고 2008도29 판결(아파트 평면도 및 배치도의 창작성 부정) 참조.

82) 저작권법 주해, 박영사(2007), 1068(권영준 집필부분) 참조. 김동규, "국가고시나 전문자격시험의 수험
　서와 같은 실용적 어문저작물의 창작성 및 복제권 침해 판단 기준", 대법원판례해설, 제94호(2012년
　하), 법원도서관(2013), 298에서 '도면'과 '지도' 등 도형저작물에 관한 대법원 2005. 1. 27. 선고 2002
　도965 판결, 대법원 2003. 10. 9. 선고 2001다50586 판결 등 편집저작물에 관한 대법원 판결들을 보
　면, 대법원은 실제 사안에서는 창작성의 수준을 비교적 높게 설정하고 있는 것으로 분석된다고 하고, 같
　은 논문 306~307에서 대법원 2005. 1. 27. 선고 2002도965 판결은 지하철 화상전송설비에 대한 설계
　도면을 거의 그대로 복제한 사안에서 위 설계도면의 창작성을 부정함으로써 저작권 침해를 부정하였는
　데, 이는 앞서 보호범위 제한 방법 중 ①의 방법을 취한 것이라고 한다.

83) 대법원 2005. 1. 27. 선고 2002도965 판결(통신설비도면)은 "동일한 기능을 달리 표현하였다는 사정만
　으로 그 창작성을 인정할 수는 없고 창조적 개성이 드러나 있는지 여부를 별도로 판단하여야 한다."라고
　한다.
　그 외 대법원 2007. 8. 24. 선고 2007도4848 판결(설계도에 대해 "설령 동일한 기계장치를 표현하는

기능적 저작물인 경우에 아이디어·표현 2분법, 합체의 원칙, 사실상의 표준화 등 여러 요소와 호환성 등을 고려할 때 그 저작물을 보호하게 된다면 그 아이디어까지 보호하게 될 우려가 있다면 저작물성을 인정할 수 없지만 기능적 저작물의 속성상 표현방법이 매우 제한되는 상황에서도 나름의 구체적인 표현을 선택할 방법이 있고 개성을 발휘할 여지가 있다면, 무리하게 창작성의 수준을 높여 저작물성을 부정할 것이 아니라 일반 저작물성과 동일한 수준으로 판단하여 최소한의 창작성이 있다면 저작물성을 인정하여 주된 보호범위를 좁혀서 해석하는 방향으로 운용하는 것이 바람직하다고 생각한다.

결국 기능적 저작물이라고 하더라도 저작물성에 관한 한 다른 일반 저작물과 똑같은 저작물성의 판단 기준[85]에 따라 결정하는 것을 원칙으로 하여 (위 ②의 방법에 따라) 창작성 자체는 저작물에 따라 별다른 차이를 두지 않고 판단하면서도 구체적 타당성을 기하기 위하여 실질적 유사성 인정 단계에서 보호범위를 좁혀 해석함으로써 침해를 엄격하게 인정하는 방향으로 나아갈 필요가 있다.[86][87]

설계도가 작성자에 따라 정확하게 동일하지 아니하고 다소간의 차이가 있을 수 있다고 하더라도 그러한 사정만으로 그러한 기능적 저작물의 창작성을 인정할 수는 없고 작성자의 창조적 개성이 드러나 있는지 여부를 별도로 판단하여야 할 것이다."라고 한다), 대법원 2009. 1. 30. 선고 2008도29 판결(아파트나 아파트 단지 평면도, 배치도에 대해 "설령 동일한 아파트나 아파트 단지의 평면도나 배치도가 작성자에 따라 정확하게 동일하지 아니하고 다소간의 차이가 있을 수 있다고 하더라도, 그러한 사정만으로 그러한 기능적 저작물의 창작성을 인정할 수는 없고 작성자의 창조적 개성이 드러나 있는지 여부를 별도로 판단하여야 할 것이다."라고 한다), 대법원 2003. 10. 9. 선고 2001다50586 판결("지도의 창작성 유무의 판단에 있어서는 지도의 내용이 되는 자연적 현상과 인문적 현상을 종래와 다른 새로운 방식으로 표현하였는지 여부와 그 표현된 내용의 취사선택에 창작성이 있는지 여부가 기준이 된다."고 하였다), 대법원 2001. 5. 8. 선고 98다43366 판결(사진), 대법원 2006. 12. 8. 선고 2005도3130 판결(사진), 대법원 2010. 12. 23. 선고 2008다44542 판결(사진), 대법원 2003. 11. 28. 선고 2001다9359 판결(편집물인 일지형태의 법조수첩에 대해 "그 수첩을 이용하는 자가 법조 유관기관 및 단체에 관한 사항과 소송 등 업무처리에 필요한 사항 등을 손쉽게 찾아볼 수 있다고 보이기는 하지만 유용한 기능 그 자체는 창작적인 표현형식이 아니므로, 위 수첩에 이러한 기능이 있다고 하여 곧바로 편집저작물에 요구되는 최소한의 창작성이 있다고 할 수 없다."고 하였다) 등이 있다.

84) 대법원 2012. 8. 30. 선고 2010다70520, 70537 판결에 대한 판례해설인 김동규, "국가고시나 전문자격시험의 수험서와 같은 실용적 어문저작물의 창작성 및 복제권 침해 판단 기준", 대법원판례해설, 제94호(2012년 하), 법원도서관(2013), 307에서 대법원은 보호범위 제한 방법 중 ①의 방법을 취하고 있다고 하면서 "대법원판례의 태도에 따르면 창작성의 수준이 높게 설정되는 결과에 이르게 되고 그에 대한 학계의 비판이 있음은 앞서 본 바와 같으나, 복잡한 이론을 들지 않고 사안을 간명하게 해결할 수 있다는 점에서 우리 판례의 태도가 특별히 잘못되었다고 할 수는 없다."라고 언급하고 있는 것에 비추어 보면 위 2010다70520 판결도 기능적 저작물의 보호범위 제한 방법 중 ①의 방법을 취한 선례 법리에 속한 것으로 파악된다.

85) 대법원 1995. 11. 14. 선고 94도2238 판결(교재), 대법원 1997. 11. 25. 선고 97도2227 판결(본고사 입시문제), 대법원 1999. 11. 26. 선고 98다46259 판결(서적), 대법원 2005. 12. 23. 선고 2005도6403 판결(서적) 등에서 저작물성 판단으로 최소한의 창작성을 요구할 뿐이다.

86) 김동규, "국가고시나 전문자격시험의 수험서와 같은 실용적 어문저작물의 창작성 및 복제권 침해 판단

설계도면의 창작성을 인정한 사안으로, 골프장 설계도면에 대하여 "이 사건 골프장에 관한 설계도면은 골프장을 구성하는 클럽하우스, 연습장, 휴게소, 주차장, 펜션, 식당, 숙소, 진입도로, 연결도로, 홀(티 박스, 페어웨이, 그린, 벙커, 러프 등), 연못과 그 밖의 부대시설의 모양, 위치, 배열 등을 설계도면에 도시한 것으로서, 골프장 부지 내에서의 개개의 구성요소의 배치와 조합을 포함한 골프장의 전체적인 미적 형상의 표현방식에 있어 저작물로서의 창작성이 있다."라고 한 것이 있다.[88) 또한 서울시가 현상공모한 수색지구 기본계획 기술공모에 응모하여 작성, 제출된 수색지구 주거지역의 설계도면에 대해 1심이 "앞서 인정한 바와 같은 중앙의 수평과 수직의 +자의 교차로, 수평축 하부쪽의 반원형 굴곡 도로, 十자 중앙으로부터 방사상으로 뻗어 나간 도로와 건물의 배치 등을 종합하여 볼 때 원고의 이 사건 설계도는 원고의 경험, 사상을 표현함에 있어 그 전체적인 표현이 창작성을 가지는 저작물이라 할 것이고 따라서 저작권법상 보호의 대상이 된다."라고 한 것이 있다.[89)

한편, 저작권법 제2조 제22호는 "복제"의 의미에 대해 "인쇄·사진촬영·복사·녹음·녹화 그 밖의 방법으로 일시적 또는 영구적으로 유형물에 고정하거나 다시 제작하는 것"이라고 규정하고 있는데 이러한 복제에는 도안이나 도면의 형태로 되어 있는 저작물을 입체적인 조형

기준", 대법원판례해설, 제94호(2012년 하), 법원도서관(2013), 307도 "대법원 2005. 1. 27. 선고 2002도965 판결(화상전송설비 제안서 도면 사건) 및 대법원 2003. 10. 9. 선고 2001다50586 판결(전국관광지도 사건) 등은 어문저작물이 아닌 저작권법 제4조 제1항 제8호 소정의 도면, 지도 등과 같은 도형저작물에 대해서는 그 창작성의 수준을 매우 높게 설정하여 이에 도달하지 못하면 dead copy도 허용함으로써 저작권에 의한 보호를 극히 제한하고자 하는 정책적 판단 아래 위와 같이 판단한 것으로 이해될 뿐, 기능적 저작물에 대하여 일률적으로 이와 같은 태도를 취하는 것으로 분석하는 것은 타당하지 않다. 왜냐하면, 일률적으로 이러한 태도를 취하면 학설들이 기능적 저작물의 침해로 인정해야 하는 경우로 들고 있는 dead copy와 같은 경우를 항상 저작권 침해로 포섭할 수 없는 문제점이 있기 때문이다. 대법원도 dead copy까지는 허용할 수 없다고 판단되는 기능적 저작물의 경우에는, 창작성 자체는 인정하고 그 보호범위를 제한하는 2단계의 논리 구성을 취할 수밖에 없을 것이다."라고 한다.

87) 같은 취지로 서울고등법원 2015. 6. 25. 선고 2014나2032883 판결(심리불속행 상고기각 확정)이 있다. 위 판결이유에 "저작자 개인의 정신적 노력의 소산으로서의 특성이 부여되어 있는 표현을 사용한 기능적 저작물 등을 저작권법에 의해 보호한다고 하더라도, 그와 같은 창작적인 표현 형식만의 대비에 의해서 복제권 또는 2차적저작물작성권 등의 침해 여부가 가려지기 때문에, 그러한 보호로 인하여 기능적 저작물 등이 담고 있는 아이디어나 이론, 지식이나 정보, 사실 등과 같은 사상 자체가 보호받게 되는 문제는 발생하지 않는다. 결국, 위와 같은 문제를 우려한 나머지 기능적 저작물 등의 창작성을 다른 종류의 저작물에 비하여 특별히 엄격하게 볼 것은 아니다. 다만, 기능적 저작물 등이 가지고 있는 위와 같은 특성을 고려하여 실질적 유사성이 있는가의 여부를 엄격하게 판단함으로써 기능적 저작물 등이 담고 있는 사상 자체가 저작권에 의하여 보호받게 되는 일이 없도록 할 필요가 있으나, 어느 저작물이 기능적 저작물 등을 그대로 복제하였거나 또는 이와 거의 동일하게 볼 수 있을 정도라면 특별한 사정이 없는 한 두 저작물 사이의 실질적 유사성을 인정해야 한다."라는 내용이 있다.

88) 대법원 2009. 7. 9. 선고 2007다36384 판결.

89) 서울지방법원 2000. 6. 2. 선고 99가합12579 판결(항소심에서 조정으로 종국).

물로 다시 제작하는 것도 포함한다.[90] 위 조항의 후문은 "건축물의 경우에는 그 건축을 위한 모형 또는 설계도서에 따라 이를 시공하는 것을 포함한다."라고 규정하고 있으나, 이는 저작물인 '건축물을 위한 모형 또는 설계도서'에 따라 건축물을 시공하더라도 복제에 해당한다는 점을 명확히 하려는 확인적 성격의 규정에 불과하다.

설계도만 존재하고 아직 그에 따른 건축이 이루어지지 않은 상태에서 다른 제3자가 설계도 자체의 복사의 방법이 아니라 암기하거나 다른 경로로 입수하여 그 설계도에 따라 먼저 건축을 하는 경우에는 설계도 자체의 복제행위가 없고 아직 존재하지도 않은 건축물에 대한 복제도 없는 것이 아닌가 하는 의문을 가질 수 있다. 그러나 이러한 경우를 침해로 인정하지 못한다면 정의관념에 반하게 되므로 위 후문 규정은 이와 같은 경우에도 복제에 따른 침해가 성립함을 명확히 하기 위한 것이다. 일반적으로 저작권의 보호는 기존에 존재하는 저작물에 대하여 발생하는 것이 원칙이나 설계도면에는 이미 관념적인 건축물이 포함되어 있거나 건축물이 설계도 속에 객관적으로 표현되어 있다고 이해하여 설계도면에 표현된 건축저작물의 복제를 현실의 건축저작물의 복제와 동일하게 보는 것이다. 이 규정은 건축물 자체가 저작물로서 보호되는 건축설계도면의 경우에 적용되고 도면에 따라 완성한 것이 저작물이 되기 어려운 기계 등의 실용품의 설계도면에는 유추 적용되지 않는다.[91]

그리고 건축물의 본질적인 내용의 변경이 없는 한 건축물의 증축·개축 그 밖의 변형이 있더라도 동일성유지권을 침해하는 것이 아니고(법 제13조 제2항 제2호), 가로·공원·건축물의 외벽 그 밖에 공중에게 개방된 장소에 항시 전시되어 있는 미술저작물, 건축저작물, 사진저작물은 어떠한 방법으로든지 복제하여 이용할 수 있지만 건축물을 건축물로 복제하는 경우에는 그러하지 아니하다(법 제35조 제2항 제1호).

건축저작물의 소유자가 단순한 변경을 넘어서 유체물 자체를 폐기하는 행위는 소유권의 행사이므로 동일성유지권의 침해로 보기는 어렵지만 그 행위로 인하여 저작자의 인격적 법익 침해가 발생하였다면 저작자의 일반적 인격권을 침해한 위법한 행위가 될 수 있다.[92]

한편, 건축설계계약의 해소 시 설계도의 이용권이 누구에게 있는지에 관련하여 대법원은 가분적인 내용들로 이루어진 건축설계계약에서 설계도서 등이 완성되어 건축주에게 교부되고

---

90) 대법원 2019. 5. 10. 선고 2016도15974 판결.

91) 박성호, 저작권법(제2판), 박영사(2017), 331. 그리고 저작권법 제4조 제1항 제4호에 따라 공예품 자체가 미술저작물로 보호되므로 설계도면에 따라 미술공예품을 완성하는 행위에 대하여 법 제2조 제22호 후단 규정을 유추 적용할 수 있다고 본다.

92) 대법원 2015. 8. 27. 선고 2012다204587 판결, 위 원심판결인 서울고등법원 2012. 11. 29. 선고 2012나31842 판결은 국가 소유의 미술작품 폐기 행위에 대하여 저작권법상 동일성유지권 침해는 부정하면서도 이와 별도로 법적으로 보호할 가치가 있는 인격적 이익의 침해는 인정된다고 판단하였는데, 이에 대하여 피고(국가)만이 상고하였다. 대법원은 저작자의 일반적 인격권 침해를 인정하는 법리를 최초로 설시하면서, 작가인 원고에게 위자료의 지급을 명한 원심을 유지하였다.

그에 따라 설계비 중 상당 부분이 지급되고, 그 설계도서 등에 따른 건축공사가 상당한 정도로 진척되어 이를 중단할 경우 중대한 사회적·경제적 손실을 초래하게 되며 완성된 부분이 건축주에게 이익이 되는 경우에는, 건축사와 건축주와의 사이에 건축설계관계가 해소되더라도 일단 건축주에게 허용된 설계도서 등에 관한 이용권은 여전히 건축주에게 유보된다고 한다.[93]

VI. 사진저작물(이와 유사한 방법으로 제작된 것을 포함)(법 제4조 제1항 제6호)

사진저작물이란 일정한 영상에 의하여 사상 또는 감정이 표현된 저작물이다.

사진은 빛의 물리적·화학적 작용을 이용해서 피사체를 필름 등에 재현하는 방법으로 제작하는 것이나, 이러한 사진의 제작방법과 유사한 방법에 의해 제작된 저작물도 사진저작물에 포함된다. 사진저작물과 유사한 방법으로 제작된 것에는 청사진, 전송사진 기타 인쇄술에 이용하는 Collotype, 사진요철(gravure) 등이 있다.

사진저작물은 피사체의 선정, 구도의 설정, 빛의 방향과 양의 조절, 카메라 각도의 설정, 셔터의 속도, 셔터찬스의 포착, 기타 촬영방법, 현상 및 인화 등의 과정에서 촬영자의 개성과 창조성이 인정되어야 저작권법에 의하여 보호되는 저작물로 인정되고, 증명사진이나 제품 자체의 사진과 같이 기계적 방법으로 피사체를 충실하게 복제하는 데 그치는 것은 사진저작물로 인정될 수 없다.[94][95]

---

93) 대법원 2000. 6. 13.자 99마7466 결정.

94) ① 대법원 2001. 5. 8. 선고 98다43366 판결, 광고용 카탈로그의 제작을 위하여 제품 자체만을 충실하게 표현한 사진의 창작성을 부인하였다.

② 대법원 2006. 12. 8. 선고 2005도3130 판결, 광고용 책자에 게재된 광고사진 중 음식점의 내부 공간을 촬영한 사진은 누가 찍어도 비슷한 결과가 나올 수밖에 없는 사진으로서 사진저작물에 해당한다고 보기 어려우나, 찜질방 내부 전경 사진은 촬영자의 개성과 창조성을 인정할 수 있는 사진저작물이라고 하였다.

③ 대법원 2008. 2. 1. 선고 2007도7856 판결, 피해자의 홍보용 책자에 게재된 엘리베이터 사진도 저작권법이 보호하는 창작성이 있는 저작물에 해당됨을 전제로, 피고인이 위 사진들을 무단으로 복제하여 피고인 발행의 홍보용 책자에 게재하는 등의 방법으로 그 저작권을 침해한 것으로 판단하였다. 한편 그 원심인 부산지방법원 2007. 9. 4. 선고 2006노3319 판결은 위 사진이 아닌 "리프트 콘베이어의 시연 장면을 촬영한 사진은 제품의 기능을 시각적으로 드러내는 것에만 충실하게 기계적으로 촬영된 것으로서 누가 찍어도 비슷한 결과가 나올 수밖에 없는 사진으로 봄이 상당하므로 그 사진이 촬영자의 개성과 창조성이 있는 사진저작물에 해당한다고 보기 어렵다."라고 하였다.

④ 대법원 2008. 10. 9. 선고 2008도5583 판결, 사진 및 컴퓨터그래픽 일러스트 합성물에 창작성을 인정하였다.

⑤ 대법원 2010. 12. 23. 선고 2008다44542 판결, 고주파 수술기를 이용한 수술 장면 및 환자의 환부 모습과 치료 경과 등을 충실하게 표현하여 정확하고 명확한 정보를 전달한다는 실용적 목적을 위하여

건축물이나 조각 등 입체적 작품을 사진으로 촬영하여 2차원 영상으로 제작한 것은 인물사진을 촬영한 경우와 마찬가지로 피사체의 선정, 구도의 설정, 조명 등 연출에서 창작성이 인정되면 사진저작물로 성립할 수 있다. 이때 원작인 조각 등이 예컨대 미술저작물이라면 그것을 촬영한 사진저작물은 원저작물에 대한 2차적저작물이 되므로 이 경우에는 원저작자인 조각가 등의 허락을 받아야만 촬영할 수 있다. 다만, 개방된 장소에 항시 전시되어 있는 미술저작물 등은 가로 · 공원 · 건축물의 외벽 그 밖에 공중에게 개방된 장소 등에 항시 전시하기 위하여 복제하는 경우나 판매의 목적으로 복제하는 경우가 아니라면, 원저작권자의 허락 없이도 자유롭게 사진촬영할 수 있다(법 제35조 제2항).

인물에 대한 초상화나 사진작품의 저작재산권은 그 초상화를 그린 화가 또는 그 사진을 촬영한 사진사에게 귀속된다. 이때 초상 또는 사진 본인의 인격권을 보호하고 저작권자의 저작재산권을 제한하기 위하여 법은 위탁에 의한 초상화 또는 이와 유사한 사진저작물의 경우에는 위탁자의 동의가 없는 때에는 이를 이용할 수 없다는 규정(법 제35조 제4항)을 두고 있다.

VII. 영상저작물(법 제4조 제1항 제7호)

영상저작물은 연속적인 영상(음의 수반여부는 가리지 아니한다)이 수록된 창작물로서 그 영상을 기계 또는 전자장치에 의하여 재생하여 볼 수 있거나 보고 들을 수 있는 것을 말한다(법 제2조 제13호).

저작권법에서 저작물이 되기 위한 요건으로 원칙적으로 유체물에 고정됨을 요구하고 있지 않으나, 본 호 법문에서 영상저작물의 경우에 '수록된 창작물', '기계 또는 전자장치에 의한 재생'을 명시하고 있어 영상저작물이 되기 위하여는 유체물에 고정되어야 함이 필수요건이라는 견해(다수설)가 있고,[96] 저작권법이 법문에서 고정 대신에 수록이라는 표현을 사용하고 있는데 수록이라는 문언은 고정이라는 영상저작물의 성립요건을 의미하기보다는 영상저작물의 개념 요소로 보아야 한다는 견해도 있다.[97]

영상에 음의 수반 여부는 필요하지 않으므로 유성영화뿐만 아니라 무성영화, TV 생방송도

촬영된 사진들은 구 저작권법상의 사진저작물로서 보호될 정도로 촬영자의 개성과 창조성이 인정되는 저작물에 해당하지 않는다고 하였다.

95) Burrow-Giles Lithographic Co. v. Sarony, 111 U.S. 53 (1884)에서 피사체를 단순히 기계적인 방법으로 촬영한 것이 아니라 촬영자가 스스로 피사체의 포즈와 의상, 배경이 되는 휘장이나 기타 여러 가지 장식물들, 조명의 방향과 세기 등을 연출하였다면 저작물로서 창작성이 인정된다고 하였다.

96) 일본 저작권법 제2조 제3항은 "이 법률에서 말하는 「영화저작물」에는 영화의 효과에 유사한 시각적 또는 청각적 효과를 발생시키는 방법으로 표현되고 물건에 고정되어 있는 저작물을 포함하는 것으로 한다."라고 규정하고 있다.

97) 이해완, 저작권법(제4판), 박영사(2019), 205.

영상저작물이 된다. 그리고 영상이 반드시 정해진 순서에 따라 나타날 필요가 없으므로 컴퓨터에서 작동되는 비디오게임도 게임 화면을 구성하는 개개의 그래픽 요소가 연속적으로 나타나 전체적으로 하나의 작품으로 인식되고 화면의 조합, 배열 등에 창작성이 있다면 영상저작물에 해당할 수 있다. 또한 영상저작물이 되려면 영상을 기계 또는 전자장치에 의하여 재생시킬 수 있어야 하므로 신문의 연재만화는 연속적인 영상으로 구성되어 있더라도 영상저작물이 아니다.

영상저작물은 카메라 앵글과 구도의 선택, 컷트 등의 기법, 촬영방법 및 필름 편집 등의 과정에서 촬영자의 개성과 창조성이 인정되어야 저작권법에 따라 보호되는 저작물이 된다.

방송포맷의 보호문제와 관련하여, 구체적인 대본이 없이 대략적인 구성안만을 기초로 출연자 등에 의하여 표출되는 상황을 담아 제작되는 이른바 리얼리티 방송 프로그램도 창작성이 있다면 저작물로서 보호받을 수 있다. 리얼리티 방송 프로그램은 무대, 배경, 소품, 음악, 진행 방법, 게임규칙 등 다양한 요소들로 구성되고, 이러한 요소들이 일정한 제작 의도나 방침에 따라 선택되고 배열됨으로써 다른 프로그램과 확연히 구별되는 특징이나 개성이 나타날 수 있다. 따라서 리얼리티 방송 프로그램의 창작성 여부를 판단할 때에는 그 프로그램을 구성하는 개별 요소들 각각의 창작성 외에도, 이러한 개별 요소들이 일정한 제작 의도나 방침에 따라 선택되고 배열됨에 따라 구체적으로 어우러져 그 프로그램 자체가 다른 프로그램과 구별되는 창작적 개성을 가지고 있어 저작물로서 보호를 받을 정도에 이르렀는지도 고려하여야 한다.[98]

게임저작물의 창작성과 관련하여, 게임저작물은 어문저작물, 음악저작물, 미술저작물, 영상저작물, 컴퓨터프로그램저작물 등이 결합되어 있는 복합적 성격의 저작물로서, 컴퓨터 게임저작물이나 모바일 게임저작물에는 게임 사용자의 조작에 의해 일정한 시나리오와 게임 규칙에 따라 반응하는 캐릭터, 아이템, 배경화면과 이를 기술적으로 작동하게 하는 컴퓨터프로그램 및 이를 통해 구현된 영상, 배경음악 등이 유기적으로 결합되어 있다. 게임저작물은 저작자의 제작 의도와 시나리오를 기술적으로 구현하는 과정에서 다양한 구성요소들을 선택·배열하고 조합함으로써 다른 게임저작물과 확연히 구별되는 특징이나 개성이 나타날 수 있다. 그러므로 게임저작물의 창작성 여부를 판단할 때에는 게임저작물을 구성하는 구성요소들 각각의 창작성을 고려함은 물론이고, 구성요소들이 일정한 제작 의도와 시나리오에 따라 기술적으로 구현되는 과정에서 선택·배열되고 조합됨에 따라 전체적으로 어우러져 그 게임저작물 자체가 다른 게임저작물과 구별되는 창작적 개성을 가지고 저작물로서 보호를 받을 정도에 이르렀는지도 고려한다.[99]

---

98) 대법원 2017. 11. 9. 선고 2014다49180 판결(리얼리티 방송 프로그램의 방송 포맷 관련 사건).
99) 대법원 2019. 6. 27. 선고 2017다212095 판결에서 여러 사정을 열거한 다음 "원고 게임물의 개발자가 그동안 축적된 게임 개발 경험과 지식을 바탕으로 원고 게임물의 성격에 비추어 필요하다고 판단된 요

영상저작물은 종합예술로서 그 창작에는 원작자, 시나리오 작가, 감독, 배우, 촬영기사, 장치, 의상담당자 등이 관여하여 각각 창작적 기여를 하고 있을 뿐 아니라 그 전체를 기획하고 책임을 가진 자 등 영상저작물의 제작자가 별도로 존재한다.

그런데 영상저작물의 창작과정에 실제로 관여한 자들이 모두 저작자로서 각각 권리를 행사하게 되면 영상물 제작자는 영상저작물을 원활히 유통시킬 수 없게 되므로 이들 사이의 권리관계를 명확히 해 둘 필요가 있어 저작권법에 제5장 영상저작물에 관한 특례 규정(법 제99조 내지 제101조)을 두고 있다. 이 부분에 대하여는 「제10장 그 밖의 권리 및 특례 제2절 영상저작물에 관한 특례」에서 자세히 다룬다.

VIII. 지도 · 도표 · 설계도 · 약도 · 모형 그 밖의 도형저작물(법 제4조 제1항 제8호)

저작권법은 제4조 제1항 제8호에서 "지도 · 도표 · 설계도 · 약도 · 모형 그 밖의 도형저작물"을 저작물로 예시하고 있는데, 이와 같은 도형저작물은 예술성의 표현보다는 기능이나 실용적인 사상의 표현을 주된 목적으로 하는 이른바 기능적 저작물에 해당한다.

기능적 저작물의 보호범위를 제한하는 방법에 관한 실무 태도와 바람직한 방향에 대한 본서 저자의 의견에 대하여는 앞의 「제3장 저작권의 객체 : 저작물 제2절 저작물의 종류 V. 건축물 · 건축을 위한 모형 및 설계도서 그 밖의 건축저작물(법 제4조 제1항 제5호)」 부분에서 이미 설명하였다.

기능적 저작물은 그 표현하고자 하는 기능 또는 실용적인 사상이 속하는 분야에서의 일반적인 표현방법, 규격 또는 그 용도나 기능 자체, 저작물 이용자의 이해 편의성 등에 의하여 그 표현이 제한되는 경우가 많으므로 작성자의 창조적 개성이 드러나지 않을 가능성이 크며, 동일한 기능을 하는 기계장치나 시스템의 연결관계를 표현하는 기능적 저작물에 있어서 그 장치 등을 구성하는 장비 등이 달라지는 경우 그 표현이 달라지는 것은 당연하고, 저작권법은 기능적 저작물이 담고 있는 사상을 보호하는 것이 아니라, 그 저작물의 창작성 있는 표현을 보호하는 것이므로, 기술 구성의 차이에 따라 달라진 표현에 대하여 동일한 기능을 달리 표현하였

소들을 선택하여 나름대로의 제작 의도에 따라 배열 · 조합함으로써, 원고 게임물은 개별 구성요소의 창작성 인정 여부와 별개로 특정한 제작 의도와 시나리오에 따라 기술적으로 구현된 주요한 구성요소들이 선택 · 배열되고 유기적인 조합을 이루어 선행 게임물과 확연히 구별되는 창작적 개성을 갖게 되었다."라고 한다. 그리고 게임물의 실질적 유사성 비교에 있어서도 "피고 게임물은 원고 게임물의 제작 의도와 시나리오가 기술적으로 구현된 주요한 구성요소들의 선택과 배열 및 유기적인 조합에 따른 창작적인 표현형식을 그대로 포함하고 있으므로, 양 게임물은 실질적으로 유사하다고 볼 수 있다."라고 하였다.

다는 사정만으로 그 창작성을 인정할 수는 없고 기능적 저작물도 저작권법의 보호대상이 되기 위해서는 작성자의 창조적 개성이 나타나야 하므로 창조적 개성이 드러나 있는지를 별도로 판단한다.100)

지도는 지표상의 산맥·하천 등의 자연적 현상과 도로·도시·건물 등의 인문적 현상을 일정한 축적으로 미리 약속한 특정한 기호를 사용하여 객관적으로 표현한 것을 말한다.

그런데 지도상에 표현되는 자연적 현상과 인문적 현상은 사실 그 자체로서 저작권의 보호 대상이 아니므로 지도의 창작성 유무의 판단에서는 지도의 내용이 되는 자연적 현상과 인문적 현상을 종래와 다른 새로운 방식으로 표현하는지와 그 표현된 내용의 취사선택에 창작성이 있는지가 기준이 된다. 지도의 표현방식에서 미리 약속된 특정의 기호를 사용하여야 하는 등 상당한 제한이 있다면 동일한 지역을 대상으로 하는 것인 한 그 내용 자체는 어느 정도 유사성을 가질 수밖에 없으니 창작성이 발휘될 여지가 없다.101) 다만 그림지도와 같이 회화적인 요소가 있거나 전경을 실제와 달리 배열하는 경우에는 그와 같은 표현에 창작적인 요소가 있을 수 있으므로 저작물로 보호받을 수 있다.102)

---

100) ① 대법원 2005. 1. 27. 선고 2002도965 판결은 지하철 통신설비 중 화상전송설비에 대한 제안서도면에 관하여 기능적 저작물로서의 창작성을 인정하기 어렵다는 이유로 그 저작물성을 부인하였다.
② 대법원 2007. 8. 24. 선고 2007도4848 판결은 기능적 저작물의 하나인 특정기계장치의 설계도가 작성자에 따라 조금씩 다르다는 사정만으로 그 창작성을 인정할 수 없다고 하였다.
③ 대법원 2011. 5. 13. 선고 2009도6073 판결은 정사각형의 종이를 이용하여 정삼각형, 정오각형, 정육각형 등의 도형을 만드는 방법, 변을 2, 3, 4, 5, 6등분 등으로 분할하는 방법 및 정십이면체를 만드는 방법 등의 과정을 순서도에 따라 그에 관한 도면과 일정한 규약에 의한 점, 선이나 화살표의 기호 등으로 표현하고 일부 과정에 수학적인 설명 등이 부가되어 종이접기 방법에 관한 내용에 저작물성을 부인하였다.
한편 대법원 2018. 2. 8. 선고 2017도4697 판결은 게임공략집이 독자적인 개성을 담은 창작성을 보유하고 있어 저작권법상 보호 대상인 저작물에 해당한다는 원심판단을 수긍하였다.
101) ① 대법원 2003. 10. 9. 선고 2001다50586 판결은 저작자의 지도책들에 있는 표현방식과 표현된 내용의 취사선택에 창작성을 인정할 수 없다고 하였다.
② 대법원 2010. 4. 15. 선고 2009도14298 판결은 주요 관광지나 구조물만을 선택하여 지도에 표시하거나 전체 도시 중 주요 관광구역 내지 상업구역을 선택·구획하여 지도에 표시하는 방법, 구조물 등을 실사에 이를 정도로 세밀하게 묘사하는 등의 방식, 어떤 지역의 지도가 일반적인 평면적 지리지도의 기반을 크게 벗어나지 않는 범위에서 그중 특정 구역이나 주요 구조물을 취사선택하여 지도에 표시하는 방식 등에 저작물의 창작성을 부인하였다.
③ 대법원 2011. 2. 10. 선고 2009도291 판결은 ○○○월드유럽의 편집구성을 창작성이 인정되는 △△천하유럽의 편집구성과 대비해 보면, 구체적으로 선택된 정보, 정보의 분류 및 배열 방식 등에서 큰 차이를 보이고 있어 이들 사이에 실질적 유사성이 없고, 비록 이들 책자가 전체적으로 도시 정보, 교통, 여행코스, 볼거리, 음식, 쇼핑 및 숙박 정보, 지도 등으로 구성되어 있다는 점에서 공통점이 있기는 하나 이는 다수의 여행책자가 취하고 있는 일반적인 구성형태일 뿐이어서 그에 대한 창작성을 인정할 수도 없어 구성상의 공통점이 있다는 것만으로는 실질적 유사성이 없다고 하였다.
102) 서울중앙지방법원 2005. 8. 11. 선고 2005가단12610 판결(미항소 확정)은 원고가 관광지도에 대해

건축설계도는 법 제4조 제1항 제5호의 건축저작물과 제8호의 도형저작물에 모두 속한다.

설계도 중 기계 등 공업제품설계도의 경우 일정한 기술사상을 정해진 작도법에 따라 표현하므로 누가하더라도 동일하게 되는 경우가 많고 설계의 기초가 되는 기술사상에 독창성이 있어도 그 표현과정에 창작성이 인정되지 않는 경우가 대부분이어서 저작물로 인정받기 어렵다.

동일한 기능을 하는 기계장치나 시스템의 연결관계를 표현하는 기계장치 설계도에서도 그 장치 등을 구성하는 장비 등이 달라지는 경우 그 표현이 달라지는 것은 당연하고, 저작권법은 기능적 저작물이 담고 있는 사상을 보호하는 것이 아니라, 그 저작물의 창작성 있는 표현을 보호하는 것이므로, 기술 구성의 차이에 따라 달라진 표현에 대하여 동일한 기능을 달리 표현하였다는 사정만으로 그 창작성을 인정할 수 없고 창조적 개성이 드러나 있는지를 별도로 판단하여야 한다.[103] 즉, 기계장치 설계도 등의 창작성 여부를 검토할 때 표현방법의 차이와 표현하고자 하는 기술적 사상의 차이를 혼동하여서는 아니된다.

결국 설계도에 표현(도면 작성)의 창작성을 요구한다면 기계장치 설계도의 대부분은 저작물성을 인정받기 어려울 것이다.

IX. 컴퓨터프로그램저작물(법 제4조 제1항 제9호)

컴퓨터프로그램저작물은 특정한 결과를 얻기 위하여 컴퓨터 등 정보처리능력을 가진 장치 내에서 직접 또는 간접으로 사용되는 일련의 지시·명령으로 표현된 창작물을 말한다(법 제2조 제16호).

통상 컴퓨터는 연산·제어·기억·입력·출력의 5종류의 기능을 가지고 있는데 그중 입력·출력의 기능이 없더라도 연산·제어·기억의 기능만 가지고 있으면 여기서 말하는 정보처리능력을 가진 장치라고 할 수 있다.

컴퓨터 내에서 직접 또는 간접으로 사용되는 것이라 함은 그 지시나 명령이 컴퓨터에 대한 것이기만 하면 되고 컴퓨터 내에서 사용되는 방법은 관계가 없다는 것을 의미한다.

따라서 지시·명령이 아닌 단순한 흐름도 등은 프로그램이 될 수 없고 지시·명령인 이상

도형저작물로 저작권등록을 마쳤는데 피고 주식회사 ○○○○○이 제작하여 피고 △△△△△△에게 납품한 위 춘천관광지도 역시 원고의 관광지도와 마찬가지로 의도적인 왜곡표현으로 다운타운 지역을 크게 나타내고, 다운타운 지역으로부터 원거리에 산재되어 있는 남이섬과 같은 관광명소들을 실제보다 가까운 거리에 배치한 특징을 갖고 있고, 피고 주식회사 ○○○○○은 원고의 관광지도를 보고 이와 실질적으로 동일한 지도를 제작하였다는 사정 등을 종합하여 피고 주식회사 ○○○○○은 원고의 관광지도에 대한 복제권을 침해하였다고 하였다.

103) 대법원 2005. 1. 27. 선고 2002도965 판결은 지하철 통신설비 중 화상전송설비에 대한 제안서도면에 대해 기능적 저작물로서 창작성을 인정하기 어렵다는 이유로 그 저작물성을 부정하였다.

목적코드(object code)뿐만 아니라 원시코드(source code)도 포함한다.104)105)

　　그 외에 글자체 자체가 아니라 서체파일의 프로그램으로 보호될 수 있는지에 대하여는 「제1장 저작권법과 지식재산권 등 간 관계 제1절 저작권법과 다른 지식재산권법 간 관계 III. 저작권법과 디자인보호법 간 관계」에서, 표현이나 창작성 관련 부분은 「제3장 저작권의 객체 : 저작물 제1절 저작물의 의의 · 성립 요건 · 보호범위 III. 저작물의 보호범위」의 아이디어 · 표현 2분법 부분에서 설명한다.

　　컴퓨터프로그램은 소프트웨어와 구별된다.

　　컴퓨터프로그램은 특정한 결과를 얻기 위하여 컴퓨터 등 정보처리능력을 가진 장치 내에서 직접 또는 간접으로 사용되는 일련의 지시 · 명령을 말한다(법 제2조 제16호의 컴퓨터프로그램저작물 정의 내용 참조). 「소프트웨어산업 진흥법」은 소프트웨어를 "컴퓨터, 통신, 자동화 등의 장비와 그 주변장치에 대하여 명령 · 제어 · 입력 · 처리 · 저장 · 출력 · 상호작용이 가능하게 하는 지시 · 명령(음성이나 영상정보 등을 포함한다)의 집합과 이를 작성하기 위하여 사용된 기술서(記述書)나 그 밖의 관련 자료를 말한다."라고 정의하고 있다(소프트웨어산업 진흥법 제2조 제1호). 따라서 소프트웨어는 기술서의 문서를 비롯한 그 밖의 관련 자료까지 포함하므로 그것이 포섭하는 범위는 컴퓨터프로그램의 그것보다 훨씬 넓다.

　　컴퓨터프로그램에 컴퓨터프로그램저작물을 작성하기 위하여 사용하는 ① 프로그램 언어 : 프로그램을 표현하는 수단으로서 문자 · 기호 및 그 체계, ② 규약 : 특정한 프로그램에서 프로그램 언어의 용법에 관한 특별한 약속, ③ 해법106) : 프로그램에서 지시 · 명령의 조합방법은 저작권법에 따른 보호의 대상이 되지 아니한다(법 제101조의2). 프로그램 언어 · 규약 · 해법은

---

104) 대법원 2014. 10. 27. 선고 2013다74998 판결은 "원심 판시 ECO_RFID.INI 파일(이하 '이 사건 파일'이라고 한다)은 원심 판시 RFID(Radio Frequency Identification) 단말기 구동 프로그램 중 동적 연결 프로그램들이 초기 환경 설정을 위하여 받아서 처리하는 데이터들, 즉 시리얼 통신에 사용될 연결 포트를 설정하는 데이터와 프로그램에 연결된 리더기의 종류를 설정하는 데이터를 비롯하여 프로그램과 리더기 간의 통신 속도, 통신 해지 조건, 수신 반복 횟수, 통신 간격 및 재 호출 횟수 등을 설정하는 데이터들이 기록된 것에 불과하고, 위와 같은 데이터들을 받아 처리하는 과정이 이 사건 파일의 어떠한 지시 · 명령에 따라 이루어진다고 보기 어려우므로, 이 사건 파일이 저작권법에 의하여 보호되는 컴퓨터프로그램저작물에 해당한다고 볼 수 없다."라고 하였다. 대법원 2014. 10. 22.자 2012마1724 결정도 사실상 같은 내용이다.

105) 다만 서울중앙지방법원 2016. 2. 4. 선고 2014가합61994 판결(항소기각 미상고 확정)은 "컴퓨터프로그램저작권 침해 여부 판단을 위해서는 당해 컴퓨터프로그램의 소스코드와 이를 침해하는 것으로 주장된 컴퓨터프로그램의 소스코드를 대비하여 창작적 표현 부분에 유사성이 있는지를 살펴야 하는 것이므로, 컴퓨터프로그램저작권 침해 여부와 그 소스코드(어문저작물)의 저작권 침해 여부가 따로 판단되어질 것은 아니다. 즉, 소스코드를 어문저작물이라고 보더라도 그 저작권은 컴퓨터프로그램저작권에 흡수된다고 볼 것이지 컴퓨터프로그램저작권과 별도로 성립한다고 볼 것은 아니다."라고 한다.

106) 이는 컴퓨터에서 사용되는 알고리즘과 거의 같은 용어이다.

컴퓨터프로그램저작물을 작성하기 위한 표현의 수단 내지 매개체로서 저작물로 볼 수 없고, 이에 대하여 배타적이고 독점적인 저작권 보호를 인정하게 되면 후속 개발에 지장을 주게 되어 공익에 반하기 때문에 이를 저작권법의 보호 대상에서 제외하였다.

프로그램저작권 침해 여부를 가리기 위하여 두 프로그램저작물 사이에 실질적 유사성이 있는지를 판단할 때에도 창작적 표현형식에 해당하는 것만을 가지고 대비한다.107)

제3절 공동저작물과 결합저작물

저작물은 그 결합방법에 따라 공동저작물과 결합저작물로 나뉜다.

I. 공동저작물

공동저작물이란 2인 이상이 공동창작의 의사를 가지고 창작적인 표현형식 자체에 공동의 기여를 함으로써 각자의 이바지한 부분을 분리하여 이용할 수 없는 단일한 저작물을 말한다 (법 제2조 제21호).108)

공동저작물은 2인 이상의 저작자들이 공동으로 창작한 경우에 발생하지만, 1명의 저작권자가 저작재산권을 2인 이상의 제3자에게 양도하였거나 상속되었을 경우에도 공동저작물이 된다.

공동저작물에서 각 저작자가 기여한 부분을 분리하여 이용할 수 없다는 요건 때문에 그에 관한 저작권의 귀속, 행사 및 처분 등에 일정한 제한이 따르고(법 제15조, 제48조) 단독저작물과는 다른 규정(법 제39조, 제129조)의 적용을 받는다.

공동저작물인지 여부는 사실인정 문제이다. 만화작가가 창작하여 제공한 줄거리 등과 이에 기초한 만화가의 그림 등이 결합하여 완성된 만화에서 만화줄거리가 원저작물로 되고, 만화가 2차적저작물이 될 수 있고 그 만화가 만화작가와 만화가의 공동저작물이 될 수도 있다. 독립적인 저작물인 소설을 토대로 한 영화 역시 기존 저작물을 이용하여 여러 제작 참여자가

---

107) 대법원 2013. 3. 28. 선고 2010도8467 판결, 대법원 2014. 8. 20. 선고 2012도12828 판결.

108) 미국 저작권법 제101조는 '공동저작물'이란, 2인 이상의 저작자가 자신들의 기여분이 단일한 전체의 분리될 수 없거나 상호 의존적인 부분이 될 것이라는 의사를 가지고 작성한 저작물을 말한다고 규정한다. 반면에 우리 저작권법 제2조 제21호는 공동저작물은 2인 이상이 공동으로 창작한 저작물로서 각자의 이바지한 부분을 분리하여 이용할 수 없는 것을 말한다고 규정한다. 결국 미국 저작권법 정의 규정에 의하면 2인 이상의 저작자가 작성한 저작물에서 각각의 기여분이 분리될 수 있는 경우에도 공동저작물에 해당될 수 있다는 점에서 우리 저작권법상의 공동저작물과는 개념 및 인정범위에 차이가 있다.

공동창작의 의사를 가지고 만드는 2차적저작물이 될 수 있으면서 한편으로 공동저작물이 될 수도 있다. 이는 2인 이상이 공동창작의 의사를 가지고 각자가 저작물의 창작적인 표현에 기여하였는지 여부와 관련된 사실인정 문제인 것이다. 다만 창작과정에서 어떤 형태로든 복수의 사람이 관여되어 있는 경우에 어느 과정에 어느 정도 관여하여야 창작적인 표현형식에 기여한 자로서 저작자로 인정되는지는 법적 평가의 문제이다.[109]

여기서 공동창작의 의사는 법적으로 공동저작자가 되려는 의사를 뜻하는 것이 아니라, 공동의 창작행위에 의하여 각자의 이바지한 부분을 분리하여 이용할 수 없는 단일한 저작물을 만들어 내려는 의사이다.[110]

따라서 선행 저작자에게 각 창작 부분의 상호 보완에 의하여 단일한 저작물을 완성하려는 공동창작의 의사가 있는 것이 아니라 자신의 창작으로 하나의 완결된 저작물을 만들려는 의사가 있을 뿐이라면, 설령 선행 저작자의 창작 부분이 하나의 저작물로 완성되지 아니한 상태에서 후행 저작자의 수정·증감 등에 의하여 분리이용이 불가능한 하나의 저작물이 완성되었다고 하더라도, 선행 저작자와 후행 저작자 사이에 공동창작의 의사가 있다고 인정할 수 없어 그 저작물은 선행 저작자와 후행 저작자의 공동저작물이 될 수 없고, 단지 후행 저작자에 의하여 완성된 저작물은 선행 저작자의 창작 부분을 원저작물로 하는 2차적저작물이 될 수 있을 뿐이다.[111]

2인 이상이 저작물의 작성에 관여한 경우 그중에서 창작적인 표현 형식 자체에 기여한 자만이 그 저작물의 저작자가 되는 것이고, 창작적인 표현 형식에 기여하지 아니한 자는 비록 저작물의 작성 과정에서 아이디어나 소재 또는 필요한 자료를 제공하는 등의 관여를 하였더라도 그 저작물의 저작자가 되는 것은 아니며, 설령 저작자로 인정되는 자와 공동저작자로 표시할 것을 합의하더라도 저작자가 될 수 없음은 마찬가지이다.[112]

한편 공동저작물의 저작인격권과 저작재산권은 저작자 전원의 합의에 의하지 아니하고는 이를 행사할 수 없고 이 경우 각 저작자는 신의에 반하여 합의의 성립을 방해할 수 없는데(법 제15조 제1항, 법 제48조 제1항), 특히 공동저작물에 관한 저작재산권의 위 규정은 어디까지나 공동저작자들 사이에서 각자의 이바지한 부분을 분리하여 이용할 수 없는 단일한 공동저작물에 관한 저작재산권을 행사하는 방법을 정하고 있는 것일 뿐이므로, 공동저작자가 다른 공동저작자와의 합의 없이 공동저작물을 이용한다고 하더라도 그것은 공동저작자들 사이에서 위 규정이 정하고 있는 공동저작물에 관한 저작재산권의 행사방법을 위반한 행위가 되는 것에 그칠

109) 대법원 2020. 6. 25. 선고 2018도13696 판결.
110) 대법원 2014. 12. 11. 선고 2012도16066 판결.
111) 대법원 2016. 7. 29. 선고 2014도16517 판결.
112) 대법원 2009. 12. 10. 선고 2007도7181 판결.

뿐 다른 공동저작자의 공동저작물에 관한 저작재산권을 침해하는 행위로 되는 것은 아니다.113)

　　다만 이때 공동저작자 중 한 명이 다른 공동저작자와의 합의 없이 공동저작물을 이용함으로써 다른 공동저작자에게 손해를 가하는 경우 저작권 행사방법 위반으로 인한 민법상 불법행위가 성립할 수 있다.

　　공동저작물의 저작재산권과 저작인격권의 행사는 원칙적으로 그 공동저작권자 전원의 합의에 의하여야 함이 원칙이나, 공동저작물의 각 저작자 또는 각 저작재산권자는 다른 저작자 또는 다른 저작재산권자의 동의 없이 법 제123조(침해의 정지 등 청구)의 규정에 따른 청구를 할 수 있으며 그 저작재산권의 침해에 관하여 자신의 지분에 관한 제125조(손해배상의 청구)의 규정에 따른 손해배상의 청구를 할 수 있다(법 제129조).

　　한편, 법 제127조에 의한 저작인격권 또는 실연자의 인격권을 침해한 자에 대한 손해배상청구 및 명예회복을 위하여 필요한 조치의 청구권에도 법 제129조가 규정하고 있는 법 제123조와 법 제125조가 적용될 수 있는지에 관하여는 아무런 규정이 없다.

　　그러나 법 제127조의 저작인격권의 침해에 대한 손해배상이나 명예회복 등 조치청구에서도 법 제129조에 따라 저작인격권의 침해가 저작자 전원의 이해관계와 관련이 있는 경우에는 전원이 행사하여야 함이 원칙이나 1인의 인격적 이익이 침해된 경우에는 단독으로 손해배상 및 명예회복조치 등을 청구할 수 있고, 특히 저작인격권 침해를 이유로 한 정신적 손해배상을 구하는 경우에는 공동저작자 각자가 단독으로 자신의 손해배상청구를 할 수 있다.114) 이러한 법리는 실연자의 인격권 침해에 대하여도 그대로 적용된다.

II. 결합저작물

　　결합저작물이란 2인 이상이 공동으로 창작한 저작물로서 각자의 이바지한 부분을 분리하여 이용할 수 있는 것을 말한다.115)

　　노래는 가사와 악곡이라는 단독 저작물이 결합된 결합저작물이다.116) 집필부분을 분리하여 작성된 교과서, 각자 준비한 토론문을 발표하는 형식의 연구학회의 결과물이 결합저작물에 해당한다. 그리고 각본, 악곡, 가사, 안무, 무대미술 등이 결합된 뮤지컬도 그러한 단독 저작물이 결합된 결합저작물에 해당한다.117)

---

113) 대법원 2014. 12. 11. 선고 2012도16066 판결.
114) 대법원 1999. 5. 25. 선고 98다41216 판결.
115) 대법원 2005. 10. 4.자 2004마639 결정, 대법원 2015. 6. 24. 선고 2013다58460, 58477 판결은 저작물의 창작에 복수의 사람이 관여하였더라도 각 사람의 창작활동의 성과를 분리하여 이용할 수 있는 경우에는 공동저작물이 아니라 이른바 결합저작물이라고 하였다.
116) 대법원 2015. 6. 24. 선고 2013다58460, 58477 판결.

공동저작물의 저작권 행사는 공동저작자 전원의 합의에 의하여야 하고(법 제15조, 제48조), 다른 저작재산권자의 동의가 없으면 그 지분을 양도하거나 질권의 목적으로 할 수 없으며(법 제48조), 공동저작물에 관한 보호기간은 공동저작자 중 최후사망자 사망 후 70년간 존속한다.

반면에 결합저작물의 저작권 행사는 각 저작자가 자신의 저작부분에 대하여 단독으로 저작권 행사를 할 수 있고, 결합저작물 내의 자신의 저작부분에 관한 저작권의 양도, 질권 설정은 각자가 단독으로 할 수 있으며, 결합저작물 내의 각 저작부분은 각자의 저작자 사후 70년이 경과하면 보호기간이 종료한다.

제4절 2차적저작물

I. 2차적저작물의 의의

저작자는 그의 저작물을 원저작물로 하는 2차적저작물을 작성하여 이용할 권리를 가진다(법 제22조).

2차적저작물이란 원저작물을 번역 · 편곡 · 변형 · 각색 · 영상제작 그 밖의 방법으로 작성한 창작물이다(법 제5조 제1항). 2차적저작물을 다시 번역 또는 편곡한 경우도 (3차적저작물이라고 부르지 않고) 2차적저작물이라 한다.

여기서 번역이란 어문저작물에서 원작의 어떤 언어로 된 글을 다른 언어의 글로 옮기는 것이고, 편곡은 음악저작물에서 지어 놓은 곡을 다른 형식으로 바꾸어 꾸미거나 다른 악기를 쓰도록 하여 연주 효과를 달리하는 것을 말하며, 변형은 미술저작물에서 모양이나 형태가 달라지게 하는 것, 예를 들면 회화를 조각으로 복제하거나 그 반대의 경우(이종복제)를 말한다. 그리고 각색은 소설과 같은 어문저작물을 연극이나 영화화하기 위한 글을 쓰는 것을 말하고 영상제작은 소설 등을 영상 등의 저작물로 제작하는 것을 말한다. 그리고 그 밖의 방법에는 이른바 번안 예컨대 줄거리에는 변경이 없이 소설의 배경만을 고대에서 현대로, 또는 미국에서 우리나라로 변경함으로써 독자들의 취향에 맞춘다거나, 어른들을 독자로 하여 쓰인 소설을 어린이용으로 쉽게 풀어 다시 쓴다거나 하는 경우[118] 등이 해당한다.

번역은 원작에 충실하여야 한다는 점에서 법 제5조 제1항의 2차적저작물이 될 수 있는

---

117) 대법원 2005. 10. 4.자 2004마639 결정, 뮤지컬은 단독 저작물의 결합에 불과한 결합저작물이고, 뮤지컬 제작자는 뮤지컬의 완성에 창작적으로 기여한 바가 없는 이상 독자적인 저작권자라고 할 수 없으며, 뮤지컬의 연기자, 연출자 등은 실연 자체에 대한 저작인접권을 가질 뿐이라고 한 원심판단을 수긍하였다.
118) 오승종, 저작권법 강의(제2판), 박영사(2018), 106.

'그 밖의 방법'에 해당하는 번안과 구별된다. 사안에 따라 번역과 번안으로 작성된 저작물이 2차적저작물이 될 수 있으므로 그와 같은 사정이라면 침해여부를 판단함에 있어 둘을 구별하는 실익이 크지 않지만 독점적 번역출판권자가 원저작물의 저작권자의 권리를 대위하여 침해정지 등을 구할 수 있는지 여부에서 차이가 날 수 있다. 번역과 번안이 개념적으로 구별됨으로 인해 독점적 번역출판권을 부여받았음을 이유로 원작소설의 저작권자를 대위하여 번안으로 작성된 저작물에 대한 복제·배포 등의 금지 등을 청구할 수는 없기 때문이다.[119]

2차적저작물에 관한 법 제5조의 규정은 1986. 12. 31. 전부개정된 저작권법 제5조에서 규정된 이래 현재까지 내용 변경 없이 그대로 유지되고 있다. 1957. 1. 28. 법률 제432호로 제정된 저작권법부터 1986. 12. 31. 전부개정되기 전 저작권법까지는 개작이라는 용어가 사용되었다.

1957. 1. 28. 법률 제432호로 제정된 저작권법 제5조는 "① 타인의 저작물을 그 창작자의 동의를 얻어 번역, 개작 또는 편집한 자는 원 저작자의 권리를 해하지 않는 범위내에 있어서 이를 본법에 의한 저작자로 본다.[120] ② 본법에서 개작이라 함은 신저작물로 될 수 있는 정도로 원저작물에 수정증감을 가하거나 또는 다음의 방법에 의하여 변형복제하는 것을 말한다.[121] 1. 원저작물을 영화화(각색하여 영화화하는 경우를 포함한다)하거나 또는 영화를 각본화,

---

119) 대법원 2007. 3. 29. 선고 2005다44138 판결 참조.
120) 대법원 1994. 8. 12. 선고 93다9460 판결은 "이 사건 1961년판 성경의 공표 당시에 시행중이던 구 저작권법 제5조 제1항에서 타인의 저작물을 그 창작자의 동의를 얻어 번역, 개작 또는 편집한 자는 원 저작자의 권리를 해하지 않는 범위 내에 있어서 이를 본법에 의한 저작자로 본다라고 규정하고 있음은 소론과 같다고 할 것이나, 이 사건 성경과 같이 히브리어나 헬라어로 된 원저작물에 대한 저작권이 이미 소멸한 경우에는 원저작자의 동의가 문제로 될 여지가 없어 그 2차적저작물인 번역본에 대한 저작권은 원저작자의 동의 여부에 관계없이 그 번역본의 작성자에게 귀속되는 것으로 보아야 할 것이므로, 원심이 1961년판 성경에 대한 원저작물을 1952년판이라고 설시한 부분은 원저작물이라는 용어의 일반적 용례와도 어긋나는 것으로서 그 표현이 적절치 못하기는 하나, 원저작자의 동의를 받은 여부를 따질 필요가 없다고 본 점에서는 옳다."라고 하였다.
      대법원 1997. 5. 28. 선고 96다2460 판결은 타인에 의하여 작곡된 원곡의 어렵거나 부적절한 부분을 수정함으로써 새로운 변화를 가하면서도 원곡의 특성을 유지함으로써 원곡에다가 개작자의 창의에 의한 부가가치를 덧붙인 것에 대하여 정신적인 노작으로서의 가치를 보호받을 만한 정도의 창작성을 구비하였다고 인정하여 구 저작권법상의 개작에 해당한다고 하였다.
121) 대법원 1990. 2. 27. 선고 89다카4342 판결은 "구 저작권법(1986. 12. 31. 법률 제3916호로 개정되기 전의 것) 제5조 제1항에 의하면 타인의 저작물을 그 창작자의 동의를 얻어 다른 언어로 번역한 자는 원저작자의 권리를 해하지 않는 범위 내에서 그 번역물에 대하여 저작권을 가지는 것으로 규정되어 있는데 위 번역저작권은 그 성질상 특정한 형식이나 절차에 관계없이 번역저작물의 완성과 동시에 당연히 성립한다고 해석된다... 위 저작권법 제5조, 제64조 등을 종합하면 타인의 저작물을 그 창작자의 동의없이 "개작"이라 함은 원저작물을 기초로 하였으나 사회통념상 새로운 저작물이 될 수 있는 정도의 수정증감을 가하거나 위 법 제5조 제2항 각호의 방법에 의하여 복제하는 것을 말하는 것이므로 원저작물과 거의 동일하게 복제하는 이른바 도작, 표절 또는 원저작물을 다소 이용하였으나 원저작물과

소설화하는 것, 2. 미술적저작물을 원저작물과 다른 기술로써 전화시키는 것, 3. 음악적저작물을 원저작물과 다른 기술로써 전화시키어 그 선률을 변화시키는 것, 4. 원저작물을 음반 또는 필림에 사조 또는 녹음하는 것, 5. 소설을 각본화하거나 또는 각본을 소설화하는 것, 6. 소설 각본을 시가화하거나 또는 시가를 소설, 각본화하는 것"이라고 규정하였다. 제정 저작권법에서는 원저작자의 동의를 2차적저작물의 성립요건으로 규정하였다.

1986. 12. 31. 법률 제3916호로 전부 개정된 저작권법 제5조(2차적저작물) "① 원저작물을 번역·편곡·변형·각색·영상제작 그밖의 방법으로 작성한 창작물(이하 '2차적저작물'이라 한다)은 독자적인 저작물로서 보호된다. ② 2차적저작물의 보호는 그 원저작물의 저작자의 권리에 영향을 미치지 아니한다."라고 규정하였다. 이에 따라 원저작물 저작자의 동의는 2차적저작물의 성립요건이 아닌 것으로 되었다.

II. 2차적저작물의 성립요건 및 그 저작권

① 2차적저작물의 성립요건

2차적저작물로 보호를 받기 위하여는 원저작물을 기초로 하되 원저작물과 실질적 유사성을 유지하고, 이것에 사회통념상 새로운 저작물이 될 수 있을 정도의 수정·증감을 가한 새로운 창작성122)이 부가되어야 하며,123)124) 원저작물에 다소의 수정·증감을 가한 데 불과한 것

실질적인 유사성이 없는 별개의 독립적인 신저작물을 만드는 창작과는 다르다 할 것이다."라고 하였다.

122) 2차적저작물이 되기 위하여 보통의 저작물에서 요구하는 창작성보다 더 실질적이고 높은 정도의 창작성이 요구된다고 보는 것이 일반적이다. 즉 사소한 개변이면 단순 복제에 불과하고 실질적 개변이 있어야 2차적저작물로 성립하며 실질적 개변을 넘어 원저작물과 실질적 유사성을 가지지 아니하면 독립적인 저작물로 된다, 서울고등법원 2002. 10. 15. 선고 2002나986 판결(상고기각 확정).

대법원 2006. 2. 10. 선고 2003다41555 판결은 "1986. 12. 31. 법률 제3916호로 전문 개정되기 전의 저작권법 제2조는 음반을 저작물의 하나로 규정하고 있었으므로 위 법의 적용을 받는 내외국인의 음반을 기초로 한 2차적저작물이 작성될 수 있다고 할 것이지만, 아날로그 방식으로 녹음된 음반을 디지털 샘플링의 기법을 이용하여 디지털화한 것이 2차적저작물로 인정되기 위해서는 단지 아날로그 방식의 음반을 부호화하면서 잡음을 제거하는 등으로 실제 연주에 가깝게 하였다는 정도로는 부족하고 이를 재구성하거나 새로운 내용을 첨삭하는 등의 방법으로 독자적인 표현을 부가하여야만 한다."라고 하였다. 그 외 대법원 2011. 4. 28. 선고 2010도9498 판결은 甲 엔터테인먼트 회사가 乙 영상회사에 의뢰하여 원저작물인 외국 영화의 대사를 한글로 번역한 내용을 자막으로 삽입하여 DVD를 제작하였는데 피고인이 위 DVD를 허락 없이 공연하여 저작권을 침해하였다는 내용으로 기소된 사안에서 DVD는 甲 회사의 2차적저작물에 해당하고 甲 회사로부터 그에 대한 공연권을 위탁받은 사단법인 한국영상산업협회가 적법한 고소권자라는 이유로, 피고인에게 유죄를 인정한 원심판단을 수긍하였다.

123) 대법원 2002. 1. 25. 선고 99도863 판결, 대법원 2004. 7. 8. 선고 2004다18736 판결, 대법원 2010. 2. 11. 선고 2007다63409 판결 등 이 법리는 일관되어 판시되어 오고 있다.

만으로는 2차적저작물로 보호받을 수 없다.

반면에 원저작물을 이용하였더라도 전체적으로 원저작물과 실질적인 유사성이 없어 일반 사회통념상 전혀 별개의 독립적인 새로운 저작물이라고 인정될 정도의 것을 창작하였다면 이 는 2차적저작물이 아니라 원저작물과는 독립한 새로운 저작물이 된다.125) 이때 원저작물이 유효한 저작권을 가지는지 여부는 2차적저작물 작성과는 무관하다.

---

124) 한편 일본 실무에서 2차적저작물에 해당하는 번안(翻案)에 대하여 最高裁判所 2001. 6. 28. 선고 平成 11(受)922 판결은 "언어저작물의 번안…이란, 기존의 저작물에 의거하고 동시에, 그 표현상의 본질적인 특징의 동일성을 유지하면서 구체적인 표현에 수정, 증가, 변경 등을 가하고 새로운 사상 또는 감정을 창작적으로 표현함으로써 이것에 접하는 자가 기존의 저작물의 표현상의 특징을 직접 감득할 수 있는 다른 저작물을 창작하는 행위를 말한다."라고 한다.

125) ① 대법원 2002. 1. 25. 선고 99도863 판결, 대중가요를 컴퓨터용 음악으로 편곡한 것은 저작권법에 의하여 보호될 가치가 있는 2차적저작물에 해당하므로 피고인이 이를 임의로 복제하여 판매한 행위는 저작권법위반에 해당한다고 보아 유죄를 선고한 원심의 판단을 정당하다고 하였다.

② 대법원 2004. 7. 8. 선고 2004다18736 판결은 2차적저작물인 이 사건 가요와 대상 가요 사이에 실질적 유사성이 있는지의 여부를 판단함에 있어서는 앞서 본 법리에 따라 기초가 된 그 구전가요에서 따온 부분을 제외하고 여기에 새롭게 부가한 창작적인 표현형식에 해당하는 것만을 대비하여야 한다고 한 다음, 이 사건 가요는 "구전 여자야"에서 따온 전반부와 속칭 "영자송"에서 따온 중반부 및 "구전 여자야"에서 따온 후반부로 구성되어 있음에 반하여 대상 가요는 속칭 "영자송"에서 따온 전반부와 "구 전 여자야"에서 따온 후반부로 구성되어 있어 그 편집이 반드시 동일하다고 볼 수는 없는데다가, 대상 가요의 전주 부분과 유사한 이 사건 가요의 전주 및 간주 부분 5마디도 구전가요에서 따온 리듬, 가락, 화성에 다소의 변형을 가한 것에 불과한 부분이어서 대상 가요가 이 사건 가요와 유사한 디스코 풍의 템포(♩=134)를 적용하였다는 사정만으로는 이 사건 가요와 대상 가요 사이에 실질적 유사성이 있다 고 하기는 어려우므로, 이와 같은 취지에서 대상 가요가 이 사건 가요와 실질적으로 유사하다는 원고 들의 주장을 배척한 원심의 판단은 정당하다고 하였다.

③ 대법원 2010. 2. 11. 선고 2007다63409 판결은 "피고 주식회사 네오플이 제작한 야구를 소재로 한 게임물인 원심 판시 '신야구'에 등장하는 '신야구' 캐릭터는 '실황야구' 캐릭터와, 귀여운 이미지의 야구 선수 캐릭터라는 아이디어에 기초하여 각 신체 부위를 2등신 정도의 비율로 나누어 머리의 크기를 과 장하고 얼굴의 모습을 부각시키되 다른 신체 부위의 모습은 과감하게 생략하거나 단순하게 표현하는 한편, 역동성을 표현하기 위해 다리를 생략하되 발을 실제 비율보다 크게 표현한 점 및 각 캐릭터의 야구게임 중 역할에 필요한 장비의 모양, 타격과 투구 등 정지 동작의 표현 등에 있어 유사한 면이 있 다. 그러나 이와 같은 표현은 '실황야구' 캐릭터가 출시되기 이전에 이미 만화, 게임, 인형 등에서 귀여 운 이미지의 어린아이 같은 캐릭터들을 표현하는 데에 흔히 사용되었던 것이거나 야구를 소재로 한 게 임물의 특성상 필연적으로 유사하게 표현될 수밖에 없는 것이라 할 것이므로, 위와 같은 유사점들만으 로는 양 캐릭터의 창작적 표현형식이 실질적으로 유사하다고 할 수 없는 반면, '실황야구' 캐릭터 저작 자의 창조적 개성이 가장 잘 드러난 부분인 얼굴 내 이목구비의 생김새와 표정 및 신발의 구체적인 디 자인 등에서 원심 판시와 같은 상당한 차이가 있어, 양 캐릭터 사이에 실질적 유사성이 인정되지 아니 하므로, '신야구' 캐릭터가 '실황야구' 캐릭터를 복제한 것이라고 볼 수 없음은 물론 '실황야구' 캐릭터의 2차적저작물에 해당한다고도 볼 수 없다."라고 하였다.

④ 대법원 2012. 2. 23. 선고 2010다66637 판결은 "이 사건 중문 서적에 수록된 이야기들 중 2번째 등 이야기를 제외한 나머지 이야기들은 원저작물의 내용을 알 수 없거나 중국인 탕쥐잉(覃卓)이 스스로 창작한 것으로 보여서 독창적인 저작물"이라고 하였다.

원저작자가 가지는 저작재산권 중에 2차적저작물작성권이 포함되므로 타인이 원저작물을 이용하여 2차적저작물을 작성하는 것을 넘어 그것을 이용하려면 원저작자의 동의를 얻어야 한다.

이때 원저작자의 동의는 2차적저작물의 성립요건이 아니라 적법요건이다.

따라서 원저작자의 동의를 얻지 않고 2차적저작물을 작성한 경우 원저작자에 대한 관계에서 저작권 침해로 되는 것은 별문제로 하고 적법한 저작물만이 저작권의 보호를 받는 것은 아니므로 이러한 경우에도 저작권법상 2차적저작물로서 보호된다.126)

결국 2차적저작물의 저작권은 원저작자의 동의 여부에 관계없이 2차적저작물의 작성자에게 귀속되어 2차적저작물의 작성자는 다른 저작물들과 마찬가지로 2차적저작물에 대한 저작재산권과 저작인접권 등을 가진다.

반면에 미국 저작권법은 "저작권으로 보호되는 기존 자료를 사용하는 어떤 저작물에 대한 보호는, 그 저작물 중에서 그러한 자료를 불법적으로 사용한 부분에 대하여는 미치지 아니한다."(법 제103조 후문)라고 하여 원저작물 저작자의 동의 없는 부분에 대하여는 2차적저작물의 저작권이 발생하지 않는다고 규정하므로, 미국 저작권법에서는 우리 저작권법과는 달리 원저작자의 동의가 2차적저작물의 성립요건이 된다.

② 2차적저작물의 저작권

2차적저작물은 독자적인 저작물로서 보호되므로(법 제5조 제1항 후단) 다른 저작물들과 마찬가지로 저작재산권과 저작인격권을 가진다. 2차적저작물의 저작권은 통상의 저작물의 저작권과 같이, 특정한 형식이나 절차에 관계없이 2차적저작물의 완성과 동시에 원저작자의 권리를 해하지 아니하는 범위 안에서 2차적저작물 전부에 대한 저작권을 취득한다.127)

---

126) 1986. 12. 31. 법률 제3916호로 개정되기 전의 구 저작권법 제5조 제1항은 "타인의 저작물을 그 창작자의 동의를 얻어 번역, 개작 또는 편집한 자는 원 저작자의 권리를 해하지 않는 범위내에 있어서 이를 본법에 의한 저작자로 본다."라고 하여 원저작자의 동의를 요건으로 하였으나 위 개정법에서 그 요건을 삭제하였다. 대법원 1995. 11. 14. 선고 94도2238 판결은 피해자의 저작이 원저작물과의 관계에서 이것을 토대로 하였다는 의미에서의 종속성을 인정할 수 있어 소위 2차적저작물에 해당한다 할지라도 원저작자에 대한 관계에서 저작권 침해로 되는 것은 별문제로 하고 저작권법상 2차적저작물로서 보호된다고 한다.

127) 대법원 1992. 9. 22. 선고 91다39092 판결은 "창작자의 동의를 얻어 2차적저작물을 저작한 사람은 원저작자의 권리를 해하지 아니하는 범위 내에서 그 2차적저작물 자체에 대한 저작권을 가진다고 할 것인바, 위의 서적, 카세트 테이프, 카드 등은 원고의 캐릭터를 책표지 등에 나타내고, 원저작물의 영어 예문에 우리말 번역문 해설문장 등을 배열하거나 첨가하여 엮은 것이므로, 원저작물과 그 번역문 또는 한국말로 된 해설은 불가분적으로 결합되어 하나의 저작물을 이루었다고 볼 것이고, 따라서 이는 일체로서 2차적저작물로 파악하는 것이 옳을 것이다."라고 한다.

따라서 원저작자의 동의 여부에 관계없이 작성된 2차적저작물이더라도 제3자가 복제나 무단이용 등을 하면 원저작자에 대한 저작권 침해는 물론 2차적저작물의 저작자에 관한 권리를 침해한다. 다만 2차적저작물의 저작권 침해 여부를 가리기 위하여 두 저작물 사이에 실질적 유사성이 있는가의 여부를 판단함에 있어서는 원저작물에 새롭게 부가한 창작적인 표현형식에 해당하는 것만을 가지고 대비한다.128)

예를 들어 번역저작물의 창작성은 원저작물을 언어체계가 다른 나라의 언어로 표현하기 위한 적절한 어휘와 구문의 선택 및 배열, 문장의 장단 및 서술의 순서, 원저작물에 대한 충실도, 문체, 어조 및 어감의 조절 등 번역자의 창의와 정신적 노력을 쏟은 부분에 있다.

따라서 그 번역저작물에 나타난 사건의 전개, 구체적인 줄거리, 등장인물의 성격과 상호관계, 배경설정 등은 경우에 따라 원저작물의 창작적 표현에 해당할 수 있음은 별론으로 하고 번역저작물의 창작적 표현이라 할 수 없어 번역저작권의 침해 여부를 가리기 위하여 번역저작물과 대상 저작물 사이에 실질적 유사성이 있는가의 여부를 판단함에 있어서는 위와 같은 번역저작물의 창작적인 표현에 해당하는 것만을 가지고 대비한다.129)

한편 어문저작물인 원저작물을 기초로 하여 이를 요약한 요약물이 원저작물과 실질적인 유사성이 없는 별개의 독립적인 새로운 저작물이 된 경우에는 원저작물 저작권자의 2차적저작물작성권을 침해한 것으로 되지는 아니하는데,130) 여기서 요약물이 그 원저작물과 사이에 실질적인 유사성이 있는지 여부는, 요약물이 원저작물의 기본으로 되는 개요, 구조, 주된 구성 등을 그대로 유지하고 있는지 여부, 요약물이 원저작물을 이루는 문장들 중 일부만을 선택하여 발췌한 것이거나 발췌한 문장들의 표현을 단순히 단축한 정도에 불과한지 여부, 원저작물과 비교한 요약물의 상대적인 분량, 요약물의 원저작물에 대한 대체가능성 여부 등을 종합적으로 고려하여 판단한다.131)

---

128) 대법원 2004. 7. 8. 선고 2004다18736 판결, 대법원 2011. 5. 13. 선고 2010도7234 판결은 "발레리나가 비보이로 동화되어 간다는 기본 설정이 실질적으로 유사하나, 이 사건 무언극의 시놉시스는 단순히 '프리즈' 시놉시스에 나타난 기본 설정을 그대로 차용하여 구체적인 상황설정 등에만 다소의 수정·증감이나 변경을 가한 데에 그치지 않고, 구체적인 사건의 전개과정, 등장인물들의 성격과 상호관계 등에 발레리나가 비보이와 동화되어 가는 과정에서의 사랑, 내·외적 갈등 및 그 극복 구조 등을 새로이 추가한 것이어서, 원저작물인 '프리즈' 시놉시스와는 구분되는 새로운 저작물로서 저작권법 제5조 제1항 소정의 2차적저작물에 해당한다 할 것인데, 피고인은 제1심 판시 [범죄일람표 1, 2] 기재와 같이 발레리나가 비보이를 우연히 만나게 되는 장소와 같은 구체적인 상황설정 등에서만 다소 차이가 있을 뿐 이 사건 무언극의 시놉시스 중 위와 같이 '프리즈' 시놉시스에 새롭게 부가된 창작적인 표현형식에 해당하는 부분과 실질적으로 유사한 내용의 공연을 진행함으로써 공소외 1의 이 사건 무언극의 시놉시스에 관한 저작재산권을 침해하였다."라고 하였다.
129) 대법원 2007. 3. 29. 선고 2005다44138 판결.
130) 대법원 2010. 2. 11. 선고 2007다63409 판결 등 참조.
131) 대법원 2013. 8. 22. 선고 2011도3599 판결. 이어서 "저작권의 침해 여부를 가리기 위하여 두 저작물

2차적저작물의 보호는 그 원저작물의 저작자의 권리에 영향을 미치지 아니하여(법 제5조 제2항) 원저작물의 저작권자 또는 2차적저작물의 저작권자 중 어느 한쪽이 2차적저작물을 이용하는 경우에는 각각 상대방의 허락을 얻어야 한다.

원저작자로부터 2차적저작물 작성에 대한 동의를 받지 않아 원저작자의 원저작물에 관한 저작권을 침해하더라도 그 동의는 2차적저작물 작성의 성립요건이 아니라 적법요건이므로 2차적저작물 그 자체로서는 독립적으로 보호된다. 따라서 원저작자의 동의 여부에 관계없이 작성된 2차적저작물이더라도 제3자가 복제 등을 하면 2차적저작물 작성자가 가지는 2차적저작물에 관한 권리를 침해한다.

한편 관련하여, 판례는 저작권 침해자와 사이에 체결한 침해 저작물에 대한 계약에 따라 2차적저작물작성권을 취득한 제3자가 과실 없이 그 침해사실을 알지 못하고 위 저작권 침해자와 제3자 사이에 사용자 및 피용자의 관계가 존재하지 아니한 사정이 있다면, 이때 제3자의 2차적저작물 작성 및 이용은 원저작자에 대해 불법행위가 성립한다고 보기 어렵고, 그러한 사정이라면 제3자는 침해된 저작물 자체에 대한 2차적저작물작성권을 취득한 것이 되어 원저작자에 대하여 부당이득도 성립하지 않는다고 한다.[132]

저작권은 당사자 사이의 계약만으로 그 전부 또는 일부를 양도할 수 있는데 프로그램저작권을 양수한 자는 프로그램저작권을 침해한 자에 대하여 특별한 사정이 없는 한 프로그램저작권의 이전을 등록하지 않더라도 프로그램저작권자로서의 권한을 행사할 수 있고, 원 프로그램을 개작한 2차적 프로그램의 저작권은 원 프로그램저작권자의 동의 여부를 불문하고 2차적 프로그램 작성자에게 귀속된다.[133]

III. 2차적저작물에 관한 그 밖의 규정

원저작자의 동의를 얻어 작성된 2차적저작물 또는 편집저작물이 공표된 경우에는 그 원저작물도 공표된 것으로 본다(법 제11조 제4항).

영상제작자와 영상저작물의 제작에 협력할 것을 약정한 자가 그 영상저작물에 대하여 저

사이에 실질적인 유사성이 있는지 여부를 판단함에 있어서도 창작적인 표현형식에 해당하는 것만을 가지고 대비해 보아야 하고, 표현형식이 아닌 사상 또는 감정 그 자체에 독창성·신규성이 있는지를 고려하여서는 안 된다."라고 하였다.
132) 대법원 1996. 6. 11. 선고 95다49639 판결 참조.
133) 대법원 2002. 12. 26. 선고 2000다13757 판결은 "원 프로그램의 원시 코드에 대한 저작권은 원래 신청외 1이 원시취득한 것이지만 위 용역개발계약 제3조에 의하여 그 저작권이 신청인에게 양도된 것이고 이 사건 프로그램은 신청인이 신청외 1로부터 양도받은 원 프로그램을 개작한 것이므로 원 프로그램 및 이 사건 프로그램의 저작권은 모두 신청인에게 속하는 것이라고 봄이 상당하다."라고 하였다. 그 외 대법원 2003. 2. 26. 선고 2000도2950 판결, 대법원 2004. 9. 24. 선고 2002다45895 판결 등도 같은 취지이다.

작권을 취득한 경우 특약이 없는 한 그 영상저작물의 이용을 위하여 필요한 권리는 영상제작자가 이를 양도 받은 것으로 추정하고(법 제100조 제1항), 영상제작자와 영상저작물의 제작에 협력할 것을 약정한 실연자의 그 영상저작물의 이용에 관한 제69조의 규정에 따른 복제권, 제70조의 규정에 따른 배포권, 제73조의 규정에 따른 방송권 및 제74조의 규정에 따른 전송권은 특약이 없는 한 영상제작자가 이를 양도 받은 것으로 추정한다(법 제101조 제1항).

저작재산권의 전부를 양도하는 경우에 특약이 없는 때에는 제22조(2차적저작물작성권)에 따른 2차적저작물을 작성하여 이용할 권리는 포함되지 아니한 것으로 추정한다. 다만, 프로그램의 경우 특약이 없는 한 2차적저작물작성권도 함께 양도된 것으로 추정한다(법 제45조 제2항).

제5절 편집저작물

I. 의의 및 성립 요건

편집저작물은 편집물로서 그 소재의 선택·배열 또는 구성에 창작성이 있는 것을 말한다(법 제2조 제18호).[134]

여기서 편집물은 저작물이나 부호·문자·음성·음향·영상 그 밖의 형태의 자료(이하 '소재'라 한다)의 집합물을 말하되(법 제2조 제17호), 데이터베이스를 포함한다. 데이터베이스란 소재를 체계적으로 배열 또는 구성한 편집물로서 개별적으로 그 소재에 접근하거나 그 소재를 검색할 수 있도록 한 것을 말한다(법 제2조 제19호). 데이터베이스는 창작성을 요건으로 하지 않지만 효율적인 검색을 위하여 소재의 배열 또는 구성이 체계적으로 되어 있어야 한다. 데이터베이스가 그 소재의 선택·배열 또는 구성에 창작성이 인정되면 편집저작물로서도 보호된다. 데이터베이스제작자는 데이터베이스의 제작 또는 그 소재의 갱신·검증 또는 보충에 인적 또는 물적으로 상당한 투자를 한 자를 말한다(법 제2조 제20호).

여기서 소재의 선택이라 함은 일정한 주제에 따라 편집물에 수록될 구성부분을 선별하는 행위를 말하고 소재의 선택에서 창작성이란 소재로 수록될 기존의 저작물이나 각종 정보 등 소재를 수집하되 일정한 방침 혹은 목적을 가지고 선별함으로써 취사선택하는 판단에 창작성이 있음을 의미한다.[135] 소재의 배열은 그 소재의 배치 순서나 위치를 말하고, 소재의 구성은

---

134) 대법원 2011. 2. 10. 선고 2009도291 판결은 "편집물의 경우에는 일정한 방침 혹은 목적을 가지고 소재를 수집·분류·선택하고 배열하는 등의 작성행위에 편집저작물로서 보호를 받을 가치가 있을 정도의 창작성이 인정되어야 한다."고 한다.

135) 오승종, 저작권법 강의(제2판), 박영사(2018), 112.

검색을 위한 논리적인 구조를 말한다.

편집저작물로 보호받기 위하여는 소재의 선택·배열 또는 구성 중 어느 하나에 창작성이 있으면 성립할 수 있다.

1957. 1. 28. 법률 제432호로 제정된 저작권법에서 편집물, 편집저작물 등에 관한 별도의 규정 등을 두지 않고 편집저작물을 2차적저작물의 한 종류로서 열거하였으나(제5조), 편집저작물은 원저작물을 변형함이 없이 소재의 선택과 배열 자체에 창작성을 가지는 것이어서 2차적저작물과는 개념을 달리하므로, 1986. 12. 31. 법률 제3916호로 전부개정된 저작권법에서 편집저작물을 2차적저작물과 분리하여 별도의 규정을 마련하고 편집저작물을 편집물로서 그 소재의 선택 또는 배열에 창작성이 있는 것으로 정의하였다(제6조 제1항).

2003. 5. 27. 법률 제6881호로 개정된 저작권법에서 편집물과 편집저작물에 대한 정의규정을 두어 편집물을 저작물이나 부호·문자·음성·음향·영상 그 밖의 형태의 자료(이하 '소재'라 한다)의 집합물을 말하되, 데이터베이스를 포함한다고 하고, 편집저작물을 편집물로서 그 소재의 선택·배열 또는 구성에 창작성이 있는 것을 말한다고 하였고(제2조 제12호의2, 제12호의3), 2006. 12. 28. 법률 제8101호로 개정된 저작권법에서 이들 조문의 위치를 법 제2조 제17호, 제18호로 옮겨 현재에 이르고 있다.

II. 편집저작물의 저작권

편집저작물을 구성하는 개별 소재가 저작물인지 여부, 그것이 저작물일 경우 저작권으로 보호받는 저작물인지 여부, 소재저작물이 저작물일 경우에 그 저작자의 동의를 얻어야 하는지는 편집저작물의 성립요건과는 관련이 없다.136)

편집저작물이 원저작물을 개변함이 없는데도 독자적인 저작물로 보호받는 것은 그 소재의 선택·배열 또는 구성에 창작성이 있다는 데 있다. 따라서 편집물이 편집저작물로서 보호를 받으려면 일정한 방침 혹은 목적을 가지고 소재를 수집, 분류, 선택하거나 배열 또는 구성하여 편집물을 작성하는 행위에 창작성이 있어야 한다.137)138)139) 원칙적으로 인터넷 홈페이지도 그

---

136) 미국 저작권법은 '편집물'(compilations)이란 그 결과적인 저작물이 전체로서 독창적인 저작물을 구성하는 방법으로 선택, 정리, 또는 배열되어진, 기존 소재나 데이터의 수집과 조합에 의하여 이루어진 저작물을 말하고 '편집물'에는 집합저작물이 포함된다. '집합저작물'(collective work)이란 정기간행물, 선집 또는 백과사전과 같이 그 자체가 별개의 독립된 저작물인 다수의 기여분이 집합적인 전체에 조합되어 이루어진 저작물을 말한다(법 제101조). 결국 collective work는 개별소재가 저작물일 것이 요구되고 compilations는 개별소재가 저작물인지 여부를 묻지 아니하나, 우리 저작권법은 그와 같은 개념은 규정하고 있지 않다.

137) ① 대법원 1977. 12. 13. 선고 77누76 판결은 "이 사건 사진식자기 배열표와 타이프 글자판 배열표는 소외 ○○○가 종래 원고나 국내 각 인쇄소 또는 신문사 등에서 사용하던 한글 문자판의 배열순서와

는 달리 받침이 있는 자와 없는 자와의 구별, 사용빈도수에 따른 배열 등 원심판시와 같은 몇 가지 점에 있어서 특정하게 제작한 그의 정신적 노력에 의하여 창작된 사상의 표현물로서 저작권법 제2조에서 말하는 저작물이라고 인정할 수 있다."는 원심판단을 수긍하였다.

② 대법원 1979. 12. 28. 선고 79도1482 판결은 "○○○의 편저 또는 수집작인 민속도감이나 도록에 수록된 도형들은 비록 그 대상이 옛날부터 존재하던 우리나라 고유의 민속화나 전통문양이라 하더라도 그 소재의 선택 및 배열과 표현기법에 있어 고소인의 정신적 노력을 바탕으로 한 창작물이라 판단한 것을 기록에 비추어 보면 수긍이 간다."라고 하였다.

③ 대법원 1992. 9. 25. 선고 92도569 판결은 "소설 등에 있어서 추상적인 인물의 유형 혹은 어떤 주제를 다루는 데 있어 전형적으로 수반되는 사건이나 배경 등은 아이디어의 영역에 속하는 것들로서 저작권법에 의한 보호를 받을 수 없다...피고인이 낸 이 사건 논문집은 피고인 자신의 위 1편의 논문만이 단순하게 게재된 이른바 별쇄본의 형식으로 되어 있고, 그 표지에 "A"라는 표시와 "B대학교 부설 C연구소"라는 표시가 있어 마치 B대학교 부설 C연구소가 언론에 관한 학술논문을 선별, 게재하여 부정기적으로 발행하여 온 학술논문집에 피고인의 논문이 일정한 기준에 의하여 선별되어 게재된 것으로 보이는 외관을 가지고 있으므로, 피고인이 편집한 이 사건 논문집은 소재의 선택에 있어 창작성이 있어 편집저작물이라고 할 수 있을 것이다."라고 하였다.

④ 대법원 1993. 6. 8. 선고 92도2963 판결은 "성서주해보감은 보는 사람들이 이해하기 쉽도록 성경구절의 일부 또는 전부를 위 한글개역성경에서 찾아서 인용하고 있는 차이점이 있음은 소론이 주장하는 바와 같으나, 위와 같이 성서주해보감의 편집을 함에 있어서 인용된 자료는 누구나 찾아볼 수 있는 위 한글개역성경에 이미 수록된 것이었고, 그 인용작업 또한 위 한글개역성경에 있는 주제성구 중의 일부를 옮겨 놓는 단순한 기계적 작업의 범주를 그다지 벗어난다고 보이지 아니할 뿐 아니라 주제성구 부분이 위 성서주해보감에서 차지하는 비중이 극히 적다는 점 등을 참작하여 보면 위와 같은 차이점이 있다는 사실만으로 위 성서주해보감의 소재의 선택 또는 배열이 독자적인 저작물로 보호될 정도로 창작성이 있다고 인정되지는 아니한다."라고 하였다.

⑤ 대법원 1996. 6. 14. 선고 96다6264 판결은 "신청인의 위 한글교육교재는 그 소재인 글자교육카드의 선택 또는 배열이 창작성이 있다고 할 수 없어 이를 편집저작물로 볼 수 없고, 신청인의 위 한글교육교재가 채택하고 있는 순차적 교육방식이라는 것은 아이디어에 불과하여 저작물로서 보호받을 수 없다."라고 하였다.

⑥ 대법원 1996. 12. 6. 선고 96도2440 판결은 한국입찰경매정보지는 법원게시판에 공고되거나 일간신문에 게재된 내용을 토대로 경매사건번호, 소재지, 종별, 면적, 최저경매가로 구분하여 수록하고 이에 덧붙여 피해자 직원들이 직접 열람한 경매기록이나 등기부등본을 통하여 알게 된 목적물의 주요현황, 준공일자, 입주자, 임차금, 입주일 등의 임대차관계, 감정평가액 및 경매결과, 등기부상의 권리관계 등을 구독자가 알아보기 쉽게 필요한 부분만을 발췌·요약하여 수록한 것인 사실을 알아 볼 수 있으므로, 위 한국입찰경매정보지는 그 소재의 선택이나 배열에 창작성이 있는 것이어서 독자적인 저작물로서 보호되는 편집저작물에 해당한다고 하였다.

⑦ 그 밖에 대법원 2009. 6. 25. 선고 2008도11985 판결, 대법원 2011. 2. 10. 선고 2009도291 판결 등 참조.

⑧ 한편 대법원 1999. 11. 23. 선고 99다51371 판결, 판결이유에 "편집물이 편집저작물로서 보호를 받으려면 일정한 방침 혹은 목적을 가지고 소재를 수집, 분류, 선택하고 배열하여 편집물을 작성하는 행위에 창작성이 있어야 한다."라고 되어 있으나 편집저작물로서 보호를 받기 위하여는 소재의 선택이나 배열 또는 구성 중 어느 하나에 창작성이 있으면 성립될 수 있다. 위 사건은, 경마예상지의 내용 중 저작권이 침해되었다고 주장하는 부분은 모두 한국마사회 등으로부터 제공받은 자료를 과거부터 누구나 사용해오던 도표 등 일반적인 표현방식으로 편집한 것에 불과하므로 그 표현형식에 창작성이 있다고 할 수 없다고 하였다.

구성형식, 소재의 선택·배열 또는 구성에서 창작성이 있는 경우에는 이른바 편집저작물에 해당하여 독자적인 저작물로 보호받을 수 있으나,[140] 인터넷 홈페이지에 게재된 구성 또는 내용이 통상적인 것들이라면 소재의 선택이나 배열, 구성에서 제작자의 개성을 인정받기 어렵다.[141]

한편 타인의 저작물을 소재로 하여 편집저작물을 작성하는 경우 편집저작물이 독자적인 저작물로서 보호받기는 하지만, 그 보호가 미치는 부분은 편집저작자의 독자적인 개성이 나타

---

138) 대법원 2003. 11. 28. 선고 2001다9359 판결은 일지형태의 법조수첩에 대하여 "원고의 수첩을 이용하는 자가 법조 유관기관 및 단체에 관한 사항과 소송 등 업무처리에 필요한 사항 등을 손쉽게 찾아볼 수 있다고 보이기는 하지만, 유용한 기능 그 자체는 창작적인 표현형식이 아니므로, 원고의 수첩에 이러한 기능이 있다고 하여 곧바로 편집저작물에 요구되는 최소한의 창작성이 있다고 할 수는 없는 것이고, 원고의 수첩에 수록된 자료들은 법조 유관기관이나 단체가 배포하는 자료 또는 종래 법전 등이나 일지 형식의 수첩형 책자에 수록되어 있는 것이어서 누구나 손쉽게 그 자료를 구할 수 있을 뿐 아니라, 법률사무에 종사하는 자를 대상으로 한 일지 형태의 수첩을 제작하는 자라면 누구나 원고의 수첩에 실린 자료와 동일 또는 유사한 자료를 선택하여 수첩을 편집할 것으로 보이고, 원고의 수첩에 나타난 조직과 기능별 자료배치 및 법률사무에 필요한 참고자료의 나열 정도는 그와 같은 종류의 자료의 편집에서 통상적으로 행하여지는 편집방법이며, 그러한 자료의 배열에 원고의 개성이 나타나 있지도 아니하므로 원고의 수첩은 그 소재의 선택 또는 배열에 창작성이 있는 편집물이라고 할 수 없다."라고 하였다.

139) ① 서울고등법원 2004. 1. 14. 선고 2003나12214 판결(미상고 확정)은 "교과서와 교사용 지도서는 글과 삽화 등을 배열하여 이루어진 편집저작물로서 위 삽화는 글과 분리되어 이용될 수 있는 소재저작물(편집저작물의 구성부분이 되는 저작물)이라 할 것이고, 이러한 소재저작물인 삽화의 저작재산권은 특별한 사정이 없는 한 당해 삽화를 직접 창작한 원고들에게 원시적으로 귀속한다고 할 것인바, 가사 위 삽화가 글의 이해를 돕기 위한 목적으로 제작되어 글의 내용과 밀접한 관련성이 있으며 그 제작과정에 있어 피고들과 위임 등 계약을 체결하였다거나 피고들이 원고들이 제출한 삽화에 대하여 일정한 심사를 한 후 교과서 등에 삽화를 게재하였다고 하여도, 이러한 사정만으로 위 삽화의 저작재산권이 원시적으로 피고 대한민국에 귀속되는 것이라고 볼 수는 없다."라고 하였다.

② 서울고등법원 2018. 4. 26. 선고 2017나2064157 판결(심리불속행 상고기각 확정)은 "게임은 게임규칙, 게임에 등장하는 캐릭터, 게임 맵의 디자인 등 다양한 소재 내지 소재저작물로 이루어진 결합저작물 내지 편집저작물이고, 그중 게임규칙은 추상적인 게임의 개념이나 장르, 게임의 전개방식 등을 결정하는 도구로서 게임을 구성하는 하나의 소재일 뿐 저작권법상 독립적인 보호객체인 저작물에는 해당하지 않는 일종의 아이디어 영역에 해당한다고 할 것이므로, 게임의 경우 게임을 하는 방법이나 게임규칙, 진행방식 등 게임에 관한 기본 원리나 아이디어까지 저작권법으로 보호되지는 않는다. 그리고 아이디어의 경우는 비록 그 아이디어가 독창적인 것이라고 하더라도 저작권법으로 보호되지 않고 원칙적으로 누구나 이용 가능한 공공의 영역에 해당하므로, 게임이 출시되면 특별한 사정이 없는 한 타인이 유사한 게임규칙을 근거로 다른 게임을 개발하는 것을 금지할 수도 없다. 다만 게임은 게임규칙, 게임에 등장하는 캐릭터, 게임 맵의 디자인 등 다양한 요소들로 구성되고, 이러한 요소들이 일정한 의도나 방침에 따라 선택되고 배열됨으로써 다른 게임과 확연히 구별되는 특징이나 개성이 나타나 창작적 개성을 가지고 있는 경우에는 저작물로서 보호받을 수 있다."라고 한다.

140) 창작성을 인정한 사안으로 서울중앙지방법원 2004. 1. 7. 선고 2002가단88234(항소기각 후 미상고 확정) 등 참조.

141) 창작성을 부정한 사안으로 서울중앙지방법원 2014. 5. 15. 선고 2013나41402 판결(항소심에서 쟁점이 되지 않았음, 미상고 확정), 2016. 6. 3. 선고 2014가합509922 판결(항소장 각하명령으로 확정), 서울중앙지방법원 2017. 10. 25. 선고 2017가합507613 판결(항소심에서 조정성립 종국) 등이 있다.

나 있는 부분, 즉 소재의 선택·배열 또는 구성에서 창작성이 있는 부분만이고, 편집저작물의 보호는 그 편집저작물 중 소재의 저작권 그 밖에 저작권법에 따라 보호되는 권리에 영향을 미치지 아니하므로, 당초 소재 저작물의 저작권자의 동의를 얻어 편집저작물을 작성하였다고 하더라도, 소재 저작물의 저작권자가 그 이용을 허락한 기간이 지났음에도 계속하여 편집저작물을 복제·배포하는 행위는 소재 저작물을 권원 없이 복제·배포하는 행위로서 소재 저작물 저작자의 저작권을 침해하게 된다.[142]

편집저작물은 2차적저작물과 마찬가지로 구성요소인 소재 저작물과 별개의 독자적인 저작물로서 보호된다.

편집저작물의 유사 여부는 소재의 선택·배열 또는 구성의 창작성을 대비하여 결정하기 때문에 편집방법이 유사하더라도 소재의 선택·배열 또는 구성의 창작성 부분이 유사하지 않으면 원칙적으로 편집저작물과의 유사성이 인정되지 않는다. 그렇더라도 편집방법의 유사 여부가 편집저작물의 유사 여부 판단과정에서 전혀 고려될 수 없는 것은 아니다. 편집저작물에서 소재의 선택, 배열, 구성이 편집방법과 그다지 관련 없는 경우에 그 편집방법 자체는 아이디어에 가깝다. 그러나 편집저작물에서 소재의 선택·배열 또는 구성이 미리 정해진 편집방법에 따라 체계적으로 이루어지는 경우 그러한 편집방법을 떠난 소재의 선택·배열 또는 구성의 비교만으로 편집저작물의 유사 여부를 제대로 판단할 수 없다. 예컨대 정보를 효율적으로 전달하기 위한 실용적인 저작물 등에서 소재의 선택·배열 또는 구성의 창작성은 분류체계 등과 같은 편집방법이 정해지고 나서 그것을 매개로 하여 비로소 구체적으로 표현되기 때문에 이러한 경우에 분류체계 등과 같은 편집방법은 소재의 선택·배열 또는 구성과 밀접한 관련이 있다. 이러한 이유로 경우에 따라 소재 등이 동일하지 않아도 편집저작물과의 유사성이 인정되는 경우가 있다.

이는 편집저작물에서 무엇을 소재(내지 소재의 선택)로 파악할 것인가의 문제, 즉 소재의 추상화 허용에 따른 한계의 문제라고 볼 수도 있다. 소재를 추상화하여 넓게 인정하면 편집저작물로서의 보호범위가 넓어질 수 있지만 소재의 추상화를 너무 넓게 되면 결국 소재의 선택 등이 컴퓨터프로그램에서의 해법과 똑같이 기본적인 편집방법이라는 아이디어에 불과하게 되어 보호를 받을 수 없게 되기 때문이다. 편집저작물에서 무엇을 소재로 파악할 것인지는 어려운 문제이다.

예컨대 회사안내 등의 편집저작물에 선택된 사진과는 다른 사진과 내용을 게재하여 편집물을 작성하였지만 전체의 레이아웃(나머지 내용에 대한 순서나 그 활용방법) 등은 동일한 경우에 그 게재 사진 등이, 편집저작물의 특징적인 활용방법에 따른 것이거나 그 저작물 취지에 따른

---

142) 대법원 2004. 8. 16. 선고 2002다47792 판결 참조.

사진 등도 포함하는 추상적인 소재의 선택으로 평가받는 경우, 즉 두 편집저작물의 작성 경위, 상호간의 특징적 부분의 일치 등을 고려하여 편집저작물에 담긴 사진 등만 바꿔치기 했을 뿐 편집저작물의 편집방법에 따른 소재의 선택 및 배열을 그대로 채용하였다고 평가되는 경우에 편집저작물의 권리를 침해한 것으로 본 사례가 있지만,[143] 이러한 경우 해당 편집저작물의 성격, 소재가 해당 편집저작물에서 가지는 존재 의의나 소재의 구체적인 표현이 편집저작물에서 차지하는 비중, 편집방법과 소재의 선택·배열 또는 구성과의 논리적 연관관계 등을 종합적으로 고려하여 아이디어에 해당하는 순수한 편집방법 그 자체를 보호하는 결과가 되지 않도록 신중하게 결정할 필요가 있다.

편집저작물의 보호범위와 관련하여, 편집저작물의 창작성 정도는 일반적인 저작물과 같이 소재의 선택·배열 또는 구성에 저작자의 개성이 나타나 있으면 되고 그 보호범위도 일반적인 저작물의 보호범위와 다르지 않다. 다만 실용적인 편집저작물 등은 소재의 선택·배열 또는 구성에 관한 창작성이 발휘될 여지가 상대적으로 적기 때문에 보호범위도 그에 따라 좁아진다. 이에 대하여는 앞의 「제3장 저작권의 객체 : 저작물 제2절 저작물의 종류 V. 건축물·건축을 위한 모형 및 설계도서 그 밖의 건축저작물(법 제4조 제1항 제5호)」 부분에서 본 바와 같은 기능적 저작물의 보호범위를 제한하는 방법에 관한 내용과 같은 논리를 적용하여 설명할 수 있다.

편집저작물의 보호는 그 편집저작물의 구성부분이 되는 소재의 저작권 그 밖에 저작권법에 따라 보호되는 권리에 영향을 미치지 아니한다(법 제6조 제2항).

소재저작물이 독립된 저작물일 경우 그 저작자의 동의를 받는 것은 편집저작물의 성립요건이 아니라 적법요건이므로,[144] 동의가 없어도 편집저작물 자체의 저작권 발생에는 영향이 없고 다만 소재 저작물의 저작권자의 편집저작물 작성권(법 제22조)을 침해한 것이 된다.

편집물의 구성부분을 이루는 저작물에 관한 저작자의 허락이 없는 무단편집물이라도 그 편집저작물 자체는 저작권법에 의한 보호를 받으므로, 제3자가 이를 무단이용한 경우에는 소재저작물의 저작권자는 물론이고 편집저작물의 저작자도 권리를 주장할 수 있다. 다만 편집저작물의 저작권을 주장할 수 있는 경우는 제3자가 그것을 편집저작권자의 동의 없이 편집저작물로서 이용한 경우에 한하고 예컨대 제3자가 편집저작물에 게재된 하나의 논문만을 골라 사용하는 것은 해당 논문의 저작자 권리만 침해하는 것이 될 뿐, 편집저작물의 저작권을 침해한 것으로 되지 않는다. 만일 침해자가 편집저작물 전체를 복제한 경우에는 소재 저작물의 저작

---

143) 일본 東京高等裁判所 1995. 1. 31. 선고 平成6(ネ)1610 판결 참조.
144) 미국 저작권법은 "저작권으로 보호되는 기존 자료를 사용하는 어떤 저작물에 대한 보호는, 그 저작물 중에서 그러한 자료를 불법적으로 사용한 부분에 대하여는 미치지 아니한다."(법 제103조 후문)라고 하여 소재 저작물 저작자의 동의 없는 부분에 대하여는 편집물의 저작권이 발생하지 않는다고 규정한다.

자 권리와 편집저작자 권리를 함께 침해한 것이 된다.

그리고 편집저작물의 저작권에 대한 침해는 제3자에 의해 동의 없이 편집저작물로서 이용되고 있는 이상, 그중 소재의 선택·배열 또는 구성에 관하여 창작성이 있는 부분을 이용하면 성립하고 반드시 편집저작물 전부를 이용하는 경우에만 침해가 되는 것도 아니다.[145)

III. 편집저작물에 관한 그 밖의 규정

국가 또는 지방자치단체가 작성한 것으로서 ① 헌법·법률·조약·명령·조례 및 규칙, ② 국가 또는 지방자치단체의 고시·공고·훈령 그 밖에 이와 유사한 것, ③ 법원의 판결·결정·명령 및 심판이나 행정심판절차 그 밖에 이와 유사한 절차에 의한 의결·결정 등의 편집물은 저작권법에 의한 보호를 받지 못한다(법 제7조 제4호).

원저작자의 동의를 얻어 작성된 2차적저작물 또는 편집저작물이 공표된 경우에는 그 원저작물도 공표된 것으로 본다(법 제11조 제4항).

저작재산권자는 배타적발행권 존속기간 중 그 배타적발행권의 목적인 저작물의 저작자가 사망한 때에는 배타적발행권의 존속기간에도 불구하고 저작자를 위하여 저작물을 전집 그 밖의 편집물에 수록하거나 전집 그 밖의 편집물의 일부인 저작물을 분리하여 이를 따로 발행 등의 방법으로 이용할 수 있다(법 제59조 제2항).

위 규정은 출판권에 관하여 준용하여 이 경우 "배타적발행권"은 "출판권"으로, "저작재산권자"는 "저작물을 복제·배포할 권리를 가진 자"로 본다(법 제63조의2).

제6절 저작물성이 문제로 되는 것

그 외에 저작권법에 규정되어 있지 않지만 실무상 저작물성이 문제되는 것으로 제호 내지

---

145) 대법원 1993. 1. 21.자 92마1081 결정(피신청인의 책에 실려 있는 연표가 소재를 추가하고 배열을 달리하여 신청인의 책에 실려 있는 연표의 창작성 있는 부분을 그대로 모방한 것이라고 보기 어렵다고 한 사례). 이에 대한 해설인 김경종, "편집저작권의 침해", 대법원판례해설 제19-2호, 법원도서관 (1993), 407은 "이 사건에 있어서 '20세기 미술의 모험'에 수록된 연표가 미술에 관한 책으로서 단순히 미술 1분야에 관계되는 역사적 인물, 사건 등을 나열하는 것에 그쳤다면 그 소재의 선택이나 배열에 있어 독창성이 있다고 보기 어렵겠지만, 미술 이외의 인접 분야의 역사적 사건, 인물을 망라하여 미술 분야와 동시대의 다른 분야의 역사적 사건, 인물을 대비해 볼 수 있도록 해놓은 것이기 때문에 그 소재의 선택이나 배열에 있어서 독창성이 있다고 봄이 타당하다."라고 하여 신청인의 책에 실려 있는 연표에 대한 창작성은 인정할 수 있다는 취지이다.

제명, 캐릭터, 응용미술저작물 및 글자체가 있다.

이들 중 제호 내지 제명, 캐릭터에 대하여는 본서 「제1장 저작권법과 지식재산권 등 간 관계 제1절 저작권법과 다른 지식재산권법 간 관계 II. 저작권법과 상표법 간 관계」 부분에서, 그중 응용미술저작물 및 글자체에 대하여는 본서 제1장 제1절의 「III. 저작권법과 디자인보호법 간 관계」 부분에서 각각 설명하였으니 중복을 피한다.

제7절 저작권의 객체로 되지 않는 저작물(보호받지 못하는 저작물)

I. 의의

저작물로서의 요건을 충족시키고 있다고 하더라도 사회공공의 이익이라는 견지에서 정책적으로 특정한 저작물을 저작권법의 보호범위 밖에 두고 있다.

저작권법 제7조는 헌법·법률·조약·명령·조례 및 규칙(제1호), 국가 또는 지방자치단체의 고시·공고·훈령 그 밖에 이와 유사한 것(제2호), 법원의 판결·결정·명령 및 심판이나 행정심판절차 그 밖에 이와 유사한 절차에 의한 의결·결정 등(제3호), 국가 또는 지방자치단체가 작성한 것으로서 위 제1호 내지 제3호에 규정된 것의 편집물 또는 번역물(제4호), 사실의 전달에 불과한 시사보도(제5호)의 어느 하나에 해당하는 것은 저작권법에 의한 보호를 받지 못한다.'라고 규정하여 비보호저작물들을 성질상 위 제1호 내지 제4호와 같이 정책적 이유로 국민에게 널리 알려 이용하도록 할 저작물과 위 제5호와 같이 창작적 표현이 아님을 이유로 한 사실의 전달에 불과한 시사보도로 나누고 있다.

1986. 12. 31. 법률 제3916호로 전부 개정된 저작권법 제7조는 보호받지 못하는 저작물로 "1. 법령, 2. 국가 또는 지방공공단체의 고시·공고·훈령 그 밖의 이와 유사한 것, 3. 법원의 판결·결정·명령 및 심판이나 행정심판절차 그밖의 이와 유사한 절차에 의한 의결·결정 등, 4. 국가 또는 지방공공단체가 작성한 것으로서 제1호 내지 제3호에 규정된 것의 편집물 또는 번역물, 5. 사실의 전달에 불과한 시사보도, 6. 공개한 법정·국회 또는 지방의회에서의 연술"을 규정하고 있었다.

2000. 1. 12. 법률 제6134호로 개정된 저작권법 제7조는 그중 제1호의 "법령"을 "헌법·법률·조약·명령·조례 및 규칙"으로 변경하였다.

2006. 12. 28. 법률 제8101호로 전부 개정된 저작권법 제7조는 종전의 제6호 규정을 삭제하고 이 부분을 저작재산권의 제한 규정으로 옮기면서 법 제24조(정치적 연설 등의 이용)를 신설하여 "공개적으로 행한 정치적 연설 및 법정·국회 또는 지방의회에서 공개적으로 행한

진술은 어떠한 방법으로도 이용할 수 있다. 다만, 동일한 저작자의 연설이나 진술을 편집하여 이용하는 경우에는 그러하지 아니하다."라고 규정하였다. 그리고 종전 제2호 및 제3호의 "그 밖의"를 "그 밖에"로 수정하여 현재에 이르고 있다.

II. 내용

저작권법 제7조 제1호는 헌법·법률·조약·명령·조례 및 규칙이다. 이들은 국민들이 법을 준수하기 위하여 어느 때라도 확인할 수 있어야 하므로 보호하지 않는 저작물로 하였다.

법 제7조 제1호에는 국내법과 같은 효력을 가지는 조약, 일반적으로 승인된 국제법규, 외국 법령이 포함되고, 법령에는 시행 중인 법령뿐만 아니라 폐지된 법령과 새로이 제정하거나 개정하고자 하는 법령초안도 해당되므로 비준되지 않은 조약, 국회 동의 전의 법률안 등도 포함된다.

법 제7조 제2호는 국가 또는 지방자치단체의 고시·공고·훈령 그 밖에 이와 유사한 것이다. 이들은 국민의 권리의무의 기준이 되는 것으로 국민에게 널리 알릴 필요가 있어서 보호하지 않는 저작물로 하였다.

여기서 '그 밖에 유사한 것'에는 행정청의 의사를 전달하는 공문서인 통지나 조회에 대한 답신 등이 해당한다. 그러나 국가나 지방자치단체가 발행하는 각종 연감 등은 국민의 권리의무와 관련이 있다고 보기 어려워 법 제24조의2(공공저작물의 자유이용)가 적용되는 것은 별론으로 하더라도, 위 제2호에는 해당하지 않는다. 사인이 작성한 법안이라든가 국가 또는 지방자치단체가 발행한 것이라도 학술의 가치가 있는 교육백서 등의 보고서, 교과서, 홍보자료, 조사통계자료, 법령의 해설서 등도 위 제2호에 해당하지 않는다.

법 제7조 제3호는 법원의 판결·결정·명령 및 심판이나 행정심판절차 그 밖에 이와 유사한 절차에 의한 의결·결정 등이다.

여기서 '그 밖에 이와 유사한 절차에 의한 의결·결정'에는 한국저작권위원회의 저작권 등의 분쟁에 대한 조정 등이 포함되지만 소송기록에 있는 준비서면 등은 포함되지 않는다.

법 제7조 제4호는 국가 또는 지방자치단체가 작성한 것으로서 위 제1호 내지 제3호에 규정된 것의 편집물 또는 번역물이다.

위 제1호 내지 제3호에 규정된 것의 편집물이나 번역물은 저작권으로 보호되지만 널리 알려 국민들이 자유로이 이용할 수 있도록 국가나 지방자치단체가 작성한 경우에 한하여 보호되지 않은 저작물로 규정한 것이다.

법 제7조 제5호는 사실의 전달에 불과한 시사보도이다.

제5호의 취지는 원래 저작권법의 보호대상이 되는 것은 외부로 표현된 창작적인 표현 형식일 뿐 그 표현의 내용이 된 사상이나 사실 자체가 아닌데, 시사보도는 여러 가지 정보를 정확하고 신속하게 전달하기 위하여 간결하고 정형적인 표현을 사용하는 것이 보통이어서 창작적인 요소가 개입될 여지가 적다는 점 등을 고려하여, 독창적이고 개성 있는 표현 수준에 이르지 않고 단순히 '사실의 전달에 불과한 시사보도'의 정도인 것은 저작권법에 의한 보호대상에서 제외한다는 데에 있다.146)

여기서 사실의 전달에 불과한 시사보도란 화재, 교통사고, 인사동정 등에 관한 일상적인 뉴스를 말한다. 사상, 감정의 창작적 표현이라고 할 만한 요소가 거의 없기 때문에 그 자체로 저작물성이 없어 당연한 사리를 주의적으로 규정한 것이다.

따라서 사실의 전달이 아닌 기자의 사상, 감정이 담긴 보도기사나 해설기사, 신문의 사설, 보도사진 등은 보호되는 저작물에 해당할 수 있다.147)

---

146) 대법원 2006. 9. 14. 선고 2004도5350 판결, 대법원 2009. 5. 28. 선고 2007다354 판결 참조.
147) 대법원 2011. 2. 24. 선고 2008두4701 판결은 "원고가 송출받은 외국방송사의 뉴스화면은 취재대상 기사의 선별, 화면의 촬영 및 편집, 인터뷰의 대상과 내용의 선정, 뉴스의 편집에 이르기까지 방송관계자의 사상과 감정이 표현된 창작물로서 단순한 '사실의 전달'과는 그 성격을 달리하고, 나아가 원고가 외국방송사의 뉴스화면을 송출받아 그대로 방송하는 것은 스스로 취재하여 방송하는 노력과 비용을 절약하고 보도의 신뢰성과 시장성을 높이기 위한 목적을 가진 것으로서 '보도 목적에 필요한 정당한 범위 내에서 공정한 관행에 합치되게 이를 인용'한 것으로 볼 수도 없다는 등의 이유로, 원고가 외신뉴스를 그대로 방송하는 것이 구 저작권법(2006. 12. 28. 법률 제8101호로 전부 개정되기 전의 것) 제7조 제5호 소정의 '사실의 전달에 불과한 시사보도'에 불과하거나 제25조 소정의 '공표된 저작물의 인용'에 해당하여 저작권 사용료를 지급할 필요가 없다는 원고의 주장을 배척"한 원심을 수긍하였다.

저작권의 주체 : 저작자 · 저작권자

제4장 저작권의 주체 : 저작자·저작권자

제1절 저작자

I. 저작자

① 저작자의 의의

저작자는 저작물을 창작한 자이다(법 제2조 제2호).

구체적으로 외부에 표현한 창작적인 표현만이 저작권의 보호대상이므로, 창작적인 표현 형식 자체에 기여한 자만이 그 저작물의 저작자가 되고, 창작적인 표현 형식에 기여하지 아니한 자는 비록 저작물의 작성 과정에 아이디어나 소재 또는 필요한 자료를 제공하는 등의 관여를 하였더라도 그 저작물의 저작자로 되지 않는다.[1][2]

결국 저작자가 되기 위하여는 저작물에서 '사상 또는 감정의 창작성 있는 표현'에 기여하였다고 평가하기에 충분한 정신적 활동에 관여하여야 한다.[3]

저작자 여부는 증거에 기한 사실인정의 문제인데 저작자로 인정받을 수 있는지와 관련하여 실무의 태도를 정리하면 아래와 같다.

저작자로 인정받기 어려운 경우로서, ① 저작물 창작에 필요한 자금만을 제공한 자, 일반

---

1) 대법원 2009. 12. 10. 선고 2007도7181 판결.
2) 대법원 1992. 12. 24. 선고 92다31309 판결은 "상업성이 강한 응용미술작품의 경우에도 당사자 사이의 계약에 의하여 실제로 제작하지 아니한 자를 저작자로 할 수는 없다고 할 것이다. 단체명의저작물의 저작권에 관한 저작권법 제9조를 해석함에 있어서도 위 규정이 예외규정인 만큼 이를 제한적으로 해석하여야 하고 확대 내지 유추해석하여 저작물의 제작에 관한 도급계약에까지 적용할 수는 없다. 원심이 확정한 사실에 의하더라도, 신청인이 제작한 ○○○○의 상징도안(캐릭터)인 너구리도안의 기본도안과 응용도안은 그 소재의 선정뿐 아니라 그 제작에 있어서도 전적으로 제작자인 신청인의 재량과 예술적인 감각 및 기술에 의하였음을 알 수 있으므로 위 너구리도안의 저작자는 제작자인 신청인이라 할 것이다."라고 하였다. 다만 위 소송에서 결론적으로는 저작물인 도안의 제작자가 도안의 수정의무의 이행을 거절함으로써 주문자측의 도안 변경에 이의하지 않겠다는 취지의 묵시적 동의를 하였다고 하여 주문자측이 도안을 일부 변경한 다음 변경된 도안을 기업목적에 따라 사용하더라도 저작권법 제13조 제1항에 규정된 동일성유지권의 침해에 해당되지 아니한다고 판단되었다.
3) 서울고등법원 2016. 12. 1. 선고 2016나2020914 판결(심리불속행 상고기각 확정)도 발레 작품의 저작권은 창작자인 안무가에게 귀속하고, 발레 무용에 창작적으로 기여한 바 없는 공연기획자는 발레 작품의 저작자 또는 공동저작자로 볼 수 없다고 하였다.

적인 조언을 하거나 추상적인 지시 또는 원안을 제공한 경우,4) 저작물의 기능을 설명하거나 프로그램의 검사 · 오류발견 등과 같이 단순히 아이디어만을 제공한 경우, 창작의 힌트나 테마를 제공하거나 착상 내지 구상 또는 소재, 모델을 제공한 데 불과한 자, ② 2차적저작물에 대한 원저작자, 저작자의 보조자 또는 조수(단순히 보조적인 역할을 수행한 자, 저작물을 작성할 때 저작자의 지휘 · 감독하에 그의 손발이 되어 작업에 종사한 자)인 경우나 대작(代作)해 준 자가 따로 있는 경우,5) ③ 창작자의 지시를 받아 필요한 자료를 수집 정리한 경우, 감수 · 교열자가 통상의 역할을 수행하였을 뿐 보정, 가필 등의 창작활동에 관여하지 않은 경우, ④ 일부 작성에 관여하였지만 타인의 제작의도를 충실히 반영한 것으로 저작물의 제작과정을 총괄하고 세부에 걸쳐 제작 스텝들에게 지시나 지도를 한 것은 아닌 경우 등이 있다.

저작자로 인정받을 수 있는 경우로서, ⑤ 추상적인 아이디어의 제공에 그치지 않고 조사를 하고 자료를 수집하며 기재항목도 세부에 걸쳐 취사선택한 다음 그 기재방법에 관하여도 많은 자료를 제공하고, 지엽말단에 이르기까지 상세하게 구체적으로 지시한 경우, ⑥ 광고상에 배치되는 도안의 토대가 되는 사진 등의 '소재'를 제공함과 아울러 그 디자인이나 색조 및 배치를 구체적으로 지시한 경우, ⑦ 기획서의 작성으로부터 영화의 완성에 이르기까지의 전 제작 과정에 관여하고, 구체적이고 상세한 지시를 하고, 최종 결정을 한 경우 등이 있다.6)

법인 · 단체 그 밖의 사용자 명의로 공표되는 업무상 저작물의 저작자는 계약 또는 근무규칙 등에 다른 정함이 없는 때에는 그 법인 · 단체 그 밖의 사용자가 된다. 다만 컴퓨터프로그램저작물의 경우 공표될 것을 요하지 아니한다(법 제9조). 여기서 업무상 저작물이란 법인 · 단

---

4) 서울중앙지방법원 2017. 2. 17. 선고 2015가합558129 판결(항소심에서 화해권고결정 확정으로 종국)은 환경교재 초안을 검토하는 과정에서 "특정 내용을 추가하는 것이 좋겠다", "이것은 수정하는 것이 좋겠다"는 등으로 의견을 제시하는 한편 삽화 담당자에게 "어떤 배경과 요소들을 넣어서 그려야 학생들이 교육적, 환경적으로 이해가 잘 될 수 있다"는 등의 의견을 제시하여 삽화 작업을 진행하게 하거나 수정하게 한 사실 등의 사정만으로는 환경교재의 작성에 조언 등을 한 것을 넘어 창작적인 표현형식 자체에 다른 사람과 공동으로 기여하였다고 보기 어렵다고 하였다.

5) 대법원 1996. 7. 30. 선고 94도2708 판결은 대작 여부 판단기준에 대하여 "일반적으로 석사학위논문 정도의 학술적 저작물을 작성함에 있어서는 논문작성 과정에서 타인으로부터 외국서적의 번역이나 자료의 통계처리 등 단순하고 기술적인 조력을 받는 것은 허용된다고 보아야 할 것이나, 그 작성자로서는 학위논문의 작성을 통하여 논문의 체제나 분류방법 등 논문 작성방법을 배우고, 지도교수가 중점적으로 지도하여 정립한 논문의 틀에 따라 필요한 문헌이나 자료를 수집하여 분석, 정리한 다음 이를 논문의 내용으로 완성하는 것이 가장 중요한 일이라 할 것이므로, 비록 논문작성자가 지도교수의 지도에 따라 논문의 제목, 주제, 목차 등을 직접 작성하였다고 하더라도 자료를 분석, 정리하여 논문의 내용을 완성하는 일의 대부분을 타인에게 의존하였다면 그 논문은 논문작성자가 주체적으로 작성한 논문이 아니라 타인에 의하여 대작된 것이라고 보아야 할 것이다."라고 하였다.

6) 이들 내용은 남현, "2인 이상이 저작물의 작성에 관여한 경우 저작자의 인정", 대법원판례해설, 82호(2009 하반기), 법원도서관(2010) 830~832에 게재된 저작자 부정례와 긍정례의 실무 내용을 참고하였다.

체 그 밖의 사용자의 기획 하에 법인·단체 그 밖의 사용자의 업무에 종사하는 자가 업무상 작성하는 업무상 저작물을 말한다(법 제2조 제31호).

한편, 1957. 1. 28. 법률 제432호로 제정된 저작권법은 저작인접권 제도를 인정하지 않고 있었기 때문에 연주, 가창, 음반이 저작물로 포섭되고 있었고 그에 따라 연주, 가창, 음반에 대하여 (저작인접권이 아닌) 저작권이 인정되었다. 비록 이후 저작권법의 개정에 따라 음반제작자의 권리가 저작인접권으로 인정되게 되었더라도 원저작물을 음반에 녹음하는 행위의 성격이나 원저작물의 이용을 촉진하기 위하여 음반의 제작·유통을 장려하고 보호할 필요성에 본질적인 변화가 있지 아니하는 점 등을 고려하면 구 저작권법상 음반에 관한 저작자의 결정에서 현행 저작권법상 음반제작자의 결정과 통일적인 기준을 적용할 필요가 있다. 따라서 1957년 저작권법상 음반에 관한 저작자는 음반의 저작권을 자신에게 귀속시킬 의사로 원저작물을 음반에 녹음하는 과정을 전체적으로 기획하고 책임을 지는 법률상의 주체를 뜻하고, 법률상의 주체로서의 행위가 아닌 한 음반의 제작에 연주·가창 등의 실연이나 이에 대한 연출·지휘 등으로 사실적·기능적 기여를 하는 것만으로는 음반에 관한 저작자가 될 수 없다.[7]

그리고 업무상저작물에 관한 규정은 창작자가 저작자로 되는 원칙에 대한 예외 규정이므로 업무상저작물의 성립은 대체로 좁게 인정되고 있다.

다만 컴퓨터프로그램저작물에서는 문화보다 산업의 측면이 강한 특성을 고려하여 일반 저작물의 경우보다는 넓게 업무상저작물의 성립을 인정하고 있다. 즉, 대법원은, 컴퓨터프로그램의 저작자에 관하여 업무상 창작한 프로그램의 저작자에 관한 저작권법 제9조는 프로그램 제작에 관한 도급계약에 적용되지 않는 것이 원칙이나, 예외적으로 주문자가 전적으로 프로그램을 기획하고 자금을 투자하면서 개발업자의 인력만을 빌어 그에게 개발을 위탁하고 이를 위탁받은 개발업자는 당해 프로그램을 오로지 주문자만을 위해서 개발·납품하여 결국 주문자의 명의로 공표하는 경우에는 법인 등의 업무에 종사하는 자가 업무상 창작한 프로그램에 준하는

---

7) 대법원 2016. 4. 28. 선고 2013다56167 판결, 위 판결은 또한 "구 저작권법(1986. 12. 31. 법률 제3916호로 전부 개정되기 전의 것, 이하 같다)에는 저작권자의 권리로서 대여권이 규정되어 있지 아니하였는데, 1994. 1. 7. 법률 제4717호로 개정되어 1994. 7. 1. 시행된 저작권법은 제43조 제2항에서 판매용 음반에 관하여 저작권자에게 대여권을 인정하는 규정을 신설하였으나 위 개정법률 부칙 제2항(대여권에 관한 경과조치)이 "이 법 시행 전에 발행된 저작물이 수록된 판매용 음반의 대여에 관하여는 종전의 규정에 의한다."라고 규정하고 있으므로, 위 부칙규정에 따라 위 대여권 규정은 1987년 저작권법 시행 전에 공표된 이 사건 음반에 관하여는 적용되지 않는다."라고 하였다. 이에 대한 해설로는 김창권, "구 저작권법(1986. 12. 31. 법률 제3916호로 전부 개정되기 전의 것)에 따라 저작물로 취급되는 음반에 관한 저작자의 결정 기준 등", 대법원판례해설 제108호(2016년 상), 법원도서관(2016), 203 이하가 있다. 위 논문 244에서는 위 판결을 구 저작권법상 음반저작물에 관한 저작권자의 결정에 있어서 저작인접권자로서의 음반제작자의 결정과 통일적인 기준을 적용하여야 함을 명시하면서 그 구체적인 기준을 제시한 최초의 사례로 평가하고 있다.

것으로 보아 저작권법 제9조를 준용하여 주문자를 프로그램저작자로 볼 수 있다고 한다(원칙적 소극).8)

② 저작자와 저작권자의 개념 구별

저작자(author)는 저작물을 창작한 자로서 저작권을 원시취득한다. 저작권자(proprietor of copyright)는 창작된 저작물에 대해 권리를 가지는 자로서 저작권의 귀속주체이다.

저작권자에는 원시적 권리자와 승계적 권리자가 있다.

저작자는 저작물을 창작한 때로부터 저작권을 원시적으로 취득하므로 이러한 경우에 저작자가 원시적 권리자로 된다. 한편 저작권은 저작인격권과 저작재산권으로 나뉘는데(법 제10조 제1항) 저작인격권은 일신전속적이어서 양도를 할 수 없는(법 제14조) 반면에 저작재산권은 그 전부 또는 일부를 양도할 수 있으므로(법 제45조 제1항), 원시적 권리자로부터 양도·상속 등에 의해 저작재산권을 승계취득한 자가 승계적 권리자이다.

결국 저작자가 저작물을 창작한 경우에는 저작자, 저작재산권자 및 저작인격권자는 일치하지만, 저작자가 자신이 가지고 있는 저작재산권을 이전하는 경우에 귀속주체로서 저작자 및 저작인격권자는 저작재산권자와 달라진다.

저작재산권의 양도는 이를 등록하지 않으면 제3자에게 대항할 수 없는데(상속 그 밖의 일반 승계의 경우는 제외) (법 제54조), 여기서 등록하지 아니하면 제3자에게 대항할 수 없다고 할 때의 제3자란 당해 저작재산권의 양도에 관하여 양수인의 지위와 양립할 수 없는 법률상 지위를 취득한 경우 등 저작재산권의 양도에 관한 등록의 흠결을 주장함에 정당한 이익을 가지는 제3자에 한하고, 저작재산권을 침해한 사람은 위 제3자가 아니므로,9) 저작재산권자는 무단이용자 등 저작재산권을 침해하는 사람에 대하여 등록 없이 손해배상 등을 청구할 수 있다.

저작자의 표시가 없는 저작물의 경우에는 발행자·공연자 또는 공표자10)로 표시된 자가

---

8) 대법원 2000. 11. 10. 선고 98다60590 판결 [컴퓨터프로그램 보호법(1994. 1. 5. 법률 제4712호로 개정되기 전의 것) 제7조에 관한 것임, 컴퓨터프로그램 보호법은 2009. 4. 22. 제9625호로 폐지되었다], 대법원 2012. 4. 17.자 2010마372 결정, 대법원 2013. 5. 9. 선고 2011다69725 판결.
9) 대법원 2002. 11. 26. 선고 2002도4849 판결, 대법원 2006. 7. 13. 선고 2004다10756 판결. 한편 서울고등법원 2008. 7. 8. 선고 2007나80093 판결(심리불속행 상고기각 확정)은 저작권 이중양도의 계약 상대방들 중 먼저 저작권등록을 경료한 사람이 원칙적으로 적법한 권리자로 보호받고, 다만 선등록한 후순위 양수인이 저작권자의 배임행위에 적극적으로 가담한 경우에 한하여 그 권리의 보호가 부정된다고 하면서도, 한편 저작권을 상실한 등록명의인은 자신에게 저작권등록명의만 남아 있는 상태를 내세우며 제3자에 대하여 저작권침해금지청구권을 행사할 수 없다고 하였다.
10) 2009. 4. 22. 법률 제9625호로 개정된 저작권법은 폐지된 컴퓨터프로그램 보호법과 통합하였는데 컴퓨터프로그램은 공연이 있을 수 없고 발행 이외에 공표되는 경우가 있기 때문에 종전의 발행자·공연자

저작권을 가지는 것으로 추정한다(법 제8조 제2항).

II. 공동저작자

① 공동저작자의 의의

2인 이상이 공동으로 창작한 저작물로서 각자의 이바지한 부분을 분리하여 이용할 수 없는 것을 공동저작물이라 하고, 이때 공동저작물을 창작한 저작자를 공동저작자라고 한다.

공동저작물은 각자의 이바지한 부분을 분리하여 이용할 수 없다는 점에서 각자의 이바지한 부분을 분리하여 이용할 수 있는 결합저작물과는 구분된다.11) 결합저작물은 단독저작물의 결합에 불과하여 결합저작물의 저작자라는 개념은 상대적으로 의미가 없다. 예컨대 다수의 저작자들이 특정 부분을 나누어서 개별적으로 저작한 후에 편집하여 누가 어느 부분을 집필하였는지 알 수 있도록 한 경우에는 저작권법상의 공동저작물이 아니라 다수의 단독저작물이 결합되어 있는 것이다.

공동저작물은 2인 이상이 공동으로 창작한 저작물이라는 점에서 원저작물을 번역·편곡·변형·각색·영상제작 그 밖의 방법으로 작성한 2차적저작물과도 구분된다. 2차적저작물이 되기 위하여는 원저작물을 기초로 하되 원저작물과 실질적 유사성을 유지하고 이것에 사회통념상 새로운 저작물이 될 수 있을 정도의 수정·증감을 가하여 새로운 창작성이 부가되어야 한다.

이렇듯 여러 사람이 관여하여 하나의 저작물을 작성하는 경우 관여자들의 작성 의도, 그 작성에 기여하는 정도, 작성되는 저작물의 성질에 따라 그 저작물이 공동저작물 또는 결합저작물로 될 수 있고 2차적저작물로 될 수도 있다.12)

외에 공표자로 표시된 자도 저작권을 가지는 것으로 추정하였다.

11) 대법원 2005. 10. 4.자 2004마639 결정(뮤지컬은 단독 저작물의 결합에 불과한 결합저작물이고, 뮤지컬 제작자는 뮤지컬의 완성에 창작적으로 기여한 바가 없는 이상 독자적인 저작권자라고 할 수 없으며, 뮤지컬의 연기자, 연출자 등은 실연 자체에 대한 저작인접권을 가질 뿐이라고 한 원심판단을 수긍하였다), 대법원 2005. 10. 4.자 2004마639 결정, 대법원 2015. 6. 24. 선고 2013다58460, 58477 판결은 저작물의 창작에 복수의 사람이 관여하였더라도 각 사람의 창작활동의 성과를 분리하여 이용할 수 있는 경우에는 공동저작물이 아니라 이른바 결합저작물로 보아야 한다고 하였다.

12) 대법원 2000. 5. 16. 선고 2000다1402 판결은 "완성된 교과서는 피고가 작성한 원고(原稿)초안을 기초로 하여 원고가 편집책임자로서 초안의 내용을 대폭 수정·가필하여 교과서로 출원하였는데 피고가 작성한 원고(原稿)초안과 완성·발간된 교과서의 내용과는 현저한 차이가 있고, 위 초안의 일부분이 교과서에 그대로 옮겨져 있을 뿐 수정되거나 가필된 부분이 더 많아 발간된 교과서가 피고가 작성한 원고(原稿)초안을 기초로 하여 단순히 탈자, 오자 및 정정 등의 편집과정을 거쳐 발간되었다고 보기 어려운 사실…을 인정한 후 이 사건 교과서를 작성함에 있어서 원고가 단순히 피고 작성의 원고(原稿)를 편집만

② 공동저작자의 요건

　　공동저작자는, (1) 2인 이상의 각자가 창작성 있는 표현에 기여할 것, (2) 공동창작의 의사라는 주관적 관계와 공동창작행위라는 객관적 관계가 존재할 것, (3) 단일한 저작물이 창작되고 각자의 이바지한 부분을 분리하여 이용할 수 없을 것을 요건으로 하여 성립한다.

　　위 (1) 요건과 관련하여, 공동저작자 인정 기준이 일반적인 저작자의 인정 기준과 동일한 기준이 적용되어야 하는지가 문제된다.

　　이에 대하여는 창작을 장려한다는 측면에서 공동 저작의 저작자 인정 기준에 관해서는 통상의 저작자 인정보다 완화된 기준을 설정할 필요가 있어 창작행위가 아닌 관여자의 경우라도 공동저작자로 인정될 수 있다는 견해도 있으나, 공동저작물은 2인 이상이 공동으로 창작한 저작물일 것을 전제로 하고 있기 때문에(법 제2조 제21호) 공동저작물로 인정되기 위해서는 통상의 저작자 인정의 경우와 같은 요건이 적용되어야 할 것이다. 공동저작자인지 여부 판단은 앞에서 본 저작자로 인정받을 수 있는지 여부 판단에 관련된 설명이 그대로 적용된다.

　　결국 2인 이상이 저작물의 작성에 관여한 경우 그중에서 창작적인 표현 형식 자체에 기여한 자만이 그 저작물의 저작자가 되고, 창작적인 표현 형식에 기여하지 아니한 자는 비록 저작물의 작성 과정에서 아이디어나 소재 또는 필요한 자료를 제공하는 등의 관여를 하였다고 하더라도 그 저작물의 저작자가 되는 것은 아니며, 이때 설사 저작자로 인정되는 자와 공동저작자로 표시할 것을 합의하였다고 하더라도 공동저작자로 될 수 없다.13)

　　그리고 이러한 논리는 컴퓨터프로그램의 공동저작자 여부 판단에도 그대로 적용된다.14)

하였다고 볼 수는 없고, 원고가 편집단계에서 이를 수정·가필하여 새로운 교과서를 작성하였다고 봄이 상당하므로, 위 교과서의 저작자는 원고와 피고로 보아야" 한다는 원심판단을 수긍하였다.

서울북부지방법원 2008. 12. 30. 선고 2007가합5940 판결(미항소 확정)은 만화저작물의 경우 만화스토리 작성자가 만화작가와 사이에 기획의도·전개방향 등에 대한 구체적인 협의 없이 단순히 만화의 줄거리로 사용하기 위해 독자적인 시나리오 내지 소설 형식으로 만화스토리를 작성하고, 이를 제공받은 만화작가가 만화스토리의 구체적인 표현방식을 글(언어)에서 그림으로 변경하면서 만화적 표현방식에 맞게 수정·보완하고, 그 만화스토리의 기본적인 전개에 근본적인 변경이 없는 경우에는 만화스토리를 원저작물, 만화를 2차적저작물로 볼 여지가 있다고 하면서도 피고가 만화 완성의 의도로 원고들에게 만화스토리의 작성을 의뢰하였고, 원고들도 피고의 그림작업 등을 거쳐 만화를 완성하는 것을 전제로 피고에게 만화스토리를 제공하였으며, 이 사건 만화들은 원고들이 창작하여 제공한 스토리, 구체적으로 묘사한 등장인물의 성격, 배경 설명 등과 이에 기초한 피고 특유의 그림 등이 결합하여 독창적인 만화가 완성되었다는 등의 사정을 들어 이 사건 만화들은 원고들과 피고가 하나의 만화를 만들기 위해 공동창작의 의사를 가지고 각각 맡은 부분의 창작을 함으로써 주제, 스토리와 그 연출방법, 그림 등의 유기적인 결합으로 완성되어 각 기여부분을 분리하여 이용할 수 없는 저작물이라고 판단하였다.

13) 대법원 2009. 12. 10. 선고 2007도7181 판결.

위 (2) 요건 중 공동창작의 의사는 법적으로 공동저작자가 되려는 의사를 뜻하는 것이 아니라, 공동의 창작행위에 의하여 각자의 이바지한 부분을 분리하여 이용할 수 없는 단일한 저작물을 만들어 내려는 의사이다.[15) 이러한 의사는 공동으로 단일한 저작물을 만드는 객관적 행위에 의하여 추정될 수 있다.[16)

선행 저작자에게 각 창작 부분의 상호 보완에 의하여 단일한 저작물을 완성하려는 공동 창작의 의사가 있는 것이 아니라 자신의 창작으로 하나의 완결된 저작물을 만들려는 의사가 있을 뿐이라면, 설령 선행 저작자의 창작 부분이 하나의 저작물로 완성되지 아니한 상태에서 후행 저작자의 수정·증감 등에 의하여 분리이용이 불가능한 하나의 저작물이 완성되었다고 하더라도 선행 저작자와 후행 저작자 사이에 공동창작의 의사가 있다고 인정할 수 없으므로 그 저작물은 선행 저작자와 후행 저작자의 공동저작물이 될 수 없고, 단지 후행 저작자에 의하여 완성된 저작물은 선행 저작자의 창작 부분을 원저작물로 하는 2차적저작물이 될 수 있을 뿐이다.[17)

창작과정에 관여하지 아니한 자가 사후에 저작자 또는 저작권의 '귀속'에 관하여 당사자 간의 합의가 있는 경우에도 창작자만이 저작자가 되어야 한다는 저작권법의 기본원칙에 따라 발표된 표시 명의에 관계없이 창작과정에 관여하지 아니한 자는 공동저작자로 될 수 없고 실제로 창작한 자가 저작자가 된다.[18)

다만, 이 경우 실제 소송에서는 법 제8조의 '저작자의 추정' 규정의 적용을 받아 발표명의 자가 저작자로 추정을 받게 되고, 따라서 명의자 아닌 자가 자신이 실제 저작자라고 주장하려면 그러한 추정을 번복시키기 위한 증명책임을 부담한다. 또한 발표명의자로 발표하는 것에 대해 발표명의자 아닌 자의 승낙이 저작권을 발표명의자에게 귀속시키는 것에 관한 의사표시라고 추인되는 경우에는 저작권의 후발적 승계취득으로 인정될 수 있을 것이다.

위 (2) 요건 중 공동창작행위는 각각의 참가자들이 전체적인 공동의 창작계획을 실현하기

---

14) 대법원 2015. 3. 20. 선고 2014다78881, 78898 판결은 컴퓨터프로그램의 창작적 표현 형식에 기여하였다고 평가하기에 충분한 정신적 활동에 관여하였다고 보기 어려워 컴퓨터프로그램의 공동저작자에 해당하지 않는다고 하였다.

15) 대법원 2014. 12. 11. 선고 2012도16066 판결.

16) 극본작가가 초벌대본을 만들고 각색작가가 그 완성도를 높여 실연에 적합하도록 만드는 통상의 연극대본 완성과정에 비추어 볼 때, 특별한 사정이 없다면 대본완성의 전 과정 중 어느 시점에 만들어진 것을 원작물로, 그 이후 수정된 것을 2차적저작물로 나누어, 각 별개의 저작물로 파악하는 것은 타당하지 아니하다. 대법원 2011. 8. 25. 선고 2009다73882 판결은 2인 이상이 저작물의 작성에 관여한 경우 그중에서 창작적인 표현 형식 자체에 기여한 자는 그 저작물의 저작자가 된다고 하면서 시나리오 작가가 대본을 완성하지 못한 상태에서 계약이 해제되고 후행 작가가 이를 완성한 사안에서 최종대본이 공동저작물이라고 하였다.

17) 대법원 2016. 7. 29. 선고 2014도16517 판결.

18) 대법원 2009. 12. 10. 선고 2007도7181 판결.

위하여 분업적 공동작업의 원리에 따라 상호 간의 역할을 분담하여 창작의 실행단계에서 분업적 공동작업을 행하는 것을 의미한다는 견해,[19] 다수인의 창작행위로 하나의 저작물이 발생하였다는 객관적 · 외부적 사실을 말하는 것으로 보면 충분하다는 견해[20]등이 있다.

그리고 위 (3) 요건 중 분리하여 이용할 수 없다는 것은 ① 물리적으로 분리하여 이용할 수 없는 경우와 ② 물리적으로 분리되더라도 분리된 부분을 단독으로 이용할 수 없는 경우를 말한다. 여기서 단독으로 이용할 수 없다는 의미에 대해 (i) 경제적으로 이용할 수 없는 경우를 말한다는 견해[21]와 (ii) 경제적 관점이 아니라 법적 · 규범적 의미에서 단독으로 이용할 수 없는 경우를 말한다는 견해[22]가 있다.

③ 공동저작자에 대한 효과(저작권 공유의 효과)

공동저작물에서 각 저작자가 기여한 부분을 분리하여 이용할 수 없다는 요건 때문에 아래와 같이 저작권의 귀속, 행사 및 처분 등에 일정한 제한이 따르고(법 제15조, 제48조) 단독저작물과는 다른 규정(법 제39조, 제129조)의 적용을 받는다.

공동저작물의 저작인격권은 저작자 전원의 합의에 의하지 아니하고는 이를 행사할 수 없다. 이 경우 각 저작자는 신의에 반하여 합의의 성립을 방해할 수 없다(법 제15조 제1항).

공동저작물의 저작자는 그들 중에서 저작인격권을 대표하여 행사할 수 있는 자를 정할 수 있고, 이에 따라 권리를 대표하여 행사하는 자의 대표권에 가하여진 제한이 있을 때에 그 제한은 선의의 제3자에게 대항할 수 없다(법 제15조 제2항, 제3항).

공동저작물의 저작재산권은 그 저작재산권자 전원의 합의에 의하지 아니하고는 이를 행사할 수 없고, 다른 저작재산권자의 동의가 없으면 그 지분을 양도하거나 질권의 목적으로 할 수 없다. 이 경우 각 저작재산권자는 신의에 반하여 합의의 성립을 방해하거나 동의를 거부할 수 없다(법 제48조 제1항).

저작권법 제48조 제1항 전문의 "공동저작물의 저작재산권은 그 저작재산권자 전원의 합의에 의하지 아니하고는 이를 행사할 수 없다."는 규정은 어디까지나 공동저작자들 사이에서 각자의 이바지한 부분을 분리하여 이용할 수 없는 단일한 공동저작물에 관한 저작재산권을 행사하는 방법을 정하고 있는 것일 뿐이므로, 공동저작자가 다른 공동저작자와의 합의 없이 공동저작물을 이용한다고 하더라도 그것은 공동저작자들 사이에서 위 규정이 정하고 있는 공동

---

19) 오승종, 저작권법 강의(제2판), 박영사(2018), 190.
20) 이해완, 저작권법(제4판), 박영사(2019), 396.
21) 저작권법 주해, 박영사, 138(정상조 집필 부분).
22) 오승종, 저작권법 강의(제2판), 박영사(2018), 194.

저작물에 관한 저작재산권의 행사방법을 위반한 행위가 되는 것에 그칠 뿐 다른 공동저작자의 공동저작물에 관한 저작재산권을 침해하는 행위까지 된다고 볼 수 없다.[23] 다만 공동저작자 중 한 명이 다른 공동저작자와의 합의 없이 공동저작물을 이용함으로써 다른 공동저작자에게 손해를 가하는 경우 저작권 행사방법 위반으로 인한 민법상 불법행위가 성립할 수 있다.

공동저작물의 이용에 따른 이익은 공동저작자 간에 특약이 없는 때에는 그 저작물의 창작에 이바지한 정도에 따라 각자에게 배분된다. 이 경우 각자의 이바지한 정도가 명확하지 아니한 때에는 균등한 것으로 추정한다(법 제48조 제2항). 공동저작물의 저작재산권자는 그 공동저작물에 대한 자신의 지분을 포기할 수 있고, 포기하거나 상속인 없이 사망한 경우에 그 지분은 다른 저작재산권자에게 그 지분의 비율에 따라 배분된다(법 제48조 제3항). 위 법 제15조 제2항 및 제3항의 규정은 공동저작물의 저작재산권의 행사에 관하여 준용한다(법 제48조 제4항).

한편, 법문에 공동저작물의 저작재산권은 다른 저작재산권자의 동의가 없으면 그 지분을 양도할 수 없다고 규정(법 제48조 제1항)되어 있으나, 저작재산권을 후발적 사유에 의하여 공동보유하는 경우 공동보유자 중 1인의 지분 양도에 관하여는 아무런 규정이 없어 저작재산권을 법률의 규정 및 당사자 간의 약정에 의하여 공동으로 양도받아 보유하는 경우 그 지분의 양도에 관하여 저작권법 제48조의 규정이 적용 또는 유추적용되는지 여부가 문제된다.

이에 대하여 ① 공동저작에 의하여 저작권을 원시적으로 공동보유하게 된 경우와 저작권 성립 후 이를 수인이 공동으로 양수하거나, 일부 지분의 양도, 상속 등에 의하여 후발적으로 공동보유하게 되는 경우를 차별할 근거를 발견하기 어려운 점, ② 저작권법 제48조는 공동저작물의 저작재산권은 그 지분 등의 양도에 '다른 저작자' 전원의 합의가 아니라 '다른 저작재산권자' 전원의 합의를 얻도록 규정하고 있어, 위 규정 자체가 공동저작자가 아닌 다른 자가 저작재산권을 보유하게 될 경우를 상정하고 있는 것으로 보이는 점, ③ 특허권 및 상표권은 공유관계의 발생이 원시적인지 후발적인지를 묻지 아니하고 권리의 행사 및 지분 양도 제한에 관한 규정[특허법 제99조(특허권의 이전 및 공유 등), 상표법 제93조(상표권 등의 이전 및 공유)]을 두고 있는 점 등에 비추어 보면, 저작재산권을 후발적 사유에 의하여 공동보유하는 경우 특약에 의하여 배제하거나, 공동보유자 상호간에 저작물의 행사 등에 관하여 협의할 만한 인적결합관계가 없는 특별한 경우가 아닌 한 저작재산권의 공동보유자 사이의 저작재산권 행사 등에 관하여는 저작권법 제48조를 유추적용할 수 있다는 입장에 선 2심 판결이 있다.[24]

공동저작물의 저작재산권은 맨 마지막으로 사망한 저작자가 사망한 후 70년간 존속한다(법 제39조 제2항).

공동저작물의 각 저작자 또는 각 저작재산권자는 다른 저작자 또는 다른 저작재산권자의

---

23) 대법원 2014. 12. 11. 선고 2012도16066 판결.
24) 서울고등법원 2008. 7. 22. 선고 2007나67809 판결(미상고 확정) 참조.

동의 없이 법 제123조(침해의 정지 등 청구)의 규정에 따른 청구를 할 수 있으며 그 저작재산권의 침해에 관하여 자신의 지분에 관한 법 제125조(손해배상의 청구)의 규정에 따른 손해배상의 청구를 할 수 있다(법 제129조). 그리고 같은 법 제127조(명예회복 등의 청구)에 의한 저작자 또는 실연자의 저작인격권의 침해에 대한 손해배상이나 명예회복 등 조치청구는 저작인격권의 침해가 저작자 또는 실연자 전원의 이해관계와 관련이 있는 경우에는 전원이 행사하여야 하지만, 1인의 인격적 이익이 침해된 경우에는 단독으로 손해배상 및 명예회복조치 등을 청구할 수 있고, 특히 저작인격권 또는 실연자의 인격권 침해를 이유로 한 정신적 손해배상을 구하는 경우에는 공동저작자 내지 실연자 각자가 단독으로 자신의 손해배상청구를 할 수 있다.[25]

④ 기타 관련 규정

영상제작자와 영상저작물의 제작에 협력할 것을 약정한 자가 그 영상저작물에 대하여 저작권을 취득한 경우 특약이 없는 한 그 영상저작물의 이용을 위하여 필요한 권리는 영상제작자가 이를 양도 받은 것으로 추정한다(법 제100조 제1항).

2인 이상이 공동으로 합창·합주 또는 연극 등을 실연하는 경우에 실연자의 권리(실연자의 인격권은 제외한다)는 공동으로 실연하는 자가 선출하는 대표자가 이를 행사한다. 다만, 대표자의 선출이 없는 경우에는 지휘자 또는 연출자 등이 이를 행사한다.

III. 저작자·저작권자의 추정

누가 저작자인지에 대해 다툼이 있는 경우에 저작자라고 주장하는 자가 저작자임을 쉽게 증명할 수 있도록 하고 제3자로서도 저작자 여부를 쉽게 판단하기 위하여 저작권법은 아래와 같이 저작자 추정규정 등을 두고 있다.

저작물의 원본이나 그 복제물에 저작자로서의 실명 또는 이명(예명·아호·약칭 등을 말한다, 이하 같다)으로서 널리 알려진 것이 일반적인 방법으로 표시된 자, 저작물을 공연 또는 공중송신하는 경우에 저작자로서의 실명 또는 저작자의 널리 알려진 이명으로서 표시된 자의 어느 하나에 해당하는 자는 저작자로서 그 저작물에 대한 저작권을 가지는 것으로 추정한다(법 제8조 제1항). 여기서 일반적인 방법이라 함은 사회관행에 비추어 통상적으로 저작자의 성명을 표시하는 방법을 말한다.

한편 위 어느 하나에 해당하는 저작자의 표시가 없는 저작물의 경우에는 발행자·공연자

---

25) 대법원 1999. 5. 25. 선고 98다41216 판결.

또는 공표자로 표시된 자가 저작권을 가지는 것으로 추정하는데(법 제8조 제2항), 법문에 저작자로서 추정한다는 규정은 없으므로 법 제8조 제1항과 달리 이 경우에는 저작자로까지 추정되는 것은 아니다.

법 제8조 제1항에 해당하면 반증이 없는 한 저작자 및 저작권자로 추정되는 자가 창작시부터 그 저작물의 저작자 및 저작권자로 추정된다. 이러한 추정의 효력은 저작자 또는 저작권자의 이익 및 불이익의 경우에 적용되고 저작물의 보호기간의 산정에도 미친다. 대작(代作)의 경우도 일응 제8조 제1항이 적용되어 대외적으로는 저작명의인이 저작자 또는 저작권자로 추정될 것이나 대작자는 자신이 저작자임을 증명하여 그 추정을 번복시킬 수 있다.[26]

IV. 업무상 저작물의 저작자

① 업무상 저작물의 의의

업무상 저작물이란 법인·단체 그 밖의 사용자(이하 '법인 등'이라 한다)의 기획 하에 법인 등의 업무에 종사하는 자가 업무상 작성하는 저작물을 말하는데(법 제2조 제31호), 법인 등의 명의로 공표되는 업무상 저작물의 저작자는 계약 또는 근무규칙 등에 다른 정함이 없는 때에는 그 법인 등이 된다. 다만, 컴퓨터프로그램저작물(이하 '프로그램'이라 한다)의 경우 공표될 것을 요하지 아니한다(법 제9조).

저작자는 저작물을 창작한 자를 말한다(법 제2조 제2호). 저작자의 창작행위는 정신적·신체적 활동에 의하여 저작물을 만들어 내는 사실행위이기 때문에 자연인만이 이를 행할 수 있고, 저작물을 실제로 창작한 자연인만이 저작권을 원시적으로 취득한다. 이를 '창작자 원칙'이라 한다.

법인이란 어떤 관념적인 존재를 만들어 그로 하여금 어떤 권리·의무를 가질 수 있도록 한 법적 도구이므로 법인이 정신적·신체적 활동을 할 수도 없고 법률행위 등을 할 수도 없다. 저작물의 창작행위는 자연인만이 할 수 있고, 창작행위는 의사표시 없이 권리취득이 이루어지는 사실행위이기 때문에 민법상의 대리가 성립할 여지가 없는 점을 고려하면, 법 제9조는 일정한 요건을 갖춘 경우에 한하여 실제의 창작자가 아닌 법인이나 사용자를 저작자로 의제하는 논리를 취함으로써[27] 저작물을 창작한 사람을 저작자로 하는 법 제2조 제2호의 예외 규정에

---

26) 논문이 타인에 의해 대작된 것이라고 본 대법원 1996. 7. 30. 선고 94도2708 판결 참조.
27) 법인의 행위능력 문제에서 법인의 실체를 인정하는 실재설을 취하더라도 민법 제59조 제2항에서 "법인의 대표에 관하여는 대리에 관한 규정을 준용한다."라고 규정한 것으로 알 수 있듯이 법인은 현실적으로 법률행위를 할 수 없어 법인의 행위능력 문제는 법인의 대리 문제로 된다. 따라서 저작권법도 법 제9조를 법 제2조 제2호의 예외 규정으로서 일정한 요건을 갖춘 경우에 한하여 실제의 창작자가 아닌 법인이나 사용자를 저작자로 간주한다는 법적 의제 규정으로 본다.

해당한다.

1986. 12. 31. 법률 제3916호로 전부개정된 제9조는 "법인 · 단체 그밖의 사용자(이하 이 조에서는 '법인 등'이라 한다)의 기획 하에 법인 등의 업무에 종사하는 자가 업무상 작성하는 저 작물로서 법인 등의 명의로 공표된 것(이하 '단체명의저작물'이라 한다)의 저작자는 계약 또는 근 무규칙 등에 다른 정함이 없는 때에는 그 법인 등이 된다. 다만, 기명저작물의 경우에는 그러 하지 아니하다."라고 규정하였다.

2006. 12. 28. 제8101호로 전부개정되기 전의 구 저작권법에서는 법 제9조가 단체명의 저작물로 규정하면서 근로자의 성명이 표시된 기명저작물의 경우에는 법인 등이 아닌 근로자 를 저작자로 보았으나 위 개정법에서 단서의 기명저작물 규정을 삭제함[28]과 아울러 "법인 · 단체 그밖의 사용자의 기획 하에 법인 등의 업무에 종사하는 자가 업무상 작성하는 저작물"은 정의에 해당하는 내용이므로 이를 정의규정인 제2조 제31호로 하고 명칭을 "업무상 저작물" 로 변경하여 "법인 등의 명의로 공표되는 업무상 저작물의 저작자는 계약 또는 근무규칙 등에 다른 정함이 없는 때에는 그 법인 등이 된다."라고 규정하였다. 2009. 4. 22. 법률 제9625호 로 개정된 저작권법에서 컴퓨터프로그램 보호법과 통합되면서 단서 조항으로 "다만, 컴퓨터프 로그램저작물의 경우 공표될 것을 요하지 아니한다." 부분을 추가하였다.[29]

업무상 저작물에서의 저작자 확정에 저작물 제작에 관한 도급계약이 적용되는지에 대하여 대법원은, 구 컴퓨터프로그램 보호법(2009. 4. 22. 법률 제9625호로 폐지, 이하 같다) 제5조는 '국 가 · 법인 · 단체 그 밖의 사용자(이하 법인 등이라고 한다)의 기획 하에 법인 등의 업무에 종사하 는 자가 업무상 창작한 프로그램은 계약이나 근무규칙 등에 달리 정함이 없는 한 그 법인 등을 당해 프로그램의 저작자로 한다.'고 정하고 있는데, 이는 프로그램저작물 창작자를 저작자로 하 는 구 컴퓨터프로그램 보호법 제2조 제2호의 예외를 정한 것이므로 구 컴퓨터프로그램 보호법 제5조는, 주문자가 전적으로 프로그램에 대한 기획을 하고 자금을 투자하면서 개발업자의 인력

---

28) 2006년 개정 전의 저작권법은 단서규정을 두어 저작물에 근로자의 성명이 표시된 경우 '법인'이 아닌 '근로자'를 저작자로 의제하고 있으나 실제로 적용되는 사례는 거의 없었고, 오히려 법인 등이 저작물에 근로자의 이름을 넣어주려는 작은 배려마저 차단하는 역효과가 있어서 기명저작물의 예외를 규정하고 있는 단서규정을 삭제함으로써 법인 등에 종사하는 자가 업무상 작성하는 저작물은 기명저작물이라 하 더라도 특약 등이 없는 한 법인을 저작자로 하였다, 2006. 12. 28 법률 제8101호 개정 저작권법 해설, 문화관광부 · 저작권심의조정위원회(2007), 21~22 참조.

29) 컴퓨터프로그램저작물을 개발하는 과정에서 종업원이 소스코드를 빼내어 따로 개발한 후 이를 공표함 으로써 오히려 법인 등에 대하여 저작권 침해 주장을 할 수 있으므로 분쟁의 소지가 있고, 프로그램은 영업비밀에 해당하여 법인 등에서 전략적으로 공표하지 않는 경우가 많고, 프로그램에 대한 저작권이 종업원에게 원시적으로 귀속될 경우, 법인 등은 프로그램의 저작권을 취득하기 위하여 개발한 모든 프 로그램을 공개하게 되므로 영업비밀로서 가지는 기회이익을 상실하게 되는 등의 문제점이 발생할 것을 우려하여 업무상 창작한 컴퓨터프로그램저작물은 법인 등이 공표하지 않더라도 법인 등이 저작자가 되 도록 하였다, 개정 저작권법 해설, 문화체육관광부 · 한국저작권위원회(2008), 21 참조.

만을 빌려 그에게 개발을 위탁하고 이를 위탁받은 개발업자는 당해 프로그램을 오로지 주문자만을 위해서 개발·납품하는 것과 같은 예외적인 경우가 아닌 한, 프로그램 제작에 관한 도급계약에는 적용되지 아니하고 프로그램 제작에 관한 도급계약에 따라 개발된 프로그램의 저작자는 주문자가 아닌 실제 창작한 사람이라고 하여 창작자 원칙을 적용하였다(원칙적 소극).[30]

② 업무상 저작물의 성립 요건 및 효과

업무상 저작물이 되기 위하여는 (1) 법인·단체 그 밖의 사용자(법인 등)가 저작물의 작성을 기획하였을 것, (2) 저작물이 법인 등의 업무에 종사하는 자에 의하여 업무상 작성되었을 것, (3) 법인 등의 명의로 공표되는 것일 것, (4) 계약 또는 근무규칙 등에 다른 정함이 없을 것이라는 요건을 충족하여야 한다.

위 (1)의 요건에서, '법인·단체 그 밖의 사용자'에는 법인, 권리능력 없는 사단 등 법인격의 유무를 묻지 않고, 회사 등 영리단체나 영리를 목적으로 하지 않는 학교 등 교육기관, 복지관계 단체 외에 국가, 지방공공단체 등 그 밖의 각종 단체를 포함한다.[31] 여기의 저작물은 2차적저작물, 영상저작물[32] 등 모든 종류의 저작물을 포함한다.

기획과 관련하여, 사용자로부터 사후 승낙을 얻은 경우라든가 널리 사용자의 의도에 반하지 않는 경우에 위 기획에 관한 요건을 충족하는 것으로 해석하여야 한다는 견해도 있지만 그와 같이 넓게 해석하면 기획이라는 요건이 특별한 적극적 의미를 가지지 않게 되고 업무상 작성이라는 요건에 포섭되어 부당하므로 기획은 저작물을 작성하고자 할 때에 저작물 작성의 앞

---

30) 대법원 2013. 5. 9. 선고 2011다69725 판결은 "비록 원고가 원심 공동피고 2의 요청에 따라 원심 판시 이 사건 프로그램을 개발하였고, 원고가 원심 공동피고 2가 운영하던 참인테리어 사무실에서 원심 판시 이 사건 시스템의 개발 작업을 하면서 참인테리어의 개발부장이라는 직함을 사용하였으며, 원심 공동피고 2가 이 사건 시스템 개발에 드는 비용을 부담하기로 한 사정은 알 수 있으나, 그러한 사정만으로는 이 사건 프로그램의 창작에 관하여 원심 공동피고 2가 전적으로 기획을 하고 자금을 투자하면서 원고의 인력만을 빌려 원고에게 개발을 위탁하였다는 등의 예외적인 사정이 있다고 할 수 없다. 따라서 원고와 원심 공동피고 2 사이의 도급계약에 해당하는 이 사건 프로그램 제작에 관한 계약에 따라 개발된 이 사건 프로그램의 저작자는 주문자인 원심 공동피고 2가 아니라 이를 창작한 원고라고 할 것이다."라고 하였다. 대법원 2000. 11. 10. 선고 98다60590 판결도 같은 취지이다.
31) 대법원 2012. 4. 12. 선고 2011다5516 판결, "원고는 1999. 4.경 ○○○○○라는 개인사업체를 설립하여 소프트웨어 개발 업무를 해 오다가 2001. 3. 10. 이 사건 프로그램을 창작하여 2001. 6. 2. 한국소프트웨어진흥원에 저작자를 원고로 하여 이 사건 프로그램을 등록한 사실, 원고는 2002. 2. 1. 주식회사 ○○○○○소프트를 설립한 사실을 인정할 수 있는바, 위 인정 사실에 의하면 이 사건 프로그램의 창작 및 등록 당시 주식회사 ○○○○○소프트는 설립되지 않은 상태이었으므로 이 사건 프로그램의 저작자가 주식회사 ○○○○○소프트라는 원심의 판단은 더 이상 유지될 수 없다."
32) 저작권법 제100조는 영상저작물의 저작자가 누구인가를 결정하는 규정이 아니라 영상제작자가 영상저작물에 대한 권리를 양도받은 것을 추정한다는 것을 정한 조항으로 이해된다.

단계에 나타나 있을 필요가 있다. 기획이란 법인 등이 일정한 의도에 기초하여 저작물의 작성을 구상하고, 그 구체적인 제작을 업무에 종사하는 자에게 명하는 것을 말하는 것으로, 명시적은 물론 묵시적으로도 이루어질 수 있지만, 묵시적인 기획이 있었다고 하기 위하여는 위 법 규정이 실제로 저작물을 창작한 자를 저작자로 하는 같은 법 제2조 제2호의 예외규정인 만큼 법인 등의 의사가 명시적으로 현출된 경우와 동일시할 수 있을 정도로 그 의사를 추단할 만한 사정이 있는 경우에 인정된다.33)

위 (2) 요건과 관련하여, 법인 등의 업무에 종사하는 자란 사용자와 업무에 종사하는 자와의 사이에 실질적인 지휘 · 감독관계가 있을 것이 필요한데 사용자와 업무종사자의 관계에서 요구되는 실질적인 지휘 · 감독관계란 엄격히 판단되어야 함을 근거로 고용관계에 있는 자에 한정된다는 견해도 있지만 반드시 고용관계가 있을 것을 필요로 하는 것은 아니다. 다만 도급이나 위임 등의 경우에는 특별한 사정이 없는 한 사용관계를 인정할 수 없다.34) 피용자가 다른 회사에 파견 또는 출장근무 중인 경우에 실제로 파견근무 중인 회사의 업무에 종사하고 있고 그 회사와의 사이에 고용계약이 있거나 그러한 고용관계에 준하는 지휘명령관계가 있다면 파견근무 중의 회사 업무종사자로서의 요건이 충족된다.

위탁저작물의 저작권 귀속에 대해서는 위탁저작물의 저작자는 실제로 창작행위를 한 수탁자이고(법 제2조 제2호), 저작권은 저작자인 수탁자에게 원시적으로 귀속된다(법 제10조35) 참조).

여기서 '업무'란 직접 명령받은 것뿐만 아니라 고용이나 실질적인 지휘 · 감독관계에서 통상적으로 업무로서 기대되는 것을 포함한다. 저작물의 작성 자체가 업무가 되어야 하므로, 단지 업무수행에서 파생적으로 또는 그 업무와 관련하여 작성되는 경우에 불과할 때에는 법인

---

33) 대법원 2010. 1. 14. 선고 2007다61168 판결.
34) 대법원 1992. 12. 24. 선고 92다31309 판결은 "단체명의저작물의 저작권에 관한 저작권법 제9조를 해석함에 있어서도 위 규정이 예외규정인 만큼 이를 제한적으로 해석하여야 하고 확대 내지 유추해석하여 저작물의 제작에 관한 도급계약에까지 적용할 수는 없다."라고 하고, 대법원 2000. 11. 10. 선고 98다60590 판결과 대법원 2013. 5. 9. 선고 2011다69725 판결은 "구 컴퓨터프로그램 보호법(2009. 4. 22. 법률 제9625호로 폐지, 이하 같다) 제5조는 '국가 · 법인 · 단체 그 밖의 사용자(이하 법인 등이라고 한다)의 기획 하에 법인 등의 업무에 종사하는 자가 업무상 창작한 프로그램은 계약이나 근무규칙 등에 달리 정함이 없는 한 그 법인 등을 당해 프로그램의 저작자로 한다.'고 정하고 있는데, 이는 프로그램저작물 창작자를 저작자로 하는 구 컴퓨터프로그램 보호법 제2조 제2호의 예외를 정한 것이다. 따라서 구 컴퓨터프로그램 보호법 제5조는 주문자가 전적으로 프로그램에 대한 기획을 하고 자금을 투자하면서 개발업자의 인력만을 빌려 그에게 개발을 위탁하고 이를 위탁받은 개발업자는 당해 프로그램을 오로지 주문자만을 위해서 개발 · 납품하는 것과 같은 예외적인 경우가 아닌 한 프로그램 제작에 관한 도급계약에는 적용되지 아니한다."라고 한다.
35) 「저작권법 제10조 ① 저작자는 제11조 내지 제13조의 규정에 따른 권리(이하 "저작인격권"이라 한다)와 제16조 내지 제22조의 규정에 따른 권리(이하 "저작재산권"이라 한다)를 가진다. ② 저작권은 저작물을 창작한 때부터 발생하며 어떠한 절차나 형식의 이행을 필요로 하지 아니한다.」

등 사용자가 아닌 저작물의 작성자 자신이 저작자로 된다. 업무상 작성하였는지 여부는 사실인정의 문제이다.[36]

위 (3)의 요건과 관련하여, 저작물이 법인 등 사용자의 명의로 공표되는 것을 요하므로 공표된 저작물의 저작자의 명의가 단체가 아니고 개인인 경우에는 당해 개인이 저작자가 된다.

2006. 12. 28. 법률 제8101호로 전부개정되기 전의 저작권법 제9조(단체명의 저작물의 저작자)에서는 법인 등의 명의로 '공표된' 저작물에 한정하고 있었기 때문에 단체명의 저작물(업무상 저작물)로 공표되지 않은 저작물이 누구의 저작물인지에 대하여 이견이 있었다. 이에 비록 미공표 상태에 있더라도 공표를 예정하고 있다면 그 저작자를 법인 등으로 보는 것이 법적 안정성을 지킬 수 있다는 점에서 2006년 개정법에서 "공표된"을 "공표되는"으로 변경하였다. 다만, 컴퓨터프로그램저작물의 경우에는 공표될 것을 요하지 아니한다(법 제9조 단서).

위 요건들을 모두 갖춘 업무상 저작물에 대하여도 위 (4) 요건에 따라 계약이나 근무규칙 등에서 피용자를 저작자로 한다는 취지의 정함이 있는 경우에는 법 제9조의 적용은 없다.

법 제9조에 해당하는 업무상 저작물의 저작자는 그 법인 등이 된다. 따라서 업무상 저작물의 저작재산권 및 저작인격권이 그 법인 등에게 귀속된다. 사용자가 법인 또는 단체인 경우 그 법인 또는 단체가 해산하여 그 권리가 민법 그 밖의 법률의 규정에 따라 국가에 귀속되는 경우에는 저작재산권은 소멸한다(법 제49조 제2호). 저작인격권도 일신에 전속하므로(법 제14조 제1항) 법인 또는 단체가 해산하게 되면 그에 따라 소멸한다.

법 제9조의 요건을 갖춘 업무상 저작물의 저작재산권은 공표한 때부터 70년간 존속하되 (공표 시 기산주의), 창작한 때부터 50년 이내에 공표되지 아니한 경우에는 창작한 때부터 70년간 존속한다(법 제41조). 여러 단체가 공동으로 저작한 경우에도 법 제39조 제2항(공동저작물의 보호기간)의 규정이 아닌 법 제41조(업무상 저작물의 보호기간)가 적용된다.

제2절 저작자의 권리

I. 저작권의 발생·성격

저작자의 권리인 저작권은 저작자가 자신이 창작한 저작물에 대하여 가지는 권리이다.

---

36) 대법원 2010. 9. 9. 선고 2008도4853 판결은 원심이, 회사의 설립 과정, 설립 목적 및 진행 업무, 피용자의 영입경위, 피용자의 프로그램 개발과정, 그 이후의 상황 등을 종합하여 피용자가 회사에 영입되어 회사 화물차 및 건설기계 관리프로그램을 개발·판매하는 사업을 진행함에 있어 업무상 프로그램을 개발하였으므로 업무상 창작한 프로그램에 관한 저작자가 회사라고 한 판단을 수긍하였다.

저작자는 저작권법 제11조 내지 제13조의 규정에 따른 권리(이하 "저작인격권"이라 한다)와 제16조 내지 제22조의 규정에 따른 권리(이하 "저작재산권"이라 한다)를 가진다(법 제10조 제1항).

저작권은 성질상 특정한 형식이나 절차에 관계없이 저작물의 완성과 동시에 당연히 성립하는 것으로서 저작한 때로부터 발생하고 어떠한 절차나 형식의 이행을 필요로 하지 아니한다(법 제10조 제2항) (무방식주의).[37] 2차적저작물의 경우도 그 저작자는 2차적저작물을 완성함과 동시에 원저작자의 권리를 해하지 아니하는 범위 안에서 그 2차적저작물 전부에 대한 저작권을 취득한다.[38]

저작권은 자기의 저작물을 제3자가 허락없이 이용하는 것을 금지시킬 수 있는 배타적 권리이나 동일한 내용의 저작물이 기존 저작물에 의거하지 않고 독자적으로 작성되었다면 그 저작물은 기존 저작물의 저작권을 침해하지 않는다는 점에서 상대적인 배타적 권리이다. 이에 반하여 설정등록이 유효요건인 특허권, 디자인권은 독자적인 발명, 디자인이라도 선출원 또는 선등록된 발명이나 디자인과 동일한 것인 한 특허권, 디자인권의 침해가 성립되는 절대적인 배타적 권리이다.

그리고 저작권은 별도의 절차를 취하지 않고도 「무역관련 지식재산권에 관한 협정」(TRIPS) 및 「문학적 · 예술적 저작물의 보호를 위한 베른협약」 가입국 등 사이에서 우리나라와 유사한 내용의 법적 보호를 받을 수 있다. 이에 반하여 특허권, 상표권, 디자인권 등의 산업재산권은 각 국가별로 출원하여 등록을 마쳐야 해당 국가에서 보호를 받을 수 있다(속지주의 원칙).

II. 저작권의 내용

저작권은 저작인격권과 저작재산권으로 나누어진다.

저작인격권은 저작자가 자기의 저작물에 대하여 가지는 인격적 이익의 보호를 목적으로 하는 권리를 말한다.

저작권법에서 규정하는 저작인격권에는 공표권(제11조), 성명표시권(제12조), 동일성유지권(제13조)이 있다(제10조 제1항). 그 밖에 저작권법이 명시적으로 저작인격권으로 규정하고 있지 않지만 저작자의 인격적 이익을 보호하는 기능을 하는 것으로, 저작자 사망 후 저작인격권(제14조 제2항), 저작물의 수정증감권(제58조의2 제1항), 명예권(제124조 제2항)이 있다.

---

37) 이러한 무방식주의는 우리나라, 독일, 프랑스, 일본 등뿐만 아니라 「문학적 · 예술적 저작물의 보호를 위한 베른협약」도 채택하고 있다.

38) 대법원 2002. 3. 15. 선고 2002도81 판결은 "컴퓨터 미디작업을 통하여 전래 동요의 멜로디에 전주와 간주를 넣고 다양한 악기반주를 첨가할 뿐만 아니라 그 리듬과 음역대를 조절하는 등의 작업을 하는 방법으로 전래 동요를 편곡한 경우 이는 저작권법 제5조 소정의 이른바 2차적저작물로서 독자적인 저작물로 보호되고 그 편곡 행위를 한 자에게 그 저작권이 귀속된다."라고 한다.

저작인격권은 일신전속권으로서 그 주체의 인격에 전속하여 그 주체와 분리될 수 없는 것이므로, 저작재산권과는 달리 양도, 이전 및 상속의 대상이 될 수 없고 법률에 특별한 규정이 없는 한 그 귀속주체가 사망함에 따라 소멸한다.[39] 그리고 저작인격권은 타인이 그 권리를 행사할 수 없고 다만 그 본질을 해하지 않는 한도 내에서만 이를 대리하거나 위임할 수 있다.[40]

저작재산권은 저작자의 재산적 이익을 보호하고자 하는 권리로서 저작물을 제3자가 이용하는 것을 허락하고 대가를 받을 수 있는 권리이다.

저작권법에서 규정하는 저작재산권에는 복제권(제16조), 공연권(제17조), 공중송신권(제18조), 전시권(제19조), 배포권(제20조), 대여권(제21조), 2차적저작물작성권(제22조)이 있다.

저작재산권은 소유권과 같이 하나의 권리가 있는 것이 아니고 복제권, 전시권, 공연권 등과 같은 개개의 권리들의 집합이어서 권리의 다발(bundle of rights)이라 부른다. 개개의 권리의 다발이기에 저작재산권을 구성하는 권리들이 개별적으로 또는 모두 양도, 이용허락되거나 질권의 대상이 될 수 있다.

저작인격권이나 저작재산권을 이루는 개별적인 권리들은 저작인격권이나 저작재산권이라는 동일한 권리의 한 내용에 불과한 것이 아니라 각각 독립적인 권리로 파악하여야 하므로 위각 권리에 기한 청구는 별개의 소송물이 된다.

예컨대 어느 서적의 편집저작물 저작권 침해를 원인으로 하는 손해배상청구와, 그 서적에 수록된 개별 이야기(2차적저작물 또는 독창적 저작물)의 저작재산권 침해를 원인으로 하는 손해배상청구는 서로 별개의 소송물이다.[41] 다만 저작재산권 그 밖에 저작권법에 따라 보호되는 권리(저작인격권 및 실연자의 인격권을 제외한다)를 가진 자가 고의 또는 과실로 권리를 침해한 자에 대하여 사실심의 변론이 종결되기 전에 실제 손해액이나 법 제125조 또는 제126조에 따라 정하여지는 손해액을 갈음하여 침해된 각 저작물, 실연·음반·방송 또는 데이터베이스마다 1천만 원(영리를 목적으로 고의로 권리를 침해한 경우에는 5천만 원) 이하의 범위에서 상당한 금액의 배상을 청구할 수 있는데 이에 따른 법정손해배상을 청구하는 경우에 둘 이상의 저작물을 소재로 하는 편집저작물과 2차적저작물은 하나의 저작물로 본다(법 세125조의2 제1항, 제2항).

---

39) 대법원 2008. 11. 20. 선고 2007다27670 전원합의체 판결[유체인도등] 참조.
40) 대법원 1995. 10. 2.자 94마2217 결정 참조.
41) 대법원 2013. 7. 12. 선고 2013다22775 판결 참조. 다만 대법원 2011. 8. 25. 선고 2009다73882 판결은 "원고가 피고 시나리오는 원고 시나리오와 실질적 유사성이 인정되므로 원고의 저작권이 침해되었다고 주장한 이상, 그와 같은 원고의 주장 속에는 피고 시나리오가 원고와의 공동저작물임에도 피고들이 원고를 저작자에서 배제함으로써 원고의 저작인격권을 침해하였다는 취지의 주장이 포함되어 있는 것으로 볼 여지가 충분하다."라고 하였다.

III. 저작권의 공유

저작재산권은 처음부터 2인 이상이 공동으로 창작한 저작물로서 각자의 이바지한 부분을 분리하여 이용할 수 없는 공동저작물을 만들어 내는 경우와 같이 원시적으로 성립할 뿐만 아니라 창작된 저작물에 대한 저작재산권의 일부 또는 전부가 양도 · 상속 등에 의해 승계되는 경우와 같이 후발적으로 저작재산권을 공유하게 되는 경우가 있다.

공동저작물에 관한 권리가 침해된 경우에 각 저작자 또는 각 저작재산권자는 다른 저작자 또는 다른 저작재산권자의 동의 없이 법 제91조의 규정에 의한 저작권 등의 침해행위금지청구를 할 수 있고, 법 제93조에 의하여 저작인격권을 제외한 저작재산권의 침해에 관하여 자신의 지분에 관한 손해배상의 청구를 할 수 있으며, 법 제95조에 의한 저작인격권의 침해에 대한 손해배상이나 명예회복 등 조치청구는 저작인격권의 침해가 저작자 전원의 이해관계와 관련이 있는 경우에는 전원이 행사하여야 하지만, 1인의 인격적 이익이 침해된 경우에는 단독으로 손해배상 및 명예회복조치 등을 청구할 수 있고, 특히 저작인격권 침해를 이유로 한 정신적 손해배상을 구하는 경우에는 공동저작자 각자가 단독으로 자신의 손해배상청구를 할 수 있다.[42)]

공유 저작권의 양도, 처분, 행사에 관하여는 「제4장 저작권의 주체 : 저작자 · 저작권자 제1절 저작자 II. 공동저작자 ③ 공동저작자에 대한 효과(저작권 공유의 효과)」 부분에서 설명한다.

---

42) 대법원 1999. 5. 25. 선고 98다41216 판결.

제 5 장

저작인격권

제5장 저작인격권

제1절 저작인격권의 의의·성질·행사·보호기간

저작인격권(author's moral right)은 저작자가 자기의 저작물에 대하여 가지는 인격적 이익의 보호를 목적으로 하는 권리이다.

구체적으로 저작인격권에 어떠한 권리가 포함되는가는 나라에 따라 다르다. 문학적·예술적 저작물의 보호를 위한 「문학적·예술적 저작물의 보호를 위한 베른협약」에서는 성명표시권과 동일성유지권을 인정하고 있고, 독일은 공표권, 성명표시권, 동일성유지권, 저작물에의 접근권, 철회권을 인정하고 있으며, 프랑스는 공표권, 귀속권과 성명표시권, 철회권을, 일본은 공표권, 씨명표시권, 동일성유지권, 철회권을 인정하고 있다

저작권은 저작물을 창작한 때부터 발생하며 어떠한 절차나 형식의 이행을 필요로 하지 아니하므로(법 제10조, 무방식주의), 저작자는 자신이 창작한 저작물에 대하여 저작인격권과 저작재산권을 원시적으로 취득한다.

저작권법은 저작인격권으로 공표권(제11조), 성명표시권(제12조), 동일성유지권(제13조)을 규정하고 있다(제10조 제1항). 저작권법이 명시적으로 저작인격권으로 규정하고 있지 않지만 그밖에 저작자의 인격적 이익을 보호하는 기능을 하는 것으로, 저작자 사망 후 저작인격권(제14조 제2항), 저작물의 수정증감권(제58조의2 제1항), 명예권(제124조 제2항)이 있다.

저작권법에는 저작재산권과는 달리 저작인격권의 보호기간에 대한 규정이 없다.[1]

저작인격권은 일신전속권으로서 그 주체의 인격에 전속하여 그 주체와 분리될 수 없어 재산권과는 달리 양도 및 상속 등의 대상이 될 수 없으므로[2] 저작자가 저작물을 창작함과 동시에 발생하고 사망함과 동시에 소멸한다.[3] 저작자는 저작인격권을 포기할 수 없고 포기하는 약

---

1) 1957. 1. 28. 법률 제432호로 제정된 저작권법 제29조는 현재의 저작인격권에 해당하는 귀속권, 공표권, 원상유지권, 변경권은 영구히 존속한다고 규정하고 있었는데 1986. 12. 31. 법률 제3916호로 전부 개정된 저작권법부터 이 부분 조항을 삭제하였다.
2) 서울고등법원 1996. 7. 12. 선고 95나41279 판결(미상고 확정)은 "저작자들이 가지고 있는 일체의 저작권에 관하여 위 저작자들 또는 그 유족대표들과 사이에 저작권신탁계약을 체결하였다고 하더라도 그 저작권 중 저작재산권만이 원고에게 신탁적으로 이전되고 저작인격권은 원고에게 이전되지 않는다."라고 하였다.
3) 대법원 2008. 11. 20. 선고 2007다27670 전원합의체 판결에서 인격권에 관한 설시 부분 참조. 다만 후술하는 바와 같이 저작권법은 저작자 사망 후 저작인격권을 보호하는 제도(법 제14조 제2항, 법 제128조, 법 제137조 제3호)를 두고 있음에 유의한다.

정도 아무런 효력이 없다.4)

저작인격권의 불행사특약이 있더라도 그 약정이 포괄적이어서 저작인격권의 포기와 다름이 없는 경우라면 그 불행사특약은 효력이 없다.

저작인격권과 일반적 인격권의 관계에 관하여 저작인격권과 (일반적) 인격권은 완전히 질적으로 다른 권리라고 파악하는 견해(분리설)도 있지만, 저작권법에 명문으로 규정된 저작인격권은 일반적 인격권에 포함되는 권리이고 저작인격권에 해당하지 않더라도 일반적 인격권의 보호를 생각할 수 있으므로5) 저작인격권은 일반적 인격권의 내용인 개별적 인격권에 해당한다(일체설) (다수설).

관련하여 대법원은 "저작권법은 공표권(제11조), 성명표시권(제12조), 동일성유지권(제13조) 등의 저작인격권을 특별히 규정하고 있으나, 작가가 자신의 저작물에 대해서 가지는 인격적 이익에 대한 권리가 위와 같은 저작권법 규정에 해당하는 경우로만 한정된다고 할 수는 없으므로 저작물의 단순한 변경을 넘어서 폐기 행위로 인하여 저작자의 인격적 법익 침해가 발생한 경우에는 위와 같은 동일성유지권 침해의 성립 여부와는 별개로 저작자의 일반적 인격권을 침해한 위법한 행위가 될 수 있다."라고 한다.6)

위 사안에서는 설치한 저작물이 국가에 의해 폐기된 행위에 대하여, 작가가 저작물에 대해 가지는 동일성유지권 침해 주장은 배척되고 일반적 인격권을 침해하는 불법행위는 인정되었는데, 만일 그와 달리 동일한 행위로 인해 저작자의 동일성유지권과 일반적 인격권이 동시

---

4) 서울지방법원 1997. 10. 24. 선고 96가합59454 판결(미항소 확정).

5) 대법원 2009. 4. 9. 선고 2005다65494 판결은 사실을 왜곡하는 공표행위를 하여 타인의 인격권을 침해한다면 명예훼손에 해당하지 않더라도 민사상 불법행위가 성립할 수 있다고 한다.

6) 대법원 2015. 8. 27. 선고 2012다204587 판결. 원심은 국가가 설치한 저작물을 폐기한 경우 그 작가가 저작물에 대해 가지는 동일성유지권 침해 주장은 배척하고 불법행위를 인정하여 위자료 청구를 받아들였는데 피고만이 상고하였기에 상고심에서 동일성유지권 침해 여부 부분은 판단 대상이 아니었다. 한편 위 대법원판결은 위 본문 내용에 더하여 "저작인격권 침해에 해당하지 아니한다고 평가된 행위는 당연히 법적으로 보호할 가치가 있는 인격적 이익에 대한 침해로도 될 수 없다고 보아야 한다거나, 원심이 이 사건 벽화 폐기행위에 대하여 동일성유지권을 침해하지 않았다고 판단한 다음 이와 별도로 법적으로 보호할 가치가 있는 인격적 이익의 침해는 인정된다고 판단한 것은 이유모순에 해당한다는 취지의 상고이유 주장은 받아들일 수 없다."라고 하였는데 이 부분 판결이유가 저작인격권과 일반적 인격권의 관계에 관한 일체설 및 분리설의 견해 대립과 논리적으로 얼마나 직접적인 관계가 있는지 여부는 명확하지 않다. 위 판결에 대한 해설인 박태일, "저작물이 화체된 유체물의 폐기와 작가의 일반적 인격권 침해", 대법원판례해설, 제106호(2015년 하), 법원도서관(2016), 284도 "저작인격권의 본질이 일반적 인격권과 같다고 보는 일체설에 따를 경우 저작권법상 저작인격권 침해에 해당하지 않는 행위라고 하더라도 일반적 인격권 침해가 성립할 수 있다고 보는 데 보다 용이한 측면은 있다."고 하면서도 "한편 분리설을 취하는 견해라고 하여 저작물에 관한 인격권은 저작인격권으로 규정된 것에 한정되고 이에 해당하지 않으면 어떤 행위라도 일반적 인격권 침해에 의하여 불법행위가 될 수는 없다는 입장을 명시적으로 밝히고 있는 것은 아니라고 보인다."라고 한다.

에 침해되는 경우에는 어떠한가.

저작자의 동일성유지권과 일반적 인격권이 동시에 침해된 경우에 대법원이 이를 판단한 사례는 없으나, 이러한 경우에는 일반적 인격권에 포함된 저작인격권의 하나인 동일성유지권의 침해가 인정된 이상 나아가 일반적 인격권의 침해 여부에 대하여 추가 판단할 필요가 없을 것이다.[7)]

저작인격권은 일신전속적인 것이어서 타인이 그 권리를 행사할 수 없고 다만 그 본질을 해하지 않는 한도 내에서만 이를 대리하거나 위임할 수 있다.[8)]

저작인격권이 침해되었다면 특별한 사정이 없는 한 저작자는 그의 명예와 감정에 손상을 입는 정신적 고통을 받았다고 보는 것이 경험칙에 부합하므로[9)] 저작자는 고의 또는 과실로 저작인격권을 침해한 자에 대하여 손해배상에 갈음하거나 손해배상과 함께 명예회복을 위하여 필요한 조치를 청구할 수 있다(법 제127조).

저작자에게 인정되는 저작인격권 외에도 실연자[10)]에게 성명표시권(법 제66조), 동일성유지권(법 제67조)이라는 실연자의 인격권을 인정하고 있고 실연자의 인격권도 실연자 일신에 전속한다(법 제68조).

제2절   저작인격권의 내용

I. 공표권

① 의의 · 규정 연혁

---

7) 서울중앙지방법원 2017. 2. 17. 선고 2015가합558129 판결(항소심에서 화해권고결정 확정으로 종국)에서 원고는 저작인격권 중 하나인 성명표시권 침해와 별도로 인격권 중 하나인 성명권의 침해도 주장하였는데, 법원은 하나의 저작물 안에 원고의 성명을 표시하면서 집필위원이 아닌 심의위원으로 잘못 기재하여 원고의 성명표시권과 성명권이 동시에 침해되었다고 판단한 다음, 인격권 중 하나인 성명권은 특별법인 저작권법에서 보호하는 성명표시권의 보호범위에 포함되어 이에 흡수된다는 이유로 원고의 성명권 침해 주장은 나아가 살펴볼 필요 없이 받아들이지 않는다고 설시하였다.

8) 대법원 1995. 10. 2.자 94마2217 결정은 저작인격권이 포괄적으로 위임되었다고 한다면 이는 실질상 저작인격권의 양도를 인정하는 결과로 되어 저작인격권의 본질을 벗어나는 것이 되므로 허용되어서는 아니 된다고 하였다.

9) 대법원 1989. 10. 24. 선고 88다카29269 판결.

10) 저작권법 제2조 제4호는 "실연자"는 저작물을 연기·무용·연주·가창·구연·낭독 그 밖의 예능적 방법으로 표현하거나 저작물이 아닌 것을 이와 유사한 방법으로 표현하는 실연을 하는 자를 말하며, 실연을 지휘, 연출 또는 감독하는 자를 포함한다고 정의한다.

공표권(right to make public)은 저작자가 미공표의 저작물을 공표할 것인지 여부 및 공표할 경우에 그 공표의 시기와 방법을 결정할 권리이다.

1957. 1. 28. 법률 제432호로 제정된 저작권법 제15조는 "미공표의 저작물의 저작자는 이를 공표하거나 또는 공표하지 않을 것을 자유로 결정할 권리가 있다."라고 하여 공표권을 규정하였다.

1986. 12. 31. 법률 제3916호로 전부개정된 저작권법 제11조는 "① 저작자는 그 저작물을 공표하거나 공표하지 아니할 것을 결정할 권리를 가진다. ② 저작자가 공표되지 아니한 저작물의 저작재산권을 제41조의 규정에 의한 양도 또는 제42조의 규정에 의한 이용허락을 한 경우에는 그 상대방에게 저작물의 공표를 동의한 것으로 추정한다. ③ 저작자가 공표되지 아니한 미술저작물·건축저작물 또는 사진저작물의 원작품을 양도한 경우에는 그 상대방에게 저작물의 원작품의 전시방식에 의한 공표를 동의한 것으로 추정한다. ④ 원저작자의 동의를 얻어 작성된 2차적저작물 또는 편집저작물이 공표된 경우에는 그 원저작물도 공표된 것으로 본다."라고 규정하였다.

2006. 12. 28. 전부개정된 저작권법 제11조는 종전 제11조 제1항의 '그'를 '그의'로, 제2항의 '제41조의 규정에 의한 양도 또는 제42조의 규정에 의한 이용허락'을 '제45조의 규정에 따른 양도 또는 제46조의 규정에 따른 이용허락'으로, 제3항의 '원작품'을 '원본'으로 각각 문구를 수정하였다. 2009. 4. 22. 법률 제9625호로 개정된 저작권법 제11조는 종전의 "제45조의 규정에 따른 양도 또는 제46조의 규정에 따른 이용허락을 한 경우에는" 부분을 "제45조에 따른 양도, 제46조에 따른 이용허락, 제57조에 따른 출판권의 설정 또는 제101조의6에 따른 프로그램배타적발행권의 설정을 한 경우에는"으로 변경하였다.

2011. 12. 2. 법률 제11110호로 개정된 저작권법은 "제45조에 따른 양도, 제46조에 따른 이용허락, 제57조에 따른 출판권의 설정 또는 제101조의6에 따른 프로그램배타적발행권의 설정을 한 경우에는" 부분을 "제45조에 따른 양도, 제46조에 따른 이용허락, 제57조에 따른 배타적발행권의 설정 또는 제63조에 따른 출판권의 설정을 한 경우에는"으로 변경하고, 제5항으로 "공표하지 아니한 저작물을 저작자가 제31조의 도서관 등에 기증한 경우 별도의 의사를 표시하지 않는 한 기증한 때에 공표에 동의한 것으로 추정한다."는 규정을 신설하여 현재에 이르고 있다.

② 내용

여기서 공표란 저작물을 공연, 공중송신 또는 전시 그 밖의 방법으로 공중에게 공개하는 경우와 저작물을 발행하는 경우를 말한다(법 제2조 제25호).

공중은 불특정 다수인(특정 다수인을 포함한다)을 말하는데(법 제2조 제32호),[11] 여기서 특정인은 행위자 사이에 개인적인 결합관계가 있는 것을 말하지만 법 제30조의 "가정 및 어에 준하는 한정된 범위"보다는 완화된 정도로서 "누구라도"를 의미하는 불특정인에 상반되는 개념으로 이해되고 있다.[12][13] 다수인지 여부는 저작물의 종류·성질·이용태양 등의 사정과 저작권자의 권리를 미치는 것이 사회통념상 적절한지 여부의 관점 등을 종합적으로 고려하여 결정한다.[14] '발행'은 저작물 또는 음반을 공중의 수요를 충족시키기 위하여 복제·배포하는 것을 말한다(법 제2조 제24호). 입법연혁 등을 고려할 때 발행의 정의 내용에 있는 '복제·배포'는 복제하거나 배포하는 행위가 아니라 복제하여 배포하는 행위를 의미한다.[15]

공표권은 저작자가 미공표의 저작물을 공표할 것인지 여부 및 공표할 경우에 그 공표의 시기와 방법을 결정할 권리로서, 형식상으로 무단공표를 금지하고 공표하고자 하는 자에게 공표허락을 하거나 공표조건을 붙이는 소극적인 권리이면서 실질적으로 저작물의 완성 여부를 결정하는 권리이다.

공표권은 저작자의 최초 행사로 소멸하고 저작자가 공표권을 행사한 이상 그 이후에 더

---

11) 저작권법에서 공중의 정의는 2006. 12. 28. 법률 제8101호로 전부개정된 저작권법 제2조 제32호에서 신설되었으나 위 정의 규정 신설 전의 실무 태도와 같다.

12) 대법원 2012. 1. 12. 선고 2010다57497 판결은 인터넷 음악 사이트에서 제공하는 MP3 파일 다운로드, 악보 제공 등의 서비스를 구입한 이용자들은 위 음악 사이트에서 이 사건 각 음악저작물에 관한 MP3 파일 등을 공통적으로 사용하고 있어 '특정 다수인', 즉 저작권법 제2조 제32호에 규정된 '공중'에 해당한다고 하였다.

13) 특허법에서도 특허발명의 공지 여부 판단에서 불특정인, 특정인이라는 용어가 사용되고 있지만 특허법에서 특정인과 불특정인 여부를 구분하는 기준은 비밀유지의무를 부담하고 있는지 여부이고 그 외 공지 여부에 다수인지 여부는 영향을 주지 않는다는 점에서 저작권법의 특정인, 불특정인과는 의미 등이 다르다. 참고로 특허법에서의 특정인, 불특정인에 대하여는 윤태식, 특허법 -특허 소송 실무와 이론-(제2판), 진원사(2017), 179~180 이하에서 설명한다.

14) 대법원 1996. 3. 22. 선고 95도1288 판결은 "피고인이 경영하는 이 사건 노래방의 구분된 각 방실이 4~5인 가량의 고객을 수용할 수 있는 소규모에 불과하다고 하더라도, 피고인이 일반 고객 누구나 요금만 내면 제한 없이 이를 이용할 수 있는 공개된 장소인 위 노래방에서 고객들로 하여금 노래방 기기에 녹음 또는 녹화된 이 사건 음악저작물을 재생하는 방식으로 저작물을 이용하게 한 이상, 피고인의 위와 같은 소위는 일반 공중에게 저작물을 공개하여 공연한 행위에 해당된다."고 하였다.

15) 대법원 2018. 1. 24. 선고 2017도18230 판결. 이미 구 저작권법(1986. 12. 31. 법률 제3916호로 전부개정되기 전의 것) 제8조 제1항에서 "발행이라 함은 저작물을 복제하여 발매 또는 배포하는 행위를 말한다."라고 정의하고 있었는데 2006. 12. 28. 법률 제8101호로 전부개정된 저작권법은 음반의 경우 보호기간의 기산점을 "음을 맨 처음 고정한 때"에서 WIPO 실연 및 음반조약과 같이 "음반을 발행한 때"로 변경하였다(법 제86조). 이에 따라 음반의 발행에 대한 명확한 개념 규정이 새로이 필요하여 기존에 존재하던 발행의 정의규정에 음반을 포함시킨 것이다. 참고로 WIPO 실연 및 음반조약 제2조(e)는 고정된 실연이나 음반의 "발행"이란 상당한 양으로 제공하는 것을 조건으로 고정된 음반의 복제물을 권리자의 허락을 받아 공중에 제공하는 것을 말한다고 규정하고 있다.

이상 공표권 침해는 발생할 여지가 없다.16) 관련하여 독일과 일본의 저작권법은 저작자의 동의를 얻은 공표만을 공표로 규정하고 정당한 권리자가 아닌 자에 의한 무단공표는 공표로 인정하지 않는다. 그러나 우리 저작권법에는 이러한 규정이 없어 부적법한 공표도 공표로 봐야 한다는 견해(다수설)와 저작자의 공표권을 실질적으로 보호하기 위하여 적법한 공표만 공표로 봐야 한다는 견해로 나뉘어 있다.

저작자는 자신의 저작물을 원저작물로 하는 2차적저작물에 대해서도 공표권을 행사할 수 있다.

공표의 동의를 철회할 수 있는지 여부에 대하여 공표권이란 저작자가 저작물의 완성여부를 결정하는 권리인데 공표 전에 흠결 등을 발견한 저작자가 이를 철회할 수 있도록 하여야 한다는 견해가 있으나, 저작자가 일단 저작물의 공표에 동의하였거나 동의한 것으로 추정되는 이상 비록 그 저작물이 완전히 공표되지 않았더라도 그 동의를 철회할 수 없다고 본다.17)

③ 공표 동의의 추정·간주

저작자와 저작재산권자 또는 저작물 소유자가 서로 다른 경우에 저작자가 가지는 공표권과 저작재산권이나 소유권 행사와의 사이에 조정이 필요하고, 이용자가 일일이 그 저작물이 공표된 것인지 여부를 조사하거나 공표에 대한 별도의 동의를 받아야 하는 불편을 피하여 저작물을 원활히 이용하도록 하기 위해 저작권법은 아래와 같은 추정 및 간주 규정을 두고 있다.

저작자가 공표되지 아니한 저작물의 저작재산권을 제45조(저작재산권의 양도)에 따른 양도, 제46조(저작물의 이용허락)에 따른 이용허락, 제57조(배타적발행권의 설정)에 따른 배타적발행권의 설정 또는 제63조(출판권의 설정)에 따른 출판권의 설정을 한 경우에는 그 상대방에게 저작물의 공표를 동의한 것으로 추정한다(법 제11조 제2항).

저작자가 공표되지 아니한 미술저작물·건축저작물 또는 사진저작물의 원작품을 양도한 경우에는 그 상대방에게 저작물의 원작품의 전시방식에 의한 공표를 동의한 것으로 추정한다(법 제11조 제3항).

원저작자의 동의를 얻어 작성된 2차적저작물 또는 편집저작물이 공표된 경우에는 그 원저작물도 공표된 것으로 본다(법 제11조 제4항).

공표하지 아니한 저작물을 저작자가 제31조(도서관 등에서의 복제 등)의 도서관 등에 기증

---

16) 대법원 1989. 10. 24. 선고 89다카12824 판결에서 "원고가 그가 작성한 글을 ○○○○ 1987. 9월호에 게재하여 이를 공표한 이상 그 후 소외인이 그 내용 일부를 표절하였다 하여 원고의 위 글에 대한 공표권을 침해하였다고는 볼 수 없고,"라고 한 원심판단에 대하여 별다른 잘못을 지적하지 않았다.

17) 대법원 2000. 6. 13.자 99마7466 결정.

한 경우 별도의 의사를 표시하지 않는 한 기증한 때에 공표에 동의한 것으로 추정한다(법 제11 조 제5항).

④ 다른 법 규정과의 관계

(1) 공표권과 관련하여 구별하여야 할 관련문제로, 저작권법 제137조 제1항 제1호에서의 공표가 있다.

법 제137조 제1항 제1호는 저작자 아닌 자를 저작자로 하여 실명 · 이명을 표시하여 저작 물을 공표한 자를 형사처벌한다고 규정하고 있는데, 위 규정은 자신의 의사에 반하여 타인의 저작물에 저작자로 표시된 저작자 아닌 자와 자신의 의사에 반하여 자신의 저작물에 저작자 아닌 자가 저작자로 표시된 실제 저작자의 인격적 권리뿐만 아니라 저작자 명의에 관한 사회 일반의 신뢰도 보호하려는 데 목적이 있다.

이와 같은 입법 취지 등을 고려하면, 저작자 아닌 자를 저작자로 표시하여 저작물을 공표 한 이상 위 규정에 따른 범죄는 성립하고,[18] 사회 통념에 비추어 사회 일반의 신뢰가 손상되 지 않는다고 인정되는 특별한 사정이 있는 경우가 아닌 한 그러한 공표에 저작자 아닌 자와 실제 저작자의 동의가 있었더라도 마찬가지이다.[19]

(2) 민사집행법 제195조 제12호는 공표되지 아니한 저작 또는 발명에 관한 물건은 압류하 지 못한다고 규정하고 국세징수법 제31조 제10호는 발명 또는 저작에 관한 것으로서 공표되 지 아니한 것은 압류할 수 없다고 규정한다.

이 규정들은 공표권을 실질적으로 보장하기 위한 규정이다.

(3) 공공기관의 정보공개에 관한 법률 제9조(비공개 대상 정보) 제1항 제1호는 공공기관이 보유 · 관리하는 정보는 공개 대상이 되나 '다른 법률 또는 법률에서 위임한 명령(국회규칙 · 대 법원규칙 · 헌법재판소규칙 · 중앙선거관리위원회규칙 · 대통령령 및 조례로 한정한다)에 따라 비밀이나 비공개 사항으로 규정된 정보'는 공개하지 아니할 수 있다고 규정한다.

이때 공개대상이 되는 문서에 제3자의 미공표저작물이 포함되어 있는 경우, 이러한 미공 표저작물을 위 '비공개 사항으로 규정된 정보'로 볼 수 있는지가 문제이나 긍정하는 것이 다수 설이다. 일본 저작권법 제18조는 그러한 경우에 공표를 동의한 것으로 보고(제3항), 공표권이 적용되지 아니한다(제4항)고 규정한다.

---

18) 대법원 2017. 10. 26. 선고 2016도16031 판결, 대법원 2017. 11. 9. 선고 2017도10838 판결.
19) 대법원 2017. 12. 7. 선고 2017도15327 판결, 대법원 2018. 3. 29. 선고 2018도1727 판결 등 참조.

II. 성명표시권

① 의의 및 규정 연혁

성명표시권(right of paternity, right of authorship of the work)은 저작자가 저작물의 원본이나 그 복제물에 또는 저작물의 공표 매체에 그의 실명 또는 이명을 표시할 권리이다(법 제12조 제1항).[20]

성명표시권에는 자신이 저작자임을 주장할 권리 외에 (법문에 명시되어 있지 않으나) 저작자명을 표시하지 않고 무명으로 공표할 권리도 포함된다. 그리고 저작자는 저작자의 무명 또는 이명의 저작물에 대하여 실명·이명(공표 당시에 이명을 사용한 경우에 한한다)을 등록할 권리(법 제53조)를 가지는데 이러한 실명등록권리도 성명표시권의 한 내용이다.

대법원은 성명표시권과 밀접한 관련이 있는 서명에 대해, "서명은 저작자인 화가가 저작권법 제12조 제1항에 의한 성명표시권에 의하여 자기 저작물의 내용에 대한 책임의 귀속을 명백히 함과 동시에 저작물에 대하여 주어지는 사회적 평가를 저작자 자신에게 귀속시키려는 의도로 표시하는 것이다"라고 한다.[21]

1957. 1. 28. 법률 제432호로 제정된 저작권법 제14조는 귀속권이라는 표제 하에 "저작자는 저작물에 관한 재산적 권리에 관계없이 또한 권리의 이전 후에 있어서도 그 저작물의 창작자임을 주장할 권리가 있다."라고 규정하고 있었다.

1986. 12. 31. 법률 제3916호로 전부개정된 저작권법 제12조는 "① 저작자는 저작물의 원작품이나 그 복제물에 또는 저작물의 공표에 있어서 그의 실명 또는 이명을 표시할 권리를 가진다. ② 저작물을 이용하는 자는 그 저작자의 특별한 의사표시가 없는 때에는 저작자가 그의 실명 또는 이명을 표시한 바에 따라 이를 표시하여야 한다."라고 규정하였다.

2000. 1. 12. 법률 제6134호로 개정된 저작권법 제12조는 제2항에서 "다만, 저작물의 성질이나 그 이용의 목적 및 형태 등에 비추어 부득이하다고 인정되는 경우에는 그러하지 아니하다."라는 단서 조항을 추가하였고, 2006. 12. 28. 법률 제8101호로 전부개정된 저작권법 제12조는 제1항에서 종전의 '원작품'을 '원본'으로, '저작물의 공표에 있어서'를 '저작물의 공표 매체에'로 변경하여 오늘에 이르고 있다.

---

20) 2006. 12. 28. 법률 제8101호로 전부개정되기 전의 저작권법 제12조 제1항은 "저작자는 저작물의 원작품이나 그 복제물에 또는 저작물의 공표에 있어서 그의 실명 또는 이명을 표시할 권리를 가진다."라고 규정되어 있었으나 위 개정 저작권법 제12조 제1항은 "저작자는 저작물의 원본이나 그 복제물에 또는 저작물의 공표 매체에 그의 실명 또는 이명을 표시할 권리를 가진다."라고 되어 있다.
21) 대법원 2000. 4. 21. 선고 97후860, 877, 834 판결.

2 내용

성명표시권은 저작자가 저작물의 원본이나 그 복제물에 또는 저작물의 공표 매체에 그의 실명 또는 이명을 표시할 권리이다.

저작자는 저작물의 원본(원작품)이나 그 복제물 또는 저작물의 공표 매체에 그 성명을 표시할 권리를 가지는 것이므로 그것들이 아닌 다른 대상, 예컨대 저작물을 홍보하기 위한 신문 광고문이나 선전팜플렛에 저작물의 저작자 표시를 하지 않았다거나 그것에 공동저작자 중 일부 저작자의 약력만을 소개하였다고 해서 성명표시권이 침해되는 것은 아니다.[22]

또한 번역본 저작물이 아닌 그 소개문에 그 번역본 저작물을 단독으로 번역한 것으로 표시하여 공개된 웹사이트에 게시하였더라도 저작자 아닌 자를 저작자로 표시하여 저작물을 공표한 행위에 해당하지 않는다.[23]

구 저작권법 시행 당시의 사례이기는 하나, 원저작물을 원형 그대로 복사하지 아니하고 다소의 변경을 가한 것이라고 하여도 원저작물의 재제 또는 동일성이 감지되는 정도이면 복제가 되므로,[24] 이와 같은 복제물을 저작자 아닌 타인의 저작물로 공표하게 되면 원저작자의 성명표시권을 침해한다고 한 것이 있다.[25]

저작물을 이용하려는 자는 그 저작자의 특별한 의사표시가 없는 한 저작자가 그의 실명 또는 이명을 표시한 바에 따라 이를 표시하여야 하는데(법 제12조 제2항), 위 저작물 이용에 2차적저작물의 작성도 당연히 포함되므로 2차적저작물에도 원저작자의 성명표시권이 인정되

---

22) 대법원 1989. 1. 17. 선고 87도2604 판결.

23) 대법원 2010. 9. 9. 선고 2010도4468 판결, 피고인이 갑과 공동 번역·출판한 번역본 저작물을 갑의 허락 없이 단독 번역으로 표시하여 인터넷 사이트에 전시하여 갑의 저작재산권을 침해함과 동시에 저작자 아닌 자를 저작자로 표시하여 저작물을 공표하였다는 저작권법 위반의 공소사실에 대하여, 이를 모두 유죄로 인정한 원심판결에 법리오해의 위법이 있다고 하였다.

24) 대법원 1989. 10. 24. 선고 89다카12824 판결. 다만 대법원 2010. 2. 11. 선고 2007다63409 판결은 대법원 1989. 10. 24. 선고 89다카12824 판결을 인용하면서도 "다른 사람의 저작물을 무단히 복제하게 되면 복제권의 침해가 되는 것이고 이 경우 저작물을 원형 그대로 복제하지 아니하고 다소의 수정·증감이나 변경이 가하여진 것이라고 하더라도 새로운 창작성을 더하지 아니한 정도이면 복제"라고 한다. 그 후 위 2007다63409 판결과 같은 취지의 법리가 복제에 대한 주류적인 법리로서 이어지고 있다.

25) 대법원 1989. 10. 24. 선고 89다카12824 판결, 아울러 원저작물을 복제함에 있어 함부로 그 저작물의 내용, 형식, 제호에 변경을 가한 경우에는 원저작자의 동일성유지권을 침해한 경우에 해당한다고 보아야 한다고 하였다. 대법원 1999. 5. 25. 선고 98다41216 판결, 대법원 1999. 11. 26. 선고 98다46259 판결도 같은 취지이다. 한편 구 저작권법(1986. 12. 31. 법률 제3916호로 개정되기 전의 것)에 관한 것이나 대법원 1989. 10. 24. 선고 88다카29269 판결은 "저작자의 동의나 승낙없이 그 성명을 표시하지 않았거나 가공의 이름을 표시하여 그 저작물을 무단복제한 자에 대하여는 특단의 사정이 없는 한 위 귀속권 침해로 인한 정신적 손해의 배상을 청구할 수 있음은 당연하다."라고 하였다.

고, 2차적저작물을 작성하면서 원저작자를 표시하지 않았다면 원저작자의 성명표시권을 침해하는 행위에 해당한다.[26)]

또한 저작물에 관한 가사보기 서비스에서 작곡자의 성명을 다른 사람으로 잘못 표시함으로써 이용자들이 위 저작물에 관한 작곡자를 다른 사람으로 오인하도록 하였다면 작곡자의 성명표시권을 침해하는 행위가 된다.[27)]

성명표시권은 공표권과는 달리 최초의 공표 때만이 아니고 이미 공표되어 있더라도 언제든지 주장할 수 있는 권리이다.

한편, 앞에서 본 바와 같이 저작자가 아님을 알면서 저작자로 표시하는 것은 성명표시권의 침해일 뿐만 아니라 저작권법 제137조 제1항 제1호(저작자 아닌 자를 저작자로 하여 실명·이명을 표시하여 저작물을 공표한 자에 대한 벌칙)에 따라 처벌된다.

저작물을 이용하는 자는 그 저작자의 특별한 의사표시가 없는 때에는 저작자가 그의 실명 또는 이명을 표시한 바에 따라 이를 표시하여야 하되, 저작물의 성질이나 그 이용의 목적 및 형태 등에 비추어 부득이하다고 인정되는 경우에는 그러하지 아니하다(법 제12조 제2항). 위 법 제12조 제2항 단서 조항은 2000. 1. 12. 법률 제6134호로 개정된 저작권법에서 도입되었다.

여기서 '저작물의 이용'이라 함은 저작권법에서 저작자의 권리로서 보호하는 복제, 전송, 전시 등과 같은 방식으로 저작물을 이용하는 것을 의미한다.[28)] '이용의 목적 및 형태 등에 비추어 부득이하다고 인정되는 경우'의 예로서 호텔 로비나 백화점 등의 매장에서 분위기 조성을 위하여 내보내는 배경음악을 들 수 있다.

③ 그 밖의 관련 규정

저작인격권에 직접적으로 포섭되어 있지는 않지만 그와 관련하여 출처명시의무가 있다(법 제37조 제1항).[29)]

출처명시의무는 저작재산권자가 아닌 저작자에 관한 정보를 출처로서 명시할 것을 요구하고 있다는 점에서 저작재산권자의 이익과 함께 저작자의 인격적 이익도 함께 보호하고 있

---

26) 서울중앙지방법원 2008. 7. 24. 선고 2007가합114203 판결(미항소 확정).

27) 대법원 2012. 1. 12. 선고 2010다57497 판결.

28) 대법원 2010. 3. 11. 선고 2009다4343 판결 및 같은 날 선고 2009다80637 판결. 한편 저작물의 이용에서의 이용의 개념이 법문에 따라 조금씩 다르다는 점에 대하여는 「제11장 저작권 등 침해 총론 제2절 저작재산권 침해의 요건 및 판단 I. 저작물의 이용과 저작재산권 침해·비침해의 경계」 부분에서 설명한다.

29) 저작권법은 저작인격권침해죄(법 제136조 제2항)와 출처명시위반죄(법 제138조 제2호)를 따로 규정하고 있어 출처명시의무 위반은 위 저작인격권침해죄에 해당하지 아니한다.

다.[30] 출처명시의무가 저작자의 인격적 이익도 함께 보호하고 있는 점에서 성명표시권과 공통되더라도 이들은 그 취지와 성격이 구분되고 법적인 효과도 다르다.[31]

출처명시의무에 따라 저작재산권이 제한되는 저작물을 이용하는 자는 그 출처를 명시하여야 하되 제26조(시사보도를 위한 이용), 제29조(영리를 목적으로 하지 아니하는 공연·방송), 제30조(사적 이용을 위한 복제), 제31조(도서관 등에서의 복제 등), 제32조(시험문제로서의 복제), 제34조(방송사업자의 일시적 녹음·녹화) 및 제35조의2(저작물 이용과정에서의 일시적 복제)의 경우에는 그러하지 아니하다. 출처의 명시는 저작물의 이용상황에 따라 합리적이라고 인정되는 방법에 의하여야 하며, 저작자의 실명 또는 이명이 표시된 저작물인 경우에는 그 실명 또는 이명을 표시하여야 한다(법 제37조 제1항, 제2항).

법 제37조 제2항의 규정('출처의 명시는 저작물의 이용상황에 따라 합리적이라고 인정되는 방법에 의하여야 하며, 저작자의 실명 또는 이명이 표시된 저작물인 경우에는 그 실명 또는 이명을 표시하여야 한다')은 저작자의 권리와 이에 인접하는 권리를 보호하고 저작물의 공정한 이용을 도모함으로써 문화의 향상발전에 이바지하고자 하는 저작권법의 목적을 달성하기 위하여 특정한 경우에 일반 공중이 저작권자의 허락을 받지 아니하고 저작물을 자유로이 이용할 수 있도록 보장하면서도, 원저작물이 이를 이용하고 있는 저작물과 구별될 수 있도록 원저작물의 출처를 명시하게 하여 저작권 보호의 실효를 거두고자 하는 데에 그 입법취지가 있다.

위 규정의 입법취지와 내용 및 그 밖에 저작자의 성명표시권에 관하여 규정한 법 제12조 제2항에서도 '저작물을 이용하는 자는 그 저작자의 특별한 의사표시가 없는 때에는 저작자가 그의 실명 또는 이명을 표시한 바에 따라 이를 표시하여야 한다'고 규정하는 한편으로, '다만, 저작물의 성질이나 그 이용목적 또는 형태 등에 비추어 부득이하다고 인정되는 경우에는 그러하지 아니하다'는 단서규정을 두고 있는 점 등에 비추어 보면, 법 제37조 제2항에 규정된 '저작자의 실명 또는 이명이 표시된 저작물인 경우에는 그 실명 또는 이명을 명시하여야 한다'는 문언은 저작물의 출처를 명시하는 방법을 예시한 것에 불과할 뿐 어떠한 경우라도 예외 없이 저작자의 실명 또는 이명을 명시하여야 한다는 것은 아니고, 저작자의 성명을 포함하여 저작물의 출처가 합리적이라고 인정되는 방법으로 명시되었는지 여부는 저작물의 종류, 성질, 그 이용의 목적 및 형태 등 저작물의 이용상황을 종합적으로 고려하여 판단한다.[32]

---

30) 박성호, 저작권법(제2판), 박영사(2017), 639.
31) 무명저작물에 저작자의 실명을 표시하여 이용할 경우에 출처명시의무 위반은 아니지만 성명표시권 침해에 해당될 수 있다.
32) 대법원 2010. 4. 29. 선고 2007도2202 판결은 갑 주식회사가 운영하는 대입 논술학원의 원장인 을이, 위 학원의 홍보용 책자에서 다른 유명 논술학원이 작성한 기출 논술고사 문제에 관한 해제 및 예시 답안을 인용하고 비판하면서 그 출처를 "A학원 모 교재"라고만 표시한 사안에서, 을이 위 해제가 자신의 저작물과 혼동·오인될 가능성을 배제했고, 을이 만든 책자가 홍보용이라는 성질상 과장되기 쉬워서 인

III. 동일성유지권

① 의의 및 규정 연혁

동일성유지권(right to integrity)이란 저작자가 저작물의 내용·형식 및 제호의 동일성을 유지할 권리를 말한다(법 제13조 제1항).

1957. 1. 28. 법률 제432호로 제정된 저작권법은 제16조(원상유지권, "저작자는 저작물에 관한 재산적 권리에 관계없이 또한 그 권리의 이전 후에 있어서도 그 저작물의 내용 또는 제호를 개찬, 절제 또는 기타변경을 가하여 그 명예와 성망을 해한 자에 대하여 이의를 주장할 권리가 있다")와 제17조(변경권, "저작자는 그 저작물의 내용형식과 제호를 변경할 권리가 있다")로 규정되어 있었다.

1986. 12. 31. 법률 제3916호로 전부개정된 저작권법은 이들을 동일성유지권이라는 표제 하에 하나의 권리로 통합하면서 종전의 '명예와 성망을 해한'이라는 요건을 삭제하고 그의 저작물의 내용·형식 및 제호가 동의 없이 변경되는 것을 막을 수 있는 권리를 규정함과 아울러 본질적인 내용의 변경이 아님을 조건으로 개별적인 예외 조항("제23조의 규정에 따라 저작물을 이용하는 경우에 학교교육 목적상 부득이하다고 인정되는 범위 안에서의 표현의 변경 및 건축물의 증축·개축 그 밖의 변형") 및 보충적인 일반 예외 조항("저작물의 성질이나 그 이용의 목적 및 형태 등에 비추어 부득이하다고 인정되는 범위 안에서의 변경")을 두어, "① 저작자는 그 저작물의 내용·형식 및 제호의 동일성을 유지할 권리를 가진다. ② 저작자는 다음 각호의 1에 해당하는 변경에 대하여는 이의할 수 없다. 다만, 본질적인 내용의 변경은 그러하지 아니하다. 1. 제23조의 규정에 의하여 저작물을 이용하는 경우에 학교교육목적상 부득이하다고 인정되는 범위안에서의 표현의 변경, 2. 건축물의 증축·개축 그밖의 변형, 3. 그밖에 저작물의 성질이나 그 이용의 목적 및 형태에 비추어 부득이하다고 인정되는 범위안에서의 변경"이라고 규정하였다.

2006. 12. 28. 전부개정된 저작권법은 제13조 제2항에서 '종전의 각 호의 1'을 '각 호의 어느 하나'로, 제1호의 '제23조'를 '제25조'로 변경하였다.

2009. 4. 22. 법률 제9625호로 개정된 저작권법은 구 저작권법과 컴퓨터프로그램 보호법을 통합하면서 제13조 제2항에서 종전의 제2호 다음에 "3. 특정한 컴퓨터 외에는 이용할 수 없는 프로그램을 다른 컴퓨터에 이용할 수 있도록 하기 위하여 필요한 범위에서의 변경, 4. 프로그램을 특정한 컴퓨터에 보다 효과적으로 이용할 수 있도록 하기 위하여 필요한 범위에서의

용된 저작물 저작자의 실명 등을 구체적으로 특정할 경우 자칫 저작자의 명예 등의 권익을 손상할 우려도 전혀 없다고 단정할 수 없는 사정 등을 종합적으로 고려하여 볼 때, 출처명시의무를 위반하였다고 보기 어렵다고 하였다.

변경"(구 컴퓨터프로그램 보호법 제10조 제1, 2호로 규정된 것)을 추가하고, 종전의 제3호를 제5호로 옮겼고 이러한 내용이 현재에도 유지되고 있다.

② 저작물의 내용·형식의 동일성 유지

가. 저작물의 내용·형식, 동일성 유지의 의미

저작물의 내용이란 저작물에 표현된 사상과 감정 등을 말하고, 예컨대 학술저작물에서 계획, 사고의 과정 및 논증, 소설에서 사건의 진행, 경과 및 등장인물의 형태, 회화에서 구상과 구성, 음악저작물에서 구성양식, 악장과 박자 등이다.[33]

저작물의 형식은 저작물의 구성, 표현방법 등을 말하고 저작물의 형식 유지는 저작물이 표현된 유형적 매체, 즉 유체물의 물리적 동일성을 변경해서는 안 된다는 의미를 포함한다.[34]

저작물의 내용·형식에 어느 정도의 변경 등이 있어야 동일성이 유지될 수 없게 되는지, 즉 동일성 유지의 의미 내지 범위에 대하여는 저작물마다 개별적인 속성 등이 달라 일률적으로 정할 수 없다.

세부적인 표현형식이 변경되더라도 단순한 오자나 탈자를 수정한다거나 어법에 맞도록 고친 사소한 변경 정도로는 동일성에 손상이 있는 것이 아니므로 동일성유지권의 침해라고 볼 수 없다. 그리고 어떤 저작물이 기존의 저작물을 다소 이용하였더라도 기존의 저작물과 실질적인 유사성이 없는 별개의 독립적인 새로운 저작물이 되었다면 그러한 경우도 원저작물에 대한 동일성유지권의 침해로 되지 않는다.

한편 법 제13조 제2항의 문언[35]을 참고한다면 저작물의 본질적인 내용을 변경하고 독립적인 새로운 저작물이 되지 않은 경우에 동일성유지권이 침해됨은 명백하다.

여기서 저작물의 본질적인 내용의 변경을, 「문학적·예술적 저작물의 보호를 위한 베른협약」 제6조의2 제1항이 규정하고 있는 저작자의 사회적 명예·명성을 해할 우려가 있는 변경을 가리키는 것으로 보아야 한다는 견해도 있지만, 1986년 개정법에서 종전의 '저작자의 명예와 성망을 해한' 이라는 문구를 삭제하고 '본질적인 내용의 변경'이라는 문구를 사용함과 아울러 동일성유지권 행사의 제한으로서 '부득이하다고 인정되는 범위 안에서의 변경'이라는 일반조항 문구를 둔 취지에 비추어 보면, 사회적 명예·명성을 해할 우려가 있는 변경인지 여부가

---

33) 박성호, 저작권법(제2판), 박영사(2017), 288 참조.
34) 박성호, 저작권법(제2판), 박영사(2017), 286.
35) "저작자는 다음 각 호의 어느 하나에 해당하는 변경에 대하여는 이의(異議)할 수 없다. 다만, 본질적인 내용의 변경은 그러하지 아니하다...(중간 생략)...5. 그 밖에 저작물의 성질이나 그 이용의 목적 및 형태 등에 비추어 부득이하다고 인정되는 범위 안에서의 변경"

본질적인 내용의 변경 여부의 판단을 위한 징표 중 하나가 될 수 있을지언정, 두 문구를 서로 동일한 의미라고까지 보기는 어려울 것이다.

이하 이 부분을 비롯한 관련 쟁점에 대한 본서 저자의 견해를 설명한다.

법 제13조의 동일성유지권에서 저작물의 내용·형식의 동일성 유지 여부와 저작물의 본질적인 내용의 변경 여부는 마치 동전의 양면과도 같은 관계에 있고, 저작물의 본질적인 내용의 변경 여부는 저작자의 인격적 이익 침해 여부를 결정하는 경계가 된다.

따라서 제3자가 어느 저작물의 본질적인 내용을 무단으로 변경하였다고 함은 저작자가 그 저작물에 대하여 가지는 인격적 이익이 침해되어 저작물의 동일성이 상실되었음을 의미한다. 여기서 저작자가 저작물에 대하여 가지는 인격적 이익이 침해되었다고 하기 위하여는 저작물에 담긴 저작자의 사상과 감정의 구체적인 표현(내용)이나 구성·표현방법(형식)이 삭제·추가·변경되었다는 요소뿐만 아니라 그로 인하여 그것이 왜곡될 우려가 있다는 요소를 모두 충족하여야 한다.[36] 이와 같은 2단계 요소를 충족하여 저작물의 본질적인 내용이 변경되었다고 판단된다면 저작자가 저작물에 대하여 가지는 인격적 이익이 침해되어 저작물에 대한 동일성유지권이 침해되었다는 결론에 이르게 된다.

그리고 이때 삭제·추가·변경되었다는 요소는 사실적인 부분임에 반하여 왜곡될 우려가 있다는 요소는 사실이 아닌 평가적인 부분이다.[37] 삭제·추가·변경은 사실적인 부분이므로 변경 등이 된 부분을 대비하여 추출하는 것은 그다지 어렵지 않다.

그렇다면 저작물의 변경 등으로 인해 저작물의 내용 또는 형식이 왜곡될 우려가 있는지 여부가 문제인데, 이는 저작물의 성질, 저작물 이용의 목적과 형태, 저작물 작성 경위, 변경된 저작물의 대상 및 저작물 변경 등의 경위·정도 등의 제반 정황을 종합적으로 고려하여 결정함이 합리적일 것이다.

---

36) 송영식 외 6인 공저, 지적소유권법 하, 육법사(2008), 628은 "문학작품에 있어서는 구두점이나 느낌표 또는 단어들을 고치는 것도 동일성유지권의 침해로 본다."라고 하지만 그와 같은 내용의 변경 사실 그 자체가 곧바로 동일성유지권의 침해가 된다고 쉽게 단정할 수 없다.

37) 박성호, 저작권법(제2판), 박영사(2017), 288~290도 동일성유지권 침해와 저작물에 표현된 사상·감정의 왜곡 간 밀접한 관계가 있음을 설명하고 있다. 다만 위 책은 "저작자의 동의 없이 외면적 형식을 번역, 편곡, 변형, 각색·영상제작·그 밖의 방법으로 개작하는 등 2차적저작물 작성행위를 하더라도 내면적 형식이 변경되지 않는 한 저작물의 동일성은 유지된다."고 하여 개작행위와 왜곡행위를 개념적으로 구별하여야 한다고 하면서도 "외면적 형식이 삭제되거나 추가 또는 변경되는 등 왜곡됨으로써 내면적 형식의 동일성이 유지되지 않고 침해되었다면 이러한 사실, 즉 저작물의 외면적 형식을 삭제하거나 추가 또는 변경하는 등 왜곡행위가 있었다는 사실과 그로 인해 내면적 형식이 변경되었다는 사실은, 저작자가 입증하여야 한다."라고 한다. 그러나 논리적인 면에서 삭제되거나 추가 또는 변경이라는 사실적인 요소와 그것이 왜곡으로 되는지 여부라는 평가적인 요소를 별개의 도구 개념으로 파악할 필요가 있다.

나. 어문저작물

어문저작물의 내용 중 일부를 삭제·변경·추가하는 것은 저작물의 내용·형식이 왜곡될 우려가 있어 저작자가 저작물에 대해 가지는 동일성유지권이 침해될 수 있다.

예컨대, 저작자가 드라마 중간에 사망하도록 한 사람을 드라마 제작자가 임의로 하관 직전 관 속에서 살아나도록 변경하는 것은 저작물에서의 구체적인 줄거리나 등장인물의 형태를 왜곡할 우려가 있으므로 동일성유지권의 침해가 된다.[38] 그리고 우리나라 미래상에 대한 60분짜리 강연을 하기로 하는 방송출연계약을 체결하고 그 강연을 녹화제작하여 60분에 걸쳐 방송하기로 약정하였음에도 그 녹화내용대로 방송하지 아니하고 강연자의 주장 내용 중 중요한 부분을 일관성 없이 23분 분량의 내용을 임의로 삭제 수정하여 40분간 방송하였다면 주관적인 의견의 제시가 특징인 개인 주장프로그램의 내용을 왜곡할 우려가 높아 동일성유지권의 침해가 된다.[39]

한편 기존 글에서 관계 구절을 그대로 인용하거나 문장을 일부 수정하여 작성함으로써 전체적으로 60 내지 70% 정도를 표절하여 작성한 구 저작권법 사안에서 대법원은 "원저작물을 원형 그대로 복제하지 아니하고 다소의 변경을 가한 것이라고 하여도 원저작물의 재제 또는 동일성이 감지되는 정도이면 복제가 되는 것이고...(중간 생략)...원저작물을 복제함에 있어 함부로 그 저작물의 내용, 형식, 제호에 변경을 가한 경우에는 원저작자의 동일성유지권을 침해한 경우에 해당한다."라고 하였다.[40]

대법원은 같은 취지에서 저작자의 동의 없이 원저작물의 삽화 및 내용을 자신의 저작물에 무단이용한 사안[41]과 원저작물의 이론 전개 방식이나 서술 내용, 그림, 도표 등을 그대로 인용하거나 일부 변경 또는 순서를 바꾸는 등의 방법으로 실질적으로 복제하여 저작물을 작성한 사안[42]에서 모두 저작자의 동일성유지권을 침해하였다고 판단하였다.

이에 대하여는 위 판례의 견해에 찬성하는 의견이 있지만,[43] 도용당했다고 하여 도용된

---

38) 서울중앙지방법원 2015. 1. 16. 선고 2013가합85566 판결(미항소 확정). 원고와 피고 1이 전속작가 집필계약을 체결하면서 '피고 1은 원고의 저작인격권을 존중해야 하고, 방송의 표현상 부득이할 경우 극본의 본질을 해하지 않는 범위 내에서 일부 수정, 변경할 수 있다'고 약정하고 32회분의 드라마 극본을 제공하였는데 피고 1이 원고의 저작물인 드라마의 시놉시스와 32회 극본을 영상화하면서 정당한 이유 없이 작가교체를 하여 총 111회분까지의 드라마를 제작한 사안에서, 원고의 동의 없이 원고가 드라마 중간에 사망하도록 한 ○○○를 하관 직전 관속에서 살아나도록 줄거리를 변경한 것은 원고의 저작물의 본질을 해하는 정도의 중대한 내용 변경에 해당하는 것으로서 위 저작물에 대한 원고의 동일성유지권을 침해하였다고 판단하였다.

39) 서울고등법원 1994. 9. 27. 선고 92나35846 판결(1994. 10. 22. 확정).

40) 대법원 1989. 10. 24. 선고 89다카12824 판결.

41) 대법원 1999. 5. 25. 선고 98다41216 판결.

42) 대법원 1999. 11. 26. 선고 98다46259 판결.

43) 오승종, 저작권법, 박영사(2007), 374.

저작물이 변경되는 것이 아니라거나44) 복제권 침해에 해당하는 원저작물의 재제 또는 동일성이 감지되는 정도로 다소의 변경이 가하여진 경우에 그것이 언제나 저작물의 외면적 형식을 삭제하거나 추가 또는 변경하는 등의 왜곡행위를 수반하는 것이 아니라는 이유로45) 반대하는 견해도 있다.46)

본서 저자의 소견으로는, 앞서 본 판단기준에 비추어 볼 때 저작물 중 일부를 무단이용하여 저작물을 작성하였으나 전체적으로 새로운 창작성을 더하지 않아 저작물의 복제범위에 속하는 경우라면 그와 같은 변경만으로는 저작물의 본질적인 내용이 변경되었다고 볼 수 없을 것이므로 동일성유지권이 침해되었다고 보기는 어렵다고 생각한다.

위 쟁점과 동일한 것은 아니지만 대법원 2015. 4. 9. 선고 2011다101148 판결이 "어문저작물이나 음악저작물·영상저작물 등의 일부만을 이용하더라도, 그 부분적 이용이 저작물 중 일부를 발췌하여 그대로 이용하는 것이어서 이용되는 부분 자체는 아무런 변경이 없고, 이용방법도 그 저작물의 통상적 이용방법을 따른 것이며, 그 저작물의 이용 관행에 비추어 일반 대중이나 당해 저작물의 수요자가 그 부분적 이용이 전체 저작물의 일부를 이용한 것임을 쉽게 알 수 있어 저작물 중 부분적으로 이용된 부분이 그 저작물의 전부인 것으로 오인되거나, 그 부분적 이용으로 그 저작물에 표현된 저작자의 사상·감정이 왜곡되거나 저작물의 내용이나 형식이 오인될 우려가 없는 경우에는, 그러한 부분적 이용은 그 저작물 전부를 이용하는 것과 이용하는 분량 면에서만 차이가 있을 뿐이어서 저작자의 동일성유지권을 침해한 것으로 볼 수 없다. 이는 그 부분적 이용에 관하여 저작재산권자의 이용허락을 받지 않은 경우에도 마찬가지이다."라고 판시한 것이 있는데 위 판결에는 동일성유지권 침해 범위를 어느 정도 제한하고자 하는 의도가 엿보인다.47)

---

44) 송영식 외 6인 공저, 지적소유권법 하, 육법사(2007), 635~636.

45) 박성호, 저작권법(제2판), 박영사(2017), 291.

46) 박태일, "2015년 지식재산권 분야 판례의 동향", 특별법연구 13권(2016), 사법발전재단(2016), 712~713에서 "대법원 2015. 4. 9. 선고 2011다101148 판결, 대법원 2015. 4. 9. 선고 2012다109798 판결이 매우 의미 있는 판시를 하였다...(중간생략)...위 2011다101148 판결은 '음악 미리듣기 서비스'에 대하여, 위 2012다109798 판결은 '악보 미리보기 서비스'에 대하여 각각 같은 취지로 판시하여 동일성유지권 침해를 부정하였다. 위와 같은 미리듣기, 미리보기 서비스가 문제되는 사안은 아니었으나, 대법원 1989. 10. 24. 선고 89다카12824 판결, 대법원 1999. 5. 25. 선고 98다41216 판결, 대법원 1999. 11. 26. 선고 98다46259 판결 등 기존의 판례는 저작물을 무단이용하면서 저작물에 변경을 가한 경우에는 복제권 등 저작재산권 침해뿐만 아니라 특별한 부가 요건 해당 여부에 대한 언급은 없이 동일성유지권 침해도 성립한다는 취지로 판시해왔다. 위 2011다101148 판결, 위 2012다109798 판결은 새로운 사안에 관한 것이기는 하지만, 동일성유지권 침해를 제한함으로써 향후 관련 법리의 방향을 새롭게 모색할 수 있는 단초를 제공하였다고 생각된다."라는 내용에 비추어 보면 열거된 위 기존 판례에 대하여 다소 부정적인 태도를 가지고 있는 것이 아닌가 생각된다.

47) 그 외 서울중앙지방법원 2008. 7. 24. 선고 2007가합114203 판결(미항소 확정)은 "원고가 게재를 의뢰

한편, 저작자는 그의 저작물의 내용·형식 및 제호의 동일성을 유지할 권리를 가지는데(법 제13조 제1항), 저작자가 명시적 또는 묵시적으로 동의한 범위 내에서 저작물을 변경한 경우에는 저작자의 위와 같은 동일성유지권 침해에 해당하지 아니한다.[48]

그리고 저작물에 대한 출판계약을 체결한 저작자가 저작물의 변경에 대하여 동의하였는지 여부 및 동의의 범위는 출판계약의 성질·체결 경위·내용, 계약 당사자들의 지위와 상호관계, 출판의 목적, 출판물의 이용실태, 저작물의 성격 등 제반 사정을 종합적으로 고려하여 구체적·개별적으로 판단하여야 한다.[49]

한편 대법원은 행정처분이 아무리 위법하다고 하여도 그 하자가 중대하고 명백하여 당연무효라고 보아야 할 사유가 있는 경우를 제외하고는 아무도 그 하자를 이유로 무단히 그 효과를 부정하지 못하는 것이므로,[50] 저작자가 출판계약에서 행정처분을 따르는 범위 내에서의 저작물 변경에 동의한 경우에는, 설사 행정처분이 위법하더라도 당연 무효라고 보아야 할 사유가 없는 이상 그 행정처분에 따른 계약 상대방의 저작물 변경은 저작자의 동일성유지권 침해에 해당하지 않는다고 한다.[51]

다. 음악저작물

음악저작물에 대하여도 위 어문저작물에서 본 것과 같은 논리가 적용될 수 있다.

이하 실무상 문제되었던 실제 사례들을 소개한다.

음반회사가 기존 음반에 녹음된 가요 및 가창을 히트곡 모음으로 재편집하여 음반을 제작한 경우 이는 기존 원반에 수록된 위 가창의 원형을 변형시키지 않고 기존 가창을 선곡하여 배열만 달리하여 편집한 것이므로 저작자의 동일성유지권을 침해하지 않는다.[52]

재편집 원반의 제작은 음반제작회사가 저작자로부터 허락받은 이용범위에 속하는 것으로서 기존 원반에 녹음된 가창의 원형을 변형시키지 않은 채 원반에 수록된 가요 10곡의 순서를 재배열하고 위 가요 10곡에 저작자가 가창한 7곡의 다른 가요를 추가한 것에 지나지 않은 정

한 논문의 각주에 임의로 보건복지부 보건의료기술진흥사업의 지원에 의하여 연구가 이루어졌다는 취지의 문구를 넣었을 뿐이다. 피고 1이 원고의 논문에 넣은 이와 같은 문구는 원고가 저작한 의학적 연구결과에 대한 구체적인 표현 형식에 관한 것이 아니라 당해 논문의 작성을 위해 지출한 비용의 출처에 관한 내용으로 창작적인 표현과 관련이 없는 부분에 불과하다. 따라서 이러한 문구로 인하여 원고 논문의 내용, 형식, 제호 등 그 외면적인 표현형식에 어떠한 변경이 가해 졌다고 볼 수 없다."라고 하여 동일성유지권 침해를 부정하였다.

48) 대법원 1992. 12. 24. 선고 92다31309 판결.
49) 대법원 2013. 4. 26. 선고 2010다79923 판결.
50) 대법원 2010. 4. 29. 선고 2007다12012 판결 등 참조.
51) 대법원 2013. 4. 26. 선고 2010다79923 판결.
52) 서울고등법원 1995. 3. 21. 선고 94나6668 판결(1995. 4. 22. 확정).

도의 재편집 원반의 제작이나 이를 이용한 복제행위는 저작자들의 위 가요 10곡의 악곡, 가사, 가창에 대한 저작권자로서의 동일성유지권 등 인격적 이익을 침해하는 것으로 볼 수 없다.[53]

타인의 뮤지컬 전체(1시간 30분 분량)를 녹화한 후 이를 14개의 부분으로 정리하여(모두 합하여 40분 내지 50분 분량) 자신의 회사 인터넷 홈페이지에 올려놓아 VOD(video on demand) 방식으로 홈페이지 접속자로 하여금 해당 뮤지컬 녹화물을 시청할 수 있도록 한 경우에 이는 뮤지컬의 내용을 삭제하거나 순서를 바꾸는 등의 편집을 가하지 아니한 채 단순히 전체 뮤지컬의 일부씩을 발췌하여 나열한 것에 불과하므로 동일성유지권을 침해하지 않는다.[54]

음악저작물의 음원 중 30초 정도 분량만을 스트리밍 방식으로 전송·재생하고 재생되는 부분 자체는 아무런 변경이 없는 인터넷 사이트에서 제공되는 음악저작물의 미리듣기 서비스에 대해, 일반 대중이나 음악저작물의 수요자로서는 음악저작물의 미리듣기 서비스가 음악저작물 전부가 아닌 일부만을 제공하는 것임을 쉽게 알 수 있어 음악저작물 중 미리듣기 서비스에 이용된 부분이 음악저작물의 전부인 것으로 오인되거나 미리듣기 서비스로 인하여 음악저작물에 표현된 원고의 사상·감정이 왜곡되거나 음악저작물의 내용 또는 형식이 오인될 우려가 없으므로 동일성유지권을 침해하지 않는다.[55]

또한 음악저작물을 노래반주기용 반주곡으로 제작하면서 원곡과 다른 코러스, 랩, 의성어 등을 삽입하기는 하였으나, 그러한 변경만으로는 음악저작물을 노래반주기에 이용할 때 일반적으로 통용되는 범위를 초과하여 음악저작물을 변경한 것이 아니라면 위와 같은 변경이 음악저작물의 동일성유지권을 침해한 것이 아니고, '악보 미리보기 서비스'는 그 성격상 음악저작물의 전부가 아닌 일부만을 제공하는 것이 분명하여 이용자로서는 미리보기로 제공되는 부분

---

53) 서울고등법원 1995. 6. 1. 선고 94나19909 판결(대법원 1996. 7. 30. 선고 95다29130 판결로 상고되어 상고기각 판결이 선고되었으나 당시 동일성유지권 판단부분은 상고이유로 주장하지 않았음).

54) 서울고등법원 2002. 10. 15. 선고 2002나986 판결(상고기각 확정, 피고만이 상고하였기에 해당 부분은 상고심 판단 대상이 아니었다). 위 판결은 그 외에 "또 당시의 기술수준으로는 파일의 용량이나 전송속도의 제한 등으로 인하여 인터넷 방송을 하기 위해서는 전체 뮤지컬을 3~4분씩의 여러 파일로 나누어야 했던 사정 등을 인정할 수 있는 바, 그렇다면 위와 같은 피고의 행위는 이 사건 뮤지컬에 실질적 개변을 가하여 그 동일성을 손상하였다고 보기 어려울 뿐만 아니라 가사 일부 동일성의 손상이 있다고 하더라도 이는 이용의 형태상 부득이한 변경(저작권법제13조 제2항 제3호 참조)에 해당한다고 볼 것이므로 동일성유지권을 침해하였다고 인정하기에 부족하다."라고 하였다.

55) 대법원 2015. 4. 9. 선고 2011다101148 판결. 위 판결은 이어 "피고가 이용허락을 받지 아니한 채 이 사건 음악저작물의 미리듣기 서비스를 제공하였다고 하더라도 이것이 원고의 동일성유지권을 침해한 것이라고 볼 수는 없다."라고 하였다. 한편, 서울고등법원 2008. 9. 23. 선고 2007나70720 판결(상고기각 확정, 원고만이 상고하여 이 부분 쟁점은 상고심 판단 대상이 아니었다)은 인터넷 이용자에게 약 1분 내지 1분 30초 정도로 음악파일의 표현형식을 절단하여 전송하는 음원의 미리듣기 서비스는 물론이고, 원곡의 표현형식을 절단하지 아니하고 단지 스트리밍 방식으로 전송하는 과정에서 한정된 시간만 실시간으로 재생하는 미리듣기 서비스도 음악저작물에 대한 표현형식의 변경에 해당하여 동일성유지권을 침해한다고 하였다. 위 2007나70720 판결 결론은 결과적으로 위 대법원판결에 배치된다.

이 해당 음악저작물의 전부라고 오인할 염려가 없고 악보 제공서비스의 사전절차에 불과한 것으로 볼 여지가 커서 사이트에서 제공된 음악저작물 악보의 미리보기 서비스가 음악저작물에 관한 동일성유지권을 침해하지 않는다.56)

라. 미술저작물 · 사진저작물

특정한 유체물에 화체되어 있는 미술저작물의 소유자가 유체물의 모서리를 잘라낸다거나 건물이 그려진 미술저작물 원본의 소유자가 원본에 있는 건물 그림을 삭제하거나 그것에 건물 그림을 새로 추가하거나 다른 효과를 내기 위해 색을 덧칠하거나 색조를 변경하는 것처럼 미술저작물 그 자체 또는 미술저작물이 담긴 유체물 등을 삭제, 추가, 변경하는 것은 저작물의 내용(작품 의도) · 형식을 왜곡시킬 수 있으므로 저작자가 저작물에 대하여 가지는 동일성유지권이(어문저작물에 비해) 더욱 쉽게 침해될 수 있고 판단하기에도 상대적으로 어렵지 않다.

사진저작물에도 위와 같은 논리가 그대로 적용될 수 있다.

이하 실무상 문제되었던 실제 사례들을 소개한다.

피고가 조형물의 공익광고물 부분57)을 철거하고 전광판을 부착하면서 원반형의 스테인리스 구조물을 설치한 것은 조형물에 반영된 사상과 감정을 훼손하고 조형물의 구성 및 표현방법을 변경하는 것으로서 저작물의 내용 · 형식을 왜곡시키는 것이므로 저작자의 동일성유지권을 침해한다.58)

사진집을 시중에서 구입하여 접사 촬영하고 그 사진을 패널화하여 사진저작자로부터 동의를 받지 않고 자연학습관의 전시실에 게시하면서 위 사진작품 중 일부에 대하여는 상하를 뒤바꾸어 전시하거나 사진의 내용을 잘못 설명하거나 원래의 방향과 달리 전시한 경우에 사진저작물의 동일성유지권을 침해한다.59)

다만 사진저작자의 허락 없이 사진을 축소하여 썸네일 이미지로 변환시켰으나, 썸네일 이미지는 원래 이미지의 단순한 축소에 불과하여 본질적인 내용에는 변경이 없다면 사진저작물에 관한 동일성유지권을 침해하지 않는다.60)

저작물인 도안의 제작자가 도안의 수정의무의 이행을 거절함으로써 주문자측의 도안 변경에 이의하지 않겠다는 취지의 묵시적 동의를 하였다면 주문자측이 도안을 일부 변경한 다음 변경된 도안을 기업목적에 따라 사용하고 있더라도 저작권법 제13조 제1항에 규정된 동일성

---

56) 대법원 2015. 4. 9. 선고 2012다109798 판결.
57) "공익광고물은 잠실사거리를 밝고 건전하며 활기찬 미래를 꿈꿀 수 있는 새로운 공간으로 조성한다는 의도 하에 제작되었다."
58) 서울동부지방법원 2004. 9. 30. 선고 2004가합4292 판결(미항소 확정).
59) 서울고등법원 2000. 1. 25. 선고 99나7796 판결(상고취하 확정).
60) 서울고등법원 2005. 7. 26. 선고 2004나76598 판결(미상고 확정).

유지권의 침해에 해당되지 아니한다.[61]

마. 영상저작물

영상저작물에서도 앞의 미술저작물·사진저작물에서 본 것과 같은 논리가 적용될 수 있다.

예컨대, 극장용 영화작품을 공중파 TV 방송을 통하여 방영하면서 극장에서 개봉된 영화작품의 여러 장면들을 삭제 편집하여 방송하고 영화작품에 포함되어 방송되어야 할 영어연설 내용에 대한 한글번역자막을 빠뜨린 채 방송한 경우에 영상저작자의 영화작품에 관한 동일성유지권을 침해한다.[62]

영상저작물에 「93 ○○○○ ○○○ LIVE」라는 자막을 삽입한 행위에 대해, 위 자막은 보통 비디오테이프를 제작하는 과정에서 비디오의 시작을 알리는 제호인 점, 비디오 복제권 및 배포권을 취득한 이상 실연한 각 노래명에 대한 자막은 그 판매행위의 고객을 위한 서비스 차원에서 관행적으로 이루어지는 행위임을 감안할 때 영상저작물에 대한 동일성을 침해한다고 보기 어렵다.[63]

바. 2차적저작물

문제는 번역, 소설의 영화화와 같은 2차적저작물 작성의 경우인데, 2차적저작물을 작성할 경우 저작재산권으로서의 2차적저작물작성권의 침해 외에 동일성유지권의 침해도 함께 성립하는지에 대하여 여러 견해로 나뉘어져 있다.

제1설은 원저작자가 2차적저작물 작성에 동의한 경우와 동의하지 않은 경우를 나누어 다른 기준으로 판단하는 견해이다.

그중 하나의 견해는 「2차적저작물 작성에 당연히 수반되는 개변에 대하여는 원저작자의 동일성유지권이 미치지 아니하므로 일일이 원저작자의 동의를 받을 필요는 없으나 원저작물의 내용이나 형식의 본질적인 변경은 설사 2차적저작물 작성에 대한 허락을 받았다 하더라도 동일성유지권의 침해로 되고 따라서 저작자의 별도의 동의를 필요로 한다. 비본질적이고 세부적인 사항이라도 번역을 함에 있어서 심한 오역을 하는 것 등은 번역에 따른 필연적인 개변이라고 할 수 없으므로 동일성유지권 침해가 될 수 있다.[64] 원저작물을 무단이용하였으나 새로운 창작성이 부가되지 아니하여 원저작물과 실질적으로 동일한 것은 원저작물의 복제물에 지나지 않는데, 이때에도 복제권 침해와는 별개로, 그 내용, 형식 및 제호에 변경이 생기면 그것

61) 대법원 1992. 12. 24. 선고 92다31309 판결.
62) 서울고등법원 2001. 10. 11. 선고 2000나36738 판결(상고기각 확정).
63) 서울민사지방법원 1994. 9. 2. 선고 94가합28760 판결.
64) 오승종, 저작권법 강의(제2판), 박영사(2018), 264~265.

으로 동일성유지권 침해가 된다. 또한 그 변경으로 인하여 원저작물에 새로운 창작성이 부가됨으로써 2차적저작물이 되는 경우에는 2차적저작물작성권 침해와는 별개로 동일성유지권 침해가 될 수 있다.」65)라고 한다.66)

또한 다음으로,「원저작물의 저작자로부터 허락을 받지 않고 2차적저작물을 작성할 경우 새로 작성된 저작물에 원저작물의 창작성 있는 표현이 남아 있다는 점, 2차적저작물 작성에 의한 개변에 대해 원저작자가 허락을 하지 않았는데도 2차적저작물이라는 이유만으로 동일성유지권 침해를 인정하지 않는다면 원저작자의 인격적 이익이 보장되기 어렵다는 점 등을 들어 2차적저작물작성권의 침해 외에 동일성유지권의 침해를 긍정하고, 저작자의 허락을 받고 2차적저작물을 작성하는 경우에는 개변된 내용이 저작자의 명예나 명성을 해치는 경우, 통상적인 변형에서 예정하고 있지 않은 본질적인 변형이 이루어진 경우이거나 2차적저작물 작성행위의 성격에 비추어 원저작물의 표현형식 중 세부적인 내용에 대한 변경이 제한되는 것으로 볼 수 있는 경우에 그와 같이 제한되는 범위에 속하는 세부적인 변경을 한 경우 등에 한정하여 동일성유지권 침해를 인정하여야 한다.」67)는 견해도 있다.

제2설은 동일성유지권의 한계는 저작물의 성격에 따라 달라지는 것이라고 하여,「영문서적을 한글로 번역하거나 소설을 영화화하는 것과 같이 표현형식을 변경하는 2차적저작물 작성행위 그 자체는 저작물 이용에 필연적으로 수반되는 표현 변경이므로 동일성유지권이 미치지 않는다. 일본 저작권법 제20조가 "저작물 및 그 제호의 동일성을 유지할 권리"라고 규정하고 있고 영국 저작권법 제80조가 "번역·편곡을 제외한다"라고 규정하고 있다. 또한 작곡을 연주한다든지 대본에 의해 상연하는 경우와 같은 무형적 복제 그 자체도 동일성유지권과 관련이 없다. 즉 무단번역 또는 무단 공연이 있었다고 할 때 그 자체는 저작재산권인 2차적저작물작성권(법 제22조), 공연권(법 제17조)의 침해에 그치고 동일성유지권은 문제되지 아니한다. 그러나 나체화에 옷을 입은 것과 같은 효과를 얻기 위하여 그림의 소유자가 그림 위에 색을 칠하거나, 영화제목을 멋대로 바꾸거나, 영화의 결말을 변경하거나, 흑백영화를 칼라화하거나 시대나 장소의 배경을 대체하는 것은 모두 동일성유지권을 침해하는 행위이다. 컴퓨터프로그램저작물에서는 실제 사용에 따르는 필요한 범위 내에서의 변경은 허용된다(법 제13조 제2항 제3호, 제4호).」68)라고 한다.

제3설은「저작물의 내용(법 제13조 제1항)이나 본질적인 내용(법 제13조 제2항)에 변경이 가

---

65) 오승종, 저작권법 강의(제2판), 박영사(2018), 267.
66) 오승종, 저작권법 강의(제2판), 박영사(2018), 266에서는 "2차적저작물작성권과 동일성유지권이 별도로 성립할 수 있다는 것이지 2차적저작물작성권이 침해된 경우에는 필연적으로 동일성유지권 침해가 성립한다는 의미는 아니라는 것이다."라고 한다.
67) 이해완, 저작권법(제4판), 박영사(2019), 483~484 및 504~505.
68) 송영식 외 6인, 지적소유권법 하, 육법사(2008), 628 참조.

해진 경우, 다시 말해 내면적 형식을 변경한 경우이거나 저작자의 명예·명성을 해할 우려가 있는 변경에 해당하는 경우에는 2차적저작물의 허락을 얻었는지의 여부와 관계없이 언제나 동일성유지권 침해가 발생하고, 저작물의 형식(법 제13조 제1항)에 변경이 가해진 경우에는 저작자의 동의 없이 저작물의 외면적 형식을 번역, 편곡, 변형, 각색·영상제작·그 밖의 방법으로 개작하는 등 2차적저작물 작성행위를 하더라도 그 외면적 형식을 삭제하거나 추가 또는 변경하는 등 왜곡행위를 하지 않는 한 저작물의 내면적 형식은 변경되지 않아 그 동일성유지권이 침해되지 않는다.」[69]는 견해이다.

실무에서 원저작자의 동의 없이 2차적저작물을 작성한 경우에 동일성유지권의 침해를 인정한 것과 부정한 것이 있다.

서울남부지방법원 1989. 12. 8. 선고 88가합2442 판결(항소심에서 소취하 종국)은 "..'가요드라마'라는 연속 프로그램에서 원고의 승낙이나 동의 없이 위 단막극 '고독'을 방영하면서 원고의 위 가요 '고독'을 그 작사·작곡자의 성명도 밝히지 아니한 채 그 원곡 그대로 또는 이를 편곡하여 아코디언이나 전자오르간 등의 악기나 남자의 휘파람, 콧노래 등으로 부르거나 연주하게 하여 이를 위 가요드라마의 주제음악 및 배경음악으로 이용한 사실...에 비추어 보면 피고는 원고가 그의 저작물인... 위 가요를 원저작물 또는 구성부분으로 하는 2차적저작물 등의 작성, 이용권 등의 저작재산권과 그 내용 및 형식의 동일성을 유지할 권리인 동일성유지권 등의 저작인격권을 침해하였다."라고 하였다. 또한 서울중앙지방법원 2008. 7. 24. 선고 2007가합114203 판결(미항소 확정)은 저작자인 원고의 허락 없이 논문을 영문으로 번역하여 이를 학회지에 게재하면서 제1저자를 원고에서 피고 2, 교신저자를 원고에서 피고 1로 각각 변경함으로써 저작자인 원고의 저작인격권(동일성유지권과 성명표시권)을 침해하였는지가 문제된 사안에서, "피고 1은 원저작자인 원고의 동의를 받지 아니하고 2차적저작물인 원고 논문의 영문번역본을 작성하였으므로 2차적저작물작성권의 침해와 별도로 원고의 저작인격권 중 동일성유지권도 침해하였다."라고 하였다.

한편, 서울고등법원 1998. 9. 25. 선고 98나35459 판결(상고기각 확정, 피고들만이 상고하여 이 부분 쟁점은 상고심 판단대상이 아니었음)은 "피고들이 이 사건 제2 저작물을 번역, 출판함에 있어 원저작물의 18개 부분을 삭제하고 15개 부분 및 사진 18장을 무단으로 보충하여 이 사건 제2저작물에 기한 망 ○○○의 동일성유지권을 침해하였으므로, 피고들은 이로 인하여 망 ○○○가 입은 손해도 배상하여야 한다고 주장하나, 동일성유지권이란 원저작물의 내용, 형식 및 제호의 동일성을 유지할 권리를 말하는 것으로서 원고들의 위 주장이 사실이라고 하더라도 그와 같은 사실만으로는 이 사건 원저작물과 번역저작물 사이에 본질적 부분의 변경이

---

69) 박성호, 저작권법(제2판), 박영사(2017), 309.

있다고 하기에 부족하고, 또 원저작물로부터 2차적저작물(번역물)을 작성하는 경우에는 원칙적으로 원저작물의 내용, 형식에 다소의 변경을 수반하기 때문에 본질적 부분의 변경이 없는 한 동일성유지권은 거론될 여지가 없다."고 하였다. 또한 서울고등법원 2007. 2. 7. 선고 2005나20837 판결(미상고 확정)도 "2차적저작물의 작성에 필연적으로 수반하는 변경의 한도 내에서 개변이 가하여졌으나 원저작물과 실질적 유사성이 있는 2차적저작물은 원칙적으로 원저작자의 동일성유지권이 침해되었다고 볼 수 없고, 다만 원저작자의 명예와 명성 및 인망을 해하는 방법 등으로 개변을 한 경우에 한하여 동일성유지권을 침해하였다 할 것이다(저작권법 제92조 제4항 참조)."라고 하고, 서울고등법원 2012. 12. 20. 선고 2012나17150 판결(상고심에서 다른 사유로 파기환송)도 "2차적저작물이란 원저작물에 수정·개변을 가하여 작성된 새로운 저작물을 의미하므로 2차적저작물에는 어느 정도 원저작물의 내용변경은 당연히 수반된다고 할 것이다. 따라서 2차적저작물을 작성함에 있어서 원저작물의 내용이나 형식 및 제호를 변경하여 2차적저작물을 통해 감득할 수 있는 원저작물의 본질까지 왜곡·훼손함으로써 원저작권자의 저작물에 대한 존중감(동일성)을 해치는 정도에 이르는 등의 사정이 없는 한, 원저작자의 동의 없이 2차적저작물을 작성한 경우 2차적저작물작성권의 침해와 별도로 동일성유지권의 침해가 성립하는 것은 아니라고 보아야 한다."라고 하였다. 그리고 서울서부지방법원 2006. 3. 17. 선고 2004가합4676 판결(항소심에서 조정으로 종국)도 "새로운 독창성을 갖는 2차적저작물로 인정된 이상 원저작자에 대한 2차적저작물작성권 침해가 성립되는 외에 저작인격권인 동일성유지권도 덧붙여 침해된다고 할 수는 없다."라고 하였다.

그리고 실무에서 원저작자의 동의를 받고 2차적저작물을 작성한 경우에 동일성유지권의 침해를 인정하지 아니한 사례는 아래와 같다.

서울고등법원 2008. 10. 29. 선고 2008나4461 판결(미상고 확정)은 "2차적저작물의 작성에 관해 저작자의 허락을 받은 경우에도 동일성유지권을 침해하는 것으로 보게 되면 개변에 관해 허락을 받은 의미를 무시해 버리는 결과가 된다. 따라서 저작권법에 명문의 근거가 없다고 하더라도 개변된 내용이 저작자의 명예나 명성을 해치는 경우 또는 통상적인 변형에서 예정하고 있지 않은 본질적인 변형이 이루어진 경우에 해당하지 않는 한 저작자의 허락을 받고 2차적저작물을 작성하는 행위는 저작자의 동일성유지권을 침해하는 것이 아니고, 이는 저작권법이 당연히 예정하고 있다고 해석함이 상당하다. 살피건대, 원고는 자신의 등대도안에 기초해서 피고가 등대를 건축하도록 허락하였고, 피고가 건축한 등대의 모양도 기본적으로 원고의 등대도안의 표현과 같이 총 16장으로 된 등대의 하부기초인 꽃잎, 2단으로 구성된 꽃술의 기둥, 끝에 구를 단 8개의 기둥으로 이루어진 원기둥 형태의 꽃술 윗부분으로 이루어진 형상인 바, 원고의 등대도안과 실제로 건축된 등대의 차이는 해상에서 등대로 건축하면서 예상할 수 있는 정도의 변경 범위에 속한다고 보이므로, 원고가 피고에게 등대도안의 이용을 허락한 이상 이러한 정도의 변경에 묵시적 동의가 있었다고 봄이 상당하다."라고 하고, 서울고등법원 2008. 6. 18. 선고 2007나60907 판결(심리불속행 상고기각 확정)은 "이 사건 영화가 이 사건 원작만화의 저작자인 피고의 명예를 훼손하는 방법으로 실질적으로 변경되었다고 볼 증거가 없는 이상, 원고의 이 사건 영화제작이 피고의 이 사건 원작만화에 관한 동일성유지권을 침해 하였다고 보기 어렵다."라고 하였다.

한편 대법원은 저작자가 명시적 또는 묵시적으로 동의한 범위 내에서 저작물을 변경한 경우에는 저작자의 동일성유지권 침해에 해당하지 아니한다는 원칙에서 원저작물에 대한 수정 의무가 있는 저작자(수탁자)가 수정을 거절한 것은 그 저작물의 소유자(신탁자)가 임의로 수정 하여도 이의하지 않겠다는 묵시적 동의로 보고 동일성유지권 침해를 인정하지 않은 원심판단 을 유지하였고,[70] 역사교과서 저작자들이 검정을 위해서 교육부장관의 수정 지시를 성실히 이 행하겠다는 내용의 '동의서'를 제출함으로써 저작자들의 동일성유지권을 제한할 수 있는 묵시 적 동의가 있었다고 보면서 출판사가 교과서 내용에 대한 임의로 수정한 것에 대하여 동일성유 지권 침해를 인정하지 않은 원심판단을 유지하였다.[71]

한편 원저작자가 2차적저작물 작성에 동의하였다고 볼 수 없는 경우에 동일성유지권을 침 해하는지에 관하여 직접적으로 판단한 대법원판결은 아직 나와 있지 않다.

종합하여 2차적저작물 작성과 동일성유지권에 관한 본서 저자의 견해는 아래와 같다.

동일성유지권이 저작자의 인격권 중 하나라는 점과 정보화시대에서의 저작물의 이용 상황 등을 함께 고려한다면 2차적저작물 작성에 따른 변경이 곧바로 내지 당연히 동일성유지권을 침해한다고 단정하기는 어렵고 그 변경 내용이 2차적저작물 작성 방법에 따라 필연적으로 수 반되는 저작자의 인격권의 내용 변경인지 아니면 저작물을 본질적으로 변경한 것인지 여부, 각 저작물의 속성, 변경의 경위 또는 목적 등을 종합적으로 고려하여 결정하는 것이 어떤가 한다. 구체적인 표현 등의 삭제, 변경 및 왜곡의 우려가 있어 저작자의 인격적 이익을 해하는 지 여부는 동일성유지권 침해의 필요충분의 요건이라고 보기는 어렵지만 서로 밀접한 관계에 있음은 부정할 수 없으므로 동일성유지권 침해 여부를 판단하는 과정에서 고려 요소가 될 수 있다.

2차적저작물을 작성하는 과정에서는 당연히 원저작물에 관한 표현형식이 변경될 수밖에 없어 이를 동일성유지권 침해라고 한다면 사실상 2차적저작물 작성행위 자체를 부정하게 되 므로 사안에 따라 달리 볼 필요가 있다.

만일 그 변경이 2차적저작물 작성 방법에 따라 필연적으로 수반되는 저작자의 저작인격권 변경에 해당한다면 2차적저작물 작성에 관한 동의가 있었는지 여부를 묻지 아니하고 동일성

---

70) 대법원 1992. 12. 24. 선고 92다31309 판결.
71) 대법원 2013. 4. 26. 선고 2010다79923 판결.

유지권을 침해하는 것이 아니다.

한편 저작자가 명시적 또는 묵시적으로 2차적저작물 작성에 동의한 범위 내에서 저작물을 변경한 경우에는 저작자의 동일성유지권 침해에 해당하지 아니하지만, 저작자가 저작물의 변경에 대해 동의하였는지 여부 및 동의의 범위는 계약의 성질·체결 경위·내용, 계약 당사자들의 지위와 상호관계, 계약의 목적, 저작물의 이용실태, 저작물의 성격 등 제반 사정을 종합적으로 고려하여 구체적·개별적으로 판단한다.[72]

따라서 설령 2차적저작물 작성 자체에 대한 동의가 있더라도 구체적인 표현 등의 변경, 삭제로 인해 저작물의 내용을 왜곡할 우려가 있다면 저작물의 본질적인 내용을 변경하는 것에 해당하여 동일성유지권을 침해할 수 있다. 그리고 통상적으로 번역과정에서 생길 수 있는 오역은 동일성유지권을 침해한다고 보기 어려우나 그 오역이 매우 심하여 원저작물의 내용을 왜곡시키는 경우에는 동일성유지권을 침해할 수 있다.

한편, 저작권법 제36조는 제24조의2, 제25조, 제29조, 제30조, 제35조의3부터 제35조의5까지에 따라 저작물을 이용하는 경우에는 그 저작물을 번역·편곡 또는 개작하여 이용할 수 있다고 규정하고 있다. 이러한 규정에 따라 저작물을 번역, 편곡 또는 개작하여 이용하는 경우에 동일성유지권을 침해하는지 여부도 앞에서 본 바와 같이 2차적저작물 작성행위가 동일성유지권을 침해하는지 여부에 관하여 검토한 논리가 적용될 수 있을 것이다.

그리고 원저작물에 변경을 하여 2차적저작물이 아니라 별개의 새로운 저작물을 창작한 경우에는 원저작물의 저작권을 침해한 것이 되지 아니하므로 원저작물에 대한 동일성유지권을 침해하는 것이 아니다.

③ 제호의 동일성 유지

저작물의 제호 그 자체에 대하여 저작권이 성립하기는 어렵지만 제호는 저작물의 내용을 집약하여 나타내는 것으로 저작물과 결합하여 저작물의 동일성을 표상하는 역할을 하고 있으므로 저작권법은 저작자에게 제호에 대한 동일성유지권을 인정하고 있다.

따라서 저작물의 제호는 저작물과 결합되어 있는 경우에만 보호되고 저작물과 분리된 경우 제호 그 자체만은 동일성유지권으로 보호되지 아니한다. 저작물의 내용이 다르면 제호가 같더라도 동일성유지권을 침해하는 것이 아니다.

동일성유지권으로 보호받는 제호는 저작자 자신이 붙인 제호만을 의미한다. 예컨대 베토벤의 교향곡 제5번 '운명'처럼, 저작자에 의하여 붙여진 것이 아니라 사후에 제3자에 의하여

---

72) 대법원 2013. 4. 26. 선고 2010다79923 판결.

붙여진 호칭이나 별칭은 동일성유지권의 보호대상이 아니다.

④ 동일성유지권의 제한

저작권법은 저작자의 저작물 또는 제호에 본의 아닌 개변이 가해지는 것을 막을 수 있는 권리를 규정함과 동시에 저작물의 성질과 이용목적에 비추어 일정한 경우에는 사회통념상 부득이한 변경을 허용하고 있다.

다만 ① 법 제25조(학교교육 목적 등에의 이용)[73]의 규정에 따라 저작물을 이용하는 경우에 학교교육 목적상 부득이하다고 인정되는 범위 안에서의 표현의 변경(제1호),[74] ② 건축물의 증축·개축 그 밖의 변형(제2호),[75] ③ 특정한 컴퓨터 외에는 이용할 수 없는 프로그램을 다른 컴퓨터에 이용할 수 있도록 하기 위하여 필요한 범위에서의 변경(제3호), ④ 프로그램을 특정한 컴퓨터에 보다 효과적으로 이용할 수 있도록 하기 위하여 필요한 범위에서의 변경(제4호), ⑤ 그 밖에 저작물의 성질이나 그 이용의 목적 및 형태 등에 비추어 부득이하다고 인정되는 범위 안에서의 변경(제5호)은 허용되나 다만 이 경우에도 본질적 내용의 변경은 허용되지 아니하다(법 제13조 제2항).

위 ③의 "특정한 컴퓨터 외에는 이용할 수 없는 프로그램을 다른 컴퓨터에 이용할 수 있도록 하기 위하여 필요한 범위 안에서의 변경"이란 운영 중인 컴퓨터 시스템의 업그레이드나 교

---

73) 저작권법 제25조 제2항 본문은 "특별법에 따라 설립되었거나 「유아교육법」, 「초·중등교육법」 또는 「고등교육법」에 따른 학교, 국가나 지방자치단체가 운영하는 교육기관 및 이들 교육기관의 수업을 지원하기 위하여 국가나 지방자치단체에 소속된 교육지원기관은 그 수업 또는 지원 목적상 필요하다고 인정되는 경우에는 공표된 저작물의 일부분을 복제·배포·공연·전시 또는 공중송신할 수 있다."라고 규정되어 있다.

74) 여기서 오승종, 저작권법 강의(제2판), 박영사(2018), 272는 "어려운 한자를 대상 학생의 수준에 맞게 쉬운 우리말로 고치거나 영어 교과서에 수록된 예문에서 학년에 따라 어려운 단어를 쉬운 단어로 바꾸는 것, 문법상의 오류를 고치거나 교과서에 그대로 게재하기에 적절하지 않은 비속어, 차별적 언어 따위를 순화된 언어로 바꾸는 것 등 학교교육의 목적상 필요한 경우에 한정된다."라고 한다.

75) 대법원 2015. 8. 27. 선고 2012다204587 판결은 저작물 폐기 행위로 저작자의 인격적 법익 침해가 발생한 경우 저작권법상 동일성유지권 침해의 성립 여부와 별개로 저작자의 일반적 인격권을 침해한 위법행위가 될 수 있다고 하였다. 원심인 서울고등법원 2012. 11. 29. 선고 2012나31842 판결(상고기각 확정)은 "피고가 이 사건 벽화를 떼어낸 후 소각하여 폐기한 것은 이 사건 벽화의 소유권자로서의 권능을 행사한 것이라고 보아야 하고, 이에 대하여 원고가 동일성유지권을 주장할 수는 없다.", "피고가 이 사건 벽화를 철거하는 과정에서 손상한 행위, 절단한 행위, 방치하여 추가로 손상한 행위는 개별적으로 나누어 보면 동일성유지권 침해 행위를 구성할 여지도 있으나, 위에서 살펴본 바와 같이, 그 궁극적인 폐기 행위를 저작인격권의 침해로 볼 수 없는 이상, 위 손상, 절단 등의 행위는 폐기를 위한 전 단계 행위로서 그 폐기행위에 흡수되어 별도의 저작인격권 침해를 구성하지 아니한다고 보아야 할 것이다."라고 하였다. 대법원은 동일성유지권 침해에 관한 원심판단에 대하여는 별다른 언급을 하지 않은 채 저작자의 일반적 인격권 침해를 인정하는 법리를 최초로 설시하면서, 작가인 원고에게 위자료의 지급을 명한 원심을 유지하였다.

체 등 또는 전산환경 통합으로 운영체제를 윈도우즈에서 Linux나 MAC OS, Unix 운영체제로 변경하는 경우 불가피하게 해당 프로그램저작물을 변경할 수밖에 없는 경우가 이에 해당하고, 위 ④의 "프로그램을 특정한 컴퓨터에 보다 효과적으로 이용할 수 있도록 하기 위하여 필요한 범위 안에서의 변경의 경우"란 시스템을 업그레이드하거나 장비를 추가하는 경우 이러한 장비를 효과적으로 사용하기 위해서 프로그램을 개작해야할 경우(예를 들면 32bit 체계였던 하드웨어를 64bit 체계로 바꾸면 64bit 체계에 맞게 프로그램의 변수부분을 64bit로 변경해야하며 이러한 경우 바뀌는 부분은 미비하지만 불가피하게 해당 프로그램의 동일성유지권을 침해할 수밖에 없는 상황이 발생하게 됨)가 이에 해당한다.[76]

　　서울고등법원 2010. 6. 24. 선고 2009나82215 판결[77]은 「여기서 제1 내지 4호는 저작물의 이용목적 및 행위태양이 객관적으로 명백하게 한정되어 있어서 공익상의 필요에 의하여 동일성유지권의 행사가 제한되는 범위가 어느 정도인지 비교적 용이하게 해석할 수 있으나, 반면 제5호는 저작물의 이용분야 및 행위태양에 제한이 없으므로 그 해석 여하에 따라서는 위법성 조각의 범위가 지나치게 확대되어 동일성유지권을 보호하는 저작권법의 기본취지를 훼손시킬 우려가 있다. 이러한 점에 비추어 볼 때 제5호에 대하여도, 앞의 제1 내지 4호의 경우에 준할 정도로 이를 엄격하게 해석해야 할 것인바, 따라서 제5호 소정의 "저작물의 성질, 이용목적 및 형태에 비추어 부득이하다고 인정되는 범위"에 있어서 '부득이하다'고 함은, 저작물 이용에 있어 기술상의 한계나 실연자의 능력상의 한계 등으로 인해 저작물을 변경하여 이용하는 것이 불가피한 경우로서 저작자의 이의 유무가 그 이용 형태에 어떠한 영향을 미칠 수 없어 이를 굳이 보장할 필요가 없거나, 중대한 공익상의 필요에 의해 저작자의 이의권을 부득이 제한하여야 하는 경우를 의미한다고 해석함이 상당하고, 저작물의 무단이용자가 거래실정상의 필요만을 이유로 저작자의 동의를 얻지 아니한 채 임의로 저작물의 일부를 절단하여 이용하는 경우까지 여기에 해당한다고 볼 수는 없다고 할 것이다.」라고 하였다. 위 판결 사안은 음원의 일부 미리듣기 서비스에 관한 것이었다.

---

76) 개정 저작권법 해설, 문화체육관광부·한국저작권위원회(2008), 24 참조.

77) 상고되어 대법원에서 파기환송되었으나 본문 내용의 해당 쟁점과는 관련이 없다. 위 판결은 이어서 "피고 ○○○○인터넷이 음원 서비스의 잠재적 구매자에게 미리듣기 서비스를 샘플로서 제공하고 있다는 점은 위 피고가 지적한 바와 같으나, 이와 같이 영업상 또는 서비스의 특성상 필요하다는 점만으로 곧바로 저작자의 동의를 얻지 않고 변경을 가할 수 있는 위 법규 소정의 부득이한 사정이 존재한다고 할 수 없고, 위와 같은 필요성이 인정되는 경우라 하더라도 서비스 제공자인 위 피고로서는 저작자인 원고로부터 잠재적 구매자에게 제공할 미리듣기 서비스의 시간을 어느 정도로 설정할 것인지와 일부만을 재생시키는 경우에도 어느 부분을 제외하고 어느 부분을 샘플로서 제공할 것인지에 대하여 동의를 받았어야 할 것인데, 위 피고가 원고로부터 그와 같은 동의를 받지 아니 한 채 원고의 저작물을 무단으로 변경하여 이용한 이상 이를 부득이하다고 인정되는 범위 안에서의 변경이라고 볼 수는 없다."라고 하였다. 위 판결은 대법원의 파기환송 후 서울고등법원에서 2012나9760호로 사건 계속 중 화해권고결정으로 종국되었다.

그러나 거의 동일한 쟁점의 또 다른 사건에서 대법원 2015. 4. 9. 선고 2011다101148 판결은 "피고 ○○이 제공하는 이 사건 음악저작물의 미리듣기 서비스는 통상적인 음악저작물의 미리듣기 서비스와 다를 바가 없어서 일반 대중이나 이 사건 음악저작물의 수요자로서는 이 사건 음악저작물의 미리듣기 서비스가 음악저작물 전부가 아닌 일부만을 제공하는 것임을 쉽게 알 수 있으므로, 이 사건 음악저작물 중 미리듣기 서비스에 이용된 부분이 이 사건 음악저작물의 전부인 것으로 오인되거나, 미리듣기 서비스로 인하여 이 사건 음악저작물에 표현된 원고의 사상·감정이 왜곡되거나 이 사건 음악저작물의 내용 또는 형식이 오인될 우려가 없다. 피고 금영이 이용허락을 받지 아니한 채 이 사건 음악저작물의 미리듣기 서비스를 제공하였다고 하더라도 이것이 원고의 동일성유지권을 침해한 것이라고 볼 수는 없다."라고 하였다.

결국 위 서울고등법원 2010. 6. 24. 선고 2009나82215 판결에서의 음악저작물의 미리듣기 서비스에 관한 동일성유지권 침해 결론은 위 2011다101148 판결에 의해 더 이상 유지될 수 없다. 다만 위 2009나82215 판결 중 위 제5호에 대하여도 앞의 제1 내지 4호의 경우에 준할 정도로 엄격하게 해석해야 한다는 해석 의도까지 부정할 필요는 없다.

위 ⑤(제5호) 내용에 해당되는 경우로 저작권을 양수한 자가 하는 시대적응행위(소위 update나 modernize),[78] 복제의 기술적인 수단 또는 그 제약요인(기술상의 문제)으로 인하여 부득이하게 원저작물과 다소 다르게 복제되는 경우, 연주·가창 기술의 미숙으로 본래 저작물의 음악적 표현을 충분히 나타내지 못하거나 연습부족으로 조화를 이루지 못한 경우, 방송 등의 기술 수단 탓으로 부득이한 경우 등이 있다.[79]

한편 건축저작물의 소유자가 단순한 변경을 넘어서 유체물 자체를 폐기하는 행위는 소유권의 행사이므로 동일성유지권의 침해로 보기는 어렵지만 그 행위로 인하여 저작자의 인격적 법익 침해가 발생한 경우에 저작자의 일반적 인격권을 침해한 위법한 행위가 될 수 있다.[80]

⑤ 패러디와 동일성유지권 등 패러디 일반론

다수 견해에 의하면 패러디(parady)란 표현형식을 불문하고 대중에게 널리 알려진 원작의

---

78) 송영식 외 6인, 지적소유권법 하, 육법사(2008), 637~638.
79) 저작권법, 사법연수원(2014), 179 참조.
80) 대법원 2015. 8. 27. 선고 2012다204587 판결, 원심판결인 서울고등법원 2012. 11. 29. 선고 2012나31842 판결(상고기각 확정)은 국가 소유의 미술작품 폐기 행위에 대하여 저작권법상 동일성유지권 침해는 부정하면서도 이와 별도로 법적으로 보호할 가치가 있는 인격적 이익의 침해는 인정된다고 판단하였는데, 이에 대하여 피고(국가)만이 상고하였다. 대법원은 동일성유지권 침해에 관한 원심판단에 대하여는 별다른 언급을 하지 않은 채 저작자의 일반적 인격권 침해를 인정하는 법리를 최초로 설시하면서, 작가인 원고에게 위자료의 지급을 명한 원심을 유지하였다.

약점이나 진지함을 목표로 삼아 이를 흉내내거나 과장하여 왜곡시킨 다음 그 결과를 알림으로써 원작이나 사회적 상황에 대하여 비평하거나 웃음을 이끌어 내는 것을 말한다.[81]

패러디를 대중에게 널리 알려진 원저작물의 어구, 영상, 음악 등 표현을 흉내내거나 고의로 과장·왜곡하면서 원저작물과는 별개의 다른 내용으로 재구성하여 풍자나 비평을 표현한 것으로 그러한 풍자나 비평에 고유의 창작성이 인정되는 것으로 설명하는 견해도 있다.[82]

한편 미국 실무는 패러디를 적어도 부분적으로 원 저작자가 만든 구성의 일부 요소를 사용하여 원 저작물을 비평하는 새로운 작품을 창작하는 것이라고 정의하고 있고 패러디의 필수 요소와 관련하여 변형(transformative)의 내용으로 비평(comments, critical commentary)을 요구하지만 나아가 웃음을 이끌어내는 요소만은 풍자(satire)에 머무른다고 보아 웃음을 이끌어내는 요소는 패러디의 필수요소로 요구하지 않는다.[83][84]

패러디에는 일응 원작 자체를 비평의 대상으로 삼는 직접적 패러디(direct parady)와 원작을 비평의 수단으로 이용하지만 원작의 내용과는 무관한 사회에 대한 일반적인 비평을 하는 매개적 패러디(vehicle parady)의 두 종류가 있다고 이해되고 있고, 직접적 패러디에서 인용되는 저작물은 그 자체가 비평의 대상이 되는데 비하여, 매개적 패러디에서 인용되는 저작물은 비평의 대상이 아니라 비평을 위한 수단이 된다고 설명되고 있으나,[85] 본서 저자는, 패러디는 직접적 패러디를 말하고 그 외에 패러디에 매개적 패러디는 포함하지 않는다고 본다.[86][87]

---

81) 저작권법, 사법연수원(2014), 181.

82) 김병식, "저작권신탁계약의 해지 및 그에 따른 법률관계", 대법원판례해설 제94호(2012년 하), 법원도서관(2013), 226.

83) Campbell v. Acufff-Rose Music, Inc., 510 U.S. 569 (1994)은 "Pretty Woman"이라는 노래의 앞 소절을 변화시킨 2 Live Crew의 노래를 패러디라고 인정하여 저작권 위반이 아니라고 하였다.

84) Campbell v. Acufff-Rose Music, Inc.에서 "변형(transformative)인지 여부는 단순히 원 저작물의 대상을 단순히 교체하였는지 아니면 새로운 어떤 것을 더하여 원 저작물을 새로운 표현, 의미 또는 메시지로 변경하여 그 이상의 목적이나 다른 성격을 가지도록 하였는지에 결정된다."라고 하였다.

85) 오승종, 저작권법 강의(제2판), 박영사(2018), 410.

86) 서울지방법원 2001. 11. 1.자 2001카합1837 결정(미항고 확정)은 패러디로서 보호되는 것은 해당 저작물에 대한 비평이나 풍자인 경우라 할 것이고 해당 저작물이 아닌 사회현실에 대한 것까지 패러디로서 허용된다고 보기 어렵다고 하였다.

87) 학계에서 매개적 패러디를 인정한 사례로 소개되는 것으로 Blanch v. Koons, 467 F.3d 244(2d Cir. 2006)가 있다. 그러나 위 판결문에 vehicle parady(매개적 패러디)라는 용어는 나와 있지 않고 위 판결은 오히려 Rogers v. Koons, 960 F.2d 301 (2d Cir. 1992) 판결을 인용하면서 패러디가 되기 위하여는 모방된 작품이 적어도 부분적으로는 패러디의 대상이 되어야 함을 강조하고 있다. 매개적 패러디를 인정한 것은 Elsmere Music, Inc. v. National Broad. Co., 623 F.2d 252 (2d Cir. 1980) 판결로 보인다. 위 판결은 패러디 작품이 원고의 저작물 그 자체를 패러디한 것이 아니더라도 공정이용을 인정하는 것이 배제되지 않는다고 하였는데, 이러한 견해는 Campbell v. Acufff-Rose Music, Inc., 510 U.S. 569 (1994)의 판시내용과는 배치되는 것으로 보인다. 연방대법원은 Campbell v. Acufff-Rose Music, Inc. 에서 패러디란 선행 저작자 작품의 일부를 이용하여 적어도 부분적으로 그 저작자의 작품에 비평을 한

패러디화된 작품이 패러디로 인정받지 못하고 원저작물의 복제물이나 2차적저작물에 해당한다면 실패한 패러디로서 일반 저작물에 대한 검토 외에 별도로 논의할 필요가 없다. 패러디화된 작품에 원저작물에 대한 독립적인 창작성이 없다면 복제권 침해의 문제로 된다. 패러디는 그 속성상 대중으로 하여금 패러디에 관한 원작이 별도로 존재함을 알 수 있게 하는데 이는 그 작품이 원작의 창작적 표현을 이용하는 것 외에 원저작물의 창작적 표현이 아닌 아이디어 등에 해당하는 부분을 이용할 수도 있기 때문이다.

패러디가 원저작물과 대비하여 창작성을 가지고 있는 경우에 2차적저작물과 어떻게 구분하여야 하는지가 문제인데, 원저작물과 2차적저작물간의 일반적인 구별 기준 법리88)에 원작품과 관련하여 비평 등으로 새로운 가치를 더하거나 시장적 경쟁관계에 있는지 여부 등을 더하여 2차적저작물과 패러디를 구분하는 것도 하나의 방법이다.

만일 패러디가 원저작물과 유사하지 않은 독립된 새로운 저작물에 해당할 경우 2차적저작물작성권의 침해도 성립하지 않게 되고 그에 따라 저작재산권의 제한을 논할 여지도 없게 된다.

한편, 패러디라고 인정되면 항상 독립한 새로운 저작물이 된다는 견해가 있지만 그렇지 않고 원저작물을 변형하고 새로운 가치를 더하여 패러디로 인정되더라도 원저작물과 유사하여 2차적저작물에 해당하는 경우가 있을 수 있다.89) 다만 2차적저작물의 보호는 그 원저작물의 저작자의 권리에 영향을 미치지 아니하여(법 제5조 제2항) 원저작물의 저작권자 또는 2차적저작물의 저작권자 중 어느 한쪽이 2차적저작물을 이용하는 경우에는 각각 상대방의 허락을 얻어야 하므로 2차적저작물에 해당하는 패러디를 작성하여 이용하고자 하는 자는 원저작물의 저작권의 허락을 얻지 않는 한 2차적저작물작성권의 침해를 구성하게 된다. 이에 해당 작품에 대하여 저작재산권의 제한 규정인 법 제35조의5의 저작물의 공정한 이용 등 해당 여부를 검토할 필요성이 발생한다.90) 유의할 점은 대법원 2013. 2. 15. 선고 2011도5835 판결에 의하면 저작권법 제28조의 인용의 개념에 전부 인용은 포함되지 않는다는 취지로 판시하고 있으므로 타인의 저작물을 일부 인용한 경우에만 제28조가 적용되고 타인의 저작물을 전부 인용한 경우는 법 제28조가 아닌 제35조의5가 적용될 것이다.91)

참고로 미국의 실무 내용을 설명한다.

새로운 작품이라고 하였다("The heart of any parodist's claim to quote from existing material is the use of some elements of a prior author's composition to create a new one that, at least in part, comments on that author's work.").

88) 상세한 내용은 「제3장 저작권의 객체 : 저작물 제4절 2차적저작물 I. 2차적저작물의 의의」 부분 참조.

89) 박성호, 저작권법(제2판), 박영사(2017), 570은 "패러디물이 예술작품으로 인정되는 성공한 패러디의 경우라도 규범적으로 판단하여 2차적저작물작성권 침해에 해당하는 경우가 있을 수 있다."라고 한다.

90) 서울지방법원 2001. 11. 1.자 2001카합1837 결정 참조.

91) 이 부분에 대하여는 「제6장 저작재산권 제3절 저작재산권의 제한 VIII. 공표된 저작물의 인용(법 제28조) ② 적용 요건 마. 대법원판결 법리의 동향– 제1 내지 3 유형 판결」에서 자세히 설명한다.

미국에서 패러디가 비평적인 재치의 대상으로 인식되기 위하여는 원작을 충분히 상기시켜야 하는 것으로 되어 있는데(미국 실무에서 이를 conjure up test라고 한다) 그것을 위해서 원작품에서 어느 정도의 분량이 필요한가에 대하여 미국 연방항소법원의 재판부마다 다소 다른 결론을 내놓고 있었다.

Walt Disney v. Air Pirates[92]에서는 패러디 작자는 원작품을 상기시키기 위해 필요한 최소한의 범위만을 차용할 수 있다고 한 반면에 Elsmere Music, Inc. v. National Broad. Co.[93]에서는 만일 패러디가 원작품에 근거하고 있고 익살스러운 효과나 논평을 위한 새로운 어떤 것에 기여한다면 원작품으로부터 필요 최소한 범위 이상을 차용할 수 있다고 하였다.

그러나 그 후 미국 연방대법원은 Campbell v. Acuff-Rose Music, Inc.[94]에서 패러디가 비평적인 재치를 인식할 수 있도록 적어도 원작품을 충분히 상기시켜야 하고 이러한 인식을 위하여는 청중이 알 것이라고 패러디작가가 확신할 수 있는 원작품의 가장 특징적이거나 기억에 남을 수 있는 특징을 인용하여야 한다고 판시하고 나아가 원작품을 상기시키기 위해 어느 정도의 분량이 필요한가에 대하여는 원작품의 최우선시되는 목적과 성격에 대해 원작품을 패러디하기 위한 범위, 원작품의 시장 대체작품으로 될 개연성을 고려하여 결정한다고 판시하였다. 아울러 연방대법원은 해당 패러디에 광범위한 원작품(음악)의 복제가 실제로 발생하고 있는지 여부를 심리하고 패러디에 차용할 수 있는 원작품의 양을 평가하기 위하여 원작품을 패러디하는 목적과 성격, 그 변형적 요소들, 시장 대체재가 될 잠재력의 관점에서 심리할 것을 요구하면서 사건을 연방항소법원에 환송하였다. 그런데도 우리나라 일부 실무가들은 위 연방대법원 판결을 원용하면서 패러디로 인정되기 위해 원저작물의 어느 정도의 분량을 차용할 수 있는지에 대하여 위 연방대법원 판결이 마치 '원작품을 떠올리기에 충분한 분량을 차용하도록 허용하였다'고 판시한 것처럼 설명하고 있는데 이는 잘못된 해석이다.

다음으로 패러디가 원저작물의 동일성유지권을 침해하는 것인지의 문제가 있다.

패러디는 원작에 대한 변형을 수반하게 되지만 저작자가 저작물에 대하여 가지는 인격적 이익의 보호라는 동일성유지권의 취지를 해할 목적으로 시도되는 것이 아니고 대중들도 그러한 사실을 충분히 인식할 수 있어 저작인격권을 내세워 패러디 창작의 자유를 제한하는 것은 부당하다는 주장은 납득할 수 있지만[95] 그렇다고 하여 패러디를 만든다는 명목으로 원저작물을 그대로 베끼거나 필요한 것 이상으로 그대로 차용하는 것을 허용할 수도 없을 것이다.

패러디가 원저작물의 동일성유지권을 침해하는 것인지는 앞서 본 패러디의 존재 의의를

---

92) 581 F.2d 751 (9th Cir. 1978).
93) 623 F.2d 252 (2d Cir. 1980).
94) 510 U.S. 569 (1994).
95) 오승종, 저작권법 강의(제2판), 박영사(2018), 417.

염두에 두면서 패러디가 원저작자의 의사를 해하는지 여부, 원저작물의 이용 정도 및 그것이 패러디에서 차지하는 비중, 패러디로 인해 원저작물의 내용이 왜곡되거나 왜곡될 염려가 있는지, 원저작물에 대한 저작자의 이익이 침해될 가능성 유무 등을 종합하여 판단한다.

저작권법 제13조 제2항 제5호에서 저작자는 본질적인 내용의 변경이 아닌 한 그 밖에 저작물의 성질이나 그 이용의 목적 및 형태 등에 비추어 부득이하다고 인정되는 범위 안에서의 변경에 대하여는 이의할 수 없다고 규정하고 있는데 이러한 판단기준도 패러디에 적용할 수 있을 것이다.96)

패러디가 원저작물의 성명표시권을 침해하는 것인지도 같은 취지에서 검토한다. 패러디라고 하는 표현형식상의 제약으로 원저작자의 성명을 표시하기가 곤란한 경우에는 저작권법 제12조 제2항 단서 규정이 적용될 수 있다.97)

제3절 공동저작물의 저작인격권

공동저작물의 저작인격권(author's moral right to joint work)은 저작자 전원의 합의에 의하지 아니하고는 이를 행사할 수 없다. 이 경우 각 저작자는 신의에 반하여 합의의 성립을 방해할 수 없다(법 제15조 제1항).

여기서 신의에 반하여라고 한 것은 저작인격권의 행사에서 저작자의 주관적인 판단을 존중하려는 문구로서, 구체적인 사정 하에서 공동저작자 간의 약속이나 윤리관념에 반하는 경우를 말한다. 예컨대 저작물의 전체적인 창작성에서 차지하는 비중이 매우 적고 반대 의사에 따른 합리적인 타협안이 제시되어 있는 등의 사정이 있음에도 행사 합의를 거부하는 경우가 이에 해당될 수 있다.98)

공동저작물의 저작자는 그들 중에서 저작인격권을 대표하여 행사할 수 있는 자를 정할 수 있다(법 제15조 제2항). 위 규정에 따라 권리를 대표하여 행사하는 자의 대표권에 가하여진 제

---

96) 서울지방법원 2001. 11. 1.자 2001카합1837 결정(미항고 확정)은 "패러디는 우리 저작권법이 인정하고 있는 저작권자의 동일성유지권과 필연적으로 충돌할 수밖에 없는 이상 그러한 동일성유지권의 본질적인 부분을 침해하지 않는 범위 내에서 예외적으로만 허용되는 것으로 보아야 할 것이고, 이러한 관점에서 패러디로서 저작물의 변형적 이용이 허용되는 경우인지 여부는 저작권법 제25조 및 제13조 제2항의 규정 취지에 비추어 원저작물에 대한 비평·풍자 여부, 원저작물의 이용목적과 성격, 이용된 부분의 분량과 질, 이용된 방법과 형태, 소비자들의 일반적인 관념, 원저작물에 대한 시장수요 내지 가치에 미치는 영향 등을 종합적으로 고려하여 신중하게 판단하여야 할 것이다."라고 하였다.
97) 이해완, 저작권법(제4판), 박영사(2019), 726~727.
98) 서울지방법원 1995. 4. 28. 선고 94가합50354 판결(1995. 6. 9. 확정).

한이 있을 때에 그 제한은 선의의 제3자에게 대항할 수 없다(법 제15조 제3항).

관련하여 저작권법 제129조는 "공동저작물의 각 저작자 또는 각 저작재산권자는 다른 저작자 또는 다른 저작재산권자의 동의 없이 제123조(침해의 정지 등 청구)의 규정에 따른 청구를 할 수 있으며 그 저작재산권의 침해에 관하여 자신의 지분에 관한 제125조(손해배상의 청구)의 규정에 따른 손해배상의 청구를 할 수 있다."라고 규정하고 있는데, 위 법 제129조에서 규정하고 있는 제123조와 법 제125조 외에, 제127조에 의한 저작인격권 또는 실연자의 인격권을 침해한 자에 대한 손해배상청구 및 명예회복을 위하여 필요한 조치의 청구를 할 수 있는지에 대하여 아무런 언급이 없어 문제가 된다.

그러나 이에 대하여도 저작인격권의 침해에 대한 손해배상이나 명예회복 등 조치청구는 저작인격권의 침해가 저작자 전원의 이해관계와 관련이 있는 경우에는 전원이 행사하여야 함이 원칙이나 1인의 인격적 이익이 침해된 경우에는 단독으로 손해배상 및 명예회복조치 등을 청구할 수 있고, 특히 저작인격권 침해를 이유로 한 정신적 손해배상을 구하는 경우에는 공동저작자 각자가 단독으로 자신의 손해배상청구를 할 수 있다고 해석한다.[99] 이러한 법리는 실연자의 인격권 침해에 대하여도 그대로 적용된다.

제4절 그 밖의 저작자의 인격적 이익 보호 규정

I. 저작자 사후의 인격적 이익의 보호

저작인격권은 저작자의 일신에 전속하므로(법 제14조 제1항) 법률에 특별한 규정이 없는 한 저작자의 사망과 함께 소멸한다. 그러나 저작자의 사망에 따라 저작인격권이 소멸하더라도 저작자의 사후에 저작자의 명예가 침해되는 것을 막기 위하여 저작자 사후에도 인격적 이익을 보호하는 규정을 두고 있다.

저작자의 사망 후에 그의 저작물을 이용하는 자는 저작자가 생존하였더라면 그 저작인격권의 침해가 될 행위를 하여서는 아니 된다. 다만, 그 행위의 성질 및 정도에 비추어 사회통념상 그 저작자의 명예를 훼손하는 것이 아니라고 인정되는 경우[100]에는 그러하지 아니하다(법

---

99) 대법원 1999. 5. 25. 선고 98다41216 판결.
100) 대법원 1994. 9. 30. 선고 94다7980 판결은 "그 수정한 내용이 주로 해방 후 맞춤법 표기법이 바뀜에 따라 오기를 고치거나 일본식 표현을 우리말 표현으로 고친 것으로서 원고 스스로 또는 위 작품의 출판권을 가진 출판사에서 원작을 수정한 내용과 별로 다르지 않다면 그 수정행위의 성질 및 정도로 보아 사회통념상 저작자인 원고의 명예를 훼손한 것으로 볼 수 없어 저작자 사망 후의 저작인격권 침해

제14조 제2항).

저작자가 사망한 후에 그 유족(사망한 저작자의 배우자·자·부모·손·조부모 또는 형제자매를 말한다)이나 유언집행자는 당해 저작물에 대하여 제14조 제2항의 규정을 위반하거나 위반할 우려가 있는 자에 대하여는 제123조(침해의 정지 등 청구)의 규정에 따른 청구를 할 수 있으며, 고의 또는 과실로 저작인격권을 침해하거나 제14조 제2항의 규정을 위반한 자에 대하여는 제127조(명예회복 등의 청구)의 규정에 따른 명예회복 등의 청구를 할 수 있다(법 제128조).

법 제14조 제2항은 법인 등 단체가 저작자인 경우 그 단체가 해산 등의 사유로 소멸한 경우에도 적용되지만, 법인 등 단체가 청산절차가 완료되어 완전히 소멸한 경우 그러한 청구를 누가 할 수 있는지에 대하여는 아무런 규정을 두고 있지 아니하므로, 그 때에는 벌칙규정인 법 제137조 제1항 제3호 등을 적용하여 형사적인 방법으로 구제받을 수밖에 없다.[101]

II. 저작물의 수정증감권

배타적발행권자가 배타적발행권의 목적인 저작물을 발행 등의 방법으로 다시 이용하는 경우에 저작자는 정당한 범위 안에서 그 저작물의 내용을 수정하거나 증감할 수 있다(법 제58조의2 제1항).

배타적발행권자가 가지는 수정증감권(revision, addition or reduction of work)은 저작물을 출판한 후에도 저작자가 저작물의 내용을 수정할 수 있도록 하여 저작자의 인격적 이익을 보호하기 위한 규정이다.

III. 명예권

저작자의 명예를 훼손하는 방법으로 저작물을 이용하는 행위는 저작인격권의 침해로 본다(법 제124조 제2항).

저작물을 창작한 저작자의 창작의도에 어긋난 이용으로 그의 창작의도에 의심을 가지게 하거나 저작물에 표현된 예술적 가치를 손상시키는 형태로 저작물이 이용되는 것을 방지하기 위한 규정이다. 여기서 말하는 저작자의 명예란 주관적인 명예감정이 아니라 사회로부터 받는 객관적인 평가, 즉 사회적 명예를 말한다.

가 되지 아니한다."는 원심판단을 수긍하였다.
101) 오승종, 저작권법, 박영사(2007), 400.

저작재산권

제6장 저작재산권

제1절 저작재산권의 의의

저작재산권(author's economic right)이란 저작자 또는 저작권자가 저작물을 배타적으로 이용할 수 있는 재산적 권리이다.

저작권법은 저작재산권으로 복제권(제16조), 공연권(제17조), 공중송신권(제18조), 전시권(제19조), 배포권(제20조), 대여권(제21조), 2차적저작물작성권(제22조)의 7가지의 권리를 규정하고 있다. 이들의 권리는 단순한 채권적 권리가 아니고 배타적인 권리이다.

저작재산권은 위에서 본 배타적 권리들이 하나로 모인 권리의 다발(bundle of rights)이고, 저작재산권을 구성하는 복제권, 공연권, 배포권 등 개별적인 권리는 각기 별개의 성질을 가지고 있고 별도의 경제적 가치를 가지고 있어서 이들 권리 전부 또는 그중 일부만을 양도할 수 있다(법 제45조 제1항).

한편 저작물이용계약에 의하여 이용자에게 부여되는 권리는 단순한 채권적인 권리로서 그 이용권은 이용허락을 받은 제3자에게만 미치므로 이용권자는 허락받은 이용방법 및 조건의 범위 안에서만 저작물을 이용할 수 있다.[1]

제2절 저작재산권의 내용

I. 복제권

① 의의 및 규정 연혁

가. 의의

저작권법 제16조는 "저작자는 그의 저작물을 복제할 권리를 가진다."라고 하여 복제권(right of reproduction)을 규정하고 있다.

---

[1] 대법원 1994. 5. 10. 선고 94도690 판결, 대법원 1996. 3. 22. 선고 95도1288 판결, 대법원 2001. 9. 28. 선고 2001도4100 판결 등 참조.

복제권은 모든 종류의 저작물에 대하여 적용되는 권리로서 저작재산권 가운데 가장 기본이 되면서도 중요한 권리이다.

여기서 복제라 함은 인쇄 · 사진촬영 · 복사 · 녹음 · 녹화 그 밖의 방법으로 일시적 또는 영구적으로 유형물에 고정하거나 다시 제작하는 것을 말하고, 건축물의 경우에는 그 건축을 위한 모형 또는 설계도서에 따라 이를 시공하는 것을 포함한다(법 제2조 제22호).

강학상 복제는 유형물에 고정되는지에 따라 유형 복제와 무형 복제로 구분된다. 저작재산권의 복제권에서 말하는 복제는 강학상 유형 복제를 말한다. 그리고 강학상 무형 복제는 유형물에 고정되지 않은 저작물의 공연 · 방송 · 연주 · 가창 · 연술 등이 해당하는데 저작권법은 이에 대한 권리를 복제권에 포함시키지 않고 공연권 · 공중송신권 등으로 별도로 규정하고 있다.

원저작물을 이용한 경우에 복제, 2차적저작물 및 독립적인 새로운 저작물이 모두 발생할 수 있으므로 이들을 개념적으로 구분할 필요가 있다.

복제란 저작물을 유형물에 고정하거나 다시 제작하는 것인데 저작물을 원형 그대로 복제한 경우뿐만 아니라 원형 그대로 복제하지 아니하고 그것에 다소의 수정 · 증감이나 변경을 가하였더라도 새로운 창작성을 더하지 아니한 정도이면 복제에 해당한다.

따라서 복제는 원저작물과 실질적 동일성이 있는 경우뿐만 아니라, 실질적 유사성이 있지만 새로운 창작성이 부가되지 않는 범위 내에서도 성립할 수 있다.[2] 이 부분은 아래 「② 복제권의 인정범위[동일성 · 실질적 유사성(다만 새로운 창작성이 부가되지 않은 상태)](실질적 동일성 · 유사성)와 2차적저작물작성권, 독립적인 새로운 저작물과의 관계」 부분에서 상세히 설명한다.

반면에 원저작물과 실질적 유사성을 유지하고 이것에 사회통념상 새로운 저작물이 될 수 있을 정도의 수정 · 증감을 가하여 새로운 창작성이 부가되면 2차적저작물이 되고, 원저작물을 다소 이용하였더라도 원저작물과 실질적인 유사성이 없다면 별개의 독립적인 새로운 저작물이 된다.[3]

---

2) 저작권법 주해, 박영사(2007), 381(박익환 집필부분), 박성호, 저작권법(제2판), 박영사(2017), 686, 이해완, 저작권법(제4판), 박영사(2019), 538.

3) 대법원 2010. 2. 11. 선고 2007다63409 판결, 대법원 2014. 6. 12. 선고 2014다14375 판결 등 참조. 한편 대법원 2010. 2. 11. 선고 2007다63409 판결은 복제에 대한 법리를 설명하면서 대법원 1989. 10. 24. 선고 89다카12824 판결을 인용하고 있는데 대법원 1989. 10. 24. 선고 89다카12824 판결은 "다른 사람의 저작물을 원저작자의 이름으로 무단히 복제하게 되면 복제권의 침해가 되는 것이고 이 경우 저작물을 원형 그대로 복제하지 아니하고 다소의 수정증감이나 변경이 가하여진 것이라고 하더라도 원저작물의 재제 또는 동일성이 인식되거나 감지되는 정도이면 복제로 보아야 할 것이며 원저작물의 일부분을 재제하는 경우에도 그것이 원저작물의 본질적인 부분을 재제하는 경우라면 그것 역시 복제에 해당한다고 보아야 할 것이다."라고 하여 일부 문구의 변경이 있음에 유의한다. 대법원 2014. 6. 12. 선고 2014다14375 판결도 위 대법원 2007다63409 판결과 같이, "다른 사람의 저작물을 무단히 복제하게 되면 복제권의 침해가 되는 것이고 이 경우 저작물을 원형 그대로 복제하지 아니하고 다소의 수정 · 증감이나 변경이 가하여진 것이라고 하더라도 새로운 창작성을 더하지 아니한 정도이면 복제로 보아야 할

나. 규정 연혁

1986. 12. 31. 법률 제3916호로 전부개정된 저작권법 제2조 제14호는 "복제 : 인쇄·사진·복사·녹음·녹화 그밖의 방법에 의하여 유형물로 다시 제작하는 것을 말하며, 건축물의 경우에는 그 건축을 위한 모형 또는 설계도서에 따라 이를 시공하는 것을, 각본·악보 그밖의 이와 유사한 저작물의 경우에는 그 저작물의 공연·방송 또는 실연을 녹음하거나 녹화하는 것을 포함한다."라고 정의하고 있었다.

2000. 1. 12. 법률 제6134호로 일부개정된 저작권법 제2조 제14호에서 "복제 : 인쇄·사진·복사·녹음·녹화 그밖의 방법에 의하여 유형물에 고정하거나 유형물로 다시 제작하는 것을 말하며, 건축물의 경우에는 그 건축을 위한 모형 또는 설계도서에 따라 이를 시공하는 것을, 각본·악보 그밖의 이와 유사한 저작물의 경우에는 그 저작물의 공연·실연 또는 방송을 녹음하거나 녹화하는 것을 포함한다."라고 변경되었다.

이와 같이 2000년 개정 저작권법에서의 복제 정의 규정에는 문언상으로 '유형물로 다시 제작하는 것' 외에 '유형물에 고정하는 것'도 추가되었다. 위 문구 추가의 취지는 유형물에 고정하는 것을 복제의 개념에 포함시켜 디지털 복제 개념을 도입함으로써 멀티미디어 환경하에서 복제 개념을 명확히 하려는 데 있었다.[4] 이에 따라 위 2000년 개정 저작권법 시행일인 2000. 7. 1. 이전에 음악 CD로부터 변환한 MP3(MPEG-1 Audio Layer-3) 파일을 P2P (Peer-To-Peer) 방식으로 전송받아 컴퓨터 하드디스크에 전자적으로 저장하는 행위에 대해, 판례는 하드디스크에 전자적으로 저장하는 MP3 파일을 유형물이라고 할 수 없어 구 저작권법(2000. 1. 12. 법률 제6134호로 개정되기 전의 것) 제2조 제14호에서 말하는 '유형물로 다시 제작하는 것'에 해당하지 않고 구 저작권법(2000. 1. 12. 법률 제6134호로 개정되고 2006. 12. 28. 법률 제8101호로 전문 개정되기 전의 것) 제2조 제14호의 복제행위인 '유형물에 고정하는 것'에 해당한다고 보았다.[5] 즉, CD에 있는 음악을 MP3 파일형태로 변환하여 하드디스크 등에 저장하는 행위는 위 2000년 개정 저작권법 시행일인 2000. 7. 1. 이전에는 저작권법상의 복제에 해당하지 않았다. 이에 대하여 '유형물로 다시 제작하는 것'이란 소유권의 보호대상인 유형물 중에

것이며, 한편 저작권법 제5조 제1항 소정의 2차적저작물로 보호받기 위하여는 원저작물을 기초로 하되 원저작물과 실질적 유사성을 유지하고 이것에 사회통념상 새로운 저작물이 될 수 있을 정도의 수정·증감을 가하여 새로운 창작성을 부가하여야 하는 것이므로, 어떤 저작물이 기존의 저작물을 다소 이용하였더라도 기존의 저작물과 실질적인 유사성이 없는 별개의 독립적인 신 저작물이 되었다면, 이는 창작으로서 기존의 저작물의 저작권을 침해한 것이 되지 아니한다(대법원 2010. 2. 11. 선고 2007다63409 판결)."라고 하였다.

4) 김태훈, "개정 저작권법 해설", 계간 저작권 2000년 봄호, 제13권 제1호(통권 제49호), 한국저작권위원회, 5.

5) 대법원 2007. 12. 14. 선고 2005도872 판결.

저작권의 보호대상인 저작물이 재현되는 것을 의미하므로 그 안에 고정이라는 개념이 당연히 내포되어 있다고 해석하여야 한다는 이유로 위 실무의 태도에 반대하는 견해가 있었다.[6]

한편 2006. 12. 28. 법률 제8101호로 전부개정된 저작권법 제2조 제22호는 "복제는 인쇄·사진촬영·복사·녹음·녹화 그 밖의 방법에 의하여 유형물에 고정하거나 유형물로 다시 제작하는 것을 말하며, 건축물의 경우에는 그 건축을 위한 모형 또는 설계도서에 따라 이를 시공하는 것을 포함한다."라고 하였다. 즉, 위 개정법 이전에 복제의 방법 중 하나로 열거된 '사진'은 행위가 아니라 행위의 결과물이어서 '사진촬영'이라는 행위를 나타내는 용어로 바꾸었다. 그리고 '각본·악보 그밖의 이와 유사한 저작물의 경우에는 그 저작물의 공연·실연 또는 방송을 녹음하거나 녹화하는 것'이라는 문구를 삭제하였는데 이는 복제의 정의 규정 전단 문구 속에 녹음·녹화라는 용어가 이미 포함되어 있어 위 개정법에서는 중복을 피하기 위하여 이 부분을 삭제한 것이라고 설명되고 있다.[7]

2011. 12. 2. 법률 제11110호로 개정된 저작권법에서 제2조 제22호 중 종전의 "유형물에 고정하거나 유형물로 다시 제작하는 것"이라는 문언이 "유형물에 고정하거나 다시 제작하는 것"이라는 내용으로 변경되었는데, 유형물에 다시 제작하는 것은 유형물 중에 저작물이 재현되는 것을 의미하므로 그 문구라면 그 안에 고정이라는 개념이 내포되어 있다고 이해할 수 있다. 그렇다면 저작권법상 복제로 인정되기 위하여는 어떻게든 반드시 유형물에 고정되어 있어야 한다는 것이 되고 그런 점에서 고정을 성립요건으로 하지 않는 저작물과는 개념적으로 구별된다.

그리고 그동안 학계 등에서는 컴퓨터 주기억장치인 램(RAM)에 저작물이 일시적으로 저장되는 경우도 복제에 해당하는지를 두고 여러 견해가 있었는데 전자적 형태를 포함하는 일시적 저장을 복제에 해당하도록 입법화할 의무를 부여하는 한미 FTA 협정문 제18.4조 제1항에 따라 2011. 12. 2. 법률 제11110호로 개정된 저작권법 제2조 제22호에서 복제 개념에 "일시적 또는 영구적으로"라는 문구를 추가하여 컴퓨터 주기억장치인 램(RAM)에 저작물이 일시적으로 저장되는 경우와 같은 일시적 저장도 복제의 개념에 해당함을 명확히 함과 아울러 법 제35조의2(저작물이 이용과정에서의 일시적 복제)를 신설하면서 "컴퓨터에서 저작물을 이용하는 경우에는 원활하고 효율적인 정보처리를 위하여 필요하다고 인정되는 범위 안에서 그 저작물을 그 컴퓨터에 일시적으로 복제할 수 있다. 다만, 그 저작물의 이용이 저작권을 침해하는 경우에는 그러하지 아니하다."라고 하여 일시적 복제에 관한 면책규정을 두고 있다. 그 취지는 새로운 저작물 이용환경에 맞추어 저작권자의 권리보호를 충실하게 만드는 한편, 이로 인하여 컴퓨터

---

6) 박성호, 저작권법(제2판), 박영사(2017), 322~323 참조.
7) 오승종, 저작권법 강의(제2판), 박영사(2018), 293도 저작물이 무형적으로 재현되는 것을 다시 유형적으로 복제하는 것은 위 개정법에서도 당연히 복제의 범위에 포함된다고 한다.

에서의 저작물 이용과 유통이 과도하게 제한되는 것을 방지함으로써 저작권의 보호와 저작물의 원활한 이용의 적절한 균형을 도모하는 데 있다.[8]

② 복제권의 인정범위[동일성 · 실질적 유사성(다만 새로운 창작성이 부가되지 않은 상태)]와 2차적저작물작성권, 독립적인 새로운 저작물과의 관계

원저작물을 이용한 경우에 복제, 2차적저작물 및 독립적인 새로운 저작물이 모두 발생할 수 있으므로 이들을 개념적으로 구분할 필요가 있다.

복제란 저작물을 유형물에 고정하거나 다시 제작하는 것인데 저작물을 원형 그대로 복제한 경우뿐만 아니라 원형 그대로 복제하지 아니하고 그것에 다소의 수정 · 증감이나 변경을 가하였더라도 새로운 창작성을 더하지 아니한 정도이면 복제에 해당한다.

복제의 범위를 설명하는 용어와 관련하여, 복제를 원저작물과 동일성 범위 내에 있는 것이라 하고, 원저작물에 새로운 창작성이 부가되지 않은 상태를 따로 실질적 유사성 개념으로 포섭하지 않고 여기의 동일성에 포함시켜 설명하는 견해가 있다(제1설).[9] 즉, 복제 개념에서는 실질적 유사성이라는 용어를 사용하지 않는다.

이에 대하여 복제가 원저작물과 동일성 범위 내에 있는 경우뿐만 아니라, 실질적 유사성이 있지만 새로운 창작성이 부가되지 않는 상태에서도 성립할 수 있다고 설명하는 견해가 있다(제2설).[10]

본서 저자는 복제권과 2차적저작물작성권은 실질적 유사성이 있는 점에서 서로 공통되고

---

8) 대법원 2017. 11. 23. 선고 2015다1017, 1024, 1031, 1048 판결.

9) 오승종, 저작권법 강의(제2판), 박영사(2018), 296은 "복제권이 미치는 복제물이 되기 위해서는 기존 저작물과 완전히 동일할 필요까지는 없고 실질적 동일성만 가지고 있으면 족하다. 따라서 기존 저작물에 일부 수정, 변경을 가하였으나 그 수정, 변경된 부분이 사소한 정도에 불과하고 새로운 창작성이 부가된 것이라고 볼 수 없는 경우에는 여전히 복제권이 미치는 복제물이라고 할 수 있다."라고 한다. 같은 책 547의 출판권을 설명하는 부분에서도 실질적 동일성이라는 용어를 사용하고 있다.

10) 박성호, 저작권법(제2판), 박영사(2017), 686은 "복제권 침해라는 것은 피고 저작물이 원고 저작물의 창작적 표현과 완전 동일한 경우 또는 구체적 표현에 수정 · 증감을 가하여 실질적으로 동일하거나 실질적 유사성이 인정되지만 그 수정 · 증감한 부분에 창작성이 인정되지 않는 경우를 포함한다."라고 설명하고 있다. 다만 같은 책의 472~473의 출판권 부분에서 '원작 그대로의 의미'와 관련하여 동일성이나 실질적 유사성 등에 대하여는 별다른 설명이 없다. 그 외 저작권법 주해, 박영사(2007), 381(박익환 집필부분)도 결론에서 같은 취지로 보인다. 이해완, 저작권법(제4판), 박영사(2019), 249, 538, 1131은 복제의 범위 등을 설명하면서 '동일성(실질적 유사성)', '실질적 유사성이 있으면 동일성 또는 종속성이 인정된다'라고 표현하고 있는 것으로 보아 같은 취지로 보인다. 다만 같은 책 931의 출판권 부분에서는 '복제의 범위에 해당하는 동일성'이라고 설명하면서 실질적 유사성 여부에 대하여는 아무런 언급이 없어 명확하지 않다.

다만 새로운 창작성이 부가되었는지에 차이가 있는 것으로 본다. 저작물의 문언적인 표현을 복제한 것이 아니라 비문언적인 표현을 복제한 경우에도 그것이 기존의 저작물과 실질적인 유사성이 있고 새로운 창작성이 부가되지 않은 상태라면 복제로 본다. 결국 대상 작품이 원저작물과 실질적 유사성이 인정되고 새로운 창작성이 없는 경우에도 여전히 복제권의 범위 내에 있다. 나아가 원저작물과 실질적 유사성을 유지하고 이것에 사회통념상 새로운 저작물이 될 수 있을 정도의 수정·증감을 가하여 새로운 창작성이 부가되면 2차적저작물이 되고, 원저작물을 다소 이용하였더라도 원저작물과 실질적인 유사성이 없다면 별개의 독립적인 새로운 저작물이 된다.[11]

어떻게 보면 용어의 차이에 불과하고 결론에 있어서 큰 차이가 없다고 볼 수도 있으나 견해에 따라 용어가 달라 혼동을 불러일으킬 우려가 있다.[12]

실무는 구 저작권법 시행 당시의 사례로서 원저작물을 원형 그대로 복제하지 아니하고 다소의 변경을 가한 것이라고 하여도 원저작물의 재제 또는 동일성이 감지되는 정도이면 복제가 되는 것이라고 하거나,[13] 다른 사람의 저작물을 무단히 복제하게 되면 복제권의 침해가 되고

---

11) 대법원 2010. 2. 11. 선고 2007다63409 판결, 대법원 2014. 6. 12. 선고 2014다14375 판결 등 참조. 한편 대법원 2010. 2. 11. 선고 2007다63409 판결은 복제에 대한 법리를 설명하면서 대법원 1989. 10. 24. 선고 89다카12824 판결을 인용하고 있는데 대법원 1989. 10. 24. 선고 89다카12824 판결은 "다른 사람의 저작물을 원저작자의 이름으로 무단히 복제하게 되면 복제권의 침해가 되는 것이고 이 경우 저작물을 원형 그대로 복제하지 아니하고 다소의 수정증감이나 변경이 가하여진 것이라고 하더라도 원저작물의 재제 또는 동일성이 인식되거나 감지되는 정도이면 복제로 보아야 할 것이며 원저작물의 일부분을 재제하는 경우에도 그것이 원저작물의 본질적인 부분을 재제하는 경우라면 그것 역시 복제에 해당한다고 보아야 할 것이다."라고 하여 일부 문구의 변경이 있다.
대법원 2014. 6. 12. 선고 2014다14375 판결도 위 대법원 2007다63409 판결과 같이, "다른 사람의 저작물을 무단히 복제하게 되면 복제권의 침해가 되는 것이고 이 경우 저작물을 원형 그대로 복제하지 아니하고 다소의 수정·증감이나 변경이 가하여진 것이라고 하더라도 새로운 창작성을 더하지 아니한 정도이면 복제로 보아야 할 것이며, 한편 저작권법 제5조 제1항 소정의 2차적저작물로 보호받기 위하여는 원저작물을 기초로 하되 원저작물과 실질적 유사성을 유지하고 이것에 사회통념상 새로운 저작물이 될 수 있을 정도의 수정·증감을 가하여 새로운 창작성을 부가하여야 하는 것이므로, 어떤 저작물이 기존의 저작물을 다소 이용하였더라도 기존의 저작물과 실질적인 유사성이 없는 별개의 독립적인 신 저작물이 되었다면, 이는 창작으로서 기존의 저작물의 저작권을 침해한 것이 되지 아니한다(대법원 2010. 2. 11. 선고 2007다63409 판결)."라고 하였다.

12) 박성호, 저작권법(제2판), 박영사(2017), 686도 출판권에 관하여 본서 저자의 설명과 같은 결론이면서 제1설과 같이 해석하게 되면 복제권 침해의 객관적 요건이 실질적 동일성이고 2차적저작물작성권 침해의 객관적 요건은 실질적 유사성이 되므로 마치 양 침해의 객관적 요건이 이원적으로 분리되는 결과가 되어 의문이라고 한다.

13) 대법원 1989. 10. 24. 선고 89다카12824 판결. 다만 대법원 2010. 2. 11. 선고 2007다63409 판결은 대법원 1989. 10. 24. 선고 89다카12824 판결을 인용하면서도 "다른 사람의 저작물을 무단히 복제하게 되면 복제권의 침해가 되는 것이고 이 경우 저작물을 원형 그대로 복제하지 아니하고 다소의 수정·증감이나 변경이 가하여진 것이라고 하더라도 새로운 창작성을 더하지 아니한 정도이면 복제"라고 한다.

이 경우 저작물을 원형 그대로 복제하지 아니하고 다소의 수정·증감이나 변경이 가하여진 것이라고 하더라도 새로운 창작성을 더하지 아니한 정도이면 복제로 보아야 한다고 하여[14] 복제와 실질적 유사성이 어떠한 관련이 있는지 등에 대하여 명확하지 않은 태도를 취하고 있었다가, 그 후 비록 선행저작물과 대비하여 창작성이 있는 표현인지 여부와 관련한 판시이지만, "비교대상1 저작물에 대한 원고의 접근가능성과 원고 대비 부분 및 비교대상1 부분 사이의 유사성을 종합하면 원고 대비 부분과 비교대상1 부분은 가락을 중심으로 하여 리듬과 화성을 종합적으로 고려할 때 실질적으로 유사하다고 할 것이며, 원고 대비 부분에 가해진 수정·증감이나 변경은 새로운 창작성을 더한 정도에는 이르지 아니한 것으로 보인다. 그렇다면 원고 대비 부분은 창작성이 있는 표현에 해당한다고 볼 수 없어, 이 부분에 대해서까지 원고의 복제권 등의 효력이 미치는 것은 아니라고 할 것이다."라고 하여 '비교대상 저작물과 실질적 유사성의 관계에 있으나 새로운 창작성이 부가된 정도에 이르지 아니한' 작품의 실체를 명시적으로 인정하고 있다.[15]

③ 복제의 내용

가. 유형물에 고정하거나 다시 제작하는 것

1) 복제는 유형물에 다시 제작(강학상 유형 복제)하는 것과 관련이 있으므로 유형물과 관련이 없는 강학상 무형 복제에 해당하는 공연, 공중송신 등은 복제권의 대상에서 제외된다.

유형물에 고정하거나 다시 제작하는 이상 복제물의 제작방법에는 제한이 없고 법문의 "인쇄·사진촬영·복사·녹음·녹화 그 밖의 방법"은 복제물의 제작방법을 예시적으로 열거한 데 불과하다.

소설을 필사, 복사하거나 조각이나 입체적으로 표현된 저작물을 모사, 사진촬영하는 경우와 같이 그 내용을 일반인이 시각적으로 알 수 있도록 하는 복제와 음악이나 강연을 녹음, 녹화 등 눈으로는 볼 수 없지만 녹음기, VTR 등에 의하여 그 내용을 듣거나 볼 수 있도록 하는 복제가 모두 포함한다. 공연, 공중송신 등의 대상을 녹음하거나 녹화하는 것도 복제에 해당한다. 평면적으로 표현된 저작물을 입체적인 표현으로 바꾼 경우에도 새로운 창작성이 더해지지 않았다면 복제가 될 수 있다.

그 후 위 2007다63409 판결과 같은 취지의 법리가 복제에 대한 주류적인 법리로서 이어지고 있다.

14) 대법원 2010. 2. 11. 선고 2007다63409 판결 및 대법원 2014. 6. 12. 선고 2014다14375 판결. 2차적 저작물과 별개의 독립적인 신 저작물의 구별 기준을 실질적 유사성 유무를 기준으로 판단하였지만 복제를 설명하면서는 실질적 유사성이라는 용어를 사용하지 않았다.

15) 대법원 2015. 8. 13. 선고 2013다14828 판결.

평면적으로 표현된 도안이나 도면의 형태로 되어 있는 저작물을 입체적인 조형물로 다시 제작하는 것도 새로운 창작성이 더해지지 않으면 복제가 될 수 있다.[16]

그리고 원작을 복제하는 경우(직접복제)뿐 아니라 복제물을 복제하는 경우(간접복제)에도 복제에 해당한다.

저작권법에 '고정'에 대한 정의는 규정되어 있지 않다. 참고로 미국 저작권법 제101조는 고정의 의미를 "저작물은 그것의 복제물이나 음반에의 수록이, 저작자에 의하여 또는 그의 허락을 받아 저작물이 순간적인 시간을 넘는 기간 동안 지각, 복제 또는 그 밖에 전달될 수 있을 만큼 충분히 영속적이거나 안정적인 경우에 유형적인 표현매체에 고정된 것이다. 송신되고 있는 음, 영상, 또는 이 둘 모두로 구성된 저작물은, 그 저작물의 고정이 그 송신과 동시에 이루어진다면 이 편 법전의 목적상 고정된 것이다."라고 설명하고 있다.

2) 복제는 저작물의 전체 또는 일부에 대해 이루어질 수 있다.

원저작물이 전체적으로 볼 때는 저작권법 소정의 창작물에 해당하더라도 그 내용 중 창작성이 없는 표현 부분에 대해서는 원저작물에 관한 복제권 등의 효력이 미치지 않는다.

따라서 저작물에 관한 저작권침해소송에서 원저작물 전체가 아니라 그중 일부가 상대방 저작물에 복제되어 복제권을 침해하였다고 저작재산권자에 의해 주장되는 경우에, 상대방 저작물이 저작재산권자의 원저작물에 의거하여 작성된 것인지, 원저작물 중 복제 여부가 다투어지는 부분이 창작성 있는 표현에 해당하는지 여부, 원저작물의 창작성 있는 표현이 상대방 저작물의 해당 부분과 실질적으로 유사한지 여부를 개별적으로 살피고, 나아가 복제된 창작성 있는 표현 부분이 원저작물 전체에서 차지하는 양적·질적 비중 등도 고려하여 복제권이 침해되었는지 여부를 판단한다.[17]

---

16) 대법원 2019. 5. 10. 선고 2016도15974 판결. 판결이유에 "복제에는 도안이나 도면의 형태로 되어 있는 저작물을 입체적인 조형물로 다시 제작하는 것도 포함한다."라고 다소 단정적인 문구로 되어 있는데 명확을 기하고 불필요한 오해를 없애기 위해 "새로운 창작성이 더해지지 않으면"이라는 내용을 덧붙여 이해하는 것이 바람직할 것이다. 박성호, 저작권법(제2판), 박영사(2017), 326은 평면적으로 표현된 저작물을 입체적인 표현으로 바꾼 경우에도 새로운 창작성이 더해지지 않으면 복제가 될 수 있다고 한다.

17) 대법원 2012. 8. 30. 선고 2010다70520, 70537 판결은 학술적 저작물에 담겨 있는 학술적 내용을 이용하였지만 창작성이 드러나 있는 구체적인 표현을 베낀 것은 아닌 경우에 복제권 등 침해가 아니라고 하였다.
대법원 2014. 9. 4. 선고 2012다115625, 2012다115632 판결은 "(1) 원심판결 별지 3 목록 기재 원고 서적 부분 중 4-1, 4-4, 5, 15, 18, 20, 21, 64, 80, 무더기 1, 무더기 5 부분은 비록 원고가 그 내용에 담긴 사상을 창안한 것은 아니라고 하더라도 선행저작물들과는 다른 표현방식을 사용한 것으로서 창작성을 인정할 수 있고, 피고 서적 초판과 피고 서적 개정판 및 피고 서적 최신판 중 원심판결 별지 4 목록(침해인정부분) 기재에 해당하는 부분은 원고 서적과의 관계에서 의거성 및 실질적 유사성을 인정할 수 있으므로 피고들의 저작권(저작재산권 및 저작인격권) 침해가 성립하나, (2) 위 각 부분을 제외한 나머지 부분은 선행문헌 등에서 쉽게 찾아볼 수 있을 정도의 통상적인 표현방식에 의하여 그대로 기술한 또한 편집저작물의 경우 전체로 이를 복제하여야만 저작자의 권리를 침해하는 것은 아니므로 편집저작물 중 소재의 선택·배열 또는 구성 중 창작성이 있는 부분을 복제하면 반드시 전부를 복제하지 아니하더라도 그 저작권을 침해할 수 있다.[18]

3) 저작재산권자로부터 컴퓨터프로그램의 설치에 의한 복제를 허락받은 자가 위 프로그램을 컴퓨터 하드디스크 드라이브(HDD) 등 보조기억장치에 설치하여 사용하는 것은 저작물의 이용을 허락받은 자가 허락받은 이용방법 및 조건의 범위 안에서 그 저작물을 이용하는 것에 해당한다.

예컨대 오픈캡처 컴퓨터프로그램 유료버전이 업데이트 과정을 통해 컴퓨터 하드디스크 드라이브(HDD)에 자기적으로 고정됨으로써 복제가 완료되고 이러한 복제가 위 업데이트 제공회사의 허락 하에 이루어진 이상, 위 컴퓨터프로그램의 약관에서 정한 사용 방법 및 조건을 위반하여 사용한 것에 대해 채무불이행책임을 지는 것은 별론으로 하더라도 오픈캡처 유료버전에 관한 복제권을 침해하는 것은 아니다.[19]

또한 사용자가 컴퓨터 하드디스크 드라이브(HDD) 등의 보조기억장치에 설치된 컴퓨터프로그램을 실행하거나 인터넷으로 디지털화된 저작물을 검색, 열람 및 전송하는 등의 과정에서 컴퓨터 중앙처리장치(CPU)는 실행된 컴퓨터프로그램의 처리속도 향상 등을 위하여 컴퓨터프로그램을 주기억장치인 램(RAM)에 적재하여 이용하게 되는데, 이러한 과정에서 일어나는 컴퓨터프로그램의 복제는 전원이 꺼지면 복제된 컴퓨터프로그램의 내용이 모두 지워진다는 점에서 일시적 복제라고 할 수 있다.

저작권법은 제2조 제22호에서 복제의 개념에 '일시적으로 유형물에 고정하거나 다시 제작하는 것'을 포함시키면서도, 제35조의2에서 "컴퓨터에서 저작물을 이용하는 경우에는 원활하고 효율적인 정보처리를 위하여 필요하다고 인정되는 범위 안에서 그 저작물을 그 컴퓨터에 일시적으로 복제할 수 있다. 다만 그 저작물의 이용이 저작권을 침해하는 경우에는 그러하지 아니하다."라고 규정하여 일시적 복제에 관한 면책규정을 두고 있다. 여기에서 말하는 '원활하

것에 불과하거나, 누가 하더라도 같거나 비슷하게 표현할 수밖에 없어 저작물로서 보호될 만한 창작성을 인정할 수 없다는 취지로 판단"한 원심결론을 수긍하였다.
대법원 2015. 8. 13. 선고 2013다14828 판결은 "비교대상1 저작물에 대한 원고의 접근가능성과 원고 대비 부분 및 비교대상1 부분 사이의 유사성을 종합하면 원고 대비 부분은 비교대상1 부분에 의거하여 작곡된 것으로 추정되고, 또한 원고 대비 부분과 비교대상1 부분은 가락을 중심으로 하여 리듬과 화성을 종합적으로 고려할 때 실질적으로 유사하다고 할 것이며, 원고 대비 부분에 가해진 수정·증감이나 변경은 새로운 창작성을 더한 정도에는 이르지 아니한 것으로 보인다. 그렇다면 원고 대비 부분은 창작성이 있는 표현에 해당한다고 볼 수 없어, 이 부분에 대해서까지 원고의 복제권 등의 효력이 미치는 것은 아니라고 할 것이다."라고 한다.
18) 대법원 1993. 1. 21. 자 92마1081 결정 참조.
19) 대법원 2017. 11. 23. 선고 2015다1017, 1024, 1031, 1048 판결.

고 효율적인 정보처리를 위하여 필요하다고 인정되는 범위'에는 일시적 복제가 저작물의 이용 등에 불가피하게 수반되는 경우는 물론 안정성이나 효율성을 높이기 위해 이루어지는 경우도 포함되지만, 일시적 복제 자체가 독립한 경제적 가치를 가지는 경우는 제외된다.[20]

4) 인터넷 링크와 저작재산권 침해행위의 관련성

이른바 인터넷 링크는 원칙적으로 저작권법상 복제 등에 해당하지 않는다.

인터넷 링크란 인터넷 이용자들이 접속하고자 하는 웹페이지로의 이동을 쉽게 해주는 기술이다. 인터넷 링크는 인터넷에서 링크하고자 하는 웹페이지나, 웹사이트 등의 서버에 저장된 개개의 저작물 등의 웹 위치 정보 내지 경로를 나타낸 것에 불과하다.

따라서 비록 인터넷 이용자가 링크 부분을 클릭함으로써 링크된 웹페이지나 개개의 저작물에 직접 연결한다 하더라도, 이는 법 제2조 제22호(복제)에 규정된 '유형물에 고정하거나 다시 제작하는 것'에 해당하지 아니하고, 법 제2조 제10호(전송)에 규정된 '이용에 제공하는 것, 그에 따라 이루어지는 송신'에 해당하지 아니하며, 법 제19조(전시권)에서 말하는 '유형물을 진열하거나 게시하는 것'에도 해당하지 아니한다. 또한 위와 같은 인터넷 링크의 성질에 비추어 보면 인터넷 링크는 링크된 웹페이지나 개개의 저작물에 새로운 창작성을 인정할 수 있을 정도로 수정·증감을 가하는 것에 해당하지 아니하므로 2차적저작물 작성에도 해당하지 아니한다.[21][22][23]

---

20) 대법원 2017. 11. 23. 선고 2015다1017, 1024, 1031, 1048 판결은 "원고들의 직원들이 컴퓨터에서 오픈캡처 유료버전을 실행할 때 그 컴퓨터프로그램의 일부가 사용자 컴퓨터의 주기억장치인 램(RAM)의 일정 공간에 일시적으로 저장됨으로써 일시적 복제가 이루어지지만, 이는 통상적인 컴퓨터프로그램의 작동과정의 일부이므로 저작물인 컴퓨터프로그램의 이용에 불가피하게 수반되는 경우로서 독립한 경제적 가치를 가진다고 하기 어렵다. 앞서 본 대로 피고의 허락하에 오픈캡처 유료버전이 원고들 직원들의 컴퓨터 하드디스크 드라이브(HDD)에 복제된 이상 저작권법 제35조의2 단서가 일시적 복제권의 침해에 대한 면책의 예외로 규정하고 있는 '저작물의 이용이 저작권을 침해하는 경우'에 해당하는 사유도 존재하지 않는다고 할 것이다. 설령 이 사건 약관이 비업무용에 관해서만 일시적 복제를 허락하는 내용이라고 보더라도, 위와 같이 복제된 오픈캡처 유료버전을 실행하는 과정에서 발생되는 일시적 복제가 계약 위반에 따른 채무불이행이 되는 것은 별론으로 하고 저작권 침해에 해당한다고 볼 수는 없다."라고 하였다.

21) 대법원 2009. 11. 26. 선고 2008다77405 판결(심층링크 내지 직접링크), 대법원 2010. 3. 11. 선고 2009다4343 판결(인라인 링크), 대법원 2010. 3. 11. 선고 2009다80637 판결, 대법원 2015. 3. 12. 선고 2012도13748 판결, 대법원 2015. 8. 19. 선고 2015도5789 판결, 대법원 2016. 5. 26. 선고 2015도16701 판결(하이브리드 앱 링크), 대법원 2017. 9. 7. 선고 2017다222757 판결(임베디드 링크) 등 참조.
대법원 2015. 8. 19. 선고 2015도5789 판결은 "이러한 법리는 휴대전화 문자메시지에 링크 글을 기재함으로써 수신자가 링크 부분을 클릭하면 링크된 게시물에 연결되도록 하였다고 하더라도 마찬가지이다."라고 하고, 대법원 2016. 5. 26. 선고 2015도16701 판결은 "이러한 법리는 모바일 애플리케이션(Mobile application)에서 인터넷 링크와 유사하게 제3자가 관리·운영하는 모바일 웹페이지로 이동하도록 연결하는 경우에도 마찬가지이다."라고 한다.

다만 하급심 중에서 저작재산권자의 허락 없이 인터넷 홈페이지에 저작재산권자의 전자지도를 자신의 컴퓨터 서버에 복제하여 이용자들에게 전송한 경우에 직접적으로 저작재산권 침해를 인정하지 않았으나 저작재산권자로 하여금 전자지도와 같은 데이터베이스를 판매할 수 있는 기회를 상실하게 하는 손해를 입게 하여, 원고의 저작재산권에 기한 정당한 이익을 침해하므로, 이는 원고의 전자지도에 관한 저작재산권을 침해하는 행위와 마찬가지로 선량한 풍속 기타 사회질서에 반하여 타인의 정당한 이익을 침해하고 이로 인하여 이익을 얻는 위법한 행위에 해당한다고 판단한 사례가 있다.[24]

다음으로 인터넷 링크가 저작재산권 침해행위의 방조행위에 해당하는지[25]는 구체적인 사안에 따라 개별적으로 판단할 필요가 있다.

인터넷 이용자가 링크 부분을 클릭함으로써 저작재산권자로부터 이용 허락을 받지 아니한 저작물을 게시하거나 인터넷 이용자에게 그러한 저작물을 송신하는 등의 방법으로 저작재산권자의 복제권이나 공중송신권을 침해하는 웹페이지 등에 직접 연결되더라도 인터넷 링크를 하는 행위 자체는 인터넷에서 링크하고자 하는 웹페이지 등의 위치 정보나 경로를 나타낸 것에 불과하여 침해행위의 실행 자체를 쉽게 한다고 할 수 없으므로, 이러한 링크 행위만으로는

22) 대법원 2009. 11. 26. 선고 2008다77405 판결에 대한 해설로는 윤태식, "인터넷 링크 중 이른바 '심층링크' 내지 '직접링크'를 하는 행위가 구 저작권법에 정한 복제 및 전송에 해당하는지 여부(소극)", 대법원판례해설 82호(2009 하반기), 법원도서관, 455 이하가 있다.

23) 대법원 2010. 3. 11. 선고 2009다76256 판결은 "이른바 인터넷 링크에 의하여 이미지를 보여주는 방법에는 웹브라우저에서 이용자를 특정 웹페이지로 이동시켜 주는 방식 외에, 동일 서버 또는 다른 서버에 있는 이미지를 링크를 제공하는 웹페이지의 특정한 위치에 특정한 크기로 나타나도록 하는 방식으로도 구현할 수 있으며, 후자의 방식에 의할 경우에는 웹브라우저의 주소창에 표시된 웹사이트의 주소가 변하지 않은 채 링크된 다른 웹사이트의 이미지 등에 직접 연결할 수 있는바, 이처럼 인터넷 링크는 인터넷에서 링크하고자 하는 웹페이지나, 웹사이트의 서버에 저장된 개개의 저작물 등의 웹 위치 정보 내지 경로를 나타낸 것에 불과하여, 앞에서 본 사정만으로는 피고가 원래의 사진이미지 또는 이를 축소, 변환한 상세보기 이미지를 자신이 직접 관리하는 서버 등의 유형물에 저장하였다고 단정하기에 부족하다."라고 하여 인터넷 포털사이트를 운영하는 온라인서비스제공자가 회원들이 게시판에 올린(upload) 이미지에 대하여 상세보기 이미지 검색서비스를 제공한 것이 저작재산권자의 복제권, 전시권 및 공중송신권을 직접 침해한 것으로 볼 수 없다고 하였다.

24) 서울중앙지방법원 2001. 12. 7. 선고 2000가합54067 판결(미항소 확정).

25) 저작권법 복제권 침해에서 과실에 의한 방조가 가능한지 여부에 대해 대법원 2007. 1. 25. 선고 2005다11626 판결은 "저작권법이 보호하는 복제권의 침해를 방조하는 행위란 타인의 복제권 침해를 용이하게 해주는 직접·간접의 모든 행위를 가리키는 것으로서, 복제권 침해행위를 미필적으로만 인식하는 방조도 가능함은 물론 과실에 의한 방조도 가능하다고 할 것인바, 과실에 의한 방조의 경우에 있어서 과실의 내용은 복제권 침해행위에 도움을 주지 않아야 할 주의의무가 있음을 전제로 하여 이 의무에 위반하는 것을 말하는 것이고(대법원 2000. 4. 11. 선고 99다41749 판결, 2003. 1. 10. 선고 2002다35850 판결 등 참조), 위와 같은 침해의 방조행위에 있어서 방조자는 실제 복제권 침해행위가 실행되는 일시나 장소, 복제의 객체 등을 구체적으로 인식할 필요가 없으며 실제 복제행위를 실행하는 자가 누구인지 확정적으로 인식할 필요도 없다."라고 하였다.

저작재산권 침해행위의 방조행위가 성립하지 않음이 원칙이다.[26]

이와 같이 인터넷 이용자가 링크 부분을 클릭함으로써 링크된 웹페이지나 개개의 게시물에 직접 연결되더라도 그와 같은 링크 행위만으로는 원칙적으로 저작물의 복제, 공중송신(전송), 전시 등에 해당하지 않는다.

그러나 단순한 게시물의 직접 연결을 넘어 구체적인 사실관계 여하에 따라, 예를 들면 제3자가 저작권자의 허락 없이 업로드 한 콘텐츠임이 그 내용 등으로부터 명백함에도 불구하고 그 콘텐츠를 자신의 홈페이지에 링크하고 저작권자로부터 그에 대해 항의를 받았음에도 그 링크를 그대로 방치해 놓은 경우와 같이 예외적으로 인터넷 링크가 민사상 저작재산권 침해행위의 방조행위나 민법상의 일반불법행위에 해당된다고 평가받는 경우도 있을 것이다.[27]

판례 중에는 불특정 · 다수인이 자신의 웹사이트를 이용하여 아무런 제한 없이 자족적으로 음란한 부호 등을 접할 수 있는 조직적 장치를 링크 등의 수법에 의하여 마련하고, 위와 같은 링크를 포함한 피고인의 일련의 행위 및 범의는 다른 웹사이트 등을 소개 · 연결할 뿐이거나 또는 다른 웹사이트 운영자의 실행행위를 방조하는 정도를 넘어, 음란한 부호 등이 공연히 전시되어 있는 다른 웹사이트를 링크의 수법으로 사실상 지배 · 이용함으로써 그 실질에 있어서 음란한 부호 등을 직접 전시하는 것과 다를 바 없다고 평가된 경우에 전기통신법상의 전시에 해당한다고 보거나,[28] 인터넷 링크가 실질적으로 공유 사이트 게시자의 공중에의 이용제공 여지를 더욱 확대시키는 행위로서 공유 사이트 게시자의 공중송신권(전송권) 침해행위에 대한 방조에 해당하거나 그렇지 않더라도 부정하게 스스로의 이익을 꾀할 목적으로 타인의 시간과 노력 및 자본을 투입하여 이룩한 성과물의 명성 등에 편승하는 행위로서 법적으로 보호할 가치가 있는 원고들의 이익을 침해한 민법상의 일반불법행위에 해당한다고 판단한 것이 있다.[29]

---

26) 대법원 2015. 3. 12. 선고 2012도13748 판결은 "비록 외국 블로그에서 이 사건 디지털콘텐츠에 관한 복제권이나 공중송신권 등의 저작재산권을 침해하고 있고 인터넷 이용자가 위 링크 부분을 클릭함으로써 그러한 외국 블로그에 직접 연결된다고 하더라도, 그러한 링크 행위만으로는 위와 같은 저작재산권 침해의 방조행위에 해당한다고 볼 수도 없다. 따라서 피고인이 이 사건 ○○사이트를 관리 · 운영하면서 저작권법위반죄 또는 그 방조죄로 처벌할 수 없는 위와 같은 링크 행위의 공간을 제공하였다거나 그러한 링크를 삭제하지 않고 방치하였다고 하더라도 저작권법위반의 방조죄가 성립한다고 할 수 없다."라고 한다.

27) 인터넷 링크가 형사상 저작재산권 침해행위의 방조행위에도 해당될 수 있는지에 관하여 견해가 나뉘어져 있다. 앞에서 본 법리 외에도 형사상 저작권침해행위의 전시, 전송 등을, 어느 저작물 등을 공중의 이용에 제공하거나 게시한 행위로써 종료되어 즉시 성립하고 그와 동시에 완성되는 즉시범으로 볼 것인지 아니면 공중의 이용에 제공하거나 게시한 행위가 있은 후에도 방치하여 두었다면 그 위법상태가 계속되는 계속범으로 볼 것인지 등의 문제와도 관련이 있다.

28) 대법원 2003. 7. 8. 선고 2001도1335 판결 [전기통신기본법위반].

29) 서울고등법원 2017. 3. 30. 선고 2016나2087313 판결(대법원 2017. 9. 7. 선고 2017다222757 판결로 상고기각되었으나, 원고만이 상고하였기에 상고심에서 본문 내용의 쟁점은 판단 대상이 아니었다), 위 사안에서 문제되는 링크 유형은 임베디드 링크였다.

5) 작곡자로부터 저작권 침해중지요청을 받은 회사가 자신이 운영하는 음악 사이트에서 해당 음악저작물에 관하여 MP3 파일 다운로드 등의 서비스 판매를 중단하였으나 서비스를 이미 구입한 이용자들은 계속 이용할 수 있도록 한 사안에서, 이는 서비스 판매·제공 중단 전의 행위로 인한 전송권 등 침해와는 별도로 위 작곡자의 공중송신권 또는 전송권을 침해하는 행위이지만, 그 밖에 그의 복제권을 침해하는 것은 아니다.[30]

나. 건축물의 경우에 그 건축을 위한 모형 또는 설계도서에 따라 이를 시공하는 것

저작권법상 복제에는 건축물의 경우에 그 건축을 위한 모형 또는 설계도서에 따라 이를 시공하는 것을 포함한다.

※ 이 부분 설명에 대하여는 「제3장 저작권의 객체 : 저작물 제2절 저작물의 종류 V. 건축물·건축을 위한 모형 및 설계도서 그 밖의 건축저작물(법 제4조 제1항 제5호)」 부분 참조.

II. 공연권

1 의의 및 규정 연혁

저작자는 그의 저작물을 공연할 권리를 가진다(법 제17조). 이를 공연권(right of public performance)이라 한다.

여기서 공연이라 함은 저작물 또는 실연·음반·방송을 상연·연주·가창·구연·낭독·상영·재생 그 밖의 방법으로 공중에게 공개하는 것을 말하며, 동일인의 점유에 속하는 연결된 장소 안에서 이루어지는 송신(전송 제외)을 포함한다(법 제2조 제3호).

공연은 저작물의 무형적 이용형태로서 저작물의 유형적 이용형태를 말하는 복제와 대비되고 구분된다.[31]

1957. 1. 28. 법률 제432호로 제정된 저작권법 제10조는 공연이라 함은 각본, 악보, 음반, 영화 등의 저작물을 상연, 연주, 상영, 기타의 방법으로 공개연출함을 말한다고 규정하였다가 1986. 12. 31. 법률 제3916호로 전부개정된 저작권법 제2조 제3호에서 공연의 정의를 "저작물을 상연·연주·가창·연술·상영 그밖의 방법으로 일반공중에게 공개하는 것을 말하며, 공연·방송·실연의 녹음물 또는 녹화물을 재생하여 일반공중에게 공개하는 것을 포함한다."라고 규정하여 저작인접물은 아니지만 저작인접물의 복제물의 재생을 공연의 개념에 포함하였다.

---

30) 대법원 2012. 1. 12. 선고 2010다57497 판결.
31) 따라서 저작재산권자가 저작물의 복제를 허락하였더라도 허락 받은 사람이 그 저작물을 공연하기 위하여는 다시 저작재산권자의 허락을 받아야 한다.

2000. 1. 12. 법률 제6134호로 개정된 저작권법 제2조 제3호에서 공연의 정의를 "저작물을 상연·연주·가창·연술·상영 그밖의 방법으로 일반공중에게 공개하는 것과 이의 복제물을 재생하여 일반공중에게 공개하는 것을 말하며, 동일인의 점유에 속하는 연결된 장소 안에서 이루어지는 송신을 포함한다."라고 규정하였다.

위 2000년 개정법은 공연의 정의에서 개정 전의 공연의 정의 중 "공연·방송·실연의 녹음물 또는 녹화물을 재생하여 일반공중에게 공개하는 것을 포함한다."라는 문구를 삭제하여 공연의 객체를 저작물로 한정하였다. 그리고 "동일인의 점유에 속하는 연결된 장소 안에서 이루어지는 송신을 포함한다."라는 문구를 추가하고 2000년 개정 전의 방송의 정의 중 "차단되지 아니한 동일구역 안에서 단순히 음을 증폭송신하는 것을 제외한다."라는 문구를 삭제하였다.

위 2000년 개정 전 저작권법에 의하면 방송과 공연이 물리적으로 차단되었는지 여부에 따라 구분되었는데 차단되지 아니한 동일구역 안에서 음을 증폭 송신하는 것은 공연으로 보고 동일구역 안에서 음과 영상을 동시에 수신하는 것은 방송으로 해석될 수 있어 방송과 공연이 물리적 차단 여부에 따라 명확히 구분되기 어렵다는 의견이 있었다. 이에 위 개정 저작권법은 "차단되지 아니한 동일구역 안에서 단순히 음을 증폭송신하는 것을 제외한다"라는 문구를 삭제하여 물리적 차단 여부와 관계없이 "동일인의 점유에 속하는 연결된 장소 안에서 이루어지는 송신"을 일괄적으로 공연의 개념에 포함시켜 종래 방송으로 이해되던 백화점, 호텔, 사무실, 학교 등 내에서 음악을 들려주거나 영상을 보여주는 것이 모두 공연에 해당하게 되었다.

2006. 12. 28. 법률 제8101호로 전부개정된 저작권법 제2조 제3호에서 공연의 정의를 "저작물 또는 실연·음반·방송을 상연·연주·가창·구연·낭독·상영·재생 그 밖의 방법으로 공중에게 공개하는 것을 말하며, 동일인의 점유에 속하는 연결된 장소 안에서 이루어지는 송신(전송을 제외한다)을 포함한다."라고 하고 제32호에서 "공중"은 불특정 다수인(특정 다수인을 포함한다)을 말한다고 규정하여 오늘날에 이르고 있다.

위 2006년 개정 저작권법은 공연의 대상에 저작물 외에 '실연·음반·방송'이라는 저작인접물을 포함하고 송신에서 '전송을 제외한다'는 문구를 추가하였다. 실무는 이미 위 개정 저작권법 이전의 공연에 전송이 포함되지 않는다고 해석하고 있었는데,32) 위 2006년 개정 저작권법은 송신에 전송을 제외한다는 문구를 추가하여 이를 명확히 하였다.

위 2006년 개정법은 실연자에게 고정되지 아니한 실연을 공연할 권리(다만 그 실연이 방송되는 실연인 경우에는 그러하지 아니함)를 부여하고(제72조) 음반제작자·방송사업자에게는 공연

---

32) 대법원 2008. 10. 9. 선고 2006도4334 판결[타인이 제작한 풍경사진을 컴퓨터 바탕화면 제공업체로부터 회원 자격으로 전송받아 복제한 다음 포털사이트 포토앨범에 전송한 행위가 구 저작권법(2006. 12. 28. 법률 제8101호로 전문 개정되기 전의 것) 제26조 제1항 본문의 '공연 또는 방송'에 포함되지 않는다고 한 사례].

권을 인정하지 않았다.

그러나 2009. 3. 25. 법률 제9529호로 개정된 저작권법은 음반제작자에게 판매용 음반33)을 사용한 공연에 대해 보상금을 지급하여야 한다(음반제작자가 외국인인 경우에 상호주의에 따른 제한이 있음)고 규정하고(제83조의2), 2011. 6. 30. 법률 10807호로 개정된 저작권법은 방송사업자에게 공중의 접근이 가능한 장소에서 방송의 시청과 관련하여 입장료를 받는 경우에 공연권을 부여하였다(제85조의2).

② 내용

법 제2조 제3호의 공연에 대한 정의규정에 의하면, 공연은 (1) 저작물 또는 실연·음반·방송을 상연·연주·가창·구연·낭독·상영·재생 그 밖의 방법으로 (2) 공중에게 공개하는 것이고, (3) 동일인의 점유에 속하는 연결된 장소 안에서 이루어지는 송신(전송 제외)을 포함한다(법 제2조 제3호).

가. 저작물 또는 실연·음반·방송을 상연·연주·가창·구연·낭독·상영·재생 그 밖의 방법

공연의 대상은 저작물과 저작인접물인 실연·음반·방송이다.

저작물은 인간의 사상 또는 감정을 표현한 창작물이다(법 제2조 제1호).

저작권법은 미술저작물·건축저작물 또는 사진저작물의 원본이나 그 복제물을 전시할 권리를 인정하는데(제19조), 공연과 전시와의 관계에 대하여는 아래와 같이 그 범위에 대하여 견해가 나뉘어 있다.

제1설은 전시의 개념 속에, 미술저작물·건축저작물 또는 사진저작물의 원본이나 그 복제물 등의 유형물을 일반인이 자유롭게 직접 관람할 수 있도록 진열하거나 게시하는 것(이른바 직접전시) 외에 이들 저작물을 필름, 슬라이드, 텔레비전 영상 또는 그 밖의 다른 장치나 공정에 의하여 그의 복제물을 보여주는 것(이른바 간접전시) 및 이들 저작물을 인터넷을 통해 전송하여 감상하도록 모니터에 나타내는 것(이른바 인터넷 전시)도 모두 포함된다는 견해이다.34) 직접전시가 아닌 경우 공연의 유형인 상영 등에 포함될 여지는 있지만 공연은 실연이 개입되지 않고는 생각할 수 없는 개념임을 전제로 한다.

제2설은 전시의 개념 속에, 미술저작물·건축저작물 또는 사진저작물의 원본이나 그 복제

---

33) 2016. 3. 22. 법률 제14083호로 개정된 저작권법에서 같은 조항의 '판매용 음반'을 '상업용 음반'으로 바꾸고, 제2조 제5호의 음반의 정의에 '음을 디지털화한 것도 포함한다'는 문구를 추가하였다.
34) 저작권법 주해, 박영사(2007), 417(이대희 집필 부분).

물 등의 유형물을 일반인이 자유롭게 직접 관람할 수 있도록 진열하거나 게시하는 것(이른바 직접전시)과 이들 저작물을 필름, 슬라이드, 텔레비전 영상 또는 그 밖의 다른 장치나 공정에 의하여 그의 복제물을 보여주는 것(이른바 간접전시)은 해당하지만, 미술저작물·건축저작물 또는 사진저작물을 인터넷을 통해 전송하여 감상하도록 모니터에 나타내는 것(이른바 인터넷 전시)은 전시가 아니라 전송이나 공연 등에 해당한다는 취지의 견해이다.[35]

제3설은 미술저작물·건축저작물 또는 사진저작물의 원본이나 그 복제물 등의 유형물을 일반인이 자유롭게 직접 관람할 수 있도록 진열하거나 게시하는 것(이른바 직접전시)만 전시의 개념에 포함되고, 이들 저작물을 필름, 슬라이드, 텔레비전 영상 또는 그 밖의 다른 장치나 공정에 의하여 그의 복제물을 보여주는 것(이른바 간접전시)은 전시가 아니라 공연의 행위유형인 상영에 해당하며,[36] 이들 저작물을 인터넷을 통해 전송하여 감상하도록 모니터에 나타내는 것(이른바 인터넷 전시)도 전시가 아니라 전송에 해당하거나[37] 재생이나 그 밖의 방법에 의한 공연 등에 해당할 수 있다[38]는 견해이다.

저작권법은 전시를 정의하는 규정이 없어 위와 같이 견해가 나뉘어 있으나 저작권법상 전시란 유형물을 전제로 하는 개념이므로 본서 저자는 논리적으로 제3설이 낫다고 본다.

참고로 미국은 "어느 저작물을 전시한다는 것은 직접적으로 또는 필름, 슬라이드, 텔레비전 영상 또는 그 밖의 다른 장치나 공정에 의하여 그것의 복제물을 보여주는 것이고, 영화나 그 밖의 시청각저작물의 경우에는 개별영상을 비연속적으로 보여주는 것을 말한다."라고 하고, "저작물을 실연한다는 것은 직접적으로 또는 어떤 장치나 공정에 의하여 그 저작물을 낭송, 표현, 연주, 무용 또는 연기하는 것이고 영화나 그 밖의 시청각저작물의 경우에는 연속적으로 그 영상을 보여주거나 그에 수반되는 음을 들을 수 있게 하는 것을 말한다."라고 하여 실연(perform)과 전시(display)를 구분하고 있고,[39] 저작자에게 "영화와 그 밖의 시청각저작물의 개별 영상을 포함한, 어문, 음악, 연극 및 무용저작물과 무언극 및 회화, 그래픽 또는 조각저작물의 경우에, 보호되는 저작물을 공개 전시"를 하거나 허락할 수 있는 배타적 권리를 인정하고 있다.[40] 그리고 미국 저작권법상 전시권의 대상은 미술저작물·건축저작물 또는 사진저작물의 원본이나 복제물로 한정하지 않고 있고, 전송에 해당하는 권리를 별도로 규정하지 않고 기존의 개별적인 권리 범주에 포섭하여 해결하고 있어 위 '인터넷 전시'도 전시에 포함한다. 일

---

35) 송영식·이상정 저작권법 강의(제2판), 세창출판사(2017), 126.
36) 박성호, 저작권법(제2판), 박영사(2017), 355, 오승종, 저작권법 강의(제2판), 박영사(2018), 300. 이해완, 저작권법(제4판), 박영사(2019), 551 및 591.
37) 박성호, 저작권법(제2판), 박영사(2017), 355.
38) 이해완, 저작권법(제3판), 박영사(2015), 473.
39) 미국 저작권법 제101조.
40) 미국 저작권법 제106조 (5)항.

본 저작권법상의 전시권의 대상은 미술저작물 또는 아직 발행되지 아니한 사진저작물의 원작품에 대하여만 인정하고 있다(일본 저작권법 제25조 참조).

그 밖의 개념을 설명하면, 저작인접물 중 실연은 저작물을 연기 · 무용 · 연주 · 가창 · 구연 · 낭독 그 밖의 예능적 방법으로 표현하거나 저작물이 아닌 것을 이와 유사한 방법으로 표현하는 것이고(법 제2조 제4호 참조), 음반은 음(음성 · 음향)이 유형물에 고정된 것(음을 디지털화한 것을 포함)이되 음이 영상과 함께 고정된 것을 제외한 것이며(법 제2조 제5호), 방송은 공중송신 중 공중이 동시에 수신하게 할 목적으로 음 · 영상 또는 음과 영상 등을 송신하는 것이다(법 제2조 제8호).

실연은 상영을 제외하고는 저작물을 인간이 직접 표현한다는 점에서 공연의 개념에 포함되지만 공중에 공개한다는 요건이 없는 점에서 공연과 구별되고, 공연은 저작물 또는 저작인접물을 대상으로 하지만 실연은 저작물이 아닌 것도 포함하며, 공연은 실연의 복제물을 재생하여 전달하는 것도 포함하지만 실연은 복제물의 재생은 포함하고 있지 않다는 점에서 서로 구별된다.

공연의 행위유형은 상연 · 연주 · 가창 · 구연 · 낭독 · 상영 · 재생 그 밖의 방법이다.

상연은 각본이나 무보 그 밖에 연극저작물을 무대 위에서 연기하여 표현하는 것이고,[41] 연주는 음악저작물을 악기로 실연하는 것이며, 가창은 음악저작물을 음성으로 실연하는 것이고, 구연과 낭독은 어문저작물을 구두로 표현하는 것이다. 상영은 영상이나 사진 등의 화면으로 이루어진 저작물 등을 시각적 또는 시청각적으로 인식할 수 있도록 나타내는 것이고, 재생은 녹음 · 녹화한 테이프나 필름 등으로 본래의 소리나 모습을 다시 들려주거나 보여주는 것을 말하는데 저작물 및 저작인접물의 재생뿐만 아니라 그것들의 복제물의 재생을 포함한다.[42] 위의 그 밖의 방법에는 위 행위 유형 외에 공중이 저작물 내지 저작인접물의 내용을 직접 듣거나 보게 하는 방법이 해당된다.

나. 공중에 공개

공중에 관한 정의 규정은 2006. 12. 28. 법률 제8101호로 전부개정된 저작권법 이전까지는 없었다가 위 개정 저작권법에서 공연에서 송신으로부터 전송이 제외된다는 문언과 더불어

---

41) 일본 저작권법 제2조 제16호는 상연(上演)이란 연주(가창을 포함한다. 이하 같다) 이외의 방법에 의하여 저작물을 연기하는(演ずる) 것이라고 정의하고, 제17호는 상영(上映)이란 저작물(공중송신되는 것을 제외한다)을 영사막 기타 물건으로 영사하는 것을 말하고, 이에 수반하여 영화의 저작물에서 고정되어 있는 음을 재생하는 것을 포함한다고 정의하며, 제18호는 구술(口述)이란 낭독 기타 방법에 의하여 저작물을 구두로 전달하는 것(실연에 해당하는 것을 제외한다)을 말한다고 정의한다. 일본 저작권법은 우리 저작권법과는 달리 상연권(제22조), 구술권(제24조)을 따로 구분하여 규정하고 있다.

42) 대법원 1996. 3. 22. 선고 95도1288 판결, 대법원 2001. 9. 28. 선고 2001도4100 판결 등 참조.

저작권법 제2조 제32호로 공중을 불특정 다수인(특정 다수인을 포함)을 말한다고 비로소 규정하였다. 따라서 저작물을 공중(다수인)이 아닌 소수의 사람들에게 연주, 상연하는 것은 공연에 해당하지 않는다.

실무는 위 2006년 개정 저작권법이 시행되기 전에 공연과 관련하여 "일반 공중에게 공개한다 함은 불특정인 누구에게나 요금을 내는 정도 외에 다른 제한 없이 공개된 장소 또는 통상적인 가족 및 친지의 범위를 넘는 다수인이 모여 있는 장소에서 저작물을 공개하거나, 반드시 같은 시간에 같은 장소에 모여 있지 않더라도 위와 같은 불특정 또는 다수인에게 전자장치 등을 이용하여 저작물을 전파, 통신함으로써 공개하는 것을 의미한다."라고 하면서 "노래방의 구분된 각 방실이 4~5인 가량의 고객을 수용할 수 있는 소규모에 불과하다고 하더라도, 일반 고객 누구나 요금만 내면 제한 없이 이를 이용할 수 있는 공개된 장소인 위 노래방에서 고객들로 하여금 노래방 기기에 녹음 또는 녹화된 이 사건 음악저작물을 재생하는 방식으로 저작물을 이용하게 한 이상, 일반 공중에게 저작물을 공개하여 공연한 행위에 해당된다."라고 한 것이 있다.[43)]

다. 동일인의 점유에 속하는 연결된 장소 안에서 이루어지는 송신(전송 제외)

우선 공연에 해당하기 위하여는 동일인의 점유와 연결된 장소라는 요건을 충족하여야 한다. 이들 요건 중 어느 하나가 충족되지 아니한 경우에 해당 장소에서 이루어지는 동시 수신 목적의 송신은 공연이 아니라 방송에 해당한다.

'동일인의 점유에 속하는'이라는 부분과 관련하여, 사업주체의 동일성 여부를 중시하여 특정한 건물 중 다른 층이라도 같은 사업자에 의하여 점유되고 있다면 그 안에서 이루어지는 송신은 공연에 해당하지만(예컨대 백화점에서 각 층의 매장에 음악을 들려주는 경우), 다른 사업주체가 각각의 층을 점유하고 있는 경우(예컨대 동일인의 점유에 속하지 않은 복합상가 건물)의 송신은 방송에 해당한다.

'연결된 장소'라는 것은 사업주체의 동일만으로는 부족하고 물리적으로 밀접한 연관성이 있어야 하므로(예컨대 여러 건물이 연결통로와 계단 및 복도로 이어진 학교의 교실이나 백화점의 각 매장의 경우), 물리적으로 독립된 2개의 건물에서 다른 건물로 음악저작물을 들려주는 것(건물이 여러 곳에 흩어져 있는 대학 캠퍼스의 경우)은 방송에 해당한다.[44)]

---

43) 대법원 1996. 3. 22. 선고 95도1288 판결. 대법원 1994. 5. 10. 선고 94도690 판결, 대법원 2001. 4. 10. 선고 2000도5621 판결, 대법원 2001. 9. 28. 선고 2001도4100 판결도 같은 취지이다.

44) 오승종, 저작권법 강의(제2판), 박영사(2018), 304, "우리 저작권법이 일본 저작권법에는 없는 '연결된 장소'라는 한정적인 문구를 굳이 삽입하고 있는 점을 고려하면 위와 같이 독립된 건물에 있어서의 저작물의 송신은 공연에서 제외하고자 하는 것이 입법자의 의사가 아니었을까 생각된다."라고 한다.

공연의 개념에서 법문상 제외하는 것으로 되어 있는 전송(傳送)이란 공중송신 중 공중의 구성원이 개별적으로 선택한 시간과 장소에서 접근할 수 있도록 저작물, 실연·음반·방송 또는 데이터베이스를 이용에 제공하는 것을 말하고, 그에 따라 이루어지는 송신을 포함한다(법 제2조 제10호, 제7호 참조). 따라서 동일인의 점유와 연결된 장소라는 요건을 충족하더라도 구성원이 개별적으로 선택한 시간과 장소에서 접근할 수 있도록 저작물 등을 이용에 제공하는 것이라면 전송에 해당하므로 공연의 개념에서 제외된다. 예를 들면 모텔영업자가 모텔에서 유선을 이용하여 투숙객들이 동시에 수신하게 할 목적으로 비디오물을 방영하는 것은 공연에 해당하나 VOD와 같이 투숙객이 원하는 시간에 원하는 프로그램을 선택하여 시청하도록 하는 경우에는 전송에 해당하여 공연의 개념에서 제외된다.

③ 기타

공연에 사용할 음악에 대한 작곡의뢰 계약에 따라 작곡료가 지급된 경우 어느 정도까지의 재공연에 대한 저작권료로 보아야 하는지에 대하여, 판례는 특별한 사정이 없는 한 작곡의뢰자가 지급한 작곡료는 해당 공연과 관련하여 주제곡에 대하여 그 작곡을 의뢰할 당시 이미 예정되거나 앞으로 그 공연을 예견할 수 있는 범위 내에서 향후 상당기간 내에 이루어지는 재공연에 대한 저작권료를 지급한 것이라고 한다.[45]

저작권법이 보호하는 공연권이 침해되었다고 하기 위해서는 침해되었다고 주장하는 기존의 저작물과 대비대상이 되는 공연 사이에 실질적 유사성이 있다는 점 외에도 그 공연이 기존의 저작물에 의거하여 이루어졌다는 점이 인정되어야 한다. 나아가 저작권 침해로 인하여 손해배상책임이 발생하기 위해서는 행위자의 고의·과실 등 민법 제750조에 의한 불법행위 성립요건이 구비되어야 한다.[46]

III. 공중송신권

① 의의 및 규정 연혁

저작권법 제18조는 "저작자는 그의 저작물을 공중송신할 권리를 가진다."라고 하여 공중송신권(right of public transmission)을 인정하고 있다.

공중송신이란 저작물, 실연·음반·방송 또는 데이터베이스를 공중이 수신하거나 접근하

---

45) 대법원 1994. 12. 9. 선고 93다50321 판결.
46) 대법원 2014. 9. 25. 선고 2014다37491 판결.

게 할 목적으로 무선 또는 유선통신의 방법에 의하여 송신하거나 이용에 제공하는 것을 말한다(법 제2조 제7호). 한편 배포는 저작물, 실연·음반·방송 또는 데이터베이스의 원본 또는 그 복제물을 공중에게 대가를 받거나 받지 아니하고 양도 또는 대여하는 것을 말한다(법 제2조 제23호).

공중송신과 배포는 저작물의 전달행위라는 점에서는 공통되지만 공중송신은 무형적 전달행위이고 배포는 유형적 전달행위로 점유를 이전하는 것을 말하므로 이들은 개념적으로 구별된다.47)

공중송신에서 실연은 저작물을 연기·무용·연주·가창·구연·낭독 그 밖의 예능적 방법으로 표현하거나 저작물이 아닌 것을 이와 유사한 방법으로 표현하는 것이고(법 제2조 제4호 참조), 음반은 음(음성·음향을 말한다)이 유형물에 고정된 것(음을 디지털화한 것을 포함한다, 다만 음이 영상과 함께 고정된 것을 제외한다)을 말하며(법 제2조 제5호), 데이터베이스는 소재를 체계적으로 배열 또는 구성한 편집물로서 개별적으로 그 소재에 접근하거나 그 소재를 검색할 수 있도록 한 것을 말한다(법 제2조 제19호).

여기서 공중은 불특정 다수인(특정 다수인을 포함한다)을 말하므로(법 제2조 제32호)48) 가족이나 친한 친구 사이 등 특별히 한정된 관계(소수인)에서 자료를 송신하는 경우는 공중에 해당하지 않는다.49)

저작권법의 정의 규정에 의하면 공중송신의 개념에는 방송, 전송, 디지털 음성송신 및 기타의 송신행위가 포함되어 있다(법 제2조 제8호, 제11호, 제12호).

---

47) 대법원 2007. 12. 14. 선고 2005도872 판결은 "구 저작권법(2006. 12. 28. 법률 제8101호로 전문 개정되기 전의 것) 제2조 제15호에서 말하는 '배포'란 저작물의 원작품이나 그 복제물을 유형물의 형태로 일반 공중에게 양도·대여하는 것을 말하므로, 컴퓨터 하드디스크에 저장된 MP3 파일을 다른 P2P 프로그램 이용자들이 손쉽게 다운로드 받을 수 있도록 자신의 컴퓨터 내 공유폴더에 담아 둔 행위는 이에 해당하지 않는다."라고 하여 저작물을 온라인으로 전달하는 무형적 전달은 배포의 개념에 해당하지 않음을 명확히 하였다.

48) 대법원 2012. 1. 12. 선고 2010다57497 판결은 음악 사이트에서 음악 다운로드 서비스를 구입한 이용자들은, 비록 그 범위가 한정되기는 하나 다수의 자가 위 음악 사이트에서 음악저작물에 관한 MP3 파일 등을 공통적으로 사용하고 있어 '특정 다수인'으로서 저작권법 제2조 제32호에 규정된 '공중'에 해당한다고 하였다. 위 판결에서 대법원은 甲 주식회사가 乙의 저작권 침해중지요청을 받고 자신이 운영하는 음악 사이트에서 乙이 작곡한 음악저작물에 관하여 MP3 파일 다운로드 등의 서비스 판매를 중단하였으나 서비스를 이미 구입한 이용자들은 계속 이용할 수 있도록 한 사안에서, 이는 서비스 판매·제공 중단 전의 행위로 인한 전송권 등 침해와는 별도로 乙의 공중송신권 또는 전송권을 침해하는 행위이지만, 그 밖에 乙의 복제권을 침해한다고 볼 수는 없다고 하였다.

49) 다만 이러한 경우에도 메일 서버를 이용한 송신 과정에 복제행위가 수반된다면 저작재산권의 제한(예컨대 법 제30조의 사적 이용을 위한 복제) 규정에 해당하지 않는 한 복제권의 침해가 문제될 수 있다. 전송 개념이 도입되기 전에 복제권 등의 침해를 인정한 사례로 대법원 2007. 1. 11. 선고 2006다38369 판결이 있다.

1957. 1. 28. 법률 제432호로 제정된 저작권법 제22조는 방송권(제1항에서 "저작자는 그 저작물의 라듸오 또는 테레비죤에 의한 방송을 허락할 권리가 있다"라고 규정함)을 인정하고 있었으나 방송 자체에 대한 정의규정은 없었다.

1986. 12. 31. 법률 제3916호로 전부개정된 저작권법 제2조 제8호에서 방송을 "일반공중으로 하여금 수신하게 할 목적으로 무선 또는 유선통신의 방법에 의하여 음성·음향 또는 영상 등을 송신하는 것(차단되지 아니한 동일구역 안에서 단순히 음을 증폭송신하는 것을 제외한다)을 말한다"라고 규정하였다. 그런데 실무는 위 방송에는 일반 공중으로 하여금 동시에 수신하게 할 목적으로 무선 또는 유선통신의 방법에 의하여 음성 등을 송신하는 것(2000. 1. 12. 법률 제6134호로 개정된 저작권법 제2조 제8호 참조) 뿐만 아니라 그와 달리 방송이 서버까지만 송신이 되고 일반 공중이 개별적으로 선택한 시간과 장소에서 인터넷을 통하여 그에 접속하여 비로소 서버로부터 개인용 단말기까지 송신이 이루어지는 인터넷방송과 같은 전송(2000. 1. 12. 법률 제6134호로 개정된 저작권법 제2조 제9호의2 참조)도 포함되는 것으로 판단하고 있었다.[50]

2000. 1. 12. 법률 제6134호로 개정된 저작권법은 전송이라는 개념을 신설하고 방송과 구별하여 제2조 제8호에서 방송을 "일반공중으로 하여금 동시에 수신하게 할 목적으로 무선 또는 유선통신의 방법에 의하여 음성·음향 또는 영상 등을 송신하는 것을 말한다."라고 하고, 제2조 제9호의2에서 전송을 "일반공중이 개별적으로 선택한 시간과 장소에서 수신 하거나 이용할 수 있도록 저작물을 무선 또는 유선통신의 방법에 의하여 송신하거나 이용에 제공하는 것을 말한다."라고 정의하여 방송과 전송을 동시성 및 일방향성 여부 등으로 구별하였다. 위 2000년 개정 저작권법은 제18조의2로 저작자의 전송권을 신설하면서 (대여권과는 달리) 소급효를 제한하는 규정을 두지 아니하여 위 개정 저작권법 시행 이전에 공표된 저작물에 대하여도 전송권이 인정된다.[51]

2004. 10. 16. 법률 제7233호로 개정된 저작권법에서 실연자와 음반제작자에게 전송권을 부여하였다(법 제64조의2, 법 제67조의3).

한편 당시 실무는 전송행위를 기반으로 음악청취서비스를 제공하는 인터넷방송은 (방송과 전송을 정의하여 구분한) 2000. 1. 12. 법률 제6134호로 개정된 저작권법이 정한 방송에 해당하지 않은 것으로 이해되었다.[52]

디지털기술의 발달과 방송통신의 융합 등에 따라 새로운 저작물의 이용형태가 나왔음에도

---

50) 대법원 2003. 3. 25. 선고 2002다66946 판결.
51) 대법원 2016. 4. 28. 선고 2013다56167 판결(1986. 12. 31. 법률 제3916호로 전부 개정된 저작권법 시행 전에 공표된 음반에 관한 저작권의 내용으로 전송권과 대여권이 인정되는지 문제 된 사안에서, 전송권은 인정되지만 대여권은 인정되지 않는다고 한 사례).
52) 서울지방법원 2003. 9. 30.자 2003카합2114 결정(미항고 확정).

2000. 1. 12. 법률 제6134호로 개정된 저작권법에서는 방송권과 전송권의 두 범주만을 인정하고 있어 저작권 보호에 한계가 있었다.

이에 2006. 12. 28. 법률 제8101호로 전부개정된 저작권법은 방송, 전송 및 새로운 융합영역을 포괄하는 상위개념인 공중송신이라는 개념을 새로 마련하고 공중중신의 하위 개념으로 개인 인터넷방송(Winamp 방송), 방송사의 방송물 동시 웹캐스팅(Simulcast) 등 실시간 음악 웹캐스팅을 '디지털 음성송신'이라는 새로운 형태의 저작물 이용방법을 더하여 저작자에게 공중송신권을 부여하였다.[53] 즉, 저작권법상으로는 「공중송신 = 방송 + 전송 + 디지털 음성송신 + 그 밖의 새로 발생할 수 있는 송신행위」의 구조가 된다. 이에 따라 저작자에게 인정되던 방송권과 전송권은 공중송신권에 포함되고 실연자, 데이터베이스제작자는 방송권 또는 전송권을, 음반제작자는 전송권을 가지는 구조로 되어 있다.

※ **공중송신 개념 신설에 따른 각 권리자의 권리 내용 변화**[54]

송신형태 관리자		일반방송		웹캐스팅(주문형)		웹캐스팅(실시간)		전송	
		개정전	개정후	개정전	개정후	개정전	개정후	개정전	개정후
저작자		방송권	공중송신권	전송권	공중송신권	공중전달권(WIPO 저작권조약)	공중송신권	전송권	공중송신권
저작인접권자	실연자	-방송(생실연) -판매용 음반보상 청구권	-방송(생실연) -판매용[55] 음반보상 청구권	전송권	전송권		디지털음성송신보상 청구권	전송권	전송권
	음반제작자	판매용 음반보상 청구권	판매용[56] 음반보상 청구권	전송권	전송권		디지털음성송신보상 청구권	전송권	전송권

---

53) 아울러 법 제136조에서 저작재산권 그 밖에 법에 따라 보호되는 재산적 권리(제93조의 규정에 따른 권리를 제외한다)를 공중송신 등의 방법으로 침해한 자를 처벌하는 권리의 침해죄를 두었다.

54) 아래 도표 내용은 2006. 12. 28 법률 제8101호 개정 저작권법 해설, 문화관광부·저작권심의조정위원회(2007), 19 참조.

55) 2016. 3. 22. 법률 제14083호로 개정된 저작권법 제75조 제1항, 제76조의2 제1항에서 '상업용 음반'으로 바뀌었다.

56) 2016. 3. 22. 법률 제14083호로 개정된 저작권법에서 제82조 제1항에서 '상업용 음반'으로 바뀌었다.

		동시중계 방송권	동시중계 방송권						
방송사업자		동시중계 방송권	동시중계 방송권						
데이터 베이스 제작자		방송권	방송권	전송권	전송권			전송권	전송권

※ 방송, 전송 및 디지털 음성송신의 구별

이용형태	특징		
	수신의 동시성	쌍방향성	주문형
방송	○	×	×
전송	×	○	○
디지털음성송신	○	○	×

위 도표의 수신의 동시성, 쌍방향성의 용어에 대해 설명한다.

저작권법 제2조 제11호의 디지털음성송신의 정의 내용 등을 참고하면 "공중으로 하여금 동시에 수신"하게 한다는 내용은 수신의 동시성을 의미한다.

따라서 다운로드 방식에 의한 서비스만이 아니라 스트리밍 방식에 의한 VOD, AOD 등의 서비스도 이용자가 같은 시점에는 같은 내용을 보거나 들을 수밖에 없는 방식이 아니라 자신이 선택한 시간에 처음부터 보거나 들을 수 있는 방식(즉 주문형)으로 서비스를 할 경우에는 서비스 주체가 그것을 '인터넷 방송'이라고 부르더라도 저작권법상은 방송이 아니라 전송에 해당하는 것으로 보아야 한다.[57]

한편 저작권법 제2조 제11호의 디지털음성송신의 정의 내용 등을 참고하면 "공중의 구성원의 요청에 의하여 개시"된다는 내용이 쌍방향성을 의미한다.[58]

쌍방향 송신은 공중에 대한 송신이지만 공중으로부터의 요구(접속행위나 특정 서비스 메뉴 등을 선택)에 따라 수신자의 수신정보 및 송신요청 신호가 서비스제공자 측의 서버에 전달되고 이를 통해 수신자 단말기 등으로 송신이 이루어진다.

따라서 쌍방향 송신이더라도 동일내용의 음의 송신을 동시에 수신하게 할 목적이 없다면

---

57) 이해완, 저작권법(제4판), 박영사(2019), 561.
58) 박성호, 저작권법, 박영사(2017), 349, 오승종 저작권법 강의(제2판), 박영사(2018), 311, 이해완, 저작권법(제4판), 박영사(2019), 557.

전송에 해당하고 동일내용의 음의 송신을 동시에 수신하게 할 목적이 있다면 디지털음성송신에 해당한다.

앞서 본 바와 같이 저작권법상 공중송신의 개념은 「공중송신 = 방송 + 전송 + 디지털 음성송신 + 그 밖에 새로 발생할 수 있는 송신행위」의 구조이므로 이하 방송, 전송, 디지털 음성송신에 대해 살펴본다.

② 방송

방송(broadcasting)이란 공중송신 중 공중이 동시에 수신하게 할 목적으로 음·영상 또는 음과 영상 등을 송신하는 것을 말한다(법 제2조 제8호).

방송은 일방향성 및 수신의 동시성이 특징이고, 이에는 지상파방송과 케이블방송 같은 유선방송뿐만 아니라 위성방송, DMB 같은 무선방송 등이 있다. 디지털 방식 여부는 방송 여부에 영향을 미치지 않으나 디지털 송신이라도 송신의 방법이 방송신호를 일방적으로 보내고 공중이 같은 시간에 같은 내용을 청취, 시청하여야 한다. 만일 컴퓨터 네트워크를 통하여 클라이언트 환경에 따른 송신자와 이용자 간에 저작물을 주고받는 경우라면 쌍방향 관계가 되므로[59] 이러한 경우에는 방송의 개념에 포함되지 않고 그 송신 방법이 실시간 스트리밍(웹캐스팅)인지 여부에 따라 실시간 스트리밍이 아니라면 전송에 해당하고 실시간 스트리밍이라면 디지털음성송신에 해당하게 된다.[60]

③ 전송

전송(interactive transmission, 傳送)이란 공중송신 중 공중의 구성원이 개별적으로 선택한 시간과 장소에서 접근할 수 있도록 저작물, 실연·음반·방송 또는 데이터베이스를 이용에 제공하는 것을 말하고, 그에 따라 이루어지는 송신을 포함한다(법 제2조 제10호, 제7호).

1996년 12월에 채택된 WIPO 저작권조약 제8조는 배포권, 방송권 기타 저작재산권과는 별도의 새로운 권리형태로서의 "공중전달권"[61]을 규정하였고 이러한 경향을 이어받아 2000.

---

59) 이와 달리 컴퓨터 네트워크를 통하더라도 수신자인 공중의 구성원의 요청에 의하여 개시되는 것(쌍방향성)이 아니라 일방적으로 수신만 되는 경우라면 방송에 해당한다.

60) 음원을 사전 허락없이 방송 내지 디지털음성송신 서비스를 하더라도 나중에 실연자와 음반제작자에게 보상금을 지급하면 되지만(저작권법 제75조, 제76조, 제76조의2, 제82조, 제83조, 제83조의2), 음원을 전송서비스하기 위하여는 사전허락을 받아야 한다(저작권법 제74조 제81조).

61) 독일 저작권법 제19조a는 공중전달권이란 공중이 선택한 장소 및 시간에 접근할 수 있는 방법으로 유선이든 무선이든 저작물을 공중에게 전달하는 권리이다라고 규정한다.

1. 12. 법률 제6134호로 개정된 저작권법에서 전송을 "일반공중이 개별적으로 선택한 시간과 장소에서 수신하거나 이용할 수 있도록 저작물을 무선 또는 유선통신의 방법에 의하여 송신하거나 이용에 제공하는 것"이라고 정의하고(제2조 제9호의2) 저작자에게 전송권을 인정하였다(제18조의2).

2004. 10. 16. 법률 제7233호로 개정된 저작권법 제64조의2(현재 제74조) 및 제67조의3(현재 제81조)에서 실연자 및 음반제작자에게 실연 및 음반에 대한 전송권을 인정하였다.

전송은 쌍방향성 및 수신의 이시성(異時性)이 특징이고 아울러 수신자의 요구에 따른 음악 스트리밍 서비스, 지상파 방송의 인터넷 다시 보기(Video on Demand, VOD), 인터넷 영화 보기와 같은 주문형 송신을 의미한다. PC통신이나 인터넷상에 설치된 자료실, 게시판 등에 자료를 업로드 하거나 뉴스그룹이나 메일링리스트를 이용하여 정보를 발신한 경우도 그것이 서버에 올려져 공중이 접속할 수 있도록 제공되었다면 전송에 해당한다.

전송과 방송의 개념이 구별되어 있으므로 방송에 대하여 규정된 저작재산권 제한 규정이나 법정허락에 대한 규정이 그 자체로 전송의 경우에 그대로 적용되는 것은 아니다. 또한 전송권은 배포권 등과도 별개 독립의 권리이므로 배포권을 제한하는 권리소진의 원칙이 전송권에 대하여 적용되지 않는다.

한편, 전술한 바와 같이 인터넷 링크를 하는 행위는 저작권법에 정한 복제, 전송 및 공중송신에 해당하지 않는다.[62]

④ 디지털음성송신

디지털음성송신(digital sound transmission)은 공중송신 중 공중으로 하여금 동시에 수신하게 할 목적으로 공중의 구성원의 요청에 의하여 개시되는 디지털 방식의 음의 송신을 말하며, 전송을 제외한다(법 제2조 제7호).

디지털음성송신은 디지털음성송신사업자가 온라인을 통해 실시간으로 음악(음성)을 서비스하고, 이용자는 흘러나오는 음악(음성)을 실시간으로 듣는 것을 기본개념으로 한다.

즉, 디지털음성송신은 쌍방향성, 수신의 동시성(同時性), 비주문형이라는 특징을 가지고 인터넷 스트리밍 기술을 활용하여 실시간으로 송신하는 것으로 음의 송신에 한정하는 개념이다. 한편 전송은 쌍방향성 및 수신의 이시성(異時性), 주문형이라는 특징을 가진다.

그동안 개인인터넷방송(winamp 방송), 방송사의 방송물 동시 웹캐스팅(simulcast) 등 실시간 음악 웹캐스팅이 방송인지 전송인지에 대해 다툼이 있었는데 2006. 12. 28. 법률 제8101

---

62) 대법원 2010. 3. 11. 선고 2009다80637 판결, 대법원 2017. 9. 7. 선고 2017다222757 판결.

호로 전부개정된 저작권법에서 이를 '디지털음성송신'으로 정리하였다.

관련하여 실시간 음(음성·음향)만의 웹캐스팅이 디지털음성송신에 해당함은 명확하지만 음 외에 영상물을 포함하는 실시간 웹캐스팅(예컨대 on air TV)이 방송·전송·디지털음성송신·그 밖의 공중송신 중 어느 것에 해당하는지에 대하여는 견해가 나뉜다.

이에 대하여 디지털음성송신은 디지털 방식의 음의 송신만을 대상으로 하기 때문에 음 만의 웹캐스팅이 아닌 음 외에 영상을 포함하는 웹캐스팅은 '방송'의 범주에 포함시켜 보호받을 수 있다는 견해(방송설),63) 저작권법이 디지털음성송신을 방송으로 보지 않고 별개의 개념으로 파악하고 있으므로 영상의 송신을 포함하는 비주문형의 웹캐스팅도 방송에 포함되지 않도록 해석하여야 함을 논거로 '그 밖의 공중송신'에 해당한다는 견해(그 밖의 공중송신설),64) 기술적으로는 '그 밖의 공중송신'에 해당하지만 보호측면에서 영상물이 포함되었더라도 '디지털음성송신'의 측면에서 보호하면 된다는 견해(디지털음성송신설)65) 등으로 나뉘어 있다.

이 부분에 대하여 아직 정리되지 않은 상태이나, 본서 저자는 음 외에 영상을 포함하는 웹캐스팅 서비스의 실질적인 형태를 고려하여 음 외에 영상을 포함하는 웹캐스팅 서비스가 쌍방향성, 수신의 동시성(同時性), 비주문형의 성격이라면 그 밖의 공중송신에 해당하지만, 음 외에 영상을 포함하는 웹캐스팅 서비스가 공중이 일방적으로 내용을 수신만 하는 일방향성, 수신의 동시성의 성격이라면 방송에 해당한다고 본다.66)

⑤ 그 밖의 송신행위

앞서 본 바와 같이 저작권법상 공중송신의 개념은 「공중송신 = 방송 + 전송 + 디지털 음성송신 + 그 밖에 새로 발생할 수 있는 송신행위」로 구성되므로 방송, 전송, 공중송신 중 디지

---

63) 심동섭, "개정 저작권법 해설", 계간 저작권 2006년 겨울호, 제19권 제4호(통권 제76호), 한국저작권위원회 49. 임원선, 실무자를 위한 저작권법(제3판), 한국저작권위원회(2012), 331. 한편 박성호, 저작권법(제2판), 박영사(2017), 350은 디지털음성송신이라는 개념은 방송에 대해 방송권 개념이 없고 공연권에 포함하여 보호하고 있는 미국에서 나온 것으로 미국 외에 인정하는 국가가 없는데, 우리 저작권법은 저작인접권에 대하여도 방송권을 인정하고 있어 디지털음성송신이라는 개념을 추가할 필요가 없고, '그 밖의 공중송신설'을 취할 경우의 문제점으로 실연자의 권리 범주에 그 밖의 공중송신이 포함되어 있지 않아서 실연자의 권리보호에 미흡하므로 입법적 보완이 있어야 한다는 한계가 있다고 설명한다.
64) 오승종, 저작권법 강의(제2판), 박영사(2018), 313, 이해완, 저작권법(제4판), 박영사(2019), 558.
65) 송영식·이상정, 저작권법개설 제9판, 세창출판사, 247~248.
66) 서울중앙지방법원 2010. 9. 28.자 2009카합4625 결정(마이티비 사건)은 인터넷 사이트에서 가입자들로부터 일정 요금을 지급받고 케이블방송사로부터 수신한 방송신호를 인터넷망에 적합한 컴퓨터 파일 형식으로 변환하여 전송하는 이른바 '실시간 재전송' 서비스에 대해 방송사들에게 방송프로그램에 대한 동시중계방송권(저작권법 제85조)에 기하여 실시간 재전송 서비스의 금지를 구할 피보전권리가 있다고 하였다.

털 음성송신에 해당하지 않은 것은 그 밖의 공중송신에 해당한다.

⑥ 인터넷 링크 행위가 전송에 해당하는지

※ 이 부분 쟁점은 위 「I. 복제권 ③ 복제의 내용 가. 유형물에 고정하거나 다시 제작하는 것 (4) 인터넷 링크와 저작재산권 침해행위의 관련성」 부분 참조.

IV. 전시권

① 의의 및 규정 연혁

저작자는 미술저작물·건축저작물 또는 사진저작물의 원본이나 그 복제물을 전시할 권리를 가진다(법 제19조, 제11조). 전시라 함은 미술저작물·건축저작물 또는 사진저작물을 공중이 관람할 수 있도록 공개하는 것이므로 공표[67]의 한 형태이다.

전시는 공중에 대한 공개의 한 유형이므로 가정 내에서의 진열은 전시에 해당하지 않고 전시의 대상은 미술저작물·건축저작물 또는 사진저작물에 한정되므로 그 이외의 저작물에 대해서는 전시권이 적용되지 않는다.[68] 다만 저작권법 외에 정보통신망 이용촉진 및 정보보호 등에 관한 법률 제74조(벌칙) 제1항 제2호에서는 "제44조의7 제1항 제1호를 위반하여 음란한 부호·문언·음향·화상 또는 영상을 배포·판매·임대하거나 공공연하게 전시한 자"라고 함으로써 영상 등의 무형적 전달행위도 전시에 해당하는 것으로 규정하고 있으므로,[69] 전시에 관한 대상물이 저작권법과 정보통신망 이용촉진 및 정보보호 등에 관한 법률에서 각각 다르게 규율하고 있음에 유의한다.

한편, 대법원은 인터넷 링크를 하는 행위는 저작권법에 정한 복제, 전송 및 공중송신 등에 해당하지 않는다고 보고 있어,[70] 전시도 그와 마찬가지로 해석되나 예외적으로 특별한 사정이

67) 저작권법 제2조 제25호는 "공표는 저작물을 공연, 공중송신 또는 전시 그 밖의 방법으로 공중에게 공개하는 경우와 저작물을 발행하는 경우를 말한다."라고 규정한다.
68) 대법원 2010. 9. 9. 선고 2010도4468 판결.
69) 대법원 2019. 7. 25. 선고 2019도5283 판결은 "피고인이 위 토렌트 사이트에 위 음란물 영상의 토렌트 파일을 게시하여 불특정 또는 다수의 사람들이 다운로드 받아갈 수 있도록 한 행위는 정보통신망을 통하여 해당 음란물 영상을 배포하거나 공공연하게 전시하는 것과 실질적으로 동일한 결과를 가져온다. 따라서 피고인의 행위는 전체적으로 보아 정보통신망이용촉진및정보보호등에관한법률 제74조 제1항 제2호에서 정한 '같은 법 제44조의7 제1항 제1호를 위반하여 음란한 영상을 배포하거나 공공연하게 전시'한 행위에 해당한다고 볼 수 있다."라고 하였다.
70) 대법원 2010. 3. 11. 선고 2009다80637 판결, 대법원 2017. 9. 7. 선고 2017다222757 판결.

있는 경우에 음란한 부호 등이 전시된 웹페이지에 대한 링크(link)행위가 그 음란한 부호 등의 전시에 해당한다고 본 사례71)가 있다.

1986. 12. 31. 법률 제3916호로 전부개정된 저작권법 제19조(제11조 참조)에서 "저작자는 미술저작물·건축저작물 또는 사진저작물의 원작품이나 그 복제물을 전시할 권리를 가진다." 라고 규정하였다가 2006. 12. 28. 법률 제8101호로 전부개정된 저작권법 제19조에서 "원작품"이 "원본"으로 변경되어 현재까지 이르고 있다.

② 내용

저작권법은 전시에 관한 정의 규정을 두고 있지 않은데 저작권법상 전시의 개념과 관련하여 아래와 같이 견해가 나뉘어 있다(공연권에서의 이미 설명한 내용과 같다).

제1설은 전시의 개념 속에, 미술저작물·건축저작물 또는 사진저작물의 원본이나 그 복제물 등의 유형물을 일반인이 자유롭게 직접 관람할 수 있도록 진열하거나 게시하는 것(이른바 직접전시) 외에 이들 저작물을 필름, 슬라이드, 텔레비전 영상 또는 그 밖의 다른 장치나 공정에 의하여 그의 복제물을 보여주는 것(이른바 간접전시) 및 이들 저작물을 인터넷을 통해 전송하여 감상하도록 모니터에 나타내는 것(이른바 인터넷 전시)도 포함된다는 견해이다.72) 직접전시가 아닌 경우 공연의 유형인 상영 등에 포함될 여지는 있지만 공연이란 실연이 개입되지 않고는 생각할 수 없는 개념임을 전제로 한다.

제2설은 전시의 개념 속에, 미술저작물·건축저작물 또는 사진저작물의 원본이나 그 복제물 등의 유형물을 일반인이 자유롭게 직접 관람할 수 있도록 진열하거나 게시하는 것(이른바 직접전시)과 이들 저작물을 필름, 슬라이드, 텔레비전 영상 또는 그 밖의 다른 장치나 공정에 의하여 그의 복제물을 보여주는 것(이른바 간접전시)은 포함하지만, 미술저작물·건축저작물 또

---

71) 대법원 2003. 7. 8. 선고 2001도1335 판결은 "이 사건에서는 음란한 부호 등이 담겨져 있는 다른 웹사이트나 웹페이지 또는 음란한 부호 등으로의 링크(link)를 포함한 일련의 연결수단부여행위가 음란한 부호 등을 전시한 경우와 같게 볼 수 있는지 여부가 문제된다...(중간 생략)... 링크를 포함한 일련의 행위 및 범의가 다른 웹사이트 등을 단순히 소개·연결할 뿐이거나 또는 다른 웹사이트 운영자의 실행행위를 방조하는 정도를 넘어, 이미 음란한 부호 등이 불특정·다수인에 의하여 인식될 수 있는 상태에 놓여 있는 다른 웹사이트를 링크의 수법으로 사실상 지배·이용함으로써 그 실질에 있어서 음란한 부호 등을 직접 전시하는 것과 다를 바 없다고 평가되고, 이에 따라 불특정·다수인이 이러한 링크를 이용하여 별다른 제한 없이 음란한 부호 등에 바로 접할 수 있는 상태가 실제로 조성되었다면, 그러한 행위는 전체로 보아 음란한 부호 등을 공연히 전시한다는 구성요건을 충족한다고 봄이 상당하며, 이러한 해석은 죄형법정주의에 반하는 것이 아니라, 오히려 링크기술의 활용과 효과를 극대화하는 초고속정보통신망 제도를 전제로 하여 신설된 위 처벌규정의 입법 취지에 부합하는 것이라고 보아야 한다."라고 하였다.
72) 저작권법 주해, 박영사(2007), 417(이대희 집필 부분).

는 사진저작물을 인터넷을 통해 전송하여 감상하도록 모니터에 나타내는 것(이른바 인터넷 전시)은 전시가 아니라 전송 등의 공중송신권에 해당한다는 견해이다.[73]

제3설은 미술저작물·건축저작물 또는 사진저작물의 원본이나 그 복제물 등의 유형물을 일반인이 자유롭게 직접 관람할 수 있도록 진열하거나 게시하는 것(이른바 직접전시)만 전시에 해당하고, 이들 저작물이 담긴 유형물(예컨대 인화지 등)이 아닌 필름, 슬라이드, 텔레비전 영상 또는 그 밖의 다른 장치나 공정에 의하여 그의 복제물을 보여주는 것(이른바 간접전시)은 전시가 아니라 공연의 행위유형인 상영에 해당하며,[74] 이들 저작물을 인터넷을 통해 전송하여 감상하도록 모니터에 나타내는 것(이른바 인터넷 전시)도 전시가 아니라 전송 등의 공중송신권의 내용에 해당한다는 견해이다.[75]

저작권법은 전시를 정의하는 규정이 없어 위와 같이 견해가 나뉘어 있으나 저작권법상 전시란 유형물을 전제로 하는 개념이므로 본서 저자는 논리적으로 제3설이 낫다고 본다.

참고로 미국은 "어느 저작물을 전시한다는 것은 직접적으로 또는 필름, 슬라이드, 텔레비전 영상 또는 그 밖의 다른 장치나 공정에 의하여 그것의 복제물을 보여주는 것이고, 영화나 그 밖의 시청각저작물의 경우에는 개별영상을 비연속적으로 보여주는 것을 말한다."라고 하고, "저작물을 실연한다는 것은 직접적으로 또는 어떤 장치나 공정에 의하여 그 저작물을 낭송, 표현, 연주, 무용 또는 연기하는 것이고 영화나 그 밖의 시청각저작물의 경우에는 연속적으로 그 영상을 보여주거나 그에 수반되는 음을 들을 수 있게 하는 것을 말한다."라고 하여 실연(perform)과 전시(display)를 구분하고 있고,[76] 저작자에게 "영화와 그 밖의 시청각저작물의 개별 영상을 포함한, 어문, 음악, 연극 및 무용저작물과 무언극 및 회화, 그래픽 또는 조각저작물의 경우에, 보호되는 저작물을 공개 전시"를 하거나 허락할 수 있는 배타적 권리를 인정하고 있다.[77] 그리고 미국 저작권법상 전시권의 대상은 미술저작물·건축저작물 또는 사진저작물의 원본이나 복제물로 한정하지 않고 있고, 전송에 해당하는 권리를 별도로 규정하지 않고 기존의 개별적인 권리 범주에 포섭하여 해결하고 있어 위 '인터넷 전시'도 전시에 포함한다. 일본 저작권법상의 전시권의 대상은 미술저작물 또는 아직 발행되지 아니한 사진저작물의 원작품에 대하여만 인정하고 있다(일본 저작권법 제25조 참조).

---

73) 송영식·이상정 저작권법 강의(제2판), 세창출판사(2017), 126.
74) 박성호, 저작권법(제2판), 박영사(2017), 박영사, 355, 오승종, 저작권법 강의(제2판), 박영사(2018), 300.
75) 박성호, 저작권법(제2판), 박영사(2017), 박영사, 355, 오승종, 저작권법 강의(제2판), 박영사(2018), 317.
76) 미국 저작권법 제101조.
77) 미국 저작권법 제106조 (5)항.

③ 전시권과 소유권의 행사 간 조정을 위한 규정

(1) 미술저작물·건축저작물 또는 사진저작물이 양도된 경우 저작물의 소유권은 양수인에게 이전하지만 전시권은 저작자에게 그대로 남는 경우 전시권과 소유권의 행사에 제한을 줄수 있어 저작권법은 이를 조정하기 위한 규정을 두고 있다.

미술저작물·건축저작물 또는 사진저작물의 원본의 소유자나 그의 동의를 얻은 자는 그 저작물을 원본에 의하여 전시할 수 있다. 미술저작물·건축저작물 또는 사진저작물의 소유자가 전시할 수 있는 대상을 원본에 한정하고 있으므로 그 복제물은 전시권을 가지는 자의 동의가 없는 한 전시할 수 없다. 다만, 가로·공원·건축물의 외벽 그 밖에 공중에게 개방된 장소에 항시 전시하는 경우에는 저작물을 원본에 의하여 전시할 수 없으므로(법 제32조 제1항) 저작권자의 동의를 받아야 한다. 공중의 개방된 장소에 항시 전시하는 경우는 법 제32조 제2항의 제1호 내지 제4호의 규정에 따라 정해진 경우 이외에는 어떠한 방법으로든지 복제하여 이용할 수 있으므로 이를 제한한 것이다.

(2) 위탁에 의한 초상화 또는 이와 유사한 사진저작물의 경우에는 위탁자의 동의가 없는 때에는 이를 이용할 수 없다(법 제32조 제4항). 위탁자의 인격권(초상권) 보호를 위하여 사진저작물 저작자의 전시권 등을 제한한 것이다.

V. 배포권

① 의의 및 규정 연혁

저작자는 저작물의 원본이나 그 복제물을 배포할 권리를 가진다(법 제20조 전문). 이를 배포권(right of distribution)이라 한다.

배포는 저작물, 실연·음반·방송 또는 데이터베이스의 원본 또는 그 복제물을 공중에게 대가를 받거나 받지 아니하고 양도 또는 대여하는 것을 말한다(법 제2조 제23호, 제7호 참조). 앞의 「Ⅲ. 공중송신권 ① 의의 및 규정 연혁」에서 설명하였듯이, 배포란 유형물의 전달형태로 점유를 이전하는 것을 말하므로 예컨대 복제된 파일을 웹스토리지에 업로드한 다음에 이를 공중으로 하여금 개별적으로 다운로드할 수 있도록 설정해 놓는 행위는 전송에 해당하고 배포가 아니다.

1957. 1. 28. 법률 제432호로 제정된 저작권법 제18조는 "저작자는 그 저작물을 발행할 권리가 있다."라고 하여 발행권을 규정하고, 제19조가 "저작자는 그 저작물을 출판할 권리가 있다."라고 하여 출판권을 규정하면서 제8조 제1항에서 "본법에서 발행이라 함은 저작물을 복

제2절 저작재산권의 내용 **201**

제하여 발매 또는 배포하는 행위를 말한다.", 제9조에서 "본법에서 출판이라 함은 문서, 회화 등의 저작물을 인쇄술 기타의 기계적, 화학적 방법에 의하여 복제하여 발매 또는 배포함을 말한다."라고 하여 발행권, 출판권 속에 배포의 권능이 포함되어 있었고, 제65조에서 "저작권을 침해한 저작물을 수입하여 국내에서 발매, 배포하는 것"을 저작권침해로 간주하고 있었다.

1986. 12. 31. 법률 제3916호로 전부개정된 저작권법 제20조에서 "저작자는 저작물의 원작품이나 그 복제물을 배포할 권리를 가진다."라고 하여 처음으로 배포권을 규정하면서 제2조 제15호에서 배포를 저작물의 원작품 또는 그 복제물을 일반공중에게 대가를 받거나 받지 아니하고 양도 또는 대여하는 것을 말한다고 정의하였다.

2006. 12. 28. 법률 제8101호로 전부 개정된 저작권법 제20조에서 종전의 "저작물", "원작품"을 "저작물, 실연·음반·방송 또는 데이터베이스"를 의미하는 "저작물 등"(제7호 참조), "원본"으로 변경하고, 배포의 정의를 제2조 제23호로 옮기고 종전의 "원작품"을 "원본"으로 변경하였다.

2009. 4. 22. 법률 제9625호로 개정된 저작권법 제20조에서 종전의 "당해 저작재산권자"를 "해당 저작재산권자"로 수정하여 오늘에 이르고 있다.

한편, 1986. 12. 31. 법률 제3916호로 전부 개정된 저작권법 제43조는 저작자의 거래에의 제공이라는 표제하에 "저작물의 원작품이나 그 복제물이 배포권자의 허락을 받아 판매의 방법으로 거래에 제공된 경우에는 이를 계속하여 배포할 수 있다."라고 규정하여 최초판매 원칙을 규정하였다가, 1994. 1. 7. 법률 제4717호로 개정된 저작권법 제43조 제1항으로 그 내용 그대로 이전되었고 제2항은 "배포권자는 제1항의 규정에 불구하고 판매용 음반의 영리를 목적으로 하는 대여를 허락할 권리를 가진다."라고 하여 대여권 규정을 신설하였다.

그러다가 위 최초판매 원칙의 내용이 2006. 12. 28. 법률 제8101호로 전부 개정된 저작권법 제20조의 배포권의 단서 조항으로 이전되어 "다만, 저작물의 원본이나 그 복제물이 당해 저작재산권자의 허락을 받아 판매 등의 방법으로 거래에 제공된 경우에는 그러하지 아니하다."라고 규정되었다. 종전에는 '판매의 방법'이라고 되어 있었으나 '판매 등의 방법'으로 문구가 변경되어 판매 외에 교환, 증여와 같이 저작권자의 허락을 받아 거래에 제공된 경우나 소유권의 포기 등에도 배포권이 상실되는 것으로 되었다.

2009. 4. 22. 법률 제9625호로 변경된 저작권법 제20조에서 종전의 '당해'라는 부분이 '해당'으로 수정되었다.

결국 저작권법은 저작자에 대해 저작물의 배포권을 인정하되 단서 조항에 따라 최초판매의 원칙을 적용함으로써 배포권의 행사범위를 제한하고 있다.[78]

---

78) 일본 저작권법은 저작자에 대하여 영화저작물만 반포권을 인정하고(제26조), 다른 저작물(영화 저작물은 제외)에 대하여는 양도권(제26조의2) 및 대여권(제26조의3)을 인정하고 있다.

② 내용

배포권은 저작자가 저작물의 원본이나 그 복제물을 공중에게 대가를 받거나 받지 아니하고 양도 또는 대여하는 것을 내용으로 한다(법 제20조 전문, 제2조 제23호 참조).

여기서 공중은 불특정 또는 특정 다수인을 말한다(법 제2조 제32호).

배포는 유체물의 전달형태로서 저작물이나 복제물이 이동하는 것이므로 예컨대 MP3 파일을 공유폴더에 저장한 채로 서버에 접속함으로써 다른 이용자가 이를 다운로드 받을 수 있도록 하는 것과 같은 인터넷상에서의 파일의 이용 제공 등은 유형물을 전제로 하지 않은 공중에 대한 제공으로서 전송에 해당할지언정 저작권법상의 배포에는 해당하지 않는다.[79]

다만 저작권법 외에 정보통신망 이용촉진 및 정보보호 등에 관한 법률 제74조(벌칙) 제1항 제2호에서는 "제44조의7 제1항 제1호를 위반하여 음란한 부호·문언·음향·화상 또는 영상을 배포·판매·임대하거나 공공연하게 전시한 자"라고 함으로써 영상 등의 무형적 전달행위도 배포에 해당하는 것으로 규정하고 있으므로,[80] 배포에 포섭되는 대상이 저작권법과 정보통신망 이용촉진 및 정보보호 등에 관한 법률에서 각각 다르게 규율하고 있음에 유의한다.

③ 최초판매 원칙(또는 배포권 소진)

가. 최초판매 원칙의 의의와 내용

저작권법 제20조 단서는 "저작물의 원본이나 그 복제물이 해당 저작재산권자의 허락을 받아 판매 등의 방법으로 거래에 제공된 경우에는 그러하지 아니하다."라고 규정한다.

이 단서 규정은 최초판매 원칙을 규정한 것이다.

---

79) 대법원 2007. 12. 14. 선고 2005도872 판결은 "구 저작권법(2006. 12. 28. 법률 제8101호로 전문 개정되기 전의 것) 제2조 제15호에서 말하는 '배포'란 저작물의 원작품이나 그 복제물을 유형물의 형태로 일반 공중에게 양도·대여하는 것을 말하므로, 컴퓨터 하드디스크에 저장된 MP3 파일을 다른 P2P 프로그램 이용자들이 손쉽게 다운로드 받을 수 있도록 자신의 컴퓨터 내 공유폴더에 담아 둔 행위는 이에 해당하지 않는다."라고 하여 배포의 개념을 유형적 전달인 양도·대여의 경우로 하고 저작물을 온라인으로 전달하는 무형적 전달은 배포의 개념에 해당하지 않음을 명확히 하였다.

80) 대법원 2019. 7. 25. 선고 2019도5283 판결은 "피고인이 위 토렌트 사이트에 위 음란물 영상의 토렌트 파일을 게시하여 불특정 또는 다수의 사람들이 다운로드 받아갈 수 있도록 한 행위는 정보통신망을 통하여 해당 음란물 영상을 배포하거나 공공연하게 전시하는 것과 실질적으로 동일한 결과를 가져온다. 따라서 피고인의 행위는 전체적으로 보아 정보통신망이용촉진및정보보호등에관한법률 제74조 제1항 제2호에서 정한 '같은 법 제44조의7 제1항 제1호를 위반하여 음란한 영상을 배포하거나 공공연하게 전시'한 행위에 해당한다고 볼 수 있다."라고 하였다.

최초판매 원칙(first sale doctrine)이란 저작물이 담긴 유형물이 저작재산권자에 의해 판매 등의 방법으로 거래에 제공된 경우에는 저작물에 대한 배포권이 소멸하여 그 후에는 저작물이 양수인에 의해 판매되는 등의 행위를 더는 금지할 수 없다는 원칙을 말한다.

최초판매 원칙(권리소진)의 주요 인정 근거로는 저작물이 거래에 제공될 때마다 저작재산권자의 허락을 받아야 한다면 저작물의 자유로운 유통 및 거래안전이 저해되고, 저작재산권자는 저작물을 이전할 때 이득을 확보하게 되므로 이중의 이득을 인정해 줄 필요가 없다는 점을 들고 있다. 즉, 저작재산권자의 양도 등 행위로 인해 보상이 이미 이루어졌고 저작물의 거래를 보장하여 공중으로 하여금 이용할 수 있게 하도록 배포권을 제한하는 것이다.

최초판매 원칙은 저작권 외에 특허권, 상표권 등의 지식재산권에도 인정되고 있으나, 저작권에서는 최초판매 원칙에 따라 모든 저작재산권이 아닌 그중 배포권만을 잃게 되고 그 이외의 저작재산권과 저작인격권은 영향을 받지 않는다는 점에서 다른 지식재산권에 적용되는 최초판매 원칙과 다르다.

최초판매 원칙은, 적법하게 작성한 저작물에 적용되므로 저작자의 허락 없이 불법 제작된 복제물의 배포에 대하여는 그 적용이 없고, 이용허락을 받은 자(licensee), 화물 인수인이나 수탁인(consignee) 또는 불법적으로 그 복제물을 가지고 있는 자와 같이 저작자가 아닌 자에 대하여는 이 원칙이 적용되지 않는다.[81]

배포의 대상은 저작물의 원본이나 그 복제물이 유형물이어야 하므로, 인터넷상에서 저작물을 전송하는 경우와 같이 유형물을 전제로 하지 않은 전송 등의 공중송신에는 최초판매 원칙이 적용되지 않는다.[82]

여기서 '판매 등의 방법으로 거래에 제공되는 경우'란 판매 외에 그 밖의 교환이나 증여 또는 상속, 소유권의 포기 등의 방법으로 저작물의 원본이나 복제물이 거래에 제공되는 경우를 의미한다. 다만 대여의 경우와 같이 저작물의 원본 또는 복제물에 대한 처분권이 여전히 대여자 등에 남아 있는 경우에 그러한 행위는 판매 등의 방법에 포함되지 않는다.

나. 디지털 복제물에 대하여 최초판매 원칙이 적용되는지에 관한 유럽·미국 동향

디지털 복제물이 인터넷을 통한 다운로드 방식으로 판매되는 경우는 그 전달유형은 전송 등의 공중송신에 해당되므로 유형물의 전달을 전제로 한 배포권은 디지털 저작물에 적용되지 않는다는 것이 원칙이다. WIPO 저작권조약에도 배포권에는 최초판매 원칙이 적용된다고 규정하나(Article 6) 공중전달권에는 최초판매 원칙의 적용 여부에 대하여 언급이 없다(Article 8).

관련하여 유럽연합법원(Court of Justice of the European Union)은 UsedSoft GmbH v

---

81) Quality King Distributors., Inc. v. L'anza Research Int'l, Inc., 523 U.S. 135 (1998).
82) 대법원 2007. 12. 14. 선고 2005도872 판결.

Oracle International Corp.[83])에서, 소프트웨어의 저작권자가 소프트웨어의 다운로드를 허용하고 구매자로부터 대가를 지급받고 사용기간의 제한이 없는 소프트웨어의 사용을 허락하였다면 그 다운로드된 소프트웨어의 복제물에 대한 저작자의 배포권은 소진되어 해당 소프트웨어의 중고 판매는 저작권자의 배포권을 침해하지 않는다는 취지로 판결하였다.[84])

그런데 이 판결은 일반적인 저작물에 대한 저작권자의 권리 및 배포권에 최초판매 원칙을 규정하고 있는 EU InfoSoc Directive(2001/29)에 대한 특별법적 지위에 있는 EU Software Directive(2009/24) Aricle 4(2) 및 5(1)[85])의 적용에 관한 것이어서 EU Software Directive (2009/24)에 한정하여 적용되는 컴퓨터 소프트웨어 이외의 일반 디지털 저작물(예, e-book, MP3 등)에 대하여도 그와 같은 판결내용이 적용될 수 있다는 판시로 이해하여서는 아니 된다.[86]) 다만 위 사건에서 저작권자인 Oracle이 구매자로부터 대가를 받고 구매자에게 컴퓨터 소프트웨어를 라이선스 방식으로 전달하였음에도 유럽연합법원(유럽사법재판소, Court of Justice of the European Union)은 구매자에게 사용 기간의 제한이 없는 이용권한을 부여하였다면 실질적으로 소유권의 이전으로 볼 수 있고 소프트웨어의 복제물이 다운로드 방식으로 전달되는 것과 CD-ROM 등과 같은 유형물에 담겨 전달되는 것 간에는 차이가 없다는 이유로 위 라이선스 약정이 EU Software Directive(2009/24) Aricle 4(2)에 정한 '판매'에 해당한다고 판단한 점을 유의할 필요가 있다.

유럽연합법원(Court of Justice of the European Union)은 Art & Allposters International BV v. Stichting Pictoright[87])에서 일반 디지털 저작물(예, e-book, MP3 등)에 대하여도 위 UsedSoft 판결내용이 적용될 수 있는지에 대하여는 여전히 언급하지 않으면서도 EU InfoSoc Directive(2001/29) 하에서 "저작권 보호는 유형물에 담긴 저작물의 배포를 통제하기 위한 배타적인 권리를 포함한다"라고 하였는데, 이는 사실상 소프트웨어가 아닌 다른 디지털 저작물

---

83) C-128/11 (ECJ, 2012).
84) 한편 유럽연합법원은 위 사건에서 저작권자 보호를 위하여, 단체(그룹) 라이선스의 경우는 이를 분할하여 중고로 판매할 수 없고 중고 판매자는 판매 이후 자신이 보유하는 소프트웨어의 복제물을 삭제하여야 하며 저작권자는 중고거래에서 나타날 수 있는 권리침해를 막기 위해 기술적 조치를 취할 수 있다고 하였다.
85) Aricle 4(2)는 컴퓨터프로그램에 관한 배포권에 대해 최초판매 원칙을 규정한 것이고, Aricle 5(1)은 적법한 양수인은 저작권자 허락 없이 본래의 사용용도를 위해 프로그램을 복제할 수 있다는 내용이다. 이 규정은 컴퓨터프로그램에 한하여 인정되는 특별규정이고 일반 디지털 저작물에 대하여는 같은 내용의 규정이 없다.
86) 위 사건에서 유럽연합법원은 앞서 본 판단과 함께 EU Software Directive(2009/24) Aricle 4(2)이 EU InfoSoc Directive(2001/29)에 대해 특별법의 관계에 있어 공중전달권으로도 중고 판매를 막을 수 없다고 하였다. 이러한 쟁점 또한 본문 설명과 같은 이유로 일반 디지털 저작물에 대하여 그와 같은 판결내용이 적용될 수 있다고 이해하여서는 아니 된다. EU Software Directive(2009/24) Aricle 5(1)이 EU InfoSoc Directive(2001/29)에 대해 특별법의 관계에 있어 앞서본 쟁점과 법리는 복제권을 통한 제한가능성 여부에 대하여도 적용된다.
87) C-419/13 (ECJ, 2015).

에 대하여는 최초판매 원칙을 적용하지 않겠다는 취지로 이해될 수 있다.[88]

한편, 미국을 보면, eBay를 통해 Autodesk사의 AutoCAD를 중고로 판매하던 Vernor와 Autodesk사 사이에서 일어난 Vernor v. Autodesk, Inc.[89]에서 컴퓨터 소프트웨어의 거래가 판매인지 라이선스인지를 판단하는 기준으로 저작권자가 이용자에게 ① 이용자가 라이선스를 취득하는 것이라고 명시했는지 ② 이용자가 추후 그 컴퓨터 소프트웨어를 양도할 권리가 없음을 분명히 하였는지 ③ 이용자가 소프트웨어를 이용하는 것에 제한이 있음을 알렸는지에 따라 판매와 라이선스(이용허락)를 구분하여야 하면서 AutoCAD 패키지 구매는 매매가 아니라 라이선스이기 때문에 최초판매 원칙(권리소진 이론)이 적용되지 않는다고 하였다.

그러나 UMG Recordings, Inc. v. Augusto[90]에서는 저작권자가 판매 촉진을 위하여 음반 CD를 제작하여 라디오 프로그램 제작자 등에게 배포하면서 판촉 CD에 '판매 촉진용, 판매할 수 없음'이라는 문구를 기재하거나 '이 CD를 반송하지 않고 받으면 이는 이용허락을 받기로 합의한 것이고 이 CD를 재판매하거나 다른 사람에게 양도하는 것은 허용되지 않는다' 등의 문구를 기재하였더라도 그와 같은 사정만으로 이용허락 계약이 체결되었다고 보기 어려워 최초판매 원칙이 적용된다고 하였다.

그 후 디지털 중고 음원 유통 회사인 ReDigi사 등이 애플의 아이튠즈(iTunes)에서 구입한 음원을 중고로 판매할 수 있는 서비스 플랫폼을 제공하고 중개 수수료를 받았는데 Capitol Records, LLC 등이 위 판매 음원 중에 자사의 음원이 포함된 것을 발견하고 저작권 침해를 주장한 Capitol Records, LLC et. al. v. ReDigi Inc., et. al.[91]에서 ReDigi사에 음원이 이전되는 과정에서 복제권 침해가 발생하고 위 판매 등이 공정이용(Fair Use)에도 해당되지 않는다고 하면서 저작권 침해를 인정했다. 1심인 뉴욕남부지방법원은 복제권 침해를 인정하고 최초판매 원칙의 적용을 부정하였는데 연방항소법원은 위 1심 판단 중 최초판매원칙의 적용 여부에 대하여는 언급하지 않았지만 불법적인 복제가 발생하였다고 판단한 이상 최초판매 원칙 적용 여부에 대하여는 더 나아가 판단하지 않았다.

다. 권리 소진 중 국제 소진의 문제

일반적으로 권리 소진이라 함은 국내의 권리 소진(the national exhaustion theory)을 의미하는 경우가 많지만 국제 소진(the international exhaustion theory, Foreign sale exhaustion)을 인정

---

88) 이상 유럽연합법원에 관한 내용은 김민상, "다운로드된 소프트웨어 및 디지털 저작물의 중고 판매 허용에 관한 EU 내의 논의 -유럽사법재판소의 UsedSoft 판결 분석 및 WIPO Copyright Treaty와 EU 저작권법 규정의 검토-", 법조 718호(2016. 8.), 법조협회(2016), 171 이하 참고.

89) 621 F.3d 1102(9th Cir. 2010).

90) 628 F.3d 1175 (9th Cir. 2011).

91) Docket No. 16-2321 (2d Cir. 2018).

할 것인지, 즉 국내 저작권자가 외국에서 저작물을 양도한 경우에도 위 이론을 그대로 적용할 수 있는지에 대하여는 여러 나라에서 견해의 대립을 보이고 있는데[92] 다수의 견해는 국제 소진의 인정 여부는 논리의 문제라기보다 그 나라 경제상황 및 정책의 문제로 보고 있다.

국제 소진의 인정 여부는 진정상품의 병행수입 허용 여부와 밀접한 관계가 있다.

진정물품[93]의 병행수입(Parallel Importation of Genuine Goods, Gray Market) 문제는 국내 저작권자 또는 그 저작권자로부터 허락을 받은 이용권자가 외국에서 양도한 국내 저작물에 대해 제3자가 저작권자 등의 허락을 받지 않고 이를 다시 우리나라로 수입하는 행위를 허용할 것인가이다.[94]

먼저 미국의 실무 경향을 살펴본다.

특허법 쪽에서 미국 연방대법원의 Boesch v. Graff[95]에서 국제 소진을 인정하지 않고 병행수입(parallel imports)을 금지한 것으로 이해되고 있고, 미국 연방항소법원은 Jazz Photo Corp. v. International Trade Commission[96]에서 특허권자가 특허품을 미국 외 판매만 허용한 경우 이는 해당 특허품의 미국 내 판매 허용과 구별되므로 국외에서 판매된 특허 물품을 특허권자의 동의 없이 미국 내로 수입하여 판매하는 행위는 특허권 침해행위라고 하였다.[97]

저작권법 쪽에서 미국 연방대법원은 Quality King Distributors., Inc. v. L'anza Research Int'l, Inc.[98]에서 최초판매의 원칙이 '미국'에서 제조되어 해외로 수출된 후 다시 미국으로 역수입된 경우에 적용된다고 판시하여 병행수입(Parallel Importation)을 인정하였고, 나아가 Kirtsaeng v. John Wiley & Sons, Inc.[99]에서는 미국 내에서 제조된 것이 아닌 '해외'에서 제조되어 미국으로 수입되는 병행수입품에도 최초판매의 원칙이 적용되는지에 대해 그동안 법원 간 견해가 나뉘어 있었던 것을 이를 적용하는 것으로 결정하여 국제 소진을 인정하였다.[100]

---

92) 견해 대립의 쟁점은 지식재산권의 속지주의원칙 내지 지재권독립의 원칙과의 조화에 있다.

93) '병행수입과 관련하여 진정물품'이라고 함은 국내 특허권자의 물품과 동일시 할 수 있는 물품으로 외국에서 그 특허권자에 의해 적법하게 유통된 물품을 말한다. 이는 국내에서 제조되어 수출되었다가 다시 국내로 수입된 역수입된 물품과는 다소 성격이 다르지만 관세청의 지식재산권보호를 위한 수출입통관 사무처리에 관한 고시(2011. 6. 23. 관세청 고시 제2011-25호로 개정된 것)에서는 이러한 물품의 역수입행위도 허용하고 있다.

94) 병행수입은 주로 국내 외 제품 간 가격차이로 인하여 발생한다.

95) 133 U.S. 657. 10 S. 378, 1. Ed, 787 (1890).

96) 264 F.3d 1094 (Fed. Cir. 2001).

97) 결국 해외판매는 특허권자에게 특허에 대한 정당한 보상을 보장하지 않고 미국 국내 시장에서 특허로부터 이익을 회수할 기회가 있었을 경우에야 특허권 소진이 인정된다는 취지였다.

98) 523 U.S. 135 (1998).

99) 568 U.S. 519 (2013).

100) 주된 논거는 미국 저작권법(17 U.S.C.) 제109조 (a)항에 지역적 제한을 두고 있지 않는 점, 지역적 제한을 인정하면 도서관의 경우 해외에서 출판된 서적들을 유통시키기 위해 매번 저작권자의 허가를 받

한편 미국 연방항소법원은 Lexmark International, Inc. v. Impression Products, Inc.[101]에서 Kirtsaeng 판결에 의해 Jazz Photo 법리가 변경되어야 하는지를 심리하면서 미국 저작권법이 저작권의 적용범위를 미국 내로 한정하지 않는 명시 규정을 둔 것과 달리 미국 특허법에는 그러한 규정이 없다는 점을 들어 Jazz Photo 법리를 변경하지 않는 것으로 결정하고, 피고가 해외에서 정가로 판매된 토너 카트리지를 앞서 본 바와 같이 바꾸어 미국 내에서 재판매한 행위에 특허권 소진을 적용하지 않고 특허권 침해를 인정하였다.

그러나 이는 특허법 등과 저작권법 간에 대상물품의 미국 내 역수입행위를 서로 다르게 취급하는 것이 되어 실무에서 혼란이 발생하였다.

그 후 위 Lexmark 사건의 상고심인 Impression Products, Inc. v. Lexmark International, Inc. 사건[102]에서 미국 연방대법원은 (연방항소법원이) Jazz Photo 법리 적용 주장을 인용하여 미국 특허법은 미국에서만 적용되고 특허등록이 되지 않은 국가에서 판매를 통하여 특허실시허락에 대한 대가를 취득할 기회가 없었으므로 특허권 국제 소진이 적용되지 않는다는 이유로 특허권 침해를 인정한 원심판단을 배척하면서, 특허권 소진은 특허권자가 스스로 일정한 대가를 받고 특허 물품에 대한 소유권을 포기함으로써 인정되는 것이고 특허권자가 어느 정도의 대가를 받을 수 있는지에 대한 기대와는 무관하며, 저작물의 해외 판매에 대하여도 최초 판매 원칙을 적용한 위 Kirtsaeng 판결을 그대로 원용하면서 저작권 소진과 특허권 소진을 달리 취급할 이유가 없다고 하여 국제 소진을 인정하기에 이르렀다.[103]

돌아와 우리 실무를 검토하여 본다.

국제 소진 인정 여부와 관련하여 대법원판결은 아직 나와 있지 않다.[104] 그러나 저작권법 제20조의 "저작자는 저작물의 원본이나 그 복제물을 배포할 권리를 가진다. 다만, 저작물의 원본이나 그 복제물이 해당 저작재산권자의 허락을 받아 판매 등의 방법으로 거래에 제공된 경우에는 그러하지 아니하다."라는 규정을 근거로 국제 소진을 인정할 수 있을 것이다. 상표법에서 대법원은 일정한 요건하에 진정상품의 병행수입을 인정하고 있다.[105]

도록 하여야 하는데 이는 과학과 유용한 예술의 진흥이라는 저작권법의 목적을 달성할 수 없게 한다는 점 등을 들고 있다.

101) 816 F.3d 721 (Fed. Cir. 2016).

102) Docket No. 15-1189, 137 S. Ct. 1523, 581 U.S. ___ (2017).

103) 연방대법원은 판결문에서 '특허권자가 명시적으로 유보하지 않는 한 외국에서의 판매에 대해 특허권 소진이 적용된다'는 절충적인 견해도 배척하였다.

104) 서울지방법원 동부지원 1981. 7. 30. 선고 81가합466 판결(항소취하 확정)이 이른바 특허권의 국제 소진을 인정한 것이 있으나 오래전에 선고된 것인 데다가 그 외에는 선례가 없어 우리 법원이 취하고 있는 정확한 태도를 파악하기 어렵다.

105) 대법원 2002. 9. 24. 선고 99다42322 판결, 대법원 2005. 6. 9. 선고 2002다61965 판결, 대법원 2010. 5. 27. 선고 2010도790 판결 참조.

　　한편 관세법 제235조에 의하면 특허권을 포함한 지식재산권을 침해하는 물품은 관세청장의 통관보류조치나 유치조치[106]에 따라 상당한 기간 동안 국내반입이 금지된다. 그러나 '지적재산권 보호를 위한 수출입통관 사무처리(2008. 2. 26. 전부개정된 관세청고시 제2008-10호)'는 행정청 나름의 기준을 설정한 것으로서 특허권 등 지식재산권 침해 여부나 병행수입의 허용 여부에 관한 법원의 사법적 판단을 기속하지 않고, 단지 지식재산권 침해 여부에 관한 실체법적인 판단 기준을 설정하면서 참고할 수 있는 사항일 뿐이다.[107]

VI. 대여권

① 의의 및 규정 연혁

　　저작권법 제20조 단서에도 불구하고 저작자는 상업적 목적으로 공표된 음반(상업용 음반)이나 상업적 목적으로 공표된 프로그램을 영리를 목적으로 대여할 권리를 가진다(법 제21조).
　　우리 저작권은 대여를 배포의 한 유형으로 규정하고 있는데,[108] 음반, 서적 등을 대여하는 영업이 성행하고 있는 현실에서 모든 대여에 대하여 최초판매 원칙을 적용할 경우 음반, 서적 등의 저작권자 등의 이익이 침해될 수 있다. 이에 저작자에게 상업용 음반과 상업적 목적으로 공표된 프로그램을 영리 목적으로 대여할 권리를 인정하여 배포권에 관한 최초판매 원칙에 대한 예외를 인정하였다.
　　즉, 저작권법은 대여권을 독립한 저작재산권으로 하지 않고 배포권에 포함된 내용으로 하

---

106) 통관보류나 유치는 ① 수출입신고된 물품 등 관세법 제235조 제3항 각 호 소정의 물품이 같은 조 제2항에 따라 신고된 같은 조 제1항 각 호 소정의 지식재산권을 침해하였다고 인정되는 경우 세관장으로부터 그 통보를 받은 지식재산권자가 세관장에게 담보를 제공하고 해당 물품의 통관보류나 유치를 요청하거나(동조 제3항), ② 같은 조 제2항에 따라 신고되지 아니한 위 지식재산권을 보호받으려는 자가 세관장에게 담보를 제공하고 해당 물품의 통관보류나 유치를 요청하거나(동조 제4항), ③ 해당 물품이 위 지식재산권을 침해하였음이 명백하여 세관장이 대통령령으로 정하는 바에 따라 직권으로 해당 물품의 통관을 보류하거나 유치한 경우(동조 제7항)로 구분된다. 세관장은 통관보류 등을 요청한 자가 통관보류사실을 통지받은 후 10일 이내에 법원에의 제소사실을 증명하였을 때에 통관보류를 계속할 수 있고(동법시행령 239조 제3항), 한편 수출입신고 등을 한 자는 위조상표가 부착된 물품 등 동법 제235조 제5항 각호 소정의 물품을 제외하고는 담보를 제공하고 통관보류 또는 유치해제를 요청할 수 있는데(동조 제5항 단서), 이 때 수출입신고 등을 한 자는 해당 물품이 지식재산권을 침해하지 아니하였음을 소명하는 자료를 제출하여야 하고, 세관장은 요청일부터 15일 이내에 통관보류 등의 해제 허용 여부를 결정하여야 한다(동법시행령 제240조).
107) 대법원 2010. 5. 27. 선고 2010도790 판결.
108) 대여권은 복제물(상업적 목적으로 공표된 음반 또는 프로그램)만을 대상으로 하나 배포권은 저작물의 복제물 외에 원본도 대상이 되는 점에서 서로 다르다.

되 대여를 포함하는 배포권을 최초판매이론에 의하여 제한하고 다시 이에 대한 예외로 대여권을 두는 규정 형식을 채택하고 있다.

1994. 1. 7. 법률 제4717호로 개정된 저작권법은 제43조(저작물의 거래제공 및 음반의 대여허락)에서 "① 저작물의 원작품이나 그 복제물이 배포권자의 허락을 받아 판매의 방법으로 거래에 제공된 경우에는 이를 계속하여 배포할 수 있다. ② 배포권자는 제1항의 규정에 불구하고 판매용 음반의 영리를 목적으로 하는 대여를 허락할 권리를 가진다."라고 하여 대여권을 처음으로 규정하였다. 이때 부칙 제2항이 "이 법 시행 전에 발행된 저작물이 수록된 판매용 음반의 대여에 관하여는 종전의 규정에 의한다."라는 경과규정을 두었기에 위 개정법 이전에 발행된 저작물이 수록된 판매용 음반의 대여에 관하여는 대여권이 인정되지 않는다.[109]

2009. 4. 22.자로 폐지되기 전의 컴퓨터프로그램 보호법은 1994. 1. 5. 법률 제4712호로 제16조의2(프로그램의 거래에의 제공)에서 "① 프로그램저작권자의 허락을 받아 원프로그램 또는 그 복제물을 판매의 방법으로 거래에 제공한 경우에는 이를 계속하여 배포할 수 있다. ② 제1항의 규정에 불구하고 판매용 프로그램을 영리를 목적으로 대여하는 경우에는 프로그램저작권자의 허락을 받아야 한다."라고 하여 대여권을 규정하고 있었다.

2006. 12. 28. 법률 제8101호로 개정된 저작권법 제20조는 "저작자는 저작물의 원본이나 그 복제물을 배포할 권리를 가진다. 다만, 저작물의 원본이나 그 복제물이 당해 저작재산권자의 허락을 받아 판매 등의 방법으로 거래에 제공된 경우에는 그러하지 아니하다."라고 하여 단서 규정을 추가하고 이어 제21조에 "제20조 단서의 규정에 불구하고 저작자는 판매용 음반을 영리를 목적으로 대여할 권리를 가진다."라고 하였다.

그 후 위 컴퓨터프로그램 보호법이 폐지되고 관련 규정이 저작권법으로 흡수되면서 2009. 4. 22. 법률 제9625호로 개정된 저작권법 제21조는 "제20조 단서에도 불구하고 저작자는 판매용 음반이나 판매용 프로그램을 영리를 목적으로 대여할 권리를 가진다."라고 규정하였다. 종전의 컴퓨터프로그램 보호법에서는 대여를 위하여 프로그램저작권자 또는 프로그램 배타적발행권 등의 설정을 받은 자(프로그램배타적발행권자 등)로부터 허락을 받을 것을 요구하고 있었는데 위 개정 저작권법에는 대여권의 주체가 저작자로 되어 있다.[110]

---

109) 대법원 2016. 4. 28. 선고 2013다56167 판결, 구체적인 판결 이유는 앞의 「III. 공중송신권」 부분에 나와 있다.

110) 이러한 문구 변경은 세계지식재산기구 저작권조약(WIPO Copyright Treaty) 제7조에서 컴퓨터프로그램, 영상저작물 및 체약 당사자의 국내법에서 정한 음반에 수록된 저작물의 저작자는 저작물의 원본이나 복제물을 공중에 상업적으로 대여하는 것을 허락할 배타적인 권리를 가질 수 있도록 규정하고 있고, WTO협정 부속서 1C로 1994. 12. 31. 발효된 '무역관련 지식재산권에 관한 협정'(TRIPS, Agreement on Trade-Related Aspects of Intellectual Property Rights)' 제11조에서 컴퓨터프로그램 등에 대한 대여권의 주체를 '저작자 및 그 승계인'으로 규정하고 있는 것과 관련이 있어 보인다.

2016. 3. 22. 법률 제14083호로 개정된 저작권법은 '판매용 음반'의 범위를 명확히 하기 위하여 제21조를 "제20조 단서에도 불구하고 저작자는 상업적 목적으로 공표된 음반(이하 '상업용 음반'이라 한다)이나 상업적 목적으로 공표된 프로그램을 영리를 목적으로 대여할 권리를 가진다."라고 수정하였다.

② 내용

저작자는 상업적 목적으로 공표된 음반("상업용 음반")[111]이나 상업적 목적으로 공표된 프로그램을 영리를 목적으로 대여할 권리를 가진다. 즉, 대여권의 주체는 저작자이고 대여권의 대상은 상업적 목적으로 공표된 음반 또는 프로그램(복제물)이다.

저작권법 제2조 제25호는 "공표는 저작물을 공연, 공중송신 또는 전시 그 밖의 방법으로 공중에게 공개하는 경우와 저작물을 발행하는 경우를 말한다."라고, 법 제2조 제24호는 "발행은 저작물 또는 음반을 공중의 수요를 충족시키기 위하여 복제·배포하는 것을 말한다."라고 정의한다. 따라서 '상업적 목적으로 공표'라 함은 판매를 목적으로 공중송신 등의 방법으로 공중에게 공개하거나 공중의 수요를 충족시키기 위하여 복제·배포하는 것을 말한다.

저작권법은 대여의 개념에 관한 정의 규정을 두고 있지 않고 법 제21조에서 '영리를 목적으로 대여'라는 문구를 사용하고 있기 때문에 대여의 개념을 어떻게 파악하여야 하는지에 관하여 견해가 나뉠 수 있다.

제1설로 대여는 일정 기간 상업적 목적으로 공표된 음반이나 프로그램을 영리 목적으로 공중에 제공하는 것(rental)을 뜻하여 대여라는 개념 속에 영리 목적이라는 요소가 이미 내재되어 있으므로 저작권법이 '영리를 목적으로 대여'라고 규정한 것은 이러한 내용을 확인한 문언에 불과하다는 견해가 있을 수 있다.

제2설로는 저작권법이 대여권의 내용으로 '영리를 목적으로 대여'라는 문구를 사용하고 있으므로 대여라는 개념 자체는 영리 목적 유무와 관계없는 대여자에게 반환할 것을 전제로 한 이용허락 행위로 파악하여야 한다는 견해가 있을 수 있다.

두 견해는 영리 목적이 없는 대여라는 개념 자체를 인정할 수 있는지, 대여와 대출을 어떻게 구별하는지 등에서 차이가 날 수 있다. 이 부분은 저작권법에 대여에 관한 정의 규정을 신설하여 명확히 하여 두는 것이 바람직하지만, 현재 법 규정 태도로 본다면 제2설로 해석될 여지가 있다.

참고로 「대여권과 대출권 및 지식재산 분야에서의 특정 저작인접권에 관한 2006년 12월

---

111) 상업용 음반의 개념은 「제6장 저작재산권 제3절 저작재산권의 제한 IX. 영리를 목적으로 하지 않는 공연·방송 외(법 제29조) ③ 반대급부 없는 상업용 음반·상업용 영상저작물의 공연 가. 상업용 음반 또는 상업적 목적으로 공표된 저작물을 재생하여 공중에게 공연할 것」 부분에서 상세히 설명한다.

12일의 유럽의회 및 이사회의 지침 2006/115/EC」제2조 1.(a)는 "대여는 일정 기간 동안 직접적 또는 간접적인 경제적 혹은 상업적 이익을 목적으로 공중의 이용에 제공하는 것을 말한다."라고 하고 같은조 1.(b)는 "대출은 일정 기간 동안 직접적 또는 간접적인 경제적 혹은 상업적 이익을 목적으로 하지 않고 공중의 이용에 제공하는 것으로서, 공공시설을 통하여 이루어지는 경우를 말한다."라고 하여 대여의 개념을 정의하고 대여와 대출을 개념적으로 구별하고 있다. 독일 저작권법 제17조 제3항도 "이 법률 조항에서 대여란 시간상 제한되고 직접적·간접적으로 영리 목적에 이바지하는 사용권한을 이전하는 것을 말한다."라고 정의한다. 이러한 정의 규정은 제1설이 취하고 있는 대여의 개념에 가깝다. 반면에 일본 저작권법 제2조 제8항은 "이 법률에서 말하는 '대여'에는 어떠한 명의 또는 방법으로 하는가를 불문하고 이와 동일한 사용 권원을 취득시키는 행위를 포함한다."라고 정의하고 있는데 이는 제2설이 취하고 있는 대여의 개념에 가깝다.

한편 위 견해 중 어느 견해를 취하든 '영리를 목적으로'란 경제적 이익 내지 상업적 이익을 목적으로 함을 말하고 그와 같은 이익을 목적으로 하는 이상 그 이익이 직접적인 경우는 물론 간접적인(부수적인) 경우도 포함한다.

VII. 2차적저작물작성권

① 의의 및 규정 연혁

저작자는 그의 저작물을 원저작물로 하는 2차적저작물을 작성하여 이용할 권리를 가지는데(법 제22조) 저작자의 이러한 권리를 2차적저작물작성권이라 한다.

2차적저작물이란 원저작물을 번역·편곡·변형·각색·영상제작 그 밖의 방법으로 작성한 창작물을 말한다(법 제5조 제1항 참조).

본 조와 관련하여 1986. 12. 31. 법률 제3916호로 전부 개정된 저작권법 제21조(2차적저작물 등의 작성권)는 "저작자는 그 저작물을 원저작물로 하는 2차적저작물 또는 그 저작물을 구성부분으로 하는 편집저작물을 작성하여 이용할 권리를 가진다."라고 규정하였다.

2006. 12. 28. 법률 제8101호로 전부 개정된 저작권법 제22조(2차적저작물작성권)는 "저작자는 그의 저작물을 원저작물로 하는 2차적저작물을 작성하여 이용할 권리를 가진다."라고 규정하여 편집저작물 작성권에 관한 부분은 삭제하였다.

본 조항과 관련한 2차적저작물의 내용에 관하여는 본서 「제3장 저작권의 객체 : 저작물 제4절 2차적저작물」부분에서 설명한 부분도 보기를 권한다.

② 내용

법 제22조에 따른 저작자의 2차적저작물작성권은 저작자가 자신의 저작물을 원저작물로 하는 2차적저작물을 작성할 권리와 이미 작성된 2차적저작물을 이용할 권리를 내용으로 한다.

타인이 원저작물을 이용하여 2차적저작물을 작성하려면 원저작자의 동의를 얻어야 하나 그러한 동의가 없더라도 2차적저작물 자체의 저작권 발생에는 영향이 없고 원저작자의 저작권을 침해하는 것이 될 뿐이다. 2차적저작물 작성을 허락받은 경우에 거기에는 원저작물의 원문을 포함하여 복제·배포할 권리가 포함되어 있으나, 그것이 원문만의 또는 원문 그대로의 복제·배포권도 포함되어 있음을 뜻하는 것은 아니다.112)

2차적저작물은 독자적인 저작물로서 보호되더라도(법 제5조 제1항) 원저작물의 저작자의 권리에 영향을 미치지 아니하므로(법 제5조 제2항) 이미 작성된 2차적저작물을 이용하려는 자는 원저작물의 저작자와 2차적저작물의 저작자 모두로부터 이용에 관한 동의를 받아야 한다. 그리고 원저작물의 저작자 또는 2차적저작물의 저작자 중 어느 한쪽이 2차적저작물을 이용하는 경우에도 각각 상대방의 동의를 얻어야 한다.

제3절 저작재산권의 제한

I. 총설

① 저작재산권의 제한의 취지 및 규정 개관

저작재산권은 사적 재산권의 성질을 가지게 되는데 이때 그 보호범위 역시 권리 자체에 내재하는 제한이 있고113) 공공복리를 위한 사회적 제약도 받게 된다.

저작권법은 저작자의 권리와 이에 인접하는 권리를 보호하고 저작물의 공정한 이용을 도모함으로써 문화 및 관련 산업의 향상발전에 이바지함을 목적으로 하는데, 이러한 법의 목적을 이루기 위해 저작권자 등의 권리와 공중의 이익 사이의 이해충돌을 조정할 필요가 있고 일정한 경우 저작권자 등의 권리를 제한할 수 있다.

저작권 제한 규정으로서, 저작권법은 제4절 저작재산권 제2관 저작재산권의 제한이라는

---

112) 대법원 1992. 9. 22. 선고 91다39092 판결.
113) 예컨대 출판권을 설정한 경우 저작권자의 복제권은 그 범위에서 제한된다.

표제 아래 제23조부터 제36조까지 저작재산권자의 승낙 없이 아무런 대가를 지급하지 않고 (다만 제25조 제4항과 제31조 제5항의 경우는 제외) 저작물을 자유로이 복제 등을 할 수 있는 경우를 규정하고, 제37조에서 그러한 경우의 출처명시의무를 규정하며, 제38조에서 저작권법 중 저작재산권의 제한에 관한 위 규정들이 저작인격권에 영향을 미치는 것으로 해석되어서는 아니 된다고 주의적으로 규정하고 있다. 위에서 본 제한 규정들 중 다수가 저작인접권의 제한에도 준용되고 있다(법 제87조).

컴퓨터프로그램저작물에 대하여는 2009. 4. 22. 법률 제9625호로 개정된 저작권법이 종전의 구 컴퓨터프로그램 보호법을 흡수통합하면서 제5장의2 프로그램에 관한 특례 부분(제101조의2 내지 제101조의7)이 신설되었는데 그중 제101조의3(프로그램의 저작재산권의 제한), 제101조의4(프로그램코드 역분석), 제101조의5(정당한 이용자에 의한 보존을 위한 복제 등) 부분이 컴퓨터프로그램저작물에 관한 저작재산권의 제한 규정으로서의 역할을 하여 저작재산권자의 승낙 없이 아무런 대가를 지급하지 않고(다만 제101조의3 제1항 제3호는 제외) 프로그램을 자유로이 복제 또는 배포할 수 있는 경우를 규정하고 있다(이에 대하여는 별도로 후술함).

그 밖에 법 제7조의 보호받지 못하는 저작물에 관한 규정도 저작재산권 제한의 유형 중 하나에 해당한다고 볼 수 있고[이에 대하여는 「제3장 저작권의 객체 : 저작물 제7절 저작권의 객체로 되지 않는 저작물(보호받지 못하는 저작물)」 부분 설명 참조], 저작권법 제5절 저작물 이용의 법정허락이라는 표제 아래 제50조 내지 제52조를 규정하여 소정의 보상금을 지급하고 저작물을 이용할 수 있도록 한 규정들도 저작재산권의 제한 규정에 해당된다. 법 제50조 내지 제52조에 대하여는 「제8장 저작재산권의 경제적 이용」 부분에서 설명한다.

이들 저작재산권 제한 규정들은 규정 형식상 이용 대상, 이용 목적, 인적 범위, 이용방법 등의 면에서 한정되어 있고 당사자 사이의 계약으로 배제할 수 없는 강행규정이다.

저작재산권 제한에 관한 이러한 규정들은 저작재산권만을 제한할 뿐이고 저작인격권까지 제한하거나 저작인격권의 해석에 영향을 주는 것이 아니다. 저작권법은 이들 저작재산권 제한에 관한 규정은 저작인격권에 영향을 미치는 것으로 해석되어서는 아니 된다고 규정하고 있는데(법 제38조) 이는 위와 같은 점을 주의적으로 규정한 것이다.

② 저작재산권 제한 판단과 3단계 테스트

저작재산권 제한의 해석 및 판단 기준과 관련하여 이른바 3단계 테스트(three-step test)의 내용에 유의할 필요가 있다.

3단계 테스트는 1971년의 「문학적·예술적 저작물의 보호를 위한 베른협약」 파리개정 규정 제9조 제2항(가능한 예외)에 "일부 특별한 경우에 있어서 그러한 저작물의 복제를 허용하는 것은 동맹국의 입법에 맡긴다. 다만, 그러한 복제는 저작물의 통상적인 이용과 충돌하지 아니하여야 하며, 저작자의 합법적인 이익을 부당하게 해치지 아니하여야 한다."라고 규정한 것에 유래한다.114)

　여기서 ① 일부 특별한 경우에 한정하여, ② 저작물의 통상적인 이용과 충돌하지 아니하고, ③ 권리자의 정당한 이익을 부당하게 해치지 않아야 한다는 3가지 요건을 이른바 3단계 테스트(three-step test)라고 한다.

　당초 「문학적·예술적 저작물의 보호를 위한 베른협약」에서 복제권에 한하여 적용되었던 3단계 테스트는 「무역 관련 지식재산권에 관한 협정」(WTO/TRIPS) 제13조(제한 및 예외)에서 "회원국은 배타적 권리에 대한 제한 또는 예외를, 저작물의 통상적인 이용과 충돌하지 아니하고 권리자의 합법적인 이익을 부당하게 해치지 아니하는 일부 특별한 경우로 한정하여야 한다."라고 하여 저작재산권 전 범위에 적용되도록 규정하였다.

　이후 WIPO 저작권조약 제10조(제한 및 예외)에 "(1) 체약 당사자는 저작물의 통상적인 이용과 충돌하지 아니하고 저작자의 합법적인 이익을 부당하게 해치지 아니하는 일부 특별한 경우에, 이 조약에 따라 문학 및 예술저작물의 저작자에게 부여된 권리에 대한 제한과 예외를 국내법으로 규정할 수 있다. (2) 체약 당사자는 「문학적·예술적 저작물의 보호를 위한 베른협약」을 적용할 경우 그 협약에서 규정한 권리에 대한 제한과 예외를 저작물의 통상적인 이용과 충돌하거나 저작자의 합법적인 이익을 부당하게 해치지 아니하는 일부 특별한 경우로 한정하여야 한다."라고 규정하고, WIPO 실연 및 음반조약 제16조(제한 및 예외)에서 "(1) 체약 당사자는 실연자와 음반제작자의 보호에 관하여 문학·예술저작물에 대한 저작권 보호와 관련하여 규정한 바와 같은 종류의 제한이나 예외를 국내법으로 규정할 수 있다. (2) 체약 당사자는 이 조약에서 규정한 권리에 대한 제한이나 예외를 실연이나 음반의 통상적인 이용과 충돌하거나 실연자나 음반제작자의 합법적인 이익을 부당하게 해치지 아니하는 일부 특별한 경우로 한정하여야 한다."라고 하여 저작권과 함께 저작인접권에도 명시하여 적용하는 것으로 규정하였다.

　결국 3단계 테스트는 저작물의 통상적인 이용과 충돌하지 아니하고, 권리자의 정당한 이익을 부당하게 해치지 않은 특정한 경우의 예외적인 상황에서만 허용된다. 여기의 저작물의 통상적인 이용이란 저작물이 실제로 이용하고 있는 경우뿐만 아니라 장래 이용가능성도 포함하는 넓은 의미로 이해된다. 그리고 여기의 권리자 이익에는 원권리자 외에 후속권리자 이익도 고려하고 제3자의 정당한 이익에는 인권 및 기본적인 자유에서 유래하는 이익, 경쟁 특히

---

114) 해당 조항 원문은 "It shall be a matter for legislation in the countries of the Union to permit the reproduction of such works in certain special cases, provided that such reproduction does not conflict with a normal exploitation of the work and does not unreasonably prejudice the legitimate interests of the author."이다.

제2차적 시장에서의 경쟁상 이익 및 그 밖의 공공이익 특히 과학의 진보 및 문화적·사회적·경제적 발전에서의 이익이 포함되며, 제한 및 예외가 보호대상의 통상의 이용과 저촉되지 않는 경우의 예로서 중요하고 경합하는 고려사항에 기초하고 있는 경우 또는 경쟁 특히 2차적 시장에서 경쟁의 부당한 억제에 대항하는 효과가 있는 경우, 특히 계약에 의한 것인지 아닌지 여부를 불문하고 충분한 보상이 확보되어 있는 경우를 포함하여, 권리자와 공공이익을 형량하고 세 가지 요소를 전체적으로 고려할 것이 요구된다.115)

우리 저작권법의 지식재산권 제한 규정을 해석하는 데에도 앞에서 본 이른바 3단계 테스트의 내용 및 해석 등이 중요한 판단 기준의 하나로서 참고되어야 한다.

II. 재판 등에서의 복제(법 제23조)

① 의의 및 규정 연혁

재판 또는 수사를 위하여 필요한 경우이거나 입법·행정 목적을 위한 내부 자료로서 필요한 경우의 어느 하나에 해당하는 경우에는 그 한도 안에서 저작물을 복제할 수 있다. 다만, 그 저작물의 종류와 복제의 부수 및 형태 등에 비추어 해당 저작재산권자의 이익을 부당하게 침해하는 경우에는 그러하지 아니하다(법 제23조).

1986. 12. 31. 법률 제3916호로 전부 개정된 저작권법 제22조, 제33조 제2항에서 위와 같은 내용으로 규정되었다가 2006. 12. 28. 법률 제8101호로 전부 개정된 저작권법에서 해당 내용이 그대로 유지되면서 조문의 위치만 제23조, 제36조 제2항으로 되었다. 그리고 2006년 개정에서 법 제23조의 규정이 저작인접권의 목적이 된 실연·음반 또는 방송의 이용에 관하여 준용하는 것으로 규정되었다(법 제87조).

2020. 2. 4. 법률 제16933호로 개정된 저작권법에서 제23조의 제목 중 '재판절차'를 '재판'으로 하고, 같은 조 본문 중 '재판절차를 위하여 필요한 경우이거나 입법·행정의 목적을 위한 내부자료로서 필요한'을 '다음 각 호의 어느 하나에 해당하는'으로 하며, 같은 조 단서 중 '당해'를 '해당'으로 하고, 같은 조에 각 호를 1. 재판 또는 수사를 위하여 필요한 경우 2. 입법·행정

---

115) 이 부분 설명은 이호흥, "저작권 제한에서의 3단계테스트 : 밸런스 촉구 선언", Copyright Issue Report 제2호 (2010. 2. 10. 발행), 한국저작권위원회 정책연구실(한국저작권위원회 홈페이지 게재) 참조. 위 논문 필자는 "우리나라를 포함한 대륙법계에서는 전통적으로 저작권 제한이 권리를 제한하는 것으로 예외적이기 때문에 엄격하게 해석하여야 한다는 엄격한 해석론이 주류를 차지하여 왔다..(생략)... 그러나 이는 선언에서 지적하고 있듯이 다른 공익을 등한시할 수 있는 위험을 내포한다..(생략)... 저작권자와 이용자 간의 이익 밸런스를 폭 넓게 보고 경제적 요소뿐만 아니라 비경제적·규범적 요소를 고려하는 것이 그것이다."라고 한다.

목적을 위한 내부 자료로서 필요한 경우로 신설 내지 변경하였다.

본 조의 규정 취지는 국가목적의 실현이라는 공익적 관점에서 일정한 조건하에 저작물의 복제를 허용한다는 데에 있다.

2 내용

재판절차를 위하여 필요한 경우, 입법·행정의 목적을 위한 내부자료로서 필요한 경우에 저작물을 복제하거나 번역하는 데에 한정된다.

통상적으로 재판이라 함은 재판기관으로서의 판단 또는 의사표시로서 이에 의하여 소송법상 일정한 효과가 발생하는 법원의 소송행위를 말하므로 '재판절차를 위하여 필요'라 함은 소송자료 제출이나 판결문 작성 등을 위한 필요를 말하고 따라서 판사, 소송 당사자 및 그 대리인은 해당 저작물을 복제하거나 번역할 수 있다. 재판절차에 행정청의 준사법절차(특허심판원이나 국세심판원 등 행정심판 등)는 포함되지 않는다는 견해가 있으나 단서 조항을 포함하여 저작자와 공공의 이익을 비교 형량하여 개별적으로 결정함이 바람직하다.

여기의 저작물에는 공표저작물 외에 미공표 저작물도 포함된다(다수설).

이 규정에 따라 저작물을 이용하는 경우에 그 저작물을 번역하여 이용할 수 있고(법 제36조 제2항), 본 조에 따라 저작물을 이용하는 자는 그 출처를 명시하여야 한다(법 제37조).

컴퓨터프로그램저작물에 대하여는 본 조를 적용하지 아니하지만(법 제37조의2), 저작권법 제101조의3 제1항 제1호는 재판 또는 수사를 위하여 복제하는 경우에는 그 목적상 필요한 범위에서 공표된 프로그램을 복제 또는 배포할 수 있되, 프로그램의 종류·용도, 프로그램에서 복제된 부분이 차지하는 비중 및 복제의 부수 등에 비추어 프로그램의 저작재산권자의 이익을 부당하게 해치는 경우에는 그러하지 아니하다고 하여 그 허용 범위를 더욱 한정하고 있다.

III. 정치적 연설 등의 이용(법 제24조)

1 의의 및 규정 연혁

공개적으로 행한 정치적 연설 및 법정·국회 또는 지방의회에서 공개적으로 행한 진술은 어떠한 방법으로도 이용할 수 있다. 다만, 동일한 저작자의 연설이나 진술을 편집하여 이용하는 경우에는 그러하지 아니하다(법 제24조).

1986. 12. 31. 법률 제3916호로 전부 개정된 저작권법 제7조에서 보호받지 못하는 저작물의 하나로 '공개한 법정·국회 또는 지방의회에서의 연술'을 열거하고 있었는데, 2006. 12.

28. 법률 제8101호로 전부 개정된 저작권법에서 제7조의 해당 부분을 삭제하고 제24조로 옮겨 규정하면서 "공개적으로 행한 정치적 연설"을 추가하여 본 조와 같은 내용으로 규정하였다. 그리고 2006년 개정에서 법 제24조의 규정이 저작인접권의 목적이 된 실연·음반 또는 방송의 이용에 관하여 준용하는 것으로 규정되었다(법 제87조).

본 조의 취지는 공개적으로 행한 정치적 연설 및 법정·국회 또는 지방의회에서 공개적으로 행한 진술은 국민의 알권리를 충족하기 위하여 널리 전달될 필요가 있기 때문에 누구나 이용할 수 있도록 하자는 데에 있다.

② 내용

여기서 정치적 연설이란 단순히 정치에 관한 연설이나 진술을 말하는 것이 아니라 정치적 영향을 주기 위한 의도를 가지고 자신의 의견을 진술하는 것(연설의 정치성)을 말한다.[116]

공개적으로 행한 정치적 연설 및 법정·국회 또는 지방의회에서 공개적으로 행한 진술은 어떠한 방법으로도 이용할 수 있어서 복제, 공중송신 등 이용 태양에 제한이 없다.

다만, 본 조 단서에서 동일한 저작자의 연설이나 진술을 편집하여 이용하는 경우를 제외하고 있으므로 예컨대 정치인의 연설이나 진술을 모아서 편집저작물로 출판하는 행위는 본 조에 따라 허용되지 않는다.

이 규정에 따라 저작물을 이용하는 경우에 그 저작물을 번역하여 이용할 수 있고(법 제36조 제2항), 본 조에 따라 저작물을 이용하는 자는 그 출처를 명시하여야 한다(법 제37조).

IV. 공공저작물의 자유이용(법 제24조의2)

① 의의 및 규정 연혁

국가 또는 지방자치단체가 업무상 작성하여 공표한 저작물이나 계약에 따라 저작재산권의 전부를 보유한 저작물은 원칙적으로 허락 없이 이용할 수 있다(법 제24조의2 제1항 본문).

본 조는 2013. 12. 30. 법률 제12137호로 개정된 저작권법에 신설되었다. 본 조 신설에 따라 법 제36조(번역 등에 의한 이용) 제1항에도 본 조가 추가되었다. 2020. 2. 4. 법률 제16933호로 개정된 저작권법에서 제24조의2 제1항 제4호 중 '한국저작권위원회에'를 '한국저작권위원회(이하 제111조까지 위원회라 한다)에'로 변경하였다.

---

116) 오승종, 저작권법 강의(제2판), 박영사(2018), 377.

본 조의 규정 취지는 국가나 지방자치단체에서 업무상 작성한 저작물은 공익 목적으로 예산을 투입하여 제작된 저작물이므로 저작재산권의 보호를 배제하고 납세자인 일반 국민들의 자유로운 이용을 보장하자는 데 있다.

② 내용

국가 또는 지방자치단체가 업무상 작성하여 공표한 저작물이나 계약에 따라 저작재산권의 전부를 보유한 저작물은 허락 없이 이용할 수 있다. 다만, 저작물이 국가안전보장에 관련되는 정보를 포함하는 경우(제1호), 개인의 사생활 또는 사업상 비밀에 해당하는 경우(제2호), 다른 법률[117]에 따라 공개가 제한되는 정보를 포함하는 경우(제3호),[118] 법 제112조에 따른 한국저작권위원회에 등록된 저작물로서 「국유재산법」에 따른 국유재산 또는 「공유재산 및 물품 관리법」에 따른 공유재산으로 관리되는 경우(제4호)의 어느 하나에 해당하는 경우에는 그러하지 아니하다(법 제24조의2 제1항).

국가 또는 지방자치단체가 업무상 작성하여 공표한 저작물(예 : 연감, 백서 등)은 법 제9조에 따라 저작자인 국가나 지방자치단체에 해당 저작물의 저작재산권 및 저작인격권이 귀속된다.

국가 또는 지방자치단체가 계약에 따라 저작재산권 전부를 보유한 저작물이어야[119] 본 조가 적용되므로 저작재산권의 복제권만의 일부만을 보유한 경우에는 해당되지 않고, 전부를 보유하고 있는 이상 보유 기간의 제한 여부는 본 조 적용에 아무런 영향이 없다.

법 제24조의2에 따라 저작물을 이용하는 경우에 그 저작물을 번역·편곡 또는 개작하여 이용할 수 있고(법 제36조 제1항), 본 조에 따라 저작물을 이용하는 자는 그 출처를 명시하여야 한다(법 제37조).

국가 또는 지방자치단체는 법 제24조의2 제1항 제4호의 공공저작물 중 자유로운 이용을

---

117) 예컨대, 공공기관의 정보공개에 관한 법률 제9조의 비공개 대상 정보, 부정경쟁방지 및 영업비밀보호에 관한 법률 제2조 제2호의 영업비밀 등이 해당된다.

118) 「공공기관의 정보공개에 관한 법률」의 비공개 대상 정보와 관련된 사안으로 대법원 2011. 11. 24. 선고 2009두19021 판결, 대법원 2012. 4. 12. 선고 2010두24913 판결, 대법원 2012. 10. 11. 선고 2010두18758 판결, 대법원 2013. 11. 28. 선고 2011두5049 판결, 대법원 2014. 7. 24. 선고 2012두12303 판결, 대법원 2014. 7. 24. 선고 2013두20301 판결, 대법원 2018. 4. 12. 선고 2014두5477 판결, 대법원 2018. 9. 28. 선고 2017두69892 판결 등이 있다.

119) 과학기술기본법 제11조의3(국가연구개발사업성과의 소유·관리 및 활용촉진) 규정에 대한 시행령인 「국가연구개발사업의 관리 등에 관한 규정」 제20조 제2항 전문이 "국가연구개발사업의 수행 과정에서 얻어지는 지식재산권, 연구보고서의 판권 등 무형적 성과는 협약에서 정하는 바에 따라 개별 무형적 성과를 개발한 연구기관의 단독 소유로 하고, 복수의 연구기관이 공동으로 개발한 경우 그 무형적 성과는 공동으로 개발한 연구기관의 공동 소유로 한다."라고 규정하고 있어 이러한 경우에 국가 등이 연구기관으로부터 그 성과를 전부 양수받을 필요가 있다.

위하여 필요하다고 인정하는 경우 「국유재산법」 또는 「공유재산 및 물품 관리법」에도 불구하고 대통령령으로 정하는 바에 따라 사용하게 할 수 있다(법 제24조의2 제3항).

법 제24조의2 제1항이 적용되기 위하여 그 저작물의 작성 주체가 국가 또는 지방자치단체여야 하므로 공공기관이 업무상 작성하여 공표한 저작물이나 계약에 따라 저작재산권의 전부를 보유한 저작물에 대해서는 법 제24조의2 제1항이 적용되지 않는다. 다만 공공기관의 저작물이더라도 공중의 자유이용의 필요성이 있어서 법 제24조의2 제2항은 국가는 「공공기관의 운영에 관한 법률」 제4조에 따른 공공기관이 업무상 작성하여 공표한 저작물이나 계약에 따라 저작재산권의 전부를 보유한 저작물의 이용을 활성화하기 위하여 대통령령으로 정하는 바에 따라 공공저작물 이용활성화 시책을 수립·시행할 수 있다고 규정하고 있다.

이에 따라 저작권법 시행령 제1조의3은 "법 제24조의2 제2항에 따른 공공저작물 이용활성화 시책에는 1. 자유이용할 수 있는 공공저작물의 확대 방안, 2. 공공저작물 권리 귀속 명확화 등 이용활성화를 위한 여건 조성에 관한 사항, 3. 공공저작물의 민간 활용 촉진에 관한 사항, 4. 공공저작물 자유이용에 관한 교육·훈련 및 홍보에 관한 사항, 5. 자유이용할 수 있는 공공저작물임을 나타내기 위하여 문화체육관광부장관이 정한 표시 기준의 적용에 관한 사항, 6. 공공저작물 자유이용과 관련된 제도의 정비에 관한 사항, 7. 그 밖에 공공기관의 공공저작물 이용활성화를 위하여 필요한 사항이 포함되어야 한다."라고 규정하고 국가·지방자치단체 및 공공기관에서 보유하고 있는 공공저작물의 안전한 개방과 이용활성화를 위하여 공공저작물의 관리 및 이용에 대하여 「공공저작물 저작권 관리 및 이용 지침」에서 용어(공공기관 등, 공공저작물, 자유이용, 공공누리)의 정의 등 세부사항을 규정하고 있다.

V. 학교 교육 목적 등에의 이용(법 제25조)

① 의의 및 규정 연혁

학교교육 과정에서 많은 저작물이 자료로 사용되고 있고 학교교육의 공공적 기능과 비영리성 등을 고려하여 법 제28조에서 공표된 저작물을 교육, 연구 등을 위하여 정당한 범위 안에서 공정한 관행에 합치되게 인용할 수 있도록 한 것 외에 법 제25조에서 일정한 학교의 교육 목적상 필요한 교과용도서에 공표된 저작물을 게재하고 일정한 학교 등이 수업 등의 목적상 필요한 경우에 공표된 저작물의 복제 등을 허용하고 경우에 따라 소정의 보상금을 지급하도록 하고 있다.

법에 정한 사유가 있으면 저작재산권자와의 협의 자체를 할 필요 없이 소정의 보상금을 지급하고 저작물을 이용할 수 있다는 점에서 법 제31조 제5항과 함께 저작물 이용의 법정허

락에 속한다.[120]

컴퓨터프로그램저작물에 대하여는 본 조를 적용하지 않고(법 제37조의2), 법 제101조의3에서 특례규정을 두고 있다.

1957. 1. 28. 법률 제432호로 제정된 저작권법은 제64조(비침해행위) 제3호에서 "교과용도서의 목적을 위하여 정당한 범위 내에서 발췌 수집하는 것"으로,[121] 제7호에서 "각본 또는 악보를 교육을 목적으로 하여 공연하거나 또는 공연을 방송하는 것"이라고 규정하였다.

1986. 12. 31. 법률 제3916호로 전부 개정된 저작권법 제23조가 "① 고등학교 및 이에 준하는 학교이하의 학교의 교육목적상 필요한 교과용도서에는 공표된 저작물을 게재할 수 있다. ② 특별법에 의하여 설립되었거나 교육법에 의한 교육기관 또는 국가나 지방자치단체가 운영하는 교육기관은 그 교육목적상 필요하다고 인정되는 경우에는 공표된 저작물을 방송하거나 복제할 수 있다. ③ 제1항 및 제2항의 규정에 의하여 저작물을 이용하고자 하는 자는 문화공보부장관이 제82조 제1호에 의한 보상금의 기준에 의하여 정하며 고시한 보상금을 저작재산권자에게 지급하거나 대통령령이 정하는 바에 의하여 이를 공탁하여야 한다. 다만, 문교부장관이 저작권을 가지거나 문교부장관의 검·인정을 받은 교과용도서와 고등학교 및 이에 준하는 학교이하의 학교에서 제2항의 규정에 의한 방송이나 복제를 하는 경우에는 보상금을 지급하지 아니한다."라고 규정하였고, 1989. 12. 30. 법률 제4183호로 개정된 저작권법은 제23조에서 종전의 '문화공보부장관'이 '문화부장관'으로 변경되었으며 1990. 12. 27. 법률 제4268호로 개정된 저작권법 제23조 제3항 단서에서 종전의 '문화부장관'이 '교육부장관'으로 변경되었고, 1993. 3. 6. 법률 제4541호로 개정된 저작권법 제23조 제3항 본문의 '문화부장관'이 '문화체육부장관'으로 변경되었다. 1994. 1. 7. 법률 제4717호로 개정된 저작권법에서 제23조 제3항 단서 조항이 "다만, 고등학교 및 이에 준하는 학교이하의 학교에서 제2항의 규정에 의한 방송이나 복제를 하는 경우에는 보상금을 지급하지 아니한다."라고 변경되었다.

2000. 1. 12. 법률 제6134호로 개정된 저작권법 제23조 제2항의 본문 및 단서에서 종전의 '방송하거나 복제'에 공연을 추가하여 '공연 또는 방송하거나 복제'로 변경되었고, 종전의 '문화체육부장관이 제82조 제1호에 의한 보상금의 기준에 의하여 정하며 고시한 보상금을'

---

120) 이는 법 제50조 내지 제52조와 같이 저작재산권자와 사이에 저작물 사용과 관련하여 협의하는 것을 전제로 그 이용허락을 받을 수 없는 경우에 이용허락을 받고 그에 대한 보상금을 지급하거나 공탁한 다음 저작물을 이용할 수 있는 강제허락과 구분된다. 이에 대하여는 「제8장 저작재산권의 경제적 이용 Ⅱ. 저작물 이용의 법정허락 ② 법정허락(강제허락)의 유형」 부분 참조.

121) 대법원 1979. 6. 26. 선고 76도1505 판결은 "'진학'지는 학습서로서 앞서 저작권법 제64조 제1항 제3호에서 본 교과용도서에 속한다고 보지 못할 바 아니고 부록도 그 잡지와 더불어 일체를 이루는 것이어서 피고인들이 소론 시험문제들을 동 '진학'지 부록으로서, 복제, 출판한 행위는 교과용도서의 목적을 위하여 정당한 범위 안에서 전재한 것이라고 보아 마땅하다."라고 하였다.

'대통령령이 정하는 바에 의하여 문화관광부장관이 정하는 기준에 의한 보상금'으로 변경하였다.

2006. 12. 28. 법률 제8101호로 개정된 저작권법에서 조문의 위치가 제25조로 옮겨지고 "① 고등학교 및 이에 준하는 학교 이하의 학교의 교육 목적상 필요한 교과용도서에는 공표된 저작물을 게재할 수 있다. ② 특별법에 의하여 설립되었거나 「초·중등교육법」 또는 「고등교육법」에 따른 교육기관 또는 국가나 지방자치단체가 운영하는 교육기관은 그 수업목적상 필요하다고 인정되는 경우에는 공표된 저작물의 일부분을 복제·공연·방송 또는 전송할 수 있다.

다만, 저작물의 성질이나 그 이용의 목적 및 형태 등에 비추어 저작물의 전부를 이용하는 것이 부득이한 경우에는 전부를 이용할 수 있다. ③ 제2항의 규정에 따른 교육기관에서 교육을 받는 자는 수업목적상 필요하다고 인정되는 경우에는 제2항의 범위 내에서 공표된 저작물을 복제하거나 전송할 수 있다. ④ 제1항 및 제2항의 규정에 따라 저작물을 이용하고자 하는 자는 문화관광부장관이 정하여 고시하는 기준에 의한 보상금을 당해 저작재산권자에게 지급하여야 한다. 다만, 고등학교 및 이에 준하는 학교 이하의 학교에서 제2항의 규정에 따른 복제·공연·방송 또는 전송을 하는 경우에는 보상금을 지급하지 아니한다. ⑤ 제4항의 규정에 따른 보상을 받을 권리는 다음 각 호의 요건을 갖춘 단체로서 문화관광부장관이 지정하는 단체를 통하여 행사되어야 한다. 문화관광부장관이 그 단체를 지정할 때에는 미리 그 단체의 동의를 얻어야 한다. 1. 대한민국 내에서 보상을 받을 권리를 가진 자(이하 '보상권리자'라 한다)로 구성된 단체, 2. 영리를 목적으로 하지 아니할 것, 3. 보상금의 징수 및 분배 등의 업무를 수행하기에 충분한 능력이 있을 것, ⑥ 제5항의 규정에 따른 단체는 그 구성원이 아니라도 보상권리자로부터 신청이 있을 때에는 그 자를 위하여 그 권리행사를 거부할 수 없다. 이 경우 그 단체는 자기의 명의로 그 권리에 관한 재판상 또는 재판 외의 행위를 할 권한을 가진다. ⑦ 문화관광부장관은 제5항의 규정에 따른 단체가 다음 각 호의 어느 하나에 해당하는 경우에는 그 지정을 취소할 수 있다. 1. 제5항의 규정에 따른 요건을 갖추지 못한 때, 2. 보상관계 업무규정을 위배한 때, 3. 보상관계 업무를 상당한 기간 휴지하여 보상권리자의 이익을 해할 우려가 있을 때, ⑧ 제5항의 규정에 따른 단체는 보상금 분배 공고를 한 날부터 3년이 경과한 미분배 보상금에 대하여 문화관광부장관의 승인을 얻어 공익목적을 위하여 사용할 수 있다. ⑨ 제5항·제7항 및 제8항의 규정에 따른 단체의 지정과 취소 및 업무규정, 보상금 분배 공고, 미분배 보상금의 공익목적 사용 승인 등에 관하여 필요한 사항은 대통령령으로 정한다. ⑩ 제2항의 규정에 따라 교육기관이 전송을 하는 경우에는 저작권 그 밖에 이 법에 의하여 보호되는 권리의 침해를 방지하기 위하여 복제방지조치 등 대통령령이 정하는 필요한 조치를 하여야 한다."라고 규정하였다(위 밑줄이 변경 내지 추가 부분임).

2006년 개정 전에는 같은조 제2항에서 '학교 교육목적상 필요한 경우 저작물을 공연·방송·복제할 수 있다'고 규정하고 있으나, 통상 '교육목적'이란 '수업목적'으로 해석되고 있으므로 이를 명시하여 명확히 하고 디지털 시대를 맞아 새로운 교육방법으로 부상하고 있는 원격교육의 활성화를 위해 '수업목적'상 필요한 경우 저작물의 복제·공연·방송 외에 '전송'까지 할 수 있도록 하였으며, 원격교육은 피동적으로 교사의 자료 제공만으로 한정될 수 없고 수업을 받는 학생도 자료를 제공하는 쌍방향적인 성격을 가지므로 피교육자도 수업과 관계된 리포트 등을 교사 등에게 제출할 수 있도록 제3항을 신설하여 복제·전송의 근거를 마련하였다. 그리고 제5항 내지 제9항을 신설하여 교과용도서 보상금의 경우 권리자 파악의 어려움 등으로 인해 분배되지 못하고 법원에 공탁되는 보상금이 많으며 추후 권리자들이 공탁 여부를 확인하여 찾아가는 경우가 미미하므로, 보상금의 지급방식을 판매용 음반 방송보상금과 같이 보상금 징수단체 지정 방식으로 변경하고, 보상금 징수단체 지정 및 취소 요건을 법령에 명시함으로써 행정청의 재량 축소 및 국민의 예측가능성을 높였다. 한편 공탁된 보상금은 권리자가 나타나지 않을 경우 10년이 경과하면 국고 수납되므로 민법상 단기 소멸시효 기간인 3년이 경과한 미분배 보상금에 대해서는 문화관광부장관의 승인을 얻어 공익 목적에 사용할 수 있도록 하였다. 또한 제10항을 신설하여 제2항의 규정에 따라 교육기관이 전송을 하는 경우에는 저작권 등의 침해를 방지하기 위하여 복제방지조치 등 필요한 조치를 하도록 규정하였다.[122] 그리고 2006년 개정에서 법 제25조 제1항 내지 제3항의 규정이 저작인접권의 목적이 된 실연·음반 또는 방송의 이용에 관하여 준용하는 것으로 규정되었다(법 제87조).

2008. 2. 29. 법률 제8852호로 개정된 저작권법에서 제25조 제4항, 제7항, 제8항에 있던 문화관광부장관이 문화체육관광부장관으로 변경되었고, 2009. 4. 22. 법률 제9625호로 개정된 저작권법 제25조의 제2항 전문이 "특별법에 따라 설립되었거나 「<u>유아교육법」</u>, 「초·중등교육법」 또는 「고등교육법」에 따른 학교, 국가나 지방자치단체가 운영하는 교육기관 <u>및 이들 교육기관의 수업을 지원하기 위하여 국가나 지방자치단체에 소속된 교육지원기관</u>은 그 수업 또는 지원 목적상 필요하다고 인정되는 경우에는 공표된 저작물의 일부분을 복제·배포[123]·공연·방송 또는 전송할 수 있다."라고 변경되고(밑줄이 변경 부분임), 제4항에서 '의 규정에 따라' 부분이 '에 따라'로 변경되고 배포가 추가되었다.

2013. 12. 30. 법률 제12137호로 개정된 저작권법 제25조의 제2항에서 종전의 '복제·배포·공연·방송 또는 전송'이 '복제·배포·공연·<u>전시</u> 또는 <u>공중송신</u>'으로 변경되고(밑줄이 변경 부분임), 2018. 10. 16. 법률 제15823호로 개정된 저작권법 제25조에서 제8항이 "⑧ 제5항의 규정에 따른 단체는 보상금 분배 공고를 한 날부터 5년이 경과한 미분배 보상금에 대하

---

122) 2006. 12. 28 법률 제8101호 개정 저작권법 해설, 문화관광부·저작권심의조정위원회(2007), 24~26 참조.
123) 종전 규정의 내용상 '복제'는 배포를 전제로 하는 것이었으나 이를 명확히 하기 위하여 '배포'를 명시하였다.

여 문화체육관광부장관의 승인을 얻어 다음 각 호의 어느 하나에 해당하는 목적을 위하여 사용할 수 있다. 다만, 보상권리자에 대한 정보가 확인되는 경우 보상금을 지급하기 위하여 일정 비율의 미분배 보상금을 대통령령으로 정하는 바에 따라 적립하여야 한다. 1. 저작권 교육·홍보 및 연구, 2. 저작권 정보의 관리 및 제공, 3. 저작물 창작 활동의 지원, 4. 저작권 보호 사업, 5. 창작자 권익옹호 사업, 6. 보상권리자에 대한 보상금 분배 활성화 사업, 7. 저작물 이용 활성화 및 공정한 이용을 도모하기 위한 사업"으로 변경되고(밑줄 부분 변경 내지 추가), 제9항에서 '미분배 보상금의 공익목적 사용 승인'이라는 문구 중 '공익 목적' 부분이 삭제되어 '미분배 보상금의 사용 승인'으로 되었다.

2018. 10. 16. 법률 제15823호로 개정되기 전의 저작권법에는 보상금 분배 공고를 한 날부터 3년이 지난 경우에 미분배 보상금의 사용을 5년으로 연장하고, 당초 공익목적의 구체적인 내용은 법 시행령 제8조 제1항 제1호 내지 제5호, 제7호의 6가지로 열거되어 있었는데 이 내용을 저작권법으로 그대로 옮김과 아울러 제6호 내용을 추가하였다.

2020. 2. 4. 법률 제16933호로 개정된 저작권법은 온라인 등을 통한 다양한 교육 콘텐츠 제공이 가능하도록 교과용도서에 게재된 공표된 저작물의 공중송신 등을 할 수 있는 근거를 마련하기 위하여 제25조를 개정하였다. 제25조 제2항을 신설하여 "교과용도서를 발행한 자는 교과용도서를 본래의 목적으로 이용하기 위하여 필요한 한도 내에서 제1항에 따라 교과용도서에 게재한 저작물을 복제·배포·공중송신할 수 있다."라고 규정하고, 2020. 2. 4. 법률 제16933호로 개정되기 전 제25조 제3항, 제4항, 제10항에서 '전송'을 개정법에서 '공중송신'으로 변경하며, 개정되기 전 제25조 제4항에서 '제1항 및 제2항에 따라 저작물을 이용하려는 자'라고 규정되어 있었던 것을 '제1항부터 제4항까지의 규정에 따라 공표된 저작물을 이용하려는 자'라고 변경하였다. 그리고 제9항을 제11항으로 옮기면서 항을 정리하여 "제7항·제9항 및 제10항에 따른 단체의 지정과 취소 및 업무규정, 보상금 분배 공고, 미분배 보상금의 사용 승인 등에 필요한 사항은 대통령령으로 정한다."라고 변경하고, 제10항을 제12항으로 옮기면서 항 등을 정리하여 "제2항부터 제4항까지의 규정에 따라 교과용도서를 발행한 자, 학교·교육기관 및 수업지원기관이 저작물을 공중송신하는 경우에는 저작권 그 밖에 이 법에 의하여 보호되는 권리의 침해를 방지하기 위하여 복제방지조치 등 대통령령으로 정하는 필요한 조치를 하여야 한다."라는 변경 등이 있었다.

② 내용

가. 교과용도서에의 게재
고등학교 및 이에 준하는 학교 이하의 학교의 교육 목적상 필요한 교과용도서에는 공표된 저작물을 게재할 수 있다(법 제25조 제1항).

　교과용도서는 초등학교, 중·고등학교와 이에 준하는 맹인학교, 농아학교, 기술학교, 산업학교 등에서 학교교육을 위하여 사용하는 도서를 말한다. 따라서 대학이나 전문대학 등에서 사용하는 교과용도서는 포함되지 않는다. 교과용도서는 교과서 및 지도서를 말하고 교과서라 함은 학교에서 학생들의 교육을 위하여 사용되는 학생용의 서책·음반·영상 및 전자저작물 등을 말하며, 지도서라 함은 학교에서 학생들의 교육을 위하여 사용되는 교사용의 서책·음반·영상 및 전자저작물 등을 말한다(교과용도서에 관한 규정 제2조 제1호 내지 제3호). 교과용도서에는 교육부가 저작권을 가지는 교과서와 교육부가 검·인정을 하는 교과서 2종이 있고, 교사용 지도서도 이에 포함되나, 시중에서 판매되는 참고서는 교과용도서에 포함되지 않는다.[124]

　문언대로 공표된 저작물에 한하여 적용되고 학교교육의 목적을 달성하기 위하여 유효하고 적절한 범위 내이어야 한다.

　위 제1항에 따라 저작물을 이용하려는 자는 문화체육관광부장관이 정하여 고시하는 기준에 따른 보상금을 해당 저작재산권자에게 지급하여야 한다(법 제25조 제4항).

　위 제1항에 따라 저작물을 이용하는 경우에 그 저작물을 번역·편곡 또는 개작하여 이용할 수 있고(법 제36조 제1항), 본 조에 따라 저작물을 이용하는 자는 그 출처를 명시하여야 한다(법 제37조).

나. 교과용도서 발행자의 복제 · 배포 · 공중송신

　교과용도서를 발행한 자는 교과용도서를 본래의 목적으로 이용하기 위하여 필요한 한도 내에서 제1항에 따라 교과용도서에 게재한 저작물을 복제·배포·공중송신할 수 있다(법 제25조 제2항).

　법 제25조 제2항에 따라 저작물을 이용하는 경우에 그 저작물을 번역·편곡 또는 개작하여 이용할 수 있고(법 제36조 제1항), 본 조에 따라 저작물을 이용하는 자는 그 출처를 명시하여야 한다(법 제37조 제1항 본문).

　법 제25조 제5항의 규정에 따라 교과용도서를 발행한 자가 공중송신을 하는 경우에는 저작권 그 밖에 저작권법에 의하여 보호되는 권리의 침해를 방지하기 위하여 복제방지조치 등 대통령령이 정하는 필요한 조치를 하여야 한다(법 제25조 제12항).

다. 학교 · 교육기관 · 수업지원기관에서 복제 · 배포 · 공연 · 전시 · 공중송신

　특별법에 따라 설립된 학교(제1호), 「유아교육법」, 「초·중등교육법」 또는 「고등교육법」에

---

124) 서울민사지방법원 1992. 6. 5. 선고 91가합39509 판결(참고서인 표준전과가 교과용도서에 해당하지 않는다고 한 사안, 1993. 7. 7. 확정).

따른 학교(제2호), 국가나 지방자치단체가 운영하는 교육기관(제3호)의 어느 하나에 해당하는 학교 또는 교육기관이 수업 목적으로 이용하는 경우에는 공표된 저작물의 일부분을 복제 · 배포 · 공연 · 전시 또는 공중송신할 수 있다(법 제25조 제3항).

국가나 지방자치단체에 소속되어 위 제3항 각 호의 학교 또는 교육기관의 수업을 지원하는 기관(이하 "수업지원기관"이라 한다)은 수업 지원을 위하여 필요한 경우에는 공표된 저작물의 일부분을 복제 · 배포 · 공연 · 전시 또는 공중송신을 할 수 있다(법 제25조 제4항 본문).

여기서 수업이란 해당 수업에서의 직접적인 교수행위로서 학교장의 지휘, 감독 아래 학교 안 또는 밖에서 교수 및 교사에 준하는 지위에 있는 사람에 의하여 수행되는 것임을 요하고,[125] 현재 진행되고 있거나 구체적인 수업일시 · 내용이 정해져 있는 수업만을 의미하므로 장차 수업에 사용하려 한다는 등의 추상적인 목적은 본 조항의 적용범위에서 제외된다.[126]

원칙적으로 저작물의 일부만 이용하여야 하나 저작물의 성질이나 그 이용의 목적 및 형태 등에 비추어 저작물의 전부를 복제 · 배포 · 공연 · 전시 또는 공중송신을 하는 것이 부득이한 경우에는 그 전부를 위와 같은 방법으로 이용할 수 있다(법 제25조 제4항 단서). 법 제25조 제3항, 제4항에 따라 저작물을 이용하는 경우에 그 저작물을 번역 · 편곡 또는 개작하여 이용할 수 있고(법 제36조 제1항), 본 조에 따라 저작물을 이용하는 자는 그 출처를 명시하여야 한다(법 제37조 제1항 본문).

법문에는 복제 등의 이용 주체로 학교, 교육기관, 수업지원기관만을 명시하고 있으나 이들 교육기관에서 교육을 담당하는 자(교원)도 포함된다(다수설).

특별법에 따라 설립된 학교로는 기능대학법에 의한 각종 기능대학,[127] 「장애인 등에 대한 특수교육법」에 의한 특수교육기관,[128] 평생교육법에 의한 평생교육기관,[129] 직업교육훈련 촉진법에 의한 직업교육훈련기관,[130] 근로자직업능력 개발법에 의한 직업능력개발훈련시설,[131]

---

[125] 오승종, 저작권법 강의(제2판), 박영사(2018), 386.

[126] 저작권법 주해, 박영사(2007), 490(하상익 집필부분).

[127] 기능대학이라 함은 「고등교육법」 제2조 제4호의 규정에 의한 전문대학으로서 학위과정인 다기능기술자과정과 직업훈련과정 등을 병설운영하는 교육 · 훈련기관을 말한다(기능대학법 제2조 제1호).

[128] 특수교육기관이란 특수교육대상자에게 유치원 · 초등학교 · 중학교 또는 고등학교(전공과를 포함한다. 이하 같다)의 과정을 교육하는 특수학교 및 특수학급을 말한다(「장애인 등에 대한 특수교육법」 제2조 제10호).

[129] 평생교육기관이란 다음 각 목의 어느 하나에 해당하는 시설 · 법인 또는 단체를 말한다. 가. 이 법에 따라 인가 · 등록 · 신고된 시설 · 법인 또는 단체, 나. 「학원의 설립 · 운영 및 과외교습에 관한 법률」에 따른 학원 중 학교교과교습학원을 제외한 평생직업교육을 실시하는 학원, 다. 그 밖에 다른 법령에 따라 평생교육을 주된 목적으로 하는 시설 · 법인 또는 단체(평생교육법 제2조 제2호).

[130] 직업교육훈련이란 「산업교육진흥 및 산학협력촉진에 관한 법률」 및 「근로자직업능력 개발법」과 그 밖의 다른 법령에 따라 학생과 근로자 등에게 취업 또는 직무수행에 필요한 지식·기술 및 태도를 습득·향상시키기 위하여 실시하는 직업교육 및 직업훈련을 말한다. 직업교육훈련기관이란 직업교육훈련을

등이 있다. 유아교육법에 따른 학교로는 국가가 설립·경영하는 국립유치원, 지방자치단체가 설립·경영하는 공립유치원(설립주체에 따라 시립유치원과 도립유치원으로 구분할 수 있다), 법인 또는 사인이 설립·경영하는 사립유치원이 있다.132) 초·중등교육법에 따른 학교로는 초등학교·공민학교,133) 중학교(방송통신 중학교 포함)·고등공민학교, 고등학교(방송통신 고등학교)·고등기술학교, 특수학교,134) 각종학교135)가 있다.136) 고등교육법에 의한 학교로는 대학, 산업대학, 교육대학, 전문대학, 방송대학·통신대학·방송통신대학 및 사이버대학(합하여 원격대학이라 함), 기술대학, 각종학교137)가 있다.

국가나 지방자치단체가 운영하는 교육기관은 공무원의 각종 교육·연수·훈련을 위한 교육기관, 특수목적을 위하여 운영하는 교육기관을 포함한다.

이들 교육기관의 수업을 지원하기 위하여 국가나 지방자치단체에 소속된 수업지원기관에서 '이들 교육기관'에는 규정의 취지상, 국가나 지방자치단체가 운영하는 교육기관 외에 특별법에 따라 설립되었거나 「유아교육법」, 「초·중등교육법」 또는 「고등교육법」에 따른 학교도 포함되고(다수설), '국가나 지방자치단체에 소속된'이라 함은 그 구성원의 신분이 국가(지방)공무원법상 공무원에 해당되어야 하므로 공무원 신분이 아닌 한국교육개발원이나 한국교육학술정보원, 한국교육과정평가원 등은 위 수업지원기관에 해당하지 않는다. 여기서 수업지원기관은 교육기관의 수업 지원을 목적으로 하는 기관으로서 예를 들면 중앙공무원교육원 등 교육기관의 수업을 지원하기 위한 학습지원센터 등이 해당된다.

학원의 설립·운영 및 과외교습에 관한 법률의 적용대상이 되는 학원은 영리를 위해 설립된 시설이므로 제25조 제2항에서 정한 학교에 해당하지 않는다.138)

실시하는 기관 또는 시설을 말한다(직업교육훈련 촉진법 제2조 제1호 및 제2호).

131) 직업능력개발훈련시설이란 다음 각 목의 시설을 말한다. 가. 공공직업훈련시설 : 국가·지방자치단체 및 대통령령으로 정하는 공공단체(이하 '공공단체'라 한다)가 직업능력개발훈련을 위하여 설치한 시설로서 제27조에 따라 고용노동부장관과 협의하거나 고용노동부장관의 승인을 받아 설치한 시설, 나. 지정직업훈련시설 : 직업능력개발훈련을 위하여 설립·설치된 직업전문학교·실용전문학교 등의 시설로서 제28조에 따라 고용노동부장관이 지정한 시설(근로자직업능력 개발법 제2조 제3호).

132) 유아교육법 제7조 참조.

133) 공민학교는 초등교육을 받지 못하고 초·중등교육법 제13조 제1항 및 제2항에 따른 취학연령을 초과한 사람에게 국민생활에 필요한 교육을 하는 것을 목적으로 한다(초·중등교육법 제40조 제1항).

134) 특수학교는 신체적·정신적·지적 장애 등으로 인하여 특수교육이 필요한 사람에게 초등학교·중학교 또는 고등학교에 준하는 교육과 실생활에 필요한 지식·기능 및 사회적응 교육을 하는 것을 목적으로 한다(초·중등교육법 제55조).

135) 각종학교란 초·중등교육법 제2조 제1호부터 제4호까지의 학교와 유사한 교육기관을 말하고(초·중등교육법 제60조 제1항), 이에는 외국인학교와 대안학교를 포함한다(같은법 제60조의2, 제60조의3).

136) 초·중등교육법 제2조.

137) 각종학교란 고등교육법 제2조 제1호부터 제6호까지의 학교와 유사한 교육기관을 말한다(고등교육법 제59조).

법 제25조 제5항의 규정에 따라 학교, 교육기관 및 수업지원기관이 공중송신을 하는 경우에는 저작권 그 밖에 저작권법에 의하여 보호되는 권리의 침해를 방지하기 위하여 복제방지조치 등 대통령령이 정하는 필요한 조치를 하여야 한다(법 제25조 제12항).

라. 교육기관에서 교육을 받는 자의 복제·공중송신

법 제25조 제3항 각 호의 학교 또는 교육기관에서 교육을 받는 자는 수업 목적상 필요하다고 인정되는 경우에는 위 제3항의 범위 내에서 공표된 저작물을 복제하거나 공중송신할 수 있다(법 제25조 제5항).

2020. 2. 4. 법률 제16933호로 개정되기 전의 개정법에서는 '교육기관'이라고만 규정되어 있었으나 그 교육기관에는 학교도 포함된다는 견해가 다수설이었는데 위 개정된 저작권법에서 '학교 또는 교육기관'으로 규정하여 이를 명확히 하였다. 위 제5항에 따라 저작물을 이용하는 경우에 그 저작물을 번역·편곡 또는 개작하여 이용할 수 있고(법 제36조 제1항), 본 조에 따라 저작물을 이용하는 자는 그 출처를 명시하여야 한다(법 제37조).

법 제25조 제5항의 규정에 따라 학교 또는 교육기관이 공중송신을 하는 경우에는 저작권 그 밖에 저작권법에 의하여 보호되는 권리의 침해를 방지하기 위하여 복제방지조치 등 대통령령이 정하는 필요한 조치를 하여야 한다(법 제25조 제12항).

마. 보상금 지급 등

저작권법 제25조 제1항부터 제4항까지의 규정에 따라 공표된 저작물을 이용하려는 자는 문화체육관광부장관이 정하여 고시하는 기준에 따른 보상금을 해당 저작재산권자에게 지급하여야 한다. 다만, 고등학교 및 이에 준하는 학교 이하의 학교에서 제2항에 따른 복제·배포·공연·전시 또는 공중송신을 하는 경우에는 보상금을 지급하지 아니한다(법 제25조 제6항).

위 제6항의 규정에 따른 보상을 받을 권리는 ① 대한민국 내에서 보상을 받을 권리를 가진 자(이하 "보상권리자"라 한다)로 구성된 단체, ② 영리를 목적으로 하지 아니할 것, ③ 보상금의 징수 및 분배 등의 업무를 수행하기에 충분한 능력이 있을 것의 요건을 갖춘 단체로서 문화체육관광부장관이 지정하는 단체를 통하여 행사되어야 한다. 문화체육관광부장관이 그 단체를 지정할 때에는 미리 그 단체의 동의를 얻어야 한다(법 제25조 제7항). 위 규정에 따른 단체는 그 구성원이 아니라도 보상권리자로부터 신청이 있을 때에는 그 자를 위하여 그 권리행사를 거부할 수 없다. 이 경우 그 단체는 자기의 명의로 그 권리에 관한 재판상 또는 재판 외의 행위를 할 권한을 가진다(법 제25조 제8항). 문화체육관광부장관은 위 규정에 따른 단체가 ①

---

138) 대법원 1997. 5. 23. 선고 97도649 판결 제3부 판결, 대법원 1997. 5. 23. 선고 97도286 판결 참조.

위 제7항의 규정에 따른 요건을 갖추지 못한 때, ② 보상관계 업무규정을 위배한 때, ③ 보상관계 업무를 상당한 기간 휴지하여 보상권리자의 이익을 해할 우려가 있을 때의 어느 하나에 해당하는 경우에는 그 지정을 취소할 수 있다(법 제25조 제9항 제1항 내지 제3호).

법 제25조 제1항부터 제4항까지의 규정에 따라 공표된 저작물을 이용하려는 자는 법 제25조 제7항에 따라 보상을 받을 권리를 행사하는 단체에 복제·배포·공연·전시 또는 공중송신의 내역을 제출하고 그에 해당하는 보상금을 지급해야 한다(법 시행령 제2조).

위 제7항에 따른 단체는 보상금 분배 공고를 한 날부터 5년이 지난 미분배 보상금에 대하여 문화체육관광부장관의 승인을 받아 1. 저작권 교육·홍보 및 연구 2. 저작권 정보의 관리 및 제공 3. 저작물 창작 활동의 지원 4. 저작권 보호 사업 5. 창작자 권익옹호 사업 6. 보상권리자에 대한 보상금 분배 활성화 사업 7. 저작물 이용 활성화 및 공정한 이용을 도모하기 위한 사업의 어느 하나에 해당하는 목적을 위하여 사용할 수 있다. 다만, 보상권리자에 대한 정보가 확인되는 경우 보상금을 지급하기 위하여 일정 비율의 미분배 보상금을 대통령령으로 정하는 바에 따라 적립하여야 한다(법 제25조 제10항). 위 제7항·제9항 및 제10항에 따른 단체의 지정과 취소 및 업무규정, 보상금 분배 공고, 미분배 보상금의 사용 승인 등에 필요한 사항은 대통령령으로 정한다(법 제25조 제11항).

한편 법 제25조(학교교육 목적 등에의 이용) 제11항 및 법 시행령 제8조(미분배 보상금의 사용승인)에 근거하여 위 조문에 규정한 보상금수령단체로서, 사단법인 한국복제전송저작권협회가 저작권신탁관리업무 허가를 받아 고등학교 및 이에 순하는 학교 이하의 교육 목적을 위한 교과용도서에의 게재(교과용도서 보상금), 대학교, 국가나 지방자치단체가 운영하는 교육기관 등의 수업목적 이용(수업목적 보상금), 국가나 지방자치단체에 소속된 수업지원기관이 교육기관의 수업을 지원하기 위한 이용(수업지원 목적 보상금), 국립중앙도서관, 공공도서관, 대학도서관, 학교도서관, 전문도서관 등에서의 이용(도서관 보상금)[139]에 대하여 이용자로부터 보상금을 징수하고 저작재산권자에게 이를 분배하는 등의 저작물 관리 업무를 수행하고 있다.

③ 컴퓨터프로그램저작물에 관한 특례

저작권법은 컴퓨터프로그램저작물에 대하여는 본 조를 적용하지 아니한다(법 제37조의2)라고 규정한다. 다만 「유아교육법」, 「초·중등교육법」, 「고등교육법」에 따른 학교 및 다른 법률에 따라 설립된 교육기관(상급학교 입학을 위한 학력이 인정되거나 학위를 수여하는 교육기관에 한한다)에서 교육을 담당하는 자가 수업과정에 제공할 목적으로 복제 또는 배포하는 경우(법 제101

---

139) 도서관 보상금은 저작권법 제31조 제5항과 관련되어 있다.

조의3 제1항 제2호), 「초·중등교육법」에 따른 학교 및 이에 준하는 학교의 교육목적을 위한 교과용도서에 게재하기 위하여 복제하는 경우(같은항 제3호), 「초·중등교육법」, 「고등교육법」에 따른 학교 및 이에 준하는 학교의 입학시험이나 그 밖의 학식 및 기능에 관한 시험 또는 검정을 목적(영리를 목적으로 하는 경우를 제외한다)으로 복제 또는 배포하는 경우(같은항 제5호)에는 그 목적상 필요한 범위에서 공표된 프로그램을 복제 또는 배포할 수 있되, 프로그램의 종류·용도, 프로그램에서 복제된 부분이 차지하는 비중 및 복제의 부수 등에 비추어 프로그램의 저작재산권자의 이익을 부당하게 해치는 경우에는 그러하지 아니하다(법 제101조의3 제1항 제2호, 제3호, 제5호).

VI. 시사보도를 위한 이용(법 제26조)

① 의의 및 규정 연혁

방송·신문 그 밖의 방법에 의하여 시사보도를 하는 경우에 그 과정에서 보이거나 들리는 저작물은 보도를 위한 정당한 범위 안에서 복제·배포·공연 또는 공중송신할 수 있다(법 제26조).

시사보도를 하는 과정에서 부득이하거나 우발적으로 타인의 저작물을 이용하게 되는 것까지 저작권침해의 책임을 지도록 한다면 국민의 알권리를 해치게 되므로 언론의 자유를 보장하기 위하여 마련한 규정이다.

1957. 1. 28. 법률 제432호로 제정된 저작권법 제3조는 시사보도(제2호)를 저작권법에 의한 저작물로 보지 않는다고 규정하였는데, 1986. 12. 31. 법률 제3916호로 전부 개정된 저작권법 제7조는 보호받지 못하는 저작물을 사실의 전달에 불과한 시사보도로 변경하고 제24조에서 "방송·영화·신문 그 밖의 방법에 의하여 시사보도를 하는 경우에 있어서 그 과정에서 보이거나 들리는 저작물은 보도를 위한 정당한 범위안에서 복제·배포·공연 또는 방송할 수 있다."라고 규정하였다가, 2000. 1. 12. 법률 제6134호로 개정된 저작권법 제24조에서 대상 저작물에서 영화를 삭제하고[140] 이용방법에서 전송을 추가하였다.

2006. 12. 28. 법률 제8101호로 전부개정된 저작권법에서 조문의 위치를 제26조로 옮기고 종전의 '방송 또는 전송'을 '공중송신'으로 변경하고 종전의 '있어서'라는 문구를 삭제하여 현재에 이르고 있다. 그리고 2006년 개정에서 법 제26조의 규정이 저작인접권의 목적이 된 실연·음반 또는 방송의 이용에 관하여 준용하는 것으로 규정되었다(법 제87조).

---

140) 영화 문구는 삭제되었으나 영화는 여전히 같은 조항의 '그 밖의 방법'에 포함된다.

② 내용

가. 적용 대상 및 이용방법

본 조의 적용대상은 시사보도를 하는 경우에 그 과정에서 보이거나 들리는 저작물이다.

시사보도의 대상은 사회통념상 뉴스가치가 있다고 객관적으로 인정되는 정보이다. 예컨대 운동경기 또는 연주회 등을 보도하는 과정에서 현장의 장면이나 연주 내용 등이 나타나거나 들리게 되는 경우이다. 언론기관에 의하여 행해지는 시사보도 외에 인터넷을 이용한 개인적인 시사보도도 포함된다.

시사보도를 하는 과정에서 보이거나 들린다고 함은 적극적으로 해당 저작물을 시사보도에 인용하는 것이 아니라 보도되고 있는 정보의 현장에 있는 그 저작물이 방송 등에서 우발적으로 복제되는 것을 의미한다. 여기서 그 밖의 방법에는 영화, 사진, 인터넷 등을 이용한 시사보도가 포함되지만 사건현장을 촬영한 보도용 사진은 시사보도의 과정에서 나타나게 되는 저작물이 아니므로 본 조에 해당하지 않는다.

시사보도를 하는 과정에서 보이거나 들리는 저작물에 '사건을 구성하는 저작물'이 포함되는지 여부에 대하여는, 일본의 저작권법에 당해 사건을 구성하는 것도 명문으로 규정하고 있으나[141] 우리 저작권법은 그와 같은 문구가 없어 '사건을 구성하는 저작물'은 본 조에 해당하지 않는다고 봄이 옳다. 실무도 2019. 11. 26. 법률 제16600호로 개정되기 전의 저작권법 시행 당시에 아래의 대법원 2014. 8. 26. 선고 2012도10777 판결 등에서 보는 바와 같이 법 제28조(공표된 저작물의 인용)의 법리에 따라 판단한 적이 있다. 다만 2011. 12. 2. 법률 제11110호로 개정된 저작권법에서 제35조의3(저작물의 공정한 이용)이 신설된 후부터는 전부 인용의 경우에는 제35조의3(저작물의 공정한 이용)이, 일부 인용의 경우에는 제28조(공표된 저작물의 이용)가 적용될 가능성이 높고 2019. 11. 26. 법률 제16600호로 개정된 저작권법 시행일(2020. 5. 27.)부터는 제28조, 제35조의 5(개정 전 제35조의3) 외에 새로 도입된 제35조의3(부수적 복제 등)의 문제로도 처리할 수 있다.

여기의 저작물은 공표되었는지 여부에 영향을 받지 아니하므로 공표저작물 외에 미공표 저작물도 포함된다.

시사보도의 과정에서 보이거나 들린 저작물은 복제, 배포, 공연, 공중송신할 수 있고, 이에 따라 저작물을 이용하는 경우에 그 저작물을 번역하여 이용할 수 있다(법 제36조 제2항).

---

141) 일본 저작권법 제41조는 "사진, 영화, 방송 그 밖의 방법으로 시사사건을 보도하는 경우에는 당해 사건을 구성하거나 당해 사건의 과정에서 보이거나 들리는 저작물은 보도의 목적상 정당한 범위 내에서 복제 및 당해 사건의 보도에 수반하여 이용할 수 있다."라고 규정하고 있다.

나. 적용 한계

시사보도 과정에서 보이거나 들리는 저작물은 보도를 위한 정당한 범위 안에서만 이용할 수 있다. 시사보도를 위한 정당한 범위인지 여부는 시사보도의 시간, 보도로 제공되는 정보의 질과 양, 시사보도를 위한 필요성의 정도, 유통과정 등에서 시사보도에서 제공된 정보와 저작물이 경쟁관계에 있게 되는지 여부, 저작물의 공표 여부[142] 등의 제반 사정을 종합적으로 고려하여 결정한다.

예를 들어 잡지에 게재된 사진이 칼라로 된 양질의 사진으로서 그 크기나 배치를 보아 전체적으로 3면의 기사 중 비평기사 보다는 사진이 절대적 비중을 차지하는 화보형식으로 구성된 경우 위 사진들은 보도의 목적이라기보다는 감상용으로 인용되었다고 보이므로 보도를 위한 정당한 범위 안에서 이용되었다고 볼 수 없다.[143]

Ⅶ. 시사적인 기사 및 논설의 복제 등(법 제27조)

① 의의 및 규정 연혁

정치·경제·사회·문화·종교에 관하여 「신문 등의 진흥에 관한 법률」 제2조의 규정에 따른 신문 및 인터넷신문 또는 「뉴스통신진흥에 관한 법률」 제2조의 규정에 따른 뉴스통신에 게재된 시사적인 기사나 논설은 다른 언론기관이 복제·배포 또는 방송할 수 있다. 다만, 이용을 금지하는 표시가 있는 경우에는 그러하지 아니하다(법 제27조).

2006. 12. 28. 법률 제8101호로 전부 개정된 저작권법 제27조로 신설되었다가 2009. 7. 31. 법률 제9785호로 개정되었는데 개정 전·후로 「신문 등의 자유와 기능보장에 관한 법률」이 「신문 등의 진흥에 관한 법률」로 법명이 변경된 것 외에는 달라진 것이 없다. 위 2006년 저작권법 개정 당시 본 조 신설에 따라 법 제36조(번역 등에 의한 이용) 제2항에도 본 조가 추가 되었다. 그리고 위 2006년 저작권법 개정에서 법 제27조의 규정이 저작인접권의 목적이 된 실연·음반 또는 방송의 이용에 관하여 준용하는 것으로 규정되었다(법 제87조).

본 조는 신문(인터넷 신문 포함), 뉴스통신에 게재된 시사적인 기사 및 논설은 국민의 알권리 충족 및 국민의 여론형성에 큰 도움을 주므로 국민에게 이를 원활히 전달할 수 있도록 이용 금지 표시가 없는 한 언론기관 간에 재이용할 수 있도록 한 전재(轉載)허용 규정이다.[144]

---

142) 저작물이 그 공표 여부와 관계없이 본 조의 적용을 받으나, 미공표 저작물의 경우에는 법 제11조의 공표권이 침해될 염려가 있으므로 예컨대 보도행위를 하는 자가 보도이전에 미공표 저작물임을 알았거나 쉽게 알 수 있었던 경우 등에는 정당한 범위가 공표 저작물의 그것에 비해 더 좁아질 수 있다.
143) 대법원 1990. 10. 23. 선고 90다카8845 판결.

② 내용

가. 적용 대상 및 이용 주체·방법

적용 대상은 정치·경제·사회·문화·종교에 관한 신문(인터넷 신문 포함),[145] 뉴스통신에 게재된 시사적인 기사 및 논설이다.

본 조를 마련하는 과정에서 정기간행물 중 잡지[146]는 시사성이 약하기 때문에 제외되고 방송은 매 프로그램마다 이용을 금지하는 표시를 나타내기 어렵다는 현실적 이유로 인해 일단 유보되었다. 다만 현재 대부분의 언론기관이 포괄적으로 또는 개별 기사마다 무단 복제 및 전재를 금지하는 표시를 하고 있는 경우가 많으므로 실제 적용사례는 많지 않다.[147]

이용 주체는 다른 언론기관에 한정되고 이용방법은 복제·배포 또는 방송에 한정되므로 여기에 공중송신은 포함되지 않는다.

외국의 시사적인 기사 및 논설에 대해서도 이용이 담보되어야 실효성이 있으므로 본 조에 따라 저작물을 이용하는 경우에는 그 저작물을 번역하여 이용할 수 있고(법 제36조 제2항), 본 조에 따라 저작물을 이용하는 자는 그 출처를 명시하여야 한다(법 제37조).

나. 적용 한계

게재된 기사 및 논설에 이용을 금지하는 표시가 있는 경우에는 이용할 수 없다(법 제27조 단서).

VIII. 공표된 저작물의 인용(법 제28조)

① 의의 규정 연혁

공표된 저작물은 보도·비평·교육·연구 등을 위하여는 정당한 범위 안에서 공정한 관행

---

144) 2006. 12. 28 법률 제8101호 개정 저작권법 해설, 문화관광부·저작권심의조정위원회(2007), 26 참조.
145) 신문이란 정치·경제·사회·문화·산업·과학·종교·교육·체육 등 전체 분야 또는 특정 분야에 관한 보도·논평·여론 및 정보 등을 전파하기 위하여 같은 명칭으로 월 2회 이상 발행하는 간행물을 말한다(신문 등의 진흥에 관한 법률 제2조 제1호)
146) 정기간행물이란 동일한 제호로 연 2회 이상 계속적으로 발행하는 간행물을 말하고, 잡지는 정치·경제·사회·문화·시사·산업·과학·종교·교육·체육 등 전체분야 또는 특정분야에 관한 보도·논평·여론 및 정보 등을 전파하기 위하여 동일한 제호로 월 1회 이하 정기적으로 발행하는 책자 형태의 간행물을 말한다(잡지 등 정기간행물의 진흥에 관한 법률 제2조 제1호 가목)
147) 2006. 12. 28 법률 제8101호 개정 저작권법 해설, 문화관광부·저작권심의조정위원회(2007), 26~27 참조.

에 합치되게 이를 인용할 수 있다(법 제28조).

후행 저작물이 연구 등을 위해 선행 저작물의 내용을 인용하여 작성할 수밖에 없는 사정이 있는 경우 그럴 때마다 사전에 해당 저작재산권자로부터 일일이 인용 허락을 얻는 것이 쉽지 않고 문화는 선인들이 이룬 문화적 업적을 이용하면서 발전하여 온 것이고 선행 저작물에 의해 축적되어 온 이러한 문화를 발전시킨다는 저작권법의 목적을 이루기 위해 선행 저작물의 인용을 허용하되 저작재산권자의 권리와 공중의 이익을 조화시키기 위해 정당한 범위 내에서 공정한 관행에 합치되게 인용할 수 있도록 하였다.

1957. 1. 28. 제정된 저작권법 제64조 제2호는 "이미 발행된 저작물을 자기의 저작물 중에 정당한 범위 내에 있어서 절록인용하는 것을 저작권침해로 보지 않는다."라고 규정하였다.

1986. 12. 31. 법률 제3916호로 전부개정된 저작권법은 위 제64조 제2호를 삭제하고 제25조를 신설하여 "공표된 저작물은 보도·비평·교육·연구 등을 위하여는 정당한 범위 안에서 공정한 관행에 합치되게 이를 인용할 수 있다."라고 규정하고 제33조 제2항에서 "제25조의 규정에 의하여 저작물을 이용하는 경우에는 그 저작물을 번역하여 이용할 수 있다."라고 규정하였다.

2006. 12. 28. 법률 제8101호로 전부개정된 저작권법에서 조문의 위치만을 제25조를 제28조로 옮기고, 제33조 제2항을 제36조 제2항으로 옮겨 현재에 이르고 있다. 위 2006년 저작권법 개정에서 법 제28조의 규정이 저작인접권의 목적이 된 실연·음반 또는 방송의 이용에 관하여 준용하는 것으로 규정되었다(법 제87조).

② 적용 요건

가. 인용의 의미

저작권법에 인용에 관한 정의를 규정하고 있지는 않으나, 여기서 인용이라 함은 타인의 저작물의 '일부'[148]를 그대로 자신의 작품에 넣는 것이라고 할 수 있다. 즉 인용된 원저작물이 인용하는 작품에 포함되거나 흡수되는 관계에 있어야 한다.

다수의 견해는 인용하는 후행 작품에 저작물성이 있어야 한다고 해석하나 이는 1957. 1. 28. 제정된 저작권법 제64조 제2호에 "자기의 저작물 중에" 부분의 연혁적인 영향을 받은 것

---

148) 대법원 2013. 2. 15. 선고 2011도5835 판결은 "피고인의 행위는 이 사건 논문 전체를 그대로 복사하여 신청서에 첨부한 것이므로 구 저작권법 제28조 소정의 '인용'에 해당한다고 보기 어렵고,"라고 하여 인용의 개념에 전부의 인용은 포함되지 않는다는 취지로 판시하였다. 뒤에서 설명하지만 대법원은 위 판결을 통해 법 제28조에서 인용이란 저작물 간에 주종관계가 인정되어야 하므로 타인의 저작물을 일부 인용한 경우에만 법 제28조가 적용되고 타인의 저작물을 전부 인용한 경우는 법 제28조가 아닌 법 제35조의5(개정 전 제35조의3)가 적용되는 것으로 이해하고 있다고 생각된다.

으로 보일 뿐 1986. 12. 31. 법률 제3916호로 전부개정된 저작권법부터 현행 저작권법에 이르기까지는 "자기의 저작물 중에"라고 규정하고 있지 않고 현실적으로도 선행하는 인용 저작물의 일부가 저작물성이 인정되지 않은 후행 작품에 인용될 수 있으므로 후행 작품에까지 반드시 저작물성을 갖출 것을 요구할 근거는 없다.

타인의 일부 창작 부분에 대해 약간의 수정이나 변경을 하였더라도 인용되는 저작물의 기본적인 동일성에 변함이 없다면 인용에 해당하고, 타인의 일부 창작 부분을 그 표현 형식을 달리하여 이용하였지만 그 표현을 거의 그대로 베끼지는 아니하고 그 내용을 충분히 소화하여 자신의 저작물의 상황에 부합하도록 자기 나름대로의 스타일로 새롭게 표현하고 그로 인해 두 해당 부분 사이에 실질적 유사성도 없게 되었다면 인용에 해당하지 않는다.149)

결국 인용에 해당하려면 인용되는 선행 저작물과 그것을 인용하는 후행 작품과를 명확히 구별할 수 있어야 하고, 인용하는 측의 선행 저작물과 그것을 인용하는 후행 작품이 서로 주종의 관계에 있어야 한다. 이러한 요소들은 본 조의 '정당한 범위 안에서 공정한 관행에 합치되게' 인용된 것인지 여부를 판단하는 과정에서도 중요한 역할을 담당한다.

나. 인용의 대상

인용의 대상은 공표된 저작물이다.

공표라 함은 저작물을 공연, 공중송신 또는 전시 그 밖의 방법으로 공중에게 공개하는 경우와 저작물을 발행하는 경우를 말한다(법 제2조 제25호).

여기서 발행은 저작물 또는 음반을 공중의 수요를 충족시키기 위하여 복제·배포하는 것을 말하며 복제는 인쇄·사진촬영·복사·녹음·녹화 그 밖의 방법으로 일시적 또는 영구적으로 유형물에 고정하거나 다시 제작하는 것을 말하며, 건축물의 경우에는 그 건축을 위한 모형 또는 설계도서에 따라 이를 시공하는 것을 포함하며, 배포는 저작물, 실연·음반·방송 또는 데이터베이스의 원본 또는 그 복제물을 공중에게 대가를 받거나 받지 아니하고 양도 또는 대여하는 것을 말한다(법 제2조 제22호, 제23호, 제24호).

미공표된 저작물은 인용할 수 없고 공표된 이상 저작물의 종류에 제한이 없다.

다. 인용의 목적 및 범위

인용은 보도·비평·교육·연구 등을 위하여 정당한 범위 안이어야 한다. "보도·비평·교육·연구 등"은 인용의 목적을 예시한 것으로 보도, 비평, 교육, 연구에 한정되는 것은 아니고 그 외에 광고를 위하여도 허용될 수 있으며 비영리적인 것에 한정되는 것도 아니다. 다만

---

149) 대법원 1998. 7. 10. 선고 97다34839 판결 참조.

광고 등과 같은 영리적인 경우 정당한 범위가 비영리적인 경우에 비해 상대적으로 좁아질 수 있다.150)151)

정당한 범위 내인가 아닌가는 저작물의 형태, 인용 목적, 인용되는 분량, 피인용 및 인용저작물의 구별 인식, 내용상의 주종 구분 등을 기준으로 판단한다.

다수의 견해는 인용되는 저작물의 성질상 미술작품이나 사진 혹은 시조와 같은 짧은 문예작품인 경우에는 양적으로 전부인용이 인정될 수 있다고 하나, 뒤에서 검토하는 바와 같이 대법원 2013. 2. 15. 선고 2011도5835 판결은 법 제28조의 인용 개념에 전부의 인용은 포함되지 않는다는 취지로 판시하고 있으므로 타인의 저작물을 일부 인용한 경우에만 법 제28조가 적용되고 타인의 저작물을 전부 인용한 경우는 법 제28조가 아닌 제35조의5(개정 전 제35조의3)가 적용되는 것으로 보아야 한다. 일부 인용이더라도 인용을 위하여 필요한 최소한도의 범위 내로 한정되어야 한다.

판례는 "정당한 범위"에 해당하기 위하여는 그 표현 형식상 선행 피인용저작물이 보족, 부연, 예증, 참고자료 등으로 이용되어 후행 인용작품에 대하여 부종적 성질을 가지는 관계(즉, 후행 인용작품이 주된 것이고, 선행 피인용저작물이 종된 관계)에 있어야 한다고 보고 있다.152)

---

150) 대법원 1997. 11. 25. 선고 97도2227 판결은 "반드시 비영리적인 이용이어야만 교육을 위한 것으로 인정될 수 있는 것은 아니라 할 것이지만, 영리적인 교육목적을 위한 이용은 비영리적 교육목적을 위한 이용의 경우에 비하여 자유이용이 허용되는 범위가 상당히 좁아진다."라고 하였다. 대법원 2014. 8. 26. 선고 2012도10786 판결도 "구 저작권법(2011. 6. 30. 법률 제10807호로 개정되기 이전의 것) 제28조는 공표된 저작물은 보도·비평·교육·연구 등을 위하여는 정당한 범위 안에서 공정한 관행에 합치되게 이를 인용할 수 있다고 규정하고 있는데, 정당한 범위 안에서 공정한 관행에 합치되게 인용한 것인가의 여부는 인용의 목적, 저작물의 성질, 인용된 내용과 분량, 피인용저작물을 수록한 방법과 형태, 독자의 일반적 관념, 원저작물에 대한 수요를 대체하는지 여부 등을 종합적으로 고려하여 판단하여야 하고, 이 경우 반드시 비영리적인 이용이어야만 하는 것은 아니지만 영리적인 목적을 위한 이용은 비영리적인 목적을 위한 이용의 경우에 비하여 자유이용이 허용되는 범위가 상당히 좁아진다."라고 하였다.

151) 서울고등법원 2010. 10. 13. 선고 2010나35260 판결(미상고 확정)은 "입법취지에 비추어 보면 저작권법 제28조에서 규정한 '보도·비평·교육·연구 등'은 인용 목적의 예시에 해당한다고 봄이 타당하므로, 인용이 창조적이고 생산적인 목적을 위한 것이라면 그것이 정당한 범위 안에서 공정한 관행에 합치되게 이루어지는 한 저작권법 제28조에 의하여 허용된다."라고 한다.

152) 대법원 1990. 10. 23. 선고 90다카8845 판결은 이 사건 기사 중 사진부분을 제외한 해설기사는 "직장인" 및 "뷰티라이프"의 해당 2면 중 3분의 1 정도에 그치고 그것도 대부분이 위 "플래쉬"지의 해설을 그대로 번역한 것인바, 이 사실과 위에서 본 이 사건 게재사진들의 성상, 크기, 배치 등을 종합해 보면 이 사건 인용저작물이 종(從)이고, 피인용저작물이 주(主)의 관계에 있다고 보여 피고들의 이 사건 저작물의 인용은 보도, 비평 등을 위한 정당한 범위에 합치되지 않는다고 하고, 대법원 1998. 7. 10. 선고 97다34839 판결은 인용의 '정당한 범위'는 인용저작물의 표현 형식상 피인용저작물이 보족, 부연, 예증, 참고자료 등으로 이용되어 인용저작물에 대하여 부종적 성질을 가지는 관계(즉, 인용저작물이 주이고, 피인용저작물이 종인 관계)에 있다고 인정되어야 한다고 하였다.

라. 인용의 방법

저작물의 인용은 공정한 관행에 합치되어야 한다. 공정한 관행에 해당하는지는 구체적으로 인용의 목적, 저작물의 성질, 인용된 내용과 분량, 피인용저작물을 수록한 방법과 형태, 독자의 일반적 관념, 원저작물에 대한 수요를 대체하는지 여부 등을 종합적으로 고려하여 판단한다.[153]

예컨대 소설 중에 설정된 상황을 설명하기 위하여 타인의 저작물 등의 자료를 인용함에 있어, 그 출처를 명시하는 등 적절한 방법으로 피인용 부분을 자신의 창작 부분과 구별될 수 있도록 하고 피인용저작물을 지나치게 많이 인용하지 아니하며 또 그 인용으로 말미암아 원저작물에 대한 시장수요를 대체할 수 있는 정도에 이르지 않는 경우에는 특별한 사정이 없는 한 그 인용행위는 공정한 관행에도 합치된다.[154]

다음으로, 예컨대 저작물이 새겨진 옷을 입고 있는 인물의 촬영 사진을 배포함으로써 부수하여 저작물도 함께 이용하게 되는 경우, 즉 저작물의 부수적 이용의 문제의 경우에 어떠한 기준에 따라 저작권 침해 여부를 결정하여야 하는지가 문제된다. 일본의 저작권법은 이를 입법적으로 해결하고 있지만[155] 2019. 11. 26. 법률 제16600호로 개정되기 전의 저작권법에는 이에 대하여 아무런 규정이 없어서 한때 아래에서 보는 대법원 2014. 8. 26. 선고 2012도 10777 판결 등과 같이 법 제28조의 일반적인 판단 법리에 따라 판단한 적이 있다. 다만 2011. 12. 2. 법률 제11110호로 개정된 저작권법에서 제35조의3(저작물의 공정한 이용)이 신설된 후부터는 전부 인용의 경우에는 제35조의3(저작물의 공정한 이용)이, 일부 인용의 경우에는 제28조(공표된 저작물의 이용)가 적용될 가능성이 높고 2019. 11. 26. 법률 제16600호로 개정된 저작권법 시행일(2020. 5. 27.)부터는 제28조, 위 제35조의3에서 조문 위치를 옮긴 제35조의5 외에 새로 도입된 제35조의3(부수적 복제 등)의 문제로도 처리할 수 있다.

---

153) 대법원 2006. 2. 9. 선고 2005도7793 판결.
154) 대법원 1998. 7. 10. 선고 97다34839 판결.
155) 일본 저작권법 제30조의2 제1항은 "사진 촬영, 녹음 또는 녹화(이하 이 항에서 '사진의 촬영 등'이라고 한다)의 방법에 의해 저작물을 창작함에 있어 당해 저작물(이하 이 조에서 '사진 등 저작물'이라고 한다)에 관한 사진의 촬영 등의 대상으로 되는 사물 또는 음으로부터 분리하는 것이 곤란하여 부수하여 대상으로 된 사물 또는 음에 관한 다른 저작물(당해 사진 등 저작물에서 경미한 구성부분으로 되는 것에 한한다. 이하 이 조에서 '부수대상저작물'이라고 한다)은 당해 창작에 수반하여 복제 또는 번안할 수 있다. 다만 당해 부수대상저작물의 종류, 용도 및 당해 복제 또는 번안의 태양에 비추어 저작권자의 이익을 부당하게 해하게 되는 경우는 그러하지 아니하다.", 제2항은 "전항의 규정에 따라 복제 또는 번안된 부수대상저작물은, 같은 항에 규정하는 사진 등 저작물의 이용에 수반하여 이용할 수 있다. 다만 당해 부수대상저작물의 종류, 용도 및 당해 이용의 태양에 비추어 저작권자의 이익을 부당하게 해하게 되는 경우는 그러하지 아니하다."라고 규정하고 있다.

공정한 관행에 합치하는지 여부의 쟁점에 관한 주요 판결을 소개하면 아래와 같다.

① 대법원 1998. 7. 10. 선고 97다34839 판결

이 사건 제1 이용 부분은 이 사건 소설 총 854면 중 10면 정도로서 극히 일부일 뿐만 아니라, 소설 구성상의 필요, 즉 핵무기개발을 둘러싼 ○○○와 ◇◇◇의 연결고리를 당시의 시대상황에 부합하고 그럴듯하게 맞추기 위하여 원문의 동일성을 해하지 않은 채 거의 그대로 인용하였으며, 피인용 부분과 창작 부분 사이에 행을 비우고 각 인용 부분 말미에 '(위의 내용은 △△△ 편저, 도서출판 ▽▽에서 출간한 [□□□□□ □□□]에서 인용함)' 또는 "◇◇◇ 대통령의 편지와 ○ 박사의 일기는 도서출판 ▽▽에서 펴낸 △△△ 편저, [□□□□□ □□□]에서 인용한 것임을 밝힙니다.)"라는 인용문구를 명시함으로써 이 사건 소설의 독자들로 하여금 그 부분의 출전을 쉽게 알 수 있게 하였고{위와 같이 인용구를 명시하였으므로 뒤에서 다시 그중 일부를 인용하면서는 위와 같은 인용구를 거듭 기재하지 않고 ( )속에 그 인용 부분을 기재하여 자신의 창작 부분과 구별하였다.}, 한편 '□□□□□ □□□'는 1992. 7. 10. 제5판 이후 절판되어 이 사건 제1 이용 부분으로 인하여 그 시장수요가 침해될 가능성이 거의 없었으므로, 이 사건 제1 이용 부분은 그 표현 형식상 이 사건 소설의 보족, 부연, 예증, 참고자료 등으로 이용되어 부종적 성질을 가지는 관계에 있고 원저작물의 시장수요를 대체할 정도에 이르지 아니하였으며 또한 창작 부분과의 구별을 가능하게 함과 아울러 인용 출처를 밝힌 점에서 저작권법 제25조 소정의 공표된 저작물의 인용에 해당하므로 저작권침해행위가 면책된다 할 것이고, 한편 이 사건 소설 중 원심판결 첨부 별지 비교표 2의 우측란 기재 부분(이하 이 사건 제2 이용 부분이라 한다)은, 표현 형식뿐만 아니라 구체화된 스토리 자체도 저작물로 보호받는 신청인의 일부 창작 부분을 그 표현 형식을 달리하여 이용한 것이기는 하나, 신청인의 표현을 거의 그대로 베끼지는 아니하고 그 내용을 충분히 소화하여 이 사건 소설의 상황에 부합하도록 자기 나름대로의 스타일로 새롭게 표현하였으므로 신청인의 아이디어 또는 사상을 이용한 것에 불과하고 그로 인하여 그 부분과 '□□□□□ □□□'의 해당 부분 사이에 실질적 유사성도 없게 되었으므로 저작권 침해가 아니라고 판단하였다.

기록에 의하여 살펴보면, 원심판결은 이 사건 제2 이용 부분에 관한 이유 설시에 있어서 적절하지 아니한 점이 있으나, 이 사건 제1 이용 부분은 저작권법 제25조 소정의 공표된 저작물의 인용에 해당하고 이 사건 제2이용 부분은 '핵물리학자 이휘소'의 해당 부분과 실질적 유사성이 없게 되었다는 이유로 각 저작권 침해가 아니라고 판단한 결론에 있어서는 앞서 본 법리에 따른 것으로서 정당하고, 거기에 상고이유로 주장하는 바와 같은 법리오해, 이유불비, 심리미진, 이유모순, 대법원 판례 위반, 채증법칙 위배, 자유심증주의 남용 등의 위법이 있다고 할 수 없다.

② 대법원 1997. 11. 25. 선고 97도2227 판결

피고인 1은 대학입시용 문제집을 제작함에 있어서 개개의 문제의 질문을 만들기 위하여 그 질문의 일부분으로서 위 대학입시문제를 인용한 것이 아니라 위 대학입시문제의 질문과 제시된 답안을 그대로 베꼈고, 이로써 문제집의 분량을 상당히 늘릴 수 있었으며, 특히 위 대학입시용 문제집에 학교법인들이 저작권을 갖는 본고사 문제를 전부 수록함으로써 본고사 문제에 대한 일반 수요자들의 시장수요를 상당히 대체하였다고 할 것이므로, 이와 같은 인용을 가리켜 교육을 위한 정당한 범위 안에서의 공정한 관행에 합치되는 인용이라고는 볼 수 없다.

③ 대법원 2006. 2. 9. 선고 2005도7793 판결

피고인 2 주식회사(이하 '피고인 회사'라 한다)의 검색사이트에 썸네일 이미지의 형태로 게시된 공소외인의 사진작품들은 공소외인의 개인 홈페이지에서 이미 공표된 것인 점, 피고인 회사가 썸네일 이미지를 제공한 주요한 목적은 보다 나은 검색서비스의 제공을 위해 검색어와 관련된 이미지를 축소된 형태로 목록화하여 검색서비스를 이용하는 사람들에게 그 이미지의 위치정보를 제공하는 데 있는 것이지 피고인들이 공소외인의 사진을 예술작품으로서 전시하거나 판매하기 위하여 이를 수집하여 자신의 사이트에 게시한 것이 아닌 만큼 그 상업적인 성격은 간접적이고 부차적인 것에 불과한 점, 공소외인의 사진작품은 심미적이고 예술적인 목적을 가지고 있다고 할 수 있는 반면 피고인 회사의 사이트에 이미지화된 공소외인의 사진작품의 크기는 원본에 비해 훨씬 작은 가로 3㎝, 세로 2.5㎝ 정도이고, 이를 클릭하는 경우 독립된 창으로 뜬다고 하더라도 가로 4㎝, 세로 3㎝ 정도로 확대될 뿐 원본 사진과 같은 크기로 보여지지 아니할 뿐만 아니라 포토샵 프로그램을 이용하여 원본 사진과 같은 크기로 확대한 후 보정작업을 거친다 하더라도 열화현상으로 작품으로서의 사진을 감상하기는 어려운 만큼 피고인 회사 등이 저작물인 공소외인의 사진을 그 본질적인 면에서 사용한 것으로는 보기 어려운 점, 피고인 회사의 검색사이트의 이 사건 썸네일 이미지에 기재된 주소를 통하여 ○○○의 홈페이지를 거쳐 공소외인의 홈페이지로 순차 링크됨으로써 이용자들을 결국 공소외인의 홈페이지로 끌어들이게 되는 만큼 피고인 회사가 공소외인의 사진을 이미지검색에 제공하기 위하여 압축된 크기의 이미지로 게시한 것이 공소외인의 작품사진에 대한 수요를 대체한다거나 공소외인의 사진 저작물에 대한 저작권침해의 가능성을 높이는 것으로 보기는 어려운 점, 이미지 검색을 이용하는 사용자들도 썸네일 이미지를 작품사진으로 감상하기보다는 이미지와 관련된 사이트를 찾아가는 통로로 인식할 가능성이 높은 점 및 썸네일 이미지의 사용은 검색사이트를 이용하는 사용자들에게 보다 완결된 정보를 제공하기 위한 공익적 측면이 강한 점 등 판시와 같은 사정 등을 종합하여 보면, 피고인 회사가 공소외인의 허락을 받지 아니하고 공소외인의 사진작품을 이미지검색의 이미지로 사용하였다고 하더라도 이러한 사용은 정당한 범위 안에서 공정한 관행에 합치되게 사용한 것으로 봄이 상당하다.

④ 대법원 2014. 8. 26. 선고 2012도10777 판결[156]

피고인들이 2002년 한·일 월드컵 당시 널리 사용된 "Be The Reds!"라는 응원문구를 도안화한 원심 판시 저작물 *Reds!* (이하 '이 사건 저작물'이라 한다)이 그려진 티셔츠 등을 착용한 모델을 촬영한 원심 판시 사진들(이하 '이 사건 사진들'이라 한다)을 인터넷 상에서 양도·이용허락을 중개하는 이른바 포토라이브러리(photo library) 업체에 위탁하면서 배포한 행위에 대해, "피고인들은 사진저작권자들의 위탁에 의하여 사진의 유상 양도·이용허락을 중개하는 포토라이브러리 업체에 대한 위탁을 위하여 이 사건 침해사진들을 배포한 것이므로 이는 영리를 목적으로 한 것이다.

그리고 이 사건 저작물은 그 성격상 저작자의 창조적 개성의 발휘에 따른 미적 표현이 드러나 있는 미술저작물의 일종이라고 할 것인데, 이 사건 침해사진들의 경우 월드컵 분위기를 표현하기 위하여 월드컵의 응원문화를 상징하는 이 사건 저작물을 특별한 변형 없이 촬영하여 만든 것인 이상 이 사건 저작물을 단순히 대체하는 수준을 넘어 그와 별개의 목적이나 성격을 갖게 된다고 볼 수는 없다.

또한 앞서 본 바와 같이 이 사건 침해사진들에는 이 사건 저작물의 원래 모습이 온전히 또는 대부분 인식이 가능한 크기와 형태로 사진의 중심부에 위치하여 양적·질적으로 상당한 비중을 차지하고 있다.

게다가 이 사건 침해사진들은 월드컵 분위기를 형상화한 사진의 수요자들에게 유상으로 양도하거나 이용허락을 하기 위하여 월드컵의 응원문화를 상징하는 대표적인 표현물 중 하나로 널리 알려진 이 사건 저작물이 그려진 티셔츠 등을 착용한 모델을 촬영한 것인데, 앞서 본 바와 같이 이 사건 저작물이 충분히 인식될 수 있는 크기와 형태로 포함되어 있음에도 피고인들이 이를 포토라이브러리 업체에 위탁하여 그 양도나 이용허락이 이루어지도록 한다면 시장에서 이 사건 저작물의 수요를 대체함으로써 결과적으로 저작권자의 저작물 이용허락에 따른 이용료 수입을 감소시킬 것으로 보인다.

위와 같은 사정들을 종합하면, 피고인들이 배포한 이 사건 침해사진들에서 이 사건 저작물이 정당한 범위 안에서 공정한 관행에 합치되게 인용된 것이라고 보기 어렵다."라고 하였다.

---

156) 대법원에서 파기 환송된 후 서울서부지방법원 2014. 10. 17. 선고 2014노1129 판결에서 벌금 300,000원의 유죄판결을 받았고 위 판결은 상고 없이 확정되었다. 그 외에 대법원 2014. 8. 26. 선고 2012도10786 판결, 대법원 2014. 8. 26. 선고 2012도10787 판결, 대법원 2014. 8. 26. 선고 2012도10734 판결 등도 같은 사안에 관한 사건이다.

마. 대법원판결 법리의 동향 ― 제1 내지 3 유형 판결

대법원은 "정당한 범위 안에서 공정한 관행에 합치되게" 부분과 관련하여, 종전에는 "보도·비평 등을 위한 인용의 요건 중 하나인 '정당한 범위'에 들기 위해서는 그 표현 형식상 피인용저작물이 보족, 부연예증, 참고자료 등으로 이용되어 인용저작물에 대하여 부종적 성격을 가지는 관계[즉, 인용저작물이 주(主)이고, 피인용저작물이 종(從)인 관계]에 있다고 인정되어야 할 것이다."라고 하여 "정당한 범위 안에서"의 인용과 관련하여 주종관계를 요건으로 하였다(이하 '제1 유형 판결'이라 한다).157)

그런데 그 후 대법원은 "인용의 '정당한 범위'는 인용저작물의 표현 형식상 피인용저작물이 보족, 부연, 예증, 참고자료 등으로 이용되어 인용저작물에 대하여 부종적 성질을 가지는 관계(즉, 인용저작물이 주이고, 피인용저작물이 종인 관계)에 있다고 인정되어야 하고, 나아가 정당한 범위 안에서 공정한 관행에 합치되게 인용한 것인지는 인용의 목적, 저작물의 성질, 인용된 내용과 분량, 피인용저작물을 수록한 방법과 형태, 독자의 일반적 관념, 원저작물에 대한 수요를 대체하는지 여부 등을 종합적으로 고려하여 판단하여야 한다."라고 하여 공정한 관행에 합치되게 인용한 것인지의 해석을 인용의 '정당한 범위' 법리와 함께 판단한 경우도 있고(이하 '제2 유형 판결'이라 한다),158) 한편으로는 "정당한 범위 안에서 공정한 관행에 합치되게 인용한 것인지 여부는 인용의 목적, 저작물의 성질, 인용된 내용과 분량, 피인용저작물을 수록한 방법과 형태, 독자의 일반적 관념, 원저작물에 대한 수요를 대체하는지 여부 등을 종합적으로 고려하여 판단하여야 한다."와 같이 인용의 '정당한 범위' 법리에 관하여는 전혀 언급하지 않고 "정당한 범위 안에서 공정한 관행에 합치되게" 부분만을 기준으로 삼아 판단하면서 고려하여야 할 여러 가지 요소들을 나열하는 경우도 있다(이하 '제3 유형 판결'이라 한다).159)

이러한 판결들을 검토하여 간결하게 정리하자면, 본 조와 관련하여 실무는 일부 인용 허용(즉 부종적 성격)에 관한 제1 유형판결, 제2 유형 판결을 거쳐 전부 인용 허용에 관한 제3 유형 판결에 이르렀고 그 이후에 2011. 12. 2. 법률 제11110호로 개정된 저작권법에서 제35조의3(저작물의 공정한 이용)의 규정이 신설되자 다시 제2 유형 판결로 돌아온 것으로 보인다.

제3 유형 판결은 위 제35조의3으로 공정이용의 법리가 도입되기 전까지 실질적으로 본 조를 모든 범위는 아니지만 많은 부분을 포섭하도록 넓게 해석함으로써 본 조를 사실상 공정

---

157) 대법원 1990. 10. 23. 선고 90다카8845 판결.
158) 대법원 1998. 7. 10. 선고 97다34839 판결, 대법원 2013. 2. 15. 선고 2011도5835 판결.
159) 대법원 1997. 11. 25. 선고 97도2227 판결, 대법원 1998. 7. 10. 선고 97다34839 판결, 대법원 2004. 5. 13. 선고 2004도1075 판결 및 대법원 2006. 2. 9. 선고 2005도7793 판결, 대법원 2006. 10. 26. 선고 2006도5912 판결, 대법원 2007. 11. 30. 선고 2005도8981 판결, 대법원 2014. 8. 26. 선고 2012도10786 판결[구 저작권법(2011. 6. 30. 법률 제10807호로 개정되기 이전의 것) 제28조의 공표된 저작물의 인용에 해당하지 않는다고 본 사례].

이용에 관한 일반조항의 역할을 맡고 있는 것에 가깝게 보았으나,160) 제2 유형 판결의 대법원 2013. 2. 15. 선고 2011도5835 판결을 검토하면 위 제35조의3(법 개정으로 제35조의5로 이동) 이 신설된 후로는 대법원이 본 조에 대해 공정이용에 관한 일반조항의 역할을 더는 부여하지 않고 그 문언의 해석을 넘는 넓은 해석을 하지 않겠다는 취지로 이해된다.

　　결론적으로 본 조의 적용범위와 관련하여, 대법원은 2011. 12. 2. 법률 제11110호로 저 작권법 개정 이전에 발생한 사안에서는 제3 유형 판결의 법리를 적용하겠지만, 2011. 12. 2. 법률 제11110호로 저작권법 개정 이후에 발생한 사안에서는 이제 제2 유형 판결의 법리만을 적용하여 주종관계를 전제로 한 일부 인용의 경우만 본 조의 적용범위로 하고, 타인의 저작물 을 전부 인용하는 경우는 본 조가 아닌 제35조의5(법 개정 전 제35조의3)의 적용범위로 구분하 여 정리하게 될 것이다.161)162)

---

160) 김병식, "기업 내 저작물의 복제와 저작재산권의 제한", 대법원판례해설 제96호(2013상), 법원도서관 (2013), 903~906에는 "대법원 2006. 2. 9. 선고 2005도7793 판결이 포털사이트의 이미지 검색을 위 한 썸네일 이미지 작성 및 그것의 서버에의 저장 등 행위에 대하여 구 저작권법 제28조에 의한 정당한 '인용'으로 본 것은 '인용'이라는 법문에 비추어 어색한 면이 없지 않지만, 일반조항이 따로 없는 상태에 서 공정이용의 폭을 넓히기 위해 부득이한 해석이었던 것으로 이해할 수 있다.", "대법원이 구 저작권 법 제28조 규정의 적용범위를 넓혀 왔지만, 그럼에도 불구하고 미국 저작권법상 공정이용 법리와 완전 히 동일한 역할을 수행한다고 볼 수는 없다.", "제28조는 공정이용의 사유 중 '공표된 저작물의 인용'에 대한 것에 한정된 규정이고, 미국법상 공정이용의 법리는 보다 일반적으로 모든 형태의 저작물 '이용' 에 대하여 보충적으로 적용될 수 있는 조항이다."라는 설명이 나와 있다.
　　위 논문에는 그 외에 제28조와 미국의 공정이용 법리와의 차이로 "제28조의 규정은 '저작물의 인용'에 관한 것이므로, 적어도 다수설은 피인용저작물을 인용하는 주된 저작물을 작성하는 경우에 한하여만 이 규정을 적용할 수 있는 것으로 해석한다. 따라서 타인의 저작물을 가창한 것을 영상물(영상물로서 의 창작성은 없는 것)에 담아 온라인에 올리는 것과 같은 경우는 제28조의 경우에 해당하는 것으로 보 기는 어렵다."라는 설명이 있으나, 인용하는 대상이 저작물이 아닌 경우에도 제28조를 적용하는 견해 에 선다면 이 부분은 차이점으로 되지 않는다.

161) 박성호, 저작권법(제2판), 박영사(2017), 박영사, 563은 대법원 2013. 2. 15. 선고 2011도5835 판결은 제28조의 공표된 저작물의 인용에 주종관계를 전제로 한 '삽입형' 인용만이 적용될 수 있고 제35조의3 공정이용 조항에는 제28조가 적용될 수 없는 '전유형' 인용이 적용될 수 있다는 점을 암시하고 있다고 하 면서 대법원 2006. 2. 9. 선고 2005도7793 판결은 역사적 소임을 다한 것으로 평가할 수 있다고 한다.

162) 한편 대법원 2014. 8. 26. 선고 2012도10786 판결 및 대법원 2014. 8. 26. 선고 2012도10777 판결 은 "정당한 범위 안에서 공정한 관행에 합치되게 인용한 것인가의 여부는 인용의 목적, 저작물의 성질, 인용된 내용과 분량, 피인용저작물을 수록한 방법과 형태, 독자의 일반적 관념, 원저작물에 대한 수요 를 대체하는지 여부 등을 종합적으로 고려하여 판단하여야 하고, 이 경우 반드시 비영리적인 이용이어 야만 하는 것은 아니지만 영리적인 목적을 위한 이용은 비영리적인 목적을 위한 이용의 경우에 비하여 자유이용이 허용되는 범위가 상당히 좁아진다(대법원 1997. 11. 25. 선고 97도2227 판결, 대법원 2013. 2. 15. 선고 2011도5835 판결 등 참조)."라고 하여 대법원 2013. 2. 15. 선고 2011도5835 판 결 등을 인용하면서도 본문의 제3 유형 판결에 가까운 설시를 하고 있다. 이는 이들 판결의 해당 사안 이 2002년도에 발생한 것으로서 2006. 12. 28. 법률 제8101호로 전부 개정되기 전의 저작권이 적용 된 것이었기 때문으로 판단된다.

③ 허용되는 이용 태양

법문에는 본 조의 요건을 충족하는 경우에 "인용할 수 있다"라고만 규정하고 있으나 타인의 저작물을 복제하여 그 용도대로 사용하는 것 외에 자신의 작품에 타인의 저작물을 인용하여 복제, 공연, 공중송신 등 저작권법이 인정하는 모든 이용행위를 할 수 있다.[163]

본 조에 따라 저작물을 이용하는 경우에는 그 저작물을 번역하여 이용할 수 있다(법 제36조 제2항), 본 조에 따라 저작물을 이용하는 자는 그 출처를 명시하여야 한다(법 제37조).

IX. 영리를 목적으로 하지 않는 공연 · 방송 외(법 제29조)

① 의의 및 규정 연혁

영리를 목적으로 하지 아니하고 청중이나 관중 또는 제3자로부터 어떤 명목으로든지 반대급부를 받지 아니하는 경우에는 공표된 저작물을 공연(상업용 음반[164] 또는 상업적 목적으로 공표된 영상저작물을 재생하는 경우를 제외한다) 또는 방송할 수 있다. 다만, 실연자에게 통상의 보수를 지급하는 경우에는 그러하지 아니하다(법 제29조 제1항).

청중이나 관중으로부터 당해 공연에 대한 반대급부를 받지 아니하는 경우에는 상업용 음반 또는 상업적 목적으로 공표된 영상저작물을 재생하여 공중에게 공연할 수 있다. 다만, 대통령령이 정하는 경우에는 그러하지 아니하다(법 제29조 제2항).

이는 저작재산권자의 보호와 그의 공공적인 이용측면을 고려한 것이다. 공중에 대한 음반의 방송 또는 재생 공연 등으로 인해 음반의 판매량이 증가하는 등의 간접적 이익이 저작권자에게 돌아갈 수 있다는 점도 고려한 것이다.

1957. 1. 28. 제정된 저작권법 제64조(비침해행위)는 본문에서 "이미 발행된 저작물을 다음 방법에 의하여 복제하는 것은 이를 저작권침해로 보지 않는다."라고 하고 그 제8호로 "음반, 녹음, 필림 등을 공연 또는 방송의 용에 공하는 것."을 규정하였다

---

163) 서울고등법원 2010. 10. 13. 선고 2010나35260 판결(미상고 확정)도 "정당한 인용은 복제권뿐만 아니라 배포권 · 공연권 · 방송권 · 공중송신권 · 전송권 등 저작재산권 일반에 대한 제한사유가 된다."라고 한다.

164) 상업용 음반이란 상업적 목적으로 공표된 음반의 약칭이다(법 제21조 참조), 이하 같다. 상업용 음반의 개념은 「제6장 저작재산권 제3절 저작재산권의 제한 IX. 영리를 목적으로 하지 않는 공연 · 방송 외(법 제29조) ③ 반대급부 없는 상업용 음반 · 상업용 영상저작물의 공연 가. 상업용 음반 또는 상업적 목적으로 공표된 저작물을 재생하여 공중에게 공연할 것」 부분에서 상세히 설명한다.

1986. 12. 31. 법률 제3916호로 전부개정된 저작권법 제26조는 "① 영리를 목적으로 하지 아니하고 또한 청중이나 관중 또는 제3자로부터 어떤 명목으로든지 반대급부를 받지 아니하는 경우에는 공표된 저작물을 공연 또는 방송할 수 있다. 다만, 실연자에게 통상의 보수를 지급하는 경우에는 그러하지 아니하다. ② 청중이나 관중으로부터 당해 공연에 대한 반대급부를 받지 아니하는 경우에는 판매용 음반 또는 판매용 영상저작물을 재생하여 일반공중에게 공연할 수 있다. 다만, 대통령령이 정하는 경우에는 그러하지 아니하다."라고 규정하였다가 2006. 12. 28. 법률 제8101호로 전부개정된 저작권법에서 조문의 위치를 제29조로 옮기고 개정 전 제1항에서 '또한'이라는 문구를 삭제하였다. 그리고 2006년 개정에서 법 제29조의 규정이 저작인접권의 목적이 된 실연·음반 또는 방송의 이용에 관하여 준용하는 것으로 규정되었다(법 제87조).

2016. 3. 22. 법률 제14083호로 개정된 저작권법 제29조는 제1항에서 개정 전 '공연'이라는 문구에 이어 '(상업용 음반 또는 상업적 목적으로 공표된 영상저작물을 재생하는 경우를 제외한다)'를 덧붙이고, 제2항에서 '판매용 음반 또는 판매용 영상저작물'을 '상업용 음반 또는 상업적 목적으로 공표된 영상저작물'로[165] 바꾸었다. 그와 아울러 위 개정 저작권법은 제2조 제5호의 음반의 정의를 "음반은 음(음성·음향을 말한다. 이하 같다)이 유형물에 고정된 것(음을 디지털화한 것을 포함한다)을 말한다.[166] 다만, 음이 영상과 함께 고정된 것을 제외한다."라고 하여 음반에 디지털 음원이 포함됨을 명시하였고, 제21조에서 상업적 목적으로 공표된 음반을 이하 "상업용 음반"이라 한다고 규정하였다.

② 공표된 저작물의 비영리 목적의 공연 또는 방송

법 제29조 제1항에 해당하기 위하여는 (1) 공표된 저작물을 공연(상업용 음반 또는 상업적

---

165) 이러한 개정은 그동안 일각에서 판매용의 범위에 대해 각 조문의 취지에 따라 일치되지 않은 해석이 내려졌다고 주장되어 온 대법원 2012. 5. 10. 선고 2010다87474 판결, 대법원 2016. 8. 24. 선고 2016다204653 판결(법 제29조 제2항의 판매용 음반 관련), 대법원 2015. 12. 10. 선고 2013다219616 판결(법 제76조의2의 판매용 음반 관련) 등에 따라 거래업계에 발생한 혼선을 정리하기 위하여 이루어진 것이다.
즉 2010다87474 판결 등은 법 제29조 제2항과 관련하여 음반을 음이 고정된 유형물인 CD 자체로 보면서 판매용 음반이란 시중에 판매할 목적으로 제작된 음반을 의미하는 것으로 제한해석한 반면에 2013다219616 판결은 법 제76조의2와 관련하여 판매용 음반에는 불특정 다수인에게 판매할 목적으로 제작된 음반뿐만 아니라 어떠한 형태이든 판매를 통해 거래에 제공된 음반이 모두 포함된다고 해석하였다. 법원은 각 조문의 입법취지 등을 고려하여 위와 같이 판단한 것인데 거래업계 등에서는 동일한 용어에 대한 해석이 일치하지 않는다는 등의 이유로 의문을 제기하게 되었다.
166) 따라서 음반의 개념이 CD 등 유형적 매체가 아니라 디지털 음원을 포함한 음 그 자체이다.

목적으로 공표된 영상저작물을 재생하는 경우를 제외한다) 또는 방송할 것, (2) 영리를 목적으로 하지 않을 것, (3) 청중, 관중 또는 제3자로부터 어떤 명목으로든지 반대급부를 받지 아니할 것, (4) 실연자에게 통상의 보수를 지급하지 않을 것의 요건을 갖추어야 한다.

이러한 요건을 갖추면 저작권자의 동의 없이 공연(상업용 음반 또는 상업적 목적으로 공표된 영상저작물을 재생하는 경우를 제외한다) 또는 방송할 수 있고, 본 조에 따라 저작물을 이용하는 경우에는 그 저작물을 번역·편곡 또는 개작하여 이용할 수 있다(법 제36조 제1항).

가. 공표된 저작물을 공연(상업용 음반 또는 상업적 목적으로 공표된 영상저작물을 재생하는 경우를 제외) 또는 방송할 것

공표는 저작물을 공연, 공중송신 또는 전시 그 밖의 방법으로 공중에게 공개하는 경우와 저작물을 발행하는 경우를 말하고(법 제2조 제25조), 발행은 저작물 또는 음반을 공중의 수요를 충족시키기 위하여 복제·배포하는 것을 말한다(법 제2조 제24조).

방송은 공중송신 중 공중이 동시에 수신하게 할 목적으로 음·영상 또는 음과 영상 등을 송신하는 것을 말한다(법 제2조 제8호). 저작물은 인간의 사상 또는 감정을 표현한 창작물을 말한다(법 제2조 제1호). 상업용 음반(즉, 상업적 목적으로 공표된 음반)의 개념 등에 대하여는 아래 법 제29조 제2항 부분에서 설명한다.

여기의 공연에는 상업용 음반 또는 상업적 목적으로 공표된 영상저작물을 재생하는 경우가 제외되고 위 (2), (3)의 소극 요건이 적용되어야 하므로, 이들 요소가 모두 제외되면 여기의 공연에는 예컨대 라이브 공연(예: 음악대의 야외 행진, 학교의 학예회, 종교 집회나 가족행사에서의 공연 등) 또는 라이브 공연을 녹음, 녹화한 후 이를 재생하는 경우 등이 해당된다. 또 여기의 방송에는 위 (2), (3)의 소극 요건만이 적용되므로(조문에서 공연과 달리 '상업용 음반 또는 상업적 목적으로 공표된 영상저작물을 재생하는 경우가 제외되고'라는 문구가 없다) 학교의 교내 방송국에서 라이브로 실연하거나 상업용 음반 등을 재생하는 교내방송 등도 해당된다.

나. 영리를 목적으로 하지 않을 것

영리 목적이란 경제적인 이익(대가)을 취득할 목적을 말한다.

여기서의 영리 목적에는 공연이나 방송에 대한 직접적인 대가를 받는 경우뿐만 아니라 해당 행위로 인해 간접적으로 경제적인 이익을 촉진하는 경우(예: 상품선전을 위한 영화시사회, 상품구매자로 입장을 허용하는 연주회 등), 영리사업의 생산성 향상을 위한 이용행위(예: 회사 영업장 내에서 배경음악 제공), 영업장소로 고객을 유인하거나 영업장소에서 고객만족도를 향상시킬 목적으로 하는 이용행위(예: 카페나 백화점 등에서의 배경음악 제공) 등도 포함된다. 따라서 이러한 영리 목적의 이용행위는 본 요건을 충족하지 않는다.

다. 청중, 관중 또는 제3자로부터 어떤 명목으로든지 반대급부를 받지 아니할 것

청중, 관중 또는 제3자로부터 어떤 명목으로든지 반대급부(대가)를 받아서는 안된다. 영리를 목적으로 하지 않을 것에 더하여 반대급부를 받지 아니할 것이라는 요건을 추가한 것은 사실상 무료 요건을 부과한 것으로서 비영리 자선단체가 반대급부를 받은 다음에 이를 다른 공익용도 등에 제공하는 것을 막기 위한 취지이다.

따라서 입장료 명목으로 기부금을 받는 경우와 같이 고객으로부터 저작물의 제공에 대한 대가로 받는 것이라면 어떤 명목, 용도로든지 허용되지 않는다. 다만 음료제공에 따른 대가를 받는 것과 같이 저작물의 제공과는 관계없이 제공되는 급부는 실비 내지 통상요금의 범위 내에 있는 한 반대급부로 볼 수 없다.[167)]

라. 실연자에게 통상의 보수를 지급하지 않을 것

이 부분 취지는 저작물의 이용에 따라 제3자(실연자)의 이윤취득도 배제함으로써 공공의 이익을 저작권자의 사익보다 더 우선시키려는 데 있다.

따라서 여기서의 보수에는 현금을 지급하는 것 외에 실연자에게 현금의 대용수단으로 물품(음식 포함)을 제공하는 것과 같은 출연에 대한 대가로 물적인 보수를 제공하는 것도 포함된다. 다만 통상적인 꽃다발이나 기념품 증정, 교통비나 식비 지급은 그것이 출연에 대한 대가가 아니라 사회통념상 통상적인 해당 명목의 범위 내에 있는 한 보수에 해당하지 않는다.

③ 반대급부 없는 상업용 음반·상업용 영상저작물의 공연

법 제29조 제2항에 해당하기 위하여는 (1) 상업용 음반 또는 상업적 목적으로 공표된 영상저작물을 재생하여 공중에게 공연할 것, (2) 청중이나 관중으로부터 당해 공연에 대한 반대급부를 받지 아니할 것, (3) 대통령령이 정하는 경우(법 시행령 제11조에서 정하는 일정 시설)에 해당하지 아니할 것의 요건을 갖추어야 한다.

그 외에 법 제29조 제1항과 같은 '영리를 목적으로 하지 않을 것'은 문언상 법 제29조 제2항의 요건이 아니고, 법 제29조 제1항에서는 어떤 명목으로든지 반대급부를 받지 아니하여야 하나 법 제29조 제2항에서는 당해 공연에 대한 반대급부를 받지 않으면 된다.

또한 법 제29조 제2항은 재생 공연에만 적용되어 실연자에 대한 보수 지급의 문제는 발생할 여지가 없으므로 법 제29조 제1항과 같은 '실연자에게 통상의 보수를 지급하지 않을 것'

---

167) 그 밖에 회의장 청소비, 시설유지비 등은 일률적으로 반대급부라고 단정할 수 없고 거래 상황 등을 고려하여 반대급부인지 아니면 저작물 제공과는 관계없는 통상의 급부인지 등을 따져보아야 한다.

이라는 것도 요건이 아니고, 허용되는 이용방법 중 방송에는 적용이 없다.

법 제29조 제2항의 요건을 갖추면 저작재산권자의 동의 없이 상업용 음반 또는 상업적 목적으로 공표된 영상저작물을 재생하여 공중에게 공연할 수 있고, 본 항에 따라 저작물을 이용하는 경우에는 그 저작물을 번역·편곡 또는 개작하여 이용할 수 있다(법 제36조 제1항).

가. 상업용 음반 또는 상업적 목적으로 공표된 저작물을 재생하여 공중에게 공연할 것

법 제29조 제1항이 라이브로 공표된 저작물을 공연하는 경우에만 적용되고 상업용 음반 또는 상업적 목적으로 공표된 저작물을 공연하는 경우에는 제외되는 반면에, 제2항은 상업용 음반(즉, 상업적 목적으로 공표된 음반) 또는 상업적 목적으로 공표된 영상저작물을 재생하는 경우에만 적용된다.

상업용 음반(즉, 상업적 목적으로 공표된 음반)이란 공중에게 음반을 판매 또는 대여하기 위하여 시장에 제공된 것을 말하고, 상업적 목적이란 공중에게 음반을 판매의 방법으로 거래에 제공하거나 해당 음반의 판매와 관련된 간접적 이익을 얻고자 의도하는 것을 말한다.[168]

저작물을 공중에게 공개하는 경우 등이 아니라 사교모임이나 동호회에서 활용하기 위하여 작성하는 경우 등에는 상업적 목적으로 공표된 저작물에 해당하지 않는다. 그리고 음반 홍보를 위해 무료로 배부된 경우나 공연 실황을 녹음한 경우, 방송 프로그램(예를 들면 복면가왕 등)에서 제작한 경우, 음반 제작업체가 사전에 제작한 음악 중에서 선택하여 매체 광고에 삽입할 목석으로 사용하는 경우와 같은 다수의 주문자가 선택할 수 있도록 사전에 제작하여 제공하는 경우 등에는 음반의 상업적 목적이 있으나, 방송사업자가 자기의 방송을 위하여 주제·배경·시그널 음악을 자체 제작 또는 주문 제작하여 사용하는 경우나 매체 광고에 삽입할 목적으로 음악을 새로 직접 또는 주문 제작하는 경우 등에는 프로그램이나 회사 홍보 등의 목적으로 만들어졌기 때문에 음반 자체의 상업적 목적이 없다고 본다. 상업용 음반을 구입해서 이를 디지털 파일로 변환하거나 편집하여 다른 매체에 저장하더라도 상업용 음반으로서의 성격이 바뀌는 것은 아니므로 기존 상업용 음반을 이용하여 CD 등을 제작하여 제공하거나 음악 서비스사업자가 스트리밍 등의 방법을 통해 제공하는 경우도 상업용 음반의 제공에 해당한다.[169]

2016. 3. 22. 법률 제14083호로 개정되기 전의 저작권법 제29조 제2항에서는 "상업용 음반 또는 상업적 목적으로 공표된 저작물"이 아니라 "판매용 음반 또는 판매용 영상저작물"이

---

168) 상업용 음반 바로 알기(최종본), 문화체육관광부·한국저작권위원회(2016), 7쪽. 같은 쪽에 예시로서 "음반의 홍보를 위해 무료로 CD를 배포하는 경우에는 음반 자체의 판매 촉진을 통한 간접적인 이익을 추구하고 있어 상업적 목적이 있고, 기업의 홍보나 상품 판매 촉진을 위해 자체 제작한 곡을 매장에서 트는 경우에는 음반 자체에 대한 이익을 얻을 목적이 없기 때문에 상업적 목적에 해당하지 않는다."는 내용이 있다.

169) 이 부분 내용은 상업용 음반 바로 알기(최종본), 문화체육관광부·한국저작권위원회(2016), 9~10 참조.

라고 규정되어 있었다. 개정 전 조항의 해석과 관련하여 대법원은 '판매용 음반'이라고 함은 시중에 판매할 목적으로 제작된 음반만을 의미하는 것으로 해석하여 특정 브랜드의 커피숍 매장에서 배경음악으로 틀어주기 위한 목적으로 주문에 따라 제작·공급된 음악 CD, 매장음악 서비스 제공업체들이 매장들에 전송한 이 음악저작물 음원들이 '시중에 판매할 목적으로 제작된 음반'에 해당한다고 볼 수 없어 법 제29조 제2항에서 정한 '판매용 음반'에 해당하지 않는다고 하였다.170)

한편, 대법원은 저작권법 (제29조 제2항이 아닌) 제76조의2 및 제83조의2에서 규정하는 '판매용 음반'에 해당하는지가 쟁점인 사안에서는, 「소외 회사가 디지털음성송신보상금을 지급하고 음반제작자로부터 받은 디지털 음원은 저작권법 제76조의2 제1항, 제83조의2 제1항의 판매용 음반에 해당하고, 피고가 위 디지털 음원을 소외 회사로부터 제공받고 스트리밍 방식을 통하여 매장에 틀어 놓아 간접사용한 행위는 판매용 음반을 사용하여 공연한 행위에 해당한다.」171)라고 하였다.

---

170) 대법원 2012. 5. 10. 선고 2010다87474 판결("저작권법 제29조 제2항은, 청중이나 관중으로부터 당해 공연에 대한 반대급부를 받지 않는 경우 '판매용 음반' 또는 '판매용 영상저작물'을 재생하여 공중에게 공연하는 행위가 저작권법 시행령에서 정한 예외사유에 해당하지 않는 한 공연권 침해를 구성하지 않는다고 규정하고 있다. 그런데 위 규정은, 공연권의 제한에 관한 저작권법 제29조 제1항이 영리를 목적으로 하지 않고 청중이나 관중 또는 제3자로부터 어떤 명목으로든지 반대급부를 받지 않으며 또 실연자에게 통상의 보수를 지급하지 않는 경우에 한하여 공표된 저작물을 공연 또는 방송할 수 있도록 규정하고 있는 것과는 달리, 당해 공연에 대한 반대급부를 받지 않는 경우라면 비영리 목적을 요건으로 하지 않고 있어, 비록 공중이 저작물의 이용을 통해 문화적 혜택을 향수하도록 할 공공의 필요가 있는 경우라도 자칫 저작권자의 정당한 이익을 부당하게 해할 염려가 있으므로, 위 제2항의 규정에 따라 저작물의 자유이용이 허용되는 조건은 엄격하게 해석할 필요가 있다. 한편 저작권법 제29조 제2항이 위와 같이 '판매용 음반'을 재생하여 공중에게 공연하는 행위에 관하여 아무런 보상 없이 저작권자의 공연권을 제한하는 취지의 근저에는 음반의 재생에 의한 공연으로 그 음반이 시중의 소비자들에게 널리 알려짐으로써 당해 음반의 판매량이 증가하게 되고 그에 따라 음반제작자는 물론 음반의 복제·배포에 필연적으로 수반되는 당해 음반에 수록된 저작물의 이용을 허락할 권능을 가지는 저작권자 또한 간접적인 이익을 얻게 된다는 점도 고려되었을 것이므로, 이러한 규정의 내용과 취지 등에 비추어 보면 위 규정에서 말하는 '판매용 음반'이라 함은 그와 같이 시중에 판매할 목적으로 제작된 음반을 의미하는 것으로 제한하여 해석함이 상당하다."), 대법원 2016. 8. 24. 선고 2016다204653 판결도 같은 취지이다.

171) 대법원 2015. 12. 10. 선고 2013다219616 판결은 "저작권법 제76조의2 제1항, 제83조의2 제1항은 판매용 음반을 사용하여 공연을 하는 자는 상당한 보상금을 해당 실연자나 음반제작자에게 지급하도록 규정하고 있다. 위 각 규정이 실연자와 음반제작자에게 판매용 음반의 공연에 대한 보상청구권을 인정하는 것은, 판매된 음반이 통상적으로 예정하고 있는 사용 범위를 초과하여 공연에 사용되는 경우 그로 인하여 실연자의 실연 기회 및 음반제작자의 음반판매 기회가 부당하게 상실될 우려가 있으므로 그 부분을 보상해 주고자 하는 데에 그 목적이 있다. 이러한 규정의 내용과 취지 등에 비추어 보면 위 각 규정에서 말하는 '판매용 음반'에는 불특정 다수인에게 판매할 목적으로 제작된 음반뿐만 아니라 어떠한 형태이든 판매를 통해 거래에 제공된 음반이 모두 포함되고, '사용'에는 판매용 음반을 직접 재생하는 직접사용뿐만 아니라 판매용 음반을 스트리밍 등의 방식을 통하여 재생하는 간접사용도 포함된

그런데 이와 같은 판단은 법원이 구체적 사안에 따라 이들 조문의 입법취지를 고려하여 심리하다보니 판매용 음반의 개념에 포섭되는 대상을 달리 정하게 된 것뿐으로 서로 배치되는 결론은 아니었는데, 이를 두고 거래계에서는 같은 문구(판매용 음반)임에도 법 제29조 제2항과 제76조의2 및 제83조의2에서 해석을 달리하여 혼선을 준다는 의견이 나왔고 이에 2016. 3. 22. 법률 제14083호로 저작권법을 개정하면서 제21조의 대여권 규정에서 "판매용 음반이나 판매용 프로그램"을 "상업적 목적으로 공표된 음반(이하 '상업용 음반'이라 한다)이나 상업적 목적으로 공표된 프로그램"으로 변경하면서 상업적 목적으로 공표된 음반을 약칭하여 '상업용 음반'이라 한다고 규정하고, 제29조 제2항의 "판매용 음반 또는 판매용 영상저작물을" 부분을 "상업용 음반 또는 상업적 목적으로 공표된 영상저작물"으로, 제76조의2 및 제83조의2의 "판매용 음반"을 "상업용 음반"으로 각각 변경하기에 이르렀다.

한편 상업용 음반은 시판용 음반보다는 더 넓은 개념이므로 시판용 음반이 아니더라도 상업용 음반에 해당하는 경우에는 본 조가 적용될 수 있다. 다만 저작권법 시행령 제11조의 개정 등의 영향으로 점차로 본 조의 적용범위가 좁아지고 공연권이 미치는 범위가 확대되고 있다.

나. 청중이나 관중으로부터 당해 공연에 대한 반대급부를 받지 아니할 것

법 제29조 제1항은 "어떤 명목으로든지 반대급부를 받지 아니하는 경우"로 규정하고 있음에 반하여 법 제29조 제2항은 "당해 공연에 대한 반대급부를 받지 아니하는 경우"로 규정되어 있으므로 반대급부를 받지 않는다는 것이 제1항보다 넓게 인정된다.

즉, 법 제29조 제2항에서의 반대급부란 "당해 공연에 대한" 것이므로 그 공연에 대한 직접적인 반대급부만이 해당되고 간접적인 급부나 실비 이상의 청소비 등을 수령하여도 위 반대급부에 해당하지 아니한다.

다. 대통령령이 정하는 경우에 해당하지 아니할 것

이는 본 조 적용의 예외에 해당한다. 대통령령이 정하는 경우란 저작권법 시행령 제11조 (2008. 2. 29. 대통령령 제29676호로 개정되기 전에는 제2조, 2008년 이후에도 7번의 개정이 있었다)에 정한 영업소에서 하는 공연을 말한다.

2017. 8. 22. 대통령령 제28251호(시행일 2018. 8. 23.)로 개정[172]된 저작권법 시행령 제

다고 해석함이 타당하다."라고 하였다.

172) 위 개정시행령에서는 음악 사용률이 높고, 영업에서 음악 중요도가 높은 커피숍, 호프집, 헬스클럽 등을 추가로 포함하고, 「유통산업발전법」상 대규모 점포(면적 3,000㎡ 이상)의 종류(대형마트, 전문점, 백화점, 쇼핑센터, 복합쇼핑몰, 그 밖의 대규모점포) 중 기존 대상에서 제외되었던 '복합쇼핑몰' 및 '그

11조는 법 제29조 제2항 단서에서 "대통령령이 정하는 경우"를 아래와 같이 규정한다.

 1. 「식품위생법 시행령」 제21조 제8호에 따른 영업소에서 하는 다음 각 목의 공연

 가. 「식품위생법 시행령」 제21조 제8호 가목에 따른 휴게음식점 중 「통계법」 제22조에 따라 통계청장이 고시하는 산업에 관한 표준분류(이하 "한국표준산업분류"라 한다)에 따른 커피 전문점 또는 기타 비알코올 음료점업을 영위하는 영업소에서 하는 공연

 나. 「식품위생법 시행령」 제21조 제8호 나목에 따른 일반음식점 중 한국표준산업분류에 따른 생맥주전문점 또는 기타 주점업을 영위하는 영업소에서 하는 공연

 다. 「식품위생법 시행령」 제21조 제8호 다목에 따른 단란주점과 같은 호 라목에 따른 유흥주점에서 하는 공연

 라. 가목부터 다목까지의 규정에 해당하지 아니하는 영업소에서 하는 공연으로서 음악 또는 영상저작물을 감상하는 설비를 갖추고 음악이나 영상저작물을 감상하게 하는 것을 영업의 주요 내용의 일부로 하는 공연

 2. 「한국마사회법」에 따른 경마장, 「경륜·경정법」에 따른 경륜장 또는 경정장에서 하는 공연

 3. 「체육시설의 설치·이용에 관한 법률」에 따른 다음 각 목의 시설에서 하는 공연

 가. 「체육시설의 설치·이용에 관한 법률」 제5조에 따른 전문체육시설 중 문화체육관광부령으로 정하는 전문체육시설

 나. 「체육시설의 설치·이용에 관한 법률 시행령」 별표 1의 골프장, 무도학원, 무도장, 스키장, 에어로빅장 또는 체력단련장

 4. 「항공사업법」에 따른 항공운송사업용 여객용 항공기, 「해운법」에 따른 해상여객운송사업용 선박 또는 「철도사업법」에 따른 여객용 열차에서 하는 공연

 5. 「관광진흥법」에 따른 호텔·휴양콘도미니엄·카지노 또는 유원시설에서 하는 공연

 6. 「유통산업발전법」 별표에 따른 대규모점포(「전통시장 및 상점가 육성을 위한 특별법」 제2조 제1호에 따른 전통시장은 제외한다)에서 하는 공연

 7. 「공중위생관리법」 제2조 제1항 제2호 숙박업 및 같은 항 제3호 나목의 목욕장에서 영상저작물을 감상하게 하기 위한 설비를 갖추고 하는 상업적 목적으로 공표된 영상저작물의 공연

 8. 다음 각 목의 어느 하나에 해당하는 시설에서 영상저작물을 감상하게 하기 위한 설비를 갖추고 발행일부터 6개월이 지나지 아니한 상업적 목적으로 공표된 영상저작물을 재생하는 형태의 공연

 가. 국가·지방자치단체(그 소속기관을 포함한다)의 청사 및 그 부속시설

 나. 「공연법」에 따른 공연장

밖의 대규모점포'를 추가 포함하되, 전통시장은 제외하였다.

다. 「박물관 및 미술관 진흥법」에 따른 박물관·미술관

라. 「도서관법」에 따른 도서관

마. 「지방문화원진흥법」에 따른 지방문화원

바. 「사회복지사업법」에 따른 사회복지관

사. 「양성평등기본법」 제47조 및 제50조에 따른 여성인력개발센터 및 여성사박물관

아. 「청소년활동진흥법」 제10조 제1호 가목에 따른 청소년수련관

자. 「지방자치법」 제144조에 따른 공공시설 중 시·군·구민회관

X. 사적 이용을 위한 복제(법 제30조)

1 의의 및 규정 연혁

공표된 저작물을 영리를 목적으로 하지 아니하고 개인적으로 이용하거나 가정 및 이에 준하는 한정된 범위 안에서 이용하는 경우에는 그 이용자는 이를 복제할 수 있다. 다만, 공중의 사용에 제공하기 위하여 설치된 복사기기, 스캐너, 사진기 등 문화체육관광부령으로 정하는 복제기기에 의한 복제는 그러하지 아니하다(법 제30조).

이는 저작재산권자의 경제적인 이익을 크게 침해하지 않고 공익을 위해 정보의 자유로운 유포를 확대할 필요가 있다는 점을 고려하여 인정된 것이다. 다만 당초 저작재산권자의 경제적 이익을 크게 침해하지 않는다는 점이 사적 이용을 위한 복제를 허용하는 이유의 하나였지만 오늘날 복제기기의 대량 보급 등으로 인해 저작재산권자의 경제적 이익이 크게 침해될 우려가 있어 사적복제보상금 제도(독일 등)나 저작권관리단체의 설립(미국 등) 등이 도입되고 있다.

우리나라는 사단법인 한국복제전송저작권협회가 저작권신탁관리업무 허가를 받아 저작재산권자와 출판권자로부터 저작물의 복사와 전송에 관한 관리위탁을 받고 이용자로부터 징수한 사용료를 저작재산권자와 출판권자에게 배분하는 등의 저작물 관리 업무를 수행하고 있다. 한국복제전송저작권협회가 신탁 관리하는 저작물을 복사업소, 기업체·관공서, 연구소 등에서 운영 중인 복사기를 통해 복사(다만 배포 등을 위하여 복사하는 것은 허용되지 않음)하려는 사람은 한국복제전송저작권협회와 저작물복사이용계약을 체결하여야 하는데 이때 그 대상 저작물은 저작물 이용에 관한 계약 약관 제3조 내지 제5조에 따라 한국복제전송저작권협회에 의하여 신탁관리되고 있는 도서·학위논문, 정기간행물 등이다.

1986. 12. 31. 법률 제3916호로 전부개정된 저작권법 제27조에서 "공표된 저작물을 영리를 목적으로 하지 아니하고 개인적으로 이용하거나 가정 및 이에 준하는 한정된 범위 안에서 이용하는 경우에는 그 이용자는 이를 복제할 수 있다."라고 규정하였다.

2000. 1. 12. 법률 제6134호로 개정된 저작권법 제27조에서 단서에 "다만, 일반공중의 사용에 제공하기 위하여 설치된 복사기기에 의한 복제는 그러하지 아니하다."라는 문언이 추가되었다.

2006. 12. 28. 법률 제8101호로 전부개정된 저작권법에서 조문의 위치만이 제30조로 이전되었다. 그리고 2006년 개정에서 법 제30조의 규정이 저작인접권의 목적이 된 실연·음반 또는 방송의 이용에 관하여 준용하는 것으로 규정되었다(법 제87조).

2020. 2. 4. 법률 제16933호로 개정된 저작권법에서 기존의 복사기기 외에 스캐너, 사진기 등 문화체육관광부령으로 정하는 복제기기가 추가되었다.

② 적용 요건

본 조에 해당하기 위하여는 (1) 공표된 저작물일 것, (2) 영리를 목적으로 하지 아니할 것, (3) 개인적으로 이용하거나 가정 및 이에 준하는 한정된 범위 안에서 이용할 것, (4) 이용자에 의한 복제일 것, (5) 공중의 사용에 제공하기 위하여 설치된 복사기기, 스캐너, 사진기 등 문화체육관광부령으로 정하는 복제기기에 의한 복제가 아닐 것의 요건을 충족하여야 한다.

이들 요건을 갖추면 이용자는 공표된 저작물을 복제할 수 있고 그 저작물을 번역·편곡 또는 개작하여 이용할 수 있다(법 제36조 제1항).

가. 공표된 저작물일 것

공표되지 않은 저작물은 사적 이용이라도 복제할 수 없다.

관련하여 이용자가 복제하려는 공표된 저작물(대부분 그 복제물)이 적법한 복제물일 것이 요건인지의 문제가 있다. 이에 대하여 업로드 되어 있는 파일을 내려받는 다운로더 입장에서 복제의 대상이 되는 파일이 저작권을 침해한 불법파일인 것을 미필적으로나마 알고 있었다면 다운로드 하여 개인용 하드디스크 등에 보관하는 행위와 같은 사적이용을 위한 복제는 허용되지 않는다고 한 사례(적극설)[173]가 있고, 그 반면에 위와 같은 해석은 현행 규정 문언을 넘어선 것으로서 입법론으로는 몰라도 해석론으로는 무리라는 견해(소극설, 다수설)가 있다.

나. 영리를 목적으로 하지 아니할 것

법 제29조 제1항의 영리 목적에는 공연이나 방송에 대한 직접적인 대가를 받는 경우뿐만

---

173) 서울중앙지방법원 2008. 8. 5.자 2008카합968 결정(미항고 확정), 업로드되어 있는 영화 파일이 명백히 저작권을 침해한 파일인 경우에까지 이를 원본으로 하여 사적 이용을 위한 복제가 허용된다고 보게 되면 저작권 침해의 상태가 영구히 유지되는 부당한 결과가 생길 수 있음을 근거로 한다.

아니라 해당 행위로 인해 간접적으로 경제적인 이익을 촉진하는 경우 등이 모두 포함되지만, 그와 달리 법 제30조의 영리 목적은 개인적으로 이용하거나 가정 및 이에 준하는 한정된 범위 안의 사적 영역에서 복제를 할 수 있는 데에 그치므로 저작물 구입비용을 절감하는 것과 같이 간접적인 것으로는 부족하고, 복제물을 타인에게 판매하거나 타인으로부터 복제의뢰를 받아 대가를 받고 복제를 대행하는 복제행위를 통하여 직접적으로 이득을 취할 목적을 의미한다.

결국 본 조에서의 '영리를 목적으로 하지 아니한다'고 함은 자기 스스로 이용하기 위한 것이라는 의미로 볼 수 있고 개인적으로 이용하고 있는 한, 개인의 연구, 오락, 수집 등 그 구체적인 이용목적은 본 조 해당 여부에 영향을 주지 않는다.[174]

다. 개인적으로 이용하거나 가정 및 이에 준하는 한정된 범위 안에서 이용할 것

여기서 '개인적으로 이용'이란 자기 스스로 사용하는 것을 말하고, '가정'(家庭)은 동일한 하나의 가정을 말하며, '가정에 준하는 한정된 범위'라 함은 이용자가 소속된 인적 범위가 10인 이하 정도로 특정되고 가정에 준할 정도로 구성원 상호간에 긴밀하고 폐쇄적인 결합관계가 있는 경우를 말한다.

기업 내부에서 업무상 이용하기 위하여 저작물을 복제하는 행위는 이를 개인적으로 이용하는 것이라거나 가정 및 이에 준하는 한정된 범위 안에서 이용하는 것이라고 볼 수 없다.[175]

라. 개인적으로 이용하는 자에 의한 복제일 것

개인적으로 이용하는 자가 복제하여야 한다. 복제는 인쇄·사진촬영·복사·녹음·녹화 그 밖의 방법으로 일시적 또는 영구적으로 유형물에 고정하거나 다시 제작하는 것을 말한다 (법 제2조 제22호 참조).

오늘날 네트워크화의 발전에 따라 복제가 다른 장소에 소재하는 복수의 사람에 의해 서로 연결되어 이루어질 수 있으므로 누가 복제의 주체인지를 판단하는 것이 중요하게 되었다.[176]

---

174) 대법원 2015. 4. 9. 선고 2012다109798 판결은 피고 1이 녹음파일 저장 서비스 등을 제공하는 것은 피고 1의 노래반주기 판매를 위한 측면이 있는데다가, 이용자들이 피고 2의 '질러' 사이트에서 녹음파일을 무료로 다운로드할 수 있으나 휴대전화 벨소리 서비스 등은 유료로 제공되며, 제휴 사이트에서는 다운로드와 부가서비스 등이 유료로 제공되고 그로 인하여 발생한 수익 중 일부는 피고 2에게 분배되므로, 피고 1, 2가 영리를 목적으로 위와 같은 녹음파일 저장 및 다운로드 서비스 등을 제공하는 것이 아니라고 보기는 어렵다고 하였다.

175) 대법원 2013. 2. 15. 선고 2011도5835 판결.

176) 서울고등법원 2009. 4. 30. 선고 2008나86722 판결(심리불속행 상고기각 확정)은 이용자들이 피고의 엔탈 녹화시스템을 이용하여 지상파 TV 프로그램을 디지털 압축파일 형태로 송부받는다고 하더라도 피고가 원고의 방송프로그램에 대한 복제행위를 포괄적으로 의도하고 개별 프로그램에 대한 복제행위를 전체적으로 통제 및 관리하고 있다는 이유로 위 복제행위의 주체가 이용자가 아닌 피고라고 판단하

여기서 이용하는 자는 복제하는 개인, 가정 및 그에 준하는 한정된 범위 안에 속해 있어야 하므로 그 밖의 영역에 있는 자에게 위탁하거나 공동하여 복제하는 것은 이용자에 의한 복제에 해당하지 않는다.

복제의 주체가 이용자인 이상, 이용자의 통제를 받는 보조자를 통하여 복제할 수 있으나 전문 복제업자에게 복제를 의뢰하는 경우는 이용자에 의한 복제로 볼 수 없다.

복제의 수단, 방법에도 제한이 없어 복제인 이상 필사는 물론 복사기, 사진기 등을 이용하여도 무방하고, 일부는 물론 필요하다면 전부 복제도 허용된다(다수설).

마. 공중의 사용에 제공하기 위하여 설치된 복사기기 등에 의한 복제가 아닐 것

학교, 회사, 도서관 그 밖에 공공기관이나 복사 전문업체 등에 설치된 복사기기, 스캐너, 사진기 등 문화체육관광부령으로 정하는 복제기기를 이용하는 경우에는 저작권자의 허락을 받아야 한다.

여기의 복사기기는 복제의 기능을 가지는 장치의 전부 또는 주요한 부분이 자동화되어 있는 기기를 말하는데 여기서 복사기기의 범위에 대해 복제를 하는 기기 외에 녹음·녹화 등의 복제를 하는 기기도 포함한다는 견해[177]와 복제를 하는 기기만 해당되고 녹음·녹화 등의 복제를 하는 기기는 제외된다는 견해가 있다.

여기서 '복사기기, 스캐너, 사진기 등 문화체육관광부령으로 정하는 복제기기'란 복사기(제1호), 스캐너(제2호), 사진기(제3호), 제1호부터 제3호까지의 규정에 해당하는 기기의 기능을 복합하여 갖추고 있는 복제기기를 말한다(법 시행규칙 제2조의2).

③ 컴퓨터프로그램저작물에 관한 특례

저작권법은 컴퓨터프로그램저작물에 대하여는 본 조를 적용하지 아니한다(제37조의2)라고 규정함과 아울러 가정과 같은 한정된 장소에서 개인적인 목적(영리를 목적으로 하는 경우를 제외한다)으로 복제하는 경우에는 그 목적상 필요한 범위에서 공표된 프로그램을 복제 또는 배포할

였다.

177) 서울고등법원 2009. 4. 30. 선고 2008나86722 판결(심리불속행 상고기각 확정)은 해당 사안에서의 엔탈 녹화시스템은 지상파 TV 송신신호 수신장치, 송신된 신호를 특정비디오 형식으로 변환하는 장치와 일정기간 파일을 보관할 수 있는 저장장치(서버) 등 30대의 개인용 컴퓨터 및 이를 제어하는 30여종의 소프트웨어로 구성되어 있는데, 이용자들이 위 엔탈 녹화시스템을 이용하여 지상파 TV 프로그램을 디지털 압축파일 형태로 송부받으면 언제든지 재생·복제·배포할 수 있게 된다는 이유로, 엔탈 녹화시스템은 저작권법 제30조 단서에서 정하고 있는 공중의 사용에 제공하기 위하여 설치된 복사기기에 의한 복제로서 저작재산권의 제한 사유에 해당하지 않는다고 하였다.

수 있되, 프로그램의 종류·용도, 프로그램에서 복제된 부분이 차지하는 비중 및 복제의 부수 등에 비추어 프로그램의 저작재산권자의 이익을 부당하게 해치는 경우에는 그러하지 아니하다(제101조의3 제1항 제4호[178])라고 규정한다.

　저작권법 제30조에서는 "가정 및 이에 준하는 한정된 범위"라고 규정된 것에 비해 제101조의3 제1항 제4호는 "가정과 같은 한정된 장소에서"라고 규정되어 있는 점에서 차이가 있는데 전자는 주로 인적 범위를, 후자는 공간적 범위를 요건으로 하고 있다고 이해되고 있다.

XI. 도서관 등에서의 복제(법 제31조)

① 의의 및 규정 연혁

　저작권법 제31조는 도서관 등에 보관된 도서 등을 사용한 저작물의 복제(제1항), 도서관 내 및 도서관 간 각 디지털 복제·전송(제2, 3항), 보상금의 지급(제5항), 복제방지조치 등의 조치(제7항), 국립중앙도서관의 온라인 자료 보전을 위한 복제(제8항) 등을 규정하고 있다. 이는 도서관 등이 문화적·공공적 기능을 원활하게 수행할 수 있도록 하기 위한 규정이다.

　법에 정한 사유가 있으면 저작재산권자와의 협의 자체를 할 필요 없이 소정의 보상금을 지급하고 저작물을 이용할 수 있다는 점에서 법 제24조 제5항과 함께 저작물 이용의 법정허락에 속한다.[179]

　본 조는 여러 차례에 걸쳐 개정되어 왔다.

　1986. 12. 31. 법률 제3916호로 전부개정된 저작권법 제28조는 "도서관법에 의한 도서관 및 도서·문서·기록 그 밖의 자료를 공중의 이용에 제공하는 시설 중 대통령령이 정하는 시설(이하 '도서관 등'이라 한다)에서는 다음 각호의 1에 해당하는 경우에 보관된 자료를 사용하여 저작물을 복제할 수 있다. 1. 조사·연구를 목적으로 하는 이용자의 요구에 따라 공표된 저작물의 일부분의 복제물을 1인 1부에 한하여 제공하는 경우, 2. 도서관 등이 자료의 자체보존을 위하여 필요한 경우, 3. 다른 도서관 등의 요구에 따라 절판 그밖에 이에 준하는 사유로 구하기 어려운 저작물의 복제물을 보존용으로 제공하는 경우"라고 규정하였다가 1991. 3. 8. 법률 제4352호로 개정된 저작권법 제28조에서 '도서관법'이 '도서관진흥법'으로, 1994. 3. 24.

---

178) 해당 규정은 컴퓨터프로그램 보호법이 저작권법에 통합됨에 따라 폐지되기 전 법 제12조 제4호에 있던 규정을 저작권법에 그대로 옮겨온 것이다.

179) 이는 법 제50조 내지 제52조와 같이 저작재산권자와 사이에 저작물 사용과 관련하여 협의하는 것을 전제로 그 이용허락을 받을 수 없는 경우에 이용허락을 받고 그에 대한 보상금을 지급하거나 공탁한 다음 저작물을 이용할 수 있는 강제허락과 구분된다. 이에 대하여는 「제8장 저작재산권의 경제적 이용 II. 저작물 이용의 법정허락 ② 법정허락(강제허락)의 유형」 부분 참조.

법률 제4746호로 개정된 저작권법 제28조에서 '도서관진흥법'에서 '도서관및독서진흥법'으로 각각 법률 명칭만 변경되었다.

　2000. 1. 12. 법률 제6134호로 개정된 저작권법 제28조 제1항에서 각 호 외의 부분 본문 중 '도서관 및 도서·문서·기록 그 밖의 자료'가 '도서관과 도서·문서·기록 그 밖의 자료(이하 도서 등이라 한다)'로 수정되고 제1호의 '저작물의 일부분'이 '도서 등의 일부분'으로 변경되고,[180] 제2항의 "도서관 등은 컴퓨터 등 정보처리능력을 가진 장치를 통하여 당해시설과 다른 도서관 등에서 이용자가 도서 등을 열람할 수 있도록 이를 복제·전송할 수 있다. 이 경우 도서관 등은 이 법에 의하여 보호되는 권리를 위하여 필요한 조치를 하여야 한다."라는 규정이 신설되었다.

　2003. 5. 27. 법률 제6881호로 개정된 저작권법에서 대폭적인 변경이 있었는데 제28조 제1항 각 호 외의 부분 본문이 "① 도서관및독서진흥법에 의한 도서관과 도서·문서·기록 그 밖의 자료(이하 도서 등이라 한다)를 공중의 이용에 제공하는 시설 중 대통령령이 정하는 시설(당해 시설의 장을 포함하며, 이하 도서관 등이라 한다)은 다음 각호의 1에 해당하는 경우에는 그 도서관 등에 보관된 도서 등(제1호의 경우에는 제3항의 규정에 의하여 당해 도서관 등이 복제·전송받은 도서 등을 포함한다)을 사용하여 저작물을 복제할 수 있다. 다만, 제1호 및 제3호의 경우에는 디지털 형태로 복제할 수 없다."라고 변경되고(밑줄이 변경된 부분임, 이하 같다), 제2호에서 '도서관 등이 자료의 자체보존을 위하여'가 '도서 등의 자체보존을 위하여'로, 제3호에서 '구하기 어려운 저작물의 복제물'이 '구하기 어려운 도서 등의 복제물'로 변경되었으며, 제2항이 "도서관 등은 컴퓨터 등 정보처리능력을 가진 장치(이하 컴퓨터 등이라 한다)를 이용하여 이용자가 그 도서관 등의 안에서 열람할 수 있도록 보관된 도서 등을 복제하거나 전송할 수 있다. 이 경우 동시에 열람할 수 있는 이용자의 수는 그 도서관 등에서 보관하고 있거나 저작권 그 밖의 이 법에 의하여 보호되는 권리를 가진 자로부터 이용허락을 받은 그 도서 등의 부수를 초과할 수 없다."라고 변경되었다.

　그리고 같은조 제3항 내지 제6항이 신설되어 "③ 도서관 등은 컴퓨터 등을 이용하여 이용자가 다른 도서관 등의 안에서 열람할 수 있도록 보관된 도서 등을 복제하거나 전송할 수 있다. 다만, 그 전부 또는 일부가 판매용으로 발행된 도서 등은 그 발행일로부터 5년이 경과하지 아니한 경우에는 그러하지 아니하다. ④ 도서관 등은 제1항 제2호의 규정에 의한 도서 등의 복제 및 제2항과 제3항의 규정에 의한 도서 등의 복제를 함에 있어서 그 도서 등이 디지털 형태로 판매되고 있는 경우에는 그 도서 등을 디지털 형태로 복제할 수 없다. ⑤ 도서관 등은 제1항 제1호의 규정에 의하여 디지털 형태의 도서 등을 복제하는 경우 및 제3항의 규정에 의하

---

180) 이는 개정전에 저작물이라는 문구로 되어 있어서 정기간행물이나 논문집에 실린 개별적인 논문의 전부를 복사할 수 있는지 여부에 대해 다툼이 있어 이를 복제할 수 있도록 개정한 것이다.

여 도서 등을 다른 도서관 등의 안에서 열람할 수 있도록 복제하거나 전송하는 경우에는 문화관광부장관이 정하여 고시하는 기준에 의한 보상금을 저작재산권자에게 지급하거나 이를 공탁하여야 한다. 다만, 국가, 지방자치단체 또는 고등교육법 제2조의 규정에 의한 학교를 저작재산권자로 하는 도서등(그 전부 또는 일부가 판매용으로 발행된 도서등을 제외한다)의 경우에는 그러하지 아니하다. 보상금 지급의 방법·절차에 관하여 필요한 사항은 대통령령으로 정한다. ⑥ 제1항 내지 제3항의 규정에 의하여 도서 등을 디지털 형태로 복제하거나 전송하는 경우에 도서관 등은 저작권 그 밖의 이 법에 의하여 보호되는 권리의 침해를 방지하기 위하여 복제방지조치 등 대통령령이 정하는 필요한 조치를 하여야 한다."라고 규정되었다.

2006. 10. 4. 법률 제8029호로 개정된 저작권법 제28조에서 '도서관및독서진흥법'이 '도서관법'으로 법률 명칭만 변경되었다.

2006. 12. 28. 법률 제8101호로 개정된 저작권법에서 조문의 위치가 제31조로 이전되고 문구 수정이 이루어졌다. 제2항에서 '그 밖의 이 법에 의하여'가 '그 밖에 이 법에 따라'로, 제4항에서 '복제를 함에 있어서'가 '복제의 경우에'로, 제5항에서 '규정에 의하여'가 '규정에 따라'로, '지급하거나 이를 공탁하여야 한다'가 '지급하여야 한다'로 각각 변경되고, 제5항의 '보상금 지급의 방법·절차에 관하여 필요한 사항은 대통령령으로 정한다'라는 문구가 삭제되고 대신 제6항이 신설되어 "제25조 제5항 내지 제9항의 규정은 제5항의 보상금의 지급 등에 관하여 준용한다."라고 규정되었으며 기존의 제6항은 제7항으로 이전되었다. 그리고 2006년 개정에서 법 제31조의 규정이 저작인접권의 목적이 된 실연·음반 또는 방송의 이용에 관하여 준용하는 것으로 규정되었다(법 제87조).

2008. 2. 29. 법률 제8852호로 개정된 저작권법 제31조 제5항에서 '문화관광부장관'이 '문화체육관광부장관'으로 수정되었고 2009. 3. 25. 법률 제9529호로 개정된 제31조에서 제8항이 신설되어 "「도서관법」 제20조의2에 따라 국립중앙도서관이 온라인 자료의 보존을 위하여 수집하는 경우에는 해당 자료를 복제할 수 있다."라고 규정되었다.

2009. 4. 22. 법률 제9625호로 개정된 저작권법 제31조 제2항 및 제3항의 '컴퓨터 등'이 '컴퓨터'로 각각 수정되었고 2020. 2. 4. 법률 제16933호로 개정된 저작권법에서 제25조가 변경됨에 따라 제31조 제6항이 '제25조 제5항 내지 제9항의 규정은 제5항의 보상금의 지급 등에 관하여 준용한다.'에서 '제5항의 보상금의 지급 등에 관하여는 제25조 제7항부터 제11항까지의 규정을 준용한다.'로 변경되었다.

② 내용

「도서관법」에 따른 도서관과 도서·문서·기록 그 밖의 자료(이하 '도서 등'이라 한다)를 공중의 이용에 제공하는 시설 중 대통령령이 정하는 시설(당해시설의 장을 포함한다. 이하 '도서관 등'이라 한다)은 (1) 조사·연구를 목적으로 하는 이용자의 요구에 따라 공표된 도서 등의 일부분의 복제물을 1인 1부에 한하여 제공하는 경우(제1호), (2) 도서 등의 자체보존을 위하여 필요한 경우(제2호), (3) 다른 도서관 등의 요구에 따라 절판 그 밖에 이에 준하는 사유로 구하기 어려운 도서 등의 복제물을 보존용으로 제공하는 경우(제3호)의 어느 하나에 해당하는 경우에는 그 도서관 등에 보관된 도서 등(제1호의 경우에는 제3항의 규정에 따라 당해 도서관 등이 복제·전송받은 도서 등을 포함한다)을 사용하여 저작물을 복제할 수 있다(법 제31조 제1항 본문). 다만, 제1호 및 제3호의 경우에는 디지털 형태로 복제할 수 없다(법 제31조 제1항 단서).

법 제31조 제1항에 의하여 복제행위를 할 수 있는 주체는 도서관 등이고 도서관 직원이 직무상 실제의 복제행위를 하는 경우에 한한다.

법 제31조 제1항 각 호 외의 본문 부분에서 말하는 대통령령이 정하는 시설이란 ㉮「도서관법」에 따른 국립중앙도서관·공공도서관·대학도서관·학교도서관·전문도서관(영리를 목적으로 하는 법인 또는 단체에서 설립한 전문도서관으로서 그 소속원만을 대상으로 도서관 봉사를 하는 것을 주된 목적으로 하는 도서관은 제외한다), ㉯ 국가, 지방자치단체, 영리를 목적으로 하지 아니하는 법인 또는 단체가 도서·문서·기록과 그 밖의 자료를 보존·대출하거나 그 밖에 공중의 이용에 제공하기 위하여 설치한 시설의 어느 하나에 해당하는 시설을 말한다(법 시행령 제12조).

도서관 등은 컴퓨터를 이용하여 이용자가 그 도서관 등의 안에서 열람할 수 있도록 보관된 도서 등을 복제하거나 전송할 수 있다. 이 경우 동시에 열람할 수 있는 이용자의 수는 그 도서관 등에서 보관하고 있거나 저작권 그 밖에 이 법에 따라 보호되는 권리를 가진 자로부터 이용허락을 받은 그 도서 등의 부수를 초과할 수 없다(법 제31조 제2항).

도서관 등은 컴퓨터를 이용하여 이용자가 다른 도서관 등의 안에서 열람할 수 있도록 보관된 도서 등을 복제하거나 전송할 수 있다. 다만, 그 전부 또는 일부가 판매용으로 발행된 도서 등은 그 발행일로부터 5년이 경과하지 아니한 경우에는 그러하지 아니하다(법 제31조 제3항).

다만 도서관 등은 제1항 제2호의 규정에 따른 도서 등의 복제 및 제2항과 제3항의 규정에 따른 도서 등의 복제의 경우에 그 도서 등이 디지털 형태로 판매되고 있는 때에는 그 도서 등을 디지털 형태로 복제할 수 없으므로(법 제31조 제4항) 제2항의 경우는 구매하여 열람에 제공하여야 하고 제3항의 경우는 출력하여 제공하여야 한다.

도서관 등은 법 제31조 제1항 제1호의 규정에 따라 디지털 형태의 도서 등을 복제하는 경우 및 제3항의 규정에 따라 도서 등을 다른 도서관 등의 안에서 열람할 수 있도록 복제하거나 전송하는 경우에는 문화체육관광부장관이 정하여 고시하는 기준에 의한 보상금을 당해 저작재산권자에게 지급하여야 한다. 다만, 국가, 지방자치단체 또는 「고등교육법」 제2조의 규정에 따른 학교를 저작재산권자로 하는 도서 등(그 전부 또는 일부가 판매용으로 발행된 도서 등을 제외한다)의 경우에는 그러하지 아니하다(법 제31조 제5항). 이때 법 제25조(학교교육 목적 등에의 이용) 제5항의 보상금의 지급 등에 관하여는 제25조 제7항부터 제11항까지의 규정을 준용한다(법 제31조 제6항).[181]

　　제1항 내지 제3항의 규정에 따라 도서 등을 디지털 형태로 복제하거나 전송하는 경우에 도서관 등은 저작권 그 밖에 이 법에 따라 보호되는 권리의 침해를 방지하기 위하여 복제방지조치 등 대통령령이 정하는 필요한 조치를 하여야 한다(법 제31조 제7항). 여기서 '대통령령이 정하는 필요한 조치'란 ㉮ 불법 이용을 방지하기 위하여 필요한 기술적 조치로서 ㉠ 제12조에 따른 시설(이하 '도서관 등'이라 한다)의 이용자가 도서관 등의 안에서 열람하는 것 외의 방법으로는 도서 등을 이용할 수 없도록 하는 복제방지조치, ㉡ 도서관 등의 이용자 외에는 도서등을 이용할 수 없도록 하는 접근제한 조치, ㉢ 도서관 등의 이용자가 도서관등의 안에서 열람하는 것 외의 방법으로 도서 등을 이용하거나 그 내용을 변경한 경우 이를 확인할 수 있는 조치, ㉣ 판매용으로 제작된 전자기록매체의 이용을 방지할 수 있는 장치의 설치, ㉯ 저작권 침해를 방지하기 위한 도서관 직원 교육, ㉰ 컴퓨터 등에 저작권 보호 관련 경고표지의 부착, ㉱ 법 제31조 제5항에 따른 보상금을 산정하기 위한 장치의 설치의 조치를 말한다(법 시행령 제13조).

　　「도서관법」 제20조의2에 따라 국립중앙도서관이 온라인 자료의 보존을 위하여 수집하는 경우에는 해당 자료를 복제할 수 있다(법 제31조 제8항). 이는 정보기술의 발달에 따라 국립중앙도서관으로 하여금 온라인 자료를 체계적으로 관리할 수 있도록 하기 위한 복제 근거를 마련하기 위한 것이다.

XII. 시험문제로서의 복제(법 제32조)

1 의의 및 규정 연혁

　　학교의 입학시험이나 그 밖에 학식 및 기능에 관한 시험 또는 검정을 위하여 필요한 경우에는 그 목적을 위하여 정당한 범위에서 공표된 저작물을 복제·배포 또는 공중송신할 수 있다. 다만, 영리를 목적으로 하는 경우에는 그러하지 아니하다(법 제32조).

　　저작물을 시험문제로서 이용하는 경우에도 사전에 저작권자의 허락을 얻어야 한다면 시험 전에 문제의 내용 등이 공개될 염려가 있어 성질상 사전에 저작권자의 허락을 얻기 어려운 점

---

181) 법 제25조 부분에서 설명한 바와 같이 사단법인 한국복제전송저작권협회가 저작권신탁관리업무 허가를 받아 국립중앙도서관, 공공도서관, 대학도서관, 학교도서관, 전문도서관 등에서의 이용(도서관 보상금)에 대하여 이용자로부터 보상금을 징수하고 저작재산권자에게 이를 분배하는 등의 저작물 관리 업무를 수행하고 있다.

등을 고려한 것이다.

1986. 12. 31. 법률 제3916호로 전부개정된 저작권법 제29조에서 "학교의 입학시험 그 밖의 학식 및 기능에 관한 시험 또는 검정을 위하여 필요한 경우에는 그 목적을 위하여 정당한 범위안에서 공표된 저작물을 복제할 수 있다. 다만, 영리를 목적으로 하는 경우에는 그러하지 아니하다."라고 규정하였다.

2006. 12. 28. 법률 제8101호로 전부개정된 저작권법은 조문의 위치를 제32조로 옮기면서 종전의 '그 밖의'를 '그 밖에'로 수정하였다. 그리고 2006년 개정에서 법 제32조의 규정이 저작인접권의 목적이 된 실연·음반 또는 방송의 이용에 관하여 준용하는 것으로 규정되었다 (법 제87조).

2009. 4. 22. 법률 제9625호로 개정된 저작권법에서 종전의 '정당한 범위 안에서'를 '정당한 범위에서'로, '복제할 수 있다'를 '복제·배포할 수 있다'[182]로 변경하고, 2020. 2. 4. 법률 제16933호로 개정된 저작권법에서 '입학시험'을 '입학시험이나'로 '복제·배포'를 '복제·배포 또는 공중송신'으로 변경하였다.

② 내용

본 조가 적용되기 위하여는 (1) 공표된 저작물이어야 할 것, (2) 학교의 입학시험 그 밖에 학식 및 기능에 관한 시험 또는 검정을 위하여 필요한 경우일 것, (3) 그 목적을 위하여 정당한 범위일 것, (4) 영리를 목적으로 하지 아니할 것의 요건을 충족하여야 한다.

위 (2)의 요건에서 시험문제 출제 등의 목적이 아니라 기출문제를 수집하여 예상문제집 등의 참고서를 만들기 위해 복제하는 행위는 해당하지 않고, 위 (3)의 요건에 시험문제의 출제 등의 범위를 넘어 저작물을 복제하는 행위는 해당하지 않으며, 위 (4)의 요건에 시험문제의 제작을 영업으로 하는 자가 외부의 의뢰를 받아 대가를 받고 시험문제를 제작하는 경우는 해당하지 않는다.

이러한 (1) 내지 (4) 요건을 충족하면 해당 저작물을 복제·배포 또는 공중송신할 수 있다. 그리고 본 조에 따라 저작물을 이용하는 경우에는 그 저작물을 번역하여 이용할 수 있다 (법 제36조 제2항).

---

182) 2009. 4. 22. 법률 제9625호로 개정된 저작권법 제25조 제4항에서 종전의 '제2항의 규정에 따른 복제·공연·방송 또는 전송'이 '제2항의 규정에 따른 복제·배포·공연·방송 또는 전송'으로 변경되었는데 개정 저작권법 해설, 문화체육관광부·한국저작권위원회(2009), 29에서는 위와 같은 배포 문언이 추가된 이유에 대해 "종전 규정의 내용상 복제는 배포를 전제로 하는 것이나 이를 명확히 규정하고 있지 않은바, 법적 명확성 확보차원에서 '배포'를 명시함"이라고 되어 있다. 그렇다면 본 조의 배포 문언의 추가도 그와 같은 취지로 보인다.

컴퓨터프로그램저작물에 대하여는 본 조가 적용되지 아니하고(법 제37조의2) 법 제101조의3(프로그램의 저작재산권의 제한) 제1항 제5호[183]의 "「초·중등교육법」, 「고등교육법」에 따른 학교 및 이에 준하는 학교의 입학시험이나 그 밖의 학식 및 기능에 관한 시험 또는 검정을 목적(영리를 목적으로 하는 경우를 제외한다)으로 복제 또는 배포하는 경우에는 그 목적상 필요한 범위에서 공표된 프로그램을 복제 또는 배포할 수 있다. 다만, 프로그램의 종류·용도, 프로그램에서 복제된 부분이 차지하는 비중 및 복제의 부수 등에 비추어 프로그램의 저작재산권자의 이익을 부당하게 해치는 경우에는 그러하지 아니하다."라는 규정이 적용된다.

XIII. 시각장애인 등을 위한 복제 등(법 제33조)

1 의의 및 규정 연혁

법 제33조 제1항은 시각장애인 등을 위한 복제·배포를, 제2항은 시각장애인 등을 위한 전용기록방식의 복제·배포·전송을 규정한다.

1986. 12. 31. 법률 제3916호로 전부개정된 저작권법 제30조는 "① 공표된 저작물은 앞을 못보는 사람을 위하여 점자로 복제할 수 있다. ② 앞을 못보는 사람의 복리증진을 목적으로 하는 시설 중 대통령령이 정하는 시설에서는 앞을 못보는 사람들의 이용에 제공하기 위하여 공표된 저작물을 녹음할 수 있다."라고 규정하였으나가 2000. 1. 12. 법률 제6134호로 개정된 저작권법 제30조 제1항에서 이용 태양으로 복제 외에 배포를 추가하였다.

2003. 5. 27. 법률 제6881호로 저작권법 제30조 제1항에서 '앞을 못 보는 사람'을 '시각장애인 등'으로 변경하고 제2항을 "시각장애인 등의 복리증진을 목적으로 하는 시설 중 대통령령이 정하는 시설(당해 시설의 장을 포함한다)은 영리를 목적으로 하지 아니하고 시각장애인 등의 이용에 제공하기 위하여 공표된 어문저작물을 녹음하거나 시각장애인 등 전용 기록방식으로 복제·배포 또는 전송할 수 있다."라고 변경하고, 제3항을 신설하여 "제1항 및 제2항의 규정에 의한 시각장애인 등의 범위는 대통령령으로 정한다."라고 규정하였다.

2006. 12. 28. 법률 제8101호로 전부개정된 저작권법에서 조문의 위치만을 제33조로 옮기고, 2009. 3. 25. 법률 제9529호로 개정된 저작권법 제33조 제2항에서 종전의 '시각장애인 등 전용 기록방식으로'를 '대통령령으로 정하는 시각장애인 등을 위한 전용 기록방식으로'로 변경하여 오늘에 이르고 있다. 그리고 2006년 개정에서 법 제33조 제2항의 규정이 저작인접권의 목적이 된 실연·음반 또는 방송의 이용에 관하여 준용하는 것으로 규정되었다(법 제87조).

---

183) 이 규정은 2009. 4. 22. 법률 제9625호로 폐지되어 저작권법에 통합되기 전의 컴퓨터프로그램 보호법 제12조 제5호 중 '입학시험'이 '입학시험이나'로 수정된 것 외에는 같은 내용의 규정이다.

② 내용

가. 시각장애인 등을 위한 복제·배포

공표된 저작물은 시각장애인 등을 위하여 점자로 복제·배포할 수 있다(법 제33조 제1항). 이 경우 행위 주체에 제한이 없고 이용 대상도 공표된 모든 저작물이지만 이용 태양은 복제·배포에 한정된다.

'점자'란 손가락으로 더듬어 읽도록 만든 시각 장애인용 문자를 말한다. 법 제33조 제1항 및 제2항의 규정에 따른 시각장애인 등의 범위는 대통령령으로 정하는데(법 제33조 제3항) 법 시행령 제15조에 의하면 시각장애인 등이란 장애인복지법 시행령 별표 1(장애인의 종류 및 기준) 제3호에 따른 시각장애인[나쁜 눈의 시력(만국식시력표에 따라 측정된 교정시력을 말한다. 이하 같다)이 0.02 이하인 사람, 좋은 눈의 시력이 0.2 이하인 사람, 두 눈의 시야가 각각 주시점에서 10도 이하로 남은 사람, 두 눈의 시야 2분의 1 이상을 잃은 사람] 및 신체적 또는 정신적 장애로 인하여 도서를 다루지 못하거나 독서 능력이 뚜렷하게 손상되어 정상적인 독서를 할 수 없는 사람을 말한다. 후자에는 뇌성마비나 난독증을 가진 사람이 포함된다.

나. 시각장애인 등을 위한 전용기록방식의 복제·배포·전송

시각장애인 등의 복리증진을 목적으로 하는 시설 중 대통령령이 정하는 시설(당해 시설의 장을 포함한다)은 영리를 목적으로 하지 아니하고 시각장애인 등의 이용에 제공하기 위하여 공표된 어문저작물을 녹음하거나 대통령령으로 정하는 시각장애인 등을 위한 전용 기록방식으로 복제·배포 또는 전송할 수 있다(법 제33조 제2항).

법 제33조 제2항의 경우 행위주체는 시각장애인 등의 복리증진을 목적으로 하는 시설 중 대통령령이 정하는 시설(당해 시설의 장을 포함)[184]에 한정되고, 이용 대상도 공표된 저작물 중 어문저작물에 한정되며, 이용 태양은 시각장애인 등의 이용에 제공하기 위하여 공표된 어문저작물을 녹음하거나 대통령령으로 정하는 시각장애인 등을 위한 전용 기록방식[185]으로 복제·

---

184) 저작권법 시행령 제14조 제1항, "법 제33조 제2항에서 대통령령이 정하는 시설이란 다음 각 호의 어느 하나에 해당하는 시설을 말한다. 1. 「장애인복지법」 제58조 제1항에 따른 장애인복지시설 중 다음 각 목의 어느 하나에 해당하는 시설, 가. 시각장애인 등을 위한 장애인 거주시설, 나. 장애인 지역사회 재활시설 중 점자도서관, 다. 장애인 지역사회재활시설 및 장애인 직업재활시설 중 시각장애인 등을 보호하고 있는 시설, 2. 「유아교육법」, 「초·중등교육법」 및 「장애인 등에 대한 특수교육법」에 따른 특수학교와 시각장애인 등을 위하여 특수학급을 둔 각급학교, 3. 국가·지방자치단체, 영리를 목적으로 하지 아니하는 법인 또는 단체가 시각장애인 등의 교육·학술 또는 복리 증진을 목적으로 설치·운영하는 시설".
185) 저작권법 시행령 제14조 제2항은 "법 제33조 제2항에서 대통령령으로 정하는 시각장애인 등을 위한

배포 또는 전송하는 것이다.

본 조에 따라 저작물을 이용하는 경우에는 그 저작물을 번역하여 이용할 수 있다(법 제36조 제2항).

XIV. 청각장애인 등을 위한 복제 등(법 제33조의2)

① 의의 및 규정 연혁

법 제33조의2 제1항은 청각장애인 등을 위한 복제·배포·공연 또는 공중송신을 규정하고, 제2항은 청각장애인 등이 인지 가능한 방식의 복제·배포·공연 또는 공중송신을 규정한다.

본 조는 2013. 7. 16. 법률 제11903호로 신설되었는데 2016. 2. 3. 법률 제13978호로 한국수화언어법이 제정되자 같은날 개정되면서 종전의 '수화'가 '한국수어'로 변경된 것 외에는 그대로이다.

② 내용

가. 청각장애인 등을 위한 복제·배포·공연 또는 공중송신

누구든지 청각장애인 능을 위하여 공표된 저작물을 한국수어로 변환할 수 있고, 이러한 한국수어를 복제·배포·공연 또는 공중송신할 수 있다(법 제33조의2 제1항).

한국수어는 한국 수화 언어를 말하는데 수화란 청각 장애인과 언어 장애인들이 구화(口話)를 대신하여 몸짓이나 손짓으로 표현하는 의사 전달 방법이고, 한국수어란 대한민국 농문화 속에서 시각·동작 체계를 바탕으로 생겨난 고유한 형식의 언어를 말한다(한국수화언어법 제3조 제1호).

법 제33조의 제1항 및 제2항에 따른 청각장애인 등의 범위는 대통령령으로 정한다(법 제33조의2 제3항). 법 시행령 제15조의3에서 법 제33조의2에 따른 청각장애인 등의 범위를 정한 장애인복지법 시행령 별표 1 제4호에 따르면 두 귀의 청력 손실이 각각 60데시벨(dB) 이상인 사람, 한 귀의 청력 손실이 80데시벨 이상, 다른 귀의 청력 손실이 40데시벨 이상인 사람, 두 귀에 들리는 보통 말소리의 명료도가 50퍼센트 이하인 사람, 평형 기능에 상당한 장애가 있는

전용 기록방식이란 다음 각 호의 어느 하나에 해당하는 방식을 말한다. 1. 점자로 나타나게 하는 것을 목적으로 하는 전자적 형태의 정보기록방식, 2. 인쇄물을 음성으로 변환하는 것을 목적으로 하는 정보기록방식, 3. 시각장애인을 위하여 표준화된 디지털음성정보기록방식, 4. 시각장애인 외에는 이용할 수 없도록 하는 기술적 보호조치가 적용된 정보기록방식"이라고 규정한다.

사람을 들고 있다.

나. 청각장애인 등이 인지 가능한 방식의 복제·배포·공연 또는 공중송신

청각장애인 등의 복리증진을 목적으로 하는 시설 중 대통령령으로 정하는 시설(해당 시설의 장을 포함한다)[186]은 영리를 목적으로 하지 아니하고 청각장애인 등의 이용에 제공하기 위하여 필요한 범위에서 공표된 저작물 등에 포함된 음성 및 음향 등을 자막 등 청각장애인이 인지할 수 있는 방식으로 변환할 수 있고, 이러한 자막 등을 청각장애인 등이 이용할 수 있도록 복제·배포·공연 또는 공중송신할 수 있다(법 제33조의2 제2항).

본 조에 따라 저작물을 이용하는 경우에는 그 저작물을 번역하여 이용할 수 있다(법 제36조 제2항).

XV. 방송사업자의 일시적 녹음, 녹화(법 제34조)

① 의의 및 규정 연혁

저작물을 방송할 권한을 가지는 방송사업자는 자신의 방송을 위하여 자체의 수단으로 저작물을 일시적으로 녹음하거나 녹화할 수 있다(법 제34조 제1항).

방송사업자가 저작물을 방송하는 경우에 생방송이 아닌 한 그 전제로서 저작물을 일시적으로 녹음, 녹화하여 두어야 한다. 저작재산권은 권리의 다발로서 방송사업자가 저작재산권자로부터 저작물의 방송을 허락받았더라도 그것을 녹음·녹화하는 것은 별도로 허락을 받아야 하는데 그때마다 저작재산권자로부터 별도의 허락을 받아야 한다면 방송사업자가 공중에 관련 내용을 제때 알릴 수 없어서 자체의 수단으로 녹음, 녹화하는 것을 요건으로 방송사업자의 일시적 녹음, 녹화를 허용하였다.

1986. 12. 31. 법률 제3916호로 전부개정된 저작권법은 제31조에서 "① 방송사업자는 저작물을 스스로의 방송을 위하여 자체수단으로 녹음 또는 녹화할 수 있다. 다만, 그 저작물이 방송권자의 의사에 반한 때에는 그러하지 아니하다. ② 제1항의 규정에 의하여 만들어진 녹음물 또는 녹화물은 녹음일 또는 녹화일로부터 1년을 초과하여 보존할 수 없다. 다만, 그 녹음물 또는 녹화물이 기록의 자료로서 대통령령이 정하는 장소에 보존되는 경우에는 그러하지 아니하다."라고 규정하였다.

2006. 12. 28. 법률 제8101호로 전부개정된 저작권법은 조문의 위치를 제34조로 옮기고

---

186) 저작권법 시행령 제15조의2는 대통령으로 정하는 시설에 대하여 열거하고 있다.

그중 제1항만을 "저작물을 방송할 권한을 가지는 방송사업자는 자신의 방송을 위하여 자체의 수단으로 저작물을 일시적으로 녹음하거나 녹화할 수 있다."라고 바꾸어 현재에 이르고 있다. 그리고 2006년 개정에서 법 제34조의 규정이 저작인접권의 목적이 된 실연·음반 또는 방송의 이용에 관하여 준용하는 것으로 규정되었다(법 제87조).

② 내용

저작물을 방송할 권한을 가지는 방송사업자는 자신의 방송을 위하여 자체의 수단으로 저작물을 일시적으로 녹음하거나 녹화할 수 있다(법 제34조 제1항).

여기서 "방송"은 공중송신 중 공중이 동시에 수신하게 할 목적으로 음·영상 또는 음과 영상 등을 송신하는 것을 말하고(법 제2조 제8호), "공중송신"은 저작물, 실연·음반·방송 또는 데이터베이스를 공중이 수신하거나 접근하게 할 목적으로 무선 또는 유선통신의 방법에 의하여 송신하거나 이용에 제공하는 것을 말하며(법 제2조 제7호), "방송사업자"는 방송을 업으로 하는 자를 말한다(법 제2조 제9호).

방송사업자가 저작물 방송 권한이 있기 위하여는 저작재산권자로부터 방송에 관한 허락을 얻거나, 공표된 저작물을 공익상 필요에 의한 방송과 관련하여 저작재산권자와 사이에 협의가 성립되지 아니하는 경우에 대통령령이 정하는 바에 따라 문화체육관광부장관의 승인을 얻은 후 문화체육관광부장관이 정하는 기준에 의한 보상금을 당해 저작재산권자에게 지급하거나 공탁할 필요가 있고(법 제51조), 그 밖에 권리제한 규정에 의해 합법적으로 방송할 수 있는 권한을 가져야 한다.

방송사업자는 다른 방송사업자의 방송을 위하여 녹음, 녹화를 할 수는 없고 방송사업자 자신의 방송 외의 용도, 즉 시청, 보관, 감상, 판매 등을 위해서는 녹음, 녹화할 수 없다. 또한 자체의 수단으로 녹음, 녹화할 수 있으므로 독립된 외부의 업자에게 위탁하는 등의 방법으로 녹음, 녹화하는 것은 허용되지 않는다.

방송사업자는 자신의 방송을 위하여 자체의 수단으로 저작물을 일시적으로 녹음, 녹화할 수 있지만, 이에 따른 녹음물 또는 녹화물은 녹음일 또는 녹화일로부터 1년을 초과하여 보존할 수 없되, 그 녹음물 또는 녹화물이 기록의 자료로서 대통령령이 정하는 장소에 보존되는 경우에는 그러하지 아니하다(법 제34조 제2항). 법 제34조 제2항 단서의 "대통령령이 정하는 장소"란 ① 기록의 보존을 목적으로 국가나 지방자치단체가 설치·운영하는 시설, ② 방송용으로 제공된 녹음물이나 녹화물을 기록 자료로 수집·보존하기 위하여 「방송법」 제2조 제3호에 따른 방송사업자가 운영하거나 그의 위탁을 받아 녹음물 등을 보존하는 시설의 어느 하나에 해당하는 시설 내를 말한다(법 시행령 제16조).

XVI. 미술저작물 등의 전시 또는 복제(법 제35조)

① 의의 및 규정 연혁

법 제35조는 미술저작물, 건축저작물 또는 사진저작물(법문에는 이를 "미술저작물 등"이라 한다고 규정되어 있으나 명확한 설명을 위해 줄이지 않고 원문 그대로 기재한다)의 전시 또는 복제 등에 대하여 규정한다.

미술저작물, 건축저작물 또는 사진저작물 원본의 소유권이 이전되더라도 전시권은 저작재산권자에게 남아 있는 것이 원칙이나 미술저작물, 건축저작물 또는 사진저작물은 통상 그 저작물이 담긴 원본(원작품)의 소유 여부가 중요한 의미를 가져 그것에 담긴 저작물에 관한 저작재산권자가 가지는 전시권과 그 저작물이 담긴 원본의 소유자가 가지는 소유권 행사 사이에 갈등이 발생할 수 있기 때문에 법 제35조는 이러한 갈등관계를 조절하기 위하여 특별 규정을 두고 있다. 그 외에 법 제35조는 미술저작물, 건축저작물 또는 사진저작물의 원본이 공중에게 개방된 옥외 장소에 항상 전시되어 있는 경우에 그 원본을 복제하여 이용하는 것에 대한 이해관계를 조절하고 위탁에 의한 초상화 또는 이와 유사한 사진저작물이 창작된 경우에 그 저작자와 위탁자 간의 이해관계를 조절하기 위한 규정을 두고 있다.

1957. 1. 28. 제정된 저작권법 제13조(촉탁저작물)는 "타인의 촉탁에 의하여 저작된 사진, 초상의 저작권은 그 촉탁자에 속한다."라고 규정하고, 제36조(저작권의 존속기간)는 "학문적 또는 예술적저작물 중에 삽입된 사진으로서 특히 그 저작물을 위하여 저작하였거나 또는 저작시켰을 때에는 그 사진저작권은 학문적 또는 예술적저작물의 저작자에 속하고 그 저작권은 그 학문적 또는 예술적저작권과 동일한 기간내에 존속한다."라고 규정하고 있었다.

1986. 12. 31. 전부개정된 저작권법 제32조(미술저작물 등의 전시 또는 복제)는 "① 미술저작물 등[187]의 원작품의 소유자나 그의 동의를 얻은 자는 그 저작물을 원작품에 의하여 전시할 수 있다. 다만, 가로·공원·건축물의 외벽 그밖의 일반공중에게 개방된 장소에 항시 전시하는 경우에는 그 저작권자의 허락을 받아야 한다. ② 제1항 단서의 규정에 의한 개방된 장소에 항시 전시되어 있는 미술저작물 등은 어떠한 방법으로든지 이를 복제할 수 있다. 다만, 다음 각호의 1에 해당하는 경우에는 그러하지 아니하다. 1. 건축물을 건축물로 복제하는 경우, 2. 조각 또는 회화를 조각 또는 회화로 복제하는 경우, 3. 제1항 단서의 규정에 의한 개방된 장소

---

187) 같은법 제11조 제3항에서는 "저작자가 공표되지 아니한 미술저작물·건축저작물 또는 사진저작물(이하 '미술저작물등'이라 한다)의 원작품을 양도한 경우에는 그 상대방에게 저작물의 원작품의 전시방식에 의한 공표를 동의한 것으로 추정한다."라고 규정하였다.

등에 항시 전시하기 위하여 복제하는 경우, 4. 판매의 목적으로 복제하는 경우, ③ 제1항의 규정에 의하여 전시를 하는 자 또는 미술저작물 등의 원작품을 판매하고자 하는 자는 그 저작물의 해설이나 소개를 목적으로 하는 목록형태의 책자에 이를 복제하여 배포할 수 있다. ④ 촉탁에 의한 초상화 또는 이와 유사한 사진저작물의 경우에는 촉탁자의 동의가 없는 때에는 이를 전시하거나 복제할 수 없다."라고 규정하였다. 그 후 2000. 1. 12. 개정된 저작권법 제32조 제4항이 "촉탁에 의한 초상화 또는 이와 유사한 사진저작물의 경우에는 촉탁자의 동의가 없는 때에는 이를 이용할 수 없다."라고 하여 종래에는 전시와 복제행위만이 제한되던 것을 모든 이용행위를 제한하는 것으로 변경되었다.

　　2006. 12. 28. 법률 제8101호로 전부 개정된 저작권법에서 위 조문이 제35조로 옮기면서 제1항 중 '원작품'이 '원본'으로, '그밖의' 및 '일반공중'이 '그 밖에' 및 '공중'으로, '그 저작권자의 허락을 받아야 한다'가 '그러하지 아니하다'로 변경되고, 제2항에서 '복제할 수 있다'가 '복제하여 이용할 수 있다'로, '각호의 1'이 '각 호의 어느 하나'로 변경되고, 제3항 중 '규정에 의하여'가 '규정에 따라'로, '원작품'이 '원본'으로 변경되고, 제4항 중 '촉탁'이 '위탁'으로, '전시하거나 복제할 수 없다'가 '이용할 수 없다'로 변경되어 현재에 이르고 있다. 그리고 위 2006년 저작권법 개정에서 법 제35조의 규정이 저작인접권의 목적이 된 실연·음반 또는 방송의 이용에 관하여 준용하는 것으로 규정되었다(법 제87조).

② 내용

가. 미술저작물·건축저작물·사진저작물의 원본 소유자에 의한 전시

　　법 제35조 제1항은 "미술저작물, 건축저작물, 사진저작물의 원본 소유자나 그 동의를 얻은 자는 그 저작물을 원본에 의하여 전시할 수 있다. 다만, 가로·공원·건축물의 외벽 그 밖에 공중에게 개방된 장소에 항시 전시하는 경우에는 그러하지 아니하다."라고 규정한다.

　　'원본 소유자는...그 저작물을 원본에 의하여 전시할 수 있다. 다만...그러하지 아니하다.'라는 의미는 미술저작물, 건축저작물, 사진저작물의 원본 소유자 측에 원칙적으로 자유로운 전시를 허용하되 이러한 저작물이 공중에게 개방된 장소에 항시 전시되는 경우에 법 제35조 제2항에 의하여 미술저작물, 건축저작물, 사진저작물에 대하여 자유로운 복제가 허용되어 저작재산권자의 이익이 심하게 해할 우려가 있기 때문에 저작재산권자에게 주는 영향을 고려하여 이들 저작물의 원본을 공개장소에 항시 전시하는 경우에는 전시권이 작용하도록 하여 저작재산권자의 동의를 받도록 함으로써 원본 소유자 측과 저작재산권자 사이의 이해관계를 조정하려는 데 있다. 따라서 원본 소유자의 원본 전시는 가로·공원·건축물의 외벽 그 밖에 공중에게 개방된 장소에 항시 전시하는 것이 아니어야 한다.

법문에는 미술저작물, 건축저작물, 사진저작물이라고 규정되어 있으나 건축저작물 중 건축을 위한 모형 및 설계도서를 제외한 건축물은 속성상 공중에게 개방된 장소에 항시 전시되어 있고 저작재산권자가 개방된 장소에 항시 전시하는 것을 명시적으로 허락하거나 설치과정에서 이를 묵시적으로 허락하였다고 추인되는 경우가 대부분이므로 이러한 경우에는 원본 소유자측이 저작재산권자의 동의 없이도 그 저작물을 원본에 의하여 전시할 수 있다.

그 저작물을 원본에 의하여 전시할 수 있는데 이때 '원본'은 구 저작권법상의 '원작품'이라는 문구가 변경된 것으로서 저작자의 사상 또는 감정을 창작적으로 표현한 저작물이 화체되어 있는 유체물을 의미하고 그 복제물이 아닌 것을 말한다. 원본은 한 개(일품)일 경우가 많으나 주형에 의하여 제작된 조각 작품이나 판화와 같이 저작자에 의하여 다수 제작되고 저작자가 원본 인정의 의사를 나타내는 서명이나 한정 번호 등의 일정한 표시를 한 경우 그 저작물들은 원본에 해당한다. 다만 동일한 원본이 여러 개인 경우에도 소유자는 자신이 소유하고 있는 원본 이외의 것은 저작재산권자의 허락 없이 전시할 수 없다. 사진저작물의 경우에 원본은 필름이 아니라 인화지에 프린트된 것을 말한다.[188]

한편 저작권법상 전시의 개념 범위에 다툼이 있으나 전시란 유체물을 전제로 하는 것이므로, 앞에서 검토한 바와 같이[189] 미술저작물·건축저작물 또는 사진저작물의 원본이나 그 복제물 등의 유형물을 일반인이 자유롭게 직접 관람할 수 있도록 진열하거나 게시하는 것(이른바 직접전시)만 전시에 해당하고, 이들 저작물을 필름, 슬라이드, 텔레비전 영상 또는 그 밖의 다른 장치나 공정에 의하여 그의 복제물을 보여주는 것(이른바 간접전시)은 전시가 아니라 공연의 행위유형인 상영에 해당하고, 이들 저작물을 인터넷을 통해 전송하여 감상하도록 모니터에 나타내는 것(이른바 인터넷 전시)도 전시가 아니라 전송 등의 공중송신권의 내용에 해당한다.

단서 조항의 공중에게 개방된 장소의 예로서 가로·공원·건축물의 외벽을 열거하고 있어 공중에게 개방된 장소란 도로나 공원 및 그 밖에 공중이 자유롭게 출입할 수 있는 옥외의 장소와 건조물의 외벽 및 그 밖에 공중이 보기 쉬운 옥외의 장소를 말하고, 예컨대 옥외라도 일반인의 출입이 제한되거나 호텔 내 라운지와 같은 옥내의 장소는 비록 일반 공중이 자유롭게 출입할 수 있더라도 위에서 말하는 공중에 개방된 장소가 아니다.[190] 유료공원과 같이 입장료

188) 서울중앙지방법원 2004. 11. 11. 선고 2003나51230 판결(미상고 확정)은 원고가 한라산 등의 자연환경 사진인 이 사건 사진을 이 사건 달력에 게재하여 전시하는 용도로만 그 사용을 허락하였다고 보아야 하므로 이 사건 달력을 구입한 사람들이 달력에 게재된 방법으로 이 사건 사진을 전시하지 아니하고 달력에서 이 사건 사진을 오려낸 후 액자에 넣어 공중이 볼 수 있는 장소에 전시하는 행위는 당초 허락된 범위를 넘는 것으로 특별한 사정이 없는 한 그와 같은 행위를 한 피고는 이 사건 사진의 독립된 게시를 통하여 원고의 전시권을 침해하였다는 취지로 판단하였다.
189) 전시 개념의 범위 관련 내용에 관하여는 「제6장 저작재산권 제2절 저작재산권의 내용 IV. 전시권 ② 내용」 부분에서 설명하였다.
190) 서울중앙지방법원 2007. 5. 17. 선고 2006가합104292 판결(항소취하 확정) 참조.

를 징수하여도 입장객의 자격을 특별히 한정하지 않고 그 지역 내에서 사진 촬영 등이 자유로이 인정되는 곳이라면 입장을 제한한 것이 아니므로 본 항 단서에서 말하는 공중에게 개방된 장소에 해당한다.191)

항시 전시하는 경우라 함은 사회통념상 어느 정도 장기간에 걸쳐 계속하여 일반 공중의 관람에 제공하는 것을 말하는데 그 기간의 범위에 대하여는 저작물의 성질, 전시의 목적·태양, 이용행위의 목적·성질·태양 등의 사정을 종합적으로 고려하여 판단한다. 분리할 수 없는 상태로 토지나 건축물에 고정되어 있는 동상(석조상)의 경우뿐만 아니라 벽화가 건축물과 일체로 되어 있는 경우 혹은 건축물의 외벽에 끼워 넣어서 고정한 경우 등이 이에 해당한다. 전시 대상을 계절에 따라 대체할 수 있는 경우에는 항시 전시하는 경우에 해당하지 않는다는 견해가 있는 반면에,192) 한편으로는 영업하는 노선버스 차체에 미술저작물을 그리거나 부착하는 것을 항시 전시하는 경우로 볼 수 있다는 견해193)도 있다.

본 항에 의하여 원본 소유자에게 자유로운 전시가 허용되더라도 그 원본이 미공표저작물인 경우에 이를 전시하면 공표권 침해의 문제가 발생할 수 있는데, 이러한 경우를 고려하여 저작권법 제11조 제3항은 "저작자가 공표되지 아니한 미술저작물·건축저작물 또는 사진저작물의 원본을 양도한 경우에는 그 상대방에게 저작물의 원본의 전시방식에 의한 공표를 동의한 것으로 추정한다."라고 규정한다.

니. 개방된 장소에 항시 전시된 미술저작물 등의 복제 및 이용

법 제35조 제1항 단서의 규정("다만, 가로·공원·건축물의 외벽 그 밖에 공중에게 개방된 장소에 항시 전시하는 경우에는 그러하지 아니하다.")에 따른 개방된 장소에 항시 전시되어 있는 미술저작물, 건축저작물, 사진저작물은 어떠한 방법으로든지 이를 복제하여 이용할 수 있다(법 제35조 제2항 본문).

전시자의 의사와 사회적인 관행을 고려하여 일정한 경우를 제외하고는 자유로운 이용을 허용한 것이다.

여기서 '어떠한 방법으로든지 이를 복제하여 이용할 수 있다'고 함은 사진촬영·녹화 등과 같은 제2조 제22호의 복제(유형 복제)와 전송·방송 등을 포함하는 공중송신 등과 같은 방법(무형 복제)으로 이용하는 경우를 포함한다.

다만, ① 건축물을 건축물로 복제하는 경우, ② 조각 또는 회화를 조각 또는 회화로 복제하는 경우, ③ 법 제35조 제1항 단서의 규정에 따른 개방된 장소 등에 항시 전시하기 위하여

---

191) 저작권법 주해, 박영사(2007), 586(김병일 집필부분).
192) 허희성, 신저작권법 축조개설, 범우사(1988), 258.
193) 일본 東京地方裁判所 2001. 7. 25. 선고 平成13(ワ)56 판결.

복제하는 경우, ④ 판매의 목적으로 복제하는 경우의 4가지 중 어느 하나에 해당하는 경우에는 그러하지 아니하다(법 제35조 제2항 단서).

위 ①은 모방건축을 허용하지 않는다는 취지이므로 건축저작물을 건축을 위한 모형이 아니라 단순히 장식을 위한 모형으로 제작하는 것은 그 예외 규정에 해당하지 아니하여 허용될 수 있다. 그러나 장식을 위한 모형을 개방된 장소에 항시 전시하는 경우에는 법 제35조 제2항 단서 중 위 ③에, 판매의 목적으로 포스터, 그림, 캘린더 등으로 제작하는 경우에는 그중 위 ④에 해당하여 금지될 수 있다.

위 ①, ②는 조각을 조각으로 복제하거나 회화를 회화로 복제(동형 복제)하는 것을 금지하는 취지이므로 조각을 회화로 복제하거나 회화를 조각으로 복제(이형 복제)하는 경우 등에는 본 조항이 적용되지 않는다. 다만 위 ③의 복제에는 원작품의 변형복제도 포함하므로 조각을 회화로 복제하거나 회화를 조각으로 복제하는 경우(이형복제)에 그 복제물을 공개장소에 항시 전시를 위한 것이라면 허용되지 않는다.[194]

위 ① 내지 ④에서 행위가 복제행위로 한정되어 있으므로 복제를 넘어 새로운 창작성이 가하여진 2차적저작물 작성행위에는 본 조가 적용되지 않는다.

위 ④에서 행위가 판매로 한정되어 있으므로 영리활동의 일환으로 증여(무료 배포)되더라도 본 조는 적용되지 않는다. 그리고 항시 공개된 미술저작물, 건축저작물, 사진저작물을 복제하여 잡지 등의 표지에 게재하는 것이 판매의 목적으로 복제한 것에 해당하는지 문제가 될 수 있다. 이 경우 그 자체를 독립된 감상의 목적으로 미술저작물, 건축저작물, 사진저작물을 복제하여 게재한 것이 아니라 독자의 눈을 끌게 하기 위한 목적인 경우에는 그것이 잡지의 판매에 큰 비중을 차지하고 있는지에 따라 판단될 수 있을 것이다.[195]

다. 미술저작물 · 건축저작물 · 사진저작물의 전시 · 판매에 수반되는 복제 및 배포

제1항의 규정에 따라 전시를 하는 자 또는 미술저작물, 건축저작물, 사진저작물의 원본을 판매하고자 하는 자는 그 저작물의 해설이나 소개를 목적으로 하는 목록 형태의 책자에 이를 복제하여 배포할 수 있다(법 제35조 제3항).

따라서 해설이나 소개를 목적으로 하는 것이 아니라 감상이나 판매를 목적으로 하는 경우에는 본 항이 적용되지 않는다. 복제하여 배포하는 행위만이 허용되므로 전송 등 공중송신하는 행위는 허용되지 않는다.

이에 대해 저작권법 제35조 제3항은 그 개정 당시(1986. 12. 31.) 미술저작물을 온라인으로 판매하거나 이를 홍보하는 형태에 관하여 미처 고려하지 못하였을 것으로 보이는 점과 위

---

194) 허희성, 신저작권법 축조개설, 범우사(1988), 259.
195) 저작권법 주해, 박영사(2007), 589(김병일 집필부분).

조항의 의미 등을 종합할 때 위 조항은 미술저작물 등의 복제권·배포권 이외에 전송 등 공중송신권에 유추적용할 수 있다는 견해[196][197]도 있으나, 유형물을 전제로 하는 복제와 무형물을 전제로 하는 전송 등은 엄격히 구분되어야 하므로 복제·배포에 전송을 포함하도록 유추적용하자는 견해는 입법론으로 주장함은 별론으로 하더라도 해석론으로는 찬성하기 어렵다.[198] 한편 위와 같이 유추적용하지 않더라도 공표된 저작물의 인용에 관한 저작권법 제28조 또는 공정이용에 관한 일반조항인 제35조의5의 규정에 따라 자유이용이 허용된다고 볼 가능성이 크다는 견해도 있다.[199]

라. 위탁에 의한 초상화 등

위탁에 의한 초상화 또는 이와 유사한 사진저작물의 경우에는 위탁자의 동의가 없는 때에는 이를 이용할 수 없다(법 제35조 제4항).

사진사에게 위탁하여 사진을 찍은 경우에 그 사진저작물의 저작권은 사진을 찍은 사진사에게 있다. 그러나 그렇다고 하여 사진사가 마음대로 그 사진을 이용할 수 있다고 하면 그 사진촬영을 위탁한 사람의 인격적 이익을 해치게 되므로 본 항은 초상화나 이와 유사한 초상사진 등의 저작물에 대하여 위탁자 내지 피초상자의 인격권을 보호하기 위하여 이들 저작물에 대한 저작자의 저작재산권을 제한하고 있다.[200] 사진저작물의 저작자의 저작재산권과 초상본인의 인격권이 경합하는 경우에 이를 조정하기 위하여 초상본인의 동의가 없으면 저작권자인 사진사라도 미술저작물 등을 이용할 수 없도록 한 것이다.

한편 사진사가 위탁자의 동의 없이 또는 동의에 따른 허용 범위를 넘어 초상화 또는 이와 유사한 사진저작물을 이용하였더라도 위탁자는 저작권자가 아니므로 위탁자의 인격권에 대한 침해가 될 뿐이다.[201]

---

196) 저작권법, 사법연수원(2014), 242.

197) 서울중앙지방법원 2008. 10. 17. 선고 2008가합21261 판결(항소심에서 강제조정으로 종국).

198) 박성호, 저작권법(제2판), 박영사(2017), 박영사, 619.

199) 오승종, 저작권법 강의(제2판), 박영사(2018), 463.

200) 저작권법 주해, 박영사(2007), 591.

201) 직접적으로 관련된 사안은 아니나 참고가 되는 것으로 대법원 2013. 2. 14. 선고 2010다103185 판결이 있다. 대법원은 저작권법 제35조 제4항에 따라 문제의 사진들이 원고(피촬영자)의 동의하에 촬영됨으로써 피고(촬영자)에게 사진들에 관한 저작권이 있다 하더라도, 원고의 음모뿐만 아니라 음부까지도 노출된 사진들을 불특정 다수가 자유로이 열람할 수 있는 인터넷 게시판에 게시하는 것은 원고가 사진촬영에 관한 동의 당시에 허용하였다고 보이는 범위를 벗어나는 점 등을 종합하여 피고가 원고의 초상권을 침해하는 불법행위를 저질렀다는 원심판단을 수긍하였다. 또한 대법원은 이때 사진촬영 동의를 받은 점과 촬영된 사진의 공표가 촬영에 관한 동의 당시 허용한 범위 내라는 점에 관한 증명책임의 소재는 촬영자나 공표자에게 있다고 하였다.

XVII. 저작물 이용과정에서의 일시적 복제(법 제35조의2)

① 의의 및 규정 연혁

컴퓨터에서 저작물을 이용하는 경우에는 원활하고 효율적인 정보처리를 위하여 필요하다고 인정되는 범위 안에서 그 저작물을 그 컴퓨터에 일시적으로 복제할 수 있다. 다만, 그 저작물의 이용이 저작권을 침해하는 경우에는 그러하지 아니하다(법 제35조의2).

저작물 이용 및 유통 환경이 복제물의 '소유를 통한 사용'에서 '접속을 통한 사용'으로 변화함에 따라 인터넷을 통한 또는 컴퓨터를 활용한 저작물 이용에 발생하는 일시적 저장을 복제로 인정하여 권리자를 보호할 필요성이 나타나게 되었다.[202]

본 조의 취지는 새로운 저작물 이용환경에 맞추어 저작권자의 권리보호를 충실하게 만드는 한편 이로 인하여 컴퓨터에서의 저작물 이용과 유통이 과도하게 제한되는 것을 방지함으로써 저작권의 보호와 저작물의 원활한 이용의 적절한 균형을 도모하는 데 있다.[203]

2011. 12. 2. 법률 제11110호로 개정되기 전의 저작권법 제2조 제22호는 "복제는 인쇄·사진촬영·복사·녹음·녹화 그 밖의 방법에 의하여 유형물에 고정하거나 유형물로 다시 제작하는 것을 말하며, 건축물의 경우에는 그 건축을 위한 모형 또는 설계도서에 따라 이를 시공하는 것을 포함한다."라고 규정하고 있었는데 위 개정 저작권법 제2조 제22호는 "인쇄·사진촬영·복사·녹음·녹화 그 밖의 방법으로 일시적 또는 영구적으로 유형물에 고정하거나 다시 제작하는 것을 말하며, 건축물의 경우에는 그 건축을 위한 모형 또는 설계도서에 따라 이를 시공하는 것을 포함한다."라고 변경되었다(밑줄이 변경 부분임). 다만 적법한 이용자에 의한 일시적 복제에 대하여도 저작권자의 배타적 권리가 미치게 되면 디지털 저작물의 이용이 사실상 어려워지기 때문에 일시적 복제에 대하여 포괄적인 예외를 인정하는 법 제35조의2가 신설되었다.

이와 같이 저작권법은 복제의 개념에 일시적 복제가 포함됨을 명시하고, 일정한 기준을 충족하는 여러 형태의 일시적 복제에 대하여 포괄적인 예외를 인정하면서도(법 제2조 제22호 및 제35조의2 본문) '그 저작물의 이용이 저작권을 침해하는 경우'에는 그 예외가 적용되지 않도록 규정하고 있다(법 제35조의2 단서).

② 내용

법 제35조의2 본문은 "컴퓨터에서 저작물을 이용하는 경우에는 원활하고 효율적인 정보

202) 개정 저작권법 해설서, 문화체육관광부·한국저작권위원회(2012), 28~29.
203) 대법원 2018. 11. 15. 선고 2016다20916 판결.

처리를 위하여 필요하다고 인정되는 범위 안에서 그 저작물을 그 컴퓨터에 일시적으로 복제할 수 있다."라고 규정한다.

여기서 '컴퓨터'란 컴퓨터 등 정보처리능력을 가진 장치(이하 컴퓨터라고 한다, 법 제2조 제16호 참조)를 말한다.

그리고 여기서 '저작물을 이용하는 경우'라 함은 일시적 복제를 제외하고 저작재산권의 효력이 미치는 개별적인 권리에 대한 좁은 의미의 이용 외에 동영상이나 음원 감상 등과 같이 저작권의 효력이 미치지 않는 일반적인 저작물의 사용을 포함한다.[204]

한편, 다수 견해는 저작물을 이용하는 것이 주된 이용이 되어야 하고 일시적으로 복제하는 것이 그에 따라 이루어지는 부수적 이용일 것을 요건으로 한다고 주장한다.[205]

그러나 법문의 '원활하고 효율적인 정보처리를 위하여 필요하다고 인정되는 범위 안'이 다소 추상적인 내용이지만 이는 저작물의 이용과정에서 다양하게 발생하고 기술발전에 따라 새롭게 등장할 수 있는 일시적 복제의 여러 형태들을 담기 위한 정책적 결정에 따라 규정한 것으로서 컴퓨터 등에서 저작물을 송신받아 이용하거나 컴퓨터 내의 저장매체나 그 밖의 저장매체에 저장된 저작물을 이용하는 경우에 버퍼링(buffering)[206]이나 캐싱(caching)[207] 등을 포함하여 이를 원활하고 효율적으로 처리하기 필요한 범위 내의 일시적 복제가 모두 이에 해당한다는 점을 고려하면[208] 본 조 본문에 해당하기 위하여 반드시 저작물을 이용하는 것이 주된 이용이어야 하고 일시적으로 복제하는 것이 그에 따라 이루어지는 부수적 이용이어야 한다거나 불가피한 것이어야 함을 요건으로 볼 필요는 없다.[209] 정상적인 인터넷 검색, 웹서핑 등은 일시적 복제의 예외인 '컴퓨터에서 저작물을 이용하는 경우에 원활하고 효율적인 정보처리를 위하여 필요한 범위 내'에 해당된다.

다만 캐싱 등의 기술적 과정에서 저장매체에 저장된 파일이라 하더라도 그것을 다른 저장공간으로 복사하여 사용하는 등의 2차적인 사용행위를 한 경우에는 '원활하고 효율적인 정보

---

204) 이해완, 저작권법(제4판), 박영사(2019), 803.
205) 오승종, 저작권법 강의(제2판), 박영사(2018), 465, 이해완, 저작권법(제4판), 박영사(2019), 803.
206) 컴퓨터 시스템에서의 처리를 어떤 장치로부터 다른 장치로 데이터를 일방통행으로 전송할 때 양자의 속도차를 수정하기 위하여 중간에서 데이터를 일시적으로 기억 장소에 축적하는 수법(출처 컴퓨터인터넷IT용어대사전).
207) 명령어와 데이터를 캐시 기억 장치 또는 디스크 캐시에 일시적으로 저장하는 것(출처 IT용어사전).
208) 개정 저작권법 해설서, 문화체육관광부 · 한국저작권위원회(2012), 28~29. 한편 박성호, 저작권법(제2판), 박영사(2017), 623은 "원활하고 효율적인 정보처리를 위하여 필요하다고 인정되는 범위에 해당하는지 여부를 결정하는 중요 판단기준 중의 하나가 저작물의 '주된 이용'에 따르는 '부수적 이용'인지 여부라고 할 것이므로 두 견해는 대립하는 것이라기보다 서로 수렴관계에 있는 것이라고 생각된다."라고 하는데, 같은 책 624 등에서 단서 조항의 저작물의 이용을 저작물의 주된 이용행위라고 설명하고 있어 결론적으로는 다수 견해와 같은 입장으로 보인다.
209) 개정 저작권법 해설서, 문화체육관광부 · 한국저작권위원회(2012), 28~29.

처리'를 위해 필요한 범위 내의 이용이라고 할 수 없다.[210] 그리고 여기에서 말하는 '원활하고 효율적인 정보처리를 위하여 필요하다고 인정되는 범위'에는 일시적 복제가 저작물의 이용 등에 불가피하게 수반되는 경우는 물론 안정성이나 효율성을 높이기 위해 이루어지는 경우도 포함되지만, 일시적 복제 자체가 독립한 경제적 가치를 가지는 경우는 제외된다.[211]

'일시적' 복제는 복제의 성격이 일시적이라는 의미이므로 일정한 시간의 경과에 따라 기술적으로 삭제 또는 갱신되도록 되어 있더라도 장차 사용될 가능성이 있다면 일시적 복제의 성격을 가진다고 볼 수 있다.

본 조 단서는 본 조 본문의 요건을 충족하더라도 "다만, 그 저작물의 이용이 저작권을 침해하는 경우에는 그러하지 아니하다."라고 규정한다.

여기서 '저작물의 이용이 저작권을 침해하는 경우'란 ① 저작권자의 허락을 받아야 하는 이용행위임에도 불구하고 저작권자로부터 (또는 저작권법에 정해진 바에 따른 법정허락을 포함하여) 허락을 받지 않았거나, 저작권법에 의해 허용된 행위(저작권법이 정하고 있는 사적복제 등 각종 제한 규정에 해당하는 행위)에 포함되지 않는 이용행위, ② 저작권자의 허락을 받아야 하는 이용행위는 아니지만 저작권법이 특별히 저작권 침해로 간주하는 행위(저작권법 제124조에서 규정하는 행위)를 의미한다.[212] 이에 해당하지 않고 당사자 간의 합의에 의해 발생한 의무를 위반한 단순 채무불이행의 경우는 단서 규정에 해당하지 않는다.

③ 컴퓨터프로그램저작물에 대한 특례

2011. 12. 2. 법률 제11110호로 개정된 저작권법에서 제35조의2를 신설하면서 프로그램에 관한 특례 규정 중 제101조의3(프로그램의 저작재산권의 제한) 규정에 제2항을 신설함으로써 "컴퓨터의 유지·보수를 위하여 그 컴퓨터를 이용하는 과정에서 프로그램(정당하게 취득한 경우

---

210) 오승종, 저작권법 강의(제2판), 박영사(2018), 466.
211) 대법원 2018. 11. 15. 선고 2016다20916 판결. 甲 주식회사가 乙 외국회사가 저작권을 가지고 있는 소프트웨어에 관하여 판매대리점 계약을 체결하고, 乙 회사는 위 소프트웨어에 대한 이용허락계약(라이선스 계약)을 통하여 라이선스받은 최대 동시 사용자 수보다 많은 사용자가 소프트웨어를 동시에 사용할 수 없도록 하는 동시사용 방식의 라이선스를 부여하였는데, 甲 회사가 위 소프트웨어의 최종사용자가 라이선스를 추가로 확보할 수 있는 기능을 가진 소프트웨어를 개발하여 乙 회사의 소프트웨어의 최종사용자들에게 판매하였고, 이를 사용하면 최대 동시 사용자 수를 초과하는 乙 회사의 소프트웨어가 사용자 컴퓨터의 램(RAM)에 일시적으로 복제된 상태로 남게 되는 사안에서, 甲 회사의 소프트웨어에 의해 발생하는 일시적 복제는 乙 회사의 소프트웨어의 이용과정에서 불가피하게 수반되거나 안정성이나 효율성을 높이는 것으로만 보기 어렵고, 독립한 경제적 가치를 가지는 것으로 볼 수 있으므로, 甲 회사의 소프트웨어는 乙 회사의 일시적 복제권을 침해하였다고 판단하였다.
212) 개정 저작권법 해설서, 문화체육관광부·한국저작권위원회(2012), 28~29.

에 한한다)을 일시적으로 복제할 수 있다"라고 규정하였다.

XVIII. 부수적 복제 등(법 제35조의3)

① 의의 및 규정 연혁

사진촬영이나 비디오 녹화 시에 배경인 회화 등의 저작물이 포함되거나 가상·증강 현실 기술을 이용한 산업의 발전을 뒷받침하기 위하여 촬영 등의 주된 대상에 부수적으로 다른 저작물이 포함되는 경우에 그 촬영 등의 대상물의 이용은 통상적으로 저작재산권자의 이익을 부당하게 해치는 것은 아니지만 저작재산권침해로 될 우려가 있다. 이때 저작권 침해를 면책할 수 있는 근거를 마련하기 위해 2019. 11. 26. 법률 제16600호로 개정된 저작권법은 제35조의3을 "사진촬영, 녹음 또는 녹화(이하 이 조에서 '촬영 등'이라 한다)를 하는 과정에서 보이거나 들리는 저작물이 촬영 등의 주된 대상에 부수적으로 포함되는 경우에는 이를 복제·배포·공연·전시 또는 공중송신할 수 있다. 다만, 그 이용된 저작물의 종류 및 용도, 이용의 목적 및 성격 등에 비추어 저작재산권자의 이익을 부당하게 해치는 경우에는 그러하지 아니하다."라고 규정하여 부수적 복제 등에 관한 규정을 신설하였다. 이 규정에 따라 종전 제35조의3(저작물의 공정한 이용)은 조문의 위치를 제35조의5로 옮겼다.

본 조항은 법 제26조(시사보도를 위한 이용)의 범위를 일반인에 의해 촬영된 결과물에 다른 저작물이 포함된 경우에도 적용할 수 있도록 확장한 것에 의미가 있다.[213]

② 내용

본 조의 저작재산권 제한 규정이 적용되기 위하여는 (1) 사진촬영, 녹음 또는 녹화(이하 이 조에서 '촬영 등'이라 한다)를 하는 과정에서 보이거나 들리는 저작물이 촬영 등의 주된 대상에 부수적으로 포함되어야 하고, (2) 그 이용된 저작물의 종류 및 용도, 이용의 목적 및 성격 등에 비추어 저작재산권자의 이익을 부당하게 해치지 않아야 한다.

위 (1)에서 사진촬영, 녹음 또는 녹화(이하 이 조에서 '촬영 등'이라 한다)를 하는 과정에서 보이거나 들리는 저작물이 촬영 등의 주된 대상에 부수적으로 포함되어야 하므로 예컨대 사진을

---

213) 개정 저작권법 해설서, 문화체육관광부 저작권국·한국저작권위원회 정책연구실, 한국저작권위원회 (2020), 27. 본 규정에 대해 촬영 등의 과정에서 다른 사람의 저작물이 부수적으로 포함된 경우에 저작물 이용에 대한 저작권 침해 책임을 면제하고, 출처 명시 의무에서도 제외함으로써 가상·증강 현실 관련 기기의 활용이 가능한 환경을 조성하여 관련 산업 발전의 토대를 마련하는 효과가 있다고 한다.

촬영하였더니 본래 의도한 대상물뿐만 아니라 그 배경에 작은 회화가 포함된 경우라든가 거리의 풍경을 비디오로 녹화하였는데 본래 의도한 대상물뿐만 아니라 거리에서 흘러나온 음악이 우연히 녹음된 경우 등에는 위 (1)의 요건을 충족하지만, 반면에 본래의 촬영대상으로 회화를 촬영한 사진, 녹화물 등을 방송하거나 송신하는 경우에는 위 (1)의 요건을 충족하지 않는다.

본 조는 위 (1)의 요건에서 사진촬영, 녹음, 녹화만을 열거하고 있어 스케치(寫生)하거나 생방송 등을 하는 경우에 위 (1)의 요건에 해당될 수 있는지 다툼의 여지가 있으나 스케치(寫生)하거나 생방송 등을 하는 경우에는 법 제28조나 법 제35조의5의 문제로도 해결할 수 있기 때문에 사진촬영, 녹음, 녹화 이외에는 위 (1)의 요건이 적용되기 어렵다고 본다.

본서 저자는 앞의 저작권법 제28조(공표된 저작물의 인용)에 관한 설명부분에서 제28조의 적용범위와 관련하여, 2011. 12. 2. 법률 제11110호로 저작권법 개정 이후에 발생한 사안에서는 주종관계를 전제로 한 일부 인용의 경우만 제28조의 적용범위로 하고, 타인의 저작물을 전부 인용하는 경우는 제35조의5의 적용범위로 구분하여 정리하게 될 것이라고 설명한 바 있다.

또한 본 조가 적용되기 위하여는 위 (2) 그 이용된 저작물의 종류 및 용도, 이용의 목적 및 성격 등에 비추어 저작재산권자의 이익을 부당하게 해치지 않아야 한다는 요건을 충족하여야 한다.

본 조가 적용되는 경우 저작물이 주된 대상에 부수적으로 포함되었더라도 복제·배포·공연·전시 또는 공중송신할 수 있다.

법 제36조에 따라 번역·편곡 또는 개작까지 허용되고, 법 제62조 및 제87조에 따라 배타적발행권과 저작인접권까지 제한되어 자유롭게 이용할 수 있다(다만 데이터베이스제작자의 권리 제한사유에는 해당하지 않음).

XIX. 문화시설에 의한 복제 등(법 제35조의4)

① 의의 및 규정 연혁

2019. 11. 26. 법률 제16600호로 개정된 저작권법은 제35조의4(문화시설에 의한 복제 등)를 신설하여 국가나 지방자치단체가 운영하는 문화시설 중 상당한 조사를 하였어도 공표된 저작물의 저작재산권자나 그의 거소를 알 수 없는 경우 그 문화시설에 보관된 자료를 수집·정리·분석·보존하여 공중에 제공하기 위한 목적으로 그 자료를 사용하여 저작물을 복제·배포·공연·전시 또는 공중송신할 수 있도록 하였다.

② 내용

　　국가나 지방자치단체가 운영하는 문화예술 활동에 지속적으로 이용되는 시설 중 대통령령으로 정하는 문화시설(해당 시설의 장을 포함한다. 이하 이 조에서 '문화시설'이라 한다)은 대통령령으로 정하는 기준에 해당하는 상당한 조사를 하였어도 공표된 저작물(제3조에 따른 외국인의 저작물을 제외한다. 이하 이 조에서 같다)의 저작재산권자나 그의 거소를 알 수 없는 경우 그 문화시설에 보관된 자료를 수집·정리·분석·보존하여 공중에게 제공하기 위한 목적(영리를 목적으로 하는 경우를 제외한다)으로 그 자료를 사용하여 저작물을 복제·배포·공연·전시 또는 공중송신할 수 있다(법 제35조의4 제1항).

　　법 제35조의4 제1항에서 말하는 '문화시설'은 국회법 제22조에 따른 국회도서관(제1호), 도서관법 제18조에 따른 국립중앙도서관 및 같은 법 제22조에 따른 지역대표도서관(제2호), 박물관 및 미술관 진흥법 제10조에 따른 국립중앙박물관·국립현대미술관 및 국립민속박물관(제3호)의 어느 하나에 해당하는 시설이고(법 시행령 제16조의2 제1호 내지 제3호), 법 제34조의4 제1항의 '상당한 조사'란 법 제35조의4에 따라 공표된 저작물을 이용하려는 문화시설이 그 문화시설에서 보관하고 있는 자료를 통해 저작재산권자나 그의 거소에 관한 정보를 확인할 것(제1호), 법 제55조 제1항에 따른 저작권등록부를 통해 해당 저작물의 저작재산권자나 그의 거소에 관한 정보를 조회할 것(제2호), 보상금수령단체 및 법 제105조 제1항 본문에 따라 저작권신탁관리업의 허가를 받은 자에게 문화체육관광부령으로 정하는 바에 따라 저작재산권자나 그의 거소에 관한 정보를 조회할 것(제3호), 법 시행령 제73조 제2항에 따른 권리자가 불명인 저작물 등의 권리자 찾기 정보시스템을 통해 저작재산권자나 그의 거소에 관한 정보를 조회할 것(제4호), 도서관법 제2조 제2호에 따른 도서관자료 및 같은 법 제19조 제1항 제3호에 따른 국가 서지에 관한 정보를 통해 저작재산권자나 그의 거소에 관한 정보를 조회할 것(제5호), 콘텐츠산업 진흥법 제23조에 따른 콘텐츠 식별체계를 통해 저작재산권자나 그의 거소에 관한 정보를 조회할 것(제6호), 국내의 정보통신망 정보검색도구를 이용하여 저작재산권자나 그의 거소에 관한 정보를 검색할 것(제7호), 창작자에 관한 정보를 관리하고 있는 단체(공공기관의 운영에 관한 법률 제4조에 따른 공공기관을 포함한다)로서 문화체육관광부장관이 정하여 고시하는 단체에 문화체육관광부령으로 정하는 바에 따라 저작재산권자나 그의 거소에 관한 정보를 조회할 것(제8호)의 요건을 모두 충족하는 조사를 말한다(법 시행령 제16조의3).

　　저작재산권자는 제1항에 따른 문화시설의 이용에 대하여 해당 저작물의 이용을 중단할 것을 요구할 수 있으며, 요구를 받은 문화시설은 지체 없이 해당 저작물의 이용을 중단하여야 한다(법 제35조의4 제2항).

　　저작재산권자는 제1항에 따른 이용에 대하여 보상금을 청구할 수 있으며, 문화시설은 저작재산권자와 협의한 보상금을 지급하여야 한다(법 제35조의4 제3항). 위 제3항에 따라 보상금 협의절차를 거쳤으나 협의가 성립되지 아니한 경우에는 문화시설 또는 저작재산권자는 문화체육관광부장관에게 보상금 결정을 신청하여야 한다(법 제35조의4 제4항). 위 제4항에 따른 보상금 결정 신청이 있는 경우에 문화체육관광부장관은 저작물의 이용 목적·이용 형태·이용 범위 등을 고려하여 보상금 규모 및 지급 시기를 정한 후 이를 문화시설 및 저작재산권자에게 통보하여야 한다(법 제35조의4 제5항).

위 제1항에 따라 문화시설이 저작물을 이용하고자 하는 경우에는 대통령령으로 정하는 바에 따라 이용되는 저작물의 목록·내용 등과 관련된 정보의 게시, 저작권 및 그 밖에 이 법에 따라 보호되는 권리의 침해를 방지하기 위한 복제방지조치 등 필요한 조치를 하여야 한다(법 제35조의4 제6항). 저작물 관련 정보의 게시 및 필요한 조치에 대하여는 법 시행령 제16조의6에서 규정하고 있다.

위 제2항부터 제5항까지의 규정에 따른 이용 중단 요구 절차와 방법, 보상금 결정 신청 및 결정 절차 등에 관하여 필요한 사항은 대통령령으로 정한다(법 제35조의4 제7항).

문화시설에 저작물의 이용을 중단할 것을 요구하려는 저작재산권자는 문화체육관광부령으로 정하는 저작물 이용 중단 요구서(전자문서로 된 요구서를 포함한다)에 자신이 그 저작물의 권리자로 표시된 저작권 등의 등록증 사본 또는 그에 상당하는 자료(제1호), 자신의 성명이나 명칭 또는 예명·아호·약칭 등으로서 널리 알려진 것이 표시되어 있는 저작물의 사본 또는 그에 상당하는 자료(제2호)의 어느 하나에 해당하는 소명 자료(전자문서를 포함한다)를 첨부하여 문화시설에 제출해야 하고(법 시행령 제16조의4), 보상금 결정 신청 및 결정 절차에 대하여는 법 시행령 제16조의5에 규정되어 있다.

XX. 저작물의 공정한 이용(법 제35조의5)

① 의의 및 규정 연혁

저작물의 디지털화와 유통환경의 변화에 따라 기존 저작권법에 제한적으로 열거된 저작재산권 제한사유 이외에도 환경 변화에 적극 대응할 수 있는 포괄적 공정이용 조항을 신설할 필요가 있어 2011. 12. 2. 법률 제11110호로 개정된 저작권법은 제35조의3을 신설하여 "① 제23조부터 제35조의2까지, 제101조의3부터 제101조의5까지의 경우 외에 저작물의 통상적인 이용방법과 충돌하지 아니하고 저작자의 정당한 이익을 부당하게 해치지 아니하는 경우에는 보도·비평·교육·연구 등을 위하여 저작물을 이용할 수 있다. ② 저작물 이용 행위가 제1항에 해당하는지를 판단할 때에는 다음 각 호의 사항 등을 고려하여야 한다. 1. 영리성 또는 비영리성 등 이용의 목적 및 성격, 2. 저작물의 종류 및 용도, 3. 이용된 부분이 저작물 전체에서 차지하는 비중과 그 중요성, 4. 저작물의 이용이 그 저작물의 현재 시장 또는 가치나 잠재적인 시장 또는 가치에 미치는 영향"이라고 규정하였다.

그 후 2016. 3. 22. 법률 제14083호로 개정된 저작권법에서 종전 제1항 중 "보도 · 비평 · 교육 · 연구 등을 위하여"라는 문구를, 종전 제2항 제1호 중 "영리성 또는 비영리성 등"이라는 문구를 각 삭제하였다.[214]

2019. 11. 26. 법률 제16600호로 개정된 저작권법에서 제35조의3(부수적 복제 등), 제35조의4(문화시설에 의한 복제 등)가 신설됨에 따라 본 조의 위치가 제35조의3에서 제35조의5로 되면서 제1항에서 '제35조의2까지'가 '제35조의4까지'로 변경되었다.

저작권법상의 공정이용 조항은 일정한 범주에 속하는 행위를 저작권 보호의 예외로 규정한 것이 아니라, 특정한 구체적인 행위가 공정한 이용행위에 속하는지 여부에 대한 일응의 판단기준을 제시한 것이다. 따라서 기존 저작재산권 제한 규정으로 포괄하기 어려웠던 이용행위들이 이에 해당할 수 있겠으나 구체적으로 본 조에 예시된 기준들에 의하여 개별적으로 검토되어야 하며 최종적으로 법원에 의하여 결정된다.[215]

본 조 규정은 그 기준을 충족하는 한 기존의 저작재산권 제한규정이 존재하는 영역(예를 들면, 교육목적의 저작물 이용, 도서관에서의 복제 등)에도 중첩적으로 적용될 수 있다.[216] 예를 들어 저작권법 제28조의 인용 조항과 관련하여서는 직접적인 중첩의 여지가 있지만, 인용에 관한 조항을 저작물의 이용 일반에 무한대로 확대하여 적용하는 데에는 한계가 있었던 만큼 상호 보완적인 의미가 있다.[217]

② 내용

저작재산권 제한 규정(제23조부터 제35조의4까지, 제101조의3부터 제101조의5까지)의 경우 외에 저작물의 통상적인 이용방법과 충돌하지 아니하고 저작자의 정당한 이익을 부당하게 해치

---

214) 개정 전 저작권법에서도 '보도 · 비평 · 교육 · 연구'는 저작물 이용행위의 목적을 예시한 것이고, '영리성 또는 비영리성 등'도 이용의 목적 및 성격에 관한 고려 요소를 예시한 것으로서 반드시 예시된 것에 국한되는 것은 아니라고 해석되고 있었다, 개정 저작권법 해설서, 문화체육관광부 · 한국저작권위원회(2012), 33 참조.

215) 개정 저작권법 해설서, 문화체육관광부 · 한국저작권위원회(2012), 33.

216) 개정 저작권법 해설서, 문화체육관광부 · 한국저작권위원회(2012), 34. 같은 책 35는 "저작권법 제28조의 인용 조항과 관련하여서는 직접적인 중첩의 여지가 있지만, 인용에 관한 조항을 저작물의 이용 일반에 무한대로 확대하여 적용하는 데에는 한계가 있었던 만큼 상호 보완적인 의미가 있을 것임"이라고 설명하고 있다.

217) 개정 저작권법 해설서, 문화체육관광부 · 한국저작권위원회(2012), 35.

지 아니하는 경우에는 저작물을 이용할 수 있다(법 제35조의5).

법 제35조의5 제1항 규정은 미국 저작권법 제107조의 'fair use'의 영향을 받은 것이지만 위 조항에는 '저작물의 통상적인 이용방법과 충돌하지 아니하고 저작자의 정당한 이익을 부당하게 해치지 아니한 경우'라는 내용은 언급되어 있지 않다. 위 내용은 저작재산권 제한의 일반원칙을 표명한 「문학적 · 예술적 저작물의 보호를 위한 베른협약」 제9조 제2항에서 유래하는 3단계 테스트(일부 특별한 경우에 한정하여 저작물의 통상적인 이용과 충돌하지 아니하고 권리자의 정당한 이익을 부당하게 해치지 않아야 한다는 세 가지 요건)[218]의 취지를 표현한 것이다.

저작물 이용 행위가 제1항에 해당하는지를 판단할 때에는 ① 영리성 또는 비영리성 등 이용의 목적 및 성격(제1호), ② 저작물의 종류 및 용도(제2호), ③ 이용된 부분이 저작물 전체에서 차지하는 비중과 그 중요성(제3호), ④ 저작물의 이용이 그 저작물의 현재 시장 또는 가치나 잠재적인 시장 또는 가치에 미치는 영향(제4호) 등을 고려하여야 한다(법 제35조의5 제2항).

③ 공표된 저작물의 인용 규정(법 제28조) 및 패러디와의 관계

저작물의 공정한 이용 규정(법 제35조의5)과 공표된 저작물의 인용 규정(법 제28조)과의 관계에 대하여는 「제6장 저작재산권 제3절 저작재산권의 제한 VIII. 공표된 저작물의 인용(법 제28조) ② 적용 요건 마. 대법원판결 법리의 동향 – 제1 내지 3 유형 판결」에서 설명하여 중복을 피한다(실무에서의 중요한 변화를 설명한 것이니 되돌아가 읽어주기를 바란다).

저작물의 공정한 이용 규정(법 제35조의5)과 패러디와의 관계, 패러디 일반론에 대하여는 「제5장 저작인격권 제2절 저작인격권의 내용 III. 동일성유지권 ⑤ 패러디와 동일성유지권 등 패러디 일반론」 부분에서 설명하였다.

XXI. 번역 등에 의한 이용(법 제36조) · 출처의 명시(법 제37조)

① 번역 등에 의한 이용

가. 규정 연혁

1986. 12. 31. 법률 제3916호로 전부개정된 저작권법 제33조는 "① 제23조(학교교육목적 등에의 이용) · 제26조(영리를 목적으로 하지 아니하는 공연 · 방송) 또는 제27조(사적이용을 위한 복제)의 규정에 의하여 저작물을 이용하는 경우에는 그 저작물을 번역 · 편곡 또는 개작하여 이

---

218) 이른바 3단계 테스트에 대하여는 「제6장 저작재산권 제3절 저작재산권의 제한 I. 총설 ② 저작재산권 제한 판단과 3단계 테스트」에서 설명하였다.

용할 수 있다. ② 제22조(재판절차 등에서 복제)·제24조(시사보도를 위한 이용)·제25조(공표된 저작물의 인용)·제29조(시험문제로서의 복제) 또는 제30조(점자에 의한 복제)의 규정에 의하여 저작물을 이용하는 경우에는 그 저작물을 번역하여 이용할 수 있다."라고 규정하였다.

　2006. 12. 28. 법률 제8101호로 전부개정된 저작권법은 조문의 위치를 제36조로 옮기고 "① 제25조(학교교육목적 등에의 이용)·제29조(영리를 목적으로 하지 아니하는 공연·방송) 또는 제30조(사적이용을 위한 복제)의 규정에 따라 저작물을 이용하는 경우에는 그 저작물을 번역·편곡 또는 개작하여 이용할 수 있다. ② 제23조(재판절차 등에서 복제)·제24조(정치적 연설 등의 이용)·제26조(시사보도를 위한 이용)·제27조(시사적인 기사 및 논설의 복제 등)·제28조(공표된 저작물의 이용)·제32조(시험문제로서의 복제) 또는 제33조(시각장애인 등을 위한 복제 등)의 규정에 따라 저작물을 이용하는 경우에는 그 저작물을 번역하여 이용할 수 있다."라고 규정하였다.

　2011. 12. 2. 법률 제11110호로 개정된 저작권법 제36조 제1항에서 제35조의3(저작물의 공정한 이용)이 추가되고 '의 규정에 따라'라는 문구가 '에 따라'로 바뀌었다. 2013. 7. 16. 법률 제11903호로 개정된 저작권법 제36조 제2항에서 종전의 '제32조 또는 제33조에 따라' 부분이 '제32조·제33조 또는 제33조의2에 따라'로 제33조의2(청각장애인 등을 위한 복제 등)가 추가되었다. 2013. 12. 30. 법률 12137호로 개정된 저작권법 제36조 제1항에서 '제24조의2(공공저작물의 자유이용)'이 추가되었고, 2019. 11. 26. 법률 제16600호로 개정된 저작권법 제36조 제1항에서 종전의 '제30조 또는 제35조의3'이 '제30조, 제35조의3부터 제35조의5까지[219]의 규정'으로 변경되었다.

나. 내용

　공공저작물의 자유이용(제24조의2), 학교교육 목적 등에의 이용(제25조), 영리를 목적으로 하지 아니하는 공연·방송(제29조), 사적이용을 위한 복제(제30조), 부수적 복제 등(제35조의3), 문화시설에 의한 복제 등(제35조의4), 저작물의 공정한 이용(제35조의5)에 따라 저작물을 이용하는 경우에는 그 저작물을 번역·편곡 또는 개작하여 이용할 수 있다(법 제36조 제1항).

　재판절차 등에서의 복제(제23조), 정치적 연설 등의 이용(제24조), 시사보도를 위한 이용(제26조), 시사적인 기사 및 논설의 복제 등(제27조), 공표된 저작물의 인용(제28조), 시험문제로서의 복제(제32조), 시각장애인 등을 위한 복제 등(제33조) 또는 청각장애인 등을 위한 복제 등(제33조의2)에 따라 저작물을 이용하는 경우에는 그 저작물을 번역하여 이용할 수 있다(법 제36조 제2항).

---

219) 제35조의3(부수적 복제 등), 제35조의4(문화시설에 의한 복제 등), 제35조의5(저작물의 공정한 이용)이다.

② 출처의 명시

가. 규정 연혁

1986. 12. 31. 법률 제3916호로 전부개정된 저작권법 제33조는 "① 이 절의 규정에 의하여 저작물을 이용하는 자는 그 출처를 명시하여야 한다. 다만, 제26조(영리를 목적으로 하지 아니하는 공연·방송), 제27조(사적이용을 위한 복제), 제28조(도서관 등에서의 복제), 제29조(시험문제로서의 복제) 및 제31조(상송사업자의 일시적 녹음·녹화)의 경우에는 그러하지 아니하다. ② 출처의 명시는 저작물의 이용 상황에 따라 합리적이라고 인정되는 방법으로 하여야 하며, 저작자의 실명 또는 이명이 표시된 저작물인 경우에는 그 실명 또는 이명을 명시하여야 한다."라고 규정하였다. 2000. 1. 12. 법률 제6134호로 개정된 제34조는 제1항 단서에서 '제24조(시사보도를 위한 이용)'를 추가하였다.

2006. 12. 28. 법률 제8101호로 전부개정된 저작권법은 조문의 위치를 제37조로 옮기고 그중 제1항을 "이 관의 규정에 따라 저작물을 이용하는 자는 그 출처를 명시하여야 한다. 다만, 제26조(시사보도를 위한 이용)·제29조(영리를 목적으로 하지 아니하는 공연·방송), 제30조(사적이용을 위한 복제), 제31조(도서관 등에서의 복제 등), 제32조(시험문제로서의 복제) 및 제34조(방송사업자의 일시적 녹음·녹화)의 경우에는 그러하지 아니하다."라고 하였다.

2011. 12. 2. 법률 제11110호로 개정된 저작권법 제37조 제1항 단서에서 '제35조의2(저작물 이용과정에서의 일시적 복제)'가 추가되고, 2019. 11. 26. 법률 제16600호로 개정된 저작권법 제37조 제1항 단서에서 '제35조의2'가 '제35조의2부터 제35조의4까지'[220]로 변경되었다.

그리고 2006. 12. 28. 제8101호로 전부개정된 저작권법에서 법 제37조의 규정이 저작인접권의 목적이 된 실연·음반 또는 방송의 이용에 관하여 준용하는 것으로 규정되었다(법 제87조).

나. 내용

저작권법 제2관 저작재산권의 제한에 따라 저작물을 이용하는 자는 그 출처를 명시하여야 한다. 다만, 시사보도를 위한 이용(제26조),[221] 영리를 목적으로 하지 아니하는 공연·방송(제29조), 사적 이용을 위한 복제(제30조), 도서관 등에서의 복제 등(제31조), 시험문제로서의 복제(제32조), 방송사업자의 일시적 녹음·녹화(제34조), 저작물 이용과정에서의 일시적 복제(제35조

---

220) 제35조의3(부수적 복제 등), 제35조의4(문화시설에 의한 복제 등), 제35조의5(저작물의 공정한 이용)이다.

221) 1986. 12. 31. 법률 제3916호로 전부개정된 저작권법 제34조에서는 시사보도를 위한 이용에 관한 규정(제24조)은 출처명시의무를 면제하지 아니하였으나 2000. 1. 12. 법률 제6134호로 개정된 저작권법 제34조에서 제24조에 대해 추가로 출처명시의무를 면제하였다.

의2), 부수적 복제 등(제35조의3), 문화시설에 대한 복제 등(제35조의4)의 경우에는 그러하지 아니하다(법 제37조 제1항).

본 조의 입법취지는 저작자의 권리와 이에 인접하는 권리를 보호하고 저작물의 공정한 이용을 도모함으로써 문화 및 관련 산업의 향상발전에 이바지하고자 하는 저작권법의 목적을 달성하기 위하여 특정한 경우에 일반 공중이 저작권자의 허락을 받지 아니하고 저작물을 자유로이 이용할 수 있도록 보장하면서도, 원저작물이 이를 이용하고 있는 저작물과 구별될 수 있도록 원저작물의 출처를 명시하게 하여 저작권 보호의 실효를 거두고자 하는 데에 있다.222)

본 조는 저작재산권의 제한에 따르는 부수적인 규정이지만, 저작재산권자가 아닌 저작자에 관한 정보를 출처로서 명시할 것을 요구하고 있다는 점에서 저작재산권자의 이익과 함께 저작자의 인격적 이익도 함께 보호하고 있다.223)

출처를 명시하지 않았다고 하여 곧바로 저작재산권의 침해로 되는 것은 아니지만 이용자가 고의 또는 과실로 출처를 명시하지 않은 경우에 민사상의 불법행위에 해당할 수 있다.224) 그리고 출처명시의무를 위반할 경우 형사처벌의 대상이 되는데 법은 저작권 침해죄(법 제136조) 외에 출처명시위반죄(법 제138조)를 따로 규정하고 있다.

출처의 표시는 저작물의 이용 상황에 따라 합리적이라고 인정되는 방법으로 하여야 한다(법 제37조 제2항). 외국 문헌을 직접 번역하여 자기 저술에 인용하는 경우에는 외국 문헌을 출처로 표시하여야 하고, 외국 문헌의 번역물을 인용하는 경우에는 합리적인 방식에 의하여 외국 문헌을 원출처로, 번역물을 2차 출처로 표시하여야 한다. 타인과의 공동저작물인 선행 저술 중 일부를 인용하여 단독 저술을 할 때는 원칙적으로 출처표시의무를 부담하고, 공동저작물이 편집저작물이나 결합저작물에 해당하는 경우라도 자신의 집필 부분을 넘어 다른 공저자의 집필 부분을 인용하는 경우에는 출처표시의무를 부담한다.225) 저자의 저술에 적절한 인용표기 없이 타인의 저술이 인용된 부분이 있는 경우에 저자의 저술과 타인의 저술을 구별하기 어려운 부분이 상당한 정도에 이르는 경우에는 설령 서문이나 참고문헌 등 본문 이외의 부분에 포괄적·개괄적으로 피인용물을 표시하였더라도 특별한 사정이 없는 한 타인의 저술을 베껴 저자 자신의 것처럼 하려는 인식과 의사가 추단되고, 종전의 관행에 따랐다거나 타인이 이

---

222) 대법원 2010. 4. 29. 선고 2007도2202 판결 참조. 위 판결은 甲 주식회사가 운영하는 대입 논술학원의 원장인 乙이, 위 학원의 홍보용 책자에서 다른 유명 논술학원이 작성한 기출 논술고사 문제에 관한 해제 및 예시 답안을 인용하고 비판하면서 그 출처를 "A학원 모 교재"라고만 표시한 사안에서, 출처명시의무를 위반하였다고 보기 어렵다는 이유로 무죄를 선고한 원심의 판단을 정당하다고 하였다.

223) 박성호, 저작권법(제2판), 박영사(2017), 639.

224) 저작자의 성명표시권과 관련된 사안이지만 대법원 1989. 10. 24. 선고 88다카29269 판결은 저작자의 동의나 승낙 없이 그 성명을 표시하지 않았거나 가공의 이름을 표시하여 그 저작물을 무단복제한 자에 대하여는 특단의 사정이 없는 한 위 귀속권침해로 인한 정신적 손해의 배상을 청구할 수 있다고 하였다.

225) 대법원 2016. 10. 27. 선고 2015다5170 판결.

에 동의하였다는 사정만으로 책임을 면할 수 없다.[226]

그리고 저작자의 실명 또는 이명이 표시된 저작물인 경우에는 그 실명 또는 이명을 명시하여야 한다(법 제37조 제2항). 여기서 '저작자의 실명 또는 이명이 표시된 저작물인 경우에는 그 실명 또는 이명을 명시하여야 한다'는 문언은 저작물의 출처를 명시하는 방법을 예시한 것에 불과할 뿐 어떠한 경우라도 예외 없이 저작자의 실명 또는 이명을 명시하여야 한다는 것은 아니라고 해석함이 상당하고, 저작자의 성명을 포함하여 저작물의 출처가 합리적이라고 인정되는 방법으로 명시되었는지 여부는 저작물의 종류, 성질, 그 이용의 목적 및 형태 등 저작물의 이용상황을 종합적으로 고려하여 판단하여야 한다.[227]

앞서 본 바와 같이 2006. 12. 28. 제8101호로 전부개정된 저작권법에서 법 제37조의 규정이 저작인접권의 목적이 된 실연·음반 또는 방송의 이용에 관하여 준용하는 것으로 규정되었다(법 제87조).

제4절 저작재산권의 발생·소멸·보호기간

I. 저작재산권의 발생·소멸

저작재산권은 저작자 등의 권익을 보호하기 위한 것이지만 저작물이란 문화적 소산으로서 대부분 선행하여 창작된 저작물을 이용하여 새로 창작된 것이므로 일정한 기간이 지나면 사회로 환원시켜 다른 사람이 자유로이 이용할 수 있도록 할 필요가 있다. 이에 따라 저작권법은 일신전속적 성질을 가지는 저작인격권의 보호기간(존속기간)에 대하여는 규정하고 있지 않으나 각각의 저작재산권에 대하여 보호기간을 정하고 있다.

---

226) 대법원 2016. 10. 27. 선고 2015다5170 판결 참조. 판결이유에는 "저자 자신의 선행 저술을 이용하여 새로운 저술을 하면서 선행 저술의 존재를 일정한 출처표시를 통하여 밝혔더라도 후행 저술에 새롭게 가미된 부분이 독창성이 없거나 새로운 것으로 인정받기 어려워 해당 학문 분야에의 기여도가 없는 경우에는 후행 저술을 새로운 저작물로 인식한 독자들의 기대를 저버리는 것이 된다. 이와 같은 경우는 모두 이른바 '자기표절'로서 비전형적 표절 내지 표절에 준하는 연구부정행위로 평가할 수 있다.", "표절 여부가 문제 되는 저작물의 작성 시기와 표절 여부의 판정 시기 사이에 시간적 간격이 존재하는 경우 특별한 사정이 없는 한 저작물 작성 시점의 연구윤리에 따라 표절 여부를 판정하여야 한다. 연구윤리는 사회통념이나 학계의 인식 등에 기초하여 연구자가 준수하여야 할 보편적·통상적인 기준을 의미하고, 반드시 성문의 연구윤리규정에 한정되지 아니한다. 성문의 연구윤리규정에 특정 행위를 표절로 보는 조항이 도입되기 이전에 연구자가 그러한 행위를 하였더라도 이러한 사정만으로 그 행위를 표절로 볼 수 없는 것은 아니다."라고 한다.
227) 대법원 2010. 4. 29. 선고 2007도2202 판결.

저작권은 저작물을 창작한 때부터 발생하며 어떠한 절차나 형식의 이행을 필요로 하지 아니한다(법 제10조, 무방식주의). 저작권이 창작과 동시에 발생한다는 무방식주의는 「문학적·예술적 저작물의 보호를 위한 베른협약」 제5조 제2항이 규정하고 있고 대부분의 국가들이 채택하고 있다.

이에 반하여 방식주의는 저작권 발생에 저작물의 납본(새로 출판되는 출판물을 일정한 기관에 납입하는 것)이나 등록 또는 저작권의 표시 등이 필요한 경우를 말한다. 과거 미국은 방식주의를 취하였다가 1989. 3. 1. 「문학적·예술적 저작물의 보호를 위한 베른협약」에 가입하면서 저작권법을 개정하였는데 개정 저작권법 제408조(a)[228]은 등록이 저작권 보호의 조건이 아니라고 하지만 한편으로는 저작권법 제411조(a)[229]에서 저작권 침해소송을 제기하기 위하여 등록을 선행조건으로 하고 있다. 다만 이러한 조건은 미국이 본국인 저작물[230]에만 적용되고 「문학적·예술적 저작물의 보호를 위한 베른협약」 가입국 및 「무역 관련 지식재산권에 관한 협정」(WTO/TRIPS) 가입국의 저작물에는 적용되지 않는다.

관련하여 저작재산권을 시효취득할 수 있는지 여부가 문제된다.

타인이 무단으로 저작재산권을 이용하고 있어도 권리자의 이용이 방해되는 것이 아니기 때문에 아무리 오랫동안 복제 등의 행위를 계속하고 있어도 그것만으로 타인을 배제하고 독점적으로 저작물을 지배하고 있는 것이 아니어서 아무리 오랫동안 이용하고 있더라도 시효취득을 인정할 수 없고 이를 인정할 사회적 필요성이 없다는 이유로 취득시효를 부정하는 견해가 있다.[231]

---

228) "허용되는 등록.- 어느 저작물의 저작권자 또는 그의 배타적 권리의 소유자는 1978년 1월 1일 전에 저작권을 취득한 발행 또는 미발행 저작물의 1차 저작권의 존속기간과 1978년 1월 1일 후에 취득한 저작권의 존속기간 중에는 언제든지 제409조와 제708조에 규정된 신청서와 수수료와 함께 이 조에 규정된 납본을 저작권청에 함으로써 저작권 청구의 등록을 할 수 있다. 이러한 등록은 저작권 보호의 조건이 되지 아니한다."

229) (성명표시권과 동일성유지권에 관한) "제106조의 A(a)항에 규정된 저작자의 권리에 대한 침해에 대하여 제기되는 민사소송을 제외하고, 그리고 (b)항에 따를 것을 조건으로, 이 편 법전의 규정에 따라 저작권 청구를 사전등록 또는 등록할 때까지는 미국 저작물에 대한 저작권 침해소송을 제기하지 못한다. 그러나 등록을 위하여 필요한 납본, 신청서, 그리고 수수료를 소정의 방법에 따라 저작권청에 제출하였으나 등록이 거부된 때에는, 그 통지서를 고소장 사본과 함께 저작권청장에게 송달하는 경우에는 그 신청인이 민사침해소송을 제기할 수 있다. 저작권청장은 그의 선택에 따라 저작권의 등록 가능성 유무에 대한 분쟁에 관하여 그 송달이 있는 날로부터 60일 내에 법원에 출두함으로써, 소송의 당사자가 될 수 있다. 그러나 저작권청장이 소송당사자가 되기를 선택하지 않는 경우에도, 법원으로부터 그 사건을 판정할 수 있는 관할은 박탈하지 아니한다."

230) 발행저작물의 경우는 최초발행지가 그 저작물의 본국이고 미발행저작물의 경우는 저작자의 국적이 그 본국이 된다.

231) 저작재산권이 시효취득의 대상이 될 수 있는지에 대하여 부정적으로 언급하고 있는 것으로 오승종, 저작권법, 박영사(2008), 545~547, 이해완, 저작권법(제4판), 박영사(2019), 641이 있다.

그러나 일반론으로서 재산권에 대해 시효취득하는 것을 부정할 수 없고 저작재산권은 민법 제248조에서 말하는 소유권 이외의 재산권에 포함되고 사실상 시효취득이 인정되는 사례가 없을 것이라는 예상만으로 이론상 시효취득이 발생할 가능성까지 부정할 수는 없다. 예를 들면 저작재산권을 양도받아 10년 이상 선의로 평온·공연하게 권리자로서 행동하고 있었는데 그 양도계약이 무효로 되는 경우와 같은 한정된 사례에서 시효취득 주장이 제기될 수 있다.232) 다만 부정설이 지적하듯이 저작재산권의 경우는 이용의 배타성이 없어서 이용하고 있다는 사실만으로 독점적으로 지배하고 있다고 할 수 없기 때문에 이용하고 있다는 사정만으로 시효취득을 인정하기 어렵다. 설령 저작재산권이 저작물에 대한 배타적 지배를 내용으로 하는 권리라는 사실에 비추어 이론상 시효취득이 발생할 수 있다고 하더라도 그 요건으로서 저작재산권의 계속적인 행사가 있다고 하기 위해서는 저작물의 전부 또는 일부에 대한 저작재산권을 전유하는 상태, 즉 허락없이 이용하는 것이 아니라 외형적, 객관적으로 저작재산권자와 마찬가지로 저작재산권을 독점적, 배타적으로 행사하는 상태가 계속되고 있을 것이 요구되고 이는 시효취득의 성립을 주장하는 자에게 증명할 책임이 있다.233)

저작재산권은 그 보호기간이 만료되면 소멸하므로 그 때가 저작재산권의 종료 시기가 된다. 그 보호기간 이후에 저작물은 공공영역(public domain)에 놓이게 되어 자유로이 이용될 수 있다.

그리고 저작재산권은 ① 저작재산권자가 상속인 없이 사망한 경우에 그 권리가 민법 그 밖의 법률의 규정에 따라 국가에 귀속되는 경우, ② 저작재산권자인 법인 또는 단체가 해산되어 그 권리가 민법 그 밖의 법률의 규정에 따라 국가에 귀속되는 경우에도 소멸한다(법 제49조). 이는 사망 등으로 인해 권리귀속자가 없는 저작재산권에 대하여는 국가로 귀속시키지 아니하고 공공의 영역에 두어 누구나 자유로이 이용할 수 있도록 함으로써 문화발전에 기여한다는 관점에서 저작재산권을 소멸시킨 것이다. 다만 공동저작재산권자가 상속인 없이 사망한 경우에는 그 지분은 소멸하는 것이 아니라 다른 저작재산권자에게 그 지분의 비율에 따라 배분된다(법 제48조 제3항).

저작권법은 저작재산권의 포기에 관하여 별다른 규정을 두고 있지 않으나,234) 저작재산권에 대한 이해관계인 등의 이익을 해하지 않는 한 저작재산권의 포기는 허용된다. 특허법 제119조는 특허권자는 전용실시권자, 질권자 또는 통상실시권자의 동의를 얻지 아니하면 특허

---

232) 中山信弘, 저작권법(편역), 법문사(2008), 176.

233) 일본 最高裁判所 2007. 7. 17. 선고 平成4(オ)1443 판결은 저작재산권이 이론상 시효취득의 대상이 될 수 있음은 인정하였지만 해당 사안에서 시효취득을 인정하지는 않았다.

234) 법 제48조 제3항에서 "공동저작물의 저작재산권자는 그 공동저작물에 대한 자신의 지분을 포기할 수 있으며, 포기하거나 상속인 없이 사망한 경우에 그 지분은 다른 저작재산권자에게 그 지분의 비율에 따라 배분된다."라고 규정하고 있다.

권을 포기할 수 없다고 규정하고 있는데 이러한 내용은 저작권법에도 유추적용될 수 있으므로 저작재산권에 담보권이 설정되어 있거나 배타적 발행권 등을 설정한 경우 등 이해관계인이 있는 경우에는 그러한 자의 동의를 얻어야 저작재산권을 포기할 수 있다.

저작재산권은 아래와 같은 보호기간이 정해져 있기 때문에 저작재산권 등의 침해에 의하여 발생한 개별적인 손해배상청구권이나 부당이득반환청구권이 시효로 소멸할 수 있음은 별론으로 하더라도 저작재산권의 보호기간이 경과하기 전까지 저작재산권 그 자체에 대해 민법 제162조 제2항과 같은 일반적인 권리의 시효소멸은 적용되지 않는다.

II. 저작재산권의 보호기간

저작권법 제3관(제39조 내지 제44조)에서 저작재산권의 보호기간에 관한 규정을 두고 있다.

① 원칙(사망 시 기산주의 규정)

저작재산권은 창작한 때부터 이 관에 특별한 규정이 있는 경우를 제외하고는 저작자가 생존하는 동안과 사망한 후 70년간 존속하고(법 제39조 제1항), 공동저작물의 저작재산권은 맨 마지막으로 사망한 저작자가 사망한 후 70년간 존속한다(법 제39조 제2항).

1957. 1. 28. 법률 제432호로 제정된 지작권법 제30조는 "① 발행 또는 공연한 저작물의 저작권은 저작자의 생존간 및 사후 30년간 존속한다. ② 수인의 합저작에 관한 저작물의 저작권은 최종사망자의 사후 30년간 존속한다.", 제31조는 "저작자의 사후발행 또는 공연한 저작물의 저작권은 발행 또는 공연한 날로부터 30년간 존속한다.", 제35조는 "① 사진저작권은 10년간 존속한다. ② 사진술에 의하야 적법으로 예술상의 저작권을 복제한 자는 원저작물에 관한 저작권과 동일한 기간내 본 법의 보호를 받는다. 단 당사자간에 계약이 있을 때에는 그 계약의 제한에 따른다.", 제36조는 "학문적 또는 예술적저작물 중에 삽입된 사진으로서 특히 그 저작물을 위하여 저작하였거나 또는 저작시켰을 때에는 그 사진저작권은 학문적 또는 예술적 저작물의 저작자에 속하고 그 저작권은 그 학문적 또는 예술적저작권과 동일한 기간내에 존속한다.", 제37조는 "사진에 관한 규정은 사진술과 유사한 방법에 의하여 제작한 저작물에 준용한다."라고 규정하고 있었다.

1986. 12. 31. 법률 제3916호로 전부개정된 저작권법 제36조는 "① 저작재산권은 이 절에 특별한 규정이 있는 경우를 제외하고는 저작자의 생존하는 동안과 사망후 50년간 존속한다. 다만, 저작자가 사망 후 40년이 경과하고 50년이 되기 전에 공표된 저작물의 저작재산권은 공표된 때부터 10년간 존속한다. ② 공동저작물의 저작재산권은 맨 마지막으로 사망한 저

작자의 사망 후 50년간 존속한다."라고 하여 사망 후 50년으로 20년 연장하였고,[235] 2006. 12. 28. 전부개정되고 2011. 6. 30. 법률 제10807호로 개정되기 전의 저작권법은 조문의 위치를 제39조로 옮기고 종전 제1항의 '이 절'을 '이 관'으로 변경한 것 외에 나머지 내용은 그대로 규정하였다.

2011. 6. 30. 법률 제10807호로 개정된 저작권법 제39조는 "① 저작재산권은 이 관에 특별한 규정이 있는 경우를 제외하고는 저작자가 생존하는 동안과 사망한 후 70년간 존속한다. ② 공동저작물의 저작재산권은 맨 마지막으로 사망한 저작자가 사망한 후 70년간 존속한다." 라고 개정하여 현재에 이르고 있다.

② 특별한 규정(사망 시 기산주의의 예외 규정 – 공표 시)

저작자의 사망시점을 알 수 없거나 이를 기준으로 하기 어려운 경우에는 공표 시를 기준으로 한다.

가. 무명저작물 또는 이명저작물

무명저작물이란 저작자의 성명이 표시되지 되지 않아 누구의 저작물인지 알 수 없는 저작물을 말하고 이명저작물이란 필명, 아호, 약칭, 예명 등 실명을 대신하여 표시된 저작물을 말한다.

무명 또는 널리 알려지지 아니한 이명이 표시된 저작물의 저작재산권은 공표된 때부터 70년간 존속한다. 다만, 이 기간 내에 저작자가 사망한지 70년이 지났다고 인정할만한 정당한 사유가 발생한 경우에는 그 저작재산권은 저작자가 사망한 후 70년이 지났다고 인정되는 때에 소멸한 것으로 본다(법 제40조 제1항).

위 기간 이내에 저작자의 실명 또는 널리 알려진 이명이 밝혀진 경우이거나 위 기간 이내에 제53조(저작권의 등록) 제1항의 규정에 따른 저작자의 실명등록이 있는 경우의 어느 하나에 해당하는 경우에는 위 기간에 관한 규정을 적용하지 아니한다(법 제40조 제2항).

1957. 1. 28. 법률 제432호로 제정된 저작권법 제32조는 "무명 또는 변명저작물의 저작

---

[235] 개정법 부칙 제2조(적용범위에 관한 경과조치)는 "① 이 법 시행 전에 종전의 규정에 의하여 저작권의 전부 또는 일부가 소멸하였거나 보호를 받지 못한 저작물에 대하여는 그 부분에 대하여 이 법을 적용하지 아니한다. ② 이 법 시행 전에 종전의 규정에 의하여 공표된 저작물로서 다음 각호의 1에 해당하는 것은 종전의 규정에 의한다. 1. 종전의 법 제2조의 규정에 의한 연주·가창·연출·음반 또는 녹음필름, 2. 종전의 법 제12조의 규정에 의한 합저작물의 저작권 귀속 및 이용, 3. 종전의 법 제13조의 규정에 의한 촉탁저작물의 저작권 귀속, 4. 종전의 법 제36조의 규정에 의한 사진의 저작권 귀속, 5. 종전의 법 제38조의 규정에 의한 영화의 저작권 귀속"이라고 규정하였다.

권은 발행 또는 공연한 날로부터 30년간 존속한다. 단 기간 내에 저작자가 그 실명의 등록을
받을 때에는 제30조의 규정에 의한다.”라고 규정하였다.

1986. 12. 31. 법률 제3916호로 개정된 저작권법 제37조는 “① 무명 또는 널리 알려지지
아니한 이명이 표시된 저작물의 저작재산권은 공표된 때부터 50년간 존속한다. ② 다음 각호
의 1에 해당하는 경우에는 제1항의 규정은 이를 적용하지 아니한다. 1. 제1항의 기간내에 저
작자의 실명 또는 널리 알려진 이명이 밝혀진 경우, 2. 제1항의 기간내에 제51조 제1항의 규
정에 의한 저작자의 실명등록이 있는 경우”라고 규정하였다.

1995. 12. 6. 법률 제5015호로 개정된 저작권법 제37조 제1항에서 단서 조항으로 “다만,
이 기간내에 저작자가 사망한지 50년이 경과하였다고 인정할만한 정당한 사유가 발생한 경우
에는 그 저작재산권은 저작자 사망후 50년이 경과하였다고 인정되는 때에 소멸한 것으로 본
다.”라는 내용이 추가되었다.

2006. 12. 28. 법률 제8101호로 전부개정된 저작권법에서 조문의 위치를 제40조로 옮기
고 「① 무명 또는 널리 알려지지 아니한 이명이 표시된 저작물의 저작재산권은 공표된 때부터
50년간 존속한다. 다만, 이 기간 내에 저작자가 사망한지 50년이 경과하였다고 인정할만한 정
당한 사유가 발생한 경우에는 그 저작재산권은 저작자 사망 후 50년이 경과하였다고 인정되
는 때에 소멸한 것으로 본다. ② 다음 각 호의 어느 하나에 해당하는 경우에는 제1항의 규정
은 이를 적용하지 아니한다. 1. 제1항의 기간 이내에 저작자의 실명 또는 널리 알려진 이명이
밝혀신 경우, 2. 제1항의 기간 이내에 제53조 제1항의 규정에 따른 저작자의 실명등록이 있는
경우」로 규정하였다.

2011. 6. 30. 법률 제10807호로 개정된 저작권법 제40조에서 각 규정된 50년이 각 70
년으로 개정되어 현재에 이르고 있다.

나. 업무상저작물

업무상저작물이란 법인·단체 그 밖의 사용자(이하 ‘법인 등’이라 한다)의 기획 하에 법인 등
의 업무에 종사하는 자가 업무상 작성하는 저작물을 말한다(법 제2조 제31호).

업무상저작물의 저작재산권은 공표한 때부터 70년간 존속한다. 다만, 창작한 때부터 50년
이내에 공표되지 아니한 경우에는 창작한 때부터 70년간 존속한다(법 제41조).

위 조항의 연혁을 본다. 1957. 1. 29. 법률 제432호로 제정된 저작권법 제33조는 “관공
서, 학교, 회사 또는 기타사회단체가 저작자로서 발행 또는 공연한 저작물의 저작권은 발행 또
는 공연한 날로부터 30년간 존속한다.”라고 규정하였다.

1986. 12. 31. 법률 제3916호로 전부개정된 저작권법 제38조는 “단체명의저작물의 저작
재산권은 공표한 때부터 50년간 존속한다. 다만, 창작한 때부터 10년 이내에 공표되지 아니한

경우에는 창작한 때부터 50년간 존속한다."라고 규정하였다.

1995. 12. 6. 법률 제5015호로 개정된 저작권법에서 위 단서 조항의 10년이 50년으로 변경되었다.

2006. 12. 28. 법률 제8101호로 전부개정된 저작권법에서 조문의 위치를 제41조로 옮기고 단체명의저작물의 용어가 업무상저작물로 변경되었다가 2011. 6. 30. 법률 제10807호로 개정된 저작권법 제41조(업무상저작물의 보호기간)에서 "업무상저작물의 저작재산권은 공표한 때부터 70년간 존속한다. 다만, 창작한 때부터 50년 이내에 공표되지 아니한 경우에는 창작한 때부터 70년간 존속한다."라고 개정되어 현재에 이르고 있다.

다. 영상저작물

영상저작물의 저작재산권은 제39조(보호기간의 원칙) 및 제40조(무명 또는 이명 저작물의 보호기간)에도 불구하고 공표한 때부터 70년간 존속한다. 다만, 창작한 때부터 50년 이내에 공표되지 아니한 경우에는 창작한 때부터 70년간 존속한다(법 제42조).

1957. 1. 29. 법률 제432호로 제정된 저작권법 제38조는 "영화제작권은 독창성을 가진 것에 있어서는 제30조 내지 제33조의 규정을 적용하고 이를 결한 것에 있어서는 제35조의 규정을 준용한다."라고 규정하였다.

2003. 5. 27. 법률 제6881호로 개정된 저작권법에서 제38조의2를 신설하여 "영상저작물의 저작재산권은 제36조와 제37조의 규정에 불구하고 공표한 때부터 50년간 존속한다. 다만, 창작한 때부터 50년 이내에 공표되지 아니한 경우에는 창작한 때부터 50년간 존속한다."라고 규정하였다.

2006. 12. 28. 법률 제8101호로 전부개정된 저작권법에서 조문 위치를 제42조로 옮기고 종전의 제36조와 제37조를 제39조 및 제40조로 변경하였고, 2009. 4. 22. 법률 제9625호로 개정된 저작권법 제42조에서 컴퓨터프로그램의 저작재산권도 같은 내용으로 추가하였다가 2011. 6. 30. 법률 제10807호로 개정된 저작권법 제42조(영상저작물의 보호기간)에서 "영상저작물의 저작재산권은 제39조 및 제40조에도 불구하고 공표한 때부터 70년간 존속한다. 다만, 창작한 때부터 50년 이내에 공표되지 아니한 경우에는 창작한 때부터 70년간 존속한다."라고 규정하여 현재에 이르고 있다.

컴퓨터프로그램저작물은 2011. 6. 30. 법률 제10807호로 개정되기 전 저작권법에서는 영상저작물과 동일하게 공표한 때부터 50년간 존속하는 것으로 되어 있었는데 위 개정 저작권법은 위 부분을 삭제함으로써 컴퓨터프로그램저작물의 보호기간을 일반저작물과 달리 공표기준으로 하던 것을 일반저작물과 같게 규정하였다.

라. 계속적 간행물 등의 공표시기

법 제40조(무명 또는 이명 저작물의 보호기간) 제1항 또는 제41조(업무상저작물의 보호기간)에 따른 공표시기는 책·호 또는 회 등으로 공표하는 저작물의 경우에는 매책·매호 또는 매회 등의 공표 시로 하고, 일부분씩 순차적으로 공표하여 완성하는 저작물의 경우에는 최종부분의 공표 시로 한다(법 제43조 제1항).

일부분씩 순차적으로 공표하여 전부를 완성하는 저작물의 계속되어야 할 부분이 최근의 공표시기부터 3년이 경과되어도 공표되지 아니하는 경우에는 이미 공표된 맨 뒤의 부분을 위 제1항의 규정에 따른 최종부분으로 본다(법 제43조 제2항).

1957. 1. 28. 법률 제432호로 제정된 저작권법 제41조는 "① 책호를 따라 순차로 발행하는 저작물에 관하여서는 제30조 내지 제34조의 기간은 매책 또는 매호발행일로부터 기산한다. ② 부분식순차로 발행하여 전부완성한 저작물에 관하여서는 제30조 내지 제34조의 기간은 최종부분을 발행한 날로부터 기산한다. 단 3년을 경과하고 아직 계속의 부분을 발행하지 않을 때에는 이미 발행한 부분으로서 최종의 것으로 본다."라고 규정하였다.

2006. 12. 29. 법률 제8101호로 전부개정된 저작권법 제43조는 "① 제39조 제1항 단서·제40조 제1항 또는 제41조의 규정에 따른 공표시기는 책·호 또는 회 등으로 공표하는 저작물의 경우에는 매책·매호 또는 매회 등의 공표 시로 하고, 일부분씩 순차적으로 공표하여 완성하는 저작물의 경우에는 최종부분의 공표 시로 한다. ② 일부분씩 순차적으로 공표하여 전부를 완성하는 저작물의 계속되어야 할 부분이 최근의 공표시기부터 3년이 경과되어도 공표되지 아니하는 경우에는 이미 공표된 맨 뒤의 부분을 제1항의 규정에 따른 최종부분으로 본다."라고 규정하고 있었다.

2011. 6. 30. 법률 제10807호로 개정된 저작권법은 제43조 제1항에 규정되어 있던 제39조 제1항 단서[236] 문구를 삭제하고 나머지 내용은 그대로 유지하여 현재에 이르고 있다.

③ 보호기간의 기산

저작권법 제3관에 규정된 저작재산권의 보호기간을 계산하는 경우에는 저작자가 사망하거나 저작물을 창작 또는 공표한 다음 해부터 기산한다(법 제44조).

여기서 다음해부터 기산한다는 것은 다음해의 1월 1일 오전 0시부터 계산하는 것을 말하고 기간의 종료는 민법 제159조에 의하여 기간의 말일, 즉 당해 년의 12월 31일 24:00의 경과로 만료된다.

---

236) "다만, 저작자가 사망 후 40년이 경과하고 50년이 되기 전에 공표된 저작물의 저작재산권은 공표된 때부터 10년간 존속한다."

II. 외국인 저작물의 보호기간

외국인 저작물의 보호기간에 관하여는 「제3장 저작권의 객체 : 저작물 제1절 저작물의 의의·성립 요건·보호 범위 I. 저작물의 의의」 부분에서 설명하였다.

저작권의 등록 · 인증 · 저작권위탁관리업 · 한국저작권위원회 · 한국저작권보호원

제7장 저작권의 등록·인증·저작권위탁관리업· 한국저작권위원회·한국저작권보호원

제1절 저작권의 등록

저작권의 등록이란 저작재산권 이전 등 저작권법상 소정의 사항을 저작권 등록부에 기재하거나 그 자체를 말한다.

저작권법은 무방식주의를 채택하고 있어 저작권의 등록은 권리발생의 요건이 아니다. 그러나 법은 일정한 사항을 등록하도록 하여 공중에 대한 공시 효과를 부여하고 일부 등록 사항에 대하여는 추정이라는 효력이나 제3자에 대한 대항력을 인정하고 있다.

저작권법에는 이러한 저작권 등록 외에도 저작인접권과 데이터베이스제작자의 권리에 대해서도 등록제도를 마련하고 저작인접권(제90조)과 데이터베이스제작자의 권리(제96조)에 저작권의 등록에 관한 사항을 준용하고 있다.

저작권법에 의해 등록할 수 있는 사항은 "1. 저작자의 실명·이명(공표 당시에 이명을 사용한 경우에 한한다)·국적·주소 또는 거소, 2. 저작물의 제호·종류·창작연월일, 3. 공표의 여부 및 맨 처음 공표된 국가·공표연월일, 4. 그 밖에 대통령령으로 정하는 사항"이고, 등록할 수 있는 자는 저작자이다(법 제53조 제1항).

1986. 12. 31. 전부개정된 저작권법 제51조에서는 무명 또는 이명이 표시된 저작물의 저작자가 실명등록 및 저작재산권자에 의한 맨처음 발행년월일 또는 공표년월일의 등록만을 규정하였으나, 2000. 1. 12. 법률 제6134호로 개정된 저작권법 제51조에서 "1. 저작자 또는 저작재산권자의 성명·이명(공표 당시에 이명을 사용한 경우에 한한다)·국적·주소 또는 거소, 2. 저작물의 제호·종류·창작년월일, 3. 공표의 여부 및 맨처음 공표된 국가·공표년월일, 4. 기타 대통령령으로 정하는 사항"을 등록할 수 있도록 하였다.

2006. 12. 28. 법률 제8029호로 개정되기 전의 저작권법은 저작자 또는 저작재산권자가 저작자 또는 저작재산권자 관련 사항을 등록할 수 있었으나 위 개정법에서 저작재산권자는 삭제되었다.

저작자가 사망한 경우 저작자의 특별한 의사표시가 없는 때에는 그의 유언으로 지정한 자 또는 상속인이 저작재산권의 권리변동 등에 관한 등록을 제외한 나머지 등록 사항에 관하여 등록할 수 있다(법 제53조 제2항).

등록되어 있는 저작권, 배타적발행권(법 제88조 및 제96조에 따라 준용되는 경우를 포함한다), 출판권, 저작인접권 또는 데이터베이스제작자의 권리를 침해한 자는 그 침해행위에 과실이 있는 것으로 추정한다(법 제125조 제4항).

이러한 등록은 문화체육관광부장관이 하나 문화체육관광부장관은 대통령령이 정하는 바에 의하여 저작권법에 의한 권한의 일부를 저작권위원회에 위탁할 수 있는데(법 제130조) 현재는 한국저작권위원회가 그 위탁을 받아 업무를 수행하고 있다.[1]

저작권법에 따라 제53조 내지 제55조까지, 제55조의2부터 제55조의4까지의 규정에 따른 등록(제90조 및 제98조에 따라 준용되는 경우를 포함한다) 및 이와 관련된 절차를 밟는 자에 해당하는 사항의 신청 등을 하는 자는 문화체육관광부령으로 정하는 바에 따라 수수료를 납부하여야 한다(법 제132조 제1항 제2호). 제1항에 따른 수수료는 문화체육관광부령으로 정하는 바에 따라 특별한 사유가 있으면 감액하거나 면제할 수 있다(법 제132조 제2항).

I. 저작권법 제53조의 등록 사항

저작권은 저작물을 창작한 때부터 발생하며 어떠한 절차나 형식의 이행을 필요로 하지 아니한다(법 제10조 제2항) (무방식 주의).

다만 그러한 입법주의와 별도로 저작자의 실명등록을 비롯하여 일징한 사항을 등록할 수 있도록 규정하고 있고, 아래와 같이 일정한 사항에 대하여는 추정의 효과(추정력)를 부여하거나 소정의 권리변동 등의 사항에 대하여는 등록하지 아니하면 제3자에게 대항할 수 없다(대항력)고 규정하고 있다.

☐ 저작자 관련 등록

저작자는 자신의 실명·이명(공표 당시에 이명을 사용한 경우에 한한다)·국적·주소 또는 거소에 관한 사항을 등록할 수 있다(법 제53조 제1항 제1호).

저작자로 실명이 등록된 자는 그 등록저작물의 저작자로 추정된다(법 제53조 제3항).[2]

---

1) 대법원 2009. 7. 9. 선고 2007두16608 판결은 "구 저작권법(2006. 12. 28. 법률 제8101호로 개정되기 전의 것) 제97조의3 제2호는 '문화관광부장관은 대통령령이 정하는 바에 의하여 법 제53조에 규정한 저작권 등록업무에 관한 권한을 저작권심의조정위원회에 위탁할 수 있다.'고 규정하고, 동법 시행령 제42조는 '문화관광부장관은 법 제97조의3의 규정에 의하여 저작권 등록업무에 관한 권한을 저작권심의조정위원회에 위탁한다.'고 규정하고 있으므로, '저작권심의조정위원회'가 저작권 등록업무의 처분청으로서 그 등록처분에 대한 무효확인소송에서 피고적격을 가진다."라고 한다.

이는 법률상의 사실추정에 해당하므로 그 추정을 번복하기 위하여 상대방은 주장사실에 반대되는 사실의 존재를 증명할 필요가 있다.[3] 그리고 법 제53조 제1항에 따라 저작자로 실명이 등록된 자는 그 등록저작물의 저작자로, 창작연월일 또는 맨 처음의 공표연월일이 등록된 저작물은 등록된 연월일에 창작 또는 맨 처음 공표된 것으로 추정하되, 저작물을 창작한 때부터 1년이 경과한 후에 창작연월일을 등록한 경우에는 등록된 연월일에 창작된 것으로 추정하지 아니한다(법 제53조 제3항).

무명 또는 널리 알려지지 아니한 이명이 표시된 저작물의 저작재산권의 보호기간은 원칙적으로 공표된 때로부터 70년간 존속하나(법 제40조 제1항 전문), 그 기간 이내에 저작자의 실명 또는 널리 알려진 이명이 밝혀진 경우나 그 기간 이내에 저작자에 의한 실명등록이 있는 경우에는 저작자 생존 동안 및 사망 후 70년까지 보호된다(법 제39조 제1항, 제40조 제2항 제2호).

② 저작물 등 관련 등록

저작자는 저작물의 제호·종류·창작연월일에 관한 사항을 등록할 수 있다(법 제53조 제1항 제2호). 창작연월일이 등록된 저작물은 등록된 연월일에 창작된 것으로 추정하나(법 제53조 제3항 본문), 저작물을 창작한 때부터 1년이 경과한 후에 창작연월일을 등록한 경우에는 등록된 연월일에 창작된 것으로 추정하지 아니한다(법 제53조 제3항 단서).

저작재산권 그 밖에 저작권법에 따라 보호되는 권리(저작인격권 및 실연자의 인격권을 제외한다)를 가진 자는 저작권법 제125조의2에 따라 법정손해배상청구를 할 수 있는데 그 청구를 하기 위해서는 침해행위가 일어나기 전에 제53조부터 제55조까지의 규정(제90조 및 제98조에 따라 준용되는 경우를 포함한다)에 따라 그 저작물, 실연·음반·방송 또는 데이터베이스가 등록되어 있어야 한다(법 제125조의2 제3항 및 제2조 제7호에서 저작물, 실연·음반·방송 또는 데이터베이스를 '저작물 등'이라 한다는 부분 참조).

---

2) 저작권법에서 저작자로 추정되는 것은 저작권법 제53조 제3항의 경우와 제8조 제1항(다음 각 호의 어느 하나에 해당하는 자는 저작자로서 그 저작물에 대한 저작권을 가지는 것으로 추정한다. 1. 저작물의 원본이나 그 복제물에 저작자로서의 실명 또는 이명(예명·아호·약칭 등을 말한다. 이하 같다)으로서 널리 알려진 것이 일반적인 방법으로 표시된 자, 2. 저작물을 공연 또는 공중송신하는 경우에 저작자로서의 실명 또는 저작자의 널리 알려진 이명으로서 표시된 자)의 경우이다. 제53조에 의하여 추정을 받는 자와 제8조에 의하여 추정을 받는 자가 다를 경우에는 어느 쪽이 우선하는지 문제가 되는데, 다수 견해는 증거에 따른 사실인정의 문제로 보고 있다.

3) 예컨대 회사 명의로 등록되어 기재된 저작물의 창작 및 공표 연월일이 회사의 설립일 이전이라는 사실 등을 증명하면 등록저작물이 회사의 저작물로 추정되지 아니한다.

③ 공표일 등의 등록

저작자는 저작물에 대한 공표 여부 및 맨 처음 공표된 국가·공표연월일을 등록할 수 있다(법 제53조 제1항 제3호). 맨 처음의 공표연월일이 등록된 저작물은 등록된 연월일에 맨 처음 공표된 것으로 추정한다(법 제53조 제3항).

대한민국 내에 상시 거주하는 외국인(무국적자 및 대한민국 내에 주된 사무소가 있는 외국법인을 포함한다)의 저작물과 맨 처음 대한민국 내에서 공표된 외국인의 저작물(외국에서 공표된 날로부터 30일 이내에 대한민국 내에서 공표된 저작물을 포함한다)은 저작권법에 따라 보호되고(제3조 제2항), 저작자의 표시가 없는 저작물의 경우에는 발행자·공연자 또는 공표자로 표시된 자가 저작권을 가지는 것으로 추정하며(법 제8조 제2항), 무명 또는 널리 알려지지 아니한 이명이 표시된 저작물의 저작재산권, 업무상저작물의 저작재산권, 영상저작물의 저작재산권은 각각 공표된 때부터 70년간 존속하고(법 제40조 제1항, 법 제41조, 법 제42조), 법 제40조(무명 또는 이명 저작물의 보호기간) 제1항 또는 제41조(업무상저작물의 보호기간)에 따른 공표시기는 책·호 또는 회 등으로 공표하는 저작물의 경우에는 매책·매호 또는 매회 등의 공표 시로 하고, 일부분씩 순차적으로 공표하여 완성하는 저작물의 경우에는 최종부분의 공표 시로 하며(법 제43조 제1항), 일부분씩 순차적으로 공표하여 전부를 완성하는 저작물의 계속되어야 할 부분이 최근의 공표시기부터 3년이 경과되어도 공표되지 아니하는 경우에는 이미 공표된 맨 뒤의 부분을 제1항의 규정에 따른 최종부분으로 보므로(법 제43조 제2항), 이들 조항에 기재된 공표시점 내지 공표시점의 추정은 법률관계 확정에 중요한 영향을 미친다.

④ 기타 대통령령이 정하는 사항의 등록

저작자는 앞의 경우들 외에도 "대통령령으로 정하는 사항"을 등록할 수 있다(법 제53조 제1항 제4호). 법 제53조 제1항 제4호에서 말하는 "대통령령으로 정하는 사항"이란 ① 2차적저작물의 경우 원저작물의 제호 및 저작자, ② 저작물이 공표된 경우에는 그 저작물이 공표된 매체에 관한 정보, ③ 등록권리자가 2명 이상인 경우 각자의 지분에 관한 사항이다(법 시행령 제24조).

II. 저작재산권의 변동 등에 관한 등록

저작재산권의 양도(상속 그 밖의 일반승계의 경우를 제외한다) 또는 처분제한, 제57조(배타적발행권의 설정)에 따른 배타적발행권 또는 제63조(출판권의 설정)에 따른 출판권의 설정·이전·

변경·소멸 또는 처분제한, 저작재산권, 제57조에 따른 배타적발행권 및 제63조에 따른 출판권을 목적으로 하는 질권의 설정·이전·변경·소멸 또는 처분제한은 이를 등록할 수 있고, 이를 등록하지 아니하면 제3자에게 대항할 수 없다(법 제54조).

하나의 저작재산권에 대하여 양도와 압류가 이루어진 경우 어느 것이 우선하는지도 특별한 사정이 없는 한 양도 또는 압류의 등록 선후로 판단한다.[4]

저작재산권의 이전 등에서 등록은 효력발생요건이 아니라 대항요건이다. 여기서 양도에는 일부 양도도 포함되므로 복제권, 전송권 등을 각각 분리하여 양도할 수 있다.

그리고 등록하지 아니하면 제3자에게 대항할 수 없다고 할 때의 "제3자"란 당해 저작재산권의 양도에 관하여 양수인의 지위와 양립할 수 없는 법률상 지위를 취득한 경우 등 저작재산권의 양도에 관한 등록의 흠결을 주장함에 정당한 이익을 가지는 제3자에 한하고,[5] 저작재산권을 침해한 사람은 여기서 말하는 제3자가 아니다.[6] 불법으로 저작재산권을 침해하고 있는 무단이용자도 제3자라고 하여 위 규정의 적용을 받도록 하는 것은 입법취지에 맞지 않기 때문이다.

따라서 불법으로 저작권을 침해하고 있는 무단이용자나 배신적 이중양수인 등 저작권 침해자에 대하여 침해정지청구권, 손해배상청구, 고소 등은 등록 없이도 행사할 수 있고 저작재산권을 양도받은 사람은 저작재산권 이전등록을 마쳤는지에 관계없이 저작재산권 침해자에 대해 침해정지청구권 및 손해배상청구권 등의 권리를 행사할 수 있다.[7] 위 대항할 수 없는 제3자에 악의의 제3자가 포함되는지에 대하여 다툼이 있으나 저작권이전 사실을 공시하도록 하여 저작권거래의 안전을 도모하고자 하는 등록제도의 의의를 고려하면 악의의 제3자도 포함된다고 본다. 다만 만일 저작재산권 양도인의 배임행위에 적극 가담하여 저작재산권을 이중으

4) 대법원 2018. 11. 15. 선고 2017두54579 판결.
5) 예를 들면 이중양수인, 저작재산권자로부터 출판권을 설정받은 자, 이용허락을 받은 자, 저작재산권을 목적으로 하는 질권을 설정받은 자 등이 이에 해당된다.
6) 대법원 2002. 11. 26. 선고 2002도4849 판결은 저작재산권을 양도받은 사람은 그 양도에 관한 등록 여부에 관계없이 그 저작재산권을 침해한 사람을 고소할 수 있다고 한다.
대법원 2006. 7. 13. 선고 2004다10756 판결은 음악저작물의 저작권자들로부터 그 저작권을 신탁적으로 양도받은 피고가 그에 관하여 신탁법 및 저작권법상의 등록을 하지 않았다 하더라도 저작권을 침해한 원고들에 대하여 저작권침해를 이유로 한 손해배상을 구하는 데에는 아무런 지장이 없다고 한다. 다만 신탁계약이나 관리를 위탁받았다고 주장하는 경우에도 신탁자나 위탁자가 저작재산권을 가지고 있다는 사실이 먼저 증명되어야 한다는 점을 강조한 것으로 대법원 2009. 5. 14. 선고 2009도2324 판결이 있다.
한편, 서울고등법원 2008. 7. 8. 선고 2007나80093 판결(심리불속행 상고기각 확정)은 저작권 이중양도의 계약상대방들 중 먼저 저작권등록을 경료한 사람이 원칙적으로 적법한 권리자로 보호받고, 다만 선등록한 후순위 양수인이 저작권자의 배임행위에 적극적으로 가담한 경우에 한하여 그 권리의 보호가 부정된다고 하면서도, 한편 저작권을 상실한 등록명의인은 자신에게 저작권등록명의만 남아 있는 상태를 내세우며 제3자에 대하여 저작권침해금지청구권을 행사할 수 없다고 하였다.
7) 대법원 2002. 11. 26. 선고 2002도4849 판결, 대법원 2002. 12. 26. 선고 2000다13757 판결, 대법원 2003. 2. 26. 선고 2000도2950 판결.

로 양도받은 경우라면 반사회적 법률행위로서 무효가 될 수 있어 이러한 경우에는 위 제3자에 해당하지 않는다.

III. 저작인접권 등의 등록

저작권법의 저작권에 관한 등록에 관한 규정은 저작권 외에도 저작인접권 또는 저작인접권의 배타적발행권의 등록, 데이터베이스제작자의 권리의 등록에도 준용되고 있다.

즉 법 제53조부터 제55조까지 및 제55조의2의 규정은 저작인접권 또는 저작인접권의 배타적발행권의 등록에 관하여 준용하고 이 경우 제55조 중 저작권등록부는 저작인접권등록부로 본다(법 제90조, 제132조 제1항 제2호). 그리고 제53조부터 제55조까지 및 제55조의2의 규정은 데이터베이스제작자의 권리 및 데이터베이스제작자의 권리의 배타적발행권의 등록에 관하여 준용하고 이 경우 제55조 중 저작권등록부는 데이터베이스제작자권리등록부로 본다(법 제96조).

IV. 등록의 절차

저작권법 제53조 및 제54조에 따른 등록은 한국저작권위원회가 문화체육관광부장관이 저작권등록부(프로그램의 경우에는 프로그램등록부를 말한다)에 기록함으로써 행한다(법 제55조 제1항).

2020. 2. 4. 법률 제16933호로 개정된 저작권법에서 한국저작권위원회의 업무에 저작권 등록 관련 업무를 추가하는 개정이 이루어짐에 따라(법 제112조 제1항, 제113항 제1항), 제55조 제1항의 등록업무 주체가 문화체육관광부장관에서 한국저작권위원회로 변경되었다.

한국저작권위원회는 등록을 신청한 대상이 저작물이 아닌 경우(제1호), 등록을 신청한 대상이 법 제7조에 따른 보호받지 못하는 저작물인 경우(제2호), 등록을 신청할 권한이 없는 자가 등록을 신청한 경우(제3호), 등록신청에 필요한 자료 또는 서류를 첨부하지 아니한 경우(제4호), 제53조 제1항 또는 제54조에 따라 등록을 신청한 사항의 내용이 문화체육관광부령으로 정하는 등록신청서 첨부서류의 내용과 일치하지 아니하는 경우(제5호), 등록신청이 문화체육관광부령으로 정한 서식에 맞지 아니한 경우(제6호)의 어느 하나에 해당하는 경우에는 신청을 반려할 수 있다. 다만, 신청의 흠결이 보정될 수 있는 경우에 신청인이 그 신청을 한 날에 이를 보정하였을 때에는 그러하지 아니하다(법 제55조 제2항 제1호 내지 제6호).[8]

---

8) 2020. 2. 4. 법률 제16933호로 개정된 저작권법에서 내용이 대폭 변경되었다.

법 제55조 제2항에 따라 등록신청이 반려된 경우에 그 등록을 신청한 자는 반려된 날부터 1개월 이내에 한국저작권위원회에 이의를 신청할 수 있고(법 제55조 제3항, 법 시행령 제27조의3), 한국저작권위원회는 제3항에 따른 이의신청을 받았을 때에는 신청을 받은 날부터 1개월 이내에 심사하여 그 결과를 신청인에게 통지하여야 한다(법 제55조 제4항). 한국저작권위원회는 이의신청을 각하 또는 기각하는 결정을 한 때에는 신청인에게 행정심판 또는 행정소송을 제기할 수 있다는 취지를 제4항에 따른 결과통지와 함께 알려야 한다(법 제55조 제5항).

한국저작권위원회는 법 제55조 제1항의 규정에 따라 저작권등록부에 기록한 등록 사항에 대하여 등록공보를 발행하거나 정보통신망에 게시하여야 하고(법 제55조 제6항), 한국저작권위원회는 저작권등록부의 열람 또는 사본 발급을 신청하는 자가 있는 경우에는 이를 열람하게 하거나 그 사본을 내주어야 한다(법 제55조 제7항).

저작권법 제55조 제8항은 그 밖에 등록, 등록신청의 반려, 등록공보의 발행 또는 게시, 저작권등록부의 열람 및 사본의 교부 등에 관하여 필요한 사항은 대통령령으로 정한다(법 제55조 제8항). 이에 따라 법 시행령 제25조 내지 제35조가 등록절차의 세부사항에 대하여 정하고 있다. 중요한 사항을 간추리면 아래와 같다.

등록은 당사자 신청주의를 원칙으로 하되 일정한 경우에 촉탁에 의한 등록을 인정한다. 등록을 하려는 자는 문화체육관광부령으로 정하는 바에 따라 등록신청서를 한국저작권위원회에 제출해야 한다(법 시행령 제26조 제1항). 법 제54조에 따른 등록을 하려면 법 시행령에 다른 규정이 있는 경우 외에는 등록권리자와 등록의무자가 공동으로 신청하여야 한다. 다만, 신청서에 등록의무자의 승낙서를 첨부하였을 때에는 등록권리자만으로 신청할 수 있다(법 시행령 제26조 제2항). 판결·상속이나 그 밖의 일반승계 또는 촉탁에 따른 등록은 등록권리자만으로 신청할 수 있고(법 시행령 제26조 제3항), 저작권신탁관리업자가 법 제54조 제1호에 따라 신탁 저작물을 등록할 때에는 저작권신탁관리업자만으로 신청할 수 있으며(법 시행령 제26조 제4항), 등록명의인 표시를 변경하거나 정정하기 위한 등록은 등록명의인만으로 신청할 수 있다(법 시행령 제26조 제5항).

법 제55조 제1항에 따른 저작권등록부(컴퓨터프로그램저작물의 경우에는 컴퓨터프로그램저작물등록부를 말한다)에는 ① 등록번호, ② 저작물의 제호, ③ 저작자 등의 성명, ④ 창작·공표 및 발행 연월일, ⑤ 등록권리자의 성명 및 주소, ⑥ 등록의 내용의 사항을 기재하여야 한다. 저작권등록부의 서식과 그 밖에 필요한 사항은 문화체육관광부령으로 정한다(법 시행령 제27조 제1항, 제2항). 한국저작권위원회는 등록신청을 받아 이를 저작권등록부에 기재한 경우에는 신청인에게 문화체육관광부령으로 정하는 바에 따라 등록증을 발급하여야 한다(법 시행령 제28조 제1항). 분실·멸실 또는 훼손으로 인하여 등록증을 재발급받으려는 자는 문화체육관광부령으로 정하는 등록증 재발급 신청서를 한국저작권위원회에 제출하여야 한다(법 시행령 제28조 제2항).9)

한국저작권위원회는 저작권등록부에 기록된 사항에 착오가 있거나 누락된 것이 있음을 발견하였을 때에는 지체 없이 그 사실을 법 제53조 또는 제54조에 따라 등록을 한 자(이하 "저작권 등록자"라 한다)에게 알려야 한다(법 제55조의2 제1항). 법 제55조의2 제1항의 착오나 누락이 등록 담당 직원의 잘못으로 인한 것인 경우에는 지체 없이 그 등록된 사항을 경정(更正)하고 그 내용을 저작권 등록자에게 알려야 한다(법 제55조의2 제2항). 한국저작권위원회는 제1항 및 제2항에 따른 등록 사항의 경정에 이해관계를 가진 제3자가 있는 경우에는 그 제3자에게도 착오나 누락의 내용과 그에 따른 경정사실을 알려야 한다(법 제55조의2 제3항).

저작권 등록자는 1. 저작권등록부에 기록된 사항이 변경된 경우, 2. 등록에 착오가 있거나 누락된 것이 있는 경우, 3. 등록의 말소를 원하는 경우, 4. 말소된 등록의 회복을 원하는 경우의 어느 하나에 해당하는 경우에는 문화체육관광부령으로 정하는 바에 따라 해당 신청서에 이를 증명할 수 있는 서류를 첨부하여 위원회에 변경·경정·말소등록 또는 말소한 등록의 회복등록(이하 "변경등록 등"이라 한다)을 신청할 수 있다(법 제55조의3 제1항). 이때 한국저작권위원회는 변경등록 등 신청서에 적힌 내용이 이를 증명하는 서류의 내용과 서로 맞지 아니하는 경우에는 신청을 반려할 수 있다(법 제55조의3 제2항). 위 제2항에 따라 등록신청이 반려된 경우에 그 등록을 신청한 자는 이의를 신청할 수 있다. 이 경우 이의신청에 관하여는 법 제55조 제3항부터 제5항까지 및 제8항을 준용한다(법 제55조의3 제3항). 한국저작권위원회는 변경등록등의 신청을 받아들였을 때에는 그 내용을 저작권등록부에 기록하여야 한다(법 제55조의3 제4항). 그 밖에 변경등록 등의 신청, 신청의 반려 등에 필요한 사항은 대통령령으로 정한다(법 제55조의3 제5항).

한국저작권위원회는 제53조 또는 제54조에 따른 등록이 제55조 제2항 제1호부터 제3호까지 및 제5호의 어느 하나에 해당하는 것을 알게 된 경우에는 그 등록을 직권으로 말소할 수 있다(법 제55조의4 제1항). 한국저작권위원회는 제1항에 따라 등록을 말소하려면 청문을 하여야 한다. 다만, 제1항에 따른 말소 사유가 확정판결로 확인된 경우에는 그러하지 아니하다(법 제55조의4 제2항). 한국저작권위원회는 위 제2항 단서에 따라 청문을 하지 아니하고 등록을 말소하는 경우에는 그 말소의 사실을 저작권 등록자 및 이해관계가 있는 제3자에게 알려야 한다(법 제55조의4 제3항).

저작권법 제53조부터 제55조까지, 제55조의2부터 제55조의4까지의 규정에 따른 등록 업무를 수행하는 직에 재직하는 사람과 재직하였던 사람은 직무상 알게 된 비밀을 다른 사람에게 누설하여서는 아니 된다(법 제55조의5).

---

9) 본문의 법 시행령 내용은 2020. 2. 10. 본서 교정 당시까지 등록 업무 주체가 문화체육부장관으로 되어 있어 일응 업무 주체만 한국저작권위원회로 바꾼다. 개정법 시행일 전에 법 개정에 따른 법 시행령 개정이 예상된다.

제2절 권리자 등의 인증

저작권법에 저작물 등의 거래의 안전과 신뢰보호를 위하여 권리자 등의 인증제도가 마련되어 있다. 여기서 인증은 저작물 등의 이용허락 등을 위하여 정당한 권리자임을 증명하는 것을 말한다(법 제2조 제33호). 이는 온라인상 저작물 거래 및 한류콘텐츠 수출 등과 관련하여 정품 여부 및 진정한 권리를 확인할 수 있도록 하기 위한 인증으로서 2006. 12. 28. 법률 제8101호로 전부개정된 저작권법에서 신설되었다.

문화체육관광부장관은 저작물 등의 거래의 안전과 신뢰보호를 위하여 인증기관을 지정할 수 있는데, 법 제56조 제1항에 따라 인증기관으로 지정받을 수 있는 기관은 ① 법 제112조에 따른 한국저작권위원회, ② 저작권신탁관리업자, ③ 그 밖에 문화체육관광부장관이 인증업무를 수행할 능력이 있다고 인정하는 법인이나 단체이고(법 시행령 제36조 제1항), 인증기관으로 지정받으려는 자는 ① 인증업무 수행과 관련하여 이용자에게 입힌 손해를 배상할 수 있는 능력이 있어야 하고, ② 이용자의 등록정보 관리 및 인증서를 생성·발급하기 위한 설비를 갖추어야 하고 ③ 인증업무에 관한 시설 및 장비를 안전하게 운영하기 위한 보호설비를 갖추어야 한다(법 시행령 제36조 제2항). 문화체육관광부장관은 인증기관이 ① 법 제36조 제1항 및 제2항의 요건을 갖추지 못한 경우, ② 인증업무규정에 위반하여 인증업무를 처리한 경우, ③ 정당한 이유없이 1년 이상 계속하여 인증업무를 하지 아니한 경우 그 지정을 취소할 수 있다.

인증은 확인적 효력이 있는데 불과하여 인증기관의 인증을 믿고 거래하였더라도 그것이 실체관계와 부합하지 않는 잘못된 인증인 경우에 인증을 이유로 저작권침해를 면할 수 없다.

현재 한국저작권위원회가 인증기관으로서 저작권 인증 업무를 수행하고 있는데 저작권 인증에는 저작물에 대한 권리자임을 확인하고 인증서를 발급해 주는 권리인증 및 저작물의 권리자로부터 이용허락을 받았음을 확인하고 인증서를 발급해 주는 이용허락인증이 있다. 저작권 인증을 하더라도 저작권 등록으로 인정받는 추정력과 대항력이라는 법적효력을 부여받지는 못하나 영문 인증서 등을 통해 해외 콘텐츠 시장에서 권리관계 확인을 위한 소명자료로 활용될 수 있다.[10]

---

10) 한국저작권위원회가 개설한 홈페이지(https://cras.copyright.or.kr)에 게재된 내용을 참고함(2019. 8. 10. 접속).

제3절 저작권위탁관리업

I. 의의 · 성격

저작권법은 제7장 제105조 및 제106조에서 저작권위탁관리업에 관하여 규정하고 있다. 저작권위탁관리업이란 저작재산권, 출판권, 저작인접권, 데이터베이스제작자의 권리 등을 그 권리자를 위하여 신탁관리하거나 대리 · 중개하는 것을 말한다. 권리자가 이용하거나 권리를 확보할 수 있는 기회를 넓히고 이용자로서도 편리하게 이용할 수 있도록 하는 역할을 한다.

저작권위탁관리업에는 저작권신탁관리업과 저작권대리중개업이 있다.

그중 저작권신탁관리업은 저작재산권자, 배타적발행권자, 출판권자, 저작인접권자 또는 데이터베이스제작자의 권리를 가진 자를 위하여 그 권리를 신탁받아 이를 지속적으로 관리하는 업을 말하며, 저작물 등의 이용과 관련하여 포괄적으로 대리하는 경우를 포함한다(법 제2조 제26호).

저작권신탁관리업은 저작권법에 근거하는 것으로서 저작권신탁관리업의 법적 성질은 신탁법상의 신탁에 해당하는데, 신탁법상의 신탁은 위탁자와 수탁자 간의 특별한 신임관계에 기하여 위탁자가 특정의 재산권을 수탁자에게 이전하거나 기타의 처분을 하고 수탁자로 하여금 수익자의 이익을 위하여 또는 특정의 목적을 위하여 그 재산권을 관리 · 처분하게 하는 법률관계를 말하므로, 신탁자와 수탁자 간에 어떤 권리에 관하여 신탁계약이 체결되면 그 권리는 법률상 위탁자로부터 수탁자에게 완전히 이전하여 수탁자가 권리자가 되고 그 권리에 대하여 소제기의 권한을 포함한 모든 관리처분권이 수탁자에게 속하게 된다.[11][12] 즉, 신탁법상의 신탁은 권리의 종국적인 이전을 수반하여 신탁행위 등으로 달리 정함이 없는 한(신탁법 제31조) 신탁자가 수탁자의 행위에 원칙적으로 관여할 수 없다. 신탁자가 수탁자의 행위에 원칙적으로 관여할 수 없다는 점에서 대리와 구분된다.[13]

또한 저작물 이용자가 저작재산권자와의 이용허락계약에 의하여 취득하는 이용권은 저작재산권자에 대한 관계에서 자신의 저작물 이용행위를 정당화할 수 있는 채권으로서의 성질을 가지

---

11) 신탁에는 신탁법상의 신탁과 민법상의 신탁이 있다. 신탁법상의 신탁은 신탁재산이 대내 · 외적으로 수탁자에게 귀속되는데 반하여 민법상의 신탁은 어떤 경제적 목적을 달성하기 위하여 신탁자가 수탁자의 목적 달성에 필요한 정도를 넘는 권리를 이전하면서 한편으로 수탁자가 그 이전받은 권리를 경제적 목적의 범위를 넘어 행사하여서는 아니 될 의무를 부담하게 하는 데 있다.
12) 대법원 2006. 7. 13. 선고 2005도7588 판결은 "저작자와 협회 사이에 저작권신탁관리계약이 체결된 경우에 저작재산권은 협회에 이전되는 것이므로, 원심이 협회와 신탁자인 저작권자 사이의 내부관계에서는 신탁자인 회원을 저작권자로 보아야 한다고 설시한 것은 잘못"이라고 하였다.
13) 대법원 2019. 7. 24. 선고 2015도1885 판결.

는 데 불과하므로, 저작권신탁이 종료되어 저작권이 원저작권자인 위탁자에게 이전된 경우에는 원저작권자와 수탁자 사이에 수탁자가 행한 이용허락을 원저작권자가 승계하기로 하는 약정이 존재하는 등의 특별한 사정이 없는 한 저작물 이용자는 신탁종료에 따른 저작권 이전 후의 이용 행위에 대해서까지 수탁자의 이용허락이 있었음을 들어 원저작권자에게 대항할 수 없다.[14]

다만 저작권법 제14조 제1항에 따라 저작인격권은 저작재산권과는 달리 양도할 수 없고 신탁법상으로도 특정한 재산권만이 신탁의 대상으로 되어 있어 저작권 중 저작인격권은 성질상 저작권신탁계약에 의하여 수탁자에게 이전될 수 없으므로 저작인격권은 신탁관리될 수 없다.[15]

한편, 신탁법 제101조 제1항 본문은 "제98조 제1호, 제4호부터 제6호까지, 제99조 또는 제100조에 따라 신탁이 종료된 경우 신탁재산은 수익자(잔여재산수익자를 정한 경우에는 그 잔여 재산수익자를 말한다)에게 귀속한다.", 제101조 제4항은 "신탁이 종료된 경우 신탁재산이 제1항 부터 제3항까지의 규정에 따라 귀속될 자에게 이전될 때까지 그 신탁은 존속하는 것으로 본다. 이 경우 신탁재산이 귀속될 자를 수익자로 본다.", 제103조 제1항은 "신탁이 종료한 경우 수탁자는 지체 없이 신탁사무에 관한 최종의 계산을 하고, 수익자 및 귀속권리자의 승인을 받아야 한다."라고 규정하고 있으므로, 신탁행위로 달리 정하였다는 등의 특별한 사정이 없는 한, 위탁자의 해지청구 등으로 신탁이 종료하더라도 수탁자가 신탁재산의 귀속권리자인 수익자나 위탁자 등에게 저작재산권 등 신탁재산을 이전할 의무를 부담하게 될 뿐 신탁재산이 수익자나 위탁자 등에게 당연히 복귀되거나 승계되는 것은 아니고, 신탁재산을 이전할 때까지는 수탁자는 신탁사무의 종결과 최종의 계산을 목적으로 하는 귀속권리자를 위한 법정신탁의 수탁자로서 그와 같은 목적 범위 내에서 신탁재산을 계속 관리할 권한과 의무를 부담하며, 귀속권리자는 신탁수익권의 형태로서 신탁재산 등 잔여재산에 대한 권리를 보유하게 될 뿐이다. 나아가 신탁법에는 신탁종료 시의 수탁자의 청산의무에 관하여 신탁행위 또는 위탁자와 수익자의 합의로 청산절차에 따라 신탁을 종료하지 않는 한[16] 수탁자는 청산의무를 부담하지 않으므로, 신탁행위 또는 위탁자와 수익자의 합의로 청산절차에 따라 신탁을 종료하지 않는 경우에 수탁자가 신탁재산에 관하여 체결한 쌍무계약에 관하여 아직 이행을 완료하지 아니한 때에는 그 계약을 귀속권리자에게 인수시킬 수도 있고, 신탁이 종료하였다고 하여 반드시 계약을 해지하는 등으로 이를 청산하여야 하는 것은 아니다.[17]

---

14) 대법원 2015. 4. 9. 선고 2011다101148 판결 및 대법원 2015. 4. 9. 선고 2012다109798 판결.

15) 서울고등법원 1996. 7. 12. 선고 95나41279 판결(1996. 8. 13. 확정).

16) 신탁법 제104조에서 "신탁행위 또는 위탁자와 수익자의 합의로 청산절차에 따라 신탁을 종료하기로 한 경우의 청산절차에 관하여는 제132조 제2항, 제133조 제1항부터 제6항까지 및 제134조부터 제137조까지의 규정을 준용한다."라는 규정이 있다.

17) 대법원 2012. 7. 12. 선고 2010다1272 판결 참조. 대법원 2012. 7. 12. 선고 2010다1272 판결은 2011. 7. 25. 법률 제10924호로 전부개정되기 전의 신탁법 제59조, 제61조, 제63조에 관한 것이고, 위

따라서 이러한 경우 법정신탁의 수탁자에게 자신과 계약을 체결한 음악저작물 이용자들에 대하여 그 음악저작물은 더 이상 수탁자의 관리저작물이 아님을 통보하여 신탁자(저작권자)의 허락 없이는 해당 음악저작물을 사용하지 못하도록 하여야 할 주의의무가 없고, 수탁자가 그와 같은 통보를 하지 아니함으로써 방송사 등 이용자들이 신탁자(저작권자)의 허락을 받지 않고 그의 음악저작물을 이용하였다고 하더라도 저작재산권을 이전받을 때까지는 단순한 채권자에 불과한 신탁자(저작권자)에게는 침해될 저작재산권도 없으므로, 신탁자의 저작재산권 침해를 이유로 한 불법행위도 성립하지 않는다.[18]

또한 그 음악저작물에 대한 저작권이 신탁자(저작권자)에게 이전될 때까지는 수탁자는 저작권의 음악저작물에 대한 저작재산권자 겸 저작권자를 위한 법정신탁의 수탁자로서 신탁자(저작권자)의 음악저작물을 계속 관리할 권한과 의무를 부담하고 거기에서 발생하는 신탁수익을 신탁자(저작권자)에게 반환할 채무를 부담하므로, 수탁자가 방송사 등 일부 사용자들로부터 징수한 사용료를 유보하지 않았다고 하더라도, 이는 신탁자(저작권자)에게 신탁수익을 반환하여 줄 채무를 이행하지 않은 것이 됨은 별론으로 하고, 저작재산권자도 아닌 신탁자의 저작재산권 행사를 방해하는 것으로 불법행위가 된다고 볼 수 없고, 수탁자가 방송사 등 사용자들에게 저작권자가 수탁자의 회원이라는 태도를 보였다고 하더라도 이는 수탁자가 저작재산권자 겸 법정신탁의 수탁자의 지위에서 행한 것에 불과할 뿐 신탁자(저작권자)에 대해 불법행위가 되는 것은 아니며 저작권자의 음악저작물을 관리하여서는 아니된다라는 취지의 가처분결정이 있었다고 하더라도 당시 신탁자(저작권자)에게 침해될 저작재산권이 없었던 이상 위 가처분결정을 위반하였다는 점만으로 곧바로 신탁자(저작권자)에 대해 불법행위가 성립하는 것도 아니다.[19]

다음으로 저작권대리중개업은 저작재산권자, 배타적발행권자, 출판권자, 저작인접권자 또는 데이터베이스제작자의 권리를 가진 자를 위하여 그 권리의 이용에 관한 대리 또는 중개행위를 하는 업을 말한다(법 제2조 제27호).[20] 저작권대리중개업은 저작재산권의 등록이나 양도,

개정 전 신탁법에서는 신탁종료 시의 수탁자의 청산의무에 관하여 아무런 규정이 없었다. 대법원 2002. 3. 26. 선고 2000다25989 판결도 "신탁법 제61조 본문은 '신탁이 종료한 경우에 신탁재산이 그 귀속권리자에게 이전할 때까지는 신탁은 존속하는 것으로 간주한다.'고 규정하고 있는바, 이는 신탁이 종료하여도 그 잔여재산을 귀속권리자에게 완전히 이전시킬 때까지 상당한 시일이 걸리므로, 귀속권리자의 권리를 보호하고 신탁의 나머지 업무를 마치도록 하기 위한 것에 불과하고, 특히 귀속권리자가 위탁자 또는 그 상속인일 때에는 수탁자는 위탁자 또는 그 상속인이나 이들이 지시하는 자에게 남은 재산을 이전하거나 대항요건 등을 갖추도록 하는 직무권한만 갖는다 할 것이므로, 위 법조항에서 존속하는 것으로 간주되는 신탁은 그 목적에 한정하는 법정신탁이라 할 것이고, 따라서 그 신탁목적 달성에 필요한 비용만 그 법정신탁 기간 중의 비용으로 귀속권리자가 상환하여야 한다."라고 하였다.

18) 대법원 2012. 7. 12. 선고 2010다1272 판결 참조.
19) 대법원 2012. 7. 12. 선고 2010다1272 판결.
20) 2006. 12. 28. 법률 제8101호로 전부개정되기 전의 저작권법 제2조 제18호에서 "저작권신탁관리업 : 저작재산권자·출판권자 또는 저작인접권자를 위하여 저작재산권·출판권·저작인접권 또는 그 이용권

이용허락을 대리하거나 중개하는 역할을 하는 데 불과하므로 대외적으로 저작재산권의 귀속에는 변동이 없다.

저작권대리중개업자가 저작재산권 등을 신탁받지 않았음에도 사실상 신탁관리업자와 같은 행위로 운영함으로써 저작물 등의 이용에 관하여 포괄적 대리를 하였는지를 판단함에 있어서는, 저작권대리중개업자의 저작물 등의 이용에 관한 행위 가운데 위와 같은 저작권신탁관리의 실질이 있는지를 참작하여야 한다.

이와 관련하여 대법원은 "피고인 6 회사는 다수의 권리자로부터 저작물에 대한 이용허락뿐만 아니라 침해에 대한 민·형사상 조치에 대해서도 일체의 권한을 위임받았고, 나아가 '독점적 이용허락'에 기대어 저작물에 대한 홍보·판매 및 가격 등을 스스로 결정하고 다수의 고객들로부터 사용료를 징수하며, 스스로 다수의 저작권침해자들을 상대로 민·형사상 법적조치를 취하고 합의금을 받아 사진공급업체나 저작권자에게 각 일정 부분을 송금하였다. 따라서 피고인 6 회사의 이러한 행위는 저작권법 제2조 제26호의 '저작물 등의 이용과 관련하여 포괄적으로 대리하는 경우'에 해당한다."라고 하여 피고인 6 회사의 대표이사를 무허가 저작권신탁관리업을 운영한 것으로 인정함과 아울러 피고인 6 회사에 대하여 양벌규정을 적용한 원심판단을 수긍하였다.[21]

II. 저작권위탁관리업의 허가 및 신고

저작권신탁관리업을 하고자 하는 자는 대통령령이 정하는 바에 따라 문화체육관광부장관의 허가를 받아야 하며, 저작권대리중개업을 하고자 하는 자는 대통령령이 정하는 바에 따라 문화체육관광부장관에게 신고하여야 한다. 다만, 문화체육관광부장관은 「공공기관의 운영에 관한 법률」에 따른 공공기관을 저작권신탁관리단체로 지정할 수 있다(법 제105조 제1항).

을 신탁받아 이를 지속적으로 관리하는 업을 말한다."라고 하고, 제19호에서 "저작권대리중개업 : 저작재산권자·출판권자 또는 저작인접권자를 위하여 저작물 또는 저작인접권의 대상인 실연·음반·방송의 이용에 관한 대리(그 이용에 관한 포괄적 대리를 제외한다) 또는 중개행위를 하는 업을 말한다."라고 규정하여 '그 이용에 관한 포괄적 대리를 제외한다'고 소극적으로 규정하고 있었는데, 위 개정 저작권 제2조 제26호에서 "저작권신탁관리업은 저작재산권자, 출판권자, 저작인접권자 또는 데이터베이스제작자의 권리를 가진 자를 위하여 그 권리를 신탁받아 이를 지속적으로 관리하는 업을 말하며, 저작물 등의 이용과 관련하여 포괄적으로 대리하는 경우를 포함한다."라고 규정하고, 제27호에서 "저작권대리중개업은 저작재산권자, 출판권자, 저작인접권자 또는 데이터베이스제작자의 권리를 가진 자를 위하여 그 권리의 이용에 관한 대리 또는 중개행위를 하는 업을 말한다."라고 하여 저작권신탁관리업에 포괄적 대리가 포함됨을 명확히 하였다. 이는 저작권대리중개업자가 신고만으로 신탁관리업자의 허가요건을 회피하여 실질적으로 신탁관리업자와 같은 행위로 운영하는 것을 규제하기 위한 것이다.

21) 대법원 2019. 7. 24. 선고 2015도1885 판결 참조.

법 제105조 제1항에 따라 저작권신탁관리업을 하고자 하는 자는 ① 저작물, 실연 · 음반 · 방송 또는 데이터베이스(조문에는 규정된 저작물 등에 관하여 법 제2조 제7호 참조, 이하 같다)에 관한 권리자로 구성된 단체일 것(제1호), ② 영리를 목적으로 하지 아니할 것(제2호), ③ 사용료의 징수 및 분배 등의 업무를 수행하기에 충분한 능력이 있을 것(제3호)의 요건을 갖추어야 하며, 대통령령으로 정하는 바에 따라 저작권신탁관리업무규정을 작성하여 이를 저작권신탁관리허가신청서와 함께 문화체육관광부장관에게 제출하여야 한다. 다만, 법 제105조 제1항 단서에 따른 공공기관의 경우에는 제1호의 요건(저작물, 실연 · 음반 · 방송 또는 데이터베이스에 관한 권리자로 구성된 단체일 것)을 적용하지 아니한다(법 제105조 제2항). 위 제1항 본문에 따라 저작권대리중개업의 신고를 하려는 자는 대통령령(법 시행규칙 제19조의2 제2항)으로 정하는 바에 따라 저작권대리중개업무규정을 작성하여 저작권대리중개업 신고서와 함께 문화체육관광부장관에게 제출하여야 한다(법 제105조 제3항).

위 제1항에 따라 저작권신탁관리업의 허가를 받은 자가 문화체육관광부령으로 정하는 중요 사항을 변경하고자 하는 경우에는 문화체육관광부령으로 정하는 바에 따라 문화체육관광부장관의 변경허가를 받아야 하며, 저작권대리중개업을 신고한 자가 신고한 사항을 변경하려는 경우에는 문화체육관광부령(법 시행규칙 제19조의2 제3항)으로 정하는 바에 따라 문화체육관광부장관에게 변경신고를 하여야 한다(법 제105조 제4항). 위 "문화체육관광부령으로 정하는 중요 사항"이란 저작권신탁관리업 업무규정, 취급하려는 저작물 등의 종류, 취급하려는 권리 등의 종류의 어느 하나에 해당하는 사항을 말한다(법 시행규칙 제19조의2 제1항).

문화체육관광부장관은 제1항 본문에 따른 저작권대리중개업의 신고 또는 제4항에 따른 저작권대리중개업의 변경신고를 받은 날부터 20일 내에 신고 · 변경신고 수리 여부를 신고인에게 통지하여야 한다(법 제105조 제5항, 법 시행규칙 제19조의3). 문화체육관광부장관이 제5항에서 정한 기간 내에 신고 · 변경신고 수리 여부나 민원 처리 관련 법령에 따른 처리기간의 연장을 신고인에게 통지하지 아니하면 그 기간이 끝난 날의 다음 날에 신고 · 변경신고를 수리한 것으로 본다(법 제105조 제6항).

피성년후견인(제1호), 파산선고를 받고 복권되지 아니한 자(제2호), 금고 이상의 실형을 선고받고 그 집행이 종료(집행이 종료된 것으로 보는 경우를 포함한다)되거나 집행이 면제된 날부터 1년이 지나지 아니한 자(제3호), 금고 이상의 형의 집행유예 선고를 받고 그 유예기간 중에 있는 자(제4호), 저작권법을 위반하거나 형법 제355조 또는 제356조를 위반하여 금고 이상의 형의 선고유예를 받고 그 유예기간 중에 있는 자(가목), 벌금형을 선고받고 1년이 지나지 아니한 자(나목)의 어느 하나에 해당하는 자(제5호), 대한민국 내에 주소를 두지 아니한 자(제6호), 위 제1호부터 제6호까지의 어느 하나에 해당하는 사람이 대표자 또는 임원으로 되어 있는 법인 또는 단체의 어느 하나에 해당하는 자(제7호)는 법 제105조 제1항에 따른 저작권신탁관리업 또는 저작권대리중개업(이하 "저작권위탁관리업"이라 한다)의 허가를 받거나 신고를 할 수 없다(법 제105조 제7항).

위 제1항에 따라 저작권위탁관리업의 허가를 받거나 신고를 한 자(이하 "저작권위탁관리업자"라 한다)는 그 업무에 관하여 저작재산권자나 그 밖의 관계자로부터 수수료를 받을 수 있다(법 제105조 제8항). 위 제8항에 따른 수수료의 요율 또는 금액 및 저작권신탁관리업자가 이용자로부터 받는 사용료의 요율 또는 금액은 저작권신탁관리업자가 문화체육관광부장관의 승인을 받아 이를 정한다. 이 경우 문화체육관광부장관은 대통령령으로 정하는 바에 따라 이해관계인의 의견을 수렴하여야 한다(법 제105조 제9항). 문화체육관광부장관은 제9항에 따른 승인을 하려면 위원회의 심의를 거쳐야 하며, 필요한 경우에는 기간을 정하거나 신청된 내용을 수정하여 승인할 수 있다(법 제105조 제10항). 문화체육관광부장관은 제9항에 따른 사용료의 요율 또는 금액에 관하여 승인 신청을 받거나 승인을 한 경우에는 대통령령으로 정하는 바에 따라 그 내용을 공고하여야 한다(법 제105조 제11항). 문화체육관광부장관은 저작재산권자 그 밖의 관계자의 권익보호 또는 저작물 등의 이용 편의를 도모하기 위하여 필요한 경우에는 제9항에 따른 승인 내용을 변경할 수 있다(법 제105조 제12항).

저작권법에 따라 제105조의 규정에 따라 저작권위탁관리업의 허가를 신청하거나 신고하는 자에 해당하는 사항의 신청 등을 하는 자는 문화체육관광부령으로 정하는 바에 따라 수수료를 납부하여야 한다(법 제132조 제1항 제3호). 제1항에 따른 수수료는 문화체육관광부령으로 정하는 바에 따라 특별한 사유가 있으면 감액하거나 면제할 수 있다(법 제132조 제2항).

법 제105조 제1항에 따른 허가를 받지 아니하고 저작권신탁관리업을 한 자는 1년 이하의 징역 또는 1천만원 이하의 벌금에 처하고(법 제137조 제4호), 제105조 제1항에 따른 신고를 하지 아니하고 저작권대리중개업을 한 자는 500만원 이하의 벌금에 처한다(법 제138조 제5호).

III. 위탁관리업자에 대한 감독과 규제

저작권신탁관리업자는 그가 관리하는 저작물, 실연·음반·방송 또는 데이터베이스의 목록과 이용계약 체결에 필요한 정보를 대통령령이 정하는 바에 따라 분기별로 도서 또는 전자적 형태로 작성하여 주된 사무소에 비치하고 인터넷 홈페이지를 통하여 공개하여야 한다(법 제106조 제1항).[22] 저작권신탁관리업자는 이용자가 서면으로 요청하는 경우에는 정당한 사유가

---

22) 2019. 11. 26. 법률 제16600호로 개정되기 전 저작권법 제106조 제1항에서 "저작물 등의 목록을", "누구든지 적어도 영업시간 내에는 목록을 열람할 수 있도록 하여야 한다."라고 규정하고 있었는데, 저작권신탁관리업자의 이용계약 관련 정보, 경영 관련 정보 등이 공개되어 있지 않아 투명성이 부족하고, 정당한 이유 없이 이용허락을 거부하거나 차별 취급하는 문제가 발생하여 위 개정법에서 본문과 같이 개정

없는 한 관리하는 저작물, 실연·음반·방송 또는 데이터베이스의 이용계약을 체결하기 위하여 필요한 정보로서 대통령령으로 정하는 정보를 상당한 기간 이내에 서면으로 제공하여야 한다(법 제106조 제2항).

문화체육관광부장관은 음반을 사용하여 공연하는 자로부터 제105조 제9항에 따른 사용료를 받는 저작권신탁관리업자 및 상업용 음반을 사용하여 공연하는 자로부터 제76조의2와 제83조의2에 따라 징수하는 보상금수령단체에게 이용자의 편의를 위하여 필요한 경우 대통령령으로 정하는 바에 따라 통합 징수를 요구할 수 있다. 이 경우 그 요구를 받은 저작권신탁관리업자 및 보상금수령단체는 정당한 사유가 없으면 이에 따라야 한다(법 제106조 제3항). 저작권신탁관리업자 및 보상금수령단체는 제3항에 따라 사용료 및 보상금을 통합적으로 징수하기 위한 징수업무를 대통령령으로 정하는 자에게 위탁할 수 있다(법 제106조 제4항). 이러한 사항은 법 시행령 제51조의2(통합 징수)에서 규정하고 있다.

저작권신탁관리업자 및 보상금수령단체가 제4항에 따라 징수업무를 위탁한 경우에는 대통령령으로 정하는 바에 따라 위탁수수료를 지급하여야 한다(법 제106조 제5항). 법 제106조 제3항에 따라 징수한 사용료와 보상금의 정산 시기, 정산 방법 등에 관하여 필요한 사항은 대통령령으로 정한다(법 제106조 제6항).

저작권신탁관리업자는 저작권 신탁계약 및 저작물 이용계약 약관, 저작권 사용료 징수 및 분배규정 등 저작권신탁관리 업무규정(제1호), 임원보수 등 대통령령으로 정하는 사항을 기재한 연도별 사업보고서(제2호), 연도별 저작권신탁관리업에 대한 결산서(재무제표와 그 부속서류를 포함한다)(제3호), 저작권신탁관리업에 대한 감사의 감사보고서(제4호), 그 밖에 권리자의 권익보호 및 저작권신탁관리업의 운영에 관한 중요한 사항으로서 대통령령으로 정하는 사항(제5호)을 대통령령으로 정하는 바에 따라 누구든지 열람할 수 있도록 주된 사무소에 비치하고 인터넷 홈페이지를 통하여 공개하여야 한다(법 제106조 제7항, 법 시행령 제51조의3).[23]

저작권신탁관리업자는 정당한 이유가 없으면 관리하는 저작물, 실연·음반·방송 또는 데이터베이스의 이용허락을 거부해서는 아니 된다(법 제106조의2). 법 제106조의2를 위반하여 정당한 이유 없이 이용허락을 거부한 자에게는 1천만 원 이하의 과태료를 부과한다(법 제142조 제2의2항).

저작권신탁관리업자는 그가 신탁관리하는 저작물, 실연·음반·방송 또는 데이터베이스를 영리목적으로 이용하는 자에 대하여 당해 저작물, 실연·음반·방송 또는 데이터베이스의 사용료 산정에 필요한 서류의 열람을 청구할 수 있다. 이 경우 이용자는 정당한 사유가 없는 한 이에 응하여야 한다(법 제107조).

되었다.
23) 법 제106조 제7항 및 제106조의2는 2019. 11. 26. 법률 제16600호로 개정된 저작권법에서 신설되었다.

문화체육관광부의 저작권위탁관리업자에 대한 관리·감독 권한의 실효성을 확보하고 저작권위탁관리업자의 사업 운영상 책임을 강화하기 위하여 2019. 11. 26. 법률 제16600호로 개정된 저작권법에서 아래와 같이 관련 규정이 신설되거나 개정되었다.

문화체육관광부장관은 저작권위탁관리업자에게 저작권위탁관리업의 업무에 관하여 필요한 보고를 하게 할 수 있다(법 제108조 제1항). 문화체육관광부장관은 저작자의 권익보호와 저작물의 이용편의를 도모하기 위하여 저작권위탁관리업자의 업무에 대하여 필요한 명령을 할 수 있다(법 제108조 제2항).

문화체육관광부장관은 저작자의 권익보호와 저작물의 이용편의를 도모하기 위하여 필요한 경우 소속 공무원으로 하여금 대통령령으로 정하는 바에 따라 저작권위탁관리업자의 사무 및 재산상황을 조사하게 할 수 있다(법 제108조 제3항, 법 시행령 제52조의2).

문화체육관광부장관은 저작권위탁관리업자의 효율적 감독을 위하여 공인회계사나 그 밖의 관계 전문기관으로 하여금 제3항에 따른 조사를 하게 할 수 있다(법 제108조 제4항).

문화체육관광부장관은 제2항부터 제4항까지의 명령 및 조사를 위하여 개인정보 등 필요한 자료를 요청할 수 있으며, 요청을 받은 저작권위탁관리업자는 이에 따라야 한다(법 제108조 제5항).[24]

문화체육관광부장관은 저작권신탁관리업자의 대표자 또는 임원이 직무와 관련하여 이 법 또는 형법 제355조 또는 제356조를 위반하여 벌금형 이상을 선고받아(집행유예를 선고받은 경우를 포함한다) 그 형이 확정된 경우(제1호), 회계부정, 부당행위 등으로 저작재산권, 그 밖에 이 법에 따라 보호되는 재산적 권리를 가진 자에게 손해를 끼친 경우(제2호), 이 법에 따른 문화체육관광부장관의 감독업무 수행을 방해하거나 기피하는 경우(제3호)의 어느 하나에 해당하는 경우에는 저작권신탁관리업자에게 해당 대표자 또는 임원의 징계를 요구할 수 있다(법 제108조의2).

문화체육관광부장관은 저작권위탁관리업자가, 제105조 제9항의 규정에 따라 승인된 수수료를 초과하여 받은 경우(제1호), 제105조 제9항의 규정에 따라 승인된 사용료 이외의 사용료를 받은 경우(제2호), 제108조 제1항의 규정에 따른 보고를 정당한 사유 없이 하지 아니하거나 허위로 한 경우(제3호), 제108조 제2항의 규정에 따른 명령을 받고 정당한 사유 없이 이를 이행하지 아니한 경우(제4호), 제106조 제3항에 따른 통합 징수 요구를 받고 정당한 사유 없이 이에 따르지 아니한 경우(제5호), 제106조 제7항에 따라 공개하여야 하는 사항을 공개하지 않은 경우(제6호), 제108조 제3항부터 제5항까지의 규정에 따른 조사 및 자료요청에 불응하거나 이를 거부·방해 또는 기피한 경우(제7호), 제108조의2에 따른 징계의 요구를 받고 정당한 사유 없이 그 요구를 이행하지 아니한 경우(제8호), 허가를 받거나 신고를 한 이후에 제105조 제7항 각

---

24) 법 제108조 제3항 내지 제5항 및 제108조의 2는 2019. 11. 26. 법률 제16600호로 개정된 저작권법에서 신설되었다.

호의 어느 하나의 사유에 해당하게 된 경우(다만, 제105조 제7항 제7호에 해당하는 경우로서 6개월 이내에 그 대표자 또는 임원을 바꾸어 임명한 경우에는 그러하지 아니하다. 제9호)의 어느 하나에 해당하는 경우에는 6개월 이내의 기간을 정하여 업무의 정지를 명할 수 있다(법 제109조 제1항[25]).

문화체육관광부장관은 저작권위탁관리업자가 ① 거짓 그 밖의 부정한 방법으로 허가를 받거나 신고를 한 경우(제1호), ② 제1항의 규정에 따른 업무의 정지명령을 받고 그 업무를 계속한 경우(제2호)의 어느 하나에 해당하는 경우에는 저작권위탁관리업의 허가를 취소하거나 영업의 폐쇄명령을 할 수 있다(법 제109조 제2항). 문화체육관광부장관은 제109조에 따라 저작권위탁관리업의 허가를 취소하거나 저작권위탁관리업자에 대하여 영업의 정지 또는 영업의 폐쇄를 명하려는 경우에는 청문을 실시하여야 한다(법 제110조).

문화체육관광부장관은 저작권위탁관리업자가 위 법 제109조 제1항 제1호 내지 제5호의 어느 하나에 해당하여 업무의 정지처분을 하여야 할 때에는 그 업무정지처분에 갈음하여 대통령령으로 정하는 바에 따라[26] 직전년도 사용료 및 보상금 징수액의 100분의 1 이하의 과징금을 부과 · 징수할 수 있다. 다만, 징수금액을 산정하기 어려운 경우에는 10억원을 초과하지 아니하는 범위에서 과징금을 부과 · 징수할 수 있다(법 제111조 제1항). 문화체육관광부장관은 제1항에 따라 과징금 부과처분을 받은 자가 과징금을 기한 이내에 납부하지 아니하는 때에는 국세체납처분의 예에 의하여 이를 징수한다(법 제111조 제2항). 위 제1항 및 제2항에 따라 징수한 과징금은 징수주체가 건전한 저작물 이용 질서의 확립을 위하여 사용할 수 있다(법 제111조 제3항). 제1항에 따라 과징금을 부과하는 위반행위의 종별 · 정도 등에 따른 과징금의 금액 및 제3항의 규정에 따른 과징금의 사용절차 등에 관하여 필요한 사항은 대통령령으로 정한다(법 제111조 제4항).[27]

제4절 한국저작권위원회 · 한국저작권보호원

I. 한국저작권위원회

1 의의

저작권법은 제8장 제112조 내지 제122조에서 저작권과 그 밖에 저작권법에 따라 보호되

---

25) 법 제109조 제1항 제6호 내지 제8호는 2019. 11. 26. 법률 제16600호로 개정된 저작권법에서 신설되고 제9호는 2020. 2. 4. 법률 제16933호로 개정된 저작권법에서 신설되었다.
26) 법 시행령 제53조에 업무정지의 세부기준이 별표 2로 나와 있다.
27) 법 시행령 제54조는 과징금의 부과 및 납부에 대해, 제55조는 과징금의 사용절차에 대해 규정하고 있다.

는 권리(이하 이 장에서 "저작권"이라 한다)에 관한 사항을 심의하고, 저작권에 관한 분쟁(이하 "분쟁"이라 한다)을 알선·조정하며, 저작권 등록 관련 업무를 수행하고[28] 권리자의 권익증진 및 저작물 등의 공정한 이용에 필요한 사업을 수행하기 위하여 한국저작권위원회에 관한 규정을 두고 있다(법 제112조 제1항).

한국저작권위원회(이하 위원회라고 한다)는 법인으로 하고(법 제112조 제2항), 위원회에 관하여 이 법에서 정하지 아니한 사항에 대하여는 민법의 재단법인에 관한 규정을 준용한다. 이 경우 위원회의 위원은 이사로 본다(법 제112조 제3항). 위원회가 아닌 자는 한국저작권위원회의 명칭을 사용하지 못한다(법 제112조 제4항).

② 위원회의 조직

위원회는 위원장 1명, 부위원장 2명을 포함한 20명 이상 25명 이내의 위원으로 구성한다(법 제112조의2 제1항).

위원은 ① 대학이나 공인된 연구기관에서 부교수 이상 또는 이에 상당하는 직위에 있거나 있었던 자로서 저작권 관련 분야를 전공한 자(제1호), ② 판사 또는 검사의 직에 있는 자 및 변호사의 자격이 있는 자(제2호), ③ 4급 이상의 공무원 또는 이에 상당하는 공공기관의 직에 있거나 있었던 자로서 저작권 또는 문화산업 분야에 실무경험이 있는 자(제3호), ④ 저작권 또는 문화산업 관련 단체의 임원의 직에 있거나 있었던 자(제4호), ⑤ 그 밖에 저작권 또는 문화산업 관련 업무에 관한 학식과 경험이 풍부한 자(제5호) 중에서 문화체육관광부장관이 위촉하며, 위원장과 부위원장은 위원 중에서 호선한다. 이 경우 문화체육관광부장관은 이 법에 따라 보호되는 권리의 보유자와 그 이용자의 이해를 반영하는 위원의 수가 균형을 이루도록 하여야 하며, 분야별 권리자 단체 또는 이용자 단체 등에 위원의 추천을 요청할 수 있다(법 제112조의2 제2항).

위원의 임기는 3년으로 하되, 연임할 수 있다. 다만, 직위를 지정하여 위촉하는 위원의 임기는 해당 직위에 재임하는 기간으로 한다(법 제112조의2 제3항). 위원에 결원이 생겼을 때에는 제2항에 따라 보궐위원을 위촉하여야 하며, 그 보궐위원의 임기는 전임자 임기의 나머지 기간으로 한다. 다만, 위원의 수가 20명 이상인 경우에는 보궐위원을 위촉하지 아니할 수 있다(법 제112조의2 제4항). 위원회의 업무를 효율적으로 수행하기 위하여 분야별로 분과위원회를 둘 수 있다. 분과위원회가 위원회로부터 위임받은 사항에 관하여 의결한 때에는 위원회가 의결한 것으로 본다(법 제112조의2 제5항).

---

28) 2020. 2. 4. 법률 제16933호로 개정된 저작권법에서 저작권 등록 관련 업무 수행 부분이 추가되었다.

위원회의 위원·직원, 보호원의 임직원 및 심의위원회의 심의위원은 형법 제129조 내지 제132조의 규정을 적용하는 경우에는 이를 공무원으로 본다(법 제131조).

③ 위원회의 업무

위원회는 저작권 등록에 관한 업무(제1호), 분쟁의 알선·조정(제2호), 제105조 제10항에 따른 저작권위탁관리업자의 수수료 및 사용료의 요율 또는 금액에 관한 사항 및 문화체육관광부장관 또는 위원 3인 이상이 공동으로 부의하는 사항의 심의(제3호), 저작물 등의 이용질서 확립 및 저작물의 공정한 이용 도모를 위한 사업(제4호), 저작권 진흥 및 저작자의 권익 증진을 위한 국제협력(제5호), 저작권 연구·교육 및 홍보(제6호), 저작권 정책의 수립 지원(제7호), 기술적 보호조치 및 권리관리정보에 관한 정책 수립 지원(제8호), 저작권 정보 제공을 위한 정보관리 시스템 구축 및 운영(제9호), 저작권의 침해 등에 관한 감정(제10호) (제11호는 삭제), 법령에 따라 위원회의 업무로 정하거나 위탁하는 업무(제12호), 그 밖에 문화체육관광부장관이 위탁하는 업무(제13호)를 행한다(법 제113조).29) 법 제113조의 위 제8호 및 제9호의 업무를 효율적으로 수행하기 위하여 위원회 내에 저작권정보센터를 두고(법 제120조 제1항), 저작권정보센터의 운영에 필요한 사항은 대통령령으로 정한다(법 제120조 제2항).

분쟁에 관한 알선을 받으려는 자는 알선신청서를 위원회에 제출하여 알선을 신청할 수 있다(법 제113조의2 제1항). 위원회가 제1항에 따라 알선의 신청을 받은 때에는 위원장이 위원 중에서 알선위원을 지명하여 알선을 하게 하여야 한다(법 제113조의2 제2항). 알선위원은 알선으로는 분쟁해결의 가능성이 없다고 인정되는 경우에 알선을 중단할 수 있다(법 제113조의2 제3항). 알선 중인 분쟁에 대하여 이 법에 따른 조정의 신청이 있는 때에는 해당 알선은 중단된 것으로 본다(법 제113조의2 제4항). 알선이 성립한 때에 알선위원은 알선서를 작성하여 관계 당사자와 함께 기명날인하거나 서명하여야 한다(법 제113조의2 제5항). 알선의 신청 및 절차에 관하여 필요한 사항은 대통령령으로 정한다(법 제113조의2 제6항).

위원회의 분쟁조정업무를 효율적으로 수행하기 위하여 위원회에 1인 또는 3인 이상의 위원으로 구성된 조정부를 두되, 그중 1인은 변호사의 자격이 있는 자이어야 한다(법 제114조 제1항). 위 제1항의 규정에 따른 조정부의 구성 및 운영 등에 관하여 필요한 사항은 대통령령으

---

29) 제10호는 '법 제133조의3에 따른 온라인서비스제공자에 대한 시정권고 및 문화체육관광부장관에 대한 시정명령 요청'이었으나 2016. 3. 22. 법률 제14083호로 개정된 저작권법에서 위 업무가 한국저작권보호원의 업무로 이관되어 법 제122조의5 제6항으로 규정됨에 따라 삭제되었다. 2020. 2. 4. 법률 제16933호로 개정된 저작권법에서 저작권 등록에 관한 업무도 하게 됨에 따라 제1호가 신설되고 기존의 제11호가 삭제되었다.

로 정한다(법 제114조 제2항). 분쟁의 조정을 받으려는 자는 신청취지와 원인을 기재한 조정신청서를 위원회에 제출하여 그 분쟁의 조정을 신청할 수 있다(법 제114조의2 제1항). 제1항에 따른 분쟁의 조정은 제114조에 따른 조정부가 행한다(법 제114조 제2항).

조정절차는 비공개를 원칙으로 한다. 다만, 조정부의 장은 당사자의 동의를 얻어 적당하다고 인정하는 자에게 방청을 허가할 수 있다(법 제115조). 조정절차에서 당사자 또는 이해관계인이 한 진술은 소송 또는 중재절차에서 원용하지 못한다(법 제116조). 조정은 당사자 간에 합의된 사항을 조서에 기재함으로써 성립된다(법 제117조 제1항). 3명 이상의 위원으로 구성된 조정부는, 조정부가 제시한 조정안을 어느 한쪽 당사자가 합리적인 이유 없이 거부한 경우(제1호), 분쟁조정 예정가액이 1천만원 미만인 경우(제2호)의 어느 하나에 해당하는 경우 당사자들의 이익이나 그 밖의 모든 사정을 고려하여 신청 취지에 반하지 아니하는 한도에서 직권으로 조정을 갈음하는 결정(이하 "직권조정결정"이라 한다)을 할 수 있다.[30] 이 경우 조정부의 장은 제112조의2 제2항 제2호에 해당하는 사람이어야 한다(법 제117조 제2항). 조정부는 직권조정결정을 한 때에는 직권조정결정서에 주문(主文)과 결정 이유를 적고 이에 관여한 조정위원 모두가 기명날인하여야 하며, 그 결정서 정본을 지체 없이 당사자에게 송달하여야 한다(법 제117조 제3항). 직권조정결정에 불복하는 자는 결정서 정본을 송달받은 날부터 2주일 이내에 불복사유를 구체적으로 밝혀 서면으로 조정부에 이의신청을 할 수 있다. 이 경우 그 결정은 효력을 상실한다(법 제117조 제4항).

조정 결과 당사자 간에 합의가 성립한 경우(제1호), 직권조정결정에 대하여 이의 신청이 없는 경우(제2호)의 어느 하나에 해당하는 경우에는 재판상의 화해와 동일한 효력이 있다. 다만, 당사자가 임의로 처분할 수 없는 사항에 관한 것은 그러하지 아니하다(법 제117조 제5항). 조정비용은 신청인이 부담한다. 다만, 조정이 성립된 경우로서 특약이 없는 때에는 당사자 각자가 균등하게 부담한다(법 제118조 제1항). 이때 조정비용의 금액은 위원회가 정한다(법 제118조 제3항). 조정의 신청 및 절차, 조정비용의 납부방법에 관하여 필요한 사항은 대통령령으로 정한다(법 제118조 제2항). 조정절차에 관하여 저작권법에서 규정한 것을 제외하고는 민사조정법을 준용한다(법 제118조의2).[31]

위원회는 ① 법원 또는 수사기관 등으로부터 재판 또는 수사를 위하여 저작권의 침해 등에 관한 감정을 요청받은 경우(제1호), ② 제114조의2에 따른 분쟁조정을 위하여 분쟁조정의

---

30) 직권조정을 할 수 있도록 하는 규정의 신설에 따른 후속조치로 개정법 시행령 제63조 제1항은 조정의 불성립 사유에서 당사자의 정당한 이유 없는 불출석 조항을 삭제하고 직권조정결정에 대하여 이의신청을 하는 경우를 추가하였다.
31) 조정을 갈음하는 결정 즉 직권조정결정에 관한 법 제117조 제2항 내지 제5항, 제118조의2는 2020. 2. 4. 법률 제16933호로 개정된 저작권법에서 신설되었다.

양 당사자로부터 프로그램 및 프로그램과 관련된 전자적 정보 등에 관한 감정을 요청받은 경우의 어느 하나에 해당하는 경우(제2호)에는 감정을 실시할 수 있다(법 제119조 제1항). 제1항의 규정에 따른 감정절차 및 방법 등에 관하여 필요한 사항은 대통령령으로 정한다(법 제119조 제2항). 위원회는 위 제1항의 규정에 따른 감정을 실시한 때에는 감정 수수료를 받을 수 있으며, 그 금액은 위원회가 정한다(법 제119조 제3항).

위원회의 운영에 필요한 경비는 국가의 출연금 또는 보조금(제1호), 제113조 각 호의 업무 수행에 따른 수입금(제2호), 그 밖의 수입금(제3호)의 재원(財源)으로 충당한다(법 제122조 제1항). 개인 · 법인 또는 단체는 제113조 제4호 · 제6호 및 제9호에 따른 업무 수행을 지원하기 위하여 위원회에 금전이나 그 밖의 재산을 기부할 수 있다(법 제122조 제2항). 위 제2항의 규정에 따른 기부금은 별도의 계정으로 관리하여야 하며, 그 사용에 관하여는 문화체육관광부장관의 승인을 얻어야 한다(법 제122조 제3항).

문화체육관광부장관은 대통령령으로 정하는 바에 따라 이 법에 따른 권한의 일부를 특별시장 · 광역시장 · 특별자치시장 · 도지사 · 특별자치도지사에게 위임하거나 위원회, 보호원 또는 저작권 관련 단체에 위탁할 수 있다(법 제130조, 법 시행령 제68조).

II. 한국저작권보호원

1 의의

저작권법은 제8장의2 제122조의2 내지 제122조의6에서 저작권 보호에 관한 사업을 하기 위하여 한국저작권보호원에 관한 규정을 두고 있다(법 제122조의2 제1항).

한국저작권보호원에 관한 규정은 2016. 3. 22. 법률 제14083호로 개정된 저작권법에서 신설되었다. 한국저작권보호원은 법인으로 한다(법 제122조의2 제2항). 정부는 보호원의 설립 · 시설 및 운영 등에 필요한 경비를 예산의 범위에서 출연 또는 지원할 수 있다(법 제122조의2 제3항). 보호원에 관하여 저작권법과 「공공기관의 운영에 관한 법률」에서 정한 것을 제외하고는 「민법」의 재단법인에 관한 규정을 준용한다(법 제122조의2 제4항). 이 법에 따른 한국저작권보호원이 아닌 자는 한국저작권보호원(이하 "보호원"이라고 한다) 또는 이와 비슷한 명칭을 사용하지 못한다(법 제122조의2 제5항).

2 보호원의 조직 등

보호원의 정관에는 ① 목적, ② 명칭, ③ 사무소 및 지사에 관한 사항, ④ 임직원에 관한 사항, ⑤ 이사회의 운영에 관한 사항, ⑥ 제122조의6에 따른 저작권보호심의위원회에 관한 사항, ⑦ 직무에 관한 사항, ⑧ 재산 및 회계에 관한 사항, ⑨ 정관의 변경에 관한 사항, ⑩ 내부 규정의 제정 및 개정·폐지에 관한 사항이 포함되어야 한다(법 제122조의3 제1호 내지 제10호).

보호원에는 원장 1명을 포함한 9명 이내의 이사와 감사 1명을 두고, 원장을 제외한 이사 및 감사는 비상임으로 하며, 원장은 이사회의 의장이 된다(법 제122조의4 제1항). 원장은 문화체육관광부장관이 임면하고(법 제122조의4 제2항), 원장의 임기는 3년으로 한다(법 제122조의4 제3항). 원장은 보호원을 대표하고, 보호원의 업무를 총괄한다(법 제122조의4 제4항). 원장이 부득이한 사유로 직무를 수행할 수 없을 때에는 정관으로 정하는 순서에 따라 이사가 그 직무를 대행한다(법 제122조의4 제5항). 「국가공무원법」 제33조 각 호의 어느 하나에 해당하는 사람은 제1항에 따른 보호원의 임원이 될 수 없다(법 제122조의4 제5항).

법 제103조의3, 제133조의2 및 제133조의3에 따른 심의 및 저작권 보호와 관련하여 보호원의 원장이 요청하거나 심의위원회의 위원장이 부의하는 사항의 심의를 위하여 보호원에 저작권보호심의위원회(이하 '심의위원회'라 한다)를 둔다(법 제122조의6 제1항).

심의위원회는 위원장 1명을 포함한 15명 이상 20명 이내[32]의 위원으로 구성하되, 이 법에 따라 보호되는 권리 보유자의 이해를 반영하는 위원의 수와 이용자의 이해를 반영하는 위원의 수가 균형을 이루도록 하여야 한다(법 제122조의6 제2항). 심의위원회의 위원장은 위원 중에서 호선한다(법 제122조의6 제3항). 심의위원회의 위원은 고등교육법 제2조에 따른 학교의 법학 또는 저작권 보호와 관련이 있는 분야의 학과에서 부교수 이상 또는 이에 상당하는 직위에 있거나 있었던 사람(제1호), 판사 또는 검사의 직에 있는 사람 또는 변호사의 자격이 있는 사람(제2호), 4급 이상의 공무원 또는 이에 상당하는 공공기관의 직에 있거나 있었던 사람으로서 저작권 보호와 관련이 있는 업무에 관한 경험이 있는 사람(제3호), 저작권 또는 문화산업 관련 단체의 임원의 직에 있거나 있었던 사람(제4호), 이용자 보호기관 또는 단체의 임원의 직에 있거나 있었던 사람(제5호), 그 밖에 저작권 보호와 관련된 업무에 관한 학식과 경험이 풍부한 사람(제6호)의 사람 중에서 문화체육관광부장관이 위촉한다. 이 경우 문화체육관광부장관은 분야별 권리자 단체 또는 이용자 단체 등에 위원의 추천을 요청할 수 있다(법 제122조의6 제4항).[33] 심의위원회 위원의 임기는 3년으로 하되, 1회에 한하여 연임할 수 있다(법 제122조의6 제5항). 심의위원회의 업무를 효율적으로 수행하기 위하여 분과위원회를 둘 수 있다. 분과위원회가 심

32) 당초 "5명 이상 10명 이내"라고 규정되어 있었으나 2019. 11. 26. 법률 제16600호로 개정된 저작권법에서 "15명 이상 20명 이내"라고 변경되었다.
33) 2019. 11. 26. 법률 제16600호로 개정된 저작권법에서 본문 내용과 같이 제122조의6 제4항 후단 부분이 신설되고 본문 내용이 변경되고 제122조의6 제5항에서 "연임"이 "1회에 한하여 연임"으로 변경되고 제6항이 신설되었다.

의위원회로부터 위임받은 사항에 관하여 의결한 때에는 심의위원회가 의결한 것으로 본다(법 제122조의6 제6항). 그 밖에 심의위원회의 구성과 운영에 필요한 사항은 대통령령으로 정한다 (법 제122조의6 제7항).

위원회의 위원 · 직원, 보호원의 임직원 및 심의위원회의 심의위원은 형법 제129조 내지 제132조의 규정을 적용하는 경우에는 이를 공무원으로 본다(법 제131조).

보호원은 그 업무 수행을 위하여 필요하면 정관으로 정하는 바에 따라 국내외의 필요한 곳에 사무소 · 지사 또는 주재원을 둘 수 있다(법 제122조의7).

③ 보호원의 업무

보호원은 ① 저작권 보호를 위한 시책 수립지원 및 집행, ② 저작권 침해실태조사 및 통계 작성, ③ 저작권 보호 기술의 연구 및 개발, 저작권 보호를 위한 국제협력, 저작권보호를 위한 연구 · 교육 및 홍보 ④ 「사법경찰관리의 직무를 수행할 자와 그 직무범위에 관한 법률」 제5조 제26호에 따른 저작권 침해 수사 및 단속 사무 지원, ⑤ 제133조의2에 따른 문화체육관광부 장관의 시정명령에 대한 심의, ⑥ 제133조의3에 따른 온라인서비스제공자에 대한 시정권고 및 문화체육관광부장관에 대한 시정명령 요청, ⑦ 법령에 따라 보호원의 업무로 정하거나 위 탁하는 업무, ⑧ 그 밖에 문화체육관광부장관이 위탁하는 업무를 한다(법 제122조의5 제1호 내 지 제8호).

문화체육관광부장관은 대통령령으로 정하는 바에 따라 이 법에 따른 권한의 일부를 특별 시장 · 광역시장 · 특별자치시장 · 도지사 · 특별자치도지사에게 위임하거나 위원회, 보호원 또 는 저작권 관련 단체에 위탁할 수 있다(법 제130조). 문화체육관광부장관은 사법경찰관리의 직 무를 수행할 자와 그 직무범위에 관한 법률 제5조 제26호에 따른 저작권 침해에 관한 단속 사 무와 관련하여 기술적 지원이 필요할 때에는 보호원 또는 저작권 관련 단체에 협조를 요청할 수 있다(법 제130조의2).

제 8 장

저작재산권의 경제적 이용

제8장 저작재산권의 경제적 이용

　저작재산권자가 가지는 저작물을 제3자로 하여금 이용할 수 있게 하는 주요 방법으로 저작재산권자가 다른 사람에게 ① 저작재산권을 이전 내지 양도하는 경우,[1] ② 그 저작물의 이용을 허락하여 이용하게 하거나 법정허락을 통해 이용하게 하는 경우, ③ 저작재산권을 목적으로 하는 질권을 설정하는 경우와, ④ 저작물을 복제·배포할 권리를 가지는 자가 (a) 그 저작물을 발행하거나 복제, 배포에 이용하고자 하는 자에 대하여 배타적 권리인 배타적발행권을 설정하거나, (b) 그 저작물을 인쇄 그 밖에 이와 유사한 방법으로 문서 또는 도화로 발행하고자 하는 자에 대하여 이를 출판할 권리인 출판권을 설정하는 경우 등을 들 수 있다.

　저작재산권자는 이러한 방법 등을 통해 저작재산권을 경제적으로 이용하고 투하한 자본이나 비용을 회수할 수 있다.

제1절　저작재산권의 이전(양도)

I. 저작재산권의 이전

　일반적으로 권리의 이전에는 일반승계와 특정승계가 있다.

　일반승계는 어떤 권리주체에 귀속되어 있던 법률상의 권리의무 일체가 상속, 포괄유증 또는 법인의 합병 등과 같은 사유로 그대로 이전하는 경우를 말한다. 이러한 일반승계에 따라 권리를 이전받은 상속인, 합병 등에 의하여 설립되거나 합병 후 존속하는 법인을 일반 승계인이라 한다.

　특정승계라 함은 어떤 권리주체에 귀속되어 있던 법률상의 권리 중 특정한 권리가 매매,

---

1) 대법원 1990. 9. 28. 선고 89누6396 판결은 "원심판결 목록기재 저작자들은 모두 6.25 사변 전후에 납북되거나 월북한 문인들로서, 그들이 저작한 위 목록기재 작품들을 발행하려면 아직 그 저작재산권의 존속기간이 만료되지 아니하였음이 역수상 명백한 만큼, 동인들이나 그 상속인들로부터 저작재산권의 양수 또는 저작물이용허락을 받거나 문화부장관의 승인을 얻었음을 인정할 자료가 없는 이 사건에 있어서 원고는 이 사건 처분의 부존재확인을 구할 법률상 지위에 있는 자라고 할 수 없다."라고 한다. 위 사건에서 원고는 출판사 경영자였다.

교환, 증여 등과 같은 사유와 같은 개별적인 원인에 의하여 이전되는 것을 말한다. 일반승계 (상속 또는 합병) 이외의 사유를 통하여 그 특정한 권리를 이전받는 자가 특정승계인이다.

이러한 권리의 이전에 관한 이론은 저작재산권의 이전에 그대로 적용된다.

반면에 저작인격권은 일신전속권으로서 그 주체의 인격에 전속하여 그 주체와 분리될 수 없으므로 저작재산권과는 달리 양도 및 상속 등의 대상이 될 수 없고, 저작인격권은 저작자가 저작물을 창작함으로써 발생하고 사망함과 동시에 소멸하며, 저작인격권은 포기될 수 없고 저작인격권을 포기하는 약정도 효력이 없다.

이하에서는 저작재산권의 이전 중 양도를 중심으로 살펴본다.

II. 저작재산권의 전부 양도

저작권법은 저작재산권으로 복제권(제16조), 공연권(제17조), 공중송신권(제18조), 전시권(제19조), 배포권(제20조), 대여권(제21조), 2차적저작물작성권(제22조)을 규정하고 있다.

이들 권리는 단순한 채권적 권리가 아니고 배타적인 권리이다.

저작재산권의 양도란 저작재산권자가 계약이라는 법률행위에 의하여 그 물건을 타인에게 이전하는 것을 말하는데 그 계약의 원인으로 매매, 증여, 교환 등이 있다. 저작재산권의 양도는 요식행위가 아니고 의사표시에 의하여 이루어지는 낙성계약이다.

저작재산권 전부를 양도한다는 의미는 위에서 본 저작재산권 모두를 양도하는 것을 말한다. 저작자가 자신이 창작한 저작물에 대한 저작재산권의 전부를 양도하는 경우 저작재산권자로서의 지위는 양수인에게 이전되지만 저작인격권은 원저작자에게 남는다.

저작재산권의 전부를 양도하는 경우에 특약이 없는 때에는 2차적저작물작성권에 따른 2차적저작물을 작성하여 이용할 권리는 포함되지 아니한 것으로 추정한다(법 제45조 제2항 본문). 통상 저작권의 양도는 저작물을 원작 그대로의 형태로 이용하는 권리의 양도를 그 내용으로 하고 있고 어떠한 부가가치를 생기게 하거나 예상되지 아니한 권리에 관하여는 명백한 양도의 의사표시가 있지 않는 한 양도의 의사가 있었다고 말하기 어렵다. 통상 영화화 또는 번역 등에 관한 저작권은 양도 시에 예정되어 있지 않은 이용형태이기 때문에 이와 같은 2차적 이용형태에 관한 저작권은 원저작자에게 남는다고 하는 원칙을 법에서 규정한 것이다.[2] 여기서 특약이 있다고 하기 위하여는 양도의 대상에 2차적저작물작성권이 포함된다는 취지를 계약서 등에 명시할 필요가 있는데 이때 '모든 저작권'이라든가 '이용할 수 있는 일체의 권리'라는 표현 정도로는 여전히 명확하다고 볼 수 없고 '번역, 영화화 기타 2차적저작물작성권을 포

---

2) 저작권법, 사법연수원(2014), 256.

함한 모든 저작권'이라든가 '저작권법 제22조의 권리'와 같이 구체적인 표현이나 그와 마찬가지로 해석할 수 있는 문구를 기재할 필요가 있다.

다만, 컴퓨터프로그램저작물의 경우에는 특성상 컴퓨터의 종류나 프로그램의 이용환경에 따라 양수인이 이를 변경하여 이용하는 경우가 대부분이므로 저작권법은 저작재산권의 전부를 양도하는 경우에 특약이 없는 한 2차적저작물작성권도 함께 양도된 것으로 추정한다(법 제45조 제2항 단서).

그리고 어떤 저작물을 원저작물로 하는 2차적저작물의 저작재산권이 양도되는 경우에도 2차적저작물은 원저작물과는 별개의 저작물이므로 원저작물의 저작재산권에 관한 별도의 양도 의사표시가 없다면 원저작물이 2차적저작물에 포함되어 있다는 이유만으로 원저작물의 저작재산권이 2차적저작물의 저작재산권 양도에 수반하여 당연히 함께 양도되는 것은 아니다.

따라서 양수인이 취득한 2차적저작물의 저작재산권에 그 2차적저작물에 관한 또다른 2차적저작물작성권[3])이 포함되어 있는 경우에 그 또다른 2차적저작물작성권의 행사가 원저작물의 이용을 수반하게 된다면 양수인은 원저작물의 저작재산권자로부터 원저작물에 관한 저작재산권을 함께 양수하거나 원저작물 이용에 관한 허락을 받아야 한다.

한편 원저작물과 2차적저작물에 관한 저작재산권을 모두 보유한 자가 그중 2차적저작물의 저작재산권을 양도하는 경우, 양도의 의사표시에 원저작물 이용에 관한 허락도 포함되어 있는지는 양도계약에 관한 의사표시 해석의 문제로서 계약의 내용, 계약이 이루어진 동기와 경위, 당사자가 계약에 의하여 달성하려고 하는 목적, 거래의 관행 등을 종합적으로 고찰하여 논리와 경험의 법칙에 따라 합리적으로 해석하여야 한다.[4])

저작재산권은 당사자 간의 양도계약이 체결되면 별다른 절차 없이 양수인에게 이전되고[5]) 다만 저작재산권의 이전을 등록하지 않으면 제3자에게 대항할 수 없다(법 제54조).[6])

위 규정에서 등록을 하지 않으면 제3자에게 대항할 수 없다고 할 때 '제3자'라고 함은 권리변동에 관계한 당사자와 그 권리·의무의 포괄승계인을 제외한 모든 사람을 말하는 것이 아

---

3) 2차적저작물을 다시 번역 또는 편곡한 경우에 3차적저작물, 4차적저작물 등으로 부르지 않고 여전히 2차적저작물이라고 통칭하여 부른다.

4) 대법원 2016. 8. 17. 선고 2014다5333 판결.

5) 대법원 2003. 4. 22. 선고 2003다2390, 2406 판결은 "컴퓨터프로그램저작권은 당사자 사이에 저작권 양도계약이 체결되면 별다른 절차 없이 양수인에게 이전되는 것이고, 저작권 양도를 목적으로 하는 계약이 무효이면 저작권은 처음부터 이전되지 않았다고 보아야 한다."고 하였다.

6) 대법원 1995. 9. 26. 선고 95다3381 판결은 "외국 작가의 저작물의 번역을 완성함으로써 그 2차적저작물에 대한 저작권을 원시적으로 취득한 자가 그 2차적저작물에 대한 저작재산권을 갑에게 양도하였으나 갑이 이에 대한 등록을 하지 아니한 사이에, 그 저작재산권 양도 사실을 모르는 을이 그 2차적저작물의 저작권자와 저작물을 일부 수정, 가필하여 다시 출판하기로 하는 출판권 설정계약을 체결하고 그 등록까지 마쳤다면, 갑은 그 저작권의 양수로써 을에게 대항할 수 없다."라고 하였다.

니라 등록의 흠결을 주장하는 데 대하여 정당한 이익을 가지는 제3자, 곧 권리변동에 관계한 당사자의 법률상 지위와 양립할 수 없는 법률상 지위를 가진 제3자를 말한다.[7] 불법으로 저작재산권을 침해하고 있는 무단이용자도 제3자라고 하여 위 규정의 적용을 받도록 하는 것은 입법취지에 맞지 않기 때문이다.

따라서 불법으로 저작재산권을 침해하고 있는 무단이용자나 배신적 이중양수인 등 저작재산권 침해자에 대하여 침해정지청구권, 손해배상청구, 고소 등은 등록 없이도 행사할 수 있고 저작재산권을 양도받은 사람은 저작재산권 이전등록을 마쳤는지 여부에 관계없이 저작재산권 침해자에 대해 침해정지청구권 및 손해배상청구권 등의 권리를 행사할 수 있다.[8]

위 대항할 수 없는 제3자의 범위에 악의의 제3자가 포함되는지에 대하여 다툼이 있으나 저작재산권이전 사실을 공시하도록 하여 저작재산권 거래의 안전을 도모하고자 하는 등록제도의 의의를 고려하면 악의의 제3자도 포함된다고 본다. 다만 만일 저작재산권 양도인의 배임행위에 적극 가담하여 저작재산권을 이중으로 양도받은 경우라면 반사회적 법률행위로서 무효가 될 수 있어 이러한 경우에는 위 제3자에 해당하지 않는다.

한편 저작자가 저작재산권을 양도하였다고 하더라도 특별한 약정이 없는 한 그 양도 이전에 제3자의 저작재산권 침해로 인하여 저작자가 취득한 손해배상청구권까지 당연히 양수인에게 양도되는 것은 아니다.[9]

III. 저작재산권의 일부 양도

저작재산권은 위에서 본 배타적 권리들이 하나로 모인 권리의 다발(bundle of rights)이고 저작재산권을 구성하는 복제권, 공연권, 배포권 등 개별적인 권리는 각기 별개의 내용과 경제적 가치를 가지고 있어 이들 권리 전부를 양도하거나 그중 일부만을 양도할 수도 있다(법 제45조 제1항).

저작재산권의 일부를 양도한다고 함은 양도인이 저작재산권을 양도하면서 그 내용과 범위를 제한(한정)하여 양수인으로 하여금 그 제한 사항을 지켜야 할 의무를 부과하는 것을 말하는데 통상 그와 같이 부과되는 제한의 대상에는 아래에서 보는 바와 같은 내용, 시간 및 장소 등이 있다.

그 외에 저작재산권의 일부 양도를 인정하면서 권리의 어느 범위까지 나눌 수 있는지에

---

7) 대법원 2002. 11. 26. 선고 2002도4849 판결.
8) 대법원 2002. 11. 26. 선고 2002도4849 판결, 대법원 2002. 12. 26. 선고 2000다13757 판결, 대법원 2003. 2. 26. 선고 2000도2950 판결.
9) 대법원 2001. 11. 30. 선고 99다69631 판결.

관하여는 정해진 명확한 기준은 없다. 저작재산권에 대한 이용허락 제도가 있기 때문에 저작재산권의 일부 양도를 인정하지 않거나 매우 엄격하게 인정하여야 한다는 견해도 있지만 이론상, 실제상 이를 부인할 필요는 없다. 그렇다면 일부 양도의 인정 범위가 문제인데 이는 사회통념상 일부 양도되는 권리의 내용 및 그 세분화 필요성, 일부 양도가 이루어지더라도 권리관계가 여전히 명확한지 여부, 일부 양도와 같은 목적을 달성할 수 있는 다른 수단이 있는지 여부[10] 등을 개별적이고 종합적으로 고려하여 결정한다.

1 내용 제한 양도

앞에서 본 복제권, 공연권, 배포권 등과 같이 저작재산권자는 저작재산권에 포함된 개별적인 권리를 따로 양도할 수 있다. 공중송신권에는 방송권, 전송권, 디지털음성송신권 등을 포함하므로 이들 권리 중 일부를 특정하여 개별적으로 양도할 수 있다.

2차적저작물작성권은 2차적저작물을 작성하여 이용할 권리로서 2차적저작물작성권과 2차적저작물이용권으로 이루어지므로 이를 각각 나누어 개별적으로 양도할 수도 있다.

나아가 개개의 개별적인 권리라도 보다 제한하여 양도할 수 있다. 예컨대 복제권의 경우에도 출판권, 녹음권, 녹화권 등으로 나누어 양도할 수 있고 방송권의 경우에도 라디오 방송, 텔레비전 방송, 케이블 방송 등으로 나누어 양도할 수 있으며 2차적저작물작성권에서 원저작물을 영어나 중국어 등의 외국어로 번역하여 출판할 권리를 나누어 양도할 수도 있다.

2 기간 제한 양도

저작재산권자가 저작재산권을 양도할 때에 그중 기간을 한정하여 양도할 수 있다. 해당 기간이 경과하면 해당 권리는 원권리자인 저작재산권자에게 귀속된다.

3 장소 제한 양도

저작재산권자는 특정한 권리(예를 들면 공연권)라도 각 국가별로 제한하거나 동일한 국가

---

10) 사안에 따라 다르지만 목적을 달성할 수 있는 다른 수단이 있는 경우에는 저작권의 일부 양도가 아니라 저작권의 배타적 이용허락이라고 평가될 수 있다. 참고로 서울고등법원 2007. 2. 7. 선고 2005나20837 판결(미상고 확정)은 "양도계약서 제9조에 '본 계약의 유효기간은 10년으로 한다. 단, 계약 종료 3개월 이전까지 서면 상 해지통보가 없는 경우 3년씩 자동연장되는 것으로 한다'라고 규정하고 있는바, 이 규정에 비추어 보면 이 사건 양도계약은 문서의 제목이나 다른 조항에서 '저작권양도'라고 표시하였다 하더라도 계약당사자간의 진실한 의사표시는 '저작권이용'에 관한 계약이라고 봄이 타당하다."라고 하였다.

내라도 특정한 지역(서울특별시, 충청남도 등)이나 구체적인 장소(예를 들면 세종문화회관, 예술의 전당 등)를 제한하여 양도할 수 있다.

Ⅳ. 저작재산권의 양도인지 이용허락인지의 해석 기준

저작권법 제45조 제1항은 "저작재산권은 전부 또는 일부를 양도할 수 있다."라고 규정하고, 법 제46조 제1항은 "저작재산권자는 다른 사람에게 그 저작물의 이용을 허락할 수 있다." 라고 규정하여 저작권 양도와 저작권의 이용허락을 구분하고 있다.

저작재산권의 양도에 따라 가지는 권리는 준물권으로서 제3자에 대하여 주장할 수 있지만, 저작재산권 이용허락에 따라 가지는 권리는 채권으로서 제3자에 대하여 주장할 수 없으므로 이들 법률적 효력에는 큰 차이가 있다. 그럼에도 저작재산권 양도계약은 서면 작성이 필요적으로 요구되지 않는 낙성계약이므로 실제 계약을 해석함에 있어 이를 분명하게 해 두지 아니하면 나중에 과연 그것이 저작재산권 양도계약인지 아니면 저작재산권 이용허락계약인지 명확하지 않아 다툼이 생기는 경우가 많다.

실무는 이러한 경우에 저작재산권 양도 또는 이용허락되었음이 외부적으로 표현되지 아니한 경우 저작재산권자에게 권리가 유보된 것으로 유리하게 추정하고, 계약내용이 불분명한 경우 구체적인 의미를 해석함에 있어 거래관행이나 당사자의 지식, 행동 등을 종합하여 해석하고 있으며,[11] 이러한 법리는 프로그램의 저작재산권에 대하여도 그대로 적용되어 프로그램의

---

11) ① 대법원 1994. 12. 9. 선고 93다50321 판결은 "달리 특단의 사정이 없는 한 피고가 지급한 위 작곡료는 위 ○○극단이 위 음악극 신데렐라의 공연과 관련하여 이 사건 주제곡에 대하여 그 작곡을 의뢰할 당시 이미 예정되거나 또는 앞으로 그 공연을 예견할 수 있는 범위 내에서 향후 상당기간 내에 이루어지는 재공연에 대한 저작권료를 지급한 것으로 봄이 상당하고"라고 함, ② 대법원 1996. 7. 30. 선고 95다29130 판결은 작사자, 작곡자 및 실연자와 음반제작사 사이의 음반제작계약을 비독점적 저작권 이용허락계약으로 해석하고, 음반제작계약 시에는 상용화되지 않은 새로운 매체인 시디(CD)음반으로 제작·판매한 것이 이용허락 범위 내에 포함된다고 함, ③ 대법원 2005. 8. 25. 선고 2004다60461 판결은 "이 사건 계약에서 '원고의 요청에 의하여 개발되는 제품의 지적 및 상업적 소유권 일체는 원고에게 귀속된다.'고 정한 것은, 원고와 피고 ○○○이 이 사건 프로그램의 저작권을 원고가 원시취득하는 것으로 약정한 것이라고 할 것인데, 일반적으로 독립한 컴퓨터프로그램 개발업자에게 컴퓨터프로그램을 주문하여 그 개발업자가 컴퓨터프로그램을 개발한 다음 주문자에게 납품하는 내용의 계약을 체결함에 있어서 당사자 사이에 컴퓨터프로그램저작권을 주문자가 원시취득하는 것으로 약정하였다고 하더라도, 특별한 사정이 없는 한 그 컴퓨터프로그램은 주문자의 업무에 종사하는 자가 업무상 창작한 것이라고 볼 수 없으므로, 그 개발업자를 컴퓨터프로그램의 저작자로 보아야 할 것이어서, 위와 같은 약정은 개발업자가 원시취득한 컴퓨터프로그램저작권을 주문자에게 양도하는 내용의 약정이라고 보아야 할 것이다."라고 함, ④ 서울고등법원 1984. 11. 28. 선고 83나4449 판결(상고허가신청기각 확정)은 방송극작가인 원고들이 방송사업자인 피고 ○○○○○○로부터 텔레비전 드라마의 극본을 써 달라는 의뢰를 받고 집필한 극본을 피고 한국방송공사에 제공하여 피고 한국방송공사가 이를 방영하는 한편 피고 주식회사 □□□□□

□□에 복사하여 주어 그로 하여금 판매케 한 사안에서 원고들이 피고 ○○○○○○로부터 대가를 받고 저작한 극본을 제공하였더라도 특별한 사정이 없는 한 저작권자인 원고들이 피고 ○○○○○○에게 저작물인 위 극본의 이용권을 설정해 준 것이고, 위 극본공급계약으로써 원고들이 피고 ○○○○○○에게 별도의 동의 없이 위 극본을 토대로 제작된 녹화작품을 텔레비전 방송이 아닌 다른 방법으로 이용하는 행위까지 승낙하였다고 볼 수 없다고 함, ⑤ 서울고등법원 1995. 3. 21. 선고 94나6668 판결(1995. 4. 22. 확정)은 "원고들이 위 가요 가창을 피고 회사가 음반 등 녹음물 일체에 이용하는 것을 허락한 이상 그 이용기간을 정하는 등 특별한 약정이 없는 한 피고 회사가 위 전속기간 중 제작한 기존 원반을 그 전속기간 경과 후에 복제하여 판매하는 행위는 위 이용허락 범위에 속함이 명백하다."라고 함, ⑥ 서울고등법원 2002. 7. 24. 선고 2001나5755 판결(대법원 2004. 8. 16. 선고 2002다47792 판결로 상고기각 확정)은 "피고가 이 사건 신탁자들에게 상금을 지급하고 그들의 묵시적 허락을 받아 이 사건 저작물을 이 사건 서적에 수록하여 출판한 사실은 위에서 인정한 바와 같으나, ⓐ 당시 위 출판에 관하여 정식으로 계약서가 작성된 사실이 없고, 1986년 이후에도 ○○○ 등과는 달리, 이 사건 신탁자들(신탁자 △△△의 '마음의 감옥' 제외)과 피고 사이에 수상 규정 동의서 등이 작성된 사실이 없는 점, ⓑ 피고가 이 사건 신탁자들에게 수여한 상금이 단순히 당해 저작물의 우수성에 대한 표창의 의미만을 가지는 것이 아니라 이 사건 저작물의 출판에 따른 대가(인세 또는 원고료)까지 포함되어 있다고 볼 수는 있지만 그렇더라도 그 비율이 어느 정도인지 알 수가 없고, 또 신탁자들이 받은 상금이 저작재산권 또는 복제·배포권의 양도대가로 볼 수 있을 정도의 고액이라고 보기는 어려운 점(추천우수작상 수상자의 경우는 더욱 그러하다.), ⓒ 피고가 이 사건 서적의 권말에 이 사건 저작권 조항이 포함된 '이상문학상의 취지와 선정 방법'이라는 글을 게재하기는 하였지만, 아래에서 보는 바와 같이 이 법원이 믿지 아니하는 제1심 증인 □□□, 당심 증인 ▽▽▽의 각 일부증언 외에는 피고가 이 사건 신탁자들에게 이 사건 저작권 조항을 고지하거나 설명하였다는 사실을 인정할 증거가 없고, 달리 신탁자들이 이 사건 저작권 조항에 동의하여 그 조항에 따라 출판허락을 하였다고 볼 만한 사정이 없는 점, ⓓ 이 사건 신탁자들의 대부분이 신인 작가가 아닌 기성 작가들로서 '이상문학상'의 수상을 통하여 자신의 이름을 알리는 이점이 그다지 크지 아니한 점, ⓔ 이 사건 신탁자들이 피고에게 이 사건 저작물에 대하여 독점적인 출판권을 부여할 목적으로 피고에게 출판허락을 하였다고 볼만한 특별한 사정이 없는 점, ⓕ 이 사건 신탁자들이 이 사건 저작물의 출판을 허락하게 된 데는 피고의 경영자였던 △△△과의 인간적인 관계도 영향을 미쳤을 것으로 보여 피고가 이 사건 신탁자들로부터 부여받은, 이 사건 저작물을 출판할 수 있는 권리를 제3자에게 양도하는 것까지 허용하였을 것으로 보이지는 않는 점 등을 종합하여 보면, 위와 같은 이 사건 신탁자들의 출판 허락은 이를 이 사건 저작물에 대한 출판권설정계약이나 저작권 또는 복제·배포권의 양도라고 보기는 어렵고, 이 사건 저작물에 대한, 저작권법 제42조 소정의 저작물이용허락에 해당하는, 이 사건 신탁자들에게 수여한 상금에 이용대가가 포함되어 있는 출판허락이라고 봄이 상당하다."라고 하였다. ⑦ 서울고등법원 2007. 2. 7. 선고 2005나20837 판결(미상고 확정) (내용은 앞에서 이미 설명함).

반면에, 서울고등법원 1997. 11. 28. 선고 96나5256 판결(상고취하 확정)은 "소외 ○○○이 원고로부터 이 사건 가요에 대한 사용승낙을 받을 당시 우리나라 음반업계의 관행상 음반을 제작함에 있어 음반제작자가 제작비용 전부를 부담하고 제작 후의 홍보도 주도적으로 하였으며 작사, 작곡가 또는 가수들은 곡을 제공하거나 가창만을 할 뿐 비용을 부담하지는 않았던 사실 따라서 음반제작자가 투자된 비용을 회수하고 이윤을 얻을 수 있는지 불확실하여 작사, 작곡자 또는 가수의 경우 1회의 사용료를 받거나 무명의 경우 보수도 받지 않은 채 음반취입의 기회만을 가진 것에 만족하고 음반제작자에게 그가 제작하는 음반에 관한 복제권을 수량, 회수, 기간 및 종류 등의 제한없이 부여하였고 그러한 경우 작사, 작곡자 등이 음반의 판매량에 따른 별도의 인세 지급 등을 주장하는 일은 없었고 오히려 음반제작자로서의 권리를 보호해 주기 위하여 일정 기간 다른 음반제작자에게 다시 권리를 부여하는 일이 없도록 제한을 두었던 사실, 한편 음반제작자 중에는 제작된 원반을 이용하여 음반을 판매목적으로 제조할 수 있는 시설을 갖춘 자가 많지 않았고 따라서 음반제작자가 음반제조시설을 갖춘 다른 사업자와 공동으로 음반을 저작재산권이 양도 또는 사용 허락되었음이 외부적으로 표현되지 아니한 경우에도 프로그램 저작자에게 그 권리가 유보된 것으로 유리하게 추정하고, 계약 내용이 불분명한 경우 구체적인 의미를 해석하면서 거래 관행이나 당사자의 지식, 행동 등을 종합하여 해석한다.12)

또한 이러한 법리는, 과거 출판업계에서 판매량 등과 상관없이 미리 한 번에 저작물 이용에 대한 대가를 지급받는 소위 매절계약에서 저작재산권 양도계약인지 그 이용허락계약인지 불분명하여 저작재산권 양도 또는 이용허락되었음이 외부적으로 표현되지 아니한 경우에도 그대로 적용한다.13)14)

제조 판매하거나 그 음반에 관한 권리를 양도하는 일이 흔히 있었던 사실 등을 인정할 수 있고 반증이 없다. 따라서, 앞서 인정한 이 사건 음반의 제작과정, 소외 ○○○과 원고 사이의 관계, 원고의 이 사건 가요에 대한 사용승낙 경위 등을 위 인정의 관행 등과 종합하여 보면, 원고와 위 ○○○ 사이에서 이 사건 가요를 녹음물 일체에 사용하는 것을 원고가 승낙한다고 약정한 것은 비록 당사자 사이에 그 의미를 명백히 하지 않은 점이 있지만, 이는 위 ○○○이 원고가 작사, 작곡한 가요를 이용하여 단순히 음반을 제작하는 행위를 원고가 승낙한다는 뜻을 넘어 그 음반에 대한 원고의 저작재산권 중 복제·배포권을 위 ○○○에 대하여 양도하고 그가 이를 처분할 수 있는 권한까지 부여한 것으로 해석함이 상당하다."라고 하여 이용허락계약이 아니라 저작재산권 중 일부 권리에 대한 제한적인 양도계약으로 본 것이 있다.

12) ① 대법원 1997. 2. 11. 선고 96도1935 판결은 갑은 그가 개발한 서체프로그램을, 을은 자본을 투자하여 동업으로 회사를 설립·운영하던 중 갑이 회사의 영업 일부를 인수받는 식으로 분리·독립하기로 약정하면서 서체프로그램에 대한 권리의 귀속에 관하여 명시적인 약정을 하지 않은 경우, 갑에게도 서체프로그램의 복제·사용·판매권이 있다고 하였다.
② 대법원 2012. 1. 27. 선고 2010다50250 판결은 "원고는 소외 1 회사와 사이에 하드웨어 및 소프트웨어를 포함한 전산시스템의 공급계약을 체결함에 있어, 시스템이 공급되는 점포별로 개별계약을 체결하였고, 그 공급계약서에는 프로그램저작권의 전부 또는 일부의 양도에 관한 내용이 포함되어 있지 않으며, 오히려 '저작권 보증'이라는 제목 하에 '을(원고 회사)이 공급하는 s/w는 무단복사 또는 타인에게 전도하여서는 안 되며 이를 묵인하여서도 안 된다. 공급된 s/w 내용이나 사용방법의 공개로 인하여 을에게 피해가 없도록 하며 상기 내용은 1987년 7월 이후 시행된 저작권법에 준한다.'라는 규정을 두고 있는 사실, 원고는 △△△△ 프로그램을 이루는 원심판결 별지 목록 순번 1 내지 4 기재 각 프로그램에 관하여 2001. 4. 12.부터 2004. 9. 30.까지 원고 명의로 프로그램 등록을 마쳤는데, 소외 1 회사는 이에 대하여 별다른 이의를 제기하지 않고 있는 사실 등을 알 수 있다. 앞서 본 법리에 따라 위 사실관계를 살펴보면, 원고와 소외 1 회사 간의 계약 체결의 양태, 계약서의 내용 및 계약 체결 후의 정황 등에 비추어 특별한 사정이 없는 한 원고가 소외 1 회사에게 개별 점포별로 공급한 전산시스템의 유지보수를 위하여 필요한 한도 내의 프로그램 소스코드 등에 대한 사용허락을 넘어 △△△△ 프로그램저작권의 전부 또는 일부를 양도하였다고 볼 수 없다."라고 하였다.

13) 서울민사지방법원 1994. 6. 1. 선고 94카합3724 판결은 "신청인과 위 ○○○ 사이의 1987. 3. 31.자 계약은 저작물 이용대가를 판매부수에 따라 지급하는 것이 아니라 미리 일괄지급하는 형태로서 소위 매절계약이라 할 것으로, 그 원고료로 일괄지급한 대가가 인세를 훨씬 초과하는 고액이라는 등의 소명이 없는 한 이는 출판권설정계약 또는 독점적 출판계약이라고 봄이 상당"하다고 하였다. 위 항소심인 서울고등법원 1994. 12. 16. 선고 94나23267 판결(상고기각 확정)은 1987. 3. 31.자 계약이 2차적저작물 양도계약이라는 사실은 인정하였으나 그 양도사실을 모르는 피신청인이 출판권설정계약을 하고 그 등록까지 마쳐 신청인은 위 1987. 3. 31.자 저작권 양수로써 피신청인에게 대항할 수 없다고 판단하였다. 위

실무의 태도를 요약하자면 계약서에 저작재산권양도에 대하여 명시되어 있지 않은 경우에는 우선 저작자에게 권리가 유보된 것으로 유리하게 추정하면서도 최종적으로는 계약의 경위, 계약서 내용, 당사자의 의사를 추인하는 객관적인 사정 및 계약 당시의 상황 등을 종합적으로 검토하여 결정하고 있다.

V. 장래 발생되거나 새로 인정되는 저작재산권 등의 양도 등 해석 여부

예컨대 저작재산권에 관한 양도계약을 체결하면서 일체의 권리를 양도한다고 약정하거나 양도 대상에 대한 명시적인 약정이 없었는데 양도계약 체결 당시 존재하지 않았던 이용방법 등에 관하여 저작재산권이 새로 인정된 경우에 나중에 새로 인정된 저작재산권이 이전 양도계약에서 정한 양도범위에 포함된 것으로 볼 수 있는지가 문제된다.

이는 결국 법률행위인 계약의 해석 문제로 귀착된다. 법률행위의 해석이란 당사자가 그 표시행위에 부여한 객관적인 의미를 명백하게 확정하는 것으로서, 서면에 사용된 문구에 구애

판결은 대법원 1995. 9. 26. 선고 95다3381 판결(상고기각)로 확정되었다.

14) 서울북부지방법원 2008. 12. 30. 선고 2007가합5940 판결(미항소 확정)은 "위 원고들이 피고의 의뢰에 의하여 만화스토리를 작성하여 피고에게 제공하고 그 대가로 피고로부터 일정액을 지급받은 사실은 당사자 사이에 다툼이 없고, 피고로부터 받은 대가는 그 저작물의 이용대가를 판매부수에 따라 지급받는 것이 아니라 사전에 일괄하여 지급받은 것이라고 할 것이나, 위 각 증거 및 변론 전체의 취지에 의하여 인정되는 다음과 같은 사정들, ① 위 원고들과 피고 사이에 만화스토리 제공 당시 저작권에 관한 별도의 약정을 하지 않았고, 약정서도 작성하지 않은 점, ② 만화 제작과정 및 위 원고들의 작업방식과 기여 정도 등에 비추어 볼 때 피고가 주인공을 비롯한 등장인물의 성격, 전개과정 등에 개입할 여지는 있으나, 위 원고들이 독창적으로 작성한 만화스토리를 제공하고 이를 기초로 만화가 완성된 점, ③ 피고가 위 원고들에게 제공한 대가가 통상적인 출판계약상의 인세 상당액을 크게 넘는다고 인정할 자료도 없는 점(위 원고들과 피고는 만화스토리 제공에 구체적인 대가나 내역을 밝히지 못하고 있다), ④ 위 원고들이 피고에게 만화스토리를 제공할 당시에는 서적 형태의 출판 통한 배포, 대여 등이 이루어졌고, 인터넷 서비스 제공업체를 통한 온라인상의 만화 콘텐츠 전송은 활성화되지 않은 상태였으며, 향후 위와 같은 새로운 매체를 통한 만화 콘텐츠의 제공 등의 활성화를 예상한 것으로는 보이지 않는 점, ⑤ 피고가 위 원고들로부터 제공받은 만화스토리로 완성한 만화책을 출판하면서 위 원고들의 스토리 제공 여부를 표시하지 않거나 피고에 의해 만화스토리가 작성된 것으로 표시하였다고 하더라도 작가의 인지도 등을 고려하여 이를 승낙하거나 동의할 수도 있으므로 그러한 사정만으로 저작권이 양도되었다고 단정할 수는 없는 점 등의 사정을 종합하면, 위 원고들은 그들이 제공한 만화스토리에 의해 완성된 만화가 출판되는 것에 대한 대가를 피고로부터 일괄 지급받은 것으로서 출판권설정계약 내지 저작권이용허락을 한 것이라고 봄이 상당하고, 달리 위 원고들이 이 사건 만화들에 대한 저작권을 양도, 포기하였다거나 향후 재출판 또는 인터넷을 통한 온라인 서비스 제공 등 다른 매체를 통한 배포, 전송 등에 대하여도 이용허락을 하였다고 인정할 증거가 없으므로, 피고와 위 원고들 사이에 이 사건 만화에 관하여 소위 매절계약 내지 이를 통한 저작권양도계약이 체결되었음을 전제로 한 피고의 위 주장은 이유 없다."라고 하였다.

받을 것은 아니지만 어디까지나 당사자의 내심적 의사의 여하에 관계없이 그 서면의 기재 내용에 의하여 당사자가 그 표시행위에 부여한 객관적 의미를 합리적으로 해석하여야 하고, 당사자가 표시한 문언에 의하여 그 객관적인 의미가 명확하게 드러나지 않는 경우에는 그 문언의 내용과 그 법률행위가 이루어진 동기 및 경위, 당사자가 그 법률행위에 의하여 달성하려는 목적과 진정한 의사, 거래의 관행 등을 종합적으로 고려하여 사회정의와 형평의 이념에 맞도록 논리와 경험의 법칙, 그리고 사회일반의 상식과 거래의 통념에 따라 합리적으로 해석한다.15)

이에 관한 사안으로 1957. 1. 28. 법률 제432호로 제정된 구 저작권법이 적용된 작곡사용계약에서 대법원은 "특단의 사정이 없는 한 피고가 지급한 위 작곡료는 위 ○○극단이 위음악극 신데렐라의 공연과 관련하여 이 사건 주제곡에 대하여 그 작곡을 의뢰할 당시 이미 예정되거나 또는 앞으로 그 공연을 예견할 수 있는 범위 내에서 향후 상당기간 내에 이루어지는 재공연에 대한 저작권료를 지급한 것으로 봄이 상당하고, 또한 위 1차 공연은 초연 후 불과 3일 후에 장소만을 옮겨 재공연된 것으로서 초연 당시 이미 예정되어 있었다고 보여지므로 초연 시 지급받은 위 작곡료 금 300,000원에는 최소한 위 1차 공연 시 사용될 이 사건 주제곡에 대한 저작권료를 포함하고 있다고 봄이 상당하고 나아가 위 2차 내지 6차 재공연시 이 사건 주제곡을 사용함에 있어 원고가 이를 묵시적으로 승낙한 사실은 원고 스스로 자인하고 있는바 달리 이 사건 주제곡의 저작권료 내지 사용료를 추가로 지급하기로 약정하였음을 인정할 증거가 없는 이 사건에 있어서 피고가 원고의 승낙 하에 이 사건 주제곡을 사용하였다면 그 사용으로 인하여 피고가 법률상 원인 없이 이득을 얻었다고 인정하기 어렵다고 판단하여 피고가 위 1차 내지 6차 공연 시 이 사건 주제곡을 사용함으로서 선의, 무과실로 원고의 저작재산권을 침해하였음을 원인으로 하는 원고의 부당이득반환청구를 배척한" 원심판단을 수긍하였다.16)

그리고 1957. 1. 28. 법률 제432호로 제정된 구 저작권법에 체결된 음반제작계약에 따라 음반판매업자가 가요를 엘피 음반(Long Playing Record)으로 복제하여 판매하다가 곡을 추가하고 콤팩트 디스크(Compact Disc)로 복제하여 판매하자 이들 가요를 작사, 작곡한 저작자들이 음반제작계약 당시 원고들이나 피고가 예상하지 못했던 새로운 복제 매체인 콤팩트 디스크로 복제하여 판매하는 행위가 음반제작계약에 의하여 피고 회사에게 허용된 가요 및 그 가창에 대한 이용허락의 범위를 벗어나 복제권 등을 침해하는 행위라고 주장한 사안이 있다.

이에 대해 대법원 1996. 7. 30. 선고 95다29130 판결은 아래와 같이 판시하였다.17)

---

15) 대법원 1994. 3. 25. 선고 93다32668 판결, 대법원 1995. 5. 23. 선고 95다6465 판결, 대법원 2018. 7. 26. 선고 2016다242440 판결 등 참조.

16) 대법원 1994. 12. 9. 선고 93다50321 판결 참조.

17) 그 외 서울고등법원 1995. 3. 21. 선고 94나6668 판결(1995. 4. 22. 확정)은 "이용허락 당시 음반 등 녹음물 일체를 제작, 판매하는 회사인 피고가 원고들로부터 가요 및 가창에 대한 이용허락을 받으면서 그 이용의 범위를 '음반 및 비디오물 일체' 또는 '녹음물 일체'라고 포괄적으로 지정하였을 뿐 그 녹음물

저작권에 관한 계약의 해석에 있어서도, 저작권 양도 또는 이용허락되었음이 외부적으로 표현되지 아니한 것은 일응 저작자에게 권리가 유보된 것으로 유리하게 추정함을 원칙으로 하되, 저작권 이용허락을 받은 매체의 범위를 결정하는 것은 분쟁의 대상이 된 새로운 매체로부터 발생하는 이익을 누구에게 귀속시킬 것인가의 문제라고 할 것이므로, 이 사건과 같이 단순히 '녹음물 일체'에 관한 이용권을 허락하는 것으로 약정하였을 뿐 새로운 매체에 관한 이용허락에 대한 명시적인 약정이 없는 경우 과연 당사자 사이에 새로운 매체에 관하여도 이용을 허락한 것으로 볼 것인지에 관한 의사해석의 원칙은, ① 계약 당시 새로운 매체가 알려지지 아니한 경우인지 여부, 당사자가 계약의 구체적 의미를 제대로 이해한 경우인지 여부, 포괄적 이용허락에 비하여 현저히 균형을 잃은 대가만을 지급 받았다고 보여지는 경우로서 저작자의 보호와 공평의 견지에서 새로운 매체에 대한 예외조항을 명시하지 아니하였다고 하여 그 책임을 저작자에게 돌리는 것이 바람직하지 않은 경우인지 여부 등 당사자의 새로운 매체에 대한 지식, 경험, 경제적 지위, 진정한 의사, 관행 등을 고려하고, ② 이용허락계약 조건이 저작물 이용에 따른 수익과 비교하여 지나치게 적은 대가만을 지급하는 조건으로 되어 있어 중대한 불균형이 있는 경우인지 여부, 이용을 허락 받은 자는 계약서에서 기술하고 있는 매체의 범위 내에 들어간다고 봄이 합리적이라고 판단되는 어떠한 사용도 가능하다고 해석할 수 있는 경우인지 여부 등 사회일반의 상식과 거래의 통념에 따른 계약의 합리적이고 공평한 해석의 필요성을 참작하며, 나아가 ③ 새로운 매체를 통한 저작물의 이용이 기존의 매체를 통한 저작물의 이용에 미치는

의 범위를 제한하지 아니하였던 점과 위 제1항에서 본 바와 같이 엘피 음반과 콤팩트 디스크는 소리의 수록방식과 재생과정에 차이가 있을 뿐 소리를 기계적으로 기록하여 종국적으로는 스피커를 통하여 소리를 재생할 수 있는 음반인 것은 같은 점, 우리나라에서 콤팩트 디스크가 판매되면서 부터는 꾸준히 엘피 음반의 판매량이 감소하고 그 대신에 콤팩트 디스크의 판매량이 증가하여 현재 우리나라 음반시장의 점유율은 엘피 음반이 약 5%, 콤팩트 디스크가 35%정도이고 나머지는 카세트 테이프가 점유하고 있어서 콤팩트 디스크가 엘피 음반의 대체물인 경향이 강한 점, 위에서 채용한 증인 ○○○의 증언 및 변론의 전취지에 의하면 콤팩트 디스크는 이미 1984년 이전에 외국에서 개발되었는데 선진 각국에서 제작된 음반이 국제적으로 신속히 유통되고 있는 사실이 인정되는 점 등에 비추어 볼 때, 위 이용허락 당시 콤팩트 디스크가 단지 국내에서 생산, 판매되지 못하였다는 사유만으로는 원고들과 피고가 콤팩트 디스크를 통한 음악저작물의 이용을 전혀 예견할 수 없었다거나 녹음물의 일종인 콤팩트 디스크가 위와 같은 포괄적인 이용허락의 범위에서 제외된 것이라고 볼 수는 없다."라고 하였고, 서울고등법원 1997. 11. 28. 선고 96나5256 판결(상고취하 확정)도 원고가 피고 회사가 제조 판매한 콤팩트디스크는 레코드용 원반과는 전혀 다른 새로운 매체로서 콤팩트디스크 제조, 판매에 관련된 피고들의 행위는 원고의 사용승낙의 범위를 벗어나는 것이라는 주장에 대해, "레코드용 음반과 콤팩트디스크는 소리의 기록방식과 재생과정에 차이가 있을 뿐 원반의 소리를 변형함이 없이 기계적으로 기록하여 종국적으로는 스피커를 통하여 소리를 재생할 수 있는 음반으로서 콤팩트 디스크가 레코드용 음반의 대체물로서의 성격이 강한 사실을 인정할 수 있는바, 위 인정사실에다가 앞서 인정한 바와 같이 원고가 녹음물 일체에 대한 사용승낙을 하고 복제 매체를 한정하지 않은 점에 비추어 보면 피고들의 콤팩트디스크 제조 판매행위가 위 승낙의 범위를 벗어난 것이라고 할 수 없다."고 하였다.

경제적 영향, 만일 계약 당시 당사자들이 새로운 매체의 등장을 알았더라면 당사자들이 다른 내용의 약정을 하였으리라고 예상되는 경우인지 여부, 새로운 매체가 기존의 매체와 사용, 소비 방법에 있어 유사하여 기존 매체시장을 잠식, 대체하는 측면이 강한 경우이어서 이용자에게 새로운 매체에 대한 이용권이 허락된 것으로 볼 수 있는지 아니면 그와 달리 새로운 매체가 기술 혁신을 통해 기존의 매체시장에 별다른 영향을 미치지 않으면서 새로운 시장을 창출하는 측면이 강한 경우이어서 새로운 매체에 대한 이용권이 저작자에게 유보된 것으로 볼 수 있는지 여부 등 새로운 매체로 인한 경제적 이익의 적절한 안배의 필요성 등을 종합적으로 고려하여 사회정의와 형평의 이념에 맞도록 해석하여야 한다.

 기록에 의하여 살펴보면, 이 사건에 있어서 원고들이 경제적 지위에 있어서 현저히 약자적 입장에 있었고, 또한 원고들이 대편성 악단에 대한 비용, 음반업계의 관행상 무명가수인 경우 원고들이 부담하였을 음반 제작비용으로서 피고가 부담한 부분, 음반의 복제, 판매로 인한 원고들의 선전비용 상당의 대가만으로 과연 새로운 매체인 CD음반에 대한 이용허락까지도 한 것이라고 볼 수 있을 것인가 하는 점이 없지 아니 하나, 다른 한편, 원고들의 학력이나 경력에 비추어 이 사건 계약 당시 지식, 경험 등은 쌍방이 대체로 균등하다고 볼 수 있고 당시 CD음반이 오늘날과 같이 대중적이지는 아니하였어도 해외에서는 이미 상품화되고 있었던 점에서 새로운 매체에 대한 대체적인 지식도 어느 정도 구비되어 있었다고 보여지고, 이 사건 계약이 원고들의 요구에 의하여 이루어진 점, 피고 회사가 이 사건 계약 후 LP음반 및 테이프로 복제·판매한 대체적인 수량이 1989년에 합계 812매, 1990년에 합계 2,103여 매, 1991년 상반기에 합계 868매, 1992년에 합계 1010매, 1993년에 합계 1,943매, 1994년에 합계 1,002매 정도이고, CD음반을 복제·판매한 1991년이후 1994년까지 원심 원고 소외 4의 가창을 복제한 CD음반의 판매 현황이 대체로 합계 4천여 매에 불과하여 위 LP음반 및 테이프의 판매수량이 많지 아니할 뿐 아니라 CD음반의 판매로 피고 회사가 얻은 이익도 400여 만 원에 지나지 아니하는 점에 비추어 비록 원고들이 위와 같이 적은 대가만을 받았다고 하더라도 그 포괄적 이용허락에 비하여 현저히 균형을 잃은 대가만을 지급 받았다거나 새로운 매체로 인한 경제적 이익 안배의 필요성이 현저한 경우에 해당한다고는 보여지지 아니하는 점, 당시 위 소외 4는 무명가수이어서 피고 회사의 비용부담이라는 조건이라면 원고들이 이와 같이 CD음반에 대한 이용허락을 포함하는 방법으로라도 이 사건 계약을 체결하였으리라고 보여지는 점, 음반업계의 관행에 비추어 이 사건 계약에 대한 위 대가가 유형적인 것은 아니라고 할지라도 그 가액이 상당한 정도에 달하는 점, CD음반이 LP음반과 소비, 사용기능에 있어 유사하여 LP음반 시장을 대체, 잠식하는 성격이 강한 점 등이 인정되고 이를 종합하면 앞서와 같은 대가를 받고 한 이 사건 계약에는 새로운 매체인 CD음반에 대한 이용허락까지도 포함되어 있는 것이라고 봄이 상당하다.

참고로 일본의 실무를 보면 ① 실연가와 레코드 회사 사이에 체결된 양도계약상의 '일체의 권리(저작인접권 포함)'에 실연가의 송신가능화권(일본 저작권법 제9조의5, 제92조의2)이 포함되는가에 관한 사건에서, 계약의 해석 법리에 따라 해당 계약의 문언, 각 조항의 관계, 계약체결 당시의 음원배신(音源配信) 상황, 계약체결 당시 저작권법 규정, 업계 관행, 대가 상당성 등의 모든 사정을 종합적으로 고려하여 계약체결 당시에 법정되어 있지 않았던 송신가능화권도 양도대상이라고 판단한 사례,[18] ② 실연가가 소속된 회사와 레코드 회사 사이에 체결된 양도계약상 '원반에 관하여 가지는 일체의 권리(저작인접권 또는 저작재산권을 포함)를 어떠한 제한 없이 독점적으로 양도한다'라는 문언에 실연가의 송신가능화권도 포함되는지에 관한 사건에서, 계약서 권리양도조항의 문언 자체 및 다른 조항 외에 계약 당시의 사회적 배경 사정 하에서 당사자가 달성하려고 한 경제적 또는 사회적 목적 및 업계 관습, 음원배신과 인세지급의 대가성 등을 종합적으로 고려하여 계약체결 당시에 법정되어 있지 않았던 송신가능화권도 양도대상이라고 판단한 사례,[19] ③ 프로덕션 회사와 방송사 사이에 체결된 양도계약서에 일본 전역의 방송권(일본 저작권법의 방송 개념은 우리나라 저작권법의 무선 통신 방법에 의한 방송에 대응됨)을 양도한다는 문언에 유선방송권 및 위성방송권도 포함되는지에 관한 사건에서 계약상 '방송권'의 의미를 결정하기 위하여 필요한 것은 당사자의 의사 해석으로 계약체결에 이른 사정이나 체결 후의 사정, 대가와의 상당성, 당시 법률 상황이나 업계의 실정 등의 모든 사정을 고려하여야 한다고 하면서 저작재산권의 일부인 방송권을 방송조건, 방송기간의 정함이 없이 양도하는 것은 해당 작품의 저작재산권에 대한 매우 중요한 제한이 되기 때문에 양도대상의 범위는 엄격하게 인정하여야 하고 그 취지가 명백하지 않은 경우에는 한정적으로 해석하여야 하며, 계약체결 당시 유선방송이 이미 이루어지고 있어 양수인이 유선방송과 위성방송을 계약서에 명기할 수 있었다는 사정 등을 들어 유선방송과 위성방송은 해당 계약서상 방송권의 양도대상에 포함되지 않는다고 판단한 사례[20] 등이 있다.[21]

---

18) 일본 東京地方裁判所 2007. 4. 27. 선고 平成18(ワ)8752, 16229 판결.
19) 일본 東京地方裁判所 2007. 1. 19. 선고 平成18(ワ)1769, 12662 판결.
20) 일본 東京高等裁判所 2003. 8. 7. 선고 平成14(ネ)5907 판결.
21) 일본에서 위 두 사례의 결론이 반대로 된 데에 대한 설명으로, 전부 양도와 일부 양도의 차이 외에 음악 비즈니스 거래 실태(일체의 권리 양도 및 권리 양도 후 인세 지급)와 영상 비즈니스의 거래 실태(지상파, 위성, 케이블 등의 미디어 마다 권리를 나누어 거래하는 것 및 양도대가의 일괄 지급)의 차이 등을 들고 있다. 著作權判例百選(第4版), 中山信弘·大渕哲也·小泉直樹·田村善之 編, 有斐閣(2009), 140~143 [升本喜朗, 安藤和弘 집필부분] 참조.

제2절 저작물의 이용허락·법정허락

I. 저작물의 이용허락

① 이용허락의 의의 및 성격

저작재산권자는 다른 사람에게 그 저작물의 이용을 허락할 수 있고 이에 따라 허락을 받은 자는 허락받은 이용방법 및 조건의 범위 안에서 그 저작물을 이용할 수 있다(법 제46조 제2항).

저작물의 이용허락이란 저작재산권자가 저작물의 이용을 승낙하는 의사표시이다. 이용허락은 대부분 계약에 의하여 이루어지지만 사전에 이용을 허락하는 표시[22]와 같이 단독행위에 의하여 이루어질 수도 있다. 여기서 허락이란 저작물의 이용을 요구하는 자에 대하여 일정한 이용방법 및 조건의 범위 안에서 그 저작물의 이용을 승낙하는 저작재산권자의 의사표시를 말한다.

저작재산권자로부터 이용허락을 받지 않고 그 저작물을 이용할 경우 저작재산권을 침해하는 것이 된다.[23] 그리고 저작재산권자로부터 허락받은 이용방법이나 조건의 범위를 위반하여 이용한 경우에도 일정한 경우 저작재산권을 침해할 수 있는데 이에 대한 내용은 아래 「⑤ 이용허락계약 위반의 효과」 부분에서 상세히 설명한다.

저작물의 이용허락으로 인해, 저작재산권자는 이용허락자로 하여금 해당 저작물을 이용할 수 있도록 하는 수인의무를 부담하고 이용권자는 계약에 정해진 약정내용에 따라 저작물을 이용할 수 있도록 하기 위해 저작재산권자에 대해 금지청구와 손해배상청구를 행사하지 않도록

---

22) 예를 들면 저작권 침해 여지가 없는 사진 등 비영리 저작물에 대한 사전 이용 허락 표시인 Creative Commons License[CCL] 등이 있다.

23) 대법원 1994. 5. 10. 선고 94도690 판결은 "저작물인 가사 및 악곡(대중가요)에 대한 저작권위탁관리업자인 사단법인 한국음악저작권협회가 노래반주용기계의 제작업자에게 사용료를 받고 저작물의 이용을 허락한 것은 위 가사와 악곡을 노래반주용기계에 수록하여 복제하는 데 한하는 것이라고 인정되므로, 피고인이 저작권자의 허락 없이 위와 같이 복제된 노래반주용기계를 구입하여 판시 노래방에서 위 복제된 가사와 악곡을 재생하는 방식으로 일반공중을 상대로 영업하는 행위는 저작재산권을 침해한 것이라고 아니할 수 없다."라고 하였다. 대법원 1996. 3. 22. 선고 95도1288 판결도 음악저작물에 대한 저작권위탁관리업자인 사단법인 한국음악저작권협회(이하 협회라고만 한다)가 영상반주기 등 노래방 기기의 제작이나 신곡의 추가 입력 시에 그 제작업자들로부터 사용료를 받고서 음악저작물의 이용을 허락한 것은 특별한 사정이 없는 한 위 제작업자들이 저작물을 복제하여 노래방 기기에 수록하고 노래방 기기와 함께 판매·배포하는 범위에 한정되는 것이라 할 것이고, 그와 같은 허락의 효력이 노래방 기기를 구입한 노래방 영업자가 일반 공중을 상대로 거기에 수록된 저작물을 재생하여 주는 방식으로 이용하는 데에까지 미치는 것은 아니라고 하였다. 대법원 2001. 4. 10. 선고 2000도5621 판결, 대법원 2001. 9. 28. 선고 2001도4100 판결도 같은 취지이다.

하는 부작위청구권을 가진다.

결국 저작물의 이용허락은 본질적으로 저작물을 이용할 수 있는 채권에 불과하다.24)

저작권법상 저작물의 이용허락에 관한 규정들은 실연·음반·방송 또는 데이터베이스의 이용허락에도 그대로 준용된다(법 제88조, 제96조).

② 이용허락의 종류와 효력

저작물의 이용허락에는 당사자 간에 다른 사람에게 이용허락을 하지 않는다는 약정이 있는지 여부에 따라 비독점적(비배타적, 단순) 이용허락과 독점적(배타적) 이용허락으로 나뉜다.

가. 비독점적(비배타적) 이용허락
비독점적 이용허락은 저작물 이용허락 계약에 저작재산권자가 다른 사람에게 이용허락을 하지 않는다는 약정이 없는 경우를 말한다.

저작물의 이용허락은 본질적으로 저작물을 이용할 수 있는 채권에 불과하여 비독점적 이용허락의 경우 저작재산권자가 저작물의 이용허락을 받은 자 외에 다른 자에게 동일한 저작물에 대해 다시 이용을 허락하여 주는 데 아무런 제한이 없다.

이때 비독점적 이용권자는 저작물을 배타적, 독점적으로 이용할 수 없고 단순히 저작재산권자에 대하여 자신이 그 저작물을 이용하는 것을 용인하여 줄 것을 요구할 수 있을 뿐이므로 직접 다른 이용권자나 침해자를 상대로 침해정지청구나 손해배상청구를 할 수 없고 다만 저작재산권자에게 채무불이행에 기한 계약위반을 이유로 손해배상을 청구할 수 있을 뿐이다(통설).

나. 독점적(배타적) 이용허락
독점적 이용허락은 저작물 이용허락 계약에 저작재산권자가 계약의 상대방에게만 이용을 허락하고 그 외 제3자에 대하여 이용을 허락하지 않는다는 약정이 포함되어 있는 경우를 말한다.

독점적 이용허락에 따라 부여되는 이용권도 채권인 점에서 비독점적 이용허락과 차이가 없어 독점적 이용권자가 직접 다른 이용권자나 침해자를 상대로 침해정지청구를 할 수 없다.

그런데 이때 독점적 이용권자가 저작재산권자의 침해정지청구권을 대위행사할 수 있는지

24) 대법원 2007. 3. 29. 선고 2005다44138 판결은 "저작권자와의 이용허락계약에 의하여 취득하는 독점적 번역출판권은 독점적으로 원저작물을 번역하여 출판하는 것을 내용으로 하는 채권적 권리이므로, 제3자가 작성한 저작물이 원저작물의 번역물이라고 볼 수 없는 때에는 독점적 번역출판권자가 저작권자를 대위하여 그 제3자를 상대로 침해정지 등을 구할 보전의 필요성이 있다고 할 수 없다."라고 하였다.

에 대하여는 독점적 이용허락의 성격을 어떻게 보느냐에 따라 여러 견해로 나뉜다.

　　구체적으로 ① 독점적 이용허락은, 저작재산권자가 제3자에게 이용을 허락하지 않는 것을 약정하고 있는 점을 제외하면 통상의 이용허락과 본질적인 차이가 없어, 저작재산권자가 독점적 이용권자에 대하여 제3자에게 이용을 허락하지 않는다는 의무를 부담하는 데 불과하고 저작재산권자가 침해행위를 방치하더라도 그로 인하여 이용권의 목적이 방해받지 않는다는 이유로, 원칙적으로 침해정지청구권의 대위행사를 부정하는 견해(부정설)가 있는 반면에, ② 독점적 이용허락은 비독점 이용허락과 달리 이용권자가 제3자와의 관계에서 저작물의 이용을 독점할 것을 저작재산권자가 인정하는 권리로서, 저작재산권자가 제3자의 무단이용에 따른 저작권침해행위를 방치하면 독점적 이용권자는 제3자와의 관계에서 저작물의 이용을 독점할 수 없고 이용허락의 목적을 달성할 수 없게 되므로, 원칙적으로 저작물의 이용을 독점시켜 줄 권리 또는 계약 등에 의해 인정되는 침해배제를 청구할 수 있는 권리를 피보전채권으로 하여 침해정지청구권의 대위를 인정하되, 예외적으로 저작재산권자가 약정에 반하여 제3자에게 또다시 이용허락을 부여한 경우에는 그 제3자 역시 저작재산권자로부터 이용허락을 받았기 때문에 더 이상 그 제3자에 대해서는 대위청구를 할 수 없다는 견해(긍정설) 등이 있다.

　　대법원은, 특허법이 전용실시권제도를 둔 것과는 달리 저작권법은 침해정지청구권을 행사할 수 있는 이용권을 부여하는 제도를 마련하고 있지 아니하여 이용허락계약의 당사자들이 독점적인 이용을 허락하는 계약을 체결한 경우라도 원칙적으로 그 이용권자가 독자적으로 저작권법상의 침해정지청구권을 행사할 수 없다고 하면서도[25] 이용허락의 목적이 된 저작권법이 보호하는 재산권의 침해가 발생하는 경우에 그 저작재산권자가 스스로 침해정지청구권을 행사하지 아니하는 때에는 독점적인 이용권자로서는 이를 대위하여 행사하지 아니하면 달리 자신의 권리를 보전할 방법이 없을 뿐만 아니라 저작권법이 보호하는 이용허락의 대상이 되는 권리들은 일신전속적인 권리도 아니어서 독점적인 이용권자가 자신의 권리를 보전하기 위하여 필요한 범위 내에서 저작재산권자를 대위하여 저작권법 제91조에 기한 침해정지청구권을 행사할 수 있다고 하였다.[26]

　　한편, 독점적 이용허락을 받은 자가 침해자에 대하여 손해배상청구를 할 수 있는지에 관하여도 문제가 된다.

　　독점적 이용권자는 계약상으로 채권자적인 지위를 인정받고 있는 것에 불과하여 침해자를 상대로 독자적으로 손해배상청구를 할 수는 없으나, 이때 저작권자가 침해자에게 손해배상청

25) 대법원 2007. 1. 25. 선고 2005다11626 판결.
26) 대법원 2007. 1. 25. 선고 2005다11626 판결. 대법원 2007. 3. 29. 선고 2005다44138 판결도 이용허락계약의 일종인 독점적 번역출판계약을 체결한 사안에서 원작소설의 저작권자를 대위하여 채권자대위권을 행사할 피보전권리를 인정한다는 취지이다.

구를 하지 않을 경우에는 독점적 이용권자가 독점적으로 저작물을 이용할 수 있는 권리를 보전하기 위하여 저작재산권자를 대위하여 침해자를 상대로 손해배상청구를 할 수 있다.[27]

그리고 실무에서 아래와 같이 지식재산권법 분야에서 독점적 판매권자나 독점적 통상실시권자가 그 독점적 지위에 기하여 시장에서 이익을 얻고 있는 경우에 그 이익은 법적으로 보호할 가치가 있다거나 그 독점적 판매권자나 독점적 통상실시권자에 대한 적극적 채권침해를 이유로 침해자에 대하여 고유의 손해배상청구가 인정되고 있는바, 이러한 논리도 저작권법의 독점적 이용허락을 받은 자가 침해자에 대하여 손해배상청구를 하는 경우에 적용할 수 있다.[28]

즉, 대법원 2003. 3. 14. 선고 2000다32437 판결은 "특정기업으로부터 특정물품의 제작을 주문받아 그 특정물품을 그 특정기업에게만 공급하기로 약정한 자가 그 특정기업이 공급받은 물품에 대하여 제3자에게 독점판매권을 부여함으로써 제3자가 그 물품에 대한 독점판매자의 지위에 있음을 알면서도 위 약정에 위반하여 그 물품을 다른 곳에 유출하여 제3자의 독점판매권을 침해하였다면, 이러한 행위는 특정기업에 대한 계약상의 의무를 위반하는 것임과 동시에 제3자가 특정기업으로부터 부여받은 독점판매인으로서의 지위 내지 이익을 직접 침해하는 결과가 되어, 그 행위가 위법한 것으로 인정되는 한, 그 행위는 위 특정기업에 대하여 채무불이행 또는 불법행위로 됨과는 별도로 그 제3자에게 대한 관계에서 불법행위로 된다."라고 하고, 대법원 2006. 9. 8. 선고 2004다55230 판결은 "원심이…원고가 기아써비스와의 독점판매계약을 통하여 보수용 유리에 관한 독점적 판매권을 취득하였고, 피고 유리생산업자들은 부품거래계약에 의하여 피고 기아자동차를 통하여 기아써비스에게만 보수용 유리를 공급하게 되어 있어, 결국 피고 유리생산업자들에 의하여 제조되는 기아자동차 보수용 유리는 원고에게 공급되어 원고를 통하여서만 전국에 판매할 수 있도록 계약체계가 형성되어 있고, 피고 유리생산업자들은 이러한 계약체계의 한 당사자로서 이러한 사정을 잘 알고 있었음에도 원고의 고소 및 소 제기 등에 불만을 품고 독점판매권을 가진 원고를 보수용 유리의 유통망에서 배제하기 위하여 피고 기아자동차에 대한 보수용 유리의 공급을 중단하였는바, 피고 유리생산업자들의 위와 같은 행위는 앞서 본 판단 기준에 비추어 볼 때 거래의 공정성과 건전성을 해하는 위법한 행위로 평가되므로, 피고 유리생산업자들은 이로 인하여 원고가 입은 손해를 배상할 책

27) 다만 이때 독점권 이용권자가 채권자대위권을 행사하기 위하여는 채권자대위권 행사의 일반적 요건으로 채무자(저작재산권자)의 무자력 등이 인정되어야 한다는 한계가 있다.
28) 박성호, 저작권법(제2판), 박영사(2017), 446도 제3자가 독점적 이용권자를 해한다는 사정을 알면서도 법규에 위반하거나 선량한 풍속 또는 사회질서에 위반하는 등 위법한 행위를 함으로써 채권자인 독점적 이용권자의 이익을 침해한 경우라면 채권의 귀속 자체를 침해한 경우에 해당하여 불법행위에 해당하고, 제3자인 무단출판자가 저작권자와 적극 공모하였다거나 독점적 이용권자를 해할 의사로 제3자가 저작권자와 계약을 체결하였다는 등의 사정이 있는 경우라면 독점적 이용권자의 채권의 목적인 급부를 침해하는 불법행위의 성립을 인정할 수 있어 이러한 경우에는 독점적 이용권자가 제3자를 상대로 직접 손해배상청구를 할 수 있다고 설명한다.

임이 있다고 판단하는…" 내용이 정당하다고 하였다. 또한, 대법원 2011. 6. 9. 선고 2009다 52304, 52311 판결은 "원심이 그 판시와 같은 여러 사정을 종합하여 피고가 원고 1이 이 사건 제2 이용허락계약에 기하여 원고 2에 대하여 가지는 채권을 해한다는 사정을 알면서 A의 소스코드를 이용했다고 단정할 수 없어 채권침해의 위법성이 인정된다고 보기 어렵다는 이유로 원고 1의 손해배상청구를 받아들이지 아니한 것은 정당하고, 거기에 상고이유로 주장하는 제3자의 채권 침해에 관한 법리오해 등의 위법이 없다."라고 하였는데 위 제2 이용허락계약에서 채권적 권리인 독점·배타적인 영업권이 인정되고 있던 사안이었다.

③ 이용허락의 범위

저작재산권자는 다른 사람에게 그 저작물의 이용을 허락할 수 있고 이에 따라 허락을 받은 자는 허락받은 이용방법 및 조건의 범위 안에서 그 저작물을 이용할 수 있다(법 제46조 제2항).

위 저작물의 이용허락은 저작물을 복제할 권리 등 저작재산권을 이루는 개별적 권리에 대한 이용허락을 가리킨다.[29] 저작권 침해사건에서 저작재산권자로부터 당해 저작물의 이용에 관한 허락을 받았다는 등 적법한 저작물 이용권원을 취득하였다는 점은 이를 주장하는 자가 증명해야 한다.[30]

여기서 이용방법에는 인쇄, 출판, 연주, 방송과 같은 이용형태, 이용부수, 이용횟수나 이용시간, 이용장소 외에 전자책으로서 출판, 음악파일 녹음 등이라는 세부적인 이용방법이 포함된다. 조건에는 이용대금의 선불 등 대가지급에 관한 조건, 우선이용권의 부여 등이 포함된다.

음반제작자와 저작재산권자 사이에 체결된 이용허락계약에서 그 이용허락의 범위가 명백하지 아니한 경우에는 당사자가 그 이용허락계약을 체결하게 된 동기 및 경위, 그 이용허락계약에 의하여 달성하려는 목적, 거래관행, 당사자의 지식, 경험 및 경제적 지위, 수수된 급부가 균형을 유지하고 있는지 여부, 이용허락 당시 당해 음악저작물의 이용방법을 예견할 수 있었는지 및 그러한 이용방법을 알았더라면 당사자가 다른 내용의 약정을 하였을 것이라고 예상되는지 여부, 당해 음악저작물의 이용방법이 기존 시장을 대체하는 것인지 아니면 새로운 시장을 창출하는 것인지 여부 등 여러 사정을 종합하여 그 이용허락의 범위를 사회 일반의 상식과 거래의 통념에 따라 합리적으로 해석하여야 한다.[31]

이용허락의 범위에 관한 실무의 태도를 보면 저작권 이용허락의 범위를 구체적인 사례에 따라 개별적으로 해석하고 있으나 대체적으로는 제한적으로 보는 경향이 있다.

---

29) 대법원 2017. 11. 23. 선고 2015다1017, 1024, 1031, 1048 판결.
30) 대법원 2008. 4. 24. 선고 2006다55593 판결.
31) 대법원 2006. 12. 22. 선고 2006다21002 판결, 대법원 2008. 4. 24. 선고 2006다55593 판결.

이를 구체적으로 살펴보면 ① 피고 1이 신보인세제 시행 이전에 저작자들에게 이른바 '곡비'라는 명목으로 지급한 정액의 금원에는 피고 1이 음악저작물에 대한 작사·작곡 등을 의뢰할 당시 이미 예정되거나 앞으로 예견할 수 있는 범위 내에서 이루어지는 음악저작물의 이용에 대한 저작권사용료가 포함되어 있다고 봄이 상당하고, 편집음반의 제작·판매가 피고 1이 저작자들로부터 음악저작물에 대한 이용허락을 받을 당시 예견할 수 있었던 이용허락의 범위에 속하고, 원고가 저작자들로부터 음악저작물에 대한 저작재산권을 신탁받으면서 저작자들에게 이용허락권을 묵시적으로 유보함으로써 위 이용허락의 효력을 다툴 수 없음은 앞서 본 바와 같으므로, 피고들이 편집음반을 제작·판매함으로써 법률상 원인 없이 음악저작물에 대한 저작권사용료 상당의 이득을 얻고 원고에게 동액 상당의 손해를 가하였다고 볼 수 없다고 한 사안이 있다.[32)]

그러나 한편으로는 ② 음악저작물에 대한 저작권위탁관리업자인 사단법인 한국음악저작권협회가 영상반주기 등 노래방 기기의 제작이나 신곡의 추가 입력 시에 그 제작업자들로부터 사용료를 받고서 음악저작물의 이용을 허락한 것은 특별한 사정이 없는 한 위 제작업자들이 저작물을 복제하여 노래방 기기에 수록하고 노래방 기기와 함께 판매·배포하는 범위에 한정되는 것이라 할 것이고, 그와 같은 허락의 효력이 노래방 기기를 구입한 노래방 영업자가 일반 공중을 상대로 거기에 수록된 저작물을 재생하여 주는 방식으로 이용하는 데에까지 미치는 것은 아니라고 한 사안,[33)] ③ 음악저작물의 저작권자가 음반을 제작하고자 하는 음반제작자에게 음악저작물의 이용을 허락하는 것은 특별한 사정이 없는 한 음반제작자가 음반의 원반(原盤)을 제작하고 이를 보통의 음반으로 복제하여 판매·배포함을 허락하는 범위에 한정되는 것이므로, 저작재산권자가 이러한 이용허락의 범위를 넘어 자신의 저작재산권 중 복제·배포권의 처분권한까지를 음반제작자에게 부여하였다거나, 또는 음반제작자로 하여금 저작인접물인 음반 이외에 저작재산권자의 저작물에 대해서까지 이용허락을 할 수 있는 권한 또는 저작물의 이용권을 제3자에게 양도할 수 있는 권한을 부여하였다는 등의 특별한 사정이 인정되지 않는 한, 음반제작자에 의하여 제작된 원반(原盤) 등 저작인접물에 수록된 내용 중 일부씩을 발췌하여 이른바 '편집앨범'을 제작하고자 하는 자는 그 음반제작자의 그 저작인접물에 대한 이용허락 이외에 저작재산권자로부터 음악저작물에 대한 이용허락을 아울러 얻어야 한다고 판단한 사안,[34)] ④ 인터넷 사이트 게시판에 글을 올린 경우 이를 이용하는 자의 이용 범위와 관련하여, "△△△이 자신이 쓴 글을 타인에게 보여주고 정보를 공유하고자 하는 의사로 위 아고라

---

32) 대법원 2006. 12. 22. 선고 2006다21002 판결.

33) 대법원 2001. 9. 28. 선고 2001도4100 판결.

34) 대법원 2002. 9. 24. 선고 2001다60682 판결, 대법원 2006. 7. 13. 선고 2004다10756 판결, 대법원 2007. 2. 22. 선고 2005다74894 판결 등 참조.

게시판에 위 글들을 올렸다고 하여도, 이는 어디까지나 위 아고라 게시판을 이용하는 사람들이 위 글들을 열람하고 개인적으로 소장하거나 위 글의 내용을 지인들에게 전파하는 등 저작권 침해에 이르지 아니하는 제한된 범위 내에서 이를 이용할 것을 예정한 것으로서, 이를 넘어 타인이 위 글들을 복제·전파하는 것을 무제한적으로 허용하는 의미라고 볼 수 없으며, 타인이 위 글들을 다른 인터넷 사이트에 한데 모아 일괄 복제하여 게재하는 행위까지도 묵시적으로 허락하였다고 보기는 어렵다"라고 한 사안[35] 등이 있다.

그 외 이용허락의 범위에 관한 저작재산권자의 의사가 분명하지 않은 경우의 판단 법리와 사례는 앞의 「제8장 저작재산권의 경제적 이용 제1절 저작재산권의 이전(양도) IV. 저작재산권의 양도인지 이용허락 인지의 해석 기준 V. 장래 발생되거나 새로 인정되는 저작재산권 등의 양도 등 해석 여부」부분에서 설명하였다.

④ 저작물을 이용할 수 있는 권리의 양도

저작권법 제46조 제1항의 규정에 따른 허락에 의하여 저작물을 이용할 수 있는 권리는 저작재산권자의 동의 없이 제3자에게 이를 양도할 수 없다(법 제46조 제3항).

채권은 민법의 채권양도 규정(민법 제449조)에 따라 당사자가 반대의 의사를 표시한 경우를 제외하고 양도할 수 있는데, 이용허락에 따른 이용권 역시 채권이어서 민법의 위 규정이 적용될 수 있지만 저작권법은 허락계약 당사자 사이의 강한 신뢰관계를 고려하여 민법의 채권양도 규정에 대한 특칙으로써 이용허락에 따른 이용권은 저작재산권자의 동의 없이 양도할 수 없도록 하였다.[36]

민법상 채권은 당사자가 반대의 의사를 표시한 경우에는 양도하지 못하되 그 의사표시로써 선의의 제3자에게 대항하지 못하나(민법 제449조 제2항), 저작권법 제46조 제3항은 민법의 채권양도에 대한 특별규정이기 때문에 민법의 위 규정이 배제되고 저작권자의 동의 없이 이용권이 양도된 경우 그 양도는 무효로 된다고 해석된다.[37] 그리고 민법상 지명채권의 양도는 양

---

35) 대법원 2014. 5. 29. 선고 2013도7228 판결.
36) 이에 대해 법 제46조 제3항에 따른 이용권의 양도를 채권양도가 아니라 계약인수로 보는 견해도 있다. 즉, 위 이용권의 양도는 원래의 당사자인 저작재산권자와 이용허락을 받은 자, 인수인 사이의 3자 계약에 의하여 이루어져야 하므로 그 경우 저작재산권자의 동의는 당연한 것이 되고 저작권법 제46조 제3항은 그러한 당연한 사항을 명문화한 것이라고 설명한다, 오승종, 저작권법 강의(제2판), 박영사(2018), 343.
37) 이에 대해 이용권의 양도를 계약인수로 보는 견해에 의하면 원래의 이용권자가 저작재산권자의 동의 없이 제3자에게 이용권을 양도하여 그로 하여금 저작물을 이용하도록 한 경우에 양도인과 양수인 사이에서는 양도에 따른 채권적 효력이 발생하나 저작재산권자에 대한 관계에서는 양도의 효력이 발생하지 않고, 그 제3자는 이용권의 양수를 가지고 저작재산권자에게 대항하지 못하며 양도인은 양수인을 위하여 저작재산권자의 동의를 받아줄 의무를 부담한다고 설명한다, 오승종, 저작권법 강의(제2판), 박영사

도인이 채무자에게 통지하거나 채무자가 승낙하지 아니하면 채무자 기타 제3자에게 대항하지 못하는데(민법 제450조 제1항), 본 항에 의한 이용권의 양도에 필요한 저작재산권자의 동의가 이용권 양도의 대항요건으로서 민법의 위 승낙에 해당되고, 이때 저작재산권자의 동의는 확정일자 있는 증서에 의하지 아니하면 채무자 이외의 제3자에게 대항하지 못한다(민법 제450조 제2항).

5 이용허락계약 위반의 효과

이용허락을 받은 자는 허락받은 이용방법이나 조건의 범위 안에서 그 저작물을 이용할 수 있는데 허락받은 이용방법이나 조건의 범위를 위반하여 이용한 경우 민법이 정한 채무불이행에 해당하는지 아니면 나아가 불법행위인 저작재산권침해에도 해당되는지가 문제이다.

이에 대하여는 견해가 나뉘어져 있다. 구체적으로 살펴보면, ① 이용허락에 관한 이용방법 및 조건이 저작권의 본래적 내용(본질적 내용)인지 아니면 저작권의 행사와 관련하여 저작재산권자가 부가한 채권·채무인지에 따라 저작재산권의 본래적 내용(본질적 내용)에 관한 이용방법이나 조건을 위반한 경우에는 저작재산권침해가 되고 저작재산권자가 부가한 채권·채무(비본질적 내용)에 관한 내용을 위반한 경우에는 단순한 채무불이행에 해당한다는 견해,[38] ② 문제가 된 이용방법 및 조건을 발생근거에 따라 나누어 저작권법에 의해 설정된 의무(즉, 그 의무가 저작권의 효력에 의해 부여된 것)에 관한 위반은 저작재산권침해가 되지만 당사자 합의에 의해 비로소 발생한 의무(즉, 그 의무가 계약의 효력에 의해 부여된 것)에 관한 위반은 채무불이행에 해당한다는 견해,[39] ③ 이용방법 및 조건에서 이용이란 저작권법이 저작재산권을 부여하고 있는 복제, 공연, 공중송신, 전시, 배포, 2차적저작물 작성 등 행위만을 뜻하고 사용행위로서 저작재산권의 통제범위 밖에 있는 것은 포함되지 않음을 전제로, 저작재산권자의 뜻에 따라 이용권자의 이용범위를 그 방법이나 조건의 면에서 제한한 사항을 뜻하는 것으로 보는 견해[40] 등이 있다.

한편 실무 중에는 "저작권법 제46조 제2항은 저작재산권자로부터 저작물의 이용을 허락받은 자는 허락받은 이용방법 및 조건의 범위 안에서 그 저작물을 이용할 수 있다고 규정하고 있다. 위 저작물의 이용허락은 저작물을 복제할 권리 등 저작재산권을 이루는 개별적 권리에 대한 이용허락을 가리킨다. 따라서 저작재산권자로부터 컴퓨터프로그램의 설치에 의한 복제를

(2018), 344.
38) 오승종, 저작권법 강의(제2판), 박영사(2018), 340.
39) 박성호, 저작권법(제2판), 박영사(2017), 454.
40) 이해완, 저작권법(제4판), 박영사(2019), 635.

허락받은 자가 위 프로그램을 컴퓨터 하드디스크 드라이브(HDD) 등 보조기억장치에 설치하여 사용하는 것은 저작물의 이용을 허락받은 자가 허락받은 이용방법 및 조건의 범위 안에서 그 저작물을 이용하는 것에 해당한다. 위와 같이 복제를 허락받은 사용자가 저작재산권자와 계약으로 정한 프로그램의 사용 방법이나 조건을 위반하였다고 하더라도, 위 사용자가 그 계약 위반에 따른 채무불이행책임을 지는 것은 별론으로 하고 저작재산권자의 복제권을 침해하였다고 볼 수는 없다.",41) "오픈캡처 유료버전이 피고가 제공한 업데이트 과정을 통해 컴퓨터 하드디스크 드라이브(HDD)에 자기적으로 고정됨으로써 복제가 완료되었고, 이러한 복제가 피고의 허락하에 이루어진 것으로 볼 수 있는 이상, 원고들의 직원들이 이 사건 약관에서 정한 사용 방법 및 조건을 위반하여 사용한 것에 대해 채무불이행책임을 지는 것은 별론으로 하더라도 피고의 오픈캡처 유료버전에 관한 복제권을 침해하였다고 볼 수는 없다."42)라고 한 것이 있다.

한편 위 오픈캡쳐 사건[대법원 2017. 11. 23. 선고 2015다885, 892, 908, 915 판결(상고기각)]의 원심은 "저작물의 '이용'이라고 함은, 저작권법의 규정에 따라 저작권자가 배타적으로 전유하고 있는 형태로 사용하는 저작재산권의 내용으로 되어 있는 행위에 해당하는 복제, 공연, 공중송신, 전시, 배포, 대여, 2차적저작물작성 등 저작권의 지분권에 관한 행위를 말하고, 저작물이 화체된 매체를 매개로 저작물을 지각하는 행위 등 제3자에게 대하여 저작권법에서 금지의 효력이 미치지 아니하는 형태로 저작물의 내용을 향수하는 행위를 가리키는 저작물의 '사용'과 구별된다."라고 한 다음 "저작물의 이용허락을 받은 자가 이용방법이나 조건을 위반하여 저작물을 이용한 경우에 이용방법이나 조건이 저작권의 본래적 내용에 해당하는 저작물의 이용을 적법하게 해 주는 방법이나 조건이라면 채무불이행뿐만 아니라 저작권침해의 불법행위도 성립하지만, 이용방법이나 조건이 저작권의 행사에 있어서 저작권자가 부가한 채권채무관계에 불과하다면 채무불이행만이 성립하게 되고 저작권침해로 되지는 아니한다."라고 하였다.43)

---

41) 대법원 2017. 11. 23. 선고 2015다1017, 1024, 1031, 1048 판결.
42) 대법원 2017. 11. 23. 선고 2015다885, 892, 908, 915 판결.
43) 위 대법원 2017. 11. 23. 선고 2015다885 등 판결의 원심인 서울고등법원 2014. 11. 20. 선고 2014나19891(본소), 2014나19907(병합), 2014나19914(병합), 2014나19921(반소) 판결(상고기각 확정). 이어 위 원심판결은 "결국 컴퓨터프로그램저작권자는 그 프로그램을 실행하는 것에 대하여 배타적 권리를 가지는 것은 아니므로 프로그램의 실행은 저작권법 46조 1항, 2항에 정해진 저작물의 '이용'에 해당하지 아니하고, 그와 관련한 허락도 저작권법 46조 1항, 2항에 정해진 '이용허락'에 포함되지 아니한다. 따라서 컴퓨터프로그램 사용과 관련하여 컴퓨터프로그램저작권자와 그 사용자 사이에 사용허락계약이 체결된 경우에 그 사용자는 사용허락계약에 정해진 바에 따라 그 프로그램을 실행하여야 할 채무를 부담할 뿐이고, 그 사용자가 저작권법 46조 1항, 2항에서 말하는 '이용'과 관련 없는 사용허락계약에 정해진 조건에 위반한 방법으로 프로그램을 실행하였다고 하더라도 사용허락계약 위반이 성립하는 것은 별도로

6 관련 규정

가. 최초판매 원칙에 의한 제한

저작자는 저작물의 원본이나 그 복제물을 배포할 권리를 가지지만, 저작물의 원본이나 그 복제물이 해당 저작재산권자의 허락을 받아 판매 등의 방법으로 거래에 제공된 경우에 배포권은 소진된다(법 제20조 참조).

나. 영상저작물의 특례

저작재산권자가 저작물의 영상화를 다른 사람에게 허락한 경우에 특약이 없는 때에는 영상저작물을 제작하기 위하여 저작물을 각색하는 것(제1호), 공개상영을 목적으로 한 영상저작물을 공개상영하는 것(제2호), 방송을 목적으로 한 영상저작물을 방송하는 것(제3호), 전송을 목적으로 한 영상저작물을 전송하는 것(제4호), 영상저작물을 그 본래의 목적으로 복제·배포하는 것(제5호), 영상저작물의 번역물을 그 영상저작물과 같은 방법으로 이용하는 것(제6호)의 각 권리를 포함하여 허락한 것으로 추정한다(법 제99조 제1항).

저작재산권자는 그 저작물의 영상화를 허락한 경우에 특약이 없는 때에는 허락한 날부터 5년이 경과한 때에 그 저작물을 다른 영상저작물로 영상화하는 것을 허락할 수 있다(즉, 5년 이내에는 재영상화를 허락할 수 없다) (법 제99조 제2항).

다. 저작물의 이용허락에 관한 규정의 준용

저작권법상 저작물의 이용허락에 관한 규정들은 실연·음반·방송 또는 데이터베이스의 이용허락에도 그대로 준용된다(법 제88조, 법 제96조).

II. 저작물 이용의 법정허락

1 저작물 이용의 법정허락(강제허락) 의의

법정허락 제도란 저작재산권자의 허락이 없는 경우에도 저작물의 이용이 공익적인 면에서 필요하다고 인정되는 일정한 경우에 적정한 대가를 지급하거나 공탁하고 이를 이용할 수 있는 제도를 말한다.

하고 저작권 침해행위로 되지는 아니한다."라고 하였다.

법정허락 제도는 적정한 대가를 지급하거나 공탁하고 이용할 수 있다는 점에서 앞에서 본 공정이용과 구별된다.

저작권법은 저작물뿐만 아니라 실연·음반 및 방송 등의 저작인접물도 법정허락(강제허락)의 대상으로 하고 있다(법 제89조).

② 법정허락(강제허락)의 유형

강학상 법정허락은 크게 두 분류로 나뉜다.

그 하나는 저작권법 제25조 제4항 및 제31조 제5항과 같이 법에서 정한 사유가 있으면 저작재산권자와의 협의 자체를 할 필요 없이 소정의 보상금(문화체육관광부장관이 정하여 고시하는 기준에 의한 보상금)을 지급하고 저작물을 이용할 수 있는 법정허락(statutory license)이다.

또 하나는 저작권법 제50조 내지 제52조와 같이 법에서 정한 바에 따라 저작재산권자와 저작물 사용에 관하여 협의를 하는 것을 전제로 그 이용허락을 받을 수 없는 경우에 비로소 정부기관 등 제3자로부터 저작재산권자를 대신한 이용허락(승인)을 받아 그에 대한 보상금(문화체육관광부장관이 정하여 고시하는 기준에 의한 보상금)을 지급하거나 공탁하고 저작물을 이용할 수 있는 강제허락(compulsory license)이다.

다만 저작권법은 강학상 강제허락에 대하여도 법정허락이라는 용어를 사용하고 있다.

저작권법 제50조 내지 제52조에 관한 강제허락(compulsory license)은 ① 대통령령이 정하는 기준에 해당하는 상당한 노력을 기울였어도 공표된 저작물의 저작재산권자나 그의 거소를 알 수 없어 그 저작물의 이용허락을 받을 수 없는 경우(제50조), ② 공표된 저작물을 공익상 필요에 의하여 방송하고자 하는 방송사업자가 그 저작재산권자와 협의하였으나 협의가 성립되지 아니하는 경우(제51조), ③ 상업용 음반이 우리나라에서 처음으로 판매되어 3년이 경과한 경우 그 음반에 녹음된 저작물을 녹음하여 다른 상업용 음반을 제작하고자 하는 자가 그 저작재산권자와 협의하였으나 협의가 성립되지 아니하는 경우(제52조)이다.

③ 법 제25조 제4항 및 제31조 제5항의 법정허락의 내용

저작권법 제25조 제4항 및 제31조 제5항에 관한 법정허락(statutory license)은 「제6장 저작재산권 제3절 저작재산권의 제한 V. 학교 교육 목적 등에의 이용(법 제25조) XI. 도서관 등에서의 복제(법 제31조)」 부분에서 이미 설명하였으므로 여기서는 저작권법 제50조 내지 제52조의 강제허락에 대하여 설명한다.

④ 법 제50조 내지 제52조의 법정허락(강제허락)의 내용

가. 저작재산권자 불명인 저작물의 이용
1) 의의 및 규정 연혁

누구든지 대통령령으로 정하는 기준에 해당하는 상당한 노력을 기울였어도 공표된 저작물의 저작재산권자나 그의 거소를 알 수 없어 그 저작물의 이용허락을 받을 수 없는 경우에는 대통령령으로 정하는 바에 따라 문화체육관광부장관의 승인을 얻은 후 문화체육관광부장관이 정하는 기준에 의한 보상금을 제112조에 따른 한국저작권위원회에 지급하고 이를 이용할 수 있다(법 제50조 제1항).

1957. 1. 28. 법률 제432호로 제정된 저작권법 제20조는 "...② 저작자의 불명한 저작물로서 아직 발행 또는 공연하지 않은 것은 대통령령의 정하는 바에 의하여 이를 발행 또는 공연할 수 있다. ③ 저작권자의 거소가 불명하거나 또는 저작권자와 협의할 수 없을 때에는 대통령령의 정하는 바에 의하여 상당한 보상금을 공탁하고 그 저작물을 발행 또는 공연할 수 있다."라고 규정하였다.

1986. 12. 31. 법률 제3916호로 전부 개정된 저작권법에서 제47조에서 "① 누구든지 상당한 노력을 기울였어도 공표된 저작물의 저작재산권자나 그의 거소를 알 수 없어 그 저작물의 이용허락을 받을 수 없는 경우에는 대통령령이 정하는 바에 의하여 문화공보부장관의 승인을 얻고, 문화공보부장관이 제82조 제1호에 의한 보상금의 기준에 의하여 정한 보상금을 공탁하고 이를 이용할 수 있다. ② 제1항의 규정에 의하여 저작물을 이용하는 자는 그 뜻과 승인년월일을 표시하여야 한다."라고 규정되었는데, 위 문화공보부장관이 1989. 12. 30. 법률 제4183호로 개정된 저작권법에서 '문화부장관'으로 변경되었다가 1993. 3. 6. 법률 제4541호로 개정된 저작권법에서 '문화체육부장관'으로 변경되었다.

2000. 1. 12. 법률 제6134호로 개정된 저작권법에서 제47조 제1항이 "누구든지 대통령령이 정하는 기준에 해당하는 상당한 노력을 기울였어도 공표된 저작물의 저작재산권자나 그의 거소를 알 수 없어 그 저작물의 이용허락을 받을 수 없는 경우에는 대통령령이 정하는 바에 의하여 문화관광부장관의 승인을 얻은 후 문화관광부장관이 정하는 기준에 의한 보상금을 공탁하고 이를 이용할 수 있다."라고 변경되었다.

2006. 12. 28. 법률 제8101호로 전부개정된 저작권법에서 조문의 위치를 제50조로 옮기고 제1항 중 '공표된 저작물'을 '공표된 저작물(외국인의 저작물을 제외한다)'로 하고, "③ 제1항의 규정에 따라 법정허락된 저작물이 다시 법정허락의 대상이 되는 때에는 제1항의 규정에 따른 대통령령이 정하는 기준에 해당하는 상당한 노력의 절차를 생략할 수 있다. 다만, 그 저작물에 대한 법정허락의 승인 이전에 저작재산권자가 대통령령이 정하는 절차에 따라 이의를 제기하

는 때에는 그러하지 아니하다. ④ 문화관광부장관은 대통령령이 정하는 바에 따라 법정허락 내용을 정보통신망에 게시하여야 한다."라는 규정들이 추가되었다.

2008. 2. 29. 법률 제8852호로 개정된 저작권법에서 문화관광부장관의 명칭이 문화체육관광부장관으로 변경되었다.

2019. 11. 26. 법률 제16600호로 개정된 저작권법에서 '공표된 저작물에서 외국인의 저작물을 제외한다'는 괄호내용을 삭제하고 '공탁하고'를 '제112조에 따른 한국저작권위원회에 지급하고'로 변경하고,[44] 2020. 2. 4. 법률 제16933호로 개정된 저작권법에서 제50조 제1항의 '대통령령이'를 '대통령령으로', 제1, 5, 6항의 '제112조에 따른 한국저작권위원회'를 '위원회'로, 제6항의 제25조 제8항을 '제25조 제10항'으로 각각 변경하였다.

2) 요건

대통령령으로 정하는 기준에 해당하는 상당한 노력을 기울였어도 공표된 저작물의 저작재산권자나 그의 거소를 알 수 없어 그 저작물의 이용허락을 받을 수 없어야 한다.

여기서 '대통령령으로 정하는 기준에 해당하는 상당한 노력'이란 ① 법 제55조 제3항에 따른 저작권등록부의 열람 또는 그 사본의 교부 신청을 통하여 해당 저작물의 저작재산권자나 그의 거소를 조회할 것, ② 다음 각 목의 구분에 따른 자에게 저작재산권자나 그의 거소를 조회하는 확정일자 있는 문서를 보냈으나 이를 알 수 없다는 회신을 받거나 문서를 발송한 날부터 1개월이 지났는데도 회신이 없을 것, 가. 해당 저작물이 속하는 분야의 저작물을 취급하는 법 제105조 제1항 본문에 따라 저작권신탁관리업의 허가를 받은 자(이하 "저작권신탁관리업자"라 한다)가 있는 경우: 저작권신탁관리업자, 나. 해당 저작물이 속하는 분야의 저작물을 취급하는 저작권신탁관리업자가 없는 경우: 다음의 어느 하나에 해당하는 자 1) 법 제105조 제1항 본문에 따라 저작권대리중개업의 신고를 한 자(이하 "저작권대리중개업자"라 한다) 2) 해당 저작물에 대한 이용을 허락받은 사실이 있는 이용자 중 2명 이상, ③ 저작재산권자나 그의 거소 등 문화체육관광부령으로 정하는 사항을 다음 각 목의 어느 하나에 공고한 날부터 10일이 지났을 것, 가. 신문 등의 진흥에 관한 법률 제9조 제1항에 따라 보급지역을 전국으로 하여 등록한 일반일간신문, 나. 제73조 제2항에 따른 권리자가 불명인 저작물 등의 권리자 찾기 정보시스템, ④ 국내의 정보통신망 정보검색도구를 이용하여 저작재산권자나 그의 거소를 검색할 것의 요건을 모두 충족하는 것을 말한다(법 시행령 제18조 제1항[45]). 법 제50조에 따라 이용하려

---

44) 법정허락 보상금을 법원에 공탁하도록 규정한 절차를 한국저작권위원회에 직접 지급하는 것으로 변경하였다.

45) 2000. 7. 27. 대통령령 제16917호로 개정된 저작권법 시행령 제6조에서 요건을 규정하고 2007. 6. 29. 대통령령 제20135호로 개정된 저작권법 시행령에서 조문의 위치를 제18조로 옮기고 그 후 여러 차례의

는 저작물이 법 제25조 제10항 본문(법 제31조 제6항에서 준용하는 경우를 포함한다)에 따른 보상금 분배 공고를 한 날부터 5년이 경과한 미분배 보상금 관련 저작물, 그 밖에 저작재산권자나 그의 거소가 명확하지 않은 저작물에 해당하고 문화체육관광부장관이 그 저작물에 대하여 법 제55조에 따른 저작권등록부를 통한 해당 저작물의 저작재산권자나 그의 거소의 조회(제1호), 제52조 제3항에 따라 저작권위탁관리업자가 보고한 사항을 통한 해당 저작물의 저작재산권자나 그의 거소의 조회(제2호), 권리자 찾기 정보시스템에 저작재산권자나 그의 거소 등 문화체육관광부령으로 정하는 사항을 공고한 날부터 2개월 이상이 지났을 것(제3호)의 모든 노력을 한 경우에는 제1항 각 호의 상당한 노력의 모든 요건을 충족한 것으로 본다(법 시행령 제18조 제2항).

이와 같은 대통령령으로 정하는 기준에 해당하는 상당한 노력을 기울였어도 공표된 저작물의 저작재산권자나 그의 거소를 알 수 없어 그 저작물의 이용허락을 받을 수 없는 경우에는 대통령령이 정하는 바에 따라 문화체육관광부장관의 승인을 얻은 후 문화체육관광부장관이 정하는 기준에 의한 보상금을 한국저작권위원회에 지급하고 이를 이용할 수 있다(법 제50조 제1항). 제1항에 따른 보상을 받을 권리는 한국저작권위원회를 통하여 행사되어야 한다(법 제50조 제5항). 한국저작권위원회는 제1항에 따라 보상금을 지급받은 날부터 10년이 경과한 미분배 보상금에 대하여 문화체육관광부장관의 승인을 얻어 제25조 제10항 각 호의 어느 하나에 해당하는 목적을 위하여 사용할 수 있다(법 제50조 제6항). 제1항 및 제6항에 따른 보상금 지급 절차·방법 및 미분배 보상금의 사용 승인 등에 필요한 사항은 법 시행령 제23조의2, 제23조의3에서 규정하고 있다(법 제50조 제7항).

나. 공표된 저작물의 방송

공표된 저작물을 공익상 필요에 의하여 방송하고자 하는 방송사업자가 그 저작재산권자와 협의하였으나 협의가 성립되지 아니하는 경우에는 대통령령이 정하는 바에 따라 문화체육관광부장관의 승인을 얻은 후 문화체육관광부장관이 정하는 기준에 의한 보상금을 당해 저작재산권자에게 지급하거나 공탁하고 이를 방송할 수 있다(법 제51조).

1957. 1. 28. 법률 제432호로 제정된 저작권법 제22조는 "① 저작자는 그 저작물의 라디오 또는 테레비죤에 의한 방송을 허락할 권리가 있다. ② 이미 발행 또는 공연된 저작물을 방송하고저 할 때에는 방송자는 저작권자의 승낙을 얻어야 한다. ③ 전항의 승낙을 얻지 못하고 그 저작물의 방송이 공익상 필요할 때에는 방송자는 대통령령의 정하는 바에 의하여 상당한 보상금을 지급하고 저작물을 방송할 수 있다."라고 규정하였다.

개정을 거치면서 요건들이 점차적으로 추가되었다.

1986. 12. 31. 법률 제3916호로 전부 개정된 저작권법 제48조에서 "공표된 저작물을 공익상 필요에 의하여 방송하고자 하는 방송사업자가 그 저작재산권자와 협의하였으나 협의가 성립되지 아니하는 경우에는 대통령령이 정하는 바에 의하여 문화공보부장관의 승인을 얻고, 문화공보부장관이 제82조 제1호에 의한 보상금의 기준에 의하여 정한 보상금을 저작재산권자에게 지급하거나, 공탁하고 이를 방송할 수 있다."라고 규정하였다. 위 문화공보부장관이 1989. 12. 30. 법률 제4183호로 개정된 저작권법에서 '문화부장관'으로 변경되었다가 1993. 3. 6. 법률 제4541호로 개정된 저작권법에서 '문화체육부장관'으로 변경되었다.

2000. 1. 12. 법률 제6134호로 개정된 저작권법에서 "공표된 저작물을 공익상 필요에 의하여 방송하고자 하는 방송사업자가 그 저작재산권자와 협의하였으나 협의가 성립되지 아니하는 경우에는 대통령령이 정하는 바에 의하여 문화관광부장관의 승인을 얻은 후 문화관광부장관이 정하는 기준에 의한 보상금을 저작재산권자에게 지급하거나 공탁하고 이를 방송할 수 있다."라고 변경되었다.

2006. 12. 28. 법률 제8101호로 전부개정된 저작권법에서 조문의 위치를 제51조로 옮겼고 2008. 2. 29. 법률 제8852호로 개정된 저작권법에서 문화관광부장관의 명칭이 문화체육관광부장관으로 변경되었다.

다. 상업용 음반의 제작

상업용 음반이 우리나라에서 처음으로 판매되어 3년이 경과한 경우 그 음반에 녹음된 저작물을 녹음하여 다른 상업용 음반을 제작하고자 하는 자가 그 저작재산권자와 협의하였으나 협의가 성립되지 아니하는 때에는 대통령령이 정하는 바에 따라 문화체육관광부장관의 승인을 얻은 후 문화체육관광부장관이 정하는 기준에 의한 보상금을 당해 저작재산권자에게 지급하거나 공탁하고 다른 상업용 음반을 제작할 수 있다(법 제52조).

1986. 12. 31. 법률 제3916호로 전부 개정된 저작권법 제50조에서 판매용 음반의 제작에 관한 규정을 신설하여 "판매용 음반이 우리나라에서 처음으로 판매되어 3년이 경과한 경우 그 음반에 녹음된 저작물을 녹음하여 다른 판매용 음반을 제작하고자 하는 자가 그 저작재산권자와 협의하였으나 협의가 성립되지 아니하는 때에는 대통령령이 정하는 바에 의하여 문화공보부장관의 승인을 얻고, 문화공보부장관이 제82조 제1호에 의한 보상금의 기준에 의하여 정한 보상금을 저작재산권자에게 지급하거나 공탁하고 다른 판매용 음반을 제작할 수 있다."라고 하였다. 위 문화공보부장관이 1989. 12. 30. 법률 제4183호로 개정된 저작권법에서 '문화부장관'으로 변경되었다가 1993. 3. 6. 법률 제4541호로 개정된 저작권법에서 '문화체육부장관'으로 변경되었다.

2000. 1. 12. 법률 제6134호로 개정된 저작권법 제50조에서 "판매용 음반이 우리나라에

서 처음으로 판매되어 3년이 경과한 경우 그 음반에 녹음된 저작물을 녹음하여 다른 판매용 음반을 제작하고자 하는 자가 그 저작재산권자와 협의하였으나 협의가 성립되지 아니하는 때에는 대통령령이 정하는 바에 의하여 문화관광부장관의 승인을 얻은후 문화관광부장관이 정하는 기준에 의한 보상금을 저작재산권자에게 지급하거나 공탁하고 다른 판매용 음반을 제작할 수 있다."라고 바뀌었다가 2006. 12. 28. 법률 제8101호로 전부 개정된 저작권법에서 조문의 위치를 제52조로 옮기고 문구 중 '의하여'를 '따라'로 '보상금을 저작재산권자에게'를 '보상금을 당해 저작재산권자에게'로 변경하였고, 2008. 2. 29. 법률 제8852호로 개정된 저작권법에서 문화관광부장관의 명칭이 문화체육관광부장관으로 변경되었다.

2016. 3. 22. 법률 제14083호로 개정된 저작권법에서 '판매용 음반'이라는 용어를 '상업용 음반'(상업적 목적으로 공표된 음반, 법 제21조 참조)[46]으로 변경하였다.

유형물에 고정된 영상이 제외된 음악저작물(가사와 악곡)은 상업용 음반에 해당하지만 영상이 제외된 오페라나 뮤지컬과 같은 악극(樂劇) 저작물(dramatic musical works)은 음악저작물의 성질과 아울러 어문저작물의 성질을 가지고 있어 상업용 음반에 해당하지 않는다. 국제적인 관례도 악극 저작물은 법정허락의 대상에서 제외하고 있다. 다만 악극 저작물이라도 간주곡, 서곡과 같이 그 일부분만을 분리하여 어문저작물로서 성질을 상실한 경우에는 음악저작물로서 본 조의 법정허락의 대상이 될 수 있다.[47]

⑤ 법 제50조 내지 제52조의 법정허락(강제허락)의 절차

저작재산권자 불명인 저작물의 이용에서 저작물의 이용허락을 받을 수 없는 경우에는 대통령령이 정하는 바에 따라 문화체육관광부장관의 승인을 얻은 후 문화체육관광부장관이 정하는 기준에 의한 보상금을 제112조에 따른 한국저작권위원회에 지급하고 이를 이용할 수 있다(법 제50조 제1항).

공표된 저작물의 방송 및 상업용 음반의 제작의 경우에 저작재산권자와 협의하였으나 협의가 성립되지 아니하는 경우에는 대통령령이 정하는 바에 따라 문화체육관광부장관의 승인을 얻은 후 문화체육관광부장관이 정하는 기준에 의한 보상금을 당해 저작재산권자에게 지급하거나 공탁하고 이를 방송하거나 다른 상업용 음반을 제작할 수 있다(법 제51조, 제52조).

저작권법 시행령에는 그 구체적 절차에 대해 아래와 같이 규정하고 있다.

---

46) 상업용 음반의 개념은 「제6장 저작재산권 제3절 저작재산권의 제한 Ⅸ. 영리를 목적으로 하지 않는 공연·방송 외(법 제29조) ③ 반대급부 없는 상업용 음반·상업용 영상저작물의 공연 가. 상업용 음반 또는 상업적 목적으로 공표된 저작물을 재생하여 공중에게 공연할 것」 부분에서 상세히 설명한다.

47) 오승종, 저작권법 강의(제2판), 박영사(2018), 487~488.

법 제50조부터 제52조까지의 규정에 따라 저작물의 이용, 방송 또는 음반제작에 관한 승인을 받으려는 자는 문화체육관광부령으로 정하는 바에 따라 저작물 이용 승인신청서를 문화체육관광부장관에게 제출하여야 한다(법 시행령 제19조). 문화체육관광부장관은 법 시행령 제19조에 따라 승인신청을 받으면 ① 법 제50조에 따른 저작재산권자가 불명인 저작물 이용 승인신청의 경우에는 10일간 신청 내용을 권리자 찾기 정보시스템에 공고할 것(제1호), ② 법 제51조 또는 법 제52조에 따른 방송 또는 음반제작 승인신청의 경우에는 해당 저작재산권자나 그 대리인에게 7일 이상 30일 이내의 기간을 정하여 의견을 제출할 기회를 줄 것(제2호)이라는 조치를 하여야 한다(법 시행령 제20조 제1항). 위 제1항 제2호에 따라 의견 제출의 기회를 주려는 때에는 7일 이전에 해당 저작재산권자나 그 대리인에게 서면으로 알려야 하며, 기간 내에 의견을 제출하지 아니하는 경우에는 의견 제출의 기회를 포기하는 것으로 본다는 뜻을 명시하여야 한다(법 시행령 제20조 제2항). 법 제50조 제3항 단서에 따라 이의를 제기하려는 저작재산권자는 이의신청서에 소정의 자료를 첨부하여 문화체육관광부장관에게 제출하여야 한다(법 시행령 제20조 제4항).

문화체육관광부장관은 법 제50조부터 제52조까지의 규정에 따른 승인을 하는 경우에는 그 내용을 신청인과 해당 저작재산권자에게 알려야 한다. 이 경우 저작재산권자나 그의 거소를 알 수 없는 경우에는 권리자 찾기 정보시스템에 공고하여야 한다(법 제21조 제1항). 문화체육관광부장관은 법 제50조 제1항에 따른 승인을 한 경우에는 법 제50조 제4항에 따라 제1호 내지 제5호[저작물의 제호 및 공표연월일, 저작자 또는 저작재산권자의 성명, 이용 승인을 받은 자의 성명, 저작물의 이용 승인 조건(이용허락기간 및 보상금), 저작물의 이용방법 및 형태]의 각 내용을 문화체육관광부의 인터넷 홈페이지와 권리자 찾기 정보시스템에 1개월 이상 게시하여야 한다(법 제2조 제2항).

문화체육관광부장관은 법 제19조에 따른 저작물 이용 등의 승인신청이 ① 법 제50조부터 제52조까지의 규정에 따른 저작물 이용의 신청 요건을 갖추지 못한 경우, ② 저작물 이용의 승인 전에 저작재산권자나 그의 거소가 확인되었거나 협의가 성립된 경우, ③ 저작재산권자가 저작물의 출판이나 그 밖의 이용에 제공되지 아니하도록 저작물의 모든 복제물을 회수할 경우, ④ 해당 저작물이 아니더라도 그 목적을 달성할 수 있다고 인정되거나 저작재산권자가 저작물의 이용을 허락할 수 없는 부득이한 사유가 있다고 인정될 경우의 어느 하나에 해당하면 이를 기각한다(법 제22조 제1항). 문화체육관광부장관은 법 제22조 제1항에 따라 승인신청을 기각한 경우에는 그 사유를 명시하여 신청인과 저작재산권자에게 알려야 한다. 다만, 저작재산권자나 그의 거소를 알 수 없는 경우에는 신청인에게만 알린다(법 제22조 제2항).

법 제50조부터 제52조까지의 규정에 따라 보상금을 공탁할 수 있는 경우는 ① 저작재산권자나 그의 거소를 알 수 없는 경우(제1호), ② 저작재산권자가 보상금 수령을 거부하거나 수령할 수 없는 경우(제2호), ③ 해당 저작재산권자의 권리를 목적으로 하는 질권이 설정되어 있는 경우(저작재산권자가 해당 질권을 가진 자의 승낙을 받은 경우는 제외한다) (제3호)이다(법 제23조 제1항). 법 제23조 제1항에 따른 보상금의 공탁은 해당 저작재산권자의 주소가 대한민국 내에 있을 경우에는 해당 주소지의 관할 공탁소에, 그 밖의 경우에는 보상금을 공탁하는 자의 주소지의 관할 공탁소에 하여야 한다(법 제23조 제2항). 법 제23조 제1항 제2호 및 제3호에 따라 보상금을 공탁한 자는 그 사실을 공탁물을 수령할 자에게 알려야 하고(법 제23조 제3항) 법 제23조 제1항 제1호에 따라 보상금을 공탁한 자는 그 사실을 문화체육관광부령으로 정하는 바에 따라 공고하여야 한다(법 제23조 제4항).

저작권법에 따라 제50조 내지 제52조의 규정에 따른 법정허락 승인(제89조 및 제97조의 규정에 따라 준용되는 경우를 포함한다)을 신청하는 자에 해당하는 사항의 신청 등을 하는 자는 문화체육관광부령으로 정하는 바에 따라 수수료를 납부하여야 한다(법 제132조 제1항 제1호). 제1항에 따른 수수료는 문화체육관광부령으로 정하는 바에 따라 특별한 사유가 있으면 감액하거나 면제할 수 있다(법 제132조 제2항).

6 법 제50조 내지 제52조의 법정허락(강제허락)의 효과

저작권법 제50조 내지 제52조의 법정허락은 단지 권리의 행사방법에 일부 제약을 가할 뿐 배타적 권리 자체의 성격을 변화시키는 것은 아니므로 보상금을 지급하지 않고 저작물을 이용할 경우 저작재산권을 침해하는 것으로 된다.

이에 반하여 저작권법 제25조 제4항이나 제31조 제5항의 법정허락은 저작재산권의 성격을 배타적 권리에서 보상금청구권으로 사실상 변화시키는 효력을 가진다.

따라서 이러한 경우에는 보상금을 지급하지 않고 저작물을 이용하더라도 보상금청구권 등 채권적 권리만 인정되므로 저작재산권을 침해하는 것으로 되지 않는다.

7 기타 : 실연·음반 및 방송(저작인접물) 이용의 법정허락(강제허락)

2000. 1. 12. 법률 제6134호로 개정된 저작권법은 제72조의2 규정을 신설하여 "제47조(저작재산권자 불명인 저작물의 이용)·제48조(공표된 저작물의 방송) 및 제50조(판매용 음반의 제작)의 규정은 실연·음반 및 방송의 이용에 관하여 이를 준용한다. 이 경우 제47조·제48조 및 제50조 중 '저작물'은 '실연·음반' 또는 '방송'으로, '저작재산권자'는 '저작인접권자'로 본다."라고 규정하였다.

2006. 12. 28. 법률 8101호로 전부개정된 저작권법에서 조문의 위치를 제89조로 옮기고

"제50조 내지 제52조의 규정은 실연·음반 및 방송의 이용에 관하여 준용한다."라고 규정하여 현재에 이르고 있다.

결국 저작권법은 저작물뿐만 아니라 실연·음반 및 방송 등의 저작인접물도 법정허락(강제허락)의 대상으로 하고 있다.

제3절 저작재산권을 목적으로 하는 질권 설정

저작재산권자는 저작재산권을 목적으로 하는 질권을 설정할 수 있다.

질권이란 담보 제공된 동산 내지 재산권을 채무의 변제를 받을 때까지 유치함으로써 채무의 변제를 간접적으로 강제하는 동시에, 변제가 없으면 그 담보 제공된 동산 내지 재산권으로부터 우선적으로 변제를 받는 것을 말한다(민법 제329조, 제345조 참조). 저작재산권을 목적으로 하는 질권의 설정은 법률에 다른 규정이 없으면 그 권리의 양도에 관한 방법에 의하여야 한다(민법 제346조).

질권의 목적으로 된 저작재산권은 설정행위에 특약이 없는 한 저작재산권자가 이를 행사한다(저작권법 제47조 제2항). 이러한 경우 질권에는 유치적 효력은 없고 우선변제권만 있는 셈이다. 저작재산권자는 저작재산권, 법 제57조에 따른 배타적발행권 및 법 제63조에 따른 출판권을 목적으로 하는 질권의 설정·이전·변경·소멸 또는 처분제한은 등록하지 아니하면 발생하지 아니한다(법 제54조 제3호).

저작재산권을 목적으로 하는 질권은 저작재산권의 양도 또는 그 저작물의 이용에 따라 저작재산권자가 받을 금전 그 밖의 물건(제57조에 따른 배타적발행권 및 제63조에 따른 출판권 설정의 대가를 포함한다)에 대하여도 행사할 수 있다(법 제47조 제1항 본문). 다만, 이들의 지급 또는 인도 전에 이를 압류하여야 한다(법 제47조 제1항 단서). 이러한 규정을 고려하면 질권은 저작권법에 의하여 취득한 보상금청구권과 저작재산권의 이용에 대하여 받을 대가나 물건에 관한 청구권에 대해서 행사할 수 있다고 이해된다. 결국 질권자가 금전이나 물건의 인도청구권을 압류하기 전에 담보목적물 소유자가 인도청구권에 기하여 금전 등을 수령한 경우 질권자는 더 이상 물상대위권을 행사할 수 없다.[48]

이때 압류를 반드시 질권자가 하여야 하는지와 관련하여 다툼의 여지가 있으나, 이미 제3자가 압류하여 금전 또는 물건이 특정된 이상 담보권자가 스스로 이를 압류하지 않고서도 배당요구를 하는 방법으로 물상대위권을 행사하여 일반 채권자보다 우선변제를 받을 수 있고,[49]

---

48) 대법원 2015. 9. 10. 선고 2013다216273 판결 참조.

나아가 이때 그 행사방법 및 효력에 대해, 민사집행법 제273조[50])에 의하여 담보권의 존재를 증명하는 서류를 집행법원에 제출하여 채권압류 및 전부명령을 신청하거나 민사집행법 제247조 제1항[51])에 의하여 배당요구를 하는 방법에 의하여야 하고 이는 늦어도 민사집행법 제247조 제1항 각 호 소정의 배당요구의 종기까지 하여야 하며 그 이후에는 물상대위권자로서의 우선변제권을 행사할 수 없다.[52])

다음으로 이와 관련하여 물상대위권을 행사하지 않은 담보권자의 부당이득반환청구가 인정될 것인지가 문제이다.

물상대위권을 행사하지 아니한 담보권자가 할 수 있는 부당이득반환청구 중 담보목적물 소유자를 상대로 한 부당이득반환청구는 인정되고,[53]) 그중 대위목적채권에 관한 배당절차에서 배당받은 일반채권자들을 상대로 한 부당이득반환청구는 부정되며,[54]) 나머지 청구 중 대위목적채권의 양수인 또는 전부채권자를 상대로 하여 부당이득반환청구를 하는 경우에 관해서는 아직까지 판례가 없으나 일본 실무는 부당이득반환청구를 인정한다.[55]) 관련하여 민사집행법상으로는 배당받을 권리 있는 채권자가 자신이 배당받을 몫을 받지 못하고 그로 인해 권리 없는 다른 채권자가 그 몫을 배당받은 경우, 배당이의 여부 또는 배당표의 확정 여부와 관계없이 배당받을 수 있었던 채권자가 배당금을 수령한 다른 채권자를 상대로 부당이득반환 청구

---

49) 대법원 2003. 3. 28. 선고 2002다13539 판결, 대법원 2010. 10. 28. 선고 2010다46756 판결 등.

50) ① 채권, 그 밖의 재산권을 목적으로 하는 담보권의 실행은 담보권의 존재를 증명하는 서류(권리의 이전에 관하여 등기나 등록을 필요로 하는 경우에는 그 등기사항증명서 또는 등록원부의 등본)가 제출된 때에 개시한다. ② 민법 제342조에 따라 담보권설정자가 받을 금전, 그 밖의 물건에 대하여 권리를 행사하는 경우에도 제1항과 같다. ③ 제1항과 제2항의 권리실행절차에는 제2편 제2장 제4절 제3관의 규정을 준용한다.

51) ① 민법·상법, 그 밖의 법률에 의하여 우선변제청구권이 있는 채권자와 집행력 있는 정본을 가진 채권자는 다음 각호의 시기까지 법원에 배당요구를 할 수 있다.
  1. 제3채무자가 제248조 제4항에 따른 공탁의 신고를 한 때
  2. 채권자가 제236조에 따른 추심의 신고를 한 때
  3. 집행관이 현금화한 금전을 법원에 제출한 때

52) 실무는 압류 또는 배당요구와 같은 물상대위권을 행사하지 아니한 경우에 담보권의 효력이 당연히 대위목적채권에 미친다거나 담보권자가 대위목적채권에 관하여 채권질권자에 유사한 우선적 지위를 가진다고 할 수 없다고 본다, 대법원 1998. 9. 22. 선고 98다12812 판결, 대법원 2000. 5. 26. 선고 98다22062 판결, 대법원 2003. 3. 28. 선고 2002다13539 판결, 대법원 2010. 10. 28. 선고 2010다46756 판결 등 참조.

53) 대법원 1975. 4. 8. 선고 73다29 판결, 대법원 2009. 5. 14. 선고 2008다17656 판결.

54) 대법원 1999. 5. 14. 선고 98다62688 판결, 대법원 2002. 10. 11. 선고 2002다33137 판결.

55) 일본 大審院 1915. 3. 6. 선고 大正3(オ)96 판결은 "물상대위 목적인 채권을 다른 채권자가 압류한 경우에도 이에 우선하는 저당권자는 다른 채권자가 변제를 받을 때까지 압류를 하는 것에 의해 이 채권에 대하여 우선권을 주장할 수 있고 다른 채권자가 받은 전부명령은 저당권자에 대하여 효력을 가지지 않는다."라고 한다.

를 할 수 있다.56)

    그 밖에 질권과 관련하여 저작재산권자는 그 저작물의 복제권·배포권·전송권을 목적으로 하는 질권이 설정되어 있는 경우에는 그 질권자의 허락이 있어야 배타적발행권을 설정할 수 있다(법 제57조).

제4절 배타적발행권

I. 배타적발행권의 의의

    2011. 12. 2. 법률 제11110호로 개정된 저작권법은 배타적발행권 제도(제57조 내지 제62조)를 신설하였다.

    배타적발행권이란 저작물을 발행하거나 복제·전송의 방법으로 이용하고자 하는 자가 저작물을 배타적으로 사용·수익할 수 있는 권리이다.

    배타적발행권은 이용허락에 의한 채권적 권리가 아니라 민법의 용익물권과 같은 배타적·독점적인 권리이므로 대세적인 효력을 가지는 물권에 유사한 성격을 가진다.

    따라서 배타적발행권을 설정 받은 자는 설정받은 권리(복제·배포, 복제·전송)에 대하여 독점적 권리를 가지기 때문에 권리자와 별도로 해당 권리 침해에 대하여 소송 등 독자적인 권리구제수단을 행사할 수 있다.

    2011년 개정 전의 저작권법은 저작물에 관하여 출판권 제도(구 법 제57조 내지 제63조)를 가지고 있었다. 출판권은 저작물을 복제·배포할 권리를 가진 자가 해당 저작물을 인쇄 그 밖에 이와 유사한 방법으로 문서 또는 도화로 발행(복제·배포)하는 것을 말하는데 배포는 유형물 전달행위(법 제2조 제23호 참조)이므로 인터넷상에서 단말기로 전송받아 사용하는 전자책과 같은 전송(무형적 전달행위)의 경우는 그것에 포함되지 않는다. 따라서 기존의 출판권설정계약 중에 전자책 출판을 위한 복제·전송에 관한 권리가 포함되어 있더라도 이는 단순한 출판(이용)허락계약 내지 독점적 출판(이용)허락계약의 성격을 가지는 것에 불과하였다.

    그리고 2011년 개정 전의 저작권법은 컴퓨터프로그램에 관하여 프로그램배타적발행권 제도(구 법 제101조의6)를 가지고 있었다. 프로그램 배타적발행권은 컴퓨터프로그램의 저작재산권자가 다른 사람에게 프로그램 저작물을 독점적으로 복제하여 배포 또는 전송할 수 있도록 하는 배타적 권리로서 그 적용범위가 프로그램 저작물에만 한정되어 있었다.

---

56) 대법원 2019. 7. 18. 선고 2014다206983 전원합의체 판결(종전의 법리가 유지되었다).

저작물 이용자가 기존의 오프라인 출판 이외에 전자출판 등 다양한 이용형태에 대하여도, 종전의 저작물 출판과 컴퓨터프로그램에만 인정되던 것과 같은 배타적발행권 설정이 필요하게 되어 위에서 본 바와 같이 2011년에 저작권법을 개정한 것이다.

결국 2011년 개정 저작권법에 도입된 배타적발행권이란 기존의 출판권에서 인정되던 발행(복제·배포)에 더하여 복제·전송할 권리를 포괄하여 설정할 수 있도록 한 것으로 그 대상을 컴퓨터프로그램저작물에만 적용되어 온 것을 전체 저작물로 확대함으로써 저작재산권자를 대위하지 않고도 자신의 이름으로 제3자에게 권리를 행사할 수 있게 되었다.

2011년 개정 저작권법은 배타적발행권 제도를 도입한 후에도 개정 전 저작권법의 출판권 제도를 그대로 유지하고 있는데 이에 설정행위에 따라 권리관계가 불명확해질 수 있고 불필요한 혼동이 일어날 가능성이 있기 때문에 이를 미연에 방지하기 위하여 배타적발행권에서 출판권을 제외하는 것으로 정리하였다. 반면에 2011년 개정 저작권법에 배타적발행권 제도가 도입되면서 개정되기 전의 법 제101조의6에 규정하고 있던 프로그램 배타적발행권(복제·배포, 복제·전송)은 중복을 피해 삭제되었다.

2020. 2. 4. 법률 제16933호로 개정된 저작권법 제58조 제3항에서 단서로 "다만,「신문 등의 진흥에 관한 법률」제9조제1항에 따라 등록된 신문과「잡지 등 정기간행물의 진흥에 관한 법률」제15조 및 제16조에 따라 등록 또는 신고된 정기간행물의 경우에는 그러하지 아니하다."라는 내용을 추가하고, 위 개정법에서 일부 규정의 추가, 변경에 따라 제62조 제2항도 "배타적발행권의 목적으로 되어 있는 저작물의 복제 등에 관하여는 제23조, 제24조, 제25조 제1항부터 제5항까지, 제26조부터 제28조까지, 제30조부터 제33조까지, 제35조제2항 및 제3항, 제35조의2부터 제35조의5까지, 제36조 및 제37조를 준용한다."로 변경하였다.

저작물의 배타적발행권에 관한 법 제57조부터 제62조까지의 규정은 저작인접권의 대상인 실연·음반 또는 방송에 대한 배타적발행권의 설정 등에 관하여 각각 준용한다(법 제88조).

II. 배타적발행권의 설정 및 내용

① 배타적발행권의 설정 등

저작물을 발행하거나 복제·전송할 권리를 가진 자는 그 저작물을 발행하거나 복제·전송에 이용하고자 하는 자에 대하여 배타적 권리(이하 "배타적발행권"이라 하며, 제63조에 따른 출판권은 제외한다. 이하 같다)를 설정할 수 있다(법 제57조 제1항).

저작재산권자가 배타적발행권을 설정한 후 그 설정계약에서 정한 방법 및 조건의 범위 내에서는 스스로 동일한 저작물을 발행하거나 복제·전송의 방법으로 이용하거나 다른 제3자에게 중복하여 배타적발행권을 설정하거나 이용허락을 할 수 없다.

따라서 저작재산권자는 그 저작물에 대하여 발행하거나 복제·전송의 방법 및 조건이 중첩되지 않는 범위 내에서 새로운 배타적발행권을 설정할 수 있다(법 제57조 제2항).

배타적발행권을 설정받은 자(이하 "배타적발행권자"라고 한다)는 자신의 권리에 저촉되는 제3자의 저작물 이용행위가 있을 경우에 저작재산권자의 권리를 대위함이 없이 배타적발행권자 명의로 직접 제3자를 상대로 침해정지청구 및 손해배상청구 등을 할 수 있다. 배타적발행권을 설정한 저작재산권자도 그 설정범위 내에서 해당 저작물의 이용이 제한받게 되지만 그 저작물에 관한 권원 없는 제3자의 침해행위에 대하여는 침해정지청구를 할 수 있다.57)

저작재산권자는 그 저작물의 복제권·배포권·전송권을 목적으로 하는 질권이 설정되어 있는 경우에는 그 질권자의 허락이 있어야 배타적발행권을 설정할 수 있다(법 제57조 제4항).

② 배타적발행권의 내용

가. 배타적발행권자의 권리

배타적발행권자는 그 설정행위에서 정하는 바에 따라 그 배타적발행권의 목적인 저작물을 발행하거나 복제·전송(이하 "발행 등"이라 줄여 쓴다)의 방법으로 이용할 권리를 가진다(법 제57조 제3항, 제1항 참조).

여기서 발행은 저작물 또는 음반을 공중의 수요를 충족시키기 위하여 복제·배포하는 것을 말하고(법 제2조 제24호), 복제는 인쇄·사진촬영·복사·녹음·녹화 그 밖의 방법으로 일시적 또는 영구적으로 유형물에 고정하거나 다시 제작하는 것을 말하고, 건축물의 경우에는 그 건축을 위한 모형 또는 설계도서에 따라 이를 시공하는 것을 포함하며(법 제2조 제22호), 전송은 공중송신 중 공중의 구성원이 개별적으로 선택한 시간과 장소에서 접근할 수 있도록 저작물 등을 이용에 제공하는 것을 말하며, 그에 따라 이루어지는 송신을 포함한다(법 제2조 제10호).

출판권과 관련하여서는 출판권을 설정받은 자는 그 설정행위에서 정하는 바에 따라 그 출판권의 목적인 저작물을 원작 그대로 출판할 권리를 가진다고 규정(법 제63조 제2항)하고 있지

---

57) 상표권의 전용사용권이 침해된 경우에 상표권자의 침해금지청구를 인정한 대법원 2006. 9. 8. 선고 2006도1580 판결은 "상표권이나 서비스표권에 관하여 전용사용권이 설정된 경우 이로 인하여 상표권자나 서비스표권자의 상표 또는 서비스표의 사용권이 제한받게 되지만 제3자가 그 상표 또는 서비스표를 정당한 법적 권한 없이 사용하는 경우에는 그 상표권자나 서비스표권자가 그 상표권이나 서비스표권에 기하여 제3자의 상표 또는 서비스표의 사용에 대한 금지를 청구할 수 있는 권리까지 상실하는 것은 아니다. 또한, 이러한 경우에 그 상표나 서비스표에 대한 전용사용권을 침해하는 상표법 위반죄가 성립함은 물론 상표권자나 서비스표권자의 상표권 또는 서비스표권을 침해하는 상표법 위반죄도 함께 성립하게 된다."라고 하였다.

만, 저작권법상 배타적발행권 조항에는 '원작 그대로' 발행 등으로 이용한다는 문구는 전혀 없다. 그러나 배타적발행권도 출판권과 마찬가지로 배타적발행권의 목적인 저작물을 원작 그대로 이용(다만 출판권은 제외)할 권리를 말하는 점에서 별다른 차이가 없다.58)

여기서 '원작 그대로'의 의미는 원작을 개작하거나 번역하는 등의 방법으로 변경하지 않고 이용하는 것을 의미할 뿐 원작의 전부를 이용하는 것만을 의미하는 것은 아니며, 침해자가 이용된 저작물을 전부 복제하지 않았다 하더라도 그중 상당한 양을 복제한 경우에는 배타적발행권자의 권리를 침해하는 것이고, 또 저작물을 복제함에 있어 저자의 표시를 달리하였다 하더라도 권리 침해가 된다.59)

즉, 여기서 '원작 그대로'라는 것은 저작물의 원작에 전혀 손대지 않고 그대로 이용한다는 의미가 아니라 저작물 내용에 본질적인 변경을 하거나 개작, 번역, 번안 등을 통하여 제2차적 형태의 저작물을 출판할 수 없다는 취지일 뿐이다. 따라서 오자, 탈자를 고치거나 저작자의 동의가 추정될 수 있는 정도의 사소한 내용의 수정은 허용된다.60)

'원작 그대로 이용할 권리를 가진다'는 문언을 형식적으로 해석하여 제3자가 배타적발행권자의 승낙 없이 원작과 완전히 동일하게 출판하는 경우에만 권리침해에 해당한다고 본다면 배타적발행권자를 제대로 보호하지 못하게 되어 배타적발행권자의 권리보호를 규정하고 있는 저작권법의 정신에 어긋나므로 제3자에게 금지를 구하는 경우에는 배타적발행권자가 이용하는 경우와는 달리 다소 탄력적으로 해석할 필요가 있다.

배타적발행권의 본질은 복제라 할 것이므로, 제3자가 이용한 작품이 복제에 해당한다면 배타적발행권 침해로 봄이 옳다.

그런데 여기서 복제의 의미를 동일성과 같은 의미로 보아 배타적발행권의 침해가 되는 무단이용행위를 배타적발행권의 목적인 저작물의 전부 또는 상당 부분과 실질적 동일성이 인정되는 범위 내에서 복제·배포하는 것이어야 한다고 보는 견해가 있다(제1설).61) 다만 제1설을 주장하는 분도 이러한 동일성 범위에 새로운 창작성이 부가되지 않은 경우(즉, 아래 제2설에서 말하는 실질적 유사성은 인정되고 새로운 창작성이 부가되지 않은 경우)를 포함하여 파악하고 있기 때문에62) 결과적으로는 아래 제2설과 차이가 없지만 논리구성이 다르기 때문에 별도로 설명한다.

58) 오승종, 저작권법 강의(제2판), 박영사(2018), 537~538.
59) 대법원 2003. 2. 28. 선고 2001도3115 판결, 대법원 2005. 2. 17. 선고 2003도3362 판결.
60) 저작권법 주해, 박영사(2007), 735(강영수 집필부분).
61) 출판권에 대하여 오승종, 저작권법 강의(제2판), 박영사(2018), 538.
62) 오승종, 저작권법 강의(제2판), 박영사(2018), 296 참조. 이에 대하여는 「제6장 저작재산권 제2절 저작재산권의 내용 I. 복제권 ② 복제권의 복제권의 인정범위[동일성·실질적 유사성(다만 새로운 창작성이 부가되지 않은 상태)]와 2차적저작물작성권, 독립적인 새로운 저작물과의 관계」 부분에서 설명한다.

본서 저자는 복제를 제1설과 같이 새로운 창작성이 부가되지 않은 부분(내지 유사성 부분)이 포함된 동일성과 같은 의미로 보는 것이 아니라 동일성과 실질적 유사성(새로운 창작성이 부가되지 않은 정도의 변경)을 구별하고 복제의 범위를 동일성과 실질적 유사성(새로운 창작성이 부가되지 않은 정도의 변경)의 범위로 보고, 나아가 복제권과 2차적저작물작성권은 실질적 유사성에서는 공통되고 나아가 수정·증감으로 인해 새로운 창작성이 있는지 여부로 구분한다(제2설).63)64)

배타적발행권에 2차적저작물작성권은 포함되지 않아서 그 권리자에게 2차적저작물을 이용하는 권리까지 주어지는 것은 아니므로 그 변경으로 인하여 원저작물과 실질적 유사성을 유지하면서 새로운 창작성이 부가되어 2차적저작물 작성의 정도에 이르렀다면 (저작물에 대한 2차적저작물작성권이라는 저작재산권 침해가 성립함은 별론으로 하더라도) 배타적발행권의 침해는 발생하지 않지만 그러한 변경으로 인하여 원저작물과 비교하여 새로운 창작성이 인정되지 않는다면 여전히 복제의 정도에 머물러 있는 것이므로 배타적발행권의 침해가 성립한다(이 부분은 다툼이 없다).

이와 관련하여 출판권에 대하여 대법원이 "출판권은 저작물을 복제·배포할 권리를 가진 자와의 설정행위에서 정하는 바에 따라 저작물을 원작 그대로 출판하는 것을 그 내용으로 하는 권리인바, 제3자가 출판권자의 허락 없이 원작의 전부 또는 상당 부분과 동일성 있는 작품을 출판하는 때에는 출판권 침해가 성립된다 할 것이지만, 원작과의 동일성을 손상하는 정도로 원작을 변경하여 출판하는 때에는 저작자의 2차적저작물작성권 침해에 해당할지언정 출판권자의 출판권 침해는 성립되지 않는다."65)라고 판시한 것이 있다.

이 부분을 두고 마치 출판권 내지 배타적발행권 침해가 인정되기 위해서는 원저작물과의 사이에 동일성이 있어야 하고 실질적 유사성은 배제하는 것처럼 이해할 수 있으나, 위 판결문에 기재된 동일성은 원저작물에 새로운 창작성을 부가한 것이라고 볼 수 없는 부분도 포함되는 의미로(즉 제1설에 가까운 입장으로) 보이므로66) 제2설을 기준으로 하자면 동일성이라는 문

---

63) 이에 대하여는 「제6장 저작재산권 제2절 저작재산권의 내용 I. 복제권 ② 복제권의 인정범위[동일성·실질적 유사성(다만 새로운 창작성이 부가되지 않은 상태)]와 2차적저작물작성권, 독립적인 새로운 저작물과의 관계」 부분에서 설명한다.

64) 출판권에 대하여 박성호, 저작권법(제2판), 박영사(2017), 686도 본서 저자의 설명과 같은 결론이면서 제1설과 같이 해석하게 되면 복제권 침해의 객관적 요건이 실질적 동일성이고 2차적저작물작성권 침해의 객관적 요건은 실질적 유사성이 되므로 마치 양 침해의 객관적 요건이 이원적으로 분리되는 결과가 되어 의문이라고 한다.

65) 출판권에 관한 대법원 2005. 9. 9. 선고 2003다47782 판결 참조.

66) 출판권에 관한 대법원 2005. 9. 9. 선고 2003다47782 판결에 대한 해설인 한규현, "만화저작물과 출판권 침해", 대법원판례해설 제59호, 법원도서관(2006), 236은 "복제에 해당하는지 2차적저작물의 작성에 해당하는지의 구체적인 구별은 동일성이 손상되어 새로운 창작성이 있는지의 여부에 달려 있다. 기존의

언에는 실질적 유사성이 인정되면서 새로운 창작성이 부가되어 있지 않은 부분도 포함되어 있는 것으로 이해하여야 한다.

즉, 본서 저자는 복제권 침해와 2차적저작물작성권 침해에서 공통되는 판단기준은 실질적 유사성이고 이들 권리 사이의 차이점은 새롭게 부가된 창작성 부분이 있는지이고 실질적 유사성 범위 내에 새로 부가된 창작성이 없다면 복제가 성립할 수 있다고 보는 논리는 출판권 내지 배타적발행권 침해 여부 판단에도 그대로 적용되어야 한다는 입장이므로, 위 판결에서 말하는 동일성을 제2설에 따라 이해할 경우에는 동일성과 실질적 유사성이 인정되면서 아울러 새로운 창작성이 부가되지 않은 부분을 함께 포함하는 것으로 해석한다.

덧붙여 본서 저자가 제안하는 제2설에 따라 위 2003다47782 판결 문구를 다시 설명하자면, "제3자가 배타적발행권자의 허락 없이 원작의 전부 또는 상당 부분과 실질적 유사성 범위 내의 작품을 이용(다만 출판 제외)하는 때에는 배타적발행권 침해가 성립될 수 있지만, 실질적 유사성이 있더라도 새로운 창작성이 인정될 정도로 원작을 변경하여 이용(다만 출판 제외)하는 때에는 저작재산권자의 2차적저작물작성권 침해에 해당할지언정 배타적발행권자의 배타적발행권 침해는 성립되지 않는다."라는 내용이 될 것이다.

배타적발행권에는 법 제63조에 따른 출판권은 제외된다(법 제57조 제1항). 출판권은 복제물을 복제·배포할 권리여서 이론상으로는 배타적발행권의 권리 범위에 포함되지만 종전부터 활용되어 온 출판권과 사이에 혼란이 발생할 것을 염려하여 정책적으로 배타적발행권에서 출판권이 제외되는 것으로 규정하였다.

배타적발행권자가 배타적발행권의 목적인 저작물을 발행 등의 방법으로 다시 이용하는 경

저작물에 창작적인 요소가 더해진 경우 기존의 저작물의 동일성에 영향을 주지 않는 다소의 수정, 증감, 변경에 지나지 않는다면 복제로 볼 수 있으나, 기존의 저작물의 동일성을 손상할 정도라면 복제로 볼 수 없다 할 것이다. 따라서 기존의 저작물에 다소의 수정, 증감, 변경이 있더라도 저작물의 동일성이 손상되지 않는 한 복제권 침해에 해당한다 할 것이나, 다소의 수정, 증감, 변경으로 인하여 기존의 저작물의 동일성을 손상할 정도에 이른 때에는 경우에 따라 2차적저작물작성권 침해에 해당할 여지는 있을지언정 복제권 침해에는 해당하지 않는다."라고 하면서 각주에서 그 근거로 橋本英史, 著作權(複製權, 飜案權)侵害の判斷について(上), 判例時報 1595号, 日本評論社(1997), 24~25를 들고 있다. 일본에서는 동일성에 우리 실무에서 말하는 유사성도 포함시키거나 새로운 창작성이 부가되지 않은 유사성 영역을 동일성의 범위에 포함시켜 사용하고 있는 반면에[예를 들면 最高裁判所 2001. 6. 28. 선고 平成11(受)922 판결], 우리 실무는 동일성과 실질적 유사성을 구별하면서 저작권의 침해 여부를 동일성이 아니라 실질적 유사성이 있는지 여부로 판단하고 있기 때문에 위 대법원 판결이 사용한 '동일성'이란 문구의 의미와 타당성 여부를 다시 검토할 필요가 있다.
이 부분은 윤경, '만화저작물에 대한 출판권침해요건과 그 동일성 판단방법', 계간 저작권(제73호 2006. 3. 봄호), 저작권심의조정위원회(2006), 48에서도 "대상판결은 '실질적 유사성'이라는 용어 대신 '동일성'이라는 단어를 사용하고 있다...일본에서는 복제권 침해에 대해서는 '동일성'을, 2차적저작물작성권침해에 대해서는 '유사성'을 그 개념 도구로 사용하고 있는데...대상판결에서 '동일성'이란 용어를 사용한 것은 이런 태도를 받아들인 것이 아닌가 추측된다."라고 한다.

우에 저작자는 정당한 범위 안에서 그 저작물의 내용을 수정하거나 증감할 수 있다(법 제58조의2 제1항).

나. 배타적발행권자의 의무

배타적발행권자는 그 설정행위에 특약이 없는 때에는 배타적발행권의 목적인 저작물을 복제하기 위하여 필요한 원고 또는 이에 상당하는 물건을 받은 날부터 9월 이내에 이를 발행 등의 방법으로 이용하여야 한다(법 제58조 제1항).

여기서 원고 또는 이에 상당하는 물건이라 함은 악보, 그림의 원작품 등 인쇄를 위한 원본을 말한다. 그리고 발행 등의 방법으로 이용하여야 한다고 규정하므로 복제를 완료한 것만으로는 부족하고 복제물을 배포하거나 전송할 수 있는 상태에 있어야 한다.

배타적발행권자는 그 설정행위에 특약이 없는 때에는 관행에 따라 그 저작물을 계속하여 발행 등의 방법으로 이용하여야 한다(법 제58조 제2항). 이는 그 저작물의 복제물이 항상 유통상태에 있도록 하여야 함을 말하는데 여기서 유통상태에 있다는 것은 수요자가 언제라도 그 복제물을 입수할 수 있는 상태에 놓여 있음을 말한다.

배타적발행권자는 특약이 없는 때에는 각 복제물에 대통령령으로 정하는 바에 따라 저작재산권자의 표지를 하여야 한다(법 제58조 제3항 본문). 다만, 「신문 등의 진흥에 관한 법률」 제9조 제1항에 따라 등록된 신문과 「잡지 등 정기간행물의 진흥에 관한 법률」 제15조 및 제16조에 따라 등록 또는 신고된 정기간행물의 경우에는 그러하지 아니하다(법 제58조 제3항 단서).[67]

법 제58조 제3항에 따른 저작재산권자의 표지에 수록되는 사항은 ① 복제의 대상이 외국인의 저작물일 경우에는 저작재산권자의 성명 및 맨 처음의 발행연도의 표지(제1호), ② 복제의 대상이 대한민국 국민의 저작물일 경우에는 제1호에 따른 표지 및 저작재산권자의 검인(제2호), ③ 배타적발행권자가 복제권의 양도를 받은 경우에는 그 취지의 표시(제3호)이다. 다만, 신문 등의 진흥에 관한 법률 제9조 제1항에 따라 등록된 신문 및 잡지 등 정기간행물의 진흥에 관한 법률 제15조 및 제16조에 따라 등록 또는 신고된 정기간행물의 경우에는 저작재산권자의 표지를 하지 아니한다(법 시행령 제38조). 다만 법 제58조 제3항은 법문에서 보듯이 저작재산권자와 배타적발행권자 사이에 특약으로 면제할 수 있는 임의규정이다.

배타적발행권자는 배타적발행권의 목적인 저작물을 발행 등의 방법으로 다시 이용하고자 하는 경우에 특약이 없는 때에는 그때마다 미리 저작자에게 그 사실을 알려야 한다(법 제58조의2 제2항). 이는 아래에서 보는 저작자의 수정증감권을 보장하기 위한 것이다.

---

67) 제58조 제3항 단서 조항은 2020. 2. 4. 법률 제16933호로 개정된 저작권법에서 신설되었다.

III. 배타적발행과 저작자 · 저작권자 관계

1 저작자의 저작물에 대한 수정증감

배타적발행권자가 배타적발행권의 목적인 저작물을 발행 등의 방법으로 다시 이용하는 경우에 저작자는 정당한 범위 안에서 그 저작물의 내용을 수정하거나 증감할 수 있다(법 제58조의2 제1항).

이 권리는 저작자의 동일성유지권과 관련된 적극적인 내용변경권이고 저작자의 인격적 이익을 보호하는 규정이다.

수정증감권을 가지는 자는 저작자이므로 저작재산권이 타인에게 양도되더라도 수정증감권은 여전히 저작자에게 있다. 다만 저작자가 사망한 후에는 저작자의 수정증감권은 소멸되므로 그의 유족은 이 권리를 가질 수 없다.

수정증감의 정도는 저작물의 성질, 재이용 경위와 취지, 수정할 내용, 해당 업계의 관행 등을 종합하여 개별적으로 판단한다.

2 저작재산권자의 저작자 사후 저작물 이용 권리

저작재산권자는 배타적발행권 존속기간 중 그 배타적발행권의 목적인 저작물의 저작자가 사망한 때에는 배타적발행권 설정에도 불구하고 저작자를 위하여 저작물을 전집 그 밖의 편집물에 수록하거나 전집 그 밖의 편집물의 일부인 저작물을 분리하여 이를 따로 발행 등의 방법으로 이용할 수 있다(법 제59조 제2항).

3 배타적발행권 소멸통고

저작재산권자는 배타적발행권자가 제58조(배타적발행권자의 의무) 제1항(9개월 이내 발행 의무) 또는 제2항(계속 발행 등의 방법으로 이용할 의무)을 위반한 경우에는 6월 이상의 기간을 정하여 그 이행을 최고하고 그 기간 내에 이행하지 아니하는 때에는 배타적발행권의 소멸을 통고할 수 있다(법 제60조 제1항).

저작재산권자는 배타적발행권자가 그 저작물을 발행 등의 방법으로 이용하는 것이 불가능하거나 이용할 의사가 없음이 명백한 경우에는 법 제60조 제1항에도 불구하고 즉시 배타적발행권의 소멸을 통고할 수 있다(법 제60조 제2항)

법 제60조 제1항 또는 제2항에 따라 배타적발행권의 소멸을 통고한 경우에는 배타적발행권자가 통고를 받은 때에 배타적발행권이 소멸한 것으로 본다(법 제60조 제3항). 이 배타적발행권의 소멸통고권은 일종의 형성권으로 저작재산권자의 일방적인 의사표시에 의하여 배타적발행권이 소멸한다.

법 제60조 제3항의 경우에 저작재산권자는 배타적발행권자에 대하여 언제든지 원상회복을 청구하거나 발행 등을 중지함으로 인한 손해의 배상을 청구할 수 있다(법 제60조 제4항).

IV. 배타적발행권의 등록과 존속기간

배타적발행권은 그 설정행위에 특약이 없는 때에는 맨 처음 발행 등을 한 날로부터 3년간 존속한다. 다만, 저작물의 영상화를 위하여 배타적발행권을 설정하는 경우에는 5년으로 한다(법 제59조 제1항).

법 제57조에 따른 배타적발행권의 설정·이전·변경·소멸 또는 처분제한, 그 배타적발행권을 목적으로 하는 질권의 설정·이전·변경·소멸 또는 처분제한에 관하여는 등록할 수 있고 이를 등록하지 아니하면 제3자에게 대항할 수 없다(법 제54조).

여기서 등록하지 아니하면 제3자에게 대항할 수 없다고 할 때의 "제3자"란 이미 앞에서 설명하였듯이 당해 배타적발행권의 양도에 관하여 양수인의 지위와 양립할 수 없는 법률상 지위를 취득한 경우 등 배타적발행권의 양도에 관한 등록의 흠결을 주장함에 정당한 이익을 가지는 제3자에 한하고, 배타적발행권을 침해한 사람은 여기서 말하는 제3자가 아니다.68) 따라서 불법으로 배타적발행권을 침해하고 있는 무단이용자나 배신적 이중양수인 등 침해자에 대하여 침해정지청구권, 손해배상청구, 고소 등은 등록 없이도 행사할 수 있다.

V. 배타적발행권 소멸 후의 복제물의 배포

배타적발행권이 그 존속기간의 만료 그 밖의 사유로 소멸된 경우에는 그 배타적발행권을 가지고 있던 자는 ① 배타적발행권 설정행위에 특약이 있는 경우(제1호), ② 배타적발행권의 존속기간 중 저작재산권자에게 그 저작물의 발행에 따른 대가를 지급하고 그 대가에 상응하는 부수의 복제물을 배포하는 경우(제2호)를 제외하고는 그 배타적발행권의 존속기간 중 만들어진

---

68) 대법원 2002. 11. 26. 선고 2002도4849 판결, 대법원 2006. 7. 13. 선고 2004다10756 판결. 한편 서울고등법원 2008. 7. 8. 선고 2007나80093 판결(심리불속행 상고기각 확정)은 저작권 이중양도의 계약 상대방들 중 먼저 저작권등록을 경료한 사람이 원칙적으로 적법한 권리자로 보호받고, 다만 선등록한 후순위 양수인이 저작권자의 배임행위에 적극적으로 가담한 경우에 한하여 그 권리의 보호가 부정된다고 하면서도, 한편 저작권을 상실한 등록명의인은 자신에게 저작권등록명의만 남아 있는 상태를 내세우며 제3자에게 대하여 저작권침해금지청구권을 행사할 수 없다고 하였다.

복제물을 배포할 수 없다(법 제61조).

법 제61조 제2호는 재고로 남아 있는 복제물을 처분할 수 있도록 배타적발행권의 소멸에도 불구하고 소정의 요건 하에 복제물을 배포할 수 있도록 한 것인데 전송이 제외된 것은 전송의 경우에는 재고라는 개념을 생각하기 어렵고 폐기에 많은 비용이 들어간다고 할 수 없기 때문이다.

VI. 배타적발행권의 양도·제한 등

배타적발행권자는 저작재산권자의 동의 없이 배타적발행권을 양도하거나 또는 질권의 목적으로 할 수 없다(법 제62조 제1항).

배타적발행권도 재산권이므로 양도하거나 질권을 설정할 수 있으나 저작재산권자는 배타적발행권자의 경험, 자본력, 이미지 등을 고려하여 배타적발행권 설정계약을 체결하는 경우가 많으므로 임의로 다른 사람이 배타적발행권을 가지는 것을 방지하기 위한 것이다.

저작재산권자의 동의 없이 양도하거나 질권을 설정한 경우에 그 양도인, 질권 설정 당사자 간에는 유효하나 저작재산권자에게 대항할 수 없다. 등록하지 아니하면 제3자에게 대항할 수 없다고 할 때의 "제3자"의 의미는 앞에서 이미 살펴본 바와 같다.

배타적발행권의 목적으로 되어 있는 저작물의 복제 등에 관하여는 제23조(재판절차 등에서의 복제), 제24조(정치적 연설 등의 이용), 제25조(학교교육 목적 등에의 이용) 제1항부터 제5항까지, 제26조(시사보도를 위한 이용), 제27조(시사적인 기사 및 논설의 복제 등), 제28조(공표된 저작물의 인용)까지, 제30조(사적이용을 위한 복제), 제31조(도서관등에서의 복제 등), 제32조(시험문제로서의 복제), 제33조(시각장애인 등을 위한 복제 등)까지, 제35조(미술저작물 등의 전시 또는 복제) 제2항 및 제3항, 제35조의2(저작물 이용과정에서의 일시적 복제), 제35조의3(부수적 복제 등), 제35조의4(문화시설에 의한 복제 등), 제35조의5(저작물의 공정한 이용), 제36조(번역 등의 이용) 및 제37조(출처의 명시)를 준용한다(법 제62조 제2항).

제5절 출판권

I. 출판·출판권의 의의

출판이라 함은 저작물을 복제·배포할 권리를 가진 자가 그 저작물을 인쇄 그 밖에 이와 유사한 방법으로 문서 또는 도화로 발행하는 것을 말한다(법 제63조 제1항 참조).

여기서 발행은 저작물 또는 음반을 공중의 수요를 충족시키기 위하여 복제·배포하는 것을 말하고(법 제2조 제24호) 복제는 인쇄·사진촬영·복사·녹음·녹화 그 밖의 방법으로 일시적 또는 영구적으로 유형물에 고정하거나 다시 제작하는 것을 말하며(법 제2조 제22호), 배포는 저작물, 실연·음반·방송 또는 데이터베이스의 원본 또는 그 복제물을 공중에게 대가를 받거나 받지 아니하고 양도 또는 대여하는 것을 말한다(법 제2조 제23호, 제7호). 배포는 유형물을 전제로 하는 개념이므로 출판은 결국 유형물의 전달행위에 해당한다.

저작물을 복제·배포할 권리를 가진 자는 그 저작물을 인쇄 그 밖에 이와 유사한 방법으로 문서 또는 도화로 발행하고자 하는 자에 대하여 이를 출판할 권리(이하 "출판권"이라 한다)를 설정할 수 있다(법 제63조 제1항). 법 제63조 제1항에 따라 출판권을 설정받은 자는 그 설정행위에서 정하는 바에 따라 그 출판권의 목적인 저작물을 원작 그대로 출판할 권리를 가진다(법 제63조 제2항).

결국 출판권은 복제·배포할 권리를 가진 자가 그 저작물을 원작 그대로 인쇄 그 밖에 이와 유사한 방법으로 문서 또는 도화로 발행하고자 하는 자에 대하여 설정한 출판할 권리를 말한다(법 제63조 제1항, 제2항).

출판권과 복제권을 비교하면 복제권이 출판권보다 범위가 다소 넓다고 해석되고 있다. 출판권은 인쇄 그 밖에 이와 유사한 방법으로 문서 또는 도화로 발행(복제·배포)하는 것에 한정되는 권리이고, 복제권은 여기에 한정되지 않고 사진·복사·녹음·녹화 그 밖의 방법까지 포함하기 때문이다. 따라서 출판권 침해는 모두 복제권 침해로 되지만, 복제권 침해가 모두 출판권 침해로 되는 것은 아니다.

출판권 규정에 관한 연혁을 살펴본다.

1957. 1. 28. 법률 제432호로 제정된 저작권법 제9조에서 "본 법에서 출판이라 함은 문서, 회화 등의 저작물을 인쇄술 기타의 기계적, 화학적 방법에 의하여 복제하여 발매 또는 배포함을 말한다."라고 하고 제19조(출판권)에서 "저작자는 그 저작물을 출판할 권리가 있다"고 규정하였다. 1986. 12. 31. 법률 제3916호로 전부개정된 저작권법은 제3장 출판권에서 아래와 같이 제54조부터 제60조까지 관련 규정을 두었다.

> 제54조(출판권의 설정)
> ① 저작물을 복제·배포할 권리를 가진 자(이하 "복제권자"라 한다)는 그 저작물을 인쇄 그밖의 이와 유사한 방법으로 문서 또는 도화로 발행하고자 하는 자에 대하여 이를 출판할 권리(이하 "출판권"이라 한다)를 설정할 수 있다.
> ② 제1항의 규정에 의하여 출판권을 설정받은 자(이하 "출판권자"라 한다)는 그 설정행위에서 정하는

바에 따라 그 출판권의 목적인 저작물을 원작 그대로 출판할 권리를 가진다.

③ 복제권자는 그 저작물의 복제권을 목적으로 하는 질권이 설정되어 있는 경우에는 그 질권자의 허락이 있어야 출판권을 설정할 수 있다.

제55조(출판권자의 의무)

① 출판권자는 그 설정행위에 특약이 없는 때에는 출판권의 목적인 저작물을 복제하기 위하여 필요한 원고 또는 이에 상당하는 물건을 받은 날로부터 9월 이내에 이를 출판하여야 한다.

② 출판권자는 그 설정행위에 특약이 없는 때에는 관행에 따라 그 저작물을 계속하여 출판하여야 한다.

③ 출판권자는 특약이 없는 때에는 각 출판물에 대통령령이 정하는 바에 의하여 복제권자의 표지를 하여야 한다.

제56조(저작물의 수정증감)

① 출판권자가 출판권의 목적인 저작물을 다시 출판하는 경우에 저작자는 정당한 범위 안에서 그 저작물의 내용을 수정하거나 증감할 수 있다.

② 출판권자는 출판권의 목적인 저작물을 다시 출판하고자 하는 경우에 특약이 없는 때에는 그때마다 미리 저작자에게 그 사실을 알려야 한다.

제57조(출판권의 존속기간 등)

① 출판권은 그 설정행위에 특약이 없는 때에는 맨처음 출판한 날로부터 3년간 존속한다.

② 복제권자는 출판권존속기간 중 그 출판권의 목적인 저작물의 저작자가 사망한 때에는 제1항의 규정에 불구하고 저작자를 위하여 저작물을 전집 그밖의 편집물에 수록하거나 전집 그밖의 편집물의 일부인 저작물을 분리하여 이를 따로 출판할 수 있다.

제58조(출판권의 소멸통고)

① 복제권자는 출판권자가 제55조 제1항 또는 제2항의 규정을 위반한 경우에는 6월 이상의 기간을 정하여 그 이행을 최고하고 그 기간내에 이행하지 아니하는 때에는 출판권의 소멸을 통고할 수 있다.

② 복제권자는 출판권자가 출판이 불가능하거나 출판할 의사가 없음이 명백한 경우에는 제1항의 규정에 불구하고 즉시 출판권의 소멸을 통고할 수 있다.

③ 제1항 또는 제2항의 규정에 의하여 출판권의 소멸을 통고한 경우에는 출판권자가 통고를 받은 때에 출판권이 소멸한 것으로 본다.

④ 제3항의 경우에 복제권자는 출판권자에 대하여 언제든지 원상회복을 청구하거나 출판을 중지함으로 인한 손해의 배상을 청구할 수 있다.

제59조(출판권 소멸후의 출판물의 배포)

출판권이 그 존속기간의 만료 또는 그밖의 사유로 소멸된 경우에는 그 출판권을 가지고 있던 자는 다음 각호의 1에 해당하는 경우를 제외하고는 그 출판권의 존속기간 중 만들어진 출판물을 배포할 수 없다.

1. 출판권 설정행위에 특약이 있는 경우

2. 출판권의 존속기간 중 복제권자에게 그 저작물의 출판에 따른 대가를 지급하고 그 대가에 상응하는 부수의 출판물을 배포하는 경우

제60조(출판권의 양도 · 제한 등)

① 출판권은 복제권자의 동의없이 이를 양도 또는 질권의 목적으로 할 수 없다.

② 제22조 · 제23조 제1항 및 제2항 · 제24조 · 제25조 · 제27조 내지 제30조와 제32조 제2항 및 제3항의 규정은 출판권의 목적으로 되어 있는 저작물의 복제에 관하여 이를 준용한다. 이 경우 제22조 중 "저작재산권자"는 이를 "출판권자"로 본다.

③ 제52조 및 제53조의 규정은 출판권의 등록에 관하여 이를 준용한다. 이 경우 제52조 중 "저작재산권"은 이를 "출판권"으로, 제53조 중 "저작권등록부"는 이를 "출판권등록부"로 본다.

2000. 1. 12. 법률 제6134호로 개정된 저작권법에서 제60조 제3항을 「제51조 내지 제53조의 규정은 출판권의 등록(출판권설정등록을 포함한다)에 관하여 이를 준용한다. 이 경우 제51조 중 "저작재산권자"는 제54조의 "복제권자" 또는 "출판권자"로, 제52조 중 "저작재산권"은 이를 "출판권"으로, 제53조 중 "저작권등록부"는 이를 "출판권등록부"로 본다.」로 변경하였다.

2006. 12. 28. 법률 제8101호로 전부개정된 저작권법에서 조문의 위치를 제3절의 제54조 내지 제60조에서 제7절의 제57조 내지 제63조로 그대로 옮기면서 조문 변경에 따라 제63조 제2항과 제3항을 「② 제23조 · 제25조 제1항 내지 제3항 · 제26조 내지 제28조 · 제30조 내지 제33조와 제35조 제2항 및 제3항의 규정은 출판권의 목적으로 되어 있는 저작물의 복제에 관하여 준용한다. ③ 제53조 내지 제55조의 규정은 출판권의 등록(출판권설정등록을 포함한다)에 관하여 준용한다. 이 경우 제55조 중 "저작권등록부"는 "출판권등록부"로 본다.」로 변경하였다.

2011. 12. 2. 법률 제11110호로 개정된 저작권법 제7절 제57조 내지 제62조로 배타적 발행권에 관한 규정을 신설함에 따라 제7절의2 제63조에서 출판권의 설정에 관한 조항을 두었고(종전의 제57조와 같은 내용임) 제63조의2에서 배타적 발행권에 관한 조항을 준용하도록 하여 「제58조부터 제62조까지는 출판권에 관하여 준용한다. 이 경우 "배타적발행권"은 "출판권"으로, "저작재산권자"는 "저작물을 복제 · 배포할 권리를 가진 자"로 본다.」라고 규정하였다.

II. 출판계약의 유형

1 출판허락계약

출판허락계약은 저작권법 제46조가 규정하는 저작물의 이용허락이다. 출판허락계약으로

인해 그 허락을 받은 사람에게 채권적 권리가 부여된다.

저작물의 이용허락에 관하여는 「제8장 저작재산권의 경제적 이용 제2절 저작물의 이용허락·법정허락」 부분에서 설명하였다.[69]

② 출판권설정계약

출판권설정계약은 저작물을 복제·배포할 권리를 가진 자와 출판자 사이에 체결되는 출판권의 설정을 목적으로 하는 준물권계약을 말한다.

저작권법 제7절의2 출판에 관한 특례(법 제63조, 법 제63조의2)에서 말하는 출판권은 이러한 출판권설정계약에 의하여 발생하는 출판권을 말한다. 이 권리는 이용허락에 의한 채권적 권리가 아닌 민법상 용익물권과 같은 배타적 권리이므로 출판권의 목적이 된 저작물에 대한 복제 및 배포권의 침해가 있는 경우 출판권자는 침해자를 상대로 직접 독자적으로 침해정지청구나 손해배상청구를 할 수 있다.

III. 출판권의 내용

① 출판권자의 권리

저작물을 복제·배포할 권리를 가진 자(이하 "복제권자·배포권자"라 한다)와 출판자 사이에 체결된 출판권설정계약에 의해 출판자는 배타적·독점적 권리를 취득함과 아울러 출판의무를 부담하게 된다.

위 출판권설정계약에 의해 출판권을 설정받은 자(이하 "출판권자"라 한다)는 그 설정행위에서 정하는 바에 따라 그 출판권의 목적인 저작물을 원작 그대로 인쇄 그밖에 이와 유사한 방법으로 문서 또는 도화로서 복제·배포하는 권리(출판권)를 가진다(법 제63조 제1항, 제2항).

출판권이 설정되면 출판자는 저작물을 출판할 권리를 전유하는 것이므로 복제권자·배포권자는 출판자의 목적인 저작물을 원작 그대로 출판할 수 없게 되고 그 원저작물을 전집 그

---

69) 대법원 2007. 3. 29. 선고 2005다44138 판결은 "저작권자와 저작물에 관하여 독점적 이용허락계약을 체결한 자는 자신의 권리를 보전하기 위하여 필요한 범위 내에서 저작권자를 대위하여 저작권법(2006. 12. 28. 법률 제8101호로 전문 개정되기 전의 것) 제91조에 기한 침해정지청구권 등을 행사할 수 있지만, 저작권자와의 이용허락계약에 의하여 취득하는 독점적 번역출판권은 독점적으로 원저작물을 번역하여 출판하는 것을 내용으로 하는 채권적 권리이므로, 제3자가 작성한 저작물이 원저작물의 번역물이라고 볼 수 없는 때에는 독점적 번역출판권자가 저작권자를 대위하여 그 제3자를 상대로 침해정지 등을 구할 보전의 필요성이 있다고 할 수 없다."라고 하였다.

외의 편집물에 수록할 수도 없다. 다만 출판권자에 의한 저작물의 배타적 권리는 설정행위에서 정하는 바에 따라 정해지므로 그 밖의 저작물의 이용권능은 여전히 복제권자·배포권자에게 있다.

원저작물과 그에 대한 번역저작물이 있는 경우 번역저작물에 대하여 출판권을 설정할 수 있는 권리자는 번역저작물의 복제권자·배포권자이지 원저작물의 복제권자·배포권자가 아니다.

복제권자·배포권자는 그 저작물의 복제권을 목적으로 하는 질권이 설정되어 있는 경우에는 그 질권자의 허락이 있어야 출판권을 설정할 수 있다(법 제63조 제3항).

출판권은 출판권의 목적인 저작물을 원작 그대로 이용할 권리를 말한다(법 제63조 제2항). 여기서 '원작 그대로'의 의미는 원작을 개작하거나 번역하는 등의 방법으로 변경하지 않고 출판하는 것을 의미할 뿐 원작의 전부를 출판하는 것만을 의미하는 것은 아니며, 침해자가 출판된 저작물을 전부 복제하지 않았다 하더라도 그중 상당한 양을 복제한 경우에는 출판권자의 출판권을 침해하는 것이고, 또 저작물을 복제함에 있어 저자의 표시를 달리하였다 하더라도 출판권 침해가 된다.[70)]

즉, 여기서 '원작 그대로'라는 것은 저작물의 원작에 전혀 손대지 않고 그대로 출판한다는 의미가 아니라 저작물 내용에 본질적인 변경을 하거나 개작, 번역, 번안 등을 통하여 제2차적 형태의 저작물을 출판할 수 없다는 취지일 뿐이다. 따라서 오자, 탈자를 고치거나 저작자 등의 동의가 추정될 수 있는 정도의 사소한 내용의 수정은 허용된다.[71)]

법 제63조 제2항의 "출판권을 설정받은 자(출판권자)는 그 설정행위에서 정하는 바에 따라 그 출판권의 목적인 저작물을 원작 그대로 출판할 권리를 가진다."는 규정을 형식적으로 해석하여 제3자가 출판권자의 승낙 없이 원작과 완전히 동일하게 출판하는 경우에만 출판권 침해에 해당한다고 본다면 출판권자를 제대로 보호하지 못하게 되어 출판권자의 권리보호를 규정하고 있는 저작권법의 정신에 어긋나므로 제3자에게 금지를 구하는 경우에는 출판권자가 출판을 하는 경우와는 달리 저작권법 제63조의 규정을 다소 탄력적으로 해석할 필요가 있다.

출판권의 본질은 복제라 할 것이므로, 제3자가 출판한 작품이 복제에 해당한다면 출판권 침해로 봄이 옳다.

그런데 여기서 복제의 의미를 동일성과 같은 의미로 보아 출판권의 침해가 되는 무단이용행위를 출판권의 목적인 저작물의 전부 또는 상당 부분과 실질적 동일성이 인정되는 범위 내에서 복제·배포하는 것이어야 한다고 보는 견해가 있다(제1설).[72)] 다만 제1설을 주장하는 분

---

70) 대법원 2003. 2. 28. 선고 2001도3115 판결, 대법원 2005. 2. 17. 선고 2003도3362 판결.

71) 저작권법 주해, 박영사(2007), 735(강영수 집필부분) 참조.

72) 출판권에 대하여 오승종, 저작권법 강의(제2판), 박영사(2018), 538. 이해완, 저작권법(제4판), 박영사(2019), 931은 "엄밀한 의미의 동일성이 아니라 복제의 범위에 해당하는 동일성만 인정되면 출판권 침

도 이러한 동일성 범위에 새로운 창작성이 부가되지 않은 경우(또는 아래 제2설에서 말하는 실질적 유사성은 인정되고 새로운 창작성이 부가되지 않은 경우)를 포함하여 파악하고 있어서73) 결과적으로는 아래 제2설과 차이가 없지만 논리구성이 달라 별도로 설명한다.

본서 저자는 복제를 제1설과 같이 새로운 창작성이 부가되지 않은 부분(내지 유사성 부분)이 포함된 동일성과 같은 의미로 보는 것이 아니라 동일성과 실질적 유사성(새로운 창작성이 부가되지 않은 정도의 변경)을 구별하고 복제의 범위를 동일성과 실질적 유사성(새로운 창작성이 부가되지 않은 정도의 변경)의 범위로 보고, 나아가 복제권과 2차적저작물작성권은 실질적 유사성에서는 공통되고 나아가 수정·증감으로 인해 새로운 창작성이 있는지로 구분한다(제2설).74)75)

출판권에 2차적저작물작성권은 포함되지 않아서 그 권리자에게 2차적저작물을 이용하는 권리까지 주어지는 것은 아니므로 그 변경으로 인하여 원저작물과 실질적 유사성을 유지하면서 새로운 창작성이 부가되어 2차적저작물 작성의 정도에 이르렀다면 (저작물에 대한 2차적저작물작성권이라는 저작재산권 침해가 성립함은 별론으로 하더라도) 출판권의 침해는 발생하지 않지만 그러한 변경으로 인하여 원저작물과 비교하여 새로운 창작성이 인정되지 않는다면 여전히 복제의 정도에 머물러 있는 것이므로 출판권의 침해가 성립한다(이 부분은 다툼이 없다).

이와 관련하여 출판권에 대하여 대법원이 "출판권은 저작물을 복제·배포할 권리를 가진 자와의 설정행위에서 정하는 바에 따라 저작물을 원작 그대로 출판하는 것을 그 내용으로 하는 권리인바, 제3자가 출판권자의 허락 없이 원작의 전부 또는 상당 부분과 동일성 있는 작품을 출판하는 때에는 출판권 침해가 성립된다 할 것이지만, 원작과의 동일성을 손상하는 정도로 원작을 변경하여 출판하는 때에는 저작자의 2차적저작물작성권 침해에 해당할지언정 출판권자의 출판권 침해는 성립되지 않는다."76)라고 판시한 것이 있다.

이 부분을 두고 마치 출판권 내지 배타적발행권 침해가 인정되기 위해서는 원저작물과의

해를 구성하게 된다."라고 설명하고 있을 뿐 실질적 유사성 부분에 대하여는 아무런 언급이 없다. 반면에 같은 책 249, 538, 1131 등에서는 '동일성(실질적 유사성)'이라는 표현을 사용하거나 '실질적 유사성이 있으면 동일성 또는 종속성이 인정된다.'라고 설명하고 있다.
73) 오승종, 저작권법 강의(제2판), 박영사(2018), 296 참조. 이에 대하여는 「제6장 저작재산권 제2절 저작재산권의 내용 I. 복제권 ② 복제권의 인정범위[동일성·실질적 유사성(다만 새로운 창작성이 부가되지 않은 상태)]와 2차적저작물작성권, 독립적인 새로운 저작물과의 관계」 부분에서 설명한다.
74) 이에 대하여는 「제6장 저작재산권 제2절 저작재산권의 내용 I. 복제권 ② 복제권의 인정범위[동일성·실질적 유사성(다만 새로운 창작성이 부가되지 않은 상태)]와 2차적저작물작성권, 독립적인 새로운 저작물과의 관계」 부분에서 설명한다.
75) 출판권에 대하여 박성호, 저작권법(제2판), 박영사(2017), 686도 본서 저자의 설명과 같은 결론이면서 제1설과 같이 해석하게 되면 복제권 침해의 객관적 요건이 실질적 동일성이고 2차적저작물작성권 침해의 객관적 요건은 실질적 유사성이 되므로 마치 양 침해의 객관적 요건이 이원적으로 분리되는 결과가 되어 의문이라고 한다.
76) 출판권에 관한 대법원 2005. 9. 9. 선고 2003다47782 판결 참조.

사이에 동일성이 있어야 하고 실질적 유사성은 배제하는 것처럼 이해할 수 있으나, 위 판결문에 기재된 동일성은 원저작물에 새로운 창작성을 부가한 것이라고 볼 수 없는 부분도 포함되는 의미로(즉 제1설에 가까운 입장으로) 보이므로[77] 제2설을 기준으로 하자면 동일성이라는 문언에는 실질적 유사성이 인정되면서 새로운 창작성이 부가되어 있지 않은 부분도 포함되어 있는 것으로 이해하여야 한다.

즉, 본서 저자는 복제권 침해와 2차적저작물작성권 침해에서 공통되는 판단기준은 실질적 유사성이고 이들 권리 사이의 차이점은 새롭게 부가된 창작성 부분이 있는지이고 실질적 유사성 범위 내에 새로 부가된 창작성이 없다면 복제가 성립할 수 있다고 보는 논리는 출판권 내지 배타적발행권 침해 여부 판단에도 그대로 적용되어야 한다는 입장이므로, 위 판결에서 말하는 동일성을 제2설에 따라 이해할 경우에는 동일성과 실질적 유사성이 인정되면서 아울러 새로운 창작성이 부가되지 않은 부분을 함께 포함하는 것으로 해석한다.

덧붙여 본서 저자가 제안하는 제2설에 따라 위 2003다47782 판결 문구를 다시 설명하자면, "제3자가 출판권자의 허락 없이 원작의 전부 또는 상당 부분과 실질적 유사성 범위 내의 작품을 출판하는 때에는 출판권 침해가 성립될 수 있지만, 실질적 유사성이 있더라도 새로운 창작성이 인정될 정도로 원작을 변경하여 출판하는 때에는 저작자의 2차적저작물작성권 침해에 해당할지언정 출판권자의 출판권 침해는 성립되지 않는다."라는 내용이 될 것이다.

---

[77] 출판권에 관한 대법원 2005. 9. 9. 선고 2003다47782 판결에 대한 해설인 한규현, "만화저작물과 출판권 침해", 대법원판례해설 제59호, 법원도서관(2006), 236은 "복제에 해당하는지 2차적저작물의 작성에 해당하는지의 구체적인 구별은 동일성이 손상되어 새로운 창작성이 있는지의 여부에 달려 있다. 기존의 저작물에 창작적인 요소가 더해진 경우 기존의 저작물의 동일성에 영향을 주지 않는 다소의 수정, 증감, 변경에 지나지 않는다면 복제로 볼 수 있으나, 기존의 저작물의 동일성을 손상할 정도라면 복제로 볼 수 없다 할 것이다. 따라서 기존의 저작물에 다소의 수정, 증감, 변경이 있더라도 저작물의 동일성이 손상되지 않는 한 복제권 침해에 해당한다 할 것이나, 다소의 수정, 증감, 변경으로 인하여 기존의 저작물의 동일성을 손상할 정도에 이른 때에는 경우에 따라 2차적저작물작성권 침해에 해당할 여지는 있을지언정 복제권 침해에는 해당하지 않는다."라고 하면서 각주에서 그 근거로 橋本英史, 著作權(複製權, 飜案權)侵害の判斷について(上), 判例時報 1595号, 日本評論社(1997), 24~25를 들고 있다. 일본에서는 동일성에 우리 실무에서 말하는 유사성도 포함시키거나 새로운 창작성이 부가되지 않은 유사성 영역을 동일성의 범위에 포함시켜 사용하고 있는 반면에[예를 들면 最高裁判所 2001. 6. 28. 선고 平成11(受)922 판결], 우리 실무는 동일성과 실질적 유사성을 구별하면서 저작권의 침해 여부를 동일성이 아니라 실질적 유사성이 있는지 여부로 판단하고 있기 때문에 위 대법원 판결이 사용한 '동일성'이란 문구의 의미와 타당성 여부를 다시 검토할 필요가 있다.
이 부분은 윤경, '만화저작물에 대한 출판권침해요건과 그 동일성 판단방법', 계간 저작권(제73호 2006. 3. 봄호), 저작권심의조정위원회(2006), 48에서도 "대상판결은 '실질적 유사성'이라는 용어 대신 '동일성'이라는 단어를 사용하고 있다…일본에서는 복제권 침해에 대해서는 '동일성'을, 2차적저작물작성권침해에 대해서는 '유사성'을 그 개념 도구로 사용하고 있는데…대상판결에서 '동일성'이란 용어를 사용한 것은 이런 태도를 받아들인 것이 아닌가 추측된다."라고 한다.

② 출판권자의 의무

출판권자는 그 설정행위에 특약이 없는 때에는 출판권의 목적인 저작물을 복제하기 위하여 필요한 원고 또는 이에 상당하는 물건을 받은 날부터 9월 이내에 이를 출판하여야 한다(법 제63조의2, 법 제58조 제1항).

여기서 원고 또는 이에 상당하는 물건이라 함은 악보, 그림의 원작품 등 인쇄를 위한 원본을 말한다. 그리고 출판하여야 하므로 복제를 완료한 것만으로는 부족하고 복제물을 배포할 수 있는 상태에 있어야 한다.

출판권자는 그 설정행위에 특약이 없는 때에는 관행에 따라 그 저작물을 계속하여 출판하여야 한다(법 제63조의2, 법 제58조 제2항). 이는 그 저작물의 복제물이 항상 유통상태에 있도록 하여야 함을 말하는데 여기서 유통상태에 있다는 것은 수요자가 언제라도 그 복제물을 입수할 수 있는 상태에 놓여 있음을 말한다.

출판권자는 특약이 없는 때에는 각 복제물에 대통령령이 정하는 바에 따라 저작재산권자의 표지를 하여야 한다(법 제58조 제3항). 법 제58조 제3항에 따른 저작재산권자의 표지에 수록되는 사항은 ① 복제의 대상이 외국인의 저작물일 경우에는 저작재산권자의 성명 및 맨 처음의 발행연도의 표지, ② 복제의 대상이 대한민국 국민의 저작물일 경우에는 제1호에 따른 표지 및 저작재산권자의 검인, ③ 출판권자가 복제권의 양도를 받은 경우에는 그 취지의 표시이다. 다만, 신문 등의 진흥에 관한 법률 제9조 제1항에 따라 등록된 신문 및 잡지 등 정기간행물의 진흥에 관한 법률 제15조 및 제16조에 따라 등록 또는 신고된 정기간행물의 경우에는 저작재산권자의 표지를 하지 아니한다(법 시행령 제38조). 다만 법 제58조 제3항은 법문에서 보듯이 저작재산권자와 출판권자 사이에 특약으로 면제할 수 있는 임의규정이다.

출판권자는 출판권의 목적인 저작물을 다시 출판하고자 하는 경우에 특약이 없는 때에는 그때마다 미리 저작자에게 그 사실을 알려야 한다(법 제63조의2, 법 제58조의2 제2항). 이는 아래에서 보는 저작자의 수정증감권을 보장하기 위한 것이다.

Ⅳ. 출판과 저작자, 복제권자 · 배포권자와의 관계

① 저작자의 저작물에 대한 수정증감

출판권자가 출판권의 목적인 저작물을 다시 출판하는 경우에 저작자는 정당한 범위 안에서 그 저작물의 내용을 수정하거나 증감할 수 있다(법 제63조의2, 법 제58조의2 제1항). 이 권리는 저작자의 동일성유지권과 관련된 적극적인 내용변경권이고 저작자의 인격적 이익을 보호하는 규정이다. 수정증감권을 가지는 자는 저작자이므로 저작재산권이 타인에게 양도되더라도 수정증감권은 여전히 저작자에게 있다. 다만 저작자가 사망한 후에는 저작자의 수정증감권은 소멸되므로 그의 유족은 이 권리를 가질 수 없다.

수정증감의 정도는 저작물의 성질, 재이용 경위와 취지, 수정할 내용, 해당 업계의 관행 등을 종합하여 개별적으로 판단한다.

② 복제권자·배포권자의 저작자 사후 저작물 이용 권리

복제권자·배포권자는 출판권의 존속기간 중 그 출판권의 목적인 저작물의 저작자가 사망한 때에는 출판권 설정에도 불구하고 저작자를 위하여 저작물을 전집 그 밖의 편집물에 수록하거나 전집 그 밖의 편집물의 일부인 저작물을 분리하여 이를 따로 출판할 수 있다(법 제63조의2, 법 제59조 제2항).

③ 출판권 소멸통고

복제권자·배포권자는 출판권자가 제58조(출판권자의 의무) 제1항(9개월 이내 발행 의무) 또는 제2항(계속 발행 등의 방법으로 이용할 의무)을 위반한 경우에는 6월 이상의 기간을 정하여 그 이행을 최고하고 그 기간 내에 이행하지 아니하는 때에는 출판권의 소멸을 통고할 수 있다(법 제63조의2, 법 제60조 제1항).

복제권자·배포권자는 출판권자가 그 저작물을 출판하는 것이 불가능하거나 이용할 의사가 없음이 명백한 경우에는 법 제60조 제1항에도 불구하고 즉시 출판권의 소멸을 통고할 수 있다(법 제63조의2, 법 제60조 제2항)

법 제60조 제1항 또는 제2항에 따라 출판권의 소멸을 통고한 경우에는 출판권자가 통고를 받은 때에 출판권이 소멸한 것으로 본다(법 제63조의2, 법 제60조 제3항). 이 출판권의 소멸통고권은 일종의 형성권으로 복제권자·배포권자의 일방적인 의사표시에 의하여 출판권이 소멸한다.

법 제60조 제3항의 경우에 복제권자·배포권자는 출판권자에 대하여 언제든지 원상회복을 청구하거나 출판을 중지함으로 인한 손해의 배상을 청구할 수 있다(법 제63조의2, 법 제60조 제4항).

V. 출판권의 등록과 존속기간

출판권은 그 설정행위에 특약이 없는 때에는 맨 처음 출판한 날로부터 3년간 존속한다(법

제63조의2, 법 제59조 제1항). 출판권은 당초 설정등록에 관한 규정이 없었으나 2000. 1. 12. 법률 제6134호로 개정된 저작권법에서 이에 관한 규정(제60조 제3항)을 신설하였다.

법 제63조에 따른 출판권의 설정·이전·변경·소멸 또는 처분제한, 그 출판권을 목적으로 하는 질권의 설정·이전·변경·소멸 또는 처분제한에 관하여는 등록할 수 있고 이를 등록하지 아니하면 제3자에게 대항할 수 없다(법 제54조).

다만 등록하지 아니하면 제3자에게 대항할 수 없다고 할 때의 "제3자"란 당해 출판권의 양도에 관하여 양수인의 지위와 양립할 수 없는 법률상 지위를 취득한 경우 등 출판권의 양도에 관한 등록의 흠결을 주장함에 정당한 이익을 가지는 제3자에 한하고, 출판권을 침해한 사람은 여기서 말하는 제3자가 아니다.[78]

따라서 불법으로 출판권을 침해하고 있는 무단이용자나 배신적 이중양수인 등 침해자에 대하여 침해정지청구권, 손해배상청구, 고소 등은 등록 없이도 행사할 수 있다.

VI. 출판권 소멸 후의 출판물의 배포

출판권이 그 존속기간의 만료 그 밖의 사유로 소멸된 경우에는 그 출판권을 가지고 있던 자는 ① 출판권 설정행위에 특약이 있는 경우(제1호), ② 출판권의 존속기간 중 복제권자·배포권자에게 그 저작물의 출판에 따른 대가를 지급하고 그 대가에 상응하는 부수의 출판물을 배포하는 경우(제2호)를 제외하고는 그 출판권의 존속기간 중 만들어진 출판물을 배포할 수 없다(법 제63조의2, 법 제61조).

법 제61조 제2호는 재고로 남아 있는 출판물을 처분할 수 있도록 출판권의 소멸에도 불구하고 소정의 요건하에 출판물을 배포할 수 있도록 한 것이다.

VII. 출판권의 양도·제한 등

출판권자는 복제권자·배포권자의 동의 없이 출판권을 양도하거나 또는 질권의 목적으로 할 수 없다(법 제63조의2, 법 제62조 제1항).

출판권도 재산권이므로 양도하거나 질권을 설정할 수 있으나 복제권자·배포권자는 출판

78) 대법원 2002. 11. 26. 선고 2002도4849 판결, 대법원 2006. 7. 13. 선고 2004다10756 판결. 한편 서울고등법원 2008. 7. 8. 선고 2007나80093 판결(심리불속행 상고기각 확정)은 저작권 이중양도의 계약 상대방들 중 먼저 저작권등록을 경료한 사람이 원칙적으로 적법한 권리자로 보호받고, 다만 선등록한 후순위 양수인이 저작자의 배임행위에 적극적으로 가담한 경우에 한하여 그 권리의 보호가 부정된다고 하면서도, 한편 저작권을 상실한 등록명의인은 자신에게 저작권등록명의만 남아 있는 상태를 내세우며 제3자에게 대하여 저작권침해금지청구권을 행사할 수 없다고 하였다.

권자의 경험, 자본력, 이미지 등을 고려하여 출판권 설정계약을 체결하는 경우가 많으므로 임의로 다른 사람이 출판권을 가지는 것을 방지하기 위한 것이다.

출판권을 복제권자·배포권자의 동의 없이 양도하거나 출판권에 대해 질권을 설정한 경우에 그 양도인이나 질권을 설정한 당사자 사이에는 양도나 질권의 효력이 있으나 그로써 복제권자·배포권자에게 대항할 수는 없다. 법 제63조에 따른 출판권의 설정·이전·변경·소멸 또는 처분제한은 등록할 수 있고 이를 등록하지 아니하면 제3자에게 대항할 수 없는데(법 제54조 제2호) 이때의 "제3자"의 의미는 앞의 저작재산권의 양도 부분에서 이미 살펴본 바와 같다.

출판권의 양도에 저작권자의 동의를 요한다는 법 제63조의2는 법 제63조에 의하여 설정된 출판권에 관한 것이고, 법 제45조 제1항에 정한 저작권의 일부로서의 출판권능을 양도받을 경우에는 적용이 없다.[79]

출판권의 목적으로 되어 있는 저작물의 복제 등에 관하여는 제23조(재판절차 등에서의 복제), 제24조(정치적 연설 등의 이용), 제25조(학교교육 목적 등에의 이용) 제1항부터 제3항까지, 제26조(시사보도를 위한 이용), 제27조(시사적인 기사 및 논설의 복제 등), 제28조(공표된 저작물의 인용)까지, 제30조(사적이용을 위한 복제), 제31조(도서관등에서의 복제 등), 제32조(시험문제로서의 복제), 제33조(시각장애인 등을 위한 복제 등)까지, 제35조(미술저작물 등의 전시 또는 복제) 제2항 및 제3항, 제35조의2(저작물 이용과정에서의 일시적 복제), 제35조의3(부수적 복제 등), 제35조의4(문화시설에 의한 복제 등), 제35조의5(저작물의 공정한 이용), 제36조(번역 등에의 이용) 및 제37조(출처의 명시)를 준용한다(법 제63조의2, 법 제62조 제2항). 이 경우 "배타적발행권"은 "출판권"으로, "저작재산권자"는 "복제권자·배포권자"로 본다(법 제63조의2, 법 제63조 제1항 참조).

제6절 공동저작물의 이용허락 등 저작재산권 행사

I. 전원의 합의 또는 동의 등

공동저작물이란 2인 이상이 공동창작의 의사를 가지고 창작적인 표현형식 자체에 공동의 기여를 함으로써 각자의 이바지한 부분을 분리하여 이용할 수 없는 단일한 저작물을 말한다.

공동저작물에서 각 저작자가 기여한 부분을 분리하여 이용할 수 없다는 요건 때문에 그에 관한 저작권의 귀속, 행사 및 처분 등에 일정한 제한이 따르고(법 제15조, 제48조) 단독저작물과는 다른 규정(법 제39조, 제129조)의 적용을 받는다.

---

79) 대법원 1979. 5. 15. 선고 78다1263 판결 참조.

여기서는 공동저작물의 저작권의 행사와 관련된 규정(법 제15조, 제48조)에 대해 보충 설명한다.

민법 제263조는 "공유자는 그 지분을 처분할 수 있고 공유물 전부를 지분의 비율로 사용, 수익할 수 있다."라고 규정하지만 저작권법 제15조 제1항은 "공동저작물의 저작인격권은 저작자 전원의 합의에 의하지 아니하고는 이를 행사할 수 없다. 이 경우 각 저작자는 신의에 반하여 합의의 성립을 방해할 수 없다.", 법 제48조 제1항은 "공동저작물의 저작재산권은 그 저작재산권자 전원의 합의에 의하지 아니하고는 이를 행사할 수 없고, 다른 저작재산권자의 동의가 없으면 그 지분을 양도하거나 질권의 목적으로 할 수 없다. 이 경우 각 저작재산권자는 신의에 반하여 합의의 성립을 방해하거나 동의를 거부할 수 없다."라고 규정하여[80] 민법의 관련 규정에 대한 특칙을 두고 있다.

공동저작물의 저작권 행사에서 말하는 '행사'는 저작권의 내용을 실현하는 행위로서 자신이 스스로 이용하는 경우 외에 제3자에게 저작물의 이용을 허락하거나 출판권을 설정하는 경우 등이 포함된다.

법 제48조 제1항 전문이 공동저작물에 관한 저작재산권의 지분 양도나 질권 설정에 공유자 전원의 합의가 있어야 한다고 규정하므로 다른 공유자의 동의를 얻지 않은 지분의 양도나 질권 설정은 효력이 없다.

따라서 이러한 경우에 양수인이 양도인을 상대로 그 지분 양도 등을 청구할 수 없고 다른 공유자의 동의를 받을 것을 조건으로 그 지분 양도 등을 청구할 수도 없으며, 다만 다른 공유자를 상대로 소송을 제기하여 의사표시에 갈음하는 판결을 받아 합의 또는 동의에 갈음할 수는 있다(민법 제389조 제2항, 민사집행법 제263조 제1항).

한편 공동으로 저작물을 창작한 경우(저작재산권의 원시적 공동보유)가 아니라 당초 단독으로 창작한 저작물이 상속이나 양도로 인하여 저작재산권을 공동으로 보유하게 된 경우(저작재산권의 후발적 공동보유)에도 법 제48조 제1항 전문이 적용되는지가 문제된다.

저작권법 제48조 제1항 전문은 공동저작물의 저작재산권은 다른 저작재산권자의 동의가 없으면 그 지분을 양도할 수 없다고 규정하고 있으나, 저작재산권을 후발적 사유에 의하여 공동보유하는 경우 공동보유자 중 1인의 양도 등에 관하여는 아무런 규정이 없다.

이에 대해 실무는 저작권법 제48조 제1항 전문의 규정이 적용 또는 유추적용되는지 여부

---

[80] 특허권이 공유인 경우에 각 공유자는 다른 공유자 모두의 동의를 받아야만 그 지분을 양도하거나 그 지분을 목적으로 하는 질권을 설정할 수 있다(특허법 제99조 제2항)는 점에서는 공동저작물의 경우와 공통되지만 특허권이 공유인 경우에 각 공유자는 계약으로 특별히 약정한 경우를 제외하고는 다른 공유자의 동의를 받지 아니하고 그 특허발명을 자신이 실시할 수 있다(특허법 제99조 제3항)는 점에서 공동저작물의 경우와 차이가 있다.

는 저작권의 특성, 공동보유자 상호간의 인적 결합관계, 저작재산권을 공동보유하게 된 경위 등을 종합적으로 고려하여 판단하되 후발적 공동보유의 경우에도 법 제48조 제1항 전문의 규정이 유추적용될 수 있다는 입장이다.[81)

이에 따르면 원시적 공동보유와 같이 후발적 공동보유의 경우에도 저작재산권자 전원의 합의가 없는 상태에서 이루어진 이용허락이나 출판권의 설정 등 저작재산권의 행사나 다른 저작재산권자의 동의가 없는 지분의 양도와 같은 처분행위는 효력이 없다. 예컨대 저작재산권자 모두의 합의가 없는 상태에서 일부 저작재산권자의 이용허락을 받아 저작물을 복제한 경우 그 일부 이용허락은 효력이 없고, 공동저작재산권자 중 일방은 공동보유하고 있는 저작물에 대한 저작재산권의 지분 전부 또는 일부를 양도함에 있어 다른 공동 저작재산권자 모두의 동의를 얻어야 하며, 그와 같은 동의가 없는 양도는 다른 공동 저작재산권자에게는 물론 그로부터 저작물에 대한 저작재산권 일체를 승계한 자에 대하여도 효력이 없다.

그 외에 공동저작물의 저작자가 다른 공동저작물의 저작자와 합의 없이 공동저작물을 이용하는 경우 다른 공동저작자의 공동저작물에 관한 저작재산권을 침해하는 행위가 되는지 여부가 문제된다.

학설로는 저작재산권 침해라고 하는 견해가 다수이나, 실무는 법 제48조 제1항 전문은 어디까지나 공동저작자들 사이에서 각자의 이바지한 부분을 분리하여 이용할 수 없는 단일한 공동저작물에 관한 저작재산권을 행사하는 방법을 정하고 있을 뿐이므로, 공동저작자가 다른 공

---

81) 서울고등법원 2008. 7. 22. 선고 2007나67809 판결(미상고 확정). 판결이유에서 유추적용의 근거로 "먼저 저작권의 특성에 비추어 보건대, ① 저작권을 그 권리의 종류별로 나누어 처분하거나 이용을 허락하는 것은 몰라도, 저작물, 특히 영상저작물을 지분으로 분할하여 양도하거나 이용허락할 것을 상정하기 어려운 점, ② 공동저작에 의하여 저작권을 원시적으로 공동보유하게 된 경우와 저작권 성립 후 이를 수인이 공동으로 양수하거나, 일부 지분의 양도, 상속 등에 의하여 후발적으로 공동보유하게 되는 경우를 차별할 근거를 발견하기 어려운 점, ③ 구 저작권법 제45조는 공동저작물의 저작재산권은 그 지분 등의 양도에 '다른 저작자' 전원의 합의가 아니라 '다른 저작재산권자' 전원의 합의를 얻도록 규정하고 있어, 위 규정 자체가 공동저작자가 아닌 다른 자가 저작재산권을 보유하게 될 경우를 상정하고 있는 것으로 보이는 점, ④ 특허권 및 상표권은 공유관계의 발생이 원시적인지 후발적인지를 묻지 아니하고 권리의 행사 및 지분 양도 제한에 관한 규정을 두고 있는 점 등에 비추어 보면, 저작재산권을 후발적 사유에 의하여 공동보유하는 경우 특약에 의하여 배제하거나, 공동보유자 상호간에 저작물의 행사 등에 관하여 협의할 만한 인적결합관계가 없는 특별한 경우가 아닌 한 저작재산권의 공동보유자 사이의 저작재산권 행사 등에 관하여는 일반적으로 구 저작권법 제45조를 유추적용함이 상당하다. 특히 이 사건에 있어서 ① ○○○와 △△△는 □□□□□의 제작이라는 공동사업을 위하여 ○○○는 투자금을, △△△는 영화의 제작이라는 노무를 각 출자하고 '□□□□□'로 인한 수익의 배분을 정하고 있어 이 사건 영화제작계약은 일종의 조합계약의 성격을 갖는 점, ② ○○○와 △△△는 □□□□□의 제작을 위하여 역할을 분담하여 업무를 수행하였고, 위 영화의 완성과 함께 법률의 규정 및 이 사건 영화제작협력계약에 의하여 그 저작재산권을 공동으로 양수한 점 등을 고려하면, ○○○와 △△△는 공동저작자의 관계에 준할 정도의 긴밀한 인적결합관계에 있다고 할 것이다."라고 하였다.

동저작자와의 합의 없이 공동저작물을 이용한다고 하더라도 그것은 공동저작자들 사이에서 위 규정이 정하고 있는 공동저작물에 관한 저작재산권의 행사방법을 위반한 행위가 되는 것에 그칠 뿐 다른 공동저작자의 공동저작물에 관한 저작재산권을 침해하는 행위는 아니라는 입장이다.[82] 다만 공동저작자 중 한 명이 다른 공동저작자와의 합의 없이 공동저작물을 이용함으로써 다른 공동저작자에게 손해를 가하는 경우 저작권 행사방법 위반으로 인한 민법상 불법행위가 성립할 것이다.

실무 중에는 단독저작물을 약정에 따라 공동으로 보유하게 되는 경우 저작재산권 공동보유자의 관계는 공동보유자 상호간의 특약이 없는 한 인적 결합관계에 따라 민법상 공유규정 또는 합유규정이 적용되고 공유규정이 준용되는 관계라면 공동보유자 1인이 합의 없이 저작물을 단독으로 사용하고 있다는 이유로 다른 공동보유자가 사용금지를 청구할 수 없다고 한 것이 있다.[83]

II. 신의에 반하는 합의 성립의 방해 또는 동의 거부 금지

공동저작물의 저작인격권은 저작자 전원의 합의에 의하지 아니하고는 이를 행사할 수 없는데 이 경우 각 저작자는 신의에 반하여 합의의 성립을 방해할 수 없다(법 제15조 제1항).

공동저작물의 저작재산권은 그 저작재산권자 전원의 합의에 의하지 아니하고는 이를 행사할 수 없으며, 다른 저작재산권자의 동의가 없으면 그 지분을 양도하거나 질권의 목적으로 할 수 없는데 이 경우 각 저작재산권자는 신의에 반하여 합의의 성립을 방해하거나 동의를 거부할 수 없다(법 제48조 제1항 후문).

여기서 "신의에 반하여"라 함은 공동저작물의 작성 목적, 저작권 행사의 구체적인 내용이나 방법, 상대방 등에 비추어 합의의 성립을 방해하거나 동의를 거부하여 그러한 행사 또는 처분을 불가능하게 하는 것이 신의성실의 원칙 및 금반언의 원칙 등에 비추어 부당하다고 여길 만한 상황을 말한다.[84][85]

---

82) 대법원 2014. 12. 11. 선고 2012도16066 판결.
83) 서울고등법원 2020. 9. 8.자 2019라21251 결정(심리불속행 재항고기각 확정).
84) 이해완, 저작권법(제4판), 박영사(2019), 414.
85) 서울민사지방법원 1995. 4. 28. 선고 94가합50354 판결(1995. 6. 9. 확정)은 「이 사건 서적들은 원래 피고가 기획을 하여 원고 등 문대위소속 조사위원들에게 조사를 위촉하여 그 조사결과를 보고하도록 하여 작성된 서적으로 이러한 조사결과를 발표할 것인지 여부 등에 대하여는 일응 피고측에 그 권한이 귀속되는 것으로 피고와 조사위원들간에 합의가 있었던 사실, 문대위에서는 원고외 소외 T1 , T2 , T3 , T4 를 조사위원으로 위촉하였다가 그후 , T4, T5, T6, T7, T3, 원고 등으로 조사위원을 교체한 사실, 위 제1 서적 및 제2서적의 각 내용은 위 조사위원들이 수시로 중간보고를 하면서 문대위 사무실에 자주 모여 서로 정보교환, 토론을 한 것을 토대로 작성되었고 위촉된 취지에 따라 피고에게 정식으로 보고완료된

다른 공동저작자가 신의에 반하여 합의의 성립을 방해하거나 동의를 거부하는 경우 저작권의 행사하고자 하는 공동저작자는 다른 공동저작자를 상대로 소송을 제기하여 의사표시에 갈음하는 판결을 받아 합의 또는 동의에 갈음할 수 있다(민법 제389조 제2항, 민사집행법 제263조 제1항).

III. 그 밖의 규정

공동저작물의 저작자는 그들 중에서 저작인격권을 대표하여 행사할 수 있는 자를 정할 수 있고 이에 따라 권리를 대표하여 행사하는 자의 대표권에 가하여진 제한이 있을 때에 그 제한은 선의의 제3자에게 대항할 수 없는데(법 제15조 제2항, 제3항), 위 법 제15조 제2항 및 제3항의 규정은 공동저작물의 저작재산권의 행사에 관하여 준용한다(법 제48조 제4항).

공동저작물의 이용에 따른 이익은 공동저작자 간에 특약이 없는 때에는 그 저작물의 창작에 이바지한 정도에 따라 각자에게 배분된다. 이 경우 각자의 이바지한 정도가 명확하지 아니한 때에는 균등한 것으로 추정한다(법 제48조 제2항).

공동저작물의 저작재산권자는 그 공동저작물에 대한 자신의 지분을 포기할 수 있으며, 포기하거나 상속인 없이 사망한 경우에 그 지분은 다른 저작재산권자에게 그 지분의 비율에 따라 배분된다(법 제48조 제3항).

사실, 원고가 작성명의인으로 되어 있는 제2서적 중 D자료 부분은 제2서적 전체 455면 중 10면에 불과한 사실, 원고가 이 사건 서적의 저작권을 문제삼자 피고는 원고에게 위 D자료 부분을 제2서적에서 제외하고 저1서적, 제2서적 중 원고의 이름 및 서명을 삭제하며 그곳에 원고는 본 보고서의 내용에 동의하지 않아 조사위원직을 사임한다는 뜻을 기재하여 주겠다고 제의하였으나 원고가 이를 거절한 사실을 인정할 수 있고 반증 없는바, 위 인정사실을 종합하면, 이 사건 서적의 전체적인 창작성에서 원고의 기여부분이 차지하고 있는 비중은 극히 미미하다고 보여지며, 피고측의 위와 같은 제외에 따른다고 한다 하더라도 원고의 기본적인 의도는 충분히 달성될 수 있다고 보여지는데도 불구하고, 이 사건 서적의 내용은 "소외 ○○○의 명예를 훼손하는 것이며 이 사건 서적이 출판되면 원고는 이 사건 서적의 공동저작자로서 소외 ○○○으로부터 손해배상청구를 당할 우려가 있다"는 등의 간접적이고 추상적인 이유만을 내세워 여러 사람의 노력이 응집되어 있는 공동저작물 전부에 대해, 그것도 이미 원고 스스로 조사보고를 완료하여 그에 기하여 종합보고서가 제작완료된 단계에서 그 출판, 발매, 배포의 금지를 구하는 원고의 이 사건 청구는 신의칙에 반하여 허용될 수 없다.」라고 하였다.

제 9 장

저작인접권

제9장 저작인접권

제1절 총설

I. 저작인접권의 의의

저작인접권(neighbouring rights)이란 실연자, 음반제작자 및 방송사업자에게 부여되는 저작권에 유사한 특정한 권리를 말한다.

실연자, 음반제작자, 방송사업자는 저작물을 직접적으로 창작하는 자가 아니어서 저작자로 보기는 어렵다.

그러나 실연자, 음반제작자, 방송사업자는 창작된 저작물을 해석하거나 전달하는 자로서 실연, 음반, 방송을 통해 창작에 준하는 활동을 할 수 있고 문화발전에도 크게 기여한다는 점에서 저작권법은 이들에게 저작자가 가지는 저작권에 준하는 권리를 부여하고 있다.

저작인접권이라는 개념은 연혁적으로 볼 때 저작자에 의한 저작물의 창작행위와 저작물의 해석 또는 전달에 기여하는 실연자, 음반제작자, 방송사업자에 의한 저작물 이용행위를 엄격히 구별하는 유럽 대륙법계 저작권법의 산물이라고 할 수 있다.[1]

II. 저작인접권에 관한 규정 연혁

국제적으로 1961. 10. 26.에 채택되어 1964. 5. 8. 발효된 실연자·음반제작자 및 방송사업자의 보호를 위한 국제협약(로마협약, International Convention for the Protection of Performers, Producers of Phonogram and Broadcasting Organization) (국내 2009. 3. 18. 발효)에서 저작인접권을 보호하는 규정을 두었고 이를 보완하기 위하여 1996. 12. 20. 채택되고 2002. 5. 20. 발효된 세계지식재산기구 실연 및 음반조약(WIPO Performances and Phonograms Treaty) (국내 2009. 3. 18. 발효), 2012. 6. 24.에서 채택된 세계지식재산기구 시청각 실연에 관한 베이징조약(WIPO Beijing Treaty on Audiovisual Performance) (국내 2020. 7. 22. 발효)이 나오게 되었다.

저작권법의 저작인접권에 관한 규정의 제정·개정 경위에 관하여 살펴본다.

---

1) 반면에 영미법계에서는 저작인접권이라는 개념을 따로 인정하지 않고 실연, 음반, 방송도 저작물로 보호한다, 이에 대하여는 본서 「제2장 저작권(제도)의 정당화 근거 및 저작권법 연혁 제1절 저작권의 의의」 부분에서 설명하였다.

1957. 1. 28. 법률 제432호로 제정된 저작권법은 실연, 음반, 방송에 관한 저작인접권 제도를 채택하지 않고 연주, 가창, 연출 및 음반, 녹음필름 등을 저작물로 규정하여(제2조) 실연과 음반은 저작물로서 저작권으로 보호되었고 보호기간도 저작자 사후 30년이었다(법 제30조).

그러나 앞서 본 국제 조약 외에 1952. 9. 6. 채택되고 1955. 9. 16. 발효된 세계저작권협약(Universal Copyright Convention, UCC) (국내 1987. 10. 1. 발효)과 1971. 10. 29. 채택되고 1973. 4. 18. 발효된 음반의 무단복제로부터 음반제작자를 보호하기 위한 협약(Convention for the Protection of Producers of Phonograms against Unauthorized Duplication of their Phonograms) (국내 1987. 10. 10. 발효)이 우리나라에서 발효되는 것을 예상하여 1986. 12. 31. 법률 제3916호로 전부개정된 저작권법(시행일 1987. 7. 1.)에서 실연, 음반 및 방송을 저작물이 아닌 저작인접물로 하는 저작인접권 제도를 도입하였다(법 제61조 내지 제73조).

당초 1986년 개정법은 실연자의 권리로서 녹음 · 녹화 · 사진촬영권(제63조), 실연방송권(제64조), 방송사업자의 실연자에 대한 보상청구권(제65조), 공동실연자에 관한 규정(제66조)을, 음반제작자의 권리로서 복제 · 배포권(제67조), 방송사업자의 음반제작자에 대한 보상청구권법(제68조)을, 방송사업자의 권리로서 복제 및 동시중계방송권(제69조), 보호기간(발생 후 20년) (제70조), 권리의 제한 · 양도 · 행사 등(제71조 내지 제73조)에 관한 규정, 영상저작물에 대한 권리 관계에 관한 규정(제75조) 등을 두었다.

1994. 1. 7. 법률 제4717호로 개정된 저작권법에서 실연자와 음반제작자에게 판매용 음반의 대여허락권을 인정하고(제65조의2, 제67조의2), 1995. 12. 6. 법률 제5015호로 개정된 저작권법에서 실연자의 녹음 · 녹화 · 사진촬영권을 복제권으로 변경하고(제63조)[2] 실연자 및 음반제작자의 방송사업자에 대한 보상청구권 중 외국인 실연자의 권리는 배제하였으며(제65조 제1항 단서, 제68조 제1항 단서), 보호기간을 실연 · 음반 고정 · 방송 후 50년으로 연장(제70조)하였다.

2000. 1. 12. 법률 제6134호로 개정된 저작권법에서 실연 · 음반 및 방송 이용의 법정허락에 관한 규정(제72조의2)을 신설하였다.

2003. 5. 27. 법률 제68881호로 개정된 저작권법은 제75조 제1항 및 제3항에서 영상제작자가 양도받은 영상저작물에 대한 권리를 간주규정에서 추정규정으로 변경하고, 2004. 10. 16. 법률 제7233호로 개정된 저작권법은 인터넷상에서 발생하는 불법적인 음원유통을 통제할 수 있도록 실연자 및 음반제작자에게 전송권을 새로 인정하였다(제64조의2, 제67조의2).

2006. 12. 28. 법률 제8101호로 개정된 저작권법은 실연자에게 인격권인 성명표시권 및 동일성유지권을 새로 부여하여 일신에 전속시키고(제66조 내지 제68조), 실연자의 인격권을 침

---

2) 이로써 실연을 처음 녹음 · 녹화하는 것 외에 실연을 복제하는 권리까지 포함되었다.

해한 자에 대해 저작자의 인격권 침해와 같이 손해배상을 하게 하거나 손해배상과 함께 명예
회복을 위하여 필요한 조치를 청구할 수 있도록 하였으며(제127조), 그 밖에 실연 복제물의 배
포권(제70조), 배타적 대여권(제71조),3) 고정되지 않은 실연을 공연할 권리(제72조), 방송사업자
가 실연이 녹음된 판매용 음반을 사용하여 방송하는 경우 실연자의 방송사업자에 대한 보상청
구권과 외국인 실연자의 경우 상호주의를 전제로 한 보상청구권(제75조)을 인정하고, 디지털음
성송신사업자가 실연이 녹음된 음반을 사용하여 송신하는 경우 실연자의 디지털음성송신사업
자에 대한 보상청구권(제76조)을 실연자의 저작인접권으로 정하는 한편, 음반제작자에게 배타
적 대여권(제80조), 디지털음성송신사업자가 음반을 사용하여 송신하는 경우에 음반제작자의
디지털음성송신사업자에 대한 디지털음성송신보상청구권(제83조)을 새로 부여하였으며 저작인
접권의 보호기간의 기산점에 관하여 음반의 경우 종전의 '그 음을 맨 처음 음반에 고정한 때'
부분을 '그 음반을 발행한 때. 다만, 음을 음반에 맨 처음 고정한 때의 다음 해부터 기산하여
50년이 경과한 때까지 음반을 발행하지 아니한 경우에는 음을 음반에 맨 처음 고정한 때'라고
변경(제86조 제2항)하였다.

2009. 3. 25. 법률 제9529호로 개정된 저작권법은 판매용 음반을 사용하여 공연하는 자
에 대한 실연자 및 음반제작자의 보상청구권을 새로 인정하였다(제76조의2, 제83조의2). 2009.
4. 22. 법률 제9625호로 개정된 저작권법은 저작인접권의 제한으로 디지털음성송신사업자가
일정한 경우에 실연이 녹음된 음반을 일시적으로 복제할 수 있도록 하는 규정으로 제87조 제
2항을 신설하였다.

2011. 6. 11. 법률 제10807호로 개정된 저작권법은 제64조 제2항으로 보호받는 실연·
음반·방송에 대해 상호주의를 규정하였다. 그리고 제64조의2를 신설하여 "이 법에 따라 보호
되는 실연·음반·방송과 관련하여 실연자, 음반제작자 또는 방송사업자로서의 실명 또는 널
리 알려진 이명이 일반적인 방법으로 표시된 자는 실연자, 음반제작자 또는 방송사업자로서
그 실연·음반·방송에 대하여 각각 실연자의 권리, 음반제작자의 권리 또는 방송사업자의 권
리를 가지는 것으로 추정한다."라고 규정하였는데 이는 저작자에게 인정한 저작자 추정(제8조)
에 대응하여 저작인접권자에게도 유사한 내용의 저작인접권 추정 규정을 두었다. 또한 제85조
의2를 신설하여 방송사업자에게 제한된 공연권을 인정하였다.

2011. 12. 2. 법률 제11110호로 개정된 저작권법은 저작인접권의 보호기간을 발생 후 70

---

3) 2006년 개정 전 저작권법은 실연이 고정된 음반의 대여에 대해 실연자에게 배타적 권리를 부여하면서
도 대여권의 구체적인 행사방법과 관련하여서는 지정단체를 통해서만 행사하도록 규정하고 있었다. 그
런데 이러한 행사방법이 배타적 권리의 성격에 맞지 않고 WIPO 실연 및 음반조약 가입 시 조약위반이
라는 주장이 제기될 수 있어 2006년 개정 저작권법은 행사방법에 관한 종전의 규정을 삭제함으로써 실
연자의 대여권이 배타적인 권리임을 명확히 하였다, 개정 저작권법 해설, 문화관광부(2007), 30.

년(방송의 경우에는 50년)간 존속하는 것으로 하고 실연의 경우 보호기간의 기산점에 관하여 종전의 '그 실연을 한 때' 부분을 '실연의 경우에는 그 실연을 한 때. 다만, 실연을 한 때부터 50년 이내에 실연이 고정된 음반이 발행된 경우에는 음반을 발행한 때'로 변경(제86조 제2항)하였다.

2016. 3. 22. 법률 제14083호로 개정된 저작권법에서 판매용 음반을 상업적 목적으로 공표된 음반(이하 상업용 음반이라 한다)으로 바꾸고(제21조 참조), 종전의 제76조의2 및 제83조의2에서 판매용 음반이라는 문구를 상업용 음반으로 변경하였다.

III. 저작권법 제65조의 취지

저작권법 제65조는 "이 장(저작인접권) 각 조의 규정은 저작권에 영향을 미치는 것으로 해석되어서는 아니 된다."라고 규정한다.

이는 저작인접물인 실연, 음반, 방송의 이용은 대부분 저작물의 이용을 수반하게 되어 이러한 저작물을 이용할 경우에 저작인접권자의 허락뿐만 아니라 저작권자의 허락도 필요하다는 것을 주의적으로 규정한 것이다.

제2절 실연자의 권리

I. 실연 · 실연자의 의의

1 실연의 개념 및 보호범위

가. 실연의 개념

실연이란 저작물을 연기 · 무용 · 연주 · 가창 · 구연 · 낭독 그 밖의 예능적 방법으로 표현하거나 저작물이 아닌 것을 이와 유사한 방법으로 표현하는 것을 말한다(법 제2조 제4호 참조). 저작물은 물론 마술이나 서커스와 같이 저작물이 아닌 것도 예능적 방법으로 표현한 경우에 실연에 해당하지만 원칙적으로 야구나 체조 같은 운동경기는 실연에서 제외된다.

나. 저작인접권으로 보호받기 위한 실연의 범위

실연이 저작인접권으로 보호받기 위한 요건이자 범위로 저작권법은 ① 대한민국 국민(대한민국 법률에 따라 설립된 법인 및 대한민국 내에 주된 사무소가 있는 외국법인을 포함한다. 이하 같다)이 행하는 실연, ② 대한민국이 가입 또는 체결한 조약에 따라 보호되는 실연, ③ 법 제64조 제1항 제2호 각 목의 음반[대한민국 국민을 음반제작자로 하는 음반(가목), 음이 맨 처음 대한민국 내에서 고정된 음반(나목), 대한민국이 가입 또는 체결한 조약에 따라 보호되는 음반으로서 체약국 내에서 최초로 고정된 음반(다목), 대한민국이 가입 또는 체결한 조약에 따라 보호되는 음반으로서 체약국의 국민(당해 체약국의 법률에 따라 설립된 법인 및 당해 체약국 내에 주된 사무소가 있는 법인을 포함한다)을 음반제작자로 하는 음반(라목)]에 고정된 실연,4) ④ 법 제64조 제3호 각 목의 방송[대한민국 국민인 방송사업자의 방송(가목), 대한민국 내에 있는 방송설비로부터 행하여지는 방송(나목), 대한민국이 가입 또는 체결한 조약에 따라 보호되는 방송으로서 체약국의 국민인 방송사업자가 당해 체약국 내에 있는 방송설비로부터 행하는 방송(다목)에 의하여 송신되는 실연(송신 전에 녹음 또는 녹화되어 있는 실연을 제외한다5))]일 것을 요구하고 있다(법 제64조 제1항 제1호).

위 제1항에 따라 보호되는 외국인의 실연·음반 및 방송이라도 그 외국에서 보호기간이 만료된 경우에는 저작권법에 따른 보호기간을 인정하지 아니한다(법 제64조 제2항).

② 실연자의 의의·추정

실연자는 저작물을 연기·무용·연주·가창·구연·낭독 그 밖의 예능적 방법으로 표현하거나 저작물이 아닌 것을 이와 유사한 방법으로 표현하는 실연을 하는 자를 말하며, 실연을 지휘, 연출 또는 감독하는 자를 포함한다(법 제2조 제4호).

여기서 지휘는 음악을 공연하는 경우의 지휘자의 표현행위를, 연출은 연극이나 무용 또는 무언극 등을 공연하는 경우의 연출가의 표현행위를 의미하고, 감독은 영화감독이 아닌 무대감독을 의미6)한다.

저작권법에 따라 보호되는 실연·음반·방송과 관련하여 실연자, 음반제작자 또는 방송사업자로서의 실명 또는 널리 알려진 이명이 일반적인 방법으로 표시된 자는 실연자, 음반제작자 또는 방송사업자로서 그 실연·음반·방송에 대하여 각각 실연자의 권리, 음반제작자의 권리 또는 방송사업자의 권리를 가지는 것으로 추정한다(법 제64조의2).

---

4) 법 제64조 제1항 제2호 라목은 2006. 12. 28. 법률 제8101호로 전부개정된 저작권법에서 추가되었다. WIPO 실연 및 음반조약은 체약국의 국민이 음반을 제작하는 경우 음반은 최초의 고정지를 불문하고 보호할 것을 규정하고 있기 때문에 이에 맞추어 대한민국이 가입 또는 체결한 음반 보호에 관한 조약의 체약국 국민을 음반제작자로 하는 음반도 보호대상으로 하였다.

5) 송신 전에 녹음 또는 녹화되어 있는 실연을 제외하고 있는 이유는 송신 전의 녹음은 음반에 해당되어 이를 방송하는 경우 법 제75조에 의한 보상금청구권으로 보호받고, 송신 전의 녹화는 영상저작물에 해당되어 법 제100조 제3항이 적용되는 등 그 보호방법이 다르기 때문이다.

6) 영화감독은 현대적 저작자로서 영상저작물의 저작자가 될 수 있지만 연극저작물의 공연을 연출하는 연출가나 무대감독은 실연자일 뿐이다, 박성호, 저작권법(제2판), 박영사(2017), 384.

II. 실연자의 인격권

① 실연자의 인격권 신설 배경 및 취지

1986. 12. 31. 법률 제3916호로 전부개정된 저작권법(시행일 1987. 7. 1.)에서 실연, 음반 및 방송을 저작물이 아닌 저작인접물로 하는 저작인접권 제도를 도입하였으나 저작인접권자의 인격권에 대하여는 아무런 규정이 없었다.

그런데 실연의 경우 실연자의 작품 해석 능력과 재능에 따라 실연에 개성이 발휘될 여지가 있어 저작물의 창작에 준하는 행위로 볼 수 있고 실연이 많이 이용됨에 따라 실연의 주체가 누구인지를 밝힐 필요가 있으며 실연자의 동의가 없는 경우에 실연 내용과 형식의 동일성을 유지하도록 할 필요가 있었다.

이에 2006. 12. 28. 법률 제8101호로 개정된 저작권법은 실연자에게 인격권인 성명표시권 및 동일성유지권을 새로 부여하여 일신에 전속시키는 규정(제66조 내지 제68조)을 신설하였다.

WIPO 실연 및 음반조약은 청각실연자에게 성명표시권과 동일성유지권을 인정할 것을 체약국의 의무로 규정하고 있는데 독일·일본·프랑스 등의 경우 시청각을 불문하고 실연자의 인격권을 인정하고 있으므로, 2006년 개정 저작권법에서는 청각 실연자에 한정하지 않고 모든 실연자에게, 저작권자가 가지는 인격권 중 공표권을 제외한 성명표시권과 동일성유지권을 부여하되,[7] 실연자가 인격권을 완전하게 행사할 경우 나타나는 부작용을 고려하여 실연의 성질이나 그 이용의 목적 및 형태 등에 비추어 부득이하다고 인정되는 경우에는 성명 표시나 동일성을 유지하지 않아도 되도록 하고, 실연자의 인격권을 침해한 자에 대해 저작자의 인격권 침해와 같이 손해배상을 하게 하거나 손해배상과 함께 명예회복을 위하여 필요한 조치를 청구할 수 있도록 하였다(제127조).

② 성명표시권

실연자는 그의 실연 또는 실연의 복제물에 그의 실명 또는 이명을 표시할 권리를 가진다(법 제66조 제1항).

실연이 녹음 또는 녹화된 음악 CD 등을 판매할 경우 제품 표지 등에 실연자의 실명이나 이명을 표시할 것인지 또 표시한다면 어떻게 표시할 것인지에 대해 실연자의 인격권으로 성명

---

7) 개정 저작권법 해설, 문화관광부(2007), 29.

표시권을 인정하였다.

실연을 이용하는 자는 그 실연자의 특별한 의사표시가 없는 때에는 실연자가 그의 실명 또는 이명을 표시한 바에 따라 이를 표시하여야 한다(법 제66조 제2항 본문). 다만 예를 들어 보조출연자가 수백 명이 될 경우와 같이 실연의 성질이나 그 이용의 목적 및 형태 등에 비추어 부득이하다고 인정되는 경우에는 이를 표시하지 않을 수 있다(법 제66조 제2항 단서).

③ 동일성유지권

실연자는 그의 실연의 내용과 형식의 동일성을 유지할 권리를 가진다(법 제67조 본문).

이에 따라 실연자의 동의 없이 그 내용을 디지털 합성, 변형하는 행위는 허용되지 않는다. 다만, 녹화나 녹음 기술의 제약으로 인하여 또는 제작이나 편집과정에서 부득이한 사유로 원래 모습 그대로를 재현할 수 없는 경우와 같이 실연의 성질이나 그 이용의 목적 및 형태 등에 비추어 부득이하다고 인정되는 경우에는 그러하지 아니한다(법 제67조 단서).

④ 실연자 인격권의 일신전속성 등

법 제66조 및 제67조에 규정된 권리(이하 "실연자의 인격권"이라 한다)는 실연자 일신에 전속한다(법 제68조). 실연자는 고의 또는 과실로 실연자의 인격권을 침해한 자에 대하여 손해배상에 갈음하거나 손해배상과 함께 명예회복을 위하여 필요한 조치를 청구할 수 있다(법 제127조).

한편 저작자 사망 후 인격적 이익의 보호에 관한 저작권법 제14조 제2항 및 제128조에 상응하는 규정은 실연자의 인격권에 대하여는 규정되어 있지 않다.

⑤ 공동실연자의 인격권

공동실연자의 인격권 행사에 관하여 법 제15조(공동저작물의 저작인격권)가 준용된다(법 제77조 제3항). 법 제15조와 관련된 내용은 「제5장 저작인격권 제3절 공동저작물의 저작인격권」에서 설명하였다.

이에 따라 공동실연자의 인격권은 실연자 전원의 합의에 의하지 아니하고는 이를 행사할 수 없고 각 실연자는 신의에 반하여 합의의 성립을 방해할 수 없다(법 제15조 제1항). 공동실연자는 그들 중에서 저작인격권을 대표하여 행사할 수 있는 자를 정할 수 있고(법 제15조 제2항) 위 규정에 따라 권리를 대표하여 행사하는 자의 대표권에 가하여진 제한이 있을 때에 그 제한은 선의의 제3자에게 대항할 수 없다(법 제15조 제3항).

III. 실연자의 재산권

1 복제권

실연자는 그의 실연을 복제할 권리를 가진다(법 제69조).

실연자의 복제권에는 실연을 처음 녹음·녹화하는 것 외에 실연이 고정된 음반·녹음테이프·녹화테이프·영화필름 등의 복제물을 다시 제작하는 것(직접 복제) 및 실연의 고정물이 사용된 방송·공연 등의 음이나 영상을 테이프 등에 녹음·녹화하거나 인터넷을 통해 송신된 것을 복제하는 것(간접 복제)이 포함된다. 따라서 다른 사람이 실연자의 실연을 이용하기 위하여는 실연자의 동의가 필요하다.

영상제작자와 영상저작물의 제작에 협력할 것을 약정한 실연자의 그 영상저작물의 이용에 관한 제69조의 규정에 따른 복제권, 제70조의 규정에 따른 배포권, 제73조의 규정에 따른 방송권 및 제74조의 규정에 따른 전송권은 특약이 없는 한 영상제작자가 이를 양도 받은 것으로 추정한다(법 제100조 제3항).

그러나 이때 영상제작자가 양도 받은 것으로 추정하는 권리는 그 영상저작물을 본래의 창작물로서 이용하는 데 필요한 권리이므로 해당 영상저작물을 본래의 창작물로 이용하는 것이 아니라 별개의 새로운 영상제작물을 제작하는 데 이용한다면 이는 위 복제권 등의 저작인접권을 침해하는 행위가 된다.[8]

또한 영상제작자가 실연자로부터 양도받는 권리를 확인하는 법 제101조에 실연자의 복제권, 배포권, 방송권, 전송권이 규정되어 있다.

한편, 실연자가 가지는 복제권의 범위에 대하여는 유의할 점이 있다.

실연자가 가지는 권리(복제권)와 관련하여, 실연이 창작적이어서 저작권으로 보호되는 요소가 있지 아니하는 한 다른 저작인접권에 있어서와 마찬가지로 실연자의 권리(복제권)는 모방 행위에 미치지 아니한다. 즉, 다른 사람이 아무리 똑같이 실연자의 실연을 흉내 낸다고 해도 흉내 내는 것 그 자체에 대해서는 실연자의 권리(복제권)가 미치지 않는다. 실연자의 권리를 비롯한 저작인접권의 침해에서는 모방(모창) 여부가 문제되지 않는 것이다. 이 점에서 모방이 개인적인 영역에서 이루어지는 등 저작재산권 제한 사유에 해당하지 않는 한 저작재산권 침해로

---

8) 대법원 1997. 6. 10. 선고 96도2856 판결은 영화상영을 목적으로 제작된 영상저작물 중에서 특정 배우들의 실연장면만을 모아 가라오케용 엘디(LD)음반을 제작하는 것은 구 저작권법(1994. 1. 7. 법률 제4717호로 개정되기 전의 것) 제75조 제3항에 의하여 영상제작자에게 양도되는 권리의 범위에 속하지 않는다고 하였다.

고려될 수 있는 저작재산권자의 권리와는 차이가 있다.9)

이러한 이치는 저작권법상의 음반제작자와 방송사업자의 권리와 데이터베이스제작자의 권리 그리고 콘텐츠산업 진흥법상의 콘텐츠제작자의 보호이익에서도 마찬가지이다.10)

결국 실연자의 복제권 침해는 적어도 실연(그 복제물) 그 자체를 복제하여야 함이 전제로 된다.

같은 취지의 2심 판결로 "실연자가 법 제63조 등에 의하여 가지는 저작인접권은 실연자가 특정 시점에서 실제로 행한 실연 그 자체를 녹음·녹화 또는 사진촬영하는 등 복제할 수 있는 권리일 뿐, 그 실연과 유사한 다른 실연에 대하여는 권리가 미치지 않는바, 원고 ○○○의 주장에 의하더라도 피고들은 원고 ○○○이 초연 뮤지컬의 개별 공연시 행한 연출 그 자체를 복제한 것이 아니므로, 피고들은 초연 뮤지컬의 연출에 관한 원고 ○○○의 실연자로서의 저작인접권을 침해하지 않았다."는 것이 있다.11)

위 판결에서 "그 실연과 유사한 다른 실연"이라는 문구를 사용한 것은 '실연 그 자체가 아닌 다른 (모방) 실연'이라는 의미로 이해되고 '실연 그 자체를 이용한 유사한 작품'이라고 이해하여서는 아니 된다.12)

한편 1심 판결로 "실연자의 저작인접권은 그의 실연 및 실연의 복제물에 한정된다 할 것이어서(저작권법 제66조), 피고 ○○○가 이 사건 노래를 메들리 형태로 편곡하여 음반을 발매

---

9) 이해완, 저작권법(제4판), 박영사(2019), 959. 임원선, 실무자를 위한 저작권법(제3판), 한국저작권위원회(2012), 313에서 이와 관련하여 '인격적 표지권'(publicity right)이라는 법리를 언급하면서 인기여배우의 초상을 광고모델의 계약기간이 종료한 후에도 사용한 것에 대해 그 침해에 대한 손해배상청구를 인용한 판결[서울중앙지방법원 2005. 12. 10. 선고 2004가합16025 판결(항소기각, 미상고 확정)]과 미국에서 인기 가수의 노래를 다른 가수로 하여금 흉내 내어 부르게 하여 자동차 광고에 활용한 데 대한 책임을 인정한 판례[Bette Midler v. Ford Motor Company, 849 F.2d 460 (9th Cir, 1988)]를 들고 있다.
10) 임원선, 실무자를 위한 저작권법(제3판), 한국저작권위원회(2012), 313, 이해완, 저작권법(제4판), 박영사(2019), 959.
11) 서울고등법원 2007. 5. 22. 선고 2006나47785 판결(미상고 확정).
12) 이 부분은 실연자 등 저작인접권자가 가지는 복제권의 범위 문제라기보다는 이를 포함한 저작권 등에서의 일반적인 복제의 개념 및 복제권의 범위 문제라고 할 수 있다. 본서 저자는 저작재산권에서의 복제권의 범위에 동일하거나 실질적 유사성이 인정되고 그와 아울러 새로운 창작성이 부가되지 않은 상태인 경우가 모두 포함된다는 논리를 전제로 하고 있고, 이러한 저작재산권에서의 복제권의 범위에 관한 논리가 그 밖의 저작권법에서 인정하는 배타적 권리 중 복제권의 범위에도 적용된다는 입장이므로, 선행 저작물(저작인접물)·데이터베이스와 동일하거나 혹은 실질적 유사성이 인정되면서 그와 아울러 새로운 창작성이 부가되지 않은 상태의 작품을 이용하는 경우에는 저작인접권(실연·음반·방송), 데이터베이스제작자 권리, 배타적발행권(저작물, 저작인접물), 출판권의 각 해당 권리(복제권)를 침해하는 것으로 본다. 저작재산권 중 복제권의 범위에 대하여 「제6장 저작재산권 제2절 저작재산권의 내용 I. 복제권 ② 복제권의 인정범위[동일성·실질적 유사성(다만 새로운 창작성이 부가되지 않은 상태)]와 2차적저작물작성권, 독립적인 새로운 저작물과의 관계」 부분에서 상세히 설명한다.

하고 실연하였다 하여 원고의 실연과 혼동될 수 있을 정도로 유사하다는 사정이 없는 한 이를 두고 원고의 저작인접권이 침해되었다고 보기는 어렵고"라고 한 것이 있는데, 이는 적절하지 않은 논리 구성이다. 위 사건에서의 메들리 형태로 편곡하고 부른 사람은 피고 ○○○으로 이러한 경우에는 앞서 본 바와 같이 실연자의 실연행위를 모창하는 등의 행위에는 실연자의 권리가 미치지 아니하기 때문에 유사 여부를 추가로 검토할 필요가 없기 때문이다.

② 배포권

실연자는 그의 실연의 복제물을 배포할 권리를 가진다(법 제70조 본문).

실연의 복제물 유통에 대한 실연자의 통제권을 강화시킬 필요가 있고 WIPO 실연 및 음반조약이 청각 실연자에게 배포권과 대여권을 부여할 것을 체약국의 의무로 규정하고 있는 점을 반영하여 2006. 12. 28. 법률 제8101호로 전부 개정된 저작권법에서 도입하였다.

다만, 실연의 복제물이 실연자의 허락을 받아 판매 등의 방법으로 거래에 제공된 경우에는 그러하지 아니하다(법 제70조 단서). 즉 저작자의 배포권과 마찬가지로 실연자의 배포권도 적법하게 거래에 제공되면 소진되는 최초판매원칙이 적용된다.

영상제작자와 영상저작물의 제작에 협력할 것을 약정한 실연자의 그 영상저작물의 이용에 관한 법 제69조의 규정에 따른 복제권, 법 제70조의 규정에 따른 배포권, 법 제73조의 규정에 따른 방송권 및 법 제74조의 규정에 따른 전송권은 특약이 없는 한 영상제작자가 이를 양도받은 것으로 추정한다(법 제100조 제3항).

그러나 이때 영상제작자가 양도 받은 것으로 추정하는 권리는 그 영상저작물을 본래의 창작물로서 이용하는 데 필요한 권리이므로 해당 영상저작물을 본래의 창작물로 이용하는 것이 아니라 별개의 새로운 영상제작물을 제작하는 데 이용한다면 이는 배포권 등 저작인접권을 침해하는 행위가 된다.[13]

또한 영상제작자가 실연자로부터 양도받는 권리를 확인하는 법 제101조에 실연자의 복제권, 배포권, 방송권, 전송권이 규정되어 있다.

③ 대여권

실연자는 저작권법 제70조의 단서의 규정에 불구하고 그의 실연이 녹음된 상업용 음반을 영리를 목적으로 대여할 권리를 가진다(법 제71조).

---

13) 앞서 본 대법원 1997. 6. 10. 선고 96도2856 판결 참조.

상업용 음반[14]의 영리 목적의 대여에 한하여 최초판매원칙을 제한함으로써 배포권과는 구별되는 대여권을 부여하였다.

2006. 12. 28. 법률 제8101호로 개정되기 전의 저작권법은 실연자에게 실연이 녹음된 판매용 음반의 영리를 목적으로 하는 대여를 허락하는 배타적 권리를 부여하면서도 대여권의 구체적인 행사방법과 관련하여서는 지정단체를 통해서만 행사하도록 규정하고 있었다(법 제65조의2). 그런데 이러한 행사방법이 배타적 권리의 성격에 맞지 않고 WIPO 실연 및 음반조약 가입 시 조약위반이라는 주장이 제기될 수 있어 2006년 개정 저작권법은 행사방법에 관한 종전의 규정을 삭제하고 대여허락권이 아닌 대여권을 명시하여 실연자의 대여권이 배타적인 권리임을 명확히 하였다(법 제71조).[15]

여기서 음반은 음(음성·음향을 말한다. 이하 같다)이 유형물에 고정된 것(음을 디지털화한 것을 포함한다)을 말하고 음이 영상과 함께 고정된 것을 제외하기 때문에(법 제2조 제5호) 영상음악(video music)의 실연자는 음반대여권에 의한 보호를 받지 못한다.

④ 공연권

실연자는 그의 고정되지 아니한 실연을 공연할 권리를 가진다. 다만, 그 실연이 방송되는 실연인 경우에는 별도로 방송권이 부여되어 있기 때문에 제외된다(법 제72조).

WIPO 실연 및 음반조약은 공중전달의 개념을 "방송 이외의 모든 매체에 의하여 실연의 소리...를 공중에 송신하는 것"이라고 규정하고(제2조) 방송되지 않은 생실연(生實演, Live 공연)에 대해 공중전달권을 부여할 것을 체약국의 의무로 규정하고(제6조) 있는데 이러한 의미의 공중전달의 대부분은 유선방송이 차지하고 있다. 저작권법은 생실연의 유선방송에 대하여 실연자에게 이미 방송권을 부여하고 있으므로 WIPO 실연 및 음반조약상 공중전달에서 유선방송을 제외한 부분 즉 생실연을 확성기나 멀티비전 등을 통하여 실연장소 이외의 지역에 있는 공중에게 실시간으로 제공하는 행위에 대하여 권리를 부여할 필요가 있어 실연자의 (생실연) 공연권을 신설하였다.[16]

---

14) 상업적 목적으로 공표된 음반을 말한다(법 제21조). 상업용 음반의 개념은 「제6장 저작재산권 제3절 저작재산권의 제한 IX. 영리를 목적으로 하지 않는 공연·방송 외(법 제29조) ③ 반대급부 없는 상업용 음반·상업용 영상저작물의 공연 가. 상업용 음반 또는 상업적 목적으로 공표된 저작물을 재생하여 공중에게 공연할 것」부분에서 상세히 설명한다.

15) 개정 저작권법 해설, 문화관광부(2007), 30.

16) 개정 저작권법 해설, 문화관광부(2007), 30~31. 예를 들면 세종문화회관에서 유명가수의 라이브 공연을 회관 밖에서 멀티비전을 통해 볼 수 있도록 하는 경우 2006년 개정법 전에는 가수가 이를 통제할 수 없었으나 이제는 이 조항을 근거로 자신의 권리를 주장할 수 있게 된다고 한다.

⑤ 방송권

실연자는 그의 실연을 방송할 권리를 가진다(법 제73조 본문). 여기서 방송은 공중송신 중 공중이 동시에 수신하게 할 목적으로 음·영상 또는 음과 영상 등을 송신하는 것을 말한다(법 제2조 제8호).

다만, 실연자의 허락을 받아 녹음된 실연(예컨대 음반제작자 사이에 음반제작계약 체결에 따라 음반에 녹음된 실연)에 대하여는 그러하지 아니하는데(법 제73조 단서), 이는 청각 실연자가 이미 자신의 실연이 녹음될 것을 허락한 경우에 이를 방송하기 위하여 다시 그의 허락을 받을 필요가 없다는 의미이다.

한편 실연자의 허락을 받아 녹화된 시청각 실연에 대하여는 본 조 단서가 적용되지 않으므로 실연자가 방송권을 행사할 수 있지만 그 경우에 저작권법 제100조 제3항에 의해 제한될 수 있다. 즉 영상제작자와 영상저작물의 제작에 협력할 것을 약정한 실연자의 그 영상저작물의 이용에 관한 법 제69조의 규정에 따른 복제권, 법 제70조의 규정에 따른 배포권, 법 제73조의 규정에 따른 방송권 및 법 제74조의 규정에 따른 전송권은 특약이 없는 한 영상제작자가 이를 양도 받은 것으로 추정한다(법 제100조 제3항).

그러나 이때 영상제작자가 양도 받은 것으로 추정하는 권리는 그 영상저작물을 본래의 창작물로서 이용하는 데 필요한 권리이므로 해당 영상저작물을 본래의 창작물로 이용하는 것이 아니라 별개의 새로운 영상제작물을 제작하는 데 이용한다면 이는 배포권 등 저작인접권을 침해하는 행위가 된다.[17]

이와 같이 법 제100조 제3항에 따라 영상제작물의 제작에 협력할 것을 약정한 실연자는 그 영상저작물의 이용에 관한 실연방송권을 영상제작자에게 양도한 것으로 추정하므로 이러한 경우 실연자는 자신의 권리를 주장할 수 없다.

결국 실연자는 녹음이나 방송을 허락함에 있어 실연의 사용조건을 정하는 한 번의 기회만을 부여받는 것으로 하여 실연자, 음반제작자 및 방송사업자간 권리관계를 조정하고 있다.[18]

방송사업자가 실연이 녹음된 상업용 음반을 사용하여 방송하는 경우에는 상당한 보상금을 그 실연자에게 지급하여야 한다(법 제75조 제1항).

⑥ 전송권

실연자는 그의 실연을 전송할 권리를 가진다(법 제74조).

---

17) 앞서 본 대법원 1997. 6. 10. 선고 96도2856 판결 참조.
18) 이러한 연유로 일본에서는 이를 이른바 'one chance 주의'라고 부르고 있으나 일반화된 용어는 아니다.

실연자에게 그의 실연에 대한 전송권을 부여함으로써 인터넷 등을 활용한 실연의 이용에 대한 권리를 명확히 하고 WIPO 실연 및 음반조약 제10조[19] 및 제14조[20]를 반영하기 위해 2004. 10. 16. 법률 제7233호로 개정된 저작권법에서 도입되었다.

방송, 전송, 디지털음성송신에 관하여는 「제6장 저작재산권 제2절 저작재산권의 내용 III. 공중송신권」 부분에서 설명하였으므로 전송에 대하여 중복하여 서술하지 아니한다.

한편 실연자의 허락을 받아 녹화된 시청각 실연에 대하여는 법 제73조 단서가 적용되지 않으므로 실연자가 방송권을 행사할 수 있지만 그 경우에 저작권법 제100조 제3항에 의해 제한될 수 있다. 영상제작자와 영상저작물의 제작에 협력할 것을 약정한 실연자의 그 영상저작물의 이용에 관한 제69조의 규정에 따른 복제권, 제70조의 규정에 따른 배포권, 제73조의 규정에 따른 방송권 및 제74조의 규정에 따른 전송권은 특약이 없는 한 영상제작자가 이를 양도 받은 것으로 추정한다(법 제100조 제3항).

그러나 이때 영상제작자가 양도 받은 것으로 추정하는 권리는 그 영상저작물을 본래의 창작물로서 이용하는 데 필요한 권리이므로 해당 영상저작물을 본래의 창작물로 이용하는 것이 아니라 별개의 새로운 영상제작물을 제작하는 데 이용한다면 이는 전송권 등 저작인접권을 침해하는 행위가 된다.[21]

7 실연자의 보상청구권(채권적 권리)

가. 총설

저작권법은 실연자에 대해, 방송사업자가 실연이 녹음된 상업용 음반을 사용하여 방송하는 경우에 방송사업자를 상대로 상당한 보상금을 청구할 권리(법 제75조), 디지털음성송신사업자가 실연이 녹음된 음반을 사용하여 송신하는 경우에 디지털음성송신사업자를 상대로 상당한 보상금을 청구할 권리(법 제76조), 실연이 녹음된 상업용 음반을 사용하여 공연을 하는 경우에 공연을 하는 자를 상대로 상당한 보상금을 청구할 권리(법 제76조의2)의 세 가지 경우에 대하여 상당한 보상금을 청구할 권리를 부여한다.

실연자의 복제권, 방송권, 전송권 등의 저작인접권이 배타적 권리인데 반하여 이들 보상청

---

19) 제10조(고정된 실연을 이용할 수 있도록 제공할 권리) 실연자는 공중의 구성원이 개별적으로 선택한 장소와 시간에 실연에 접근할 수 있는 방법으로, 유선 또는 무선의 수단에 의하여 음반에 고정된 실연을 공중이 이용할 수 있도록 제공하는 것을 허락할 배타적인 권리를 향유한다.
20) 제14조(음반을 이용할 수 있도록 제공할 권리) 음반제작자는 공중의 구성원이 개별적으로 선택한 장소와 시간에 음반에 접근할 수 있는 방법으로, 유선 또는 무선의 수단에 의하여 음반을 공중이 이용할 수 있도록 제공하는 것을 허락할 배타적인 권리를 향유한다.
21) 앞서 본 대법원 1997. 6. 10. 선고 96도2856 판결 참조.

구권은 배타적 효력이 없는 채권적 권리이다.

나. 방송사업자의 실연자에 대한 보상

방송사업자가 실연이 녹음된 상업용 음반을 사용하여 방송하는 경우에는 상당한 보상금을 그 실연자에게 지급하여야 한다(법 제75조 제1항 본문).

실연자의 방송권에 관한 법 제73조[22] 단서의 규정에 따라 실연자는 자신의 허락을 받은 녹음물의 방송에 대하여는 배타적인 방송권을 주장할 수 없다. 그것은 방송사업자가 실연이 녹음된 상업용 음반을 사용하여 방송하는 경우에도 마찬가지이다.

실연자에게 상업용 음반을 사용하여 방송하는 경우에 보상청구권을 인정하는 것은 상업용 음반이 통상적으로 예정하고 있는 사용 범위를 초과하여 방송에 이용되는 경우 그로 인하여 실연자의 실연 기회가 부당하게 상실될 우려가 있어 이러한 손실을 보상해 주고자 하는 데에 목적이 있다.[23] 상업용 음반이 통상적으로 예정하고 있는 사용 범위를 벗어나 다시 이를 사용하여 방송하는 데 대한 사용료를 구하는 것이어서 이 보상청구권을 '2차적 사용료 청구권'이라고도 한다.

즉, 실연자의 허락을 받아서 자신의 실연을 담은 음반이 제작되어 판매된 경우에 당해 음반에 실린 실연 내용의 방송 여부를 결정할 수 있는 배타적 권리는 행사할 수 없고 채권적 권리로서 당해 실연을 방송하는 방송사업자에게 상당한 보상만을 청구할 수 있다(선사용 후 보상 가능).

본 조의 방송사업자는 무선뿐만 아니라 유선방송사업자도 포함된다. 상업용 음반이어야 하므로 비상업용 음반이나 상업용이더라도 비디오테이프 등은 포함되지 않고 방송하는 경우여야 하므로 카페 등에서 상업용 음반을 방송 이외에 이용하는 경우에는 본 조가 적용되지 않는다.

보상청구권자는 상업용 음반에 자신의 실연을 녹음한 실연자이다. 실연자가 외국인인 경우에는 상호주의에 따라 그 외국에서 대한민국 국민인 실연자에게 본 항의 규정에 따른 보상금을 인정하는 경우에만 법 제75조 제1항 본문을 적용한다(법 제75조 제1항 단서). 제1항에 따른 보상금의 지급 등에 관하여는 법 제25조 제7항부터 제11항까지의 규정을 준용한다(법 제75조 제2항). 보상청구권의 행사방법에는 법 제25조 제5항 내지 제9항이 준용됨에 따라 소정의 요건을 갖춘 단체로서 문화체육관광부장관이 지정하는 단체를 통하여 보상청구권을 행사하여야 한다(법 제75조 제2항).

법 제75조 제2항의 규정에 따른 단체가 보상권리자를 위하여 청구할 수 있는 보상금의 금액은 매년 그 단체와 방송사업자가 협의하여 정한다(법 제75조 제3항). 이에 따른 협의가 성

---

22) 제73조(방송권)는 "실연자는 그의 실연을 방송할 권리를 가진다. 다만, 실연자의 허락을 받아 녹음된 실연에 대하여는 그러하지 아니하다."라고 규정한다.
23) 저작권법 제76조의2에 관한 대법원 2015. 12. 10. 선고 2013다219616 판결 참조.

립되지 아니하는 경우에 그 단체 또는 방송사업자는 대통령령으로 정하는 바에 따라 한국저작
권위원회에 조정을 신청할 수 있다(법 제75조 제4항).

다. 디지털음성송신사업자의 실연자에 대한 보상

디지털음성송신사업자가 실연이 녹음된 음반을 사용하여 송신하는 경우에는 상당한 보상
금을 그 실연자에게 지급하여야 한다(법 제76조 제1항).

디지털음성송신사업자는 디지털음성송신을 업으로 하는 자이고, 디지털음성송신은 공중송
신 중 공중으로 하여금 동시에 수신하게 할 목적으로 공중의 구성원의 요청에 의하여 개시되
는 디지털 방식의 음의 송신을 말하며, 전송을 제외한다(법 제2조 제11호, 제12호).

실시간 음(음성·음향)만의 웹캐스팅이 디지털음성송신에 해당함은 명확하지만 영상물을
포함하는 실시간 웹캐스팅(예컨대 On Air TV)이 방송·전송·디지털음성송신·그 밖의 공중송
신 중 어느 것에 해당하는지에 대하여는 견해가 나뉘는데, 이에 대하여는 「제6장 저작재산권
제2절 저작재산권의 내용 III. 공중송신권 ④ 디지털음성송신」 부분에서 설명하였다.

저작권법상 디지털음성송신에 대하여는 실연자의 배타적인 권리가 인정되지 않는다(반면
에 방송의 경우에는 실연이 녹음된 음반을 사용하여 방송하는 경우를 제외하고 실연자의 배타적인 방송
권이 인정된다).

본 조에 따라 디지털음성송신사업자는 실연자나 음반제작자로부터 이용허락 없이도 보상
금만 지급하고 음원을 사용할 수 있게 되었다(선사용 후 보상 가능).

디지털음성송신사업자에 대한 보상금청구권은 상업용 음반뿐만 아니라 어떤 형태로든 실
연이 녹음된 음반을 사용하여 송신하는 경우를 포함하고 실연자의 내외국인은 가리지 않는 반
면에, 방송사업자에 대한 보상금청구권은 상업용 음반을 사용하여 방송하는 경우로 한정되고
상호주의에 따라 인정된다.

저작권법 제25조 제5항 내지 제9항의 규정은 제1항의 규정에 따른 보상금의 지급 등에
관하여 준용한다(법 제76조 제1항). 보상청구권 행사자는, 제1항에 따른 보상금의 지급 등에 관
하여는 법 제25조 제7항부터 제11항까지의 규정을 준용한다(법 제76조 제2항).

법 제76조 제2항의 규정에 따른 단체가 보상권리자를 위하여 청구할 수 있는 보상금의
금액은 매년 그 단체와 디지털음성송신사업자가 대통령령이 정하는 기간 내에 협의하여 정한
다(법 제76조 제3항). 법 제76조 제3항의 규정에 따른 협의가 성립되지 아니한 경우에는 문화
체육관광부장관이 정하여 고시하는 금액을 지급한다(법 제76조 제4항).[24] 고시 금액이 없거나

---

[24] 반면에 방송사업자의 실연자에 대한 보상에 대하여는 협의가 성립되지 아니하는 경우에 그 단체 또는
방송사업자는 대통령령으로 정하는 바에 따라 제112조에 따른 한국저작권위원회에 조정을 신청할 수
있다(법 제75조 제4항)는 규정만이 있어 다르다.

고시를 하지 아니한다는 의견표명이 있는 등의 사유로 그 액수 결정을 할 수 없는 경우에 실연자는 민사소송을 제기하여 정당한 액수의 보상금 지급을 구할 수 있다.[25)]

라. 상업용 음반을 사용하여 공연하는 자의 실연자에 대한 보상

실연이 녹음된 상업용 음반을 사용하여 공연을 하는 자는 상당한 보상금을 그 실연자에게 지급하여야 한다(법 제76조의2 제1항 본문).

실연자가 가지는 법 제72조의 공연권이 고정되지 않은 실연 소위 생실연에만 적용되므로 고정된 실연이 재생의 방법으로 공연에 이용되는 경우에는 실연자에게 배타적 권리가 인정되지 않은 문제가 있어 실연자의 경제적 이익을 보호하기 위해 2009. 3. 25. 법률 제9529호로 개정된 저작권법에서 본 조에 의한 보상청구권을 부여하였다.

구 저작권법(2016. 3. 22. 법률 제14083호로 개정되기 전의 것) 제76조의2 제1항은 판매용 음반을 사용하여 공연을 하는 자는 상당한 보상금을 해당 실연자에게 지급하도록 규정하고 있었다. 위 각 규정이 실연자에게 판매용 음반의 공연에 대한 보상청구권을 인정하는 것은, 판매된 음반이 통상적으로 예정하고 있는 사용 범위를 초과하여 공연에 사용되는 경우 그로 인하여 실연자의 실연 기회의 음반판매 기회가 부당하게 상실될 우려가 있으므로 그 부분을 보상해 주고자 하는 데에 그 목적이 있었다.

이러한 규정의 내용과 취지 등에 비추어 보면 구 저작권법(2016. 3. 22. 법률 제14083호로 개정되기 전의 것) 제76조의2 제1항에서 말하는 '판매용 음반'에는 불특정 다수인에게 판매할 목적으로 제작된 음반뿐만 아니라 어떠한 형태이든 판매를 통해 거래에 제공된 음반이 모두 포함되고, '사용'에는 판매용 음반을 직접 재생하는 직접사용뿐만 아니라 판매용 음반을 스트리밍 등의 방식을 통하여 재생하는 간접사용도 포함된다.[26)] 위 판결 후 판매용 음반의 개념에 대하여 거래계에서 혼란이 발생할 우려가 있자 2016. 3. 22. 법률 제14083호로 개정된 저작권법에서 판매용 음반이라는 용어를 상업용 음반(상업적 목적으로 공표된 음반)으로 변경하였다.

다만, 실연자가 외국인인 경우에 상호주의에 따라 그 외국에서 대한민국 국민인 실연자에게 본 항의 규정에 따른 보상금을 인정하는 경우에만 법 제76조의2 제1항 본문을 적용한다(법 제76조의2 제1항 단서).

제1항에 따른 보상금의 지급 및 금액 등에 관하여는 법 제25조 제7항부터 제11항까지 및 제76조 제3항·제4항을 준용한다(법 제76조의2 제2항).

---

25) 법 제76조의2에 따른 보상금청구에 대한 사건인 서울고등법원 2013. 11. 28. 선고 2013나2007545 판결(상고기각 확정) 참조.
26) 대법원 2015. 12. 10. 선고 2013다219616 판결 참조.

8 공동실연자의 권리행사

2인 이상이 공동으로 합창·합주 또는 연극 등을 실연하는 경우에 저작권법에 규정된 실연자의 권리(실연자의 인격권은 제외한다)는 공동으로 실연하는 자가 선출하는 대표자가 이를 행사한다. 다만, 대표자의 선출이 없는 경우에는 지휘자 또는 연출자 등이 이를 행사한다(법 제77조 제1항).

공동저작물의 저작재산권은 저작재산권자 전원의 합의에 의해 하여야 하는데(법 제48조), 공동저작인접권자의 경우에 이러한 원칙을 적용한다면 실연행위를 이용하고자 하는 자가 실연자 모두의 허락을 얻어야 하는 불편이 있어 공동실연자의 권리행사에 관한 규정을 두었다.

독창이나 독주가 공동실연보다 그 실연에서 차지하는 비중이 크다는 점을 고려하여 법 제77조 제1항의 규정에 따라 실연자의 권리를 행사하는 경우에 독창 또는 독주가 함께 실연된 때에는 독창자 또는 독주자의 동의를 얻어야 한다(법 제77조 제2항).

한편 공동실연자의 인격권 행사에 관하여 저작권법 제15조(공동저작물의 저작인격권)의 규정이 준용되어(법 제77조 제3항) 원칙적으로 실연자 모두의 합의에 의하여 행사하여야 한다. 즉, 공동실연자의 인격권은 실연자 전원의 합의에 의하지 아니하고는 이를 행사할 수 없고 이 경우 각 실연자는 신의에 반하여 합의의 성립을 방해할 수 없으며(법 제15조 제1항), 공동실연자는 그들 중에서 저작인격권을 대표하여 행사할 수 있는 자를 정할 수 있고(법 제15조 제2항) 이때 권리를 대표하여 행사하는 자의 대표권에 가하여진 제한이 있을 때에 그 제한은 선의의 제3자에게 대항할 수 없다(법 제15조 제3항).

제3절 음반제작자의 권리

I. 음반·음반제작자

1 음반의 의의

음반(phonogram, phonorecord)이란 음(음성·음향을 말한다. 이하 같다)이 유형물에 고정된 것(음을 디지털화한 것을 포함한다)이고, 다만 음이 영상과 함께 고정된 것(예를 들면 음악비디오, 비디오테이프, 영화필름의 사운드트랙 등)은 영상저작물에 해당되어 음반의 개념에서 제외된다(법 제2조 제5호). 음이 유형물에 고정된 것이란 음이 유형물인 기록매체(media)에 수록되어 있는 것을 말한다. 고정되는 음은 저작물성 여부를 묻지 않는다.

1986. 12. 31. 법률 제3916호로 전부개정된 저작권법에서 음반을 음이 유형물에 고정된 것(음이 영상과 함께 고정된 것을 제외한다)을 말한다(법 제2조 제6호)고 정의하였다가 명확을 기하기 위해, 2006. 12. 28. 법률 제8101호로 전부개정된 저작권법에서 '음은 음성·음향을 말한다'는 문구를 추가하고 2016. 3. 22. 법률 제14083호로 개정된 저작권법에서 '유형물에 고정된 것에 음을 디지털화한 것을 포함한다'라는 문구를 추가하였다.

위 개정 전의 저작권법 시행 당시에도 WIPO 실연 및 음반 조약(국내 2009. 3. 18. 발효)에서 '음반이란 실연의 소리 또는 기타의 소리, 또는 소리의 표현을 고정한 것으로서, 영상저작물이나 기타 시청각저작물에 수록된 형태 이외의 고정물을 말한다'고 정의하고 있는 점 등을 고려하여, 실무는 위 개정 전의 저작권법상의 음반의 개념에 디지털 음원 등이 포함된다고 해석하고 있었다.[27]

② 저작인접권으로 보호받는 음반의 범위

저작권법상 저작인접권으로 보호받는 음반은 대한민국 국민을 음반제작자로 하는 음반(가목), 음이 맨 처음 대한민국 내에서 고정된 음반(나목), 대한민국이 가입 또는 체결한 조약에 따라 보호되는 음반으로서 체약국 내에서 최초로 고정된 음반(다목), 대한민국이 가입 또는 체결한 조약에 따라 보호되는 음반으로서 체약국의 국민(당해 체약국의 법률에 따라 설립된 법인 및 당해 체약국 내에 주된 사무소가 있는 법인을 포함한다)을 음반제작자로 하는 음반(라목)이다(법 제64조 제1항 제1호).[28]

위 제1항에 따라 보호되는 외국인의 실연·음반 및 방송이라도 그 외국에서 보호기간이 만료된 경우에는 저작권법에 따른 보호기간을 인정하지 아니한다(법 제64조 제2항).

③ 음반제작자의 의의

음반제작자는 음반을 최초로 제작하는 데 있어 전체적으로 기획하고 책임을 지는 자를 말

---

27) 서울고등법원 1996. 6. 27. 선고 95나30774 판결(상고취하 확정)은 음악저작용 메모리칩은 음이 컴퓨터 수치화되어 그에 입력되어 있다가 중앙연산장치가 작동하면 음원모듈장치를 통하여 원음으로 재생되어 나오게 되어 있으므로, 위 메모리칩은 음이 고정된 유형물로서 저작권법 소정의 음반에 해당한다고 하였다.

28) 법 제64조 제1항 제2호 라목은 2006. 12. 28. 법률 제8101호로 전부개정된 저작권법에서 추가되었다. WIPO 실연 및 음반조약은 체약국의 국민이 음반을 제작하는 경우 음반은 최초의 고정지를 불문하고 보호할 것을 규정하고 있어서 이에 맞추어 대한민국이 가입 또는 체결한 음반 보호에 관한 조약의 체약국 국민을 음반제작자로 하는 음반도 보호대상으로 하였다.

한다(법 제2조 제6호). 음을 최초로 고정한 자만이 음반제작자가 되므로, 처음 만들어진 음반[편의상 이를 원반(原盤, Master-tape)이라 부른다]을 이용하여 같은 내용의 음반을 제작한 자는 음반제작자가 아니라 단순히 원반을 복제한 자에 불과하다.

저작인접권자로서 음반제작자는 음반에 수록된 악곡을 작곡 또는 작사하고 공연하거나 녹음과정에서 노래를 부르거나 물리적인 녹음행위에 종사한 사람이 아니라, 음반을 제작할 당시 음반을 전체적으로 기획하고 악곡의 녹음, 편집, 홍보 등에 필요한 모든 제작비용을 부담하면서 자기의 계산과 책임으로 녹음한 사람이 된다. 음반제작자인지 여부는 사실인정 문제에 속한다.

자연인뿐만 아니라 법인도 음반제작자로 인정될 수 있다. 구체적으로, 레코드 회사 내지 음반기획제작사(자)[29]가 음반제작자로 되는 경우가 많으나 구체적인 사실관계 여하에 따라 실연자,[30] 방송사업자[31] 등도 음반제작자로 될 수 있다.

---

29) 서울고등법원 2015. 3. 26. 선고 2014나25889 판결(심리불속행 상고기각 확정)은 "원고와 ○○○은 전속계약을 통하여 안경용이 원고의 연예활동에 의한 저작품(음반, 비디오, 카세트 및 모든 음원, 저작의 종류는 작사, 작곡, 노래 기타 연예활동에 관한 것을 말한다)의 판권을 소유하기로 하고(제1조 (나)항), 전속 기간 중 원고는 ○○○의 요구가 있을 때 작사, 작곡, 노래 녹음에 응하여야 하며, 완성된 작품은 안경용이 소유, 사용하기로 하고(제1조 (다)항), 원고는 ○○○의 허락 없이 음반 녹음물에 대한 타이틀 곡을 어떤 목적으로도 사용할 수 없으며(제2조 (다)항), ○○○은 원고에게 이 사건 음반의 판매에 따른 수익 일부를 지급하기로 약정하였고(제4조 (나)항), 이 사건 음반 제작 당시 원고는 마흔이 넘은 신인가수로서 악보를 그릴 줄 몰랐고 음반을 제작하였던 경험이 전혀 없었으며, '□레코드'라는 상호로 음반 기획제작을 하던 ○○○은 이 사건 음반을 전체적으로 기획하고, 직원 △△△을 통하여 제3자로부터 악곡을 녹음함에 필요한 녹음실을 임차하여 원고에게 제공하며, 음악감독 역할을 한 임동창과 연주자들에게 비용을 지급하고, 마스터링비와 음반 생산비 및 인쇄물 비용 등 이 사건 음반의 원반을 제작하는 과정에 필요한 모든 제작비용을 부담하였으며, 이처럼 처음 녹음된 원반을 가지고 음반회사(주식회사 □□□□□ 및 피고 ◇◇◇◇◇)와 계약을 체결하고 판매용 음반을 만들어 음반회사를 통하여 소비자들에게 판매하였음을 알 수 있다. 사정이 이러하다면, 이 사건 음반의 제작자는 음반에 수록된 악곡을 작곡 또는 작사하고 공연하거나 녹음과정에서 노래를 부른 원고가 아니라, 원반을 제작할 당시 음반을 전체적으로 기획하고 악곡의 녹음, 편집, 홍보 등에 필요한 모든 제작비용을 부담하면서 자기의 계산과 책임으로 녹음한 ○○○으로 보아야 하고, ○○○은 이 사건 음반의 음반제작자인 저작인접권자로서 이 사건 음반을 복제·배포할 수 있는 권리를 가진다."라고 하였다.

30) 서울중앙지방법원 2006. 10. 10. 선고 2003가합66177 판결(항소심에서 원고 일부 승소판결 후 대법원 2008다10815로 파기환송판결이 있었으나 음반제작자 여부의 쟁점과는 무관함)은 "① ○○○은 이 사건 음반에 수록된 곡을 가창하는 외에도, 직접 이 사건 음반에 수록될 곡을 선정하여 그 작사자, 작곡자로부터 이용허락을 받고, 연주자와 작업실을 섭외하여 녹음 작업을 진행하며, 연주 악기별 연주와 자신의 가창을 트랙을 나누어 녹음한 멀티테이프를 제작하고, 위 멀티테이프에 녹음된 음원 중 일부를 골라 가창과 연주의 음의 강약이나 소리의 조화를 꾀하는 편집 과정을 통해 이 사건 음반의 마스터테이프를 제작하는 등 이 사건 음반의 음원을 유형물에 고정하는 주된 작업을 직접 담당하였던 점, ② 이 사건 음반 계약에 의하면, 음반의 LP, MC, CD 제작·판매 및 홍보는 원고 □□□□□이 담당하고, 녹음 및 인쇄물 공급은 김광석 측이 담당하도록 되어 있으며, 원고 □□□□□이 ○○○측에게 지급할 로열티에서 영업비와 홍보비 명목으로 각 10%를 공제하도록 되어 있어, 원고 □□□□□은 판매용 음반인 LP,

음반제작자가 아닌 자가 상업용 음반을 제작하고 판매하기 위하여는 음반제작자로부터 독점적 이용허락을 얻거나(이른바 원반공급계약) 음반제작자의 권리를 양도받는 계약(이른바 원반양도계약)을 체결하여야 한다.

한편 이때 제3자가 기존의 음반을 이용하여 편집음반을 제작하려고 할 경우, 그러한 이용은 저작인접물인 음반의 이용임과 동시에 음반에 담겨져 있는 음악저작물의 이용이므로, 원칙적으로 음반제작자의 이용허락 외에 음악저작권자의 이용허락까지 받아야 하고 예외적으로, 저작권자가 자신의 저작재산권 중 복제·배포의 권한까지 음반제작자에게 부여하였다거나, 음반제작자로 하여금 음반 이외에 저작재산권자의 저작물에 대하여까지 이용허락을 할 수 있는 권한 또는 저작물의 이용권을 제3자에게 양도할 수 있는 권한을 부여하였다는 등의 특별한 사정이 있는 경우에는 음반제작자가 저작재산권자의 이용허락 권능까지 가지게 되었으므로 음반제작자의 허락만으로도 충분하다.[32]

II. 음반제작자의 저작인접권

음반제작자에게 인정되는 저작인접권으로는 복제권(법 제78조), 배포권(법 제79조), 대여권(법 제80조), 전송권(법 제81조)이 있다.

1 복제권

음반제작자는 그의 음반을 복제할 권리를 가진다(법 제78조). 음반의 복제에는 음반 자체를 리프세스(re-press)하여 다시 제작하는 경우 외에 음반을 재생시켜 수록된 음을 다시 녹음하거나 음반을 방송에 사용하여 방송된 음을 테이프에 녹음하는 행위 및 가요를 컴퓨터 칩에 입력하는 행위 등을 포함한다.[33][34] 이와 같이 음반제작자의 복제권도 실연자의 그것과 마찬

MC(Music Cassette), CD의 제작·판매를 담당할 뿐 ○○○이 이 사건 음반에 대한 녹음 관련 비용, 인쇄물 공급 비용, 영업비, 홍보비를 부담하도록 하고 있는 점, ③ 원고 □□□□□이 ○○○에게 로열티로 선지급한 5억 원 외에 달리 이 사건 음반 제작에 소요된 비용을 지급하였다는 사정이 보이지 않는데, 위 선지급한 로열티는 이 사건 음반 계약에 따라 향후 음반 판매량에 따라 지급할 로열티와 상계하는 것이어서 이를 음반 제작 비용 명목의 금원이라고 볼 수는 없는 점" 등의 사유를 열거하면서 "이 사건 음반의 음반제작자는 이 사건 음반에 대한 저작인접권을 자신에게 귀속시킬 의사로 스스로 비용을 지출하여 이 사건 음반에 수록된 각 곡의 음원을 직접 음반에 고정시킨 ○○○이라고 할 것"이라고 하였다.
31) 예컨대 방송사업자가 라디오방송용 고정물인 음반을 맨 처음 녹음한 경우.
32) 대법원 2002. 9. 24. 선고 2001다60682 판결 등 참조.
33) 서울지방법원 2003. 9. 30.자 2003카합2114 결정(미항고 확정)은 스트리밍서비스를 위해 음원을 컴퓨터 압축파일 형태로 변환하여 운영 서버의 보조기억장치에 저장한 경우 음반의 복제에 해당한다고 판단

가지로 직접 복제뿐 아니라 간접 복제에도 미친다.

　다만 음반제작자의 복제권에서는 타인이 음반에 수록된 음 자체를 복제한 경우에만 그것에 복제권이 미치고 그의 모방에는 미치지 아니한다(통설).35)

　즉, 앞의 「III. 실연자의 재산권 ① 복제권」에서 본 것과 같이 저작인접권 침해는 모방과는 무관하므로 다른 음반제작자가 다른 연주단을 조직하고 기존의 음반을 흉내내어 같은 내용의 음반을 제작하더라도 기존의 음반을 사용하지 아니하고 새로 녹음을 한 이상, 즉 기존 음반에 수록된 음의 복제가 없는 한, 거기까지는 음반제작자의 복제권이 미치지 않는다.36) 음반제작자의 복제권의 범위에 대하여도 앞의 「III. 실연자의 재산권 ① 복제권」에서 본 것과 같으므로 중복을 피한다.

　공연과 방송에도 성격상 음반의 복제가 이루어지지만, 저작권법이 복제를 유형물에의 복제로 한정하고 있으므로 법리상 음반제작자의 복제권이 공연과 방송에 미치지 않는다. 다만 방송과 디지털 음성송신, 공연의 경우에는 보상청구권의 대상이 된다.37)

② 배포권

　배포는 저작물, 실연·음반·방송, 데이터베이스의 원본 또는 그 복제물을 공중에게 대가를 받거나 받지 아니하고 양도 또는 대여하는 것을 말한다(법 제2조 제23호, 제7호).

　음반제작자는 그의 음반을 배포할 권리를 가진다. 다만, 음반의 복제물이 음반제작자의 허락을 받아 판매 등의 방법으로 거래에 제공된 경우에는 그러하지 아니하다(법 제79조). 음반의 배포에서도 거래의 안전과 편의를 위하여 최초판매원칙이 적용되어 배포권이 제한된다.

③ 대여권

　음반제작자는 법 제79조의 단서의 규정에 불구하고 상업용 음반을 영리를 목적으로 대여

하였다.

34) 서울고등법원 2005. 1. 12. 선고 2003나21140 판결(상고기각 확정)은 소리바다 서비스의 이용자들이 다른 이용자의 컴퓨터에 접속하여 이 사건 노래의 복제물(MP3파일)을 자신의 컴퓨터에 다운로드받아 하드디스크 등에 저장하는 행위는 음을 유형물에 고정하는 것으로서 당해 음반제작자의 복제권을 침해하는 행위가 된다고 하였다.

35) 미국 저작권법 제114조(b)의 앞부분에는 "제106조(1)에 따른 녹음물에 대한 저작권자의 배타적 권리는 직접 또는 간접으로 녹음물에 고정된 실제음을 재포착하는 음반과 복제물의 형태로 녹음물을 복제하는 권리에 한한다."라고 규정하고 있는데 우리 저작권법에는 그러한 내용의 규정이 없다.

36) 임원선, 실무자를 위한 저작권법(제3판), 한국저작권위원회(2012), 325.

37) 임원선, 실무자를 위한 저작권법(제3판), 한국저작권위원회(2012), 325.

할 권리를 가진다(법 제80조). 배포권 소진(최초판매원칙)에 대한 예외로서 2006. 12. 28. 전부 개정되기 전의 구 저작권법에서도 음반제작자에게 음반의 배포 및 판매용 음반의 대여허락권을 부여하고 있었는데 앞에서 본 바와 같이 2006년 개정법은 실연자의 대여권과 마찬가지로 음반제작자의 대여권을 배타적인 권리로 하였다.

④ 전송권

전송(傳送)은 공중송신 중 공중의 구성원이 개별적으로 선택한 시간과 장소에서 접근할 수 있도록 저작물 등을 이용에 제공하는 것을 말하며, 그에 따라 이루어지는 송신을 포함한다(법 제2조 제10호).

음반제작자는 그의 음반을 전송할 권리를 가진다(법 제81조).

III. 음반제작자의 보상청구권(채권적 권리)

① 총설

저작권법은 저작인접권 그 자체는 아니지만 음반제작자에 대해, 방송사업자가 상업용 음반을 사용하여 방송하는 경우에 방송사업자를 상대로 상당한 보상금을 청구할 권리(법 제82조), 디지털음성송신사업자가 음반을 사용하여 송신하는 경우에 디지털음성송신사업자에 대해 상당한 보상금을 청구할 권리(법 제83조), 상업용 음반을 사용하여 공연을 하는 경우 공연을 하는 자를 상대로 상당한 보상금을 청구할 권리(법 제83조의2)의 세 가지 경우에 대하여 상당한 보상금을 청구할 권리를 부여한다.

② 방송사업자의 음원제작자에 대한 보상

방송사업자가 상업용 음반을 사용하여 방송하는 경우에는 상당한 보상금을 그 음반제작자에게 지급하여야 한다.

음반제작자에게는 실연자와 달리 방송권과 공연권이 부여되어 있지 않다. 방송사업자가 상업용 음반을 사용하여 방송하는 경우에 음반제작자에게 보상청구권을 인정하는 것은 상업용 음반이 통상적으로 예정하고 있는 사용 범위를 초과하여 방송에 이용되는 경우 그로 인하여 음반제작자의 음반판매 기회가 부당하게 상실될 우려가 있어 이러한 손실을 보상해 주고자 하는 데에 있다.[38]

상업용 음반이 통상적으로 예정하고 있는 사용 범위를 벗어나 다시 이를 사용하여 방송하는 데 대한 사용료를 구하는 것이어서 2차적 사용료 청구권이라고도 한다.

음반제작자가 외국인인 경우에 상호주의에 따라 그 외국에서 대한민국 국민인 음반제작자에게 이 항의 규정에 따른 보상금을 인정하지 아니하는 때에는 그러하지 아니하다(법 제82조).

법 제82조 제1항의 규정에 따른 보상금의 지급 및 금액 등에 관하여는 법 제25조 제7항부터 제11항까지 및 제76조 제3항·제4항의 규정을 준용한다(법 제82조 제2항). 따라서 보상금의 금액 및 절차 등에 관하여는 실연자와 마찬가지로 문화체육관광부장관이 지정하는 음반제작자 단체를 통하여서만 이 권리를 행사할 수 있다.

③ 디지털음성송신사업자의 음원제작자에 대한 보상

디지털음성송신사업자가 음반을 사용하여 송신하는 경우에는 상당한 보상금을 그 음반제작자에게 지급하여야 한다(법 제83조 제1항).

제1항의 규정에 따른 보상금의 지급 및 금액 등에 관하여는 법 제25조 제7항부터 제11항까지 및 제76조 제3항·제4항의 규정을 준용한다(법 제83조 제2항).

본 조에 따른 보상청구권을 부여한 취지와 내용 및 지급절차 등은 실연자의 보상청구권의 그것과 같다.

④ 상업용 음반을 사용하여 공연하는 자의 음원제작자에 대한 보상

상업용 음반을 사용하여 공연을 하는 자는 상당한 보상금을 해당 음반제작자에게 지급하여야 한다. 다만, 음반제작자가 외국인인 경우에 그 외국에서 대한민국 국민인 음반제작자에게 이 항의 규정에 따른 보상금을 인정하지 아니하는 때에는 그러하지 아니하다(법 제83조의2 제1항).

법 제25조 제5항부터 제9항까지 및 제76조 제3항·제4항은 제1항에 따른 보상금의 지급 및 금액 등에 관하여 준용한다(법 제83조의2 제2항).

본 조에 따른 보상청구권을 부여한 취지와 내용 및 지급절차 등은 실연자의 보상청구권의 그것과 같다.

---

38) 저작권법 제83조의2에 관한 대법원 2015. 12. 10. 선고 2013다219616 판결 참조.

제4절 방송사업자의 권리

I. 방송·방송사업자

① 방송·방송사업자의 의의

방송은 공중송신 중 공중이 동시에 수신하게 할 목적으로 음·영상 또는 음과 영상 등을 송신하는 것을 말하고(법 제2조 제8호),[39] 공중송신은 저작물, 실연·음반·방송 또는 데이터베이스를 공중이 수신하거나 접근하게 할 목적으로 무선 또는 유선통신의 방법에 의하여 송신하거나 이용에 제공하는 것을 말한다(법 제2조 제7호).[40]

방송사업자란 방송을 업으로 하는 자를 말한다(법 제2조 제8호).

음반제작자가 음반에 고정된 음의 저작물성 여부와 관계없이 보호되는 것과 마찬가지로 방송사업자도 자신이 제작한 방송프로그램의 저작물성 여부와 관계없이 그것에 투자한 경제적 이익을 보호하기 위하여 저작인접권자로서 보호된다. 따라서 방송사업자가 제작한 방송프로그램이 저작물로 인정된다면 방송사업자는 저작인접권자임과 동시에 저작자로서도 함께 보호받을 수 있다.

② 저작인접권으로 보호받는 방송

저작권법상 저작인접권으로 보호받는 방송은 대한민국 국민인 방송사업자의 방송(가목), 대한민국 내에 있는 방송설비로부터 행하여지는 방송(나목), 대한민국이 가입 또는 체결한 조약에 따라 보호되는 방송으로서 체약국의 국민인 방송사업자가 당해 체약국 내에 있는 방송설비로부터 행하는 방송(다목)이다(법 제64조 제1항 제3호).

위 제1항에 따라 보호되는 외국인의 실연·음반 및 방송이라도 그 외국에서 보호기간이 만료된 경우에는 저작권법에 따른 보호기간을 인정하지 아니한다(법 제64조 제2항).

---

39) 방송에 무선 방송과 유선방송이 모두 포함되어 있다. 한편 일본 저작권법은 방송은 무선통신의 송신만을 의미하는 것으로 정의하고(법 제2조 제1항 제8호) 유선방송은 별도로 정의 규정(같은항 제9호의2)을 두고 있다.

40) 실시간 음(음성·음향)의 웹캐스팅이 디지털음성송신에 해당하지만(법 제2조 제11호) 영상물을 포함하는 실시간 웹캐스팅(예컨대 On Air TV)이 방송·전송·디지털음성송신·그 밖의 공중송신 중 어느 것에 해당하는지에 대한 견해의 대립에 대하여는 「제6장 저작재산권 제2절 저작재산권의 내용 Ⅲ. 공중송신권 ④ 디지털음성송신」 부분에서 설명하였다.

II. 방송사업자의 저작인접권

방송사업자에게 인정되는 저작인접권으로는 복제권(법 제84조), 동시중계방송권(법 제85조), 공연권(법 제85조의2)이 있다.

① 복제권

방송사업자는 그의 방송을 복제할 권리를 가진다(법 제84조). 방송은 생방송만이 아니라 일시적인 고정물을 포함하는 기존의 녹음·녹화물을 사용한 방송인 경우에도 방송사업자의 저작인접권이 미친다.

여기에서 복제라고 함은 방송신호에 의한 음 또는 영상을 녹음 또는 녹화에 의하여 최초로 고정하거나 사진 등으로 촬영하는 것(직접 복제)뿐만 아니라 녹음 또는 녹화된 방송물을 디스크 등으로 복제하는 경우 및 일단 고정된 음 또는 영상의 고정물(정지화상)을 복제하는 경우(간접 복제)까지 포함한다.

이와 같이 방송사업자의 복제권도 실연자 및 음반제작자의 복제권과 마찬가지로 직접 복제뿐 아니라 간접 복제에도 미치나 다른 사람이 기존의 방송물의 복제 없이 그것을 흉내내어 그것과 동일·유사한 방송물을 만드는 것 그 자체 즉 모방에는 미치지 아니한다(통설).[41] 방송사업자의 복제권의 범위에 대하여도 앞의 「III. 실연자의 재산권 ① 복제권」에서 본 것과 같은 내용이므로 중복을 피한다.

② 동시중계방송권

방송사업자는 그의 방송을 동시중계방송할 권리를 가진다(법 제85조).

동시중계방송이란 다른 방송사업자의 방송을 수신과 동시에 재방송하는 것을 말한다. 중계방송에는 동시(同時)방송과 이시(異時)방송이 있으나 이시방송은 중계방송 이전에 복제권으로 규제할 수 있어 법 규정은 동시중계방송에 대하여만 규정하고 있다.[42]

---

41) 임원선, 실무자를 위한 저작권법(제3판), 한국저작권위원회(2012), 313.

42) 서울중앙지방법원 2009. 12. 31.자 2009카합3358 결정(항고심인 서울고등법원 2011. 6. 2.자 2010라109 결정도 동시중계방송권 침해를 인정함, 미재항고 확정)은 "유선방송사업자는, 지상파 방송사업자들이 지상의 송신탑 등을 통해 공중에 송출하는 디지털 지상파방송의 방송신호를 수신한 후 실시간으로 위 방송신호를 직접 또는 디지털 유선방송용 셋톱박스를 거쳐 가입자가 보유한 텔레비전에 재전송한 사안에서, 유선방송사업자의 재전송행위는 가입자가 디지털 지상파방송을 편리하게 수신할 수 있도록 보조하는 기능을 수행하는 정도를 넘어, 디지털지상파 방송신호를 자체 설비를 통해 수신, 가공하여 유선

③ 공연권

방송사업자는 공중의 접근이 가능한 장소에서 방송의 시청과 관련하여 입장료를 받는 경우에 그 방송을 공연할 권리를 가진다(법 제85조의2).

이 규정은 공중이 접근할 수 있는 장소에서 입장료를 받고 해당 방송을 시청하게 하는 경우에 한정하여 인정되는 제한된 권리이다. 입장료를 받고 해당 방송을 시청하게 하는 경우에 적용되므로 예컨대 일반 업소(음식점, 술집 등)가 상영의 대가로 입장료를 받지 않고 방송 프로그램을 상영하는 것에 대해서는 적용되지 않는다.

제5절 저작인접권의 발생·보호기간

저작인접권은 ① 실연의 경우에는 그 실연을 한 때, ② 음반의 경우에는 그 음을 맨 처음 음반에 고정한 때, ③ 방송의 경우에는 그 방송을 한 때부터 발생하고 어떠한 절차나 형식의 이행을 필요로 하지 않는다(법 제86조 제1항).

「제9장 저작인접권 제1절 총설 II. 저작인접권에 관한 규정 연혁」에서 본 바와 같이 저작권법의 개정에 따라 저작인접물의 보호기간이 1957년 법(저작자의 사후 30년), 1986년 법(실연, 음의 고정, 방송으로부터 20년), 1994년 법(실연·음반 고정·방송 후 50년), 2006년 법[실연·음반 발행(또는 고정)·방송 후 50년], 2011년 법[실연(또는 음반 발행)·음반 발행(또는 고정)·방송 후 70년]에 따라 각각 다르다.

위 각 법이 발효 중일 때 공표된 저작인접물은 그 후 저작권법의 개정에도 불구하고 부칙의 경과조치에 의하여 종전 법에 의한 보호기간을 인정받는다(1986년 개정법 부칙 제2조 제2항 제1호43) 및 1994년 개정법 부칙 제3항44)). 2011년 법에는 위와 같은 경과조치에 관한 규정이 없

방송사업자의 방송서비스에 포함시킨 후 독립한 사업자의 지위에서 이를 가입자에게 '동시재송신'하여 지상파 방송사업자들의 동시중계방송권을 침해하고 있다."고 판단하였다. 같은 사안에서 서울고등법원 2011. 7. 20. 선고 2010나97688 판결(상고 후 취하 확정)도 "이 사건 동시재송신이 유선방송사업자들의 영리창출에 기여하고 있는 정도가 이 사건 동시재송신을 수신자들의 수신을 보조하는 것을 넘는다고 평가할 정도임을 알 수 있으므로, 유선방송사업자들의 이 사건 동시재송신이 지상파 방송사업자들의 저작권인접권을 침해하지 않는다고 평가할 정도로 사회통념상 단순히 수신의 영역에 머무르면서 가입자인 수신자의 수신을 보조하는 행위에 불과하다고 볼 수는 없다."고 하였다.
43) "이 법 시행전에 종전의 규정에 의하여 공표된 저작물로서 다음 각호의 1에 해당하는 것은 종전의 규정에 의한다. 1. 종전의 법 제2조의 규정에 의한 연주·가창·연출·음반 또는 녹음필름..."

고 "이 법 시행 전에 종전의 규정에 따라 저작권, 그 밖에 이 법에 따라 보호되는 권리의 전부 또는 일부가 소멸하였거나 보호를 받지 못한 저작물 등에 대하여는 그 부분에 대하여 이 법을 적용하지 아니한다."라는 부칙 규정(제2조)을 두었다.

그런데 1987. 7. 1.(1986년 법 시행일)부터 1994. 6. 30.(1994년 법 시행 전일)까지의 기간 동안 발생한 저작인접권에 대하여만 특별히 20년의 짧은 기간 보호를 받는다는 점이 문제가 되어 2011. 12. 2. 법률 제11110호로 저작권법을 개정하면서 부칙에 특별규정(부칙 제4조[45])을 두어 위 기간에 발생한 저작인접권도 50년의 보호기간을 부여하였다.

제6절 저작인접권의 제한·양도·행사·등록

I. 저작인접권의 제한

저작인접권은 성질상 저작재산권에 유사하여 저작재산권이 제한되는 경우에 준하여 제한된다.

저작인접권의 목적이 된 실연·음반 또는 방송의 이용에 관하여 저작재산권의 제한에 관한 제23조(재판절차 등에서의 복제), 제24조(정치적 연설 등의 이용), 제25조(학교교육 목적 등에의 이용) 제1항부터 제5항까지, 제26조(시사보도를 위한 이용), 제27조(시사적인 기사 및 논설의 복제 등), 제28조(공표된 저작물의 인용), 제29조(영리를 목적으로 하지 아니하는 공연·방송), 제30조(사적이용을 위한 복제), 제31조(도서관 등에서의 복제 등), 제32조(시험문제로서의 복제), 제33조(시각장애인 등을 위한 복제) 제2항, 제34조(방송사업자의 일시적 녹음·녹화), 제35조의2(저작물 이용과정에서의 일시적 복제), 제35조의3(부수적 복제 등), 제35조의4(문화시설에 의한 복제 등), 제35조의5(저작물의 공정한 이용), 제36조(번역 등에 의한 이용) 및 제37조(출처의 명시)를 준용한다(법 제87조 제1항).

제33조 제1항(점자에 의한 복제·배포), 제35조(미술저작물 등의 전시 또는 복제)에 관한 규정이 준용되지 않고, 제25조 제4항 이하(교육목적 등에의 이용시 보상금 지급에 관한 규정)도 준용되지 않는다.

---

44) "이 법 시행전에 발생된 저작인접권의 보호기간은 종전의 규정에 의한다."
45) "제4조(저작인접권 보호기간의 특례) ① 제3조에도 불구하고 법률 제8101호 저작권법 전부개정법률 부칙 제2조 제3항의 개정규정에 따라 1987년 7월 1일부터 1994년 6월 30일 사이에 발생한 저작인접권은 1994년 7월 1일 시행된 법률 제4717호 저작권법 중 개정법률 제70조의 개정규정에 따라 그 발생한 때의 다음 해부터 기산하여 50년간 존속한다."

디지털음성송신사업자는 제76조 제1항 및 제83조 제1항에 따라 실연이 녹음된 음반을 사용하여 송신하는 경우에는 자체의 수단으로 실연이 녹음된 음반을 일시적으로 복제할 수 있고, 이 경우 복제물의 보존기간에 관하여는 제34조(방송사업자의 일시적 녹음·녹화) 제2항을 준용한다(법 제87조 제2항).

II. 저작인접권의 양도·행사·등록 등

저작인접권은 성질상 저작재산권에 유사하여 저작재산권의 양도, 행사, 등록 등에 관한 규정도 저작인접권에 준용된다.

저작인접권의 양도에 관하여는 제45조(저작재산권의 양도) 제1항을, 실연·음반 또는 방송의 이용허락에 관하여는 제46조(저작물의 이용허락)를, 저작인접권을 목적으로 하는 질권의 행사 등에 관하여는 제47조(저작재산권을 목적으로 하는 질권의 행사 등)를, 저작인접권의 소멸에 관하여는 제49조(저작재산권의 소멸)를, 실연·음반 또는 방송의 배타적발행권의 설정 등에 관하여는 저작물의 배타적발행권에 관한 제57조부터 제62조까지의 규정을 각각 준용한다(법 제88조).

한편 실연·음반·방송의 이용에 관한 법정허락에 관하여도 제50조(저작재산권자 불명인 저작물의 이용), 제51조(공표된 저작물의 방송), 제52조(상업용 음반의 제작)의 규정은 실연·음반 및 방송의 이용에 관하여 준용한다(법 제89조, 제132조 제1항 제1호).

저작인접권의 등록에 대하여도 저작인접권 또는 저작인접권의 배타적발행권의 등록, 변경등록 등에 관하여는 제53조(저작권의 등록), 제54조(권리변동 등의 등록·효력), 제55조(등록의 절차 등), 제55조의2(착오·누락의 통지 및 직권 경정), 제55조의3(변경등록 등의 신청 등), 제55조의4(직권 말소등록), 제55조의5(비밀유지의무)까지의 규정을 준용한다. 이 경우 제55조, 제55조의2, 제55조의3 중 저작권등록부는 저작인접권등록부로 본다(법 제90조, 제132조 제1항 제2호).

그 외 실연자 및 음반제작자의 권리에서 본 바와 같이 방송사업자가 실연이 녹음된 상업용 음반을 사용하여 방송하는 경우에는 상당한 보상금을 그 실연자에게 지급하여야 하고(법 제75조 제1항 본문), 방송사업자가 상업용 음반을 사용하여 방송하는 경우에는 상당한 보상금을 그 음반제작자에게 지급하여야 한다(법 제82조 제1항 본문).

그 밖의 권리 및 특례 규정

제10장 그 밖의 권리 및 특례 규정

제1절 데이터베이스제작자의 권리

I. 데이터베이스에 관한 규정 연혁 및 의의

① 데이터베이스에 관한 규정 연혁

1994. 1. 7. 법률 제4717호로 개정된 저작권법은 데이터베이스를 편집물 중 논문·수치·도형 기타 자료의 집합물로서 이를 정보처리장치를 이용하여 검색할 수 있도록 체계적으로 구성한 것으로 이해하고 그 소재의 선택 또는 배열에 창작성이 있는 경우에 편집저작물로서 보호하였다(법 제6조 제1항 참조).

그러나 일반적으로 데이터베이스의 가치는 관련된 정보를 취사선택함이 없이 빠짐없이 모아 놓는 데 있고, 그 배열이나 검색은 데이터베이스의 경우 소재의 선택이나 배열의 창작성을 다른 편집저작물에서와 같이 엄격하게 요구한다면 보호가 충실하지 않게 된다는 비판이 있었다.[1]

그러다가 2003. 5. 27. 법률 제6881호로 개정된 저작권법에서 데이터베이스를, 소재를 체계적으로 배열 또는 구성한 편집물로서 그 소재를 개별적으로 접근 또는 검색할 수 있도록 한 것을 말한다(법 제2조 제12의4호)라고 정의하고, 제4장의2 데이터베이스제작자의 보호 규정을 신설함으로써 창작성의 유무를 구별하지 아니하고 데이터베이스 제작 등에 상당한 투자를 한 사람에게 일정기간 동안 그 데이터베이스에 관하여 일반 저작권보다는 제한된 권리를 인정하는 등 편집저작물과는 독립하여 별도의 보호규정을 마련하였다.

② 데이터베이스의 의의

저작권법상 편집물이란 저작물이나 부호·문자·음·영상 그 밖의 형태의 자료(이하 "소재"라 한다)의 집합물을 말하고, 데이터베이스를 포함하는데(법 제2조 제17호), 여기서 데이터베이스는 소재를 체계적으로 배열 또는 구성한 편집물로서 개별적으로 그 소재에 접근하거나 그 소재를 검색할 수 있도록 한 것을 말한다(법 제2조 제19호).

---

1) 저작권법, 사법연수원(2014), 131.

데이터베이스는 창작성을 가지지 않는 경우에도 저작권법상의 데이터베이스 관련 규정에 의한 보호를 받을 수 있고,[2] 나아가 만일 그 데이터베이스가 소재의 선택·배열 또는 구성에 창작성이 있다면 편집저작물(법 제2조 제18호[3])로도 중첩적으로 보호받을 수 있다.

데이터베이스 정의(제2조 제19호)에서 말하는 소재의 배열이라 함은 그 소재의 배치 순서나 위치를 말하고, 소재의 구성은 소재의 축적 및 검색을 위한 논리적인 구조를 말한다. 또한 체계적이라 함은 소재에 대한 접근 및 검색의 편리성 또는 효율성을 말하는데,[4] 어느 소재를 배열하여 개별 소재인 각종 정보를 일정한 기준에 따라 검색할 수 있도록 하였다면 체계적이라고 인정된다.

편집저작물의 가치는 소재의 선택·배열 또는 구성에 창작성이 있지만 데이터베이스의 가치는 소재의 배열보다는 정보의 축적과 검색의 용이성에 있는 점에서 구분된다.

II. 보호되는 데이터베이스 범위 한계

대한민국 국민이거나, 데이터베이스의 보호와 관련하여 대한민국이 가입 또는 체결한 조약에 따라 보호되는 외국인의 데이터베이스는 저작권법에 따른 보호를 받는다(법 제91조 제1항). 다만 이에 따라 보호되는 외국인의 데이터베이스라도 그 외국에서 대한민국 국민의 데이터베이스를 보호하지 아니하는 경우에는 그에 상응하게 조약 및 이 법에 따른 보호를 제한할 수 있다(법 제91조 제2항)고 하여 상호주의를 채택하고 있다.

한편 데이터베이스의 제작, 갱신·검증·보충 또는 운영에 이용되는 컴퓨터프로그램(제1호), 무선 또는 유선통신을 기술적으로 가능하게 하기 위하여 제작되거나 갱신·검증 또는 보충이 되는 데이터베이스(제2호)의 어느 하나에 해당하는 데이터베이스에 대하여는 데이터베이스로서 보호를 받지 아니한다(법 제92조, 제2조 제20호).

데이터베이스의 제작·갱신·검증·보충 또는 운영에 이용되는 컴퓨터프로그램은 데이터베이스와 결합되어 이용되지만 별도의 저작물로 보호받기 때문에 이를 보호대상에서 제외한 것이다.

여기서 무선 또는 유선통신을 기술적으로 가능하게 하기 위하여 제작되거나 갱신·검증 또는 보충이 되는 데이터베이스라 함은 주로 인터넷 등으로 데이터베이스를 이용하는 경우에

---

2) 오승종, 저작권법 강의(제2판), 박영사(2018), 109는 "누가하더라도 동일한 방법으로 소재를 선택·배열 또는 구성하였다면 최소한의 창조적 개성이 결여되어 편집저작물의 요건인 창작성을 갖추지 못하였다고 할 것이지만, 그러한 배열 또는 구성이 소재에 대한 접근 및 검색의 편리성을 위해서 반드시 필요한 방법이었다면 체계적이라고 볼 수 있고 따라서 데이터베이스로서는 성립할 수 있다."라고 설명한다.

3) "편집저작물은 편집물로서 그 소재의 선택·배열 또는 구성에 창작성이 있는 것을 말한다."

4) 오승종, 저작권법 강의(제2판), 박영사(2018), 109.

도메인 네임의 등록부나 인터넷 주소록 등과 같이 무선 또는 유선통신을 할 수 있도록 하는데 필요한 필수적인 정보들로 구성된 데이터베이스, 예컨대 IP 어드레스나 이메일 어드레스 등의 집합물을 말한다(다수설).[5] 이러한 것들에 대하여 배타적 권리가 부여된다면 네트워크 통신 운영에 장애를 일으킬 수 있어 이를 제외한 것이다.

III. 데이터베이스제작자의 권리

데이터베이스제작자는 데이터베이스의 제작 또는 그 소재의 갱신·검증 또는 보충(이하 "갱신 등"이라 한다)에 인적 또는 물적으로 상당한 투자를 한 자를 말한다(법 제2조 제20호).

데이터베이스제작자인지 여부는 사실인정 문제에 속한다.[6]

데이터베이스제작자는 그의 데이터베이스의 전부 또는 상당한 부분을 복제·배포·방송 또는 전송할 권리를 가진다(법 제93조 제1항[7]).

여기서 복제는 인쇄·사진촬영·복사·녹음·녹화 그 밖의 방법으로 일시적 또는 영구적으로 유형물에 고정하거나 다시 제작하는 것을 말하며, 건축물의 경우에는 그 건축을 위한 모형 또는 설계도서에 따라 이를 시공하는 것을 포함하고(법 제2조 제22호), 배포는 저작물, 실연·음반·방송 또는 데이터베이스의 원본 또는 그 복제물을 공중에게 대가를 받거나 받지 아니하고 양도 또는 대여하는 것을 말하며(법 제2조 제23호), 전송은 공중송신 중 공중의 구성원이 개별적으로 선택한 시간과 장소에서 접근할 수 있도록 저작물, 실연·음반·방송 또는 데이터베이스를 이용에 제공하는 것을 말하며, 그에 따라 이루어지는 송신을 포함한다(법 제2조 제10호). 위 공중송신은 저작물, 실연·음반·방송 또는 데이터베이스를 공중이 수신하거나 접근하게 할 목적으로 무선 또는 유선통신의 방법에 의하여 송신하거나 이용에 제공하는 것을 말한다(법 제2조 제7호).

---

5) 오승종, 저작권법 강의(제2판), 박영사(2018), 555, 이해완, 저작권법(제4판), 박영사(2019), 1011.

6) 서울고등법원 2010. 6. 9. 선고 2009나96306 판결(미상고 확정)은 "원고 물가정보지는 2007년 3월부터 2007년 12월까지 발행한 잡지에 19만 5,000개에서 20여 만 개의 물품의 시중단가를 체계적으로 배열하여 수록함으로써 이용자가 원고 물가정보지로부터 개별 소재인 가격정보를 일정한 기준에 따라 검색할 수 있도록 하였으므로, 원고 물가정보지는 데이터베이스에 해당하고, 나아가 원고는 매달 조사대상인 물품을 선정한 후 직원으로 하여금 해당 물품공급업체를 방문설문하는 등으로 가격정보를 조사하게 하는 방식으로 자료를 모아 왔고, 이와 같이 수집된 정보를 여러 기준에 따라 분류하여 수록함으로써 원고 물가정보지의 제작 또는 그 소재의 갱신·검증 또는 보충에 인적 또는 물적으로 상당한 투자를 하였으므로, 원고는 원고 물가정보지에 대한 데이터베이스제작자에 해당한다."라고 하고, 서울고등법원 2016. 12. 15. 선고 2015나2074198 판결(심리불속행 상고기각 확정)도 증거를 종합하여 원고 사이트에 집적된 20만 건 이상에 이르는 게시물 대부분은 이용자가 작성하거나 이를 수정하여 온 사정은 있지만 원고가 해당 사이트의 체계성, 개별적인 접근 및 검색 가능성을 높여 플랫폼을 구축한 사실 등을 인정하고 원고를 데이터베이스제작자로 인정하였다.

7) 조문에서는 복제·배포·방송 또는 전송을 제93조에서 "복제 등"이라 한다고 되어 있다.

여기서 데이터베이스의 전부 또는 상당한 부분은 양적 및 질적으로 상당한 부분을 종합적으로 고려하여 판단한다.[8] 여기서 상당한 부분이라는 불확정 개념과 관련하여 유럽연합법원(유럽사법재판소)은 양적으로 상당한 부분에 해당하는지는 전체 데이터베이스 내용의 규모와 비교하여 추출, 재이용된 데이터의 양이 어느 정도인가에 따라 결정되고, 질적으로 상당한 부분에 해당하는지는 문제된 데이터를 취득, 검증, 표현하기 위해 한 인적, 기술적, 재정적 노력이 상당한 투자에 해당하는지 여부에 따라 판단하여야 하는데 그 부분이 전체 데이터베이스에서 양적으로 상당한 부분을 차지하는지 여부와 무관하게 추출 또는 재이용의 대상이 되는 부분을 취득, 검증 또는 표현하는 데 쏟은 투자의 규모에 따라 결정된다고 한다.[9]

데이터베이스를 제작하기 위하여 소재를 수집한 자도 그 수집에 상당한 투자를 하였다면 나중에 그것이 데이터베이스로 제작되었을 때 그에 대한 데이터베이스제작자로서의 지위를 가진다.[10]

유럽공동체 데이터베이스 보호지침은 소재의 검색, 추출을 데이터베이스제작자의 권리의 하나로 규정하고 있으나 우리 저작권법은 소재의 검색, 추출에 대하여 아무런 규정이 없기 때문에 예컨대 검색엔진에 의해서 원하는 정보를 검색한 후 곧바로 인터넷 이용자의 컴퓨터로 전송받을 수 있도록 도와주는 검색엔진은 저작권법상 데이터베이스제작자의 권리를 침해하지 않는 것으로 해석된다.[11]

데이터베이스제작자의 권리는 성격상 실연자나 음반제작자의 권리와 같은 저작인접권에 가깝다. 이러한 연유로 데이터베이스제작자의 복제권은 다른 사람이 데이터베이스를 모방하여 유사한 데이터베이스를 제작하는 데에 대하여는 미치지 않는다. 다만 자신의 데이터베이스 전부 또는 상당한 부분 그 자체를 이용하는 경우에만 권리가 미친다. 모방으로부터의 보호는 데이터베이스가 편집저작물로서 보호되는 범위에 국한된다.[12]

데이터베이스의 개별 소재는 저작권법 제93조 제1항의 규정에 따른 당해 데이터베이스의 상당한 부분으로 간주되지 아니한다(법 제93조 제2항 본문). 다만, 데이터베이스의 개별 소재 또는 그 상당한 부분에 이르지 못하는 부분의 복제·배포·방송 또는 전송이라 하더라도 반복적이거나 특정한 목적을 위하여 체계적으로 함으로써 당해 데이터베이스의 통상적인 이용과 충

---

8) 유럽공동체 데이터베이스 보호지침 제7조 제1항은 "회원국은 데이터베이스 내용의 취득, 검증 또는 표현에 대하여 양적으로 그리고/또는 질적으로 상당한 투자를 하였음을 나타내는 데이터베이스의 제작자에게 데이터베이스 내용의 전부, 또는 양적으로 그리고/또는 질적으로 상당한 것으로 평가되는 부분의 추출 그리고/또는 재이용을 금지할 권리를 부여하여야 한다."라고 규정한다.

9) 저작권법 주해, 박영사(2007), 915~916(염호준 집필부분)의 The British Horseracing Board Ltd and Others v. William Hill Organization Ltd., C-203/02 사건 설명 부분에서 재인용.

10) 오승종, 저작권법 강의(제2판), 박영사(2018), 556.

11) 저작권법 주해, 박영사(2007), 918(염호준 집필부분).

12) 임원선, 실무자를 위한 저작권법(제3판), 한국저작권위원회(2012), 343~344.

돌하거나 데이터베이스제작자의 이익을 부당하게 해치는 경우에는 당해 데이터베이스의 상당한 부분의 복제 · 배포 · 방송 또는 전송으로 본다(법 제93조 제2항 단서).

여기서 데이터베이스의 통상적인 이용과 충돌한다는 것은 그 데이터베이스와 시장에서 경쟁하는 관계에 놓이거나 현재 또는 잠재적 시장에 영향을 미칠 정도에 이른 경우를 의미하고, 데이터베이스제작자의 이익을 부당하게 해치는 경우라고 함은 그 데이터베이스제작자가 통상적으로 이용허락을 함으로써 얻을 수 있는 이익을 부당하게 상실하게 하는 경우를 의미한다.[13]

위 법 제93조 제2항 단서 규정의 취지에 대해 그 단서 규정에 해당하는 경우 상당한 부분의 복제 등으로 의제하여 권리보호를 확장하는 취지라는 견해도 있지만, 단서 조항의 "그 상당한 부분에 이르지 못하는 부분의 복제 · 배포, 방송 또는 전송이라 하더라도"라는 문언에 비추어 보면 권리보호를 확장하려는 조항이 아니라 데이터베이스의 상당한 부분에 이르지 못하더라도 질적인 내용을 포함한 이용 태양 및 그 이용이 데이터베이스제작자에게 미치는 영향 등의 제반 사정을 종합적으로 고려하여 침해 여부를 결정하라는 취지로 보아야 할 것이다.

데이터베이스제작자의 권리 보호는 데이터베이스의 구성부분이 되는 소재의 저작권 그 밖에 저작권법에 따라 보호되는 권리에 영향을 미치지 아니하고(법 제93조 제3항), 데이터베이스제작자의 권리 보호는 데이터베이스의 구성부분이 되는 소재 그 자체에는 미치지 아니한다(법 제93조 제4항). 따라서 데이터베이스를 구성하는 개별 소재가 저작권 그 밖에 저작권법에 의하여 보호되는 권리의 대상인 경우 이러한 데이터베이스를 무단으로 이용하는 제3자에 대하여 데이터베이스제작자는 개별 소재의 권리자와 함께 또는 별도로 권리 주장을 할 수 있고, 이러한 데이터베이스를 이용하고자 하는 자는 데이터베이스제작자의 허락을 얻는 외에 이를 구성하는 개별 소재의 권리자로부터도 허락을 얻어야 한다.[14] 다만 데이터베이스를 구성하는 개별 소재 자체를 데이터베이스제작자의 허락 없이 복제 · 배포 · 방송 또는 전송하는 것은 당해 소재(정보) 자체에 대한 저작권 등[15]을 침해하는지의 문제로 되고 데이터베이스제작자의 권리를 침해하는 것은 아니다.

한편 저작권법상 데이터베이스제작자의 권리에 2차적저작물작성권은 포함되어 있지 않아 그 권리자에게 2차적저작물을 발행하는 등의 권리까지 주어지는 것은 아니므로 실질적으로 유사하더라도 그와 같은 변경으로 인하여 새로운 창작성이 부가되어 2차적저작물 작성의 정도에 이르렀다면 데이터베이스제작자의 권리 침해는 발생하지 않는다.[16]

13) 오승종, 저작권법 강의(제2판), 박영사(2018), 557, 이해완, 저작권법(제4판), 박영사(2019), 1016.
14) 저작권법 주해, 박영사(2007), 919(염호준 집필부분) 참조.
15) 소재(정보) 자체가 저작물이라면 저작재산권 침해 문제로 될 것이고, 소재(정보) 자체가 저작물이 아니라면 법적으로 보호할 이익이 있는지 여부 등에 따라 민법상 일반불법행위 또는 부정경쟁방지 및 영업비밀보호에 관한 법률 제2조 제1호 차목 또는 카목에 해당하는 부정경쟁행위 여부의 문제로 될 수 있다.
16) 이 부분을 비롯하여 침해의 요건인 실질적 유사성 문제와 관련하여 더 상세한 내용은 「제8장 저작재산

관련하여 개별 소재가 동일하지만 그 배열이나 구성이 전혀 상이하고 독자적인 데이터베이스를 제작한 경우 이를 데이터베이스제작자의 권리를 침해하는 것으로 볼 것인지 여부에 대하여 다툼이 있으나, 원칙적으로 데이터베이스제작자의 권리가 소재 그 자체에는 미치지 못하고 예외적으로 일정한 조건이 충족되는 경우에만 소재에 미치는 것이라는 점 등을 이유로 소극설이 유력하다.

Ⅳ. 데이터베이스제작자의 권리 보호기간

데이터베이스제작자의 권리는 데이터베이스의 제작을 완료한 때부터 발생하며, 그 다음 해부터 기산하여 5년간 존속한다(법 제95조 제1항).

데이터베이스의 갱신 등을 위하여 인적 또는 물적으로 상당한 투자가 이루어진 경우에 당해 부분에 대한 데이터베이스제작자의 권리는 그 갱신 등을 한 때부터 발생하며, 그 다음 해부터 기산하여 5년간 존속한다(법 제95조 제2항).

Ⅴ. 데이터베이스제작자의 권리 제한

데이터베이스제작자의 권리의 목적이 되는 데이터베이스의 이용에 관하여는 제23조(재판절차 등에서의 복제), 28조(공표된 저작물의 인용), 제29조(영리를 목적으로 하지 아니하는 공연 · 방송), 제30조(사적이용을 위한 복제), 제31조(도서관 등에서의 복제 등), 제32조(시험문제로서의 복제), 제33조(시각장애인 등을 위한 복제), 제34조(방송사업자의 일시적 녹음 · 녹화), 제35조의2(저작물 이용과정에서의 일시적 복제), 제35조의4(문화시설에 의한 복제 등), 제35조의5(저작물의 공정한 이용), 제36조(번역 등에 의한 이용) 및 제37조(출처의 명시)를 준용한다.

그리고 교육 · 학술 또는 연구를 위하여 이용하는 경우(다만, 당해 데이터베이스의 통상적인 이용과 저촉되는 경우에는 그러하지 아니하다) 및 시사보도를 위하여 이용하는 경우 중 어느 하나에 해당하는 경우에는 누구든지 데이터베이스의 전부 또는 그 상당한 부분을 복제 · 배포 · 방송 또는 전송할 수 있다. 위의 경우에 해당하더라도 당해 데이터베이스의 통상적인 이용과 저촉되는 경우에는 그러하지 아니하다(법 제94조 제2항).

Ⅵ. 데이터베이스제작자의 권리의 양도 · 행사 · 등록 등

권의 경제적 이용 제5절 출판권 Ⅲ. 출판권의 내용 ① 출판권자의 권리」 부분의 설명이 참고가 된다.

데이터베이스의 거래제공에 관하여는 법 제20조(배포권) 단서를, 데이터베이스제작자의 권리의 양도에 관하여는 제45조(저작재산권의 양도) 제1항을, 데이터베이스의 이용허락에 관하여는 제46조(저작물의 이용허락)를, 데이터베이스제작자의 권리를 목적으로 하는 질권의 행사에 관하여는 제47조(저작재산권을 목적으로 하는 질권의 행사 등)를, 공동데이터베이스의 데이터베이스제작자의 권리행사에 관하여는 제48조(공동저작물의 저작재산권의 행사)를, 데이터베이스제작자의 권리의 소멸에 관하여는 제49조(저작재산권의 소멸)를, 데이터베이스의 배타적발행권의 설정 등에 관하여는 저작물의 배타적발행권에 관한 제57조부터 제62조까지의 규정을 각각 준용한다(법 제96조).

한편 데이터베이스의 이용에 관한 법정허락에 관하여도 법 제50조(저작재산권자 불명인 저작물의 이용), 제51조(공표된 저작물의 방송)의 규정은 데이터베이스의 이용에 관하여 준용한다(법 제97조, 제132조 제1항 제1호).

데이터베이스제작자의 권리 및 데이터베이스제작자 권리의 배타적발행권 등록, 변경등록 등에 관하여는 제53조(저작권의 등록), 제54조(권리변동 등의 등록·효력), 제55조(등록의 절차 등), 제55조의2(착오·누락의 통지 및 직권 경정), 제55조의3(변경등록 등의 신청 등), 제55조의4(직권 말소등록), 제55조의5(비밀유지의무)까지의 규정을 준용한다. 이 경우 제55조, 제55조의2, 제55조의3 중 저작권등록부는 데이터베이스제작자권리등록부로 본다(법 제98조, 제132조 제1항 제2호).

제2절 영상저작물에 관한 특례

I. 영상저작물의 의의 및 특례 규정의 취지

영상저작물은 연속적인 영상(음의 수반여부는 가리지 아니한다)이 수록된 창작물로서 그 영상을 기계 또는 전자장치에 의하여 재생하여 볼 수 있거나 보고 들을 수 있는 것을 말한다(법 제2조 제13호).

종합예술에 속하는 영상저작물의 창작에 관여하는 자에는 원작자, 시나리오 작가, 작곡가, 무대장치 담당자, 촬영 담당자, 실연자 등이 있고 이들을 지휘하는 영화감독, 촬영감독, 무대감독, 음악감독 등이 있으며 영상저작물의 제작에서 그 전체를 기획하고 책임을 지는 영상제작자(법 제2조 제14호) 등이 있다.

또한 영상저작물 제작에는 많은 비용이 투입되는데 영상저작물의 창작에 관여하는 모든 사람을 저작자로 인정하여 그 권리를 행사하도록 한다면 영상제작자는 영상저작물을 원활히 유통시킬 수 없어 투입한 비용을 제대로 회수할 수 없게 되는 문제가 발생할 수 있다.

이에 영상저작물의 창작에 관여한 사람들 사이의 권리관계를 조정하고 영상저작물의 원활한 유통을 꾀하기 위하여 저작권법은 영상저작물에 관한 특례 규정을 두고 있다.

II. 영상저작물의 저작자 · 영상제작자

① 영상저작물의 저작자 판단

앞서 본 영상저작물의 창작에 관여하는 자들을 카테고리로 나누면 대체로 고전적 저작자, 현대적 저작자, 실연자, 영상제작자로 분류할 수 있다.

고전적 저작자(classic author)는 그의 저작물이 영상저작물의 소재저작물로 이용되는 자를 말하고 이에는 소설가, 시나리오 작가, 음악저작물의 저작자 등이 해당한다.

현대적 저작자(modern author)는 감독, 연출, 촬영, 미술 등을 담당하여 영상저작물의 전체적 형성에 창작적으로 이바지하는 자를 말하고 이에는 영화감독, 촬영감독, 조명감독, 미술감독 등이 해당한다.

실연자(performer)는 저작물을 연기 · 무용 · 연주 · 가창 · 구연 · 낭독 그 밖의 예능적 방법으로 표현하거나 저작물이 아닌 것을 이와 유사한 방법으로 표현하는 것을 말하고(법 제2조 제4호 참조) 이에는 배우나 가수 등이 해당한다.

영상제작자는 영상저작물의 제작에 있어 그 전체를 기획하고 책임을 지는 자를 말하고(법 제2조 제14호) 영화제작사 등이 이에 해당한다.

저작권법 제99조는 고전적 저작자의 저작물의 이용관계를 규정하고 있고 법 제100조는 작성된 영상저작물에 대한 권리관계를 규율하고 있는데 그 제1항은 주로 현대적 저작자에 대해, 제2항은 고전적 저작자에 대해, 제3항은 실연자에 대해 규정하고 있으며, 법 제101조는 영상제작자의 권리를 규정하고 있다.

한편, 저작권법의 영상저작물에 관한 특례 규정에는 영상저작물의 저작자를 누구로 할 것인가에 관한 규정은 두고 있지 않고, 다만 법 제100조 제1항에서 "영상제작자와 영상저작물의 제작에 협력할 것을 약정한 자가 그 영상저작물에 대하여 저작권을 취득한 경우 특약이 없는 한 그 영상저작물의 이용을 위하여 필요한 권리는 영상제작자가 이를 양도 받은 것으로 추정한다."라는 영상저작물의 권리관계 규정을 두고 있을 뿐이다.

이는 독일 저작권법 제89조 전문의 "영상물의 제작에 있어서 협력할 의무를 부담하는 자가 당해 영상저작물에 관한 저작권을 취득하는 경우에도 의심스러운 때에는 영상저작물 및 번역물, 기타 영상적 개작물 혹은 변형물을 이미 알려진 모든 이용방법으로서 이용하는 배타적

권리를 영상제작자에게 부여한 것으로 한다."라는 규정과 유사한 입법이다.[17]

반면에 일본 저작권법 제16조 전문은 "영화저작물의 저작자는 그 영화저작물에서 번안되거나 복제된 소설, 각본, 음악 그 밖에 저작물의 저작자를 제외하고는 제작, 감독, 연출, 촬영, 미술 등을 담당하여 그 영화저작물의 전체적 형성에 창작적으로 기여한 자로 한다."라고 규정하여 영화저작물의 저작자에 대하여 명시하고 있다.[18]

그리고 미국 저작권법에는 우리 저작권법과 같은 영상저작물에 관한 특례 규정은 없고 다만 제101조 업무상저작물의 정의 (2)에서 "당사자들이 그 저작물을 업무상저작물로 간주한다고 문서에 의하여 명시적으로 합의하는 경우에,....영화 그 밖의 시청각저작물의 일부...로 사용되도록 특별히 주문이나 위탁을 받은 저작물..(이하 생략).."이라고 하여 대부분 업무상저작물의 법률관계로 포섭되고 있다.

저작권법은 저작물을 창작한 자를 저작자로 인정하므로(제2조 제2호) 영상저작물도 영상저작물의 제작에 협력할 것을 약정한 자 중에서 그 저작물의 제작 과정에서 그 형성에 창작적으로 이바지한 자가 저작자가 된다.

대체로 구체적인 영상을 제작하는 과정을 지휘하고 책임지는 영화감독, 촬영감독, 미술감독 등의 현대적 저작자를 영상저작물의 저작자로 볼 수 있다.

그러나 그러한 감독의 명칭을 지니고 있었다는 사정만으로 곧바로 영상저작물의 저작자가 되는 것은 아니고, 그 반대로 감독의 명칭을 지니고 있지 않은 고전적 저작자나 실연자라는 이유만으로 영상저작물의 저작자가 될 수 없다고 단정해서는 안된다.

고전적 저작자나 실연자도 각각 그들이 담당하는 고유한 역할을 넘어서 영상저작물을 제작하는 과정에서 그 형성에 창작적으로 이바지하였다면 공동저작자로서의 지위를 가질 수 있다. 영상저작물에서 누가 저작자가 되는지는 결국 증거에 따른 사실인정의 문제로 귀착될 것이다.

② 영상제작자

영상저작물의 저작자는 영상저작물을 제작하는 과정에서 그 형성에 창작적으로 이바지한 자임에 대하여 영상제작자는 영상저작물의 제작에 있어 그 전체를 기획하고 책임을 지는 자를 말한다(법 제2조 제14호).

영상제작자가 되기 위하여는 창작이 아니라 기획과 책임이라는 두 요소를 모두 충족하여

---

17) 법문에 "...하는 경우"라는 형식으로 되어 있어 이를 이른바 사례방법의 입법례라고 부른다.
18) 법문에 영화저작물의 창작에 관여한 일정한 범주에 속하는 자를 열거하고 이들을 저작자로 결정하는 형식을 취하고 있어 이를 범주방법의 입법례라고 부른다.

야 한다. 여기서 기획이란 자신의 결정에 의해 영상저작물을 제작하는 것을 말하고 책임이란 자기의 경제적 부담으로 영상저작물을 제작하는 것을 말한다. 그리고 자기의 경제적 부담으로 한다는 것은 영상저작물의 제작에 관한 법률상 권리·의무가 귀속하는 주체로서 경제적인 수입·지출의 주체가 된다는 것을 의미한다.

통상 극장용 영화를 제작하는 영화제작자나 텔레비전 드라마를 자체 제작하는 방송사업자 또는 이를 외주 제작하는 독립제작사 등이 영상제작자가 되고 있다.[19]

III. 업무상저작물에 관한 규정이 영상저작물에 적용되는지 여부

법 제9조는 법인·단체 그 밖의 사용자(이하 '법인 등'이라 한다)의 명의로 공표되는 업무상저작물의 저작자는 계약 또는 근무규칙 등에 다른 정함이 없는 때에는 그 법인 등이 된다(법 제9조, 법 제2조 제31호)라고 규정한다.

이 업무상저작물의 저작자 규정은 법 제2조 제2호의 창작자 원칙에 대한 예외에 해당하는데 업무상저작물에 관한 법 제9조가 영상저작물에도 적용될 수 있는지가 문제된다.

실무는 업무상저작물에 관한 법 제9조가 영상저작물에도 적용될 수 있다고 한다.[20] 긍정하는 견해에 따른다면 영상저작물에 관한 특례 규정 중 법 제99조(저작물의 영상화), 제100조(영상저작물에 대한 권리) 제2항, 제3항은 업무상저작물인 영상저작물에도 그대로 적용된다. 다만 업무상저작물의 저작자 규정에 따라 법인에게 영상저작권이 귀속된다면 영상제작자가 별도로 존재할 여지가 없게 되므로 업무상저작물 규정이 적용된 영상저작물에 대하여는 위 영상저작물에 관한 특례 규정 중 '저작재산권 중 영상저작물의 이용을 위하여 필요한 권리는 영상제작자가 영상저작물에 대하여 저작권을 취득한 자로부터 양도받은 것으로 추정한다'는 법 제100조 제1항은 적용되지 않는다.[21]

결국 위 법 제100조 제1항은 업무상저작물의 요건을 충족시키지 못하는 경우에 적용된다.

IV. 영상저작물에 대한 권리관계

① 영상저작물의 저작자 권리의 양도 추정(법 제100조 제1항)

---

19) 박성호, 저작권법(제2판), 박영사(2017), 493.
20) 서울고등법원 2000. 9. 26.자 99라319 결정(미재항고 확정)은 "이 사건 영상시연물은 신청인 회사의 직원이던 피신청인들이 신청인의 총괄적 기획 및 지휘·감독 하에 창작한 작품으로서 신청인 명의로 외부에 공표되었으므로, 그 저작권은 영상제작자에 대한 특칙과 관계없이 바로 법인인 신청인에게 귀속된다."라고 하였다.
21) 서울고등법원 2000. 9. 26.자 99라319 결정(미재항고 확정)도 같은 취지이다.

영상제작자와 영상저작물의 제작에 협력할 것을 약정한 자가 그 영상저작물에 대하여 저작권을 취득한 경우 특약이 없는 한 그 영상저작물의 이용을 위하여 필요한 권리는 영상제작자가 이를 양도 받은 것으로 추정한다(법 제100조 제1항).

이는 영상저작물의 저작권자가 누구인가를 규율하려는 것이 아니라 저작재산권의 귀속 여부를 불문하고 그 영상저작물의 이용을 위한 권리는 영상제작자에게 양도된 것으로 추정하여 영상저작물의 원활한 이용을 꾀하기 위한 규정이다.

1986. 12. 31. 법률 제3916호로 전부개정된 저작권법 제75조 제1항은 저작물의 영상화를 규정하면서 "...영상제작자에게 양도된 것으로 본다."라고 간주규정으로 되어 있었으나 2003. 5. 27. 법률 제6881호로 개정된 저작권법 제75조 제1항은 조항의 처음 부분에 '영상제작자와'를 추가하고 끝부분을 "...영상제작자가 이를 양도받은 것으로 추정한다."라고 바꾸어 추정규정으로 바꾸었다. 그 후 2006. 12. 28. 법률 제8101호로 전부개정된 저작권법에서 조문의 위치를 제100조 제1항으로 옮겨 지금에 이르고 있다.

여기서 '영상저작물의 제작에 협력할 것을 약정한 자'란 현대적 저작자뿐만 아니라 고전적 저작자도 포함하고 나아가 저작자가 될 가능성이 있는 영상제작에 참여하는 모든 이해관계인을 말한다. 또한 '영상저작물의 이용을 위하여 필요한 권리'란 법 제101조 제1항에 규정된 영상저작물을 복제·배포·공개상영·방송·전송 그 밖의 방법으로 이용할 권리를 말하는데, 법 제45조 제2항에서 "저작재산권의 전부를 양도하는 경우에 특약이 없는 때에는 제22조에 따른 2차적저작물을 작성하여 이용할 권리는 포함되지 아니한 것으로 추정한다."라고 규정하고 있어 위 '영상저작물의 이용을 위하여 필요한 권리'에 2차적저작물을 작성하여 이용할 권리는 포함되지 아니한 것으로 본다(즉 별도의 특약을 필요로 한다).

법 제100조 제1항에 의하여 영상저작물의 이용을 위하여 필요한 권리가 영상제작자에게 양도되는 것으로 추정되더라도 저작인격권은 일신전속의 성격을 가지므로 저작자에게 여전히 남아 있다.

2 원저작물의 저작자의 권리(법 제99조, 법 제100조 제2항)

가. 원저작물의 영상화에 대한 이용허락 추정

원저작물은 영상저작물과는 별개의 창작물이고 원저작물의 저작자는 영상저작물의 제작에 자신의 저작물에 대한 영상화를 허락함으로써 영상저작물의 제작에 관여하고 있다.

저작권법 제99조 제1항은 '저작재산권자가 저작물의 영상화를 다른 사람에게 허락한 경우에 특약이 없는 때에는 공개상영을 목적으로 한 영상저작물을 공개상영하는 등의 권리를 포함하여 허락한 것으로 추정한다.'라고 규정하고 있다.

1986. 12. 31. 법률 제3916호로 전부개정된 저작권법 제74조 제1항은 저작물의 영상화를 규정하면서 "...허락한 것으로 본다"라고 하여 간주규정으로 되어 있었고 허락간주되는 권리도 "1. 영상저작물을 제작하기 위하여 저작물을 각색하는 것, 2. 영상저작물을 복제·배포하는 것, 3. 영상저작물을 공개상영하는 것, 4. 방송을 목적으로 한 영상저작물을 방송하는 것, 5. 영상저작물의 번역물을 그 영상저작물과 같은 방법으로 이용하는 것"이라고 규정되어 있었다. 그리고 제2항에 "저작재산권자는 그 저작물의 영상화를 허락한 경우에 특약이 없는 때에는 허락한 날로부터 5년이 경과한 때에 그 저작물을 다른 영상저작물로 영상화하는 것을 허락할 수 있다."라고 규정하였다.

2003. 5. 27. 법률 제6881호로 개정된 저작권법 제74조 제1항을 "허락한 것으로 추정한다"라고 하여 추정규정으로 변경하고[22] 허락추정되는 권리도 "1. 영상저작물을 제작하기 위하여 저작물을 각색하는 것, 2. 공개상영을 목적으로 한 영상저작물을 공개상영하는 것, 3. 방송을 목적으로 한 영상저작물을 방송하는 것, 4. 전송을 목적으로 한 영상저작물을 전송하는 것, 5. 영상저작물을 그 본래의 목적으로 복제·배포하는 것, 6. 영상저작물의 번역물을 그 영상저작물과 같은 방법으로 이용하는 것"으로 변경하였다. 그 후 2006. 12. 28. 법률 제8101호로 전부개정된 저작권법에서 조문의 위치를 제99조로 옮겨 지금에 이르고 있다.

저작권법 제99조는 영상화를 허락한 경우의 이용허락 범위와 관련하여 예컨대 영상제작하는 허락을 받은 경우에 원저작물을 각색하기 위하여 별도의 허락을 받은 것으로 추정함으로써 이용허락의 범위에 대해 발생할 수 있는 다툼과 번잡을 줄이기 위한 특례 규정이다.

여기서 영상화의 의미에 대해, 영상화란 어문저작물에 한정하여 그것을 기초로 하여 2차적저작물로 영상제작하는 것을 의미한다는 견해(즉 영상화를 2차적저작물 작성행위로 한정하는 견해)도 있으나, 이용되는 저작물을 소설, 각본 등의 어문저작물은 물론이고 미술저작물이나 음악저작물 등도 영상화의 대상이 될 수 있다고 본다(즉 영상화를 2차적저작물 작성행위로 한정하지 않는 견해).

즉, 법 제99조 제1항에서 저작물의 영상화라고 되어 있어 저작물의 범위나 작성행위 유형에 제한을 두지 않고 있을 뿐만 아니라 영상저작물의 제작에 관계된 사람들의 권리관계를 적절히 규율하여 영상저작물의 원활한 이용과 유통을 도모하고자 하는 이 조항의 취지와 규정내용 등에 비추어 보면, 위 '영상화'에 영화의 주제곡이나 배경음악과 같이 음악저작물을 특별한 변형 없이 사용하는 것도 포함되고, 이를 반드시 2차적저작물을 작성하는 것으로 제한 해

---

22) 규정의 형식이 간주규정에서 추정규정으로 변경되었다는 것은 간주규정일 경우에 특약에 의하여 그것을 배제할 수 없었는데 반하여, 추정규정의 경우에는 특약에 의하여 그것을 배제할 수 있게 되었음을 의미한다, 이하 다른 조항의 경우도 같다.

석할 필요는 없다.[23] 따라서 소설이나 각본을 영상화할 경우 그 영상저작물은 2차적저작물이 될 것이지만 음악저작물이 실질적인 변형 없이 그대로 영상저작물에 이용되는 경우에는 복제가 되고 이러한 점에서 영상화란 반드시 2차적저작물 작성의 경우만을 의미하는 것이 아니므로 어떤 저작물을 영상화할 경우 그 저작물에 대한 2차적저작물작성권이 미칠 수 있고 복제권이 미칠 수도 있게 된다.

법은 영상저작물의 제작 단계에서 영상제작자의 편의를 꾀하기 위하여 저작재산권자가 저작물의 영상화를 다른 사람에게 허락한 경우에 특약이 없는 때에는 ① 영상저작물을 제작하기 위하여 저작물을 각색[24]하는 것(제1호), ② 공개상영[25]을 목적으로 한 영상저작물을 공개상영하는 것(제2호), ③ 방송을 목적으로 한 영상저작물을 방송하는 것(제3호), ④ 전송을 목적으로 한 영상저작물을 전송하는 것(제4호), ⑤ 영상저작물을 그 본래의 목적으로 복제 · 배포하는 것(제5호), ⑥ 영상저작물의 번역물을 그 영상저작물과 같은 방법으로 이용하는 것(제6호)의 권리를 포함하여 허락한 것으로 추정한다(법 제99조 제1항)는 규정을 두었다.

이에 따라 극장에서 공개상영을 목적으로 한 영화를 텔레비전으로 방송하거나 역으로 방송을 목적으로 한 영상저작물을 극장에서 공개상영하는 것에는 위 허락 추정 규정이 적용되지 않으며, 방송을 목적으로 한 영상저작물을 비디오테이프, 레이저디스크 등으로 복제하여 판매하는 것에도 위 허락 추정 규정이 적용되지 않는다.[26]

또한 위 조항에 의하여 이용허락이 있다고 추정되더라도 저작인격권은 일신전속성 때문에 저작자에게 남아 있다.

저작재산권자는 그 저작물의 영상화를 허락한 경우에 특약이 없는 때에는 허락한 날부터 5년이 경과한 때에 그 저작물을 다른 영상저작물로 영상화하는 것을 허락할 수 있다(법 제99조 제2항).

이에 따라 저작재산권자로부터 저작물의 영상화를 허락받은 자는 특약이 없는 한 허락받은 날로부터 5년간 독점적으로 영상화권을 보유하게 되고 저작재산권자는 특약이 없는 한 5

---

23) 대법원 2016. 1. 14. 선고 2014다202110 판결.

24) 각색이란 영상저작물을 제작하기 위하여 소설 등을 각본으로 바꾸는 것뿐 아니라 영상화에 적합하도록 변형하는 것도 포함한다.

25) 공개상영이란 극장 등의 공개적인 장소에서 상영하는 것을 말한다. 저작권법에 상영에 대한 정의 규정은 없는데 참고로 일본 저작권법은 상영(上映)이란 저작물(공중송신되는 것을 제외한다)을 영사막 기타 물건으로 영사하는 것을 말하고, 이에 수반하여 영화의 저작물에서 고정되어 있는 음을 재생하는 것을 포함한다(제2조 제17호)라고 정의하고 있다. 2003. 5. 27. 법률 제1881호로 개정되기 전의 저작권법에서는 '영상저작물을 공개상영하는 것'이라고만 규정하여 방송을 목적으로 제작된 영상저작물을 공개상영하는 것도 허용될지에 대하여 다툼이 있었기에 2003년 개정법에서 이를 명확히 하여 공개상영 목적을 명시하는 문구를 두었다.

26) 서울고등법원 1984. 11. 28. 선고 83나4449 판결(상고허가신청기각 확정).

년간 다른 사람에게 같은 저작물을 다른 영상저작물로 영상화하는 것을 허락할 수 없다.

나. 양도 추정과 원저작물의 저작재산권

영상저작물의 제작에 사용되는 소설·각본·미술저작물 또는 음악저작물 등의 저작재산권은 위 저작권법 제100조 제1항의 규정으로 인하여 영향을 받지 아니한다(법 제100조 제2항).

영상저작물의 제작에 사용된 소설이나 각본, 미술저작물 또는 음악저작물 등 원저작물의 저작재산권자는 영상화 계약에서 따로 특약을 하였다면 그 특약에 의한 제한을, 특약을 하지 않았다면 법 제99조의 추정규정에 의한 제한을 받을 뿐 그 이외의 경우에는 제한없이 원저작물에 대한 저작재산권을 행사할 수 있다. 법 제100조 제2항은 이러한 내용을 확인의 의미로 규정한 것이다.

따라서 원저작물의 저작자는 자기 저작물을 영화 이외의 다른 방법으로 이용할 권리, 즉 소설가가 영상화 허락 후에도 소설을 출판할 권리를 여전히 가지고 있다.

③ 실연자의 권리(법 제100조 제3항)

실연자는 영상제작물의 제작에 창작적으로 이바지한 자가 아니어서 영상저작물의 저작자가 될 수는 없지만 실연 그 자체가 저작물의 창작행위에 준하여 평가되고 있으므로 그 영상저작물에 대한 권리는 저작인접권에 의하여 보호된다.

다만 영상제작자와 영상저작물의 제작에 협력할 것을 약정한 실연자의 그 영상저작물의 이용에 관한 제69조의 규정에 따른 복제권, 제70조의 규정에 따른 배포권, 제73조의 규정에 따른 방송권 및 제74조의 규정에 따른 전송권은 특약이 없는 한 영상제작자가 이를 양도 받은 것으로 추정한다(법 제100조 제3항).

1986. 12. 31. 법률 제3916호로 전부개정된 저작권법 제75조 제3항은 저작물의 영상화를 규정하면서 "...영상제작자에게 양도된 것으로 본다."라고 간주규정으로 되어 있었으나 2003. 5. 27. 법률 제6881호로 개정된 저작권법 제75조 제3항은 조항의 끝부분을 "...영상제작자가 이를 양도받은 것으로 추정한다."라고 바꾸어 추정규정으로 변경되었다. 그 후 2006. 12. 28. 법률 제8101호로 전부개정된 저작권법에서 조문의 위치를 제100조 제3항으로 옮겨 지금에 이르고 있다.

위 조항에 의하여 양도된 것으로 추정되는 실연자의 권리는 그 영상저작물을 '본래의 창작물(영상저작물)'로서 이용하는 데 필요한 권리를 말한다.[27] 그 권리는 저작인접권자로서 실연

---

27) 대법원 1997. 6. 10. 선고 96도2856 판결은 "구 저작권법(1994. 1. 7. 법률 제4717호로 개정되기 전의 것) 제75조 제3항에서 영상저작물의 제작에 협력할 것을 약정한 실연자의 그 영상저작물의 이용에 관한

자의 권리인 복제권(제69조), 배포권(제70조), 대여권(제71조), 공연권(제72조), 방송권(제73조), 전송권(제74조)의 배타적 권리이다.

영화음악 연주자가 영화음악 음반을 녹음한 오리지날 사운드트랙 앨범의 경우 복제권과 실연방송권은 영상저작물의 연주자에게 귀속되므로 오리지날 사운드트랙 앨범만을 따로 제작, 판매하고자 하는 경우에는 실연자인 연주자로부터 따로 복제 및 배포에 대한 허락을 받아야 한다.

위 조항에 의하여 별도의 특약이 없는 한 실연자가 가지는 영상저작물의 이용에 관한 이들 권리가 영상제작자에게 양도된 것으로 추정될 경우 다른 특별한 사정이 없는 한 실연자는 영상저작물에 대하여 이들 권리를 보유하지 못하게 된다.

다만 그와 같이 영상저작물의 이용에 관한 이들 권리가 영상제작자에게 양도된 것으로 추정되어 실연자가 영상저작물에 대하여 이들 권리를 보유하지 못하게 된다고 하더라도 그것이 아무런 보호를 받지 못한다는 것을 의미하지는 않는다. 영상저작물은 물리적으로는 개개의 장면의 연속체로서 그 개개의 장면은 사진과 성질을 달리하지 않기 때문에 실연자인 배우도 해당 화면에 촬영된 자기의 초상에 대해서는 고유한 정신적, 재산적 이익을 보유하고 있다고 보아야 하므로, 영상제작자라고 하더라도 그러한 초상이 영상저작물의 배포, 통상의 홍보에 수반하는 필수적인 범위를 넘어서 실연자의 허락 없이 영상장면을 이용하여 일반광고에 사용하거나, 사진집, 브로마이드 사진, 상품 등에 임의로 이용하는 행위 등 별도의 상업적 목적으로 사용하는 경우까지 초상권 등이 저작인접권에 흡수되었다거나 영상저작물 출연계약 자체에 의하여 배우가 초상권 등을 행사하지 않기로 묵시적으로 합의하였다고 볼 수는 없고, 실연자인 배우는 초상권 등을 여전히 행사할 수 있다.[28]

그 외 실연자는 자신의 이익을 위하여 영상저작물 제작 참여계약 시 출연료나 그 밖의 보수 약정 등의 조치를 취할 필요가 있다.

제63조의 규정에 의한 녹음·녹화권 등과 제64조의 규정에 의한 실연방송권은 영상제작자에게 양도된 것으로 본다는 특례규정을 두고 있는바, 위 규정에 의하여 영상제작자에게 양도된 것으로 간주되는 '그 영상저작물의 이용에 관한 실연자의 녹음·녹화권'이란 그 영상저작물을 본래의 창작물로서 이용하는 데 필요한 녹음·녹화권을 말한다.'라고 하면서 "피고인 2 주식회사 대표이사인 피고인 1이 원심 판시의 영화를 제작한 영화사들로부터 그 영화를 이용하여 가라오케용 엘디음반을 제작하는 것을 승낙받았다고 하더라도, 실연자인 영화배우들의 가라오케용 엘디음반의 제작에 관한 제63조의 녹음·녹화권은 제75조 제3항에 의하여 영상제작자인 영화회사들에게 양도되었다고 볼 수 없으므로, 같은 피고인이 영화배우들로부터 그들의 실연을 녹화하여 엘디음반을 제작하는 데 대한 허락을 받지 아니하고 가라오케용 엘디음반을 제작, 판매한 이상, 같은 피고인은 실연자인 영화배우들의 녹화권을 침해"하였다는 원심판단을 수긍하였다.

28) 서울중앙지방법원 2007. 1. 31. 선고 2005가합51001 판결(항소심에서 조정성립으로 종국). 서울중앙지방법원 2007. 11. 14. 선고 2006가합106519 판결(항소취하 확정)도 같은 취지이다. 위 판결은 실연자의 허락을 얻어 촬영한 사진저작물에 관한 사안이다.

제3절 컴퓨터프로그램에 관한 특례·특칙

당초 컴퓨터프로그램 보호법이 1986. 12. 31. 법률 제3920호로 제정되어 저작권법과 컴퓨터프로그램저작권을 보호하는 컴퓨터프로그램 보호법으로 이원화되어 시행되어 오다가 2009. 4. 22. 법률 제9625호로 폐지되면서 관련 내용이 저작권법으로 통합되었다. 저작권법은 제5장의2에서 컴퓨터프로그램에 관한 특례를 규정하고 있다.[29]

I. 저작권법의 적용범위 제한규정(법 제101조의2 등)

컴퓨터프로그램저작물은 특정한 결과를 얻기 위하여 컴퓨터 등 정보처리능력을 가진 장치(이하 "컴퓨터"라 한다) 내에서 직접 또는 간접으로 사용되는 일련의 지시·명령으로 표현된 창작물을 말한다(법 제2조 제16호).

컴퓨터프로그램(이하 "프로그램"이라 한다)을 작성하기 위하여 사용하는 ① 프로그램 언어 : 프로그램을 표현하는 수단으로서 문자·기호 및 그 체계(제1호), ② 규약 : 특정한 프로그램에서 프로그램 언어의 용법에 관한 특별한 약속(제2호), ③ 해법[30] : 프로그램에서 지시·명령의 조합방법(제3호)은 저작권법에 따른 보호의 대상이 되지 아니한다(법 제101조의2).

프로그램 언어·규약·해법은 컴퓨터프로그램저작물을 작성하기 위한 표현의 수단 내지 매개체로서 저작물로 볼 수 없고, 이에 대하여 배타적이고 독점적인 저작권 보호를 인정하게 되면 후속 개발에 지장을 주게 되어 공익에 반하기 때문에 이를 저작권법의 보호 대상에서 제외하였다.

그리고 데이터베이스의 제작·갱신·검증·보충 또는 운영에 이용되는 컴퓨터프로그램에 해당하는 데이터베이스에 대하여는 데이터베이스제작자의 보호에 관한 규정이 적용되지 아니한다(법 제92조 제1호).

II. 프로그램 저작재산권의 제한(법 제101조의3 제1항)

---

29) 2009년 개정법에서는 프로그램 고유의 성질에 기인한 규정들은 특례의 장(제5장의2)으로 규정하고, 그 이외의 동일 또는 유사한 규정은 기존 저작권법에 흡수되거나 특칙으로 규정하고 있으므로 컴퓨터프로그램 보호법 폐지에 따른 법적 공백은 없다.

30) 이는 컴퓨터에서 사용되는 알고리즘과 거의 같은 용어이다.

프로그램에 대하여는 저작권법 제23조(재판절차 등에서의 복제)·제25조(학교교육 목적 등에의 이용)·제30조(사적이용을 위한 복제) 및 제32조(시험문제로서의 복제)를 적용하지 아니한다(법 제37조의2). 그 대신에 법 제101조의3 제1항에서 아래와 같은 제한 규정을 두고 있다.

> 법 제101조의3 제1항
> 다음 각 호의 어느 하나에 해당하는 경우에는 그 목적상 필요한 범위에서 공표된 프로그램을 복제 또는 배포할 수 있다. 다만, 프로그램의 종류·용도, 프로그램에서 복제된 부분이 차지하는 비중 및 복제의 부수 등에 비추어 프로그램의 저작재산권자의 이익을 부당하게 해치는 경우에는 그러하지 아니하다
> 제1호 재판 또는 수사를 위하여 복제하는 경우
> 제1호의2 제119조 제1항 제2호에 따른 감정을 위하여 복제하는 경우[31]
> 제2호 「유아교육법」, 「초·중등교육법」, 「고등교육법」에 따른 학교 및 다른 법률에 따라 설립된 교육기관(초등학교·중학교 또는 고등학교를 졸업한 것과 같은 수준의 학력이 인정되거나 학위를 수여하는 교육기관으로 한정한다)에서 교육을 담당하는 자가 수업과정에 제공할 목적으로 복제 또는 배포하는 경우[32]
> 제3호 「초·중등교육법」에 따른 학교 및 이에 준하는 학교의 교육목적을 위한 교과용도서에 게재하기 위하여 복제하는 경우
> 제4호 가정과 같은 한정된 장소에서 개인적인 목적(영리를 목적으로 하는 경우를 제외한다)으로 복제하는 경우
> 제5호 「초·중등교육법」, 「고등교육법」에 따른 학교 및 이에 준하는 학교의 입학시험이나 그 밖의 학식 및 기능에 관한 시험 또는 검정을 목적(영리를 목적으로 하는 경우를 제외한다)으로 복제 또는 배포하는 경우
> 제6호 프로그램의 기초를 이루는 아이디어 및 원리를 확인하기 위하여 프로그램의 기능을 조사·연구·시험할 목적으로 복제하는 경우(정당한 권한에 의하여 프로그램을 이용하는 자가 해당 프로그램을 이용 중인 때에 한한다)[33]

---

31) 2020. 2. 4. 법률 제16933호로 개정된 저작권법에서 신설되었다.
32) 2020. 2. 4. 법률 제16933호로 개정되기 전 저작권법에는 "「유아교육법」, 「초·중등교육법」, 「고등교육법」에 따른 학교 및 다른 법률에 따라 설립된 교육기관(상급학교 입학을 위한 학력이 인정되거나 학위를 수여하는 교육기관에 한한다)에서 교육을 담당하는 자가 수업과정에 제공할 목적으로 복제 또는 배포하는 경우"라고 규정하고 있었는데 위 개정으로 본문과 같이 변경되었다.
33) 원시코드를 직접 다루거나 목적코드를 원시코드로 역분석하는 과정 없이 프로그램을 컴퓨터상에서 실행하는 과정을 통하여 프로그램에 포함된 아이디어 및 원리를 분석하여 확인하는 것을 '블랙박스 분석(black box analysis)'이라 한다. 제101조의3 제1항 제6호는 이러한 프로그램의 블랙박스 분석에 관한 규정이라고 이해되고 있다, 박성호, 저작권법(제2판), 박영사(2017), 627, 오승종, 저작권법 강의(제2판), 박영사(2018), 606.

위 제23조에 대응되는 부분이 제101조 제1항 제1호이고, 제25조에 대응되는 부분이 제101조 제1항 제2호, 제3호이며, 제30조에 대응되는 부분이 제101조 제1항 제4호이고, 제32조에 대응되는 부분이 제101조 제1항 제5호이다. 프로그램 저작물에 저작재산권의 제한 사유의 범위가 일반 저작물의 저작재산권의 그것에 비해 훨씬 좁다.

법 제101조의3 제1항 제3호에 따라 프로그램을 교과용도서에 게재하려는 자는 문화체육관광부장관이 정하여 고시하는 기준에 따른 보상금을 해당 저작재산권자에게 지급하여야 한다. 이 경우 보상금 지급에 대하여는 법 제25조 제7항부터 제11항까지의 규정을 준용한다(법 제101조의3 제3항).

III. 컴퓨터의 유지·보수를 위한 일시적 복제(법 제101조의3 제2항)

컴퓨터의 유지·보수를 위하여 그 컴퓨터를 이용하는 과정에서 프로그램(정당하게 취득한 경우에 한한다)을 일시적으로 복제할 수 있다(법 제101조의3 제2항).

컴퓨터를 수리하는 과정에서 기존의 하드디스크 등에 설치되어 있던 프로그램을 다른 매체에 복사하여 두었다가 수리 후 다시 컴퓨터로 복제하는 행위를 허용하기 위한 취지로 2011. 12. 2. 법률 제11110호로 개정된 저작권법에서 새로 규정되었다.

IV. 프로그램코드의 역분석(법 제101조의4)

저작권법에서 프로그램코드역분석은 독립적으로 창작된 프로그램저작물과 다른 프로그램과의 호환에 필요한 정보를 얻기 위하여 프로그램저작물코드를 복제 또는 변환하는 것을 말한다(법 제2조 제34호).

프로그램의 한 부류 중에 원시코드(source code) 형태의 프로그램과 목적코드(object code) 형태의 프로그램이 있다. 원시코드는 인간이 판독할 수 있는 프로그램 언어로 작성된 프로그램에 대한 명령문이다. 컴퓨터는 원시코드 형태의 프로그램을 읽을 수 없어 이를 컴파일러(compiler)나 어셈블러(assembler) 등의 소프트웨어를 통해 0과 1의 나열에 의한 목적코드 형태의 프로그램으로 변환하여 기계가 판독할 수 있도록 하여야 한다.

프로그램 개발은 개발자가 컴퓨터에 의해 수행되어야 할 명령을 원시코드 형태로 작성한 후 그 원시코드를 목적코드로 변환하여 완성되는데 프로그램코드의 역분석은 이러한 개발과정의 역순으로 목적코드를 디컴파일러(decompiler)나 디스어셈블러(disassembler)라는 소프트웨어를 통하여 원시코드의 형태로 변환하는 것이다.

법 제101조의3 제1항은 "프로그램의 기초를 이루는 아이디어 및 원리를 확인하기 위하여 프로그램의 기능을 조사·연구·시험할 목적으로 복제하는 경우(정당한 권한에 의하여 프로그램을 이용하는 자가 해당 프로그램을 이용 중인 때에 한함)"(제6호)이고, "그 목적상 필요한 범위 내에서 프로그램의 종류·용도, 프로그램에서 복제된 부분이 차지하는 비중 및 복제의 부수 등에 비추어 프로그램의 저작재산권자의 이익을 부당하게 해치지 않는 한도 내에서, 공표된 프로그램을 복제 또는 배포할 수 있다"(각 호 외의 본문)고 규정하고 있는데, 그에 해당하지 않더라도, 정당한 권한에 의하여 프로그램을 이용하는 자 또는 그의 허락을 받은 자도 본 조에 따라 프로그램코드역분석을 할 수 있다.

정당한 권한에 의하여 프로그램을 이용하는 자 또는 그의 허락을 받은 자는 호환[34]에 필요한 정보를 쉽게 얻을 수 없고 그 획득이 불가피한 경우에 해당하고, 해당 프로그램의 호환에 필요한 부분에 한하여 프로그램의 저작재산권자의 허락을 받지 아니하고 프로그램코드역분석을 할 수 있다(법 제101조의4 제1항).

이 규정에 따른 프로그램코드역분석을 통하여 얻은 정보는 ① 호환 목적 외의 다른 목적을 위하여 이용하거나 제3자에게 제공하는 경우(제1호), 또는 ② 프로그램코드역분석의 대상이 되는 프로그램과 표현이 실질적으로 유사한 프로그램을 개발·제작·판매하거나 그 밖에 프로그램의 저작권을 침해하는 행위에 이용하는 경우(제2호)에는 이를 이용할 수 없다(법 제101조의4 제2항).

V. 프로그램 이용자에 의한 복제(법 제101조의5)

프로그램의 복제물을 정당한 권한에 의하여 소지·이용하는 자는 그 복제물의 멸실·훼손 또는 변질 등에 대비하기 위하여 필요한 범위에서 해당 복제물을 복제할 수 있다(법 제101조의5 제1항).

프로그램의 복제물을 소지·이용하는 자는 해당 프로그램의 복제물을 소지·이용할 권리를 상실한 때에는 그 프로그램의 저작재산권자의 특별한 의사표시가 없는 한 제1항에 따라 복제한 것을 폐기하여야 한다. 다만, 프로그램의 복제물을 소지·이용할 권리가 해당 복제물이 멸실됨으로 인하여 상실된 경우에는 그러하지 아니하다(법 제101조의5 제2항).

이 규정은 컴퓨터프로그램 사용자에 의한 보존용 복제를 허용하는 규정이다.

---

34) 법문에 호환이라고 되어 있으나 호환이라 함은 특정한 하드웨어나 소프트웨어와 대체할 수 있는 성질을 의미하는 호환성(compatibility)과 혼동이 되므로 상호운용성(interoperability)이 더욱 적절한 용어라는 견해가 다수이다. 박성호, 저작권법(제2판), 박영사(2017), 629, 오승종, 저작권법 강의(제2판), 박영사(2018), 608 등.

VI. 프로그램의 임치(법 제101조의7)

프로그램의 저작재산권자와 프로그램의 이용허락을 받은 자는 대통령령으로 정하는 자(이하 이 조에서 "수치인"이라 한다)와 서로 합의하여 프로그램의 원시코드 및 기술정보 등을 수치인에게 임치할 수 있다(법 제101조의7 제1항). 위에서 대통령령으로 정하는 자란 한국저작권위원회를 말한다(법 시행령 제39조의2 제1항). 법 제101조의7 제1항에 따른 프로그램의 임치 및 이와 관련된 업무는 전산정보처리시스템으로 처리할 수 있다(법 시행령 제39조의2 제2항).

프로그램의 이용허락을 받은 자는 제1항에 따른 합의에서 정한 사유가 발생한 때에 수치인에게 프로그램의 원시코드 및 기술정보 등의 제공을 요구할 수 있다(법 제101조의7 제2항).

이 규정은 프로그램의 이용허락을 받은 사람이 이용을 허락한 프로그램의 저작재산권자로 하여금 프로그램의 원시코드 등을 임치하게 하여 안정적으로 프로그램을 이용할 수 있도록 하기 위해 마련한 것이다.

VII. 프로그램저작권의 보호기간

1986. 12. 31. 법률 제3920호로 제정된 컴퓨터프로그램 보호법은 프로그램저작권은 컴퓨터프로그램이 창작된 때로부터 50년간 존속하는 것으로 규정하였다가(법 제8조 제3항), 1995. 12. 6. 법률 제4996호로 개정된 법에서 프로그램저작권은 그 프로그램이 공표된 다음 연도부터 50년간 존속하되 창작 후 50년 이내에 공표되지 아니한 경우에는 창작된 다음 연도부터 50년간 존속하는 것으로 규정(법 제8조 제4항)하였으며 2000. 1. 28. 법률 제6233호로 개정된 법에서 조문의 위치가 제7조로 옮겨지고 그 이후 컴퓨터프로그램 보호법이 2009. 4. 22. 폐지될 때까지 내용에 변동이 없었다.

컴퓨터프로그램 보호법이 폐지되고 저작권법에 통합된 2009. 4. 22. 법률 제9625호로 개정된 저작권법 제42조에서 "영상저작물 및 프로그램의 저작재산권은 제39조 및 제40조에도 불구하고 공표한 때부터 50년간 존속한다. 다만, 창작한 때부터 50년 이내에 공표되지 아니한 경우에는 창작한 때부터 50년간 존속한다."라고 규정하였다.

그 후 2011. 6. 30. 법률 제10807호로 개정된 저작권법 제42조에서 프로그램의 보호기간에 대한 문언을 삭제함으로써 프로그램저작물에 관한 특별한 취급을 하지 않고 프로그램저작물도 일반 저작물에 관한 보호기간의 원칙 규정(법 제39조 제1항[35])을 적용하도록 하여 지금

---

35) "저작재산권은 이 관에 특별한 규정이 있는 경우를 제외하고는 저작자가 생존하는 동안과 사망한 후 70년간 존속한다."

에 이르고 있다.

VIII. 프로그램에 관한 특칙 내지 관련 규정

저작권법 제5장의2 컴퓨터프로그램에 관한 특례에서 규정한 것 외에 저작권법에서 컴퓨터프로그램이라는 용어가 사용되고 있는 조문들을 열거하면 아래와 같다.

- 저작물의 예시에서 프로그램저작물 열거(제4조 제1항 제9호)
- 업무상저작물의 저작자에서 프로그램저작물의 경우 공표 요건 배제(법 제9조 단서)
- 프로그램에 대한 동일성유지권 제한 사유로 '특정한 컴퓨터 외에는 이용할 수 없는 프로그램을 다른 컴퓨터에 이용할 수 있도록 하기 위하여 필요한 범위에서의 변경'(제13조 제2항 제3호) 및 '프로그램을 특정한 컴퓨터에 보다 효과적으로 이용할 수 있도록 하기 위하여 필요한 범위에서의 변경'(같은항 제4호) 사유 규정
- 프로그램에 대한 대여권 규정(제21조)
- 프로그램에 대한 일반 저작물에 관한 저작재산권 제한사유 규정(제23조·제25조·제30조 및 제32조)의 적용 제외(제37조의2)
- 프로그램에 관한 저작재산권을 양도하는 경우(일반 저작물의 저작재산권의 양도와 달리) 특약이 없는 한 2차적저작물작성권도 함께 양도된 것으로 추정(제45조)
- 프로그램의 경우 일반 저작물에 대한 저작권등록부와 별도로 컴퓨터프로그램등록부 마련(제55조 제1항)
- 데이터베이스의 제작·갱신·검증 또는 보충, 또는 운영에 이용되는 컴퓨터프로그램에 해당하는 데이터베이스에 대하여 보호 대상에서 제외(제92조 제1호, 제2조 제20호)

제4절 콘텐츠산업 진흥법에 의한 콘텐츠의 보호

2002. 1. 14. 법률 제6603호로 「온라인 디지털콘텐츠산업 발전법」이 제정되어 2002. 7. 15.부터 시행되었다. 「온라인 디지털콘텐츠산업 발전법」은 온라인디지털콘텐츠산업의 발전에 필요한 사항을 정함으로써 온라인디지털콘텐츠산업의 기반을 조성하고 그 경쟁력을 강화하여 국민생활의 향상과 국민경제의 건전한 발전에 이바지함을 목적으로 하여(법 제1조) 경쟁사업자에 의한 디지털콘텐츠 등의 무단복제 등 행위를 부정행위로 규정하여 금지함으로써 디지털콘

텐츠 제작자의 투자와 노력을 법적으로 보호하고자 하는 취지에서 제정되었다.

「온라인 디지털콘텐츠산업 발전법」제18조(금지행위 등)는 "누구든지 정당한 권한없이 타인이 상당한 노력으로 제작하여 표시한 온라인콘텐츠36)의 전부 또는 상당한 부분을 복제 또는 전송하는 방법으로 경쟁사업자의 영업에 관한 이익을 침해하여서는 아니된다. 다만, 온라인콘텐츠를 최초로 제작하여 표시한 날부터 5년이 경과한 때에는 그러하지 아니하다"라고 하고(제1항), "누구든지 정당한 권한없이 제1항 본문의 행위를 효과적으로 방지하기 위하여 온라인콘텐츠제작자나 그로부터 허락을 받은 자가 디지털콘텐츠37)에 적용한 기술적 보호조치의 회피·제거 또는 변경(이하 '무력화'라 한다)을 주된 목적으로 하는 기술·서비스·장치 또는 그 주요부품을 제공·수입·제조·양도·대여 또는 전송하거나 양도·대여를 위하여 전시하는 행위를 하여서는 아니된다. 다만, 기술적 보호조치의 연구·개발을 위하여 기술적 보호조치를 무력화하는 장치 또는 부품을 제조하는 경우에는 그러하지 아니하다."라고(제2항) 규정하였으며 손해배상청구 등(위 법 제19조)과 벌칙 등(위 법 제22조, 제23조)도 규정하였다. 그리고 온라인콘텐츠제작자가 저작권법의 보호를 받는 경우에는 저작권법을 우선하여 적용하는 것으로 하였다(위 법 제21조)

그 후 「온라인 디지털콘텐츠산업 발전법」이 2010. 6. 10. 법률 제10369호로 「콘텐츠산업 진흥법」으로 법 명칭을 바꾸고 디지털콘텐츠를 포괄하는 콘텐츠의 개념과 융합콘텐츠 등 새롭게 등장한 분야를 포함하는 콘텐츠산업의 개념을 재정립하는 전부개정을 하였다.

「콘텐츠산업 진흥법」은 콘텐츠산업 진흥에 관하여 문화산업진흥 기본법에 우선하여 적용하지만, 콘텐츠제작자가 저작권법의 보호를 받는 경우에는 저작권법을 우선하여 적용한다(「콘텐츠산업 진흥법」제4조).

위 법에서 "콘텐츠"란 부호·문자·도형·색채·음성·음향·이미지 및 영상 등(이들의 복합체를 포함한다)의 자료 또는 정보를 말하고(「콘텐츠산업 진흥법」제2조 제1항 제1호),38) "콘텐츠제작자"란 콘텐츠의 제작에 있어 그 과정의 전체를 기획하고 책임을 지는 자(이 자로부터 적법하게 그 지위를 양수한 자를 포함한다)를 말한다(「콘텐츠산업 진흥법」제2조 제1항 제4호).

「콘텐츠산업 진흥법」제37조(금지행위 등)는 "누구든지 정당한 권한 없이 콘텐츠제작자가

---

36) "온라인디지털콘텐츠"라 함은 정보통신망이용촉진및정보보호등에관한법률 제2조 제1항 제1호의 규정에 의한 정보통신망에서 사용되는 디지털콘텐츠를 말한다(「온라인 디지털콘텐츠산업 발전법」제2조 제2호).
37) "디지털콘텐츠"라 함은 부호·문자·음성·음향·이미지 또는 영상 등으로 표현된 자료 또는 정보로서 그 보존 및 이용에 있어서 효용을 높일 수 있도록 전자적 형태로 제작 또는 처리된 것을 말한다(「온라인 디지털콘텐츠산업 발전법」제2조 제1호).
38) 여기서 콘텐츠의 개념은 부호·문자·도형·색채·음성·음향·이미지 및 영상 등(이들의 복합체를 포함한다)의 자료 또는 정보이면 족하므로, 소재를 체계적으로 배열 또는 구성한 편집물로서 개별적으로 그 소재에 접근하거나 그 소재를 검색할 수 있도록 한 것을 말하는 데이터베이스보다는 범위가 넓다.

상당한 노력으로 제작하여 대통령령으로 정하는 방법에 따라 콘텐츠 또는 그 포장에 제작연월일, 제작자명 및 이 법에 따라 보호받는다는 사실을 표시한 콘텐츠의 전부 또는 상당한 부분을 복제·배포·방송 또는 전송함으로써 콘텐츠제작자의 영업에 관한 이익을 침해[39]하여서는 아니 된다. 다만, 콘텐츠를 최초로 제작한 날부터 5년이 지났을 때에는 그러하지 아니하다."(제1항), "누구든지 정당한 권한 없이 콘텐츠제작자나 그로부터 허락을 받은 자가 제1항 본문의 침해행위를 효과적으로 방지하기 위하여 콘텐츠에 적용한 기술적 보호조치[40]를 회피·제거 또는 변경(이하 '무력화'라 한다)하는 것을 주된 목적으로 하는 기술·서비스·장치 또는 그 주요 부품을 제공·수입·제조·양도·대여 또는 전송하거나 이를 양도·대여하기 위하여 전시하는 행위를 하여서는 아니 된다. 다만, 기술적 보호조치의 연구·개발을 위하여 기술적 보호조치를 무력화하는 장치 또는 부품을 제조하는 경우에는 그러하지 아니하다."(제2항)라고 규정한다.

법 제37조 제1항의 콘텐츠제작자의 영업에 관한 이익은 성격상 데이터베이스 제작자의 권리에 가깝다. 이러한 연유로 콘텐츠제작자의 복제권은 다른 사람이 콘텐츠를 모방하여 유사한 콘텐츠를 제작하는 데에 대하여는 미치지 않는다. 다만 자신의 콘텐츠의 전부 또는 상당한 부분 그 자체를 이용하는 경우에만 권리가 미친다. 모방으로부터의 보호는 콘텐츠가 별도의 저작물 등으로 보호되는 범위에 국한된다.

법 제37조 제1항 본문을 위반하는 행위에 대하여 콘텐츠제작자가 같은 항의 표시사항을 콘텐츠에 표시한 경우의 손해배상청구 등(위 법 제38조)과 벌칙 등(위 법 제40조, 제41조)도 규정하고 있다.

「콘텐츠산업 진흥법」 제37조 제1항에서 규정하는 "대통령령으로 정하는 방법"은 콘텐츠 또는 포장에 표시하는 경우의 아래의 어느 하나의 표시 방법을 말한다(같은법 시행령 제33조).

---

1. 콘텐츠에 표시하는 경우

가. 제작연월일, 제작자명 및 이 법에 따라 보호받는다는 사실을 이용화면의 우측 상단에 순서대로 표시하되, 이 법에 따라 보호받는다는 사실을 표시하기 위해서는 다음의 도안과 내용을 모두 표시 1) 아래의 도안은 테두리는 회색으로, 내부문자 C는 검은색으로, 내부문자 C 외의 내부는 흰색으로 표시한다. 이 경우 문화체육관광부장관은 아래 도안을 문화체육관광부의 인터넷 홈페이

---

39) 「온라인 디지털콘텐츠산업 발전법」에서는 경쟁사업자의 영업에 관한 이익을 침해할 것이 요건으로 되어 있었으나 「콘텐츠산업 진흥법」에서는 경쟁사업자라는 문구를 삭제하였다.

40) "기술적 보호조치"란 콘텐츠제작자의 이익의 침해를 효과적으로 방지하기 위하여 콘텐츠에 적용하는 기술 또는 장치를 말한다(「콘텐츠산업 진흥법」 제2조 제1항 제7호).

지 등에 게시하여야 한다.

  2) "이 콘텐츠는 「콘텐츠산업 진흥법」에 따라 최초 제작일부터 5년간 보호됩니다."라는 문구

나. 이용화면 전체 면적의 10분의 1 이상 크기로 우측 상단에 제작연월일, 제작자명 및 이 법에 따라 보호받는다는 사실을 모두 표시

다. 제작연월일, 제작자명 및 이 법에 따라 보호받는다는 사실을 표시할 때에는 1초 이상의 정지화면으로 표시

라. 이용화면의 색상과 대비되는 색상으로 제작연월일, 제작자명 및 이 법에 따라 보호받는다는 사실을 표시

2. 포장에 표시하는 경우

가. 제작연월일, 제작자명 및 이 법에 따라 보호받는다는 사실을 포장의 표시되는 겉표지면의 우측 상단에 순서대로 표시하되, 이 법에 따라 보호받는다는 사실을 표시하기 위해서는 다음의 도안과 내용을 모두 표시 1) 아래의 도안은 테두리는 회색으로, 내부문자 C는 검은색으로, 내부문자 C 외의 내부는 흰색으로 표시한다. 이 경우 문화체육관광부장관은 아래 도안을 문화체육관광부의 인터넷 홈페이지 등에 게시하여야 한다.

  2) "이 콘텐츠는 「콘텐츠산업 진흥법」에 따라 최초 제작일부터 5년간 보호됩니다."라는 문구

나. 포장의 표시되는 겉표지의 우측 상단에 그 겉표지면 면적의 10분의 1 이상 크기로 제작연월일, 제작자명 및 이 법에 따라 보호받는다는 사실을 모두 표시

다. 포장의 표시되는 겉표지면의 색상과 대비되는 색상으로 제작연월일, 제작자명 및 이 법에 따라 보호받는다는 사실을 표시

제5절 퍼블리시티권

I. 퍼블리시티권(The Right of Publicity)의 의의 및 배경

오늘날 연예, 스포츠 및 광고산업의 발달로 연예인, 운동선수 등의 초상이나 성명 등이 광고에 사용되어 보호할 가치가 높아지자 이러한 경우의 개인의 초상이나 성명 등의 사용을 인격권이 아닌 독자적인 별도의 재산권의 영역으로 인정하여야 한다는 의견이 많아지고 있다.

퍼블리시티권(The Right of Publicity)은 미국의 판례법에서 인정되기 시작하여 인정 범위에 다소 차이가 있지만 일부 주에서 명문으로 인정하고 있다.

우리 저작권법 등 실정법에서는 퍼블리시티권을 명문으로 규정하고 있지 않고 대법원에서도 아직까지 이에 관한 인정 여부나 관련 법리 내용 등을 설명하고 있지 않아 실무나 학계에서 그 인정 여부와 법적 성격 및 관련 법리 내용 등에 대하여 다양한 의견이 나오고 있다.

퍼블리시티권의 개념은 다양하게 정의되고 있지만 대체로 인격권으로서의 성명권, 초상권이 아니라 개인의 성명, 초상 등의 동일성(identity)을 상업적으로 이용하고 통제할 수 있는 배타적인 권리로 이해되고 있다.

개인의 성명, 초상 등에 관한 인격권 외에 그것에 대해 새로 재산권을 부여하려는 시도는 미국에서 타인의 성명이나 초상 등을 독점적으로 광고 등에 이용하기로 하고 그 대가를 지급한 자의 손해를 보호하려는 데에서 시작되어,[41] 사람의 이름,[42] 음성모방,[43] 역할모방[44] 등에까지 인정되고 있다.

일본은 퍼블리시티권을 인격권에서 유래하는 권리의 한 부분을 구성하는 것으로서 사람의 성명, 초상 등 개인 인격의 상징이 함부로 이용되지 않을 권리 내지 초상 등이 가지는 고객흡인력을 배타적으로 이용할 권리로 이해하고, 초상 등을 무단으로 사용하는 행위는 초상 등 그

---

41) Haelan Labs, Inc. v. Topps Chewing Gum, Inc, 202 F.2d 866 (2d Cir, 1953), cert. denied, 346 U.S. 816 (1953). 유명 프로야구 선수들의 사진을 독점적으로 광고에 사용할 수 있는 허락을 받은 원고 회사가 동일한 야구 선수들의 사진을 사용하여 광고를 한 경쟁회사인 피고 회사를 상대로 광고금지를 구한 사건에서, 연방항소법원은 퍼블리시티권을 인정하면서 원고 청구를 인용하였다. 연방대법원에서는 인간대포알의 실연행위 전체를 허락없이 방송한 것이 실연자의 경제적 이익을 침해한 것이라고 한 Zacchini v. Scripps-Howard Broadcasting Co., 433 U.S. 562 (1977)에서 퍼블리시티권이 인정되었다.

42) Carson v. Here's Johnny Portable Toilets, Inc., 98 F.2d 831 (6th Cir, 1983).

43) Middler v. Ford Motor Co., 849 F.2d 460 (9th Cir, 1988).

44) Vanna White v. Samsung Electronics America, Inc., 971 F.2d 1395 (9th Cir, 1992), petition for rehearing and rehearing en banc denied, 989 F.2d 1512 (9th Cir.), cert. denied, 113 S. Ct. 2443(1993).

자체를 독립하여 감상의 대상이 되는 상품 등으로서 사용하거나, 상품 등을 차별화할 목적으로 초상 등을 상품에 부착하거나 초상 등을 상품의 광고에 사용하는 등 오로지 초상 등이 가지고 있는 고객흡인력을 이용할 목적으로 사용한 경우에 퍼블리시티권을 침해한다[45]고 보고 있다.

독일은 퍼블리시티권이라는 용어를 인정하지 않고, 성명이나 초상을 상업적으로 무단사용한 경우에 일반적 인격권의 재산적 이익의 특별한 발현형태가 침해된 것이라고 본다.[46]

II. 퍼블리시티권 인정 여부에 관한 실무 동향

퍼블리시티권이라는 용어가 서울지방법원 1995. 8. 23. 선고 94카합9230 판결에서 처음으로 사용[47]된 이래 다수의 판결들[48]이 퍼블리시티권을 독립된 재산적 권리로서 인정하고 있다.

그중 판결들에 나타난 퍼블리시티권을 인정하는 주요 논거와 이론 구성을 보면, 「① 유명인사의 성명과 초상이 가지는 고객흡인력은 당해 유명인사가 획득한 명성, 사회적인 평가, 지명도 등으로부터 생기는 독립한 경제적인 이익 내지 가치로서 파악할 수 있으므로, 이는 당해 유명인사에게 고유하게 귀속되고, 그 유명인사는 이러한 고객흡입력이 갖는 경제적 이익 내지

---

45) 일본 最高裁判所 2012. 2. 2. 선고 平成21(受)2056 판결.

46) 독일 연방대법원은 BGH NJW 1956, 1544 ff. (Paul Dahlke 사건)에서 타인의 초상을 무단으로 상업적으로 이용한 경우 초상권의 재산적 이익이 침해된 것으로 이론구성하고, BGH GRUR 1959, 430 (Caterina Valente 사건)에서 타인의 성명을 무단으로 상업적으로 이용한 경우에는 일반적 인격권이 침해된 것으로 이론구성을 하여 서로 구분하여 손해배상을 인정하여 오다가 BGH, Urt. v. 1. 12. 1999, Az: I ZR 49/97 (Marlene Dietrich 사건)에서 초상권, 성명권 모두 일반적 인격권의 재산적 이익의 특별한 발현형태가 침해된 것으로 이론구성하게 되었다고 한다, 이 내용 부분은 김수정, "퍼블리시티권과 표현의 자유의 형량 –독일과 일본의 최근 판례 발전을 중심으로–", 비교사법 제24권 1호(통권 제76호), 한국비교사법학회(2017), 5~6에서 인용함. 그리고 독일은 인격권을 사람의 정체성 요소가 가진 정신적 이익 이외에 재산적 이익도 함께 보호하는 단일개념으로 이해하는 견해가 통설이고 위 Marlene Dietrich 사건에서 단일의 인격권이 정신적 이익뿐만 아니라 재산적 이익까지 일원적으로 보호된다고 판시하였다는 내용에 대하여는 임상민, "퍼블리시티권을 둘러싼 법적 쟁점에 관한 고찰", 사법논집 제63집, 법원도서관(2017), 300에서 인용한 Gotting/Gotting, Schertz, Seitz, Handbuch des Personlichkeitsrechts (2008), §10, Rnd..9[本山雅弘, "肖像の財産價値の保護とドイツ法の展開", 別冊NBL No.136, 商事法務 (2010), 166~167의 재인용 부분] 재인용.

47) "퍼블리시티권이라 함은 재산적 가치가 있는 유명인의 성명, 초상 등 프라이버시에 속하는 사항을 상업적으로 이용한 권리(right of commercial appropriation)라고 할 수 있는데, 문학작품인 위 소설에서 위 ○○○의 성명, 사진 등을 사용하였다고 하더라도 이를 상업적으로 이용했다고 볼 수는 없으므로, 위 주장은 이유 없다."

48) 서울고등법원 2000. 2. 2. 선고 99나26339 판결(상고취하 확정), 서울고등법원 2005. 6. 22. 선고 2005나9168 판결(미상고 확정), 서울고등법원 2010. 2. 9. 선고 2009나47458 판결(심리불속행 상고기각 확정), 서울고등법원 2013. 8. 22. 선고 2012나105675 판결(미상고 확정) 등이 있다.

가치를 배타적으로 지배하는 재산적 권리를 가진다, ② 퍼블리시티권은 일종의 재산권으로서 인격권과 같이 일신에 전속하는 권리가 아니므로 그 귀속주체는 성명이나 초상이 갖는 경제적 가치를 적극적으로 활용하기 위하여 제3자에게 대하여 양도할 수 있다, ③ 퍼블리시티권은 성명, 초상 등이 갖는 경제적 이익 내지 가치를 상업적으로 사용·통제하거나 배타적으로 지배하는 권리로서 일찍이 광고산업이 발달한 미국에서 판례와 각 주의 성문법에 의하여 보호되기 시작하였고, 일본과 우리나라에서 이를 규정한 실정법은 없으나, ○○○(연예인)의 성명, 초상 등에 대하여 형성된 경제적 가치가 이미 광고업 등 관련 업계에서 널리 인정되고 있었던 이상 이를 침해하는 행위는 ○○○ 본인에 대한 관계에서는 명백히 민법상의 불법행위를 구성하고, 이와 같이 보호되는 한도 내에서 피고가 자신의 성명, 초상 등의 상업적 이용에 대하여 배타적으로 지배할 수 있는 권리를 퍼블리시티권으로 파악하기에 충분하며 이는 ○○○의 인격으로부터 파생된 것이기는 하나 ○○○의 인격권과는 독립된 별개의 재산권이다」라고 한 것이 있다.[49]

그 반면에 아래와 같이 퍼블리시티권을 인격권과는 별개의 독자적인 재산권으로 인정하지 않은 판결들[50]도 다수 있다. 이에 따라 법원마다 퍼블리시티권의 인정 여부 등에 대하여 서로 다른 의견들이 나오고 있다. 다만 실무는 인격권과는 독자적인 재산권으로서의 퍼블리시티권을 인정하지 않으려는 경향에 있다.

그중 판결들에 나타난 퍼블리시티권을 부정하는 주요 논거와 이론 구성을 보면, 「ⓐ 성명권은 일반적으로 자신의 성명을 타인의 방해를 받지 않고 사용할 수 있는 권리, 자신의 성명이 타인에 의하여 모용되거나 무단으로 사용되지 않을 권리를 내용으로 하는 인격권이다. 자신의 성명을 상업적으로 이용하고 통제할 수 있는 권리는 위에서 본 성명권에 당연히 포함되고, 별도로 퍼블리시티권이라는 개념을 인정할 필요가 없다, ⓑ 재산권의 내용은 법률로 정한다는 헌법 제23조 제1문에 따라 물권과 채권은 민법에 의하여, 지식재산권은 저작권법·상표

---

49) 본문 ①, ②의 점은 서울고등법원 2005. 6. 22. 선고 2005나9168 판결(미상고 확정) 참조, 손해액에 대하여 "원고가 퍼블리시티권의 침해로 피고에게 배상하여야 할 재산상 손해액은 피고 회사가 원고로부터 동의를 얻어 앞에서 본 바와 같은 광고행위를 계속하기 위하여 원고에게 추가로 지급해야 할 보수 상당액"이라고 하였다. 또한 본문 ③의 점에 대하여 서울고등법원 2010. 2. 9. 선고 2009나47458 판결(심리불속행 상고기각 확정) 참조, 손해액에 대하여도 "원고의 퍼블리시티권 침해행위로 인하여 ○○○이 입게 된 재산상 손해는 원고가 ○○○의 승낙을 받아서 ○○○의 초상을 사용할 경우에 최진실에게 지급하여야 할 대가 상당액"이라고 하였다. 위 판결문에는 "초상권 내지 퍼블리시티권 침해로 인한 손해배상청구"를 인정한다는 문구도 보인다.

50) 아래 본문 ⓐ, ⓑ의 점은 서울고등법원 2015. 1. 9. 선고 2014나6802 판결(미상고 확정), 본문 ⓒ의 점은 서울고등법원 2002. 4. 16. 선고 2000나42061 판결(상고취하 확정) 서울고등법원 2015. 1. 30. 선고 2014나2006129 판결(미상고 확정), 서울고등법원 2019. 2. 14. 선고 2018나2023207 판결(심리불속행 상고기각 확정) 등 참조.

법·특허법·디자인보호법에 의하여 인정하고 있는 반면, 독립적 재산권으로서의 퍼블리시티권을 인정하는 법률은 존재하지 않는다, ⓒ 판례법(common law)에 그 연원을 가지는 미국의 경우와 달리 재산권으로서의 퍼블리시티권은 우리나라 성문법과 관습법 어디에도 그 근거를 찾아볼 수 없다. 결국, 성문법 국가로서 물권법정주의를 채택하고 있는 우리나라에서 법률, 조약 등 실정법이나 확립된 관습법 등의 근거 없이 그 필요성이 있다는 사정만으로 물권과 유사한 독점·배타적 재산권인 퍼블리시티권이라는 개념을 인정하기는 어렵고, 그러한 권리의 성립 요건, 양도성 및 상속성, 보호대상 및 존속기간, 침해가 있는 경우의 구제수단 등을 구체적으로 규정하는 법률적인 근거가 마련되어야만 비로소 인정할 수 있다」는 점 등을 들고 있다.

퍼블리시티권을 인격권으로 파악할 경우에 인정되는 위자료 배상만으로는 고객흡인력에 대한 무단사용에 따른 배상을 충분히 전보받기 어려울 뿐 아니라 양도나 신탁 등을 통한 재산권적 이용이 곤란하다는 등의 점 때문에 인격권이 아닌 별도의 재산권으로서 인정할 필요가 있다는 주장은 이해된다. 다만 퍼블리시티권을 인격권과는 별개의 독립된 배타적인 재산권으로 인정하는 것은 물권법정주의상 성문법이나 관습법이 인정하지 아니하는 새로운 종류의 물권을 창설하는 것이 되고,[51] 설령 인격권으로서 또는 재산권으로서 퍼블리시티권을 인정할 경우에도 퍼블리시티권의 주체나 보호 대상, 요건, 양도 및 상속 여부,[52] 보호기간,[53] 구제방법 등과 관련하여서도 다양한 의견이 있어 이러한 쟁점들에 대해 보다 심도 있는 논의가 필요한 실정이다.

대법원은 퍼블리시티권의 인정 여부에 대하여 아직까지 명시적인 판단을 하지 않고 있고, 관련하여 "초상권은 사람이 자신의 얼굴 기타 사회통념상 특정인임을 식별할 수 있는 신체적 특징에 관하여 함부로 촬영 또는 그림묘사되거나 공표되지 아니하며 영리적으로 이용당하지 않을 권리로서 헌법 제10조 제1문에 의하여 보장되고 있고 헌법 제10조는 헌법 제17조와 함께 사생활의 비밀과 자유를 보장하는데 이에 따라 개인은 사생활 활동이 타인으로부터 침해되거나 사생활이 함부로 공개되지 아니할 소극적인 권리는 물론, 오늘날 고도로 정보화된 현대사회에서 자신에 대한 정보를 자율적으로 통제할 수 있는 적극적인 권리도 가진다."[54]라고 하여

---

51) 대법원 2002. 2. 26. 선고 2001다64165 판결(관습상의 통행권이 부정된 사안) 등 참조.
52) 서울지방법원 2000. 7. 14. 선고 99가합84901 판결(퍼블리시티권을 부정한 위 서울고등법원 2002. 4. 16. 선고 2000나42061 판결의 1심 판결임)은 배타적인 재산적 권리로서의 퍼블리시티권을 인정하면서 양도성과 상속성을 인정하였다. 서울지방법원 1997. 11. 21. 선고 97가합5560 판결(미항소 확정)은 퍼블리시티권을 인정할 수 있더라도 인격과 분리되어 독립된 권리가 아니라는 이유로 상속성을 부정하는 취지로 판단하였다.
53) 서울동부지방법원 2006. 12. 21. 선고 2006가합6780 판결(미항소 확정)은 퍼블리시티권을 독자적인 재산권으로서 인정하고 상속성을 인정하면서 그 보호기간에 대해 당시 시행 중이던 구 저작권법(2006. 12. 28. 법률 제8101호로 개정되기 전의 것) 제36조 제1항 본문에 따라 사망 후 50년으로 보았다.
54) 대법원 2006. 10. 13. 선고 2004다16280 판결 등 참조.

인격권 중 초상권에 대해 촬영·묘사 거절권, 공표거절권 외에 영리이용권까지 인정하고 있다.

이러한 법리는 인격권 중 성명권에 대하여도 적용할 수 있으므로, 성명 등을 상업적으로 무단이용하는 행위는 성명권 중 영리이용권 침해행위로 될 것이다.[55]

비록 초상권 등 중 영리이용권이 손해배상액에서 퍼블리시티권보다 다소 낮을 수 있지만 초상 등의 이용태양을 감안한 권리범위 해석 등을 고려하여 나름의 보호를 받을 수 있을 것으로 보이고, 더 이상 그와 같은 방법으로 보호할 수 없는 사안이 나타날 경우에 인격권과는 독립된 배타적인 재산권으로서 퍼블리시티권을 인정할지, 어떻게 인정할지 여부에 대해 검토하는 것이 바람직하다.

---

55) 초상권을 상업적으로 무단이용한 사안에 대하여 불법행위라고 하여 위자료를 인정한 서울고등법원 1998. 10. 13. 선고 97나43323 판결(심리불속행 상고기각 확정)이 있고, 다른 기업이 영리 목적으로 연예인의 사진을 함부로 사용하는 것은 연예인들이 예상하거나 허락한 범위를 넘는 것으로서 자기 정보에 대한 통제권 및 초상과 성명이 영리적으로 이용당하지 않을 권리를 정면으로 침해하는 위법한 행위라고 하여 위자료를 인정한 서울고등법원 2014. 4. 3. 선고 2013나2022827 판결(심리불속행 상고기각 확정) 등이 있다.

저작권 등 침해 총론

제11장 저작권 등 침해 총론

저작권법에서 인정되는 배타적인 권리를 침해하였다고 함은 저작권 그 밖에 저작권법에 따라 보호되는 권리인 저작권(저작인격권·저작재산권), 실연자의 인격권, 저작인접권(실연·음반·방송), 배타적발행권, 출판권 및 데이터베이스제작자 권리를 침해한다는 것을 의미한다.[1][2]

본 장에서는 이러한 저작권 등을 침해한다는 것이 무엇을 의미하는지 그 침해 요건은 무엇이고 침해 여부를 어떻게 판단하는지, 저작권 등 침해에는 어떠한 유형이 있는지 등을 검토하고 저작권법 제124조의 저작권 등 침해로 보는 행위에 관한 규정(침해 간주 규정)에 대하여도 검토한다. 그리고 온라인서비스제공자의 책임 제한 및 기술적 보호조치의 무력화 금지 등 6가지 금지행위 및 그 구제수단에 대하여 설명한다. 마지막으로 저작권 등 침해에 대한 구제에 대하여는 각 구제에 대하여 개괄적으로 검토한 다음, 별도로 독립된 제12장 저작권 등 침해에 대한 민사 구제, 제13장 저작권 등 침해에 대한 형사 구제 등에서 상세히 설명한다.

제1절 저작권 등 침해 의의

I. 저작권(저작인격권·저작재산권) 침해의 의미

저작권법에서 저작자가 가지는 저작인격권으로 공표권(제11조), 성명표시권(제12조), 동일성유지권(제13조)이 있다. 이에 따라 저작자의 허락 없이, 미공표의 저작물을 공표하거나 저작자의 성명 또는 이명표시를 변경·삭제하거나 저작물의 내용·형식·제호의 동일성을 변경하

---

1) 다만 법 제123조(침해의 정지 등 청구)에서 저작권 그 밖에 이 법에 따라 보호되는 권리 중 법 제25조(학교교육 목적 등에의 이용)·제31조(도서관 등에서의 복제 등)·제75조(방송사업자의 실연자에 대한 보상)·제76조(디지털음성송신사업자의 실연자에 대한 보상·제76조의2(상업용 음반을 사용하여 공연하는 자의 실연자에 대한 보상)·제82조(방송사업자의 음반제작자에 대한 보상)·제83조(디지털음성송신사업자의 음반제작자에 대한 보상) 및 제83조의2(상업용 음반을 사용하여 공연하는 자의 음반제작자에 대한 보상)의 규정에 따른 보상을 받을 권리는 제외하고 있다. 이들 보상을 받을 권리는 배타적 권리가 아니라 채권이므로 이들을 침해의 정지청구 대상에서 제외한 것이다.

2) 제11장에서 편의상 저작권 그 밖에 저작권법에 따라 보호되는 권리인 저작권(저작인격권·저작재산권), 실연자의 인격권, 저작인접권(실연·음반·방송), 배타적발행권, 출판권, 데이터베이스제작자의 권리를 저작권 등이라고 줄여 쓰는 경우가 있다.

는 행위는 저작인격권 침해로 된다.[3]

저작권법에서 저작권자가 가지는 저작재산권으로 복제권(제16조), 공연권(제17조), 공중송신권(제18조), 전시권(제19조),[4] 배포권(제20조), 대여권(제21조), 2차적저작물작성권(제22조)이 있다.[5] 저작권법상 저작재산권 제한규정(법 제23조 내지 제35조의5)[6]에 의한 저작물의 이용 및 (법정허락 중) 법 제50조 내지 제52조(저작재산권자 불명인 저작물의 이용·공표된 저작물의 방송·상업용 음반의 제작)[7]에 따른 보상금 지급·공탁이 있는 경우를 제외하고, 저작권자의 허락 없이 개별적인 저작재산권을 구성하는 행위인 복제, 공중송신, 공연, 전시, 배포, 대여와 같은 방식으로 저작물을 이용하거나 그 2차적저작물을 작성, 이용하는 행위는 저작재산권 침해로 된다.[8] 반면에 배타적 권리로 열거된 저작재산권을 구성하는 행위가 아닌 단순히 저작물을 보거나 듣는 등의 행위는 저작재산권의 침해행위로 되지 않는다.

저작재산권자로부터 저작물에 관한 이용허락을 받았더라도 그 허락된 이용방법이나 조건의 범위를 넘어 이용하는 경우에 이용방법이나 조건이 저작재산권의 본래적 내용에 해당하는 저작물의 이용을 적법하게 해 주는 방법이나 조건이라면 채무불이행뿐만 아니라 저작재산권 침해로 될 수 있다.[9] 예를 들어 음악저작물에 대하여 연주만을 허락받은 자가 악보를 출판하거나 연주를 녹음하여 배포하면 저작재산권 침해로 된다.

저작인격권에 대한 침해는 저작자의 동의 없이 해당 권리의 내용을 위반한 경우에 성립하는데 그중 원저작물을 기존 저작자의 동의 없이 공표하거나 저작자의 성명 또는 이명표시를 변경·삭제하거나 저작물의 내용·형식·제호의 동일성을 변경하는 행위가 있는 경우에서 저작물의 이용을 전제로 한 저작인격권에 대한 침해 요건과 저작재산권 침해 요건은 의거관계와 실질적 유사성의 점에 관한 한 서로 밀접한 관계에 있다.[10] 그렇더라도 저작재산권 침해와 저

---

3) 공표권, 성명표시권, 동일성유지권에 관한 상세한 내용은 「제5장 저작인격권 제2절 저작인격권의 내용」에서 설명한다.

4) 저작권법 제11조 제3항 및 제19조는 '전시권'의 보호대상인 저작물을 '미술저작물·건축저작물 또는 사진저작물'에 한정하여 열거하고 있으므로, 미술저작물·건축저작물·사진저작물 외의 저작물은 전시권 침해의 대상이 되지 아니한다.

5) 이들 개별적인 저작재산권에 관한 상세한 내용은 「제6장 저작재산권 제2절 저작재산권의 내용」에서 설명한다.

6) 이에 대한 상세한 내용은 「제6장 저작재산권 제3절 저작재산권의 제한」에서 설명한다.

7) 이에 대한 상세한 내용은 「제8장 저작재산권의 경제적 이용 제2절 저작물의 이용허락·법정허락 II. 저작물 이용의 법정허락」에서 설명한다.

8) 반면에 저작권법 제25조 제4항이나 제31조 제5항의 법정허락은 저작권의 성격을 배타적 권리에서 보상금청구권으로 사실상 변화시키는 효력을 가진다. 이러한 경우에는 보상금을 지급하지 않고 저작물을 이용하더라도 보상금청구권 등 채권적 권리만 인정되므로 저작권을 침해하는 것으로 되지 않는다.

9) 이에 대한 더 상세한 내용은 「제8장 저작재산권의 경제적 이용 제2절 저작물의 이용허락·법정허락 ⑤ 이용허락계약 위반의 효과」에서 설명한다.

작인격권 침해는 서로 독립된 별개의 요건이므로 저작재산권 침해가 있다고 하여 당연히 저작인격권 침해가 성립하는 것은 아니고 개별적인 권리마다의 침해에 관한 특유 요건 등을 검토하는 방법으로 그 침해 여부를 별도로 판단, 결정하여야 한다. 그 역의 경우에도 마찬가지이다.

II. 저작권 침해 개념과 도작 · 표절 · 종속성의 구별

(1) 저작권 침해 개념과 구별하여야 할 용어로 이른바 도작(盜作) 또는 표절(剽竊)이라는 용어가 있다.

도작 또는 표절이라는 용어는 저작권법에 나오는 용어는 아니지만, 타인의 저작물을 허락 없이 이용한다는 것을 넘어 타인의 저작물 또는 독창적 아이디어를 적절한 출처표시 없이 자기 것처럼 부당하게 사용한다는 의미이거나 타인의 선행 저술을 적절한 출처표시 없이 자기 것처럼 사용하는 경우11) 또는 특히 윤리적 비난가능성이 높은 저작권 침해행위를 지칭하는 행위를 말하기도 하고, 저작권법에 의하여 보호되는 저작물인지 여부와 상관없이 단순히 타인의 작품과 거의 동일하게 복제하는 경우12)와 같이 표현하기도 하는 등 여러 의미로 사용되고 있다.13)

타인의 저작물을 마치 자신의 저작물인 것처럼 발표하였는지 여부는 저작권의 침해가 성립하기 위한 요건이 아니고 표절행위가 있더라도 반드시 저작권침해가 성립하는 것도 아니다.

---

10) 저작권 침해에서는 하나의 침해행위로 인하여 여러 배타적 권리가 침해되는 경우가 많다. 예를 들어 타인의 저작물에 다소의 수정 · 증감이나 변경을 가하였으나 새로운 창작성을 더하지 아니한 작품을 자신의 것처럼 배포하는 행위는 저작재산권 중 복제권과 배포권을 침해하면서 아울러 저작인격권(공표권, 성명표시권, 동일성유지권) 전부 또는 일부를 침해한다.

11) 대법원 2016. 10. 27. 선고 2015다5170 판결. 그 밖에 위 판결은 자기표절에 대해 저자 자신의 선행 저술을 이용하여 새로운 저술을 하면서 선행 저술의 존재를 일정한 출처표시를 통하여 밝혔더라도 후행 저술에 새롭게 가미된 부분이 독창성이 없거나 새로운 것으로 인정받기 어려워 해당 학문 분야에의 기여도가 없는 경우로 설명하면서 자기표절을 비전형적 표절 내지 표절에 준하는 연구부정행위로 평가하고 있다.

12) 대법원 1990. 2. 27. 선고 89다카4342 판결, 대법원 1997. 5. 28. 선고 96다2460 판결.

13) 「연구윤리 확보를 위한 지침」(교육부훈령 제153호, 2015. 11. 3. 일부개정) 제12조 제1항 제3호는 표절에 관하여 다음과 같이 규정하고 있다. 「제12조(연구부정행위의 범위) ① 연구부정행위는 연구개발 과제의 제안, 수행, 결과 보고 및 발표 등에서 이루어진 다음 각 호를 말한다.
3. "표절"은 다음 각 목과 같이 일반적 지식이 아닌 타인의 독창적인 아이디어 또는 창작물을 적절한 출처표시 없이 활용함으로써, 제3자에게 자신의 창작물인 것처럼 인식하게 하는 행위
가. 타인의 연구내용 전부 또는 일부를 출처를 표시하지 않고 그대로 활용하는 경우
나. 타인의 저작물의 단어 · 문장구조를 일부 변형하여 사용하면서 출처표시를 하지 않는 경우
다. 타인의 독창적인 생각 등을 활용하면서 출처를 표시하지 않은 경우
라. 타인의 저작물을 번역하여 활용하면서 출처를 표시하지 않은 경우」

하지만 통상 저작권법에 의하여 보호되는 저작물에 대해 도작 또는 표절이 이루어지면 저작재산권의 침해와 아울러 저작인격권 중 적어도 성명표시권을 침해하는 것으로 판단될 가능성이 높다. 설령 저작물에 대한 표절이 저작권 침해로 되지 아니하더라도 원저작자가 누려야 할 명예가 표절한 자로 돌아감으로써 결과적으로 원저작자는 표절행위가 없었다면 얻었을 명예를 잃게 되므로 이는 이른바 소극적 명예훼손으로서 민법상 불법행위에 해당할 수 있다.

(2) 한편 실무 등에서 저작재산권 침해와 관련하여 종속성이라는 용어를 사용하고 있다.[14]

종속성이라는 용어도 법률 용어는 아니다. 저작재산권 침해에서 종속성이라는 용어의 사용 실태를 살펴보면, 원저작물을 토대로 하였다는 의미로 표현되기도 하고[15] 후행작품이 선행작품과 실질적 유사성이 있어 선행작품의 존재를 떠올릴 수 있다는 의미로 사용되거나[16] 후행작품이 원저작물과의 관계에서 2차적저작물에 있다는 취지로 표현하는[17] 등 다양한 의미로 사용되고 있고 종속성의 개념 자체가 명확하게 정의되어 있지 않다.

이와 같이 저작재산권 침해와 관련한 종속성이 다의적으로 사용되고 있고 그 개념이 명확하지 않아 독자들에게 혼란을 불러일으킬 우려가 있으므로 본서에서는 저작재산권 침해와 관련하여 굳이 종속성이라는 용어를 사용하지 않기로 한다.

III. 저작인접권 · 배타적발행권 · 출판권 · 데이터베이스제작자의 권리 침해의 의미

저작권법은 배타적인 권리로서 저작권 외에도 저작인접권(실연자의 재산권 · 음반제작자의 권리 · 방송사업자의 권리, 법 제66조 내지 제85조의2),[18] 배타적발행권(제57조 내지 제62조),[19] 출판권(제63조, 제63조의2),[20] 데이터베이스제작자의 권리(제91조 제98조)[21]를 인정하고, 저작인접

---

14) 이해완, 저작권법(제4판), 박영사(2019), 1131.

15) 대법원 1995. 11. 14. 선고 94도2238 판결은 "피해자의 저작이 원저작물과의 관계에서 이것을 토대로 하였다는 의미에서의 종속성을 인정할 수 있어 소위 2차적 저작물에 해당한다 할지라도 원저작자에 대한 관계에서 저작권 침해로 되는 것은 별문제로 하고 저작권법상 2차적 저작물로서 보호된다."라고 한다.

16) 서울고등법원 2004. 3. 16. 선고 2002나61547 판결(상고기각 확정).

17) 서울고등법원 1999. 1. 20. 선고 96나45391 판결(상고기각 확정), 서울중앙지방법원 2007. 1. 17. 선고 2005가합65093, 2006가합54557 판결(항소 후 소취하 종국) 등이 있다.

18) 이에 대한 상세한 내용은 「제9장 저작인접권」에서 설명한다.

19) 이에 대한 상세한 내용은 「제8장 저작재산권의 경제적 이용 제4절 배타적발행권」에서 설명한다.

20) 이에 대한 상세한 내용은 「제8장 저작재산권의 경제적 이용 제5절 출판권」에서 설명한다.

21) 이에 대한 상세한 내용은 「제10장 그 밖의 권리 및 특례 제1절 데이터베이스제작자의 권리」에서 설명한다.

권자 중 실연자에게 재산권 외에 인격권으로 그의 실연 또는 실연의 복제물에 그의 실명 또는 이명을 표시할 권리인 성명표시권(제66조)과 그의 실연의 내용과 형식의 동일성을 유지할 권리인 동일성유지권(제67조)[22]을 인정한다.

저작인접권(실연자의 재산권·음반제작자의 권리·방송사업자의 권리), 배타적발행권, 출판권, 데이터베이스제작자의 권리의 각 해당 권리 대상을 그 권리자의 동의 없이 배타적 권리가 미치는 방법으로 이용하는 행위는 각 해당 권리를 침해하는 것으로 되고, 실연·음반·방송 또는 데이터베이스를 이용하고자 하는 사람이 저작인접권자나 데이터베이스제작자로부터 실연 등에 관한 이용허락을 받았더라도 그 허락된 이용방법이나 조건의 범위를 넘어 이용하는 경우에 이용방법이나 조건이 저작인접권 등의 본래적 내용에 해당하는 저작인접물 등의 이용을 적법하게 해 주는 방법이나 조건이라면 채무불이행뿐만 아니라 저작인접권 등의 침해로 될 수 있다.[23]

그리고 실연자의 허락 없이 실연 또는 그 복제물에 대한 실명 또는 이명표시를 변경·삭제하거나 실연의 내용·형식의 동일성을 변경한 경우 실연자의 인격권을 침해하는 것으로 된다.

IV. 저작권법 제124조에 따른 저작권 등 침해 간주 규정

앞서 본 저작권법에 의하여 인정되는 배타적 권리를 침해하는 경우 외에도 저작권법 제124조 제1항은 수입 시에 대한민국 내에서 만들어졌더라면 저작권 그 밖에 이 법에 따라 보호되는 권리의 침해로 될 물건을 대한민국 내에서 배포할 목적으로 수입하는 행위(제1호), 저작권 그 밖에 이 법에 따라 보호되는 권리를 침해하는 행위에 의하여 만들어진 물건(제1호의 수입물건을 포함한다)을 그 사실을 알고 배포할 목적으로 소지하는 행위(제2호), 프로그램의 저작권을 침해하여 만들어진 프로그램의 복제물(제1호에 따른 수입 물건을 포함한다)을 그 사실을 알면서 취득한 자가 이를 업무상 이용하는 행위(제3호)의 제1호 내지 제3호 중 어느 하나에 해당하는 행위는 저작권 그 밖에 저작권법에 따라 보호되는 권리의 침해로 본다는 저작재산권 침해 간주 규정을 두고 있다.

그리고 저작권법 제124조 제2항은 저작자의 명예를 훼손하는 방법으로 저작물을 이용하는 행위는 저작인격권의 침해로 본다고 규정하여 저작인격권 침해 간주 규정을 두고 있다.

---

22) 실연자의 인격권에 대한 상세한 내용은 「제9장 저작인접권 제2절 실연자의 권리」에서 설명한다.
23) 법 제88조, 제96조 참조. 이에 대한 더 상세한 내용은 「제8장 저작재산권의 경제적 이용 제2절 저작물의 이용허락·법정허락 ⑤ 이용허락계약 위반의 효과」에서 설명한다.

V. 저작재산권 침해와 저작인접권(실연자의 재산권·음반제작자의 권리·방송사업자의 권리), 배타적발행권, 출판권 및 데이터베이스제작자의 권리에 대한 침해 요건

후술하는 바와 같이 저작재산권 침해는 허락 받지 않고 어느 저작물에 의거(依據)하여 그것을 이용하거나 허락을 받더라도 그 허락 범위를 넘어 그 저작물과 실질적으로 동일·유사한 작품을 작성하는 경우 등에 성립할 수 있다.

따라서 저작재산권 침해에서 가장 중요한 요건은 의거관계와 실질적 유사성이고 이러한 두 요건은 특별한 사정이 없는 한 다른 배타적인 권리들에 대한 침해 성립 요건에도 적용된다.

한편 저작재산권의 침해와 저작인접권, 데이터베이스제작자의 권리 침해와 관련하여 모방행위와 복제권의 범위에 대해 비교해 보면, 이미 설명하였듯이 저작인접권(실연자의 재산권·음반제작자의 권리·방송사업자의 권리), 데이터베이스제작자 권리의 경우에는 해당 저작인접물과 데이터베이스의 전부 또는 상당 부분에 대한 직접 복제와 간접 복제에만 복제권이 미치고 (저작재산권과는 달리) 저작인접물 및 데이터베이스의 모방행위에는 복제권이 미치지 아니하는 차이가 있다(통설, 다툼 없음). 그리고 복제의 범위와 관련된 구체적인 이론 구성으로 들어가서, 본서 저자는 저작재산권에서의 복제 개념 내지 복제권의 범위에 동일하거나 실질적 유사성이 인정되고 그와 아울러 새로운 창작성이 부가되지 않은 상태인 경우가 모두 포함된다는 논리를 전제로 하고 있고,[24] 이러한 저작재산권에서의 복제 개념 및 복제권의 범위에 관한 논리가 그밖의 저작권법에서 인정하는 배타적 권리 중 복제 개념 및 그 복제권의 범위에 적용된다는 입장이므로, 선행하는 저작물(저작인접물)·데이터베이스의 전부 또는 상당 부분과 동일하거나 혹은 그와 실질적 유사성이 인정되면서 아울러 새로운 창작성이 부가되지 않은 상태의 작품을 이용하는 경우에는 저작인접권(실연·음반·방송), 데이터베이스제작자 권리, 배타적발행권(저작물, 저작인접물), 출판권의 각 해당 권리(복제권)를 침해하는 것으로 본다.[25]

그러나 저작인접권(실연자의 재산권·음반제작자의 권리·방송사업자의 권리), 데이터베이스제작자의 권리, 배타적발행권, 출판권은 모두 2차적저작물작성권을 포함하고 있지 않아 그 권리

---

24) 이 부분에 관한 더 자세한 내용은 본서 「제6장 저작재산권 제2절 저작재산권의 내용 I. 복제권 ② 복제권의 인정범위[동일성·실질적 유사성(다만 새로운 창작성이 부가되지 않은 상태)]와 2차적저작물작성권, 독립적인 새로운 저작물과의 관계」에서 설명한다.

25) 이 부분 내용은 「제6장 저작재산권 제2절 저작재산권의 내용 I. 복제권 ② 복제권의 인정범위[동일성·실질적 유사성(다만 새로운 창작성이 부가되지 않은 상태)]와 2차적저작물작성권, 독립적인 새로운 저작물과의 관계」, 「제8장 저작재산권의 경제적 이용 제4절 배타적발행권, 제5절 출판권」의 각 해당 부분에서 설명한다.

자에게 2차적저작물을 발행하는 등의 권리까지 주어지는 것은 아니므로 저작물(저작인접물), 데이터베이스와 실질적으로 유사하더라도 그와 같은 변경으로 인하여 새로운 창작성이 부가되어 2차적저작물 작성의 정도에 이르렀다면 (저작물의 경우 그것에 대한 2차적저작물작성권이라는 저작재산권 침해가 성립함은 별론으로 하더라도) 저작인접권(실연자의 재산권 · 음반제작자의 권리 · 방송사업자의 권리), 데이터베이스제작자의 권리, 배타적발행권, 출판권 그 자체에 대한 침해는 발생하지 않는다(통설, 다툼 없음).

한편 저작권 침해론은 주로 저작재산권 침해의 문제를 중심으로 다루어지고 있고 저작재산권 침해의 문제에서도 기존의 저작물을 저작권자로부터 허락(권원)을 얻지 않고 저작권법에서 저작자 권리로서 보호되는 복제권, 공중송신권, 공연권, 전시권, 배포권, 대여권을 구성하는 행위인 복제, 공중송신, 공연, 전시, 배포, 대여와 같은 방식으로 이용하거나 그 2차적저작물을 작성, 이용하는 행위에 해당하는지 여부가 주된 논의의 대상으로 된다.

이러한 이유로 본 장의 저작권 등 침해론에서도 그중 가장 대표적인 저작재산권 침해를 중심으로 살펴본다. 그 밖의 배타적인 권리 등에 대한 침해 요건 중 저작재산권 침해 요건과 공통되지 않은 나머지 침해 요건 등에 대하여는 각 권리의 해당 부분에서 이미 설명하였다.

제2절 저작재산권 침해의 요건 및 판단

I. 저작물의 이용과 저작재산권 침해 · 비침해의 경계

저작재산권 침해의 문제에서 저작물을 이용한다고 함은 저작권법에서 저작자의 배타적인 권리로서 보호하는 복제권, 공중송신권, 공연권, 전시권, 배포권, 대여권을 구성하는 행위인 복제, 공중송신, 공연, 전시, 배포, 대여와 같은 방식으로 저작물을 이용하거나 그 2차적저작물을 작성, 이용하는 것을 의미한다. 즉 여기의 저작물 이용에서의 이용은 책을 읽거나 보는 행위를 말하는 사용을 제외한 좁은 의미의 이용이다.[26]

기존의 저작물에 의거하여 작품을 작성하는 행위는 ① 기존의 저작물에 의거하여 그 내용을 그대로 베끼거나(완전 동일) 그대로 베끼지 아니하고 다소의 수정 · 증감이나 변경을 하였으나 사회 통념상 새로운 저작물이 될 수 있을 정도의 새로운 창작성을 더하지 아니한 단계(실질

---

26) 저작권법에서 이용은 좁은 의미의 이용과 사용을 포함하는데 법문에 따라 다소 명확하지 않은 상태로 규정되어 있는 경우가 있다. 예를 들면 저작권법 제30조, 제35조의2 등에서의 이용은 위에서 말하는 좁은 의미의 이용 외에 사용까지 포함된 넓은 의미의 이용이고, 반면에 저작권법 제124조 제1항 제3호에서의 이용은 좁은 의미의 이용이 배제된 단순한 사용을 말한다.

적 동일성 또는 실질적 유사성이 인정되나 새로운 창작성은 부가되지 않은 정도) (복제권의 침해),[27] ② 원저작물을 기초로 하되 원저작물과 실질적 유사성을 유지하고 이것에 사회통념상 새로운 저작물이 될 수 있을 정도의 수정·증감을 하여 새로운 창작성을 더한 단계(2차적저작물작성권의 침해), ③ 기존의 저작물을 다소 이용하였지만 시사받은 정도에 불과하거나 완전히 소화하여 기존 저작물과의 사이에 동일성이나 실질적 유사성이 없는 별개의 독립된 새로운 저작물을 작성하게 된 단계(독립된 저작물로서 원저작물의 저작권을 침해하지 않음)로 분류할 수 있다.[28]

이와 같은 작품 작성의 단계 구조를 검토하여 보면 저작물의 이용에 대해 허락을 받지 않거나 저작물의 이용허락 범위를 넘어 그것을 이용한다는 사실만으로 곧바로 저작재산권 침해행위로 단정할 수 없음을 알게 된다.

저작권법에서 저작재산권의 침해가 있기 위하여는 (1) 저작재산권 침해를 주장하는 자가 해당 저작물에 대하여 유효한 저작재산권을 가지고 있어야 하고, (2) 어느 작품이 기존의 저작물에 근거하여 그것을 이용하는 의거관계가 있어야 하며, (3) 침해되었다고 주장되는 원저작물과 후행작품 사이에 동일성 및 실질적 유사성(substantial similarity)이 인정되어야 한다.[29]

그리고 이러한 요건은 원저작물 전체를 이용하는 경우뿐만 아니라 그 일부를 이용하는 경우의 침해에도 그대로 적용된다.

저작재산권 침해론에서 의거관계(의거이용성)와 동일성·실질적 유사성은 저작물의 작성이라는 이용행위(복제, 2차적저작물 작성)[30] 또는 작성 후 이용행위(배포, 대여, 공연, 공중송신, 전시)에 관련된 모든 저작재산권 침해에 공통된 요건이므로 이들 요건은 저작재산권 침해와 비침해를 결정짓는 경계, 즉 저작재산권 침해의 성립요건이 되고 있다.

---

27) 이에 대하여는 앞의 「제11장 저작권 등 침해 총론 제1절 저작권 등 침해 의의 V. 저작재산권 침해와 저작인접권(실연자의 재산권·음반제작자의 권리·방송사업자의 권리), 배타적발행권, 출판권 및 데이터베이스제작자의 권리에 대한 침해 요건」 등에서 설명하였으므로 중복을 피한다.
28) 대법원 2010. 2. 11. 선고 2007다63409 판결, 대법원 2014. 6. 12. 선고 2014다14375 판결 등 참조.
29) 대법원 2014. 1. 29. 선고 2012다73493, 73509 판결.
30) 대법원 2020. 12. 10. 선고 2020도6425 판결은 1995. 12. 6. 법률 제5015호로 개정된 저작권법의 부칙 제4조 제3항에서 허용되는 회복저작물의 이용에 대하여, "1995년 개정 저작권법 부칙 제4조 제3항은 회복저작물을 원저작물로 하는 2차적저작물로서 1995. 1. 1. 전에 작성된 것을 계속 이용하는 행위에 대한 규정으로 새로운 저작물을 창작하는 것을 허용하는 규정으로 보기 어렵고, 위 부칙 제4조 제3항이 허용하는 2차적저작물의 이용행위를 지나치게 넓게 인정하게 되면 회복저작물의 저작자 보호가 형해화되거나 회복저작물 저작자의 2차적저작물 작성권을 침해할 수 있다. 따라서 회복저작물을 원저작물로 하는 2차적저작물과 이를 이용한 저작물이 실질적으로 유사하더라도, 위 2차적저작물을 수정·변경하면서 부가한 새로운 창작성이 양적·질적으로 상당하여 사회통념상 새로운 저작물로 볼 정도에 이르렀다면, 위 부칙 제4조 제3항이 규정하는 2차적저작물의 이용행위에는 포함되지 않는다고 보아야 한다."라고 하면서 원심이 위 부칙 제4조 제3항의 이용행위가 실질적 동일성이 유지되는 범위에서의 이용만을 의미한다는 판단은 잘못이라고 하였다.

II. 저작재산권 침해의 요건

앞에서 본 바와 같이 저작재산권의 침해가 있기 위하여는 (1) 침해되었다는 저작물이 저작권법에 의하여 보호되는 저작물이어서 저작재산권 침해를 주장하는 자가 그 저작물에 대하여 저작재산권을 가져야 하고, (2) 후행작품이 원저작물에 의거하여 이용된 것이라는 의거관계가 성립하여야 하며, (3) 그 원저작물과 후행작품 사이에 동일성·실질적 유사성(substantial similarity)이 인정되어야 한다(즉, 원저작물의 창작적 표현형식과 후행작품이 실질적 유사성 범위 내에 있어야 한다).

이하 이들 저작재산권 침해의 요건에 대하여 살펴본다.

① 침해되었다는 작품이 저작권법에 의하여 보호되는 저작물이어서 저작재산권 침해를 주장하는 자가 그 저작물에 대하여 저작재산권을 가질 것

저작재산권이 침해되었다고 하기 위한 요건으로서 먼저, 저작재산권이 침해되었다는 작품이 저작권법에 의하여 보호되는 저작물이어서 저작권침해를 주장하는 자가 그 저작물에 대하여 저작재산권을 가지고 있어야 한다.

이 요건은 저작물성 여부와 권리귀속의 문제로서 저작물의 성립요건 내지 창작성, 저작재산권의 양도 등과 관련된 쟁점이다.

저작권침해소송에서 저작재산권이 침해되었다고 주장하는 자(원고)는 침해되었다는 작품이 저작권법에 의하여 보호되는 저작물에 해당한다는 사실, 자신이 그 저작물을 창작하였거나 업무상 저작물의 저작자 내지 저작재산권 등을 공유한다는 사실 또는 저작재산권자로부터 저작물에 대한 저작재산권을 양도받았다는 사실(영상저작물의 이용을 위하여 필요한 권리를 양도받은 것으로 추정된다는 점 포함) 등을 주장하고 그에 필요한 사실을 증명할 필요가 있다.

다만 어떤 작품이 저작권법에 의하여 보호되는 저작물인지 여부는 사실 인정의 문제가 아니라 법적 평가의 문제이므로 저작물성 여부는 법원의 판단사항에 해당한다. 따라서 저작권침해소송에서 피고가 원고의 작품에 대한 저작물성을 인정하더라도 이는 권리자백에 해당할 뿐이어서 법원은 심리 결과 원고의 작품에 대한 저작물성을 부정할 수 있다.

저작물에 대한 창작성, 저작재산권의 양도 등에 관련된 내용은 이미 앞의 해당 부분에서 설명하였기에 여기서는 나머지 요건인 의거관계와 실질적 유사성을 중심으로 설명한다.

② 원저작물에 근거하여 그것을 이용하는 의거관계가 있을 것

가. 의거관계의 의의 및 내용

의거관계란 침해자가 저작권으로 보호되는 기존 저작물에 근거(접근과 유사성)하여 자신의 작품을 작성하는 이용행위(복제, 2차적저작물 작성)를 하거나 작성 후 이용행위(공연, 공중송신, 전시, 배포, 대여)를 하는 것을 말한다.

같은 창작법에 속한 특허법에서 선출원주의 원칙에 따라 의거관계 여부는 특허권 침해의 요건이 될 수 없지만(절대적 독점주의) 저작권법에서는 동일한 저작물이라도 독자적으로 창작한 것이라면 저작권법에 의한 보호를 받을 수 있어 그 각각에 저작권이 인정될 수 있기 때문에(상대적 독점주의) 저작권 침해가 되기 위하여는 의거관계 성립이 필수요건이다.

의거관계는 침해자가 타인의 저작물을 인식하고 그것을 이용한다는 점에서 강학상 주관적 요소라 불리고 있지만, 불법행위 성립요건인 저작권 침해의 고의·과실을 포함하지 않는다.

두 저작물 사이에 의거관계가 인정되는지 여부와 실질적 유사성이 있는지 여부는 서로 별개의 판단으로서, 의거관계 여부의 판단에는 실질적 유사성 여부 판단과 달리, 저작권법에 의하여 보호받는 표현뿐만 아니라 저작권법에 의하여 보호받지 못하는 표현 등이 유사한지 여부도 함께 참작될 수 있다.[31]

의거관계에는 원저작물의 내용을 그대로 복제하는 경우와 같이 원저작물에 전부 의존하는 경우가 해당되고, 나아가 원저작물의 표현의 일부분만 차용하거나 원저작물의 특징적인 아이디어를 사용하는 경우도 해당할 수 있다. 이에 대하여 의거의 대상은 표현이어야 한다는 전제하에 타인의 아이디어에 접하여 이를 기초로 자신이 구체적인 표현을 작성하더라도 아이디어는 저작물이라고 할 수 없기 때문에 타인의 저작물에 의거한 것이 아니라고 설명하는 견해[32]가 있지만, 의거관계의 본질과 침해의 문제는 명확히 구별하여야 하기 때문에 찬성하기 어렵다.

의거관계의 대상은 저작권법에 의하여 보호되는 저작물에서 저작물로 보호받을 수 없는 부분이라도, 즉 설령 아이디어나 창작적이지 않은 표현 등에 불과하더라도 그것이 원저작물의 특징적인 부분 내지 요소라면 (증거력의 강도 여부는 별론으로 하더라도) 두 저작물 사이의 의거관계 성립 주장 및 그 증명을 위한 자료로 사용할 수 있다고 보아야 한다. 의거관계의 본질은 침해자가 원저작물의 창작적인 표현을 이용하였거나 얼마나 복제를 하였는지의 문제가 아니라 타인의 저작물에 근거하여 작성한 것인지 아니면 독자적으로 작성한 것인지 여부를 결정하는 것이기 때문이다.

---

31) 대법원 2007. 3. 29. 선고 2005다44138 판결, 대법원 2014. 5. 16. 선고 2012다55068 판결.
32) 박성호, 저작권법(제2판), 박영사(2017), 663~664, 오승종, 저작권법 강의(제2판), 박영사(2018), 633. 이들 내용은 中山信弘, 저작권법(편역), 법문사(2008), 409의 해당 부분을 원용하고 있다.

이러한 의거관계의 본질에 비추어 보면, 원저작물과 동일하거나 실질적으로 유사한 후행작품을 작성하였더라도 원저작물에 근거한 것이 아니라 독자적으로 그러한 작품을 작성한 것이라면 이들 사이에 의거관계는 성립하지 않는다.

또한 원저작물과 후행작품 사이의 실질적 동일·유사성이 원저작물에 근거한 결과가 아니라 그것보다 선행하거나 공공영역(public domain)에 놓여 있는 제3의 저작물 또는 통상의 흔한 소재 등에 근거한 것이라면 이들 원저작물과 후행작품 사이에 의거관계는 성립하지 않는다.[33]

즉, 아이디어나 창작적이지 않은 표현이 의거관계 성립을 증명하기 위한 자료로 사용할 수 있다는 것과 아이디어나 창작적이지 않은 표현이 기존 저작물의 특징적인 부분이 될 수 없어 원저작물로부터 그러한 아이디어나 표현을 가져왔음을 증명하더라도 그와 같은 사정만으로 의거관계가 인정되지 않는다는 것과는 서로 별개의 문제로 보아야 한다.

그리고 의거관계의 대상에는 원저작물 자체뿐만 아니라 원저작물의 복제물이나 원저작물의 특징적인 부분이 그대로 나타나 이를 인식할 수 있는 2차적저작물도 포함할 수 있다(이를 이른바 간접의거라고 한다).

행위자가 어느 작품을 제작하면서 원저작물에 접근할 기회가 없어서 그 존재와 내용을 알지 못한 경우에는 그것을 알지 못한 데에 과실이 있는지 여부와 상관없이[34] 원저작물에 의거하여 당해 작품을 작성하였다고 할 수 없으므로 행위자에게 저작권침해의 책임을 물을 수 없다.[35]

그러나 원저작물을 보거나 들은 적이 없었다고 주장하지만 저작물에 접근하여 이용할 수 있는 합리적인 기회가 있었음이 증명되어 그 저작물의 존재와 내용을 인식하였음이 객관적으로 인정되는 상황이라면 행위자가 원저작물에 접근하여 그것을 이용하였음을 인식 내지 기억

---

33) 대법원 2015. 8. 13. 선고 2013다14828 판결은 "비교대상 1 저작물은 원고 음악저작물보다 앞서 2002년 미국에서 공표되었는데,...(중간 생략)...비교대상 1 저작물에 대한 원고의 접근가능성과 원고 대비 부분 및 비교대상 1 부분 사이의 유사성을 종합하면 원고 대비 부분은 비교대상 1 부분에 의거하여 작곡된 것으로 추정되고, 또한 원고 대비 부분과 비교대상 1 부분은 가락을 중심으로 하여 리듬과 화성을 종합적으로 고려할 때 실질적으로 유사하다고 할 것이며, 원고 대비 부분에 가해진 수정·증감이나 변경은 새로운 창작성을 더한 정도에는 이르지 아니한 것으로 보인다. 그렇다면 원고 대비 부분은 창작성이 있는 표현에 해당한다고 볼 수 없어, 이 부분에 대해서까지 원고의 복제권 등의 효력이 미치는 것은 아니라고 할 것이다. 그런데도 원심은 원고 대비 부분의 창작성에 관하여 제대로 심리·판단하지 아니한 채 피고에게 저작권 침해를 원인으로 한 손해배상책임을 인정하고 말았으니, 이러한 원심판결에는 음악저작물의 창작성에 관한 법리를 오해하여 필요한 심리를 다하지 아니함으로써 판결에 영향을 미친 위법이 있다."라고 하였다.
34) 이해완, 저작권법(제4판), 박영사(2019), 1133은 원고의 저작물이 존재함을 모르고 피고가 그와 비슷한 작품을 만든 것에 과실이 있는 것처럼 여겨지더라도 그것만으로 저작권침해를 인정할 수 없는 이유에 대해 의거관계의 요건은 복제권 또는 2차적저작물작성권 침해라는 개념 자체에서 비롯된 것으로서 저작권침해에 대한 고의·과실의 문제보다 개념적으로 선행하기 때문이라고 설명한다.
35) 일본 最高裁判所 1978. 9. 7. 선고 昭和50(オ)324 판결 참조.

하지 못하고 잠재의식을 통해 의도하지 않고 무심코 원저작물을 이용하게 되었더라도 의거관계가 성립한다.36)37)

침해되었다고 주장되는 작품이 원저작물에 의거하여 작성되었는지는 당해 작품의 제작자에 대하여 판단되어야 할 사항이므로 대상으로 되는 작품이 공동제작된 경우에는 공동제작자 각각에 대하여 의거의 요건을 충족하고 있는지를 판단할 필요가 있지만, 그렇다고 하더라도 공동제작자 모두가 원저작물의 존재와 내용을 인식해야 하는 것은 아니고38) 그중 1인에게라도 의거관계가 성립된다면 다른 공동제작자가 원저작물의 존재와 내용을 인식하지 않았더라도 1인에 대한 의거관계 성립사실을 알고 있던 공동제작자 뿐만 아니라 1인에 대한 의거관계 성립사실을 알지 못한 다른 공동제작자에 대해서도 의거관계가 성립된다고 본다.

나. 의거관계를 증명하기 위한 직접·간접 사실

소송에서 증명을 필요로 하는 사실을 요증사실이라고 하는데 이에는 증명의 대상으로 되는 사실이 문제로 된 법규의 법률요건에 직접 해당하는 사실 내지 권리의 발생·변경·소멸이라는 법률효과를 판단하는 데 직접 필요한 사실인 주요사실, 경험칙을 적용함으로써 주요사실을 추인하게 하는 간접사실 및 증거방법의 증거력의 존부 또는 증거방법의 평가에 기초가 되는 보조사실이 있다.

일반적으로 어느 사실의 존부 등이 당사자 사이에 다투어질 경우 주요사실의 존부를 직접 증명하는 직접증거나 간접사실·보조사실을 증명하는 간접증거(정황증거)에 의해 인정된다.

마찬가지로 의거관계의 성립 여부도 당사자에 의해 다투어지면 직접증거와 간접증거를 제시하여 증명할 필요가 있다. 그런데 저작재산권 침해소송에서 타인의 저작물을 그대로 베끼는

---

36) 서울중앙지방법원 2016. 11. 25. 선고 2013가합559814 판결(항소장 각하명령으로 확정). Bright Tunes Music Corp. v. Harrisongs Music, Ltd., 420 F.Supp. 177 (S.D.N.Y. 1976).
37) 박성호, 저작권법(제2판), 박영사(2017), 662는 "행위자가 타인의 저작물임을 인식하고 베낀 사실이 객관적으로 존재하지만 행위자 스스로는 이를 의식하지 못하고 오히려 그 피조물을 자기 자신의 창작물이라고 착각하는 '무의식적 인식'(unbewußte Kenntnis)의 경우에도 의거(이용)관계는 성립한다."고 한다. 이해완, 저작권법(제4판), 박영사(2019), 1133도 "의거는 피고가 원고의 저작물을 보거나 들은 적이 있고 그것을 이용한 것이기만 하면 성립하는 것으로 보아야 하고, 원고의 저작물을 이용하겠다는 명시적 의사가 있어야만 성립하는 것은 아니라 할 것이므로 무의식적 의거도 의거로 인정하는 것이 타당"하다고 한다.
반대의 견해로 오승종, 저작권법 강의(제2판), 박영사(2018), 634는 "무의식에 의한 의거는 원저작물을 이용하는 의사를 가지고 한 것이라고 보기 어려워 의거요건을 충족하지 않는다."고 한다.
38) 박성호, 저작권법(제2판), 박영사(2017), 665 및 이해완, 저작권법(제4판), 박영사(2019), 1134는 어느 공동저작자의 의거에 기한 것임이 분명함에도 불구하고 다른 공동저작자들에 대하여도 의거가 있어야 침해가 성립한다고 하면 공동저작자들 전원을 상대로 침해정지청구를 할 수 없게 되어 저작권 보호에 부당한 흠결이 초래됨을 이유로 긍정한다.

등 이용하였다는 의거관계에 관한 직접증거(예를 들면 목격자의 증언)를 제시하여 증명하는 경우는 매우 드물고 오히려 주요사실인 의거관계를 추인하게 하는 간접증거(정황증거)를 제시하고 이를 통해 의거관계가 추정되는 경우가 대부분이다.

의거관계가 추정되는 간접증거 중에 대표적인 것이 ① 원저작물에 대한 접근 가능성(access) 및 원저작물과 후행작품 사이의 이른바 증명적 유사성39)(probative similarity)에 관한 증거, ② 현저한 유사성(striking similarity)에 관한 증거이다.

미국에서 probative similarity는 의거관계를 증명하기 위한 도구용어로서, 의거관계에 따른 이용이 침해행위에 해당하는지 여부를 증명하기 위한 substantial similarity와 개념적으로 구별하기 위하여, 학계에서 주장된 용어이고 일부 법원이 채용하고 있기도 하다. 미국에서 probative similarity는 원저작물 중 저작권법으로 보호받을 수 없는 특징까지도 침해대상작품의 해당 부분과 유사함을 증명하여 의거관계를 인정하는 데 사용되는 도구개념인데 반하여 substantial similarity는 원저작물 중 창작적인 표현 부분에 한정하여 그것이 침해대상작품의 해당 부분과 유사함을 증명함으로써 위법한 침해행위를 인정하는 데 사용되는 도구개념으로 이들은 엄격히 구별되는 다른 개념으로 이해되고 있다.

우리 실무는 당초에는 probative similarity나 substantial similarity에 해당하는 용어를 모두 '실질적 유사성'이라고 부르면서도 서로 구분되는 별개의 개념인 점은 명확히 인식하고 있었는데,40) 최근에는 두 용어의 혼동을 우려한 때문인지 그중 probative similarity를 '유사성'이라고만 표현하고 있다.41) 학계에서는 probative similarity를 증명적 유사성으로 번역하고 substantial similarity를 실질적 유사성으로 번역하여 위와 같은 내용으로 설명하여 오고 있다.

이에 대해 본서 저자는 실질적 유사성(substantial similarity)과 구별되는 개념인 probative similarity를 증명적 유사성이라는 단어로 애매하고 불명확하게 번역하는 것보다는 그 개념을

---

39) 미국에서 probative similarity는 의거관계를 증명하기 위한 도구용어로서 의거관계에 따른 이용이 침해행위에 해당하는지 여부를 증명하기 위한 substantial similarity와 개념적으로 구별하기 위하여 학계나 실무에서 널리 사용되고 있다. 미국에서 probative similarity는 원저작물 중 저작권법으로 보호받을 수 없는 특징까지도 침해대상작품의 해당 부분과 유사함을 증명하여 의거관계를 인정할 수 있는 도구개념인데 반하여 substantial similarity은 원저작물 중 창작적인 표현 부분에 한정하여 그것이 침해대상작품의 해당 부분과 유사함을 증명함으로써 위법한 침해행위를 인정할 수 있는 도구개념으로 이들은 엄격히 구별되는 다른 개념이다. 뒤에서 보듯이 본서 저자는 다수설에 의해 호칭되는 증명적 유사성을 사실적 유사성으로 바꿔 부르고 있다.

40) 대법원 1999. 11. 26. 선고 98다46259 판결, 대법원 2014. 1. 29. 선고 2012다73493,73509 판결, 대법원 2014. 5. 16. 선고 2012다55068 판결 등 참조.

41) 대법원 2007. 3. 29. 선고 2005다44138 판결을 비롯하여 대법원 2014. 5. 16. 선고 2012다55068 판결, 대법원 2014. 7. 24. 선고 2013다8984 판결, 대법원 2018. 5. 15. 선고 2016다227625 판결 등 참조.

더욱 명확히 하기 위해 실질적 유사성(substantial similarity)과 대비하기 위한 용어로서 이를 '사실적 유사성'으로 바꿔 부르기를 제안하고 이 책에서 증명적 유사성이라는 용어 대신에 (사실적) 유사성42)이라는 용어를 사용하기로 한다.

　　probative similarity는 원저작물 중 저작권법으로 보호되는 것인지를 불문하고 즉 아이디어와 표현을 가리지 않고 원저작물과 침해대상 작품의 공통된 내용을 대비하여 침해대상 작품이 원저작물과 의거관계가 있음을 나타내기 위한 '간접증거에 나타난 사실적 유사성'이다. 그 반면에 substantial similarity는 원저작물 중에서 저작권법의 보호를 받는 창작적인 표현만을 평가하고 추출하여 그것과 침해대상 작품의 해당 내용을 비교하고 그 이용 부분이 질적으로 또는 양적으로 사소한 정도를 넘어서서 실질적인 정도에 이르렀는지를 평가한 다음에 결정된다.

　　즉, substantial similarity는 침해대상 작품의 해당 부분 이용이 위법한 침해행위에 해당하는지를 판단하기 위한 '평가에 따른 규범적인 유사성'을 의미한다. 의거단계에서 (사실적) 유사성이 증명되었다고 하여 그것이 침해 여부 단계의 실질적 유사성 판단을 구속하는 것도 아니다. 따라서 이들 두 유사성은 논리적으로 명확히 구분되는 별개의 개념이다.

　　의거관계를 추정하기 위한 또 다른 간접사실인 현저한 유사성(striking similarity)도 (사실적) 유사성의 특수한 형태라는 점에서 위에서 본 논리가 그대로 적용된다.

다. 의거관계 추정과 간접사실 간 관계에 관한 실무 태도

　　앞에서 후행작품의 원저작물에 대한 의거관계를 추인하게 하는 주요 간접증거인 원저작물에 대한 접근(access), 원저작물과 후행작품 사이의 (사실적) 유사성(probative similarity)·현저한 유사성(striking similarity)의 관계에 관한 실무의 태도를 정리하면 앞에서 본 미국의 실무와 같이, [A] ① 원저작물에 대한 접근과 ② 원저작물과 후행작품 사이에 유사성이 모두 인정되는 경우(접근 가능성과 유사성)(①+②)이거나, [B] 원저작물과 후행작품 사이에 공통점이 우연의 일치나 공공영역(public domain) 혹은 그것들의 선행작품에 존재하는 공통의 소재만으로는 설명하기 어렵고 오직 후행작품이 원저작물에 의거한 것에 의해서만 설명될 수 있을 정도의 높은 유사성을 가지거나 후행작품이 독자적으로 원저작물과 같은 결과에 이르렀을 가능성을 배제할 수 있을 정도로 유사한 경우, 즉 현저한 유사성이 인정되는 경우에 각각 의거관계가 추정되고, 후행작품이라고 주장되었지만 사실은 원저작물보다 먼저 창작되었거나 후에 작성되었더라도 원저작물과 무관하게 독립적으로 작성되었다고 볼 만한 간접사실이 인정되는 경우에는 후행작품이 원저작물에 의거하여 작성되었다고 추정되지 않는다는 입장이다.43)

---

42) 본서 저자는 다수설에 의해 호칭되는 증명적 유사성이라는 용어를 사실적 유사성이라는 용어로 바꾸어 부를 것을 제안하나 본서 저자 외에 사실적 유사성이라고 부르는 분이 없고 실무에서 이를 '유사성'이라고 부르고 있어 혹시 모를 독자의 혼란을 막기 위해 본서에서는 '(사실적) 유사성'으로 기재한다.

이 부분 내용에 대하여는 아래에서 다시 항을 나누어 설명한다.

라. 접근과 (사실적) 유사성

후행작품이 원저작물에 의거하여 작성되었다는 사실이 직접적으로 인정되지 않더라도 접근과 (사실적) 유사성이라는 두 간접사실이 인정되면 의거관계가 추정된다.

먼저, 여기서 접근은 후행작품 제작자가 원저작물을 접하여 현실적으로 보거나 이용하는 경우뿐만 아니라 그것을 보거나 이용할 수 있는 구체적이고 합리적인 기회를 가진 경우를 포함하는 의미이다. 실무는 접근가능성이라는 용어를 사용하고 있다.[44] 접근가능성은 추측에 근거한 단순한 가능성이 아니라 예를 들면 원저작물이 널리 알려져 쉽게 보거나 들을 수 있게 된 경우 또는 후행작품 제작자가 원저작물 저작자에게 고용되어 있었다거나 함께 동업하고 있었다는 사정 등과 같이 객관적 사실에 근거한 구체적인 가능성이어야 한다.

다음으로 원저작물과 후행작품은 (사실적) 유사성 범위 내에 있어야 한다. 여기서 두 대상물이 유사성 범위 내라고 함은 서로 동일하거나 유사하다는 것으로 그 대비대상은 저작권법에 의하여 보호받는 표현뿐만 아니라 저작권법에 의하여 보호받지 못하는 표현 등도 유사성 여부 판단에서 함께 고려될 수 있다.[45]

즉, 의거관계를 인정하기 위한 유사성에서는 창작적인 표현 외에도 아이디어나 창작적이지 않은 표현이나 공통의 오류 등 공통된 모든 것이 대비 대상이 된다.

반면에 (의거관계가 아닌) 저작권 침해 여부를 판단하는 실질적 유사성은 원저작물 중 창작적 표현만을 추출하여 그것을 후행작품의 대응 부분과 비교하고 그 이용 부분이 질적으로 또는 양적으로 사소한 정도를 넘어서 실질적인 정도에 이르렀는지 여부에 따라 결정된다.

따라서 의거관계를 인정하기 위한 (사실적) 유사성과 저작권 침해 여부를 판단하기 위한 실질적 유사성은 완전히 별개의 개념이어서 서로 혼동해서는 아니 된다.[46]

이 경우에는 접근과 (사실적) 유사성의 두 가지 요건이 모두 인정되어야 의거관계가 추정

---

43) 대법원 2007. 12. 13. 선고 2005다35707 판결 참조.
44) 대법원 2007. 12. 13. 선고 2005다35707 판결, 대법원 2014. 5. 16. 선고 2012다55068 판결, 대법원 2018. 5. 15. 선고 2016다227625 판결 등 참조.
45) 대법원 2007. 3. 29. 선고 2005다44138 판결.
46) 대법원 2007. 3. 29. 선고 2005다44138 판결도 "대상 저작물이 기존의 저작물에 의거하여 작성되었는지 여부와 양 저작물 사이에 실질적 유사성이 있는지 여부는 서로 별개의 판단으로서, 전자의 판단에는 후자의 판단과 달리 저작권법에 의하여 보호받는 표현뿐만 아니라 저작권법에 의하여 보호받지 못하는 표현 등이 유사한지 여부도 함께 참작될 수 있으므로, 대상 저작물이 번역저작물에 의거하여 작성되었는지 여부를 판단함에 있어서 저작권법에 의하여 보호받지 못한 표현 등의 유사성을 참작할 수 있다고 하여, 양 저작물 사이의 실질적 유사성 여부를 판단함에 있어서도 동일하게 위와 같은 부분 등의 유사성을 참작하여야 하는 것은 아니다."라고 한다.

된다는 점에서 후술하는 현저한 유사성의 요건만으로 의거관계가 추정되는 경우와 다름에 유의한다.

접근과 (사실적) 유사성은 의거관계를 추정하는 데 있어서 일응 상호 역비례의 관계에 있을 수 있다. 접근 가능성이 낮다면 두 대상물 사이의 (사실적) 유사성 정도가 높을 것이 요구되고 반대로 접근 가능성이 높다면 그 (사실적) 유사성 정도가 낮을 수 있으나,[47] 그와 같은 사정만으로 의거관계 여부를 판단하여서는 아니 되고 그 밖의 간접사실 등을 고려하여 종합적으로 판단한다. 한편 접근가능성이 인정되더라도 두 대상물 사이에 (사실적) 유사성이 인정되지 않거나 (사실적) 유사성이 인정되더라도 접근가능성이 전혀 없다면 의거관계는 추정되지 않는다.

그리고 접근과 (사실적) 유사성이 인정되어 대상작품이 원저작물에 의거하여 작성되었다는 점이 사실상 추정되더라도 대상작품이 원저작물보다 먼저 작성하였거나 후에 작성되었더라도 제3의 저작물로부터 차용하는 등 원저작물과 무관하게 독립적으로 작성되었다는 간접사실이 인정되는 경우에는 대상작품이 원저작물에 의거하여 작성되었다고 추정되지 않는다.[48]

마. 현저한 유사성

(사실적) 유사성이 인정되는 정도와 관련하여, 후행작품이 독자적으로 원저작물과 같은 결과에 이르렀을 가능성을 배제할 수 있을 정도로 유사한 경우를 현저한 유사성(striking similarity)이라고 한다.[49]

현저한 유사성은, 원저작물과 후행작품 사이에 공통점이 우연의 일치나 공공영역(public domain) 또는 그것들의 선행작품에 존재하는 공통의 소재만으로는 설명하기 어렵고 오직 후행작품이 원저작물에 의거한 것에 의해서만 설명될 수 있을 정도의 높은 유사성이 있는 경우에 인정된다.

예를 들면 원저작물과 공통되는 오류가 후행작품에 있는데 후행작품에 있는 해당 내용이

---

47) 미국 실무에서 이를 역비례 원칙(Inverse Ratio Rule)이라 부르고 있다. 이는 모든 법원에서 인정하고 있는 것은 아니고 Funky Films, Inc. v. Time Warner Entertainment Co., 462 F.3d 1072 (9th Cir. 2006)에서와 같이 제9 연방항소법원에서 채용하고 있다. 반면에 제2 연방항소법원은 역비례 원칙을 채용하지 않고 있다.

48) 대법원 2007. 12. 13. 선고 2005다35707 판결도 "대상 저작물이 기존의 저작물에 의거하여 작성되었다는 사실이 직접 인정되지 않더라도 기존의 저작물에 대한 접근가능성, 대상 저작물과 기존의 저작물 사이에 실질적 유사성 등의 간접사실이 인정되면 대상 저작물이 기존의 저작물에 의거하여 작성되었다는 점이 사실상 추정된다고 할 수 있지만, 대상 저작물이 기존의 저작물보다 먼저 창작되었거나 후에 창작되었다고 하더라도 기존의 저작물과 무관하게 독립적으로 창작되었다고 볼 만한 간접사실이 인정되는 경우에는 대상 저작물이 기존의 저작물에 의거하여 작성되었다는 점이 추정된다고 단정하기 어렵다."라고 한다.

49) Arnstein v. Porter, 154 F.2d 464 (2d Cir. 1946).

그 외의 선행 저작물이나 공공의 영역에 존재하지 않은 독특한 것이어서 우연의 일치라고 보기 어렵다거나 원고에 의해 배치된 의도된 실수나 가상의 항목이어서 원저작물을 접하지 아니하였다면 설명할 수 없을 정도인 경우에 현저한 유사성이 인정될 수 있다.

현저한 유사성이 있다면 이는 원저작물을 접할 합리적인 가능성이 있었다고 강하게 추정되거나 증명되는 경우에 해당하므로 그러한 사정만으로 의거관계를 추정할 수 있다.[50][51]

현저한 유사성이 인정되어 의거관계가 사실상 추정되더라도 후행작품이 원저작물보다 먼저 작성하였거나 후에 작성되었더라도 제3의 저작물로부터 차용하는 등 원저작물과 무관하게 독립적으로 작성된 경우에는 후행작품이 원저작물에 의거하여 작성되었다고 추정되지 않는다.

③ 원저작물과 후행작품 사이에 동일성·실질적 유사성이 인정될 것

원저작물과 후행작품 사이에 동일성·실질적 유사성이 인정되어야 한다. 즉 원저작물과 후행작품이 실질적 유사성 범위 내에 있어야 한다.

저작물에 대한 저작재산권 침해 요건에서 원저작물과 후행작품이 실질적 유사성 범위 내에 있다고 함은 두 대상물이 동일(그대로 베끼는 경우, dead copy) 내지 실질적 동일성(원저작물에 아주 사소한 수정·증감만을 더한 경우)의 관계(복제권 침해)에 있거나 실질적 유사성이 인정되지만 새로운 창작성이 부가되지 않은 상태(복제권 침해), 실질적 유사성이 인정되고 새로운 창작성이 부가된 상태(2차적저작물작성권 침해)에 있는 경우를 말한다.

다만 대부분의 저작재산권 침해사건에서 동일성 여부 보다는 실질적 유사성이 문제되는 경우가 대부분이므로 이하 실질적 유사성 요건을 중심으로 설명한다.

가. 실질적 유사성의 의미

1) 앞서 본 바와 같은 접근과 (사실적) 유사성이 인정되거나 현저한 유사성이 인정되더라도 이는 후행작품의 원저작물에 대한 의거관계를 추정하는 것일 뿐이고 그것만으로 저작권 침해가 인정되는 것은 아니다.[52][53]

---

50) 대법원 2014. 5. 16. 선고 2012다55068 판결, 대법원 2014. 7. 24. 선고 2013다8984 판결, 대법원 2014. 12. 11. 선고 2012다76829 판결 등. 위 판결 이전에도 서울고등법원 1995. 6. 22. 선고 94나8954 판결(미상고 확정), 서울중앙지방법원 2007. 4. 11. 선고 2005가합102770 판결(미항소 확정) 등에서 이미 현저한 유사성이 인정될 경우 의거관계를 인정 내지 추인하고 있었다.

51) Ty Inc. v. GMA Accessories, Inc., 132 F.3d 1167 (7th Cir. 1997).

52) 대법원 2000. 10. 24. 선고 99다10813 판결은 연해주 이민 한인들의 애환과 생활상을 그린 소설 '텐산산맥'과 드라마 '까레이스키' 사이에 '까레이스키'의 제작시점에 그 연출가가 '텐산산맥'의 존재를 이미 알고 있어서 저작권 침해의 의거관계는 추정되나 '까레이스키'는 '텐산산맥'과 완연히 그 예술성과 창작성을 달리하는 별개의 작품으로 실질적 유사성은 인정되지 않는다는 이유로 드라마 '까레이스키'가 소설

저작권 침해의 또다른 요건으로 후행작품이 원고의 창작적 표현형식을 부당하게 이용하였을 것이 요구되는데 여기서 부당한 이용(improper appropriation)이 되기 위하여는 원칙적으로[54] 원저작물과 후행작품 사이에 실질적 유사성(substantial similarity)이 인정되어야 한다.

원저작물을 기초로 하되 원저작물과 실질적 유사성을 유지한 상태에서, 이것에 사회통념상 새로운 저작물이 될 수 있을 정도의 수정·증감을 가하여 새로운 창작성을 부가한 경우 2차적저작물작성권 침해로 되고 그렇지 않고 그 정도의 수정·증감이 아니어서 창작성이 부가되지 않는 경우에는 복제권 침해로 된다.

즉, 다른 사람의 저작물을 무단히 복제하게 되면 복제권의 침해가 되고 이 경우 저작물을 원형 그대로 복제하지 아니하고 다소의 수정·증감이나 변경이 가하여진 것이더라도 새로운 창작성을 더하지 아니한 정도이면 복제로 보아야 하고, 한편 2차적저작물로 보호받기 위하여는 원저작물을 기초로 하되 원저작물과 실질적 유사성을 유지하고 이것에 사회통념상 새로운 저작물이 될 수 있을 정도의 수정·증감을 가하여 새로운 창작성을 부가하여야 하는 것이므로, 어떤 저작물이 기존의 저작물을 다소 이용하였더라도 기존의 저작물과 실질적인 유사성이 없는 별개의 독립적인 새로운 저작물이 되었다면, 이는 창작으로서 기존 저작물의 저작권을 침해한 것이 되지 아니한다.[55]

2) 원저작물과 후행작품 사이에 실질적 유사성이 있는가의 여부를 판단하면서 원저작물의 창작적인 표현형식에 해당하는 부분을 가지고 서로 대비하되 청중의 관점[56]에서 전체적으로 판단함이 원칙이다.[57]

'톈산산맥'의 저작권을 침해하였다고 볼 수 없다고 하였다.

53) 대부분의 저작재산권 침해사건에서 동일성 여부 보다는 실질적 유사성이 문제되는 경우가 대부분이므로 이하 실질적 유사성을 기준으로 설명한다.

54) 본문에서 '원칙적'이라고 기재한 이유는 저작물 중에서 기능적 저작물이나 사실저작물 등과 같이 저작물의 속성상 보호받을 수 있는 표현의 범위가 좁은 경우에 실질적 유사성의 인정 범위도 좁아져 사실상 실질적으로 동일(virtual identity)한 정도가 되어야 저작권 침해를 인정할 수 있는 경우가 있기 때문이다. 한편으로 이는 실질적 유사성 자체라기보다는 저작물의 속성에 따른 보호범위의 문제라고도 볼 수 있다.

55) 대법원 2010. 2. 11. 선고 2007다63409 판결, 대법원 2014. 6. 12. 선고 2014다14375 판결 등 참조. 본서 저자의 복제범위에 대한 논리에 따르면 위 판시 내용 중 "다소의 수정·증감이나 변경이 가하여진 것이더라도 새로운 창작성을 더하지 아니한 정도이면 복제로 보아야 하고"를 "다소의 수정·증감이나 변경을 더해 실질적 유지성 범위에 있더라도 새로운 창작성을 더하지 아니한 정도이면 복제로 보아야 하고"라고 이해하게 된다. 이 부분 관련 본서 저장의 견해는 「제6장 저작재산권 제2절 저작재산권의 내용 I. 복제권 ② 복제권의 인정범위[동일성·실질적 유사성(다만 새로운 창작성이 부가되지 않은 상태)]」 부분에서 상세히 설명한다.

56) 특히 음악저작물에 대한 침해사건에서 청중의 관점에서 판단한 사례가 많다, 서울고등법원 2004. 3. 16. 선고 2002나61547 판결(상고기각 확정), 서울중앙지방법원 2016. 11. 25. 선고 2013가합559814 판결(항소장 각하명령으로 확정) 등.

저작권의 보호 대상은 학문과 예술에 관하여 사람의 정신적 노력에 의하여 얻어진 사상 또는 감정을 말, 문자, 음, 색 등에 의하여 구체적으로 외부에 표현한 창작적인 표현형식이고, 표현되어 있는 내용 즉 아이디어나 이론 등의 사상 및 감정 그 자체는 설사 그것이 독창성, 신규성이 있더라도 원칙적으로 저작권의 보호 대상이 되지 않는 것이므로, 저작권의 침해 여부를 가리기 위하여 두 저작물 사이에 실질적인 유사성이 있는가의 여부를 판단함에 있어서도 창작적인 표현형식에 해당하는 것만을 가지고 대비하여야 하며, 소설 등에서 추상적인 인물의 유형 혹은 어떤 주제를 다루는 데 있어 전형적으로 수반되는 사건이나 배경 등은 아이디어의 영역에 속하는 것들로서 저작권법에 의한 보호를 받을 수 없다.58)

그리고 학술의 범위에 속하는 저작물의 경우에 학술적인 내용은 만인에게 공통되고 누구에 대하여도 자유로운 이용이 허용되어야 하므로 그 저작권의 보호는 창작적인 표현형식에 있지 학술적인 내용에 있는 것은 아니다.59)

따라서 실질적 유사성을 판단함에 있어서는 원저작물에서 창작적인 표현형식과 그렇지 않은 부분(아이디어 등)을 특정하고 그와 같이 특정된 창작적인 표현형식을 후행작품과 비교하여 각 대응부분에 따라 표현형식이 동일한 부분과 상이한 부분을 대비하여 그에 관한 평가를 함으로써 이들 부분이 실질적으로 유사한지 여부를 결정하여야 한다.60)

이때 원저작물의 창작성 정도에 따른 보호범위가 실질적 유사성의 인정 범위에 영향을 줄 수 있다. 예를 들어 기능적 저작물이나 사실저작물 등과 같이 저작물의 창작성 정도가 그다지 높지 않아 보호받을 수 있는 표현의 범위가 좁다면 실질적 유사성의 인정 범위도 좁아져 결국 실질적으로 동일한 경우나 거의 그대로 이용한 경우라야 저작권 침해를 인정받게 될 수 있다.

또한 원저작물과 후행작품의 실질적 유사 여부를 반드시 저작이나 창작에 종사하는 전문가들의 감정에 의하여서만 판단해야 되는 것은 아니다.61)

3) 실질적인 유사성이 있는가의 여부를 판단하면서 창작적인 표현형식에 해당하는 것만을

---

57) 대법원 1991. 8. 13. 선고 91다1642 판결, 대법원 2000. 10. 24. 선고 99다10813 판결, 대법원 2014. 6. 12. 선고 2014다14375 판결, 대법원 2015. 3. 12. 선고 2013다14378 판결, 대법원 2020. 4. 29. 선고 2019도9601 판결 등.

58) 대법원 2000. 10. 24. 선고 99다10813 판결, 대법원 2014. 6. 12. 선고 2014다14375 판결 등.

59) 대법원 1993. 6. 8. 선고 93다3073, 93다3080 판결.

60) 대법원 2015. 3. 12. 선고 2013다14378 판결은 "○○○과 □□□은 장르와 분량 및 등장인물의 수와 성격, 사건전개의 복잡성 등 여러 부분에서 차이점이 보이나, 이는 두 소설의 장르와 분량의 차이에 따른 당연한 결과이거나 사건전개에 있어 지엽적인 부분의 차이에 불과하며, 오히려 두 소설은 사건전개에 중핵이 되는 등장인물과 그들 사이의 갈등관계 및 그 갈등이 해소되는 과정, 그 과정에서 드러난 구체적인 줄거리와 특징적인 에피소드에서 상당 부분 창작성을 공유하고 있고, 이와 같은 유사성은 두 소설 전체에서 상당한 비중을 차지하고 있어 위와 같은 차이점을 양적·질적으로 압도하므로, 두 소설 사이에 포괄적·비문언적 유사성이 인정된다고 판단"한 원심을 수긍하였다.

61) 대법원 1991. 8. 13. 선고 91다1642 판결.

가지고 대비하여야 함과 아울러 그 창작성 있는 표현 부분이 원저작물 전체에서 차지하는 양적·질적 비중 등도 고려하여야 한다.62)

저작권침해 여부를 판단함에 있어서 '법은 사소한 것에 관여하지 않는다(de minimis non curat lex)'라는 법언이 저작권법 영역에도 적용된다. 후행작품에서 원저작물의 창작적인 표현형식이 그대로 느껴진다면 이들 사이에 실질적 유사성이 있다고 보아야 하기 때문에 원저작물에서 이용된 부분은 실질적 유사성의 기준을 충족할 정도로 충분히 중요한 것이어야 하고 중요하지 않은 사소한 부분의 이용은 실질적인 유사성 여부 결정에 영향을 미쳐 저작권 침해로 되지 않을 수 있다.

이 이론은 미국에서 'de minimis doctrine'이라고 불리고 있는데 비록 법규에 근거한 법리가 아니어서 모든 미국 법원이 채용하고 있는 것은 아니지만 저작권침해의 주류적인 법리로 인정받고 있으면서 대체로 이용된 부분이 차지하는 양적, 질적 비중을 종합적으로 고려하여 결정하는 경향에 있다.63)

우리 실무도 이용된 부분이 차지하는 양적, 질적 비중을 종합적으로 고려하여 실질적 유사성 여부를 결정하고 있다. 예를 들면, 저작물을 다소 이용하고 그 일부 유사한 어휘나 구문이 후행작품에 발견되더라도 전체적으로 전체 저작물에서 차지하는 질적·양적 비중이 미미하여 원저작물의 창작적 특성이 후행작품에서 감지된다고 보기 어렵다거나,64) 일부 어휘나 구문의 유사성이 원저작물과 후행작품의 전체적인 구성이나 표현의 차이에 흡수되어 원저작물의 창작적 특성이 후행작품에서 감지된다고 보기 어렵다는 이유로 실질적 유사성이 없어 저작권 침해가 성립하지 않는다65)는 입장이다.

---

62) 대법원 2012. 8. 30. 선고 2010다70520, 70537 판결은 "어문저작물에 관한 저작권침해소송에서 원저작물 전체가 아니라 그중 일부가 상대방 저작물에 복제되었다고 다투어지는 경우에는, 먼저 원저작물 중 복제 여부가 다투어지는 부분이 창작성 있는 표현에 해당하는지 여부, 상대방 저작물의 해당 부분이 원저작물의 해당 부분에 의거하여 작성된 것인지 여부 및 그와 실질적으로 유사한지 여부를 개별적으로 살펴야 하고, 나아가 복제된 창작성 있는 표현 부분이 원저작물 전체에서 차지하는 양적·질적 비중 등도 고려하여 복제권 등의 침해 여부를 판단한다."이라고 하였다.

63) Ringgold v. Black Entertainment Television, 126 F.3d 70 (2d Cir. 1997), VMG Salsoul, LLC v. Ciccone, 824 F.3d 871 (9th Cir. 2016).

64) 여행책자에 관한 저작권 침해여부가 다투어진 대법원 2011. 2. 10. 선고 2009도291 판결에서 "△△천하유럽의 표현들을 구성하고 있는 어휘나 구문과 유사해 보이는 어휘나 구문이 ○○○월드유럽에서 일부 발견되기는 한다. 그러나 그중, 해당 관광지 등에 관하여 알려져 있는 특성과 평판 등을 이전의 다른 여행책자들에서도 쉽게 찾아볼 수 있을 정도의 통상적인 표현방식에 의하여 그대로 기술한 것에 불과하거나 누가 하더라도 같거나 비슷하게 표현할 수밖에 없어 창작성을 인정할 수 없는 표현들을 제외하고 나면, 그러한 어휘나 구문이 전체 책자에서 차지하는 질적·양적 비중이 미미하여 △△천하유럽의 창작적 특성이 ○○○월드유럽에서 감지된다고 보기는 어려우므로, 이 부분을 들어 △△천하유럽과 ○○○월드유럽 사이에 실질적 유사성이 있다고 할 수도 없다."라고 한다.

65) 동화 저작물(대상 동화)과 프랑스어 원작 소설을 번역한 저작물(이 사건 소설)간 실질적 유사성 여부가

생각건대, 이용된 부분이 사소한 부분인지 중요한 부분인지 여부는 이용된 내용의 양과 그것이 원저작물이나 후행작품에서 얼마나 중요한 역할을 하는지, 평균적인 일반인을 기준으로 할 때 원저작물의 일부분이 후행작품에 이용되었음을 인식할 수 있는지 여부 등과 함께 저작물이 가지는 속성을 종합적으로 고려하여 결정한다.

예를 들어 사진촬영이나 녹화 등의 과정에서 원저작물이 그대로 복제된 경우, 새로운 저작물의 성질, 내용, 전체적인 구도 등에 비추어 볼 때 원저작물이 후행작품 속에서 주된 표현력을 발휘하는 대상물의 사진촬영이나 녹화 등에 종속적으로 수반되거나 우연히 배경으로 포함되는 경우 등과 같이 부수적으로 이용되어 그 양적·질적 비중이나 중요성이 경미한 정도에 그치는 것이 아니라 후행작품에서 원저작물의 창작적인 특성이나 표현형식이 그대로 느껴진다면 이들 사이에 실질적 유사성이 있다고 보게 되므로, 원저작물뿐 아니라 후행작품에서의 복제된 부분의 양적·질적 비중도 고려할 필요가 있다.[66]

그리고 요약물이 원저작물과 실질적인 유사성이 있는지는 요약물이 원저작물의 기본으로 되는 개요, 구조, 주된 구성 등의 창작적 특성을 그대로 유지하고 있는지 여부, 요약물이 원저작물을 이루는 문장들 중 일부만을 선택하여 발췌한 것이거나 발췌한 문장들의 표현을 단순히 단축한 정도에 불과한지 여부, 원저작물과 비교한 요약물의 상대적인 분량, 요약물의 원저작물에 대한 대체가능성 여부 등을 종합적으로 고려하여 판단한다.[67]

나. 실질적 유사성이 나타나는 유형

실질적 유사성 판단은 원저작물에서 창작적인 표현형식 부분과 그러하지 아니한 부분을 특정하고 그와 같이 구분된 창작적인 표현형식과 후행작품을 비교하여 실질적으로 유사한지

다투어진 대법원 2007. 3. 29. 선고 2005다44138 판결에서 "총 문장 2,000여 개의 이 사건 소설과 총 문장 1,000여 개의 대상 동화에서 원심판결의 별지 제4목록 기재 총 53항 중 일부 유사 어휘나 구문이 차지하는 질적 혹은 양적 비중은 미미하고, 이 사건 소설은 사회비판 소설로서 청소년 등을 독자층으로 하여 아이의 시각에서 위선적인 세상을 풍자하는 것을 주제로 설정하고 있는 반면, 대상 동화는 유아동화로서 아동 등을 독자층으로 삼아 학교에서 집단따돌림을 당하는 학생에게 희망과 꿈을 심어주는 것을 주제로 설정하여 교육성과 단순성 등이 이 사건 소설보다 훨씬 강한 관계로, 전체적으로 쉬운 어휘와 구문, 밝은 어조를 사용하여 독자에게 친근감과 안정감을 느끼도록 문장과 문단이 전개되고 있고, 그 결과 위와 같은 유사 어휘나 구문 등이 배열된 순서나 위치, 그 유사 어휘나 구문이 삽입된 전체 문장이나 문단의 구성, 문체, 어조 및 어감 등에서 이 사건 소설과 대상 동화는 상당한 차이를 보이고 있으므로, 위와 같은 정도의 일부 어휘나 구문의 유사성은 이 사건 소설과 대상 동화의 전체적인 구성이나 표현의 차이에 흡수되어 이 사건 소설이 번역저작물로서 갖는 창작적 특성이 대상 동화에서 감지된다고 보기는 어렵다. 따라서 이 사건 소설과 대상 동화 사이에 실질적 유사성이 있다고 할 수 없다."라고 하였다.

66) 대법원 2014. 8. 26. 선고 2012도10777 판결, 같은날 선고 2012도10786 판결 및 2012도10787 판결 등 참조.

67) 대법원 2013. 8. 22. 선고 2011도3599 판결.

여부를 결정하는 작업이다.

저작물은 그 속성이나 표현형식의 창작성 정도 등에 따라 보호범위의 폭이 다를 수 있고, 실질적 유사성 인정 여부는 사실관계 여하에 따라 개별적, 구체적으로 판단하게 되지만 앞서 본 보호범위의 폭 이론이 실질적 유사성 인정범위의 폭에 영향을 줄 수 있다.

실질적 유사성이 나타나는 유형(type)으로 아래와 같이 문구 대 문구 등의 이용에 관한 부분적 문언적 유사성(fragmented literal similarity)과 특징적인 구성이나 전개과정 등의 이용에 관한 포괄적 비문언적 유사성(comprehensive nonliteral similarity)이 있다.[68]

이들 유형은 논리적으로 서로 배타적이거나 선택적인 관계에 있는 것은 아니다. 구체적인 구성이나 전개과정, 서술순서, 표현방법 등에서 포괄적 비문언적 유사성이 인정되고 특정한 일부를 복제함으로써 부분적 문언적 유사성이 인정될 수 있으므로 하나의 저작물에 관한 침해에서 이들은 중첩적으로 나타날 수 있다.

1) 부분적 문언적 유사성(fragmented literal similarity)

부분적 문언적 유사성은 특히 어문저작물에서 작품 속의 특정 한 행(줄)이나 구절 또는 기타 세부적인 부분을 복제하는 등 이용함으로써 양 저작물 사이에 문장(문구) 대 문장(문구)으로 대응되는 유사성이 인정되는 경우를 말한다.[69]

저작재산권침해는 어느 저작물 전체를 복제 등의 방법으로 이용하여야 성립하는 것이 아니고 어느 저작물 전체가 아니라 그중 일부를 후행작품에 복제 등의 방법으로 이용한 경우에도 성립할 수 있다.[70]

---

68) 이들 용어는 Melville B. Nimmer 교수에 의해 제안되었지만 Walker v. Time-Life Films, Inc., 784 F.2d 44(2d Cir. 1986) 등에서와 같이 미국 실무에서도 널리 사용하고 있다. 또한 서울고등법원 1995. 10. 19. 선고 95나18736 판결(상고기각 확정), 서울지방법원 1996. 9. 6. 선고 95가합72771 판결(항소기각 후 미상고 확정), 서울남부지방법원 2004. 3. 18. 선고 2002가합4017 판결(항소기각 후 미상고 확정), 서울고등법원 2018. 3. 15. 선고 2015나2075696 판결(상고기각 확정)에서와 같이 우리 실무도 이러한 용어를 사용하여 실질적 유사성 여부를 판단하고 있다.

69) 서울고등법원 1995. 10. 19. 선고 95나18736 판결(상고기각 확정), 서울지방법원 1996. 9. 6. 선고 95가합72771 판결(항소기각 후 미상고 확정), 서울남부지방법원 2004. 3. 18. 선고 2002가합4017 판결(항소기각 후 미상고 확정), 서울고등법원 2018. 3. 15. 선고 2015나2075696 판결(상고기각 확정).

70) 서울고등법원 1995. 10. 19. 선고 95나18736 판결(상고기각 확정)은 "원고의 이 사건 소설과 위 피고의 "연인"이라는 연속극의 대본을 비교해 보면, 원고의 이 사건 소설과 위 피고의 대본사이에는 소설과 대본이라는 표현형식, 그 주제 및 구성에 있어서는 전체적인 개념과 느낌에 있어서 상당한 차이가 있음이 인정되나 그 구성요소 중 일부 사건 및 대화와 어투에 있어서 공정한 인용 내지 양적 소량의 범위를 넘어서서 원고의 이 사건 소설과 동일성이 인정되고, 부분적 문자적 유사성이 인정되는 이상...비록 원고의 이 사건 소설의 일부라고 할지라도 그 본질적인 부분과 실질적 유사성이 있고 이른바 통상적인 아이디어(idea)의 영역을 넘어서 위 소설의 경험적, 구체적 표현을 무단이용하였다고 보이므로 원고의 이 사건 소설의 저작권을 침해한 것이 된다."라고 하였다.

원저작물에서 아주 적은 양을 복제한 경우에는 통상 저작재산권침해가 되지 않을 가능성이 있지만 단순히 분량만으로 저작재산권침해 여부를 결정할 수 없다. 만일 그 해당 부분이 원저작물에서 질적으로 중요한 부분을 차지하고 있다면 적은 양의 복제라도 저작권 침해로 인정될 수 있기 때문이다.

예컨대 각 해당 부분이 질적으로 중요한 부분이라면, 시·소설과 같은 어문저작물에서 한 문장의 복제라도 침해를 구성할 수 있고,71) 안무의 연속적 동작 중에서 중요한 장면을 촬영한 스틸 사진은 그 분량이 전체 안무에 비해서 적은 양이더라도 저작권침해가 될 수 있으며,72) 음악저작물에서 단 두 소절의 복제라도 침해를 구성할 수 있다.73)

다만 원저작물의 개개 표현들을 구성하고 있는 어휘, 구문과 부분적으로 유사해 보이는 어휘, 구문이 후행작품에서 드문드문 발견된다는 사정만으로 바로 원저작물과 후행작품 사이에 실질적 유사성이 있다거나 원저작물에 대한 저작권이 침해되었다고 단정할 수는 없고, 그 실질적 유사성을 인정하기 위해서는 후행작품에서 유사 어휘나 구문이 사용된 결과 원저작물의 창작적 특성이 후행작품에서 감지될 정도에 이르러야 한다.74)

시, 소설 등의 어문저작물의 경우는 표현방법이 다양한 만큼 상대적으로 넓은 보호범위를 가지나, 일정한 학문이나 기능의 수행을 서술한 기능적 저작물(과학서적, 컴퓨터프로그램 등)이나 사실과 정보를 전하는 사실저작물(전화번호부, 지도 등)의 경우는 개성과 감정을 대비하기가 어렵고 표현방법이 제한되어 있어서75) 그 사실과 정보, 기능 그 자체를 보호하는 결과가 되지 않도록 그에 관한 저작권의 보호범위를 좁게 해석하여 대개의 경우 실질적으로 동일하지 않으면 침해로 인정받기 어렵다.

이와 같이 원저작물 중 어느 정도를 이용하면 위법하다고 평가할 수 있는지 여부는 저작물에 대한 개별적인 사실관계와 양적·질적 기준에 따라 구체적으로 판단한다.

2) 포괄적 비문언적 유사성(comprehensive nonliteral similarity)

포괄적 비문언적 유사성(comprehensive nonliteral similarity)은 구체적인 줄거리나 사건 전개

---

71) Heim v. Universal Pictures Co., 154 F.2d 480 (2d Cir. 1946). 원고 합창곡의 독창적인 한 문장이 피고 시 작품에 있는 문장과 일치한 사안에서 저작권 침해를 인정하였다.

72) Hogun v. MacMillan, Inc. 789 F.2d 157 (2d Cir. 1986).

73) Robertson v. Batten, Barton, Durstine & Osborne, Inc., 146 F. Supp 795 (S.D. Cal. 1956)에서 문제가 된 피고 음악저작물의 2소절(마디)은 원고 음악저작물의 핵심 멜로디 4소절(마디) 중 2소절(마디)과 동일하였다.

74) 대법원 2007. 3. 29. 선고 2005다44138 판결, 번역저작물에 대한 침해 여부가 쟁점이 된 사안이었다.

75) 대법원 1997. 9. 29. 자 97마330 결정은 속독법에 관한 저작물에서 속독법의 기본 원리나 아이디어 자체 이외에 실질적 유사의 대상으로 '목차, 서술의 순서나 용어의 선택 또는 표현 방법 등 문장 표현상의 각 요소'를 들고 있다.

등과 같이 작품 속의 근본적인 본질 또는 구조를 복제함으로써 양 대상물 사이에 비록 문장 대 문장으로 대응되는 유사성은 없어도 전체로서 포괄적인 유사성이 인정되는 경우를 말한다.76)

어문저작물 중 소설, 극본, 시나리오 등과 같은 저작물은 등장인물과 작품의 전개과정(이른바 sequence)의 결합에 의하여 이루어지고 작품의 전개과정은 아이디어(idea), 주제(theme), 구성(plot), 사건(incident), 대화와 어투(dialogue and language) 등으로 이루어지는데 이러한 작품의 전개과정 중 특이한 사건이나 대화 또는 어투는 그 저작권침해 여부를 판단하면서 중요한 요소가 된다.77)

그리고 어문저작물에서 사상이나 주제는 일반적으로 구체성이 없어 저작권법에 의하여 보호되는 표현의 영역에 포함된다고 보기 어려우므로 두 대상물이 실질적으로 유사하다고 보려면 그 사상이나 주제의 유사성만으로는 부족하고, 나아가 그 사상이나 주제가 구체화되는 사건의 구성 및 전개과정과 등장인물의 교차 등에 공통점이 있어야 한다.

소설 등 문학작품에서 등장인물은 그 자체로는 저작권에 의하여 보호되는 표현에 해당한다고 볼 수 없으나 구체성, 독창성, 복잡성을 가진 등장인물이거나, 다른 등장인물과의 상호과정을 통해 사건의 전개과정과 밀접한 관련을 가지는 경우에는 보호되는 표현에 해당할 수 있고, 그 등장인물이 작품에서 차지하는 비중이 클수록 이를 차용하는 경우에 실질적 유사성이 인정될 가능성이 높아진다.

또한, 극적 저작물의 경우 등장인물이 일정한 배경 하에서 만들어 내는 구체적인 사건들의 연속으로 이루어지고, 그 사건들은 일정한 패턴의 전개과정을 통해서 구체적인 줄거리로 파악되어 인물들의 갈등과 그 해결과정을 내용으로 하고 있으며, 인물들의 갈등과 해결과정은 인물들 성격의 상호관계와 그 대응구도에 의하여 그려지는데, 이는 아이디어의 차원을 넘어 표현에 해당하는 부분으로 보아야 하므로 이러한 부분들이 같거나 유사하다면 포괄적 비문언적 유사성을 인정할 수 있으나, 해당 저작물의 주제 등을 다루는 데 있어 전형적으로 수반되는 사건이나 배경(필수 장면)에 해당하는 부분은 아이디어의 영역에 속하는 것으로 보아야 할 것이어서 그러한 부분이 유사하다는 사정만으로 포괄적 비문언적 유사성을 쉽게 인정하여서는 아니 된다.78)

한편 장르와 분량 및 등장인물의 수와 성격, 사건전개의 복잡성에서 다른 차이점이 있음

---

76) 서울고등법원 1995. 10. 19. 선고 95나18736 판결(상고기각 확정), 서울지방법원 1996. 9. 6. 선고 95 가합72771 판결(항소기각 후 미상고 확정), 서울남부지방법원 2004. 3. 18. 선고 2002가합4017 판결 (항소기각 후 미상고 확정), 서울고등법원 2018. 3. 15. 선고 2015나2075696 판결(상고기각 확정).

77) 서울고등법원 1995. 10. 19. 선고 95나18736 판결(상고기각 확정).

78) 서울중앙지방법원 2014. 7. 17. 선고 2012가합86524 판결(항소기각, 심리불속행 상고기각 확정). 위 사건에서 법원은 포괄적·비문언적 유사성 여부의 판단 대상으로 주제 및 배경, 전체적인 줄거리, 등장인물의 구체적 성격과 역할, 구체적인 사건전개 등을 비교하였다.

과 아울러 사건전개에 중핵이 되는 등장인물과 그들 사이의 갈등관계 및 그 갈등이 해소되는 과정, 그 과정에서 드러난 구체적인 줄거리와 특징적인 에피소드에서 상당 부분 창작성을 공유하고 있는 유사한 점을 함께 가지고 있는 경우에는 유사성과 차이점을 비교·형량하여 실질적 유사 여부를 결정하기도 한다.[79]

포괄적 비문언적 유사성은 작품의 문언적 요소가 아닌 사건의 구성·전개과정과 등장인물들 간의 상호작용의 발전 등이 저작물로서 보호받을 수 있는지와 관련되어 있는 아이디어·표현 2분법 및 Computer Associates v. Altai, Inc.[80] 판결 등에서 제시된 추상화(추출)·여과(분리)·비교의 3단계 테스트와 밀접한 관련이 있다.

이들 내용에 대하여는 본서 「제3장 저작권의 객체 : 저작물 제1절 저작물의 의의·성립 요건·보호범위 III. 저작물의 보호범위 ③ 미국의 아이디어·표현 2분법, 합체 이론, 필수장면 내지 표준삽화의 원칙, 사실상 표준의 원칙」 부분에서 설명한다.

다. 실질적 유사성 판단 방법

이미 설명한 바와 같이 실질적 유사성은 후행작품이 원저작물 가운데 사소한 것(de minimis)이 아닌 질적으로 중요하거나 상당한 양의 창작적인 표현형식을 이용한 경우에 인정된다. 그런데 실제 저작권침해소송에서 실질적 유사성 요건 충족 여부를 어떻게 판단할지 문제가 된다.

이에 대하여 미국에서는 전체 접근방법, 분석 접근방법, 2단계 테스트가 논의되어 왔는데 이하 이들 내용을 알아보고 우리 실무와 대비하여 검토한다.

1) 전체 접근방법

전체 접근방법은 원저작물과 후행작품이 실질적으로 유사한지 여부에 대해, 후행작품이 원저작물을 위법하게 이용하였다는 판단을 뒷받침하기에 충분히 유사한지 여부를 전체적으로 (as a whole) 검토하는 것을 말한다.[81]

이 문제를 평균적이고 합리적인 사람을 의미하는 통상의 관찰자(ordinary observer) 또는

---

79) 대법원 2015. 3. 12. 선고 2013다14378 판결은 "데오원과 ○○○은 장르와 분량 및 등장인물의 수와 성격, 사건전개의 복잡성 등 여러 부분에서 차이점이 보이나, 이는 두 소설의 장르와 분량의 차이에 따른 당연한 결과이거나 사건전개에 있어 지엽적인 부분의 차이에 불과하며, 오히려 두 소설은 사건전개에 중핵이 되는 등장인물과 그들 사이의 갈등관계 및 그 갈등이 해소되는 과정, 그 과정에서 드러난 구체적인 줄거리와 특징적인 에피소드에서 상당 부분 창작성을 공유하고 있고, 이와 같은 유사성은 두 소설 전체에서 상당한 비중을 차지하고 있어 위와 같은 차이점을 양적·질적으로 압도하므로, 두 소설 사이에 포괄적·비문언적 유사성이 인정된다"고 한 원심판단이 정당하다고 하였다.
80) 982 F.2d 693 (2d Cir. 1992).
81) Apple Computer, Inc. v. Microsoft Corporation, 35 F.3d 1435 (9th Cir. 1994).

청중(audience)의 입장에서 원저작물로부터 평균적인 이용자를 만족시키는 상당한 양을 가져온 것인지 여부로 판단한다.[82] 이러한 연유로 미국 실무에서는 전체 접근방법이라는 용어보다는 '통상의 관찰자 또는 청중 테스트'라는 용어를 더 많이 사용하고 있다.

　　여기서 말하는 통상의 관찰자 또는 청중은 전문적인 지식을 가지지 않은 평균적이고 합리적인 관찰자를 말하지만 아래 Arnstein v. Porter[83] 사건을 계기로 그 이후 실무의 태도는 어느 저작물이 전문적인 지식을 구비한 청중을 의도하여 작성된 경우에 위 통상의 관찰자 또는 청중에는 그러한 전문적인 지식을 가지는 청중도 포함시키고 있다.[84] 즉, 위 판결 이후에 William L. Dawson v. Hinshaw Music Inc., Gilbert M. Martin[85]에서 법원은 통상의 관찰자를 해당 '작품이 의도한 청중'(works' intended audience)이라고 판단하고, Louis M. Kohus v. John v. Mariol, James F. Mariol, Jvm Innovation & Design[86]도 "작품에 관한 대상 청중이 전문적인 지식을 보유하는 사건에서, 유사성에 대한 전문가의 인식(specialist's perception)은 전문지식이 없는 평범한 관찰자(lay observer)의 인식과 다를 수 있다. 그러한 사건에서는 전문가의 관점(specialist's perspective)에서 유사성을 고려함이 타당하다."라고 한다.

　　전체 접근방법에서는 실질적 유사성 여부를 판단함에 있어 전문가 증언이나 상세한 분석(dissection)을 활용하지 않는다. 오히려 그것보다는 통상의 관찰자가 두 대상물을 보고 들었을 때 느끼는 직관적인 인상(net impression)을 중요시하여 대상물에 대한 '전체적인 관념과 느낌(total concept and feel)'을 고려함으로써 후행작품이 원저작물을 위법하게 이용하였는지 여부를 판단한다.

　　그런데 이 이론은 비문언적 요소에 대한 유사 여부를 판단하는 데 유용하지만 통상의 관찰자의 주관적인 반응에 의존하는 경향이 있고 원저작물에서 보호를 받는 부분과 보호를 받지 못하는 부분에 대한 분석 없이 비교하기 때문에 보호받지 못하는 요소만으로 이루어진 작품을 이용하는 경우에도 그러한 사정을 제대로 인식하지 못하는 통상의 관찰자에 의해 저작권침해로 인정될 수 있으며 기존 저작물이 전문적인 지식이 필요한 고도로 복잡한 내용을 포함하고 있는 경우에 통상의 관찰자가 전문가 증언이나 구체적인 분석 없이 독자적으로 창작된 저작물인지 여부를 제대로 확인하기 어렵다는 점에서 한계가 있다.

---

82) 미국 실무에서 이를 '통상의 관찰자 또는 청중 테스트(ordinary observer or audience test)'라고 한다.

83) 154 F.2d 464 (2d Cir. 1946), cert. denied, 330 U.S. 851, 67 S.Ct. 1096, 91 L.Ed. 1294 (1947).

84) Arnstein 판결문 중 "The question, therefore, is whether defendant took from plaintiff's works so much of what is pleasing to the ears of lay listeners, who comprise the audience for whom such popular music is composed, that defendant wrongfully appropriated something which belongs to the plaintiff." 부분이 계기가 된 것으로 보인다.

85) 905 F.2d 731 (4th Cir. 1990).

86) 328 F.3d 848(6th Cir. 2003).

따라서 이러한 전체 접근방법은 대중이 쉽게 구별할 수 있는 시청각적 저작물이나 대중에게 인기 있는 음악 등의 실질적 유사성 여부에 주로 적용되고 있다.

2) 분석 접근방법

다음으로 분석 접근방법은 Nichols v. Universal Pictures Corp.[87]에서 Learned Hand 판사에 의하여 시도된 추상화 테스트(abstraction test)에 유래한다.[88]

작품의 전개과정(sequence)에 관하여 본다면 보호받을 수 없는 사상(idea)으로부터 비교적 보호받기 힘든 주제(theme), 보호받을 수 있는지 여부가 다투어질 수 있는 줄거리 내지 구성(plot), 비교적 보호받기 쉬운 사건(incident), 보호받을 것이 거의 확실시되는 대화나 어투(dialogue and language)로 구성되어 있고 등장인물에 관하여 보면 그것이 보호받을 수 있는지 여부는 작품 속에서의 개발의 정도(stage of development)와 작품에 대한 중요성에 달려있다고 본다. Learned Hand 판사는 위 Nichols 사건에서 모든 저작물 특히 희곡에서 구체적인 사건들을 계속적으로 제거시켜 나가면 점차 패턴은 일반화되어가고 결국에는 그 희곡의 주제에 관한 가장 일반적인 기술만이 남게 되는데, 이와 같은 추상화의 과정 중에 어느 지점에 이르면 표현은 제거되고 아이디어만이 남아 더 이상 저작권의 보호를 줄 수 없는 상태에 이른다고 하였다.

그 후 미국 실무 및 학계는 추상화 테스트 이론을 발전시켜 저작권의 보호범위는 사건의 전개과정과 등장인물들 간의 상호작용의 발전 등과 같은 저작물의 유형(pattern)에 미치고 그러한 저작물의 유형이 비문언적 표현에 해당하는데 저작물의 보호범위를 정하는 실질적 유사성에는 특정 구절이나 똑같은 단어를 그대로 베낀 이른바 '부분적인 문언적 유사성(fragmented literal similarity)'과 특정 구절이나 세세한 표현을 베끼지는 않았지만 사건의 전개과정과 등장인물들 간의 상호작용의 발전과 같은 비문언적 표현을 모방한 '포괄적인 비문언적 유사성(comprehensive nonliteral similarity)'이 있다는 이론에 이르고 있다.

또한 Whelan Associates, Inc. v. Jaslow Dental Laboratory, Inc.,[89] Computer Associates v. Altai, Inc.[90] 사건을 통해 발전된 추상화 · 여과 · 비교 테스트가 있다. 이는 프로그램 저작물 침해여부 판단을 위해 다양한 일반 레이어(layer of generality)를 각각 추출하고 추상화 및 융합이론을 적용하여 프로그램의 요소들을 효율성을 위한 것인지, 절차나 호환성을

---

87) Nichols v. Universal Pictures Corp., 45 F.2d 119 (2d Cir. 1930).
88) 이하 추상화 테스트 등은 본서 「제3장 저작권의 객체 : 저작물 제1절 저작물의 의의 · 성립 요건 · 보호 범위 III. 저작물의 보호범위 ③ 미국의 아이디어 · 표현 2분법, 합체 이론, 필수장면 내지 표준삽화의 원칙, 사실상 표준의 원칙」에서도 설명하고 있다.
89) 797 F.2d 1222 (3d Cir. 1986).
90) 982 F.2d 693 (2d Cir. 1992).

위한 것인지, 공공의 영역으로부터 가지고 온 표현 등으로 분리하여 걸러낸 다음 남은 창작적 요소를 피고의 저작물의 요소와 비교한다는 추상화(추출, abstraction) · 여과(분리, filtration) · 비교(comparison)의 3단계 테스트인데 그 후 프로그램 저작물이 아닌 어문저작물 등에도 광범위하게 활용되고 있다. 이는 아래 2단계 테스트 중 제1단계에서 허용되는 상세한 분석(dissection)에 사용될 수 있는 방법이기도 하다.

3) 2단계 테스트

2단계 테스트는 전체 접근방법(내지 통상의 관찰자 또는 청중 테스트)에서 통상의 관찰자가 두 대상물이 실질적으로 유사한지 여부를 판단하는 방법을 보강한 것으로 Arnstein v. Porter[91]에서 제시된 데에 유래한다.

Arnstein 사건에서 2단계 테스트는 제1단계에서 후행작품이 원저작물에 의거하여 그것을 이용하였는지 여부를 판단하고 그것이 증명되면 제2단계로 넘어 간다. 제1단계에서는 원저작물을 이용한 것인지 여부를 판단하기 위하여 상세한 분석(dissection) 및 전문가 증언을 활용할 수 있다. 여기서 두 대상물 간 비교 대상은 보호받을 수 있는 요소뿐만 아니라 보호받을 수 없는 요소도 포함한다. 제2단계에서는 그중 보호받을 수 있는 표현을 이용한 것이 침해를 구성할 만큼의 위법한 이용인지 여부를 판단한다. 제2단계에서 위법한 이용인지 여부는 여전히 통상의 관찰자 입장에서 판단하고 그 기준은 후행작품이 원저작물로부터 일반수요자 감각을 충족시킬 만큼의 분량을 가져왔는지 여부이다. 전체적인 분석방법과 같이 통상의 관찰자가 두 대상물을 보고 들었을 때 느끼는 직관적인 반응을 중요시하여 제1단계와 달리 상세한 분석(dissection)과 전문가 증언은 활용하지 않은 상태에서 두 대상물에 대한 '전체적인 관념과 느낌(total concept and feel)'을 고려하여 후행작품이 원저작물을 위법하게 이용하였는지 여부를 판단한다. Arnstein 사건에서의 2단계 테스트는 Walker v. Time Life Films, Inc.[92] 등에서도 유지되고 있다.

위 2단계 테스트는 미국 제2 연방항소법원에 의해 시도되었는데 제9 연방항소법원은 위 Arnstein 사건에서의 2단계 테스트를 다소 수정하고 있다.

즉, Sid & Marty Krofft Television Prods., Inc. v. McDonald's Corp.[93] 사건에서 제1단계는 Arnstein 판결의 의거 및 이용 테스트와 유사하게 작품의 기초를 형성하는 일반적인 사상(주제, 줄거리, 대화, 분위기, 사건 전개, 등장인물, 배경 등)의 유사 여부를 비교하는데 이때는 전문가 증언이나 상세한 분석(dissection)을 활용할 수 있다(비본질적 테스트, extrinsic test). 그러한

---

91) 154 F.2d 464 (2d Cir. 1946), cert. denied, 330 U.S. 851, 67 S. Ct. 1096, 91 L.Ed. 1294(1947).
92) 784 F.2d 44 (2d Cir. 1986).
93) 562 F.2d 1157 (9th Cir. 1977).

일반적인 사상의 유사성이 인정되면 제2단계로 보호받을 수 있는 표현의 실질적 유사성 여부로 넘어간다(본질적 테스트, intrinsic test). 이때에는 전문가 증언이나 상세한 분석(dissection)을 이용하지 않고 통상의 관찰자 또는 청중의 입장에서 위법한 이용이라고 인정할 수 있을 만큼 보호받을 수 있는 표현을 충분히 이용하였는지 여부를 판단하는데 그 판단은 전체적인 분석방법의 판단 기준에 따라 통상의 관찰자 또는 청중이 후행작품에서 원저작물의 '전체적인 관념과 느낌'(total concept and feel)을 떠올리는지 여부로 결정한다.[94]

　Shaw v. Lindheim[95] 판결 등을 통해 다시 위 Sid & Marty Krofft Television Prods., Inc. 사건의 2단계 테스트를 수정하여 제1단계는 일반적인 사상(주제, 줄거리 등)의 유사 여부 외에 표현의 유사 여부까지도 추가 비교하는데 이때는 전문가 증언이나 상세한 분석(dissection)을 활용할 수 있다(비본질적 테스트, extrinsic test). 그러한 일반적인 사상(주제, 줄거리 등)·표현의 유사성이 인정되면 제2단계로 그 일반적인 사상 중 보호받을 수 있는 표현에 대한 실질적 유사성 여부로 넘어간다(본질적 테스트, intrinsic test). 이때 제2단계의 내용은 위 Sid & Marty Krofft Television Prods., Inc. 사건의 2단계 내용과 같다.

4) 우리 실무 태도와의 대비

　우리 실무도 실질적 유사성을 판단하면서 전체 접근방법을 원칙으로 하되 분석 접근방법을 병행하고 있다는 점에서는 미국 실무와 유사하다고 볼 수 있다.

　구체적으로 예를 들면, 독창성이 인정되는 부분을 피고의 그것과 대비해 보면 치마를 착용하였을 때 치마 상단의 주름으로 인해 피고의 띠도 윗부분이 좁고 아랫부분이 넓게 보인다는 점이 원고의 것과 유사하기는 하나 전체적인 띠의 모양과 넓이가 원고의 것과는 다를 뿐 아니라 그 안의 무늬의 소재, 배열방법 등에 있어서 양자는 차이가 있어 띠부분의 전체적인 미감이 유사하다고 보기는 어렵다고 하거나,[96] 원저작물이 복제된 경우 대상저작물의 성질, 내용, 전체적인 구도 등에 비추어 볼 때 대상 저작물에서 원저작물의 창작적인 표현형식이 그대로 느껴진다면 이들 사이에 실질적 유사성이 있다고 보거나,[97] 실질적 유사성을 인정하기 위해서 대상 저작물에서 유사 어휘나 구문이 사용된 결과 원저작물이 가지는 창작적 특성이 대상 저작물에서 감지될 정도에 이르러야 한다고 하여[98] 전체 접근방법을 원칙으로 하고 있다.

　한편 우리 실무는 전체 접근방법 외에 분석 접근방법도 병행하고 있다.

---

94) 미국에서 제1단계와 달리 제2단계에서 전문적인 지식을 가지지 않은 통상의 관찰자의 입장에서 부당한 이용인지 여부를 판단하도록 한 것은 그 부분이 배심원에 의해 판단되고 있기 때문인 것으로 보인다.
95) 919 F.2d 1353 (9th Cir. 1990).
96) 대법원 1991. 8. 13. 선고 91다1642 판결.
97) 대법원 2014. 8. 26. 선고 2012도10777 판결.
98) 대법원 2007. 3. 29. 선고 2005다44138 판결.

즉, 저작권법이 보호하는 복제권의 침해가 있다고 하기 위하여는 침해되었다고 주장되는 기존의 저작물과 대비대상이 되는 저작물 사이에 실질적 유사성이 있다는 점 이외에도 대상 저작물이 기존의 저작물에 의거하여 작성되었다는 점이 인정되어야 하는데 대상 저작물이 기존의 저작물에 의거하여 작성되었는지 여부와 두 저작물 사이에 실질적 유사성이 있는지 여부는 서로 별개의 판단으로서, 의거 여부의 판단에는 실질적 유사 여부의 판단과 달리 저작권법에 의하여 보호받는 표현뿐만 아니라 저작권법에 의하여 보호받지 못하는 표현 등이 유사한지 여부도 함께 참작될 수 있다고 하고,99) 저작권의 침해 여부를 가리기 위하여 두 저작물 사이에 실질적인 유사성이 있는가의 여부를 판단함에 있어 창작적인 표현형식에 해당하는 것만을 가지고 대비하여야 한다고 한다.100)

나아가 우리 실무는 두 대상물 사이에 실질적인 유사성이 있는지 여부를 판단하면서 창작적인 표현형식에 해당하는 것만을 가지고 대비하기 위한 방법으로, 원저작물에서 보호받는 요소와 보호받지 못하는 요소를 구별하여 창작적 표현형식을 먼저 골라낸 다음 그와 같이 특정된 창작적 표현형식을 후행작품과 비교하는 방법과,101) 원저작물에서 보호받는 요소와 보호받지 못하는 요소를 구별하지 않은 상태에서 먼저 후행작품이 원저작물을 부당하게 이용하였다고 주장되는(도용되었다고 주장되는) 부분을 특정한 다음 그와 같이 특정된 부분이 원저작물에서 창작적 표현형식에 해당하는지 여부를 판단하고, 만일 그 특정된 부분이 창작적 표현형식에 해당하는 경우에는 그 창작적 표현형식과 후행작품의 유사 여부를 비교하는 방법102)을 모두 채용하고 있다.

한편 미국의 2단계 테스트 중 제1단계에서 전문가 증언이나 상세한 분석을 활용할 수 있지만 제2단계에서는 그것들을 참고하지 않고 통상의 관찰자 또는 청중 테스트에 따라 실질적 유사 여부를 결정하고 있으나, 우리 실무는 위 2단계 테스트 중 제2단계에 대응하는 실질적 유사성 판단과정에서도 전문지식이 필요한 프로그램저작물 등과 같은 경우에 전문가의 감정

 99) 대법원 2007. 3. 29. 선고 2005다44138 판결, 대법원 2014. 1. 29. 선고 2012다73493, 73509 판결.
100) 대법원 1993. 6. 8. 선고 93다3073, 93다3080 판결, 대법원 1997. 9. 29.자 97마330 결정, 대법원 1999. 10. 22. 선고 98도112 판결, 대법원 1999. 11. 26. 선고 98다46259 판결, 대법원 2000. 10. 24. 선고 99다10813 판결, 대법원 2004. 7. 8. 선고 2004다18736 판결, 대법원 2007. 3. 29. 선고 2005다44138 판결, 대법원 2010. 2. 11. 선고 2007다63409 판결, 대법원 2014. 6. 12. 선고 2014다14375 판결 등.
101) 대법원 1991. 8. 13. 선고 91다1642 판결, 대법원 2003. 10. 9. 선고 2001다50586 판결, 대법원 2013. 3. 28. 선고 2010도8467 판결, 대법원 2014. 1. 29. 선고 2012다73493,73509 판결, 대법원 2018. 5. 15. 선고 2016다227625 판결 등 참조.
102) 대법원 1993. 6. 8. 선고 93다3073, 93다3080 판결, 대법원 1997. 9. 29. 자 97마330 결정, 대법원 1999. 10. 22. 선고 98도112 판결, 대법원 2007. 3. 29. 선고 2005다44138 판결, 대법원 2010. 2. 11. 선고 2007다63409 판결, 대법원 2011. 2. 10. 선고 2009도291 판결, 대법원 2012. 8. 30. 선고 2010다70520,70537 판결 등 참조.

결과 등을 종합하여 판단하고 있다는 점에서 차이는 있다.

그러나 미국이 2단계 테스트의 제1단계와 달리 제2단계에서 전문가 증언이나 상세한 분석 없이 실질적 유사성 여부를 판단하는 것은, 제1단계 결정은 판사에 의해 이루어지는 반면에 제2단계 결정은 배심원에 의해 이루어지는 미국 특유의 소송구조의 영향으로 보인다.

더욱이 앞에서 본 바와 같이 실질적 유사성 판단의 기준이 되는 통상의 관찰자 또는 청중의 범위를 전문적인 지식을 가지지 않은 평균적이고 합리적인 관찰자로 보는 입장을 취하다가 Arnstein 사건을 계기로 해당 저작물이 전문적인 지식을 구비한 청중을 의도하여 작성되었다면 그러한 전문적인 지식을 가지는 청중도 통상의 관찰자 또는 청중에 포함하는 것으로 운용하고 있으므로, 이러한 사정 등을 종합적으로 고려하여 보면 우리 실무의 실질적 유사성 판단 기준과 방법이 미국 실무의 그것들과 전체적으로 볼 때 큰 차이 없는 것으로 평가할 수 있다.

라. 컴퓨터프로그램저작물에서의 실질적 유사성 판단

앞에서 본 바와 같이 Whelan Associates, Inc. v. Jaslow Dental Laboratory, Inc.,[103] Computer Associates v. Altai, Inc.[104] 사건을 통해 발전된 추상화·여과·비교 테스트가 프로그램 저작물에서의 실질적 유사성 판단에 적용된다.

추상화·여과·비교 테스트라고 함은 프로그램 저작물의 저작재산권 침해여부 판단을 위해 다양한 일반 레이어(layer of generality)를 각각 추출하고 추상화 및 융합이론을 적용하여 프로그램의 요소들을 효율성을 위한 것인지, 절차나 호환성을 위한 것인지, 공공의 영역으로부터 가지고 온 표현 등으로 분리하여 걸러낸 다음 남은 창작적 요소를 피고의 저작물의 요소와 비교한다는 추상화(추출, abstraction)·여과(분리, filtration)·비교(comparison)의 3단계 테스트를 말한다.

일반적으로 프로그램 저작물은 목적코드(object code), 소스코드(source code), 데이터 구조(data structure), 알고리즘(algorithms), 모듈(module), 프로그램 구조(program architecture), 목적(main purpose) 등의 다층구조로 이루어져 있는데 그중 보호받을 수 있는 대상은 목적코드(object code), 소스코드(source code), 데이터 구조(data structure)가 된다.

위 3단계 테스트를 프로그램 저작물에 적용하여 먼저 추상화 단계에서 보호되지 않는 프로그램 자체의 목적인 특정한 기능을 구현하기 위한 요소 및 필수적으로 결합(합체의 원칙, 기능요소 배제의 원칙)되어 보호받을 수 없는 아이디어를, 보호되는 표현 요소와 구별하여 추출한 다음, 그와 같이 추출된 표현 중에서 해당 프로그램의 목적인 기능의 효율성을 높이기 위해 실질적으로 강제되는 표현(표준기능 구현이나 호환성을 유지하기 위하여 필요한 것)이나 컴퓨터 하

---

103) 797 F.2d 1222 (3d Cir. 1986).
104) 982 F.2d 693 (2d Cir. 1992).

드웨어나 운영체제의 제약, 프로그램 개발 도구, 프로그래밍 관행, 수요자들의 규격화된 인터페이스 요구 등 외부 요인에 의해 통상의 제작자라면 따를 수밖에 없는 표현 및 오픈소스, 공개 라이브러리, 공지의 기술 등과 같이 공공영역(public domain)에 놓여 있어 자유로이 사용할 수 있는 표현 등을 걸러내어 그와 같이 추출된 표현 중 창작성이 인정되는 표현을 구체적으로 특정하여야 한다. 그런 다음에 원고 프로그램의 소스코드나 데이터 구조 등 중 창작성이 인정되는 표현 부분과 피고 프로그램의 소스코드나 데이터 구조 등의 대응 부분 등을 대비하여 두 프로그램의 유사성 여부를 검토하는 순서로 진행하는 것이 원칙적인 방법이다.

이때 컴퓨터프로그램저작물의 유사성 대비에서도 두 프로그램의 소스코드나 데이터 구조를 1:1로 문자적으로 대응시켜 검토하는 부분적 문언적 유사성과 두 프로그램의 시스템 구조층, 즉 알고리즘과 데이터구조, 모듈, 프로그램의 구조·설계의 비교를 통해 검토되는 포괄적인 비문언적 유사성을 함께 검토할 필요가 있다.

프로그램저작물의 경우 법관으로서는 두 프로그램의 유사도를 판단하기 어려우므로 소송에서는 대부분 한국저작권위원회에 이에 대한 감정을 촉탁하여105) 받은 회신자료가 증거로 제출되고 있다.

두 프로그램의 실질적 유사성 여부를 판단하기 위하여는 감정 목적물인 원고 프로그램 및 피고 프로그램에 대해 적어도 i) 데이터베이스의 테이블 구조, 데이터베이스 뷰, 테이블명과 칼럼명 등의 유사도, ii) 프로그램을 모듈로 구분하여 각 모듈에서의 소스코드의 유사도,106) iii) 데이터베이스 설계구조와 프로그램 소스 중 특정함수 및 처리방식 등의 유사도 등의 자료가 있어야 하기 때문에107) 감정촉탁 시에 이러한 사항을 감정사항으로 기재할 필요가 있다.108)

---

105) 법 제113조 제9호는 한국저작권위원회의 업무로서 저작권의 침해 등에 관한 감정을 들고 있고, 법 제119조 제1항 제1호는 한국저작권위원회는 법원 또는 수사기관 등으로부터 재판 또는 수사를 위하여 저작권의 침해 등에 관한 감정을 요청받은 경우에 감정을 실시할 수 있다고 규정한다. 법 제119조 제1항에 따라 감정을 요청하려는 자는 i) 감정 대상 저작물의 원본 또는 사본, ii) 침해에 관한 감정 요청의 경우에는 관련 저작물들의 유사성을 비교할 수 있는 자료, iii) 그 밖에 위원회가 감정에 필요하다고 판단하여 요청하는 자료를 한국저작권위원회에 제출하여야 한다(법 시행령 제64조 제1항).

106) 이때 피고 프로그램이 원고에 의해 주장되는 창작성이 있는 모듈을 포함하고 있는지 여부, 포함하고 있다면 해당 창작성이 있는 모듈이 원고 및 피고 프로그램 전체에서 차지하는 비율 등을 특정할 필요가 있다.

107) 서울고등법원 2010. 10. 13. 선고 2010나10261 판결(상고기각 확정) 참조. 위 사안에서는 "유사라인 설정 임계치"(한 개의 라인에 있어서 어느 정도 동일하여야 그 라인이 유사하다고 인정할지를 정하는 옵션)를 70%, "인접블록 임계치"(동일 또는 유사라인이 몇 라인 이상 연속하여야 그 부분이 동일·유사하다고 판단할 것인지 선택하는 옵션)를 3으로 각각 지정하여 동일·유사 여부를 판단하였다.

108) 컴퓨터프로그램저작물의 감정에서는 양 저작물간 유사성을 정량적 수치인 유사도로 산출하여 최종 결과로 제시하는 방식의 감정이 이루어지는 경우가 많다. 다만 이와 같은 감정에서 유사도가 곧바로 실질적 유사성 인정여부의 직접적인 근거가 될 수 없다는 점에서는 소송관계인 모두가 주의할 필요가 있다. 따라서 소송관계인들은 컴퓨터프로그램저작물에 관한 감정에서 유사도 분석의 타당성을 담보하기

III. 저작재산권 침해 주장에 대한 항변 등

저작재산권자의 저작재산권 침해주장에 대하여 상대방은, 저작물이 저작물성이 인정되지 않는다거나 저작권법상 보호받지 못하는 저작물(제7조)에 해당한다는 점, 저작물의 이용이 저작재산권의 제한 사유(제23조 내지 38조 등)에 해당한다는 점, 저작물에 대한 이용허락을 받았거나(제46조) 법정허락을 얻었다(제25조 제4항, 제31조 제5항, 제50조 내지 제52조)는 점, 저작재산권자가 정당하게 유통시킨 저작물을 재판매하였다(권리소진의 원칙, 병행수입 등)는 점 등을 주장·증명하여 방어할 수 있다. 이들 부분에 대하여는 이미 해당 부분에서 설명하였다.

제3절 저작권 침해로 보는 행위(법 제124조)

I. 의의

본 장 제1절과 제2절에서는 저작권 그 밖에 저작권법에 따라 배타적으로 보호되는 권리, 즉 저작권(저작인격권·저작재산권), 실연자의 인격권, 저작인접권(실연·음반·방송), 배타적발행권, 출판권, 데이터베이스제작자의 권리(이하 '저작권 등'이라고 한다)에 대한 침해 요건 등에 대하여 살펴보았다.

원래 저작권 등 권리 침해행위가 되기 위하여는 그 행위가 이러한 저작권 등 권리 가운데 보호대상인 행위유형에 속하여야 한다. 그런데 위와 같은 행위유형에 해당하여 저작권 등 권리의 침해행위가 개시되기 전에 그 침해행위에 연결될 가능성이 매우 높은 경우에 침해행위에 이르기 전의 단계에서 미리 규제를 한다면 저작권 등 권리를 더욱 효율적으로 보호할 수 있다. 이러한 이유로 저작권법은 이들 권리자의 이익을 해할 우려가 높은 특정한 행위를 하는 경우에 저작권 등 권리를 침해하는 것으로 본다는 규정을 두고 있다.

저작권법 제124조는 권리자의 이익을 해할 우려가 있는 일정한 행위로서 4가지 행위가 있는 경우 저작권 등 권리의 침해로 보고 있다. 여기서 권리 침해로 본다고 함은 권리 침해로 간주하거나 의제하는 것을 말한다. 이들 행위는 권리 침해로 간주되고 그 행위자는 형사처벌

위한 적정한 분석방법(특히 여과 단계)의 시행과 실질적 유사성 판단 과정에서 유사도를 뒷받침할 수 있는 정성적 표지의 제시 및 분석여부가 최종산출된 유사도에 못지않게 중요한 비중을 차지하고 있음을 주지하고, 이를 고려하여 감정신청 및 감정사항의 선정이 이루어지도록 준비함이 바람직하다. 이 부분 내용은 저작권 감정절차 매뉴얼, 저작권 감정절차 개선 협의체(2019), 7에서 인용함.

(벌칙)의 대상이 되므로 법 제124조는 저작권 등 권리의 범위를 실질적으로 확장한 것이라고 할 수 있다.

앞서 본 저작권 등 권리의 침해를 본래의(기본) 침해(primary infringement)로, 특정한 행위에 대한 간주 침해를 2차(부차) 침해(secondary infringement)로 부르기도 한다.

II. 내용

저작권법 제124조 제1항은 "① 수입 시에 대한민국 내에서 만들어졌더라면 저작권 그 밖에 이 법에 따라 보호되는 권리의 침해로 될 물건을 대한민국 내에서 배포할 목적으로 수입하는 행위(제1호), ② 저작권 그 밖에 이 법에 따라 보호되는 권리를 침해하는 행위에 의하여 만들어진 물건(제1호의 수입물건을 포함한다)을 그 사실을 알고 배포할 목적으로 소지하는 행위(제2호), ③ 프로그램의 저작권을 침해하여 만들어진 프로그램의 복제물(제1호에 따른 수입 물건을 포함한다)을 그 사실을 알면서 취득한 자가 이를 업무상 이용하는 행위(제3호)의 어느 하나에 해당하는 행위는 저작권 그 밖에 이 법에 따라 보호되는 권리(저작권 등의 권리)의 침해로 본다."라고 규정한다.

그리고 저작권법 제124조 제2항은 "저작자의 명예를 훼손하는 방법으로 저작물을 이용하는 행위는 저작인격권의 침해로 본다."라고 규정한다.

1957. 1. 28. 법률 제432호로 제정된 저작권법 제65조(침해행위)는 "저작권을 침해한 저작물을 수입하여 국내에서 발매, 배포하는 것(제1호), 연습용을 위하여 저작된 문제의 해답서를 발행하는 것(제2호)의 1에 해당할 때에는 이를 저작권침해로 본다."라고 하였고, 1986. 12. 31. 전부개정된 저작권법 제92조(침해로 보는 행위)는 "수입시에 대한민국 내에서 만들어졌더라면 저작권 그밖의 이 법에 의하여 보호되는 권리의 침해로 될 물건을 대한민국 내에서 배포할 목적으로 수입하는 행위(제1호), 저작권 그밖의 이 법에 의하여 보호되는 권리를 침해하는 행위에 의하여 만들어진 물건(제1호의 수입물건을 포함한다)을 그 정을 알면서 배포하는 행위(제2호)의 1에 해당하는 행위는 저작권 그밖의 이 법에 의하여 보호되는 권리의 침해로 본다."라고 개정하였다. 그 후 1994. 1. 7. 법률 제4717호로 개정된 저작권법에서 제92조 제1항 제2호 중 '그 정을 알면서 배포하는 행위'를 '그 정을 알고 배포하거나 배포할 목적으로 소지하는 행위'라고 변경하였다가, 2000. 1. 12. 법률 제6134호로 개정된 저작권법에서 제92조 제1항 제2호 중 '그 정을 알고 배포하거나 배포할 목적으로 소지하는 행위'를 '그 정을 알고 배포할 목적으로 소지하는 행위'로 변경하였다.

2003. 5. 27. 법률 제6881호로 개정된 저작권법에서 제92조 제2항 및 제3항을 신설하고 기존의 제2항을 제4항으로 옮겼는데, 제2항으로 "정당한 권리없이 저작권 그 밖에 이 법에 의

하여 보호되는 권리의 기술적 보호조치를 제거·변경·우회하는 등 무력화하는 것을 주된 목적으로 하는 기술·서비스·제품·장치 또는 그 주요부품을 제공·제조·수입·양도·대여 또는 전송하는 행위는 저작권 그 밖에 이 법에 의하여 보호되는 권리의 침해로 본다."를 제3항으로 "저작권 그 밖에 이 법에 의하여 보호되는 권리의 침해를 유발 또는 은닉한다는 사실을 알거나 과실로 알지 못하고 정당한 권리없이 하는 행위로서 다음 각호의 1에 해당하는 경우에는 저작권 그 밖에 이 법에 의하여 보호되는 권리의 침해로 본다. 다만, 기술적으로 불가피하거나 저작물이나 실연·음반·방송 또는 데이터베이스의 성질이나 그 이용의 목적 및 형태에 비추어 부득이하다고 인정되는 경우에는 그러하지 아니하다. 1. 전자적 형태의 권리관리정보를 고의로 제거 또는 변경하는 행위, 2. 전자적 형태의 권리관리정보가 제거 또는 변경된 사실을 알고 당해 저작물이나 실연·음반·방송 또는 데이터베이스의 원작품이나 그 복제물을 배포·공연·방송 또는 전송하거나 배포의 목적으로 수입하는 행위"를 신설하였다.

2006. 12. 28. 법률 제8101호로 전부개정된 저작권법에서 조문의 위치를 제92조에서 제124조로 옮기고 '의하여'를 '따라'로 바꾸고, 법 제2조 제7호에서 '저작물, 실연·음반·방송 또는 데이터베이스'를 '저작물 등'으로 부름에 따라 법 제124조 제3항의 '저작물이나 실연·음반·방송 또는 데이터베이스'를 '저작물 등'으로 바꾸었으며, '형태'를 '형태 등'으로, 제3항 제1호의 '제거 또는 변경하는 행위'를 '제거·변경 또는 허위 부가하는 행위'로, '원작품'을 '원본'으로 '방송 또는 전송'을 '또는 공중송신'으로 변경하였다.

저작권법과 컴퓨터프로그램저작물 보호 등에 관한 컴퓨터프로그램 보호법을 통합하여 종전에 컴퓨터프로그램 보호법 제29조 제4항 제2호를 2009. 4. 22. 법률 제9625호로 개정된 저작권법에서 제124조 제1항 제3호로 옮겨 "3. 프로그램의 저작권을 침해하여 만들어진 프로그램의 복제물(제1호에 따른 수입 물건을 포함한다)을 그 사실을 알면서 취득한 자가 이를 업무상 이용하는 행위"를 신설하였다.

2011. 6. 30 법률 제10807호로 개정된 저작권법에서 종전의 제2항, 제3항을 삭제하고 제2항을 법 제104조의2(기술적 보호조치의 무력화 금지)로, 제3항을 제104조의3(권리관리정보의 제거·변경 등의 금지)으로 옮기고 더 구체적인 내용을 신설하여 현행법에 이르고 있다.

① 저작권법 제124조 제1항

저작권법 제124조 제1항은 "다음 각 호의 어느 하나에 해당하는 행위는 저작권 그 밖에 이 법에 따라 보호되는 권리의 침해로 본다. 1. 수입 시에 대한민국 내에서 만들어졌더라면 저작권 그 밖에 이 법에 따라 보호되는 권리의 침해로 될 물건을 대한민국 내에서 배포할 목적으로 수입하는 행위(제1호), 2. 저작권 그 밖에 이 법에 따라 보호되는 권리를 침해하는 행위에 의하여 만들어진 물건(제1호의 수입물건을 포함한다)을 그 사실을 알고 배포할 목적으로 소지하는 행위(제2호), 3. 프로그램의 저작권을 침해하여 만들어진 프로그램의 복제물(제1호에 따른 수입 물건을 포함한다)을 그 사실을 알면서 취득한 자가 이를 업무상 이용하는 행위(제3호)"라고 규정한다.

법 제124조 제1항의 '저작권 그 밖에 이 법에 따라 보호되는 권리'라고 함은 저작권(저작인격권 · 저작재산권), 실연자의 인격권, 저작인접권(실연 · 음반 · 방송), 배타적발행권, 출판권, 데이터베이스제작자의 권리(저작권 등의 권리 침해)를 말한다.

법 제124조 제1항의 요건에 해당하면 그 행위는 저작권 등 권리침해행위로 보게 되므로 법 제123조의 민사상 침해금지청구 및 법 제125조의 손해배상청구의 대상이 되고, 법 제136조 제2항 제4호에 따라 형사처벌의 대상이 되어 3년 이하의 징역 또는 3천만원 이하의 벌금에 처하거나 이를 병과할 수 있다. 다만 법 제140조에 의하여 위 침해행위는 친고죄에 해당한다.

가. 저작권 등 권리의 침해로 될 물건의 배포목적 수입행위

법 제124조 제1항 제1호는 수입 시에 대한민국 내에서 만들어졌더라면 저작권 등 권리의 침해로 될 물건을 대한민국 내에서 배포할 목적으로 수입하는 행위를 저작권 등 권리의 침해행위로 본다고 규정한다.

여기서 '수입'이란 외국에서 생산된 상품을 국내시장에 반입하는 행위를 말한다.

저작권법도 베른 협약 등 국제 조약의 적용이 없는 한 속지주의 원칙 등에 따라 원칙적으로 대한민국의 영역 외에서 행한 우리나라 저작물 등의 무단 복제 등에 대하여 우리나라 저작권법의 효력이 미치지 아니한다. 그러나 위와 같은 행위로 인하여 작성된 물건이 국내에 수입되어 배포된다면 그때부터는 우리나라 저작권법이 적용되어 저작권 등 권리의 침해행위를 규제할 수 있다. 본 호는 이러한 상황 하에서 현실적으로 수입 후 배포행위가 이루어질 때까지 기다린 다음에 침해방지 조치를 취하는 것보다 수입하는 단계에서 아예 그 수입행위 자체를 저작권 등 권리의 침해행위로 보고 규율함으로써 그 권리 침해로 될 물건의 유통을 사전에 막고자 하는 데 취지가 있다.

적용 대상은 국내에서 만들어졌더라면 저작권 등 권리의 침해로 될 물건이므로 판단의 기준이 되는 법은 우리 저작권법이다. 따라서 당해 행위가 일어난 국가의 법령에 의하면 적법하게 작성된 물건이라도 우리 저작권법에 의하면 권리의 침해로 되는 경우가 있고 그 역의 경우도 발생할 수 있다. 국내 저작권자의 허락을 얻어 외국에서 적법하게 작성된 저작물을 국내에 수입하는 행위(진정상품의 병행수입)는 본 호의 적용대상이 되지 않는다. 또한 배포할 목적으로 수입하는 행위를 규제하므로 연구 목적으로 수입하는 경우에는 본 호의 적용대상이 아니다. 위법 여부 판단의 기준 시는 수입 시이다.

이와 관련하여 정상적인 무역거래에서 수입물품이 보세지역 내에 머물러 있는 경우가 수입에 해당하는지 여부가 문제이다.

이에 대하여는 ① 특허에 관한 물품이 국내 통관절차를 마치지 않고 보세창고에 머물러 있는 경우는 아직 국외에 있는 것으로 보아 '수입'에 해당하지 않는다(다만 보세지역 내에 있는 수입물을 부품 또는 원료로 하여 특허에 관한 물품을 제조하는 경우는 국내 생산으로 해석한다)고 보는 견해(통관설),[109] ② 물품이 일단 국가 영해로 들어온 이상 원칙적으로 수입에 해당한다고 보는 견해(영해설), ③ 국가 영해로 들어와 짐을 풀거나 물품을 하역하는 경우에 수입에 해당한다는 견해(양륙설 내지 하역설)가 있다.

통관설에 의할 경우 특허법 등에서 미수죄 처벌조항이 없어 위조상품 등에 대해 제대로 대응하지 못하게 되는 불합리한 점이 있다는 반론이 있고, 영해설에 대하여는 영해를 단순히 통과하는 경우에까지 수입에 해당한다고 보는 것은 부당하다는 반론이 있다. 통관설은 관세 부과라는 관점에서 바라보는 수입 개념을 그대로 원용한 것이나 수입 여부의 개념은 법의 입법목적에 따라 상대적으로 해석하여야 하는데 권리침해로 될 물건의 국내 유통을 사전에 막고자 하는 본 조의 규정취지상 통관이 이루어지기 전에도 규제할 필요가 있어 수입에 해당한다고 보아야 한다는 점에서 양륙설 내지 하역설이 유력하다.

나. 저작권 등 권리의 침해로 될 물건의 배포목적 소지행위

법 제124조 제1항 제2호는 저작권 그 밖에 저작권법에 따라 보호되는 권리를 침해하는 행위에 의하여 만들어진 물건(제1호의 수입물건을 포함한다)을 그 사실을 알고 배포할 목적으로 소지하는 행위를 저작권 등 권리의 침해행위로 본다고 규정한다.

이 규정도 제1호의 규정취지와 유사하게 권리를 침해하는 행위에 의하여 만들어진 물건이라는 사실을 알고 배포할 목적으로 소지하는 경우는 배포행위로 연결되어 저작권을 해할 가능

---

109) 관세법위반 등 사건에서 배출가스 또는 소음 변경인증을 받지 않고 자동차를 부정수입하였는지 여부를 관세법에 정한 수입 개념에 따라 판단한 것으로 대법원 2019. 9. 9. 선고 2019도2562 판결이 있다. 위 판결은 "관세법 제2조 제1호는 외국물품을 우리나라에 반입(보세구역을 경유하는 것은 보세구역으로부터 반입하는 것을 말한다)하는 것을 수입의 한 가지 형태로 규정하고 있고, 여기서 반입이란 물품이 사실상 관세법에 의한 구속에서 해제되어 내국물품이 되거나 자유유통 상태에 들어가는 것을 말한다(대법원 2000. 5. 12. 선고 2000도354 판결 등 참조). 그런데 관세법 제2조 제5호 가목은 우리나라에 있는 물품으로서 외국물품이 아닌 것을 '내국물품'으로 규정하면서, '외국물품'에 대해서는 제4호 가목에서 외국으로부터 우리나라에 도착한 물품으로서 제241조 제1항에 따른 수입의 신고(이하 '수입신고'라 한다)가 수리되기 전의 것이라고 규정하고 있다. 따라서 외국으로부터 우리나라에 도착하여 보세구역에서 수입신고 절차를 거치는 수입자동차는 수입신고 수리 시에 사실상 관세법에 의한 구속에서 해제되어 내국물품이 되므로 수입신고 수리 시에 보세구역으로부터 반입되어 수입이 이루어진 것이라고 보아야 한다."라고 한다.

성이 높아 그 소지행위 자체를 저작권 등 권리의 침해행위로 보고 규율함으로써 그 권리 침해로 될 물건의 유통을 사전에 막고자 하는 데 있다.

적용 대상은 저작권 그 밖에 저작권법에 따라 보호되는 권리를 침해하는 행위에 의하여 만들어진 물건 및 국내에서 작성되었더라면 저작권 등 권리를 침해하는 것으로 되는 수입 물건(즉, 제1호의 수입물건)의 소지행위이다.

소지란 대상물을 지배의사를 가지고 사실상 지배하는 것을 말한다. 저작권 등 권리를 침해하는 행위에 의하여 만들어진 물건(제1호의 수입물건을 포함)임을 알고 소지할 것을 요구하므로 소지하고 있다는 점 외에도 그 대상물이 저작권 등 권리를 침해하는 물건이라는 점도 인식하여야 한다. 취득 시에 저작권 등 권리 침해물건임을 몰랐더라도 그 후에 알고 계속하여 배포할 목적으로 소지하게 되면 그 이후부터는 저작권 등 권리를 침해하는 행위에 의하여 만들어진 물건(제1호의 수입물건 포함)임을 알고서 한 소지가 된다.

다. 프로그램의 저작권을 침해하여 만들어진 프로그램의 복제물(제1호에 따른 수입 물건을 포함한다)을 그 사실을 알면서 취득한 자가 이를 업무상 이용하는 행위

법 제124조 제1항 제3호는 프로그램저작권을 침해하여 만들어진 프로그램의 복제물(제1호에 따른 수입 물건을 포함한다)을 그 사실을 알면서 취득한 자가 이를 업무상 이용하는 행위를 저작권 등 권리의 침해행위로 본다고 규정한다.

프로그램저작권을 복제, 배포 등의 방법으로 침해하는 경우는 그 저작권을 직접적으로 침해하는 것으로서 이미 통상의 저작재산권 침해행위가 되는 것이므로 본 호와 같은 추가 규정이 필요하지 않을 것이다. 본 호는, 프로그램의 사용행위 자체는 본래 프로그램저작권에 대한 침해행위 태양에 포함되지 않지만 침해행위에 의하여 만들어져 유통되는 프로그램의 복제물을 그러한 사정을 알면서 취득하여 업무상 이용하는 것을 침해행위로 간주함으로써 프로그램저작권 보호의 실효성을 확보하기 위하여 마련된 규정이다.[110] 따라서 컴퓨터프로그램을 컴

---

110) 대법원 2017. 8. 18. 선고 2015도1877 판결. 위 2015도1877 판결은 "이러한 구 프로그램보호법 제29조 제4항 제2호의 입법 취지와 규정의 문언에 비추어 보면, 복제·개작 등에 의하여 프로그램저작권을 침해하는 프로그램을 만든 사람은 위 조항이 규정하고 있는 침해행위에 의하여 만들어진 프로그램의 복제물을 취득한 사람에 해당한다고 볼 수 없다. 따라서 그에 대하여는 구 프로그램보호법 제29조 제1항 위반으로 처벌하면 족하고 제29조 제4항 제2호 위반으로 처벌할 것은 아니다."라고 한다. 구 프로그램보호법 제29조 제1항은 "누구든지 정당한 권원없이 다른 사람의 프로그램저작권을 복제·개작·번역·배포·발행 및 전송의 방법으로 침해하거나 다른 사람의 프로그램배타적발행권 등을 복제·배포 및 전송의 방법으로 침해하여서는 아니된다."이고, 같은법 제29조 제3항 제2호는 저작권법 제124조 제1항 제3호의 규정 내용과 같다.
위 2015도1877 판결의 원심인 서울남부지방법원 2015. 1. 9. 선고 2014노1071, 2014노1623(병합) 판결(상고기각 확정)은 「컴퓨터프로그램 보호법 제29조 제4항은 "다음 각 호의 사항의 경우 해당 프로

퓨터 하드디스크 등에 복제하는 방법으로 프로그램저작권을 침해한 사람은 위 조항이 규정하고 있는 침해행위에 의하여 만들어진 프로그램의 복제물(컴퓨터 하드디스크 등)을 취득한 사람에 해당한다고 볼 수 없어 저작권법 제136조 제1항 위반죄만이 성립하고 제136조 제2항 제4호 위반죄가 성립하는 것은 아니다.[111]

프로그램저작권을 복제, 배포 등의 방법으로 침해하는 경우는 그 저작권을 직접적으로 침해하는 것이어서 법 제136조 제1항에 해당하지 않는다. 즉 여기서 말하는 프로그램의 '이용'은 저작권의 효력이 미치는 복제나 공중송신 등의 행위를 의미하는 좁은 의미의 이용이 아니라 그 효력이 미치지 않는 행위, 예를 들면 프로그램이 이미 설치되어 있는 컴퓨터라는 사실을 알면서 이를 양도받아 그 프로그램을 업무적으로 이용하는 경우 등을 말한다.

적용 대상은 프로그램저작권을 침해하여 만들어진 프로그램의 복제물(제1호에 따른 수입 물건을 포함한다)을 그 사실을 알면서 취득한 자가 이를 업무상 이용하는 행위이다. 불법 복제 프로그램이라는 사실을 알면서 취득하여야 한다. 취득할 당시에 불법 복제 프로그램이라는 사실을 알아야 하므로 취득 당시에는 몰랐으나 그 후에 불법 복제물인 것을 알게 된 경우에는 이를 계속 업무상 이용하더라도 본 호의 대상이 되지 않는다. 여기서 업무상이란 영리, 비영리를 묻지 않지만 개인적인 목적으로 이용하는 경우는 본 호에 해당하지 않는다.

법인의 직원이 프로그램저작권을 침해하여 만들어진 프로그램의 복제물을 그 사정을 알면서 이를 취득하여 업무상 이용하였을 뿐 법인의 대표자가 이를 직접 취득하여 업무상 이용한 것이 아니라면 그 대표자는 위 법조의 행위자로서 처벌되지는 않는다.[112]

② 법 제124조 제2항

법 제124조 제2항은 저작자의 명예를 훼손하는 방법으로 저작물을 이용하는 행위는 저작인격권의 침해로 본다고 규정한다.

그램저작권을 침해하는 것으로 본다."고 규정하면서 제2호에서 "프로그램저작권을 침해하여 만들어진 프로그램의 복제물을 그 사정을 알면서 취득한 자가 이를 업무상 사용하는 행위"라고 규정하여, 컴퓨터프로그램 보호법 제29조 제1항에서 프로그램저작권을 복제, 개작, 번역, 배포 등의 방법으로 침해하는 행위 외에도, 그와 같이 프로그램저작권을 침해하여 만들어진 프로그램 복제물을 그 정을 알면서 취득한 자가 이를 업무상 이용하는 행위를 프로그램저작권 침해행위의 하나로 의제하고 있다. 이러한 법문의 내용에 비추어 볼 때 컴퓨터프로그램 보호법 제29조 제4항 제2호의 행위주체는 같은 조 제1항에서 프로그램저작권을 직접적으로 침해한 자 이외의 제3자라고 봄이 상당하다."라고 하였다.

111) 대법원 2019. 12. 24. 선고 2019도10086 판결.
112) 대법원 2011. 3. 10. 선고 2009도6256 판결, 다만 법인의 대표자가, 직원이 그러한 복제물을 취득하여 업무상 사용하고 있다는 사실을 알고 방치한 경우에 행위자인 그 직원과의 공동정범 내지 방조범이 성립할 수 있다.

저작자가 당초 창작물에 부여하였던 이용의도나 이용가치와는 무관하게 저작자의 명예를 훼손하는 방법으로 그 저작물을 이용한다면 저작물에 구현된 저작자의 창작정신이 손상되는 결과를 가져오므로 이러한 행위를 저작인격권의 침해로 간주하는 것이다.

저작자에 대하여는 본서「제4장 저작권의 주체 : 저작자·저작권자 제1절 저작자」부분에서 설명하였다.

여기서 저작자에 사망한 저작자도 포함되는지 여부가 문제이다.

저작자의 사망 후에는 저작인격권이 소멸하는 것이 원칙이나 법 제14조 제2항113)은 저작물에 관한 저작자의 인격적 이익은 사망한 후라도 명예훼손이라는 요건을 갖추는 범위 내에서 보호된다는 입장에 서 있으므로 사망한 저작자라도 저작권법 제124조 제2항에 의한 보호대상에 포함된다. 이 경우 권리구제수단은 저작권법 제128조에 의하여 그 유족(사망한 저작자의 배우자·자·부모·손·조부모 또는 형제자매를 말한다)이나 유언집행자가 할 수 있다.

여기서 말하는 저작자의 명예란 주관적인 명예감정이 아니라 사회로부터 받는 객관적인 평가, 즉 사회적 명예를 말한다.

그리고 여기서 이용이란 저작권의 효력이 미치는 복제나 공중송신 등의 행위태양을 의미하는 이용을 말하므로 저작물을 명예훼손의 방법으로 손괴하는 경우에는 저작물을 이용하는 행위라고 볼 수 없어 본 호가 적용되지 않는다.

이와 관련하여 대법원 2015. 8. 27. 선고 2012다204587 판결은 "저작권법은 공표권(제11조), 성명표시권(제12조), 동일성유지권(제13조) 등의 저작인격권을 특별히 규정하고 있으나, 작가가 자신의 저작물에 대해서 가지는 인격적 이익에 대한 권리가 위와 같은 저작권법 규정에 해당하는 경우로만 한정된다고 할 수는 없으므로 저작물의 단순한 변경을 넘어서 폐기 행위로 인하여 저작자의 인격적 법익 침해가 발생한 경우에는 위와 같은 동일성유지권 침해의 성립 여부와는 별개로 저작자의 일반적 인격권을 침해한 위법한 행위가 될 수 있다."라고 한다. 이러한 법리를 고려하면 저작물을 명예훼손의 방법으로 손괴하는 경우에 본 호가 적용되지 않더라도 그와 별개로 저작자의 일반적 인격권을 침해한 위법한 행위가 될 수 있을 것이다.

법 제124조 제2항의 요건에 해당하면 그 행위는 저작인격권의 침해행위로 보게 되므로 법 제123조의 민사상 침해금지청구 및 민법 제751조의 손해배상청구를 할 수 있고, 법 제127조에 의하여 손해배상을 갈음하여 또는 손해배상과 함께 명예회복을 위하여 필요한 조치를 청구할 수 있다. 그리고 법 제136조 제2항 제4호에 따라 형사처벌의 대상이 되어 3년 이하의 징역 또는 3천만원 이하의 벌금에 처하거나 이를 병과할 수 있다. 다만 법 제140조에 의

---

113) "저작자의 사망 후에 그의 저작물을 이용하는 자는 저작자가 생존하였더라면 그 저작인격권의 침해가 될 행위를 하여서는 아니 된다. 다만, 그 행위의 성질 및 정도에 비추어 사회통념상 그 저작자의 명예를 훼손하는 것이 아니라고 인정되는 경우에는 그러하지 아니하다."

하여 위 침해행위는 친고죄에 해당한다.

제4절 온라인서비스제공자의 책임 제한

Ⅰ. 온라인서비스제공자의 의의 및 책임 제한 규정의 취지

저작권법에서 온라인서비스제공자란 (ⅰ) 이용자가 선택한 저작물, 실연·음반·방송 또는 데이터베이스(이하 "저작물 등"이라 한다)를 그 내용의 수정 없이 이용자가 지정한 지점 사이에서 정보통신망(「정보통신망 이용촉진 및 정보보호 등에 관한 법률」 제2조 제1항 제1호의 정보통신망을 말한다. 이하 같다)을 통하여 전달하기 위하여 송신하거나 경로를 지정하거나 연결을 제공하는 자, (ⅱ) 이용자들이 정보통신망에 접속하거나 정보통신망을 통하여 저작물 등을 복제·전송할 수 있도록 서비스를 제공하거나 그를 위한 설비를 제공 또는 운영하는 자의 어느 하나에 해당하는 자를 말한다고 정의한다(법 제2조 제10호, 제30호).

여기서 위 (ⅰ)은 인터넷 접속서비스(도관서비스)제공자를 의미하고, 위 (ⅱ)는 인터넷 접속서비스(도관서비스)제공자를 포함한 캐싱서비스제공자, 저장(호스팅)서비스제공자, 정보검색도구서비스제공자 등을 의미한다.

인터넷 포털사이트를 운영하는 온라인서비스제공자가 제공한 인터넷 게시공간에 타인의 저작권을 침해하는 게시물이 게시되었고 그 검색 기능을 통하여 인터넷 이용자들이 위 게시물을 쉽게 찾을 수 있다 하더라도, 그와 같은 사정만으로 곧바로 위 서비스제공자에게 저작권 침해 게시물에 대한 불법행위책임을 지울 수는 없다.

하지만 온라인서비스제공자라도 저작권침해행위를 하는 경우에는 침해에 대한 책임을 지게 된다. 예를 들어 인터넷접속서비스의 회원들이 그 서비스제공자에 의해 제공된 전자게시판 기능을 이용하여 자신의 게시판에 저작권자의 허락 없이 올린 이미지들과 관련하여, 그 서비스제공자가 원래의 사진 이미지 또는 적어도 이를 상세보기 이미지 크기로 축소, 변환한 이미지를 회원들에게 할당한 공간과 별도로 서비스제공자가 직접 관리하는 서버 등의 유형물에 저장하여 다수 인터넷 이용자의 이용에 제공하였다면 저작권자가 가지는 이미지들에 대한 복제권, 전시권 및 공중송신권을 직접적으로 침해할 수 있다.114)

---

114) 대법원 2010. 3. 11. 선고 2009다76256 판결, 서울고등법원 2005. 7. 26. 선고 2004나76598 판결(미상고 확정) 참조. 한편, 서울고등법원 2005. 1. 12. 선고 2003나21140 판결(상고기각 확정), 서울고등법원 2005. 1. 25. 선고 2003나80798 판결(상고 후 소취하 종국)은 사실관계를 검토한 후 소리바다 프로그램을 제작하거나 배포하여 제3자들로 하여금 이용하도록 한 행위 자체를 가지고 바로 협의의

또한 온라인서비스제공자는 저작권침해행위를 직접 수행하지 않더라도 방조에 의한 책임을 지는 경우가 있다.

저작권법이 보호하는 복제권 등의 침해를 방조하는 행위란 타인의 복제권 등 침해를 용이하게 해주는 직접·간접의 모든 행위를 가리키는 것으로서, 복제권 등 침해행위를 미필적으로만 인식하는 방조 및 과실에 의한 방조도 해당할 수 있다. 과실에 의한 방조의 경우에서 과실의 내용은 복제권 침해행위에 도움을 주지 않아야 할 주의의무가 있음을 전제로 하여 이 의무에 위반하는 것을 말한다.115) 이러한 침해의 방조행위에서 방조자는 실제 복제권 등의 침해행위가 실행되는 일시나 장소, 복제 등의 객체 등을 구체적으로 인식할 필요가 없고 실제 복제행위를 실행하는 자가 누구인지 확정적으로 인식할 필요도 없다.116)

저작권 침해 게시물이 게시된 목적, 내용, 게시기간과 방법, 그로 인한 피해의 정도, 게시자와 피해자의 관계, 삭제 요구의 유무 등 게시에 관련한 쌍방의 대응태도, 관련 인터넷 기술의 발전 수준, 기술적 수단의 도입에 따른 경제적 비용 등에 비추어, 위 서비스제공자가 제공하는 인터넷 게시공간에 게시된 저작권 침해 게시물의 불법성이 명백하고, 위 서비스제공자가 위와 같은 게시물로 인하여 저작권을 침해당한 피해자로부터 구체적·개별적인 게시물의 삭제 및 차단 요구를 받은 경우는 물론, 피해자로부터 직접적인 요구를 받지 않은 경우라 하더라도 그 게시물이 게시된 사정을 구체적으로 인식하고 있었거나 그 게시물의 존재를 인식할 수 있었음이 외관상 명백히 드러나며, 또한 기술적, 경제적으로 그 게시물에 대한 관리·통제가 가능한 경우에는, 위 서비스제공자에게 그 게시물을 삭제하고 향후 같은 인터넷 게시공간에 유사한 내용의 게시물이 게시되지 않도록 차단하는 등의 적절한 조치를 취하여야 할 의무가 있으므로, 이를 위반하여 게시자의 저작권 침해를 용이하게 하는 경우에는 위 게시물을 직접 게시한 자의 행위에 대하여 부작위에 의한 방조자로서 공동불법행위책임이 성립한다.117)

공동불법행위를 인정하여 저작권 침해 책임을 인정하기 어렵다고 하였다.

115) 대법원 2000. 4. 11. 선고 99다41749 판결, 대법원 2003. 1. 10. 선고 2002다35850 판결 등 참조.

116) 대법원 2007. 1. 25. 선고 2005다11626 판결. 판결이유에서 "채무자들은 소리바다 서비스를 통하여 이용자들에 의한 이 사건 음반제작자들을 포함한 다수의 음반제작자들의 저작인접권 침해행위가 발생하리라는 사정을 미필적으로 인식하였거나 적어도 충분히 예견할 수 있었다고 볼 것임에도 소리바다 프로그램을 개발하여 무료로 나누어 주고 소리바다 서버를 운영하면서 소리바다 이용자들에게 다른 이용자들의 접속정보를 제공함으로써 소리바다 이용자들이 음악 CD로부터 변환한 MPEG-1 Audio Layer-3(MP3) 파일을 Peer-To-Peer(P2P) 방식으로 주고받아 복제하는 방법으로 저작인접권의 침해행위를 실행함에 있어서 이를 용이하게 할 수 있도록 해주어 그에 대한 방조책임을 부담한다고 판단하였음은 정당"하다고 하였다.

117) 대법원 2009. 4. 16. 선고 2008다53812 전원합의체 판결은 인터넷 종합 정보제공 사업자의 명예훼손 게시물에 대한 삭제 및 차단 의무의 발생 요건을 판시한 사안이다. 대법원 2010. 3. 11. 선고 2009다4343 판결, 대법원 2010. 3. 11. 선고 2009다5643 판결, 대법원 2010. 3. 11. 선고 2009다80637 판결은 모두 인터넷 포털사이트를 운영하는 온라인서비스제공자가 제공한 인터넷 게시공간에 타인의 저

온라인서비스제공자는 인터넷 등을 통하여 다양한 종류의 정보 유통을 매개하는 역할을 하지만 그와 같은 정보의 유통 과정에서 이용자에 의한 권리침해행위가 단시간 내에 이루어지고 그 피해도 커지므로 온라인서비스제공자가 저작권 등의 권리침해행위에 관여한 경우에 그에 따른 책임을 져야 함은 당연하다.

그런데 그러한 권리침해행위가 일어날 때마다 온라인서비스제공자에게 정보 유통에 관여하였다는 등의 이유로 저작권 등의 침해책임을 지운다면 온라인서비스제공자의 책임 발생요건이 애매해지고 온라인서비스 영업이 어려워져 결국 자유로이 유통되어야 할 정보마저 사장하는 결과가 초래될 수 있다.

이에 인터넷 등을 통해 저작물 등의 정보를 유통시키는 데 매개 역할을 담당하는 온라인서비스제공자가 저작권 등 권리 침해를 최소화할 수 있도록 하는 한편 안정적으로 사업을 영위할 수 있도록 하기 위하여 저작권법은 제6장 온라인서비스제공자의 책임 제한 제102조 내지 제104조에서 온라인서비스제공자 및 책임 요건을 유형을 세분화하고 그에 따른 법적 책임을 제한하기 위한 규정 등을 두고 있다.

II. 온라인서비스제공자의 책임제한에 관한 규정 연혁

온라인서비스제공자의 책임제한에 관한 규정은 2003. 5. 27. 법률 제6881호로 개정된 저작권법에서 처음 도입되어 아래와 같이 규정되었다.

제2조(정의)

22. 온라인서비스제공자 : 다른 사람들이 저작물이나 실연 · 음반 · 방송 또는 데이터베이스를 정보통신망(정보통신망이용촉진및정보보호등에관한법률 제2조 제1항 제1호의 정보통신망을 말한다)을 통하여 복제 또는 전송할 수 있도록 하는 서비스를 제공하는 자를 말한다.

제77조(온라인서비스제공자의 책임 제한)

① 온라인서비스제공자가 저작물이나 실연 · 음반 · 방송 또는 데이터베이스(이하 이 장에서 '저작물 등'이라 한다)의 복제 · 전송과 관련된 서비스를 제공하는 것과 관련하여 다른 사람에 의한 저작물 등의 복제 · 전송으로 인하여 그 저작권 그 밖에 이 법에 의하여 보호되는 권리가 침해된다는 사실을 알고 당해 복제 · 전송을 방지하거나 중단시킨 경우에는 다른 사람에 의한 저작권 그 밖에 이 법에 의하여 보호되는 권리의 침해에 관한 온라인서비스제공자의 책임을 감경 또는 면제할 수 있다.

② 온라인서비스제공자가 저작물 등의 복제 · 전송과 관련된 서비스를 제공하는 것과 관련하여 다른

작권을 침해하는 게시물이 게시된 경우, 온라인서비스제공자에게 위 게시물을 직접 게시한 자의 행위에 대하여 부작위에 의한 방조자로서 공동불법행위책임이 성립하기 위한 요건을 판시한 사안이다.

사람에 의한 저작물 등의 복제 · 전송으로 인하여 그 저작권 그 밖에 이 법에 의하여 보호되는 권리가 침해된다는 사실을 알고 당해 복제 · 전송을 방지하거나 중단시키고자 하였으나 기술적으로 불가능한 경우에는 그 다른 사람에 의한 저작권 그 밖에 이 법에 의하여 보호되는 권리의 침해에 관한 온라인서비스제공자의 책임은 면제된다.

제77조의2(복제 · 전송의 중단)

① 온라인서비스제공자의 서비스를 이용한 저작물 등의 복제 · 전송에 의하여 저작권 그 밖에 이 법에 의하여 보호되는 자신의 권리가 침해됨을 주장하는 자(이하 이 조에서 "권리주장자"라 한다)는 그 사실을 소명하여 온라인서비스제공자에게 그 저작물 등의 복제 · 전송을 중단시킬 것을 요구할 수 있다.

② 온라인서비스제공자는 제1항의 규정에 의한 복제 · 전송의 중단요구가 있는 경우에는 지체없이 그 저작물 등의 복제 · 전송을 중단시키고 당해 저작물 등을 복제 · 전송하는 자(이하 "복제 · 전송자"라 한다)에게 그 사실을 통보하여야 한다.

③ 제2항의 규정에 의한 통보를 받은 복제 · 전송자가 자신의 복제 · 전송이 정당한 권리에 의한 것임을 소명하여 그 복제 · 전송의 재개를 요구하는 경우 온라인서비스제공자는 재개요구사실 및 재개예정일을 권리주장자에게 지체없이 통보하고 그 예정일에 복제 · 전송을 재개시켜야 한다.

④ 온라인서비스제공자는 제1항 및 제3항의 규정에 의한 복제 · 전송의 중단 및 그 재개의 요구를 받을 자(이하 이 조에서 "수령인"이라 한다)를 지정하여 자신의 설비 또는 서비스를 이용하는 자들이 쉽게 알 수 있도록 공지하여야 한다.

⑤ 온라인서비스제공자가 제4항의 규정에 의한 공지를 하고, 제2항 및 제3항의 규정에 의하여 그 저작물 등의 복제 · 전송을 중단시키거나 재개시킨 경우에는 다른 사람에 의한 저작권 그 밖에 이 법에 의하여 보호되는 권리의 침해에 대한 온라인서비스제공자의 책임 및 복제 · 전송자에게 발생하는 손해에 대한 온라인서비스제공자의 책임을 감경 또는 면제할 수 있다. 다만, 이 항의 규정은 온라인서비스제공자가 다른 사람에 의한 저작물 등의 복제 · 전송으로 인하여 그 저작권 그 밖에 이 법에 의하여 보호되는 권리가 침해된다는 사실을 안 때부터 제1항의 규정에 의한 중단을 요구하기 전까지 발생한 책임에는 적용하지 아니한다.

⑥ 정당한 권리없이 제1항 및 제3항의 규정에 의한 그 저작물 등의 복제 · 전송의 중단이나 재개를 요구하는 자는 그로 인하여 발생하는 손해를 배상하여야 한다.

⑦ 제1항 내지 제4항의 규정에 의한 소명, 중단, 통보, 복제 · 전송의 재개, 수령인의 지정 및 공지 등에 관하여 필요한 사항은 대통령령으로 정한다. 이 경우 문화관광부장관은 관계중앙행정기관의 장과 미리 협의하여야 한다.

2006. 12. 28. 법률 제8101호로 전부개정된 저작권법은 조문의 위치를 기존의 제2조 제22호, 제77조, 제77조의2에서 제2조 제30호, 제102조, 제103조로 옮기고, 제2조 제22호에

서 제2조 제30호로 조항 및 문구의 위치를 바꾸고 제77조, 제77조의2에서 제102조, 제103조로 옮기면서 기존의 '에 의하여', '에 의한'의 문언을 '에 따른'으로 각각 수정하고 제77조의2 제2항의 '지체없이', '당해 저작물 등을 복제·전송하는 자(이하 "복제·전송자"라 한다)에게'를 '즉시'로,[118] '당해 저작물 등을 복제·전송하는 자(이하 "복제·전송자"라 한다) 및 권리주장자에게'로 바꾸고 아래와 같은 다른 사람들 상호 간에 컴퓨터 등을 이용하여 저작물 등을 전송하도록 하는 것을 주된 목적으로 하는 온라인서비스제공자를 별도로 '특수한 유형의 온라인서비스제공자'로 묶어 추가적 의무를 부과하는 내용의 규정을 신설하고(제104조), 이를 위반할 경우에는 3,000만 원의 이하에 과태료에 처하도록 하고 있으며(제142조 제1항), 영리를 위하여 상습적으로 저작권을 침해하는 경우를 종전의 친고죄에서 비친고죄로 변경하는 등(제140조), 저작권 등의 침해방지를 강화하였다.

제104조(특수한 유형의 온라인 서비스제공자의 의무 등)

① 다른 사람들 상호 간에 컴퓨터 등을 이용하여 저작물 등을 전송하도록 하는 것을 주된 목적으로 하는 온라인서비스제공자(이하 "특수한 유형의 온라인서비스제공자"라 한다)는 권리자의 요청이 있는 경우 당해 저작물 등의 불법적인 전송을 차단하는 기술적인 조치 등 필요한 조치를 하여야 한다. 이 경우 권리자의 요청 및 필요한 조치에 관한 사항은 대통령령으로 정한다.

② 문화관광부장관은 제1항의 규정에 따른 특수한 유형의 온라인서비스제공자의 범위를 정하여 고시할 수 있다.

2011. 6. 30. 법률 제10807호로 개정된 저작권법은 온라인서비스제공자의 정의 규정을 법 제2조 제30호로 옮기고 온라인서비스제공자의 범위를 크게 확대하였으며,[119] 법 제102조에서 온라인서비스제공자의 책임을 임의적 감면에서 필요적 감면으로 바꾸면서 온라인서비스제공자의 유형을 인터넷접속서비스(단순도관), 캐싱서비스, 저장(호스팅)서비스, 정보검색도구서비스로 세분화하고 각 서비스의 유형에 따른 면책 요건을 구체화하였다. 그리고 법 제103조에서 온라인서비스제공자의 복제·전송중단 절차에 대하여도 유형별로 달리 취급하는 규정을 두었다. 법 제104조에 대하여는 변경 내용이 없었다.

---

118) '즉시'는 '지체없이'에 비해 시간적 즉시성이 더욱 강하다. '지체없이'라는 용어도 시간적 즉시성이 강하게 요구되지만 정당한 또는 합리적인 이유에 대한 지체는 허용되므로 '지체없이'란 사정이 허락하는 한 가장 신속하게 하여야 함을 의미한다, 개정 저작권법 해설, 문화관광부(2007), 38.
119) 개정 전 제2조 제22호는 개정된 제2조 제30호의 나목 중 전단의 서비스를 제공하는 자만을 온라인서비스제공자의 개념에 포함시켰었다.

제2조(정의)

30. "온라인서비스제공자"란 다음 각 목의 어느 하나에 해당하는 자를 말한다.

가. 이용자가 선택한 저작물 등을 그 내용의 수정 없이 이용자가 지정한 지점 사이에서 정보통신망(「정보통신망 이용촉진 및 정보보호 등에 관한 법률」 제2조 제1항 제1호의 정보통신망을 말한다. 이하 같다)을 통하여 전달하기 위하여 송신하거나 경로를 지정하거나 연결을 제공하는 자

나. 이용자들이 정보통신망에 접속하거나 정보통신망을 통하여 저작물 등을 복제·전송할 수 있도록 서비스를 제공하거나 그를 위한 설비를 제공 또는 운영하는 자

제102조(온라인서비스제공자의 책임 제한)

① 온라인서비스제공자는 다음 각 호의 행위와 관련하여 저작권, 그 밖에 이 법에 따라 보호되는 권리가 침해되더라도 그 호의 분류에 따라 각 목의 요건을 모두 갖춘 경우에는 그 침해에 대하여 책임을 지지 아니한다.

1. 내용의 수정 없이 저작물 등을 송신하거나 경로를 지정하거나 연결을 제공하는 행위 또는 그 과정에서 저작물 등을 그 송신을 위하여 합리적으로 필요한 기간 내에서 자동적·중개적·일시적으로 저장하는 행위

가. 온라인서비스제공자가 저작물 등의 송신을 시작하지 아니한 경우

나. 온라인서비스제공자가 저작물 등이나 그 수신자를 선택하지 아니한 경우

2. 서비스이용자의 요청에 따라 송신된 저작물 등을 후속 이용자들이 효율적으로 접근하거나 수신할 수 있게 할 목적으로 그 저작물 등을 자동적·중개적·일시적으로 저장하는 행위

가. 제1호 각 목의 요건을 모두 갖춘 경우

나. 온라인서비스제공자가 그 저작물 등을 수정하지 아니한 경우

다. 제공되는 저작물 등에 접근하기 위한 조건이 있는 경우에는 그 조건을 지킨 이용자에게만 임시저장된 저작물 등의 접근을 허용한 경우

라. 저작물 등을 복제·전송하는 자(이하 "복제·전송자"라 한다)가 명시한, 컴퓨터나 정보통신망에 대하여 그 업계에서 일반적으로 인정되는 데이터통신규약에 따른 저작물 등의 현행화에 관한 규칙을 지킨 경우. 다만, 복제·전송자가 그러한 저장을 불합리하게 제한할 목적으로 현행화에 관한 규칙을 정한 경우에는 그러하지 아니한다.

마. 저작물 등이 있는 본래의 사이트에서 그 저작물 등의 이용에 관한 정보를 얻기 위하여 적용한, 그 업계에서 일반적으로 인정되는 기술의 사용을 방해하지 아니한 경우

바. 제103조 제1항에 따른 복제·전송의 중단요구를 받은 경우, 본래의 사이트에서 그 저작물 등이 삭제되었거나 접근할 수 없게 된 경우, 또는 법원, 관계 중앙행정기관의 장이 그 저작물 등을 삭제하거나 접근할 수 없게 하도록 명령을 내린 사실을 실제로 알게 된 경우에 그 저작물 등을 즉시 삭제하거나 접근할 수 없게 한 경우

3. 복제 · 전송자의 요청에 따라 저작물 등을 온라인서비스제공자의 컴퓨터에 저장하는 행위

가. 제1호 각 목의 요건을 모두 갖춘 경우

나. 온라인서비스제공자가 침해행위를 통제할 권한과 능력이 있을 때에는 그 침해행위로부터 직접적인 금전적 이익을 얻지 아니한 경우

다. 온라인서비스제공자가 침해를 실제로 알게 되거나 제103조 제1항에 따른 복제 · 전송의 중단요구 등을 통하여 침해가 명백하다는 사실 또는 정황을 알게 된 때에 즉시 그 저작물 등의 복제 · 전송을 중단시킨 경우

라. 제103조 제4항에 따라 복제 · 전송의 중단요구 등을 받을 자를 지정하여 공지한 경우

4. 정보검색도구를 통하여 이용자에게 정보통신망상 저작물 등의 위치를 알 수 있게 하거나 연결하는 행위

가. 제1호 가목의 요건을 갖춘 경우

나. 제3호 나목부터 라목까지의 요건을 갖춘 경우

② 제1항에도 불구하고 온라인서비스제공자가 제1항에 따른 조치를 취하는 것이 기술적으로 불가능한 경우에는 다른 사람에 의한 저작물 등의 복제 · 전송으로 인한 저작권, 그 밖에 이 법에 따라 보호되는 권리의 침해에 대하여 책임을 지지 아니한다.

③ 제1항에 따른 책임 제한과 관련하여 온라인서비스제공자는 자신의 서비스 안에서 침해행위가 일어나는지를 모니터링하거나 그 침해행위에 관하여 적극적으로 조사할 의무를 지지 아니한다.

제103조(복제 · 전송의 중단)

① 온라인서비스제공자(제102조 제1항 제1호의 경우는 제외한다. 이하 이 조에서 같다)의 서비스를 이용한 저작물 등의 복제 · 전송에 따라 저작권, 그 밖에 이 법에 따라 보호되는 자신의 권리가 침해됨을 주장하는 자(이하 이 조에서 "권리주장자"라 한다)는 그 사실을 소명하여 온라인서비스제공자에게 그 저작물 등의 복제 · 전송을 중단시킬 것을 요구할 수 있다.

② 온라인서비스제공자는 제1항에 따른 복제 · 전송의 중단요구를 받은 경우에는 즉시 그 저작물 등의 복제 · 전송을 중단시키고 권리주장자에게 그 사실을 통보하여야 한다. 다만, 제102조 제1항 제3호 및 제4호의 온라인서비스제공자는 그 저작물 등의 복제 · 전송자에게도 이를 통보하여야 한다.

③ 제2항의 규정에 따른 통보를 받은 복제 · 전송자가 자신의 복제 · 전송이 정당한 권리에 의한 것임을 소명하여 그 복제 · 전송의 재개를 요구하는 경우 온라인서비스제공자는 재개요구사실 및 재개예정일을 권리주장자에게 지체 없이 통보하고 그 예정일에 복제 · 전송을 재개시켜야 한다.

④ 온라인서비스제공자는 제1항 및 제3항의 규정에 따른 복제 · 전송의 중단 및 그 재개의 요구를 받을 자(이하 이 조에서 "수령인"이라 한다)를 지정하여 자신의 설비 또는 서비스를 이용하는 자들이 쉽게 알 수 있도록 공지하여야 한다.

⑤ 온라인서비스제공자가 제4항의 규정에 따른 공지를 하고 제2항 및 제3항의 규정에 따라 그 저작물

등의 복제·전송을 중단시키거나 재개시킨 경우에는 다른 사람에 의한 저작권 그 밖에 이 법에 따라 보호되는 권리의 침해에 대한 온라인서비스제공자의 책임 및 복제·전송자에게 발생하는 손해에 대한 온라인서비스제공자의 책임을 면제한다. 다만, 이 항의 규정은 온라인서비스제공자가 다른 사람에 의한 저작물 등의 복제·전송으로 인하여 그 저작권 그 밖에 이 법에 따라 보호되는 권리가 침해된다는 사실을 안 때부터 제1항의 규정에 따른 중단을 요구받기 전까지 발생한 책임에는 적용하지 아니한다.

⑥ 정당한 권리 없이 제1항 및 제3항의 규정에 따른 그 저작물 등의 복제·전송의 중단이나 재개를 요구하는 자는 그로 인하여 발생하는 손해를 배상하여야 한다.

⑦ 제1항부터 제4항까지의 규정에 따른 소명, 중단, 통보, 복제·전송의 재개, 수령인의 지정 및 공지 등에 관하여 필요한 사항은 대통령령으로 정한다. 이 경우 문화체육관광부장관은 관계중앙행정기관의 장과 미리 협의하여야 한다.

2011. 12. 2. 법률 제11110호로 개정된 저작권법은 제102조 제1항 제1호에서 아래와 같이 다목(반복적 침해자 계정해지 정책 실시)과 라목(표준적 기술조치 수용)을 신설하였다.

제102조 제1항
온라인서비스제공자는 다음 각 호의 행위와 관련하여 저작권, 그 밖에 이 법에 따라 보호되는 권리가 침해되더라도 그 호의 분류에 따라 각 목의 요건을 모두 갖춘 경우에는 그 침해에 대하여 책임을 지지 아니한다.
1. 내용의 수정 없이 저작물등을 송신하거나 경로를 지정하거나 연결을 제공하는 행위 또는 그 과정에서 저작물등을 그 송신을 위하여 합리적으로 필요한 기간 내에서 자동적·중개적·일시적으로 저장하는 행위
(가목 및 나목은 기재 생략)
다. 저작권, 그 밖에 이 법에 따라 보호되는 권리를 반복적으로 침해하는 자의 계정(온라인서비스제공자가 이용자를 식별·관리하기 위하여 사용하는 이용권한 계좌를 말한다. 이하 이 조, 제103조의2, 제133조의2 및 제133조의3에서 같다)을 해지하는 방침을 채택하고 이를 합리적으로 이행한 경우
라. 저작물 등을 식별하고 보호하기 위한 기술조치로서 대통령령으로 정하는 조건을 충족하는 표준적인 기술조치를 권리자가 이용한 때에는 이를 수용하고 방해하지 아니한 경우

2020. 2. 4. 법률 제16933호로 개정된 저작권법은 종전의 제102조 제1항 제4호를 삭제하고 제4호에 있던 정보검색도구서비스를 제3호로 추가하면서 제3호의 책임제한 요건과 동일하게 규정하였다.

III. 온라인서비스제공자의 면책요건(법 제102조)

① 온라인서비스 유형 및 서비스 유형별 책임제한 요건(제1항)

법 제102조 제1항은 온라인서비스제공자의 유형을 이른바 인터넷접속서비스(단순도관)(제1호), 캐싱서비스(제2호), 저장(호스팅)서비스·정보검색도구서비스(제3호)로 세분화하고,[120] 각 서비스의 유형에 따른 면책 요건을 구체화하고 있다. 이 규정에서 말하는 면책의 대상에는 민사상의 불법행위로 인한 손해배상책임뿐만 아니라 형사책임도 포함된다.[121]

온라인서비스제공자의 서비스 유형과 유형별 책임제한 요건을 도표로 정리하면 아래와 같다.[122]

※ 저작권법상 온라인서비스제공자의 서비스 4가지 유형의 분류

온라인서비스제공자의 서비스 유형	기술적 특징
인터넷 접속서비스 [단순도관(mere conduit)] (법 제102조 제1항 제1호)	네트워크와 네트워크 사이에 통신을 하기 위해서 서버까지 경로를 설정하고 이를 연결해 주는 서비스(KT, SK브로드밴드, LG 유플러스 등)
캐싱(caching)[123]서비스 (법 제102조 제1항 제2호)	온라인서비스제공자가 일정한 콘텐츠를 중앙서버와 별도로 구축된 캐시서버에 자동적으로 임시 저장하여 이용자가 캐시서버를 통해 해당 콘텐츠를 이용할 수 있도록 하는 서비스
저장(호스팅)서비스· 정보검색도구서비스 (법 제102조 제1항 제3호)	카페, 블로그, 웹하드 등 일정한 자료를 하드디스크나 서버에 저장·사용할 수 있게 하는 서비스(인터넷 게시판 등) ·인터넷에서 정보를 검색하여 정보를 제공하여 주는 서비스(네이버, 다음, 구글 등의 검색 서비스)

---

120) 2020. 2. 4. 법률 제16933호로 개정되기 전 저작권법은 제102조 제1항 제3호에서 저장(호스팅)서비스를, 제4호에서 정보검색도구서비스를 규정하고 있었으나 위 개정에서 제4호를 삭제하고 정보검색도구서비스를 제3호에 추가하여 제3호의 책임제한 요건과 동일하게 되었다.

121) 구 저작권법(2008. 2. 29. 법률 제8852호로 개정되기 전의 것)은 제102조에 대하여 선고한 대법원 2013. 9. 26. 선고 2011도1435 판결 참조.

122) 아래 도표 및 관련 내용들은 한·EU FTA 이행 개정 저작권법 해설, 문화체육관광부·한국저작권위원회(2011), 14~16의 도표 등(도표 다음의 설명 내용은 책임면제 요건에 해당하는 예에 대한 설명임)을 옮기거나 참조한 것이다

123) 캐싱(Caching)이란 정보처리의 효율성과 안정성을 높이기 위해 자주 이용되는 디지털 정보를 캐시(Cache)라 불리는 저장 공간에 임시적으로 저장한 후에 이를 다시 이용하고자 하는 경우 그 정보의 원래의 출처로 다시 가지 않고 임시 저장된 정보를 활용하도록 하는 것을 말한다. 온라인서비스제공자의 캐싱은 이용자가 자신의 컴퓨터에서 저작물을 이용하면서 행하게 되는 캐싱과 구별된다.

　　온라인서비스제공자는 법 제102조 제1항 각 호의 행위와 관련하여 저작권, 그 밖에 저작
권법에 따라 보호되는 권리가 침해되더라도 그 호의 분류에 따라 각 목의 요건을 모두 갖춘
경우에는 그 침해에 대하여 책임을 지지 아니한다(법 제102조 제1항).

　　아래 도표는 법 제102조 제1항의 각 호를 정리한 것으로 온라인서비스제공자가 제공하는
각각의 온라인서비스 유형(인터넷접속서비스, 캐싱서비스, 저장서비스, 정보검색도구서비스)의 범주
에 속하는 경우 도표에서 열거한 책임면제 요건 중에서 법 제102조 제1항의 각 해당 목에 해
당하는 요건(○표시)을 모두 갖춘 경우에만 해당 온라인서비스제공자가 면책된다는 의미다.

※ 온라인서비스제공자의 서비스 유형별 책임제한 요건

온라인서비스 유형 책임면제조건	인터네 접속 서비스(단순도관)	캐싱서비스	저장(호스팅) 서비스	정보검색도구 서비스
저작물 등의 송신을 시작하지 않은 경우 (제1호 가목)	○	○	○	○
저작물 등이나 수신자를 선택하지 아니한 경우 (제1호 나목)	○	○	○	○
반복적인 저작권 등 침해자 계정해지 방침 을 채택, 이행한 경우 (제1호 다목)	○	○	○	○
대통령령이 정하는 조건124)을 충족하는 표준적인 기술조치를 수용하고 방해하지 않은 경우 (제1호 라목)	○	○	○	○
저작물 등을 수정하지 않은 경우 (제2호 나목)		○		
저작물 등 접근 조건을 지킨 이용자에게만 임시저장된 저작물 등에 접근을 허용한 경 우 (제2호 다목)		○		
저작물 등의 복제·전송자가 제시한 현행 화 규칙을 준수한 경우 (제2호 라목)		○		
저작물 등 이용 정보를 얻기 위하여 업계 에서 인정한 기술 사용 방해를 하지 않은 경우 (제2호 마목)		○		
중단요구 및 관계 장의 명령 시 본래의 사 이트에서 저작물 등을 삭제하거나 그것에 접근할 수 없도록 한 경우 (제2호 바목)		○		
침해행위 통제 권한 있는 경우 침해행위로 부터 직접적인 금전적 이익 얻지 않은 경 우 (제3호 나목)			○	○
침해행위 인지시 해당 저작물 등의 복제· 전송을 중단킨 경우 (제3호 다목)			○	○
복제·전송 중단 요구 등 수령자를 지정 및 공지한 경우 (제3호 라목)			○	○

- (제1호 가목 및 나목) 온라인서비스제공자가 저작물을 업로드하거나 다운로드하는 것에 전혀 관여하지 아니하고, 단순히 업로드 및 다운로드의 매개자 역할만을 함
- (제2호 나목) 캐싱서비스를 제공하는 온라인서비스제공자가 캐시 서버에 저장된 저작물을 수정하지 않은 경우
- (제2호 다목) 원래 사이트에 대한 서비스 이용이 제한되어 있는 경우, 예를 들어 원래 사이트에 이용료의 지불 또는 암호나 그 밖의 다른 정보의 입력에 기초한 조건 등을 지킨 이용자에게만 캐시 서버에 접근을 허용한 경우
- (제2호 라목 본문) 저작물 등의 현행화에 관한 '데이터통신규약'의 예 : HTTP 프로토콜, Internet Cache Protocol
- (제2호 라목 단서) 예를 들어 캐싱운영자에게 10초마다 현행화시키는 규칙을 정한 경우, 캐싱 운영자에게 너무 과도한 부담을 줄 수 있으므로 이를 해소하기 위함
- (제2호 마목) 예를 들어 광고수익을 위한 hit count를 원래 사이트로 돌리는 기술의 사용을 방해하지 않은 경우
- (제2호 바목) 복제·전송 중단요청으로 원서버에서 자료가 삭제되거나 접근할 수 없는 경우, 또는 법원의 판결이나 행정명령을 받아 삭제된 경우, 캐시서버에서도 이를 즉시 삭제하거나 접근할 수 없게 하는 경우
- (제3호 나목) 저작물에 대한 통제권한이 있는 저장서비스 제공자가 서비스 제공에 따른 사용료, 전송속도 상향, 전속속도에 따른 프리미엄 서비스 제공 등을 통해 직접적인 금전적인 이익이 나 혜택을 받지 않은 경우
- (제3호 다목) 온라인서비스제공자가 침해사실을 직접 알게 되거나, 복제·전송의 중단요구 등을 통하여 침해가 명백하다는 사실 또는 정황을 알게 된 때에 즉시 그 저작물 등의 복제·전송을 중단시킨 경우
- (제3호 라목) 불법복제물에 대한 복제·전송의 중단요구 등을 받는 자를 지정하여 공지한 경우 (흔히 개인정보관리책임자와 유사하게 저작권을 관리하는 책임자를 지정하고 공지)

---

124) 저작권법 시행령 제39조의3은 저작권법 제102조 제1항 제1호 라목에서 "대통령령으로 정하는 조건"이란 1. 저작재산권자와 온라인서비스제공자의 의견일치에 따라 개방적이고 자발적으로 정하여질 것, 2. 합리적이고 비차별적인 이용이 가능할 것, 3. 온라인서비스제공자에게 상당한 비용을 부과하거나 온라인서비스 제공 관련 온라인서비스제공자의 시스템 또는 정보통신망에 실질적인 부담을 주지 아니할 것의 각 조건을 말한다고 규정한다.

② 복제 · 전송의 중단 등이 기술적으로 불가능한 경우의 면책(제2항)

저작권법 제102조 제1항에도 불구하고 온라인서비스제공자가 제1항에 따른 조치를 취하는 것이 기술적으로 불가능한 경우에는 다른 사람에 의한 저작물 등의 복제 · 전송으로 인한 저작권, 그 밖에 저작권법에 따라 보호되는 권리의 침해에 대하여 책임을 지지 아니한다(법 제102조 제2항).

여기서 '기술적으로 불가능한 경우'란 온라인서비스의 제공 자체는 유지함을 전제로 이용자들의 복제 · 전송행위 중 저작권의 침해행위가 되는 복제 · 전송을 선별하여 방지 또는 중단하는 것이 기술적으로 불가능한 경우를 말한다.[125]

저작권법 제102조, 제103조의 온라인서비스제공자의 책임 제한 규정은 형사상 책임에도 적용된다. 따라서 제102조 제1항 제3호 다목 및 제103조 제5항 본문 등과 관련하여 비록 온라인서비스이용자들이 해당 온라인서비스를 이용하여 저작물을 복제 · 전송함으로써 그 저작권을 침해하였다고 하더라도, 온라인서비스제공자가 그와 같은 침해사실을 알고 저작권의 침해가 되는 복제 · 전송을 선별하여 이를 방지 또는 중단하는 기술적 조치를 다하였다고 인정되는 경우에는 해당 침해행위에 대한 형사상 책임이 면제된다.[126]

③ 모니터링 의무 및 침해행위 적극 조사 의무 면제(제3항)

법 제102조 제1항에 따른 책임 제한과 관련하여 온라인서비스제공자는 자신의 서비스 안에서 침해행위가 일어나는지를 모니터링하거나 그 침해행위에 관하여 적극적으로 조사할 의무를 지지 아니한다(법 제102조 제3항).

IV. 온라인서비스제공자의 복제 · 전송 중단 절차(법 제103조)

① 규정 내용 개관

저작권법 제103조는 인터넷접속서비스를 제외한 나머지 3가지 범주의 서비스 유형(캐싱서비스, 저장서비스, 정보검색도구서비스)의 온라인서비스제공자의 서비스를 이용한 저작물 등의 복

---

125) 대법원 2013. 9. 26. 선고 2011도1435 판결, 서울고등법원 2007. 10. 10.자 2006라1245 결정(미재항고 확정) 등 참조.
126) 구 저작권법(2008. 2. 29. 법률 제8852호로 개정되기 전의 것, 이하 같다)은 제102조 제1항, 제2항, 제103조 제5항의 책임 제한 규정에 대한 대법원 2013. 9. 26. 선고 2011도1435 판결 참조.

제 · 전송에 따라 저작권, 그 밖에 저작권법에 따라 보호되는 자신의 권리가 침해됨을 주장하는 자(이하 이 조에서 "권리주장자"라 한다)는 그 사실을 소명하여 온라인서비스제공자에게 그 저작물 등의 복제 · 전송을 중단시킬 것을 요구할 수 있다(제1항)고 규정하고 이하 제2항 내지 제7항은 온라인서비스제공자가 권리주장자의 중단 요청을 받아 복제 · 전송 등의 중단조치를 취하는 절차 등에 관하여 규정하고 있다.

저작권법은 권리주장자의 복제 · 전송 중단 요구와 그에 대한 온라인서비스제공자의 중단 절차도 인터넷 접속서비스를 제외한 나머지 3가지 범주의 서비스 유형 별(캐싱서비스, 저장서비스, 정보검색도구서비스)로 구분하여 불법복제물의 복제 · 전송 중단 온라인서비스제공자 및 권리주장자와 복제 · 전송자에 대해 복제 · 전송 중단 사실을 통보해야 하는 온라인서비스제공자의 유형을 명확히 하고 있다.

먼저 권리주장자의 불법 복제물에 대한 복제 · 전송 중단 요구 대상에서 도관서비스 제공을 하는 온라인서비스제공자를 제외하였는데 이는 인터넷접속(도관)서비스는 단순히 인터넷 접속만을 제공하여 침해 주장의 통지를 받아 처리할 수 있는 유형의 온라인서비스제공자가 아니기 때문이다.

캐싱서비스 · 저장서비스 · 정보검색도구서비스의 경우에는 그 서비스제공자가 해당 자료를 삭제하거나 접근하지 않도록 할 수 있으므로 권리주장자로부터 침해 주장의 통지를 받아 복제 · 전송을 중단시킨 경우 권리주장자에게 통보하도록 하였다. 그리고 캐싱서비스에 대한 복제 · 전송 중단의 경우는 원 서버에서 이미 침해 주장 저작물이 지워졌음에도 불구하고 캐시 서버에 그대로 올려 있는 그 저작물 등을 내려달라는 것으로서, 이 경우에는 복제 · 전송자를 특정할 수 없으므로 복제 · 전송자에 대한 통보를 필요로 하지 않는 것으로 하였다.127)

② 권리주장자의 권리주장 등(제1항), 복제 · 전송의 중단 · 통보(제2항), 복제 · 전송의 재개 요구 및 재개 등(제3, 4항)

인터넷 접속서비스를 제외한 나머지 3가지 범주의 서비스 유형(캐싱서비스, 저장서비스, 정보검색도구서비스)의 온라인서비스제공자의 서비스를 이용한 저작물 등의 복제 · 전송에 따라 저작권, 그 밖에 저작권법에 따라 보호되는 자신의 권리가 침해됨을 주장하는 자(이하 이 조에서 "권리주장자"라 한다)는 그 사실을 소명하여 온라인서비스제공자에게 그 저작물 등의 복제 · 전송을 중단시킬 것을 요구할 수 있다(법 제103조 제1항).

온라인서비스제공자가 법 제103조 제5항에 의하여 그 책임을 감면받을 수 있기 위해서는

---

127) 개정 저작권법 해설서, 문화체육관광부 · 한국저작권위원회(2012), 61.

496 제11장 저작권 등 침해 총론

저작권자로부터 중단 요구를 받은 즉시 그 저작물의 복제·전송을 중단시켜야 하는 점에 비추어, 온라인서비스제공자가 스스로 저작권 침해사실을 알게 된 경우에도 그 즉시 당해 복제·전송을 중단시켜 저작권법 제102조 제1항에 의하여 그 책임을 감면받을 수 있다.[128]

한편 온라인서비스제공자가 제공한 인터넷 게시공간에 타인의 저작권을 침해하는 게시물이 게시되었다고 하더라도, 온라인서비스제공자가 저작권을 침해당한 피해자로부터 구체적·개별적인 게시물의 삭제와 차단 요구를 받지 않아 게시물이 게시된 사정을 구체적으로 인식하지 못하였거나 기술적·경제적으로 게시물에 대한 관리·통제를 할 수 없는 경우에는, 게시물의 성격 등에 비추어 삭제의무 등을 인정할 만한 특별한 사정이 없는 한 온라인서비스제공자에게 게시물을 삭제하고 향후 같은 인터넷 게시공간에 유사한 내용의 게시물이 게시되지 않도록 차단하는 등의 적절한 조치를 취할 의무가 있다고 보기 어렵다.[129]

※ 복제·전송 중단의 통보자 및 통보 필요 여부에 대한 비교표[130]

구분	2012. 12. 2. 개정 전 저작권법		2012. 12. 2. 개정 후 저작권법	
	권리주장자	복제·전송자	권리주장자	복제·전송자
도관서비스 (제102조 제1항제1호)	• 종전에는 온라인서비스제공자의 유형별 구분 없이 권리주장자 및 복제전송자에 대해 통보하도록 규정하고 있으나, 실제 적용 대상은 저장 및 검색 서비스사업자가 대상이었음		×	×
캐싱서비스 (제102조 제1항제2호)			○	×
저장서비스 (제102조 제1항 제3호)			○	○
정보검색도구서비스 (제102조 제1항 제3호)			○	○

온라인서비스제공자는 위 법 제103조 제1항에 따른 복제·전송의 중단요구를 받은 경우에는 즉시 그 저작물 등의 복제·전송을 중단시키고 권리주장자에게 그 사실을 통보하여야 한다. 다만, 법 제102조 제1항 제3호(저장서비스·정보검색도구서비스)의 온라인서비스제공자는 그 저작물 등의 복제·전송자에게도 이를 통보하여야 한다(같은조 제2항).

법 제103조 제2항에 따른 통보를 받은 복제·전송자가 자신의 복제·전송이 정당한 권리에 의한 것임을 소명하여 그 복제·전송의 재개를 요구하는 경우 온라인서비스제공자는 재개요구사실 및 재개예정일을 권리주장자에게 지체 없이 통보하고 그 예정일에 복제·전송을 재

---

128) 2012. 12. 2. 개정 전 저작권법에 대한 대법원 2013. 9. 26. 선고 2011도1435 판결 참조.
129) 대법원 2019. 2. 28. 선고 2016다271608 판결.
130) 이 부분 도표 내용은 개정 저작권법 해설서, 문화체육관광부·한국저작권위원회(2012), 61의 해당 내용을 옮긴 것이다.

개시켜야 한다. 다만, 권리주장자가 복제·전송자의 침해행위에 대하여 소를 제기한 사실을 재개예정일 전에 온라인서비스제공자에게 통보한 경우에는 그러하지 아니하다(법 제103조 제3항).

온라인서비스제공자는 제1항 및 제3항의 규정에 따른 복제·전송의 중단 및 그 재개의 요구를 받을 자(이하 이 조에서 "수령인"이라 한다)를 지정하여 자신의 설비 또는 서비스를 이용하는 자들이 쉽게 알 수 있도록 공지하여야 한다(법 제103조 제4항).

법 제103조 제1항부터 제4항까지의 규정에 따른 소명, 중단, 통보, 복제·전송의 재개, 수령인의 지정 및 공지 등에 관하여 필요한 사항은 대통령령으로 정한다. 이 경우 문화체육관광부장관은 관계중앙행정기관의 장과 미리 협의하여야 한다(법 제103조 제7항).

이에 따라 저작권법 시행령은 제40조(복제·전송의 중단 요청), 제41조(복제·전송의 중단 통보), 제42조(복제·전송의 재개 요청), 제43조(복제·전송의 재개 통보 등), 제44조(수령인의 지정과 변경의 공지)에서 위 필요한 사항을 규정하고 있다.

③ 책임면제 등(제5, 6항)

온라인서비스제공자가 법 제103조 제4항에 따른 공지를 하고 제2항과 제3항에 따라 그 저작물 등의 복제·전송을 중단시키거나 재개시킨 경우에는 다른 사람에 의한 저작권 그 밖에 저작권법에 따라 보호되는 권리의 침해에 대한 온라인서비스제공자의 책임 및 복제·전송자에게 발생하는 손해에 대한 온라인서비스제공자의 책임을 면제한다. 다만, 위 제4항의 규정은 온라인서비스제공자가 다른 사람에 의한 저작물 등의 복제·전송으로 인하여 그 저작권 그 밖에 저작권법에 따라 보호되는 권리가 침해된다는 사실을 안 때부터 제1항에 따른 중단을 요구받기 전까지 발생한 책임에는 적용하지 아니한다(법 제103조 제5항).

정당한 권리 없이 법 제103조 제1항 및 제3항의 규정에 따른 그 저작물 등의 복제·전송의 중단이나 재개를 요구하는 자는 그로 인하여 발생하는 손해를 배상하여야 한다(법 제103조 제6항).

여기서 '정당한 권리 없이'의 의미와 관련하여, 실무 중에는 저작권법 제103조 제6항의 저작물 등의 복제·전송의 중단 요구에 있어서 '정당한 권리가 없다'는 것은 '자신의 권리가 침해되는 사실을 증명하지 못하였다'는 취지로 해석되어야 하므로, 침해될 권리 자체가 없었던 경우는 물론 침해될 권리가 있더라도 저작물 등의 복제·전송이 저작권법에서 규정하고 있는 저작권 제한사유에 해당하여 저작권 그밖에 저작권법에 따라 보호되는 권리를 침해하는 것이 아닌 경우도 정당한 권리가 없는 경우에 해당한다. 따라서 저작물 등의 복제·전송의 중단을 요구한 자에게 저작권 그밖에 저작권법에 따라 보호되는 권리가 있더라도 그러한 저작물 등의 복제·전송이 저작권법 제28조 소정의 공표된 저작물의 인용과 같이 저작권법에서 규정하고 있는 저작재산권 제한사유에 해당하는 경우에는 복제·전송의 중단을 요구한 자는 그러한 요구로 인하여 온라인서비스제공자의 서비스를 이용하여 저작물 등을 복제·전송하는 사람이 입은 손해를 배상할 책임이 있고, 단지 자신이 저작권 등의 권리자이고 복제·전송자에게 자신이 권리를 가지고 있는 저작물의 이용을 허락한 적이 없다는 사정만으로는 면책될 수 없다고 한 것이 있다.131)

저작권법 제102조, 제103조의 온라인서비스제공자의 책임 제한 규정은 형사상 책임에도 적용된다. 따라서 제102조 제1항 제3호 다목 및 제103조 제5항의 본문 등과 관련하여 비록 온라인서비스이용자들이 해당 온라인서비스를 이용하여 저작물을 복제·전송함으로써 그 저작권을 침해하였다고 하더라도, 온라인서비스제공자가 그와 같은 침해사실을 알고 저작권의 침해가 되는 복제·전송을 선별하여 이를 방지 또는 중단하는 기술적 조치를 다하였다고 인정되는 경우에는 해당 침해행위에 대한 형사상 책임이 면제된다.132)

V. 온라인서비스제공자에 대한 법원 명령의 범위

법 제103조의2는 온라인서비스제공자가 서비스 유형별 면책요건을 충족한 경우 아래와 같이 두 가지로 나누어 법원이 가처분에 의하여 명할 수 있는 필요한 조치의 범위를 제한하고 있다.

법원은 법 제102조 제1항 제1호에 따른 인터넷접속서비스(도관서비스) 요건을 충족한 온라인서비스제공자에게 법 제123조 제3항에 따라 필요한 조치를 명하는 경우에는 ① 특정 계정의 해지, ② 특정 해외 인터넷 사이트에 대한 접근을 막기 위한 합리적 조치만을 명할 수 있다(법 제103조의2 제1항 제1호, 제2호). 인터넷접속(도관)서비스는 단순히 인터넷 접속만을 제공하고 저작물 등에 대한 어떠한 조치를 할 수 있는 온라인서비스제공자가 아니기 때문이다.

법원은 법 제102조 제1항 제2호 및 제3호의 (캐싱서비스, 저장서비스, 정보검색도구서비스) 요건을 충족한 온라인서비스제공자에게 법 제123조 제3항에 따라 필요한 조치를 명하는 경우에는 ① 불법복제물의 삭제, ② 불법복제물에 대한 접근을 막기 위한 조치, ③ 특정 계정의 해지, ④ 그 밖에 온라인서비스제공자에게 최소한의 부담이 되는 범위에서 법원이 필요하다고 판단하는 조치만을 명할 수 있다(법 제103조의2 제2항 제1호 내지 제4호).

131) 서울고등법원 2010. 10. 13. 선고 2010나35260 판결(미상고 확정).
132) 구 저작권법(2008. 2. 29. 법률 제8852호로 개정되기 전의 것, 이하 같다)은 제102조 제1항, 제2항, 제103조 제5항의 책임 제한 규정에 대한 대법원 2013. 9. 26. 선고 2011도1435 판결 참조.

Ⅵ. 온라인서비스제공자의 정보제공 의무

권리주장자가 민사상의 소제기 및 형사상의 고소를 위하여 해당 온라인서비스제공자에게 그 온라인서비스제공자가 가지고 있는 해당 복제·전송자의 성명과 주소 등 필요한 최소한의 정보 제공을 요청하였으나 온라인서비스제공자가 이를 거절한 경우 권리주장자는 문화체육관광부장관에게 해당 온라인서비스제공자에 대하여 그 정보의 제공을 명령하여 줄 것을 청구할 수 있다(법 제103조의3[133] 제1항).

문화체육관광부장관은 권리주장자의 위 청구가 있으면 제122조의6에 따른 저작권보호심의위원회의 심의를 거쳐 온라인서비스제공자에게 해당 복제·전송자의 정보를 제출하도록 명할 수 있다(법 제103조의3 제2항).

온라인서비스제공자는 위 제2항의 명령을 받은 날부터 7일 이내에 그 정보를 문화체육관광부장관에게 제출하여야 하며, 문화체육관광부장관은 그 정보를 제1항에 따른 청구를 한 자에게 지체 없이 제공하여야 한다(법 제103조의3 제3항).

위 제3항에 따라 해당 복제·전송자의 정보를 제공받은 자는 해당 정보를 권리주장자의 위 청구 목적 외의 용도로 사용하여서는 아니 된다(법 제103조의3 제4항).

그 밖에 복제·전송자에 관한 정보의 제공에 필요한 사항은 대통령령으로 정하도록 하였는데(법 제103조의3 제5항), 법 시행령 제44조의2(청구할 수 있는 복제·전송자 정보의 범위), 제44조의3(정보 제공 청구의 절차), 제44조의4(정보 제공의 절차)에서 관련 내용에 대해 규정하고 있다.

Ⅶ. 특수한 유형의 온라인서비스제공자의 의무

특수한 유형의 온라인서비스제공자라 함은 다른 사람들 상호 간에 컴퓨터를 이용하여 저작물 등을 전송하도록 하는 것을 주된 목적으로 하는 온라인서비스제공자를 말한다.

이러한 특수한 유형의 온라인서비스제공자는 권리자의 요청이 있는 경우 해당 저작물 등의 불법적인 전송을 차단하는 기술적인 조치 등 필요한 조치를 하여야 한다(법 제104조 제1항).

P2P 방식[134]이나 웹하드 등의 불법복제로 인한 영화, 음악 등 문화산업의 피해를 방지하기 위하여 P2P 등과 같은 특수한 유형의 온라인서비스제공자에 권리자의 요청이 있는 경우

---

133) 본 조는 2011. 12. 2. 법률 제11110호로 개정된 저작권법에서 신설되었는데 위 개정 저작권법은 「대한민국과 미합중국 간의 자유무역협정 및 대한민국과 미합중국 간의 자유무역협정에 관한 서한교환」이 발효되는 날(2012. 3. 15)부터 시행하고 본 조는 위 개정 저작권법 시행 후 최초로 권리침해가 발생하거나 의무위반이 발생한 것부터 적용한다(부칙 제1조, 제2조).
134) P2P(peer-to-peer) 방식 등에 대해 자세히 설명하고 있는 것으로 서울고등법원 2007. 10. 10.자 2006라1245 결정(미재항고 확정)이 있다.

불법저작물 전송을 차단하는 기술적 조치(필터링) 등의 필요한 조치를 하도록 의무화한 것이다. P2P 등을 이용하여 저작물을 불법적으로 공유한 이용자에 대해 저작권 침해 책임이 인정되므로, 본 조항은 해당 서비스업체에게 불법저작물을 사전에 차단(필터링)하는 기술적 조치 등을 하게 함으로써 이용자를 보호하고 선의의 피해자가 발생하지 않도록 하기 위한 것이기도 하다.[135]

　　이메일이나 메신저 등 사적 커뮤니케이션은 '일반공중'의 이용에 제공하는 것이 아니기 때문에 저작권법상 전송서비스라 할 수 없어 법 제104조의 적용대상이라 보기 어렵다.[136]

　　문화체육관광부장관은 법 제104조 제1항의 규정에 따른 특수한 유형의 온라인서비스제공자의 범위를 정하여 고시할 수 있도록 규정하는데(법 제104조 제2항), 문화체육관광부 고시 (2017. 2. 21.) 제2017-0006호는 특수한 유형의 온라인서비스제공자의 범위를 아래와 같이 고시하고 있다.

문화체육관광부 고시 제2017-0006호
[특수한 유형의 온라인서비스제공자의 범위]

공중이 저작물 등을 공유할 수 있도록 하는 웹사이트 또는 프로그램을 제공하는 자로서 다음 각 호의 어느 하나에 해당하는 경우에는 저작권법 제104조의 규정에 의한 특수한 유형의 온라인서비스제공자로 본다.

1. 개인 또는 법인(단체 포함)의 컴퓨터 등에 저장된 저작물 등을 공중이 이용할 수 있도록 업로드 한 자에게 상업적 이익 또는 이용편의를 제공하는 온라인서비스제공자

   ※ 유형 예시 : 적립된 포인트를 이용해 쇼핑, 영화 및 음악감상, 현금교환 등을 제공하거나, 사이버머니, 파일 저장공간 제공 등 이용편의를 제공하여 저작물 등을 불법적으로 공유하는 자에게 혜택이 돌아가도록 유도하는 서비스

2. 개인 또는 법인(단체 포함)의 컴퓨터 등에 저장된 저작물 등을 공중이 다운로드 할 수 있도록 기능을 제공하고 다운로드 받는 자가 비용을 지불하는 형태로 사업을 하는 온라인서비스제공자

   ※ 유형 예시 : 저작물 등을 이용 시 포인트 차감, 쿠폰사용, 사이버머니 지급, 공간제공 등의 방법으로 비용을 지불해야 하는 서비스

3. P2P 기술을 기반으로 개인 또는 법인(단체 포함)의 컴퓨터 등에 저장된 저작물 등을 업로드 하거나 다운로드 할 수 있는 기능을 제공하여 상업적 이익을 얻는 온라인서비스제공자

   ※ 유형예시 : 저작물 등을 공유하는 웹사이트 또는 프로그램에 광고게재, 타 사이트 회원가입 유도 등의 방법으로 수익을 창출하는 서비스

---

135) 개정 저작권법 해설, 문화관광부(2007), 39.
136) 개정 저작권법 해설, 문화관광부(2007), 40.

저작권법은 권리자의 요청 및 필요한 조치에 관한 사항은 대통령령으로 정하도록 하고 있다(법 제104조 제1항). 이에 따라 여기서의 "해당 저작물 등의 불법적인 전송을 차단하는 기술적인 조치 등 필요한 조치"란 (i) 저작물 등의 제호 등과 특징을 비교하여 저작물 등을 인식할 수 있는 기술적인 조치(제1호), (ii) 제1호에 따라 인지한 저작물 등의 불법적인 송신을 차단하기 위한 검색제한 조치 및 송신제한 조치(제2호), (iii) 해당 저작물 등의 불법적인 전송자를 확인할 수 있는 경우에는 그 저작물 등의 전송자에게 저작권침해금지 등을 요청하는 경고문구의 발송의 모든 조치(제3호)를 말하고(법 시행령 제46조 제1항), 위 제46조 제1항 제1호 및 제2호의 조치는 권리자가 요청하면 즉시 이행하여야 한다(법 시행령 제46조 제2항). 한편 권리자의 요청에 관한 절차는 법 시행령 제45조(권리자의 요청)에서 규정하고 있다.

법 시행령 제46조 제1항에 의한 기술조치는 주로 소극적 필터링(검색제한 등)의 방법인데,[137] 위와 같이 규정하고 있는 취지는 저작물 등의 불법적인 전송으로부터 저작권 등을 보호하기 위하여 특수한 유형의 온라인서비스제공자에게 가중된 의무를 지우면서도 다른 한편, 이러한 입법목적을 고려하더라도 기술적 한계 등으로 인하여 불법적인 전송을 전면적으로 차단할 의무를 부과할 수는 없다는 점을 고려하여 '권리자의 요청'이 있는 경우에 대통령령으로 규정하고 있는 '필요한 조치'를 취하도록 제한된 의무를 부과하려는 데 있다.[138]

즉, 본 항은 인터넷 등 이용자의 보호를 위하여 사업자에게 최소한의 가이드라인으로서 소극적 필터링 등의 기술적 보호조치를 의무화할 필요가 있음을 규정한 것이다.

특수한 유형의 온라인서비스제공자가 소극적 필터링 정도를 이행하면 민·형사상의 책임을 면제받을 수 있는지에 관하여 이를 부정하는 듯한 견해가 있으나,[139] 법 제104조의 취지

---

137) 필터링 기술에 대하여 설명하고 있는 것으로 서울고등법원 2007. 10. 10.자 2006라1245 결정(미재항고 확정 후 가처분신청 취하) 등이 있다. 위 사안에서 피신청인 회사가 채택하고 있는 필터링 기술은 데이터베이스(해쉬값 DB 및 음악인식 DB)에 '이용허락을 받지 않은 음원정보'를 저장하고 있으면서, 이용자가 요청한 파일이 데이터베이스에 있는 경우에는 다운로드를 불허하고, 데이터베이스에 없는 경우에는 다운로드를 허용하는 이른바 소극적 필터링 방식이었다. 이에 대하여 온라인서비스제공자가 권리자들과 사이에 음원 공급계약 등을 체결하고 권리자들로부터 이용허락을 받은 음원들의 파일에 대하여만 파일공유를 허용하는 것을 이른바 '적극적 필터링 방식'이라고 한다.

138) 대법원 2017. 8. 31.자 2014마1609 결정.

139) 서울고등법원 2007. 10. 10.자 2006라1232 결정, 2006라1233 결정 및 2006라1245 결정(각 미재항고 확정 후 가처분신청 취하)에서 피신청인 회사가 채택하고 있는 필터링 기술은 데이터베이스(해시값 DB 및 음악인식 DB)에 '이용허락을 받지 않은 음원정보'를 저장하고 있으면서, 이용자가 요청한 파일이 데이터베이스에 있는 경우에는 다운로드를 불허하고, 데이터베이스에 없는 경우에는 다운로드를 허용하는, 이른바 소극적 필터링 방식이고, 이를 보완하기 위하여 피신청인 회사와 음원 공급계약을 하지 아니한 음반제작자 등 권리자 등이 피신청인 회사에게 온라인으로 음원 정보를 제공하여 해당 음원 파일의 필터링이 될 수 있도록 하는 것(그린 파일 시스템이라 호칭됨)이었다. 피신청인 회사는 회사가 취하고 있는 '소극적 필터링 방식' 등의 권리보호조치는 P2P 서비스에서 요구되는 권리보호를 위한 기술적 조치를 다한 것으로서 면책된다고 주장하였다. 이에 대해 법원은 소극적 필터링 기술 등의 내재

가 사실상 일반적 사전 감시·검색의무, 즉 불법 저작물의 완벽한 검색 및 등록을 차단해야
할 의무라고 할 수 없고, 법령의 문언과 입법취지 등에 비추어 볼 때 특수한 유형의 온라인서
비스제공자가 법 시행령 제46조 제1항이 규정하고 있는 '필요한 조치'를 취하였다면 저작권법
제104조 제1항에 따른 필요한 조치를 한 것으로 보아야 하고, 실제로 불법적인 전송이라는
결과가 발생하였다는 이유만으로 달리 판단하여서는 아니 된다고 하여140) 소극적 필터링 정
도를 이행하여도 민사 및 형사상의 책임을 면제받을 수 있다는 취지로 판단하였다.

　　문화체육관광부장관은 위 제1항에 따른 기술적인 조치 등 필요한 조치의 이행 여부를 정
보통신망을 통하여 확인하여야 하는데(법 제104조 제3항), 위 제3항에 따른 업무를 법 제122조
의2에 따른 한국저작권보호원에 위탁한다(법 제104조 제4항, 법 시행령 제46조 제3항).

제5절   기술적 보호조치의 무력화 금지 등 6가지 금지행위

I. 총설

디지털 네트워크 환경과 관련 기술의 발달에 따라 저작물에 대해 열화되지 않은 고품질의

적인 한계 등을 이유로 그와 같은 기술 채용만으로는 권리보호를 위한 기술적 조치를 다한 것으로 보
기 부족하고 설령 피신청인 회사 주장과 같이 위 제103조 제1항에서 정하고 있는 권리보호요청이 온
라인서비스제공자의 책임을 묻기 위한 권리행사요건이라고 보더라도, 앞서 본 바와 같이 소극적 필터
링 방식을 취하고 있는 피신청인 회사로서는 적어도 미필적으로나마 신청인들의 이 사건 각 음원에 대
한 저작인접권의 침해사실을 알고 있었다는 이유로 위 제103조 제5항 단서에 의하여 그 책임을 감면
받을 수 없다고 하였다.
140) 대법원 2017. 8. 31.자 2014마1609 결정, 위 소송에서 문제된 기술적 조치는 해시값 비교를 통한 필
터링 등의 기술적 조치인데 이는 소극적 필터링 방식에 해당한다. 대법원 2017. 8. 31.자 2014마503
결정, 위 소송에서 문제된 기술적 조치는 해당 저작물 분야별 DNA 기술 도입, 해시값 비교를 통한 필
터링 등의 기술적 조치인데 이 역시 소극적 필터링 방식에 해당한다. 위 2014마503 결정에 대한 해설
로는 김정아, "특수한 유형의 온라인서비스제공자에 대한 과태료처분에 관하여", 대법원판례해설 제
114호(2017년 하), 법원도서관(2018), 344가 있다. 위 논문에는 위 2014마503 결정은 과태료의 부과
기준이 된 구 저작권법 시행령 제77조 [별표 1] 과태료 부과기준의 법률적 효력을 무효라고 선언하지
는 않으면서도, 저작권법 제104조의 권리침해를 위한 기술적인 조치라는 내용이 불법적인 전송을 완
벽하게 차단하는 조치까지를 의미하는 것은 아님을 명백히 한 데 의의가 있다고 하였다. 부연설명으로
위 [별표 1]의 과태료의 부과기준 중 개별기준에서 말하는 미차단율은 저작권법 제104조의 조치를 취
하지 아니한 특수한 유형의 온라인서비스제공자의 경우에 불법 전송이 차단되지 않은 경우를 상정하
는 것이고, ② 위 과태료의 부과기준 중 일반기준에서 말하는 '차단 노력 정도'는 저작권법 제104조에
서 말하는 조치를 제외한 나머지 조치들을 의미한다고 해석할 수 있고, 그와 같이 해석한다면, 위 과태
료 부과기준이 무효라고 보기 어렵다는 내용이 있다.

복제물을 만들어 낼 수 있게 되고 네트워크를 통하여 그러한 복제물 등을 별다른 제한없이 신속하게 유통할 수 있게 됨에 따라 저작자 등은 자구책으로 저작물의 유통과 이용을 통제하고 관리할 수 있는 기술적인 수단을 개발하는 데 노력하게 되었고 그러한 결과로 나타나게 된 것이 저작물 등에 대한 기술적 보호조치라고 할 수 있다.

그런데 저작권자 등이 기술적 보호조치에 의하여 저작물 등을 보호하려 하면, 자유로운 이용의 기회를 할 수 없게 된 이용자는 그러한 보호조치를 회피하거나 우회하는 기술을 개발하여 그 기술적 보호조치를 무력화시키게 되었고, 이에 저작권자 등은 기술적 보호조치 자체를 보호하는 것 외에 기술적 보호조치를 무력화하지 못하도록 하여 줄 것을 요구하게 되었다.

「세계지식재산기구 저작권조약」(WIPO Copyright Treaty) 제11조는 "체약 당사자는 이 조약 또는 「문학적·예술적 저작물의 보호를 위한 베른협약」상의 권리의 행사와 관련하여 저작자가 이용하는 효과적인 기술조치로서 자신의 저작물에 관하여 저작자가 허락하지 아니하거나 법에서 허용하지 아니하는 행위를 제한하는 기술조치를 우회하는 것에 대하여 충분한 법적 보호와 효과적인 법적 구제 조치에 관하여 규정하여야 한다."고 하고, 「세계지식재산기구 실연 및 음반조약」(WIPO Performances and Phonograms Treaty) 제18조는 "체약 당사자는 이 조약 또는 「문학적·예술적 저작물의 보호를 위한 베른협약」상의 권리의 행사와 관련하여 실연자나 음반제작자가 이용하는 효과적인 기술조치로서 자신의 실연이나 음반에 관하여 실연자나 음반제작자가 허락하지 아니하거나 법에서 허용하지 아니하는 행위를 제한하는 기술조치를 우회하는 것에 대하여 충분한 법적 보호와 효과적인 법적 구제 조치에 관하여 규정하여야 한다."고 규정하였다.[141]

「정보사회에서의 저작권 및 저작인접권의 특정 측면의 조정에 관한 2001년 5월 22일의 유럽의회 및 이사회 지침」(2001/29/EC) 제6조(기술 조치에 관한 의무) 제1항은 "회원국들은 관련자가 알면서 수행하거나 알만한 합리적인 이유를 가지고 수행하는 효과적인 기술 조치의 우회에 대하여 적절한 법률적 보호를 한다."라고 하고, 제3항은 "본 지침에서 '기술 조치'란 법률에 의하여 규정된 저작권이나 저작권과 관계된 권리의 소유자 또는 96/6/EC 지침 제3장에서 규정한 독자적인 권리의 소유자가 저작물 또는 그 밖의 대상물과 관련하여 허용하지 않는 행위를 금지하거나 제한할 목적으로 설계한 것으로서 정상적인 작동 과정에 있는 모든 기술, 장치 또는 부품을 말한다. 기술 조치는 권리자들이 저작물 또는 그 밖의 대상물에 대한 암호화, 변환(scrambling)이나 기타 변형 또는 복사통제장치와 같은 보호 목적을 달성하려는 접근 통제 또는 보호 조치(protection process)의 적용을 통하여 보호받는 저작물 또는 그 밖의 대상물의 이용을 통제하는 경우에 '효과적인' 것으로 본다."라고 규정하였다.

---

141) 우리나라에서 세계지식재산권기구 저작권조약은 2004. 6. 24.에, 세계지식재산권기구 실연 및 음반조약은 2009. 3. 18. 각각 발효되었다.

이러한 흐름에 따라 저작권법은 2003. 5. 27. 법률 제6881호로 개정된 저작권법에서 기술적 보호조치를 보호하면서 기술적 보호조치를 무력화하는 것을 주된 목적으로 하는 행위나 권리관리정보를 변경하는 행위 등을 권리침해행위로 간주하는 규정을 신설하였고, 그 후 여러 차례의 법 개정을 통해 이러한 규정들을 더욱 체계화하여 지금은 제6장의2 기술적 보호조치의 무력화 금지 등에서 기술적 보호조치의 무력화 금지(법 제104조의2), 권리관리정보의 제거·변경 등의 금지(법 제104조의3), 암호화된 방송 신호의 무력화 등의 금지(법 제104조의4), 라벨 위조 등의 금지(법 제104조의5), 영상저작물 녹화 등의 금지(법 제104조의6), 방송전 신호의 송신 금지(법 제104조의7)의 6가지의 금지행위를 규정하고 있다. 그리고 이들 금지행위를 위반하는 침해행위에 대해 침해의 정지·예방 청구 등을 할 수 있는 별도의 규정을 두고 있다(법 제104조의8).

일반적으로 권리자 측에서 기술적 보호조치라 함은 권리자가 자신의 권리를 사전에 효과적으로 보호하기 위하여 스스로 마련한 기술적 조치를 말하지만 저작권법 등은 기술적 보호조치를 도입하면서 그 정의 규정을 별도로 두고 있다.

II. 기술적 보호조치 및 금지행위 규정의 연혁

기술적 보호조치에 관한 규정은 먼저 컴퓨터프로그램 보호법에서 도입되었다.

2000. 1. 28. 법률 제6233호로 전부 개정된 컴퓨터프로그램 보호법 제2조(정의) 제9호는 「"기술적 보호조치"라 함은 프로그램에 관한 식별번호·고유번호 입력, 암호화 등을 통하여 프로그램저작권을 보호하는 조치를 말한다.」라고 정의하였다.

그리고 같은법 제30조(기술적 보호조치의 침해 등의 금지)는 「① 누구든지 정당한 권원없이 기술적 보호조치를 회피, 제거, 손괴 등의 방법으로 무력화(이하 "기술적 보호조치 무력화"라 한다)하여서는 아니된다. 다만, 다음 각호의 1에 해당하는 경우에는 그러하지 아니하다. 1. 제10조의 규정에 의한 프로그램의 동일성을 변경하는 경우, 2. 제12조 각호의 1에 해당되어 복제·사용하는 경우, 3. 제14조의 규정에 의한 프로그램 사용자가 필요한 범위 안에서 복제하는 경우, 4. 정당한 권원에 의하여 사용하는 자가 다른 프로그램과 호환성을 유지하기 위하여 필요한 경우, 5. 정당한 권원에 의한 최종사용자로부터 프로그램의 수정·보완을 요청받은 경우, ② 누구든지 오로지 기술적 보호조치를 무력화하는 기기, 장치, 부품 등을 공중에 양도, 대여 또는 유통하여서는 아니되며 기술적 보호조치를 무력화하는 프로그램을 전송하거나 배포하여서는 아니된다.」라고 규정하고, 제46조(벌칙)는 「제30조의 규정을 위반한 자는 5년 이하의 징역 또는 5천만 원 이하의 벌금에 처하거나 이를 병과할 수 있다」라고 규정하였다.

컴퓨터프로그램 보호법은 제30조에서 기술적 보호조치의 무력화 행위 자체의 금지(제1항)

와 기술적 보호조치 무력화 예비행위의 금지(제2항)를 규정하고 있었다.

2001. 1. 16. 법률 제6357호로 개정된 컴퓨터프로그램 보호법은 종전의 기술적 보호조치 정의 중 "암호화 등"이라는 문언을 "암호화 기타 이 법에 의한 권리를 보호하는 핵심기술 또는 장치 등"으로 바꾸었고, 2002. 12. 30. 법률 제6843호로 개정된 컴퓨터프로그램 보호법은 기술적 보호조치의 정의 중 "이 법에 의한 권리를 보호하는"이라는 문언을 "이 법에 의한 권리를 효과적으로 보호하는"으로 바꾸었다.

컴퓨터프로그램 보호법은 2009. 4. 22. 폐지되고 같은날 법률 제9625호로 개정된 저작권법에 통합되었다.[142]

저작권법에서 기술적 보호조치 및 권리관리정보에 관한 규정은 2003. 5. 27. 법률 제6881호로 개정된 저작권법에서 기술적 보호조치 무력화행위 자체는 별도로 금지(규율)하지 않고 기술적 보호조치를 무력화하는 것을 주된 목적으로 하는 도구 및 서비스 제공 행위나 권리관리정보를 변경하는 행위 등을 권리침해행위로 보는(간주하는) 규정에 포함시켜 아래와 같은 내용으로 처음 도입되었다.

제2조(정의)

20. 기술적 보호조치 : 저작권 그 밖의 이 법에 의하여 보호되는 권리에 대한 침해 행위를 효과적으로 방지하기 위하여 그 권리자나 권리자의 동의를 얻은 자가 적용하는 기술적 조치를 말한다.

21. 권리관리정보 : 다음 각목의 1에 해당하는 정보나 그 정보를 나타내는 숫자 또는 부호로서 각 정보가 저작물이나 실연·음반·방송 또는 데이터베이스(제4장의2에 의하여 보호되는 데이터베이스에 한한다. 이하 이 호에서 같다)의 원작품이나 그 복제물에 부착되거나 그 공연·방송 또는 전송에 수반되는 것을 말한다.

가. 저작물이나 실연·음반·방송 또는 데이터베이스를 식별하기 위한 정보

나. 저작자·저작재산권자·출판권자·저작인접권자 또는 데이터베이스제작자를 식별하기 위한 정보

다. 저작물이나 실연·음반·방송 또는 데이터베이스의 이용방법 및 조건에 관한 정보

제92조(침해로 보는 행위)

② 정당한 권리없이 저작권 그 밖에 이 법에 의하여 보호되는 권리의 기술적 보호조치를 제거·변경·우회하는 등 무력화하는 것을 주된 목적으로 하는 기술·서비스·제품·장치 또는 그 주요부품을 제공·제조·수입·양도·대여 또는 전송하는 행위는 저작권 그 밖에 이 법에 의하여 보호되는 권리

---

142) 그 외에 콘텐츠산업 진흥법 제2조 제1항 제7호에서 「"기술적 보호조치"란 콘텐츠제작자의 이익의 침해를 효과적으로 방지하기 위하여 콘텐츠에 적용하는 기술 또는 장치를 말한다」라고 정의하고, 법 제37조에서 기술적 보호조치의 무력화 행위를 금지하는 규정을 두고 있다. 한편 법 제4조 제2항은 "콘텐츠제작자가 저작권법의 보호를 받는 경우에는 같은 법을 이 법에 우선하여 적용한다."라고 규정한다.

의 침해로 본다.

③ 저작권 그 밖에 이 법에 의하여 보호되는 권리의 침해를 유발 또는 은닉한다는 사실을 알거나 과실로 알지 못하고 정당한 권리없이 하는 행위로서 다음 각호의 1에 해당하는 경우에는 저작권 그 밖에 이 법에 의하여 보호되는 권리의 침해로 본다. 다만, 기술적으로 불가피하거나 저작물이나 실연·음반·방송 또는 데이터베이스의 성질이나 그 이용의 목적 및 형태에 비추어 부득이하다고 인정되는 경우에는 그러하지 아니하다.

1. 전자적 형태의 권리관리정보를 고의로 제거 또는 변경하는 행위

2. 전자적 형태의 권리관리정보가 제거 또는 변경된 사실을 알고 당해 저작물이나 실연·음반·방송 또는 데이터베이스의 원작품이나 그 복제물을 배포·공연·방송 또는 전송하거나 배포의 목적으로 수입하는 행위

제98조(권리의 침해죄)

다음 각호의 1에 해당하는 자는 3년 이하의 징역 또는 3천만원 이하의 벌금에 처하거나 이를 병과할 수 있다.

5. 업으로 또는 영리를 목적으로 제92조 제2항의 규정에 의하여 침해행위로 보는 행위를 한 자

6. 업으로 또는 영리를 목적으로 제92조 제3항의 규정에 의하여 침해행위로 보는 행위를 한 자. 다만, 과실로 저작권 또는 이 법에 의하여 보호되는 권리 침해를 유발 또는 은닉한다는 사실을 알지 못한 자를 제외한다.

2006. 12. 28. 법률 제8101호로 전부 개정된 저작권법에서 종전의 제2조(정의)의 제20호, 제21호의 위치를 제28호와 제29호로 옮기고 기술적 보호조치의 정의 내용 중 종전의 "효과적으로 방지"의 내용을 더욱 명확히 하기 위해 "효과적으로 방지 또는 억제"로 변경하였다. 종전 규정의 조문 위치 변경에 따라 법 제92조 제2항 및 제3항은 법 제124조(침해로 보는 행위) 제2항 및 제3항으로, 법 제99조 제5호 및 제6호는 법 제136조(권리의 침해죄) 제2항 제5호 및 제6호로 내용 변경 없이 이전하였다.

그리고 그 밖에 기타 문구들의 수정, 변경 등이 있었다. 즉, 권리관리정보 내용 중 종전의 "각목의 1"을 "각 목의 어느 하나"로 바꾸고, 나목 중 "각 정보가 저작물이나 실연·음반·방송 또는 데이터베이스(제4장의2에 의하여 보호되는 데이터베이스에 한한다. 이하 이 호에서 같다)의 원작품이나 그 복제물에 부착되거나 그 공연·방송 또는 전송에 수반되는 것"을 "각 정보가 저작물 등143)의 원본이나 그 복제물에 부착되거나 그 공연 또는 공중송신에 수반되는 것"으로 변경하고, 다목 중 "저작물이나 실연·음반·방송 또는 데이터베이스"를 "저작물 등"으로 변경

---

143) 제2조 제7호에서 "저작물, 실연·음반·방송 또는 데이터베이스"를 "저작물 등"이라 한다고 규정하였기에 이 부분 내용에 실질적인 변경은 없다. 이하 같다.

하였다. 종전의 법 제92조의 위치를 법 제124조로 옮기고 제3항 중 "각호의 1"을 "각 호의 어느 하나"로, "저작물이나 실연·음반·방송 또는 데이터베이스"를 "저작물 등"으로 바꾸고 제1호 중 "제거 또는 변경"을 "제거·변경 또는 허위 부가"로, 제2호 중 "제거 또는 변경", "원작품"을 "제거·변경되거나 또는 허위로 부가된",144) "원본"으로 변경하였다.

그 외에 법 제133조(불법 복제물의 수거·폐기 및 삭제) 제1항에서 "문화관광부장관, 시·도지사 또는 시장·군수·구청장은 저작권 그 밖에 이 법에 따라 보호되는 권리를 침해하는 복제물(정보통신망을 통하여 전송되는 복제물은 제외한다) 또는 저작물 등의 기술적 보호조치를 무력하게 하기 위하여 제작된 기기·장치 및 프로그램을 발견한 때에는 대통령령이 정한 절차 및 방법에 따라 관계공무원으로 하여금 이를 수거하여 폐기하게 할 수 있다."라고 하고, 법 제134조(건전한 저작물 이용 환경 조성 등) 제2항은 "문화관광부장관은 저작물 등의 권리관리정보 및 기술적 보호조치에 관한 정책을 수립·시행할 수 있다"라고 규정하였다.

2008. 2. 29. 법률 제8852호로 개정된 저작권법에서 문화관광부장관이 문화체육관광부장관으로 변경되고, 2009. 4. 22. 법률 제9625호로 개정된 저작권법에서 종전 법 제133조 제1항의 "시·도지사 또는 시장·군수·구청장"은 "특별시장·광역시장·도지사·특별자치도지사 또는 시장·군수·구청장(자치구의 구청장을 말한다)"으로 변경되었다. 법 제133조의2가 신설되고 제1항에서 「문화체육관광부장관은 정보통신망을 통하여 저작권이나 그 밖에 이 법에 따라 보호되는 권리를 침해하는 복제물 또는 정보, 기술적 보호조치를 무력하게 하는 프로그램 또는 정보(이하 "불법복제물 등"이라 한다)가 전송되는 경우에 위원회의 심의를 거쳐 대통령령으로 정하는 바에 따라 온라인서비스제공자에게 다음 각 호의 조치를 할 것을 명할 수 있다. 1. 불법복제물 등의 복제·전송자에 대한 경고, 2. 불법복제물 등의 삭제 또는 전송 중단」이라고 규정하였다.

2011. 6. 30. 법률 제10807호로 개정된 저작권법은 제2조 제28호의 기술적 보호조치 정의 규정을 접근통제형 기술적 보호조치와 권리(이용 또는 복제) 통제형 기술적 보호조치의 두 유형으로 나누어 규정하고 접근통제 기술적 보호조치를 포함한 기술적 보호조치의 직접적 무력화 행위 금지 및 단서 규정(법 제104조의2 제1항 본문 및 단서),145) 기술적 보호조치 간접적·예비적 무력화 행위 금지(법 제104의2 제2항), 기술적 보호조치 무력화 거래 행위 등의 금지에 대한 예외를 접근통제와 권리통제를 구분(법 제104조의2 제3항)하여 규정하였다. 권리관리정보

---

144) '허위로 권리관리정보를 부가하는 행위' 역시 제거·변경과 마찬가지로 저작자와 이용자에게 피해를 주므로 허위로 권리관리정보를 부가하는 행위를 권리관리정보 침해행위로 추가하였다.

145) 권리통제형 기술적 보호조치를 무력화하는 행위 자체는 금지하고 있지 않은데 이는 권리통제형 기술적 보호조치를 무력화하여 저작물을 무단으로 이용할 경우 그 이용행위는 저작재산권 제한 사유에 해당하지 않는 한 저작권침해행위로 되어 권리통제형 기술적 보호조치 무력화 행위 금지규정을 두지 않아도 별다른 문제가 없기 때문이다.

의 제거 · 변경 등의 금지 규정도 법 제104조의3으로 옮기면서 제1항에 금지행위를 규정하고 종전의 예외 사유146)를 삭제하고 제2항에서 예외 사유를 한정하였다. 그리고 종전에는 기술적 보호조치 무력화행위와 권리관리정보 삭제 등 행위를 침해행위로 간주하여 민사구제 규정 (제123조, 제125조, 제126조, 제129조 등)이 그대로 적용되었으나 이를 금지행위(법 제104조의2, 104조의3)로 보호체계를 변경함에 따라 별도의 민사구제 규정(법 제104조의8)을 두었다.

　제2조(정의)

　28. "기술적 보호조치"란 다음 각 목의 어느 하나에 해당하는 조치를 말한다.

　가. 저작권, 그 밖에 이 법에 따라 보호되는 권리의 행사와 관련하여 이 법에 따라 보호되는 저작물 등에 대한 접근을 효과적으로 방지하거나 억제하기 위하여 그 권리자나 권리자의 동의를 받은 자가 적용하는 기술적 조치

　나. 저작권, 그 밖에 이 법에 따라 보호되는 권리에 대한 침해 행위를 효과적으로 방지하거나 억제하기 위하여 그 권리자나 권리자의 동의를 받은 자가 적용하는 기술적 조치

　제104조의2(기술적 보호조치의 무력화 금지)

　① 누구든지 정당한 권한 없이 고의 또는 과실로 제2조 제28호 가목의 기술적 보호조치를 제거 · 변경하거나 우회하는 등의 방법으로 무력화하여서는 아니 된다. 다만, 다음 각 호의 어느 하나에 해당하는 경우에는 그러하지 아니하다.

　1. 암호 분야의 연구에 종사하는 자가 저작물 등의 복제물을 정당하게 취득하여 저작물 등에 적용된 암호 기술의 결함이나 취약점을 연구하기 위하여 필요한 범위에서 행하는 경우. 다만, 권리자로부터 연구에 필요한 이용을 허락받기 위하여 상당한 노력을 하였으나 허락을 받지 못한 경우에 한한다.

　2. 미성년자에게 유해한 온라인상의 저작물 등에 미성년자가 접근하는 것을 방지하기 위하여 기술 · 제품 · 서비스 또는 장치에 기술적 보호조치를 무력화하는 구성요소나 부품을 포함하는 경우. 다만, 제2항에 따라 금지되지 아니하는 경우에 한한다.

　3. 개인의 온라인상의 행위를 파악할 수 있는 개인 식별 정보를 비공개적으로 수집 · 유포하는 기능을 확인하고, 이를 무력화하기 위하여 필요한 경우. 다만, 다른 사람들이 저작물 등에 접근하는 것에 영향을 미치는 경우는 제외한다.

　4. 국가의 법집행, 합법적인 정보수집 또는 안전보장 등을 위하여 필요한 경우

　5. 제25조 제2항에 따른 교육기관 · 교육지원기관, 제31조 제1항에 따른 도서관(비영리인 경우로 한정한다) 또는 「공공기록물 관리에 관한 법률」에 따른 기록물관리기관이 저작물 등의 구입 여부를 결정하기 위하여 필요한 경우. 다만, 기술적 보호조치를 무력화하지 아니하고는 접근할 수 없는 경우에 한한다.

---

146) "다만, 기술적으로 불가피하거나 저작물등의 성질이나 그 이용의 목적 및 형태등에 비추어 부득이하다고 인정되는 경우에는 그러하지 아니하다."

6. 정당한 권한을 가지고 프로그램을 사용하는 자가 다른 프로그램과의 호환을 위하여 필요한 범위에서 프로그램코드역분석을 하는 경우

7. 정당한 권한을 가진 자가 오로지 컴퓨터 또는 정보통신망의 보안성을 검사·조사 또는 보정하기 위하여 필요한 경우

8. 기술적 보호조치의 무력화 금지에 의하여 특정 종류의 저작물 등을 정당하게 이용하는 것이 불합리하게 영향을 받거나 받을 가능성이 있다고 인정되어 대통령령으로 정하는 절차에 따라 문화체육관광부장관이 정하여 고시하는 경우. 이 경우 그 예외의 효력은 3년으로 한다.

② 누구든지 정당한 권한 없이 다음과 같은 장치, 제품 또는 부품을 제조, 수입, 배포, 전송, 판매, 대여, 공중에 대한 청약, 판매나 대여를 위한 광고, 또는 유통을 목적으로 보관 또는 소지하거나, 서비스를 제공하여서는 아니 된다.

1. 기술적 보호조치의 무력화를 목적으로 홍보, 광고 또는 판촉되는 것

2. 기술적 보호조치를 무력화하는 것 외에는 제한적으로 상업적인 목적 또는 용도만 있는 것

3. 기술적 보호조치를 무력화하는 것을 가능하게 하거나 용이하게 하는 것을 주된 목적으로 고안, 제작, 개조되거나 기능하는 것

③ 제2항에도 불구하고 다음 각 호의 어느 하나에 해당하는 경우에는 그러하지 아니하다.

1. 제2조 제28호 가목의 기술적 보호조치와 관련하여 제1항 제1호·제2호·제4호·제6호 및 제7호에 해당하는 경우

2. 제2조 제28호 나목의 기술적 보호조치와 관련하여 제1항 제4호 및 제6호에 해당하는 경우

제104조의3(권리관리정보의 제거·변경 등의 금지)

① 누구든지 정당한 권한 없이 저작권, 그 밖에 이 법에 따라 보호되는 권리의 침해를 유발 또는 은닉한다는 사실을 알거나 과실로 알지 못하고 다음 각 호의 어느 하나에 해당하는 행위를 하여서는 아니 된다.

1. 전자적 형태의 권리관리정보를 고의로 제거·변경 또는 허위 부가하는 행위

2. 전자적 형태의 권리관리정보가 제거·변경되거나 또는 허위로 부가된 사실을 알고 해당 저작물 등의 원본이나 그 복제물을 배포·공연 또는 공중송신하거나 배포의 목적으로 수입하는 행위

② 제1항은 국가의 법집행, 합법적인 정보수집 또는 안전보장 등을 위하여 필요한 경우에는 적용하지 아니한다.

제104조의4(침해의 정지·예방 청구 등)

저작권, 그 밖에 이 법에 따라 보호되는 권리를 가진 자는 제104조의2 및 제104조의3을 위반한 자에 대하여 침해의 정지·예방, 손해배상의 담보 또는 손해배상의 청구를 할 수 있다. 이 경우 제123조, 제125조, 제126조 및 제129조를 준용한다.

2011. 12. 2. 법률 제11110호로 개정된 저작권법은 권리관리정보의 제거·변경 등의 금지에 관한 법 제104조의3에서 '전자적 형태의'라는 문구를 삭제하여 비전자적인 형태의 권리관리정보도 포함하게 되었고,[147] 제1항의 제2호(권리관리정보 자체의 배포행위)를 신설하고 종전의 제2호를 제3호로 위치변경하면서 문구를 가다듬어 각 호의 내용을 "권리관리정보를 고의로 제거·변경하거나 거짓으로 부가하는 행위, 2. 권리관리정보가 정당한 권한 없이 제거 또는 변경되었다는 사실을 알면서 그 권리관리정보를 배포하거나 배포할 목적으로 수입하는 행위, 3. 권리관리정보가 정당한 권한 없이 제거·변경되거나 거짓으로 부가된 사실을 알면서 해당 저작물 등의 원본이나 그 복제물을 배포·공연 또는 공중송신하거나 배포를 목적으로 수입하는 행위"로 규정하였다.

그리고 종전 법 제104조의4를 법 제104조의8로 옮기고, 암호화된 방송 신호의 무력화 등의 금지(법 제104조의4), 라벨 위조 등의 금지(법 제104조의5), 영상저작물 녹화 등의 금지(법 제104조의6), 방송 전 신호의 송신 금지(법 제104조의7)의 금지행위를 열거하고, 기술적 보호조치 무력화 금지 위반에 대한 민사적 구제와 형사적 구제에 관한 규정(제104조의8, 제136조, 제137조)을 두었다.

> 제104조의4(암호화된 방송 신호의 무력화 등의 금지)
> 누구든지 다음 각 호의 어느 하나에 해당하는 행위를 하여서는 아니 된다.
> 1. 암호화된 방송 신호를 방송사업자의 허락 없이 복호화(復號化)하는 데에 주로 사용될 것을 알거나 과실로 알지 못하고, 그러한 목적을 가진 장치·제품·주요부품 또는 프로그램 등 유·무형의 조치를 제조·조립·변경·수입·수출·판매·임대하거나 그 밖의 방법으로 전달하는 행위. 다만, 제104조의2 제1항 제1호·제2호 또는 제4호에 해당하는 경우에는 그러하지 아니하다.
> 2. 암호화된 방송 신호가 정당한 권한에 의하여 복호화된 경우 그 사실을 알고 그 신호를 방송사업자의 허락 없이 영리를 목적으로 다른 사람에게 공중송신하는 행위
> 3. 암호화된 방송 신호가 방송사업자의 허락없이 복호화된 것임을 알면서 그러한 신호를 수신하여 청취 또는 시청하거나 다른 사람에게 공중송신하는 행위
> 제104조의5(라벨 위조 등의 금지)
> 누구든지 정당한 권한 없이 다음 각 호의 어느 하나에 해당하는 행위를 하여서는 아니 된다.
> 1. 저작물 등의 라벨을 불법복제물이나 그 문서 또는 포장에 부착·동봉 또는 첨부하기 위하여 위조하거나 그러한 사실을 알면서 배포 또는 배포할 목적으로 소지하는 행위
> 2. 저작물 등의 권리자나 권리자의 동의를 받은 자로부터 허락을 받아 제작한 라벨을 그 허락 범위를

---

147) 즉, 전자적 형태의 권리관리정보로 한정된 보호 범위를 바코드·QR 코드 등 비전자적 형태의 권리관리정보까지 확대하였다.

넘어 배포하거나 그러한 사실을 알면서 다시 배포 또는 다시 배포할 목적으로 소지하는 행위

3. 저작물 등의 적법한 복제물과 함께 배포되는 문서 또는 포장을 불법복제물에 사용하기 위하여 위조하거나 그러한 사실을 알면서 위조된 문서 또는 포장을 배포하거나 배포할 목적으로 소지하는 행위

제104조의6(영상저작물 녹화 등의 금지)

누구든지 저작권으로 보호되는 영상저작물을 상영 중인 영화상영관등에서 저작재산권자의 허락 없이 녹화기기를 이용하여 녹화하거나 공중송신하여서는 아니 된다.

제104조의7(방송전 신호의 송신 금지)

누구든지 정당한 권한 없이 방송사업자에게로 송신되는 신호(공중이 직접 수신하도록 할 목적의 경우에는 제외한다)를 제3자에게 송신하여서는 아니된다.

제104조의8(침해의 정지 · 예방 청구 등)

저작권, 그 밖에 이 법에 따라 보호되는 권리를 가진 자는 제104조의2부터 제104조의4까지의 규정을 위반한 자에 대하여 침해의 정지 · 예방, 손해배상의 담보 또는 손해배상이나 이를 갈음하는 법정손해배상의 청구를 할 수 있으며, 고의 또는 과실 없이 제104조의2 제1항의 행위를 한 자에 대하여는 침해의 정지 · 예방을 청구할 수 있다. 이 경우 제123조, 제125조, 제125조의2, 제126조 및 제129조를 준용한다.

2020. 2. 4. 법률 제16933호로 개정된 저작권법에서 제104조의2 제1항 제5호 중 종전의 "제25조 제2항에 따른 교육기관 · 교육지원기관"을 "제25조 제3항 및 제4항에 따른 학교 · 교육기관 및 수업지원기관"으로 변경하고, 제133조 제1항에서 "특별시장 · 광역시장 · 도지사 · 특별자치도지사", "저작권 그 밖에"를 "특별시장 · 광역시장 · 특별자치시장 · 도지사 · 특별자치도지사", "저작권이나 그 밖에"로 변경하였다.

III. 기술적 보호조치의 개념

1 문제의 소재

기술적 보호조치(technological protection measures)는 기술로서 통제하고자 하는 행위나 보호목적을 기준으로 접근통제형 기술적 보호조치와 권리통제형 기술적 보호조치로 나눌 수 있다.

접근통제(access control)형 기술적 보호조치란 저작물이 수록된 매체에 접근하거나 그 저작물 자체를 향유(재생 및 작동)하기 위하여 접근하는 것을 통제하기 위한 것(예 : 복제는 할 수 있더라도 불법복제된 것은 작동할 수 없게 하는 장치)을 말하는데, 이론상 가장 넓은 의미의 접근통제형 기술적 보호조치에는 위 기술적 보호조치 외에 저작권 등의 침해행위를 막는 것과 무관하게 단순히 저작물 등에 대한 접근만을 통제하는 조치를 포함한다.

권리통제(right control)형 기술적 보호조치란 저작권법이 저작권자에게 부여한 저작물 이용행위(복제, 배포, 공중송신 등)를 통제하기 위한 것(예 : CD 복제 방지장치)을 말한다.

권리통제형 기술적 보호조치 이외에 접근통제형 기술적 보호조치를 인정할 경우, 기존의 권리범위를 확장하거나 새로운 권리(접근권)를 창설하는 효과가 생길 수 있어 이용자의 공정한 이용을 방해하는 것이 아닌가 하는 의문이 있을 수 있으나, 접근통제형 기술적 보호조치에 대한 보호는 저작권자 또는 그의 허락을 받은 자가 저작물 등에 대하여 접근통제형 기술적 보호조치를 적용한 경우에 이를 무력화하거나 무력화를 위한 예비행위를 하는 것을 금지하는 것이지, 저작물에의 접근 자체에 대하여 권리자에게 통제권을 부여하는 것이 아니라는 점에서 새로운 권리(접근권)의 부여와는 차이가 있다.[148]

2011. 6. 30. 법률 제10807호로 개정된 저작권법(이하 제5절에 한하여 '개정 저작권법'이라 한다)에서부터 기술적 보호조치를 "저작권, 그 밖에 이 법에 따라 보호되는 권리의 행사와 관련하여 이 법에 따라 보호되는 저작물 등에 대한 접근을 효과적으로 방지하거나 억제하기 위하여 그 권리자나 권리자의 동의를 받은 자가 적용하는 기술적 조치"(제2조 제28호 가목), "저작권, 그 밖에 이 법에 따라 보호되는 권리에 대한 침해행위를 효과적으로 방지하거나 억제하기 위하여 그 권리자나 권리자의 동의를 받은 자가 적용하는 기술적 조치"(제2조 제28호 나목)로 나누어 정의하고 있는데, 그중 제2조 제28호 가목의 조치가 접근통제형 기술적 보호조치에 해당하고, 같은호 나목의 조치가 권리통제형 기술적 보호조치에 해당한다(통설, 실무).

그런데 2011. 6. 30. 법률 제10807호로 개정되기 전의 저작권법에서는 기술적 보호조치를 "저작권 그 밖에 이 법에 따라 보호되는 권리에 대한 침해행위를 효과적으로 방지 또는 억제하기 위하여 그 권리자나 권리자의 동의를 얻은 자가 적용하는 기술적 조치를 말한다."(법 제2조 제28호)라고 규정하고, 컴퓨터프로그램 보호법(2002. 12. 30. 법률 제6843호로 개정된 것, 2009. 4. 22. 폐지)은 "기술적 보호조치라 함은 프로그램에 대한 식별번호·고유번호 입력, 암호화 기타 이 법에 의한 권리를 효과적으로 보호하는 핵심기술 또는 장치 등을 통하여 프로그램저작권을 보호하는 조치를 말한다."(제2조 제9호)라고 규정하여 2011. 6. 30. 법률 제10807호로 개정되기 전의 저작권법 등의 기술적 보호조치와 개정 저작권법의 기술적 보호조치는 그 정의가 서로 다르다.

외관상 문언으로만 본다면 2011. 6. 30. 법률 제10807호로 개정된 저작권법의 기술적 보호조치의 정의 중 나목의 조치는 그 개정되기 전의 저작권법의 기술적 보호조치의 정의 내용과 같아서 위 개정으로 인해 마치 기술적 보호조치의 정의 중 가목의 조치만이 신설되고 나목의 조치는 위 개정 전의 저작권법의 기술적 보호조치의 해석 내용에 아무런 변경이 없다고 읽

---

148) 한·EU FTA 이행 개정 저작권법 해설, 문화체육관광부·한국저작권위원회(2011), 25.

힐 여지가 있다.

그러나 실무는 2011. 6. 30. 법률 제10807호로 개정된 저작권법의 기술적 보호조치의 정의 중 나목 조치의 내용과 그 개정 전의 저작권법의 기술적 보호조치의 정의는 그 문언상의 동일에도 불구하고 당시의 법 체제나 규정취지, 입법목적 등을 고려할 때 그 범위에 차이가 있다고 보고 있다.

또한 2011. 6. 30. 법률 제10807호로 개정되기 전의 저작권법(이하 III. 기술적 보호조치의 개념 부분에 한하여 위 개정을 기준으로 개정 전 저작권법을 '구 저작권법'으로, 개정 후 저작권법을 '개정 저작권법'이라 부른다) 시행 당시에, 구 저작권법과 컴퓨터프로그램 보호법에 규정된 두 기술적 보호조치의 정의에 관한 문언상 차이에도 불구하고 실질적으로 동일한 내용으로 볼 수 있는지 여부 및 구 저작권법에 규정된 기술적 보호조치 정의 규정이 접근통제형 기술적 보호조치와 권리통제형 기술적 보호조치를 준별하는 전제에서 도입되어 구 저작권법의 기술적 보호조치에는 접근통제형 기술적 보호조치가 완전히 배제된다고 해석하여야 하는지 여부(그것이 아니라 포함한다면 그 범위 여하) 등이 큰 쟁점이었다.

이하 구 저작권법의 기술적 보호조치와 컴퓨터프로그램 보호법의 기술적 보호조치의 정의 내용 간 상호관계와 구 저작권법의 기술적 보호조치에 접근통제형 기술적 보호조치가 배제되는지 여부 등을 먼저 검토한 다음, 개정 저작권법의 기술적 보호조치의 개념 및 범위에 대하여 설명하기로 한다.

② 구 저작권법 및 컴퓨터프로그램 보호법 하에서의 기술적 보호조치 정의 규정 간 관계

구 컴퓨터프로그램 보호법	구 저작권법
프로그램에 관한 식별번호·고유번호 입력, 암호화 기타 이 법에 의한 권리를 효과적으로 보호하는 핵심기술 또는 장치 등을 통하여 프로그램저작권을 보호하는 조치	저작권 그 밖에 이 법에 의하여 보호되는 권리에 대한 침해행위를 효과적으로 방지하기 위하여 그 권리자나 권리자의 동의를 얻은 자가 적용하는 기술적 조치

가. 컴퓨터프로그램 보호법상 기술적 보호조치의 범위

구 저작권법(2011. 6. 30. 법률 제10807호로 개정되기 전의 저작권법) 및 컴퓨터프로그램 보호법 하에서의 기술적 보호조치 정의 규정 간 관계를 검토하기 전에 컴퓨터프로그램 보호법상 기술적 보호조치가 오로지 권리통제형 기술적 보호조치로 한정되는지를 먼저 알아본다.

컴퓨터프로그램 보호법상 기술적 보호조치가 권리통제형 기술적 보호조치로 한정되는지에 대하여는 견해가 나뉜다.

이에 대하여 컴퓨터프로그램 보호법 제2조 제9호가 기술적 보호조치를 "이 법에 의한 권리를 보호하는 핵심기술 또는 장치 등을 통하여 프로그램저작권을 보호하는 조치"라고 규정함으로써 권리통제에 대한 기술적 보호조치를 전제로 하고, 제한열거주의를 취하는 저작권의 특성상 우리 법에서 명시적으로 저작권자의 접근권을 인정하지 않는 한, 저작물에의 접근 그 자체가 저작권의 침해를 가져온다고 할 수 없다는 이유 등으로 오로지 권리통제형 기술적 보호조치로만 한정된다는 견해가 있다.

그러나 기술적 보호조치 정의 중 '이 법에 의하여 보호되는 권리를 효과적으로 보호하는 핵심기술 또는 장치 등을 통하여 프로그램저작권을 보호하는 조치'라는 문구는 권리통제형 기술적 보호조치를 의미하는 저작권의 행사나 침해 등을 방지하거나 억제하는 기술적 보호조치보다 훨씬 넓어 컴퓨터프로그램 보호법상의 기술적 보호조치가 오로지 권리통제형 기술적 보호조치만으로 한정된다고 단정하기 어렵다.

그렇다면 컴퓨터프로그램 보호법상의 기술적 보호조치가 어느 범위까지 포섭될 수 있는지가 문제이다.

컴퓨터프로그램 보호법이 기술적 보호조치의 구체적인 유형에 대하여 규정을 두고 있지 않아 기술적 보호조치의 범위에 관하여는 법원의 해석에 맡겨져 있다.

그동안의 실무 태도를, 접근통제형 기술적 보호조치 쪽에서 살펴본다면 물리적인 복제를 막는 것과 동등한 효과가 있는 기술적 보호조치 또는 프로그램저작권에 대한 침해를 효과적으로 방지하기 위한 조치는 컴퓨터프로그램 보호법상의 기술적 보호조치에 해당하는 것으로 하되,149) 그와 무관한 단순히 프로그램에 대한 접근만을 통제하는 조치는 위 기술적 보호조치에서 제외하여 왔다.150) 한편으로 그동안의 실무 태도를, 권리통제형 기술적 보호조치 쪽에서 살펴본다면 컴퓨터프로그램 보호법상의 기술적 보호조치를 프로그램저작권 침해행위가 되는 물리적인 복제 자체를 방지하는 조치 외에 프로그램저작권 침해행위의 물리적인 복제 자체를 방지하지 않더라도 기술적 보호조치 없이 복제된 프로그램을 실행할 수 없게 하여 '간접적으로' 복제를 억제하는 효과를 가지고 있다면 이는 프로그램의 물리적인 복제를 막는 것과 동등

---

149) 대법원 2006. 2. 24. 선고 2004도2743 판결, 대법원 2011. 7. 14. 선고 2010도1441 판결.
150) 대법원 2012. 2. 23. 선고 2010도1422 판결은 "법 제2조 제9호, 제7조 등을 종합하면, '기술적 보호조치'란 컴퓨터프로그램저작물(이하 '프로그램'이라 한다)에 관한 식별번호·고유번호 입력, 암호화 및 기타 법에 의한 권리를 보호하는 핵심기술 또는 장치 등을 통하여 프로그램저작자에게 부여된 공표권, 성명표시권, 동일성유지권과 프로그램을 복제·개작·번역·배포·발행 및 전송할 권리 등 프로그램저작권에 대한 침해를 효과적으로 방지하는 조치를 의미할 뿐(대법원 2006. 2. 24. 선고 2004도2743 판결 참조), 단순히 프로그램에 대한 접근만을 통제하는 기술적 조치는 이러한 '기술적 보호조치'에 포함되지 아니한다."라고 한다.

한 효과가 있다고 평가되어 그러한 기술적 보호조치도 컴퓨터프로그램 보호법에서 규정된 기술적 보호조치에 해당하는 것으로 보아 왔다.

이하 관련 대법원판결을 분석·검토한다.

대법원 2006. 2. 24. 선고 2004도2743 판결은, "법 제2조 제9호, 제7조를 종합하면 위 '기술적 보호조치'란 프로그램에 관한 식별번호·고유번호 입력, 암호화 및 기타 법에 의한 권리를 보호하는 핵심기술 또는 장치 등을 통하여 프로그램저작자에게 부여된 공표권, 성명표시권, 동일성유지권과 프로그램을 복제·개작·번역·배포·발행 및 전송할 권리 등 프로그램저작권에 대한 침해를 효과적으로 방지하는 조치를 의미하는 것으로 봄이 상당하다."라고 하여 기술적 보호조치의 의미를 설명하면서 접근통제와 권리통제의 개념을 원용하여 구분하거나 권리통제만을 의미하는 내용으로 설시하지 않았다.

이는 미국151)이나 일본152)과 달리 접근통제형 기술적 보호조치를 명시적으로 규제 대상으로 하고 있지 않던 컴퓨터프로그램 보호법(구 저작권법도 같다) 시행 당시, 접근통제형 기술적 보호조치와 권리통제형 기술적 보호조치의 형식적 이분법론이 아니라 기술적 보호조치의 실질적인 효과를 파악하고 저작권자와 이용자 상호 간의 이해충돌 사이에서 구체적 타당성 있는 결론을 내리기 위한 것이다.

대법원은 이어서 "소니 엔터테인먼트사가 제작한 플레이스테이션 2라는 게임기 본체(이하 'PS2'라고만 한다)에서만 실행되는 이 사건 게임프로그램은 CD-ROM이나 DVD-ROM과 같은 저장매체(이하 'CD'라고만 한다)에 저장되어 판매되고 있는데, 그 정품 게임 CD에는 게임프로그램 외에도 엑세스 코드(Access Code)가 수록·저장되어 있고, PS2에는 부트롬(BOOT ROM)이 내장되어 있어 PS2에 삽입되는 게임 CD에 엑세스 코드가 수록되어 있는지를 검색한 후 엑세스 코드 없이 게임프로그램만 저장된 CD는 프로그램 실행이 되지 않도록 설계되어 있으며, 한편, 통상적인 장치나 프로그램에 의해서도 이 사건 게임프로그램의 복제는 가능하지만 엑세스 코드의 복제는 불가능하기 때문에 불법으로 복제된 게임 CD로는 PS2에서 프로그램을 실행할 수 없는 사실, 피고인이 PS2에 장착하여 준 모드칩(Mod Chip, 일명 '블루메시아칩')이라는 부품은 엑세스 코드가 수행하는 역할을 대신하는 것으로서, 엑세스 코드 없이 게임프로그램만 복제·저장된 CD가 PS2에 삽입되더라도 PS2의 부트롬으로 하여금 엑세스 코드가 수록되어

---

151) 미국은 디지털밀레니엄저작권법(Digital Millenium Copyright Act) 제1201조는 접근통제형 기술조치와 권리통제형 기술조치를 구분하여 규정하고 있다.
152) 일본은 1999년 저작권법을 개정하여 기술적 보호수단을 '기기가 특정한 반응을 하는 신호를 저작물 등과 함께 기록매체에 기록하거나 송신하는 방식'인 권리통제형(비암호형) 기술로 제한하고(법 제2조 제20호), 접근통제형(암호형) 기술은 부정경쟁방지법에서 보호하는 기술적 제한수단(법 제2조 제10호)에 포함하여 규제하는 형식을 취하고 있었다. 그 후 일본은 2012년 저작권법을 개정하여 접근통제형(암호형) 기술도 기술적 보호수단의 대상으로 추가하였다.

있는 정품 CD인 것으로 인식하게 함으로써 불법으로 복제된 게임 CD도 프로그램 실행이 가능하도록 하는 장치인 사실을 인정할 수 있다. 위 인정 사실과 같이, 엑세스 코드나 부트롬만으로 이 사건 게임프로그램의 물리적인 복제 자체를 막을 수는 없는 것이지만, 통상적인 장치나 프로그램만으로는 엑세스 코드의 복제가 불가능하여 설사 불법으로 게임프로 그램을 복제한다 하더라도 PS2를 통한 프로그램의 실행은 할 수 없는 만큼, 엑세스 코드는 게임프로그램의 물리적인 복제를 막는 것과 동등한 효과가 있는 기술적 보호조치에 해당한다고 할 것이고, 따라서 피고인이 모드칩을 장착함으로써 엑세스 코드가 없는 복제 게임 CD도 PS2를 통해 프로그램 실행이 가능하도록 하여 준 행위는 법 제30조 제2항 소정의 상당히 기술적 보호조치를 무력화하는 행위에 해당한다."고 하였다.

대법원의 위 판시 내용을 요약하자면, 액세스 코드는 그 자체로는 저작물의 복제를 방지하는 것은 아니지만 부트롬과 결합하여 복제를 간접적으로 방지하는 기능을 하므로 컴퓨터프로그램 보호법상의 기술적 보호조치에 해당한다는 것이다.[153]

그리고 대법원 2011. 7. 14. 선고 2010도1441 판결도 위 2004도2743 판결과 같은 취지에서, "닌텐도 디에스(DS) 시스템은 합법적인 게임 실행을 확실히 확보하기 위해 우선 독자적인 형상 및 사이즈, 그리고 닌텐도 디에스(DS) 시스템에만 삽입이 가능하여 실행할 수 있도록 설계된 전기 잭 접속을 지닌 게임카드의 형태를 하고 있으며, 닌텐도 디에스(DS) 시스템을 사용하지 않으면 실행을 할 수 없는 닌텐도 디에스(DS) 게임 소프트웨어를 발매한 사실, 닌텐도 디에스(DS) 시스템은 닌텐도 디에스(DS) 시스템의 접속을 인가받은 게임 소프트웨어만으로

---

153) 강기중, "컴퓨터프로그램 보호법에 정한 '기술적 보호조치'의 의미" 등, 대법원판례해설 62호(2006 하반기) (2006. 12), 법원도서관(2006), 173~175에서 "우리나라의 저작권법이나 컴퓨터프로그램 보호법은 미국이나 EU와 달리 저작권자에게 저작물에 대한 접근만을 통제할 수 있는 권리를 수여한 바 없다는 것이 일반적인 견해이므로, 접근통제만을 위한 기술적 보호조치를 회피하거나 무력화하는 것은 컴퓨터프로그램 보호법상의 규제대상이 되지 아니한다고 할 것이지만, 이 사건에서 피해자가 사용한 기술적 조치를 단순한 접근통제조치로 보는 것은 적절치 않다. 이 사건의 Boot Rom과 Access Code가 PS2에서 실행이 예정되어 있는 게임프로그램을 복제하는 것을 물리적으로 막지 못하는 것임은 호주의 최고법원이 적절히 지적한 바와 같지만, 위 기술적 조치들은 호주 항소법원의 견해와 같이 위 기술적 조치들이 access code 없이 복제된 게임프로그램을 사용할 수 없게 하여 '간접적으로' 복제나 전송행위를 억지하는 효과를 가진 것이므로 이를 단순히 접근통제만을 위한 조치로 보는 것은 적절치 않고, 이처럼 간접적으로 침해행위를 억제하는 기술적 조치를 우리 법상의 기술적 보호조치로 볼 것이냐 하는 문제만이 남게 된다. 이 사건에서 보면, 피해자는 프로그램 자체의 복제를 직접 막는 대신 그 프로그램과 함께 수록되고 그 게임프로그램의 실행에 필요한 access code의 복제를 방지하는 방식을 채택함으로써, 복제된 게임프로그램이 무용지물로 되게 하는 기술을 구현하였고, 이러한 기술이 효력을 발휘하고 있는 한 일반 이용자들이 무의미한 복제를 행하지는 않을 것인 점에 비추어 볼 때, 이 장치는 복제 자체를 물리적으로 막는 것과 동등하게 평가될 수 있는 것이므로, 위 법률 소정의 '프로그램저작권을 보호하는 조치'의 범주에 속하는 것으로 봄이 상당하고, 이와 같은 취지로 판단한 원심을 유지한 대상판결의 견해는 타당하다."라고 한다.

제한하기 위해 닌텐도 레이스 트랙 로고의 확인을 포함한 복수의 시큐리티 체크를 사용하고 있는 사실, 한편 이 사건 모드칩은 형태, 사이즈 및 형식이 닌텐도 디에스(DS) 게임카드와 유사하고, 정품 닌텐도 디에스(DS) 카드에 갖추어진 것과 같은 기능을 하도록 설계된 시큐리티 회로가 포함되어 있어, 이 사건 모드칩에 닌텐도 디에스(DS) 게임 소프트웨어를 저장한 메모리카드를 삽입한 후 이 사건 모드칩을 닌텐도 디에스(DS) 시스템에 삽입하면 닌텐도 디에스(DS) 시스템의 복수의 시큐리티 체크를 인식하여 게임을 실행하는 사실"154) 인정 하에서 "이 사건 물품을 '모드칩'이라고 부르든 '어댑터'라고 부르든 이 사건 물품은 이른바 '닥터툴'로서 닌텐도 디에스(DS) 게임기와 불법복제 게임소프트웨어가 저장된 메모리카드를 연결하여 불법복제 게임소프트웨어를 정품으로 인식하게 함으로써 위 게임기에 구축된 기술적 보호조치를 무력화시키는 장치에 해당한다."고 하였다.

결국 대법원은 단순히 프로그램에 대한 접근만을 통제하는 기술적 조치는 컴퓨터프로그램 보호법상의 기술적 보호조치에 포함되지 아니한다고 밝히면서도,155) 컴퓨터프로그램 보호법상의 기술적 보호조치를 해석함에 있어서 접근통제형 기술적 보호조치와 권리통제형 기술적 보호조치의 이분법론을 전제로 하지 않고 해당 기술적 보호조치의 실질적인 효과를 중시하여 그 기술적 보호조치가 단순히 프로그램에 대한 접근만을 통제하는 기술적 조치인지 아니면 프로그램저작권 침해를 효과적으로 방지하거나 억제하는 조치인지 여부를 구체적 사안에 따라 개별적으로 판단한 것으로 보인다.

나. 구 저작권법과 컴퓨터프로그램 보호법의 각 기술적 보호조치의 동일 여부

구 저작권법과 컴퓨터프로그램 보호법의 기술적 보호조치 정의에 관한 규정의 외관상 문언만을 보면, 컴퓨터프로그램 보호법의 기술적 보호조치 정의가 구 저작권법의 그것보다 더 포괄적으로 규정되어 있다고 볼 수 있지만, 컴퓨터프로그램 보호법은 저작권법의 특별법으로서 컴퓨터프로그램 보호법에 규정이 없는 사항은 그 성질에 반하지 아니하는 한 일반법인 저작권법이 적용되어야 하는 관계에 있는 점(컴퓨터프로그램 보호법 제45조), 저작권자의 권리 보호를 확대해 나가는 경향에 비추어 볼 때 컴퓨터프로그램 보호법보다도 늦게 기술적 보호조치에 관한 규정을 신설한 저작권법이 기술적 보호조치를 컴퓨터프로그램 보호법보다도 축소하였다고 할 수는 없는 점 등의 사정을 종합하면, 두 법의 기술적 보호조치의 정의에 관한 한 동일하게 해석하는 것이 타당하다.156)

---

154) 원심인 부산지방법원 2010. 1. 14. 선고 2009노2506 판결(상고기각 확정)의 판결이유에 기재된 내용이다.

155) 대법원 2012. 2. 23. 선고 2010도1422 판결.

156) 강기중, "컴퓨터프로그램 보호법에 정한 기술적 보호조치의 의미" 등, 대법원판례해설 62호(2006 하반

따라서 컴퓨터프로그램 보호법의 "프로그램저작권을 보호하는 조치"는 "프로그램저작권에 대한 침해행위를 효과적으로 방지하는 조치"로 해석할 수 있다. 여기에서 '효과적으로'라고 규정한 것은 모든 기술조치가 보호받을 수 있는 것이 아니라 기술적 보호조치가 저작권 등을 보호하기 위한 의식적인 노력의 산물이어야 하고 적어도 너무 쉽게 또는 우연하게 우회될 수 있는 기술적 조치는 배제된다는 뜻으로 해석된다.

다. 구 저작권법상 기술적 보호조치의 범위 — 실무는 구 저작권법의 기술적 보호조치를 '오로지' 권리통제형 기술적 보호조치만으로 한정하지 않았음

앞에서 본 바와 같이 컴퓨터프로그램 보호법의 기술적 보호조치와 구 저작권법의 기술적 보호조치는 서로 동일하게 해석하여야 하므로, 구 저작권법의 기술적 보호조치가 권리통제형 기술적 보호조치로 한정되는지 여부에 대하여도 앞의 컴퓨터프로그램 보호법의 기술적 보호조치에서 설명한 논리가 그대로 적용된다.

즉, 구 저작권법상 기술적 보호조치의 범위에 대하여 그동안의 실무 태도를 접근통제형 기술적 보호조치 쪽에서 살펴본다면 물리적인 복제를 막는 것과 동등한 효과가 있는 기술적 보호조치 또는 저작권에 대한 침해를 효과적으로 방지하기 위한 조치는 접근통제형 기술적 보호조치에 해당하는 것으로 보되,[157] 그와 무관한 단순히 저작물에 대한 접근만을 통제하는 기술적 조치는 접근통제형 기술적 보호조치에서 제외하였다.[158] 한편으로 그동안의 실무 태도를 권리통제형 기술적 보호조치 쪽에서 살펴본다면, 구 저작권법상의 기술적 보호조치를 저작권 침해행위가 되는 물리적인 복제 자체를 방지하는 조치 외에 저작권 침해행위의 물리적인 복제 자체를 방지하지 않더라도 기술적 보호조치 없이 복제된 저작물을 이용할 수 없게 하여 '간접적으로' 복제를 억제하는 효과를 가지고 있다면 이는 저작물의 물리적인 복제를 막는 것과 동등한 효과가 있다고 평가되어 그러한 기술적 보호조치도 구 저작권법에서 규정된 기술적 보호조치에 해당하는 것으로 해석하였다.

이하 관련 대법원판결을 분석·검토한다.

대법원 2009. 10. 29. 선고 2007도10735 판결은 "원심은, 그 판시와 같이 적법하게 확정한 사실관계에 터잡아, 원심 판시의 패치프로그램의 경우, 피고인들의 그 판시와 같은 패치프로그램의 제공 없이는 위성방송서비스업체들이 영상 신호인 오디오·비디오 패킷과 함께

기) (2006. 12), 법원도서관(2006), 172 참조.

157) 대법원 2009. 10. 29. 선고 2007도10735 판결, 대법원 2017. 7. 11. 선고 2017도2779 판결(서울중앙지방법원 2017. 2. 3. 선고 2015노2783 판결의 상고심 판결이다). 이들에 대하여는 뒤에서 추가로 설명한다.

158) 대법원 2012. 2. 23. 선고 2010도1422 판결, 이에 대하여는 뒤에서 추가로 설명한다.

송신하는 암호화된 컨트롤워드가 해독될 수 없어 위성방송 시청이 불가능한 점[159] 등에 비추어 볼 때, 피고인들이 이 사건 위성수신제한시스템의 스마트카드에 들어있는 컨트롤워드 해독용 프로그램 소스파일로 위 패치프로그램을 개발하여 피고인 ○○○, □□□ 등에 의해 제작된 위성방송수신기에 장착한 행위는 불법적인 저작물의 복제나 전송, 방송, 이용 등의 행위를 가능하게 할 수 있는 행위로서 저작권법 제92조 제2항에 정한 기술적 보호조치를 무력화하는 것을 주된 목적으로 하는 행위에 해당하고, 또한 원심 판시의 실시간 전송 방식의 경우에도, 피고인들이 고용한 성명불상자들이 정식으로 중동지역의 위성방송시청자로 가입하여 정식으로 이 사건 위성수신제한시스템의 스마트카드를 교부받았고, 그 판시 인도인을 만나 직접 위성방송의 컨트롤워드 추출을 위한 핵심적인 정보를 받아 해킹프로그램을 개발하고, 위 인도인과 함께 위와 같은 해킹프로그램을 이용하여 컨트롤워드를 실시간으로 추출하는 행위를 하였으며, 위와 같이 추출한 컨트롤워드를 위성 인터넷을 통해 국내에 있는 서버로 실시간으로 수신한 후, 다시 위성방송수신기들로 실시간 전송하는 행위를 하였다면, 이러한 피고인들의 행위 역시 불법적인 저작물의 복제나 전송, 방송, 이용 등의 행위[160]를 가능하게 할 수 있는 행위로서 저작권법 제92조 제2항에 정한 기술적 보호조치의 무력화 행위에 해당한다고 판단하였다. 원심판결 이유를 기록에 비추어 살펴보면, 원심의 이러한 판단은 정당한 것으로 수긍할 수 있다."라고 하였는데, 이러한 판단은 컴퓨터프로그램 보호법의 기술적 보호조치에 관한 선행판결들의 취지에 따른 것이다.

아래에서 위 사건의 사실관계를 부연설명한다.

---

159) 스마트카드 없이 위성방송 시청이 불가능하다는 점은 위성방송을 불법으로 수신한 후 공중에게 공개하는 경우 공연권 침해의 가능성이 있음을 고려한 것으로 보인다.

160) 다만 결론에 영향은 없으나 원심판결의 판결이유 중에는 아래 두 부분이 미흡하거나 잘못 설명되고 있어 이를 바로잡고자 한다. 원심판결이유에 "피고인들의 행위는 불법적인 저작물의 복제나 전송, 방송, 이용 등의 행위를 가능하게 할 수 있는 행위로서"라고 각각 기재되어 있는데, 위 사건은 방송사업자의 저작인접권이 문제가 되고 구 저작권법상 방송사업자의 저작인접권으로 복제권과 동시중계방송권만이 인정되고 있었으므로, 원심판결에 '복제, 동시중계방송'이라고 기재하지 않고 저작권의 일부로 해석할 수 있는 '전송, 방송, 이용 등'으로 기재한 것은 정확하지 않은 설명으로 보인다.

그리고 원심판결의 나머지 이유 중 「문학적·예술적 저작물의 보호를 위한 베른협약」 제11조의2 자체가 저작인접권을 규정한 것이라고 설명한 것도 정확한 설명이 아니어서 오해의 소지가 있다. 즉 「문학적·예술적 저작물의 보호를 위한 베른협약」 제11조의2는 기본적으로 저작자의 방송권을 내용으로 하고, 제3항 단서에서 '방송사업자가 자체의 시설에 의하여 자신의 방송물에 사용되는 일시적 기록물에 관한 규칙은 동맹국의 입법에 따라 결정한다'.라고 규정하고 있는 정도이다. 이와 관련하여, 「문학적·예술적 저작물의 보호를 위한 베른협약」에 명시되어 있지 않은 권리에도 「문학적·예술적 저작물의 보호를 위한 베른협약」상의 내국민대우의 원칙이 적용되느냐 하는 문제에 대하여는 적용설과 부정설로 견해가 나뉘어 있다. 그렇더라도 「무역 관련 지식재산권에 관한 협정」(WTO/TRIPS) 제14조 제1항에 방송사업자의 저작인접권이 명시되어 있고 원심이 이 규정을 우리나라 저작권법 적용의 직접적인 근거로 삼고 있다고 판단되는 이상, 그와 같은 설명의 잘못은 사건의 결론에 영향이 없다.

유료위성방송사업자가 사용한 위성방송 수신제한시스템에 관하여 수신인가를 받은 가입자가 위송방송을 보기 위하여는 위성방송사업자에 의해 제공되어 수신기에 장착된 암호 해독용 스마트카드에 의해, 암호화된 컨트롤워드가 해독되어 추출되고, 이와 같이 추출된 컨트롤워드에 의해 방송신호가 복호화(descrambling)되는 과정이 필요하다. 따라서 방송사업자에 의해 제공되는 스마트카드 없이는 위성방송을 제대로 볼 수 없고 그 방송물을 복제할 수 없다.

그런데 피고인들은 해커들에 의해 공개된 컨트롤워드를 해독하는 프로그램소스를 내려 받아 자신들이 제작한 위성방송수신기에서 작동될 수 있도록 수정하여 패치 프로그램을 만들고, 이를 자신들이 제작한 위성방송수신기에 장착하여 판매함으로써 제품구입자가 위성방송사업자에 의해 제공되는 스마트카드를 따로 구입하지 않아도 위성방송을 시청할 수 있도록 하였으며, 이에 방송사업자가 위와 같은 패치 프로그램을 통하여 방송프로그램이 제한없이 시청되는 것을 알고 이를 막기 위하여 컨트롤워드를 수시로 변경하여 송신하는 등의 조치를 취하자, 피고인들은 방법을 바꾸어 정식으로 발급받은 스마트카드를 통해 해독되는 정상적인 컨트롤워드 정보를 실시간으로 추출하여 위성을 이용한 인터넷 서비스를 통해 국내에 있는 컨트롤워드 서버로 전송한 다음, 다시 국내 컨트롤워드 서버가 위성 인터넷을 통해 컨트롤워드 정보를 해당 수신기로 실시간 전송하는 방법을 사용함으로써, 방송사업자로부터 컨트롤워드 정보를 해독하기 위한 스마트카드를 따로 구입하지 않고도 자산들이 제작한 위성방송수신기를 이용하여 위성방송을 시청할 수 있도록 하였다.

위 사건에서 스마트카드가 위성방송의 물리적인 복제 자체를 직접적으로 막을 목적으로 제공되는 것은 아니지만 위성방송사업자에 의해 제공되는 스마트카드 없이는 위성방송을 이용하여 공연하거나 시청한 방송을 복제할 수 없을 터이므로, 스마트카드의 이러한 기술적 효력이 발휘되고 있는 한, 스마트카드를 사용한 수신제한시스템은 적어도 복제 행위를 방지 내지 억제하는 것과 밀접한 관련이 있거나 방송물에 대한 불법적인 복제 행위 등을 효과적으로 방지 내지 억제하는 것으로 볼 수 있다. 즉 통상적인 장치나 프로그램만으로는 위 스마트카드의 복제가 불가능하여 설사 불법으로 수신제한시스템 등을 제작하더라도 위 스마트카드 없이 위성방송을 이용하여 공연하거나 그 위성방송물을 복제할 수 없으므로 이러한 경우에 위 스마트카드는 저작권 등의 보호와 무관하게 단순히 접근만을 통제하는 기술적 보호조치에 해당하는 것이 아니라 수신제한시스템과 함께 적어도 위성방송물의 물리적인 복제를 막는 것과 동등한 효과가 있는 기술적 보호조치를 구성하고 있다고 볼 수 있다.

이러한 사정 하에서 대법원은, 위 피고인들의 행위가 방송물에 단순히 접근할 수 있도록 하는 것을 넘어 디지털 네트워크 환경에서 불법적인 저작물의 복제 행위 등도 가능하게 할 수 있는 행위로서 기술적 보호조치를 무력화하는 것을 주된 목적으로 하는 행위에 해당한다는 원심판단을 수긍하였다.

또한 서울중앙지방법원 2017. 2. 3. 선고 2015노2783 판결(대법원 2017. 7. 11. 선고 2017도2779 판결에서 상고기각 확정)은 아래와 같이 판단하였다.

구 저작권법 제2조 제28호에 의하면 '기술적 보호조치'란 저작권 그 밖에 저작권법에 따라 보호되는 권리에 대한 침해 행위를 효과적으로 방지 또는 억제하기 위하여 적용된 기술적 조치를 의미하는바, 구 저작권법은 저작권법상 보호되는 기술적 보호조치의 구체적인 유형에 관하여 아무런 규정을 두고 있지 않고 있어, 구 저작권법상의 기술적 보호조치의 범위에 관하여는 법원의 해석에 맡겨져 있다고 할 수 있다.

살피건대, ① 저작권 또는 저작인접권을 침해하는 유형이 다양해지고 그러한 권리를 직·간접적으로 침해하는 기술은 더욱 다양하게 발전하고 있는 것이 현실이므로, 구 저작권법 제2조 제28호에서 정하는 기술적 보호조치의 범위는 보다 적극적으로 해석할 필요성이 있는 점, ② 하나의 기술적 보호조치가 접근통제적 기능과 침해방지적 기능을 겸유하는 경우도 적지 않을 것으로 보이는 점, ③ 어떠한 기술적 보호조치가 접근통제조치의 기능이 있다고 하더라도 실질적으로 복제를 방지하여 효과적인 침해방지의 기능을 수행하고 있다거나, 간접적으로 복제에 의한 권리침해를 효과적으로 방지·억제하기 위해 접근통제조치가 활용되는 경우 등과 같이 접근통제적 기능을 가지면서도 실질적으로 침해방지행위와 동등한 효과가 있는 기술적 보호조치의 경우에는 저작권법상의 보호범위에 포함시키는 것이 타당할 것인 점 등을 종합하면, 구 저작권법에서 규정하는 기술적 보호조치의 범위를 저작권 침해행위의 발생 자체를 물리적으로 방지하고 억제하는 조치 외에도, 그러한 행위의 실행을 억제함으로써 저작권의 보호를 도모하는 것까지도 포함한다고 봄이 상당하다.

그리고 기술적 보호조치의 무력화 행위는 불법적인 저작물의 복제나 전송, 방송, 이용 등의 행위를 가능하게 할 수 있는 행위로서, 그 행위 자체에 위와 같은 복제, 전송, 방송, 이용 등의 행위, 즉 저작권의 침해가 반드시 수반되어야 할 필요는 없다고 할 것이다.

이와 같은 법리를 바탕으로, 제1심과 당심에서 적법하게 채택하여 조사한 증거들에 의하여 인정되는 아래의 사정들을 종합하여 보면, 피해회사가 제작한 위성방송의 수신제한시스템과 암호화 시스템은 접근통제의 역할을 하면서도 실질적으로는 권리침해를 효과적으로 방지할 수 있는 것과 동등한 효과를 가진다고 봄이 상당하다.

따라서 위 위성방송의 수신제한시스템과 암호화 시스템은 구 저작권법상의 기술적 보호조치의 범위에 포함된다고 할 것이고, 피고인이 수신제한시스템의 암호를 해독하는 213S 펌웨어를 개발·제공하는 행위는 불법적인 저작물의 복제나 전송, 방송, 이용 등의 행위를 가능하게 할 수 있는 것으로서 기술적 보호조치의 무력화 행위에 해당한다.

① 피해회사가 제작한 수신제한시스템(CAS)은 유럽지역 등의 위성방송서비스업체가 시청료를

지급하는 시청자에게만 위성방송 서비스를 제공할 수 있도록 하기 위한 기술적 장비이다. 이러한 수신제한시스템은 위성방송서비스를 제공하는 방송사업자가 자신들의 방송저작물에 관해 가지는 저작권 및 저작인접권 또는 방송에 대한 동시중계방송권 등의 권리나 이익을 보호하기 위하여 개발된 것이다.

② 피해회사가 제작한 수신제한시스템(CAS)은 위성접시(수신기)와 스마트카드를 구매한 소비자만이 암호를 풀 수 있는 권한[제어 단어(control word) 등]을 얻어 방송을 수신·시청할 수 있도록 하는 보안시스템이다. 그 원리는, 고유번호 등이 입력된 개별 위성방송업체의 소스프로그램을 컴파일 작업을 거쳐 셋톱박스 CPU에 저장해 놓으면, 셋톱박스에 위성방송 신호가 수신되었다고 하더라도 수신료를 지불하지 않으면 암호화한 고유번호가 풀리지 않아 수신된 위성방송 신호가 화면으로 현출되지 못함으로써 위성방송을 시청하지 못하게 되어 있다.

③ 수신제한시스템과 암호화시스템의 기본적인 주요기능은, 수신료를 지급하지 않은 사람에 대해서는 위성방송에 대한 접근을 제한함으로써, 방송에 대한 불법 복제·전송을 사전에 차단하는 것이다. 즉, 피해회사의 수신제한시스템은 유료 방송프로그램의 동시중계방송권 또는 콘텐츠 저작권의 침해 자체를 직접적으로 막는 것은 아니지만, 불법적인 방송 저작물의 복제나 전송, 방송, 이용 등의 행위를 효과적으로 방지·억제할 수 있다.

④ 피고인이 개발한 'DM100S-MAIN_V213F.BIN 펌웨어'(이하 '213F 펌웨어'라 한다)와 213S 펌웨어에는 소프트웨어 보안키(유료방송 안에 암호화된 것을 해독할 수 있게 하는 장치), CCCAM(유료방송에 암호화되어 있는 것을 무력화할 수 있는 것), IDEA 알고리즘(유료방송을 해독할 수 있는 것), 에뮬레이터(스마트카드의 이미지를 활용하여 스마트카드 없이도 스마트카드 기능을 갖추도록 하는 장치), CCCAM 어플리케이션(보안을 해제할 수 있는 스마트카드의 정보가 인터넷을 통해 공유될 수 있도록 하는 것) 등이 설치되어 있다. 각 펌웨어에 설치된 각종 장치 및 프로그램은 원거리 인터넷 서버(remote internet server)를 통하여 위성방송 암호를 해킹하여 합법적 스마트카드 없이도 암호·부호화된 위성방송을 수신할 수 있도록 작동되고, 이에 따라 피해회사의 수신제한시스템은 제대로 작동되지 못하게 된다.

따라서 이와 다른 전제에서 피해회사의 수신제한시스템이 구 저작권법의 적용대상이 아닌 접근통제형 기술적 보호조치에만 해당된다고 보는 피고인의 위 법리오해 주장은 더 나아가 살펴볼 필요 없이 이유 없다.

피고인이 위 판결에 대해 상고하였으나 대법원은 "원심판단에 구 저작권법(2009. 7. 31. 법률 제9785호로 개정되기 전의 것) 제2조 제28호의 '기술적 보호조치'의 정의 및 범위, 위 저작권법 제124조 제2항의 해석 및 적용 등에 관한 법리를 오해하거나 증거재판주의 원칙을 위반하는 등의 잘못이 없다."161)라고 하면서 상고를 기각하였다.

대법원 2009. 10. 29. 선고 2007도10735 판결에서 문제가 된 위성방송의 기술적 보호조치와 서울중앙지방법원 2017. 2. 3. 선고 2015노2783 판결에서의 수신제한시스템은 모두 CAS(Conditional Access System), CSS(Content Scramble System)의 범주에 해당하고 두 시스템은 기술적으로 별다른 차이가 없다. 결국 이들 법원은 CAS(Conditional Access System), CSS(Content Scramble System)와 같은 수신제한시스템이 가지는 실질적인 효과를 검토하여 그것들이 접근통제형 기술적 보호조치와 권리통제형 기술적 보호조치의 성격을 모두 가지고 있다고 판단한 것이다.

한편, 이에 대해 일각에서 구 저작권법에서의 기술적 보호조치의 대상은 권리통제형 기술적 보호조치로 한정되는데 CAS(Conditional Access System), CSS(Content Scramble System) 등은 순수한 접근통제형 기술에 해당됨을 전제로, 위 판결들이 CAS(Conditional Access System), CSS(Content Scramble System)라는 기술을 구 저작권법상 기술적 보호조치에 포함시킨 것은 저작권법이 인정하지 않는 새로운 접근권을 인정하는 셈이 되어 부당하다는 취지로 주장한다.

그러나 먼저 구 저작권법에서의 기술적 보호조치의 대상이 오로지 권리통제형 기술적 보호조치로 한정하여 해석되지 않음은 앞에서 본 바와 같다.[162]

그리고 저작권법에서 CAS, CSS가 가지는 기술적 의미를 실질적으로 파악하여 볼 때 이들 시스템이 순수한 접근통제형 기술적 보호조치에 해당한다고 단정할 수도 없다.

이와 관련하여 미국에서 DVD의 CSS에 대하여 당초 복제 자체를 통제하는 기능이 존재하지 아니함을 이유로 접근통제 조치로 보았다가[163] 그 후 기술적 재평가가 이루어져 DVD의 CSS가 접근통제 조치에 해당함과 아울러 그 접근통제의 목적이 DVD의 복제를 막으려는 것임을 이유로 권리통제 조치에도 해당한다[164]라는 판단이 나오고 있고, 일본에서도 당초 CAS, CSS 등을 순수한 접근통제형 기술로 분류하고 CAS, CSS 등이 권리통제형 기술적 보호수단만을 보호하는 일본 저작권법하의 규제 대상에 포함되지 않는다고 판단하였지만[165] 그 후

---

161) 대법원 2017. 7. 11. 선고 2017도2779 판결.
162) 2011. 12. 2. 법률 제11110호로 개정된 저작권법은 제104조의4로 암호화된 방송 신호의 무력화 등의 금지 규정을 신설함으로써 해당 행위가 금지됨을 명확히 하였다.
163) Universal City Studios, Inc. v. Reimerdes, 111 F. Supp. 2d 294(S.D.N.Y 2000).
164) 321 Studios v. Metro Goldwyn Mayer Studios, Inc., 307 F. Supp. 2d 1085 (N.D. California 2004).
165) 일본은 1999년 관련 법 개정으로 기술적 보호수단의 대상을 '기기가 특정한 반응을 하는 신호를 저작물 등과 함께 기록매체에 기록하거나 송신하는 방식'인 권리통제형(비암호형) 기술적 보호수단으로 제한하고(법 제2조 제1항 제20호), 접근통제형(암호형) 기술적 보호수단은 부정경쟁방지법에서 보호하는 기술적 제한수단(법 제2조 제10호)에 포함되어 규제하는 형식을 취하고 있었다. 그 후 실질적으로 복제를 보호하기 위하여 이용되는 DVD의 CSS(Content Scramble System)와 같은 접근통제 기술을 피하여 복제가 행해지는 것도 저작권법으로 막아야 한다는 의견이 대두되어 2012년 저작권법을 개정하여 기술적 보호수단의 정의 규정(법 제2조 제1항 제20호)에서 '기기가 특정한 변환을 필요로 하는 저작물 등을 변환하여 기록매체에 기록하거나 송신하는 방식'인 접근통제형(암호형) 기술도 기술적 보호

CAS, CSS 등이 접근통제형 기능에 속하면서도 아울러 권리통제형 기능을 겸하고 있는 기술로 재평가되었다.166)

다음으로, 단말기에서 두 프로그램을 동시에 구동되지 않도록 취한 기술조치가 단순히 접근통제형 기술조치에 해당한다고 본 대법원 2012. 2. 23. 선고 2010도1422 판결의 사안을 본다.

갑 회사에 의해 제공되는 I-Driver라는 명칭의 대리운전 배차프로그램167)에 대해 피고인들은 I-Driver 프로그램과 함께 사용하여야만 구동이 가능한 AiCall이라는 배차프로그램168)을 개발하여 대리운전 기사들로 사용하도록 하였는데 AiCall 프로그램은 대리운전 기사들이 소지하고 있는 PDA에 터치하지 않고서도 바로 배차를 받을 수 있게 되어 있어 위 I-Driver 프로그램을 사용하는 대리운전 기사들보다 우선 배차를 받을 수 있게 되자, 갑 회사가 ① I-Driver 프로그램과 AiCall 프로그램이 동시에 실행되면 I-Driver 프로그램이 바로 종료되게 하고 ② 대리운전기사 등 이용자가 실제 PDA 화면을 물리적으로 터치하였을 경우에만 I-Driver 프로그램이 구동되도록 하며,169) ③ PDA 부팅시 자동 실행되는 기본프로그램(인터넷 익스플로러, 파일 탐색기, 전화기 프로그램 등) 이외에는 I-Driver 프로그램과 동시 구동이 불가능하도록 하는 기술조치를 취하였다. 즉 갑 회사가 취한 기술조치는 AiCall 프로그램이 I-Driver 프로그램과 동시에 구동되지 않도록 한 것이다. 이에 피고인들은 AiCall 프로그램이 I-Driver 프로그램과 동시에 구동될 수 있도록 AiCall 프로그램의 실행파일명을 변경하도록 하여 갑 회사가 채용한 조치를 무력화시킨 것이었다. 이에 검사는 피고인들의 행위가 I-Driver 프로그램에 대한 기술적 조치를 무력화시킨 것으로 보고 피고인들을 컴퓨터프로그램 보호법위반으로 기소하였고 1심과 2심은 모두 갑 회사가 취한 기술조치는 컴퓨터프로그램 보호법 제30조 소정의 기술적 보호조치에 해당하지 않는다는 이유 등으로 무죄를 선고하였다.

상고심에서 대법원은 "법 제2조 제9호, 제7조 등을 종합하면, '기술적 보호조치'란 컴퓨터프로그램저작물(이하 '프로그램'이라 한다)에 관한 식별번호·고유번호 입력, 암호화 및 기타 법에 의한 권리를 보호하는 핵심기술 또는 장치 등을 통하여 프로그램저작자에게 부여된 공표

수단의 대상으로 추가하였다.

166) 著作權法 コンメンタール2, 半田正夫·松田政行 編, 勁草書房(2015), 292~294(吉田大輔·壹貫田剛史 집필부분).

167) 대리운전기사가 화면에 표시되는 대리운전 요청내용들을 확인하고 그중 하나를 선택함으로써 배차가 이루어지도록 하는 프로그램이다.

168) I-Driver 프로그램 등의 여러 유사한 프로그램과 동시에 실행되어 그중 설정된 조건에 부합하는 대리운전 요청을 자동으로 선택하는 프로그램이다.

169) 위 ② 부분의 기술 조치에 대하여, 1심에서 PDA 화면을 물리적으로 터치하였을 경우에만 I-Driver프로그램이 구동이 되도록 조치를 하였다는 검사의 주장사실 자체가 증거부족으로 인정되지 않는다고 판단되었고(수원지방법원 2009. 7. 9. 선고 2008고정52 판결), 항소심에서도 같은 판단이 내려졌다(수원지방법원 2010. 1. 11. 선고 2009노3689 판결). 1심과 항소심 모두 피고인들에 대하여 무죄가 선고되었다.

권, 성명표시권, 동일성유지권과 프로그램을 복제 · 개작 · 번역 · 배포 · 발행 및 전송할 권리 등 프로그램저작권에 대한 침해를 효과적으로 방지하는 조치를 의미할 뿐(대법원 2006. 2. 24. 선고 2004도2743 판결 참조), 단순히 프로그램에 대한 접근만을 통제하는 기술적 조치는 이러한 '기술적 보호조치'에 포함되지 아니한다."라고 하면서 위 기술조치들이 "모두 I-Driver 프로그램에 대한 접근을 허용하지 않는 접근통제조치에 해당될 뿐 I-Driver 프로그램의 저작권에 대한 침해를 효과적으로 방지하기 위한 조치로 보기 어려우므로, 위와 같은 조치들은 법 제30조 소정의 기술적 보호조치에 해당한다고 볼 수 없다."라고 하였다. 즉 요약하자면 단말기에서 두 프로그램이 동시에 구동되지 않도록 취한 기술조치를 무력화시켜 단말기에서 두 프로그램을 동시에 구동하도록 한 사안에서 법원은 당초 단말기에서 두 프로그램을 동시에 구동되지 않도록 한 기술조치는 프로그램을 단말기에서 구동(실행)시키기 위한 단순히 접근만을 통제하는 기술조치로 파악한 것으로 타당한 결론이다.

③ 개정 저작권법의 기술적 보호조치의 범위 및 판단방법

구 저작권법(2011. 6. 30. 법률 제10807호로 개정되기 전의 저작권법)의 기술적 보호조치와 개정 저작권법(2011. 6. 30. 법률 제10807호로 개정된 저작권법)의 기술적 보호조치의 각 정의는 아래와 같다.

구 저작권법	개정 저작권법
"기술적 보호조치"는 저작권 그 밖에 이 법에 따라 보호되는 권리에 대한 침해 행위를 효과적으로 방지 또는 억제하기 위하여 그 권리자나 권리자의 동의를 얻은 자가 적용하는 기술적 조치를 말한다.	"기술적 보호조치"란 다음 각 목의 어느 하나에 해당하는 조치를 말한다. 가. 저작권, 그 밖에 이 법에 따라 보호되는 권리의 행사와 관련하여 이 법에 따라 보호되는 저작물 등에 대한 접근을 효과적으로 방지하거나 억제하기 위하여 그 권리자나 권리자의 동의를 받은 자가 적용하는 기술적 조치 나. 저작권, 그 밖에 이 법에 따라 보호되는 권리에 대한 침해 행위를 효과적으로 방지하거나 억제하기 위하여 그 권리자나 권리자의 동의를 받은 자가 적용하는 기술적 조치

구 저작권법은 기술적 보호조치를 접근통제형 기술적 보호조치와 권리통제형 기술적 보호조치로 명시적으로 구분하여 정의하고 있지 않았기 때문에 당시 실무는 기술적 보호조치에 해당하는지 여부를 판단하면서 개별적인 사안별로 기술적 보호조치가 저작권 등에 대한 침해를 효과적으로 방지하는지를 판단기준으로 하였다.

그 후 개정 저작권법 제2조 제28호는 구 저작권법과는 달리 기술적 보호조치를 정의하면서 가목을 새로 추가하고 기존의 정의 문언을 나목으로 옮겼는데, 학계 및 실무에서는 개정 저작권법 제2조 제28호 가목의 조치를 접근통제형 기술적 보호조치로, 나목의 조치를 권리통제형 기술적 보호조치라고 이해하고 있다. 다만 가목의 조치가 접근통제형 기술적 보호조치를 규정한 것이라고 하더라도 "저작권, 그 밖에 이 법에 따라 보호되는 권리170)의 행사와 관련하여"라는 문언을 넣어 저작권 등을 구성하는 각각의 개별 권리의 보호와 관련이 있어야 함을 명확히 하고 있다.171) 따라서 개정 저작권법의 기술적 보호조치 중 가목의 조치에 저작권 등의 침해행위를 막는 것과 무관하게 단순히 저작물에 대한 접근만을 통제하는 기술적 보호조치는 저작권법의 보호 대상에서 제외된다. 여기서 접근에는 저작물이 수록된 매체에 대한 접근이나 그 매체의 재생·작동 등을 통한 저작물의 내용에 대한 접근 등을 포함한다.

다음으로 개정 저작권법이 기술적 보호조치를 위와 같이 가목과 나목으로 나누고 그 보호 방법 및 금지의 예외 등에 서로 차이를 두고 있으므로 개정 저작권법부터는 두 기술적 보호조치를 구분하여 이해할 필요가 있다.

대법원 2015. 7. 9. 선고 2015도3352 판결172)은, 개정 저작권법에 규정한 각 기술적 보호조치의 개념 및 범위에 대하여, 개정 저작권법의 기술적 보호조치 중 가목의 보호조치는 저작권 등을 구성하는 복제·배포·공연 등 개별 권리에 대한 침해행위 자체를 직접적으로 방지하거나 억제하는 것은 아니지만 저작물이 수록된 매체에 대한 접근 또는 그 매체의 재생·작동 등을 통한 저작물의 내용에 대한 접근 등을 방지하거나 억제함으로써 저작권 등을 보호하는 조치를 의미하고, 그중 나목의 보호조치는 저작권 등을 구성하는 개별 권리에 대한 침해행위 자체를 직접적으로 방지하거나 억제하는 보호조치라고 하여 이들 기술적 보호조치를 명확히 구별하고 있다.

따라서 과거 구 저작권법상의 기술적 보호조치에는 저작권 침해행위가 되는 물리적인 복

---

170) 여기서 저작권, 그 밖에 이 법에 따라 보호되는 권리라는 것은 저작권법에 의해 보호되는 저작재산권, 저작인격권, 배타적발행권, 출판권, 저작인접권, 데이터베이스제작자의 권리를 말한다.

171) 미국 디지털밀레니엄 저작권법(Digital Millenium Copyright Act) 제1201조(a)(1) (A)는 "누구든지 본 편 법전 상 보호되는 저작물에의 접근을 효과적으로 통제하는 기술적 보호조치를 우회하여서는 아니 된다."라고 규정하여 우리 법과는 달리 문언상 저작권법상의 기존 권리를 보호하기 위한 효과적인 수단이 될 것을 요건으로 하고 있지 않은데, 위 규정의 해석을 두고 저작권과 합리적 관련성을 가진 접근통제 무력화 행위만이 금지된다고 보는 견해[Chamberlain Group, Inc. v. Skylink Technologies, Inc., 381 F.3d 1178 (Fed. Cir. 2004)]와 저작권 보호와는 관련 없이 저작물에의 접근통제 무력화 행위도 금지된다는 견해[MDY Industries, LLC v. Blizzard Entertainment, Inc., 629 F.3d 928 (9th Cir. 2010)]가 있다는 설명에 대하여는 구민승, "기술적 보호조치의 구분 방법", 대법원판례해설 제106호, 법원도서관(2016), 377~379 참조.

172) 구민승, "기술적 보호조치의 구분 방법", 대법원판례해설 제106호, 법원도서관(2016), 396은 위 대법원 판결은 기술적 보호조치에 관한 저작권법 개정 후 저작권법 제2조 제28호 가목과 나목의 기술적 보호조치의 의미를 명확히 하면서 그 구분방법에 관한 법리를 최초로 설시한 선례로서 의미가 있다고 한다.

제 자체를 방지하는 조치 외에 저작권 침해행위의 물리적인 복제 자체를 방지하지 않더라도 기술적 보호조치 없이 복제된 프로그램을 실행할 수 없게 하여 '간접적으로' 복제를 억제하는 효과를 가지고 있는 것도 일부 포함되었으나, 개정 저작권법에서 기술적 보호조치 중 나목을 해석함에는 기술적 보호조치 없이 복제된 프로그램을 실행할 수 없게 하여 '간접적으로' 복제를 억제하는 효과를 가지고 있는 것은 나목의 조치에서 배제되고 그와 같은 간접적으로 복제를 억제하는 효과를 가지는 기술적 보호조치는 가목의 조치에 해당한다고 해석할 수 있게 되어, 구 저작권법상의 기술적 보호조치의 해석 방법을 굳이 유지할 필요가 없게 되었다.

다시 요약하자면, 저작권법이 규정하는 기술적 보호조치에 해당하는지를 판단하는 방법에 관하여, 구 저작권법하에서는 접근통제형 기술적 보호조치와 권리통제형 기술적 보호조치의 이분법론을 전제로 하지 않고 문제가 되는 기술적 보호조치의 실질적인 효과를 중시하여 그 기술적 보호조치가 단순히 저작물에 대한 접근만을 통제하는 것인지 아니면 저작재산권 침해를 효과적으로 방지 또는 억제하는 것인지를 구체적 사안에 따라 개별적으로 판단하였으나, 개정 저작권법은 기술적 보호조치를 접근통제형 기술적 보호조치와 권리통제형 기술적 보호조치로 나누면서 두 기술적 보호조치 모두가 '저작권 등의 행사'와 관련되어 있음을 전제로 하고 있어 기술적 보호조치 해당 여부를 판단하면서 (실질적으로 어떠한 기술적인 효과를 가지는지 보다는) 저작권 등의 행사와의 구체적인 관련성, 즉 저작권 등을 구성하는 개별적인 권리 보호와 구체적으로 어떠한 관련이 있는지라는 본질적인 문제를 논의의 중심으로 이들 두 기술적 보호조치를 구분하는 구체적인 방법을 재검토할 필요가 있었다.

이와 관련하여 대법원 2015. 7. 9. 선고 2015도3352 판결을 살펴본다.

위 사건에서 노래반주기 제작업체인 공소외 회사는 사단법인 한국음악저작권협회로부터 음악저작물의 복제·배포에 관한 이용허락을 받아 매월 노래방에 신곡을 공급하면서 매달 고유번호가 부여된 데이터롬 칩을 제작하여 그 칩을 노래반주기에 장착하거나, 'KY 와이파이 모듈'이라는 USB를 노래반주기에 삽입한 후 스마트폰을 이용하여 스마트 토큰을 구입하여야만 신곡파일이 구동될 수 있도록 하는 두 가지 방식의 인증수단(이하 '이 사건 보호조치'라고 한다)을 마련하였는데, 피고인 1은 신곡인증과 관련된 데이터를 조작하여 전월의 데이터롬 칩을 사용해도 신곡의 인증이 이루어지게 하거나, 스마트 토큰을 사용하지 않고도 신곡파일을 구동할 수 있도록 하는 장치를 제조·판매·보관하였고, 이러한 과정에서 이 사건 보호조치를 변경하거나 우회하였으며, 피고인 2는 피고인 1로부터 이 사건 보호조치 중 데이터롬 칩 방식의 보호조치를 무력화하는 장치를 구매하여 노래반주기에 신곡파일을 설치해 주는 노래방 딜러들에게 판매하였다.

위 사건에서 대법원은 개정 저작권법의 기술적 보호조치를 구분하는 방법에 대해 문제되는 기술적 보호조치가 법 제2조 제28호 가목과 나목의 조치 중 어느 쪽에 해당하는지를 결정하면서, 저작권은 하나의 단일한 권리가 아니라 복제권, 배포권, 공연권 등 여러 권리의 집합체로서 이들 권리는 각각 별개의 권리이므로 이 각각의 권리를 기준으로 개별적으로 판단하여야 한다고 설시하였다.

그리고 이러한 법리를 구체적 사안에 적용하여 "이 사건 보호조치는 복제권·배포권 등과 관련하여서는 복제·배포 등 행위 그 자체를 직접적으로 방지하거나 억제하는 조치는 아니지만 신곡파일의 재생을 통한 음악저작물의 내용에 대한 접근을 방지하거나 억제함으로써 복제·배포 등의 권리를 보호하는 저작권법 제2조 제28호 가목의 보호조치에 해당할 뿐만 아니라, 공연권과 관련하여서는 신곡파일을 재생의 방법으로 공중에게 공개하는 공연행위 그 자체를 직접적으로 방지하거나 억제하는 저작권법 제2조 제28호 나목의 보호조치에 해당한다."라고 하였다.

이러한 판결들에 나타난 사정을 종합하면, 실무는 개정 저작권법의 기술적 보호조치의 정의 중 나목의 조치 내용과 구 저작권법의 기술적 보호조치의 내용은 그 문언상의 동일에도 불구하고 법 체제나 규정취지, 입법목적, 구체적 타당성 있는 결론을 이끌어 낼 필요 등을 고려하여 그 범위에 다소 차이가 있다는 태도를 취하고 있다고 판단된다.

Ⅳ. 기술적 보호조치의 무력화 행위 금지(법 제104조의2)

앞에서 구 저작권법 및 개정 저작권법 등에서 정한 기술적 보호조치의 개념에 대하여 살펴보았다. 이하 저작권법이 규정한 6가지의 금지규정 중 첫 번째인 기술적 보호조치의 무력화 행위 금지 내용을 설명한다.

① 법 제2조 제28호 가목 조치(접근통제형 기술적 보호조치)의 무력화 행위 금지 (법 제104조의2 제1항)

가. 금지 행위

저작권법 제104조의2 제1항 본문은 누구든지 정당한 권한 없이 고의 또는 과실로 법 제2조 제28호 가목의 조치[173]를 제거·변경하거나 우회하는 등의 방법으로 무력화하여서는 아니 된다고 규정한다. 법 제2조 제28호의 기술적 보호조치 중 가목의 조치는 접근통제형 기술적 보호조치를 의미한다.

---

173) "저작권, 그 밖에 이 법에 따라 보호되는 권리의 행사와 관련하여 이 법에 따라 보호되는 저작물 등에 대한 접근을 효과적으로 방지하거나 억제하기 위하여 그 권리자나 권리자의 동의를 받은 자가 적용하는 기술적 조치"

이와 같이 저작권법은 법 제2조 제28호의 기술적 보호조치 중 가목의 조치인 접근통제형 기술적 보호조치의 무력화 행위를 금지하는 규정을 두고 있는데 접근통제형 기술적 보호조치에 대한 지나친 보호는 공정하게 저작물을 이용하려는 사람들이 저작물에 접근하는 것까지 제한하게 되어 저작물의 공정한 이용을 저해할 우려가 있다. 이에 법 제104조의2 제1항 단서는 아래 예외 사유에서 보는 바와 같이 암호 연구, 미성년자 보호, 온라인상의 개인식별정보(일종의 쿠키 정보) 수집 방지, 국가의 법집행 등, 도서관 등에서 저작물 등의 구입 여부 결정, 컴퓨터프로그램역분석, 보안성 검사 등, 기타 문화체육관광부장관이 고시로 정하는 경우의 8가지 면책사항을 열거하고 있다.

한편 법 제2조 제28호의 기술적 보호조치 중 나목의 조치[174]는 권리통제형 기술적 보호조치를 말하는데 법은 이에 대한 무력화를 금지하는 규정을 두고 있지 않다. 이는 권리통제형 기술적 보호조치를 무력화하여 저작물을 무단으로 이용할 경우 그 이용행위는 저작재산권 제한 사유에 해당하지 않는 한 저작재산권 침해행위로 되어 굳이 권리통제형 기술적 보호조치 무력화 금지규정을 두지 않아도 별다른 문제가 없기 때문이다.

나. 예외 사유

법 제2조 제28호 가목의 조치(접근통제형 기술적 보호조치)의 무력화에 대하여 저작재산권 제한사유(법 제23조 내지 제36조)가 적용되어 면책될 수 있는지에 대하여, 저작권법이 접근 자체를 배타적 권리로서 보호하고 있지 않을 뿐만 아니라 접근통제형 기술적 보호조치의 무력화 금지위반을 저작권 침해와는 구별되는 독자적인 규제의 대상으로 하고 있어 소극적으로 볼 여지가 있지만, 법 제104조의2 제2항이 "누구든지 정당한 권한 없이 고의 또는 과실로...무력화 하는 행위를 하여서는 아니 된다"라고 규정하고 있음에 유의한다면 저작재산권 제한사유에 해당하는 경우에 저작물을 이용할 수 있는 정당한 권한이 인정되므로, 이때에는 저작물의 이용을 막는 접근통제형 기술적 보호조치를 무력화하는 행위를 하더라도 면책된다고 볼 수 있다.[175]

저작권법이 규정하는 아래의 일정한 사유에 해당하는 경우에는 제2조 제28호 가목의 기술적 보호조치(접근통제형 기술적 보호조치)를 무력화하는 행위를 하더라도 면책된다(법 제104조의2 제1항 단서 제1호 내지 제8호).

- 제1호 : 암호 분야의 연구에 종사하는 자가 저작물 등의 복제물을 정당하게 취득하여 저작물 등에 적용된 암호 기술의 결함이나 취약점을 연구하기 위하여 필요한 범위에서 행하는 경우. 다만, 권리자로부터 연구에 필요한 이용을 허락받기 위하여 상당한 노력

---

174) "저작권, 그 밖에 이 법에 따라 보호되는 권리에 대한 침해 행위를 효과적으로 방지하거나 억제하기 위하여 그 권리자나 권리자의 동의를 받은 자가 적용하는 기술적 조치"

175) 박성호, 저작권법(제2판), 박영사(2017), 701에서 이 부분 논점에 대해 설명하고 있다.

을 하였으나 허락을 받지 못한 경우에 한한다.

- 제2호 : 미성년자에게 유해한 온라인상의 저작물 등에 미성년자가 접근하는 것을 방지하기 위하여 기술ㆍ제품ㆍ서비스 또는 장치에 기술적 보호조치를 무력화하는 구성요소나 부품을 포함하는 경우. 다만, 제2항에 따라 금지되지 아니하는 경우에 한한다.
- 제3호 : 개인의 온라인상의 행위를 파악할 수 있는 개인 식별 정보(일종의 쿠키 정보)를 비공개적으로 수집ㆍ유포하는 기능을 확인하고, 이를 무력화하기 위하여 필요한 경우. 다만, 다른 사람들이 저작물 등에 접근하는 것에 영향을 미치는 경우는 제외한다.
- 제4호 : 국가의 법집행, 합법적인 정보수집 또는 안전보장 등을 위하여 필요한 경우
- 제5호 : 제25조 제2항에 따른 교육기관ㆍ교육지원기관, 제31조 제1항에 따른 도서관(비영리인 경우로 한정한다) 또는 「공공기록물 관리에 관한 법률」에 따른 기록물관리기관이 저작물 등의 구입 여부를 결정하기 위하여 필요한 경우. 다만, 기술적 보호조치를 무력화하지 아니하고는 접근할 수 없는 경우에 한한다.
- 제6호 : 정당한 권한을 가지고 프로그램을 사용하는 자가 다른 프로그램과의 호환을 위하여 필요한 범위에서 프로그램코드역분석[176)]을 하는 경우
- 제7호 : 정당한 권한을 가진 자가 오로지 컴퓨터 또는 정보통신망의 보안성을 검사ㆍ조사 또는 보정하기 위하여 필요한 경우
- 제8호 : 기술적 보호조치의 무력화 금지에 의하여 특정 종류의 저작물 등을 정당하게 이용하는 것이 불합리하게 영향을 받거나 받을 가능성이 있다고 인정되어 대통령령으로 정하는 절차에 따라 문화체육관광부장관이 정하여 고시하는 경우. 이 경우 그 예외의 효력은 3년으로 한다.

한편, 위 제8호의 조항에 따라 문화체육관광부장관이 고시한 내용은 아래와 같다.

문화체육관광부 고시 제2018-0008호
『기술적 보호조치의 무력화 금지에 대한 예외』 고시

저작권법(이하 "법"이라 한다) 제104조의2 제1항에 따른 법 제2조 제28호 가목의 기술적 보호조치(이하 "접근통제 기술적 보호조치"라 한다)의 무력화 금지에 의하여 특정 종류의 저작물 등을 정당하게 이용하는 것이 불합리하게 영향을 받거나 받을 가능성이 있다고 인정되는 경우를 법 제104조의2

---

176) 프로그램코드역분석은 독립적으로 창작된 컴퓨터프로그램저작물과 다른 컴퓨터프로그램과의 호환에 필요한 정보를 얻기 위하여 컴퓨터프로그램저작물코드를 복제 또는 변환하는 것을 말한다(법 제2조 제34호).

제1항 제8호에 따라 다음과 같이 고시합니다.

2018년 1월 31일
문화체육관광부장관

1. 관련근거 : 법 제104조의2 제1항 제8호, 법 시행령 제46조의2
2. 효력기간 : 2018. 1. 31 ~ 2021. 1. 30.
3. 기술적 보호조치의 무력화 금지에 대한 예외

① 합법적으로 제작·취득한 영상물(영상 기록매체에 수록되었거나 정보통신망을 통해 취득한 경우에 한한다)의 일부를 비평·논평·분석·연구 등 정당한 목적으로 다음 각 호의 어느 하나에 이용하기 위하여 영상물에 적용된 접근통제 기술적 보호조치를 무력화 하는 경우

1. 영화·미디어 관련 교육
2. 영화분석을 위한 전자책의 제작
3. 다큐멘터리 영화의 제작
4. 비상업적인 영상물의 제작

② 휴대용 정보처리장치(휴대용 전화기를 포함하며 게임 전용기기 및 전자책 전용기기를 제외한다) 또는 스마트 TV의 운영체제와 합법적으로 취득한 응용 컴퓨터프로그램(이하 "프로그램"이라 한다)간의 호환을 위하여, 또는 위 휴대용 정보처리장치의 응용 프로그램을 삭제하기 위하여, 그 운영체제 및 펌웨어(Firmware)에 적용된 접근통제 기술적 보호조치를 무력화하는 경우

③ 무선 통신망에 접속하기 위하여, 휴대용 통신기기(휴대용 전화기, 태블릿 컴퓨터, 휴대용 통신망 연결기기, 핫스팟 및 착용형 무선기기를 포함한다)를 통신망에 접속하도록 하는 프로그램에 적용된 접근통제 기술적 보호조치를 무력화하는 경우. 다만, 그 통신망 운영자가 접속을 승인한 경우에 한한다.

④ 합법적으로 취득한 기기에 사용되는 프로그램의 결함이나 취약성 등을 검사·조사·보정하기 위하여 프로그램에 적용된 기술적 보호조치를 무력화하는 경우. 다만, 다음 각 호의 조건을 충족하여야 한다.

1. 검사 등을 통해 취득한 정보는 보안 강화에 이용되어야 하며 저작권을 침해하거나 다른 법률의 위반을 용이하게 하지 않는 방법으로 이용되거나 관리될 것
2. 검사 등의 행위는 개인이나 공중에 대하여 발생할 수 있는 위험을 방지할 수 있는 조건에서 실시될 것
3. 환자에게 전부 또는 일부가 이식되도록 고안된 「의료기기법」에 따른 의료기기 또는 이와 관련된 모니터링시스템의 경우에는 환자에 의하여 또는 환자를 돌보기 위하여 사용되지 않을 것

⑤ 삼차원 프린터 제조자가 공급 또는 인증한 재료 이외의 대체 재료를 사용할 목적으로, 삼차원 프린터에 사용되는 재료의 사용을 제한하는 프로그램의 기술적 보호조치를 무력화하는 경우. 다만, 다음 각 호의 어느 하나에 해당하는 경우에는 그러하지 아니하다.

1. 디자인 프로그램, 디자인 파일 또는 보호되는 데이터에 접근할 목적으로 무력화가 이루어지는 경우

2. 삼차원 프린터에 의하여 생산되어 판매될 물품이 안전 등과 관련된 법률의 규제나 승인을 받아야 하는 경우

⑥ 전자적 형태의 어문저작물에 적용된 기술적 보호조치가 다음 각 호의 어느 하나의 기능을 방지하거나 억제하는 경우에 그러한 기능을 가능하게 하기 위하여 접근통제 기술적 보호조치를 무력화하는 경우. 다만, 그 기능을 제공하는 다른 전자적 형태의 동일한 어문저작물이 있는 경우에는 그러하지 아니한다.

1. 음성·음향이나 점자 등 시각장애인 등이 인지할 수 있는 전용 기록방식으로 내용을 변환하는 기능

2. 자막이나 수어 등 청각장애인 등이 인지할 수 있는 방식으로 내용을 변환하는 기능

⑦ 인증을 위한 서버 지원이 상당기간 중단되거나 종료된 비디오게임에 적용된 기술적 보호조치를 다음 각 호의 어느 하나의 경우를 위하여 무력화하는 경우. 다만, 비디오게임이 합법적으로 취득되고, 서버에 저장된 저작권으로 보호되는 콘텐츠에 접근하거나 이를 복제하지 않고 게임을 진행할 수 있는 것이어야 한다.

1. 이용자가 개인적으로 게임을 계속 진행하기 위하여 필요한 경우

2. 도서관·기록물관리기관·박물관 등이 게임진행이 가능한 형태로 게임을 보존하기 위하여 필요한 경우. 이 경우 상업적 이익을 목적으로 하지 아니하고 관내에서 이용제공하여야 한다.

⑧ 차량 기능의 진단, 수리, 개조 등의 목적으로 차량의 기능을 통제하는 프로그램에 대한 접근통제 기술적 보호조치를 무력화는 경우. 다만, 다음 각 호의 어느 하나에 해당하는 경우에는 그러하지 아니하다.

1. 무력화에 의한 차량 기능의 진단, 수리, 개조가 차량의 안전이나 환경 등과 관련된 관련 법률을 위반하는 경우

2. 주로 차량의 텔레매틱스 및 엔터테인먼트를 통제하기 위한 프로그램에 대하여 무력화하는 경우

② 기술적 보호조치 무력화 예비행위의 금지(법 제104조의2 제2항)

저작권법은 기술적 보호조치의 무력화를 예비하는 행위로서 무력화를 위한 장치 등의 유통 및 서비스 제공 등의 행위를 금지한다.

무력화 예비행위의 금지는 접근통제형 기술적 보호조치와 권리통제형 기술적 보호조치에 모두 적용된다. 저작권법이 규정하는 기술적 보호조치의 무력화 예비행위의 범위는 아래와 같다(법 제104조의2 제2항 제1호 내지 제3호).

가. 금지 행위

누구든지 정당한 권한 없이 아래 제1호 내지 제3호와 같은 장치, 제품 또는 부품을 제조, 수입, 배포, 전송, 판매, 대여, 공중에 대한 청약, 판매나 대여를 위한 광고, 또는 유통을 목적으로 보관 또는 소지하거나, 서비스를 제공하여서는 아니 된다(법 제104조의2 제2항).

■ 제1호 : 기술적 보호조치의 무력화를 목적으로 홍보, 광고 또는 판촉되는 것

■ 제2호 : 기술적 보호조치를 무력화하는 것 외에는 제한적으로 상업적인 목적 또는 용도만 있는 것

■ 제3호 : 기술적 보호조치를 무력화하는 것을 가능하게 하거나 용이하게 하는 것을 주된 목적[177]으로 고안, 제작, 개조되거나 기능하는 것

제1호는 어떠한 장치, 제품, 부품이 기술적 보호조치 무력화 용도와 그 외의 용도가 동시에 존재하지만 기술적 보호조치 무력화 용도가 있다는 것에 초점을 맞춰 홍보, 광고 또는 판촉하는 경우를 말하고, 제2호는 어떠한 장치, 제품, 부품이 기술적 보호조치 무력화 용도 이외의 다른 용도가 있으나, 주로 기술적 보호조치 무력화에 사용되고 다른 용도로는 실질적으로 제한적인 의미만 있는 경우를 말하며, 제3호는 어떠한 장치, 제품, 부품이 기술적 보호조치 무력화를 목적으로 개발되었거나, 그렇지 않더라도 그러한 목적으로 사용할 수 있도록 개조된 경우를 말한다.[178]

나. 예외 사유

법 제104조의2 제2항에도 불구하고 아래 제1호, 제2호의 어느 하나에 해당하는 경우에는 그러하지 아니하다(법 제104조의2 제3항)고 하여 이를 허용한다. 법은 접근통제형 기술적 보호조치 및 권리통제형 기술적 보호조치를 각 구분하고 각각 그 무력화 예비행위의 금지에 대한 예외를 규정하고 있다. 개정 저작권법은 기술적 보호조치를 접근통제형 기술적 보호조치와 권리통제형 기술적 보호조치로 나누어 규정함으로써 불법 복제물의 증가 및 유통을 원천적으로 억제·방지할 수 있는 기반을 마련하면서도 공정이용을 위한 보호의 예외사항을 구체적으로

---

177) 우리 저작권법은 주된 목적을 기준으로 하고 있는데 이는 미국 및 유럽연합에서 채택하고 있는 본래의 목적(primary purpose) 기준보다는 완화된 것이다, 오승종, 저작권법 강의(제2판), 박영사(2018), 685 참조.

178) 개정 저작권법 해설서, 문화체육관광부·한국저작권위원회(2012), 69.

명시하여 보호와 이용 측면을 균형 있게 조화시키려 하였다.

　■ 제1호 : 법 제2조 제28호 가목의 기술적 보호조치와 관련하여 제1항 제1호(암호연구)·제2호(미성년자 보호)·제4호(국가의 법집행 등)·제6호(프로그램코드역분석) 및 제7호(보안 검사 등)에 해당하는 경우

접근통제형 기술적 보호조치 무력화 금지(제1항)의 예외 규정들은 접근통제형 기술적 보호조치의 무력화를 금지하는 데 따르는 예외이므로, 접근통제형 기술적 보호조치를 무력화 하는 도구의 거래에도 기본적으로 그대로 허용되어야 하는 것이 원칙이지만, 그러한 도구의 사용이 용도가 제한되어 있는 경우 또는 허용된 범위 이상으로 활용되어 저작권을 침해할 우려가 있는 일정한 경우에 예외의 적용을 배제할 필요가 있다.

그래서 제1항 제3호에서 프라이버시 보호를 명목으로 인터넷상 널리 이용되는 일반적인 쿠키(cookie)의 수집행위 자체를 막는 도구의 거래를 인정할 경우 인터넷 사용의 불편을 초래할 수 있으므로 예외의 적용을 배제하였고, 제5호의 경우에는 도서관 등에서 구입 여부 결정을 위한 경우는 허용범위가 제한적인 경우로서, 그러한 도구가 유통될 경우 저작권 침해를 조장하는 결과가 될 수 있으므로 제1항 제1호 내지 제7호 중 위 제3호와 제5호에 대하여는 예외의 적용을 배제하였다.179)

　■ 제2호 : 법 제2조 제28호 나목의 기술적 보호조치와 관련하여 제1항 제4호(국가의 법집행 등) 및 제6호(프로그램코드역분석)에 해당하는 경우180)

권리통제형 기술적 보호조치의 무력화 도구는 직접적으로 저작권 침해를 방조하는 행위가 되므로, 원칙적으로 특별한 사정이 없는 한 예외를 인정하지 않되 두 가지의 경우에 한하여 예외를 두었다.

즉, 제1항 제4호의 국가의 법집행 등을 위하여 필요한 경우(예를 들어, 국가 전산망의 DDoS 공격에의 취약점을 파악하기 위해 시스템을 점검하는 경우)는 기술적 보호조치와 관련된 금지가 적용되지 않도록 하기 위하여 모든 예외가 적용될 수 있도록 하였고, 제6호의 컴퓨터프로그램의 프로그램코드역분석(리버스엔지니어링)은 경쟁 촉진을 위하여 저작권법상 일정한 요건을 갖추면 허용되는 행위이므로(법 제101조의4), 컴퓨터 및 소프트웨어 산업에 있어서의 경쟁과 혁신을 촉진하기 위하여 이용통제의 경우에도 예외를 적용한 것이다.181)

---

179) 개정 저작권법 해설서, 문화체육관광부·한국저작권위원회(2012), 69~70.
180) 박성호, 저작권법(제2판), 박영사(2017), 707은 권리통제형 기술적 보호조치의 무력화 예비행위 금지와 관련하여 저작권법이 예외로 열거한 경우 외에 예외가 허용되지 않는 것인지에 대하여 법 제104조의2 제2항이 '누구든지 정당한 권한 없이'라고 규정하고 있는 점을 언급하면서 저작재산권 제한사유에 해당하는 용도로 사용하는 경우 정당한 권한이 인정되므로 면책될 수 있다는 의견이다.
181) 개정 저작권법 해설서, 문화체육관광부·한국저작권위원회(2012), 70.

V. 권리관리정보의 제거·변경 등의 금지(법 제104조의3)

기술적 보호조치가 주로 불법 복제 등을 사전에 방지하기 위한 것이라면 권리관리정보는 불법 복제 등의 사후 발견이나 적법한 이용을 위해 필요한 권리처리의 수행을 쉽게 하는 것에 관련되어 있다.

권리관리정보에 관한 규정의 연혁에 대하여는 앞의 「제11장 저작권 등 침해 총론 제5절 기술적 보호조치의 무력화 금지 등 6가지 금지행위 II. 기술적 보호조치 및 금지행위 규정의 연혁」 부분에서 설명하였다.

이하 「VI. 암호화된 방송 신호의 무력화 등의 금지(법 제104조의4)」부터 「IX. 방송 전 신호의 송신 금지(법 제104조의7)」의 규정에 대한 연혁 내용도 위 부분에서 설명하였다.

① 권리관리정보의 의의

권리관리정보는 다음 각 목의 어느 하나에 해당하는 정보나 그 정보를 나타내는 숫자 또는 부호로서 각 정보가 저작권, 그 밖에 이 법에 따라 보호되는 권리에 의하여 보호되는 저작물 등의 원본이나 그 복제물에 부착되거나 그 공연·실행 또는 공중송신에 수반되는 것을 말한다(법 제2조 제29호, 제7호).

- 가목 : 저작물 등을 식별하기 위한 정보
- 나목 : 저작권, 그 밖에 이 법에 따라 보호되는 권리를 가진 자를 식별하기 위한 정보
- 다목 : 저작물, 실연·음반·방송 또는 데이터베이스(이하 "저작물 등"이라 한다)의 이용방법 및 조건에 관한 정보

이들 중에서 가목에 해당하는 것으로 DOI(Digital Object Identifier),[182] 메타데이터(metadata)[183] 등이 있고, 나목에 해당하는 것으로 저작권자의 정보 등을 담은 디지털 워터마크(digital watermark)[184] 등이 있으며, 다목에 해당하는 것으로 저작권자 등이 허락한 이용의 형

---

[182] 디지털 콘텐츠에 부여하는 일종의 바코드로 저작물의 정보를 쉽게 식별하고 추적할 수 있게 한 표준정보 식별문자로서 URL의 단점을 보완하는 기능에 추가적으로 문서 자동추적 기능, 저작권자 파악을 포함해 워터마킹 등 다양한 정보서비스를 추가할 수 있는 매우 융통성 있는 번호체계이다, 네이버 지식백과 박문각 시사상식사전 참조.

[183] 속성정보라고도 한다. 대량의 정보 가운데에서 찾고 있는 정보를 효율적으로 찾아내서 이용하기 위해 일정한 규칙에 따라 콘텐츠에 대하여 부여되는 데이터이다. 여기에는 콘텐츠의 위치와 내용, 작성자에 관한 정보, 권리 조건, 이용 조건, 이용 내력 등이 기록되어 있다. 컴퓨터에서는 보통 메타데이터를 데이터를 표현하기 위한 목적과 데이터를 빨리 찾기 위한 목적으로 사용하고 있다, 네이버 지식백과 두산백과 참조.

[184] 디지털 이미지나 오디오 및 비디오 파일 등 어떤 파일에 대한 저작권정보를 식별할 수 있도록 특정 암

태, 허락에 대한 대가로서 이용자가 지불하여야 하는 권리사용료의 정보 등이 있다.

② 권리관리정보의 보호 내용

가. 금지 행위

누구든지 정당한 권한 없이 저작권, 그 밖에 이 법에 따라 보호되는 권리의 침해를 유발 또는 은닉한다는 사실을 알거나 과실로 알지 못하고 다음 각 호의 어느 하나에 해당하는 행위를 하여서는 아니 된다(법 제104조의3 제1항, 제2조 제7호).

■ 제1호 : 권리관리정보를 고의로 제거·변경하거나 거짓으로 부가하는 행위

■ 제2호 : 권리관리정보가 정당한 권한 없이 제거 또는 변경되었다는 사실을 알면서 그 권리관리정보를 배포하거나 배포할 목적으로 수입하는 행위

■ 제3호 : 권리관리정보가 정당한 권한 없이 제거·변경되거나 거짓으로 부가된 사실을 알면서 해당 저작물 등의 원본이나 그 복제물을 배포·공연 또는 공중송신하거나 배포를 목적으로 수입하는 행위

종전에는 전자적 형태의 권리관리정보만을 보호대상으로 하고 있었으나 2011. 12. 2. 법률 제11110호로 개정된 저작권법에서 '전자적 형태의'라는 문구를 삭제하여 권리관리정보의 보호 대상에 전자적인 형태의 것뿐만 아니라 비전자적인 형태의 것까지 포함하였다.

당시 전자적이란 전자적(電子的, electronic), 전자적(電磁的, electro-magnetic) 양자를 포괄하는 것으로, 광자기적(magneto-optical) 또는 광학적(optical)인 자체로는 전자적인 것이 아니라는 해석이 있어서 이를 포함시키는 것으로 개정한 것이다.

이에 따라 비전자적 권리관리정보에 해당하는 광학식 마크판독장치로 읽을 수 있는 바코드(bar code)나 스마트폰 등으로 읽을 수 있는 QR코드(Quick Response code) 등이 저작권법상의 권리관리정보의 보호대상이 되었다.[185]

나. 예외 사유

위 제1항의 금지규정은 국가의 법집행, 합법적인 정보수집 또는 안전보장 등을 위하여 필요한 경우에는 적용하지 아니한다(법 제104조의3 제2항).

호를 부호화하여 숨겨 놓은 것을 말한다, 네이버 한경 경제용어사전 참조.
185) 개정 저작권법 해설서, 문화체육관광부·한국저작권위원회(2012), 74.

VI. 암호화된 방송 신호의 무력화 등의 금지(법 제104조의4)

① 금지 행위

저작권법은 암호화된 위성방송 또는 유선방송을 불법으로 복호화(암호화한 것을 해독하는 행위)하는 기기 등을 이용하여 무단으로 시청 또는 청취하거나 이를 할 수 있도록 하는 행위를 금지하고 이를 위반하는 경우에 민·형사적 구제 규정을 두고 있다.

누구든지 다음 각 호의 어느 하나에 해당하는 행위를 하여서는 아니 된다(법 제104조의4 제1호 본문, 제2호, 제3호).

■ 제1호 : 암호화된 방송 신호를 방송사업자의 허락 없이 복호화(부호화)하는 데에 주로 사용될 것을 알거나 과실로 알지 못하고, 그러한 목적을 가진 장치·제품·주요부품 또는 프로그램 등 유·무형의 조치를 제조·조립·변경·수입·수출·판매·임대하거나 그 밖의 방법으로 전달하는 행위

■ 제2호 : 암호화된 방송 신호가 정당한 권한에 의하여 복호화된 경우 그 사실을 알고 그 신호를 방송사업자의 허락 없이 영리를 목적으로 다른 사람에게 공중송신하는 행위

■ 제3호 : 암호화된 방송 신호가 방송사업자의 허락없이 복호화된 것임을 알면서 그러한 신호를 수신하여 청취 또는 시청하거나 다른 사람에게 공중송신하는 행위

여기서 "암호화된 방송 신호"란 방송사업자나 방송사업자의 동의를 받은 자가 정당한 권한 없이 방송(유선 및 위성 통신의 방법에 의한 방송에 한한다)을 수신하는 것을 방지하거나 억제하기 위하여 전자적으로 암호화한 방송 신호를 말하고(법 제2조 제8의 2호), "방송"은 공중송신 중 공중이 동시에 수신하게 할 목적으로 음·영상 또는 음과 영상 등을 송신하는 것을 말한다(법 제2조 제8호).

② 예외 사유

법 제104조의4 제1호에서 열거한 행위들 중 제104조의2 제1항 제1호(암호 연구)·제2호(미성년자 보호) 또는 제4호(법집행 등)에 해당하는 경우에는 금지되지 아니한다(법 제104조의4 제1호 단서).

VII. 라벨 위조 등의 금지(법 제104조의5)

구매자들은 일반적으로 음반이나 영화 DVD, 컴퓨터프로그램 CD 등의 정품 여부를 그에

첨부 또는 동봉되어 있는 라벨이나 인증서 등을 통하여 구별하므로, 라벨을 위조 생산하여 불법복제물을 정품으로 인증받기를 원하는 자들에게 배포하거나, 불법복제물 유통에 활용하기 위하여 정품과 같이 배포된 라벨을 따로 떼어 별도로 유통시키는 것을 차단하기 위하여 저작권법은 라벨 위조 등의 금지 규정을 두고 있다.[186]

여기서 "라벨"이란 그 복제물이 정당한 권한에 따라 제작된 것임을 나타내기 위하여 저작물, 실연·음반·방송 또는 데이터베이스의 유형적 복제물·포장 또는 문서에 부착·동봉 또는 첨부되거나 그러한 목적으로 고안된 표지를 말한다(법 제2조 제35호, 제7호).

라벨과 권리관리정보는 구별되어야 한다. 라벨이란 저작물, 실연·음반·방송 또는 데이터베이스의 복제물이 정당한 권한에 의하여 사용되는 것임을 증명하기 위한 표지, 인증서, 사용허락 문서, 등록카드 등을 말하는 것으로, 합법적인 복제물 즉 정품임을 증명하기 위한 용도로 사용되는 것이고, 반면에 권리관리정보는 저작물, 실연·음반·방송 또는 데이터베이스를 식별하기 위한 그것의 제호, 최초 공표 연도 및 국가, 저작자의 성명이나 연락처, 이용방법 및 조건 등에 대한 정보를 말한다.[187]

누구든지 정당한 권한 없이 다음 각 호의 어느 하나에 해당하는 행위를 하여서는 아니 된다(법 제104조의5 제1호 내지 제3호).

■ 제1호 : 저작물, 실연·음반·방송 또는 데이터베이스의 라벨을 불법복제물이나 그 문서 또는 포장에 부착·동봉 또는 첨부하기 위하여 위조하거나 그러한 사실을 알면서 배포 또는 배포할 목적으로 소지하는 행위

■ 제2호 : 저작물, 실연·음반·방송 또는 데이터베이스의 권리자나 권리자의 동의를 받은 자로부터 허락을 받아 제작한 라벨을 그 허락 범위를 넘어 배포하거나 그러한 사실을 알면서 다시 배포 또는 다시 배포할 목적으로 소지하는 행위

■ 제3호 : 저작물, 실연·음반·방송 또는 데이터베이스의 적법한 복제물과 함께 배포되는 문서 또는 포장을 불법복제물에 사용하기 위하여 위조하거나 그러한 사실을 알면서 위조된 문서 또는 포장을 배포하거나 배포할 목적으로 소지하는 행위

VIII. 영상저작물 녹화 등의 금지(법 제104조의6)

영화의 경우에 영화상영관에서의 상영과 DVD 출시 및 인터넷 전송 등 창구별로 출시에 시차를 두게 되는데, 휴대용 디지털 영상촬영 기기의 발달로 인하여 영화 개봉과 동시에 영상저작물이 관객에 의하여 무단으로 녹화되어 인터넷 등을 통하여 무차별 유포되는 경우에는 영

---

186) 개정 저작권법 해설서, 문화체육관광부·한국저작권위원회(2012), 78.
187) 개정 저작권법 해설서, 문화체육관광부·한국저작권위원회(2012), 78.

상제작자 등 관련 권리자에게 막대한 손해를 입힐 우려가 있어 이를 방지할 필요가 있다.[188]

이에 저작권법은 영화상영관 등에서 영상저작물을 몰래 녹화하거나 공중송신하는 행위를 저작권 등 권리침해와는 별도의 금지행위로 규정함으로써 사적이용을 위한 복제 여부와 관계 없이 보호될 수 있도록 하였다.

누구든지 저작권으로 보호되는 영상저작물을 상영 중인 영화상영관 등에서 저작재산권자의 허락 없이 녹화기기를 이용하여 녹화하거나 공중송신하여서는 아니 된다(법 제104조의6).

여기서 "영화상영관 등"이란 영화상영관, 시사회장, 그 밖에 공중에게 영상저작물을 상영하는 장소로서 상영자에 의하여 입장이 통제되는 장소를 말하고(법 제2조 제36호), "공중송신"은 저작물, 실연·음반·방송 또는 데이터베이스를 공중이 수신하거나 접근하게 할 목적으로 무선 또는 유선통신의 방법에 의하여 송신하거나 이용에 제공하는 것을 말한다(법 제2조 제7호).

IX. 방송 전 신호의 송신 금지(법 제104조의7)

우리나라가 2011. 12. 9. 세계지식재산기구(WIPO)에 「위성에 의하여 송신되는 프로그램 전달 신호의 배포에 관한 협약」(Convention relating to the Distribution of Programme-carrying Signals transmitted by Satellite) 가입서를 기탁하고 위 협약이 국내에서 2012. 3. 19. 발효됨에 따라 이를 반영하기 위하여 규정하게 되었다.

누구든지 정당한 권한 없이 방송사업자에게로 송신되는 신호(공중이 직접 수신하도록 할 목적의 경우에는 제외한다)를 제3자에게 송신하여서는 아니 된다(법 제104조의7).

X. 6가지 행위금지 규정에 위반하는 경우의 민사 및 형사 구제수단

1 민사 구제

2011. 6. 30. 법률 제10807호로 개정되기 전의 저작권법은 기술적 보호조치 무력화 행위 금지 및 권리관리정보의 제거 등 행위금지에 대한 위반행위를 저작권 침해행위로 간주하고 있었기 때문에(제124조) 저작권침해에 관한 민사규정(제123조, 제125조, 제126조, 제129조 등)이 그대로 적용되었다.

그런데 위 개정 저작권법은 기술적 보호조치의 무력화 금지 및 권리관리정보의 제거 등 금지 행위를 침해간주규정에서 별도의 금지행위(제104조의2, 3)로 변경하였기 때문에 별도의

---

188) 개정 저작권법 해설서, 문화체육관광부·한국저작권위원회(2012), 79.

민사구제 규정이 필요하게 되어 제104조의4를 신설하였다.

2011. 12. 2. 법률 제11110호로 개정된 저작권법은 종전 제104조의4를 제104조의8로 옮기고, 암호화된 방송 신호의 무력화 등의 금지(제104조의4), 라벨 위조 등의 금지(제104조의5), 영상저작물 녹화 등의 금지(제104조의6), 방송 전 신호의 송신 금지(제104조의7)의 금지행위를 열거하고, 이들에 대한 민사적 구제와 형사적 구제에 관한 규정(제104조의8, 제136조)을 두었다.

이에 따라 저작권, 그 밖에 저작권법에 따라 보호되는 권리를 가진 자는 법 제104조의2(기술적 보호조치의 무력화 금지), 제104조의3(권리관리정보의 제거·변경 등의 금지), 제104조의4(암호화된 방송 신호의 무력화 등의 금지)의 규정을 위반한 자에 대하여 침해의 정지·예방, 손해배상의 담보 또는 손해배상이나 이를 갈음하는 법정손해배상의 청구를 할 수 있고, 고의 또는 과실 없이 법 제104조의2 제1항의 행위(법 제2조 제28호 가목의 기술적 보호조치에 대한 직접적인 무력화행위)를 한 자에 대하여는 침해의 정지·예방을 청구할 수 있다. 이 경우 법 제123조, 제125조, 제125조의2, 제126조 및 제129조를 준용한다(법 제104조의8).

② 형사 구제

업으로 또는 영리를 목적으로 법 제104조의2(기술적 보호조치의 무력화 금지) 제1항 또는 제2항을 위반한 자, 업으로 또는 영리를 목적으로 제104조의3(권리관리정보의 제거·변경 등의 금지) 제1항을 위반한 자(다만, 과실로 저작권 또는 이 법에 따라 보호되는 권리 침해를 유발 또는 은닉한다는 사실을 알지 못한 자는 제외), 제104조의4(암호화된 방송 신호의 무력화 등의 금지) 제1호 또는 제2호에 해당하는 행위를 한 자, 제104조의5(라벨 위조 등의 금지)를 위반한 자, 제104조의7(방송 전 신호의 송신 금지)을 위반한 자는 3년 이하의 징역 또는 3천만 원 이하의 벌금에 처하거나 이를 병과할 수 있다(법 제136조 제2항 제3의 3호 내지 3의7호).

그리고 법 제104조의4(암호화된 방송 신호의 무력화 등의 금지) 제3호에 해당하는 행위를 한 자, 제104조의6(영상저작물 녹화 등의 금지)을 위반한 자는 1년 이하의 징역 또는 1천만 원 이하의 벌금에 처한다(법 제137조 제1항 제3호의2, 제3호의3). 법 제104조의6을 위반한 경우에는 그 미수범도 처벌한다(법 제137조 제2항).[189]

---

189) 개인에 의해 은밀하게 이루어지는 도촬행위 특성상, 그 실행을 착수하는 행위에 대해서도 처벌할 필요가 있어 미수범도 처벌하는 규정을 두었다. 실행에 착수하여야 하므로 영상녹화 기능이 있는 기기를 소지했다고 하여 바로 미수범으로 처벌되는 것은 아니다. 개정 저작권법 해설서, 문화체육관광부·한국저작권위원회(2012), 80.

제6절 저작권 등 배타적 권리침해에 대한 구제 개관

저작권법은 저작권 등 배타적 권리 침해에 대한 구제 규정을 두고 있는데 이를 정리하면 아래와 같다. 이 부분에서는 개괄적인 내용만을 설명하고 나중에 별도로 독립하여 마련한 제12장 저작권 등 침해에 대한 민사 구제, 제13장 저작권 등 침해에 대한 형사 구제 등에서 상세히 설명한다.

I. 민사 구제 개관

저작권 등 배타적 권리 침해에 대한 민사 구제 및 관련 규정으로, 저작권 그 밖에 저작권법에 따라 보호되는 권리(제25조·제31조·제75조·제76조·제76조의2·제82조·제83조 및 제83조의2의 규정에 따른 보상을 받을 권리를 제외한다, 이하 제123조에서 같다)를 침해하는 자에 대한 침해의 정지 또는 예방청구, 손해배상의 담보, 침해행위에 의하여 만들어진 물건의 폐기나 그 밖의 필요한 조치 청구 등(법 제123조), 손해배상청구 및 손해배상을 청구하는 경우의 손해액 추정 등의 규정(제125조), 법정손해배상청구(제125조의2), 상당 손해액의 인정(제126조), 명예회복 등의 청구(제127조), 저작자의 사망 후 인격적 이익의 보호를 위한 법 제123조나 제127조에 따른 청구(법 제128조), 공동저작물의 저작자 및 저작재산권자의 각자 청구(법 제129조), 침해소송에서 증거수집을 위한 정보 제공 명령(법 제129조의2), 침해소송에서 상대방 당사자 등에 대한 영업비밀에 대한 비밀유지명령(법 제129조의3 내지 5)을 두고 있다.

한편 저작권 그 밖에 저작권법에 따라 보호되는 권리를 가지는 자는 기술적 보호조치의 무력화 행위금지 등 6가지의 금지행위 중 제104조의2(기술적 보호조치의 무력화 금지), 제104조의3(권리관리정보의 제거·변경 등의 금지), 제104조의4(암호화된 방송 신호의 무력화 등의 금지)의 규정을 위반한 자에 대하여 침해의 정지·예방, 손해배상의 담보 또는 손해배상이나 이를 갈음하는 법정손해배상의 청구를 할 수 있고, 고의 또는 과실 없이 제104조의2 제1항(제2조 제28호 가목의 기술적 보호조치 무력화 금지)의 행위를 한 자에 대하여는 침해의 정지·예방을 청구할 수 있으며, 이 경우 제123조(침해의 정지 등 청구), 제125조(손해배상의 청구), 제125조의2(법정손해배상의 청구), 제126조(손해액의 인정) 및 제129조(공동저작물의 권리침해) 규정을 준용하도록 규정한다(법 제104조의8). 이들 각 청구의 내용도 본 장에서의 그것들과 같다.

II. 형사 구제 개관

저작권법은 저작권 등 배타적 권리 침해에 대한 형사 구제 내지 관련 규정으로, 벌칙인 권리침해 등의 죄(법 제136조 제1항 제1호, 제136조 제2항 제1호, 제3호), 거짓등록의 죄(법 제136조 제2항 제2호), 정보제공명령 위반죄(법 제136조 제2항 제3호의2), 기술적 보호조치의 무력화 금지 등 위반죄(법 제136조 제2항 제3의3 내지 7호), 법 제137조 제1항 제3호의2, 제3호의3(법 제137조 제2항에 따라 위 제3호의3의 경우는 미수범도 처벌함), 침해간주 행위(법 제124조)를 한 자에 대한 벌칙(법 제136조 제2항 제4호, 법 제137조 제1항 제5호), 비밀유지명령위반죄(법 제136조 제1항 제2호), 저작자 등 명의의 허위표시 공표·배포죄(법 제137조 제1항 제1호, 제2호), 저작자의 사망 후 저작인격권의 침해가 될 행위를 한 자에 대한 벌칙(법 제137조 제1항 제3호), 허가 없이 저작권신탁관리업을 한 자에 대한 벌칙(법 제137조 제1항 제4호), 온라인서비스제공자의 업무를 방해한 자에 대한 벌칙(법 제137조 제1항 제6호), 비밀유지의무위반죄(법 제137조 제1항 제7호), 위탁자 동의 없이 초상화 또는 이와 유사한 사진저작물의 이용한 자에 대한 벌칙(법 제138조 제1호), 출처명시위반죄(법 제138조 제2호, 제3호), 배타적발행권자가 저작물을 다시 이용하고 하자는 경우에 저작자에 대한 고지하지 않은 경우의 벌칙(법 제138조 제4호), 무신고 저작권대리중개업 등을 한 자에 대한 벌칙(법 제138조 제5호), 몰수(제139조), 친고죄 등(제140조), 양벌규정(제141조), 과태료(제142조) 규정을 두고 있다.

III. 그 밖의 구제 개관

저작권법은 민사 및 형사 구제 외에 그 밖의 행정적 구제 및 관련 규정으로서 저작권 그 밖에 저작권법에 따라 보호되는 권리를 침해하는 복제물(정보통신망을 통하여 전송되는 복제물은 제외한다) 또는 저작물, 실연·음반·방송 또는 데이터베이스의 기술적 보호조치를 무력하게 하기 위하여 제작된 기기·장치·정보 및 프로그램의 수거·폐기 또는 삭제(법 제133조), 저작권이나 그 밖에 이 법에 따라 보호되는 권리를 침해하는 복제물 또는 정보, 기술적 보호조치를 무력하게 하는 프로그램 또는 정보(이하 "불법복제물 등"이라 한다)가 전송되는 경우에 온라인서비스제공자에게 불법복제물 등의 삭제 명령 등(법 제133조의2), 한국저작권보호원의 온라인서비스제공자에 대하여 불법복제물 등의 복제·전송자에 대한 경고 등의 시정 조치 권고(법 제133조의3), 문화체육관광부장관의 건전한 저작물 이용 환경 조성 사업(법 제134조), 저작재산권 등의 기증(법 제135조) 등을 두고 있고, 관세법은 저작권 등의 권리를 침해하는 물품의 수출, 수입을 막기 위한 조치에 대하여 규정(관세법 제235조)하고 있다.

저작권 등 침해에 대한 민사 구제

제12장 저작권 등 침해에 대한 민사 구제

제1절 관련 규정의 개괄적 설명

저작권법에서 인정되는 배타적인 권리를 침해하였다고 함은 저작권 그 밖에 저작권법에 따라 보호되는 권리인 저작권(저작인격권·저작재산권), 실연자의 인격권, 저작인접권(실연·음반·방송), 배타적발행권, 출판권, 데이터베이스제작자 권리(이하 '저작권 등'이라 한다)를 침해한다는 것을 의미한다.[1]

그리고 앞에서 본 바와 같이 저작권 등의 침해가 있기 위하여는 ① 침해되었다고 주장하는 저작물·실연·음반·방송 또는 데이터베이스(이하 '저작물 등'이라 한다)가 저작권법에 의하여 보호되는 대상이어서 저작권 등의 침해를 주장하는 자가 저작물 등에 대하여 저작재산권 등의 권리를 가져야 하고, ② 후행작품이 저작물 등에 근거하여 이용된 것이라는 의거관계가 성립하여야 하며, ③ 침해되었다고 주장되는 저작물 등과 후행작품 사이에 동일성·실질적 유사성이 인정되어야 한다(다만 실연·음반·방송 또는 데이터베이스의 경우 저작인접물의 모방행위는 허용됨, 통설, 이하 같다).

저작권법은 저작권 등 배타적 권리 침해에 대한 민사 구제 및 관련 규정으로, 저작권 그 밖에 저작권법에 따라 보호되는 권리를 침해하는 자에 대한 침해의 정지 또는 예방청구, 손해배상의 담보, 침해행위에 의하여 만들어진 물건의 폐기나 그 밖에 필요한 조치 청구 등(법 제123조), 손해배상청구 및 손해배상을 청구하는 경우의 손해액 추정 등의 규정(제125조), 법정손해배상청구(제125조의2), 상당 손해액의 인정(제126조), 명예회복 등의 청구(제127조), 저작자의 사망 후 인격적 이익의 보호를 위한 법 제123조나 제127조에 따른 청구(법 제128조), 공동저작물의 저작자 및 저작재산권자의 각자 청구(법 제129조), 침해소송에서 증거수집을 위한 정보제공 명령(법 제129조의2), 침해소송에서 상대방 당사자 등에 대한 영업비밀에 대한 비밀유지 명령(법 제129조의3 내지 5)을 두고 있다.

---

1) 다만 법 제123조(침해의 정지 등 청구)에서 저작권 그 밖에 이 법에 따라 보호되는 권리 중 법 제25조(학교교육 목적 등에의 이용)·제31조(도서관 등에서의 복제 등)·제75조(방송사업자의 실연자에 대한 보상)·제76조(디지털음성송신사업자의 실연자에 대한 보상)·제76조의2(상업용 음반을 사용하여 공연하는 자의 실연자에 대한 보상)·제82조(방송사업자의 음반제작자에 대한 보상)·제83조(디지털음성송신사업자의 음반제작자에 대한 보상) 및 제83조의2(상업용 음반을 사용하여 공연하는 자의 음반제작자에 대한 보상)의 규정에 따른 보상을 받을 권리는 제외하고 있다. 이들 보상을 받을 권리는 배타적 권리가 아니라 채권이므로 이들을 침해의 정지청구 대상에서 제외한 것이다.

한편 저작권법 제104조의8은 기술적 보호조치의 무력화 행위금지 등 6가지의 금지행위 중 "제104조의2(기술적 보호조치의 무력화 금지), 제104조의3(권리관리정보의 제거·변경 등의 금지), 제104조의4(암호화된 방송 신호의 무력화 등의 금지)의 규정을 위반한 자에 대하여 침해의 정지·예방, 손해배상의 담보 또는 손해배상이나 이를 갈음하는 법정손해배상을 청구할 수 있으며, 고의 또는 과실 없이 제104조의2 제1항(제2조 제28호 가목의 기술적 보호조치 무력화 금지)의 행위를 한 자에 대하여는 침해의 정지·예방을 청구할 수 있다. 이 경우 제123조(침해의 정지 등 청구), 제125조(손해배상의 청구), 제125조의2(법정손해배상의 청구), 제126조(손해액의 인정) 및 제129조(공동저작물의 권리침해)를 준용한다."라고 규정하고 있다.

제2절 침해금지가처분에서 피보전권리와 보전의 필요성 등(일반론)

민사집행법 제300조(가처분의 목적)는 제1항에서 '다툼의 대상에 관한 가처분은 현상이 바뀌면 당사자가 권리를 실행하지 못하거나 이를 실행하는 것이 매우 곤란할 염려가 있을 경우에 한다.', 제2항에서 '가처분은 다툼이 있는 권리관계에 대하여 임시의 지위를 정하기 위하여도 할 수 있다. 이 경우 가처분은 특히 계속하는 권리관계에 끼칠 현저한 손해를 피하거나 급박한 위험을 막기 위하여, 또는 그 밖의 필요한 이유가 있을 경우에 하여야 한다.'라고 규정한다.[2]

통상의 가처분에서 피보전권리는 권리관계가 현존하고 그것에 다툼이 있는 경우에 인정된다. 저작권침해금지[3] 가처분 사건에서도 저작권 등 침해행위가 행해지고 있거나 그 염려가 있다고 인정되는 경우에 피보전권리가 인정된다. 저작권법상 저작권침해행위에 해당되는 경우에는 금지청구를 인정하고 있어서 피보전권리가 인정되는데 설령 그 침해행위가 저작권침해행위에 해당하지 않더라도 민법상 불법행위에 해당하는 경우에도 금지로 인하여 보호되는 피해자의 이익과 그로 인한 가해자의 불이익을 비교·교량할 때 피해자의 이익이 더 큰 경우에는 그 침해행위에 대한 금지가처분이 인정될 수 있다.[4]

---

2) 민사집행법 제300조 제1항은 다툼의 대상에 관한 가처분으로 이전등록청구권이나 말소등록청구권 등을 피보전권리로 하게 되고, 민사집행법 제300조 제2항은 임시 지위를 정하기 위한 가처분으로 침해금지청구권 등을 피보전권리로 하게 된다. 지식재산권법 실무에서 주로 논의되는 부분은 후자의 가처분이다. 이때에는 종국 판결에 의한 의무확정이 아닌 만큼 일반 가처분 단계에서 사용중지나 사용금지청구를 받아들여 침해행위 조성물에 대한 채무자의 점유를 풀고 집행관에게 점유를 이전하도록 할 수 있지만 나아가 가처분이라는 속성상 표장의 제거나 폐기까지 인정하는 경우는 그다지 많지 않다.
3) 법 제123조의 법문에 따르면 침해정지가 정확한 용어이지만 특허법 제126조 등 다른 지식재산권법의 규정 등의 영향 등으로 실무나 학계에서 일반적 용어인 침해금지로 부르고 있어 이하 조문을 인용하는 등의 특별한 사정이 없는 한 편의상 침해금지라고 적는다.
4) 민법상 불법행위가 인정되는 경우에도, 침해자의 무단이용 상태가 계속되어 금전배상을 명하는 것만으

저작권침해 금지가처분사건에서 보전의 필요성 여부도 원칙적으로는 통상의 가처분의 인용 여부에서 논의되어 온 바와 같은 당사자 쌍방의 이해득실관계(채권자 및 채무자가 입게 될 손해, 채무자가 저작권침해행위를 알게 된 시점 및 고의성 여부, 채무자의 사업 규모 내지 현황 및 채무자 침해행위의 계속 여부), 채권자의 본안소송에서의 승소 가능성 여부, 공공복리에 미칠 영향 기타 제반 사정을 고려하여 합목적적으로 판단한다. 다만 저작권침해 금지가처분 중 본안판결을 통하여 얻고자 하는 내용과 실질적으로 동일한 내용의 권리관계를 형성하는 이른바 만족적 가처분의 경우에는, 본안판결 전에 가처분권리자의 권리가 종국적으로 만족을 얻는 것과 동일한 결과에 이르게 되는 반면, 채무자로서는 본안소송을 통하여 다투어 볼 기회를 가져보기도 전에 그러한 결과에 이르게 된다는 점을 고려해 볼 때 통상의 일반 가처분사건에서보다 그 피보전권리 및 보전의 필요성에 관하여 통상의 보전처분보다 높은 정도의 소명이 요구되는 경향이 있다.5)6)

가처분 등 보전처분은 법원의 재판에 의하여 집행되는 것이기는 하나 그 실체상 청구권이 있는지 여부는 본안소송에 맡기고 단지 소명에 의하여 채권자의 책임 아래 하는 것이므로, 그 집행 후에 집행채권자가 본안소송에서 패소 확정되었다면 그 보전처분의 집행으로 인하여 채무자가 입은 손해에 대하여는 특별한 반증이 없는 한 집행채권자에게 고의 또는 과실이 있다고 추정되고, 따라서 그 부당한 집행으로 인한 손해에 대하여 이를 배상할 책임이 있으며, 부당한 보전처분으로 인한 손해배상책임이 성립하기 위하여 일반적인 불법행위의 성립에서 필요한 고의 또는 과실 이외에 오로지 채무자에게 고통을 주기 위하여 보전처분을 하였다는 점까지 필요한 것은 아니다.7)

이러한 법리는 저작권자가 자신의 저작권이 침해되었다고 주장하면서 상대방에 대해 보전

로는 피해자 구제의 실효성을 기대하기 어렵고 무단이용의 금지로 인하여 보호되는 피해자의 이익과 그로 인한 가해자의 불이익을 비교·교량할 때 피해자의 이익이 더 큰 경우에는 그 행위의 금지 또는 예방을 청구할 수 있다, 대법원 2010. 8. 25.자 2008마1541 결정 등 참조.

5) 서울중앙지방법원 2012. 8. 31.자 2012카합1494 결정(미항고 확정).

6) 서울중앙지방법원 2011. 10. 4.자 2011카합2154 결정(미항고 확정)은 "이 사건 뮤지컬은 각본 이외에도 악곡, 안무, 무대미술 등 여러 가지 요소들이 결합된 종합예술인 점까지 감안하면, 이 사건 뮤지컬에서 신청인이 창작에 기여한 부분은 극히 미미하다고 판단된다. 나아가 피신청인들의 저작권침해행위로 인하여 신청인이 입을 수 있는 손해에 대해서는 사후에 금전적인 배상으로 충분히 전보될 수 있는 반면, 가처분으로 이 사건 뮤지컬 공연의 금지를 명하는 경우 그로 인해 피신청인들과 이 사건 뮤지컬 공연에 관여된 여러 사람들이 입게 될 손해가 충분히 회복되지 않을 우려도 있다. 이에 비추어 보면, 가처분으로 이 사건 뮤지컬 공연을 금지시켜야 할 만큼 긴급한 보전의 필요성이 충분히 소명되었다고 보기도 어렵다."라고 하여 가처분신청을 받아들이지 아니하였다.

7) 대법원 1962. 1. 18. 선고 4294민상507 판결, 대법원 1995. 4. 14. 선고 94다6529 판결, 대법원 1995. 12. 12. 선고 95다34095, 34101 판결, 대법원 1999. 4. 13. 선고 98다52513 판결, 대법원 2002. 9. 24. 선고 2000다46184 판결 등 참조.

처분 집행의 소를 제기하는 경우에도 적용될 수 있다. 한편 저작재산권자의 보전처분 신청 및 그 집행에 있어 그에게 과실이 없더라도 저작재산권자가 그 보전처분집행 후 피보전권리가 없었음을 쉽게 알 수 있어 집행을 계속 유지하는 데에 과실이 있는 때에는 손해배상책임이 성립할 수 있다.

제3절   저작권 등 침해금지 청구(가처분 포함)

I. 저작권 등 침해의 정지, 예방 또는 손해배상담보 청구

① 의의

배타적인 권리인 저작권 그 밖에 저작권법에 따라 보호되는 권리(다만 채권에 해당하는 제25조 · 제31조 · 제75조 · 제76조 · 제76조의2 · 제82조 · 제83조 및 제83조의2의 규정에 따른 보상을 받을 권리를 제외한다. 이하 이 조에서 같다)를 가진 자는 그 권리를 침해하는 자에 대하여 침해의 정지를 청구할 수 있고, 그 권리를 침해할 우려가 있는 자에 대하여 침해의 예방 또는 손해배상의 담보를 청구할 수 있다(법 제123조 제1항).

저작권 등 침해행위에 대해 손해배상을 청구할 수 있지만 이는 사후의 간접적인 구제수단이다. 저작권 등 침해행위에 대한 가장 직접적이고 유효한 구제수단은 실제로 이루어지고 있거나 이루어질 것이 확실히 예상되는 저작권 등 침해행위 그 자체를 금지시키는 것이다.

여기서 저작권 그 밖에 저작권법에 따라 보호되는 권리는 저작권(저작인격권 · 저작재산권), 실연자의 인격권, 저작인접권(실연 · 음반 · 방송), 배타적발행권, 출판권, 데이터베이스제작자 권리를 말하는데 이러한 권리들을 침해하는 행위에 대해 각 그 권리자에게 금지청구권으로서 침해정지청구권 외에 침해예방청구권 또는 손해배상의 담보청구권을 인정하고 있다.

배타적발행권과 출판권에서는 배타적발행권자나 출판권자 외에도 배타적발행권이나 출판권을 설정한 저작재산권자에게도 금지청구권이 인정된다.

② 침해정지 등에 관한 규정의 연혁

1957. 1. 28. 법률 제432호로 제정된 저작권법 제62조(민법 기타 법령의 준용)는 "저작권을 침해한 행위에 대하여서는 본법에 특별한 규정이 있는 경우 외에는 민법 기타의 법령을 적용

한다."라고 하였고, 제68조(임시처분) 제1항은 "저작권침해에 관하여 민사의 출소 또는 형사의 기소 있을 때에는 법원은 원고 또는 고소인의 신청에 의하여 보증을 세우거나 또는 세우지 않게 하고 임시로 저작권침해의 의심이 있는 저작물의 발매, 배포를 금지하고 또는 이를 압류, 혹은 그 공연을 금지시킬 수 있다."라고 하고 제2항에서 "전항의 경우에 있어서 저작권의 침해가 없다는 뜻의 판결이 확정한 때에는 신청자는 금지 또는 압류로 인하여 발생한 손해를 배상하여야 한다."라고 규정하였다.

1986. 12. 31. 법률 제3916호로 전부 개정된 저작권법에서는 아래와 같은 제91조(침해의 정지 등 청구), 제95조(명예회복 등의 청구), 제96조(저작자의 사망 후 저작인격권의 보호), 제97조(공동저작물의 권리침해)를 규정하였다.

제91조(침해의 정지 등 청구)

① 저작권 그밖의 이 법에 의하여 보호되는 권리(제65조 및 제68조의 규정에 의한 보상을 받을 권리를 제외한다. 이하 이 조에서 같다)를 가진 자는 그 권리를 침해하는 자에 대하여 침해의 정지를 청구할 수 있으며, 그 권리를 침해할 우려가 있는 자에 대하여 침해의 예방 또는 손해배상의 담보를 청구할 수 있다.

② 저작권 그 밖의 이 법에 의하여 보호되는 권리를 가진 자는 제1항의 규정에 의한 청구를 하는 경우에 침해행위에 의하여 만들어진 물건의 폐기나 그 밖의 필요한 조치를 청구할 수 있다.

③ 제1항 및 제2항의 경우 또는 이 법에 의한 형사의 기소가 있는 때에는 법원은 원고 또는 고소인의 신청에 의하여 보증을 세우거나 세우지 않게 하고, 임시로 침해행위의 정지 또는 침해행위에 의하여 만들어진 물건의 압류 기타 필요한 조치를 명할 수 있다.

④ 제3항의 경우에 저작권 그 밖의 이 법에 의하여 보호되는 권리의 침해가 없다는 뜻의 판결이 확정한 때에는 신청자는 그 신청으로 인하여 발생한 손해를 배상하여야 한다.

제95조(명예회복 등의 청구)

저작자는 고의 또는 과실로 저작인격권을 침해한 자에 대하여 손해배상에 갈음하거나 손해배상과 함께 명예회복을 위하여 필요한 조치를 청구할 수 있다.

제96조(저작자의 사망 후 저작인격권의 보호)

저작자가 사망한 후에 그 유족(사망한 저작자의 배우자·자·부모·손·조부모 또는 형제자매를 말한다)이나 유언집행자는 당해 저작물에 대하여 제14조 제2항의 규정에 위반하거나 위반할 우려가 있는 자에 대하여는 제91조의 규정에 의한 청구를 할 수 있으며, 고의 또는 과실로 저작인격권을 침해하거나 제14조 제2항의 규정에 위반한 자에 대하여는 제95조의 규정에 의한 명예회복 등의 청구를 할 수 있다.

제97조(공동저작물의 권리침해)

공동저작물의 각 저작자 또는 각 저작재산권자는 다른 저작자 또는 다른 저작재산권자의 동의없이 제

91조의 규정에 <u>의한</u> 청구를 할 수 있으며 그 저작재산권의 침해에 관하여 자신의 지분에 관한 <u>제93조</u>의 규정에 <u>의한</u> 손해배상의 청구를 할 수 있다.

그 후 2000. 1. 12. 법률 제6134호로 개정된 저작권법 제96조의 조문 표제를 '저작자의 사망후 저작인격권의 보호'를 '저작자의 사망후 인격적 이익의 보호'로 변경하였다.

2006. 12. 28. 법률 제8101호로 전부개정된 저작권법에서 조문 내용이 다소 변경되었는데 위 조문 내용에 기재된 곳 중 「밑줄 부분」이 아래와 같이 변경되었다.

즉, 종전의 제91조가 제123조로 옮겨지고 종전 제1항의 "저작권 그밖의 이 법에 의하여 보호되는 권리(제65조 및 제68조의 규정에 의한 보상을 받을 권리를 제외한다. 이하 이 조에서 같다)"이 "저작권 그 밖에 이 법에 따라 보호되는 권리(제25조 · 제31조 · 제75조 · 제76조 · 제82조 및 제83조의 규정에 따른 보상을 받을 권리를 제외한다. 이하 이 조에서 같다)"으로 변경되고, 제3항의 '보증을 세우거나 세우지 않게 하고'가 '담보를 제공하거나 제공하지 아니하게 하고'로 변경되었으며, '종전 제95조가 제127조로 옮기면서 그중 '저작자', '저작인격권'이 '저작자 또는 실연자', '실연자의 인격권'으로 바뀌고, 제96조, 제97조가 제128조, 제129조로 위치를 옮겼다. 그 외에 문구 수정이 있어 '그밖의', '에 의한', '기타', '에 의하여', '에 위반'이 '그밖에', '에 따른', '그밖의', '에 따라', '을 위반'으로 변경되었다.

2009. 3. 25. 법률 제9529호로 개정된 저작권법은 제123조 제1항 중 괄호 부분에서 '제76조의2, 제83조의2'를 추가하였다.

③ 침해정지 및 예방청구권의 내용 · 범위

저작권(저작인격권 · 저작재산권), 실연자의 인격권, 저작인접권(실연 · 음반 · 방송), 배타적발행권, 출판권, 데이터베이스제작자의 권리(이하 '저작권 등'이라 한다)를 가지는 사람은 권리를 침해하는 자에 대하여 침해정지를 청구할 수 있고, 그 권리를 침해할 우려가 있는 자에 대하여 침해의 예방 또는 손해배상의 담보를 청구할 수 있다. 법문에 침해예방과 손해배상의 담보를 선택적으로 청구할 수 있도록 규정하고 있으므로 이들을 함께 청구할 수는 없다. 실무에서 손해배상의 담보보다는 침해예방을 청구하는 경우가 대부분이다.

여기서 침해자에는 실제로 침해를 한 자 뿐만 아니라 저작물 등의 이용행위를 실제로 하지 않더라도 다른 주체를 도구로 이용하여 그 자신이 전체적으로 이용행위를 한 것과 동일시할 수 있는 자나 다른 주체의 이용행위를 지배 · 관리하고 다른 주체의 이용행위로 인하여 영업상의 이익을 얻는 자도 포함된다. 또한 수인이 공동하여 저작권 등의 권리자에게 손해를 가하는 공동불법행위를 한 경우 행위자 상호간에 의사의 공통이나 공동의 인식을 필요로 하지 아니하고, 다만 객관적으로 각 그 행위에 관련공동성이 있으면 충분하며, 그 관련공동성 있는 행위에 의하여 손해가 발생함으로써 그에 대한 배상책임을 지는 공동불법행위가 성립하므로,[8] 침해자에게 저작권 등 침해행위를 교사하거나 침해자의 침해행위를 쉽게 할 수 있도록 방조한 자[9]도 침해자에 포함된다.

어느 경우에 침해할 우려가 있다고 인정할 수 있을지는 사실관계 여하에 따라 결정될 것이나, 침해의 준비행위가 있는 경우나 침해의 준비행위가 아니더라도 침해 발생의 가능성이 객관적으로 추인되는 경우, 일시적으로 문제의 저작물을 이용하고 있지 않더라도 상대방이 이전에 해당 저작물과 유사한 저작물을 이용한 사실이 있고 그 저작물의 이용행위가 저작권침해행위에 해당하지 않는다고 계속 다투고 있는 경우 등이라면 특별한 사정이 없는 한 침해에 대한 우려가 있다고 볼 수 있는 반면에, 더 이상 그 저작물을 이용할 의사나 징후가 없는 것으로 보이는 경우에는 침해의 우려가 있다고 볼 수 없다.

본 조에 따른 금지청구에서 저작권 등이 침해되거나 침해될 우려가 있는지 유무의 판단기준 시는 사실심의 변론종결 시를 기준으로 판단한다.[10] 그와 달리 손해배상청구(법 제125조) 및 명예회복 등의 청구(법 제127조)를 인정할 것인지 여부는 침해행위 시를 기준으로 판단한다.[11]

금지청구를 행사함에 있어 손해배상청구와 달리 침해에 대한 고의·과실의 주관적 요건은 필요하지 않지만 저작권 등 침해행위 자체는 위법하여야 한다. 저작권 등 침해행위의 구성요건을 충족하더라도 피해자의 승낙이나 병행수입 등의 경우에는 위법성이 조각되어 금지청구권이 인정되지 않는다. 또한 저작물 등에 대한 이용행위가 그 저작권 등에 저촉되는 경우라도 그 저작권 등의 효력이 제한되거나, 법이 정한 저작재산권의 제한 사유 등에 해당하여 그 저

---

8) 대법원 1988. 4. 12. 선고 87다카2951 판결, 대법원 2008. 6. 26. 선고 2008다22481 판결, 대법원 2012. 8. 17. 선고 2010다28390 판결 등 참조.

9) 대법원 2007. 1. 25. 선고 2005다11626 판결은 "저작권법이 보호하는 복제권의 침해를 방조하는 행위란 타인의 복제권 침해를 용이하게 해주는 직접·간접의 모든 행위를 가리키는 것으로서, 복제권 침해행위를 미필적으로만 인식하는 방조도 가능함은 물론 과실에 의한 방조도 가능하다고 할 것인바, 과실에 의한 방조의 경우에 있어서 과실의 내용은 복제권 침해행위에 도움을 주지 않아야 할 주의의무가 있음을 전제로 하여 이 의무에 위반하는 것을 말하는 것이고(대법원 2000. 4. 11. 선고 99다41749 판결, 2003. 1. 10. 선고 2002다35850 판결 등 참조), 위와 같은 침해의 방조행위에 있어서 방조자는 실제 복제권 침해행위가 실행되는 일시나 장소, 복제의 객체 등을 구체적으로 인식할 필요가 없으며 실제 복제행위를 실행하는 자가 누구인지 확정적으로 인식할 필요도 없다."라고 한다.

10) 부정경쟁방지 및 영업비밀보호에 관한 법률의 부정경쟁행위와 관련된 사안에서 대법원 2004. 3. 25. 선고 2002다9011 판결, 대법원 2011. 12. 22. 선고 2011다9822 판결, 대법원 2013. 6. 27. 선고 2011다97065 판결 등 참조.

11) 부정경쟁방지 및 영업비밀보호에 관한 법률의 부정경쟁행위와 관련된 사안에서 대법원 2008. 2. 29. 선고 2006다22043 판결, 대법원 2009. 6. 25. 선고 2009다22037 판결, 대법원 2010. 10. 14. 선고 2010다53440 판결 등 참조.

작물 등 이용행위가 정당화되는 사유가 있으면 저작권 등 침해행위는 성립하지 아니한다.

저작권법 제123조의 침해정지 등 청구와 같은 임시의 지위를 정하는 가처분은 다툼 있는 권리관계에 관하여 가처분권리자가 현재의 현저한 손해를 피하거나 급박한 위험을 막기 위하여, 또는 그 밖의 필요한 이유가 있는 경우에 일정한 시기(예를 들면 그에 대한 본안소송 확정일)까지 허용되는 응급적·잠정적인 처분이므로, 이러한 가처분이 필요한지 여부는 당해 가처분신청의 인용 여부에 따른 당사자 쌍방의 이해득실관계, 본안소송의 승패의 예상, 기타 여러 사정을 고려하여 법원의 재량에 따라 합목적적으로 결정하여야 하고,12) 가처분신청을 인용하는 결정에 따라 권리의 침해가 중단되었다고 하더라도 가처분 채무자들이 그 가처분의 적법 여부에 대하여 다투고 있는 이상 권리 침해의 중단이라는 사정만으로 종래의 가처분이 보전의 필요성을 잃게 되는 것이라고는 할 수 없다.13)

금지청구의 범위는 침해라고 주장되는 작품 중에서 대상 저작물의 저작권을 침해한 부분을 특정하여 그 부분에 대하여만 금지청구를 하여야 하나 침해부분을 특정하여 분리할 수 없는 경우에는 침해라고 주장되는 작품 전체에 대하여 금지청구를 할 수 있다.14)

금지청구의 내용이 되는 행위유형은 원칙적으로 저작권법에서 금지되는 행위이어야 한다. 종전에는 저작물의 복제·공연·공중송신·전시·배포·발행, 데이터베이스의 복제·배포·방송·전송, 실연의 복제·배포·대여·공연·방송·전송, 음반의 복제·배포·대여·전송, 방송의 복제·동시중계·공연 등과 같이 저작권법 제2조의 용어를 사용하여 침해행태를 특정하여 왔다. 그러나 복제·공연·공중송신·전시·배포·발행 등의 용어를 보더라도 각각의 침해행태의 범위가 다양하여 규범적·추상적·포괄적 개념이 될 수 있다. 이러한 경우에 각각의 침해행태를 더욱 구체화하여 그 침해행위를 '제작, 인쇄, 제본, 판매, 업로드, 다운로드, 시청' 등의 사실적 용어를 사용하여 구체적으로 특정할 수 있다면 그와 같이 침해행태를 구체적·개별적·사실적으로 특정할 필요가 있다.

이 경우에 청구취지(주문)에 '권리범위에 속하는', '침해하는' 등의 법률용어나 '동일', '유사', '기타', '등', '일체', ('판매·배포' 등 대신에) '이용'과 같은 불명확 내지 추상적 용어를 사용하는 것은 피해야 한다.15)

저작권침해금지 가처분에서의 신청취지 내지 주문 예는 아래와 같다.16)

---

12) 대법원 1997. 10. 14.자 97마1473 결정, 대법원 2007. 1. 25. 선고 2005다11626 판결 참조.
13) 대법원 2007. 1. 25. 선고 2005다11626 판결 참조.
14) 대법원 2011. 6. 9. 선고 2009다52304,52311 판결은 "ProFrame 중 Bancs에 대한 개작권 침해부분을 특정하여 분리해낼 수 없다고 할 것이므로, 이와 같은 취지에서 원고 FNS의 ProFrame 전체에 대한 배포금지청구를 받아들인 원심의 판단은 정당"하다고 하였다.
15) 이는 보관 장소를 특정하는 경우에도 마찬가지로 '그 밖의 장소'라는 표현을 사용하는 것은 부적절하다.
16) 법원실무제요 민사집행 [V], 사법연수원(2020), 457~458 등 참조.

① 서적의 경우

1. 채무자는 별지 목록 기재 서적(장소, 대상 특정)을 인쇄, 제본, 판매, 배포하여서는 아니 된다.
2. 채무자는 위 서적과 인쇄용 필름에 대한 점유를 풀고 이를 채권자가 위임하는 집행관으로 하여 금 보관하게 하여야 한다.
3. 집행관은 채무자가 위 제품과 그 반제품, 포장지, 포장용기, 선전광고물을 보관하고 있던 장소에 서 이를 보관하는 경우 그 보관의 취지를 보관장소에 적당한 방법으로 공시하여야 한다.[17]

② 음악의 경우

채무자는 별지 목록 기재 음악을 수록한 시디(CD), 카세트테이프, 비디오테이프, 엠피스리(MP3) 파 일, 엠디(MD)를 제작, 판매, 배포하여서는 아니 된다.

③ 모바일 애플리케이션을 통한 음원 배포의 경우

채무자는 모바일 애플리케이션 'OO'의 이용자들이 위 애플리케이션을 이용하여 별지 기재 음원을 복제하거나 전송받도록 하여서는 아니 된다.

④ 시각적 캐릭터의 저작물성이 인정되는 경우

채무자는 별지 1 표시 캐릭터가 표시된 별지 2 목록 기재 제품, 그 포장지, 포장용기, 선전광고물을 생산, 판매, 반포, 수출, 전시하여서는 아니 된다.

⑤ P2P 서비스 제공자의 저작권침해 방조책임

채무자는 자신이 운영하는 OO 웹사이트를 통하여 그 이용자들로 하여금 별지 목록 기재 동영상이 들어있는 파일을 채권자의 동의 없이 공중의 다운로드(또는 '내려받기')가 가능한 상태로 업로드하거나 (또는 '올리거나'), 이를 알면서 다운로드하도록(또는 '내려받도록') 하여서는 아니 된다.

⑥ 스트리밍 서비스 제공자의 저작권침해 방조책임

채무자는 자신이 운영하는 OO 웹사이트의 이용자들로 하여금 별지 목록 기재 동영상이 들어있는

---

17) 실무에서 집행관 보관명령의 공시명령은, 집행관이 채무자에게 목적물을 보관케 하는 경우에만 발령하 고 있다.

파일을 위 웹사이트의 서버에 업로드하도록(또는 '올리도록') 하거나, 별지 목록 기재 동영상이 들어있
는 파일을 검색하고 이를 채무자가 개발한 ○○ 프로그램을 이용하여 스트리밍 방식으로 시청하도록
하여서는 아니된다.

⑦ 저작인격권 중 성명표시권 침해책임

채무자 ○○주식회사는 채권자가 저작자임을 표시하지 아니한 상태로 별지 목록 기재 컴퓨터프로
그램을 복제, 배포하여서는 아니된다.

가처분은 가처분 채무자에 대한 부작위 명령을 집행하는 것으로 그 가처분의 채무자로 되
지 아니한 제3자가 그 부작위의무를 위반한 행위는 그 가처분집행 표시의 효용을 해한 것으로
볼 수 없다.[18]

II. 물건의 폐기 또는 필요한 조치 청구권

금지청구를 할 때에는 침해행위에 의하여 만들어진 물건(예: 복사물)의 폐기를 청구할 수
있다. 침해행위에 제공된 물건(예: 인쇄기구 등)은 침해행위에 의하여 만들어진 물건에 해당한다
고 보기 어렵지만 법 제123조 제2항의 "그 밖의 필요한 조치"의 대상이 되어 그것에 대한 폐
기를 청구할 수 있고 형법 제48조 제1항 제1호(범죄행위에 제공하였거나 제공하려고 한 물건)에
따라 몰수될 수 있다. 그 밖의 필요한 조치란 저작권 등 침해행위의 정지 또는 예방을 위하여
필요한 조치(예: 담보의 제공, 승소판결의 신문 등 게재, 거래처에 대한 통지)를 말한다.
위 폐기 등 조치청구권은 금지청구권에 부수하는 권리로서 금지청구권과 독립하여 행사할
수 없다.
침해행위에 의하여 만들어진 물건의 폐기와 침해행위에 제공된 설비의 제거는 심리과정에
서 그 현존 여부와 소유권이나 처분권한의 유무를 밝힌 다음에 명하여야 한다.[19]

---

18) 관련문제로, 대법원 2007. 11. 16. 선고 2007도5539 판결은 온천수 사용금지 가처분결정이 있기 전부
터 온천이용허가권자인 가처분 채무자로부터 이를 양수하고 임대차계약의 형식을 빌어 온천수를 이용하
여 온 제3자가 위 금지명령을 위반하여 계속 온천수를 사용한 행위가 공무상표시무효죄를 구성하지 않
는다고 한다. 한편, 대법원 2008. 12. 24. 선고 2006도1819 판결은 집행관이 법원으로부터 피신청인에
대하여 부작위를 명하는 가처분이 발령되었음을 고시하는 데 그치고 나아가 봉인 또는 물건을 자기의
점유로 옮기는 등의 구체적인 집행행위를 하지 아니하였다면, 단순히 피신청인이 위 가처분의 부작위명
령을 위반하였다는 것만으로는 공무상 표시의 효용을 해하는 행위에 해당한다고 볼 수 없다고 한다.
19) 대법원 1996. 12. 23. 선고 96다16605 판결 [영업비밀침해금지등] 참조.

위 폐기, 설비의 제거 등을 명하는 것은 상대방에게 회복할 수 없는 불이익이 초래될 수 있기 때문에 구체적인 사안에 따라 위 폐기 등 조치청구권을 인정하지 않을 경우에 권리자 등이 입을 불이익과 그것을 인정할 경우에 상대방 측이 입을 불이익을 형량하여 신중하게 인정 여부 및 그 범위를 결정할 필요가 있다.[20] 예컨대 조치의 범위와 관련하여 침해자의 서적 중 일부분의 저작권만 침해된 경우에는 신청취지 및 결정 주문에 "채무자는 별지 제1목록 기재 서적 중 별지 제2목록 기재 각 해당 부분을 삭제하지 아니하고는 위 서적을 인쇄, 제본, 판매, 배포하여서는 아니 된다"라고 기재하고, 점유해제 및 집행관보관명령 부분에 "집행관은 채무자의 신청이 있으면 위 각 해당 부분을 말소하고 위 서적을 채무자에게 반환하여야 한다."라는 부분을 부가하기도 한다.[21]

침해의 예방에 필요한 행위에는 부작위에 대한 보증으로서 담보제공 또는 공탁을 하게 하거나 점유의 인도를 청구하는 등의 행위가 포함된다.

'폐기'와 관련하여 실무상 청구취지에는 완제품 외에 반제품의 폐기도 함께 기재되는 것이 통상이다.

통상 실무는 '반제품'의 개념을, 대상 물품이 라벨이나 포장 등이 되어 있지 않아 시장에서 유통할 가치가 있는 물품이라는 기준에서 볼 때 완성되지 않았다는 의미일 뿐이고 적어도 완성품(완제품)의 구조를 구비하고 있는 상태를 의미하는 것으로 보고 있는데 이러한 경우 반제품은 저작권법 제123조 제2항의 '침해행위에 의하여 만들어진 물건'으로서 폐기의 대상에 포함된다. 법원에서 판결 주문에 반제품에 대한 금지청구를 인정할 경우에 용어에 대한 혼선을 피하기 위해 '반제품(위의 완성품의 구조를 구비하고 있는 것으로 아직 완성에 이르지 않은 물품)'이라는 문구를 기재함이 바람직하다.

이러한 부작위의무이행은 간접강제 등에 의하고,[22] 결과물의 폐기, 제거 등은 독립된 처

20) 대법원 1998. 4. 12. 선고 87다카90 판결 [부정경쟁금지] 참조.
21) 법원실무제요 민사집행 [V], 사법연수원(2020), 457.
22) 대법원 2014. 5. 29. 선고 2011다31225 판결 [방송방해금지등]은 "부작위채무에 관한 집행권원 성립을 위한 판결절차에서 장차 채무자가 그 채무를 불이행할 경우에 대비하여 간접강제를 하는 것은 부작위채무에 관한 소송절차의 변론종결 당시에서 보아 부작위채무를 명하는 집행권원이 성립하더라도 채무자가 이를 단기간 내에 위반할 개연성이 있고, 또한 그 판결절차에서 민사집행법 제261조에 의하여 명할 적정한 배상액을 산정할 수 있는 경우라야 한다."라고 하여 부작위채무에 관한 판결절차에서 간접강제를 인정하면서 나아가 간접강제를 명하기 위한 요건도 밝히고 있다. 위 판결이 선고되기 전까지 부작위채무를 명하는 판결의 집행을 보장하기 위하여 간접강제를 명할 수 있는지에 관하여 견해가 나뉘어 있어 다소 혼란이 있었는데, 대법원이 본문판결에서 부작위채무를 명하는 판결의 집행을 보장하기 위해 간접강제를 명할 수 있다는 결론을 취하면서 아울러 그 요건까지 명확히 하여 실무상의 혼란을 정리하였다. 참고로 위 대법원판결로 정리되기 전에는, 대법원 1996. 4. 12. 선고 93다40614 판결 [허위비방광고행위금지등 · 손해배상(기)등]은 비광고로 인한 인격권침해사건에서 "부작위채무를 명하는 판결의 실효성 있는 집행을 보장하기 위하여는 부작위채무에 관한 소송절차의 변론종결 당시에서 보아 채무명의가

분이 아니라 부수적인 처분으로 작위의무이행이므로 침해자의 비용으로 제3자의 대체집행에 의하여 담보된다.

금지청구의 부대청구로서 작위를 청구하는 경우에 그에 드는 비용을 누가 부담할 것인가가 문제인데, 불법행위에 기한 침해와 달리 고의·과실을 요하지 않는 침해행위에서까지 침해자에게 비용을 부담하게 하는 것은 가혹한 것이 아닌가 하는 의문은 있지만 소유권에 기한 방해배제청구와 마찬가지로 침해자가 부담하도록 한다는 견해가 유력하다.

III. 임시조치의 신청 및 잘못된 임시조치에 대한 손해배상책임

침해금지청구 및 물건의 폐기 또는 필요한 조치청구를 하는 경우 또는 저작권법에 따른 형사의 기소가 있는 때에는 법원은 원고 또는 고소인의 신청에 따라 담보를 제공하거나 제공하지 아니하게 하고, 임시로 침해행위의 정지 또는 침해행위로 말미암아 만들어진 물건의 압류 그 밖의 필요한 조치를 명할 수 있다(법 제123조 제3항).

법 제123조 제3항에 따라 필요한 조치가 이루어진 경우에 저작권 그 밖에 저작권법에 따라 보호되는 권리의 침해가 없다는 뜻의 판결이 확정된 때에는 신청자는 그 신청으로 인하여 발생한 손해를 배상하여야 한다(법 제123조 제4항). 이때 신청자의 책임은 고의나 과실이 요구되지 않은 일종의 무과실 손해배상책임에 해당한다.

IV. 기타 쟁점

그 밖에 금지청구와 관련된 여러 쟁점에 대하여 설명한다.

(1) 그동안 상대방의 침해행위가 저작권법에서 정한 침해행위에 해당하는 것은 아니지만 민법상의 일반불법행위에는 해당하는 경우에 금지 및 손해배상 청구를 인정할 것인가의 문제가 논의되어 왔는데, 이러한 문제에 대하여 이미 앞에서 살펴 본 바와 같이[23] 대법원 2010.

성립하더라도 채무자가 이를 단기간 내에 위반할 개연성이 있고, 또한 그 판결절차에서 민사소송법 제693조에 의하여 명할 적정한 배상액을 산정할 수 있는 경우에는 위의 부작위채무에 관한 판결절차에서도 위 법조에 의하여 장차 채무자가 그 채무를 불이행할 경우에 일정한 배상을 할 것을 명할 수 있다"라고 한 반면에, 서울고등법원 2011. 7. 20. 선고 2010나97688 판결(상고취하 확정) [저작권 등 침해정지 및 예방]은 본안재판절차와 강제집행절차는 준별되는 절차로서 각각의 절차를 규율하는 법률도 별도의 단행법으로 되어 있고, 만일 위와 같은 공백기간을 없애야 할 필요성이라는 관점에서 본다면, 예를 들어 금전지급을 명하는 본안판결에서 부동산이나 채권의 압류명령 등도 함께 할 수 있다는 결론에 이르게 될 것이나, 이렇게 하여서는 양 절차의 구별은 무너지게 되고 여러 문제점들이 발생한다는 이유로 간접강제를 할 수 없다고 판단하였었다.

23) 상세한 내용은 「제1장 저작권법과 지식재산권 등 간 관계 제2절 저작권법과 민법 간 관계 III. 지식재산

8. 25.자 2008마1541 결정 및 대법원 2012. 3. 29. 선고 2010다20044 판결에서 금지 및 손해배상 청구를 인정하기에 이르렀다.

(2) 침해금지청구소송에서 침해행위가 행하여지는 침해자의 보통재판적 소재지 이외에 불법행위지의 특별재판적을 인정할 수 있는지가 문제된다.

이에 대하여 침해금지청구는 침해자의 고의·과실을 요하지 아니하는 등 불법행위와 성격이 다르므로 인정하지 않는 견해(소극설)도 있으나, 민사소송법 제18조에 "불법행위에 관한 소"라고 규정되어 있을 뿐이고 "불법행위로 인한 손해배상의 소"라고 규정되어 있지 아니한 점, 토지관할은 당사자의 이해 조정을 위한 일단의 기준을 정한 것으로서 침해금지 등을 구하는 소에서 불법행위지인 침해자의 침해행위 장소나 권리자의 손해발생지에 대하여 특별재판적을 인정하여도 응소하는 침해자에게 특별한 불이익이 없는 점 등에 비추어 침해금지청구소송에서 불법행위지의 특별재판적을 인정함이 타당하다(적극설).[24]

(3) 저작권 등 침해행위를 이유로 법인의 대표이사 등 개인이 법인과 함께 금지청구의 대상이 될 수 있는지에 대해 다툼이 있으나, 회사의 대표이사 등의 개인은 회사와 별개의 주체로서 독립적인 침해행위를 하였다는 특별한 사정이 없는 한 금지청구에서는 손해배상청구의 경우와 달리 침해행위를 한 회사 외에 대표이사 등 개인은 원칙적으로 금지청구의 대상이 될 수 없다.[25]

(4) 저작권침해금지청구권은 준물권적 청구권이므로 저작권의 보호기간이 지나지 않는 한 저작권침해금지청구권만 독립하여 소멸시효의 대상이 되지 않는다.[26]

(5) 금지기간은 통상 부정경쟁방지법상 영업비밀의 보호와 관련하여 쟁점이 되고 있으나, 저작권법에서는 각 저작물의 속성에 따라 보호기간이 정하여져 있어 상대적으로 다툼이 발생할 여지가 적다.

금지기간을 판결에 반드시 명시하여야 하는지 여부와 관련하여, 판결에 금지기간을 정하지 않는다고 해서 영구히 금지하는 취지로 단정할 수 없으므로 금지명령을 받은 당사자는 나중에 보호기간이 지났다는 사정을 주장·증명하여 가처분 이의나 취소, 청구이의의 소 등을 통해 다툴 수 있다는 견해가 유력하다.[27]

이에 대하여 당사자 사이의 법률관계, 특히 기판력과 집행력의 범위에 의문이 없도록 판

관련 침해행위에 대한 금지청구 및 손해배상청구의 인정 여부」 부분에서 설명한다.

24) 일본 最高裁判所 2004. 4. 8.자 平成15(許)44 결정은 일본 부정경쟁방지법 제3조 제1항에 기하여 부정경쟁에 의한 금지를 구하는 소 및 금지청구권의 부존재확인을 구하는 소가 모두 일본 민사소송법 제5조 제9호 소정의 '불법행위에 관한 소'에 해당한다고 판단하고 있다.

25) 반면에 손해배상청구의 대상은 회사(비법인 포함) 외에 대표이사 등의 개인도 대상이 될 수 있다(후술함).

26) 서울고등법원 1990. 4. 17. 선고 89나26982 판결(상고기각 확정).

27) 대법원 2019. 3. 14.자 2018마7100 결정.

결에 금지기간을 명확하게 기재하여야 하므로, 변론종결 시에 이미 그 법률관계의 종기(終期)가 확정되어 있다면 법률관계와 집행력의 시적 한계를 의미하는 그 종기도 함께 표시하여야 하는데 저작권 등과 같이 법률로 그 보호기간이 정해져 있는 권리를 근거로 부작위명령을 구하는 사건에서 그러한 권리의 보호기간은 원고가 주장하는 권리에 대하여 해당 법률을 적용함으로써 얻어지는 결론일 뿐이므로 심리 결과 그 법률관계의 확정적인 종기가 밝혀진다면 반드시 주문에 이를 표시하여야 한다는 견해가 있다.28)

(6) 이용허락을 받은 자가 침해자에 대하여 침해정지청구 등을 할 수 있는지 여부에 관하여는 앞의 해당 부분에서 설명하였다.29)

요약하자면 비독점적 이용권자 및 독점적 이용권자가 가지는 이용권은 채권에 불과하여 이들 이용권자는 직접 다른 이용권자나 침해자를 상대로 침해정지청구를 할 수 없지만 그중 독점적 이용권자가 저작재산권자의 침해정지청구권을 대위행사할 수는 있다.30)

제4절 손해배상청구 등

I. 일반 사항

고의 또는 과실에 의한 저작권 등 권리침해행위로 저작권 등 권리자에게 손해를 가한 자는 민법상 불법행위에 기한 손해를 배상할 책임이 있다(민법 제750조).

민법상 불법행위에 따른 손해배상청구를 인정받기 위하여 권리자는 「① 침해자의 고의31) 또는 과실, ② 저작권 등 침해행위의 존재(위법성),32) ③ 책임능력, ④ 손해를 모두 주장, 증명

---

28) 서울고등법원 2012. 7. 25. 선고 2011나70802 판결(상고기각 확정), 서울고등법원 2012. 10. 24. 선고 2011나96415 판결(미상고 확정) 참고. 이들 판결은 금지기간을 설정하지 않고 나중에 청구이의의 소로 그 집행력을 배제하려는 입장에 대하여, 금지청구에서 청구이의의 사유로 집행력을 배제할 수 있다고 하더라도 당초의 수소법원과 청구이의 사건의 관할법원이 견해를 달리하는 경우에 해결책이 없게 됨을 지적하고 있다.

29) 「제8장 저작재산권의 경제적 이용 제2절 저작물의 이용허락·법정허락 I. 저작물의 이용허락 ② 이용허락의 종류와 효력 나. 독점적(배타적) 이용허락」 부분에서 설명한다.

30) 대법원 2007. 1. 25. 선고 2005다11626 판결.

31) 여기서 고의란 자신의 행위가 저작권 등을 침하는 행위에 해당함을 인식하고 이를 인용하는 심리상태이고, 과실이란 이러한 사정을 부주의로 인해 인식하지 못하는 심리상태를 말한다.

32) 통상 저작권 등 침해행위의 사실이 있으면 위법성이 추정되므로 피고가 위법성조각사유를 주장·증명한다. 위법성조각사유에는 예컨대 저작권자 등이 정당하게 유통시킨 물건을 재판매하였다거나(권리소진의 원칙, 병행수입 등), 저작권법상 저작재산권 제한사유에 해당하는 이용행위 등이 있다.

하여야 하고, 이때 ④ 손해에는 구체적으로 ㉮ 손해의 발생, ㉯ 침해행위와 손해 발생과의 인과관계, ㉰ 손해액(재산상 손해로서 적극적 손해,33) 소극적 손해34) 및 비재산적 손해)」이라는 구체적인 요건이 있는데 이들 요건까지 모두 주장, 증명하여야 한다.35)

민법상 불법행위로 인한 재산상 손해는 위법한 가해행위로 인하여 발생한 재산상 불이익, 즉 그 위법행위가 없었더라면 존재하였을 재산상태와 그 위법행위가 가해진 현재의 재산상태의 차이(차액설)를 말하고, 불법행위로 인한 손해배상청구소송에서 재산적 손해의 발생사실이 인정되나 구체적인 손해의 액수를 증명하는 것이 사안의 성질상 곤란한 경우에도 법원은 증거조사의 결과와 변론 전체의 취지에 의하여 밝혀진 당사자들 사이의 관계, 불법행위와 그로 인한 재산적 손해가 발생하게 된 경위, 손해의 성격, 손해가 발생한 이후의 제반 정황 등의 관련된 모든 간접사실들을 종합하여 상당인과관계 있는 손해의 범위인 수액을 판단할 수 있다.36)

이러한 실무태도에 따라 2016. 3. 29. 법률 제14103호로 개정된 민사소송법 제202조의2는 "손해가 발생한 사실은 인정되나 구체적인 손해의 액수를 증명하는 것이 사안의 성질상 매우 어려운 경우에 법원은 변론 전체의 취지와 증거조사의 결과에 의하여 인정되는 모든 사정을 종합하여 상당하다고 인정되는 금액을 손해배상 액수로 정할 수 있다."라는 규정을 신설하였다.

저작권 등 침해행위로 인한 손해배상청구에서도 민법상의 불법행위 책임과 마찬가지로 침해자의 고의 또는 과실을 필요로 하고(다만 침해금지청구에서는 고의 또는 과실을 필요로 하지 않음) 그 증명책임은 청구자가 부담하는 것이 원칙이다.37)

그런데 저작권 등 침해행위의 경우 일반불법행위에 비해 권리자측이 손해배상책임 발생요건 중 특히 손해에서 침해자의 고의 또는 과실, 손해액, 침해행위와 손해 발생 사이의 인과관계를 제대로 증명한다는 것은 그리 쉬운 일이 아니다.

이에 저작권법은 제125조(손해배상의 청구), 제125조의2(법정손해배상의 청구), 제126조(손해액의 인정)에서 저작재산권 그 밖에 저작권법에 따라 보호되는 권리(다만 저작인격권 및 실연자

---

33) 침해행위를 확인하고 제지하는 데 필요한 비용.
34) 침해행위가 없었더라면 얻을 수 있었을 이익의 상실.
35) 이 경우 통상 손해액의 계산방법으로 "매출감소액(감소한 판매수량 × 피침해자 물품의 가격) × 피침해자의 이익률"로 하거나 "감소한 판매수량(침해가 없었더라면 판매할 수 있었을 판매량 – 실제 판매량) × 피침해자 물품의 단위수량당 이익액"이 된다.
36) 대법원 2004. 6. 24. 선고 2002다6951, 6968 판결, 대법원 2007. 11. 29. 선고 2006다3561 판결, 대법원 2009. 9. 10. 선고 2006다64627 판결, 대법원 2012. 6. 28. 선고 2011다6700, 6717 판결 등 참조.
37) 민법의 불법행위책임에서의 과실상계 법리도 저작재산권 침해를 이유로 한 손해배상책임에서 그대로 적용된다. 대법원 2010. 3. 11. 선고 2007다76733 판결은 이러한 법리를 확인하면서 인터넷 포털사이트 운영자가 타인의 사진작품을 무단 복제·전시·전송한 사안에서 저작재산권 침해로 인한 손해배상액을 산정하면서 저작재산권자의 복제방지조치 태만 등의 과실상계사유를 전혀 참작하지 아니한 것은 형평의 원칙에 비추어 현저히 불합리한 조치라고 하였다.

의 인격권은 제외)38)의 침해행위와 손해 발생 사이의 인과관계, 과실 추정 및 손해액 인정 등에 관한 특칙을 두고 있다.

저작권법 제125조 제1항 및 제2항, 제126조는 불법행위에 기한 손해배상청구에서 손해에 관한 피침해자의 주장·증명책임을 경감하는 취지의 규정이고, 손해의 발생이 없는 것이 분명한 경우까지 침해자에게 손해배상의무를 인정하는 취지는 아니므로39) 침해행위에도 불구하고 피침해자에게 손해 발생이 없다는 점이 밝혀지면 침해자는 그 손해배상책임을 면할 수 있고,40) 위와 같이 피침해자에게 손해의 발생이 인정되지 아니하는 경우에는 민법 제750조에 기한 손해배상청구권 역시 인정될 수 없다.41)

다만, 위와 같은 손해의 발생에 관한 주장·증명의 정도에서는 손해 발생의 염려 내지 개연성의 존재를 주장·증명하는 것으로 족하고, 따라서 피침해자가 침해자와 동종의 영업을 하고 있는 것을 증명한 경우라면 특별한 사정이 없는 한 침해행위에 의하여 영업상의 손해를 입

---

38) 이들 조항의 침해 대상은 저작재산권, 배타적발행권, 출판권, 실연·음반·방송에 관한 저작인접권, 데이터베이스제작자의 권리이다. 법 제125조 제1항 내지 제3항은 "저작재산권 그 밖에 이 법에 따라 보호되는 권리(저작인격권 및 실연자의 인격권을 제외한다)"를 가진 자가 청구할 수 있는 손해배상의 액에 대하여 규정하고 있으므로 저작인격권에 관하여는 법 제125조 제1항 내지 제3항이 적용되지 않는다. 저작인격권 및 실연자의 인격권 침해에 대한 손해배상에 대하여는 법 제127조에 규정되어 있다.

39) 서울고등법원 2002. 5. 1. 선고 2001나14377 판결(미상고 확정)은 구 부정경쟁방지법 제14조의2 제1항(현행 제2항과 동일)에 관한 사안인데, 상표법에 관한 대법원 1997. 9. 12. 선고 96다43119 판결 법리를 인용하고 있다.

40) 상표법에 관한 사안으로 대법원 1997. 9. 12. 선고 96다43119 판결은 "상표법 제67조 제1항의 규정은 상표권자 등이 상표권 등의 침해로 인하여 입은 손해의 배상을 청구하는 경우에 그 손해의 액을 입증하는 것이 곤란한 점을 감안하여 권리를 침해한 자가 그 침해행위에 의하여 이익을 받은 때에는 그 이익의 액을 상표권자 등이 입은 손해의 액으로 추정하는 것일 뿐이고, 상표권 등의 침해가 있는 경우에 그로 인한 손해의 발생까지를 추정하는 취지라고 볼 수 없으므로, 상표권자가 위 규정의 적용을 받기 위하여는 스스로 업으로 등록상표를 사용하고 있고 또한 그 상표권에 대한 침해행위에 의하여 실제로 영업상의 손해를 입은 것을 주장·입증할 필요가 있으나, 위 규정의 취지에 비추어 보면, 위와 같은 손해의 발생에 관한 주장·입증의 정도에 있어서는 손해 발생의 염려 내지 개연성의 존재를 주장·입증하는 것으로 족하다고 보아야 하고, 따라서 상표권자가 침해자와 동종의 영업을 하고 있는 것을 증명한 경우라면 특별한 사정이 없는 한 상표권 침해에 의하여 영업상의 손해를 입었음이 사실상 추정된다고 볼 수 있다."라고 하였다. 대법원 2002. 10. 11. 선고 2002다33175 판결, 대법원 2004. 7. 22. 선고 2003다62910 판결은 "구 상표법(2001. 2. 3. 법률 제6414호로 개정되기 전의 것, 이하 '법'이라 한다) 제67조 제2항은 같은 조 제1항과 마찬가지로 불법행위에 기한 손해배상청구에 있어서 손해에 관한 피해자의 주장·입증책임을 경감하는 취지의 규정이고 손해의 발생이 없는 것이 분명한 경우까지 침해자에게 손해배상의무를 인정하는 취지는 아니라 할 것이므로, 법 제67조 제2항의 규정에 의하여 상표권자 등이 상표권 등을 침해한 자에 대하여 침해에 의하여 받은 손해의 배상을 청구하는 경우에 상표권자 등은 손해의 발생사실에 관하여 구체적으로 주장·입증할 필요는 없고, 권리침해의 사실과 통상 받을 수 있는 금액을 주장·입증하면 족하다고 할 것이지만 , 침해자도 손해의 발생이 있을 수 없다는 것을 주장·입증하여 손해배상책임을 면할 수 있는 것이라고 해석하는 것이 상당하다."라고 하였다.

41) 대법원 2004. 7. 22. 선고 2003다62910 판결, 대법원 2008. 11. 13. 선고 2006다22722 판결 등 참조.

없음이 사실상 추정된다.42)

등록되어 있는 저작권, 배타적발행권(법 제88조 및 제96조에 따라 준용되는 경우를 포함한다), 출판권, 저작인접권 또는 데이터베이스제작자의 권리를 침해한 자는 그 침해행위에 과실이 있는 것으로 추정한다(법 제125조 제4항). 법 제125조 제4항에서는 (제1항과는 달리) 저작권에서 저작인격권 및 실연자의 인격권을 제외한다는 문언이 없으므로 이를 모두 포함한다.

저작자 또는 실연자가 고의 또는 과실로 저작인격권 또는 실연자의 인격권을 침해한 자에 대하여 손해배상을 갈음하거나 손해배상과 함께 명예회복을 위하여 필요조치를 청구할 수 있다(법 제127조).

저작자가 사망한 후에 그 유족(사망한 저작자의 배우자·자·부모·손·조부모 또는 형제자매를 말한다)이나 유언집행자는 당해 저작물에 대하여 법 제14조 제2항의 규정43)을 위반하거나 위반할 우려가 있는 자에 대하여 제123조의 규정에 따른 침해 정지 등의 청구를 할 수 있고, 고의 또는 과실로 저작인격권을 침해하거나 제14조 제2항의 규정을 위반한 자에 대하여는 제127조의 규정에 따른 명예회복 등의 청구를 할 수 있다(법 제128조).

공동저작물의 각 저작자 또는 각 저작재산권자는 다른 저작자 또는 다른 저작재산권자의 동의 없이 법 제123조(침해의 정지 등 청구)의 규정에 따른 청구를 할 수 있으며 그 저작재산권의 침해에 관하여 자신의 지분에 관한 제125조(손해배상의 청구)의 규정에 따른 손해배상의 청구를 할 수 있다(법 제129조).

한편 손해액의 증명부담을 덜어 주기 위하여, 권리자는 본 규정에 의하여 다른 당사자에게 그가 보유하고 있거나 알고 있는, 침해 행위나 불법복제물의 생산 및 유통에 관련된 자를 특정할 수 있는 정보, 불법복제물의 생산 및 유통 경로에 관한 정보를 제공하도록 명할 수 있고(법 제129조의2 제1항), 이때 다른 당사자는 법 제129조의2 제2항 제1호, 제2호44)의 어느 하나에 해당하지 않는 한 정보를 제공하여야 한다(법 제129조의2 제2항)는 등의 내용으로 정보 제공 제도를 규정하고 있다.

법 제129조의3부터 제129조의5까지는 저작권, 그 밖에 저작권법에 따라 보호되는 권리(제25조, 제31조, 제75조, 제76조, 제76조의2, 제82조, 제83조, 제83조의2 및 제101조의3에 따른 보상

---

42) 대법원 1997. 9. 12. 선고 96다43119 판결.
43) "저작자의 사망 후에 그의 저작물을 이용하는 자는 저작자가 생존하였더라면 그 저작인격권의 침해가 될 행위를 하여서는 아니 된다. 다만, 그 행위의 성질 및 정도에 비추어 사회통념상 그 저작자의 명예를 훼손하는 것이 아니라고 인정되는 경우에는 그러하지 아니하다."
44) "1. 다음 각 목의 어느 하나에 해당하는 자가 공소 제기되거나 유죄판결을 받을 우려가 있는 경우 가. 다른 당사자, 나. 다른 당사자의 친족이거나 친족 관계가 있었던 자, 다. 다른 당사자의 후견인 2. 영업비밀(「부정경쟁방지 및 영업비밀 보호에 관한 법률」 제2조 제2호의 영업비밀을 말한다. 이하 같다) 또는 사생활을 보호하기 위한 경우이거나 그 밖에 정보의 제공을 거부할 수 있는 정당한 사유가 있는 경우."

을 받을 권리는 제외한다. 이하 이 조에서 같다)의 침해에 관한 소송으로 인하여 영업비밀을 알게 된 자에게 소송수행의 목적을 넘어서 해당 영업비밀을 이용하거나 제3자에게 공개하지 말라는 비밀유지명령 제도를 규정하고 있다.

법 제125조, 법 제125조의2, 법 제126조의 청구권자는 저작재산권자, 배타적발행권자, 출판권자, 실연·음반·방송에 관한 저작인접권자, 데이터베이스제작자이다. 저작재산권자는 저작자 또는 저작자로부터 저작재산권의 전부 또는 일부를 양도받은 자인데 그중 저작자라도 저작권의 전부를 제3자에게 양도한 경우에는 적어도 저작재산권 양도 후에 발생한 손해에 대하여는 청구할 수 없다.

이용허락을 받은 자가 침해자에 대하여 손해배상청구를 할 수 있는지 여부에 관하여는 앞에서[45] 설명하였다.

즉, 비독점적 이용권자는 저작물을 배타적, 독점적으로 이용할 수 없고 단순히 저작재산권자에 대하여 자신이 그 저작물을 이용하는 것을 용인하여 줄 것을 요구할 수 있을 뿐이므로 직접 다른 이용권자나 침해자를 상대로 침해정지청구나 손해배상청구를 할 수 없고 다만 저작재산권자에게 채무불이행에 기한 계약위반을 이유로 손해배상을 청구할 수 있을 뿐이다.

독점적 이용권자는 독점적으로 저작물을 이용할 수 있는 권리를 보전하기 위하여 저작재산권자를 대위하여 침해자를 상대로 손해배상청구를 할 수 있고, 독점적 지위에 기하여 시장에서 이익을 얻고 있는 경우에 그 이익이 법적으로 보호할 가치가 있다거나[46] 적극적 채권침해를 이유로[47] 침해자에 대하여 고유의 손해배상청구를 할 수 있다. 이러한 경우에 법 제125조 제1항 내지 제3항의 손해배상청구 규정이 적용될 수 있는지에 대하여 다툼이 있으나 저작권에서의 등록제도는 권리발생과 무관하고 그것에 전용실시권과 같은 권리를 등록할 방법이 없다는 이유로 긍정하는 견해가 유력하다.[48]

침해금지청구에서 회사의 대표이사 등의 개인은 회사와 별개의 주체로서 독립적인 침해행위를 하였다는 특별한 사정이 없는 한 침해행위를 한 회사 외에 대표이사 등 개인은 원칙적으로 금지청구의 대상이 될 수 없지만, 손해배상청구에서는 회사 외에 대표이사 등의 개인도 청구의 대상이 될 수 있다.

침해행위를 이유로 법인에 대하여 손해배상을 청구하는 근거는 민법 제35조 제1항에 기

---

45) 「제8장 저작재산권의 경제적 이용 제2절 저작물의 이용허락·법정허락 I. 저작물의 이용허락 ② 이용허락의 종류와 효력 나. 독점적(배타적) 이용허락」 부분.

46) 저작권법 사안은 아니지만 대법원 2003. 3. 14. 선고 2000다32437 판결, 대법원 2006. 9. 8. 선고 2004다55230 판결 등 참조.

47) 대법원 2011. 6. 9. 선고 2009다52304, 52311 판결에서 결과적으로 채권침해 주장이 배척되었으나 논리적으로 인정될 수 있음을 전제하고 있다.

48) 저작권법 주해, 박영사(2007), 1196(박성수 집필부분).

하여 이사 기타 대표자가 그 직무에 관하여 침해행위를 한 경우, 상법 제210조에 기하여 회사를 대표하는 사원이 그 업무집행으로 인하여 타인에게 손해를 가한 경우, 민법 제756조 제1항에 기하여 그 피용자가 사무집행에 관하여 침해행위를 한 경우 등인데 이들 경우에 그 행위자도 법인과 함께 공동피고로 하여 손해배상청구의 대상이 된다.[49]

II. 손해배상청구 등 관련 규정의 연혁

1957. 1. 28. 법률 제432호로 제정된 저작권법 제62조는 "저작권을 침해한 행위에 대하여서는 본법에 특별한 규정이 있는 경우 외에는 민법 기타의 법령을 적용한다.", 제63조(부정출판물의 부수추정)는 "저작자의 승락없이 저작물을 출판하거나 제48조 제2항의 규정에 위반하여 저작자의 검인없이 저작물을 출판한 때에 부정출판물의 부수를 산정하기 어려운 때에는 이를 3천부로 추정한다.", 제66조(이득반환의무)는 "선의이며 또한 과실없이 저작권을 침해하여 이익을 받음으로써 타인에게 손실을 가한 자는 그 이익이 현존하는 한도에 있어서 이를 반환하여야 한다.", 제67조(합저작자)는 "수인의 합저작에 관한 저작물의 저작권침해에 대하여서는 다른 저작권자의 동의없이 고소를 하고 자기의 지분에 대한 손해의 배상을 청구하고 또는 자기의 지분에 응하여 전조의 이익의 반환을 청구할 수 있다."라고 규정하고 있었다.

1986. 12. 31. 법률 제3916호로 전부개정된 저작권법에서 제93조(손해배상의 청구)는 "① 저작재산권 그밖의 이 법에 의하여 보호되는 권리(저작인격권을 제외한다)를 가진 자(이하 '저작재산권자등'이라 한다)는 고의 또는 과실로 그 권리를 침해한 자에 대하여 손해배상을 청구할 수 있다. ② 저작재산권자등은 제1항의 규정에 의한 청구를 하는 경우에 그 권리를 침해한 자가 침해행위에 의하여 이익을 받았을 때에는 그 이익의 액을 저작재산권자등이 입은 손해액으로 추정한다. ③ 저작재산권자등은 제2항의 규정에 의한 손해액 외에 그 권리의 행사로 통상 얻을 수 있는 금액에 상당하는 액을 손해액으로 하여 그 배상을 청구할 수 있다.",[50] 제94조(부

---

49) 대법원 2005. 2. 25. 선고 2003다67007 판결, 대법원 2009. 11. 26. 선고 2009다57033 판결 등 참조. 대법원 2003. 3. 11. 선고 2000다48272 판결은 피고 Y는 피고회사를 설립하고 그 대표이사가 되어 실질적으로 피고회사를 운영하여 오면서 피고회사가 소외 A로부터 확인대상고안의 지관가공장치를 매수하여 사용하는데 이를 결정하고 실행하게 한 자이므로, 실용신안권의 침해행위에 대하여 과실이 있는 한 손해배상책임을 면할 수 없다고 하면서 피고 Y가 피고회사와 공동불법행위자로서 손해배상책임이 있다고 인정한 원심판단이 정당하다고 하였다.

50) '제2항의 규정에 의한 손해액 외에'라는 문구로 인해 침해자의 이익액 외에 통상의 이용료 손해액을 추가로 청구할 수 있다는 견해가 있는 반면에, 실무는 침해자의 이익액을 갈음하여 통상의 이용료 손해액을 청구할 수 있다는 견해가 있었고, 실무는 법 제93조 제2항에 의한 금액과 제3항에 의한 금액 중 더 많은 금액을 한도로 하여 선택적으로 또는 중첩적으로 손해배상을 청구할 수 있다는 입장으로, 견해가 나누어져 있어 당시 정리가 필요한 상황이었다.

정복제물의 부수 등 추정)는 저작재산권자의 허락없이 저작물을 복제한 때에 그 부정복제물의 부수등을 산정하기 어려운 경우에는 다음과 같이 이를 추정한다. 1. 출판물 …… 5,000부, 2. 음반 …… 1만매, 제95조(명예회복 등의 청구)는 "저작자는 고의 또는 과실로 저작인격권을 침해한 자에 대하여 손해배상에 갈음하거나 손해배상과 함께 명예회복을 위하여 필요한 조치를 청구할 수 있다.", 제96조(저작자의 사망후 저작인격권의 보호)는 "저작자가 사망한 후에 그 유족(사망한 저작자의 배우자·자·부모·손·조부모 또는 형제자매를 말한다)이나 유언집행자는 당해 저작물에 대하여 제14조 제2항의 규정에 위반하거나 위반할 우려가 있는 자에 대하여는 제91조의 규정에 의한 청구를 할 수 있으며, 고의 또는 과실로 저작인격권을 침해하거나 제14조 제2항의 규정에 위반한 자에 대하여는 제95조의 규정에 의한 명예회복 등의 청구를 할 수 있다.", 제97조(공동저작물의 권리침해)는 "공동저작물의 각 저작자 또는 각 저작재산권자는 다른 저작자 또는 다른 저작재산권자의 동의없이 제91조의 규정에 의한 청구를 할 수 있으며 그 저작재산권의 침해에 관하여 자신의 지분에 관한 제93조의 규정에 의한 손해배상의 청구를 할 수 있다."라고 규정하였다.

2000. 1. 12. 법률 제6134호로 개정된 저작권법은 제93조를 아래와 같이 개정하고, 제96조의 조문 표제를 '저작자의 사망후 저작인격권의 보호'를 '저작자의 사망후 인격적 이익의 보호'로 변경하였다.

제93조(손해배상의 청구)

① 저작재산권 그밖의 이 법에 의하여 보호되는 권리(저작인격권을 제외한다)를 가진 자(이하 "저작재산권자 등"이라 한다)가 고의 또는 과실에 의하여 권리를 침해한 자에 대하여 그 침해행위에 의하여 자기가 받은 손해의 배상을 청구하는 경우에 그 권리를 침해한 자가 그 침해행위에 의하여 이익을 받은 때에는 그 이익의 액을 저작재산권자등이 받은 손해의 액으로 추정한다.

② 저작재산권자등이 고의 또는 과실에 의하여 그 권리를 침해한 자에 대하여 그 침해에 의하여 자기가 받은 손해의 배상을 청구하는 경우에 그 권리의 행사로 통상 받을 수 있는 금액에 상당하는 액을 저작재산권자등이 받은 손해의 액으로 하여 그 손해배상을 청구할 수 있다.

③ 제2항의 규정에 불구하고 저작재산권자등이 받은 손해의 액이 제2항의 규정에 의한 금액을 초과하는 경우에는 그 초과액에 대하여도 손해배상을 청구할 수 있다

④ 등록되어 있는 저작권·출판권 또는 저작인접권을 침해한 자는 그 침해행위에 과실이 있는 것으로 추정한다.

2003. 5. 27. 법률 제6881호로 개정된 저작권법은 제94조에서 종전의 부정복제물의 부수 등 추정에 관한 내용을 삭제하고 조문 표제를 손해액의 인정으로 하고 그 내용을 "법원은

손해가 발생한 사실은 인정되나 제93조의 규정에 의한 손해액을 산정하기 어려운 때에는 변론의 취지 및 증거조사의 결과를 참작하여 상당한 손해액을 인정할 수 있다."로 규정하였다.

2006. 12. 18. 법률 제8101호로 전부개정된 저작권법은 종전의 제93조 내지 제97조를 제125조 내지 제129조로 차례로 옮기면서 앞의 「제12장 저작권 등 침해에 대한 민사 구제 제3절 저작권 등 침해금지청구 (가처분 포함) I. 저작권 등 침해의 정지, 예방 또는 손해배상담보 청구 ② 침해정지 등에 관한 규정의 연혁」에서 기술한 바와 같은 문구 수정이 있었다.

2009. 4. 22. 법률 제9625호로 개정된 저작권법 제125조 제4항에서 "프로그램배타적발행권"을 추가하였고, 2011. 12. 2. 법률 제11110호로 개정된 저작권법 제125조 제4항에서 "출판권·프로그램배타적발행권"을 "배타적발행권(제88조 및 제96조에 따라 준용되는 경우를 포함한다), 출판권"으로 변경하고, 아래와 같은 제125조의2(법정손해배상의 청구)를 신설하였다.

> 제125조의2(법정손해배상의 청구)
> ① 저작재산권자 등은 고의 또는 과실로 권리를 침해한 자에 대하여 사실심의 변론이 종결되기 전에는 실제 손해액이나 제125조 또는 제126조에 따라 정하여지는 손해액을 갈음하여 침해된 각 저작물 등마다 1천만원(영리를 목적으로 고의로 권리를 침해한 경우에는 5천만원) 이하의 범위에서 상당한 금액의 배상을 청구할 수 있다.
> ② 둘 이상의 저작물을 소재로 하는 편집저작물과 2차적저작물은 제1항을 적용하는 경우에는 하나의 저작물로 본다.
> ③ 저작재산권자 등이 제1항에 따른 청구를 하기 위해서는 침해행위가 일어나기 전에 제53조부터 제55조까지의 규정(제90조 및 제98조에 따라 준용되는 경우를 포함한다)에 따라 그 저작물 등이 등록되어 있어야 한다.
> ④ 법원은 제1항의 청구가 있는 경우에 변론의 취지와 증거조사의 결과를 고려하여 제1항의 범위에서 상당한 손해액을 인정할 수 있다.

III. 침해자 이익액을 피침해자의 손해액으로 추정(법 제125조 제1항)

① 의의, 성격 및 규정 취지

저작재산권 그 밖에 저작권법에 따라 보호되는 권리(저작인격권 및 실연자의 인격권을 제외한다)를 가진 자(이하 "저작재산권자 등"이라 한다)가 고의 또는 과실로 권리를 침해한 자에 대하여 그 침해행위에 의하여 자기가 받은 손해의 배상을 청구하는 경우에 그 권리를 침해한 자가 그 침해행위에 의하여 이익을 받은 때에는 그 이익의 액을 저작재산권자 등이 받은 손해의 액으로 추정한다(법 제125조 제1항).

본 항은 저작재산권 등 침해행위에 의하여 침해자가 얻은 이익의 액이 증명되면 그것을 침해당한 저작재산권자 등의 손해액으로 추정함으로써, 불법행위에 기한 손해배상청구에서 손해에 관한 피해자의 주장·증명책임을 경감하는 취지의 규정이다.

본 항의 규정은 앞의 I. 총설에서 본 민법상 손해배상청구가 인정되기 위한 요건 중 「④ 손해 ㉮ 손해의 발생, ㉯ 저작재산권 등 침해행위와 손해 발생과의 인과관계, ㉰ 손해액」에서 ㉯51) 및 ㉰에 대한 특례를 규정한 것이다. 위 본 항의 규정이 저작권 등의 침해가 있는 경우에 ㉮ 손해의 발생까지 추정하는 취지라고 볼 수는 없다. 이에 따라 이론상 손해의 발생 자체는 권리자가 증명하여야 하지만 실무는 본 항의 취지에 비추어 볼 때 손해 발생의 주장·증명의 정도는 손해 발생의 염려 내지 개연성의 존재를 주장·증명하는 것으로 충분하다는 것이어서 손해의 발생 자체의 증명 정도를 완화하고 있다.52)

본 항은 민법 제750조 기한 손해배상청구에 대한 특례규정으로 침해행위와 상당인과관계가 있는 손해액(A 사실)의 증명 대신에 그것보다 증명이 쉬운 침해행위자가 얻은 이익액(B 사실)을 증명하는 것에 의해 A 사실이 증명된 것으로 추정하는 법률상의 사실추정 규정이다.

본 항은 법률 규정에 반증의 제출을 허용하지 아니하는 간주규정이 아니라 반증에 의하여 추정을 번복시킬 수 있는 추정규정에 해당한다. 따라서 침해자가 얻은 이익이 침해자의 특별한 노력 또는 재능에 의하여 확대된 경우에도 일응 손해액으로 추정되지만 피침해자 등이 실제로 입은 손해를 초과하는 것을 침해자가 증명한 경우53)나 침해자가 얻은 이익 중 일부 또는 전부가 침해행위 아닌 다른 요소에 의해 발생되었음을 증명한 경우(복멸 사유에 대하여는 후술함)에는 위 추정이 전부 또는 일부 복멸되어 손해액이 감면되는 경우가 있을 것이고 반대로 피침해자가 실제로 입은 손해가 침해자가 받은 이익을 초과하고 이를 증명한다면 실제 입은 손해액의 배상을 청구할 수 있다.

② 이익의 의미

본 항의 '이익'의 개념에 대해, 종래에는 판매액과 구입액(제조원가)의 차액이라는 견해(총이

---

51) 대법원 1992. 2. 25. 선고 91다23776 판결은 "구 상표법 제37조 제2항에 의하면 상표권자가 상표권침해자에 대하여 손해배상을 청구하는 경우 그 자가 침해행위에 의하여 이익을 받았을 때에는 그 이익의 액은 상표권자가 받은 손해액으로 추정되므로 상표권자는 상표권을 침해한 자가 취득한 이익을 입증하면 되고 그 밖에 침해행위와 손해의 발생 간의 인과관계에 대하여는 이를 입증할 필요 없이 손해배상을 청구할 수 있다."라고 한다.

52) 대법원 1997. 9. 12. 선고 96다43119 판결 참조.

53) 대법원 2008. 3. 27. 선고 2005다75002 판결, 대법원 1997. 9. 12. 선고 96다43119 판결.

익 내지 조이익설), 총이익으로부터 판매를 위한 영업경비 내지 일반관리비(인건비, 부동산 임료, 광고선전비, 운송비, 보관비 등)를 제외한 순이익이라는 견해(순이익설)가 있었다.

일반적으로 민법상 일실이익으로 보는 것이 순이익이므로 후자라고 해석되나 이렇게 되면 계산이 복잡하게 되어 손해액의 증명을 쉽게 해주려 한 법의 취지에 어긋난다. 그러므로 기본적으로 순이익설에 의거하여 피침해자가 순이익액을 증명하기 위해 경비 등의 액을 주장·증명하여야 하지만 그것이 용이하지 않은 경우에는 피침해자가 총이익액을 증명한 때에 침해자가 감액요소를 주장·증명하지 않으면 그 총이익을 피침해자의 손해액으로 인정할 수 있다는 입장이 유력하였다.

그런데 그 후 순이익설에 대해 침해자의 판매액으로부터 제조원가나 인건비, 판매비 등의 변동비를 넘어서 피침해자가 새로이 추가 지출할 필요가 없는 부동산 임료 등의 고정비용까지 공제 대상으로 하는 것은 의문이라는 전제에서, 피침해자가 N개의 제품을 판매하고 있고 침해행위가 없으면 M개까지 판매할 수 있었다고 할 경우에 판매액으로부터 피침해자(또는 침해자[54])가 N+M개까지의 제품의 제조에 필요한 비용(한계비용)만을 공제하여야 한다는 견해(한계이익설)가 나오게 된다.

한계이익설에 의하면 피침해자가 새로운 상품을 위해 추가 투자나 종업원의 추가 고용 등을 요하지 않고 종전 그대로의 상태에서 제조, 판매할 수 있는 수량 범위 내에서라면 피침해자의 일실이익은 실시품의 판매액으로부터 재료가격이나 포장비용 등의 판매를 위한 변동비용만을 공제한 액수라고 보아 예를 들어 피침해자(또는 침해자)에 의해 지출된 침해물품의 제조를 위한 금형비용 등 개발비용, 판매액의 다과에 상관없이 발생하는 판매비, 인건비 등 일반관리비, 설비 등의 감가상각비 등을 공제하지 않는 것으로 보게 된다.

대법원도 "상표권자 혹은 전용사용권자로서는 침해자가 상표권 침해행위로 인하여 얻은 수익에서 상표권 침해로 인하여 추가로 들어간 비용을 공제한 금액……을 손해액으로 삼아……청구할 수 있다."[55]라고 하여 한계이익설을 취한 듯한 사례가 있다.[56]

---

54) 일본에서 학설상으로는 침해자 입장에서의 한계이익설이 먼저 주장되었으나 실무에서는 대부분 피침해자 입장에서의 한계이익설(예를 들면 피고 판매수량이 원고에게 새로운 투자나 인건비의 증가를 필요로 하지 않고 종전 그대로의 상태로 제조 판매할 수 있는 수량 범위 내에 있다고 인정된다면 원고 상품 판매액으로부터 매입가격 등의 판매를 위한 변동비만을 공제한 판매이익을 인정하고 피고상품의 개발비용, 인건비, 일반관리비 등은 공제 대상으로 인정하지 않은 경우)을 취하고 있다.

55) 대법원 2008. 3. 27. 선고 2005다75002 판결.

56) 저작권법 제125조 제1항과 같은 손해액 산정방식과 관련(특허권, 상표권 포함)하여 실무태도를 보면, 권리자의 영업이익률을 침해기간 동안의 침해자의 영업이익률과 같은 정도로 인정하고 이를 침해제품 판매금액에 곱한 금액을 손해배상액으로 인정한 경우 [서울고등법원 1996. 8. 28. 선고 95나9060 손해배상(지) 판결(상고기각 확정)], 침해자의 매출총액에 침해자의 영업이익률을 곱하여 계산한 금액을 손해배상액으로 인정한 경우 [서울중앙지방법원 2009. 10. 7. 선고 2007가합33960 특허권침해금지 판결(항

③ 저작재산권자의 실제 저작물 이용 여부

저작재산권자가 저작권법 제125조 제1항의 적용을 주장하기 위하여 반드시 스스로 저작물 등을 이용(판매)하고 있어야 하는지의 문제가 있다.

이에 대하여는 저작재산권자가 저작물을 창작한 후 상품화하지 아니한 경우에는 원고가 서적의 발행 및 판매를 하고 있지 않다는 이유로 법 제125조 제1항의 적용을 부정하는 견해(이용필요설)도 있고,57) 법 제125조 제1항에 저작재산권자가 스스로 저작물을 판매하여야 할 것을 요건으로 명시하고 있지 않고 피고와 같은 방법으로 저작물을 이용하고 그와 같은 이익을 얻을 수 있는 개연성이 있다면 원고의 실제 업무 내용과 관계없이 법 제125조 제1항의 적용을 긍정하는 견해(이용불요설)도 있다.58)

상표법상 상표권자나 구 부정경쟁방지법상 상품표지의 주체 등에게 손해의 발생이 인정되지 아니하면 그 손해배상책임을 면할 수 있고59) 이러한 법리는 저작권법에도 적용될 수 있

소 후 조정성립으로 종국)], 침해자의 매출총이익×침해제품 관련 매출액/매출총액 – 매출에 따라 발생하는 비용(판매 및 일반관리비 – 고정비용)×침해제품 관련 매출액/매출총액으로 계산한 금액을 손해배상액으로 인정한 경우 [서울중앙지방법원 2004. 2. 13. 선고 2002가합30683 손해배상(기) 판결(항소취하 확정)], 침해자의 판매액에 제품이 속하는 업종의 국세청 발표 표준소득률 중 일반률을 곱한 금액을 손해배상액으로 인정한 경우 [서울고등법원 2005. 3. 16. 선고 2004나53922 손해배상(지) 판결(미상고 확정)], 침해제품 매출총액 – 침해제품 관련 주요 경비(매입비용＋임차료＋인건비) – (침해제품 매출액×기준경비율)로 계산한 금액을 손해배상액으로 인정한 경우 [서울고등법원 2005. 12. 7. 선고 2003나38858 특허권침해금지등 판결(상고기각 확정)] 등 다양한 유형이 존재한다.

57) 일본 東京地方裁判所 1978. 6. 21. 선고 昭和52(ワ)598 판결은 "원고가 서적의 발행 및 판매를 하고 있지 않으므로 피고 서적의 발행 및 판매에 의하여 얻은 순이익액을 자신의 손해액으로 주장할 여지는 없고 원고는 그 저작권 행사에 대해 통상 받을 수 있는 사용료에 상당하는 금원을 자기의 손해로서 청구할 수 있음에 그친다."라고 하고, 東京地方裁判所 1995. 6. 23. 선고 平成16(ワ)16957 판결은 "원고는 서적의 출판 등을 업으로 하는 자가 아니므로 원고에게 저작권법 제114조 제2항에 기한 추정규정을 적용할 수 없다."라고 한다.

58) 한편 일본 東京地方裁判所 1984. 8. 31. 선고 昭和55(ワ)7916 판결은 "원고가 저작물의 복제물을 출판 판매하고 있지 않기 때문에 구 저작권법 제114조 제1항의 규정에 의한 배상금을 청구할 수 없다고 피고는 주장하지만 동 조항에는 피고 주장과 같은 한정이 없다."는 등의 이유로 피고의 주장을 배척하면서 피고의 순이익에 기여율·50%를 적용한 금액을 원고의 손해액으로 인정하였다.

59) 대법원 2004. 7. 22. 선고 2003다62910 판결은 "상표법 제67조 제2항, 제3항, 제5항은 같은 조 제1항과 마찬가지로 불법행위에 기한 손해배상청구에 있어서 손해에 관한 피해자의 주장·입증책임을 경감하는 취지의 규정이고, 손해의 발생이 없는 것이 분명한 경우까지 침해자에게 손해배상의무를 인정하는 취지는 아니라 할 것이므로 상표권의 침해행위에도 불구하고 상표권자에게 손해의 발생이 없다는 점이 밝혀지면 침해자는 그 손해배상책임을 면할 수 있는 것으로 해석함이 상당하다."라고 하였고, 대법원 2008. 11. 13. 선고 2006다22722 판결도 "구 부정경쟁방지법 제14조의2 제2항은 같은 조 제1항과 마찬가지로 부정경쟁행위에 기한 손해배상청구에 있어서 손해에 관한 피해자의 주장·입증책임을 경감하

으므로 권리자가 창작된 저작물을 전혀 출판하거나 판매하고 있지 않다면 저작권법 제125조 제1항을 적용할 수 없고 제2항을 적용하여야 할 것이나, 권리자가 피고의 판매방식과 달라도 어떤 형태로든 저작물 유통으로 인한 이익을 얻고 있는 경우(동종 영업을 영위한 경우)에는 피고의 판매방식에 따른 이익을 얻을 개연성이 인정되므로 그러한 경우에는 제125조 제1항을 적용할 수 있다고 본다.

④ 물건의 일부 또는 복수의 권리에 대한 침해가 있는 경우, 복수의 주체가 저작재산권의 침해에 관계된 경우에 침해행위에 의한 이익액 산정 방법 등

물건의 일부가 저작재산권의 침해에 관계된 경우 침해자가 그 물건을 제작·판매함으로써 얻은 이익 전체를 침해행위에 의한 이익이라고 할 수는 없고, 침해자가 그 물건을 제작·판매함으로써 얻은 전체 이익에 대한 당해 저작재산권의 침해행위에 관계된 부분의 기여율(기여도)을 산정하여 그에 따라 침해행위에 의한 이익액을 산출하여야 하고, 그러한 기여율은 침해자가 얻은 전체 이익에 대한 저작재산권의 침해에 관계된 부분의 불가결성, 중요성, 가격비율, 양적 비율 등을 참작하여 종합적으로 평가한다.[60]

기여율을 적용하는 또 하나의 방법으로 일단 침해자의 판매이익 전체를 피침해자의 손해액으로 추정하되 침해자로 하여금 판매부분이 침해자 이익 발생에 기여한 기여율을 주장, 증명하도록 하여 그것이 인정될 때 그 한도에서 추정 일부를 복멸시킬 수도 있다.

다음으로, 피침해자의 복수의 저작권이 하나의 저작물에 경합하여 포함된 경우에는 각 저작권마다 손해배상을 청구할 수 있고, 2차적저작물에도 원저작물의 저작권자의 권리와 2차적저작물의 저작자의 권리가 병존하고 있으므로 그와 마찬가지로 기여율을 산정하여 침해행위에 의한 이익액 등 손해액을 산정한다.

기여율에 관한 이러한 법리는 복수의 주체가 저작재산권의 침해에 관계된 경우에도 적용될 수 있다. 관련하여 단일의 주체 외에 복수의 주체가 저작재산권의 침해에 관여하는 경우가 많은데 문제는 복수의 주체 중 침해자를 누구로 파악하여야 하는지가 문제된다.

침해자에는 실제로 침해를 한 자 뿐만 아니라 저작물의 이용행위를 실제로 하지 않더라도 다른 주체를 도구로 이용하여 그 자신이 전체적으로 이용행위를 한 것과 동일시할 수 있는 자

는 취지의 규정이고, 손해의 발생이 없는 것이 분명한 경우까지 침해자에게 손해배상의무를 인정하는 취지는 아니라 할 것이므로 부정경쟁행위에도 불구하고 당해 상품표지의 주체 등에게 손해의 발생이 없다는 점이 밝혀지면 침해자는 그 손해배상책임을 면할 수 있는 것으로 해석함이 상당하다"라고 한다.

60) 대법원 2004. 6. 11. 선고 2002다18244 판결에서 작곡가의 저작권을 침해하여 그 곡을 타이틀 곡으로 한 음반을 제작·판매함에 있어서 음반 판매로 얻은 이익에 대한 위 해당곡의 기여도가 30%에 해당한다는 원심의 판단을 수긍하였다.

나 다른 주체의 이용행위를 지배·관리하고 다른 주체의 이용행위로 인하여 영업상의 이익을 얻는 자도 포함된다. 또한 수인이 공동하여 저작권자 등에게 손해를 가하는 공동불법행위를 한 경우 행위자 상호간에 의사의 공통이나 공동의 인식을 필요로 하지 아니하고, 다만 객관적으로 각 그 행위에 관련공동성이 있으면 족하며, 그 관련공동성 있는 행위에 의하여 손해가 발생함으로써 그에 대한 배상책임을 지는 공동불법행위가 성립하므로,61) 위 침해자에게 저작권 등 침해행위를 교사하거나 위 침해자의 침해행위를 쉽게 할 수 있도록 방조한 자62)도 포함한다. 공동불법행위가 성립되는 경우에 공동불법행위자들 사이의 손해배상채무는 부진정연대채무에 해당한다(통설). 침해자들 사이에 사용자와 피용자의 관계에 있는 경우에는 사용자에게 민법 제756조의 사용자책임이, 피용자에게는 일반불법행위책임이 인정될 수 있다.

한편 저작권자의 허락없이 소설을 그대로 인용하고 있는 저작물을 출판한 경우에 출판업자와 저작자가 함께 공동불법행위의 책임을 부담한다고 한 사례가 있고,63) 나아가 집필자가 타인의 저작물을 무단으로 이용하여 서적을 제작하고 출판업자로부터 인세를 받고 출판하게 한 경우 저작재산권자가 서적의 집필자를 상대로 인세에 상당하는 금액을 손해액으로 배상청구를 하고 아울러 출판업자를 상대로 서적 판매이익을 손해액으로 배상청구한 경우에 각각에 대해 손해배상책임을 인정한 사례가 있다.64)65)

---

61) 대법원 1988. 4. 12. 선고 87다카2951 판결, 대법원 2008. 6. 26. 선고 2008다22481 판결, 대법원 2012. 8. 17. 선고 2010다28390 판결 등 참조.
62) 대법원 2007. 1. 25. 선고 2005다11626 판결은 "저작권법이 보호하는 복제권의 침해를 방조하는 행위란 타인의 복제권 침해를 용이하게 해주는 직접·간접의 모든 행위를 가리키는 것으로서, 복제권 침해행위를 미필적으로만 인식하는 방조도 가능함은 물론 과실에 의한 방조도 가능하다고 할 것인바, 과실에 의한 방조의 경우에 있어서 과실의 내용은 복제권 침해행위에 도움을 주지 않아야 할 주의의무가 있음을 전제로 하여 이 의무에 위반하는 것을 말하는 것이고(대법원 2000. 4. 11. 선고 99다41749 판결, 2003. 1. 10. 선고 2002다35850 판결 등 참조), 위와 같은 침해의 방조행위에 있어서 방조자는 실제 복제권 침해행위가 실행되는 일시나 장소, 복제의 객체 등을 구체적으로 인식할 필요가 없으며 실제 복제행위를 실행하는 자가 누구인지 확정적으로 인식할 필요도 없다."라고 한다.
63) 서울민사지방법원 1994. 7. 29.자 94카합6025 결정, 서울민사지방법원 1995. 6. 23. 선고 95가합67215 판결. 송영식·이상정, 저작권법 개설 제3판, 세창출판사(2003), 312 및 318에서 재인용.
64) 서울중앙지방법원 1999. 7. 23. 선고 98가합16239 판결(항소심판결이 위 서울고등법원 2000. 11. 14. 선고 99나47626 판결임, 출판업자만 항소하였음)은 "출판업자가 원고에게 배상하여야 할 손해액을 산정하면 금 49,000,000원(= 판매부수 3,000질 × 이 사건 테이프 1질의 판매로 인한 이익금 70,000원 × 이 사건 테이프 중 침해부분의 비율 7개/30개)이 되고 집필자가 원고에게 배상하여야 할 손해액을 산정하면 금 4,900,000원(=판매부수 3,000질 × 이 사건 테이프 1질의 판매로 인한 이익 금 70,000원 × 이 사건 테이프 중 침해부분의 비율 7개/30개 × 인세상당 비율 10%)이 된다."고 판단하였다. 항소심은 출판업자가 복제한 테이프 3,000질 전부가 판매되었다고 볼 수 없다는 이유로 출판업자가 원고에게 배상할 손해액을 6,860,000원(= 판매부수 3,000질 × 판매가격 14만원 × 사용료율 7/100 × 침해부분의 비율 7/30)으로 산정하였다.
65) 반면에 저작권법 주해, 박영사(2007), 1219(박성수 집필부분)는 저작재산권자로서 집필자를 상대로 하

관련하여 출판업자 등이 자신이 출판 등 하려는 저작물이 타인의 저작재산권을 침해한 것인지 여부를 조사할 주의의무가 있는지에 대하여 실무는 사실관계에 따라 다소 달리보고 있다. 즉, ① 유아용 서적 또는 어학서적 등 전문적으로 서적을 출판하는 출판업자의 경우에는 타인의 저작권을 침해한 책을 함부로 출판하지 않기 위해 출판에 앞서 동종서적을 조사해 보는 등의 노력을 기울여야 할 주의의무가 있다고 한 것이 있고,66) ② 동화책 삽화계의 중진 작가로서 그동안 어린이 도서만 100권 이상을 작업하였고, 수십 년에 걸쳐 삽화를 그려온 삽화가로서의 역량, 출판미술협회 회원으로서 사회적 지위, 학력 등에 비추어, 발행인으로서는 삽화계의 전문가가 타 저작물을 베끼지 않고 독창적으로 그림을 그릴 것을 신뢰하는 것으로 족하고 더 나아가 그 그림이 다른 삽화가의 그림을 모방하였는지 시중에 출판된 삽화들과 일일이 확인하여 문제가 발생할 소지가 있음을 확인할 주의의무까지 부담하지는 않는다67)고 한 것이 있으며, ③ 출판업자로서는 저작물을 출판하기 전에 저작권의 귀속문제에 대하여 조사, 확인해 보는 등의 노력을 기울여야 할 의무가 있다68)고 한 것이 있다. 그리고 ④ 방송국 및 프로그램 제작사가 원저자의 저작권을 침해한 사실을 알고 있었다거나 이를 알 수 있었음에도 그 대본을 감독, 심의할 주의의무를 위배하였음을 인정할 증거가 없을 뿐만 아니라, 방송국 및 프로그램 제작사와 연속극 대본 집필자 사이에는 사용자 및 피용자의 관계가 존재하지 아니하여 대본 집필자의 저작권 침해행위에 대하여 방송국 및 프로그램제작사가 특별한 주의, 감독을 하여야 할 의무가 있다고 할 수 없고, 달리 방송국 및 프로그램제작사가 원저자의 저작권 침해를 방지하여야 할 의무가 있음에도 불구하고 이를 해태하였다고 인정할 증거가 없다고 하여, 방송국 및 프로그램제작사에 대한 손해배상청구를 기각한 원심판결을 수긍한 사례가 있다.69)

⑤ 추정의 복멸

저작권법 제125조 제1항이 손해액에 대한 추정규정이므로 침해자가 증거를 제출하여 그 추정을 복멸시킬 수 있다.

추정의 복멸 사유로 예를 들면 침해자의 제품의 일부만이 침해에 해당하는 경우, 침해품

여 인세 상당의 손해배상을 구하였다면 거기에 더하여 출판업자를 상대로 하여 판매이익까지 구할 수는 없다고 한다.

66) 서울고등법원 2000. 11. 14. 선고 99나47626 판결(미상고 확정), 서울중앙지방법원 2012. 1. 31. 선고 2011가합87780 판결(항소심에서 강제조정으로 종국), 서울서부지방법원 2008. 10. 2. 선고 2007가합4127 판결(항소심에서 강제조정으로 종국).

67) 서울동부지방법원 2010. 2. 10. 선고 2009가합17996 판결(항소심에서 강제조정으로 종국).

68) 서울서부지방법원 2005. 4. 29. 선고 2004가합308 판결(항소심에서 화해로 종국).

69) 대법원 1996. 6. 11. 선고 95다49639 판결.

이 복수의 권리를 침해하는 경우, 침해자의 이익 중 일부가 침해자의 자본, 영업능력, 선전광고, 상품의 품질, 제조기술, 다른 상표, 디자인, 캐릭터 등의 여러 요인에 의하여 발생된 경우, 저작재산권을 침해하지 않으면서 저작재산권자의 제품과 시장에서 경합하는 경합제품이 존재하는 경우 등이다. 저작재산권자의 생산능력, 침해행위 외의 사유로 판매할 수 없었던 사정도 추정복멸 사유에 포함된다.

⑥ 제125조 제2항, 제126조와의 관계 및 당사자의 주장과 손해배상액 산정방법

법 제125조 제1항에 의한 침해자가 받은 이익, 제2항에 의한 통상 사용료, 제126조의 상당 손해액은 모두 별개이므로 원고는 이들 손해액 중 하나를 선택하여 청구할 수 있다.

원고가 손해배상청구소송에서 법 제125조 제1항에 따른 손해액과 제126조의 상당 손해액을 모두 주장하였다면, 법원으로서는 먼저 원고에 의해 주장된 그 규정을 근거로 하여 손해액을 인정할 수 있는지부터 심리하고 제126조에 기하여 손해액을 인정하고자 하는 경우에도 위 제1항에 기한 손해액에 관한 심리를 거쳐 그 손해액을 산정하기 어렵다는 점이 인정되어야 한다.[70] 이는 법 제125조 제1항과 제2항의 관계에서도 마찬가지이다.

IV. 통상 받을 수 있는 금액에 상당하는 액의 손해액 주장(법 제125조 제2항, 제3항)

① 의의

저작재산권자 등이 고의 또는 과실로 그 권리를 침해한 자에 대하여 그 침해행위에 의하여 자기가 받은 손해의 배상을 청구하는 경우에 그 권리의 행사로 통상 받을 수 있는 금액에 상당하는 액을 저작재산권자 등이 받은 손해의 액으로 하여 그 손해배상을 청구할 수 있다(법 제125조 제2항).

② 규정의 성격

본 항이 반증을 허용하는 추정규정인지 반증을 허용할 수 없는 간주규정인지의 문제가 있다. 이는 침해자가 저작재산권자에게 아무런 손해가 없다는 반증을 제출하여 손해배상책임을

---

70) 특허권에 관한 대법원 2014. 5. 29. 선고 2013다208098 판결 참조.

면할 수 있는지와 손해 발생을 증명할 필요가 있는지의 문제에 연결된다.

　　실무는 저작권법 제125조 제2항과 거의 같은 내용인 구 저작권법(2000. 1. 12. 법률 제6134호로 개정되기 전의 것) 제93조 제2항에 대해 "피해 저작재산권자의 손해액에 대한 증명의 편의를 도모하기 위한 규정으로서 최소한 제3항의 규정에 의한 금액은 보장해 주려는 것"이라고 하였다.71) 그리고 저작권법 제125조 제2항과 동일한 내용으로 규정된 구 상표법 제67조에 대해서 "구 상표법(2001. 2. 3. 법률 제6414호로 개정되기 전의 것) 제67조 제2항은 같은 조 제1항과 마찬가지로 불법행위에 기한 손해배상청구에 있어서 손해에 관한 피해자의 주장·증명책임을 경감하는 취지의 규정이고 손해의 발생이 없는 것이 분명한 경우까지 침해자에게 손해배상의무를 인정하는 취지는 아니라 할 것이므로, 법 제67조 제2항의 규정에 의하여 상표권자 등이 상표권 등을 침해한 자에 대하여 침해에 의하여 받은 손해의 배상을 청구하는 경우에 상표권자 등은 손해의 발생사실에 관하여 구체적으로 주장·증명할 필요는 없고, 권리침해의 사실과 통상 받을 수 있는 금액을 주장·증명하면 족하다고 할 것이지만, 침해자도 손해의 발생이 있을 수 없다는 것을 주장·증명하여 손해배상책임을 면할 수 있는 것이라고 해석하는 것이 상당하다."72)라거나, "구 상표법(2014. 6. 11. 법률 제12751호로 개정되기 전의 것) 제67조에 의하면 상표권자는 자기의 상표권을 고의 또는 과실로 침해한 자에 대하여 통상 받을 수 있는 상표권 사용료 상당액을 손해액으로 주장하여 배상을 청구할 수 있다. 이 규정은 손해에 관한 피해자의 주장·증명책임을 경감해 주고자 하는 것이므로, 상표권자는 권리침해 사실과 통상 받을 수 있는 사용료를 주장·증명하면 되고 손해의 발생 사실을 구체적으로 주장·증명할 필요는 없다. 그러나 위 규정이 상표권의 침해 사실만으로 손해의 발생에 대한 법률상의 추정을 하거나 손해의 발생이 없는 것이 분명한 경우까지 손해배상의무를 인정하려는 취지는 아니므로, 침해자는 상표권자에게 손해의 발생이 있을 수 없다는 점을 주장·증명하여 손해배상책임을 면할 수 있다. 한편 상표권은 특허권 등과 달리 등록된 상표를 타인이 사용하였다는 것만으로 당연히 통상 받을 수 있는 상표권 사용료 상당액이 손해로 인정되는 것은 아니고, 상표권자가 상표를 영업 등에 실제 사용하고 있었음에도 상표권 침해행위가 있었다는 등 구체적 피해 발생이 전제되어야 인정될 수 있다. 따라서 상표권자가 상표를 등록만 해 두고 실제 사용하지는 않았다는 등 손해 발생을 부정할 수 있는 사정을 침해자가 증명한 경우에는 손해배상책임을 인정할 수 없고, 이러한 법리는 서비스표의 경우에도 동일하게 적용된다."라고 하였다.73)

　　상표법에서 통상 받을 수 있는 사용료 상당액을 손해액으로 주장하여 배상을 청구할 수

---

71) 대법원 1996. 6. 11. 선고 95다49639 판결.
72) 대법원 2002. 10. 11. 선고 2002다33175 판결 참조.
73) 대법원 2016. 9. 30. 선고 2014다59712, 59729 판결.

있는 위 규정이 반증을 허용하는 추정규정에 해당하고 이에 대해 학설도 별다른 다툼이 없다.

그런데 상표법의 위 조항과 같은 내용인 저작권법 제125조 제2항에 대하여는 다수설과 일부 실무74)는 상표법의 경우와는 달리 간주규정으로 보아야 한다고 주장한다.

다수의 견해가 간주규정설을 주장하는 근거는 특허권이나 상표권에서의 손해와 달리 저작권에서는 손해라는 것이 무엇인지 구체화하기 어렵기 때문에 만일 법 제125조 제2항을 추정규정으로 보고 침해자에게 반증을 허용하면 저작재산권자가 특허법이나 상표법의 경우에 비하여 현저하게 불리한 보호를 받게 된다는 점, 저작물을 실제로 이용하기보다는 이용료를 받는 경우가 전형적이라는 저작물 이용현황을 고려하여야 한다는 점,75) 상표는 유사한 상표를 사용하더라도 손해가 발생하지 않을 수 있으나 저작물의 경우에는 창작물 자체에 재산적 가치가 존재하므로 저작권이 침해된 경우 어떠한 손해도 발생하지 않는다는 것은 생각하기 어려운 점76) 등을 들고 있다.

다수의 견해는 상표권에 관한 위 법리가 저작권에도 적용되어 저작물을 실제로 판매하지 않은 경우에 저작재산권자에게 아무런 손해가 없다고 인정될 것을 우려하는 듯하다.

그러나 상표권자가 상표를 영업 등에 실제 사용하고 있거나 상표권자가 상표를 등록만 해두고 실제 사용하지 않은 경우에 손해 발생이 부정될 수 있는 이유는 그러한 상표에는 축적된 고객흡인력 등이 인정되지 않아 상표권자를 보호할 필요가 적다는 상표권 특유의 속성에 근거한 것이므로 상표법에서 출처를 표시하는 표장이 가지는 고객흡인력에 기인한 상표권 특유의 속성에 따른 법리가 저작권 등에 그대로 적용될 여지는 없다.

대법원은 손해 발생과 관련하여 특허법이나 상표법을 구분하지 아니하고 손해 발생에 대하여 증명할 필요가 없다고 명시한 적이 없고 손해 발생의 염려 내지 개연성을 증명하는 것으로 충분하다고 보고 있으며,77) 저작권법 제125조 제2항을 최소한의 금액을 보장해 주려는 취지의 규정이라고 한다.

따라서 저작재산권이 침해된 경우에 비록 저작재산권자가 저작물을 실제로 판매하지 않고 있더라도 저작재산권자에게 손해가 발생하지 않았다고 쉽게 단정해서는 아니되고78) 이때에도

---

74) 서울고등법원 1998. 6. 3. 선고 97나28096 판결(미상고 확정), 파기환송 전의 서울고등법원 1995. 12. 5. 선고 94나9186 판결의 관련 내용이 그대로 기재되어 있다.
75) 저작권법 주해, 박영사(2007), 1226(박성수 집필부분).
76) 박성호, 저작권법(제2판), 박영사(2017), 756.
77) 대법원 1997. 9. 12. 선고 96다43119 판결, 대법원 2006. 10. 12. 선고 2006다1831 판결 등.
78) 대법원 2016. 9. 30. 선고 2014다59712, 59729 판결도 "상표권은 특허권 등과 달리 등록되어 있는 상표를 타인이 사용하였다는 것만으로 당연히 통상 받을 수 있는 상표권 사용료 상당액이 손해로 인정되는 것은 아니고,"라고 한다. 그런데 이 내용을 거꾸로 보면, 등록된 특허발명이 타인에 의해 사용되었다는 사실만으로 사용료 상당액이 손해로 될 수 있음을 전제로 함을 알 수 있다. 이러한 내용은 같은 창작법에 속하는 저작권법에도 적용될 수 있다.

손해 발생의 염려 내지 개연성이 있는 한 법 제125조 제2항이 적용된다. 앞서 본 사정에 지식재산권 침해에 대한 손해배상청구소송에서 손해 발생의 염려 내지 개연성을 넓게 해석하여 온 실무 태도 등을 고려할 때 굳이 저작권의 경우만 다른 지식재산권과 달리 간주규정설을 취할 필요성은 적고 추정규정설을 취하여도 간주규정설과 결론에서 별다른 차이가 없을 것이다.

저작권법 제125조 제2항도 위 구 상표법 제67조 제2항과 동일한 내용인데, 대법원은 위 구 상표법 조항에 대해 피침해자는 손해발생에 관하여 구체적으로 증명할 필요가 없고 영업상 이익의 침해 사실과 통상 받을 수 있는 금액을 주장·증명하면 족하다고 한다.[79] 반대로 침해자는 손해발생이 없었음을 주장·증명하여 손해배상 책임을 면할 수 있다.

③ 권리의 행사로 통상 받을 수 있는 금액에 상당하는 액

가. 의의 및 산정 방법

권리의 행사로 통상 받을 수 있는 금액에 상당하는 액이란 침해자가 저작물의 사용 허락을 받았더라면 이용대가로서 지급하였을 객관적으로 상당한 금액을 말한다.[80]

권리의 행사로 통상 받을 수 있는 금액에는 원고료, 인세, 사용료, 출연료 등의 이름으로 지급되는 각종 금액이 포함된다.

권리의 행사로 통상 받을 수 있는 금액에 상당하는 액을 산정하는 방법에 대해서 먼저 (1) 저작재산권자가 침해행위와 유사한 형태의 저작물 사용과 관련하여 저작물이용계약을 맺고 이용료를 받은 사례가 있는 경우라면, 그 이용료가 특별히 예외적인 사정이 있어 이례적으로 높게 책정된 것이라거나 저작재산권 침해로 인한 손해배상청구 소송에 영향을 미치기 위하여 상대방과 통모하여 비정상적으로 고액으로 정한 것이라는 등의 특별한 사정이 없는 한, 그 이용계약에서 정해진 이용료를 저작재산권자가 그 권리의 행사로 통상 얻을 수 있는 금액으로 보아 이를 기준으로 손해액을 산정하고, 다음으로 (2) 저작재산권자가 당해 저작물에 관하여 이용계약을 체결하거나 이용료를 받은 적이 전혀 없는 경우라면 일응 그 업계에서 일반화되어 있는 이용료를 저작재산권 침해로 인한 손해액 산정의 하나의 기준으로 한다.[81]

그리고 저작재산권자가 침해행위와 유사한 형태의 저작물 이용과 관련하여 저작물이용계약을 맺고 받은 이용료를 적용할 수 없는 특별한 사정에 대한 증명책임은 그러한 사정을 주장하는 자에게 있다.[82] 이때 저작재산권자가 침해행위와 유사한 형태의 저작물 이용과 관련하여

79) 대법원 2002. 10. 11. 선고 2002다33175 판결.
80) 대법원 2001. 6. 26. 선고 99다50552 판결, 대법원 2001. 11. 30. 선고 99다69631 판결 등.
81) 대법원 2001. 11. 30. 선고 99다69631 판결.
82) 대법원 2006. 4. 27. 선고 2003다15006 판결 참조.

576 제12장 저작권 등 침해에 대한 민사 구제

저작물이용계약을 맺고 이용료를 받은 사례가 반드시 저작재산권 침해행위 이전의 것이어야 하거나 2회 이상 있어야 되는 것도 아니다.[83] 이하 실무의 여러 사례들을 소개한다.

위 (1)의 저작물이용계약을 맺고 이용료를 받는 방식 중 권리자와 침해자 사이에 체결한 저작물 이용허락계약의 기준을 적용한 사안으로, 피고회사의 원고에 대한 저작재산권 침해행위로 인하여 피고회사가 원고에게 배상하여야 할 손해의 범위를 정함에 있어서 해당 교재 매출액에다가 원고가 종전에 피고회사와 사이에 수개의 출판권설정계약을 체결하면서 정한 '정가의 7%'의 인세율을, 교재 정가와 판매부수[84]의 합계액에 곱하는 방식으로[85] 손해액을 산정한 것이 있다.

위 (1)의 방식 중 저작물이용계약을 맺고 이용료를 받는 방식 중 권리자와 제3자 사이에 체결된 저작물 이용허락계약의 기준을 적용한 사안으로, 피고가 동시재송신을 허락받았더라면 원고에게 그 대가로 지급하였을 객관적으로 상당한 금액으로, 원고를 비롯한 지상파방송사업자들이 지상파방송의 동시재송신에 대하여 위성방송사업자와 유료 동시재송신 계약을 체결하면서 받기로 약정한 '가입자당 월 280원'의 금액에 월별 정산대상 가입자 수를 곱한 금액의 합계액을 원고의 권리 행사로 통상 받을 수 있는 금액으로 산정한 것,[86] 침해자의 사단법인 한국음악저작권협회에 대한 저작재산권 침해행위로 인하여 배상하여야 할 손해의 범위를 위 한국음악저작권협회가 저작재산권 이용계약 가입자들에 대해 일률적으로 적용하고 있는 기준인 「저작권 사용료 징수규정」을 일응의 기준으로 하여 손해액을 산정한 것[87]이 있다.

위 (2)의 그 업계에서 일반화된 이용료를 원용한 것으로는, 교과용도서에 관한 인세율을

---

83) 대법원 2013. 6. 27. 선고 2012다104137 판결 참조.
84) 판매부수를 특정할 수 없는 경우에는 발행부수를 기준으로 하기도 한다. 이에 따른 산식은 「손해액 = 저작권침해물의 단가 × 인세비율 × 전체 분량에서 침해부분 분량의 비율 × 판매부수(발행부수)」가 된다.
85) 서울남부지방법원 2009. 7. 24. 선고 2007가합2535 판결(항소심에서 조정성립으로 종국).
86) 서울고등법원 2019. 6. 20. 선고 2016나2008396 판결(미상고 확정).
87) 대법원 2001. 11. 30. 선고 99다69631 판결, 서울중앙지방법원 2017. 12. 22. 선고 2015가합549088 (본소), 580676(반소)(항소심에서 강제조정으로 종국), 다만 손해액산정에서 법 제126조를 적용하였다. 한편 대법원 2013. 7. 11. 선고 2011다101483 판결은 이동통신사업자가 제공하는 통화연결음 서비스와 관련하여 한국음악저작권협회와 이동통신사업자가 저작권 사용료 징수규정에서 정한 저작권 사용료 산정방식에 따라 사용료를 지급하기로 하였는데, 전송사용료의 산출 기준인 매출액의 범위에 부가서비스 이용료가 포함되는지가 문제 된 사안에서, 위 징수규정에서 '매출액이란 당해 서비스 사이트에서 해당 서비스로 발생한 이용료 등의 수입에 광고, 기타의 수입을 합한 금액을 말한다'고 정하고 있는데, 위 매출액 정의 중 '당해 서비스 사이트'는 문언상의 의미대로 '콘텐츠제공업자(Contents Provider. 이하 'CP'라 한다) 등의 웹사이트'를 의미하고, '해당 서비스로 발생한 이용료 등의 수입'은 'CP 등이 음원을 통화연결음으로 전송한 대가로 받은 정보이용료 수입'만을 의미하며, '광고 기타의 수입'은 'CP 등의 웹사이트에서 발생한 광고 기타의 수입'을 의미한다고 해석함이 타당하므로, 이동통신사업자가 '전송' 행위와는 무관하게 통신역무의 대가로 받는 부가서비스 이용료는 매출액 정의상 '매출액'에 포함되지 않는다고 해석하여야 한다고 하였다.

1/9로 인정한 것,[88] 학습저작물의 통상적인 인세율을 5%로 인정한 것,[89] 외국 서적의 국내 번역·출판계약에서 일반적인 인세율을 7% 내외로 인정한 것,[90] 수험서적을 출판하는 경우의 인세율을 10%로 인정한 것,[91] 통상적인 인세율을 10%라고 인정한 것[92]이 있다.

위 (1)의 저작물이용계약을 맺고 이용료를 받는 경우가 없고 위 (2)의 그 업계에서 일반화된 이용료에 관한 자료도 없는 경우에는, 이용계약의 내용, 저작재산권자와 이용자의 관계, 저작물의 이용 목적과 이용 기간, 저작물의 종류와 희소성, 제작시기와 제작비용 등과 아울러 유사한 성격의 저작물에 관한 이용계약이 있다면 그 계약에서 정한 이용료, 저작물의 이용자가 이용행위로 얻은 이익 등 변론과정에서 나타난 여러 사정을 두루 참작하여 정하여진 객관적이고 합리적인 금액[93]을 권리의 행사로 통상 받을 수 있는 금액으로 산정한다.

나. 컴퓨터프로그램 무단이용의 경우 산정 방법

고객이 컴퓨터프로그램의 정규복제품을 표시된 가격 상당액으로 구매하고 컴퓨터에 설치하여 복제한 다음 이를 영구적으로 사용할 수 있는 계약형태(paid-up 방식)로 컴퓨터프로그램을 거래하고 있는 상황에서, 허락없이 그러한 컴퓨터프로그램을 복제, 사용하였을 경우에 권리자가 받은 손해액은, 단위당 프로그램저작물의 통상적인 이용대가에 침해자의 복제품의 판매수량을 곱한 금액,[94] 구체적으로 허락 없이 복제한 컴퓨터프로그램의 수에 정규복제품의 1개당 소매가격을 곱한 금액이다.

이에 대하여 침해자는 불법행위로 말미암은 재산상 손해액을 산정함에 있어 엄격하게 차액설을 적용하면 paid-up 방식의 이용허락에서 위법사용기간에 대응하는 손해 부분에 한정하여 배상을 인정하게 되어 위법사용기간에 대한 손해배상액은 「정규복제품 가격 × 위법사용기

88) 서울중앙지방법원 2011. 12. 27. 선고 2011가합12175 판결(미항소 확정). 구 교과용도서에 관한 규정 (2009. 8. 18. 대통령령 제21687호로 개정되기 전의 것) 제33조 제5항에서 '저작자의 인세를 재료비, 인쇄·제조비, 일반관리비 및 발행자의 이윤을 합한 금액의 1/9로 한다'고 정하고 있음을 근거로 한다. 위 인세율 1/9을 교과서의 지문을 상당부분 인용하여 제작한 문제집에 대한 손해액 산정에 적용한 것으로 서울중앙지방법원 2011. 12. 27. 선고 2011가합12175 판결(미항소 확정)이 있다.
89) 서울중앙지방법원 2015. 2. 12. 선고 2012가합541175 판결(항소심에서 조정성립 종국).
90) 서울고등법원 2013. 1. 23. 선고 2012나24622 판결(상고심에서 파기자판되었으나 본문 논점과는 무관함).
91) 서울중앙지방법원 2014. 8. 29. 선고 2013나55613 판결(미상고 확정).
92) 서울중앙지방법원 2012. 7. 17. 선고 2011가합56847 판결(미항소 확정).
93) 저작권자의 허락 없이 저작물을 이용한 경우에 대한 부당이득액 산정 방법에 관하여 판시한 것으로 대법원 2016. 7. 14. 선고 2014다82385 판결이 있는데 그에 의하면 저작권자는 부당이득으로 이용자가 저작물에 관하여 이용허락을 받았더라면 이용대가로서 지급하였을 객관적으로 상당한 금액의 반환을 구할 수 있다고 하므로 법 제125조 제2항의 권리의 행사로 통상 받을 수 있는 금액과 논리적으로 연결된다.
94) 대법원 2001. 6. 26. 선고 99다50552 판결.

간 ÷ 합리적으로 예상되는 프로그램의 내구연한」의 방식으로 산정하여야 한다고 주장하는 경우가 있는데, 이러한 결론을 인정하게 되면 위법한 컴퓨터프로그램 복제권 침해행위가 적발되더라도 피해자에게 소액의 손해배상을 하면 문제가 없다는 것이 되어 사회적으로 위법한 복제행위가 만연되는 결과를 가져오게 되므로 이러한 경우에는 불법행위의 재산상 손해를 산정함에 엄격한 차액설의 입장이 완화되어야 함을 이유로 다수의 소송에서 그러한 주장은 배척되고 있다.[95)]

그리하여 주류적인 실무는 허락 없이 컴퓨터프로그램을 복제하여 사용한 경우에 특별한 사정이 없는 한 복제한 컴퓨터프로그램의 수에 정규복제품의 1개당 소매가격을 곱한 금액을 권리의 행사로 통상 받을 수 있는 금액에 상당하는 액으로 하여 손해액을 산정하고 있다.

다음으로, 컴퓨터프로그램 불법복제 사용과 관련하여 복제된 컴퓨터프로그램이 다수의 개별 소프트웨어(통상 모듈이라 부르고 있다)의 묶음으로 구성되고 개별 소프트웨어별로 사용료가 정해지는 경우의 손해액 산정과 관련하여, 실무는 전체 모듈이 포함된 풀 패키지가 판매되었다는 자료가 없는 점, 라이선스 계약에 기초한 통상적인 설치 과정에 따라 개별 모듈별로 프로그램을 설치한 것이 아니라, 프로그램의 라이선스 보호를 무력화시킨 불법 복제물을 통째로 복제하는 것이 통상인 점 등을 고려하여 통상 받을 수 있는 금액 상당액을 전체 모듈이 포함된 풀 패키지 상당액으로 인정하지 않고 침해자 측의 구체적인 업무수행을 위하여 필요한 프로그램의 개별 소프트웨어 합계 모듈의 실제 판매가격[96)]이나 불법 복제 사실 적발 후에 새로 구입한 프로그램의 개별 소프트웨어 합계 모듈의 금액[97)] 등을 기준으로 산정하는 경향이 있다. 그리고 프로그램 불법 복제사용이 적발된 후 침해자가 권리자 측의 합의 요구로 해당 프로그램의 정품을 구입한 경우에 그와 같은 사정만으로는 이미 발생한 손해액에 영향이 없다고 판단한 사례[98)]가 있고 한편으로는 다른 여러 사정 등을 종합하여 공평의 원칙에 의하여 손해배상책임을 전체의 50%로 제한한 사례[99)] 등도 있다.

---

95) 서울고등법원 2013. 4. 10. 선고 2012나68493 판결(심리불속행 상고기각 확정), 서울고등법원 2015 1. 15. 선고 2014나2024301 판결(상고기각 확정).

96) 다만 프로그램의 각 모듈별 단가에는 정상적인 구매절차로 구입한 고객에 대한 기술지원뿐만 아니라 기능이 개선된 상위 버전 소프트웨어로 업그레이드할 수 있는 혜택이 포함된 유지보수비용도 포함되어 있기 때문에 그러한 프로그램 판매가격을 곧바로 프로그램 불법 복제사건에서 저작물의 사용 허락을 받았더라면 이용대가로서 지급하였을 객관적으로 상당한 금액으로 단정하기 어렵다는 이유로 프로그램의 개별 소프트웨어 합계 모듈의 판매가격을 저작권법 제125조 제2항의 권리의 행사로 통상 받을 수 있는 금액으로 인정하지 않고 유지보수비용이나 실제 업무 수행을 위하여 필요한 개별 소프트웨어를 심리한 후 법 제126조에 따른 손해액을 산정한 것으로 서울고등법원 2018. 1. 25. 선고 2017나2014466 판결(미상고 확정)이 있다. 서울고등법원 2018. 12. 20. 선고 2017나2031928 판결(미상고 확정)도 같은 방법으로 판단하고 있다.

97) 서울고등법원 2015. 1. 15. 선고 2014나2024301 판결(상고기각 확정).

98) 서울고등법원 2014. 7. 24. 선고 2013나2007842 판결(심리불속행 상고기각 확정).

④ 통상 이용대가 상당액을 넘는 손해액

저작권법 제125조 제2항의 규정에 불구하고 저작재산권자 등이 받은 손해의 액이 위 제2항의 규정에 따른 금액을 초과하는 경우에는 그 초과액에 대하여도 손해배상을 청구할 수 있다(법 제125조 제3항).

이는 법 제125조 제2항이 최소한의 금액을 보장해 주려는 취지의 규정임을 나타냄과 동시에 저작재산권자 등이 입은 실제 손해액이 위 통상 이용대가 상당액을 넘는 경우에 그 초과액에 대하여도 손해배상을 청구할 수 있다는 실손해배상의 원칙을 확인하는 규정이다.

즉, 법 제125조 제3항은 민법 제750조나 저작권법 제125조 제1항, 제126조의 규정에 따라 통상의 이용대가 상당액 이상의 손해배상액을 청구할 수 있다는 것을 주의적으로 규정한 것이다.

V. 과실의 추정(법 제125조 제4항)

① 의의 및 규정 취지·성격

저작권은 창작과 동시에 발생하고 특허권이나 상표권 등과 같이 관할 관청의 등록결정이 있어야 성립하는 것은 아니지만 권리관계의 변동 등이 있을 때 권리의 귀속관계를 명확히 하기 위해 저작권 등록제도를 마련하여 일부 등록 사항에 대해 추정력 또는 대항력을 인정하고 있다(법 제53조, 제54조 참조).

저작권법 제125조 제4항은 등록되어 있는 저작권, 배타적발행권(제88조 및 제96조에 따라 준용되는 경우를 포함한다), 출판권, 저작인접권 또는 데이터베이스제작자의 권리를 침해한 자는 그 침해행위에 과실이 있는 것으로 추정한다고 규정한다.

민법상 불법행위에 기하여 손해배상청구를 인정받기 위한 요건으로 ① 침해자의 고의 또는 과실, ② 저작권 등 침해행위의 존재(위법성), ③ 책임능력, ④ 손해가 있다. 이 중 위 ①의 부분에 대한 증명이 어려운 점을 고려하여 저작권자를 보호하기 위하여 특칙을 둔 것이다. 특허법 제130조[100]나 디자인보호법 제116조 제1항 본문[101] 등에도 같은 취지로 과실 추정 규정을 두고 있다.[102]

---

99) 서울고등법원 2019. 4. 11. 선고 2018나2069241 판결(심리불속행 상고기각 확정).
100) "타인의 특허권 또는 전용실시권을 침해한 자는 그 침해행위에 대하여 과실이 있는 것으로 추정한다."
101) "타인의 디자인권 또는 전용실시권을 침해한 자는 그 침해행위에 대하여 과실이 있는 것으로 추정한다."

저작권법 제125조 제4항과 같은 규정은, '넓은 의미에서의 법률상의 추정' 개념에 포섭될 수 있지만 엄격히 보자면 일정한 사실이 존재하는 때에는 일정한 권리 또는 법률요건요소의 존재가 추정되는 경우인 '본래 의미의 법률상의 추정' 개념에 포섭되는 것은 아니어서, 법률요건 외의 사실을 전제사실로 하지 않고 직접 일정한 법률요건요소의 존재를 추정한다고 규정하고 있는 경우인 '이른바 잠정 진실' 내지 '전제 없는 추정' 개념에 해당한다. 법논리적으로 보면 '이른바 잠정진실' 내지 '전제 없는 추정'의 경우에 법률이 일정한 법률요건요소의 존재를 추정하고 있기 때문에 그러한 법률요건요소의 인정을 다투는 상대방에게 법률요건요소의 부존재에 대한 증명책임을 지우게 되므로 사실상 증명책임을 전환한 것과 같은 효력이 발생한다.

② 적용범위와 과실추정의 의의

저작권법 제125조 제4항에는 제1항과 같은 저작인격권 및 실연자의 인격권을 제외하는 취지의 문언이 없으므로 위 제4항은 저작재산권 그 밖에 저작권법에 따라 보호되는 모든 권리의 침해에 대하여 적용된다.

추정되는 과실은 무의식적으로 타인의 저작물을 허락없이 이용하는 경우와 같이 구체적인 행위에 대한 주의의무 위반일 수 있고, 그 외에 일정한 사실(저작권의 존재)을 알지 못한 것 또는 일정한 판단(저작권의 실질적 유사성 범위 내에 있음)을 제대로 하지 못한 것일 수도 있다.

이때 과실 유무는 구체적 사례에서의 일반인의 주의능력을 기준으로 하되 행위자가 전문가에 의한 판단에 따라 실질적 유사성 해당 여부 등의 판단을 한 경우에는 그 전문가로서의 주의능력이나 판단도 함께 고려하면서 구체적 상황에 따른 행위자의 조사의무 정도를 종합적으로 고려하여 판단한다.

법문상 추정 규정의 형식으로 규정되어 있기 때문에 이론상 반증을 통하여 추정을 복멸시킬 수 있다. 이때 침해자가 위 과실 추정 규정에도 불구하고 타인의 저작물을 허락 없이 이용한 자에게 과실이 없다고 하기 위해서는 저작권의 존재를 알지 못하였다는 점을 정당화할 수 있는 사정이 있다거나 자신이 이용하는 작품이 저작권의 실질적 유사성 범위에 속하지 않는다고 믿은 점을 정당화할 수 있는 사정이 있다는 것을 주장·증명하여야 한다.103)

---

102) 특허권에 관한 대법원 2003. 3. 11. 선고 2000다48272 판결, 대법원 2006. 4. 27. 선고 2003다15006 판결에서 특허법 제130조 본문의 취지는 그 취지는 특허발명의 내용은 특허공보 또는 특허등록원부 등에 의해 공시되어 일반 공중에게 널리 알려져 있을 수 있고, 또 업으로서 기술을 실시하는 사업자에게 당해 기술분야에서 특허권의 침해에 대한 주의의무를 부과하는 것이 정당하다는 데 있다고 한다.

103) 특허권에 관한 대법원 2006. 4. 27. 선고 2003다15006 판결 참조. 실무상 특허권 등에서 실제로 그와 같은 점들을 주장·증명하여 과실 추정이 뒤집어진 사례는 거의 없다고 알려져 있다.

VI. 법정손해배상의 청구(법 제125조의2)

저작권 등의 권리 침해행위로 인하여 저작재산권자 등이 받은 구체적인 손해액을 증명하기가 어렵고 관련 증거 등을 확보하기 어렵다는 사정을 고려하여 권리자의 손해액 증명의 부담을 완화하고 손해배상의 실효성을 보장하기 위하여 일정한 범위 내에서 법에서 정하는 금액을 청구할 수 있는 법정손해배상 제도를 마련하였다.

저작재산권자 등[저작재산권 그 밖에 저작권법에 따라 보호되는 권리(저작인격권 및 실연자의 인격권을 제외한다)를 가진 자를 말한다. 법 제125조 제1항]은 고의 또는 과실로 권리를 침해한 자에 대하여 사실심의 변론이 종결되기 전에는 실제 손해액이나 저작권법 제125조 또는 제126조에 따라 정하여지는 손해액을 갈음하여 침해된 각 저작물 등(저작물, 실연·음반·방송 또는 데이터베이스를 말한다. 법 제2조 제7호)마다 1천만원(영리를 목적으로 고의로 권리를 침해한 경우에는 5천만원) 이하의 범위에서 상당한 금액의 배상을 청구할 수 있다(법 제125조의2[104] 제1항).

침해행위가 아니라 침해된 저작물 등마다 청구할 수 있지만 둘 이상의 저작물을 소재로 하는 편집저작물과 2차적저작물은 법 제125조의2 제1항을 적용하는 경우에는 하나의 저작물로 본다(법 제125조의2 제2항).

저작재산권자 등이 제1항에 따른 청구를 하기 위해서는 침해행위가 일어나기 전에 제53조부터 제55조까지의 규정(제90조 및 제98조에 따라 준용되는 경우를 포함한다)에 따라 그 저작물 등이 등록되어 있어야 한다(법 제125조의2 제3항).

본 조는 저작물 등의 불법복제 및 이용 등으로 인한 저작권 등 침해행위가 있을 경우에 손해 액수의 증명이 곤란하더라도 일정한 한도의 법정금액을 배상받을 수 있도록 함으로써 피해자가 쉽게 권리구제를 받을 수 있도록 하는 예외적 규정이므로 그 적용요건은 법문에 규정된 대로 엄격하게 해석하여야 한다.[105]

법원은 제1항의 청구가 있는 경우에 변론의 취지와 증거조사의 결과를 고려하여 제1항의 범위에서 상당한 손해액을 인정할 수 있다(법 제125조의2 제4항).

법문에서 손해배상액의 상한만 두고 하한을 두고 있지 않은 이유는 법정손해배상 제도는 침해에 대한 충분한 보상과 침해 억지력을 확보하는 데 목적을 둔 제도로서, 자칫 하한선을

---

104) 본 조는 2011. 12. 2. 법률 제11110호로 개정된 저작권법에서 신설되었는데 위 개정 저작권법은 「대한민국과 미합중국 간의 자유무역협정 및 대한민국과 미합중국 간의 자유무역협정에 관한 서한교환」이 발효되는 날(2012. 3. 15)부터 시행하고 본 조는 위 개정 저작권법 시행 후 최초로 권리침해가 발생하거나 의무위반이 발생한 것부터 적용한다(부칙 제1조, 제2조).

105) 구 상표법(2014. 6. 11. 법률 제12751호로 개정되기 전의 것) 제67조의2 제1항의 법정손해배상청구에 관한 대법원 2016. 9. 30. 선고 2014다59712, 59729 판결 참조.

책정할 경우 침해행위와 손해 사이의 비례성을 훼손할 수 있고 구체적으로 법정손해배상액은 침해건수가 아닌 침해된 저작물 수를 기준으로 하는데, 온라인상의 저작권 침해는 적게는 수십 건에서 많게는 수만 건의 저작물이 관련되는 경우가 있으므로, 하한선을 정할 경우 합리적인 손해배상액을 상회하는 불합리한 결과를 초래할 우려가 있기 때문이다.106)

본 조의 저작권법에서 정한 일정한 금액(저작물마다 1천만 원, 영리를 목적으로 고의의 경우 5천만원 이하)에 대해, 원고가 실제 손해를 증명하지 않은 경우에도 위 손해액을 인정받을 수 있다는 취지로 설명하는 견해가 있으나,107) 법문에도 변론의 취지와 증거조사의 결과를 고려하도록 되어 있어 본 조를 그와 같이 손해액에 대한 증명행위 자체를 할 필요가 없다는 취지로 이해하여서는 아니되고, 주장·증명책임의 원칙상 원고가 적어도 청구금액 이상의 손해가 발생하였다는 사실을 주장·증명하도록 하여 손해액을 심리하되 증명의 부담 정도를 다소 완화해 주는 것으로 운용하는 것이 옳은 태도일 것이다.

VII. 손해액 산정 곤란 시 상당한 손해액 인정(법 제126조)

법원은 손해가 발생한 사실은 인정되나 저작권법 제125조의 규정에 따른 손해액을 산정하기 어려운 때에는 변론의 취지 및 증거조사의 결과를 참작하여 상당한 손해액을 인정할 수 있다(법 제126조).

대상이 무체재산권이고 침해행위로 인하여 발생한 손해의 범위나 손해액을 증명하기 위한 자료가 침해자의 영역에 있어 손해액을 증명하기 어려움을 덜어주기 위하여 손해가 발생됨을 전제로 손해액을 쉽게 인정할 수 있도록 규정된 조항이다.

본 조에서 '손해가 발생한 사실은 인정되나'라고 되어 있기 때문에 본 조가 적용되기 위하여는 우선적으로 손해의 발생사실이 증명되어야 한다.

다음으로 '법 제125조의 규정에 따른 손해액을 산정하기 어려운 때'에 해당하여야 한다. 따라서 법 제125조가 아닌 민법 제750조나 법 제125조에서 제외하고 있는 저작인격권 및 실연자의 인격권 침해에 따른 손해액 산정에는 적용되지 않는다.

그리고 '손해액을 산정하기 어려'워야 하는데 이는 침해행위에 따른 손해액을 증명할 수 있는 계산자료의 존재가 인정됨에도 권리자 측에서 그 해당 사실을 증명하는 것이 사실의 성

106) 개정 저작권법 해설서, 문화체육관광부·한국저작권위원회(2012), 85.
107) 본 조에 대해 개정 저작권법 해설서, 문화체육관광부·한국저작권위원회(2012), 84에 "법정손해배상 제도란 민사소송에서 법원이 원고의 선택에 따라 원고가 실제 손해를 입증하지 않은 경우에도 사전에 저작권법에서 정한 일정한 금액(저작물 마다 1천만 원, 영리를 목적으로 고의의 경우 5천만원 이하)을 손해액으로 인정할 수 있도록 하는 제도를 말함"이라고 나와 있다.

질상 매우 곤란한 경우를 말하고, 여기서의 사실에는 직접사실분 아니라 간접사실도 포함되며 구체적으로 침해물건의 양도수량, 판매단가, 제조원가, 판매경비, 이익률, 기여율, 침해행위로 인해 권리자가 어쩔 수 없이 판매가를 인하하게 된 경우 그 손해액 등이다.

다만 소송에서 실제로 정확한 수익을 산정할 수 있는 매출액 등 회계자료나 기여율 등 손해액을 산정할 자료가 제대로 제출되고 있지 않아서 저작권자 등이 실제 입은 손해액이나 침해자가 저작재산권 침해로 얻은 이익 또는 저작재산권자 등이 저작재산권의 행사로 통상 받을 수 있는 금액의 액수를 산정하기 어려운 특별한 사정이 있을 경우 법원은 '손해가 발생한 사실은 인정되나 법 제125조의 규정에 따른 손해액을 산정하기 어려운 때'에 해당한다고 보아 법 제126조에 따라 손해배상을 산정하고 있다.

실무에서 법 제125조 제1, 2항 등을 적용하기 어려운 사정으로 매출액이나 기여율을 산정할 자료가 부족한 경우[108) 외에 특별한 사정이 있는 몇 가지 사례를 살펴보면, 아래와 같다.

여러 개의 모듈 묶음으로 구성되어 있는 컴퓨터프로그램의 불법복제사건에서 모든 모듈이 포함된 프로그램이 구매된 사례가 있다는 자료가 없고 거래계에서 사용자가 필요로 하는 기능을 가지는 모듈만을 라이선스하는 방식으로 구매되고 있는 점, 통상 프로그램 불법복제는 라이선스 보호를 무력화시킨 불법 복제물을 통째로 복제, 사용하고 있고 프로그램의 모듈 전체를 피고 회사의 업무 수행에 사용하기 위한 목적으로 복제한 것으로 보이지 않는 점, 프로그램 정품 가격에는 유지보수비용이나 업그레이드 비용이 포함되어 있다는 점 및 프로그램의 모듈별 판매가격은 정품 소매가격에서 할인율이 적용되어 정해지는 경우도 있기 때문에 정품 소매가격이 곧바로 통상 사용대가로 지급할 객관적으로 상당한 금액으로 보기 어렵다는 등의 이유로 법 제125조 제2항을 적용하지 않고 법 제126조를 적용한 사례가 있다.[109)

또한 저작재산권 침해부분이 저작물의 일부에 불과하여 저작권법 제125조 제1, 2항에 따라 저작재산권 침해로 인하여 침해자가 얻은 이익(제1항)이나 저작재산권자가 유사성 인정부분에 대한 저작재산권의 행사로 통상 받을 수 있는 금액(제2항)을 산정하기 곤란하고, 저작재산권자가 주장하는 방법(손해배상액 = 판매부수 × 권당가격 × 인세비율 × 표절비율)으로 산정하기도 어렵다는 이유로 법 제126조에 따라 변론 전체의 취지와 증거조사의 결과를 참작하여 상당한 손해액을 인정한 것이 있다.[110)

---

108) 대법원 2012. 2. 23. 선고 2010다66637 판결, 서울고등법원 2011. 11. 10. 선고 2011나13489 판결 (상고기각 확정), 서울고등법원 2012. 6. 13. 선고 2011나522200 판결(미상고 확정).

109) 프로그램 불법복제 사건에 관한 손해액 사정에 대해 서울고등법원 2018. 9. 20. 선고 2017나2074000 판결(미상고 확정), 서울고등법원 2018. 12. 6. 선고 2018나2029779 판결(미상고 확정), 서울고등법원 2018. 12. 20. 선고 2017나2031928 판결(미상고 확정), 서울고등법원 2019. 1. 24. 선고 2018나2045252 판결(미상고 확정), 서울고등법원 2019. 4. 23. 선고 2018나2065348 판결(미상고 확정).

110) 서울고등법원 2018. 3. 15. 선고 2015나2075696 판결(상고기각 확정). 프로그램의 각 모듈별 단가에

또한 판결이유에 구체적인 이유를 열거하지 않고 소송에서 제출된 모든 증거를 종합하여 보아도 원고에게 손해가 발생한 사실은 인정되지만, 저작권법 제125조의 규정에 따른 손해액을 산정하기는 어려워 보이므로 변론의 취지 및 증거조사의 결과를 참작하여 상당한 손해액을 인정한다고 설시한 것도 있다.[111]

VIII. 명예회복청구(법 제127조)

1 의의 및 규정 취지

저작권법 제127조는 "저작자 또는 실연자는 고의 또는 과실로 저작인격권 또는 실연자의 인격권을 침해한 자에 대하여 손해배상에 갈음하거나 손해배상과 함께 명예회복을 위하여 필요한 조치를 청구할 수 있다."라고 규정하고 있다.

저작권법은 저작인격권으로 공표권(제11조), 성명표시권(제12조), 동일성유지권(제13조)을 규정하고 있고 실연자의 인격권으로 성명표시권(제66조), 동일성유지권(제67조)을 규정하고 있다.

저작재산권침해로 인한 손해액 산정과 관련된 저작권법 제125조 제1항 내지 제3항, 제125조의2, 제126조는 저작인격권이나 실연자의 인격권에는 적용되지 않는다(법 제125조 제1항 본문 내 괄호 부분 참조).

민법 제751조 제1항은 "타인의 신체, 자유 또는 명예를 해하거나 기타 정신상 고통을 가한 자는 재산 이외의 손해에 대하여도 배상할 책임이 있다."라고 규정하고 있고, 저작인격권 등이 침해되었다면 특별한 사정이 없는 한 저작자는 그의 명예와 감정에 손상을 입는 정신적 고통을 받았다고 보는 것이 경험법칙에 합치되므로,[112] 자신의 일신전속적인 권리인 저작인격권 등에 대한 침해에 대하여 위자료 등의 손해배상을 청구할 수 있다.

또한 저작인격권 그 자체가 아니더라도 저작물의 단순한 변경을 넘어서 적법한 절차를 거

는 정상적인 구매절차로 구입한 고객에 대한 기술지원뿐만 아니라 기능이 개선된 상위 버전 소프트웨어로 업그레이드할 수 있는 혜택이 포함된 유지보수비용도 포함되어 있기 때문에 그러한 프로그램 판매가격을 곧바로 프로그램 불법 복제사건에서 저작물의 사용 허락을 받았더라면 이용대가로서 지급하였을 객관적으로 상당한 금액으로 단정하기 어렵다는 이유로 프로그램의 개별 소프트웨어 합계 모듈의 판매가격을 저작권법 제125조 제2항의 권리의 행사로 통상 받을 수 있는 금액으로 인정하지 않고 유지보수비용이나 실제 업무 수행을 위하여 필요한 개별 소프트웨어를 심리한 후 법 제126조에 따른 손해액을 산정한 것으로 서울고등법원 2018. 1. 25. 선고 2017나2014466 판결(미상고 확정)이 있다. 서울고등법원 2018. 12. 20. 선고 2017나2031928 판결(미상고 확정)도 같은 방법으로 판단하고 있다.

111) 서울고등법원 2014. 5. 15. 선고 2013나41402 판결(미상고 확정), 서울고등법원 2015. 12. 17. 선고 2015나2015298 판결(심리불속행 상고기각 확정).

112) 대법원 1999. 5. 25. 선고 98다41216 판결.

치지 않고 폐기하면 그와 같은 저작물 폐기행위로 인하여 저작자가 정신적 고통을 겪었을 것임이 경험칙상 분명하므로 저작자는 저작인격권(동일성유지권) 침해의 성립 여부와는 별개로 저작자의 일반적 인격권을 침해한 위법한 행위에 터 잡아 위자료의 손해배상을 청구할 수 있다.113)

그런데 저작인격권 등과 같은 일신전속적인 권리가 침해되어 명예가 훼손된 경우에 금전배상만으로는 그 침해에 따른 회복이 충분하지 아니할 수 있다.

민법 제764조는 "타인의 명예를 훼손한 자에 대하여는 법원은 피해자의 청구에 의하여 손해배상에 갈음하거나 손해배상과 함께 명예회복에 적당한 처분을 명할 수 있다."라고 규정하고 있는데 이러한 내용을 참고로 저작권법 제127조가 "저작자 또는 실연자는 고의 또는 과실로 저작인격권 또는 실연자의 인격권을 침해한 자에 대하여 손해배상에 갈음하거나 손해배상과 함께 명예회복을 위하여 필요한 조치를 청구할 수 있다."라고 규정한 것이다.

② 내용

본 조는 민법 제764조와 같이 손해배상 이외에 명예회복에 필요한 조치를 별도로 청구할수 있는 근거규정이므로 '손해배상에 갈음하거나 손해배상과 함께'라고 함은 손해배상청구를할 것인지의 여부와 관계없이 명예회복조치청구를 할 수 있음을 의미한다.114)

즉, 명예회복을 위한 조치를 손해배상과 반드시 병합하여 청구하여야 할 필요가 없고, 손해배상을 구하는 소가 제기되고 그 판결이 확정된 이후라도 명예회복에 필요한 조치를 청구할수 있다.115)

저작권법 제127조에 따라 명예회복을 위하여 필요한 조치를 청구할 수 있기 위하여는 먼저 고의·과실로 저작인격권 또는 실연자의 인격권이 침해되어야 한다.116) 여기서의 고의·과실은 저작인격권 침해에 대한 고의·과실을 말한다.

그리고 법 제127조에 따라 명예회복을 위하여 필요한 조치를 하기 위하여는 우선 명예가훼손되어야 한다. 여기서 명예라 함은 저작자가 그 품성·덕행·명성·신용 등의 인격적 가치에 관하여 사회로부터 받는 객관적 평가, 즉 사회적 명예를 가리키는 것으로서 저작자가 자기자신의 인격적 가치에 관하여 갖는 주관적 평가, 즉 명예감정은 이에 포함되지 않는다.117)

따라서 저작자의 성명을 기재하지 아니하고 그 내용을 일부 변경하여 저작인격권 침해행

---

113) 대법원 2015. 8. 27. 선고 2012다204587 판결.
114) 박성호, 저작권법(제2판), 박영사(2017), 766.
115) 서울중앙지방법원 2012. 9. 21. 선고 2012가합10930 판결(항소취하 확정).
116) 저작인격권에 대하여는 본서 제5장에서, 저작인접권에 대하여는 본서 제9장에서 설명한다.
117) 대법원 2009. 5. 28. 선고 2007다354 판결.

위가 성립하더라도 그러한 사정만으로는 저작자의 명예가 훼손되었다고 볼 수 없어 명예회복을 위한 조치청구가 인정되지 않는다.[118)

명예회복청구를 인정할 것인지의 판단은 침해행위 당시를 기준으로 한다.[119)

명예회복을 위하여 필요한 조치로는 주장의 철회, 판결의 공시, 객관적인 침해사실(판결의 주요 내용 등) 게재 등이 있다.[120)

공동저작물에 관한 권리가 침해된 경우에 저작권법 제127조에 의한 저작인격권의 침해에 대한 손해배상이나 명예회복 등 조치청구는 저작인격권의 침해가 저작자 전원의 이해관계와 관련이 있는 경우에는 전원이 행사하여야 하지만, 1인의 인격적 이익이 침해된 경우에는 단독으로 손해배상 및 명예회복조치 등을 청구할 수 있고, 특히 저작인격권 침해를 이유로 한 정신적 손해배상을 구하는 경우에는 공동저작자 각자가 단독으로 자신의 손해배상청구를 할 수 있다.[121)

IX. 저작자의 사망 후 인격적 이익의 보호(법 제128조)

① 의의 및 규정 취지

저작자의 사망 후에 그의 저작물을 이용하는 자는 저작자가 생존하였더라면 그 저작인격권의 침해가 될 행위를 하여서는 아니 된다. 다만, 그 행위의 성질 및 정도에 비추어 사회통념상 그 저작자의 명예를 훼손하는 것이 아니라고 인정되는 경우에는 그러하지 아니하다(법 제14조 제2항).

저작자가 사망한 후에 그 유족(사망한 저작자의 배우자·자·부모·손·조부모 또는 형제자매를 말한다)이나 유언집행자는 당해 저작물에 대하여 저작권법 제14조 제2항의 규정을 위반하거나 위반할 우려가 있는 자에 대하여는 법 제123조(침해의 정지 등 청구)의 규정에 따른 청구를 할

---

118) 대법원 2009. 5. 28. 선고 2007다354 판결.
119) 부정경쟁방지 및 영업비밀보호에 관한 법률의 신용회복청구에 관한 것으로 대법원 2008. 2. 29. 선고 2006다22043 판결 참조.
120) 종전에는 명예회복을 위하여 필요한 조치로 사죄광고가 허용되었으나, 헌법재판소 1991. 4. 1. 선고 89헌마160 전원재판부 결정은 민법 제764조의 "명예회복에 적당한 처분"에 사죄광고를 포함시키는 것은 헌법 제19조(양심의 자유)에 위반되는 동시에 헌법상 보장되는 인격권의 침해에 해당된다고 하였기에 이후 사죄광고는 허용되지 않고 있다. 위 결정이유에서 헌법재판소는 "민법 제764조의 적용에 있어서도 사죄광고를 구하는 판결이 아니고도 ① 가해자의 비용으로 그가 패소한 민사손해배상판결의 신문·잡지 등에 게재, ② 형사명예훼손죄의 유죄판결의 신문·잡지 등에 게재, ③ 명예훼손기사의 취소광고 등의 방법을 상정할 수 있다."라고 한다.
121) 대법원 1999. 5. 25. 선고 98다41216 판결 참조.

수 있으며, 고의 또는 과실로 저작인격권을 침해하거나 법 제14조 제2항의 규정을 위반한 자에 대하여는 법 제127조(명예회복 등의 청구)의 규정에 따른 명예회복 등의 청구를 할 수 있다(법 제128조).

저작인격권은 저작자 일신에 전속하기 때문에 저작자의 사망으로 소멸하게 되지만 저작자가 사망하였더라도 생존하였더라면 향유할 수 있었던 저작자의 인격적 이익을 보호할 필요가 있다는 취지에서 규정한 것이다.

② 내용

저작권법 제127조에서 정한 명예회복청구를 할 수 있는 자는 사망한 저작자의 배우자·자·부모·손·조부모 또는 형제자매나 유언집행자이고, 이들 열거된 자들 중에서 누구라도 동등한 자격에서 저작자의 인격적 이익을 보호하기 위하여 본 조에 따른 청구를 할 수 있다.

원칙적으로 저작자가 생존하였더라면 그 저작인격권의 침해가 될 행위가 있어야 청구할 수 있되, 그 행위의 성질 및 정도에 비추어 사회통념상 그 저작자의 명예를 훼손하는 것이 아니라고 인정되는 경우에는 그러하지 아니하다(법 제14조 제2항).

여기서 말하는 저작인격권의 침해가 될 행위에 대하여는 본서 제5장 저작인격권 및 제9장 저작인접권에서 설명한 일반론이 적용된다. 그 저작인격권의 침해는 저작자가 사망한 후에 이루어져야 한다. 사회통념상 그 저작자의 명예를 훼손하지 않는 경우의 예로서 수정한 내용이 주로 맞춤법 표기법이 바뀜에 따라 오기를 고치거나 일본식 표현을 우리말 표현으로 고친 정도이고 저작자 스스로 또는 위 작품의 출판권을 가진 출판사에서 원작을 수정한 내용과 별로 다르지 않다면 그 수정행위의 성질 및 정도로 보아 사회통념상 저작자의 명예를 훼손한 것으로 볼 수 없다고 한 것이 있다.[122]

위 청구권자는 당해 저작물에 대하여 저작권법 제123조의 규정에 따른 침해의 정지 및 예방청구를 할 수 있고, 고의 또는 과실로 저작인격권을 침해하거나 제14조 제2항의 규정을 위반한 자에 대하여는 제127조의 규정에 따른 명예회복 등의 청구를 할 수 있다(법 제128조). 이에 대하여는 법 제123조 및 제127조의 해당 설명부분을 참고하기 바란다.

③ 적용범위

저작권법 제127조가 법인·단체 그 밖의 사용자(법인 등)의 명의로 공표되는 업무상저작물

---

122) 대법원 1994. 9. 30. 선고 94다7980 판결.

에 적용되는지에 대하여 견해가 나뉘지만 법인 등이 소멸한 경우 이 규정에 기한 청구를 누가 할 수 있는지에 대하여 아무런 규정이 없으므로 업무상저작물에는 적용할 수 없다.[123]

X. 공동저작물의 권리침해(법 제129조)

공동저작물의 저작인격권 및 저작재산권의 행사에 대하여는 저작권법 제15조(공동저작물의 저작인격권), 제48조(공동저작물의 저작재산권 행사)에서 규정하고 있는데 둘 다 원칙적으로 저작자 전원의 합의에 의하지 아니하고는 이를 행사할 수 없다.

저작권법 제129조(공동저작물의 권리침해)는 공동저작물에 관한 권리자들을 보호하기 위하여 공동저작물의 각 저작자 또는 각 저작재산권자는 다른 저작자 또는 다른 저작재산권자의 동의 없이 제123조의 규정에 따른 청구를 할 수 있고 그 저작재산권의 침해에 관하여 자신의 지분에 관한 제125조의 규정에 따른 손해배상의 청구를 할 수 있다고 규정하고 있다.

본 조는 공동저작물의 경우뿐만 아니라 저작재산권 또는 실연자의 재산권(보상청구권 제외) 내지 음반제작자·방송사업자의 저작인접권을 공유하는 경우에도 준용할 수 있다.

한편, 저작권법 제129조는 공동저작물에 관한 저작인격권자에 대하여는 아무런 규정이 없는데, 실무는 저작권법 제127조에 의한 저작인격권의 침해에 대한 손해배상이나 명예회복 등 조치청구는 저작인격권의 침해가 저작자 전원의 이해관계와 관련이 있는 경우에는 전원이 행사하여야 하지만, 1인의 인격적 이익이 침해된 경우에는 단독으로 손해배상 및 명예회복조치 등을 청구할 수 있고, 특히 저작인격권 침해를 이유로 한 정신적 손해배상을 구하는 경우에는 공동저작자 각자가 단독으로 자신의 손해배상청구를 할 수 있다는 입장이다.[124]

이러한 논리는 실연자의 인격권에도 마찬가지로 적용할 수 있을 것이다.

제5절 부당이득반환청구·사무관리 및 준사무관리에 의한 청구

저작재산권 그 밖에 이 법에 따라 보호되는 권리(이하 '저작재산권 등'이라 한다)를 침해하는 자가 얻은 이익을 반환시키기 위하여 앞서 본 불법행위에 기한 손해배상청구 외에 부당이득반환청구(민법 제741조 이하)를 행사하는 방법이 있다.

저작재산권 등을 침해받은 자는 앞서 본 손해배상청구권 외에 부당이득반환청구권도 청구할 수 있고 이들 청구권은 서로 양립할 수 있으며 이때 청구권자는 어느 권리도 선택하여 주

---

123) 저작권법 주해, 박영사(2007), 1258(박성수 집필부분).
124) 대법원 1999. 5. 25. 선고 98다41216 판결.

장할 수 있다(통설).

다만 부당이득반환청구권과 불법행위에 기한 손해배상청구권의 성립요건을 비교하면 부당이득반환청구권은 고의·과실이 필요하지 않고 소멸시효기간이 불법행위에 기한 손해배상청구권보다 더 장기라는 점에서 불법행위에 기한 손해배상청구권에 비해 이점이 있지만, 부당이득반환청구의 경우는 불법행위에 기한 손해배상청구에 비해 상대적으로 이익과 손실 간의 인과관계를 증명하기 어렵다는 단점이 있고 그 부당이득의 반환범위도 침해자가 악의일 경우에는 그 받은 이익에 이자를 붙여 반환하여야 하지만 선의일 경우에는 그 받은 이익이 현존한 한도 내라는 한계가 있다. 게다가 부당이득의 이익액, 손실액 산정에 저작권법 제125조 제1항의 손해추정 규정을 유추할 수 없다고 보는 것이 다수의 견해이다.

이러한 사정으로 인해 부당이득반환청구권은 불법행위에 기한 손해배상청구권이 단기소멸시효완성으로 행사할 수 없게 된 사안이거나[125] 저작권자가 이용자에게 부여한 이용허락을 철회하였거나 그 범위를 넘은 이용행위를 하는 등의 저작권 침해행위를 한 사안이거나[126] 이익과 손실 간의 인과관계 존재 및 그 증명이 상대적으로 쉽게 인정되는 통상의 이용대가 상당액을 받기 위한 사안[127]에서 주장되는 경우가 많다.

한편, 저작재산권 침해자로부터 그 침해 사실을 모르고 저작물에 대한 작성권한을 취득한 자는 침해한 새로운 저작물 자체에 대한 2차적저작물작성권을 취득한 것이 되어 원저작자에 대한 관계에서 법률상 원인 없이 이익을 얻고 이로 인하여 원저작자에게 손해를 가한 것이 된다고 볼 수 없다.[128]

저작재산권자의 허락 없이 저작물을 이용한 사람은 특별한 사정이 없는 한 법률상 원인 없이 그 이용료 상당액의 이익을 얻고 이로 인하여 저작권자에게 그 금액 상당의 손해를 가하였다고 보아야 하므로, 저작재산권자는 부당이득으로 이용자가 그 저작물에 관하여 이용허락을 받았더라면 이용대가로서 지급하였을 객관적으로 상당한 금액의 반환을 구할 수 있다.[129]

따라서 이때 부당이득액을 산정하는 방법은 앞서 본 「제12장 저작권 등 침해에 대한 민사구제 제4절 손해배상청구 IV. 통상 받을 수 있는 금액에 상당하는 액의 손해액 주장(제125조 제2항, 제3항)」 부분에서 설명한 내용이 적용될 수 있다.

---

125) 서울고등법원 1993. 9. 7. 선고 92나45362 판결(상고기각 확정).
126) 서울고등법원 2002. 7. 24. 선고 2001나5755 판결(상고기각 확정)은 문화관광부장관으로부터 승인받아 징수하고 있는 저작물 사용료와 침해기간 동안의 집필 분량을 기준으로 손해액을 산정하였다.
127) 서울서부지방법원 2008. 7. 24. 선고 2007가합7911 판결(항소심에서 조정성립 종국).
128) 대법원 1996. 6. 11. 선고 95다49639 판결은 피고 공사 및 피고 제작단은 피고 3이 원고의 저작권을 침해한 사실을 모르고, 피고 3과의 연속극 대본집필계약에 의하여 피고 3으로부터 연속극 대본에 대한 방영권 및 영상저작물작성권을 취득한 이상 피고 공사와 피고 제작단은 원고에 대하여는 부당이득이 성립되지 아니한다고 하였다.
129) 대법원 2016. 7. 14. 선고 2014다82385 판결.

즉, 우선 저작재산권자가 문제로 된 이용행위와 유사한 형태의 이용과 관련하여 저작물이 용계약을 맺고 이용료를 받은 사례가 있는 경우라면 특별한 사정이 없는 한 이용계약에서 정해진 이용료를 기준으로 삼고, 만일 해당 저작물에 관한 이용계약의 내용이 문제로 된 이용행위와 유사하지 아니한 형태이거나 유사한 형태의 이용계약이더라도 그에 따른 이용료가 이례적으로 높게 책정된 것이라는 등 이용계약에 따른 이용료를 그대로 부당이득액 산정의 기준으로 삼는 것이 타당하지 아니한 사정이 있는 경우에는, 이용계약의 내용, 저작재산권자와 이용자의 관계, 저작물의 이용 목적과 이용 기간, 저작물의 종류와 희소성, 제작 시기와 제작 비용 등과 아울러 유사한 성격의 저작물에 관한 이용계약이 있다면 그 계약에서 정한 이용료, 저작물의 이용자가 이용행위로 얻은 이익 등 변론과정에서 나타난 여러 사정을 두루 참작하여 객관적이고 합리적인 금액으로 부당이득액을 산정한다.[130]

다음으로 민법상 사무관리(제734조)가 적용되는 경우에는 침해자의 이익 전부를 청구할 수 있고 피침해자가 손해를 입었다는 사실은 증명할 필요가 없다.

관련하여 침해자가 얻은 이익을 반환시키기 위하여 준사무관리(부진정사무관리)를 인정할 것인가의 문제가 있다.

타인을 위하여 사무관리를 한 이는 타인으로부터 부탁을 받고 한 위임의 경우에 준하여 사무처리상에서 취득한 것을 본인에게 인도하여야 한다(민법 제734조 이하). 그러나 타인을 위하는 것이 아니라 자기를 위하여 타인의 저작물 등을 함부로 이용한 경우에는 타인을 위하여 한다는 사무관리의 요건이 없게 된다.

그런데 이러한 경우 사무관리라면 이익의 전부를 반환하는 데 비해 무단 이용하였음에도 전부를 반환하지 아니하게 된다면 서로 형평에 반하는 결과가 생기는 것이 아닌가라는 의문이 생긴다. 따라서 이 경우에도 사무관리에 준하여 사무관리의 경우와 마찬가지로 전부반환의 효과를 인정하자는 관점에서 준사무관리를 인정하여야 한다는 견해가 나오게 된다.

준사무관리를 인정할 것인가에 대하여 ① 우리 민법에는 독일 민법에서 인정하는 준사무관리 규정(제687조 제2항[131])이 없고, ② 타인의 사무임을 알면서 이것을 자기의 사무로서 함부로 관리하고 당해 타인에게 손해를 가할 경우에는 불법행위가 성립되고, 또한 이것에 의하여 이익을 얻으면 부당이득이 성립되므로 타인을 보호하기 위하여 불법행위 내지 부당이득의 이론으로 충분하다는 등의 이유로 준사무관리 인정에 대해 부정적으로 보는 견해가 다수이다.

---

130) 대법원 2016. 7. 14. 선고 2014다82385 판결.
131) "타인의 사무에 관하여 권한이 있음을 알면서 그것을 자기의 사무로서 관리하는 자가 있는 때에는, 그 사무의 본인은 사무관리 규정에서 생기는 청구권을 주장할 수 있다."

제6절 증거 수집을 위한 정보제공명령(법 제129조의2)

I. 의의 및 규정 취지

저작권, 그 밖에 저작권법에 따라 보호되는 권리의 침해에 관한 소송에서 이러한 권리침해행위에 대한 손해배상을 청구하기 위하여는 침해행위를 하는 사람의 인적사항이나 침해행위로 얻은 이익 등의 여러 정보가 필요하다. 또한 위 권리침해행위를 금지시키기 위해 침해물건의 제작 및 유통경로에 관한 정보 등도 필요하다. 그러나 이러한 정보는 침해자측이 보유하고 있어 권리자에게 이러한 정보를 확보할 수 있도록 그가 보유하거나 알고 있는 정보를 침해자측에 제공하도록 할 필요가 있다.

저작권법 제129조의2는 법원은 저작권, 그 밖에 이 법에 따라 보호되는 권리의 침해에 관한 소송에서 당사자의 신청에 따라 증거를 수집하기 위하여 필요하다고 인정되는 경우에는 다른 당사자에 대하여 그가 보유하고 있거나 알고 있는 소정의 정보를 제공하도록 명할 수 있도록 규정하고 있다.[132] 이는 민사소송법에 규정한 문서제출신청 및 명령(민사소송법 제345조 내지 제351조)에 대한 특별 규정에 해당한다.

II. 내용

법원은 저작권, 그 밖에 저작권법에 따라 보호되는 권리의 침해에 관한 소송에서 당사자의 신청에 따라 증거를 수집하기 위하여 필요하다고 인정되는 경우에는 다른 당사자에 대하여 그가 보유하고 있거나 알고 있는 i) 침해 행위나 불법복제물의 생산 및 유통에 관련된 자를 특정할 수 있는 정보, ii) 불법복제물의 생산 및 유통 경로에 관한 정보를 제공하도록 명할 수 있다(법 제129조의2 제1항).

이때 다른 당사자의 사생활 및 영업비밀 보호 등 일정한 사유가 있는 경우에는 정보제공을 거부할 수 있도록 하여 당사자들(저작권자 등과 침해자)의 이익 사이의 이해관계를 조정하고 있다. 즉 위와 같은 정보제공명령에 대해 다른 당사자는 다음 각 호의 어느 하나에 해당하는 경우에는 정보의 제공을 거부할 수 있다(법 제129조 제2항).

- 제1호 : 다음 각 목의 어느 하나에 해당하는 자가 공소 제기되거나 유죄판결을 받을 우

---

132) 본 조는 2011. 12. 2. 법률 제11110호로 개정된 저작권법에서 신설되었는데 위 개정 저작권법은 「대한민국과 미합중국 간의 자유무역협정 및 대한민국과 미합중국 간의 자유무역협정에 관한 서한교환」이 발효되는 날(2012. 3. 15)부터 시행하고 본 조는 위 개정 저작권법 시행 후 최초로 권리침해가 발생하거나 의무위반이 발생한 것부터 적용한다(부칙 제1조, 제2조).

려가 있는 경우

　가. 다른 당사자

　나. 다른 당사자의 친족이거나 친족 관계가 있었던 자

　다. 다른 당사자의 후견인

　■ 제2호 영업비밀(「부정경쟁방지 및 영업비밀 보호에 관한 법률」 제2조 제2호의 영업비밀[133]을 말한다. 이하 같다) 또는 사생활을 보호하기 위한 경우이거나 그 밖에 정보의 제공을 거부할 수 있는 정당한 사유가 있는 경우

　　다른 당사자가 정당한 이유 없이 정보제공 명령에 따르지 아니한 경우에는 법원은 정보에 관한 당사자의 주장을 진실한 것으로 인정할 수 있다(법 제129조 제3항).

　　이는 다른 당사자가 정보제공명령에 따르지 아니한 경우에 법원이 정보에 관한 주장, 즉 정보의 성질, 내용, 성립의 진정 등에 관한 주장을 진실한 것으로 인정할 수 있다는 것이지 그 정보에 의하여 증명하고자 하는 상대방의 주장사실까지 반드시 증명되었다고 인정할 수 있다는 취지가 아니다.[134] 따라서 위 정보제공명령의 위반이 있더라도 상대방의 주장에 배치되는 주장사실을 인정하더라도 잘못이 있다고 할 수 없다.[135] 반면에 특허법 제132조 제4항은 "당사자가 정당한 이유 없이 자료제출명령에 따르지 아니한 때에는 법원은 자료의 기재에 대한 상대방의 주장을 진실한 것으로 인정할 수 있다."라고 하고, 제5항은 "제4항에 해당하는 경우 자료의 제출을 신청한 당사자가 자료의 기재에 관하여 구체적으로 주장하기에 현저히 곤란한 사정이 있고 자료로 증명할 사실을 다른 증거로 증명하는 것을 기대하기도 어려운 때에는 법원은 그 당사자가 자료의 기재에 의하여 증명하고자 하는 사실에 관한 주장을 진실한 것으로 인정할 수 있다."라고 하여 자료제출명령에 위반할 경우 더욱 강력한 제재 효력을 부여하고 있다.

　　법원은 법 제129조 제2항 제2호에 규정된 정당한 사유가 있는지를 판단하기 위하여 필요하다고 인정되는 경우에는 다른 당사자에게 정보를 제공하도록 요구할 수 있다.

　　이 경우 정당한 사유가 있는지를 판단하기 위하여 정보제공을 신청한 당사자 또는 그의 대리인의 의견을 특별히 들을 필요가 있는 경우 외에는 누구에게도 그 제공된 정보를 공개하여서는 아니 된다(법 제129조 제4항). 이는 민사소송법 제347조 제4항에서 규정한 문서제출신청 심리절차에서의 비밀심리 제도를 도입하여 규정한 것이다.

---

133) "영업비밀이란 공공연히 알려져 있지 아니하고 독립된 경제적 가치를 가지는 것으로서, 비밀로 관리된 생산방법, 판매방법, 그 밖에 영업활동에 유용한 기술상 또는 경영상의 정보를 말한다."

134) 대법원 1993. 6. 25. 선고 93다15991 판결, 대법원 2008. 2. 28. 선고 2005다60369 판결.

135) 대법원 2008. 2. 28. 선고 2005다60369 판결.

제7절 비밀유지명령 제도(법 제129조의3 내지 5)

I. 비밀유지명령의 의의

재판의 심리와 판결은 공개되어야 한다는 공개재판주의에 입각한 소송구조 때문에 소송이 진행되는 영업비밀이 당사자는 물론 일반인에게까지 공개될 위험이 있다.

이때 영업비밀이 소송과정에서 추가로 침해되는 것을 방지하기 위하여 법원이 취할 수 있는 조치가 문제된다. 우리나라에서 국가의 안전보장, 안녕질서 또는 선량한 풍속을 해칠 우려가 있는 경우에는 결정으로 재판의 심리를 공개하지 않을 수 있으나(법원조직법 제57조), 영업비밀 관련 소송에 위 규정을 적용하기에는 다소 무리가 따른다.

소송절차를 통하여 영업비밀이 추가로 공개되는 것을 방지하기 위해서는 증거조사나 기일진행의 순서에 있어서 제3자에게 영업비밀이 공개되지 않도록 하여야 한다.

그동안 실무는 영업비밀 침해행위로 인한 영업상 이익의 침해에 관한 소송 등 민사소송절차에서 영업비밀이 공개되는 것을 방지하기 위해서 청구취지 및 판결 주문에 영업비밀을 그 특정 및 집행에 지장이 없을 정도로만 개괄적으로 기재하는 것을 허용하고, 증거조사 등에서 제3자에게 영업비밀이 공개되지 않도록 하는 등의 방법으로 운용하였다.

다만 민사소송에서 소송 당사자뿐 아니라 이해관계를 소명한 제3자도 재판기록을 열람할 수 있어(재판예규 제913호 재판기록열람복사예규 제4조 제1항 제4호) 당사자가 법원에만 제출하고 이해관계인에게는 공개하고 싶지 않은 문서의 열람복사 등은 어떻게 할 것인지 문제였으나, 2002. 1. 26. 법률 제6626호로 개정된 민사소송법 제163조에서 영업비밀 등의 보호를 위하여 소송기록의 열람 등의 제한규정을 신설하였고 그중 민사소송법 제163조 제1항 제2호는 소송기록 중에 당사자가 가지는 영업비밀(부정경쟁방지 및 영업비밀보호에 관한 법률 제2조 제2호에 규정된 영업비밀을 말한다)이 적혀 있는 때에 해당한다는 소명이 있는 경우 법원은 당사자의 신청에 따라 결정으로 비밀 기재부분의 열람 등을 신청할 수 있는 자를 당사자로 한정할 수 있도록 규정하였다.[136] 특히 미확정 상태의 소송기록에 관하여는 당사자나 이해관계를 소명한 제3자만이 열람할 수 있는데(민사소송법 제162조 제1항), 제3자가 민사소송법 제352조에 따라 미확정 상태의 소송기록을 대상으로 한 문서송부촉탁 신청을 하여 법원에 의해 채택된다면 민사소송법 제353조의2에 따라 제한 없이 미확정 상태의 소송기록을 열람할 수 있게 되므로

---

[136] 열람 등 제한결정이 있는 소송기록에 대하여 이해관계를 소명한 제3자로부터 열람·복사 신청이 있는 경우의 처리방법에 대하여는 '비밀보호를 위한 열람 등의 제한 예규' 제6조 참조. 민사조정법 제38조 제1항에 따라 조정에 관하여 민사소송법 제163조를 준용하고 열람 등 제한의 신청방식에 대하여는 민사조정규칙 제17조의2 참조.

이를 막기 위해 당사자는 제3자에 대해 소송기록의 열람 등의 제한신청을 할 필요가 있다.[137]

그리고 위 규정에 따라 소송기록 중 비밀이 적혀 있는 부분에 대한 제3자의 열람·복사, 정본·등본·초본의 교부의 제한 또는 제한결정의 취소에 관하여 필요한 사항을 규정하기 위하여 「비밀보호를 위한 열람 등의 제한 예규」(재일 2004-2)를 신설하였다.

그 외에 민사소송법에는 비밀보호제도와 관련하여 증언거부권(제315조 제1항), 문서제출의 거부(제344조 제1항 3호 다목), 문서제출신청 심리절차에서의 비밀심리(제347조 제4항) 등의 제도가 마련되어 있다.

그러나 이들 규정은 제3자가 아닌 상대방 당사자가 영업비밀을 소송과정 중에 지득하여 타인에게 공개하는 데에 대하여는 별다른 대책이 될 수 없었다. 상대방 당사자가 열람 등에 의하여 알게 된 영업비밀을 제3자에게 누설한 때에 민법 제750조의 불법행위를 주장하고 손해배상을 하도록 하여 간접적으로 소송기록 열람제한의 실효성을 담보할 수 있고, 영업비밀을 제3자에게 누설하는 행위는 부정경쟁방지 및 영업비밀보호에 관한 법률상의 영업비밀 침해행위에 해당하여 그 비밀을 보유한 당사자가 같은 법에 의하여 손해배상청구나 금지청구를 할 수 있기는 하지만 영업비밀을 충분히 보호할 수 있기 위하여는 그러한 누설행위 등을 사전에 막을 수 있는 제도적 장치가 필요하다는 견해가 나오게 되었고, 이러한 견해와 아울러 입법론적으로 미국, 일본 등이 채택하고 있는 것과 같이 해당 영업비밀을 알게 된 자에게 소송 수행 외의 목적으로 영업비밀을 사용하는 행위 등을 하지 아니할 것을 명할 수 있는 비밀유지명령 제도를 도입하여야 한다는 의견이 제기되어 왔다.

그리하여 2011. 12. 2. 법률 제11110호로 개정된 저작권법에서 제129조의3 내지 5와 같은 비밀유지명령제도가 신설되었다.

비밀유지명령 제도는 저작권, 그 밖에 저작권법에 따라 보호되는 권리(제25조, 제31조, 제75조, 제76조, 제76조의2, 제82조, 제83조, 제83조의2 및 제101조의3에 따른 보상을 받을 권리는 제외한다. 이하 이 조에서 같다)의 침해에 관한 소송에서 제출할 준비서면이나 조사할 증거에 영업비밀이 포함되어 있는 경우 등에서 이를 알게 된 소송 당사자 등에게 소송수행의 목적을 넘어서 해당 영업비밀을 이용하거나 제3자에게 공개하지 말 것을 명하는 법원의 명령이다.

II. 비밀유지명령의 적용범위

① 저작권, 그 밖에 저작권법에 따라 보호되는 권리(제25조, 제31조, 제75조, 제76조, 제76조의2, 제82조, 제83조, 제83조의2 및 제101조의3에 따른 보상을 받을 권리는

---

137) 대법원 2020. 1. 9.자 2019마6016 결정 참조.

제외한다. 이하 이 조에서 같다)의 침해에 관한 소송

비밀유지명령을 신청하기 위하여는 먼저 저작권, 그 밖에 저작권법에 따라 보호되는 권리(제25조, 제31조, 제75조, 제76조, 제76조의2, 제82조, 제83조, 제83조의2 및 제101조의3에 따른 보상을 받을 권리는 제외한다. 이하 이 조에서 같다)의 침해에 관한 소송이 있어야 한다. 여기서 말하는 권리에는 배타적 권리만이 포함되고 위 괄호안의 규정과 같은 채권인 보상금청구권은 제외된다.

비밀유지명령은 저작권, 그 밖에 저작권법에 따라 보호되는 권리(제25조, 제31조, 제75조, 제76조의2, 제82조, 제83조, 제83조의2 및 제101조의3에 따른 보상을 받을 권리는 제외)의 침해에 관한 소송(이하 이를 '기본 침해소송'이라 한다)의 계속(係屬)을 전제로 하여 행해지는 부수된 별개의 신청사건이므로 기본 침해소송이 계속하기 전의 단계에서는 신청할 수 없고, 기본 침해소송이 계속된 후 그 수소법원이 심리·판단하여 결정한다.

여기서 저작권, 그 밖에 저작권법에 따라 보호되는 권리의 침해에 관한 소송에는 저작권, 그 밖에 저작권법에 따라 보호되는 권리가 침해되거나 침해될 우려가 있는 자가 그 침해금지를 청구하는 소송이나 그에 따른 손해배상청구, 명예회복청구를 제기한 소송뿐 아니라 상대방에 의해 제기된 금지청구권부존재확인소송 등도 포함된다. 다만 법문상 이용권(배타적 이용권 포함)의 침해에 기한 손해배상청구소송은 포함되지 않고 당해 침해소송에서 주장된 상대방 취득의 영업비밀이 저작권법 제129조의3 제1항 단서의 방법으로 이미 취득하고 있는 경우에는 저작권자 등의 손해배상청구소송이라도 위 침해에 관한 소송에 해당되지 않는다.

법문에는 침해에 관한 '소송'이라고 규정되어 있어 본안소송 외에 가처분 등의 보전절차도 포함되는지 여부에 대해 다툼이 있다.

이에 대하여는 본 조 위반에 따라 형사벌이 과해지도록 규정되어 있어 엄격하게 해석하여야 하므로 보전절차까지 확장하여 해석하기 어렵다는 이유로 본안소송에 한정되어야 한다는 견해도 있으나, 특허법 제128조 제7항의 '특허권 또는 전용실시권의 침해에 관한 소송'에 보전절차도 포함하여 해석되고 있고,[138] 입법취지상 보전절차에서도 본안소송과 같이 비밀유지명령 제도를 이용할 필요가 있어 본안소송 외에 보전절차까지 포함된다고 해석함이 타당하다.[139]

소송계속(係屬)은 소장부본이 피고에게 송달된 때에 발생하는데 법문상 소송계속 후가 요건으로 되어 있지 않으므로 이론상으로 소 제기 후라면 소장부본이 송달 전이라도 비밀유지명령을 신청할 수 있지만, 소장부본이 송달되기 이전에는 상대방 당사자의 청구원인에 대한 검

---

138) 대법원 2011. 5. 13.자 2010마1157 결정 참조.
139) 일본 最高裁判所 2009. 1. 27.자 平成20(許)36 결정도 적극설을 채택하고 있다.

토 등이 이루어지기 전이어서 비밀유지명령을 받을 자를 누구로 특정할 것인지 정할 수 없기 때문에 소장부본 송달 후 답변서 등으로 피고의 주장을 검토한 후에 비밀유지명령이 신청되는 것이 통상이다.

법문에 '소송에서'라고 규정되어 있어 소송이 종결되고 판결이 확정된 경우에는 더는 비밀유지명령을 신청할 수 없다고 볼 여지가 있다. 만일 해당 소송이 종결될 때까지 비밀유지명령에 관한 결정이 없었다고 본다면 새로이 비밀유지명령을 신청할 수는 없겠지만 소송이 종결될 때까지 비밀유지명령의 결정이 있었다면 판결확정 후에도 상대방 측으로부터 소송기록의 열람 등 청구가 있는 경우에 대상자를 추가하는 비밀유지명령을 신청할 수 있도록 하는 것이 입법취지에 부합할 것이므로 이러한 경우에는 판결이 확정되어도 적어도 소송기록의 보존기간까지 이를 신청할 수 있도록 하는 것이 바람직하다.

② 비밀유지명령의 신청인과 상대방

비밀유지명령은 영업비밀을 보유하는 당사자만이 신청할 수 있다. 영업비밀의 보유자에는 영업비밀을 창작하여 보유하는 본래의 보유자 및 영업비밀을 창작하지 않았더라도 영업비밀을 정당하게 보유하고 있는 자도 포함된다.

저작권, 그 밖에 저작권법에 따라 보호되는 권리의 침해에 관한 소송에서 일방 당사자가 보유한 영업비밀에 대하여, 법원은 영업비밀을 보유한 당사자가 법 소정의 사항(영업비밀 기재 대상 자료 및 필요성)에 대하여 소명하고 법 제129조의3 제1항 단서에 해당하지 아니하는 경우로서, 그 당사자의 서면신청에 따라 결정으로 법원이 다른 당사자(법인인 경우에는 그 대표자), 당사자를 위하여 소송을 대리하는 자, 그 밖에 해당 소송으로 인하여 영업비밀을 알게 된 자를 상대로, 그 영업비밀을 해당 소송의 계속적인 수행 외의 목적으로 사용하거나 그 영업비밀에 관계된 이 항에 따른 명령을 받은 자 외의 자에게 공개하지 아니할 것을 명하는 비밀유지명령을 내릴 수 있도록 하고 이를 위반할 경우 형사벌을 부과할 수 있도록 하였다(법 제129조의3 제1항, 법 제136조 제1항 제2호).

III. 비밀유지명령의 요건

① 이미 제출하였거나 제출하여야 할 준비서면 또는 이미 조사하였거나 조사하여야 할 증거(제129조의2 제4항에 따라 제공된 정보를 포함)에 영업비밀이 포함되어 있을 것(제1항 제1호)

영업비밀이란 「부정경쟁방지 및 영업비밀보호에 관한 법률」 제2조 제2호에 따른 영업비밀을 말한다. 즉 영업비밀이란 공공연히 알려져 있지 아니하고 독립된 경제적 가치를 가지는 것으로서, 비밀로 관리된[140] 생산방법, 판매방법, 그 밖에 영업활동에 유용한 기술상 또는 경영상의 정보를 말한다.

여기서 준비서면은 당사자가 변론 또는 변론준비기일에서 진술하고자 하는 사항을 기일 전에 미리 적어 법원에 제출하는 서면이다. 준비서면인지는 그 내용에 의하여 정해지는 것이고 서면의 표제에 따르는 것은 아니다. 피고가 제출하는 답변서는 최초로 제출하는 준비서면이므로 여기서의 준비서면에 포함되지만 원고가 제출한 소장은 준비서면에 포함되지 않으므로 소장에 기재된 영업비밀을 대상으로 하여 비밀유지명령을 신청할 수 없다. 소장이 이론적으로 준비서면에 포함되지 않는다고 단정할 수 없다고 하더라도 본 조 제1항 단서의 문언으로부터 알 수 있듯이 비밀유지명령 신청 이전에 그 비밀을 취득한 자는 비밀유지명령의 피신청인으로부터 제외되는데 소장에 영업비밀이 기재되어 있다면 소장이 법원에 제출된 후에는 상대방이 그 비밀을 이미 취득하였거나 취득하였다고 볼 여지가 있어 비밀유지명령의 대상 등이 될 수 있는지를 판단하기 어렵기 때문이다.

여기서 증거는 문맥상 증거방법을 의미하는데 증거방법이란 법원이 사실의 존부를 확정하기 위하여 조사하는 대상이 되는 유형물로서 물적증거, 인적증거를 포함한다.

제출하여야 할 준비서면이나 조사하여야 할 증거에 포함된 영업비밀은 비밀유지명령의 대상이 된다. 한편 이미 제출한 준비서면이나 이미 조사한 증거는 그 문언상으로 보면 마치 준비서면을 제출한 다음에 비로소 비밀유지명령을 신청할 수도 있다고 이해될 여지가 있지만, 이들 문구는 일정한 영업비밀에 대해 비밀유지명령이 이미 결정되어 있는 경우에 상대방을 더 추가할 경우에만 적용되는 문구라고 해석된다.[141] 그와 같이 보는 근거로, 미리 비밀유지명령을 신청함이 없이 비밀유지의무를 부담하고 있지 않은 상대방 측에게 영업비밀이 기재된 준비서면과 증거를 제출한 경우에는 그로써 공지성 내지 비밀관리성이 상실되고 그렇다면 그 내용이 더 이상 영업비밀이 아니게 되어 비밀유지명령의 대상이 될 수 없는 점, 영업비밀이 포함된 준비서면이나 증거가 이미 제출되었거나 조사되었어도 그 영업비밀을 대상으로 하여 비밀유지명령이 발령되었고 해당 부분의 소송기록에 대한 열람 등의 제한결정이 있었다면 그 영업비밀은 비밀관리성 및 비공지성을 상실하지 않고 비밀유지명령의 대상이 될 수 있는 점 등을 들 수 있다.

---

140) 2019. 1. 8. 법률 제16204호로 개정된 부정경쟁방지 및 영업비밀보호에 관한 법률 제2조 제2호에서 영업비밀의 정의 내용 중 종전의 "합리적인 노력에 의하여 비밀로 유지된" 이라는 문구가 "비밀로 관리된"으로 변경되었다.
141) 디자인보호법 주해, 박영사(2015), 1235(설범식 집필부분).

② 영업비밀이 그 소송 수행 외의 목적으로 사용되거나 공개되면 당사자의 영업에 지장을 줄 우려가 있어 이를 방지하기 위하여 영업비밀의 사용 또는 공개를 제한할 필요가 있을 것(제1항 제2호)

이 요건은 영업비밀의 소송 수행 목적 외의 사용 또는 공개를 제한할 필요성을 정한 것이다.

③ 영업비밀이 법 제129조의3 제1항 단서에 해당하지 않을 것

저작권법 제129조의3 제1항 단서는 비밀유지명령 신청 시점까지 다른 당사자(법인인 경우에는 그 대표자), 당사자를 위하여 소송을 대리하는 자, 그 밖에 그 소송으로 인하여 영업비밀을 알게 된 자가 법 제129조의3 제1항 제1호에 규정된 준비서면의 열람이나 증거조사 외의 방법으로 그 영업비밀을 이미 취득한 경우에는 비밀유지명령을 낼 수 없다는 취지로 규정하고 있으므로, 비밀유지명령의 소극적 요건으로서 영업비밀이 법 제129조의3 제1항 단서에 해당하지 않아야 비밀유지명령의 대상이 된다.

저작권법 제129조의3 제1항의 규정에 따른 비밀유지명령은 소송절차에서 공개될 수 있는 영업비밀의 보호를 목적으로 하는 것인데 소송절차와 관계없이 다른 당사자 등이 이미 취득한 영업비밀은 위와 같은 목적과는 아무런 관련이 없으므로, 예컨대 영업비밀 침해소송에서 자기의 영업비밀을 다른 당사자 등이 부정하게 취득하여 사용하고 있다고 주장하면서 그 영업비밀에 대하여 한 비밀유지명령 신청이나[142] 영업비밀 침해소송이 이루어지기 전이라도 수사기관에 영업비밀 자료가 제출되어 기록의 일부로 되고 당사자가 열람 등으로 그 자료를 취득한 경우에는 비밀유지명령 신청을 받아들일 수 없다.

이에 대하여는 비밀유지명령 신청사건의 심리 단계에서 비밀유지명령을 받은 자가 그 영업비밀을 준비서면의 열람이나 증거조사 외의 방법으로 이미 취득하고 있는지를 알 수 없고 그 여부를 판단할 수 있는 심리방법도 없어서 본 사항이 비밀유지명령 신청의 요건이 아니라, 비밀유지명령을 받은 자가 그 취소를 신청할 때 소명해야 하는 요건으로 보아야 한다는 견해가 있다.[143]

---

142) 대법원 2015. 1. 16.자 2014마1688 결정 참조.
143) 디자인보호법 주해, 박영사(2015), 1236(설범식 집필부분).

Ⅳ. 비밀유지명령의 신청 시기·방법

① 비밀유지명령의 신청시기와 종기

비밀유지명령을 신청할 수 있는 시기와 그 시적 한계에 대하여는 앞에서 이미 서술하였다.

② 비밀유지명령 신청서의 기재사항

비밀유지명령의 신청은 i) 비밀유지명령을 받을 자(제1호), ii) 비밀유지명령의 대상이 될 영업비밀을 특정하기에 충분한 사실(제2호), iii) 제1항 각 호의 사유(위 Ⅲ.의 ①, ② 참조)에 해당하는 사실에 관한 사항을 적은 서면으로 하여야 한다(법 제129조의3 제2항).

가. 비밀유지명령을 받을 자(제2항 제1호)

여기서 비밀유지명령을 받을 자는 기본 침해소송의 "다른 당사자(법인인 경우에는 그 대표자), 당사자를 위하여 소송을 대리하는 자, 그 밖에 소송으로 인하여 영업비밀을 알게 된 자"이다.

당사자가 법인인 경우에는 대표자가 비밀유지명령을 받을 자로 될 수 있고 법인 자신은 비밀유지명령의 대상자가 될 수 없다. 그리고 소송참가가 있는 경우 참가인도 당사자에 포함되고 비밀유지명령의 대상자가 될 수 있다고 해석된다.

그 외에 보조참가인의 경우에도 비밀유지명령의 대상자가 될 수 있는지 여부에 대하여는 견해가 나뉘어 있다. 즉 민사소송법 제163조 제1항이 규정하는 비밀보호를 위한 열람 등의 제한 결정이 있는 경우에도 열람 등을 신청할 수 있는 '당사자'에 보조참가인도 포함된다고 해석하여 소송기록에 포함된 영업비밀을 취득하지 못하도록 보조참가인을 대상자로 하는 비밀유지명령의 신청을 인정할 필요가 있다는 견해(적극설)와 민사소송법 제163조 제1항의 '당사자'에 보조참가인이 포함되지 않는다고 해석하면 보조참가인은 열람의 제한이 이루어지고 있는 소송기록의 열람 등을 신청할 수 없고 그 열람 등을 통해 비밀정보를 알 수 없으므로 보조참가인을 대상자로 하는 비밀유지명령의 신청을 인정할 필요가 없다는 견해(소극설)가 있다.[144]

여기서 당사자를 위하여 소송을 대리하는 자는 기본 침해소송인 저작권 등 침해소송 당사자의 소송대리인으로서 법정대리인 및 임의대리인을 말하고, 그 밖에 그 소송으로 인하여 영

---

[144] 디자인보호법 주해, 박영사(2015), 1237(설범식 집필부분) 참조.

업비밀을 알게 된 자라 함은 당사자나 당사자의 소송대리인은 아니나 그 소송으로 인하여 영업비밀을 알게 되는 자(당사자의 사용인, 피고용인 등)를 말한다.

한편 만일 기본 침해소송에서 전혀 다른 2개 이상의 영업비밀이 있는 경우에 이론상으로는 2개 이상의 영업비밀에 대하여 각각의 관여자를 상대로 비밀유지명령을 신청할 수 있겠으나, 그와 같이 서로 다른 각각의 관여자에 대하여 비밀유지명령을 받은 경우 나중에 각각의 관여자에 의한 부정경쟁방지법 제129조의5에 의한 기록열람 등의 청구가 있는 경우에 법원의 비밀유지명령 신청인에 대한 통지제도가 제대로 작동하지 않을 우려가 있으므로, 이와 같이 2개 이상의 다른 종류의 영업비밀에 대하여 비밀유지명령을 신청하는 경우에는 되도록 비밀유지명령을 받을 자를 동일하게 특정할 필요가 있다.

나. 비밀유지명령의 대상이 될 영업비밀을 특정하기에 충분한 사실(제2항 제2호)

신청서에 영업비밀을 자세히 기재할 것을 요구하면 비밀유지명령이 발령되기도 전에 영업비밀의 내용이 알려질 위험이 있으므로 비밀유지명령 신청서에는 그 대상인 영업비밀을 특정하기에 충분한 사실을 기재하면 된다. 실무는 준비서면이나 서증의 쪽수와 행을 명시하는 방법으로 특정하고 있다.

신청서에 영업비밀의 구체적인 내용을 기재하지 않고 대략 어떤 내용이라는 점을 설명하거나 제출 예정인 준비서면이나 증거를 특정한 다음에 해당 준비서면이나 증거에서의 기재 위치를 특정하여 인용할 수도 있다.

당사자가 준비서면이나 증거에서 영업비밀임을 구체적으로 특정하였더라도 비밀유지명령의 대상은 그 문서에 기재된 내용 자체에 한정되는 것이 아니라 그와 같이 기재된 영업비밀의 내용이 되므로 같은 영업비밀이 다른 준비서면이나 증거에 기재되어 있는 경우에 그 내용에 대하여도 비밀유지의무가 있다.

다. 본 조 제1항 각 호의 사유에 해당하는 사실(제2항 제3호)

본 조 제1항 각 호의 사유는, 이미 제출하였거나 제출하여야 할 준비서면 또는 이미 조사하였거나 조사하여야 할 증거(제129조의2 제4항에 따라 제공된 정보를 포함)에 영업비밀이 포함되어 있을 것(제1항 제1호)과 영업비밀이 그 소송 수행 외의 목적으로 사용되거나 공개되면 당사자의 영업에 지장을 줄 우려가 있어 이를 방지하기 위하여 영업비밀의 사용 또는 공개를 제한할 필요가 있을 것(제1항 제2호)인데 이 사유에 해당하는 사실에 관한 사항을 서면(신청서)에 기재하여야 한다.

V. 비밀유지명령의 심리 · 결정 · 효력

① 비밀유지명령의 심리

신청서가 접수되면 법원은 비밀유지명령신청서 부본을 피신청인(비밀유지명령을 받을 자)에게 송달하는데 법문에 비밀유지명령 신청사건의 심리절차에 대하여 특별히 규정한 것이 없으므로 일반 신청사건과 마찬가지로 심리하면 된다. 서면심사, 변론 또는 심문을 통하여 비밀유지명령 발령의 요건을 심리하게 된다.

주장 · 소명책임은 저작권법 제129조의3 제1항 제1호, 제2호 부분은 신청인에게, 제129조의3 제1항 각 호 외의 본문 단서 부분은 상대방에게 있다. 당초 비밀유지명령의 발령 단계에서 비밀유지명령의 요건을 갖추지 못하였음을 이유로 한 취소신청 시에도 원칙적으로 같다.

다만 비밀유지명령 결정 후에 상대방이 영업비밀성의 상실 등 사정변경을 이유로 비밀유지명령의 취소를 신청한 때에는 영업비밀성이 상실되었다는 사정 등에 대한 소명책임은 취소신청인(상대방)에게 있다. 영업비밀 해당성에 대한 소명의 방법은 부정경쟁방지법 상의 영업비밀 사건에서의 청구원인의 증명방법과 같으나 신청사건에서는 증명이 아닌 소명으로 족하기 때문에 영업비밀 해당성을 다소 유연하게 판단한다.

② 비밀유지명령의 결정 등

법원은 영업비밀에 대하여 저작권법 제129조의3 제1항 제1, 2호(비밀유지명령의 요건)의 사유를 심리하여 비밀유지명령을 결정한 경우에는 결정서를 비밀유지명령을 받은 자에게 송달하여야 하고, 위 비밀유지명령은 그 결정서가 비밀유지명령을 받은 자에게 송달된 때부터 효력이 발생한다(법 제129조의3 제3, 4항). 이때 결정서에 영업비밀 기재문서를 첨부하여야 할 것인지에 대하여 여러 견해가 있으나, 신청서에 비밀유지명령의 대상이 될 영업비밀을 특정하기에 충분한 사실을 기재하면 되므로 그 이상의 내용이 구체적으로 담겨 있는 영업비밀 기재문서를 굳이 첨부할 필요는 없다고 본다. 기각 또는 각하결정서에도 마찬가지이다.

비밀유지명령의 신청을 기각 또는 각하한 재판에 대하여는 즉시항고를 할 수 있다(법 제129조의3 제5항).

③ 비밀유지명령 결정의 효력

비밀유지명령이 결정된 경우에는 비밀유지명령 신청이 기각 또는 각하된 경우와 달리 즉시항고를 할 수 있다는 규정을 두고 있지 않기 때문에 그 결정서가 상대방에게 송달된 때부터 효력이 발생한다. 비밀유지명령의 효력은 그 비밀유지명령이 취소될 때까지 존속하는데, 비밀유지명령을 취소하는 재판은 확정되어야 효력이 발생한다(법 제129조의4 제4항).

비밀유지명령의 결정서가 송달되어 비밀유지명령의 효력이 발생하면 비밀유지명령을 받은 자는 그 영업비밀을 해당소송의 계속적인 수행 외의 목적으로 사용하거나 그 영업비밀에 관계된 비밀유지명령을 받은 자 외의 자에게 공개하여서는 안 되는 의무를 진다(법 제129조의3 제1항 각 호 외의 부분 본문 및 제4항).

비밀유지명령의 상대방이 사망한 경우에 비밀유지명령의 일신전속적 성질로 인해 그 재산상속인에게 비밀유지명령이 승계된다고 보기 어렵다. 비밀유지명령의 상대방이 해당 영업비밀과 관련된 사업을 양도한 경우에도 비밀유지명령을 받은 자에 대한 명령의 효력이 사업의 양수인에게 당연히 승계되지 않는다.145) 한편 비밀유지명령을 받은 종업원 등이 전직하거나 퇴직할 경우, 비밀유지명령을 받은 소송대리인이 기본 침해소송에 관하여 사임하는 경우에도 그 효력은 유지된다.

비밀유지명령을 신청한 자가 사망하거나 그 신청회사가 파산한 경우에 그러한 사유만으로 비밀유지명령이 당연히 소멸한다고 보기 어려워 특별한 사정이 없는 한 이러한 경우에는 비밀유지명령 취소신청권이 재산상속인이나 영업양도 등으로 인해 영업비밀의 보유자인 지위를 승계한 자에게 있다고 해석된다.

비밀유지명령의 신청인은 기본 침해소송에서 영업비밀 기재문서를 제출할 때 소송기록의 열람제한신청을 비밀유지명령신청과 함께 할 필요가 있다는 점에 유의할 필요가 있다. 비밀유지명령은 그 대상자에게 비밀유지의무를 부과하는 것이어서 제3자의 소송기록 열람 등을 제한하는 효력은 없기 때문이다. 따라서 비밀유지명령을 신청하고자 하는 당사자는 소송기록에 대해 민사소송법 제163조 제1항 제2호에 따라 영업비밀보호를 위한 열람 등의 제한신청을 하여 당사자 이외의 자에 대한 소송기록 열람 등의 제한조치를 해 두어야 할 뿐 아니라 비밀유지명령 신청의 대상자로 당사자 본인도 포함시켜 두는 것이 바람직하다.

비밀유지명령을 위반한 자는 민법상의 불법행위책임을 질 수 있고(민법 제750조) 영업비밀 침해행위로서 침해금지의 대상이 되거나 손해배상책임을 질 수 있다(부정경쟁방지 및 영업비밀보호에 관한 법률 제10조, 제11조). 비밀유지명령을 위반한 자는 형사벌로 5년 이하의 징역 또는 5천만원 이하의 벌금에 처해지는데 이 비밀유지명령위반죄는 친고죄이다(법 제136조 제1항 제2호).

---

145) 디자인보호법 주해, 박영사(2015), 1236(설범식 집필부분).

Ⅵ. 비밀유지명령의 취소(법 제129조의4)

① 의의

비밀유지명령의 신청을 기각 또는 각하한 재판에 대하여 즉시항고할 수 있는 반면에 비밀유지명령의 신청에 따라 비밀유지명령이 발령되면 이에 대하여는 즉시항고를 할 수 없어 비밀유지명령 결정서가 비밀유지명령을 받은 자에게 송달된 때부터 그 효력이 확정적으로 발생한다. 그리고 비밀유지명령의 효력에 따라 비밀유지명령을 받은 이는 해당 영업비밀을 그 소송의 계속적인 수행 외의 목적으로 사용하거나 비밀유지명령을 받은 자 외의 자에게 공개하지 아니할 의무가 있다.

따라서 이러한 경우에 비밀유지명령을 받은 이는 비밀유지명령이 확정될 당시에 이미 그 발령 요건을 갖추지 못하였거나 비밀유지명령이 확정된 후에 사후적으로 그 요건이 충족되지 않게 되거나 그 필요성이 없게 된 경우에 비밀유지명령의 취소를 신청할 수 있게 할 필요가 있다.

② 비밀유지명령 취소의 신청권자 및 상대방

가. 신청권자

비밀유지명령의 취소를 신청할 수 있는 당사자는 "비밀유지명령을 신청한 자 또는 비밀유지명령을 받은 자"이다(법 제129의4 제1항).

비밀유지명령을 받은 자는 앞에서 본 바와 같은 영업비밀에 대한 비밀유지의무를 가지게 되고 비밀유지명령의 결정에 대하여 다툴 수 없기 때문에 비밀유지명령을 받은 자로 하여금 그 결정의 취소를 신청할 수 있도록 할 필요가 있다.

비밀유지명령을 받은 자는 비밀유지명령의 발령 요건이 결정 당시 충족되지 않았음을 주장, 소명하는 등의 방법으로 비밀유지명령의 취소를 신청할 수 있다.

또한 비밀유지명령의 신청인도 비밀유지명령의 취소를 신청할 수 있도록 규정되어 있는데 이는 비밀유지명령이 확정된 후에도 당사자 사이에 합의가 진행되어 더 이상 비밀유지명령이 필요하지 않게 된 경우가 있을 수 있음을 예상하여 규정한 것이다.

나. 상대방

비밀유지명령을 신청한 이가 취소신청을 하는 경우에 취소신청의 상대방은 비밀유지명령을 받은 사람 전부 또는 일부이다.

비밀유지명령을 받은 자가 취소신청을 하는 경우에 취소신청의 상대방은 비밀유지명령을 신청한 사람이다.

③ 비밀유지명령의 취소요건

앞에서 본 바와 같이 비밀유지명령을 받은 이는 비밀유지명령이 결정될 당시에 이미 그 요건을 갖추지 못하였거나 비밀유지명령이 확정된 후에도 사후적으로 비밀유지명령의 요건이 결여되었음이 밝혀지거나 그 필요성이 없어진 경우에 비밀유지명령의 취소를 신청할 수 있다.

비밀유지명령의 취소신청은 비밀유지명령이 결정될 당시에 법 제129조의3에 규정된 비밀유지명령의 요건을 충족하지 못한 경우 및 비밀유지명령이 확정된 이후에 그 필요성이 없게 되는 사정이 발생한 경우에 할 수 있다.

비밀유지명령 취소신청은 비밀유지명령이 확정되어 그 효력이 존속하는 동안에 할 수 있다. 비밀유지명령 취소 요건에 대한 주장·소명책임은 법 제129조의3 제1항 각 호 외의 본문 단서 부분의 존재에 대하여는 비밀유지명령의 취소를 신청한 자에게 있고, 위 제1항 각 호의 요건충족 여부에 대하여는 비밀유지명령을 받은 자로부터의 취소신청의 경우에 비밀유지명령의 신청인에게 소명책임이 있지만 비밀유지명령의 결정 후에 사정변경사유(예컨대 결정 후 영업비밀성 상실)가 발생한 경우에는 비밀유지명령의 취소를 신청한 자에게 그 사정변경사유의 발생사실에 대한 주장·소명책임이 있다.

④ 비밀유지명령의 취소신청 절차·심리

비밀유지명령의 취소신청은 소송기록을 보관하고 있는 법원에 한다(법 제129조의4 제1항). 여기서 소송기록은 비밀유지명령 신청사건의 기록을 의미하는 것이 아니라 기본 침해소송 기록을 말한다. 소송기록이 보존기간 만료로 폐기되어 이를 보관하고 있는 법원이 없는 경우에는 비밀유지명령을 한 법원에 신청한다(같은항 괄호).

비밀유지명령을 받은 사람이 그 명령을 받지 아니한 변호사를 비밀유지명령 취소신청 사건의 대리인으로 선임할 수 있는지에 대하여, 그 영업비밀을 공개하지 않고 비밀유지명령 취소신청 사건을 진행하는 것은 현실적으로 불가능한 점 등을 들어 비밀유지명령을 받지 아니한 변호사에게 그 취소신청 사건을 위임할 수 없다는 소극설과 변호사에게 직업상 비밀유지의무가 부과되어 있어 비밀유지명령을 받은 변호사인지를 불문하고 취소신청 사건에 관한 상담과 소송위임이 가능하다는 적극설이 있다.146)

5 비밀유지명령의 취소결정 등

비밀유지명령 취소결정의 결정서에는 비밀유지명령 신청사건에 관하여 한 법원의 비밀유지명령을 취소한다는 뜻과 함께 비밀유지명령을 받은 사람 중 일부에 대하여 취소하거나 대상 영업비밀 중 일부 영업비밀에 대하여만 취소하는 경우에 그 부분도 특정하여 기재한다.

법원은 비밀유지명령의 취소신청에 대한 재판이 있는 경우에는 그 결정서를 취소신청을 한 자 및 상대방에게 송달하여야 한다(법 제129조의4 제2항).

비밀유지명령의 취소신청에 대한 재판에 대하여는 즉시항고를 할 수 있다(법 제129조의4 제3항). 비밀유지명령을 취소하는 재판은 즉시항고기간을 경과하는 등으로 확정되어야 그 효력이 발생한다(법 제129조의4 제4항).

법원은 비밀유지명령을 받은 사람 중 일부만 취소신청을 하거나 비밀유지명령의 신청인이 일부의 명령상대방에 대하여만 취소신청을 하여 그 취소결정이 이루어진 경우에는 즉시 나머지 비밀유지명령을 받은 자에게도 취소재판을 한 취지를 통지하여야 한다(법 제129조의4 제5항).

VII. 소송기록 열람 등의 청구 통지 등(법 제129조의5)

1 의의

비밀유지명령의 신청인이 민사소송법 제163조에 따라 소송기록의 열람 등의 제한신청을 하더라도 당사자가 재판기록 열람 등의 신청권자로서 그의 대리인이나 사용인 등에 의한 재판기록의 열람 등의 신청절차를 진행할 수 있고 이러한 경우에 당사자 이외에 제3자도 그 영업비밀을 알게 될 수 있으므로 기본 침해소송인 저작권 등 침해소송의 상대방 당사자 측이 하는 열람 등의 청구에 대하여 제대로 영업비밀을 유지할 수 없게 되는 한계가 있다.

즉, 상대방 당사자가 소송기록의 열람 등의 청구를 하였으나, 해당 소송에서 비밀유지명령을 받지 아니한 자가 그 청구절차를 밟았을 때에는 민사소송법상 그 열람 등의 제한을 할 수 없고, 그 당사자의 사용인, 대리인 등은 영업비밀 기재 문서의 열람 등을 통하여 비밀유지명령에 기한 의무 없이 그 명령의 대상이 된 영업비밀을 취득할 수 있다.

이에 따라 저작권법 제129조의5는, 비밀유지명령에 대한 결정이 있어도 제3자가 열람 등을 하게 되어 공지되면 영업비밀성을 상실하게 되어 비밀유지명령도 유지될 수 없게 되므로

---

146) 디자인보호법 주해, 박영사(2015), 1252(설범식 집필부분) 참조.

비밀유지명령의 신청인에게 소송기록의 열람 등의 청구사실을 통지하여 비밀유지명령을 받을 자를 추가할 수 있도록 기회를 부여하고 그로써 비밀유지명령에 대한 실효성을 높이기 위하여 마련한 규정이다.

또한, 기본 침해소송을 진행하면서 이미 비밀유지명령을 받은 상대방도 비밀유지명령을 받은 자를 교체하고 싶은데 비밀유지명령의 신청자가 비밀유지명령을 받을 자의 교체를 위한 신청에 협조하지 않는 경우에 본 조에 따라 소송기록의 열람 등을 청구하여 비밀유지명령 신청자로 하여금 비밀유지명령의 추가 신청을 하도록 유인하기 위하여 마련한 규정이기도 하다.

② 소송기록 열람 등의 청구 통지

비밀유지명령이 내려진 소송(모든 비밀유지명령이 취소된 소송은 제외)에 관한 소송기록에 대하여 민사소송법 제163조 제1항의 결정이 있고, 당사자가 위 민사소송법 제163조 제1항에서 규정하는 비밀 기재 부분의 열람 등의 청구를 하였으나 그 청구절차를 해당 소송에서 비밀유지명령을 받지 아니한 자가 밟았을 때에는 법원사무관 등은 민사소송법 제163조 제1항의 신청을 한 당사자(그 열람 등의 청구를 한 자는 제외)에게 그 청구 직후에 그 열람 등의 청구가 있었던 취지를 통지하여야 한다(법 제129조의5 제1항).

민사소송법 제163조 제1항의 비밀보호를 위한 소송기록의 열람 등의 제한 결정이 있는 경우에도 당사자에 의한 열람 등의 신청은 제한되지 않고, 법문에는 당사자가 그 열람 등의 신청 절차를 하게 되어 있으나 실제로는 당사자 본인뿐 아니라 그 대리인, 사용자가 신청 절차를 하는 경우도 많은데 당사자 본인 이외의 대리인 등이 신청절차를 밟게 되면 이들은 소송기록 중 영업비밀 기재 부분의 열람 등을 통하여 영업비밀을 취득할 수 있다.

이때 열람 등의 신청절차를 하는 당사자 본인이나 그 대리인, 사용자가 비밀유지명령을 이미 받고 있는 사람이라면 이미 영업비밀을 알고 있고 비밀유지명령에 따른 의무를 부담하고 있기 때문에 열람을 하도록 하여도 별다른 문제가 생기지 않을 것이다. 하지만 열람 등의 신청절차를 밟은 자가 비밀유지명령을 받은 사람이 아닌 경우에는 이들은 소송기록 중 영업비밀 기재부분의 열람 등을 통하여 비밀유지명령에 기한 의무를 부담함이 없이 영업비밀을 취득하게 되어 비밀유지명령의 효력을 담보할 수 없게 된다.

이러한 이유로 법 제129조의5 제1항에서 법원사무관 등이 비밀유지명령의 신청인으로 하여금 소송기록의 열람 등의 청구절차를 밟은 자를 비밀유지명령을 받을 자로 추가하는 비밀유지명령 신청을 할 것인지를 결정할 수 있도록 그 청구가 있었다는 사실을 통지하도록 하였다.

③ 소송기록 열람 등의 청구 통지의 효과

가. 소송기록 열람 등의 잠정적 정지

법원사무관 등은 저작권법 제129조의5 제1항에 따라 민사소송법 제163조 제1항의 신청을 한 당사자에게 위 법 조항의 비밀 기재 부분의 열람 등의 청구가 있었다는 사실을 통지하는 경우에 그 열람 등의 청구가 있었던 날부터 2주일이 지날 때까지(그 청구절차를 행한 자에 대한 비밀유지명령신청이 그 기간 내에 행하여진 경우에는 그 신청에 대한 재판이 확정되는 시점까지) 그 청구절차를 행한 자에게 제1항의 비밀 기재 부분의 열람 등을 하게 하여서는 아니 된다(제129조의5 제2항).

이러한 열람 등의 잠정적 정지 규정(제129조의5 제2항)은 제1항의 열람 등의 청구를 한 자에게 제1항의 비밀 기재 부분의 열람 등을 하게 하는 것에 대하여 민사소송법 제163조 제1항의 신청을 한 당사자 모두의 동의가 있는 경우에는 적용되지 아니한다(제129조의5 제3항).

나. 비밀유지명령의 추가 신청 기회 부여

민사소송법 제163조 제1항의 신청을 한 당사자가 법원사무관 등으로부터 본 조 제1항이 정한 사유로 그 열람 등의 청구가 있었다는 사실을 통지받은 경우에, 비밀유지명령 신청인은 그 열람 등의 청구절차를 밟은 자를 '비밀유지명령을 받은 자'로 하는 비밀유지명령을 추가로 신청할 것인지 여부를 검토하고, 그 필요가 있다고 판단할 경우에는 열람 등의 청구가 있었던 날부터 2주일 이내에 비밀유지명령을 신청할 수 있다.

비밀유지명령의 추가 신청에 의하여 비밀유지명령을 받을 자로 되어야 할 사람은 민사소송법 제163조 제1항에 따라 소송기록의 열람 등의 청구절차를 밟은 사람 중 해당 소송에서 비밀유지명령을 받지 아니한 사람이다.

저작권 등 침해에 대한 형사 · 행정 구제

제13장 저작권 등 침해에 대한 형사·행정 구제

제1절 저작권 등 침해에 대한 형사 구제

I. 총설

저작권법에서 인정되는 배타적인 권리를 침해하였다고 함은 저작권 그 밖에 저작권법에 따라 보호되는 권리인 저작권(저작인격권·저작재산권), 실연자의 인격권, 저작인접권(실연·음반·방송), 배타적발행권, 출판권, 데이터베이스제작자 권리(다만 채권에 해당하는 제25조·제31조·제75조·제76조·제76조의2·제82조·제83조 및 제83조의2의 규정에 따른 보상을 받을 권리도 제외된다, 이하 '저작권 등'이라 한다)를 침해한다는 것을 의미한다.

저작권법은 저작권 등 배타적 권리 침해에 대한 형사 구제 내지 관련 규정으로 벌칙인 권리침해 등의 죄(제136조 제1항 제1호, 제136조 제2항 제1호, 제3호), 거짓등록의 죄(제136조 제2항 제2호), 정보제공명령 위반죄(제136조 제2항 제3호의2), 기술적 보호조치의 무력화 금지 등 위반죄(제136조 제2항 제3호의3 내지 7, 법 제137조 제1항 제3호의2 및 제3호의3), (제137조 제2항에 따라 위 제3호의3의 경우는 미수범도 처벌함), 침해간주 행위(제124조)를 한 자에 대한 벌칙(제136조 제2항 제4호, 제137조 제1항 제5호), 비밀유지명령위반죄(제136조 제1항 제2호), 저작자 등 명의의 허위표시 공표·배포죄(제137조 제1항 제1호, 제2호), 저작자의 사망 후 저작인격권의 침해가 될 행위를 한 자에 대한 벌칙(제137조 제1항 제3호), 허가 없이 저작권신탁관리업을 한 자에 대한 벌칙(제137조 제1항 제4호), 온라인서비스제공자의 업무를 방해한 자에 대한 벌칙(제137조 제1항 제6호), 비밀유지의무위반죄(제137조 제1항 제7호), 위탁자 동의 없이 초상화 또는 이와 유사한 사진저작물의 이용한 자에 대한 벌칙(제138조 제1호), 출처명시위반죄(제138조 제2호, 제3호), 배타적발행권자가 저작물을 다시 이용하고 하자는 경우에 저작자에 대한 고지하지 않은 경우의 벌칙(제138조 제4호), 몰수(제139조), 무신고 저작권대리중개업을 한 자에 대한 벌칙(제138조 제5호), 친고죄 등(제140조), 양벌규정(제141조), 과태료(제142조) 규정을 두고 있다.

II. 일반 사항

저작권 등의 침해에 대하여는 「제11장 저작권 등 침해 총론」에서 설명한 내용이 그대로 적용된다.

저작권법에서 정한 벌칙 규정은 일반 형법에 대한 특별 형벌법규에 해당하는 것으로 형법 제8조의 규정에 의하여 각 개별 법률에 특별한 규정이 없는 한 형법총칙상의 규정들이 적용된다.

저작권법상의 벌칙 규정은 형법총칙상의 관련 규정으로 고의(제13조), 법률의 착오(제16조), 방조, 죄수론 등이 실무상 문제된다.

이하 이 부분 관련하여 실무상 쟁점이 되는 부분을 중심으로 설명한다.

저작권법이 정한 벌칙과 관련된 해당 각 죄가 성립하기 위해서는 반드시 고의가 있어야 하므로 고의가 없다면 비록 저작권 등 침해행위를 알지 못한 데에 과실이 있더라도 민사상의 책임을 지는 것은 별론으로 하더라도 벌칙과 관련된 각 죄를 구성하지는 아니한다.[1]

저작권 침해죄에서 고의의 내용은 저작권을 침해하는 사실에 대한 인식이 있으면 충분하고, 그 인식에는 확정적인 것은 물론 미필적 고의도 해당된다.[2][3]

즉, 여기서 고의의 내용은 저작권을 침해하는 행위에 해당하는 객관적 사실에 대한 인식이 있으면 족하고 그것이 저작권이라고 하는 권리를 침해하고 있다는 것에 대한 인식이나 그 결과를 의욕할 필요까지는 없다.[4]

그리고 저작권 이용행위가 권리의 내용이나 저작권법상 허용되는 행위인지 여부에 관한 문제는 위 벌칙이 성립함에 영향이 없고[5] 법령해석의 문제로서 법률의 착오 규정(형법 제16조)과 관련된다.

실무는 저작권을 비롯한 지식재산권 침해에서는 법률의 착오는 엄격히 판단하는 경향이

---

1) 대법원 2001. 9. 18. 선고 2001도3013 판결 참조.
2) 대법원 2008. 10. 9. 선고 2006도4334 판결은 "저작권법상의 사진저작물인 위 풍경사진의 저작권자가 누구인지는 구체적으로 몰랐다 하더라도 적어도 위 사진의 저작권자가 있다는 사실은 알고 있었고, 또한 ○○○○○사의 웹페이지 상의 '업로드된 이미지의 저작권에 대하여는 위 회사가 책임지지 않는다'는 취지의 문구가 기재되어 있었음을 알 수 있는바, 그렇다면 피고인에게는 적어도 저작재산권을 침해하는 사실에 대한 미필적 인식이 있었다고 봄이 상당하고, 나아가 설령 피고인이 위 풍경사진을 ○○○○○로부터 회원 자격으로 전송받은 것이어서 이를 복제한 다음 포털사이트인 네이버 포토앨범에 전송한 행위가 죄가 되지 아니하는 것으로 오인하였다 하더라도 그와 같이 오인한 데에 정당한 이유가 있다고 할 수 없다."라고 하였다.
3) 대법원 1996. 3. 22. 선고 95도1288 판결은 "피고인이 이 사건 음악저작물의 저작권자나 그로부터 관리를 위탁받은 위 협회로부터 이 사건 음악저작물의 이용에 관한 아무런 허락도 받지 아니한 채 이를 무단 공연하여 타인의 저작재산권을 침해한 이상 위와 같은 피고인의 소위는 저작권법위반죄에 해당되는 것이고, 위 협회가 문화체육부장관의 승인을 얻어 정한 저작물사용료규정 자체의 효력 유무가 이 사건 결론에 영향을 미칠 수는 없는 것"이라고 한다.
4) 대법원 1991. 8. 27. 선고 89도702 판결.
5) 대법원 1992. 6. 23. 선고 91도2101 판결.

있다. 즉 고의와 위법성 인식의 관계에 대하여, 단순한 법률의 부지는 범죄의 성립에 영향이 없고,[6] 원저작물인 영문저작물의 내용을 영문으로 요약한 영문 요약물을 외국회사에 문의하여 그 영문요약물이 원저작물의 저작권과는 무관한 별개의 독립된 저작물이라는 취지의 의견을 받고 법무법인에 저작권 침해 관련 질의를 하여 번역요약물이 원저작물의 저작권을 침해하지 아니하는 것으로 사료된다는 취지의 의견을 받은 바 있다는 사유만으로 저작권 침해에 대한 고의가 없었다거나 저작권 침해가 되지 아니한다고 믿은 데에 정당한 이유가 없다고 한다.[7]

한편 저작재산권 침해행위와 공소사실의 특정과 관련하여, 저작재산권은 특허권 등과 달리 권리의 발생에 반드시 등록을 필요로 하지 않기 때문에 등록번호 등으로 특정할 수 없는 경우가 많고, 저작재산권자가 같더라도 저작물별로 각 별개의 죄가 성립하는 점, 그리고 2006. 12. 28. 법률 제8101호로 전부 개정된 구 저작권법이 영리를 위하여 상습적으로 한 저작재산권 침해행위를 비친고죄로 개정한 점 등을 고려해 보면, 저작재산권 침해행위에 관한 공소사실의 특정은 침해 대상인 저작물 및 침해 방법의 종류, 형태 등 침해행위의 내용이 명확하게 기재되어 있어 피고인의 방어권 행사에 지장이 없는 정도이면 되고, 각 저작물의 저작재산권자가 누구인지 특정되어 있지 않다고 하더라도 공소사실은 특정되었다고 본다.[8] 공소장이나 공소장변경신청서의 공소사실 일부인 범죄일람표를 종이문서 아닌 CD로 제출하는 것은 허용되지 않는다.[9] 그리고 저작권법은 컴퓨터프로그램 저작물에 대해 복제 등의 방법으로 저작재산권을 침해하는 행위와 프로그램 저작권을 침해하여 만들어진 프로그램의 복제물을

---

6) 대법원 2000. 9. 29. 선고 2000도3051 판결.
7) 대법원 2013. 8. 22. 선고 2011도3599 판결.
8) 대법원 2016. 12. 15. 선고 2014도1196 판결. 대법원 2018. 2. 8. 선고 2017도4697 판결은 "공소가 제기된 범죄의 성격에 비추어 그 공소의 원인이 된 사실을 다른 사실과 구별할 수 있을 정도로 그 일시, 장소, 방법, 목적 등을 적시하여 특정하면 족하고, 그 일부가 다소 불명확하더라도 그와 함께 적시된 다른 사항들에 의하여 그 공소사실을 특정할 수 있고, 그리하여 피고인의 방어권 행사에 지장이 없다면 공소제기의 효력에는 영향이 없다."라고 하면서 공소사실 중 정범의 범죄 구성요건적 행위에 해당하는 파일 업로드 행위에 관하여 그 이용자의 성명 등이 불상으로 처리되어 있기는 하나, 특정 일자에 피고인들의 사이트에서 성명불상 회원이 '제3차 슈퍼로봇대전 알파' 등 게임공략집을 업로드한 것이라고 구체적으로 각 게임 명칭을 특정하고 있는 점 등에 비추어 피고인들의 방어권 행사에 지장이 없고, 다른 사실과 구별될 정도로 충분히 특정되어 공소제기의 효력에 영향이 없다고 한 원심판단을 수긍하였다. 대법원 2015. 11. 12. 선고 2015도3968 판결도 같은 법리 하에 공소사실 중 정범의 범죄 구성요건적 행위에 해당하는 파일 업로드 행위에 관하여 그 이용자들의 성명, 업로드 일시 등이 기재되어 있지 않으나, 그 이용자들이 이 사건 사이트에 업로드한 영상저작물과 음란물의 제목, 게시되어 있던 기간, 업로드한 저장공간, 게시물의 번호 등이 특정되어 있고, 방조행위와 관련하여 피고인 ○○○이 피고인 주식회사 □□□□□의 대표이사로 재직하고 있던 중 업로드된 게시물이 방치되어 있던 기간이 특정되어 있어 그 공소사실을 특정할 수 있고, 그리하여 피고인들의 방어권 행사에 지장이 없으므로, 공소제기의 효력에 영향이 없다고 한 원심판단을 수긍하였다.
9) 대법원 2016. 12. 15. 선고 2015도3682 판결.

그 사실을 알면서 취득한 자가 이를 업무상 이용함으로써 프로그램저작권을 침해로 간주하는 행위를 따로 규율하고 있으므로 공소사실에 이를 구분하여 명확히 기재하여야 하고 공소사실 자체에 종업원들이 컴퓨터프로그램을 무단 복제하여 취득한 것으로만 기재되어 있어 침해행위에 의하여 만들어진 프로그램의 복제물을 취득한 것인지, 그 복제물이 무엇인지가 분명하지 않고 그 취득 방법 및 행위자라는 종업원이 전혀 특정되어 있지 아니하여 피고인으로서 그 종업원이 해당 컴퓨터프로그램을 컴퓨터 하드디스크 등에 직접 복제한 사람인지, 침해행위에 의하여 만들어진 프로그램의 복제물이라는 사실을 인식하고 이를 취득하였는지 등에 관하여 전혀 방어권을 행사할 수 없다면 공소사실이 구체적으로 특정되었다고 할 수 없다.10)

고소는 고소인이 일정한 범죄사실을 수사기관에 신고하여 범인의 처벌을 구하는 의사표시이므로 그 고소한 범죄사실이 특정되어야 할 것이나 그 특정의 정도는 고소인의 의사가 구체적으로 어떤 범죄사실을 지정하여 범인의 처벌을 구하고 있는 것인가를 확정할 수만 있으면 되고, 고소인 자신이 직접 범행의 일시, 장소와 방법 등까지 구체적으로 상세히 지적하여 그 범죄사실을 특정할 필요까지는 없다.11)

저작재산권 침해행위의 방조에도 형법상 방조의 법리가 그대로 적용된다. 형법상 방조행위는 정범의 실행행위를 용이하게 하는 직접, 간접의 모든 행위를 가리키는 것으로서 작위에 의한 경우뿐만 아니라 부작위에 의하여도 성립하고,12) 형법상 부작위범이 인정되기 위하여는 형법이 금지하고 있는 법익침해의 결과발생을 방지할 법적인 작위의무를 지고 있는 자가 그 의무를 이행함으로써 결과발생을 쉽게 방지할 수 있었음에도 불구하고 그 결과의 발생을 용인하고 이를 방관한 채 그 의무를 이행하지 아니한 경우에, 그 부작위가 작위에 의한 법익침해와 동등한 형법적 가치가 있는 것이어서 그 범죄의 실행행위로 평가될 만한 것이라면, 작위에 의한 실행행위와 동일하게 부작위범으로 처벌할 수 있다.13)

---

10) 대법원 2019. 12. 24. 선고 2009도10086 판결.
11) 대법원 1999. 3. 26. 선고 97도1769 판결.
12) 대법원 1984. 11. 27. 선고 84도1906 판결, 대법원 1985. 11. 26. 선고 85도1906 판결, 대법원 1995. 9. 29. 선고 95도456 판결 등 참조.
13) 대법원 1992. 2. 11. 선고 91도2951 판결, 대법원 1996. 9. 6. 선고 95도2551 판결 등 참조. 대법원 1997. 3. 14. 선고 96도1639 판결은 "백화점에서 바이어를 보조하여 특정매장에 관한 상품관리 및 고객들의 불만사항 확인 등의 업무를 담당하는 피고인 ○○○으로서는 자신이 관리하는 특정매장의 점포에 가짜 상표가 새겨진 상품이 진열 · 판매되고 있는 사실을 발견하였다면 고객들이 이를 구매하도록 방치하여서는 아니되고 점주인 공동피고인 □□□이나 그 종업원에게 즉시 그 시정을 요구하고 바이어 등 상급자에게 보고하여 이를 시정하도록 할 근로계약상 · 조리상의 의무가 있다고 할 것임에도 불구하고 위 피고인이 이러한 사실을 알고서도 공동피고인 □□□ 등에게 시정조치를 요구하거나 상급자에게 이를 보고하지 아니함으로써 공동피고인 □□□이 원심판시와 같이 가짜 상표가 새겨진 위 상품들을 고객들에게 계속 판매하도록 방치한 것은 작위에 의하여 공동피고인 □□□의 판시 각 상표법위반 및 부정경쟁방지법위반 행위의 실행을 용이하게 하는 경우와 동등한 형법적 가치가 있는 것으로 볼 수 있다고

또한 저작권법이 보호하는 복제권의 침해를 방조하는 행위란 정범의 복제권 침해를 용이하게 해주는 직접·간접의 모든 행위로서, 정범의 복제권 침해행위 중에 이를 방조하는 경우는 물론, 복제권 침해행위에 착수하기 전에 장래의 복제권 침해행위를 예상하고 이를 용이하게 해주는 경우도 포함하며, 정범에 의하여 실행되는 복제권 침해행위에 대한 미필적 고의가 있는 것으로 충분하고, 정범의 복제권 침해행위가 실행되는 일시, 장소, 객체 등을 구체적으로 인식할 필요가 없으며, 나아가 정범이 누구인지 확정적으로 인식할 필요도 없다.[14]

저작재산권 침해행위는 저작권자가 같더라도 저작물별로 침해되는 법익이 다르므로 각각의 저작물에 대한 침해행위는 원칙적으로 각 별개의 죄를 구성한다. 다만 단일하고도 계속된 범의 아래 동일한 저작물에 대한 침해행위가 일정 기간 반복하여 행하여진 경우에는 포괄하여

할 것이므로, 피고인 ○○○은 부작위에 의하여 공동피고인 □□□의 판시 각 상표법위반 및 부정경쟁방지법위방 행위를 방조하였다고 인정할 수 있다."라고 하여 백화점 입점점포의 위조상표 부착 상품 판매사실을 알고도 방치한 백화점 직원에 대한 부작위에 의한 상표법위반 방조의 성립을 인정하였다.

14) 대법원 2007. 12. 14. 선고 2005도872 판결, 대법원 2013. 11. 28. 선고 2013도7681 판결, 대법원 2013. 9. 26. 선고 2011도14322 판결. 대법원 2013. 9. 26. 선고 2011도11478 판결.
대법원 2007. 12. 14. 선고 2005도872 판결은 "피고인들은 P2P 프로그램과 관련된 외국의 분쟁사례 등을 통하여 P2P 프로그램의 이용을 통한 음악파일의 공유행위는 대부분 정당한 허락 없는 음악파일의 복제라는 결과에 이르게 됨을 예견하면서도(원심판결 이유에 의하면 실제로 이 사건 소리바다 이용자들이 교환한 음악파일의 70%가 저작권법이 보호하는 복제권을 침해하는 것이었다) 2000. 5. 중순경 MP3 파일 공유를 위한 P2P 프로그램인 이 사건 소리바다 프로그램을 개발하고 서버를 설치, 운영하면서 인터넷 웹사이트를 통하여 위 소리바다 프로그램을 무료로 널리 제공하였으며, 그 서버에 이용자 아이디, 패스워드, 이메일주소, 가입회원의 성별과 나이, 이용자의 인터넷 연결속도, 이용자의 최종접속 IP 주소 등의 접속정보를 보관하고, 이용자들이 서버에 접속하면 그 이용자의 컴퓨터 IP 주소를 송신받는 즉시 서버에서 보관하던 다른 이용자들의 IP 주소 등 접속정보를 5,000명 정도씩 묶어 제공함으로써 이용자가 용이하게 자신이 찾는 음악 MP3 파일을 검색할 수 있고, 나아가 최적의 다운로드 위치를 찾을 수 있게 해 주어 소리바다 이용자들이 음악 MP3 파일을 다운로드할 수 있게 해주는 한편, 피고인들도 매일 한두 번 소리바다 서버에 직접 접속함으로써 운영상태를 점검해 왔을 뿐 아니라, 음반제작자인 이 사건 피해자들이 회원으로 가입되어 있는 한국음반산업협회의 법제이사인 △△△가 2000. 8.경 피고인 1에게 소리바다 서비스가 저작권법에 위반되는 것임을 경고하면서 서비스의 중단 내지 보완을 요청한 이래 수차례 경고와 요청을 한 바 있음에도 위와 같은 프로그램의 배포와 서버의 운영을 계속하여, 공소외 1은 2000. 7.경부터, 공소외 2는 2000. 7. 26.경부터, 공소외 3은 2001. 7. 말경부터 각 2001. 8. 4.경까지 사이에 소리바다 이용자들이 소리바다 서버에 접속하여 다른 이용자들의 접속정보를 제공받아 다른 이용자들로부터 음악 MP3 파일을 다운로드 받고 나아가 다시 그 파일들을 자신들의 컴퓨터 공유폴더에 담아둠으로써 다른 이용자들이 다운로드 받을 수 있도록 하였다는 것이다... (중간 생략)...피고인들은 적어도 미필적인 고의를 가지고 위와 같이 이 사건 소리바다 프로그램을 배포하고 소리바다 서버를 운영하여 위 공소외 1, 2, 3의 2000. 7. 1. 이후의 복제권 침해행위를 용이하게 해준 것이라고 볼 것이다."라고 하여 소리바다 서비스 등과 관련하여 복제권 침해행위의 방조 성립을 인정하였다. 거의 같은 사안의 민사소송절차에서도 대법원 2007. 1. 25. 선고 2005다11626 판결은 위와 유사한 논리를 적용하여 소리바다 이용자들에 의한 음반제작자들의 저작인접권 침해행위에 대하여 그 서비스 제공자가 과실에 의한 방조책임을 부담한다고 하였다.

하나의 범죄가 성립한다.15)

저작권법은 제140조 본문에서 저작재산권 침해로 인한 제136조 제1항의 죄 등을 친고죄로 규정하면서, 제140조 단서 제1호에서 영리를 위하여 상습적으로 위와 같은 범행을 한 경우에는 고소가 없어도 공소를 제기할 수 있다고 규정하고 있으나, 상습으로 제136조 제1항의 죄를 저지른 경우 이를 가중처벌한다는 규정은 따로 두고 있지 않다.

따라서 수회에 걸쳐 저작권법 제136조 제1항의 죄를 범한 것이 상습성의 발현에 따른 것이라고 하더라도, 이는 원칙적으로 경합범으로 보아야 하는 것이지 하나의 죄로 처단되는 상습범으로 볼 것은 아니다.16)

그리고 저작재산권 침해행위는 부정경쟁방지법위반죄나 상표법위반죄 등도 함께 성립될 경우가 많다.

관련하여 대법원은 '피고인이 2010. 11. 24.경부터 2013. 4. 18.경까지 저작권자인 일본 공소외 2 유한회사의 저작물인 이 사건 캐릭터 모양의 인형 83,950개를 수입한 후 판매하여 저작재산권을 침해하였다'는 취지의 저작권법 위반 부분, '피고인이 위와 같이 인형 83,950개를 수입한 후 판매하여 국내에 널리 알려진 상품표지인 공소외 1의 이 사건 캐릭터 모양의 인형과 혼동하게 하였다'는 취지의 부정경쟁방지법 위반 부분, '피고인이 2013. 1. 22.경부터 2013. 4. 18.경까지 이 사건 등록상표와 동일 또는 유사한 피고인 사용상표 1, 2가 부착된 인형 14,900개를 수입하고 판매하여 공소외 1의 상표권을 침해하였다'는 취지의 상표법 위반 부분으로 이루어져 있는 경우, 저작권법위반죄와 부정경쟁방지법위반죄는 1개의 행위가 수개의 죄에 해당하는 형법 제40조의 상상적 경합관계에 있으나, 상표법위반죄는 나머지 죄들과 그 구성요건과 행위태양 등을 달리하므로 그 죄들과 형법 제37조 전단의 실체적 경합관계에 있다고 하였다.17)

III. 벌칙의 내용

1 권리침해 등의 죄

저작재산권, 그 밖에 저작권법에 따라 보호되는 재산적 권리(저작권법 제93조에 따른 데이터베이스제작자의 권리는 법 제136조 제1항 제1호에서 제외하고 제2호에서 규정한다)를 복제, 공연, 공중송신, 전시, 배포, 대여, 2차적저작물 작성의 방법으로 침해한 자는 5년 이하의 징역 또는

---

15) 대법원 2013. 8. 23. 선고 2011도1957 판결.
16) 대법원 2013. 8. 23. 선고 2011도1957 판결.
17) 대법원 2015. 12. 10. 선고 2015도11550 판결.

5천만원 이하의 벌금에 처하거나 이를 병과할 수 있다(법 제136조 제1항 제1호).

저작인격권 또는 실연자의 인격권을 침해하여 저작자 또는 실연자의 명예를 훼손한 자, 법 제93조에 따라 보호되는 데이터베이스제작자의 권리를 복제·배포·방송 또는 전송의 방법으로 침해한 자는 3년 이하의 징역 또는 3천만원 이하의 벌금에 처하거나 이를 병과할 수 있다(법 제136조 제2항 제1호, 제3호).

② 거짓등록의 죄

저작권법 제53조(저작권의 등록) 및 제54조(권리변동 등의 등록·효력)(제90조의 저작인접권 등록 및 제98조의 데이터베이스제작자의 권리의 등록에 따라 준용되는 경우를 포함한다)에 따른 등록을 거짓으로 한 자는 3년 이하의 징역 또는 3천만원 이하의 벌금에 처하거나 이를 병과할 수 있다(법 제136조 제2항 제2호).

1986. 12. 31. 법률 제3916호로 전부개정된 저작권법 제98조 제3호에서 "...의 규정에 의한 등록을 허위로 한 자"라고 규정되어 있었는데, 2006. 12. 28. 법률 제8101호로 전부개정된 저작권법 제136조 제2항 제2호에서 "...에 따른 등록을 거짓으로 한 자"로 문구가 바뀌었다.

저작권등록부 거짓등록죄는 저작권등록부의 기재 내용에 대한 공공의 신용을 주된 보호법익으로 하는 것으로 단순히 저작자 개인의 인격적, 재산적 이익만을 보호하는 규정은 아니다. 저작권등록부 거짓등록죄는 거짓(허위)의 등록신청을 통하여 거짓사실을 등록한다는 점에 대한 인식이 있을 것을 요하는 고의범이므로 객관적으로 거짓의 기재가 있다고 하여도 그에 대한 인식이 없는 경우에는 본죄가 성립하지 않지만, 거짓등록의 인식 또는 고의는 내심의 사실이므로 피고인이 이를 부정하는 경우에는 사물의 성질상 이와 상당한 관련성이 있는 간접사실을 증명하는 방법에 의하여 판단할 수밖에 없고, 이때 무엇이 상당한 관련성이 있는 간접사실에 해당할 것인가는 정상적인 경험칙에 바탕을 두고 치밀한 관찰력이나 분석력에 의하여 사실의 연결상태를 합리적으로 판단하여 정하여야 한다.[18]

③ 비밀유지명령 및 정보제공명령 위반죄

저작권법 제129조의3(비밀유지명령) 제1항에 따른 법원의 명령을 정당한 이유 없이 위반한 자는 5년 이하의 징역 또는 5천만원 이하의 벌금에 처하거나 이를 병과할 수 있고(법 제

---

18) 대법원 2008. 9. 11. 선고 2006도4806 판결.

136조 제1항 제2호), 제103조의3(복제 · 전송자에 관한 정보 제공의 청구) 제4항을 위반한 자는 3년 이하의 징역 또는 3천만원 이하의 벌금에 처하거나 이를 병과할 수 있다(법 제136조 제2항 제3호의2).

④ 기술적 보호조치의 무력화 금지 등 위반죄

업으로 또는 영리를 목적으로 저작권법 제104조의2(기술적 보호조치의 무력화 금지) 제1항 또는 제2항을 위반한 자, 업으로 또는 영리를 목적으로 제104조의3(권리관리정보의 제거 · 변경 등의 금지) 제1항을 위반한 자(다만, 과실로 저작권 또는 이 법에 따라 보호되는 권리 침해를 유발 또는 은닉한다는 사실을 알지 못한 자는 제외), 제104조의4(암호화된 방송 신호의 무력화 등의 금지) 제1호 또는 제2호에 해당하는 행위를 한 자, 제104조의5(라벨 위조 등의 금지)를 위반한 자, 제104조의7(방송 전 신호의 송신 금지)을 위반한 자는 3년 이하의 징역 또는 3천만원 이하의 벌금에 처하거나 이를 병과할 수 있다(법 제136조 제2항 제3호의3 내지 7).

제104조의4(암호화된 방송 신호의 무력화 등의 금지) 제3호에 해당하는 행위를 한 자, 제104조의6(영상저작물 녹화 등의 금지)을 위반한 자는 1년 이하의 징역 또는 1천만원 이하의 벌금에 처한다(법 제137조 제1항 제3호의2 및 제3호의3). 다만 법 제137조 제1항 제3호의3에 따라 제104조의6을 위반한 경우는 미수범도 처벌한다(법 제137조 제2항).

⑤ 침해간주행위(법 제124조)를 한 자에 대한 벌칙

제124조 제1항에 따른 침해행위로 보는 행위를 한 자는 3년 이하의 징역 또는 3천만원 이하의 벌금에 처하거나 이를 병과할 수 있다(법 제136조 제2항 제4호).

제124조 제2항에 따라 침해행위로 보는 행위를 한 자는 1년 이하의 징역 또는 1천만원 이하의 벌금에 처한다(법 제137조 제1항 제5호).

⑥ 저작자 등 명의의 허위표시 공표 · 배포죄

저작자 아닌 자를 저작자로 하여 실명 · 이명을 표시하여 저작물을 공표한 자,[19] 실연자 아

---

19) 대법원 1992. 12. 8. 선고 92도2296 판결은 "피고인에게 적용된 벌칙규정인 구 저작권법 제99조 제1호는 저작자 아닌 자를 저작자로 표시하여 저작물을 공표한 자에 대한 처벌규정이므로 이 사건 만화전집의 저작자가 소론 ○○○ 등 10인이 아님을 알면서도 이들을 저작자로 표시하였다면 위 벌칙해당행위에 대한 고의가 있다고 볼 것이고, 저작자가 공소외 □□□인 사실을 몰랐다고 하여 고의가 없다고 할

닌 자를 실연자로 하여 실명·이명을 표시하여 실연을 공연 또는 공중송신하거나 복제물을 배포한 자는 1년 이하의 징역 또는 1천만원 이하의 벌금에 처한다(법 제137조 제1항 제1호, 제2호).

저작권법 제137조 제1항 제1호는 "저작자 아닌 자를 저작자로 하여 실명·이명을 표시하여 저작물을 공표한 자를 형사처벌한다."고 규정하고 있다.

위 규정은 자신의 의사에 반하여 타인의 저작물에 저작자로 표시된 저작자 아닌 자와 자신의 의사에 반하여 자신의 저작물에 저작자 아닌 자가 저작자로 표시된 실제 저작자의 인격적 권리뿐만 아니라 저작자 명의에 관한 사회 일반의 신뢰도 보호하려는 데 그 목적이 있다.

이와 같은 입법취지 등을 고려하면 저작자 아닌 자를 저작자로 표시하여 저작물을 공표한 이상 위 규정에 따른 범죄는 성립하고, 사회 통념에 비추어 사회 일반의 신뢰가 손상되지 않는다고 인정되는 특별한 사정이 있는 경우가 아닌 한 그러한 공표에 저작자 아닌 자와 실제 저작자의 동의가 있었다 하더라도 범죄 성립에 아무런 영향을 주지 않는다.[20]

그리고 저작권법상 공표는 저작물을 공연, 공중송신 또는 전시 그 밖의 방법으로 공중에게 공개하는 경우와 저작물을 발행하는 경우를 말한다(법 제2조 제25호). 이러한 공표의 문언적 의미와 앞서 법 제137조 제1항 제1호의 입법 취지 등에 비추어 보면, 저작자를 허위로 표시하는 대상이 되는 저작물이 이전에 공표된 적이 있다고 하더라도 위 규정에 따른 범죄의 성립에는 영향이 없다.[21]

⑦ 저작자의 사망 후 저작인격권의 침해가 될 행위를 한 자에 대한 벌칙

저작권법 제14조 제2항은 "저작자의 사망 후에 그의 저작물을 이용하는 자는 저작자가 생존하였더라면 그 저작인격권의 침해가 될 행위를 하여서는 아니 된다. 다만, 그 행위의 성질 및 정도에 비추어 사회통념상 그 저작자의 명예를 훼손하는 것이 아니라고 인정되는 경우에는

수 없는 것이다... 위 저작물에 표시한 '엮은 사람'이라는 표현은 저작권법 제6조에 규정된 편집저작물의 저작자표시로 보이는바, 소론 ○○○ 등 10인이 소론과 같이 교정 등 단순작업에 종사한 사람들에 불과하다면 이들을 편집저작물로 볼 수 없음이 명백하므로 이들을 편집저작물의 저작자로 표시한 것은 위 벌칙규정 해당행위의 구성요건을 충족하는 것으로서 같은 취지의 원심판단은 정당하고"라고 하였다.
또한 대법원 1992. 9. 25. 선고 92도569 판결은 "피고인이 낸 이 사건 논문집은 피고인 자신의 위 1편의 논문만이 단순하게 게재된 이른바 별쇄본의 형식으로 되어 있고, 그 표지에 'A'라는 표시와 'B대학교 부설 C연구소'라는 표시가 있어 마치 B대학교 부설 C연구소가 언론에 관한 학술논문을 선별, 게재하여 부정기적으로 발행하여 온 학술논문집에 피고인의 논문이 일정한 기준에 의하여 선별되어 게재된 것으로 보이는 외관을 가지고 있으므로, 피고인이 편집한 이 사건 논문집은 소재의 선택에 있어 창작성이 있어 편집저작물이라고 할 수 있을 것이다. 따라서 이 사건 논문집의 표지에 피고인이 아닌 B대학교 부설 C연구소라고 표시하여 공표한 행위는 구 저작권법 제99조 제1호 소정의 죄에 해당한다."라고 하였다.
20) 대법원 2017. 12. 7. 선고 2017도15327 판결, 대법원 2018. 3. 29. 선고 2018도1727 판결.
21) 대법원 2017. 10. 26. 선고 2016도16031 판결.

그러하지 아니하다."라고 규정한다.

법 제14조 제2항을 위반한 자는 1년 이하의 징역 또는 1천만원 이하의 벌금에 처한다(법 제137조 제1항 제3호).

8 허가 없이 저작권신탁관리업을 한 자에 대한 벌칙

저작권법 제105조(저작권위탁관리업의 허가 등) 제1항에 따른 허가를 받지 아니하고 저작권신탁관리업을 한 자는 1년 이하의 징역 또는 1천만원 이하의 벌금에 처한다(법 제137조 제1항 제4호).22)

9 온라인서비스제공자의 업무를 방해한 자에 대한 벌칙

자신에게 정당한 권리가 없음을 알면서 고의로 저작권법 제103조 제1항 또는 제3항에 따른 복제·전송의 중단 또는 재개요구를 하여 온라인서비스제공자의 업무를 방해한 자는 1년 이하의 징역 또는 1천만원 이하의 벌금에 처한다(법 제137조 제1항 제6호).

10 비밀유지의무위반죄

저작권법 제55조의5(비밀유지의무)23)[법 제90조(저작인접권의 등록) 및 제98조(데이터베이스제작자의 권리의 등록)에 따라 준용되는 경우를 포함한다]를 위반한 자는 1년 이하의 징역 또는 1천만원 이하의 벌금에 처한다(법 제137조 제1항 제7호).

11 위탁자 동의 없이 초상화 또는 이와 유사한 사진저작물을 이용한 자에 대한 벌칙

저작권법 제35조 제4항은 "위탁에 의한 초상화 또는 이와 유사한 사진저작물의 경우에는 위탁자의 동의가 없는 때에는 이를 이용할 수 없다."라고 규정한다.

법 제35조 제4항을 위반한 자는 500만원 이하의 벌금에 처한다(법 제138조 제1호).

---

22) 저작권위탁관리업 중 저작권대리중개업을 하고자 하는 자는 대통령령이 정하는 바에 따라 문화체육관광부장관에게 신고하여야 한다(법 제105조 제1항).
23) "제53조부터 제55조까지의 규정에 따른 등록 업무를 수행하는 자 및 그 직에 있었던 자는 직무상 알게 된 비밀을 다른 사람에게 누설하여서는 아니 된다."

12 출처명시위반죄

법 제37조[24][제87조(저작인접권의 제한) 및 제94조(데이터베이스제작자의 권리제한)에 따라 준용되는 경우를 포함한다]를 위반하여 출처를 명시하지 아니한 자, 법 제58조 제3항[25][제63조의2(출판권에의 준용), 제88조(저작인접권의 양도·행사) 및 제96조(데이터베이스제작자의 권리의 양도·행사 등)에 따라 준용되는 경우를 포함한다]을 위반하여 저작재산권자의 표지를 하지 아니한 자는 500만원 이하의 벌금에 처한다(법 제138조 제2호, 제3호).

13 배타적발행권자가 저작물을 다시 이용하고자 하는 경우에 저작자에 알리지 않은 자에 대한 벌칙

법 제58조의2 제2항[26][제63조의2(출판권에의 준용), 제88조(저작인접권의 양도·행사) 및 제96조(데이터베이스제작자의 권리의 양도·행사 등)에 따라 준용되는 경우를 포함한다]을 위반하여 저작자에게 알리지 아니한 자는 500만원 이하의 벌금에 처한다(법 제138조 제4호).

14 무신고 저작권대리중개업 등을 한 자에 대한 벌칙

저작권법 제105조 제1항(저작권위탁관리업의 허가 등)에 따른 신고를 하지 아니하고 저작권대리중개업을 하거나, 법 제109조(허가의 취소 등) 제2항에 따른 영업의 폐쇄명령을 받고 계속 그 영업을 한 자는 500만원 이하의 벌금에 처한다(법 제138조 제5호).

IV. 몰수

저작권, 그 밖에 저작권법에 따라 보호되는 권리를 침해하여 만들어진 복제물과 그 복제

---

24) "① 이 관에 따라 저작물을 이용하는 자는 그 출처를 명시하여야 한다. 다만, 제26조, 제29조부터 제32조까지, 제34조 및 제35조의2의 경우에는 그러하지 아니하다. ② 출처의 명시는 저작물의 이용 상황에 따라 합리적이라고 인정되는 방법으로 하여야 하며, 저작자의 실명 또는 이명이 표시된 저작물인 경우에는 그 실명 또는 이명을 명시하여야 한다."

25) "배타적발행권자는 특약이 없는 때에는 각 복제물에 대통령령이 정하는 바에 따라 저작재산권자의 표지를 하여야 한다."

26) "② 배타적발행권자는 배타적발행권의 목적인 저작물을 발행등의 방법으로 다시 이용하고자 하는 경우에 특약이 없는 때에는 그때마다 미리 저작자에게 그 사실을 알려야 한다."

물의 제작에 주로 사용된 도구나 재료 중 그 침해자·인쇄자·배포자 또는 공연자의 소유에 속하는 것은 몰수한다(법 제139조).

범죄수익은닉의 규제 및 처벌 등에 관한 법률 제8조 내지 제10조의 규정에 의한 범죄수익 등의 몰수·추징은 부정한 이익을 박탈하여 이를 보유하지 못하게 하는 데 목적이 있는 것이므로, 위 법률에 의한 몰수·추징이 적용되는 저작권법 제136조 제1항 소정의 저작권 침해행위 범행을 수인이 공동으로 하고 이로 인하여 이익을 얻은 경우에는 각자가 분배받은 금원, 즉 실질적으로 귀속된 이익금만을 개별적으로 몰수·추징하여야 하지만, 그 분배받은 금원을 확정할 수 없을 때에는 이를 평등하게 분할한 금원을 몰수·추징하여야 한다.[27]

또한 범죄수익을 얻기 위해 범인이 지출한 비용은 그것이 범죄수익으로부터 지출되었다고 하더라도 이는 범죄수익을 소비하는 방법에 지나지 아니하므로, 추징할 범죄수익에서 공제할 것이 아니다.[28]

몰수·추징의 대상이 되는지 여부나 추징액의 인정 등은 범죄구성요건사실에 관한 것이 아니어서 엄격한 증명은 필요 없지만 역시 증거에 의하여 인정되어야 함은 당연하고, 그 대상이 되는 범죄수익을 특정할 수 없는 경우에는 추징할 수 없다.[29]

V. 친고죄 등

① 친고죄 규정 여부는 입법정책의 문제임

어느 특정 범죄에 대한 처벌을 당사자의 의사에만 따르도록 하여 친고죄로 할 것인지는 입법정책의 문제이다.

특허법 제225조(침해죄) 제2항에서 제1항의 죄는 고소가 있어야 논할 수 있다고 규정하고

---

27) 대법원 2010. 1. 28. 선고 2009도13912 판결, 대법원 2015. 8. 19. 선고 2013도5808 판결.
28) 대법원 2009. 2. 12. 선고 2008도11789 판결, 대법원 2015. 8. 19. 선고 2013도5808 판결.
29) 대법원 2008. 6. 26. 선고 2008도1392 판결 등 참조. 또한, 대법원 2015. 8. 19. 선고 2013도5808 판결은 A 법인 설립 이전에 발생한 이익은 공동운영자인 피고인 1, 2에게, B 법인 설립 이전에 발생한 이익은 공동운영자인 피고인 1, 3에게, 이 사건 파일함의 범행기간에 발생한 이익은 공동운영자인 피고인 1, 3에게 각 귀속되는데 이들이 각각 분배받은 금액을 확정할 수 없으므로 이를 균분하여 피고인들로부터 추징하여야 한다고 본 반면, 검사가 제출한 증거들만으로는 이 사건 A, B 법인 설립 이후에 발생한 이익이 피고인 1, 2, 3에게 이전·귀속되었다고 볼 수 없어 이를 위 피고인들로부터 추징할 수는 없다고 한 판단을 수긍하면서도 피고인들이 비제휴 저작물을 판매하여 얻는 범죄수익은 비제휴 저작물의 업로드 시점이 아니라 다운로드 시점에 발생한다고 할 것이므로, 원심으로서는 이 사건 웹사이트별로 법인이 설립되기 이전에 비제휴 저작물이 다운로드되면서 결제된 판매금액 중에서 피고인들이 실질적으로 얻은 범죄수익을 특정한 다음 그에 대하여만 추징하였어야 한다고 하였다.

있었다가 2020. 10. 20. 법률 제17536호로 개정된 특허법에서 제2항을 "제1항의 죄는 피해자의 명시적인 의사에 반하여 공소를 제기할 수 없다."라고 변경하여 반의사불벌죄로 변경하였다.

다만 특허법 제229조의2(비밀유지명령위반죄) 제2항에서 제1항의 죄는 비밀유지명령을 신청한 자의 고소가 없으면 공소를 제기할 수 없다고 규정하고, 실용신안법(침해죄) 제45조 제2항도 제1항의 죄는 고소가 있어야 공소를 제기할 수 있다고 규정하고 있으며, 디자인보호법 제220조(침해죄) 제2항도 친고죄로 규정되어 있다.

이에 반하여 상표법에서 침해죄(제230조)는 상표권자에게 재산적 손해를 끼칠 뿐 아니라 상품 출처의 혼동·품질의 오인 등을 발생하게 하여 거래사회의 경업질서를 혼란케 하는 경우가 많기 때문에 공익 보호를 위하여 비친고죄로 규정하고 있다. 부정경쟁방지 및 영업비밀보호에 관한 법률이 부정경쟁행위에 대하여 비친고죄로 규정하고 있는 것도 같은 취지이다.

저작권법은 법률 제11장(벌칙)의 죄에 대한 공소는 고소가 있어야 한다고 하여 원칙적으로 친고죄로 규정하고, 다만 i) 영리를 목적으로 또는 상습적으로 제136조 제1항 제1호, 제136조 제2항 제3호 및 제4호(제124조 제1항 제3호의 경우에는 피해자의 명시적 의사에 반하여 처벌하지 못한다)에 해당하는 행위를 한 경우, ii) 제136조 제2항 제2호 및 제3호의2부터 제3호의7까지, 제137조 제1항 제1호부터 제4호까지, 제6호 및 제7호와 제138조 제5호의 경우에는 고소가 없어도 공소를 제기할 수 있도록 규정하고 있다(법 제140조).

다만 저작권법에서 비밀유지명령위반죄는 친고죄인데(저작권법 제140조), 다른 지식재산권법의 비밀유지명령위반죄도 모두 친고죄로 규정하고 있다(특허법 제229조의2 제2항, 실용신안법 제49조의2 제2항, 디자인보호법 제224조 제2항, 상표법 제231조 제2항, 부정경쟁방지 및 영업비밀보호에 관한 법률 제18조의4 제2항).

② 고소의 적법 여부 일반

저작권 침해 등에서 고소의 적법 여부 등과 관련하여 문제가 되는 내용을 중심으로 설명한다.

고소는 범죄의 피해자 또는 그와 일정한 관계가 있는 고소권자[30]가 수사기관에 대하여 범죄사실을 신고하여 범인의 처벌을 구하는 의사표시이므로,[31] 고소인은 범죄사실을 특정하

---

30) 대법원 2006. 12. 22. 선고 2005도4002 판결은 국내 상품화 계약을 체결한 자는 저작권법 제42조 제1항에 의해 저작물의 이용을 허락받은 자에 해당할 수는 있다고 하더라도 저작재산권자로 볼 수는 없으므로 저작재산권침해에 관하여 독자적으로 고소할 수 있는 권한이 없다고 한다. 상표법위반죄에 관한 것이나 대법원 1995. 9. 26. 선고 94도2196 판결은 상표권을 이전등록받은 승계인은 그 이전등록 이전에 발생한 침해에 대하여도 상표권의 성질상 그 권리의 주체로서 피해자인 지위를 승계한다고 한다.

31) 대법원 2012. 2. 23. 선고 2010도9524 판결은 피해자가 경찰청 인터넷 홈페이지에 '피고인을 철저히

여 신고하면 족하고 범인이 누구인지 나아가 범인 중 처벌을 구하는 자가 누구인지를 적시할 필요도 없다.32)

저작권법 제54조에 따른 저작재산권의 양도등록은 그 양도의 유효요건이 아니라 제3자에게 대한 대항요건에 불과하고, 여기서 등록하지 아니하면 제3자에게 대항할 수 없다고 할 때의 "제3자"란 당해 저작재산권의 양도에 관하여 양수인의 지위와 양립할 수 없는 법률상 지위를 취득한 경우 등 저작재산권의 양도에 관한 등록의 흠결을 주장함에 정당한 이익을 가지는 제3자에 한하고, 저작재산권을 침해한 사람은 여기서 말하는 제3자가 아니므로, 저작재산권을 양도받은 사람은 그 양도에 관한 등록 여부에 관계없이 그 저작재산권을 침해한 사람을 고소할 수 있다.33)

고소불가분의 원칙상 공범 중 일부에 대하여만 처벌을 구하고 나머지에 대하여는 처벌을 원하지 않는 내용의 고소는 적법한 고소라고 할 수 없고, 공범 중 1인에 대한 고소취소는 고소인의 의사와 상관없이 다른 공범에 대하여도 효력이 있다.

한편, 저작권법 제136조 위반죄 등의 친고죄에서 공소제기 전에 고소의 취소가 있었다면 법원은 직권으로 이를 심리하여 공소기각의 판결을 선고하여야 한다.34)

저작권법 제140조 본문에서는 저작재산권 침해로 인한 같은 법 제136조 제1항의 죄를 친고죄로 규정하면서, 같은 법 제140조 단서 제1호에서 영리를 위하여 상습적으로 위와 같은 범행을 한 경우에는 고소가 없어도 공소를 제기할 수 있다고 규정하고 있는데, 같은 법 제140조 단서 제1호가 규정한 '상습적으로'라고 함은 반복하여 저작권 침해행위를 하는 습벽으로서 행위자의 속성을 말하고, 이러한 습벽 유무를 판단할 때에는 동종 전과가 중요한 판단자료가 되나 범행의 횟수, 수단과 방법, 동기 등 제반 사정을 참작하여 저작권 침해행위를 하는 습벽이 인정되는 경우에는 상습성을 인정하여야 한다.35)

한편 같은 법 제141조의 양벌규정을 적용할 때에는 행위자인 법인의 대표자나 법인 또는

조사해 달라'는 취지의 민원을 접수하는 형태로 피고인에 대한 조사를 촉구하는 의사표시를 한 것은 형사소송법에 따른 적법한 고소로 보기 어렵다고 한다.

32) 대법원 1996. 3. 12. 선고 94도2423 판결 참조. 2006. 12. 28. 법률 제8101호로 전부개정된 제141조(양벌규정)는 「법인의 대표자나 법인 또는 개인의 대리인·사용인 그 밖의 종업원이 그 법인 또는 개인의 업무에 관하여 이 장의 죄를 범한 때에는 행위자를 벌하는 외에 그 법인 또는 개인에 대하여도 각 해당조의 벌금형을 과한다.」라고 규정하였다가 2009. 4. 22. 법률 제9625호로 개정된 저작권법 제141조(양벌규정)에서 위 내용을 본문으로 하고 단서 조항으로 「다만, 법인 또는 개인이 그 위반행위를 방지하기 위하여 해당 업무에 관하여 상당한 주의와 감독을 게을리하지 아니한 경우에는 그러하지 아니하다.」의 면책조항을 추가하였다. 위 판결은 구 저작권법 조항에 대한 것이다.

33) 대법원 2002. 11. 26. 선고 2002도4849 판결.

34) 대법원 2009. 1. 30. 선고 2008도7462 판결.

35) 대법원 2011. 9. 8. 선고 2010도14475 판결, 대법원 2013. 10. 11. 선고 2013도8907 판결.

개인의 대리인·사용인 그 밖의 종업원의 위와 같은 습벽 유무에 따라 친고죄 해당 여부를 판단한다.[36]

VI. 양벌규정 및 과태료 관련 규정

① 양벌규정

법인의 대표자나 법인 또는 개인의 대리인·사용인 그 밖의 종업원이 그 법인 또는 개인의 업무에 관하여 법률 제11장(벌칙)의 죄를 범한 때에는 행위자를 벌하는 외에 그 법인 또는 개인에 대하여도 각 해당 조의 벌금형을 과한다. 다만, 법인 또는 개인이 그 위반행위를 방지하기 위하여 해당 업무에 관하여 상당한 주의와 감독을 게을리하지 아니한 경우에는 그러하지 아니하다[37](법 제141조).[38]

여기의 '법인 또는 개인'은 단지 형식상의 사업주가 아니라 자기의 계산으로 사업을 경영하는 실질적인 사업주를 말하고, 구체적인 사안에서 법인이 상당한 주의 또는 관리 감독 의무를 게을리하였는지는 해당 위반행위와 관련된 모든 사정 즉, 당해 법률의 입법 취지, 처벌조항 위반으로 예상되는 법익 침해의 정도, 그 위반행위에 관하여 양벌규정을 마련한 취지 등은 물론 위반행위의 구체적인 모습과 그로 인하여 실제 야기된 피해 또는 결과의 정도, 법인의 영업 규모 및 행위자에 대한 감독 가능성 또는 구체적인 지휘·감독 관계, 법인이 위반행위 방지를 위하여 실제 행한 조치 등을 전체적으로 종합하여 판단한다.[39]

저작권법 제141조의 양벌규정은 직접 위법행위를 한 자 이외에 단서의 면책조항에 해당하지 않는 한 그 업무의 주체 등을 처벌하도록 되어 있는 규정으로서 당해 위법행위와 별개의 범죄를 규정한 것이라고 할 수 없으므로, 친고죄의 경우에서도 행위자의 범죄에 대한 고소가 있으면 족하고, 나아가 양벌규정에 의하여 처벌받는 자에 대하여 별도의 고소를 요한다고 할 수는 없다.

---

36) 대법원 2011. 9. 8. 선고 2010도14475 판결, 대법원 2013. 10. 11. 선고 2013도8907 판결.
37) 2006. 12. 28. 법률 제8101호로 전부개정된 제141조(양벌규정)는 「법인의 대표자나 법인 또는 개인의 대리인·사용인 그 밖의 종업원이 그 법인 또는 개인의 업무에 관하여 이 장의 죄를 범한 때에는 행위자를 벌하는 외에 그 법인 또는 개인에 대하여도 각 해당조의 벌금형을 과한다.」라고 규정하였다가 2009. 4. 22. 법률 제9625호로 개정된 저작권법 제141조(양벌규정)에서 위 내용을 본문으로 하고 단서 조항으로 「다만, 법인 또는 개인이 그 위반행위를 방지하기 위하여 해당 업무에 관하여 상당한 주의와 감독을 게을리하지 아니한 경우에는 그러하지 아니하다.」의 면책조항을 추가하였다.
38) 대법원 1996. 3. 12. 선고 94도2423 판결 참조.
39) 대법원 2010. 7. 8. 선고 2009도6968 판결 참조.

② 과태료 관련 규정

저작권법 제104조(특수한 유형의 온라인 서비스제공자의 의무 등) 제1항에 따른 필요한 조치를 하지 아니한 자에게는 3천만원 이하의 과태료를 부과한다(법 제142조 제1항).

제103조의3(복제·전송자에 관한 정보 제공의 청구) 제2항에 따른 문화체육관광부장관의 명령을 이행하지 아니한 자, 제106조(저작권신탁관리업자의 의무)에 따른 의무를 이행하지 아니한 자, 제106조의2를 위반하여 정당한 이유 없이 이용허락을 거부한 자, 제112조(한국저작권위원회의 설립) 제4항을 위반하여 한국저작권위원회의 명칭을 사용한 자, 제122조의2(한국저작권보호원의 설립) 제5항을 위반하여 한국저작권보호원의 명칭을 사용한 자, 제133조의2(정보통신망을 통한 불법복제물 등의 삭제명령 등) 제1항·제2항 및 제4항에 따른 문화체육관광부장관의 명령을 이행하지 아니한 자, 제133조의2 제3항에 따른 통지, 같은 조 제5항에 따른 게시, 같은 조 제6항에 따른 통보를 하지 아니한 자에게는 1천만원 이하의 과태료를 부과한다(법 제142조 제2항). 법 제142조 제1항 및 제2항에 따른 과태료는 대통령령으로 정하는 바에 따라 문화체육관광부장관이 부과·징수한다(법 제142조 제3항).

제2절 저작권 등 침해에 대한 행정 구제

I. 총설

저작권법은 민사 및 형사 구제 외에 그 밖의 행정 구제 및 관련 규정으로서 저작권 그 밖에 저작권법에 따라 보호되는 권리를 침해하는 복제물(정보통신망을 통하여 전송되는 복제물은 제외한다) 또는 저작물, 실연·음반·방송 또는 데이터베이스의 기술적 보호조치를 무력하게 하기 위하여 제작된 기기·장치·정보 및 프로그램의 수거·폐기 또는 삭제(법 제133조), 저작권이나 그 밖에 이 법에 따라 보호되는 권리를 침해하는 복제물 또는 정보, 기술적 보호조치를 무력하게 하는 프로그램 또는 정보(이하 "불법복제물 등"이라 한다)가 전송되는 경우에 온라인서비스제공자에게 불법복제물 등의 삭제 명령 등(법 제133조의2), 한국저작권보호원의 온라인서비스제공자에 대하여 불법복제물 등의 복제·전송자에 대한 경고 등의 시정 조치 권고(법 제133조의3), 문화체육관광부장관의 건전한 저작물 이용 환경 조성 사업(법 제134조), 저작재산권 등의 기증(법 제135조) 등을 두고 있다.

저작권법 외에 관세법은 저작권과 저작인접권의 권리를 침해하는 물품의 수출, 수입을 막기 위한 조치에 관한 규정(제235조) 등을 두고 있다. 그리고 불공정한 무역행위와 수입의 증가 등으로 인한 국내산업의 피해를 조사·구제하는 절차를 정함으로써 공정한 무역질서를 확립하고 국내산업을 보호하기 위하여 제정된 「불공정무역행위 조사 및 산업피해구제에 관한 법률」도 불공정무역행위의 금지(법 제4조), 불공정무역행위의 조사(법 제5, 6조), 잠정조치(법 제7조), 시정조치(법 제10조), 과징금(법 제11조), 무역위원회를 통한 구제방법(법 제14조의2) 등을 마련하고 있다.

II. 주요 내용

위에서 언급한 그 밖의 행정 구제 및 관련 규정 중 저작권법 제133조, 제133조의2, 제133조의3의 규정들은 아래와 같다.

① 불법 복제물의 수거·폐기 및 삭제

문화체육관광부장관, 특별시장·광역시장·특별자치시장·도지사·특별자치도지사 또는 시장·군수·구청장(자치구의 구청장을 말한다)은 저작권이나 그 밖에 저작권법에 따라 보호되는 권리를 침해하는 복제물(정보통신망을 통하여 전송되는 복제물은 제외한다) 또는 저작물, 실연·음반·방송 또는 데이터베이스의 기술적 보호조치를 무력하게 하기 위하여 제작된 기기·장치·정보 및 프로그램을 발견한 때에는 대통령령40)으로 정한 절차 및 방법에 따라 관계공무원으로 하여금 이를 수거·폐기 또는 삭제하게 할 수 있다(법 제133조 제1항).

문화체육관광부장관은 위 제1항의 규정에 따른 업무를 대통령령이 정한 단체에 위탁할 수 있다. 이 경우 이에 종사하는 자는 공무원으로 본다(법 제133조 제2항).

문화체육관광부장관은 위 제1항 및 제2항에 따라 관계 공무원 등이 수거·폐기 또는 삭제를 하는 경우 필요한 때에는 관련 단체에 협조를 요청할 수 있다(법 제133조 제3항). 문화체육관광부장관은 위 제1항에 따른 업무를 위하여 필요한 기구를 설치·운영할 수 있다(법 제133조 제5항). 위 제1항부터 제3항까지의 규정이 다른 법률의 규정과 경합하는 경우에는 이 법을 우선하여 적용한다(법 제133조 제6항).

② 정보통신망을 통한 불법복제물 등의 삭제명령 등

문화체육관광부장관은 정보통신망을 통하여 저작권이나 그 밖에 저작권법에 따라 보호되

---

40) 저작권법 시행령 제69조 내지 제71조에서 수거·폐기·삭제 절차와 방법 등에 대해 규정하고 있다.

는 권리를 침해하는 복제물 또는 정보, 기술적 보호조치를 무력하게 하는 프로그램 또는 정보(이하 "불법복제물 등"이라 한다)가 전송되는 경우에 심의위원회의 심의를 거쳐 대통령령으로 정하는 바에 따라 온라인서비스제공자에게 i) 불법복제물 등의 복제·전송자에 대한 경고(제1호), ii) 불법복제물 등의 삭제 또는 전송 중단(제2호)의 조치를 할 것을 명할 수 있다(법 제133조의2 제1항).

문화체육관광부장관은 위 제1항 제1호에 따른 경고를 3회 이상 받은 복제·전송자가 불법복제물 등을 전송한 경우에는 심의위원회의 심의를 거쳐 대통령령[41]으로 정하는 바에 따라 온라인서비스제공자에게 6개월 이내의 기간을 정하여 해당 복제·전송자의 계정(이메일 전용 계정은 제외하며, 해당 온라인서비스제공자가 부여한 다른 계정을 포함한다. 이하 같다)을 정지할 것을 명할 수 있다(법 제133조의2 제2항).

위 계정정지명령을 받은 온라인서비스제공자는 해당 복제·전송자의 계정을 정지하기 7일 전에 대통령령[42]으로 정하는 바에 따라 해당 계정이 정지된다는 사실을 해당 복제·전송자에게 통지하여야 한다(법 제133조의2 제3항).

문화체육관광부장관은 온라인서비스제공자의 정보통신망에 개설된 게시판(「정보통신망 이용촉진 및 정보보호 등에 관한 법률」 제2조 제1항 제9호의 게시판 중 상업적 이익 또는 이용 편의를 제공하는 게시판을 말한다. 이하 같다) 중 법 제133조의2 제1항 제2호에 따른 명령이 3회 이상 내려진 게시판으로서 해당 게시판의 형태, 게시되는 복제물의 양이나 성격 등에 비추어 해당 게시판이 저작권 등의 이용질서를 심각하게 훼손한다고 판단되는 경우에는 심의위원회의 심의를 거쳐 대통령령[43]으로 정하는 바에 따라 온라인서비스제공자에게 6개월 이내의 기간을 정하여 해당 게시판 서비스의 전부 또는 일부의 정지를 명할 수 있다(법 제133조의2 제4항).

위 서비스정지명령을 받은 온라인서비스제공자는 해당 게시판의 서비스를 정지하기 10일 전부터 대통령령[44]으로 정하는 바에 따라 해당 게시판의 서비스가 정지된다는 사실을 해당 온라인서비스제공자의 인터넷 홈페이지 및 해당 게시판에 게시하여야 한다(법 제133조의2 제5항).

온라인서비스제공자는 제1항에 따른 명령(전송자에 대한 경고 또는 불법복제물 등의 삭제 또는 전송 중단 명령)을 받은 경우에는 명령을 받은 날부터 5일 이내에, 제2항에 따른 명령(계정정지 명령)을 받은 경우에는 명령을 받은 날부터 10일 이내에, 제4항에 따른 명령(서비스정지명령)을 받은 경우에는 명령을 받은 날부터 15일 이내에 그 조치결과를 대통령령[45]으로 정하는 바에

---

41) 저작권법 시행령 제72조, 제72조의2 참조.
42) 저작권법 시행령 제72조, 제72조의3 참조.
43) 저작권법 시행령 제72조, 제72조의4 참조.
44) 저작권법 시행령 제72조, 제72조의4 제4항 참조.
45) 저작권법 시행령 제72조, 제72조의5 참조.

따라 문화체육관광부장관에게 통보하여야 한다(법 제133조의2 제6항).

　　문화체육관광부장관은 법 제133조의2 제1항 각 호의 명령(전송자에 대한 경고 또는 불법복제물 등의 삭제 또는 전송 중단 명령), 위 제2항의 명령(계정정지명령) 및 위 제4항의 명령(서비스정지명령)의 각 대상이 되는 온라인서비스제공자와 위 제2항에 따른 명령(계정정지명령)과 직접적인 이해관계가 있는 복제·전송자 및 위 제4항에 따른 게시판의 운영자에게 사전에 의견제출의 기회를 주어야 한다. 이 경우 「행정절차법」 제22조 제4항부터 제6항까지 및 제27조를 의견제출에 관하여 준용한다(법 제133조의2 제7항). 문화체육관광부장관은 제1항, 제2항 및 제4항에 따른 업무를 수행하기 위하여 필요한 기구를 설치·운영할 수 있다(법 제133조의2 제8항).

③ 온라인서비스제공자에 대한 시정권고 등

　　한국저작권보호원은 온라인서비스제공자의 정보통신망을 조사하여 불법복제물 등이 전송된 사실을 발견한 경우에는 심의위원회의 심의를 거쳐[46] 온라인서비스제공자에 대하여 i) 불법복제물 등의 복제·전송자에 대한 경고(제1호), ii) 불법복제물 등의 삭제 또는 전송 중단(제2호), iii) 반복적으로 불법복제물 등을 전송한 복제·전송자의 계정 정지(제3호)에 해당하는 시정조치를 권고할 수 있다(법 제133조의3 제1항).

　　온라인서비스제공자는 법 제133조의3 제1항 제1호 및 제2호에 따른 권고를 받은 경우에는 권고를 받은 날부터 5일 이내에, 제1항 제3호의 권고를 받은 경우에는 권고를 받은 날부터 10일 이내에 그 조치결과를 한국저작권보호원에 통보하여야 한다(법 제133조의3 제2항).

　　한국저작권보호원은 온라인서비스제공자가 제1항에 따른 권고에 따르지 아니하는 경우에는 문화체육관광부장관에게 제133조의2 제1항 및 제2항에 따른 명령을 하여 줄 것을 요청할 수 있다(법 제133조의3 제3항). 위 제3항에 따라 문화체육관광부장관이 제133조의2 제1항 및 제2항에 따른 명령을 하는 경우에는 심의위원회의 심의를 요하지 아니한다(법 제133조의3 제4항).

---

46) 저작권법 시행령 제72조의6 참조.

저작권 등 관련 국제 조약 및 보호

제14장 저작권 등 관련 국제 조약 및 보호

제1절 저작권 등 관련 국제 조약

I. 총설

외국인의 저작물, 실연·음반·방송 또는 데이터베이스를 국제적으로 보호하기 위하여 다자간 조약이 체결되어 있는데 우리나라도 저작권, 저작인접권, 데이터베이스제작자의 권리와 관련한 다수의 국제조약에 가입하여 이를 보호하고 있다.

헌법 제6조 제1항은 "헌법에 의하여 체결·공포된 조약과 일반적으로 승인된 국제법규는 국내법과 같은 효력을 가진다.", 제2항은 "외국인은 국제법과 조약이 정하는 바에 의하여 그 지위가 보장된다."라고 규정한다. 이에 따라 우리나라가 가입한 국제조약 규정은 별도의 국내 입법조치 없이 우리나라에서 법률과 같은 효력을 가진다. 저작권법 제3조 제1항에서 외국인의 저작물은 대한민국이 가입 또는 체결한 조약에 따라 보호된다고 규정하고 있지만,[1] 헌법 제6조에 따라 외국인의 저작물뿐만 아니라 외국인의 실연·음반·방송 또는 데이터베이스도 우리나라가 가입 또는 체결한 조약에 따라 보호되고 있다.

우리나라는 1957. 1. 28. 법률 제432호로 저작권법을 제정한 이래로 오늘에 이르기까지 내·외국인의 저작물, 실연·음반·방송 또는 데이터베이스를 국제적으로 보호하기 위하여 여러 관련 국제조약에 가입하고 우리나라가 가입 또는 체결하고 국내에서 발효된 이들 조약의 주요 내용을 저작권법에 구체적으로 반영하여 왔다.

즉, 본서 제2장에서 이미 설명하였듯이 저작권법은 우리나라에서 발효된 세계저작권협약(Universal Copyright Convention) (1987. 10. 1. 발효), 음반의 무단복제로부터 음반제작자를 보호하기 위한 협약(제네바 협약, Convention for the Protection of Producers of Phonograms against Unauthorized Duplication of their Phonograms) (1987. 10. 10. 발효), 무역 관련 지식재산권에 관한 협정(WTO/TRIPS 협정, Agreement on Trade-Related Aspects of Intellectual Property Rights) (1995. 1. 1. 발효), 문학적·예술적 저작물의 보호를 위한 베른협약(Berne Convention for the Protection of Literary and Artistic Works) (1996. 8. 21. 발효), 세계지식재산기구 저작권조약[WCT,

---

1) 저작권법 제3조와 관련된 내용은 「제3장 저작물의 객체 : 저작물 제1절 저작물의 의의·성립 요건·보호 범위 I. 저작물의 의의」 부분에서 설명한다.

World Intellectual Property Organization(WIPO) Copyright Treaty] (2004. 6. 24. 발효), 실연자·음반제작자 및 방송사업자의 보호에 관한 국제협약(로마협약, International Convention for the Protection of Performers, Producers of Phonogram and Broadcasting Organization) (2009. 3. 18. 발효), 세계지식재산기구 실연 및 음반조약[WPPT, World Intellectual Property Organization(WIPO) Performances and Phonograms Treaty] (2009. 3. 18. 발효), 위성에 의하여 송신되는 프로그램 전달 신호의 배포에 관한 협약(브뤼셀협약 또는 위성협약, Convention relating to the Distribution of Programme-Carrying Signals Transmitted by Satellite) (2012. 3. 9. 발효)의 내용을 반영하여 왔다. 이하 각 조약의 주요 내용을 살펴본다.

II. 저작권 등 관련 국제 조약의 내용

① 문학적·예술적 저작물의 보호를 위한 베른협약(Berne Convention for the Protection of Literary and Artistic Works)

가. 협약의 성립 및 발효

유럽의 대륙법계 국가와 영미법계 국가 사이의 저작권법 체계가 서로 달라 문학 및 예술 저작물에 관한 최소한의 합의 내용을 협약에 규정하였다.

「문학적·예술적 저작물의 보호를 위한 베른협약」은 1886. 9. 9. 체결된 이래 2번의 추가 의정서(1896년에 파리, 1914년 베른에서 회의가 열려 내용이 추가됨)와 5번의 개정(1908년에 베를린, 1928년에 로마, 1948년에 브뤼셀, 1967년에 스톡홀름, 1971년에 파리에서 회의가 열려 내용이 개정됨)이 있었다. 저작권 관련 조약에서 가장 중요하고 기본적인 협약이다. 우리나라에서는 1996. 8. 21. 발효되었다.

나. 주요 내용
1) 내국민대우의 원칙

제5조 제1항은 "저작자는 이 협약에 따라 보호되는 저작물에 관하여, 본국 이외의 동맹국에서 각 법률이 현재 또는 장래에 자국민에게 부여하는 권리 및 이 협약이 특별히 부여하는 권리를 향유한다."라고 규정한다.

이 규정은 「문학적·예술적 저작물의 보호를 위한 베른협약」 가입국이 다른 가입국(준가입국을 포함)의 저작물에 대해 자국의 저작물에 부여된 보호와 동일한 보호를 부여하는 것을 의미한다.

따라서 해당 저작물의 저작자가 본국에서 어떠한 보호를 받고 있는지와 관계없이 저작물의 보호대상, 저작자에 대한 보호 내용, 저작권 중 개별적 각 권리범위 등은 모두 보호를 요구한 국가의 저작권보호와 동일한 수준의 보호가 부여된다. 다만, 보호기간에 대해서만 상호주의의 예외가 인정되어 있다.

2) 무방식 보호주의의 원칙

제5조 제2항은 "그러한 권리의 향유와 행사는 어떠한 방식에 따를 것을 조건으로 하지 아니한다. 그러한 향유와 행사는 저작물의 본국에서 보호가 존재하는 여부와 관계가 없다.

따라서 이 협약의 규정과는 별도로, 보호의 범위와 저작자의 권리를 보호하기 위하여 주어지는 구제의 방법은 오로지 보호가 주장되는 국가의 법률의 지배를 받는다."라고 한다. 이에 따르면 「문학적 · 예술적 저작물의 보호를 위한 베른협약」 가입국에서 저작권은 무방식으로 발생하고 저작물을 보호받기 위해 등록 기타의 절차요건이 부과되지 않는다.

3) 보호받는 저작물 및 최저한도의 보호기준 등

협약에 의해 보호받는 저작물은 문학 및 예술적 저작물이다(제1조). 제2조는 "문학 · 예술적 저작물 표현은 그 표현의 형태나 방식이 어떠하든 간에 서적, 소책자 및 기타 문서, 강의 · 강연 · 설교 및 기타 같은 성격의 저작물, 연극 또는 악극 저작물, 무용저작물과 무언극, 가사가 있거나 또는 없는 작곡, 영화와 유사한 과정에 의하여 표현된 저작물을 포함하는 영상저작물, 소묘 · 회화 · 건축 · 조각 · 판화 및 석판화, 사진과 유사한 과정에 의하여 표현된 저작물을 포함하는 사진저작물, 응용미술저작물, 도해 · 지도 · 설계도 · 스케치 및 지리학 · 지형학 · 건축학 또는 과학에 관한 3차원 저작물과 같은 문학 · 학술 및 예술의 범위에 속하는 모든 제작물을 포함한다."라고 규정하고 있다. 문학 · 예술 저작물의 번역물 · 각색물 · 편곡물 · 기타 개작물은 원저작물의 저작권에 영향을 미치지 아니하고, 원저작물로서 보호되고(제2조 제3항), 내용의 선택과 배열로 인하여 지적 창작물이 되는 백과사전 및 선집과 같은 문학 · 예술 저작물의 수집물은 그 수집물을 구성하는 각 저작물의 저작권을 해치지 아니하고, 지적 창작물로서 보호된다(제2조 제5항)고 규정한다.

제19조는 "이 협약의 규정은 동맹국이 입법으로 보다 광범위한 보호를 부여하는 데 따른 혜택을 주장하는 것을 배제하지 아니한다."라고 한다. 각국의 공통인식으로서 성립한 조약에서의 보호 정도는 최소한의 것으로 규정하고 동맹국에서 그것보다 높은 보호수준의 내용을 둘 수 있도록 하였다.

4) 저작권의 내용

제6조의2 제1항은 "저작재산권과 독립하여, 그리고 그 권리의 양도 후에도, 저작자는 저

작물의 저작자라고 주장할 권리 및 저작물과 관련하여 그의 명예나 명성을 해치는 왜곡·절
단·기타 변경 또는 기타 훼손행위에 대하여 이의를 제기할 권리를 가진다."라고 하여 저작인
격권을 규정하고 있다.

저작재산권에 관한 규정으로는 번역권(제8조), 복제권(제9조), 연극·악극 및 음악저작물의
저작자가 가지는 저작물의 공개 실연, 그 저작물의 실연의 공중에의 전달(제11조), 저작물의 공
중전달권(제11조의2), 공개낭독권(제11조의3), 2차적저작물작성권(제12조), 녹음권(제13조 제1항),
영화화권(제14조 제3항) 등이 있다.

5) 소급효의 원칙

제18조는 "① 이 협약은 효력 발생 당시에 본국에서 보호기간 만료에 의하여 이미 저작권
이 소멸된 상태 (자유이용 상태)에 놓이지 아니한 모든 저작물에 적용된다. ② 다만, 보호가 주
장되는 국가에서 어느 저작물이 종래 주어진 보호기간의 만료에 의하여 저작권이 소멸된 상태
에 놓인 경우에, 그 저작물은 다시 보호되지 아니한다. ③ 이 원칙의 적용은 그러한 효과를 가
지는 기존의 또는 장래 체결될 동맹국들 사이의 특별 협약에 담긴 규정들을 따를 것을 조건으
로 한다. 그러한 규정들이 없는 경우에, 각 국가는 자국에 대하여 이 원칙이 적용될 조건을 결
정한다. ④ 위 규정들은 또한 동맹에 새로 가입하는 경우 및 제7조의 적용에 의하여 또는, 유
보의 포기에 의하여 보호가 확대되는 경우에도 적용된다."라고 규정하고 있다.

조약의 가입 혹은 개정조약으로의 가입에 따라 보호수준이 높아진 경우 이미 보호기간이
만료하여 소멸된 저작물을 제외하고 현재 보호되고 있는 저작물은 개정 후의 더 높아진 수준
으로 보호되어 저작권의 보호기간이 연장된 경우 연장 전에 창작·공표된 저작물의 보호기간
은 개정 규정에 의해 연장된다.

6) 보호기간

제7조는 "① 이 협약이 부여하는 보호기간은 저작자의 생존기간과 그의 사망 후 50년이
다. ② 다만, 영상저작물의 경우에, 동맹국은 보호기간을 저작자의 동의를 얻어 공중에 제공된
때로부터 50년 후 또는 저작물이 만들어진 후 50년 내에 동의를 얻지 못한 때에는 그 만들어
진 때로부터 50년 후에 소멸하도록 규정할 수 있다. ③ 무명이나 이명저작물의 경우에, 이 협
약이 부여하고 있는 보호기간은 저작물이 적법하게 공중에 제공된 때로부터 50년 후에 소멸
한다. 다만, 저작자가 이명을 사용하였으나 그의 신원에 의심이 가지 아니하는 경우에, 보호기
간은 제1항에서 규정한 대로 한다. 무명이나 이명저작물의 저작자가 위 기간 동안에 신원을
밝힌 경우에, 적용될 보호기간은 제1항에서 규정한 대로 한다. 무명이나 이명저작물에 관하여
저작자가 사망한 때로부터 50년이 되었다고 추정하는 것이 합리적인 경우에, 동맹국은 이러한

저작물을 보호할 의무가 없다(제4항 내지 제7항 기재 생략).”라고 규정한다.

② 세계저작권협약(Universal Copyright Convention, UCC)

가. 협약의 성립 및 발효

세계저작권협약은 저작권 성립에서 방식주의 국가와 무방식주의 국가들이 각각의 체제를 유지하면서 절차를 간략하게 하여 양자 간의 차이를 극복하고 저작물의 국제적 교류의 활성화를 도모하기 위하여 체결되었다.

제네바에서 1952. 9. 6. 서명되고 1955. 9. 16. 발효되었고 우리나라도 1986. 12. 31. 법률 제3916호로 전부개정된 저작권법을 시행(1987. 7. 1.)하고 이 조약에 가입하여 위 협약은 국내에서 1987. 10. 1. 발효되었다.

세계저작권협약의 가장 큰 특징은 저작권의 보호를 위해서 무방식주의를 취한「문학적·예술적 저작물의 보호를 위한 베른협약」동맹국과 저작권의 보호요건으로서 등록·납본 등의 일정한 방식을 요구하여 위 베른협약에 가맹할 수 없는 국가를 연결하기 위한 조약이라는 점이다.

나. 주요 내용

이 협약도「문학적·예술적 저작물의 보호를 위한 베른협약」과 마찬가지로 내국민대우의 원칙과 최소보호의 원칙을 채택하고 있다(제2조). 발행한 저작물의 복제물에 ⓒ 기호를 표시함으로써 방식주의 국가에서 보호를 받을 수 있는 제도를 채용하고 있다. 저작자 또는 그 밖의 저작재산권자의 허락을 받아 발행한 저작물의 모든 복제물에 최초 발행 시로부터 ⓒ의 기호가 저작재산권자의 성명 및 최초의 발행 연도와 더불어 저작권을 주장할 수 있는 적당한 방법과 위치에 표시되어 있는 한, 방식주의 국가에서의 발행 방식이 충족된 것으로 인정하여야 한다(제3조).

일반저작물의 보호기간은 원칙적으로 저작자의 생존 중 및 사후 25년보다 짧아서는 아니 되고, 절차에 의한 연장을 인정한 국가에 대해서는 최초의 보호기간이 25년 이하여서는 아니 된다(제4조 제2항, 제3항 사진과 응용 미술의 저작물은 10년). 보호기간에 대하여는 상호주의를 채택하고 있다(제4조의 제4항 가호).

이 협약에 의거하여 보호받는 저작물을 번역하고 그 번역을 발행하거나 번역 및 발행을 허락할 수 있는 저작자의 배타적인 권리를 인정하되 각 체약국은 자국의 국내법령에 의거, 제5조 제2항에 따를 것을 조건으로 하여 어문저작물의 번역권을 제한할 수 있다(제5조).

이 조약은 보호가 요구되는 저작물이 그 본국에서 기간만료 등의 사유로 공중의 자유이용 상태에 놓여진 경우에는 적용되지 않아 소급 효력이 없다(제7조).

이 협약은 문화적·예술적 저작물의 보호에 관한 베른협약의 규정 및 위 협약에 의하여 창설된 동맹에 아무런 영향을 미치지 아니한다(제17조).

③ 실연자·음반제작자 및 방송사업자의 보호에 관한 국제협약(로마협약, International Convention for the Protection of Performers, Producers of Phonogram and Broadcasting Organization)

가. 협약의 성립 및 발효

로마협약은 실연자, 음반제작자 및 방송사업자의 권리 즉 저작인접권을 보호하기 위한 국제협약으로 1961년에 체결되어 1964. 5. 18. 발효되었다. 로마협약은 2009. 3. 19. 국내에 발효되었다.

나. 주요 내용

1) 실연자의 권리

실연자의 허락 없이 실연의 방송 및 공중전달, 실연자의 허락 없이 라이브의 녹음, 실연자의 허락 없이 이루어졌거나 다른 목적을 위해 이루어진 고정물의 무허락 복제의 3가지 점에 대해서 각국의 국내법에서 금지의 가능성을 요구하고 있다(제7조 내지 제9조). 상업용 음반의 2차 사용에 대해서는 연주가와 음반제작자의 쌍방에 보수 청구권이 인정되어 있다(제12조).

2) 음반제작자의 보호

음반제작자는 음반을 직접·간접으로 복제하는 것을 허락하거나 금지할 권리를 향유한다(제10조). 방식주의 국에서의 보호요건의 완화조치로서 발행된 음반의 모든 시판 복제물이나 그 용기에 최초의 발행연도와 더불어, 보호의 주장을 합리적으로 표시하는 방법으로 ⓟ의 기호가 표시되어 있으면 방식주의 국가에서의 발행 방식은 충족된 것으로 간주한다(제11조). 또한 2차 사용에 대해서도 연주가와 동일한 보수 청구권이 인정되어 있다(제12조).

3) 방송사업자의 권리

방송의 재방송, 고정 또는 방송의 고정물의 복제에 대한 허락권, 텔레비전 방송의 유상공중전달에 대한 허락권이 인정되어 있다(제13조).

4) 보호기간

이 협약에 따라 부여되는 보호의 기간은 ⓐ 음반 및 음반에 수록된 실연에 대하여는 고정이 이루어진 해, (b) 음반에 수록되지 않은 실연에 대하여는 실연이 행하여진 해, (c) 방송물에 대하여는 방송이 이루어진 해 방송에 대해서는 방송이 이루어진 해의 연도 말로부터 기산하여 적어도 20년의 기간 말까지 존속한다(제14조).

5) 협약에 따른 보호에 대한 예외

체약국은 (a) 사적 사용, (b) 시사 사건의 보도와 관련한 짧은 발췌, (c) 자체의 시설로 자신의 방송을 위한 방송사업자의 일시적 고정, (d) 오직 교육이나 학술 연구의 목적을 위한 사용의 경우에 실연자, 음반제작자 및 방송사업자의 보호에 관하여 이 협약에 의하여 보장된 보호에 대한 예외를 국내 법령으로 정할 수 있다. 다만, 강제허락은 이 협약과 양립하는 범위 내에서만 규정될 수 있다(제15조).

④ 음반의 무단복제로부터 음반제작자를 보호하기 위한 협약(제네바 협약, Convention for the Protection of Producers of Phonograms against Unauthorized Duplication of their Phonograms)

가. 협약의 성립 및 발효

음반의 무단복제물의 작성·수입 및 배포로부터 음반 제작자를 보호하기 위하여 1971. 10. 29. 제네바에서 제정된 협약으로 1973. 4. 18. 발효되었다. 위 협약은 1987. 10. 10. 국내에 발효되었다.

종전의 실연자·음반제작자 및 방송사업자의 보호에 관한 국제협약(로마협약)에서도 음반제작자의 복제권은 보호되어 있었지만 위 협약으로의 가입이 진행되지 않는 상황에서 국제적으로 증가하고 있던 해적판 음반을 배제할 필요가 있어 위 협약에 대한 특별 협약으로 성립되었기에 해적판 방지협약이라고도 한다.

나. 주요 내용

각 체약국은 음반제작자의 동의가 없이 행하여지는 복제물의 작성, 그러한 복제물의 수입 그리고 그러한 복제물의 공중에 대한 배포로부터 다른 체약국 국민인 음반제작자를 보호한다. 다만, 전술한 복제물의 작성 또는 수입의 경우에는 동작성 또는 수입이 공중에 대한 배포를 목적으로 하는 경우에 한한다(제2조). 이 협약을 실시하기 위한 수단은 각 체약국의 국내법이 정하는 바에 따르며, 그 수단은 저작권 기타 특정권리의 부여에 의한 보호, 불공정 경쟁에 관련되는 법률에 의한 보호 또는 형벌에 의한 보호 중 하나 이상을 포함하여야 한다(제3조).

보호기간은 각 체약국의 국내법이 정하는 바에 따르지만, 국내법이 특정의 보호기간을 정하는 경우 당해 보호기간은 음반에 수록되어 있는 음이 최초로 고정된 년도의 말로부터 또는 음반이 최초로 발행된 년도의 말로부터 20년 이상이라야 한다(제4조).

방식주의 국가에서 보호요건의 완화조치로서 공중에게 배포되는 음반의 모든 복제물이나 또는 그 용기에 최초의 발행 연도와 함께 ⓟ의 기호가 합리적인 보호요구의 표시로서 적당한 방법으로 표시되어 있을 때에는 방식의 요구가 충족된 것으로 간주한다(제5조).

저작권 기타 특정의 권리에 의한 보호 또는 형벌에 의한 보호를 부여하는 체약국은 음반 제작자의 보호에 관하여 문학적 및 예술적 저작물의 보호에 관해서 인정되는 제한과 같은 종류의 제한을 국내법으로 정할 수 있다(제6조, 다만 강제허락 허용 요건은 별도로 규정함).

1971년 10월 29일 당시 음반제작자에 대하여 최초의 고정 장소만을 근거로 하여 보호를 하고 있는 체약국은 세계지적소유권기구 사무국장에게 기탁하는 통고에 의하여 음반제작자의 국적기준 대신에 최초 고정장소 기준을 적용할 것임을 선언할 수 있다(제7조 제4항).

⑤ 무역 관련 지식재산권에 관한 협정(WTO/TRIPS 협정, Agreement on Trade-Related Aspects of Intellectual Property Rights)

무역 관련 지식재산권에 관한 협정은 1994. 4. 15. 서명된 WTO협정 부속서 1C로 발효되었다. 위 협정은 1994. 12. 31. 국내에서 발효되었다.

저작권에 관한 규정 등(컴퓨터프로그램 및 데이터베이스에 대한 권리, 대여권, 저작인접권, 저작권 및 저작인접권의 제한) 외에도 집행절차나 분쟁해결절차를 규정하고 있다는 점, 세계무역기구(WTO) 회원국 모두에게 적용된다는 점, 기존의 지식재산권 관련 협약이 속지주의에 따른 내국민대우를 보호대상으로 삼은 것과는 대조적으로 최혜국대우를 원칙으로 한다는 점에서 특징이 있다.

이 조약 중 저작권에 관하여 내국민대우(제3조), 최혜국대우(제4조), 컴퓨터프로그램과 자료 편집물의 보호(제10조), 대여권(제11조), 보호기간(제12조), 배타적 권리에 대한 제한과 예외9제13조), 실연자, 음반제작자 및 방송사업자의 보호(제14조) 등을 규정하고 있다.

⑥ 세계지식재산기구 저작권조약[WCT, World Intellectual Property Organization (WIPO) Copyright Treaty]

이 협약은 1996. 12. 20. 스위스 제네바에서 채택되었고 2004. 6. 24. 국내에서 발효되었다.

정보·통신 기술의 발전 및 융합이 문학·예술 저작물의 창작과 이용에 중요한 영향을 미치게 되는 디지털 시대를 맞아 기존의 「문학적 · 예술적 저작물의 보호를 위한 베른협약」을 보완하기 위하여 채택된 것으로 위 베른협약에 대한 특별협정에 해당한다.

「문학적 · 예술적 저작물의 보호를 위한 베른협약」상의 공중전달권과는 구별되는 공중전송권의 신설(제8조), 디지털 형태의 저작물 보호를 위한 기술적 수단(기술적 보호조치 및 권리관리정보)을 보호하며(제11조, 제12조), 저작물의 종류의 확대와 권리의 확장(컴퓨터프로그램과 데이터의 편집물, 데이터베이스를 명시, 저작권으로서 배포권 및 그 권리의 소진, 대여권, 공중전달권에 관하여 언급)(제4조 내지 제8조), 사진저작물의 보호기간(제9조), 저작권 제한규정의 엄격화(제10조 제2항에서 저작권이 제한될 수 있는 경우에도 "저작물의 통상적인 이용과 충돌하거나 저작자의 합법적인 이익을 부당하게 해치지 아니하는 특별한 경우로" 한정하여야 한다고 규정함) 등에 관한 규정을 두고 있다.

⑦ 세계지식재산기구 실연 및 음반조약[WPPT, World Intellectual Property Organization(WIPO) Performances and Phonograms Treaty]

이 조약은 1996. 12. 20. 제네바에서 채택되고 2002. 5. 20. 발효되었으며 2009. 3. 18. 국내에서 발효되었다.

정보 · 통신 기술의 발전 및 융합이 음악저작물의 창작과 이용에 중요한 영향을 미치게 되는 디지털 시대를 맞아 기존의 로마협약 중 방송사업자의 권리를 제외한 부분을 보완하여 인터넷상에서 가수, 연주자, 음반회사 등의 음악 저작인접권자를 보호하기 위해 마련되었다.

이 조약은 「문학적 · 예술적 저작물의 보호를 위한 베른협약」과 마찬가지로 내국민대우(제4조), 무방식주의(제20조), 소급보호의 원칙(제22조), 50년간의 존속기간(제17조), 권리제한의 내용(제16조) 등을 규정하고 있다.

음반의 정의에 '존재하지 않지만 전자적 방법에 의해 직접 만들어진 디지털 소리'도 포함하고 음반, 음반제작자, 방송, 공중전달의 개념을 정의함에 있어 디지털 상황을 포섭하기 위해 소리의 표현(representation of sounds)이라는 용어를 사용하고 있다[제2조(b),(c),(d)].

방송의 개념에 무선의 방법에 의한 위성에 의한 송신 및 암호화된 신호의 송신도 포함한다[제2조(f)]. 조약은 '방송 이외의 매체'에 의한 경우를 '공중전달'이라는 개념으로 포섭한다[제2조(g)]. 디지털 네트워크를 통한 저작물의 송신과 관련하여 이 조약은 실연자와 음반제작자는 공중의 구성원들이 개별적으로 선택한 장소와 시간에 음반 및 음반에 고정된 실연에 접근할 수 있는 방법으로, 유선 또는 무선의 수단에 의해 공중의 이용에 제공하는 것을 허락할 배타적 권리를 향유한다고 규정한다(제10조, 제14조).

제18조, 제19조에서 「문학적 · 예술적 저작물의 보호를 위한 베른협약」상의 권리의 행사

와 관련하여 실연자나 음반제작자가 이용하는 기술 조치를 우회하거나 침해하는 행위에 대한 법적 구제 조치를 취하도록 규정한다.

그 외 실연자의 인격권(5조) 및 방송권(공중전달권) 등(6조), 실연자 및 음반제작자의 복제권(제7조, 제11조), 실연자 및 음반제작자의 배포권(제8조, 제12조)과 대여권(제9조, 제13조), 실연자 및 음반제작자의 공중전달권(전송권) (제10조, 제14조), 2차 사용료 청구권(제15조), 보호기간(제17조)을 규정하고 있다.

⑧ 위성에 의하여 송신되는 프로그램 전달 신호의 배포에 관한 협약(브뤼셀협약, 위성협약) : Convention relating to the Distribution of Programme-Carrying Signals Transmitted by Satellite

이 협약은 1974년 브뤼셀에서 성립되었고 1979. 8. 25. 발효되었다. 위 협약은 2012. 3. 9. 국내에서 발효되었다.

각 체약국은 위성으로 송출되거나 위성을 통과하는 프로그램 전송신호가 향하도록 예정되지 않은 배포자에 의하여 그 영역에서 혹은 그 영역으로부터 배포되는 것을 배포되는 것을 방지하기 위하여 적절한 조치를 취한다. 이 의무는 원송신기관이 다른 체약국의 국적을 가지고 배포된 신호가 파생신호인 경우에도 적용된다(제2조 제1항).

이 협약은 직접 원송신기관에 의하여 혹은 원송신기관을 향하는 송출된 신호를 일반공중이 위성으로부터 직접 수신하는 경우에는 적용되지 않는다(제3조).

⑨ 세계지식재산기구 시청각 실연에 관한 베이징 조약[World Intellectual Property Organization(WIPO) Beijing Treaty on Audiovisual Performances]

배우나 연기자와 같은 시청각 실연자의 권리를 보호하기 위한 국제 조약으로 2012. 6. 24. 채택되었다. 이 조약은 국내에서 2020. 7. 22. 발효되었다.

가수, 연주자 등 청각 실연자에 대해서는 로마협약을 보완한 세계지식재산기구 실연 및 음반조약에서 보호규정을 두고 있다.

이 조약에는 내국민대우(제4조), 시청각 실연자에게도 성명표시권, 동일성유지권 등의 저작인격권을 인정하고(제5조), 고정되지 않은 실연의 방송권, 공중전달권 및 고정권(제6조), 고정된 실연의 복제권, 배포권, 대여권, 이용제공권, 방송권, 공중전달권(제7조 내지 제11조), 권리이전(제12조), 제한과 예외(제13조), 보호기간(제14조, 50년), 기술조치 및 권리관리정보에 관한 의무(제15조, 제16조), 무방식주의(제17조) 규정 등을 포함하고 있다.

⑩ 세계지식재산기구 맹인, 시각 장애인 또는 그 밖의 독서 장애인의 공표된 저작물에 대한 접근을 용이하게 하기 위한 마라케시 조약(마라케시 조약)[World Intellectual Property Organization(WIPO) Marrakesh Treaty to Facilitate Access to Published Works for Persons Who Are Blind, Visually Impaired, or Otherwise Print Disabled]

이 조약은 2013. 6. 27. 모로코 마라케시에서 채택되었다. 이 조약은 국내에서 2016. 9. 30. 발효되었다.

이 조약은 시각장애인 또는 기타 활자장애인을 위한 접근 가능한 형태의 대체자료 제작 과정에서 권리자의 역할이 지니는 중요성, 그리고 특히 시장이 그러한 접근 기회를 제공하지 못하는 상황에서 접근 가능한 형태의 대체자료 제작을 위한 적절한 예외 및 제한의 필요성을 인식하며, 저작권의 효과적인 보호와 더욱 광범위한 공공이익, 특히 교육, 연구 및 정보접근 사이의 균형을 유지할 필요성과 그러한 균형을 통하여 시각장애인 또는 기타 활자장애인을 위한 효과적이고 시의적절한 저작물 접근이 촉진되어야 한다는 인식 하에 마련된 것이다.

이 조약은 수혜자를 (1) 맹인, (2) 시각 손상, 지각장애 또는 읽기 장애가 있는 사람으로서, 그러한 장애가 없는 사람과 상당한 정도로 동등한 시각 기능을 제공받도록 개선될 수 없음으로 인하여 그러한 장애가 없는 사람과 동등한 정도로 인쇄물을 읽을 수 없는 사람, (3) 신체적 장애로 인하여 책을 잡거나 다루지 못하는 사람, 또는 독서에 적합한 정도로 눈의 초점을 맞추거나 눈을 움직이지 못하는 사람으로 규정하고 있다(제3조).

조약 당사자는 체약당사자는 수혜자를 위한 접근 가능한 형태의 대체자료의 가용성을 촉진하기 위하여, 복제권, 배포권 및 세계지식재산기구 저작권조약(WCT)에 규정된 바와 같은 이용제공권에 대한 제한 또는 예외를 국내 저작권법을 통하여 규정한다. 국내법상의 제한 또는 예외 규정에서는 접근 가능한 형태의 대체자료의 제작에 필요한 변경을 허용하여야 한다(제4조 제1항).

승인된 기관은 권리자의 허락 없이 저작물의 접근 가능한 형태의 대체자료를 제작할 수 있고, 다른 승인된 기관으로부터 접근 가능한 형태의 대체자료를 취득할 수 있으며, 비상업적 대여 또는 유선이나 무선에 의한 전자적 전달을 포함한 어떤 매체로도 수혜자에게 접근 가능한 형태의 대체자료를 공급할 수 있도록 허용되며, 이하의 i) 전술한 활동에 착수하고자 하는 승인된 기관이 해당 저작물 또는 그 복제물에 합법적으로 접근할 수 있을 것, ii) 저작물이 접근 가능한 형태의 대체자료로 변환되며, 여기에는 접근 가능한 형태의 대체자료로 정보를 탐색하기 위한 수단이 포함되나, 저작물을 수혜자가 접근할 수 있는 형식으로 제작하기 위한 것이외의 변경은 도입되지 아니할 것, iii) 그러한 접근 가능한 형태의 대체자료가 수혜자 전용으로 공급될 것, 해당 활동에 비영리적으로 착수할 것의 조건이 모두 충족되는 경우에 전술한 목적의 달성을 위한 중간 단계에 착수할 수 있다(제4조 제2항).

제2절 저작권과 국제사법[2]

I. 국제재판관할권 결정

1 의의

국제재판관할권 결정 문제란 섭외적 요소가 있는 분쟁사건에 대하여 당사자의 공평, 재판의 적정, 신속과 경제 등에 비추어 어느 국가의 법원에 재판관할을 인정할 것인가(당사자 입장에서는 어느 국가에 제소하여야 할 것인가)의 문제이다.

한편 섭외적 요소가 있는 분쟁사건에서 준거법은 어느 국가의 실질법 질서에 따라 분쟁을 해결하는 것이 적절한지의 문제이다.

국제재판관할권과 준거법 문제는 서로 다른 이념에 따라 결정되는 별개의 문제이다.

2 적용 기준

당초 1962. 1. 15. 법률 제966호로 섭외사법이 제정되었는데 2001. 4. 7. 법률 제6465호로 전부개정되기 전까지 국제재판관할권에 관한 규정은 두고 있지 않았다.

국제사법에서 국제재판관할 규정이 만들어지기 이전의 것으로 국제재판관할 결정 기준에 관한 일반원칙을 설명한 최초의 판결은 대법원 1992. 7. 28. 선고 91다41897 판결이다.

대법원은 위 판결에서 "섭외사건에 관하여 국내의 재판관할을 인정할지의 여부는 국제재판관할에 관하여 조약이나 일반적으로 승인된 국제법상의 원칙이 아직 확립되어 있지 않고 이에 관한 우리나라의 성문법규도 없는 이상 결국 당사자간의 공평, 재판의 적정, 신속을 기한다는 기본이념에 따라 조리에 의하여 이를 결정함이 상당하다 할 것이고, 이 경우 우리나라의 민사소송법의 토지관할에 관한 규정 또한 위 기본이념에 따라 제정된 것이므로 위 규정에 의

---

2) 특허법에서도 공통되는 부분이 있는데 관련 대법원판결 등은 윤태식, 특허법 –특허소송 실무와 이론– (제2판), 진원사(2017), 1033 이하의 「제12장 특허권의 국제적 측면」에서 자세히 설명한다.

한 재판적이 국내에 있을 때에는 섭외사건에 관한 소송에 관하여도 우리나라에 재판관할권이 있다고 인정함이 상당하다."라고 하였다. 이 판결은 수정역추지설3) 내지 관할배분설4)의 입장에 따른 것으로 이해되고 있다.5)

이어 대법원 1995. 11. 21. 선고 93다39067 판결은 "섭외사건의 국제 재판관할에 관하여 일반적으로 승인된 국제법상의 원칙이 아직 확립되어 있지 아니하고 이에 관한 우리나라의 성문법규도 없는 이상, 섭외사건에 관한 외국 법원의 재판관할권 유무는 당사자간의 공평, 재판의 적정, 신속을 기한다는 기본이념에 따라 조리에 의하여 결정함이 상당하고, 이 경우 우리나라의 민사소송법의 토지관할에 관한 규정 또한 그 기본이념에 따라 제정된 것이므로, 그 규정에 의한 재판적이 외국에 있을 때에는 이에 따라 외국 법원에서 심리하는 것이 조리에 반한다는 특별한 사정이 없는 한 그 외국 법원에 재판관할권이 있다."라고 하였다.6)

그러다가 대법원 2005. 1. 27. 선고 2002다59788 판결7)은 "국제재판관할을 결정함에 있어서는 당사자 간의 공평, 재판의 적정, 신속 및 경제를 기한다는 기본이념에 따라야 할 것이고, 구체적으로는 소송당사자들의 공평, 편의 그리고 예측가능성과 같은 개인적인 이익뿐만 아니라 재판의 적정, 신속, 효율 및 판결의 실효성 등과 같은 법원 내지 국가의 이익도 함께 고려하여야 할 것이며, 이러한 다양한 이익 중 어떠한 이익을 보호할 필요가 있을지 여부는 개별 사건에서 법정지와 당사자와의 실질적 관련성 및 법정지와 분쟁이 된 사안과의 실질적 관련성을 객관적인 기준으로 삼아 합리적으로 판단하여야 할 것이다."라고 하였는데 이는 추상적 법률론의 입장에 따른 것으로 이해되고 있다.

그 후 섭외사법이 2001. 4. 7. 법률 제6465호로 전부개정되면서 국제사법으로 법 명칭이 바뀌고 제2조의 국제재판관할 규정을 신설하여, "법원은 당사자 또는 분쟁이 된 사안이 대한민국과 실질적 관련이 있는 경우에 국제재판관할권을 가진다. 이 경우 법원은 실질적 관련의 유무를 판단함에 있어 국제재판관할 배분의 이념에 부합하는 합리적인 원칙에 따라야 한다."

---

3) 민사소송법상 토지관할 규정을 역으로 유추하여 국내에 토지관할이 있으면 원칙적으로 국제재판관할을 가진다는 견해가 역추지설인데, 수정된 역추지설은 민사소송법이 규정하는 재판적이 국내에 있을 때에는 원칙적으로 국내법원에 국제재판관할을 인정하고 국내에서 재판하는 것이 관할배분의 이념에 반하는 특별한 사정이 있는 경우에 관할을 부정해야 한다는 견해이다.

4) 어느 나라에서 재판하는 것이 사건의 적정한 해결에 도움을 주고 양 당사자에게 공평하고 능률적인가 하는 국제사법의 재판에서 요구되는 이상에 따라 국제재판관할을 정해야 한다는 견해이다.

5) 이후 위 판결 법리에 따라 대법원 1994. 2. 21.자 92스26 결정, 대법원 1995. 11. 21. 선고 93다39607 판결, 대법원 1996. 2. 9. 선고 94다30041 판결, 대법원 2000. 6. 9. 선고 98다35037 판결, 대법원 2001. 12. 24. 선고 2001다30469 판결 등이 선고되었다.

6) 실무에서는 91다41897 판결을 3단계 구조론으로, 93다39067 판결을 4단계 구조론(3단계 구조에 특별한 사정에 의한 관할원칙의 수정가능성을 추가함)으로 부르고 있다.

7) 개정된 국제사법 시행 이전에 제소되어 부칙에 따라 국제사법 제2조가 적용되지 않은 사건이었다.

(제1항), "법원은 국내법의 관할 규정을 참작하여 국제재판관할권의 유무를 판단하되, 제1항의 규정의 취지에 비추어 국제재판관할의 특수성을 충분히 고려하여야 한다."(제2항)라고 하였다.

여기에서 대한민국 법원과 해당 소송의 당사자 또는 그 분쟁이 된 사안 사이에 '실질적 관련'이 있다고 함은 대한민국 법원이 재판관할권을 행사하는 것을 정당화할 정도로 당사자 또는 분쟁이 된 사안과 관련성이 있는 것을 뜻한다.[8]

이를 판단할 때에는 당사자의 공평, 재판의 적정, 신속과 경제 등 국제재판관할 배분의 이념에 부합하는 합리적인 원칙에 따라야 한다.

구체적으로는 당사자의 공평, 편의, 예측가능성과 같은 개인적인 이익뿐만 아니라, 재판의 적정, 신속, 효율, 판결의 실효성과 같은 법원이나 국가의 이익도 함께 고려하여야 한다. 이처럼 다양한 국제재판관할의 이익 중 어떠한 이익을 보호할 필요가 있을지는 개별 사건에서 실질적 관련성 유무를 합리적으로 판단하여 결정하여야 한다.[9]

이때 예측가능성은 피고와 법정지 사이에 상당한 관련이 있어서 법정지 법원에 소가 제기되는 것에 대하여 합리적으로 예견할 수 있었는지를 기준으로 판단하여야 하는데, 피고가 우리나라에서 생활 기반을 가지고 있거나 재산을 취득하여 경제활동을 할 때, 우리나라에 법인의 주된 사무소나 영업소를 두고 영업활동을 할 때에는 국내 법원에 피고를 상대로 재산에 관한 소가 제기되리라는 점을 쉽게 예측할 수 있다. 그리고 국제재판관할권은 배타적인 것이 아니라 병존할 수 있는데 지리, 언어, 통신의 편의 측면에서 다른 나라 법원이 국내 법원보다 더 편리하다는 사정만으로 국내 법원의 재판관할권을 쉽게 부정해서는 안되고,[10] 설령 준거법이 외국의 특정한 법이더라도 그러한 사정만으로 분쟁사건과 우리나라 법원 사이의 실질적 관련

---

8) 대법원 2019. 6. 13. 선고 2016다33752 판결.

9) 대법원 2019. 6. 13. 선고 2016다33752 판결. 유사한 취지가 대법원 2005. 1. 27. 선고 2002다59788 판결부터 시작하여 대법원 2008. 5. 29. 선고 2006다71908, 71915 판결, 대법원 2010. 7. 15. 선고 2010다18355 판결, 대법원 2013. 7. 12. 선고 2006다17539 판결, 대법원 2019. 6. 13. 선고 2016다33752 판결 등으로 이어져 내려오면서 법리 문구를 가다듬고 있다.

10) 대법원 2021. 3. 25. 선고 2018다230588 판결. 위 판결은 중국 회사인 원고들이 대한민국 회사인 피고에 의해 출자되어 중국에서 설립된 소외 회사와 사이에 체결한 물품공급계약에 따라 대한민국에서 피고를 상대로 물품대금의 지급을 구하는 소를 제기한 사안에서 대한민국 법원에 국제재판관할권이 있는지가 쟁점이 된 사안이다. 대법원은 피고의 보통재판적인 주된 사무소의 소재지가 대한민국에 있고, 피고는 소외 회사의 100% 지분을 보유하고 있는 모회사로서 자료 확보나 사실관계 파악에 무리가 없어서 대한민국 법원에서 소송을 수행하는 것이 중국 법원보다 불리하다고 볼 수 없는 점, 지리상·언어상 불이익을 감수하면서 대한민국 법원에서 재판을 받고자 하는 원고들의 의사를 존중할 필요가 있는 점, 피고로서는 자신의 주된 사무소가 있는 대한민국 법원에 소외 회사의 물품대금 채무와 관련한 소가 제기될 수 있다는 점을 예측할 수 있었던 점, 피고의 재산이 있는 곳에 국제재판관할을 인정하는 것이 당사자의 권리구제나 재판의 실효성 측면에서 재판의 적정, 신속 이념에 부합하는 점 등을 고려할 때 대한민국 법원과 해당 소송의 당사자 또는 그 분쟁이 된 사안 사이에 실질적인 관련성이 있어 대한민국 법원에 국제재판관할권이 인정된다고 하였다.

성을 부정할 수 없다.[11]

국제사법 제2조 제2항은 제1항에서 정한 실질적 관련성을 판단하는 구체적 기준 또는 방법으로 국내법의 관할 규정을 제시한다. 민사소송법상의 보통재판적 규정, 특별재판적 규정, 국제재판관할 합의 등도 국제사법상 국제재판관할이 인정될 수 있는 근거로 된다. 다만 이러한 관할 규정은 국내적 관점에서 마련된 재판적에 관한 규정이므로 국제재판관할권을 판단할 때에는 국제재판관할의 특수성을 고려하여 국제재판관할 배분의 이념에 부합하도록 수정하여 적용해야 하는 경우도 있다.[12]

저작권의 경우는 권리의 발생이나 소멸에 등록을 요하지 아니하므로 특허권에서와 같은 전속관할의 문제는 일어나지 아니한다.

한편 국내 법원이 국내에서의 저작권침해사건에 대한 국제재판관할권을 가지는 경우에 같은 저작물에 관한 외국에서의 저작권 침해에 대하여도 국내 법원에서 함께 재판할 수 있는지가 문제된다. 이에 대하여는 민사소송법상 관련재판적이나 객관적 병합의 요건을 갖추고 있는 한 외국의 저작권침해소송을 병합할 수 있다는 견해[13]와 그 반대로 소송지연 등을 이유로 병합할 수 없다는 견해[14]가 있다.

저작권침해행위는 불법행위에 해당하여 그 토지관할은 불법행위지(민사소송법 제18조, 침해지 및 결과발생지)가 된다. 다만 이때 결과발생지와 관련된 문제로, 재판관할을 정하기 위한 손해배상의 범위가 손해발생지에서 발생한 손해로만 한정되는지 여부에 대하여는 견해가 나뉜다.

우리 실무에서 외국법인을 상대로 저작권침해소송을 제기한 사안에서 한국에서의 저작권침해에 대하여는 원고 저작권의 침해 결과발생지는 한국이라는 이유로 우리나라의 국제재판관할을 인정하면서 외국에서의 저작권침해에 대하여도, 외국회사가 한국에서의 제소를 합리적으로 예견할 수 있었고, 한국이 피해자인 원고의 상거소지인 점, 대한민국도 세계무역기구(WTO) 설립협정의 부속협정의 하나인 '위조상품의 교역을 포함한 무역관련 지식재산권 협정'(the Agreement on Trade Related Aspects of Intellectual Property Right) 및 베른협약(Berne Convention)의 적용을 받으므로 외국회사가 대한민국에서 응소하는 것이 특별히 부당하거나

---

11) 대법원 2017므12552 판결, 대법원 2021. 3. 25. 선고 2018다230588 판결.
12) 대법원 2019. 6. 13. 선고 2016다33752 판결.
13) 민사소송법 제25조 제1항 해석상 동일 당사자 간에 복수의 청구를 병합함에 있어 청구간의 관련성을 요구하지 않고 있으나 청구간의 밀접한 관계 등을 요건으로 인정하자는 견해가 유력하다, 인천지방법원 2003. 7. 24. 선고 2003가합1768 판결(미항소 확정, 양수금 사건, 병합 부정), 서울중앙지방법원 2005. 6. 22. 선고 2003가합87723판결(미항소 확정, 저작권침해금지 등, 병합 인정) 참조.
14) Voda v. Cordis Corp., 476 F.3d 887 (Fed. Cir. 2007). European Court of Justice 및 브뤼셀 협약은 이를 인정하지 않고 있다, 지적재산권재판실무편람, 지적재산권재판실무편람 집필위원회(2012), 38 재인용.

불리하다고 할 수 없다는 점, 국내 저작권침해와 외국에서의 저작권침해 부분은 사실관계 및 쟁점이 동일하여 함께 재판함이 바람직하다는 점 등의 이유로 우리나라에 국제재판관할을 인정한 것이 있다.[15] 반면에 유럽연합법원(유럽사법재판소)이 선고한 Fiona Shevill 사건에서는[16] 재판관할을 당해 손해발생지에서 발생한 손해로 한정하고 다른 곳에서 발생한 손해에 대해서는 재판관할권을 인정하지 않았다.

II. 준거법 결정

① 의의

어느 국가에 국제재판관할권이 있는 것으로 결정될 경우에 그 국가의 법원에서 당해 분쟁을 해결하는 데에 어느 국가의 실질법을 적용할 것인지의 문제가 대두되는데 이를 준거법 결정의 문제라고 한다.

국제사법 제1조가 "이 법은 외국적 요소가 있는 법률관계에 관하여 국제재판관할에 관한 원칙과 준거법을 정함을 목적으로 한다."라고 규정하고 있으므로, 거래 당사자의 국적·주소, 물건 소재지, 행위지, 사실발생지 등이 외국과 밀접하게 관련되어 있어 곧바로 내국법을 적용하기보다는 국제사법을 적용하여 그 준거법을 정하는 것이 더 합리적이라고 인정되는 법률관계에 대하여는 국제사법의 규정을 적용하여 준거법을 정하여야 한다.[17]

② 적용 기준

국제사법 제24조는 "지식재산권의 보호는 그 침해지법[18]에 의한다."고 규정하고 있고, 국제사법 제31조는 "부당이득은 그 이득이 발생한 곳의 법에 의한다. 다만, 부당이득이 당사자 간의 법률관계에 기하여 행하여진 이행으로부터 발생한 경우에는 그 법률관계의 준거법에 의한다."라고 하며, 다만 국제사법 제33조에서 준거법에 관한 사후적 합의를 인정하고 있다.

지식재산권의 침해, 부당이득 외에 저작권의 성립, 내용, 효력, 소멸, 양도성 등의 준거법을 어떻게 정할 것인지에 대하여 본국법설과 보호국법설이 있다.

---

15) 서울중앙지방법원 2005. 6. 22. 선고 2003가합87723 판결(미항소 확정).
16) Case 68/93, Fiona Shevill et al. v. Presse Alliance SA, 1995 E.C.R. 415(신문에 의한 명예훼손으로 인한 손해배상).
17) 대법원 2008. 1. 31. 선고 2004다26454 판결.
18) 저작권을 비롯한 지식재산권은 속지주의 원칙상 그 보호를 부여하는 보호국에서만 침해될 수 있으므로 특허권을 비롯한 지식재산권침해에 있어 침해지법과 보호국법은 같다.

저작권자의 결정 등의 문제를 본국법에 의할 경우에는 우선 본국법을 정하는 것 자체가 쉽지 않을 뿐만 아니라, 같은 영토 내에서도 저작물의 본국이 어디냐에 따라 저작권 침해 여부 판단이나 저작권자 결정의 결론이 달라져 저작물 이용자나 법원 등이 이를 판단, 적용하기가 쉽지 아니하다. 반면, 저작권자의 결정 문제는 저작권의 존부 및 내용과 밀접하게 결부되어 있어 각 보호국이 이를 통일적으로 해석 적용할 필요가 있고, 그렇게 하는 것이 각 동맹국이 자국의 영토 내에서 통상 법정지(재판국)와 일치하기 마련인 보호국법을 간편하게 적용함으로써 쉽게 내국민대우에 따라 보호할 수 있다. 이러한 점에 비추어 보면, 국제협약에서 명시적으로 본국법에 의하도록 규정하지 아니한 이상 저작권자의 결정이나 권리의 성립, 소멸, 양도성 등 지식재산권에 관한 일체의 문제를 보호국법에 따라 결정함이 타당하다. 국제사법 제24조가 지식재산권에 관한 모든 분야에 관하여 보호국법주의를 명시하는 대신 지식재산권 침해의 경우만을 규정하는 방식을 취하고 있다 하더라도, 이를 넓게 해석하여 지식재산권의 성립, 이전, 소멸, 양도성, 저작권자의 결정 등 전반에 관하여 보호국법주의 원칙을 채택한 것으로 해석함이 타당하다.[19]

다만 그중 업무상 저작물에 관한 섭외적 법률관계에 적용될 준거법은 그 발생의 기초가 된 근로계약에 관한 준거법으로서 국제사법 제28조 제1항, 제2항 등에 따라 정하여지는 법률이라 할 수 있다.[20]

한편 지식재산권에 관한 계약 등의 준거법에 관하여는, 다른 채권적 법률행위와 마찬가지로 당사자자치의 원칙에 따라, 당사자가 명시적 또는 묵시적으로 선택한 법에 의한다.[21] 다만 묵시적 선택은 계약내용 그 밖에 모든 사정으로부터 합리적으로 인정할 수 있는 경우에 한한다. 분할 가능한 계약의 구성부분에 관하여 각기 다른 준거법을 지정할 수도 있고(이른바 준거법의 분열 허용), 사후적 변경도 허용하고 있으며, 국내법의 강행규정에 반하지 않는 한 외국법을 준거법으로 지정할 수도 있다(국제사법 제25조).

이러한 지식재산권 이용계약의 효력, 해석 및 이행에 관한 준거법 합의의 효력은 지식재

---

19) 서울고등법원 2008. 7. 8. 선고 2007나80093 판결(심리불속행 상고기각 확정) 참조.
20) 사용자가 국내 근로계약에 따른 직무발명에 기초하여 외국에서 등록되는 특허권에 대하여 통상실시권을 가지는지 여부를 결정하는 준거법 문제에 대해 대법원 2015. 1. 15. 선고 2012다4763 판결은 직무발명에 의하여 발생되는 권리의무는 비록 섭외적 법률관계에 관한 것이라도 그 성질상 등록이 필요한 특허권의 성립이나 유·무효 또는 취소 등에 관한 것이 아니어서, 속지주의의 원칙이나 이에 기초하여 지식재산권의 보호에 관하여 규정하고 있는 국제사법 제24조의 적용대상이라 할 수 없다고 하면서 직무발명에 관한 섭외적 법률관계에 적용될 준거법은 그 발생의 기초가 된 근로계약에 관한 준거법으로서 국제사법 제28조 제1항, 제2항 등에 따라 정하여지는 법률이라고 하였다. 준거법 결정 문제에서 직무발명과 업무상 저작물을 구별하여 달리 취급하여야 할 별다른 이유가 없으므로 위 판결은 업무상 저작물에도 적용될 수 있다.
21) 다만 소비자계약에 해당하는 경우 국제사법 제27조 제1항의 제한이 있다.

산권 침해에 대한 금지청구 및 손해배상청구에는 미치지 아니한다.22)

한편 국제사법은 당사자가 준거법을 선택하지 아니한 경우 그 계약과 가장 밀접한 관련이 있는 국가의 법에 의하도록 하고(제26조 제1항), 당사자가 계약에 따라 i) 양도계약의 경우에는 양도인의 이행(제1호), ii) 이용계약의 경우에는 물건 또는 권리를 이용하도록 하는 당사자의 이행(제2호), 위임·도급계약 및 이와 유사한 용역제공계약의 경우에는 용역의 이행(제3호) 중 어느 하나에 해당하는 이행을 행하여야 하는 경우에는 계약체결 당시 그의 상거소가 있는 국가의 법(당사자가 법인 또는 단체인 경우에는 주된 사무소가 있는 국가의 법)이 가장 밀접한 관련이 있는 것으로 추정한다. 다만, 계약이 당사자의 직업 또는 영업활동으로 체결된 경우에는 당사자의 영업소가 있는 국가의 법이 가장 밀접한 관련이 있는 것으로 추정한다(법 제26조 제2항). 법 제26조 제2항은 이른바 '특징적 이행'에 관한 추정규정으로 불리고 있다.

다만 이용계약의 경우에 물건 또는 권리를 이용하도록 하는 당사자가 이행을 하여야 하는 경우에 당사자의 계약체결 당시 그(이용하도록 하는 당사자)의 상거소지법을 가장 밀접한 관련이 있는 것으로 추정하고 있는데(제26조 제2항 제2호), 저작권 등의 이용계약에서는 이용하도록 하는 당사자(이용허락권자)보다 이용자를 위와 같은 계약의 특징적 이행을 행하는 당사자로 보아 위 추정규정을 제한해야 한다는 견해가 있다.23)

III. 외국 재판의 승인 및 집행

① 의의 및 규정 취지

외국법원의 확정판결 또는 이와 동일한 효력이 인정되는 재판에 기초한 강제집행은 대한민국 법원에서 집행판결로 그 강제집행을 허가하여야 할 수 있다(민사집행법 제26조 제1항).

여기서 정하여진 집행판결의 제도는, 재판권이 있는 외국의 법원에서 행하여진 판결에서 확인된 당사자의 권리를 우리나라에서 강제적으로 실현하고자 하는 경우에 다시 소를 제기하는 등 이중의 절차를 강요할 필요 없이 그 외국의 판결을 기초로 하되 단지 우리나라에서 그 판결의 강제실현이 허용되는지 여부만을 심사하여 이를 승인하는 집행판결을 얻도록 함으로써 당사자의 원활한 권리실현의 요구를 국가의 독점적·배타적 강제집행권 행사와 조화시켜 그 사이에 적절한 균형을 도모하려는 취지에서 나온 것이다.24)

---

22) 서울고등법원 2002. 9. 11. 선고 2001나63201 판결(위 설시 부분은 상고이유로 삼지 않았고, 대법원 2004. 9. 24 선고 2002다58594 판결로 확정).
23) 지적재산권재판실무편람, 지적재산권재판실무편람 집필위원회(2012), 39~41 참조.
24) 대법원 2010. 4. 29. 선고 2009다68910 판결, 대법원 2017. 5. 30. 선고 2012다23832 판결.

당사자가 외국법원의 확정판결 또는 이와 동일한 효력이 인정되는 재판에 기초하여 국내에서 강제집행을 하려면 집행판결을 청구하는 소를 제기하여야 한다. 집행판결을 청구하는 소는 채무자의 보통재판적이 있는 곳의 지방법원이 관할하며, 보통재판적이 없는 때에는 민사소송법 제11조의 규정에 따라 채무자에 대한 소를 관할하는 법원이 관할한다(민사집행법 제26조 제2항).

집행판결은 재판의 옳고 그름을 조사하지 아니하고 하여야 하고(민사집행법 제27조 제1항),25) 집행판결을 청구하는 소는 외국법원의 확정판결 또는 이와 동일한 효력이 인정되는 재판이 확정된 것을 증명하지 아니한 때(제1호), 외국법원의 확정재판 등이 민사소송법 제217조의 조건을 갖추지 아니한 때(제2호)의 어느 하나에 해당하면 각하하여야 한다(민사집행법 제27조 제2항).

② 외국 재판 등의 승인 요건

외국법원의 확정판결 또는 이와 동일한 효력이 인정되는 재판26)(이하 "확정재판 등"이라고 한다)은 i) 대한민국의 법령 또는 조약에 따른 국제재판관할의 원칙상 그 외국법원의 국제재판

---

25) ① 대법원 1988. 2. 9. 선고 84다카1003 판결은 집행국법원에 재판의 내용에 대한 당부를 심판할 권한은 없지만 집행조건의 충족여부 및 집행거부사유의 유무를 판단하기 위하여 필요한 범위 내에서는 본안에서 판단된 사항에 대하여도 집행국법원이 독자적으로 심리판단할 수 있다는 취지이다.
② 대법원 2004. 10. 28. 선고 2002다74213 판결은 "사기적인 방법으로 편취한 판결인지 여부를 심리한다는 명목으로 실질적으로 외국판결의 옳고 그름을 전면적으로 재심사하는 것은 외국판결에 대하여 별도의 집행판결제도를 둔 취지에도 반하는 것이어서 허용할 수 없으므로, 위조·변조 내지는 폐기된 서류를 사용하였다거나 위증을 이용하는 것과 같은 사기적인 방법으로 외국판결을 얻었다는 사유는 원칙적으로 승인 및 집행을 거부할 사유가 될 수 없고, 다만 재심사유에 관한 민사소송법 제451조 제1항 제6호, 제7호, 제2항의 내용에 비추어 볼 때 피고가 판결국 법정에서 위와 같은 사기적인 사유를 주장할 수 없었고 또한 처벌받을 사기적인 행위에 대하여 유죄의 판결과 같은 고도의 증명이 있는 경우에 한하여 승인 또는 집행을 구하는 외국판결을 무효화하는 별도의 절차를 당해 판결국에서 거치지 아니하였다 할지라도 바로 우리나라에서 승인 내지 집행을 거부할 수는 있다."라고 한다.
26) 2014. 5. 20. 법률 제12587호로 개정된 민사소송법에서 제217조 중 표제를 '외국판결의 효력'에서 '외국재판의 승인'으로, 각 호를 제외한 본문에서 '외국법원의 판결확정'을 '외국법원의 확정판결 또는 동일한 효력이 인정되는 재판'으로, '각 호의 요건을 갖추어야 효력이 인정된다'를 '각 호의 요건을 갖추어야 승인된다'로, 제3호의 '그 판결의 효력을 인정 인정하는 것이 대한민국의 선량한 풍속이나 그 밖의 사회질서에 어긋나지 아니할 것'을 '그 확정재판 등의 내용 및 소송절차에 비추어 그 확정재판 등의 승인이 대한민국의 선량한 풍속이나 그 밖의 사회질서에 어긋나지 아니할 것'으로, 제4호의 '상호보증이 있을 것'을 '상호보증이 있거나 대한민국과 그 외국법원이 속하는 국가에 있어 확정재판 등의 승인요건이 현저히 균형을 상실하지 아니하고 중요한 점에서 실질적으로 차이가 없을 것'으로 각각 변경하였다. 실무에서는 이와 같이 개정되기 전에 이미 개정된 내용과 같은 내용으로 운용되고 있었기에 개정 전·후로 실무상 입장이 크게 바뀐 것은 없다.

관할권이 인정될 것(제1호), ii) 패소한 피고가 소장 또는 이에 준하는 서면 및 기일통지서나 명령을 적법한 방식에 따라 방어에 필요한 시간여유를 두고 송달받았거나(공시송달이나 이와 비슷한 송달에 의한 경우를 제외한다) 송달받지 아니하였더라도 소송에 응하였을 것(제2호), iii) 그 확정재판 등의 내용 및 소송절차에 비추어 그 확정재판 등의 승인이 대한민국의 선량한 풍속이나 그 밖의 사회질서에 어긋나지 아니할 것(제3호), iv) 상호보증이 있거나 대한민국과 그 외국법원이 속하는 국가에 있어 확정재판 등의 승인요건이 현저히 균형을 상실하지 아니하고 중요한 점에서 실질적으로 차이가 없을 것(제4호)의 요건을 모두 갖추어야 승인된다(민사소송법 제217조).

여기에서 외국법원의 확정재판 등이라고 함은 재판권을 가지는 외국의 사법기관이 그 권한에 기하여 사법상(私法上)의 법률관계에 관하여 대립적 당사자에 대한 상호간의 심문이 보장된 절차에서 종국적으로 한 재판으로서 구체적 급부의 이행 등 그 강제적 실현에 적합한 내용을 가지는 것을 의미하고, 그 재판의 명칭이나 형식 등이 어떠한지는 문제되지 아니한다.27)

위 ii) 요건에서 '소장 또는 이에 준하는 서면 및 기일통지서나 명령'이라 함은 소장 및 소송개시에 필요한 소환장 등을 말하는 것인데, 패소한 피고가 이러한 소환장 등을 적법한 방식에 따라 송달받았을 것을 요구하는 것은 소송에서 방어의 기회를 얻지 못하고 패소한 피고를 보호하려는 것에 그 목적이 있는 것이므로 법정지인 판결을 선고하는 국가에서 피고에게 방어할 기회를 부여하기 위하여 규정한 송달에 관한 방식, 절차를 따르지 아니한 경우에는 여기에서 말하는 적법한 방식에 따른 송달이 이루어졌다고 할 수 없다.28)

'소장 또는 이에 준하는 서면 및 기일통지서나 명령'이 적법하게 송달된 이상 그 후의 소환 등의 절차가 우편송달이나 공시송달 등의 절차에 의하여 진행되었더라도 승인의 대상이 될 수 있다.29) 그리고 법정지인 재판국에서 피고에게 방어할 기회를 부여하기 위하여 규정한 송달에 관한 방식과 절차를 따르지 아니한 경우에도, 패소한 피고가 외국법원의 소송절차에서 실제로 자신의 이익을 방어할 기회를 가졌다고 볼 수 있는 때는 민사소송법 제217조 제1항 제2호에서 말하는 피고의 응소가 있는 것으로 본다.30)

위 iii)의 공서양속 요건은 외국의 확정재판 등의 내용 자체가 선량한 풍속이나 그 밖의 사회질서에 어긋나는 경우(실체적 공서)뿐만 아니라 그 확정재판 등의 성립절차에 있어서 선량한 풍속이나 그 밖의 사회질서에 어긋나는 경우(절차적 공서)도 승인 및 집행을 거부할 사유에 포함된다.31) 여기에서 외국의 확정재판 등의 효력을 인정하는 것, 즉 외국의 확정재판 등을 승

---

27) 대법원 2010. 4. 29. 선고 2009다68910 판결, 대법원 2017. 5. 30. 선고 2012다23832 판결.
28) 대법원 2010. 7. 22. 선고 2008다31089 판결.
29) 대법원 2003. 9. 26. 선고 2003다29555 판결.
30) 대법원 2016. 1. 28. 선고 2015다207747 판결.

인한 결과가 대한민국의 선량한 풍속이나 그 밖의 사회질서에 어긋나는지 여부는 그 승인 여부를 판단하는 시점에서 그 확정재판 등의 승인이 우리나라의 국내법 질서가 보호하려는 기본적인 도덕적 신념과 사회질서에 미치는 영향을 확정재판 등이 다룬 사안과 우리나라와의 관련성의 정도에 비추어 판단하여야 하고, 이때 그 외국판결의 주문뿐 아니라 이유 및 확정재판 등을 승인할 경우 발생할 결과까지 종합하여 검토하여야 한다.32)

위 iv) 요건과 관련하여, 상호보증이란 당해 외국이 조약에 의하여 또는 그 국내법에 의하여 우리나라 판결의 당부를 조사함이 없이 민사소송법 제217조의 규정과 같던가 또는 이보다도 관대한 조건 아래에서 우리나라 판결의 효력을 인정하고 있는 경우를 말한다.33)

따라서 상호보증의 요건을 갖춘 것으로 보려면 우리나라와 외국 사이에 동종 판결의 승인요건이 현저히 균형을 상실하지 아니하고 외국에서 정한 요건이 우리나라에서 정한 그것보다 전체로서 과중하지 아니하며 중요한 점에서 실질적으로 거의 차이가 없는 정도라야 한다.

이러한 상호보증은 외국의 법령, 판례 및 관례 등에 의하여 승인요건을 비교하여 인정되면 충분하고 반드시 당사국과 조약이 체결되어 있을 필요는 없으며, 해당 외국에서 구체적으로 우리나라의 같은 종류의 판결을 승인한 사례가 없다고 하더라도 실제로 승인할 것이라고 기대할 수 있을 정도이면 충분하다.34)

확정재판 등에 표시된 특정이행 명령의 형식 및 기재 방식이 우리나라 판결의 주문 형식이나 기재 방식과 상이하다 하더라도, 집행국인 우리나라 법원으로서는 민사집행법에 따라 외국법원의 확정재판 등에 의한 집행과 같거나 비슷한 정도의 법적 구제를 제공하는 것이 원칙이어서 일응 강제집행을 허가하여야 하지만, 특정이행 명령의 대상이 되는 계약상 의무가 충분히 특정되지 못하여 판결국인 미국에서도 곧바로 강제적으로 실현하기가 어렵다면, 우리나라 법원에서도 강제집행을 허가하여서는 아니 된다.35)

법원은 민사소송법 제217조 제1항의 제1호 내지 제4호의 요건이 충족되었는지에 관하여 직권으로 조사하여야 한다(민사소송법 제217조 제2항). 당초 외국재판의 승인요건 중 송달요건이 직권조사사항이라고 판단한 실무36)를 따라 2014. 5. 20. 법률 제12587호로 개정된 민사소송법에서 위 규정을 신설하였다.

---

31) 대법원 2004. 10. 28. 선고 2002다74213 판결.
32) 대법원 2012. 5. 24. 선고 2009다68620 판결, 대법원 2015. 10. 15. 선고 2015다1284 판결, 대법원 2016. 1. 28. 선고 2015다207747 판결.
33) 대법원 1971. 10. 22. 선고 71다1393 판결.
34) 대법원 2017. 5. 30. 선고 2012다23832 판결.
35) 대법원 2017. 5. 30. 선고 2012다23832 판결.
36) 대법원 2010. 4. 29. 선고 2009다68910 판결.

③ 손해배상에 관한 확정재판 등의 승인

민사소송법 제217조의2[37] 제1항은 "법원은 손해배상에 관한 확정재판 등이 대한민국의 법률 또는 대한민국이 체결한 국제조약의 기본질서에 현저히 반하는 결과를 초래할 경우에는 해당 확정재판 등의 전부 또는 일부를 승인할 수 없다."라고 규정하고 있다.

이는 불법행위의 효과로서 손해전보만을 인정하는 우리나라 민사법 체계에서 인정하지 아니하는 징벌적 손해배상[38]과 같이 손해전보의 범위를 초과하는 배상액의 지급을 명한 외국법원의 확정재판 등의 승인을 적정범위로 제한하기 위하여 마련된 규정이다.

따라서 외국법원의 확정재판 등이 당사자가 실제로 입은 손해를 전보하는 손해배상을 명하는 경우에는 민사소송법 제217조의2 제1항을 근거로 승인을 제한할 수 없다.[39]

관련하여 전보배상을 초과하는 배상책임제도 중 특히 3배 배상의 경우에 민사소송법 제217조의2 제1항을 근거로 승인을 제한할 수 있는지가 문제된다.

실무 중에는 약정보상금의 2배 상당의 징벌적 손해배상금은 손해전보를 넘어서 고의적으로 위반행위를 한 자에 대하여 징계를 하거나 그러한 위반행위의 발생을 억제하기 위한 목적으로 그 지급을 명하는 것이어서 손해발생 전의 상태로의 회복에 목적이 있는 우리나라의 손해배상제도와 근본이념이 다르다는 등 공서양속 위반에 해당함을 이유로 외국 판결 중 2배 상당의 증액 손해배상금 및 그 지연이자의 지급을 명한 부분을 배척한 사례가 있고,[40] 우리나라에서 하도급거래 공정화에 관한 법률 등 개별 법률에서 발생한 손해의 3배를 넘지 아니하는 범위의 배상책임을 인정하고 있더라도 손해발생 전의 상태로의 회복에 목적이 있는 우리 손해배상체계에서 위법행위의 유형에 불문하고 3배의 징벌적 손해배상금을 인정할 수 없고 우리나라 법률과 소송 유형이 3배의 징벌적 손해배상의 근거가 되는 해당 외국법의 내용과 소송 유형과 유사하지 않아 공서양속 위반 등에 해당함을 이유로 3배 상당의 증액 손해배상금 및 그 지연이자의 지급을 명한 외국판결 부분의 효력을 배척한 사례가 있다.[41]

---

37) 민사소송법 제217조의2는 2014. 5. 20. 법률 제12587호로 개정된 민사소송법에서 신설되었다.

38) 미국에서 징벌적 손해배상이란 가해자에게 특히 고의 등의 주관적인 사정이 있는 경우에 보상적 손해배상에 덧붙여 위법행위에 대한 징벌과 동종행위의 억지를 주목적으로 하여 과하여지는 손해배상으로서 코먼로(common law)에서 인정되고 있는 구제 방법이다.

39) 대법원 2015. 10. 15. 선고 2015다1284 판결, 대법원 2016. 1. 28. 선고 2015다207747 판결.

40) 수원지방법원 평택지원 2009. 4. 24. 선고 2007가합1076 판결(항소심인 서울고등법원 2010. 8. 12. 선고 2009나45377 판결은 미국 법원의 결석판결이 민사소송법 제217조 제2호의 송달요건을 갖추지 못하였다는 이유로 원고의 소 각하판결을 하였다, 미상고 확정).

41) 서울고등법원 2018. 3. 23. 선고 2017나2057753 판결(2018다231550 사건으로 상고심 계속 중). 해당 외국판결은 피고가 원고들이 가지고 있는 독점계약에 기한 권리를 방해하고 불공정한 경쟁방법을 사용하는 불법행위를 하였음을 근거로 하와이 개정법(Hawaii Revised Statutes) 제480-13조 (b)항 (1)호(거

우리 법제에서 특정 불법행위 또는 법 위반행위 유형에 대하여 손해보전을 넘어 증액(징벌적) 손해배상의 성격을 가지는 법 규정으로 3배 배상 제도를 채택하는 사례가 점차 늘고 있고[42] 그 대상범위도 점차 확대되고 있다.[43]

따라서 이제는 외국에서 3배 배상 방식이 우리나라 법원에서 사용하는 그것과 본질적인 차이가 있다고 볼 수 있는 특별한 사정이 없는 한, 3배 배상의 외국 확정재판 등이 있는 경우에 그것이 징벌적 손해배상제도의 성격을 가진다는 이유로 곧바로 민사소송법 제217조의2 제1항을 적용하여 승인을 제한하는 데에는 신중할 필요가 있다.

한편, 법원은 민사소송법 제217조의2 제1항의 요건을 심리할 때에는 외국법원이 인정한 손해배상의 범위에 변호사보수를 비롯한 소송과 관련된 비용과 경비가 포함되는지와 그 범위를 고려하여야 한다(민사소송법 제217조의2 제2항). 이는 외국의 확정재판 등에 따른 변호사 보수를 비롯한 소송비용이 과다하여 우리나라 법률의 사회질서에 현저히 반하는 결과를 초래할 경우 그 부분에 대한 승인을 일부 제한할 수 있도록 하기 위한 규정이다.

래 또는 영업행위에서 이루어지는 불공정한 경쟁방법과 불공정한 기만행위 등에 대해 손해를 입은 소비자가 승소 판결을 받을 경우 손해액의 3배 배상을 받도록 규정하고 있음)에 따라 손해를 3배 증액하여 인정한 사안이다.

42) 발생한 손해의 3배를 넘지 아니하는 범위에서 배상책임을 지는 규정으로 하도급거래 공정화에 관한 법률 제35조 제2항(2013. 5. 28. 법률 제11942호로 개정), 신용정보의 이용 및 보호에 관한 법률 제43조 제2항(2015. 3. 11. 법률 제13216호로 개정), 개인정보 보호법 제39조, 제39조의2(2015. 7. 24. 법률 제13423호로 개정), 대리점 거래의 공정화에 관한 법률 제34조 제2항(2015. 12. 22. 법률 제13614호로 제정), 정보통신망 이용촉진 및 정보보호 등에 관한 법률 제32조 제2항(2016. 3. 22. 법률 제14080호로 개정), 공익신고자 보호법 제29조의2(2017. 10. 31. 법률 제15023호로 개정), 가맹사업거래의 공정화에 관한 법률 제37조의2 제2항(2017. 4. 18. 법률 제14812호로 개정), 제조물 책임법 제3조 제2항(2017. 4. 18. 법률 제14764호로 개정), 환경보건법 제19조 제2항(2018. 6. 12. 법률 제15661호로 개정), 독점규제 및 공정거래에 관한 법률 제56조 제3항(2018. 9. 18. 법률 제15784호로 개정), 특허법 제128조 제8항(2019. 1. 8. 법률 제16208호로 개정), 부정경쟁방지 및 영업비밀보호에 관한 법률 제14조의2 제6항(2019. 1. 8. 법률 제16204호, 2020. 10. 20. 법률 제17529호로 각 개정), 디자인보호법 제115조 제7항(2020. 10. 20. 법률 제17526호로 개정), 상표법 제110조 제7항(2020. 10. 20. 법률 제17531호로 개정) 등이 있다. 한편 기간제 및 단시간근로자 보호 등에 관한 법률 제13조 제2항(2014. 3. 18. 법률 제12469호로 개정)는 손해액을 기준으로 3배를 넘지 아니하는 범위에서 배상을 명령할 수 있다고 규정하고, 파견근로자보호 등에 관한 법률 제21조 제3항(2019. 4. 30. 법률 제16413호로 개정)은 위 기간제 및 단시간근로자 보호 등에 관한 법률 제13조 제2항을 준용한다고 규정한다.

43) 예를 들면 2019. 1. 8. 법률 제16204호로 개정된 부정경쟁방지법 제14조의2 제6항에서 3배 배상 제도를 도입하면서 고의의 영업비밀 침해행위에 한하여 인정하였다가 2020. 10. 20. 법률 제17529호로 개정된 부정경쟁방지법에서 고의의 영업비밀 침해행위 외에 법 제2조 제1호 차목의 행위에도 인정하고 있다. 부정경쟁방지법 제2조 제1호 차목(아이디어 포함 정보의 부정사용행위) 등에 대하여는 윤태식, 부정경쟁방지법, 박영사(2021), 182~189, 268~269에서 설명하고 있다.

찾아보기

윤 태식(尹 泰植)

■ 주요 약력 ■
특허법원 판사
대법원 재판연구관(지적재산권조)
대전지방법원 부장판사(지식재산권 전담 합의부 재판장)
서울중앙지방법원 부장판사(지식재산권 전담 합의부 재판장)
서울동부지방법원 수석부장판사
서울동부지방법원 법원장
〈현재〉 부산지방법원 부장판사
　서울중앙지방법원 지적재산권실무연구회 회장 및 법관연수 지식재산권소송 실무연수, 기술심리관·조사관 직무수
　행연수, 대한변호사협회 지식재산권법 특별연수 및 지식재산연수원 연수, 서울지방변호사회 특허연수원 연수, 대한
　변리사회 민사소송실무연수, 변리사시험 합격자 실무수습 집합교육과정, 군법무관 전문화 교육 등의 강사 역임

■ 주요 저서 ■
- 단독저서 :
「판례중심 특허법, 진원사(2013)」, 「디자인보호법 -디자인 소송 실무와 이론-, 진원사(2016)」, 「특허법 -특허 소송
　실무와 이론-(제2판), 진원사(2017)」, 「저작권법(제2판), 박영사(2021)」, 「부정경쟁방지법, 박영사(2021)」
- 공동저서 :
「전면개정판 지적재산소송실무, 특허법원 지적재산소송실무연구회, 박영사(2009)」, 「특허판례연구, 한국특허법학회
　편, 박영사(2009)」, 「특허법 주해Ⅰ·Ⅱ, 박영사(2010)」, 「지적재산권재판실무편람, 지적재산권재판실무편람 집필위
　원회, 법원행정처(2011)」, 「개정판 특허판례연구, 한국특허법학회 편, 박영사(2012)」, 「특허판례백선 제4판, 사단법
　인 한국특허법학회 역, 박영사(2014)」, 「직무발명제도해설, 한국특허법학회 편, 박영사(2015)」, 「디자인보호법 주
　해, 박영사(2015)」, 「온주 부정경쟁방지 및 영업비밀 보호에 관한 법률, THOMSON REUTERS LAWnB(2016)」,
　「영업비밀보호법, 한국특허법학회 편, 박영사(2017)」, 「상표법 주해Ⅰ·Ⅱ, 박영사(2018)」, 「지식재산권 재판실무편
　람, 지식재산권 재판실무편람 집필위원회(2020)」

■ 주요 논문 ■
- 「외국인의 인신 손해배상액 산정에 있어서의 과실이익과 위자료, 법조 제52권 9호(2003)」, 「일본 민사소송법의
　집중심리제도 연구, 재판자료 제113집 : 외국사법연수논집(27), 법원도서관(2007)」
- 「프로덕트 바이 프로세스 청구항(Product by Process Claim)에 관한 소고, 사법논집 제45집, 법원도서관(2007)」,
　「인터넷 링크 중 이른바 심층링크 내지 직접링크를 하는 행위가 구 저작권법에 정한 복제 및 전송에 해당하는지
　여부(소극), 대법원판례해설 82호(2009 하반기), 법원도서관(2010)」, 「제조방법 기재 물건 청구항의 청구범위 해
　석과 관련된 쟁점, 특별법 연구 제11권, 사법발전재단(2014)」, 「상표법상 상표의 유사 여부 판단에 관한 연구, 사
　법논집, 제59집, 법원도서관(2014)」 외 다수

제2판
저작권법

초판발행   2020년 3월 30일
제2판1쇄발행   2021년 5월 10일
제2판2쇄발행   2022년 4월 15일

지은이   윤태식
펴낸이   안종만 · 안상준

편 집   한두희
기획/마케팅   조성호
표지디자인   이미연
제 작   고철민 · 조영환

펴낸곳   (주) **박영사**
                서울특별시 금천구 가산디지털2로 53, 210호(가산동, 한라시그마밸리)
                등록 1959. 3. 11. 제300-1959-1호(倫)
전 화   02)733-6771
f a x   02)736-4818
e-mail   pys@pybook.co.kr
homepage   www.pybook.co.kr
ISBN   979-11-303-3935-1   93360

정 가   39,000원